Ustar
TOEIC
Reading

위즈덤하우스

유수연의
Ustar TOEIC Reading

초판 1쇄 발행 2011년 10월 15일
초판 22쇄 발행 2016년 2월 15일

지은이 유수연
펴낸이 연준혁

편집인 정보배
책임편집 지연

펴낸곳 (주)위즈덤하우스 | 출판등록 2000년 5월 23일 제13-1071호
주소 (410-380) 경기도 고양시 일산동구 정발산로 43-20 센트럴프라자 6층
전화 031)936-4000 팩스 031)903-3891
홈페이지 www.wisdomhouse.co.kr

값 18,900원   ISBN 978-89-6086-478-8 [13740]

* 잘못된 책은 바꿔드립니다.
* 이 책의 전부 또는 일부 내용을 재사용하려면
사전에 저작권자와 (주)위즈덤하우스의 동의를 받아야 합니다.

국립중앙도서관 출판시도서목록(CIP)

Ustar TOEIC = 유수연의 유스타 토익 : Reading / 지은이: 유수연.
— 고양 : 위즈덤하우스, 2011
    p. ; cm

표제관련정보: 실전에서 고득점이 가능한 토익 바이블
본문은 한국어, 영어가 혼합수록됨
ISBN 978-89-6086-478-8 13740 : ₩18900

토익[TOEIC]

740.77-KDC5
420-DDC21   CIP2011003926

Ustar TOEIC

Reading

유스타 토익

● 유수연 지음 ●

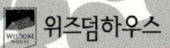
위즈덤하우스

머리말

[노력]

우리 중에 노력을 하지 않는 사람은 없다.

그러나 나의 노력과 나의 공부에 성과가 없는 것은 간헐적인 노력, 맘 내키면 하는 노력, 일관성 없는 노력, 노력의 단편들로 이루어져 있기 때문이다.

누구나 하는 노력이 나만의 "결과"가 되기 위해서는 자기 관리 능력이 중요하다.

즉, 팽팽한 긴장과 치열한 노력의 강도를 계속 유지할 수 있느냐가 관건이라는 것이다.

특별한 결과, 즉, 시험에서 경쟁력 있는 고득점이라는 결과는 특별한 노력, 남들보다 더 경쟁력 있는 노력을 요구한다.

[현실]

2011 대졸 졸업생 68만 명 중 2011년 하반기 대졸 신입 채용인원은 고작 1만 5천명에 불과한 현실에서 토익이라는 시험은 사회로 나아가는 1차 관문 같은 것이다.

이렇게 거대한 취업시장은 획일화된 시험을 통해 1차 관문에서 대량으로 우리를 걸러낸다. 그 역할을 하는 것이 "토익"이라는 시험이다.

토익보다 우리의 실력을 더 확실하게 판단해줄 새로운 잣대가 필요한 것이 사실이나, 그건 지금보다 우리 사회가 여유가 있을 때 가능할 수 있을 것이다.

[토익]

"우리는 오늘도 토익을 준비하고 있다."

즉, 취업을 준비하고 있는 것이고 이 과정을 짧고 효율적으로 또한 최대한의 경쟁력이 될 수 있는 고득점으로 만들어야 하는 것이 우리의 목표이다.

"우리 대부분은 10년 이상 영어공부를 했다."

그런 우리가 지금도 영어를 잘할 수 없는 것은 막연한 공부를 습관적으로 반복하고 있기 때문이다. 오랜 기간 동안 토익을 강의하며 수십만의 학생들을 만나며 느낀 것은 세상에 공부를 못하는 사람은 없다는 것이다. 우리는 공부를 못하는 것이 아니라 제대로 안 하고 있기 때문이다. 수능 때 했던 식의 영어공부를 막연하게 반복하면서 아직도 학생답게 공부를 즐기고 있다면 이제는 그만할 때가 된 것이다.

"이제 당신은 공부를 하는 것이 아니라 사회로 나갈 문턱에 서 있다."

좀 더 확실한 목표의식을 가지고 남보다 더 치열하게 준비하여야 한다. 어설픈 토익점수로 아쉽게 첫 걸음을 내딛지 않아야 한다. 68만 명 중 1만 5천이라는 치열한 경쟁에 뛰어들 자신을 위해 최대한으로 무장해주어야 한다.

당신에게 토익점수가 필요하다면, 그리고 그것을 가지고 취업시장으로 뛰어들어야 한다면, 그렇다면 당신을 최고로 만들어 줄 수 있는 노력과 토익점수를 손에 넣어야 한다.

이 말이 그리고 이 토익책이 이 시대에 토익강사로 내가 해줄 수 있는 전부이다.

나는 내 모든 것을 쥐어짜서 토익을 한다.
내가 할 수 있는 모든 노력들을 동원해서 토익을 온몸으로 흡수하고 강의를 하고 그리고 이 책을 썼다. 이 책을 쓰는 지난 9개월 동안 매일을 밤 11시부터 새벽 5시까지 책 작업을 해야 했다. 8시 30분 첫 강의를 시작해 밤 10시에 마지막 강의 마치고 나면 반복되던 밤샘들…… 이제는 내 안의 모든 것을 비워버린 것 같다. 이런 시간들을 보낼 수 있었던 가장 큰 버팀목은 내 학생들 하나하나는 이러한 노력을 하느라 시간을 낭비하지 않을 것이라는 확신이었다. 이 책을 손에 쥔 여러분들은 "나"를 통해 최대한 빠르고 효과적으로 토익을 흡수할 수 있을 것이다.

이 사회를 바꾸지 못해서 미안하고 이 시대의 젊은이들에게 더 많은 무대를 제공해주지 못하는 기성세대의 한 명으로서 책임이 있다.

나는 지금 토익강사라는 나의 직업과 나의 위치에서 내가 할 수 있는 최대한을 하려 노력하고 있으며 그 10년의 일관된 노력의 완성으로 남기는 것이 이 책이다.

이 책을 공부하는 이 시대의 젊은 친구들이 토익이라는 관문을 넘어 세상으로 나아가 자신의 무대를 밟고 계속 성장할 것이라 믿으며 나 또한 지금의 모습에서 더 나은 역할을 하는 존재로 나아가려는 노력을 멈추지 않을 것이다.

취업이라는 어려운 시기에 이 책을 통해서 만나게 되는 많은 친구들과 나의 인연이 "토익"이라는 시험을 넘어 계속 앞으로 나아가는 모습들로 이어질 것이라 믿는다.

마지막으로 이 책을 위해 함께 고생해준 유스타잉글리쉬 어학원 연구개발팀의 최용빈 팀장, 전미연 연구원, 김민정 연구원과 위즈덤하우스 편집팀에 감사의 말을 전합니다.

유수연

TOEIC의 구성과 출제 범위

'지피지기면 백전불태(知彼知己百戰不殆)'라는 말이 있다. 시험운, 면접운이 좋은 사람들에게 비결을 물어보면 단골 멘트가 바로 "출제자(면접위원)의 입장에서 생각하려고 했다"이다. TOEIC이라는 시험에서 제대로 성과를 내고 싶다면 우선 그것이 어떤 시험이고, 출제 기관이 어느 부분에 중점을 두고 출제하는지 등에 대한 분석부터 출발해야 한다.

✪ TOEIC(Test Of English For International Communication)이란?

영어를 모국어로 사용하지 않는 사람들을 대상으로 국제 업무에 필요한 실용 영어 능력을 평가하는 시험으로 Listening과 Reading으로 구성되어 있다. 현재 한국과 일본을 비롯하여 전 세계 약 120여개 국가의 기업과 기관에서 인력채용 및 평가, 승진, 영어 학습 프로그램 등에 활용되고 있다.

1. 시험 구성

구성	Part	유형	문항 수		시간	점수
Listening Comprehension	1	사진묘사 (Photograph)	10	100	45분	495점
	2	질의응답 (Question-Response)	30			
	3	짧은 대화 (Short Conversations)	30			
	4	짧은 담화 (Short Talks)	30			
Reading Comprehension	5	단일문장 완성 (Incomplete Sentences)	40	100	75분	495점
	6	문서상의 문장 완성 (Text Completion)	12			
	7	독해 (Reading Comprehension) 단일 지문 – Single Passage	28			
		독해 (Reading Comprehension) 복수지문 – Double Passage	20			
Total		7개의 Part	200문항		120분	990점

2. 출제 범위

출제기관인 ETS에 따르면, TOEIC의 출제 기준은
(1) 영어를 모국어로 사용하는 특정 국가에서만 쓰이는 표현이나 문법, 관용어들은 피한다.
(2) 또한 특정 문화나 전문 직업 분야에만 해당되거나 생소한 상황을 피한다.
(3) 여러 나라 사람들의 이름과 다양한 영어 발음과 악센트(미국, 영국, 캐나다, 호주, 뉴질랜드)가 출제된다.

TOEIC의 출제 범위는 다음과 같다.

출제 분야	세부 분야
General Business (일반 업무)	계약, 협상, 마케팅, 세일즈, 비즈니스 계획, 회의
Manufacturing (제조)	공장 관리, 조립라인, 품질관리
Finance, Budgeting (금융과 예산)	은행, 투자, 세금, 회계, 청구
Corporate Development (개발)	연구, 제품개발
Office Work (사무실 업무)	임원회의, 위원회의, 편지, 메모, 전화, 팩스, E-mail, 사무 장비와 가구
Personnel (인사)	구인, 채용, 퇴직, 급여, 승진, 취업 지원과 자기소개
Housing, Corporate Property (주택/기업 부동산)	건축, 설계, 매매 및 임대, 전기와 가스 서비스
Travel (여행)	기차, 비행기, 택시, 버스, 배, 유람선, 티켓, 일정, 역과 공항 안내, 자동차 렌트, 호텔, 예약, 연기와 취소

TOEIC RC에 대한 이해

토익 RC(Reading Comprehension)는 업무상에서 발생할 수 있는 문서나 서류를 읽고 정확하게 이해하고 일을 처리할 수 있는지를 묻는 테스트이다. RC를 구성하고 있는 Part 5, 6, 7은 문서의 가장 기초가 될 수 있는 문장부터 어휘, 그리고 전체 문서에 대한 이해도를 확인하는 단계적이고 세분화된 문제들로 구성되어 있다.

*RC 각 파트에 대한 보다 구체적인 정보는 파트별 개요 및 공략법(Part 5 – p. 20, Part 6 – p. 294, Part 7 – p. 362) 참고

✪ Part 5는 하나의 문장을 정확히 이해할 수 있는지를 묻는 파트이다.

비즈니스 커뮤니케이션을 위한 기본 문장을 제대로 이해하고 있는지 묻기 위해 하나의 문장에 빈칸을 두고 그에 알맞은 단어를 넣는 유형이다.

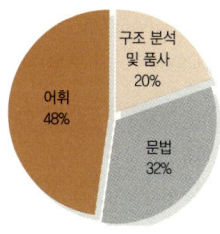

Part 5의 문제 유형을 살펴보면,
(1) 품사를 묻는 문장 구조 파악 유형 (20%)
(2) 단어의 적절한 쓰임을 묻는 문법 유형 (32%)
(3) 의미를 묻는 어휘 유형 (48%)으로 나눠볼 수 있다.

이러한 문제 구성은 편의상의 구분이지 실제는 위 3가지 유형의 문제가 복합적으로 등장하므로 다소 어렵게 느껴질 수 있다. 하지만 Part 5에서 등장하는 문장들은 비즈니스 상에서 자주 쓸 수 있는 표현과 문형으로 반복 출제되는 경향이 강하다.

✪ Part 6는 문서상에서 두 개 이상의 문장을 통해 문맥을 이해하는지를 묻는 파트이다.

실제 사용되는 문서상에서 Part 5 형태와 같이 문장에 빈칸을 만들어놓고 그에 알맞은 단어를 넣는 유형이다. 시험에는 총 4개의 문서 즉, 지문이 등장하고 한 지문에 3문제가 포함되어 있다.

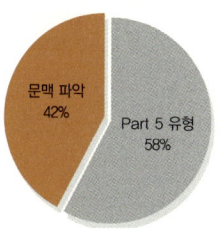

Part 6의 문제 유형을 살펴보면,
(1) Part 5와 같이 해당 문장만으로도 풀 수 있는 유형 (58%)
(2) 문서상에서 앞뒤 문맥을 파악해서 푸는 유형 (42%)

다시 말해 Part 5는 하나의 문장만으로 문제를 해결할 수 있지만, Part 6는 한 문장만 본다고 해결되는 것이 아니라 앞뒤 문장들 간의 내용을 이해하고 풀어야 하는 난이도 있는 유형이다.

✪ Part 7은 전체 문서를 통해 커뮤니케이션이 가능한지를 묻는 총체적인 테스트이다.

앞에서 등장한 Part 5와 6가 커뮤니케이션에 필요한 문서 이해의 기초적인 사항을 묻는 파트였다면 Part 7은 실제로 통용되는 문서를 얼마나 이해할 수 있는지를 총체적으로 테스트하는 것이다.

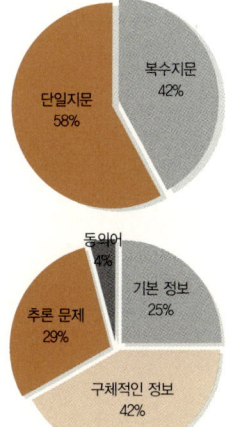

Part 7의 문제 유형을 살펴보면,
(1) 단순한 위치 정보로 찾을 수 있는 기본 정보 유형 (25%)
(2) 키워드를 통한 구체적인 정보를 찾는 유형 (42%)
(3) 보기를 모두 검색해야 하는 추론 유형 (29%)
(4) 동의어 찾기 유형 (4%)

Part 7에서는 실제 비즈니스에서 사용되는 문서들로 편지나 이메일, 광고, 계약서, 공지, 안내문, 보고서 등이 주로 등장하고 이 문서들의 주제나 목적, 세부 사항 그리고 이 문서를 받고 나서 어떻게 대응할 것인가를 묻는 문제들이 등장한다. 결국 문서(지문)를 이해하고 어떻게 대처해야 하는지 총체적으로 묻는 것이다.

토익멘토 유수연이 제안하는 학습 스케줄러

겨우 한두 달? 너무 짧게 느껴진다고? 하지만 '에이, 그 기간 안에 뭘 할 수 있겠어~'라고 포기해버리기엔 너무 금쪽 같은 시간이다. 조금 빠듯하게 느껴지겠지만 간단한 문법, 어휘 중심으로 점수 올리기가 비교적 수월한 Part 5부터 차근차근 공략하며 시간을 효율적으로 관리한다면 충분히 점수 앞자리까지 바꿀 수 있다. (못 믿겠다고? 실제로 내 수업에서도 그런 학생들을 많이 목격했으니 포기하지 말자! ^^) 책을 보기 전 동영상 강의를 통해 미리 개념 정리를 하거나 배운 내용을 동영상으로 복습해보는 것도 효과적이다.

★ 4주 완성: 시험까지 앞으로 딱 한 달! 단기 속성코스로 정복!

토익시험까지 시간이 얼마 남지 않은 사람을 위한 단기 코스이다. 핵심사항들을 숙지하고 최대한 예제/문제를 많이 풀어보면서 실전감각을 길러보자.

	Day 1	Day 2	Day 3	Day 4	Day 5	Day 6	Day 7
1st week	**Part 5** 1 접속사 (Lesson 1~6)	**Part 5** 1 접속사 (Lesson 7~12)	**Part 5** 2 명사 (Lesson 1~6)	**Part 5** 2 명사 (Lesson 7~11 & 명사 어휘 암기)	**Part 5** 3 대명사	**Part 5** 4 동사 (Lesson 1~6)	**Part 5** 4 동사 (Lesson 7~11 & 동사 어휘 암기)
	Day 8	Day 9	Day 10	Day 11	Day 12	Day 13	Day 14
2nd week	**Part 5** 5 관계사 (Lesson 1~4)	**Part 5** 5 관계사 (Lesson 5~9)	**Part 5** 6 분사	**Part 5** 7 준동사	**Part 5** 8 형용사 (Lesson 1~6)	**Part 5** 8 형용사 (Lesson 7~12 & 형용사 어휘 암기)	**Part 5** 9 부사
	Day 15	Day 16	Day 17	Day 18	Day 19	Day 20	Day 21
3rd week	**Part 5** 10 비교급/최상급	**Part 5** 11 전치사	**Part 5** 12 가정법 Part 5 Final Test	**Part 6** 1 동사의 시제	**Part 6** 2 연결어	**Part 6** 3 대명사와 지시형용사 4 비즈니스 문서상의 관용표현과 어휘	**Part 6** 5 Part 6 빈출 지문 및 어휘 Part 6 Final Test
	Day 22	Day 23	Day 24	Day 25	Day 26	Day 27	Day 28
4th week	**Part 7** 1 고득점 비법 2 이메일/편지 3 기사	**Part 7** 4 광고 5 안내/공지 6 기타 양식	**Part 7** Additional Training / Single Passage Practice Test	**Part 7** 7 복수지문 전략 Double Passage Practice Test	**Part 7** Part 7 Final Test	Actual Test 1	Actual Test 2

✪ 8주 완성: 기초부터 차근차근 단계별 학습으로 토익 울렁증 극복!

토익 입문자라면 4주보다는 8주 완성 코스를 추천한다. 기초부터 반복해서 학습하면서 기본기를 탄탄히 갖추는 것이 중요하다.

1st month

	Day 1	Day 2	Day 3	Day 4	Day 5	Day 6	Day 7
1st week	**Part 5** 1 접속사 (Lesson 1 ~ 4)	**Part 5** 1 접속사 (Lesson 5 ~ 8)	**Part 5** 1 접속사 (Lesson 9 ~ 12)	**Part 5** 2 명사 (Lesson 1 ~ 4)	**Part 5** 2 명사 (Lesson 5 ~ 7)	**Part 5** 2 명사 (Lesson 8 ~ 10)	**Part 5** 2 명사 (Lesson 11 & 명사 어휘 암기)
	Day 8	Day 9	Day 10	Day 11	Day 12	Day 13	Day 14
2nd week	**Part 5** 3 대명사 (Lesson 1 ~ 4)	**Part 5** 3 대명사 (Lesson 5 ~ 7)	**Part 5** 4 동사 (Lesson 1 ~ 4)	**Part 5** 4 동사 (Lesson 5 ~ 8)	**Part 5** 4 동사 (Lesson 9 ~ 11 & 동사 어휘 암기)	**Part 5** 5 관계사 (Lesson 1 ~ 3)	**Part 5** 5 관계사 (Lesson 4 ~ 6)
	Day 15	Day 16	Day 17	Day 18	Day 19	Day 20	Day 21
3rd week	**Part 5** 5 관계사 (Lesson 7 ~ 9)	**Part 5** 6 분사 (Lesson 1 ~ 5)	**Part 5** 6 분사 (Lesson 6 ~ 9)	**Part 5** 7 준동사 (Lesson 1 ~ 3)	**Part 5** 7 준동사 (Lesson 4 ~ 6)	**Part 5** 8 형용사 (Lesson 1 ~ 4)	**Part 5** 8 형용사 (Lesson 5 ~ 8)
	Day 22	Day 23	Day 24	Day 25	Day 26	Day 27	Day 28
4th week	**Part 5** 8 형용사 (Lesson 9 ~ 12 & 형용사 어휘 암기)	**Part 5** 9 부사 (Lesson 1 ~ 4)	**Part 5** 9 부사 (Lesson 5 ~ 7 & Additional Training)	**Part 5** 10 비교급/최상급 (Lesson 1 ~ 4)	**Part 5** 10 비교급/최상급 (Lesson 5 ~ 7)	**Part 5** 11 전치사 (Lesson 1 ~ 3)	**Part 5** 11 전치사 (Lesson 4 ~ 7)

2nd month

	Day 1	Day 2	Day 3	Day 4	Day 5	Day 6	Day 7
1st week	**Part 5** 11 전치사 (Lesson 8 ~ 9 & 전치사 암기포인트)	**Part 5** 12 가정법	**Part 5** Part 5 Final Test	**Part 6** 1 동사의 시제	**Part 6** 2 연결어 (Lesson 1 ~ 4)	**Part 6** 2 연결어 (Lesson 5 ~ 7)	**Part 6** 3 대명사와 지시형용사
	Day 8	Day 9	Day 10	Day 11	Day 12	Day 13	Day 14
2nd week	**Part 6** 4 비즈니스 문서상의 관용표현과 어휘	**Part 6** 5 Part 6 빈출 지문 및 어휘 (Lesson 1 ~ 5)	**Part 6** 5 Part 6 빈출 지문 및 어휘 (Lesson 6 ~ 10)	**Part 6** Part 6 Final Test	**Part 7** 1 고득점 비법	**Part 7** 2 이메일/편지 (Lesson 1 ~ 3)	**Part 7** 2 이메일/편지 (Lesson 4 ~ 6)
	Day 15	Day 16	Day 17	Day 18	Day 19	Day 20	Day 21
3rd week	**Part 7** 3 기사	**Part 7** 4 광고	**Part 7** 5 안내/공지	**Part 7** 6 기타 양식	**Part 7** Additional Training	**Part 7** Single Passage Practice Test	**Part 7** 7 복수지문 전략 (Lesson 1 ~ 3)
	Day 22	Day 23	Day 24	Day 25	Day 26	Day 27	Day 28
4th week	**Part 75** 7 복수지문 전략 (Lesson 4 ~ 7)	**Part 7** Double Passage Practice Test	**Part 7** Part 7 Final Test	**Actual Test 1** 실전처럼 풀기 (75분 엄수) Part 5 & 6 풀이	**Actual Test 1** 실전처럼 풀기 (75분 엄수) Part 7 풀이	**Actual Test 2** 실전처럼 풀기 (75분 엄수) Part 5 & 6 풀이	**Actual Test 2** 실전처럼 풀기 (75분 엄수) Part 7 풀이

《유스타 토익》의 특징 및 학습법

⭐ 토익의 큰 그림을 보여준다! Part별 개요 및 공략법

본격적인 파트별 학습에 들어가기에 앞서 학습의 토대를 다질 수 있도록 토익 RC 각 파트의 문제 유형과 출제경향, 전략적인 문제풀이 접근법 등을 짚어주었다. 독자들은 해당 파트에 대한 전반적인 특징을 파악한 다음, 보다 효과적인 학습을 시작할 수 있다.

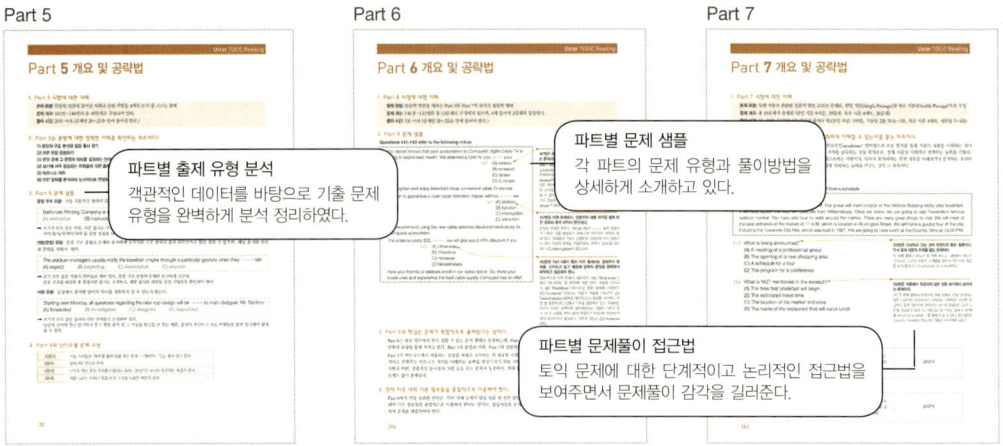

파트별 출제 유형 분석 — 객관적인 데이터를 바탕으로 기출 문제 유형을 완벽하게 분석 정리하였다.

파트별 문제 샘플 — 각 파트의 문제 유형과 풀이방법을 상세하게 소개하고 있다.

파트별 문제풀이 접근법 — 토익 문제에 대한 단계적이고 논리적인 접근법을 보여주면서 문제풀이 감각을 길러준다.

⭐ 주제별 핵심사항이 한눈에 잡힌다! Chapter 미리보기

접속사/명사(Part 5), 동사의 시제/연결어(Part 6), 이메일/편지(Part 7) 등 파트의 하위인 챕터의 시작 부분에서도 주요 출제포인트, 문제풀이 전략 등 수험생들이 반드시 숙지해야 할 내용들을 군더더기 없이 요점만 쏙쏙 뽑아 미리보기 코너로 정리해주었다.

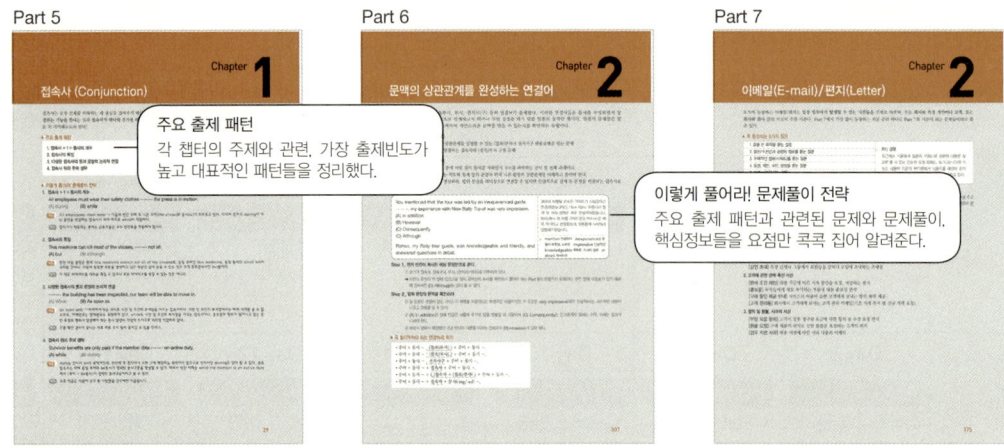

주요 출제 패턴 — 각 챕터의 주제와 관련, 가장 출제빈도가 높고 대표적인 패턴들을 정리했다.

이렇게 풀어라! 문제풀이 전략 — 주요 출제 패턴과 관련된 문제와 문제풀이, 핵심정보들을 요점만 콕콕 집어 알려준다.

⭐ 토익 실전반 수업 그대로! 《유스타 토익》 무료 동영상 강의

수험생들이 보다 효율적으로 학습할 수 있도록 유스타잉글리쉬 인터넷어학원 홈페이지(www.u-star.ac)에 무료 동영상 강의와 저자 유수연 직강을 마련했다. 각 파트 주제별로 주요 출제경향, 핵심사항들을 간결 명쾌하게 정리하여 독학으로는 쉽지 않은 토익의 전체 그림을 파악할 수 있다. 동영상 강의를 먼저 보고 나서 책의 설명과 문제풀이로 실력을 쌓거나 책의 내용을 먼저 숙지한 후 확실하게 정리하는 용도로 활용해보자.

⭐ 스마트한 나의 고득점 비법! 《유스타 토익》 무료 어플

〈Ustar TOEIC Reading〉에서 엄선된 실전 토익문제를 아이폰으로 풀어본다(동영상 해설 포함). 앱스토어에서 "유스타"를 검색하여 다운로드 할 수 있다.

⭐ 요점정리와 문제풀이 훈련이 한번에! **학습친화적인 최적의 본문 구성**

본 책의 레슨은 모두 (좌) 요점정리, (우) 문제풀이 형태의 2P 양면 구성이다. 왼쪽 페이지에는 최고의 토익멘토 유수연이 직접 정리한 실전 토익 고득점 비법들이 세심한 팁과 함께 일목요연하게 정리되어 있으며, 오른쪽 페이지에는 학습한 내용을 제대로 소화했는지 확인할 수 있는 다양한 Exercise들이 마련되어 있다.

〈좌측〉 Part 5 / Part 6 / Part 7

- **Point** : 레슨의 핵심사항 및 예제를 제시한다.
- **토익 맞춤형 예문** : 수록된 예문들은 실제 토익에 출제된 문제들을 변형하여 토익 문장(지문)의 구조, 문법, 어휘와 유사하게 만들었다.
- **Ustar 출제포인트 시험에는 이렇게 나온다!** : 토익 기출 자료의 철저한 분석을 토대로 레슨 주제에서 토익 출제위원들이 자주 출제하는 포인트를 담았다.
- **고득점 비법 자료** : 실전 토익의 전설 유수연이 직접 정리한 문법, 어휘, 독해 비법들과 수험생들이 헷갈리기 쉬운 사항, 오답률이 높은 문제 유형 등을 빠짐없이 짚어주었다.

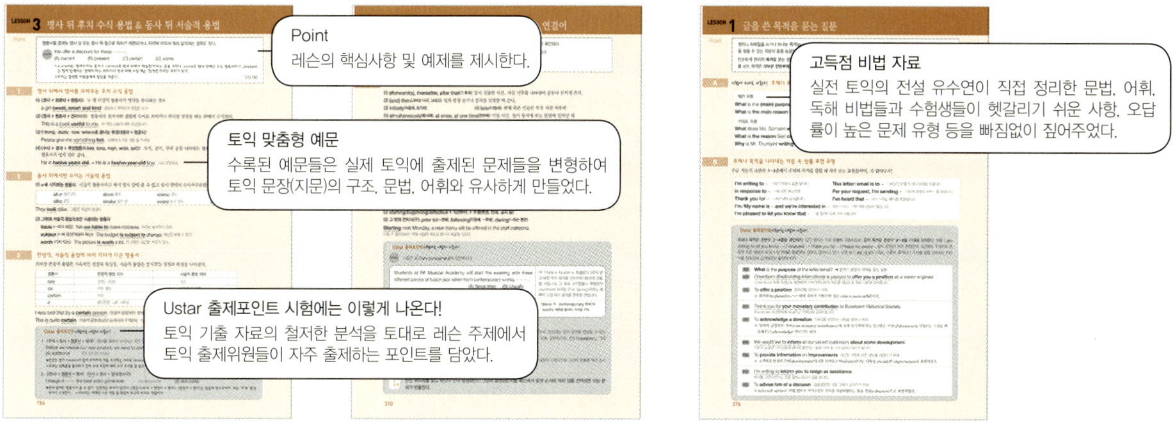

〈우측〉 Part 5 / Part 6 / Part 7

- **문제풀이 예제** : 레슨의 내용을 대표하는 문제를 골라 체계적·논리적인 풀이방식을 소개하였다.
- **Step 1 Warm-up Test** : (A), (B) 2개의 보기에서 선택하는 문제로, 문제풀이의 감을 잡는다.
- **Step 2 실전 TOEIC Test** : 실전 토익과 동일한 유형과 난이도의 4지선다형 문제로 실전토익을 미리 경험한다.
- **Part 6 Exercises** : 실전 문제와 유사한 두 개의 지문과 6문항 수록
- **Part 7 Exercises** : 실전 문제와 유사한 두 개의 지문과 2문항 수록

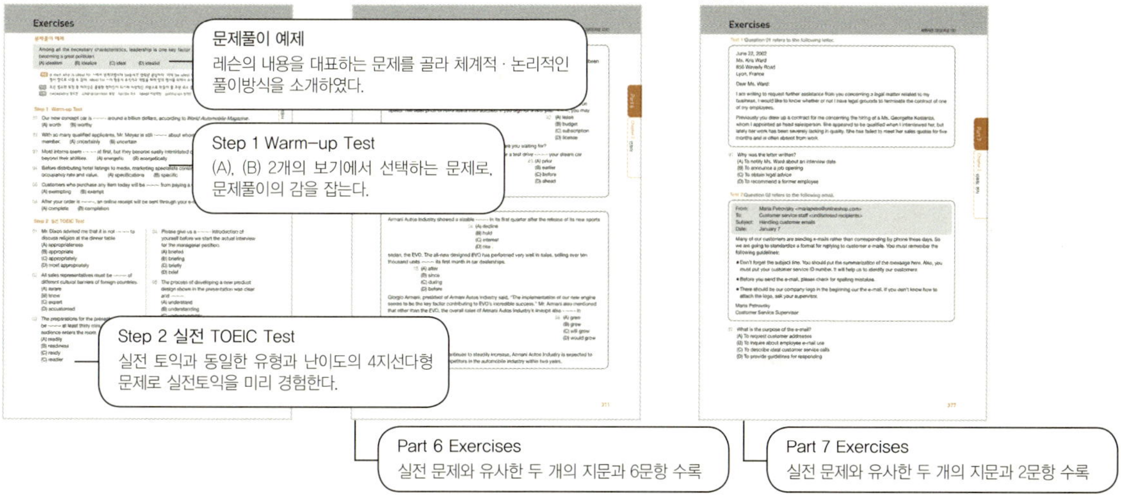

⭐ 국내 토익종합서 최다 실전 문제 수록 **풍부한 실전 테스트**

본 책에는 국내 토익종합서 최다 2,000여 개의 문제가 수록되어 있다. 레슨마다 Exercise를 두어 학습한 내용을 바로 연습할 수 있도록 했고, 파트별 학습이 끝나면 Final Test를 통해 자신의 실력을 점검할 수 있다. 또한 Part 5, 6, 7을 모두 학습한 후에는 그동안의 학습 성과와 실제 시험에서의 나의 RC 성적을 가늠해볼 수 있는 실전 토익과 동일한 난이도와 구성의 Actual Test 2회분이 준비되어 있다. 독자들은 출제 경향을 100% 반영한 문제들을 많이 접하면서 실전에 완벽하게 대비할 수 있다!

13

차례

Part 5 Incomplete Sentences

Part 5 개요 및 공략법

Chapter 1. 접속사 _29

- Lesson 1   접속사의 이해
- Lesson 2   등위접속사
- Lesson 3   등위접속사 & 상관접속사
- Lesson 4   명사절 접속사의 이해
- Lesson 5   명사절을 이끄는 접속사
- Lesson 6   형용사절을 이끄는 관계대명사
- Lesson 7   종속접속사가 이끄는 부사절
- Lesson 8   시간부사절을 이끄는 접속사
- Lesson 9   조건/양보 부사절을 이끄는 종속접속사
- Lesson 10 양보부사절을 이끄는 복합관계사
- Lesson 11 접속사 뒤에 주어가 없을 때
- Lesson 12 접속부사와 접속사

Chapter 2. 명사 _55

- Lesson 1   명사의 역할
- Lesson 2   명사의 종류와 수
- Lesson 3   명사의 앞에서 수식하는 한정사
- Lesson 4   가산명사와 불가산명사의 구분
- Lesson 5   사람명사 vs 사물명사
- Lesson 6   헷갈리기 쉬운 가산명사
- Lesson 7   -ing형의 가산명사와 불가산명사
- Lesson 8   토익 빈출 복합명사
- Lesson 9   토익 빈출 〈명사 + 전치사〉 표현
- Lesson 10 형태는 비슷하지만 의미가 다른 명사들
- Lesson 11 명사 문제풀이 순서

시험에 꼭 나오는 명사 어휘 암기리스트 _78

Chapter 3. 대명사 _83

- Lesson 1   대명사의 이해
- Lesson 2   인칭대명사 주격/목적격/소유격
- Lesson 3   재귀대명사
- Lesson 4   지시대명사
- Lesson 5   부분대명사 〈수량형용사 + of + 특정 명사〉
- Lesson 6   부정대명사 one/another
- Lesson 7   부정대명사 all/both/some/any/each

Chapter 4. 동사 _99

- Lesson 1   접속사 + 관계사 + 1 = 동사의 개수
- Lesson 2   1형식 동사 vs 2형식 동사

Lesson 3	3형식 동사
Lesson 4	4형식 동사
Lesson 5	5형식 동사
Lesson 6	현재 시제
Lesson 7	과거 시제 vs 현재완료 시제
Lesson 8	미래 시제
Lesson 9	수동태
Lesson 10	조동사(Modals)
Lesson 11	동사 출제유형 정리

시험에 꼭 나오는 동사 어휘 암기리스트 _122

Chapter 5. 관계사 _127

Lesson 1	관계사의 이해
Lesson 2	관계사의 격과 종류
Lesson 3	관계대명사 vs 의문사/의문형용사/관계형용사
Lesson 4	that vs what
Lesson 5	전치사 + 관계대명사 = 관계부사
Lesson 6	관계대명사의 생략
Lesson 7	부정대명사 + of whom/which & 유사관계대명사
Lesson 8	복합관계사의 이해
Lesson 9	복합관계부사

Chapter 6. 분사 _147

Lesson 1	분사의 이해
Lesson 2	분사의 생성 원리
Lesson 3	관계대명사 생략 분사
Lesson 4	현재분사 vs 과거분사
Lesson 5	감정동사의 분사 형용사
Lesson 6	종속접속사 뒤에 오는 분사
Lesson 7	분사구문의 위치와 시제
Lesson 8	보어 역할을 하는 분사 형용사
Lesson 9	일반 형용사와 분사 형용사

Chapter 7. 준동사 _166

Lesson 1	준동사에 대한 이해와 to부정사
Lesson 2	to부정사 패턴
Lesson 3	동명사
Lesson 4	명사와 동명사의 선택
Lesson 5	전치사 to와 to부정사
Lesson 6	to부정사와 동명사를 모두 목적어로 취하는 동사

Chapter 8. 형용사 _181

Lesson 1	형용사의 역할
Lesson 2	형용사의 어순과 명사 앞 전치 수식
Lesson 3	명사 뒤 후치 수식 용법 & 동사 뒤 서술적 용법
Lesson 4	2, 5형식 문장의 서술적 용법
Lesson 5	주요 형용사 구문
Lesson 6	형용사를 대신할 수 있는 어구
Lesson 7	(부정) 수량형용사
Lesson 8	수량형용사의 주요 표현들
Lesson 9	따로 암기해야 하는 형용사들
Lesson 10	고난도 형용사의 용법들
Lesson 11	의미상으로 혼동하기 쉬운 형용사
Lesson 12	토익 빈출 형용사 표현

시험에 꼭 나오는 유사 어휘 형용사 암기리스트 _208

Chapter 9. 부사 _209

Lesson 1	부사의 수식과 위치
Lesson 2	부사의 형태
Lesson 3	동사 수식 부사 vs 형용사 수식 부사
Lesson 4	시간부사
Lesson 5	준동사 수식 부사 & 구절 수식 부사
Lesson 6	장소와 방향의 부사 & 방법과 강조 부사
Lesson 7	접속부사 & 비교급 수식 부사

Additional Training 유사 의미 부사 _224

Chapter 10. 비교급과 최상급 _230

Lesson 1	비교 구문의 이해
Lesson 2	비교급/최상급의 형태
Lesson 3	비교급을 강조하는 부사 / the + 비교급
Lesson 4	비교급 관용표현
Lesson 5	최상급의 이해
Lesson 6	최상급과 같이 쓰이는 부사와 형용사
Lesson 7	최상급 관용표현

Chapter 11. 전치사 _247

Lesson 1	전치사와 접속사의 구분
Lesson 2	기본 전치사 at/in/on
Lesson 3	기간 전치사와 기준 전치사
Lesson 4	기본 전치사 for/about/with/within
Lesson 5	기본 전치사 of/by/under
Lesson 6	기본 전치사 from/to/without/because of/despite

Lesson 7	장소/위치/방향의 전치사 등
Lesson 8	헷갈리기 쉬운 전치사
Lesson 9	전치사를 포함한 관용표현

시험에 꼭 나오는 전치사 암기리스트 _270

Chapter 12. 가정법 _273

Lesson 1	가정법 현재와 미래
Lesson 2	가정법 과거와 과거완료
Lesson 3	if의 부정적 표현 unless/otherwise
Lesson 4	if의 생략과 도치
Lesson 5	혼합가정법 & 직설법과 가정법
Lesson 6	요구/주장/제안 동사 + that + 주어 + (should) + 동사원형

Part 5 Final Test _286

→ → Part 6 Text Completion

Part 6 개요 및 공략법

Chapter 1. 비즈니스 문서상에서 동사의 시제 활용 _297

Lesson 1	과거에 발생한 사실을 나타내는 과거동사 표현
Lesson 2	미래를 나타내는 미래동사 표현
Lesson 3	비즈니스 문서상의 현재(진행)형 동사 표현
Lesson 4	의무, 제안, 요구, 요청을 의미하는 동사 표현

Chapter 2. 문맥의 상관관계를 완성하는 연결어 _307

Lesson 1	기대치의 반대나 반전, 대조되는 상황을 나타내는 연결어
Lesson 2	시간의 흐름이나 일의 순서를 설명하는 연결어
Lesson 3	원인과 결과를 나타내는 연결어
Lesson 4	조건이나 가정, 반대 상황 등을 제시하는 연결어
Lesson 5	대안을 제시하거나 선택을 강조하는 내용을 이끄는 연결어
Lesson 6	또 다른 사항이나 사물을 추가하는 연결어
Lesson 7	예시를 들 때 쓰는 연결어

Chapter 3. 특정 대상을 지시하는 대명사와 지시형용사 _323

| Lesson 1 | 앞 문맥에서 언급된 명사들을 대신하는 대명사 |
| Lesson 2 | 수량형용사와 지시형용사가 가리키는 것 |

Chapter 4. 비즈니스 문서상의 관용표현과 어휘 _330

| Lesson 1 | 도입부에서 목적이나 배경을 나타내는 표현 |
| Lesson 2 | 후반부에서 감사 인사 또는 제안, 요청을 나타내는 표현 |

Chapter 5. Part 6 빈출지문 및 어휘 _335

Lesson 1	제품 및 서비스 광고
Lesson 2	고객의 구매, 주문, 신청 또는 예약에 관한 서신
Lesson 3	제품에 대한 불만 또는 만족 사항과 이에 대한 회신
Lesson 4	제품이나 서비스, 시설 등의 사용/이용 설명서
Lesson 5	연설 또는 강연 초대 및 행사 참석에 대한 서신
Lesson 6	새로운 정책이나 변경된 사항을 알리는 글
Lesson 7	승진, 발령, 구인, 구직 등과 관련된 서신이나 기사
Lesson 8	앞으로 있을 행사나 공사 일정 등에 관한 알림
Lesson 9	사업의 확장과 성과에 관한 보고 및 기사
Lesson 10	기타 업무상의 서신

Part 6 Final Test _356

Part 7 Reading Comprehension

Part 7 개요 및 공략법

Chapter 1. Part 7 고득점 비법 _365
- Lesson 1 정답 위치와 키워드 정보 검색 능력
- Lesson 2 오답 소거를 이용한 추론 문제 정복
- Lesson 3 유사 어휘 문제

→ Single Passage

Chapter 2. 이메일/편지 _375
- Lesson 1 글을 쓴 목적을 묻는 질문
- Lesson 2 발신/수신인과 관련된 정보를 묻는 질문
- Lesson 3 구체적인 정보(키워드)를 묻는 질문
- Lesson 4 요청, 제안, 수단, 방법을 묻는 질문
- Lesson 5 미래 상황을 묻는 질문
- Lesson 6 전체 지문의 정보를 묻는 질문 (Not Question)

Chapter 3. 기사 _389
- Lesson 1 기사의 주제를 묻는 질문
- Lesson 2 구체적인 사례나 일과 관련된 사실 여부 확인 질문
- Lesson 3 미래 상황에 대한 전망이나 계획 및 제안에 관한 질문

Chapter 4. 광고 _397
- Lesson 1 광고의 목적과 대상 또는 회사를 묻는 질문
- Lesson 2 광고 대상의 특징 또는 조건이나 자격, 혜택과 관련된 질문
- Lesson 3 구매/지원 방법이나 수단 및 제안과 관련된 질문

Chapter 5. 안내/공지 _405
- Lesson 1 주제/목적 또는 출처, 발신/수신인을 묻는 질문
- Lesson 2 공지 및 전달 사항과 관련한 구체적인 정보를 묻는 질문
- Lesson 3 추가적인 요청이나 당부 또는 제안 사항을 묻는 질문

Chapter 6. 기타 양식 _413
- Lesson 1 목적 또는 수신/발신인, 출처 등을 묻는 질문
- Lesson 2 일정, 날짜, 금액, 수량 등의 구체적인 내용을 묻는 질문
- Lesson 3 예외/부가 사항이나 수단/방법, 제안을 묻는 질문

Additional Training 추론 유형 문제 _420

Single Passage Practice Test _426

→ Double Passage

Chapter 7. 복수 지문 _437
- Lesson 1 단일 지문만으로도 풀 수 있는 유형
- Lesson 2 단일 지문만으로 해결되는 난이도 유형 문제
- Lesson 3 두 개의 지문에서 연관 키워드를 검색해야 하는 문제
- Lesson 4 수치와 관련된 연관 키워드 문제
- Lesson 5 내용을 파악해야 하는 연관 키워드 문제
- Lesson 6 추론 유형의 연관 키워드 문제
- Lesson 7 난이도 추론 유형의 연관 키워드 문제

Double Passage Practice Test _456

Part 7 Final Test _464

→ Actual Test 1 _485
→ Actual Test 2 _514

Ustar TOEIC Reading

→→→→→→ **Part 5**

Incomplete Sentences

Part 5 개요 및 공략법

1. Part 5 시험에 대한 이해

문제 유형: 문장의 빈칸에 들어갈 어휘나 문법 사항을 4개의 보기 중 고르는 형태
문제 개수: 101번~140번의 총 40문제로 구성되어 있다.
풀이 시간: 20분 이내 (문제당 20~25초 안에 풀어야 한다.)

2. Part 5는 문장에 대한 정확한 이해를 확인하는 파트이다!

(1) 문장의 구조 분석과 필요 품사 찾기
(2) 관련 문법 응용하기
(3) 문장 중에 그 문장의 의미를 결정하는 단어 찾기
(4) 보기에 자주 등장하는 어휘들에 대한 출제포인트 암기하기
(5) 비즈니스 어휘
(6) 빈칸 앞뒤를 분석하여 논리적으로 연결하기 (문장의 조합 능력, 언어 능력)

3. Part 5 문제 샘플

문장 구조 유형: 가장 기본적인 형태의 문제로 각 품사의 특성을 정확하게 이해하고 문장에 적용시킬 수 있는지 묻는다.

> Baltimore Printing Company is recruiting ------ capable of both teaching and managing new employees.
> (A) instruction   (B) instructors   (C) instructed   (D) instructive

➡ 보기가 모두 같은 어원, 다른 품사로 구성되어 있다.
　주어/동사/목적어/보어 등 문장 성분을 나누는 연습이 필요하다.

어법(문법) 유형: 문장 구조 유형의 문제와 유사하게 보이지만 구조 분석과 품사 파악만으로 답을 찾을 수 없으며, 해당 품사와 관련된 문법을 익혀야 한다.

> The stadium managers usually notify the baseball umpire through a particular gesture when they ------ rain.
> (A) expect   (B) expecting   (C) expectation   (D) expects

➡ 보기 모두 같은 어원의 단어들로 되어 있어, 문장 구조 유형의 문제와 유사하게 보인다.
　문장 구조를 파악한 후 불필요한 품사는 소거하고, 해당 품사와 관련된 문법 사항들을 확인해야 한다.

어휘 유형: 문장에서 품사별 단어의 의미를 정확하게 쓸 수 있는지 묻는다.

> Starting next Monday, all questions regarding the new cup design will be ------ to main designer, Mr. Santino.
> (A) forwarded   (B) investigated   (C) designed   (D) responded

➡ 보기가 모두 같은 품사의 다른 단어들로 구성되어 있다.
　단순히 단어의 뜻만 암기하지 말고 해당 품사 및 그 쓰임을 확인할 수 있는 예문, 문제의 포인트가 되는 어휘들을 함께 암기해야 쉽게 풀 수 있다.

4. Part 5의 난이도별 문제 구성

25문제	수능 스타일의 '해석'을 통해 답을 찾는 문제 / 기출어휘 / 단순 품사 찾기 문제
8문제	접속사와 전치사 문제
4문제	난이도 있는 문장 구조를 이용하는 문제 / 문법적인 skill이 동원되는 복합적 문제
3문제	처음 나오는 어휘나 복합 문장 구조를 이용한 복합적 문제

5. 파트 5 문제풀이 접근법

(1) 문장의 구조를 파악하라!

> Baltimore Printing Company is recruiting ------- capable of both teaching and managing new employees.
> (A) instruction   (B) instructors   (C) instructed   (D) instructive

Step 1_문제 유형 파악하기 (A)~(D)는 모두 같은 어원으로 품사만 다르다.
Step 2_문장 구조 나누기 빈칸을 중심으로 주어 / 동사 / 목적어 / 보어 / 수식어를 나눠서 어떤 성분이 들어가야 하는지 확인한다. Baltimore Printing Company / is recruiting / ------- (capable of both teaching and managing new employees). 이때 문장에 꼭 없어도 되는 수식어구들은 괄호로 묶어놓고 보면 쉽게 보인다. 빈칸 뒤에 capable of ~는 빈칸의 명사를 선행사로 하는 주격 관계대명사가 생략된 형태이다.
Step 3_품사 골라내기 문장의 구조를 파악해 빈칸에 들어갈 성분을 확인하고 나면 적절한 품사를 골라낸다. 빈칸은 동사 is recruiting의 목적어로 명사가 들어갈 자리이다. 보기 중에 명사는 (A) instruction과 (B) instructors이다. 주어인 회사가 신입사원, 회원 등을 모집하다는 의미로 일반명사인 instruction(설명, 지시)은 답이 될 수 없으므로 사람을 의미하는 (B)가 정답이 된다.

(2) 문제의 유형을 구분하라!

- 보기의 어원이 모두 같은 경우
  ① 4개의 보기 모두 품사가 다르다. [문장 구조 유형] Part 5에서 가장 쉬운 난이도의 문제이다. 문장에서 주어, 목적어, 보어, 수식어구를 구분할 수 있는지 묻는 것이다.
  ② 같은 품사의 보기들이 있다. [문장 구조 → 문법 유형] 단순한 구조의 문장에서 세부적으로 품사별 특성과 쓰임을 잘 알고 있는지 묻는다.

- 보기의 어원이 서로 다른 경우
  ① 4개의 보기 모두 품사가 같다. [어휘 유형] 단어의 의미를 정확히 알고 쓸 수 있는지를 묻는 문제이다.
  ② 4개의 보기 모두 의미가 각각 다르다. [구조 - 어휘 유형] 뒤에 연결되는 문장 구조를 확인하여 그 쓰임과 의미를 묻는다.
  ③ 보기에 의미가 유사한 단어가 포함되어 있다. [구조 - 어법 - 어휘 유형] 어휘 문제와 어법 문제를 섞어놓은 듯한 문제로 의미와 쓰임을 정확히 알아야 풀 수 있는 문제이다.

6. 효과적인 Part 5 학습법

점수대별 Part 5 정답률은 700점대는 28~30문제, 800점대는 34~36문제, 900점대는 38~40문제이다. 점수대별로 학습법을 달리 하는 것이 좋다. 700점대는 구조 분석과 품사 찾기 훈련, 기출어휘의 기본적인 뜻, 단순한 문법 등을 위주로 공부해야 한다. 800점대는 접속사/전치사의 다양한 활용과 고난이도 구조 분석 훈련, 그리고 기출어휘의 활용과 출제포인트에 집중한다. 끝으로 900점대는 고난이도의 문법 및 복합적인 문장 구조 분석, 비즈니스 어휘 위주로 공부해야 한다.

Part 5 어휘를 학습할 때 500~700점대의 수험생들은 단어의 뜻을 암기하는 것이 중요하다. 하지만 700점 이상인 학생들은 이미 시험에 나오는 단어들의 기본 뜻을 모두 알고 있는데도 답이 나오지 않는 경우이다. 때문에 단순히 단어의 뜻만 암기하는 방법으로는 해결되지 않는다. 700점대 이상의 고득점 학생들이 어휘 공부를 할 때는 다음의 어휘 출제포인트를 이해해야 한다.

> (1) 어휘는 구조 분석과 품사 배치에 따라 연습해야 한다.
> (2) 어휘는 비즈니스 영어, 특히 프레젠테이션에 필요한 업무 영어를 이해하면서 익혀야 한다.
> (3) 명사 어휘는 가산, 불가산, 사람명사 등을 최대한 이용해야 한다.
> (4) 동사 어휘는 자동사, 타동사, 형식, 관련 목적어, 관련 전치사 등을 사전에 암기하여 풀어야 한다.
> (5) 형용사 어휘는 종류(한정사, 수량형용사 등), 사람 수식 여부, 〈be동사 + 형용사 + 전치사〉 숙어 등을 암기해야 한다.
> (6) 부사 어휘 문제는 수식 관계(동사 수식, 형용사 수식 등), 위치, 종류(빈도부사, 시간부사, 접속부사 등), 관련 동사들을 같이 암기하여 응용해야 한다.
> (7) 문법과 어휘가 결합된 문제들
> (8) 접속사와 전치사 문제들은 5대 접속사와 토익에 나오는 전치사 40여개를 정리해두어야 한다.
> (9) 토익의 고난이도 문제들은 하나의 문제 안에 (1)~(8)의 사항을 복합적으로 묻는 문제들이기 때문에 여러 가지 사항들을 동시에 감안하여 문제를 해결하는 훈련을 해두어야 한다.

공략법 1 영어의 기본 〈구조 분석과 필요 품사 찾기〉

Point

영어 문장의 기본은 동사이다. 따라서 시험에서는 항상 본동사의 위치를 먼저 확인한 후에 나머지 문장의 성분들을 분석하여 빈칸에 필요한 품사나 어휘를 찾아야 한다.

수식어구	주절	수식어구
부사 〈전치사 + 명사〉 〈관계대명사 + 동사〉 〈to부정사 + 목적어〉 〈전치사 + 동명사 + 목적어〉 〈분사구문〉 〈접속사 + 주어 + 동사〉	주어 + 동사 + α	부사 〈전치사 + 명사〉 〈관계대명사 + 동사〉 〈to부정사 + 목적어〉 〈전치사 + 동명사 + 목적어〉 〈분사구문〉 〈접속사 + 주어 + 동사〉

Ustar 출제포인트 시험에는 이렇게 나온다!

주어와 본동사 찾기: 모든 문장에는 반드시 동사가 존재한다.

문제를 풀 때는 항상 주어와 본동사를 먼저 확보하는 것이 관건이다. 주절의 주어와 본동사를 찾기 위해서는 부사, 〈전치사 + 명사〉 등의 수식어구들을 먼저 제거해야 한다.

1. 구조 분석과 본동사 찾기

After years of development and testing, ABC's brand-new models ------- competitive images than its competitors' models do.
(A) produce   (B) produces   (C) product   (D) producing

2. 구조 분석과 동사의 태

The temporary time table for central trains and buses operating in the metro city ------- every six months.
(A) will be published   (B) publishes   (C) will publish   (D) are publishing

3. 구조 분석과 동사의 수일치 그리고 동사 시제

Mr. Lee, as chief financial officer for Hyunsung Co., ------- responsibility for budgeting and accounting.
(A) assumes   (B) to assume   (C) will assume   (D) assume

4. 구조 분석과 동사 품사 구별

New employees ------- themselves with the company policies before starting their work next week.
(A) familiar   (B) will be familiar   (C) should familiarize   (D) been familiarized

주어와 본동사 및 접속사 찾기 〈접속사/관계대명사 + 1 = 동사의 개수〉

1. 접속사 뒤의 문장 구성 성분 조합 문제

The web-design team at Dinners Chains initially experienced technical problems, but now everything -------.
(A) will be correcting   (B) correcting   (C) corrected   (D) has been corrected

2. 접속사 뒤에 주어가 생략된 분사구문

The head accountant revised the financial report before ------- it to the main headquarters.
(A) submit   (B) submits   (C) submitted   (D) submitting

3. 관계대명사 뒤에 오는 동사의 태 문제

The surrounding wall that ------- Joseph Park will be constructed using modern methods.
(A) enclosing   (B) will enclose   (C) enclose   (D) will be enclosed

Ustar 문제풀이 고득점자는 이렇게 푼다!

주어와 본동사 찾기: 모든 문장에는 반드시 동사가 존재한다.

1. 해설 ❶ 우선 〈전치사 + 명사〉와 〈접속사 + 주어 + 동사〉를 가로로 묶어서 제거한다. (After years of development and testing), ABC's brand-new models ------ competitive images (than its competitors' models do).
   ❷ 남은 문장은 ABC's brand-new models ------ competitive images(주어 + 동사 + 목적어)이다.
   ❸ 주어가 복수이기 때문에 답은 (A)이다.
   해석 수년간의 개발과 테스트 후에, ABC사의 새로운 모델은 경쟁사의 모델보다 더 경쟁력 있는 이미지를 만들어냈다.
   정답 (A)

2. 해설 ❶ 〈전치사 + 명사〉와 분사구문을 우선적으로 가로로 묶어서 제거한다. The temporary time table (for central trains and buses) (operating) (in the metro city) ------ (every six months).
   ❷ The temporary time table ------.
   ❸ 목적어가 없기 때문에 수동태인 (A)가 답이 된다.
   해석 대도시에서 운행되는 시내를 다니는 열차와 버스에 대한 임시 시간표는 6개월마다 발표될 것이다.
   정답 (A)

3. 해설 ❶ 〈전치사 + 명사〉를 우선적으로 가로로 묶어서 제거한다. Mr. Lee, (as chief financial officer) (for Hyunsung Co.), ------ responsibility (for budgeting and accounting).
   ❷ Mr. Lee ------ responsibility
   ❸ 일상적이고 반복적인 업무를 나타내는 시제는 현재이며, 주어가 단수이고 본동사 자리이기 때문에 답은 (A)이다.
   해석 Hyunsung사의 최고 재무 책임자인 Mr. Lee는 예산관리와 회계에 책임을 맡고 있다.
   정답 (A)

4. 해설 ❶ New employees ------ themselves (with the company policies) (before starting their work) (next week).
   ❷ New employees / ------ / themselves
   ❸ 문장에 본동사가 필요하고 뒤에 목적어를 받았다. familiar는 형용사이기 때문에 보기 중 목적어를 받을 수 있는 동사 (C)가 답이다.
   해석 신입사원들은 다음 주에 (그들의) 업무를 시작하기 전에 회사의 정책에 대해 잘 알고 있어야 한다.
   정답 (C)

주어와 본동사 및 접속사 찾기 〈접속사/관계대명사 + 1 = 동사의 개수〉

1. 해설 ❶ 항상 〈전치사 + 명사〉와 부사를 우선적으로 가로로 묶어서 제거한다. The web-design team (at Dinners Chains) (initially) experienced technical problems, but (now) everything ------.
   ❷ The web-design team experienced technical problems, but everything ------.
   ❸ 접속사 뒤에 주어만 있기 때문에 빈칸은 본동사 자리이고 빈칸 뒤에 목적어가 없기 때문에 수동태인 (D)가 답이 된다.
   해석 Dinners Chains사의 웹디자인 팀은 처음엔 기술적인 문제를 겪었으나, 지금은 모든 것이 수정되었다.
   정답 (D)

2. 해설 ❶ 수식어구에 해당하는 〈전치사 + 명사〉를 제거하고 전체 문장의 주요 성분들을 위주로 구조 분석을 한다. The head accountant revised the financial report before ------ it (to the main headquarters).
   ❷ 접속사(before) 뒤에 주어가 없기 때문에 완전한 동사가 나올 수 없다. 또한 빈칸 뒤에 목적어가 있다.
   ❸ 빈칸은 능동의 현재분사인 (D)가 와야 한다.
   해석 수석 회계사는 본사에 (재무보고서를) 제출하기 전에 재무보고서를 수정하였다.
   정답 (D)

3. 해설 ❶ 주어 다음에 관계대명사가 나오면 관계대명사에서 첫 번째 동사를 지나 두 번째 동사 앞까지 가로로 묶은 후에 문제를 해결한다.
   ❷ 관계대명사나 접속사 뒤의 구조는 따로 가로로 묶어서 구조 분석을 해두어야 한다.
   The surrounding wall (that ------ Joseph Park) will be constructed using modern methods.
   ❸ that은 주격 관계대명사이며 선행사는 단수인 wall이다. 빈칸 뒤에 목적어가 있고 미래 시제이기 때문에 능동의 미래 동사인 (B)가 답이 된다.
   해석 Joseph 공원을 에워쌀 담장은 현대기법을 이용하여 건축될 것이다.
   정답 (B)

공략법 2 완전한 문장 앞뒤에 내용 추가하기

Point

영어는 간단하게 '조합형 언어'라고 이해할 수 있다. 중·고등학교 때의 영어공부는 수능 영어로 독해를 위주로 한다. 수능은 대학에서 영어 전공서적을 보면서 지식을 습득하는 데 문제가 없는지를 확인하는 것이 목적인 시험이다. 따라서 독해(Reading) 위주로 내용을 이해하는 것이 기본이다. 그러나 토익이라는 시험은 일상생활이나 국제 업무 등에 필요한 실용영어 활용 능력을 평가하는 목적으로 말하기(Speaking)나 작문(Writing) 실력을 테스트한다. speaking과 writing의 기본은 문장의 조합 능력으로 단순히 단어를 사전을 찾아서 나열하는 것만으로는 문장을 조합할 수 없다. 즉, 품사나 성분들을 배열하거나 추가하는 방법을 알아야 하는 것이다. 따라서 토익 **Part 5에서 테스트하는 사항은 필요한 단어를 적절히 나열하는 방법**이라 할 수 있다.

특히, 주절 앞뒤로 내용을 추가해서 연결할 때 필요한 사항을 알아두어야 한다. 예를 들어 **명사를 추가하기 위해서는 전치사가 필요하다**든지 **문장을 추가하기 위해서는 접속사가 필요하다**든지 등의 사항들이다.

Ustar 출제포인트 시험에는 이렇게 나온다!

1. 문장에 명사를 추가하기 위해서는 전치사가 필요하다.

Richard Restaurant features various kinds of Italian menu ------- the heavy single menu offered by the traditional local cafeterias.
(A) unlike   (B) whereas   (C) although   (D) unless

2. 문장에 주어와 동사를 추가하려면 접속사나 관계사가 있어야 한다.

------- we receive your resume by the 15th, we will still be able to consider your application.
(A) As long as   (B) Despite   (C) Prior to   (D) In order to

3. 문장에 접속사나 관계사 없이 동사를 추가하기 위해서는 준동사를 넣어야 한다.

Mr. Grey included a few assumptions in his presentation ------- the audience.
(A) convince   (B) to convince   (C) convinces   (D) is convincing

4. 주절의 문장 앞뒤에 한 단어가 추가될 때는 주로 부사 자리이다.

-------, our motel is currently hiring a receptionist.
(A) Consequently   (B) Consequent to   (C) Consequence of   (D) The consequences

5. 문장 안에 본동사와 분사를 구별해야 한다.

The recently applied system significantly ------- the number of errors in processing multiple tasks.
(A) having reduced   (B) reduce   (C) reducing   (D) reduced

6. 내용을 추가할 때는 구조 분석과 필요 품사 그리고 문법사항 등을 복합적으로 고려해야 한다.

The City Foundation will choose and donate money to ------- non-profit organization requires support the earliest.
(A) their   (B) those   (C) whoever   (D) whichever

7. 문장 안에 몇 개의 절이 있는지를 확인하고 생략된 접속사나 관계대명사를 고려하여 문제를 해결해야 한다.

Mr. Han could successfully complete his project this Friday ------- all the data he needs arrives today.
(A) if   (B) in the event of   (C) even   (D) both

Ustar 문제풀이 고득점자는 이렇게 푼다!

1. [해설] ❶ 문장의 구조 분석을 할 때는 빈칸 뒤에 동사가 있는지 분사가 있는지 확인해야 한다. Richard Restaurant / features / various kinds of Italian menu ------ the heavy single menu (offered by the traditional local cafeterias).
   ❷ offered by the traditional local cafeterias는 분사구문이다.
   ❸ 빈칸은 the heavy single menu라는 명사를 받기 때문에 전치사가 답이 된다. 답은 (A)이다.
   [해석] Richard 레스토랑은 현지 전통 식당들에 의해 제공되는 무거운 단일 메뉴가 아닌 다양한 종류의 이탈리안 메뉴를 특징으로 한다.
   [정답] (A)

2. [해설] ❶ ------ we / receive / your resume (by the 15th), we / will still be able to consider / your application. 문장의 주성분들을 살펴보면 〈------ 주어 + 동사 + 목적어, 주어 + 동사 + 목적어〉이다.
   ❷ 빈칸에는 접속사가 들어와야 한다. 따라서 답은 (A)이다.
   [해석] 저희가 15일까지 귀하의 이력서를 받는다면, 우리는 귀하의 지원을 검토할 여지가 있을 겁니다.
   [정답] (A)

3. [해설] ❶ 모든 문제는 수식어구를 제거하고 주어와 본동사의 개수를 확인하는 데서 시작한다. Mr. Grey / included / a few assumptions / (in his presentation) (------ the audience).
   ❷ 빈칸 뒤에 동사 없이 명사만 있기 때문에 〈전치사 + 목적어〉가 오거나 〈준동사 + 목적어〉 등이 와야 한다.
   ❸ 답은 준동사인 (B)이다.
   [해석] Mr. Grey는 청중들을 설득하기 위해 프레젠테이션에서 몇 가지 전제조건을 포함시켰다.
   [정답] (B)

4. [해설] ❶ ------, our motel / is (currently) hiring / a receptionist.
   ❷ 답은 부사인 (A)이다.
   [해석] 따라서 저희 모텔은 현재 접객원(리셉셔니스트)을 채용중입니다.
   [정답] (A)

5. [해설] ❶ 수식어구를 제거한다. The recently applied system / (significantly) ------ the number of errors (in processing multiple tasks).
   ❷ The (recently applied) system ------ the number of errors에서 recently applied는 분사구문이다.
   ❸ 따라서 문장 안에는 본동사가 없다. 빈칸에는 전체 문장의 본동사가 와야 한다.
   ❹ 주어가 단수이기 때문에 (B)는 답이 될 수 없으며, 답은 (D)이다.
   [해석] 최근에 적용된 시스템은 다양한 업무를 처리하는 데 있어서 상당히 많은 오류를 줄여주었습니다.
   [정답] (D)

6. [해설] ❶ 문장의 주요 성분들을 분석한다. The City Foundation / will choose and donate / money / (to ------ non-profit organization requires support the earliest).
   ❷ 앞 문장은 완전한 문장이며 빈칸 뒤에도 requires라는 동사가 있기 때문에 접속사나 관계사가 와야 한다.
   ❸ 따라서 (A)나 (B)는 답이 될 수 없다. 전치사 뒤에는 명사나 명사구, 명사절이 와야 하는데 빈칸 뒤에 주어와 동사가 있기 때문에 명사절이 와야 한다.
   ❹ whoever 뒤에는 주어가 없는 불완전한 문장이 와야 하는데 빈칸 뒤에는 〈주어 + 동사 + 목적어〉가 모두 있다.
   ❺ 〈whichever + 명사〉에서 whichever는 관계형용사로 뒤에 완전한 문장을 받는다. 답은 (D)이다.
   [해석] City Foundation은 선별 후에 제일 빨리 지원이 필요한 비영리기구 어느 곳에나 기부를 할 것입니다.
   [정답] (D)

7. [해설] ❶ 우선 불필요한 성분들을 제거한다. Mr. han could (successfully) complete his project (this Friday) ------ all the data he needs arrives (today).
   ❷ Mr. Han could complete his project ------ all the data he needs arrives.
   〈주어 + 동사 + 목적어 ------ 명사 + 주어 + 동사 + 동사〉가 남는다.
   ❸ 빈칸 뒤 문장의 구조를 분석해보면 〈명사 + (관계대명사 목적격 + 주어 + 동사) + 동사〉이며 관계대명사절을 생략한다 해도 all the data arrives는 〈주어 + 동사〉 구문이 된다.
   ❹ 주절 뒤의 all the data arrives라는 〈주어 + 동사〉 구문을 연결하기 위해서는 접속사가 필요하다.
   ❺ (A) 접속사, (B) 전치사, (C)와 (D)는 부사이기 때문에 답은 (A)이다.
   [해석] Mr. Han이 필요한 모든 자료가 오늘 도착한다면, 그는 이번 주 금요일에 자신의 프로젝트를 성공적으로 끝마칠 수 있을 것이다.
   [정답] (A)

공략법 3 Part 5의 복합적인 출제포인트 이해하기

Point

Part 5의 고난이도 문제들은 한 문제 안에 여러 가지 출제포인트와 관련된 내용이 포함된다는 특징이 있다. 예를 들면, 〈어휘 + 구조〉 혹은 〈어휘와 각 문법사항〉, 〈비즈니스 어휘 + 문장〉의 논리적인 조합 능력 등이다. 따라서 Part 5 문제들은 문장 안에 답에 영향을 주는 모든 요소들을 꼼꼼하게 살펴보는 집중력과 어휘나 문법의 실제 활용 능력이 중요한 관건이다. 다음은 동시에 여러 가지 출제포인트를 가지는 문제들의 예시이다.

Ustar 출제포인트 시험에는 이렇게 나온다!

1. 명사 관련 문법과 수식관계

Expanding the Northern Factory should result in a 25-percent ------- in its productivity.
(A) increased   (B) to increase   (C) increasingly   (D) increase

2. 문장 중에 답을 결정하는 단어 찾기

Although we expect the economy will recover within the next ten years, analysts' study results indicate -------.
(A) somehow   (B) otherwise   (C) beside   (D) else

3. 부사 어휘들에 대한 출제포인트 암기하기

Since Derrick once had an experience of relocating to a new city before, he properly introduced himself to the neighbors when he ------- moved to the new apartment.
(A) initially   (B) recently   (C) usually   (D) highly

4. 전치사 어휘들에 대한 출제포인트 암기하기

A well-recognized company has a competitive advantage ------- the other companies.
(A) over   (B) to   (C) than   (D) as

5. 동사 어휘들의 출제포인트

The meeting is ------- to be held.
(A) planning   (B) expecting   (C) going   (D) deciding

6. 비즈니스 어휘

Because we replaced the relevant parts, we do not ------- any more problems.
(A) expect   (B) suppose   (C) guess   (D) hope

7. 업무 영어의 이해와 활용

We need ------- to hire a new employee from the board of directors.
(A) order   (B) approval   (C) requirement   (D) request

8. 빈칸 앞뒤를 분석하여 품사를 논리적으로 연결하기 (문장의 조합 능력, 언어 능력)

Of the five most prominent airplane companies, only two were completely ------- the environmental standards.
(A) complied   (B) complying   (C) in compliance   (D) compliant with

9. 문장의 형식과 품사의 배열

After the meeting with the project team, Mr. Kenzo found the revised plan ------- more detailed than the original one.
(A) considerable   (B) considering   (C) considerably   (D) consider

10. 빈칸 앞뒤를 분석하여 형용사 어휘를 논리적으로 연결 (문장의 조합 능력, 언어 능력)

Nowadays, our customers are ------- to receiving a quick response.
(A) accustomed   (B) familiar   (C) dedicated   (D) preferred

Ustar 문제풀이 고득점자는 이렇게 푼다!

1. 해설 관사와 형용사(a 25-percent)를 관사를 받을 수 있는 가산명사가 와야 한다. a (25 percent) increase가 하나의 명사구가 된다.
   해석 Northern Factory의 확장은 생산성을 25% 증가시킬 것이다.
   정답 (D)

2. 해설 Although와 같이 쓸 수 있는 부사는 otherwise이다(비록 ~했지만, 다르게 ~했다).
   (A) somehow는 '어떻게든, 그럭저럭'의 의미를 갖는 부사이다. somehow expensive(다소 비싼) (C) beside는 장소 부사이며, (D) else는 '그밖에 다른'이라는 의미로 명사 뒤나 문장 끝에 쓰인다. Ask someone else.(다른 사람에게 물어봐라.)
   해석 비록 우리가 향후 10년 안에 경제가 회복될 것으로 기대하고 있을 지라도 경제 분석가들의 조사결과는 그렇지가 않다.
   정답 (B)

3. 해설 부사들은 위치나 수식관계를 모두 알아두어야 실제 응용이 가능하다.
   (A) initially는 과거 동사와 같이 쓰이며 '과거에는 ~이었으나 지금은 아니다'라는 뜻이다. (B) recently 최근에 발생한 동작과 같이 쓰인다. (C) usually는 빈도부사로서 주로 현재 시제와 함께 반복적인 일에 쓰인다. (D) highly는 very의 의미로 주로 형용사를 수식한다.
   해석 Derrick은 과거 새로운 도시로 한 번 이사를 간 적이 있었기 때문에, 최근 새 아파트로 이사를 갔을 때 이웃에게 적절하게 자신을 소개했다.
   정답 (B)

4. 해설 4개의 보기는 모두 비교 대상을 보여주는 전치사이지만 앞에 오는 단어들에 따라 선택한다.
   (A) 〈advantage over + 비교대상 / choose A over + 비교 대상〉
   (B) 라틴계 형용사(-or) 〈superior/inferior to + 비교 대상〉
   (C) 〈-er / more + 형용사 + than + 비교 대상〉
   (D) 〈as ~ as + 비교 대상〉
   해석 인지도가 높은 회사는 다른 회사들에 비해 경쟁우위를 가지고 있다.
   정답 (A)

5. 해설 일부 동사들은 사람 주어만 받거나 사람 목적어만 취하게 된다. 예를 들어 decide, expect, consider, plan 등의 동사는 주어가 사람이어야만 문장이 성립된다. 따라서 the meeting이 주어인 경우에 이런 동사들은 능동형을 쓸 수 없다. 답은 (C)이다.
   해석 회의가 열릴 것이다.
   정답 (C)

6. 해설 expect, anticipate, predict 등의 동사는 사전에 분석을 했거나 확실한 근거가 있는 경우에 쓸 수 있고 suppose, guess, hope 등은 추측이나 희망사항에 쓴다. 소비자에게 약속을 하거나 확신을 줄 때는 expect, anticipate, predict 등의 동사를 써야 한다. 답은 (A)이다.
   해석 우리는 관련된 부품을 교체했기 때문에 더 이상의 문제는 없을 것입니다.
   정답 (A)

7. 해설 사람을 뽑을 때는 명령이나 주문을 하는 것이 아니라 상부의 허락을 받아야 하는 것이므로 (B)가 답이 된다.
   해석 우리는 신입사원을 채용하기 위해 이사회로부터 승인을 받아야 한다.
   정답 (B)

8. 해설 빈칸 앞에는 be동사가 있고 뒤에는 명사가 있다. 과거분사인 (A)가 오면 수동태가 되기 때문에 뒤에 명사를 받을 수 없다. be동사 뒤에는 형용사가 와야 하며 빈칸 뒤에 명사(목적어)를 받기 위해서는 전치사가 필요하므로 답은 (D)이다.
   해석 제일 유명한 5개 항공사들 중에서, 2개사만이 환경기준을 준수하고 있었다.
   정답 (D)

9. 해설 find는 5형식 동사이다. 따라서 〈find + 목적어 + 목적격 보어(형용사)〉가 와야 한다. found / the revised plan / more detailed는 필요한 성분이 모두 갖춰져 있다. 더 이상 필요한 품사가 없을 때는 부사를 답으로 선택한다. 따라서 (C)가 답이 된다.
   해석 프로젝트 팀의 회의 후에, Mr. Kenzo는 수정안이 원래의 것보다 상당히 더 자세하다는 것을 알았다.
   정답 (C)

10. 해설 accustomed와 familiar는 모두 전치사 to를 동반하며 '익숙해지다, 잘 안다'라는 의미를 가진다. (A) be accustomed to는 반복되는 어떤 상황에 익숙해지는 것이고, (B) be familiar to는 이미 알거나 잘해서 익숙해지는 것이다. (C) be dedicated to는 '~에 헌신하다'라는 뜻이다. 문장에서 주어가 소비자이기 때문에 (C)는 답이 될 수 없다. 빠른 응답이 오는 상황을 반복적으로 경험하여 익숙해지는 것이기 때문에 답은 (A)가 적절하다.
    해석 요즘 저희 고객들은 빠른 응답을 받는 데 익숙해져 있습니다.
    정답 (A)

Ustar
TOEIC
Reading

Chapter 1

접속사 (Conjunction)

접속사는 문장 전체를 이해하는 데 중심을 잡아주기 때문에 모든 문제풀이의 기본이 되는 문법 사항이다. 특히 문장과 문장을 연결하는 기능을 한다는 것과 접속사가 하나씩 추가될 때마다 뒤에 동사의 개수가 늘어난다는 것은 접속사의 가장 중요한 사항이므로 꼭 기억해두도록 한다!

★ 주요 출제 패턴

1. 접속사 + 1 = 동사의 개수
2. 접속사의 특징
3. 다양한 접속사의 뜻과 문장의 논리적 연결
4. 접속사 뒤의 주어 생략

★ 이렇게 풀어라! 문제풀이 전략

1. 접속사 + 1 = 동사의 개수

All employees must wear their safety clothes ------- the press is in motion.
(A) during (B) while

해설 All employees must wear ~ 다음의 빈칸 뒤에 또 다른 주어(the press)와 동사(is)가 뒤따르고 있다. 따라서 전치사 during이 아닌 문장을 연결하는 접속사가 와야 하므로 while이 적합하다.

해석 압착기가 작동하는 중에는 근로자들은 모두 안전복을 착용해야 합니다.

2. 접속사의 특징

This medicine can kill most of the viruses, ------- not all.
(A) but (B) although

해설 빈칸 다음 문장은 원래 this medicine cannot kill all of the viruses로, 동일 주어인 this medicine, 동일 동사인 can과 kill이 생략된 것이다. 이렇게 동일한 부분을 생략하고 남은 부분만 살려 놓을 수 있는 것은 오직 등위접속사인 but뿐이다.

해석 이 약은 바이러스를 대부분 죽일 수 있으나 모든 바이러스를 죽일 수 있는 것은 아니다.

3. 다양한 접속사의 뜻과 문장의 논리적 연결

------- the building has been inspected, our team will be able to move in.
(A) While (B) As soon as

해설 as soon as는 '~하자마자'라는 의미로 시간 및 조건의 부사절을 이끄는 접속사이다. 시간 및 조건의 부사절에서는 미래 시제를 쓸 수 없으므로, 미래완료는 현재완료로 표현하게 된다. while도 시간 및 조건의 부사절을 이끄는 접속사이나, 종속절의 행위가 일어나고 있는 동안 주절의 행위가 발생해야 하는 동시 발생의 개념에 쓰이므로 의미상 적합하지 않다.

해석 건물 확인 검사가 끝나는 대로 바로 우리 팀이 들어갈 수 있을 것이다.

4. 접속사 뒤의 주어 생략

Survivor benefits are only paid if the member dies ------- on active duty.
(A) while (B) during

해설 duty는 전치사 on의 목적어인데, 빈칸에 또 전치사가 오면 그에 해당하는 목적어가 없으므로 전치사인 during은 답이 될 수 없다. 종속접속사는 뒤에 동일 주어와 be동사가 생략된 분사구문을 형성할 수 있다. 따라서 빈칸 이하는 while the member is on active duty에서 〈주어 + be동사〉가 생략된 분사구문이라고 볼 수 있다.

해석 유족 연금은 직원이 근무 중 사망했을 경우에만 지급됩니다.

LESSON 1 접속사의 이해

Point

> 접속사에는 등위접속사, 상관접속사, 관계대명사, 명사절 접속사, 종속(부사절) 접속사 등 5가지 종류가 있다.
>
> **예제** ------- we receive your payment, you will get the package within two days.
> (A) As long as   (B) Despite   (C) Prior to   (D) In order to
>
> ▶ 토익 문제는 의미적으로 접근하기보다는 먼저 품사와 구조적으로 접근한다. 보기 (A)는 접속사, (B)는 전치사, (C)는 전치사, (D)는 to 부정사이다. 〈------- 주어 + 동사, 주어 + 동사〉의 구조에서는 접속사가 답이 된다.
> ● 저희 쪽에서 대금을 받으면 고객님께서는 이틀 내로 물건을 받게 될 것입니다.
>
> 정답 (A)

1 〈접속사/관계대명사 개수 + 1=동사의 개수〉이다.

문장은 하나의 주어와 하나의 동사로 구성되어 있다. 문장의 가장 기본 단위는 동사로, 동사가 추가되기 위해서는 두 문장을 연결하는 접속사가 필요하다. 따라서 〈접속사/관계대명사 개수 + 1 = 동사의 개수〉이다.

The product survey questionnaire <u>has not been revised</u> <u>since</u> the last advertisement <u>was printed</u>.
　　　　　　　　　　　　　　　　　　　동사　　　　　　　접속사　　　　　　　　　　　동사

마지막 광고가 인쇄되고 난 이후로 제품 설문조사지는 수정되지 않았다.

☆ 위 문장의 동사는 has not been revised와 was printed 2개이며, since는 두 문장을 연결하는 접속사이다.

2 5가지 접속사를 기억하라!

(1) 등위접속사: 같은 성분의 단어와 단어, 구와 구, 절과 절을 대등하게 연결하는 접속사로 and, but, or, so, yet 등이 있다.
　　He bought a table **and** a chair. 그는 테이블과 의자를 샀다.

(2) 상관접속사: both A and B, either A or B, not A but B, not only A but also B 등과 같이 두 단어 이상이 짝을 이루는 접속사이다. 등위접속사의 일종으로 역시 같은 성분을 대등하게 연결한다.
　　He was **not** aggressive **but** decisive. 그는 공격적인 게 아니라 단호했던 거야.

(3) 관계대명사: 바로 앞의 명사를 꾸며주는 형용사절을 이끄는 접속사이다. 관계대명사에는 which, who, whom 등이 있다.
　　There is a restaurant **which** serves Asian food. 아시아 음식을 파는 레스토랑이 있다.

(4) 명사절 접속사: 문장의 주어, 목적어, 보어 역할을 하는 명사절을 이끄는 접속사로 what, that, if, whether, 의문사 등이 있다.
　　I know **that** he is honest. 나는 그가 정직하다는 것을 안다. ☆ 동사 know의 목적어

(5) 종속(부사절) 접속사: 부사절, 즉 '장소, 원인, 이유, 양보, 시간' 등의 부가적인 정보를 주절에 추가해주는 접속사이다. 종속접속사에는 although, until, since, because, as, when 등이 있다.
　　I like her **because** she is talented. 나는 그녀가 재능이 있기 때문에 좋아한다.
　　　주절　　　접속사　　　종속절

☆ I like her는 문장의 중심 의미를 전달하므로 '주절', she is talented는 주절을 보충 설명하는 부사 역할을 하므로 '종속절'이다.

I have lived here **since** I was a child. 나는 어릴 때부터 죽 이곳에 살았다.

Ustar 출제포인트 시험에는 이렇게 나온다!

접속사의 기능과 특징을 파악하라!

접속사 문제는 접속사의 종류별 문법 및 구조적 특징을 파악해야 빠르고 정확하게 해결할 수 있다. 즉, **접속사 뒤의 절이 전체 문장의 주어인지, 부사인지 혹은 뒤에 완전한 문장이 왔는지, 불완전한 문장이 왔는지** 등을 확인해서 답을 찾아야 한다. 토익에서 접속사 문제의 보기에는 보통 접속사뿐 아니라 유사 의미의 전치사나 부사가 함께 나오므로 전치사, 부사의 구조적 특징도 알아두어야 한다.

등위접속사	• 문두에 나올 수 없다. • 동일 부분을 생략하고 〈구와 구〉, 〈단어와 단어〉를 연결할 수도 있다(단, so는 앞뒤에 완전한 문장을 받는다).
상관접속사	• 상관접속사는 짝을 지어 움직이기 때문에 같이 쓰이는 단어를 찾는 문제들이 많이 출제된다.
관계대명사	• 앞의 명사, 즉 선행사를 수식하기 때문에 관계대명사가 이끄는 절은 '형용사절'이라고도 부른다. • 소유격 관계대명사를 제외하고는 뒤에 불완전한 구조가 연결된다.
명사절 접속사	• 전체 문장에서 주어나 목적어, 보어의 역할을 한다. • 접속사 뒤에 나오는 구조에 따라 답이 결정된다.
종속접속사	• 완전한 문장(주절)에 추가로 붙는 수식어절을 이끄는 접속사이다. • 뒤에 완전한 문장을 동반하며, 종속절은 전체 문장에서 없어도 별 지장이 없기에 '부사절'이라고도 부른다.

Exercises

제한시간 5분(문제당 25초)

문제풀이 예제

According to the new regulations, all employees must wear their safety goggles and gloves ------- the press is in motion.
(A) during   (B) while   (C) over   (D) for a while

해설 막연히 해석으로 문제를 해결하는 것이 아니라 반드시 전체 문장에서 동사의 개수와 보기의 품사들을 확인한다. all employees must wear ~ 다음의 빈칸 뒤에 또 다른 주어(the press)와 동사(is)가 나왔다. 따라서 빈칸에는 절을 연결할 수 있는 접속사가 와야 하며, 의미상 '~하는 동안'의 while이 적합하다. (A)와 (C)는 전치사이고 (D)는 부사이므로 답이 될 수 없다.

해석 새로운 규정에 따라, 모든 근로자들은 압착기가 작동하는 중에는 안전 고글과 장갑을 착용해야 합니다.

Step 1 Warm-up Test

01 ------- the new movie directed by Gillian Moore was expected to hit the box office, most critics gave it a bad rating.   (A) Although   (B) Despite

02 ------- you are planning on getting car insurance, Mr. O'neil can help you find an appropriate deals for you.   (A) That   (B) If

03 ------- Unicorn Airlines provides the best service among all airlines, it is also one of the most expensive transportations.   (A) In spite of   (B) Even though

04 The free gift that we will include along with your order will be either a bar of hand soap ------- a tube of eye cream.   (A) or   (B) and

05 In order to become a successful CEO, you need to have good sociability, confidence, ------- great leadership skills.   (A) and   (B) because

06 There is still a high demand for automobiles ------- a gas price has been increasing steadily.
(A) in spite of   (B) though

Step 2 실전 TOEIC Test

01 Please press the blue button ------- you need any assistance from a flight attendant.
(A) which
(B) when
(C) in case
(D) in order that

02 Applying for membership can be done by both phone ------- the Internet.
(A) and
(B) but
(C) also
(D) either

03 ------- research shows that newspaper advertisement positively correlates with high sales, many companies are trying to post their advertisement to attract daily readers.
(A) So
(B) Since
(C) Despite
(D) Unless

04 Online customers can use their credit cards ------- send personal checks when purchasing items at Allyouneed.com.
(A) also
(B) besides
(C) when
(D) or

05 ------- the new convertible from Vulvo is known for its sturdiness, it often suffers from internal computer malfunctions.
(A) Unless
(B) Although
(C) But
(D) Meanwhile

06 ------- Borgata is one of the oldest casinos in Atlantic City, it is equipped with the best security and surveillance systems.
(A) Despite
(B) However
(C) Although
(D) Whether

▶ 정답 및 해설 p.6~7   ▶ 문제풀이 예제 정답 (B)

LESSON 2 등위접속사

Point

등위접속사로 연결되는 문장들에서 반복되는 부분은 생략할 수 있다. 그래서 〈문장과 문장〉뿐 아니라 〈단어와 단어〉, 〈구와 구〉 등 생략되고 남은 일부 동일한 범주의 품사나 성분을 중간에서 병렬 구조로 연결하게 되는 것이다.

 Our technicians will return customer calls within one ------- two days.
(A) or　　(B) that　　(C) yet　　(D) nor

▶ 단어와 단어를 연결할 수 있는 것은 등위접속사이다. 따라서 (B)는 답이 될 수 없고, (D) nor는 앞에 부정어가 있어야 한다. 의미상 '하루 혹은 이틀 후에'라는 선택의 등위접속사가 적절하다.
● 저희 기술자들이 하루 이틀 후에 고객님들께 답변 전화를 드릴 겁니다.　　　　　　　　　　정답 (A)

1 등위접속사들 각각의 의미를 구별할 줄 알아야 한다.

순접	**and** 첨가, 대등적 서술(그리고), 시간 순서(그러고 나서) / **so** 결과 서술(그래서, 그러므로)
역접	**but / yet** 대조(그러나, 하지만) / **nor** 부정적 서술(그리고 ~이 아니다)
기타	**or** 선택(또는), 대안적 서술(바꿔 말하면, 혹은, 그렇지 않으면 = or else)

2 등위접속사의 기능과 특징을 기억하자.

(1) Part 5에서는 문단(paragraph) 단위가 아니라, 단편적인 문장만 문제로 제시되기 때문에 등위접속사가 문장 맨 앞에 정답으로 오는 경우가 있을 수 없다.
(2) 동일한 부분을 생략할 수 있다.
(3) so는 예외적으로 앞뒤에 모두 완전한 문장을 받는다.
　She was happy, **so** she kept smiling. 　그녀는 행복에 겨워 계속 미소를 지었다.
　She was happy, so kept smiling. (X)
(4) 같은 문장 성분이 둘 이상 연결될 경우에는 콤마(,)로 연결하면서 마지막 단어(구, 절) 앞에만 and를 써준다.
　a young, energetic, dedicated **and** experienced employee 　젊고, 열정적이고, 헌신적이며 경험 많은 직원

3 등위접속사에서 동일한 부분은 생략된다.

This medicine can kill most of the viruses ------- not all.
(A) but　　(B) although

This medicine can kill most of the viruses **but** this medicine cannot kill all of the viruses.
이 약은 대부분의 바이러스를 죽일 수 있으나 모든 바이러스를 죽일 수 있는 것은 아니다.

→ This medicine can kill most of the viruses **but** cannot kill all of the viruses. ☆ 동일 주어 생략
→ This medicine can kill most of the viruses **but** not all of the viruses. ☆ 동일 〈주어 + 동사〉 생략
→ This medicine can kill most of the viruses **but** not all. ☆ 동일 〈주어 + 동사 + 명사〉 생략

Ustar 출제포인트 시험에는 이렇게 나온다!

1. 순접의 등위접속사 and와 so는 의미상 유사하지만, so는 앞뒤에 완전한 문장만을 받는다.
　We at Exxon Mobile welcome the opportunity to do business with you ------- look forward to a mutually beneficial relationship.
　(A) and　　(B) but　　(C) so　　(D) or
　■ 의미상 순접으로 이어지기 때문에 and와 so가 모두 가능한 것처럼 보인다. 하지만 위의 문장에서는 밑줄 뒤에 〈주어+동사〉가 아닌 동사만 왔으므로 완전한 문장을 받는 (C) so는 답이 될 수 없다. 동일 주어를 생략할 수 있는 and가 정답이다.
　■ 저희 Exxon Mobile은 귀사와 거래할 수 있는 기회를 환영하며, 서로 도움이 되는 관계가 되기를 기대합니다.

2. 등위접속사 뒤에 주어, 〈주어 + 조동사〉 또는 (조)동사가 반복해서 연결되어 있다면 이를 생략하여 문장을 간결하게 표현한다.
　It seems that the union and management are never able to compromise and ------- an agreement.
　(A) reaches　　(B) reaching　　(C) reached　　(D) reach
　■ 등위접속사 and로 연결되므로 compromise와 같은 형태인 동사원형이 정답이다. 앞에 한번 등장한 the union ~ able to는 반복해서 쓰지 않는다. ■ 조합과 경영진은 절대로 타협하여 합의에 이를 수 없을 것처럼 보인다.

3. 생략이 항상 뒤 문장에서만 이루어지는 것은 아니다.
　All the tuition fees should be paid on ------- before the 10th.
　(A) when　　(B) neither　　(C) or　　(D) either
　■ 등위접속사에서 동일한 부분의 생략은 무조건 뒤 문장에서만 이루어지는 것은 아니다. 여기서는 마지막 문장이 전치사로 끝나면 문장이 불안하기 때문에 앞 문장에서 the 10th를 생략했다. All the tuition fees should be paid on (the 10th) or (it should be paid) before 10th.
　■ 수업료는 모두 (늦어도) 10일까지는 납부되어야 합니다.

Exercises

제한시간 5분(문제당 25초)

문제풀이 예제

The company has allocated funds only for recruiting and improving training procedures ------- not for repairing damaged buildings.
(A) unless   (B) but   (C) or   (D) also

해설 The company has allocated funds for recruiting and improving training procedures ------- the company has not allocated funds for repairing damaged buildings.에서 주어와 동사 등 중복되는 부분이 생략된 형태이다. 따라서 빈칸에는 등위접속사가 들어가야 하며 '손상된 빌딩을 보수하는 데 자금을 할당한 것은 아니다'라는 내용을 자연스럽게 이어줄 수 있는 역접의 의미가 나와야 하므로 but이 정답이 된다.

해석 그 회사는 손상을 입은 빌딩을 보수하는 데 자금을 할당한 것이 아니라, 신입사원 모집과 사원 연수 절차에 자금을 배분하였다.

Step 1 Warm-up Test

01 Tickets will be sold at the booth, ------- snacks will be available at the concession stand.
(A) and   (B) either

02 We have received your request for a refund, ------- we can't process it unless you send the online receipt.   (A) unless   (B) but

03 Guests may explore the desert around Santana Resort in a vehicle ------- take a guided tour riding on a camel.   (A) so   (B) or

04 Dr. Freeman is on vacation with his family this entire week, ------- I am afraid that we have to reschedule your appointment to some time next week.   (A) if   (B) so

05 Customer service representatives at JR Mortors are usually able to return customer calls within one ------- two hours.   (A) or   (B) nor

06 It is always safe to arrive at the airport two hours before your flight ------- there might be a chance of missing a flight.   (A) or else   (B) either

Step 2 실전 TOEIC Test

01 Due to the current economic crisis, the next version of the Ace sedan will not be introduced this year ------- even next year.
(A) whether
(B) then
(C) through
(D) or

02 The conclusion of the experiment did not come from Professor Dixon ------- rather came from his colleagues.
(A) or
(B) but
(C) which
(D) both

03 A long lasting leader must show a good display of decisiveness ------- courage to challenge any obstacles.
(A) otherwise
(B) and
(C) meanwhile
(D) even though

04 Cars with good ratings either have good fuel efficiency ------- have great basic features.
(A) if
(B) but
(C) so
(D) or

05 Unfortunately, due to the current economic crisis, we have to either fire Matthew Blanks in sales ------- Brenda Bowden, who is our secretary.
(A) but
(B) or
(C) and
(D) neither

06 Some analysts said this quarter's profit would decrease, ------- in fact, the profit rose up ten percent.
(A) and
(B) or
(C) but
(D) if

▶ 정답 및 해설 p.7~8

▶ 문제풀이 예제 정답 (B)

LESSON 3 등위접속사 & 상관접속사

1. 등위접속사는 [단어와 단어], [구와 구], [절과 절]을 대등하게 연결한다.

and	• 나열(그리고, ~와): schools **and** houses (O) schools and housing (x) ☆ 앞뒤에 같은 종류의 명사들만을 배열 • 명령문 + and(~하라, 그러면): Study hard, **and** you will pass the exam. 열심히 공부해. 그러면 시험에 통과할 거야. • 동시 동작(동사 and 동사): come, go, run, try 뒤에 오는 〈and+동사〉는 〈to+동사원형〉으로 바꿔 쓸 수 있다. Come **and** see me next weekend. = Come **to** see me next weekend. 다음 주말에 날 보러 와라. • 순서/결과(그리고 나서, 그래서): I missed the train **and** took a taxi to the airport. 기차를 놓쳐 공항까지 택시를 탔다.
but	• 제외(but 이하를 빼고): All **but** he want to have dinner together. 그를 빼고 모두 저녁을 함께 먹고 싶어 한다. • 역접(그러나, 하지만): These buildings are old **but** (they are) beautiful. 이 건물들은 낡았지만 아름답다.
or	• 선택(또는): We will go to London **or** Paris. 우리는 런던 또는 파리에 갈 것이다. • 명령문 + or(~해라, 그렇지 않으면): Get some rest, **or** you will get exhausted. 좀 쉬어라. 안 그러면 지칠 거야.
so	• 추론과 결과(그래서, 그러므로): 다른 등위접속사와 달리 앞뒤의 동일한 문장 성분을 생략하지 못한다. My brother was away so he couldn't join us. 내 남동생은 멀리 있어서 우리와 함께 하지 못했다.
yet	• but보다 강한 대조(그러나, 하지만): It is hard to believe **yet** (it is) true. 그것은 믿기 힘들지만 사실이다. cf. yet이 부사일 때는 have yet to do(have와 to 사이에 위치)나 have not p.p. yet(현재완료 부정)의 형태로 쓰인다.
nor	• 부정(그리고 ~이 아니다): 항상 not, never, neither와 같은 부정 부사어가 함께 쓰이며, 이로 인해 뒤 문장이 도치된다. They are not interested in the offer, **nor** am I. 그들은 그 제안에 관심이 없고 나도 관심이 없다.

2. 상관접속사는 '서로 관계가 있는' 두 단어 이상이 하나의 짝을 지어 다니며 접속사 역할을 한다.

both A and B = A as well as B A, B 둘 다   either A or B A, B 둘 중 하나
neither A nor B A, B 둘 다 아닌   not A but B = only B, not A A가 아닌 B
not only A but (also) B = B as well as A A뿐만 아니라 B 역시 ☆ also는 의미 맥락상 생략 가능

(1) 상관접속사는 둘 이상의 단어로 이루어져 있고, 이 두 단어들은 반드시 붙어 다닌다.
   I like **both** cats **and** dogs. 나는 고양이와 강아지를 모두 좋아한다.
(2) either, neither, both 뒤에는 모든 품사가 올 수 있지만 or, nor, and 뒤에는 동일 성분들이 배치되어야 한다.
   Jay **neither** likes her, **nor** (he) wants to get to know her. 제이는 그녀를 좋아하지도 않고 그녀에 대해 알고 싶지도 않다.
   He is **either** smart, **or** (he is) stupid. 그는 똑똑하거나 멍청하다.
(3) 주어 자리에 Both A and B가 오는 경우만 복수동사로 받고 나머지 상관접속사들은 B에 수를 일치시킨다.
   Either they **or** she has been to the plant. 그들과 그녀 중 한 쪽이 공장에 다녀왔다.
(4) neither A nor B = not/never A nor B: neither 자리에 다른 부정 부사어를 대체할 수 있다.
(5) not A but B = only B, not A
   In the downtown area, you are allowed **only** to stop, **not** to park. 시내에서는 일시 정차는 허락되지만 주차는 허락되지 않는다.

Ustar 출제포인트 시험에는 이렇게 나온다!

1. 부사, 형용사인 either, neither, both 등은 생략이 가능하지만 접속사인 or, nor, and, but은 생략할 수 없다.
   The government is encouraging people to travel by bicycle ------- bus to ease traffic congestion in the downtown area.   (A) either   (B) or
   ▪ either A or B 때문에 either와 or 가운데 헷갈릴 때는 생략할 수 없는 접속사 or를 선택한다.
   ▪ 정부는 도심지의 교통 혼잡을 완화시키기 위해 자전거나 버스로 다닐 것을 권장하고 있다.

2. 쓰임이 워낙 다양해 헷갈리는 so! 하지만 토익에서는 다음의 용법들만 기억하면 된다.
   ❶ 너무 ~해서 …하다: 〈so + 형용사/부사 + (that) + 주어 + 동사 = such + (관사) + 형용사 + 명사 + that + 주어 + 동사〉
      He spoke **so** quietly **(that)** we could hardly hear him. 그가 너무 조용히 얘기해서 우리는 그의 말을 거의 들을 수 없었다.
   ❷ ~하는 게 너무 많대[적다]: 〈so + many/much[few]little + 명사 + that + 주어 + 동사〉
      There are **so many** things that I want to say. 하고 싶은 말이 너무나 많다.
   ❸ 매우 ~한: 〈so + 형용사 + a/an + 명사 = such + a/an + 형용사 + 명사〉
   ❹ ~하기 위하여: 〈so as to + 동사원형〉
   ❺ ~위해서(목적/결과): 〈so that = in order that〉
      We started a training program **so that** our employees can increase their efficiency.
      우리는 직원들의 효율성을 높이기 위해 교육 프로그램을 시작했다.
   ❻ ~도 역시: 부사인 so 뒤에 주어, 동사가 도치된다. 주로 보기에 also가 같이 등장하는데, 이때 also가 답이 되려면 주어, 동사가 도치되지 않아야 한다.   According to the recent report, as salaries rise, **so** does the debt.
      최근 보고서에 따르면, 급여가 올라감에 따라 빚도 늘어간다.

Exercises

제한시간 5분(문제당 25초)

문제풀이 예제

01 Both the customer relations ------- advertising departments will be included in the training.
(A) and　　(B) also　　(C) moreover　　(D) either

> 해설　문장의 맨 앞에 상관접속사 both A and B(A와 B 모두)가 쓰인 형태로 빈칸에는 and가 적절하다. (C) moreover는 (접속)부사이다.
> 해석　고객관리 담당부서와 광고부서 모두 연수(참가대상)에 포함될 것이다.

02 It was expected to be cold ------- in fact it was extremely hot today.
(A) and　　(B) but　　(C) so　　(D) that

> 해설　등위접속사 문제는 앞뒤의 문맥을 파악하여 '역접/순접/선택'을 정확히 이해해야 해결할 수 있다. 문맥을 따져보면 빈칸 뒤에는 앞의 내용과 반대되는 내용이 이어지고 있으므로 역접의 접속사인 (B) but이 답이다.
> 해석　오늘 날씨가 추울 것이라고 예상했으나 사실은 상당히 더웠다.

Step 1 Warm-up Test

01 All employees must focus on the current market trend ------- the business news.
(A) even though　　(B) as well as

02 At TFF Bank, it is possible both to create ------- activate your account on the same day.
(A) or　　(B) and

03 The policy requires that all candidates bring a copy of ------- a passport or an identification card.
(A) neither　　(B) either

04 There is a roadblock on Maple Avenue, ------- the police advised drivers to use Peacewood Street instead.　　(A) nor　　(B) so

05 When choosing the right job for you, you should consider ------- the salary, but also the working environment.　　(A) not only　　(B) as well as

06 It is ------- efficient nor wise for Joey Electronics to spend more money on advertising.
(A) neither　　(B) if

Step 2 실전 TOEIC Test

01 The Web site is so disorganized that customers may not be able to find the products they want, ------- purchase them.
(A) so much　　(B) much less
(C) no less than　　(D) more or less

02 The lunch break will be provided between one ------- two o'clock from Monday to Friday.
(A) or　　(B) and
(C) yet　　(D) if

03 Be sure to submit your account information by tomorrow ------- we can process your paycheck accordingly.
(A) even　　(B) also
(C) yet　　(D) so

04 Mr. Dockers is in a process of finding ------- a wholesale warehouse or an independent distributor for his next source of supplies.
(A) and　　(B) either
(C) both　　(D) yet

05 The coupon includes free access to the salad bar and beverages, ------- not the main entree.
(A) either　　(B) for
(C) then　　(D) but

06 Great Garden Restaurant will not take reservations, ------- will it hold customers on waiting lists until the lobby is completely renovated.
(A) and　　(B) whether
(C) which　　(D) nor

▶ 정답 및 해설 p.8~9

▶ 문제풀이 예제 정답　01 (A)　02 (B)

LESSON 4 명사절 접속사의 이해

Point

'주어, 목적어, 보어' 등 명사 역할을 하는 절을 이끄는 접속사를 '명사절 접속사'라고 한다.

예제
1. ------ Mr. Kim has worked here for almost ten years shows his dedication.
2. ------ Mr. Kim worked here, he was recognized for his dedication.
   (A) When   (B) Which   (C) That   (D) What

1 ▶명사절의 접속사 문제. 빈칸에서 ten years까지 전체 문장의 주어이다. 따라서 빈칸에는 명사절을 이끄는 접속사가 와야 하는데 명사절의 접속사 (C) That과 (D) What 중에서 what은 뒤에 불완전한 문장을 이끌기 때문에 답이 될 수 없으므로 (C) That이 정답이 된다. (A)는 부사절을 이끄는 종속접속사로 주절 자체도 완전한 문장이 나와야 한다.
● Mr. Kim이 여기서 거의 10년 동안 일을 했다는 것은 그의 헌신을 보여준다. 정답 (C)

2 ▶부사절 접속사 문제. 쉼표(,) 앞뒤로 완전한 문장이 나오므로 명사절이 아닌 부사절을 이끄는 종속접속사 (A)가 답이 된다.
● Mr. Kim이 여기서 일했을 때 그는 헌신적인 태도로 인정받았다. 정답 (A)

1 명사절 접속사는 문장에서 명사 역할을 하는 절을 이끈다.

명사절 접속사는 문장에서 '주어, 타동사의 목적어, 전치사의 목적어, 보어' 등 명사 역할을 하는 절을 이끄는 접속사로 what, that, whether/if(~인지 아닌지), 의문사 등이 있다. that은 뒤에 완전한 문장을, what/who/whom은 불완전한 문장을 이끈다.

that, if, whether, when, where, how, why	+ 완전한 문장
what, who, whom	+ 불완전한 문장 (주어나 목적어가 없는 문장)
which, what	+ 선택 구문

That he knows her is obvious. 그가 그녀를 안다는 것은 명백해요. ☆ that 이하는 '주어, 동사, 목적어'를 갖춘 완벽한 문장이다.
I need **what** you have. 난 네가 갖고 있는 것이 필요해. ☆ what 이하는 동사 have의 목적어가 빠져있는 불완전한 문장이다.

cf. 명사절과 부사절의 비교

------ S(주어) + V1(동사1) + V2(동사2) + ~	------ S1(주어1) + V1(동사1), S2(주어2) + V2(동사2)
명사절 접속사: 앞 문장(S+V1)이 주어의 역할을 하고 V2가 본동사가 된다.	종속(부사절) 접속사: 쉼표(,)를 중심으로 앞뒤의 완전한 두 문장을 연결한다.

2 명사절을 이끄는 접속사 that의 용법을 구분하라.

(1) 전체 문장 안에서 주어, 목적어, 보어의 역할을 하며, that 뒤에 완전한 문장을 동반한다.

That she is competent is unbelievable. 〈주어〉 그녀가 유능하다는 것을 믿을 수 없어.
☆ that절이 문장 내에서 주어나 동격으로 쓰인 경우에는 생략할 수 없다.

He insisted **that** I should come. 〈insisted의 목적어〉 그는 내가 와야 한다고 주장했어요.
☆ that절이 say, hear, think, know 등 타동사의 목적어 또는 전치사의 목적어로 쓰인 경우에는 that을 생략할 수 있다.

(2) **동격절의 that**: 명사와 that절이 동격을 이룰 때 이 that절을 '동격절'이라 한다. 주로 추상명사 뒤에서 보충설명하는 기능을 한다.

| the story that ~라는 이야기 | the fact that ~라는 사실 | the news that ~라는 뉴스 | the rumor that ~라는 소문 |

Everybody knows the fact **that** it was his fault. 〈동격절: the fact = it was his fault〉 모두가 그것이 그의 잘못이었다는 사실을 알고 있어.

(3) 가주어와 진주어 구문에서 it은 가주어이고 that은 주어 역할을 하는 명사절이다.

It is important **that** the advertising be written in accordance with the company's policy.
광고가 기업의 정책과 부합해야 한다는 것은 중요하다.

주의 _ 명사절 접속사가 아닌 that의 활용

① 명사 다음에 오는 that은 형용사절을 이끄는 관계대명사로, that 뒤에 불완전한 문장이 따른다.
There are some trends **that** reflect the current market situation. 현재의 시장 상황을 보여주는 몇몇 트렌드가 있다.

② 종속접속사로 부사절을 이끈다. → in that ~라는 점에서 in order that = so that ~하기 위해 now/seeing that = because 때문에
Now that it is 12 o'clock, we can have lunch. 12시니까 우린 점심을 먹어도 돼.

Ustar 출제포인트 시험에는 이렇게 나온다!

〈자동사 + 전치사〉 혹은 〈be + 형용사 + 전치사〉 뒤에 that절이 오면 전치사가 생략된다.

주어 + 자동사 + 전치사 + that절	think of/agree on/insist on + 명사 → think/agree/insist that ~
주어 + be + 형용사 + 전치사 + that절	be certain about/be aware of + 명사 → be certain/sure/aware/optimistic that ~

I am thinking of you. 〈자동사〉 나는 너를 생각하고 있다.   I think that it is true. 〈타동사〉 나는 이것이 사실이라고 생각한다.

Exercises

제한시간 5분(문제당 25초)

문제풀이 예제

Nobody knows ------- will happen next.
(A) what   (B) when   (C) that   (D) whether

해설 명사절을 〈접속사 + 주어 + 동사〉로 묶어보면 전체 문장에서 주어나 목적어 등의 명사 역할을 하고, 부사절은 쉼표를 기준으로 묶어보면 문장에 없어도 되는 부사 역할을 한다. 또한 부사절은 쉼표(,)가 동반될 수 있지만, 명사절은 쉼표로 분리되지 않는다. 반면에 부사절이 문장 뒤에 있으면 주로 쉼표가 동반되지 않는다. 빈칸 앞 문장에는 knows의 목적어가 없고, 빈칸 뒤 문장에는 will happen의 주어가 없다. 따라서 빈칸 이하가 목적어 역할을 하도록 명사절 접속사가 필요하고, 뒤에 불완전한 절을 이끌 수 있어야 한다. when와 that , whether 은 뒤에 완전한 절을 동반하므로 불완전한 절을 이끌 수 있는 의문대명사 what이 답이다.

해석 아무도 다음에 무슨 일이 일어날지 모른다.

Step 1 Warm-up Test

01 Wholeprice happily announced ------- Justin Cooper has been named the employee of the month.
(A) because   (B) that

02 ------- is so memorable about the trip to Egypt is the mysteriousness and the greatness of the pyramids.   (A) That   (B) What

03 All the employees at SSN are not sure ------- will be chosen as their new CEO.
(A) who   (B) whether

04 It is crucial ------- managers make sure all sales representatives know that they must inform customers regarding the risks.   (A) that   (B) to

05 ------- she kept that company together after all of the infighting is quite an amazing story of dogged perseverance.   (A) What   (B) How

06 Mr. Firelli decided to make a reservation for a room at Leo Condominium early ------- he could avoid being waitlisted.   (A) so that   (B) what

Step 2 실전 TOEIC Test

01 This lesson plan shows ------- you will be learning from Mass Media & Government 415.
(A) which   (B) where
(C) how   (D) what

02 The commission dispute delayed the launch of a new computer game because it was unclear ------- had overall authority.
(A) who   (B) what
(C) where   (D) why

03 A survey indicates ------- the public demand has been rising over the past couple of months.
(A) which   (B) what
(C) that   (D) those

04 It is important for companies to understand ------- their position in the market is never secure and could easily fall.
(A) that   (B) so that
(C) in that   (D) and that

05 Once you have written down your personal information, please tell us ------- you would pay cash or use your credit card.
(A) than   (B) whereas
(C) whether   (D) such

06 Employees in the game developing industry often talk about ------- well it suits those who enjoy playing and experimenting with new games.
(A) only   (B) there
(C) most   (D) how

▶ 정답 및 해설 p.9~10

▶ 문제풀이 예제 정답 (A)

LESSON 5 명사절을 이끄는 접속사

Point

'~인지, 아닌지'라는 뜻의 명사절을 이끄는 접속사로는 whether와 if가 있다.

예제

There are some questions as to ------- Colin Holfield will be eligible to play in the spring nationals.
(A) whether　　　(B) yet　　　(C) that　　　(D) so

▶ 전치사인 as to 뒤에는 목적어, 즉 명사(구, 절)가 나와야 한다. 보기 중에서 명사절을 이끌 수 있는 접속사는 whether이다. yet은 등위접속사라 서로 같은 품사를 연결해야 하는데 밑줄 뒤에는 전치사가 없다. 그리고 등위접속사 (B)와 (D)는 명사절을 이끌 수 없다. that은 확정된 명사절을 받는데 빈칸 뒤 내용이 미래의 불특정한 사항을 나타내기 때문에 답은 whether이다.

● Colin Holfield가 춘계 전국대회에서 경기할 자격이 있을지에 대한 몇 가지 의문들이 있다.

정답 (A)

1 whether와 if 비교

(1) 둘 다 '~인지 아닌지'라는 뜻으로 문장에서 주어, 목적어, 보어 등 명사 역할을 하는 절을 이끈다.

　주어　**Whether** he is coming (or not) is unclear.　그가 오는지 아닌지는 명확하지 않다.
　보어　The question is **whether** he is right (or not).　문제는 그가 옳나 그렇지 않냐는 것이다.
　목적어　I don't know **if** she has that book.　그녀가 그 책을 가지고 있는지 모르겠다.
　☆ whether와 if는 부사절 접속사로도 쓰인다. 이때 whether ~ or not은 '~이든 아니든 상관없이'를, if는 조건/가정을 의미한다.

(2) whether의 바로 뒤에는 or not이 올 수 있지만(생략 가능하다), if는 바로 뒤에 or not이 올 수 없다.

　I don't know **whether** he will come **(or not)**. = I don't know **whether (or not)** he will come.
　= I don't know **if** he will come **or not**.　그가 올지 안 올지 잘 모르겠다.　☆ I don't know if or not he will come. (X)

(3) whether가 이끄는 명사절은 문두에 올 수 있지만 if가 이끄는 명사절은 문두에 올 수 없다.

　Whether he was right is uncertain. (O)　그가 옳았는지는 분명하지 않다.　☆ **If** he was right is uncertain. (X)

2 whether와 that 비교

둘 다 명사절 접속사로 뒤에 완전한 문장을 받는다. that은 '~이라는 것'이란 뜻으로, 확실히 정해진 사실에 사용하고, whether는 '~인지 아닌지'라는 의미로, 결정되지 않은 사실에 사용한다는 차이가 있다.

I don't know **whether** he will come. (O)　I don't know **that** he will come. (X)
☆ '그가 올지 안 올지 잘 모르겠다'는 결정되지 않은 사실을 말할 때는 whether가 적절하다.

3 불완전한 절을 이끄는 의문대명사 who와 what

who와 what, which까지 포함하여 '의문대명사'라 부른다. 의문대명사란 문자 그대로 의문사가 대명사의 역할을 하는 것으로, 의문사가 절 안에서 주어, 보어, 목적어의 역할을 하기 때문에 그 뒤에 다시 주어나 보어, 목적어가 나올 필요가 없다.

Who did it is the question.　그것을 누가 했는지가 의문이야.
☆ 접속사 who 다음에 주어가 빠져 있는 불완전한 절로 Who가 해당절의 주어 역할을 하고 있다.

4 완전한 문장을 받는 how의 두 가지 용법

(1) how 뒤에 방법에 대한 내용이 나오면 정상적인 어순인 〈주어 + 동사 + 목적어〉의 완전한 문장을 받는다.

　These are the instructions **on how** we can use the merchandise.
　이것은 우리가 이 제품을 어떻게 이용할 수 있는지에 대한 사용설명서이다.

(2) how 뒤에 상태나 방법 등의 형용사나 부사가 나오면 how 다음의 문장은 〈형용사/부사 + 주어 + 동사〉 형태로 연결된다.

　I don't know **how** much it is.　나는 이게 얼만지 모른다.

> **Ustar 출제포인트** 시험에는 이렇게 나온다!
>
> 1. 의문사가 이끄는 명사절 뒤에 주어가 없으면 to부정사(to + 동사원형)를 사용한다.
>   The receptionist will let you know **where you should go**. = The receptionist will let you know **where to go**.
>   안내원이 당신에게 어디로 가면 될지 알려줄 것이다.
>
> 2. why/how는 명사절만을 이끌고, when/where는 명사절과 부사절을 모두 이끌 수 있다.
>   It is fortunate that Broker Inc. bought technology stocks ------- the price was low.
>   (A) why　　　(B) when　　　(C) which　　　(D) what
>
>   ■ 빈칸 앞은 〈주어 + 동사 + 목적어〉를 모두 갖춘 완전한 문장이다. 따라서 뒤에는 명사절이 아니라 수식어구인 부사절이 와야 한다. 명사절이 아니므로 why는 정답에서 제외된다. 빈칸 뒤가 〈주어 + 동사 + 형용사〉의 완전한 문장이므로 what도 답이 될 수 없다. 내용상 선택의 의미는 아니므로 which도 답이 아니다. 따라서 부사절이 가능한 (B) when이 답이다.
>
>   ■ Broker사가 가격이 낮을 때 기술주를 매입한 것은 운이 좋은 것이다.

Exercises

제한시간 5분(문제당 25초)

문제풀이 예제

01 The first half of the year is ------- every company in the service sector expects to see fluctuations in sales.
(A) what   (B) why   (C) how   (D) when

해설 빈칸 이하는 주어(The first half of the year)와 be동사(is) 다음의 주격 보어 자리이다. 빈칸 이하에 〈주어(every company ~ sector) + 동사(expects) + 목적어(to see~)〉가 이어지므로 빈칸에는 완전한 문장을 이끄는 접속사가 필요하다. 불완전한 문장을 이끄는 (A) what은 정답에서 제외된다. 보기의 why, how, when은 완전한 문장의 의문사절을 받지만, 내용상 '~하는 시기'라는 시간의 주격 보어가 적절하므로 시간의 의문사인 (D) when이 정답이 된다.

해석 올해 상반기는 서비스 분야에 있는 모든 회사들이 판매가 들쑥날쑥할 것으로 예상하고 있는 시기이다.

02 We do want reassurance ------- this economic crisis is not permanent and we will get through these difficulties.
(A) how   (B) that   (C) then   (D) which

해설 빈칸 앞에 〈주어 + 동사 + 목적어〉의 완전한 문장이 있고 빈칸 다음에도 완전한 문장이 나온다. 따라서 빈칸에는 완전한 두 문장을 연결할 수 있는 종속접속사 또는 문장의 목적어인 reassurance의 동격절을 이끌 수 있는 (B) that이 나와야 한다. 보기에는 부사절을 이끄는 종속접속사가 없으므로 정답은 that이 된다. then은 '(과거나 미래의) 특정한 때'를 의미하는 부사이다.

해석 우리는 이 경제위기가 영원한 것이 아니며 우리가 이런 어려움들을 극복할 것이라는 확신을 진정으로 원한다.

Step 1 Warm-up Test

01 MMT Tech will give us a call regarding ------- much we have to pay.   (A) how   (B) whom

02 All the employees at SSN are not sure ------- candidate will be chosen as their new CEO.
(A) which   (B) who

03 We ask ------- you please do not leave the room while the conference is taking place.
(A) that   (B) what

04 It remains to be seen ------- the heating system of the entire building is really fixed or will have to be replaced.   (A) whether   (B) so that

05 It is important ------- scuba divers learn simple hand gestures and signals before diving into the sea.
(A) that   (B) to

06 Newly hired staff at Star Park receive special training in ------- to deal with young children.
(A) way   (B) how

Step 2 실전 TOEIC Test

01 Please choose ------- or not you want to save and close the current document.
(A) whether   (B) neither
(C) either   (D) unless

02 After consulting with our salesperson, he will help you determine ------- interior features would be best for you.
(A) which   (B) that
(C) how   (D) where

03 Guru Cola will not reveal ------- they create such an incredible taste.
(A) during   (B) about
(C) how   (D) whom

04 Visitors are invited to tour Liverpool Warehouse to see ------- our products are made.
(A) during   (B) about
(C) how   (D) whom

05 Marketers are having trouble understanding ------- people do not know or just do not care about a product's country of origin.
(A) both   (B) whether
(C) than   (D) after

06 In times of economic turmoil, often nobody knows ------- the economy is behaving as it is, and thus it is hard to either predict or control it.
(A) while   (B) where
(C) what   (D) why

▶ 정답 및 해설 p.10~11

▶ 문제풀이 예제 정답 01 (D) 02 (B)

LESSON 6 형용사절을 이끄는 관계대명사

Point

> 관계대명사는 명사의 뒤에서 명사를 수식하는 절을 이끌며, 〈접속사 + 반복 명사〉의 기능을 한다. 앞에 선행사가 사물이면 which(앞 문장 전체를 받기도 한다)나 that, 사람이면 who를 선택한다.
>
> We have announced the acquisition of KJ Co., ------ will make us the biggest bank in Korea.
> (A) there   (B) which   (C) that   (D) then
>
> ▶ 문장에 동사가 두 개(have announced, will make)이므로 부사인 (A)와 (D)는 답이 될 수 없다. 앞 문장 전체가 선행사이기 때문에 which가 정답이며, 쉼표 뒤의 관계대명사 자리이므로 that은 답이 될 수 없다.
> ● 우리는 KJ사와의 합병을 발표했는데, 이로 인해 우리는 한국에서 가장 큰 은행이 될 것이다.   정답 (B)

1 관계대명사는 바로 앞의 명사(선행사)를 꾸며주는 형용사절을 이끈다.

형용사절은 명사를 꾸며주는 절이다. 관계대명사절은 명사 뒤에서 명사를 수식하는 역할을 하므로 형용사절이라고 한다. 관계대명사는 〈접속사 + 반복 명사〉의 기능을 대신하며 그 종류에는 who, which, that, whose 등이 있다.

She likes *the book* **and the book** was written by him.
= She likes *the book* **which** was written by him. 그녀는 그가 쓴 책을 좋아한다.

2 소유격 관계대명사를 제외한 관계대명사가 이끄는 절은 불완전하다.

일반적으로 관계대명사 다음은 주어나 목적어 자리가 비어 있는 불완전한 절이 온다. 관계대명사 뒤에 주어가 비어 있는 절을 이끌면 '주격 관계대명사'이고, 목적어가 비어 있으면 '목적격 관계대명사'라고 한다.

I know *a manager* **and he** is very ambitious.
= I know *a manager* **who** is very ambitious. 〈주격 관계대명사〉 나는 매우 야망 있는 매니저를 안다.
☆ who가 선행사인 a manager를 대신해 형용사절에서 주어 역할을 하고 있다. 즉, who 뒤는 주어 자리가 비어있는 불완전한 절이다.

He didn't like *the proposal* **and** he received **it** yesterday.
= He didn't like *the proposal* **which** he received yesterday. 〈목적격 관계대명사〉 그는 어제 받은 제안서를 마음에 들어하지 않았다.
☆ which가 the proposal을 지칭하며 형용사절의 동사 received의 목적어 역할을 하고 있다. 즉, 관계대명사 which는 목적어 자리가 비어 있는 불완전한 절을 이끌고 있다.

3 소유격 관계대명사 whose가 이끄는 절은 완전하다.

whose가 이끄는 관계대명사절은 주어와 동사, 목적어/보어를 다 갖춘 완벽한 절을 받는다. whose가 이끄는 형용사절은 앞 명사의 속성이나 '소유하고 있는' 어떤 것에 대한 정보를 말해주기 때문에 '소유격 관계대명사'라고 한다. whose는 〈접속사 + 소유격〉으로 소유격 뒤에 다른 한정사가 올 수 없으므로 whose 뒤에 가산명사가 온다 해도 관사나 지시형용사를 받을 수 없다.

She knows *the girl* **and her** name is Jane. 그녀는 제인이란 이름의 소녀를 알아요.
She knows *the girl* **whose** name is Jane. ☆ whose 이하는 〈주어 + 동사 + 보어〉를 모두 갖춘 완벽한 문장이다.

Ustar 출제포인트 시험에는 이렇게 나온다!

1. **의문대명사, 의문형용사, 관계대명사로 쓰이는 what과 which**
   ❶ 명사절을 이끄는 의문대명사 what과 which는 불완전한 문장을 받는다.
   ❷ 명사절을 이끄는 의문형용사 what과 which(어떤)는 완전한 문장을 받는다.
   ❸ 명사(선행사) 뒤에 형용사절을 이끄는 관계대명사 which는 불완전한 문장을 받는다.

2. **의문대명사, 의문형용사, 관계대명사 which의 구별**
   Mr. Parker did not know ------ clothing is suitable for the event.   (A) that   (B) because   (C) which   (D) and
   ▪ 문장상 빈칸에는 '어떤 ~'이라는 의미의 의문형용사 which가 필요하다. ▪ Mr. Parker는 어떤 옷이 그 행사에 어울릴지 몰랐다.

3. **주격 관계대명사가 생략되면 뒤에 분사 형태가 온다.**
   I know the girl **who** is playing the violin. = I know the girl **playing** the violin. 난 바이올린을 켜는 소녀를 알아.

4. 목적격 관계대명사가 생략되어도 뒤의 주어, 동사는 그대로 온다. 관계대명사절에 목적어가 비어 있는 경우, 이를 이끄는 관계대명사를 목적격 관계대명사라고 한다. 목적격 관계대명사는 생략할 수 있다.
   I like the book **(which)** he wrote. 나는 그가 쓴 책을 좋아한다.

5. what 앞에는 선행사가 올 수 없다. what절은 명사절로, 명사 뒤에서 명사를 수식하는 관계대명사 형용사절이 될 수 없다.
   He was much nicer to one of his subordinates than he was to the others, ------ made the others jealous.
   (A) which   (B) what
   ▪ 주어진 자리에는 앞 문장 전체를 선행사로 받을 수 있는 which가 적합하다.
   ▪ 그는 부하직원 중 한 명에게만 다른 직원들에게 하는 것보다 훨씬 좋게 대했는데, 이것이 다른 직원들을 질투하게 만들었다.

Exercises

제한시간 5분(문제당 25초)

문제풀이 예제

01 ------- is convenient about the library is its automated parking system.
(A) Which   (B) That   (C) Why   (D) What

> **해설** 문장 구조를 분석해보면 빈칸부터 about the library까지가 주어이다. (A) Which는 ① 관계대명사로 쓰일 때에는 앞에 선행사인 명사가 와야 하고, ② 명사절을 이끌 때는 선택의 의미가 있다. 위 문장의 주어에는 선택의 의미가 없으므로 (A)는 답이 될 수 없다. (B) That은 명사절을 이끌 때 완전한 문장을 가져오는데 빈칸 이하가 주어 없이 바로 동사로 이어지므로 역시 답이 될 수 없다. (C) Why도 뒤에 완전한 문장을 받는다. 따라서 정답은 뒤에 불완전한 문장을 받는 (D) What이다.
>
> **해석** 그 도서관의 편리한 점은 자동화된 주차 시스템이다.

02 A company like Lular Manufacturing must know ------- products their competitors are trying to develop.
(A) what   (B) that   (C) who   (D) whose

> **해설** 빈칸 이하는 전체 문장에서 목적어 역할을 하는 명사절 자리이다. 빈칸 뒤에는 〈목적어(products) + 주어(their competitors) + 동사(are trying to develop)〉의 완전한 문장이 왔다. what에는 보통 불완전한 문장이 따라오지만, 위와 같이 '어떤'이란 뜻의 의문형용사일 때는 (what product: 어떤 제품) 완전한 문장을 받는다. 명사절 접속사 that 뒤에는 정상적인 어순의 완전한 문장이 따라와야 한다.
>
> **해석** Lular Manufacturing 같은 회사는 경쟁업체들이 어떤 제품들을 개발하려는지 알아야 한다.

Step 1 Warm-up Test

01 Of all the people ------- responded to the survey, 60% regularly purchase the item.
(A) who   (B) whose

02 Please review all of the following conditions ------- were included in the contract.
(A) that   (B) why

03 Applicants ------- want to schedule an interview must submit their resume by March 11.
(A) what   (B) who

04 All employees will be reimbursed for a business trip, ------- is the standard practice in accordance with our policy.   (A) which   (B) what

05 The teams ------- members fail to meet the deadline will have to work double shifts on Friday.
(A) which   (B) whose

06 Employees ------- are on break must leave the work area, and go to the second floor for food and refreshments.   (A) whose   (B) who

Step 2 실전 TOEIC Test

01 Please come to the post office by 3 P.M. and pick up the special delivery ------- you ordered.
(A) then   (B) what
(C) when   (D) that

02 The cover letter should be addressed to Mr. Hodges in the Human Resources Department, the person ------- job is to hire you for the position.
(A) what   (B) her
(C) whose   (D) this

03 Lenoir Computers, ------- clients are currently dissatisfied with their poor record, has decided to change and modify their entire marketing plans.
(A) whatever   (B) whose
(C) which   (D) who

04 The renowned broker, William Klein always picks the right stocks ------- rise steadily and safely.
(A) that   (B) they
(C) what   (D) when

05 Ms. Federov has acquired the list of the passengers ------- are required to return back to the security office for additional investigations.
(A) whose   (B) who
(C) where   (D) when

06 Mr. Ramos has just made a successful negotiation with John Ferdinand, ------- is one of the most famous entrepreneurs.
(A) he   (B) who
(C) his   (D) whose

▶ 문제풀이 예제 정답 01 (D) 02 (A)

▶ 정답 및 해설 p.11~12

LESSON 7 종속접속사가 이끄는 부사절

Point

> 종속접속사는 완전한 문장(주절)에 추가로 붙는 수식어절(종속절)을 이끄는 접속사이다.
>
> Our hotel has a maximum occupancy of 300 guests ------ the local hotel can accommodate only 100 guests.　　(A) then　　(B) what　　(C) just　　(D) whereas
>
> ▶ 빈칸 앞뒤가 완전한 문장이므로, 빈칸은 문장과 문장을 연결해줄 수 있는 접속사 자리이다. 따라서 부사인 (A), (C)는 답이 될 수 없다. 완전한 두 문장을 연결하는 종속접속사 (D) whereas가 답이 된다. (B)는 명사절 접속사로 뒤에 불완전한 문장이 따라온다.
> ● 우리 호텔은 최대 300명을 수용하는 반면에 그 현지 호텔은 겨우 100명만 투숙할 수 있다.　　　정답 (D)

1 부사절은 생략해도 문장에 영향을 주지 않는 수식어절이다.

부사절은 주로 '시간, 이유, 원인, 결과, 양보' 등을 나타내며, 주절의 앞이나 뒤에 위치한다. 종속접속사는 완전한 두 문장을 연결하며, 종속접속사가 이끄는 절(부사절)이 생략된다 해도 나머지 주절은 완전한 문장이 되어야 한다.

(1) 부사절은 주절의 앞과 뒤에 모두 올 수 있다.

　Everyone likes her **because** she is kind.　그녀는 친절해서 모두가 그녀를 좋아한다.
　When I saw the manager, he was about to leave.　내가 그 매니저를 봤을 때 그는 막 나가려던 참이었다.

(2) 접속사 뒤에 따라오는 문장(종속절)을 생략해도 주절인 전체 문장에는 영향을 주지 않는다.

　The conference room (although the building was built in the 19th century) is equipped with microphones, a sound system and an LCD projector.
　(비록 이 건물이 19세기에 지어졌다고 해도) 그 회의실은 마이크와 음향 시설, LCD 프로젝터 등의 장비가 갖추어져 있다.

(3) 부사절을 제외한 주절은 항상 완전한 문장이지만, 부사절 안에도 완전한 문장이 동반된다.

　Although the building was built in the 19th, ~ 〈종속접속사 + 완전한 문장〉

2 이유 및 목적 부사절을 이끄는 종속접속사

이유·원인 부사절의 접속사	because, since, as, now that + S + V　~이기 때문에
목적 부사절의 접속사	that, so that, in order that + S + V　~하기 위해서, ~하도록 (may, will, can 등의 조동사가 따라온다.)

She works hard **in order that** she can get a promotion.　그녀는 승진을 위해서 열심히 일한다.

3 시간의 since와 이유·원인의 since를 구분하라.

(1) 시간의 since: since가 '~이후로, ~이래로'라는 과거의 특정 시점부터 현재까지를 의미할 때는 접속사와 전치사로 둘 다 쓰인다. 이때 since 뒤에는 기준이 되는 과거 시점이 오고 주절은 보통 완료 시제이다.

　• 전치사: 〈since + 과거 시점의 명사, S + 완료 시제〉
　　It's been a long time **since** the last meeting.　마지막 회의 이후로 오랜 시간이 지났다.
　• 접속사: 〈since + S + 과거 시제/현재완료 시제, S + 완료 시제〉
　　We have drunk about ten cups of tea **since** we arrived.　우리는 도착한 이후로 10잔 정도의 차를 마셨다.

(2) 이유·원인의 since: '~이므로, ~때문에'라는 의미의 접속사 since는 because와 같은 용도로 사용할 수 있다.
　Since Maria Salgado has now been fired, Scott Parker will take over as our sales representative.
　Maria Salgado가 현재 해고되었기 때문에, Scott Parker가 우리 회사의 영업사원직을 떠맡을 것이다.

주의_ ① ever since, long since는 '그 뒤로 줄곧 (지금까지 계속)'의 의미로 주절에 현재완료 시제만을 동반하며, 시간에만 쓴다.
　　② since가 전치사일 때는 이유가 아니라 '~이래로'라는 시간의 의미로만 쓴다.
　　Since her retirement, Mrs. Robinson has been busy training her replacement in recent weeks.
　　그녀의 은퇴 후로, Mrs. Robinson은 최근 몇 주 동안 후임자를 교육시키느라 분주했다.

Ustar 출제포인트 시험에는 이렇게 나온다! **동일한 의미의 전치사와 접속사를 구분하라!**

의미가 같은 전치사와 접속사를 보기로 함께 제시하는데, 뒤에 '명사'가 오면 전치사, 〈주어 + 동사〉가 오면 접속사이다.

의미	접속사	전치사
〈양보〉 ~에도 불구하고, 비록 ~라도	although, while, though	despite, in spite of
〈이유·원인〉 ~때문에	because, since, as	because of, due to, owing to
〈예외〉 ~을 제외하고	except that	aside from, except (for), excluding, excepting
〈시간〉 ~동안에	while	for, during

Exercises

제한시간 5분(문제당 25초)

문제풀이 예제

01 The economy added 10,000 jobs last year ------- increasingly strong demand encouraged domestic companies to hire more workers.
(A) that   (B) while   (C) as   (D) which

> **해설** 빈칸은 완전한 두 문장을 연결해주는 종속접속사 자리로, 빈칸 이하를 생략해도 앞의 문장은 그 자체로 완전한 의미를 전달한다. 관계대명사로 쓰이는 that과 which는 형용사절을 이끌 수 있다. 하지만 앞에 선행사가 없으므로 빈칸 이하는 관계사절이 아니다. while은 앞에 상반된 내용이 나오거나(~반면에), 시간 부사절(~하는 동안에)로 사용되는데 위 문장에서는 문맥상 둘 다 어울리지 않는다. 앞 문장이 주절이며 빈칸 뒤 문장은 이유를 설명해주는 부사절이다. 따라서 답은 as가 된다.

> **해석** 수요가 점점 더 늘어나면서 국내 기업들이 고용되어 직원을 더 많이 고용했기 때문에 지난해에는 일자리가 만 개 더 늘었다.

02 He left a week ago and we haven't heard from him -------.
(A) since   (B) ago   (C) shortly   (D) then

> **해설** since는 그동안 주로 접속사와 전치사가 출제되었으나 최근에는 부사적 용법(그 이후)으로 더 많이 출제되는 경향이 있다. ago는 수사와 함께 쓰이는 부사이고 (C)는 주로 미래 시제와 함께 쓴다. (D)는 접속부사로 문장과 문장을 연결하거나 부사로 '그때'라는 의미이므로 맥락상 어울리지 않는다.

> **해석** 그는 일주일 전에 떠났고 그 이후로 우리는 그에게서 소식을 못 들었다.

Step 1 Warm-up Test

01 ------- we encourage all our employees to participate in the volunteering program, it is not mandatory.
(A) Although   (B) Despite

02 ------- the souvenir shop is located next to the museum, it attracts many tourists.
(A) Since   (B) Due to

03 Angela Andrews was hired as the new editor ------- she was the most qualified applicant.
(A) because   (B) so that

04 ------- the factory is back in business, all workers are once again motivated to work diligently.
(A) Because of   (B) Now that

05 The professor is considering rebuilding his curriculum ------- students will be required to write two essays instead of one.   (A) in order to   (B) so that

06 All vehicles must have a parking permit attached to the front window ------- parked in the residential area.   (A) while   (B) nearby

Step 2 실전 TOEIC Test

01 ------- she began working at Margot Financial, Ms. Gretzky has always been a great manager.
(A) When   (B) Before
(C) Whereas   (D) Since

02 ------- the sewer pipes have been repaired, residents on Linden Ave. will no longer complain about the stench.
(A) Regarding   (B) Usually
(C) Instead of   (D) Now that

03 ------- Ms. Williams needed to receive the package right away, she chose the fastest delivery option.
(A) Because   (B) Nevertheless
(C) Rather   (D) Whether

04 ------- the economy has recently shown an upward trend, experts expect that it will recover by the end of this year.
(A) So that   (B) As
(C) Besides   (D) Due to

05 Kamp Tech installed a new communication system ------- employees could report their ongoing work more conveniently.
(A) so that   (B) if
(C) which   (D) due to

06 ------- he joined our team in July, Mr. Kang has been working to increase Logisys's awareness in the Asian marketplace.
(A) Unless   (B) Meanwhile
(C) Since   (D) Accordingly

▶ 정답 및 해설 p.13~14

▶ 문제풀이 예제 정답 01 (C) 02 (A)

LESSON 8 시간부사절을 이끄는 접속사

Point

시간부사절에서는 미래를 나타낼 때 미래 시제 will 대신 현재 시제를 쓴다.

 ------- the magazine is published, all the payments will have been paid to writers
(A) By the time   (B) In order for   (C) Because   (D) So as

▶ 주절의 시제가 미래완료인데 빈칸 뒤는 현재 시제이다. 아직 출간이 되지 않은 미래의 사실인데 will을 쓰지 않았다. 시간의 부사절에서는 현재 시제가 미래 시제를 대신하기 때문이다. 따라서 '~할 때쯤이면 (이미)'란 뜻의 (A)가 답이다. so as는 반드시 뒤에 to부정사를 동반하며 (B)는 전치사이다.   ●잡지가 출간될 때 쯤이면 작가료는 모두 지불이 완료되어 있을 것이다.
정답 (A)

1. 시간부사절을 이끄는 종속접속사

| when ~할 때, ~한다면 | while ~하는 동안에 | as ~할 때, ~하면서, ~함에 따라 | until/till ~할 때까지 | before ~하기 전에 |
| after ~한 후에 | once 일단 ~하면 | since ~한 이래로 | | as soon as ~하자마자 |

2. 시간부사절은 현재 시제가 미래를 대신한다.

(1) 시간의 부사절에서는 미래 시제 대신에 현재 시제를 쓴다.

We will let you know **before** we **leave**. 우리가 떠나기 전에 알려주겠다. ☆ will leave 대신 leave를 사용

(2) 시간의 부사절에서는 현재완료 시제가 미래완료 시제를 대신한다.

When the presentation **has ended**, you can ask any questions. 발표가 끝나면 질문을 할 수 있다. ☆ will have ended (X)

3. 최다 출제 접속사 when/as/while의 용법들을 정복하라.

when은 연결되는 두 문장의 시제가 동일해야 한다. as는 두 문장이 동시에 일어나는 경우에 쓰이며(so as는 접속사가 아니라 항상 〈so as to + 동사원형〉의 형태로 쓰인다.), while은 '~하는 동안에'라는 뜻으로 한쪽 문장이 '기간'을 나타낸다.

While your car is parked, we will watch and care for it. 고객님의 자동차가 주차되어 있는 동안 저희가 그 차를 지켜보면서 살필 것입니다.
☆ 차가 주차되어 있는 동안에 지켜보겠다는 의미로 '~하는 동안에'라는 기간을 나타냈으므로 while

The play started **as** we got there. 우리가 거기에 도착하자마자 연극이 시작되었다.
☆ 연극이 시작할 때 입장했다는 의미로 '시작하다'와 '도착하다'는 동작들이 동시에 일어났으므로 as

4. by the time/until/while은 동사에 답이 있다.

주절	접속사	종속절
1회성 동작이나 완료	by the time	1회성 동작이나 완료의 동사
상태	until	1회성 동작이나 완료의 동사
동작/상태	while	상태, 지속, 계속, 진행

(1) by the time(~할 때쯤이면 이미): 〈동작/완료동사 + by the time + 동작/완료동사〉

By the time I **got** the message, he **had left** home. 내가 메시지를 받았을 때쯤엔 이미 그는 집을 떠났다.
☆ 종속절의 got과 주절의 had left는 각각 '(메시지를) 받았다'와 '떠났다'라는 의미를 가진 동작 완료의 동사이다.
주의 _ ① 주절의 시제가 과거완료이면 〈by the time〉절의 시제는 과거로, 미래/미래완료이면 현재로 써야 한다.
　　　② by the time은 접속사와 부사 둘 다 쓰인다. every time, each time, at the time, next time 등도 마찬가지이다.

(2) until(~할 때까지): 〈상태 동사 + until + 일회성의 동작/완료 동사〉

Stay here **until** I **come back**. 제가 돌아올 때까지 여기에 있어요.
☆ 주절의 동사 stay는 상태 동사이며 종속절의 come back이 특정 시점을 나타내는 동작 동사이므로 until을 쓴다.

(3) while(~하는 동안): 〈동작/상태 동사 + while + 상태/지속/계속/진행 동사〉

Finish it **while** I **am** here. 제가 여기 있는 동안 마무리해주세요.
☆ finish는 특정 시점을 보여주는 동작 동사이며, 종속절의 am은 상태를 나타내는 동사이므로 while(~하는 동안)을 쓴다.

Ustar 출제포인트 시험에는 이렇게 나온다! 부사절과 명사절(또는 부사절)이 한 문장에 같이 등장하는 형태

The house was damaged because ------- the tenants left for Christmas break, some pipes froze and cracked.
(A) while   (B) that

■ because 부사절 안에 또 하나의 절(------- tenants left for Christmas break,)이 있는 문장 구조이다. 문장에 was damaged, left, froze, cracked 모두 4개의 동사가 있으므로 접속사는 3개가 필요하다. 현재 빈칸을 제외한 접속사의 개수는 because와 and 2개이다. 따라서 빈칸은 접속사 자리이다.   ■세입자들이 크리스마스 휴가 동안 집을 떠난 사이에 일부 파이프가 얼어서 금이 가기 때문에 집이 손상되었다.

Exercises

제한시간 5분(문제당 25초)

문제풀이 예제

01 It is advisable to order large quantities of cheap Dollar Tree Items ------- supplies last.
(A) until   (B) by the time   (C) while   (D) since

> **해설** 얼핏 보면 '재고가 지속될 때까지'라는 '시점'과 '재고가 지속되는 동안'의 '기간'이 가능한 것처럼 생각된다. 하지만 빈칸 뒤의 동사는 2형식 동사로 '지속되다'라는 의미를 갖고 있다. 즉, 동작의 완료가 아니라 '상태의 지속'이므로 보기 중에 (C) while만이 답이 될 수 있다. until 뒤에는 시점을 알 수 있는 표현이 나와야 한다.
>
> **해석** 재고가 남아 있는 동안 저렴한 Dollar Tree 물건들을 다량 주문해놓는 게 좋다.

02 Smith's Hardware will remain in business ------- it is able to continue meeting the needs of the community.
(A) in case of   (B) providing for   (C) together with   (D) as long as

> **해설** 두 단어 이상의 '구'에서 마지막 단어가 전치사이면 뒤에는 〈주어 + 동사〉가 올 수 없다. 빈칸 뒤에 〈주어 + 동사〉의 완전한 문장이 있으므로 빈칸은 접속사 자리이다. (A), (B), (C) 뒤에는 절이 올 수 없으므로 (D)가 답이 된다.
>
> **해석** Smith's Hardware는 지역사회의 욕구를 계속 충족시킬 수 있는 한 사업을 계속할 것이다.

Step 1 Warm-up Test

01 The laborers are still expected to work from 10 A.M. to 5 P.M. ------- the new machine is being installed.   (A) during   (B) while

02 ------- I find out the cause of the problem, I will inform you immediately.
(A) As soon as   (B) As well as

03 After countless interviews, Mr. Andrew's persistence finally paid off ------- an international trading company gave him an opportunity.   (A) when   (B) as if

04 Passengers at the Luxor Airport will be notified to go to Gate 34 ------- the flight arrives from the Netherlands.   (A) once   (B) while

05 ------- the budget was confirmed, the planning committee had checked several suggestions for lowering operating costs.   (A) Prior to   (B) Before

06 All staff members must not leave the building ------- all of the computers have been turned off.
(A) except   (B) until

Step 2 실전 TOEIC Test

01 We can initiate this operation ------- we receive approval from the technical manager.
(A) as soon as   (B) right away
(C) promptly   (D) in time for

02 The theatre will be closed to everyone ------- the whole building is being renovated.
(A) during   (B) while
(C) after   (D) along

03 The number of subscribers for *Allsports Inc.* decreased by five percent ------- rumors about the inaccurate information provided in its articles have been disclosed on the radio last night.
(A) due to   (B) once
(C) so as   (D) within

04 ------- ordering new supplies, managers must keep within their monthly budgets.
(A) To   (B) Not
(C) When   (D) Of

05 ------- the conference is over, all staff members from the accounting department are expected to submit all reports by the end of the day.
(A) Who   (B) When
(C) Why   (D) Which

06 It will be easier to attend the annual convention in Sydney ------- Star Airlines begins offering direct flights there next year.
(A) instead   (B) after
(C) during   (D) beyond

▶ 정답 및 해설 p.14~15

▶ 문제풀이 예제 정답 01 (C) 02 (D)

LESSON 9 조건/양보 부사절을 이끄는 종속접속사

Point

'만약 ~라면', '비록 ~일지라도'라는 조건/양보의 부사절을 이끄는 접속사는 접속사 앞뒤로 대조되는 내용 또는 예상이나 기대와 반대되는 내용을 이어준다.

 The research team left for the meeting ------- they had not been informed of the schedule.
(A) because   (B) in spite of   (C) so that   (D) even though

▶ 빈칸 앞뒤에 완전한 문장이 있기 때문에 전치사인 (B)는 답이 될 수 없다. 빈칸 앞뒤의 내용이 기대치의 반대, 즉 출발했다와 스케줄을 통보받지 못했다는 의미이므로 양보 접속사인 (D)가 답이다. (A)와 (C)는 앞뒤의 내용이 순접인 경우 쓸 수 있는 접속사이다.
● 연구팀은 스케줄을 통보받지 못했지만 회의장으로 출발하였다.   정답 (D)

1
양보 부사절 접속사는 예상치 못한 결과나 기대와 반대되는 내용을 나타낼 때 쓴다.

although, though, even though/if 비록 ~일지라도	복합관계사 whatever, wherever, however, whoever 등
as ~일지라도	whether (~ or not) ~이든 아니든
while 반면에, ~일지라도	whereas ~한 반면에

(1) while과 whereas는 둘 다 '반면에'라는 뜻을 가지고 있으며 서로 바꾸어 쓸 수 있다. 단, 접속사의 위치에 주의하자.
While I like the design, he likes the color of the product. 나는 그 제품의 디자인을 좋아하는 반면 그는 색깔을 좋아한다.
= I like the design, **whereas** he likes the color of the product.

2
조건 부사절 접속사는 '~한다면/안 한다면'과 같이 주절의 전제 조건이 되는 절을 이끌 때 쓴다.

| if = provided/providing/supposing/suppose/given/assuming + (that) 만약 ~라면 | unless = if ~ not 만약 ~이 아니라면 |
| only if ~해야만(when)   in case (that) ~한 경우에   as/so long as ~하는 한, ~의 조건으로 | otherwise 그렇지 않으면 (접속부사) |

(1) 조건의 부사절에서도 현재가 미래를 대신한다.
We will cancel the reservation **if** he **doesn't** send a message. 그가 메시지를 보내지 않으면 우리는 예약을 취소할 것이다.
☆ won't(will not)이 아니라 doesn't로 표현했다.

(2) unless는 if ~ not의 의미이므로, unless가 이끄는 절에 부정어(not, never)가 또 온다면 틀린 문장이다. 현재 사실의 반대를 가정하는 가정법의 용도로는 거의 쓰이지 않는다.
Unless you have enough money, I will help you. (O) 네가 돈이 충분하지 않다면, 내가 도와줄게.
Unless you ~~don't~~ have enough money, I will help you. (X)

(3) 최고난이도의 문제 as long as, in case, when: in case는 '만일 ~할 경우에 대비하여 미리'라는 뜻으로 종속절이 주절의 전제 조건이 된다. as long as는 '~하는 한'이란 전제 조건을 나타내며, when(~할 때)은 의미로 앞뒤 내용이 동시에 일어날 때 쓴다.

Most students may arrive late ------- weather conditions are poor.   (A) in case   (B) when
▶ 빈칸의 앞뒤로 '학생들이 늦게 도착할 것이다'와 '날씨가 안 좋다'는 내용이 연결된다. in case는 '~에 대비하여 미리'라는 뜻으로 학생들이 날씨가 나쁠 때를 대비해 미리 늦게 온다는 것은 의미상 부자연스럽다. 위 문장은 '~할 때 ...하다'라는 동시 발생의 접속사 when으로 연결해주는 것이 적절하다.
■ 날씨가 나쁘면 학생들이 늦게 도착할 수도 있을 것이다.

The account will remain active ------- it is checked on a regular basis.   (A) as long as   (B) in case
▶ as long as는 '...하는 한 (~하다)'이라는 전제 조건이고, in case는 '만일의 경우에 대비하여'라는 의미이다. 내용상 '계좌를 정기적으로 확인하는 경우에 (조건) 계좌가 살아있게 된다'라는 의미가 자연스러우므로 정답은 (A) as long as가 된다.
■ 정기적으로 확인을 하는 한 계좌는 살아 있을 것이다.

(4) 분사 접속사
The departure date will be rescheduled to May 10 **assuming that** Mr. Lopez is able to adjust his presentation accordingly. 그에 따라 Mr. Lopez가 그의 발표를 조정할 수 있다는 가정하에 출발일이 5월 10일로 재조정될 것입니다.

Ustar 출제포인트 시험에는 이렇게 나온다!   최다 출제 접속사 as의 용법을 완전 정복하라!

1. ~할 때(= when): 이때는 as 앞뒤의 사건이 거의 동시에 일어난다. (동시 동작)
   They left **as** she came in. 그녀가 들어오자 그들이 떠났다.
2. ~함에 따라: **As** the company grew up, the market share increased as well. 회사가 성장함에 따라 시장 점유율도 증가하였다.
3. 마치 ~같이: ⟨주어 + 현재 시제 + as if/though + 주어 + 과거⟩, ⟨주어 + 과거 시제 + as if/though + 주어 + 과거완료⟩
   He acts **as if** he knew everything. 그는 마치 모든 것을 아는 것처럼 행동한다. ☆ 사실은 모른다.
4. ~이기 때문에: I like reading **as** I can learn a lot from it. 나는 독서로 많은 것을 배울 수 있기 때문에 독서를 좋아한다.
5. ~로서: 이때의 as는 전치사로, 뒤에 직위나 역할 등의 명사 보어의 역할을 할 수 있는 단어가 온다.
   I'm telling you **as** your best friend. 너의 가장 친한 친구로서 말하는 거야.

Exercises

제한시간 5분(문제당 25초)

문제풀이 예제

01 All personal information of HSCC international Co. employees will be kept confidential ------- written consent is given for it in order to be used.
(A) whether   (B) as if   (C) except   (D) unless

> 해설 빈칸 뒤에 주어와 동사가 있기 때문에 일단 전치사인 except는 제외된다. whether가 부사절에 쓰일 때는 '~이든 아니든 상관없이 무조건 [당연히] ~하다'라는 뜻으로, 위 문장에 whether를 넣으면 동의서가 있건 없건 무조건 기밀이 유지된다, 즉 '아무도 정보를 받을 수 없다'는 의미가 된다. if는 if 이하를 전제 조건으로 주절이 발생한다는 뜻이므로 '동의서가 있으면 보안이 된다'는 의미가 된다. Unless는 '~하지 않는 한 …하다'로 여기서는 동의서가 주어지지 않는 한 개인정보가 보안이 된다, 즉 '동의서가 있어야 정보가 제공된다'는 의미가 된다.
>
> 해석 HSCC 인터내셔널 직원들의 모든 개인정보는 (직원의 개인정보를) 사용해도 된다는 서면 동의서가 주어지지 않는 한 기밀이 유지될 것이다.

02 The copy machine is guaranteed to provide reliable quality services to the user, ------- routine maintenance work is performed once a month.   (A) in case   (B) as long as

> 해설 '복사기가 사용자에게 고품질의 서비스를 제공한다'는 것과 '한 달에 한 번 정기적인 점검을 받는다'는 것은 내용상 전제조건의 접속사 as long as(~하는 한)로 연결하는 것이 자연스럽다.
>
> 해석 그 복사기는 매달 한 번씩 정기적인 정비를 하는 한, 사용자에게 신뢰할 만한 고품질의 서비스를 보증합니다.

Step 1 Warm-up Test

01 Summit Inc. is carrying on with current plans ------- its profits decreased drastically last month.
(A) however   (B) even though

02 ------- most analysts expected that the market in Hong Kong would shrink, Hong Kong's market has been prospering lately.   (A) So that   (B) Although

03 Laborers at the construction site said they will stop working ------- Smith Construction Company raises their hourly pay from $30 to $35.   (A) whereas   (B) unless

04 The Royal Hotel can accommodate more than 300 guests, ------- the GK Hotel has a maximum occupancy of only 100 people.   (A) what   (B) whereas

05 ------- customers may be happy with their purchase initially, it is usual for them to exchange it for another model later.   (A) Although   (B) Whenever

06 ------- Ms. Cohen has not yet returned from Tokyo, she will be back in time to train the new employees.   (A) Even though   (B) Despite

Step 2 실전 TOEIC Test

01 ------- Mr. Hillman is not returning this week, he will send us an e-mail regarding the deal.
(A) Whenever   (B) In order that
(C) Once   (D) Even though

02 Whether you are a member of the experimental research team ------- a colleague of Dr. Simmons, you must return the temporary permit before you leave the building.
(A) either   (B) and
(C) or   (D) neither

03 ------- the client didn't seem to be easily manipulated, we were still able to close the deal in a way favorable to us.
(A) Nevertheless   (B) Still
(C) Although   (D) However

04 Candidates who are interested, ------- experienced or not, can always apply for our secretary position.
(A) neither   (B) whether
(C) unless   (D) besides

05 ------- electric engines are currently only applied in cars, as technology advances, airplanes and trains will also welcome such devices.
(A) Until   (B) Once
(C) Unless   (D) Although

06 ------- admission to the jazz concert is free, we accept donations of any amount.
(A) Despite   (B) Except
(C) While   (D) Equally

▶ 정답 및 해설 p.15~16

▶ 문제풀이 예제 정답 01 (D) 02 (B)

LESSON 10 양보부사절을 이끄는 복합관계사

Point

복합관계대명사와 복합관계부사는 문장 안에서 각각 명사절과 부사절을 이끈다. 복합관계대명사 뒤에는 불완전한 문장이, 복합관계부사 뒤에는 완전한 문장이 온다. 그 외에 복합관계 형용사는 〈-ever + 명사〉로 뒤에 있는 명사를 수식하며 접속사 기능을 한다.

  You can choose ------ way you want.
(A) whichever (B) however (C) wherever (D) whoever

▶ (B)와 (C)는 복합관계 부사절을 이끌고 (A)와 (D)는 복합관계 명사절을 이끈다. choose의 목적어로는 명사절이 나와야 하며, 빈칸 뒤는 way(목적어)와 you(주어) want(동사)로 구성된 완전한 문장이다. 이때 정상적인 어순이 아니라 목적어가 앞으로 나온 이유는 '어떤'이라는 관계형용사가 빈칸에 있기 때문이다. ● 너는 네가 원하는 어떤 방법이라도 선택할 수 있다. 정답 (A)

1 관계대명사와 관계부사

둘 다 형용사절을 이끌어 앞에 있는 명사를 꾸며준다. 관계대명사는 who, whom, whose, which, that, what이 있고 관계부사에는 where, when, how, why가 있다. 관계대명사 뒤에는 주어, 목적어 등이 빠진 불완전한 문장이, 관계부사 뒤에는 완전한 문장이 온다.

I met the president **who** gave a speech last week. 〈관계대명사 who: 주어가 빠져 불완전한 문장〉
나는 지난주에 연설을 했던 사장을 만났다.

I met the president in the hotel **where** we had had the previous meeting. 〈관계부사 where: 주어, 동사를 갖춘 완전한 문장〉
나는 예전에 우리가 회의를 했던 호텔에서 그 사장을 만났다.

2 복합관계대명사와 복합관계부사는 관계대명사와 관계부사에 -ever를 붙인 형태이다.

복합관계대명사 + 불완전한 문장 ▶ 명사절	복합관계부사 + 완전한 문장 ▶ 부사절
whatever = anything that 무엇이든지	wherever = no matter where 어디든지
whichever = anything that 어느 것이든지	whenever = no matter when 언제든지
who(m)ever = anyone who 누구든지	however = no matter how 아무리 ~할지라도

(1) 복합관계 부사절은 문장에서 부사의 역할을 한다.

Wherever she goes, he will follow her. 〈장소 부사절〉 그녀가 어디를 가든지 그는 그녀를 따를 것이다.
Whenever I call her, she doesn't answer. 〈시간 부사절〉 내가 전화할 때마다 그녀는 받지 않는다.
However difficult it is, we will solve it. 〈양보 부사절〉 아무리 어렵다 하더라도 우리가 해결할 것이다.
☆ however는 〈however + 형용사/부사 + 주어 + 동사〉로 쓰인다.

(2) 복합관계 명사절은 문장에서 주어나 목적어의 역할을 한다.

Give this pen to **whoever** needs it. 〈목적어〉 이 펜을 필요한 사람 아무에게나 주어라.
Whoever needs it should call their supervisor. 〈주어〉 이것이 필요한 사람은 직속상사에게 전화해야 한다.

(3) whoever/whatever/whichever는 복합관계 부사절과 복합관계 명사절을 모두 이끌 수 있다.

Take **whoever** you want. ☆ anyone who = whoever: want의 목적어가 빠진 불완전한 복합관계 명사절
네가 원하는 사람은 누구든지 데려가라.

Whoever you need to see, come to my office first.
네가 누구를 만나야 하든 내 사무실에 먼저 들러라. ☆ no matter who = whoever: whoever 이하는 불완전한 문장의 복합관계 부사절

(4) whatever와 whichever는 복합관계형용사로도 활약한다.

You can buy **whichever** you want. 〈복합관계대명사, 명사절: want의 목적어가 없는 불완전한 문장〉
네가 원하는 것은 뭐든지 살 수 있다.

You can watch **whichever** movie you want. 〈복합관계형용사, 명사절: 목적어 + 주어 + 동사 어순의 완전한 문장〉
네가 원하는 영화는 뭐든지 볼 수 있다.

Ustar 출제포인트 시험에는 이렇게 나온다!

1. 복합관계사 문제는 문장 구조를 통해서도 해결할 수 있지만, 전체 문장의 내용을 파악하여 답에 영향을 주는 요소들을 모두 고려해야 한다.

   Take ------ you need in the box. (A) whatever (B) whoever (C) however (D) whenever

   ■ 빈칸 뒤 문장이 동사 need의 목적어가 없는 불완전한 문장이다. 따라서 (C), (D)는 답이 될 수 없다. 불완전한 문장을 이끄는 (A)와 (B) 중에서 box 안에 있을 수 있는 것은 사람이 아니라 사물이므로 (A)가 답이 된다. ■ 박스에 있는 게 무엇이든지 네가 필요하면 가져가라.

2. -ever는 선행사를 이미 포함하고 있기 때문에 앞에 선행사를 따로 받을 수가 없다.

   Anyone <u>who</u> is interested will join our club. = <u>Whoever</u> is interested will join our club.
   관심이 있는 사람은 누구나 우리 클럽에 가입할 것이다.

3. however는 접속부사(어쨌든, 그건 그렇고)일 때는 문두에 나올 수 없다. 복합관계부사일 때는 '비록 ~한다 하더라도'의 의미가 있다.
   〈<u>However</u> + 형용사/부사 + 주어 + 동사〉= 〈<u>Although</u> + 주어 + 동사 + 형용사/부사〉

48

Exercises

제한시간 5분(문제당 25초)

문제풀이 예제

Portable computers make it possible to work ------- you are, whether it is at home, in a hotel room, or even on an airplane.

(A) whenever   (B) whomever   (C) whatever   (D) wherever

해설 보기가 모두 관계사이므로 내용상 적절한 관계사를 찾아야 한다. whether 이하의 절에서 home, hotel room, airplane의 장소가 나열되고 있으므로 (D) wherever가 답이 된다.

해석 휴대용 컴퓨터는 집, 호텔, 심지어 기내까지 당신이 있는 곳이면 어디에서든 업무가 가능하도록 해준다.

어휘 portable 가지고 다닐 수 있는, 휴대용의

Step 1 Warm-up Test

01 The new stock brokers are advised to be greedy ------- others are fearful.
    (A) whenever   (B) whatever

02 Goods International can deliver an item for free only ------- a buyer has purchased an item valued at least 50 dollars or more.   (A) when   (B) whenever

03 All students should arrive on time ------- poor weather conditions are.   (A) however   (B) when

04 The rest of the boxes should be placed ------- workers can find extra space in the office.
    (A) whatever   (B) wherever

05 ------- you offer, it still will not affect the total cost.   (A) Which   (B) Whichever

06 ------- you want to go, Hana Tour Co. will help you plan your next vacation.
    (A) Wherever   (B) Where

Step 2 실전 TOEIC Test

01 ------- what time they visit us, they bring a team of financial experts.
    (A) No matter
    (B) Despite
    (C) Although
    (D) Yet

02 ------- you decide, the most important thing is that you take the employees' best interests into careful consideration.
    (A) Before
    (B) Either
    (C) Whatever
    (D) Both

03 Employee relations as well as economics must be considered ------- the firm decides to relocate its manufacturing facilities.
    (A) whatever
    (B) so
    (C) wherever
    (D) whom

04 As long as the weight of the package doesn't exceed two kilograms, we ship all items for free ------- far the destination.
    (A) no matter how
    (B) insofar as
    (C) nevertheless
    (D) in order that

05 Axstar's CEO, Ms. Sampson, would like to know ------- is responsible for coordinating client meetings and conference calls.
    (A) who
    (B) whoever
    (C) whose
    (D) whom

06 We received lots of complaints from those ------- opposed a tax increase.
    (A) who
    (B) whoever
    (C) which
    (D) whichever

▶ 정답 및 해설 p.16~17

▶ 문제풀이 예제 정답 (D)

LESSON 11 접속사 뒤에 주어가 없을 때

Point 접속사 자리인 빈칸 다음에 주어가 없을 때는 ❶ 빈칸 이하가 문장에서 하는 역할과 ❷ 빈칸 뒤에 to부정사, 분사, 동사 중 뭐가 따라오는지를 확인하라.

 The board of directors will decide today ------- to sign the contract.
(A) whether　　(B) after　　(C) that　　(D) about

▶ decide의 목적어가 필요하므로 빈칸에는 명사절을 이끄는 접속사가 와야 한다. 따라서 종속접속사인 (B)와 전치사인 (D)는 답이 아니다. 또한 that 뒤에는 to부정사를 동반할 수 없다. 따라서 명사절을 이끌며 뒤에 to부정사를 받을 수 있는 (A)가 답이 된다.
● 이사회는 오늘 그 계약에 서명할 것인지를 결정할 것이다.　　　　　정답 (A)

1 접속사 뒤에 주어가 없다면?

등위접속사 / 상관접속사	• 등위접속사는 동일한 부분을 생략할 수 있기 때문에 뒤에 주어가 생략되어도 동사가 그대로 존재한다. I will go there, **and** I will see you. = I will go there **and** see you. 거기 가서 널 만날 거야.
관계대명사	• 주격관계대명사 뒤에는 반드시 동사가 나온다. 주격 관계대명사가 생략된 경우만 뒤에 분사가 온다. There is a boy **who** is reading a book. = There is a boy **reading** a book. 책을 읽고 있는 한 소년이 있다. • 관계대명사 목적격은 생략되어도 〈주어 + 동사〉가 그대로 나온다. I bought the book **which** you mentioned. = I bought the book you mentioned. 나는 네가 언급한 책을 샀다.
명사절 접속사	• 명사절 접속사 뒤에는 절이 나오며, 뒤에 주어가 없는 경우 to부정사를 받는다. (단, that과 if는 제외) I don't know **what** I have to do. = I don't know **what** to do. 나는 뭘 해야 할지 모른다.
종속(부사절) 접속사	• 종속접속사 뒤에는 주어와 동사가 다 나온다. 종속접속사 뒤에 주어가 없다면 동사는 분사가 된다. Our company increased the overall cost **while** our company cut down the labor cost. = Our company increased the overall cost **while** cutting down the labor cost. 우리 회사는 인건비를 줄이는 한편 총비용을 늘렸다.

2 의문사 뒤에 나오는 문장의 형태와 역할

명사절을 이끄는 접속사	문장의 형태	to부정사 동반여부	문장에서의 역할
what	(불)완전한 문장	O	의문사/의문형용사
who	불완전한 문장	O	의문사/관계대명사
which	불완전한 문장/선택	O	의문사/의문형용사/관계대명사
that	완전한 문장	X	명사절 접속사/관계대명사/지시형용사
when/where	완전한 문장	O	의문사/관계부사
if	완전한 문장	X	명사절 접속사/부사절 접속사
whether	완전한 문장	O	명사절 접속사/부사절 접속사
how / why	완전한 문장	O	의문사/관계부사

3 부사절 접속사 + 분사

(1) 현재분사(-ing)는 주어와 능동의 관계일 때 사용하고, 과거분사(p.p.)는 주어와 수동의 관계일 때 사용한다.
　The assistant manager wrote a memo (**while**) answering the phone. 그 대리는 전화를 받으면서 메모를 작성했다.
　= The assistant manager wrote a memo (**while**) *he was* answering the phone.
　☆ while 부사절과 주절의 주어가 동일하기 때문에 부사절의 〈주어 + be동사〉가 생략되고 answering만 남았다.

(2) 부사절 접속사 뒤에 주어가 없는 경우에는 〈주어 + be동사〉가 생략되어 형용사나 〈전치사 + 명사〉가 바로 이어지기도 한다.
　Survivor benefits are only paid if the member dies **while** on active duty.
　= Survivor benefits are only paid if the member dies **while** the member is on active duty.
　유족연금은 직원이 근무 중에 사망했을 경우에만 지급된다. ☆ 부사절 접속사 while 다음의 동일 주어와 be동사는 생략할 수 있다.

Ustar 출제포인트 시험에는 이렇게 나온다!

종속접속사 뒤에 주어가 생략되면 동사는 분사로 바뀌어야 한다. 이때 분사가 목적어를 동반하면 능동인 현재분사가, 동반하지 않으면 수동인 과거분사가 된다. 종속접속사 다음의 문장 형태를 외워두면 문제를 쉽게 해결할 수 있다.

종속접속사 + 주어 + 동사. 주어 + 동사　　종속접속사 + 분사. 주어 + 동사
종속접속사 + 형용사. 주어 + 동사　　종속접속사 + 전치사 + 명사. 주어 + 동사

주의 ① 종속접속사 + 명사 (X) / 종속접속사 + 부사 (X)
　　 ② 종속접속사 부사절은 주절의 앞과 뒤 모두 위치할 수 있다

Exercises

제한시간 5분(문제당 25초)

문제풀이 예제

------- compared to last quarter's earnings, the figures for this month indicate an encouraging trend.
(A) Due to   (B) As   (C) For   (D) What

해설 빈칸 뒤에 분사가 있다면 그 앞에 나온 접속사는 종속접속사이다. 전치사 뒤에는 분사가 올 수 없으므로 (A), (C)는 정답에서 제외된다. (D) What은 명사절인 주어를 이끌기 때문에 분사를 동반할 수 없고 문장 중간에 쉼표도 없어야 한다. 위 문장은 As the figures are compared to ~에서 동일 주어와 be동사가 생략되고 분사가 나온 형태이다.

해석 지난 분기의 수익과 비교해봤을 때, 이번 달의 수치는 고무적인 동향을 보여준다.

Step 1 Warm-up Test

01 Please read the instructions carefully ------- consulting our support representative.
(A) whether   (B) before

02 ------- contacting a bank representative for any assistance, be sure to have your account number with you.   (A) During   (B) When

03 Starting next year, Tara Software has decided to give their employees flexibility in choosing ------- to work in the offices or at home.   (A) while   (B) whether

04 The car endorsement will not be legitimate ------- signed by both the seller and the buyer.
(A) without   (B) until

05 ------- submitting her daily report, Ms. Miller realized that she had a meeting to attend in five minutes.
(A) Because   (B) After

06 Jimmy Fox's new film was released yesterday ------- is already ranked first in the box office.
(A) and   (B) or

Step 2 실전 TOEIC Test

01 You must wear a helmet and carry one flashlight ------- entering the mines.
(A) with
(B) since
(C) or
(D) when

02 The board of directors will decide tomorrow ------- to appoint Ms. Perez as CEO of Ilsys Industries.
(A) whether
(B) after
(C) that
(D) about

03 ------- not required, tour agencies advise all travelers to apply for an international driver's license before traveling.
(A) Despite
(B) Unless
(C) Since
(D) Though

04 Volunteers are entitled to free parking ------- on duty at the Lakeside Park site.
(A) during
(B) while
(C) after
(D) still

05 Kelly Furniture offers their customers a full refund ------- replaces it with another item, whichever is preferred.
(A) but
(B) and
(C) or
(D) neither

06 The city council is evaluating the plans for the new shopping center to determine ------- can be done to provide sufficient parking.
(A) those
(B) what
(C) whether
(D) there

▶ 정답 및 해설 p.17~18

▶ 문제풀이 예제 정답 (B)

LESSON 12 접속부사와 접속사

Point

접속부사와 접속사는 '접속'이라는 단어 때문에 혼동을 일으키기 쉽다. 하지만 **접속부사는 문장의 앞이나 가운데에서 문장 전체를 수식하며 앞 문장에 보충 설명을 하는 '부사'로 문장을 연결하는 접속사가 아니다.**

 She enjoys reading; ------, she likes writing.　　(A) moreover　　(B) and　　(C) nevertheless　　(D) as
▶ 빈칸 앞에 세미콜론(;)이 왔다. 세미콜론이 접속사의 역할을 하기 때문에 더 이상 접속사가 올 수 없다. 따라서 (B)와 (D)는 답이 될 수 없다. 앞의 내용에 추가되는 내용이므로 moreover(게다가)가 적절하다. (C)는 앞뒤 내용이 상반되는 경우에 쓰인다.
● 그녀는 독서를 좋아한다. 게다가 글쓰기도 좋아한다.　　　　　　　　　　　　　　　　　　정답 (A)

1 접속부사는 앞 문장의 내용을 부가 설명(추가, 대조, 전환, 결과)하는 기능을 하는 부사이다.

양보 (그럼에도 불구하고, 그러나)	however, nevertheless, nonetheless, still		
결과 (따라서, 결과적으로)	accordingly, consequently, hence, therefore, thus, as a result, finally		
부가 (더욱이, 게다가)	besides, furthermore, moreover, above all, in addition		
추가 설명 (사실상)	indeed, in fact	순서 (그 다음에, 그후에)	then, thereafter
대조 (반대로, 반면에)	contrarily, in contrast	가정 (그렇지 않다면)	otherwise
화제 전환 (그런데, 그건 그렇고)	(in the) meantime, meanwhile, by the way		

The movie was boring. **Nevertheless**, many people still want to see it.
그 영화는 지루하다. 그럼에도 불구하고 아직도 많은 사람들은 그 영화를 보고 싶어 한다.

2 접속부사는 접속사가 아니라 '부사'이다!

(1) '부사'이기 때문에 두 번째 문장의 앞, 중간, 끝 어디에나 위치할 수 있다. 그러나 첫 번째 문장 앞, 즉 문두에는 위치할 수 없다.
　Because he is decisive, he will never give up. 〈부사절 접속사〉 그는 고지식하기 때문에 절대 포기하지 않을 것이다.
　He is decisive **so** he will never give up. 〈등위접속사〉 그는 고지식해서 절대 포기하지 않을 것이다.
　He is decisive. He **therefore**, will never give up. 〈접속부사〉 그는 고지식하다. 그래서 그는 절대 포기하지 않을 것이다.

(2) 접속부사는 접속사나 마침표 혹은 세미콜론(;) 뒤에 붙어 그 의미를 강화시켜 준다.
　Rebecca is good at dancing**; besides**, she enjoys doing it.　Rebecca는 춤을 잘 추고 게다가 그것을 좋아한다.
　= Rebecca is good at dancing **and besides**, she enjoys doing it.

3 의미가 유사한 접속사와 접속부사를 구분하자.

의미	접속부사	접속사
~하지 않으면	otherwise	unless
그러나	however	but/although
그러므로	therefore	so

Although he went to the store, he did not buy anything. 〈종속접속사〉 그는 그 가게에 갔지만 아무것도 사지 않았다.
He went to the store, **but** he did not buy anything. 〈등위접속사〉
He went to the store**; however,** he did not buy anything. 〈접속부사〉

4 접속부사 however/otherwise는 두 가지 용법이 모두 토익에 출제되고 있어 혼동하기 쉽다.

(1) however: (접속부사) 하지만, 그렇지만 / (접속사) 아무리 ~하더라도
　He didn't study**; however,** he passed the exam. 〈접속부사〉 그는 공부를 안 했다. 그렇지만 시험에 통과했다.
　However difficult the exam is, he may not study for it. 〈접속사〉 = **Although** the exam is difficult, ~
　그 시험이 아무리 어렵다 하더라도, 그는 공부를 하지 않을 것이다. ☆ 어순(문장의 형식)은 다르지만 although와 의미는 같다.

(2) otherwise: (접속부사) 그렇지 않으면 / (일반 부사) ~와 달리, 그밖에, 그 외에는
　I had lunch early**; otherwise,** I might have been late for the meeting. 〈접속부사〉 = **Unless** I had lunch early, ~
　난 일찍 점심을 먹었다. 그러지 않았다면 모임에 늦었을지도 모른다.
　Unless we are told **otherwise**, we will conduct the experiment. 〈부사〉 별다른 지시가 없다면 실험을 진행하겠다.

Ustar 출제포인트 시험에는 이렇게 나온다!

접속부사는 〈접속사/콜론(:)/세미콜론(;) + 접속부사〉의 형태로 접속사 또는 접속사 기능을 하는 콜론(:), 세미콜론(;)의 뒤에서 그 의미를 분명히 해주는 역할을 한다. 마침표로 끝난 문장 내용을 뒷받침하기 위해 〈주어 + 동사 + ~. 접속부사, 주어 + 동사〉와 같이 문두에 쓰이기도 한다.

　• 주어 + 동사 ~ ; 접속부사, 주어 + 동사　　• 주어 + 동사 ~. 접속부사, 주어 + 동사　　• 주어 + 동사 ~ + 접속사 + 접속부사, + 주어 + 동사

Exercises

제한시간 5분(문제당 25초)

문제풀이 예제

Please note that all shipments will be made by sea unless we are instructed -------.
(A) besides   (B) otherwise   (C) afterward   (D) customarily

해설 unless 이하의 구조를 살펴보면 수동태로 이미 완전한 문장을 갖추고 있다. 이때 문장 끝에 올 수 있는 품사는 부사이다. (A) besides는 추가의 의미인데 앞에서 추가 사항이 없으므로 정답에서 제외한다. (C) afterward는 '그 후에'라는 의미를 가지고 있는 부사이다. '관례상, 습관적으로' 통보를 받는다는 말도 자연스럽지 않기 때문에 (D) customarily도 답이 될 수 없다. 가장 적절한 부사는 '그밖에 달리 통보를 받지 못한다면'이라는 의미를 이끄는 otherwise이다.

해석 특별한 지시가 없을 경우에는 모두 선편으로 보내고자 하오니 참조하시기 바랍니다.

어휘 shipment 선적(물), 배송   by sea 해상으로, 선편으로   instruct 지시하다, 명령하다

Step 1 Warm-up Test

01 You will pay your taxes on time; ------- you will be punished.   (A) unless   (B) otherwise

02 While land issues have become a sore point on both sides, progress is ------- occurring in other areas.   (A) so   (B) nevertheless

03 This fair is expected to attract many young and potential scientists. -------, we are looking forward to meeting those with an interest in modern science.   (A) However   (B) For example

04 Shoppers are asked to store the contents of the package in a cool, dry place, unless ----- noted.
(A) otherwise   (B) however

05 Please understand that you will not be able to use your automobiles or any other vehicles until the construction is completed. -------, you will be provided with free taxi cab service for the following seven days.   (A) Instead   (B) Otherwise

06 We have to develop more detailed strategies and implement them -------.
(A) accordingly   (B) for example

Step 2 실전 TOEIC Test

01 The exceptional surge in litigation has led to substantially increased costs; -------, it has also resulted in a greater awareness of the need to develop safer products.
(A) otherwise
(B) however
(C) so
(D) while

02 As for New York residents, the bus fare will be $3.00. -------, $5.00 will be charged for New Jersey residents.
(A) However
(B) Likewise
(C) Indeed
(D) Since

03 Do not waste time seeing the most amazing sites through windows of a bus; ------- take a walking tour with Lotte Touring Co.
(A) however
(B) therefore
(C) instead
(D) afterwards

04 ------- Elizabeth has been writing articles for five years, she has only been working as a journalist for a short time.
(A) Although
(B) Despite
(C) However
(D) But

05 The purchaser must pay all taxes and fees before the 24th of this month ------- else the transaction can not be finalized.
(A) either
(B) or
(C) but
(D) so

06 ------- Trinity has finished collecting all the related data, we will report the results to you immediately.
(A) When
(B) Except
(C) Since
(D) Afterward

▶ 정답 및 해설 p.18~20

▶ 문제풀이 예제 정답 (B)

Ustar
TOEIC
Reading
✡

Chapter 2

명사 (Noun)

명사는 토익에서 매달 4-5 문제가 출제되고 있다. 문법적으로 복잡한 문제보다는 문장에서 명사의 자리와 역할 등을 물어보는 기본적인 내용이 주를 이루는데, 명사의 특성상 어휘를 많이 알고 있는 것이 유리하다.

★ 주요 출제 패턴

1. 명사의 자리와 역할
2. 가산/불가산명사
3. 사람명사
4. 복합명사
5. 비즈니스 관련 명사 어휘
6. 명사와 동명사의구별

★ 이렇게 풀어라! 문제풀이 전략

1. **명사의 자리와 역할:** ① 〈전치사/소유격/관사/한정사/형용사〉의 뒷자리가 명사 자리이다. 명사는 문장 내에서 ② 타동사나 전치사의 목적어 또는 ③ 주어나 보어의 역할을 한다.

   The marketing department is planning to develop a new plan.
   　　　주어　　　　　　　　　　　　　　　　　목적어

   마케팅 부서는 새로운 계획을 개발할 계획이다.

2. **가산/불가산명사:** 가산명사는 셀 수 있는 명사로서 명사 앞에 관사나 뒤에 복수의 -s를 취한다.

   It should meet all -------.　　(A) requirement　　(B) requirements

   해설　requirement는 '요구'를 뜻하는 가산명사로, 앞의 all과 수를 맞춰 복수의 -s를 붙여야 한다.
   해석　모든 자격요건이 맞아야 합니다.

   명사를 가산/불가산으로 구분하여 암기하기보다는 문맥과 쓰임에 따라 유형별로 이해하는 것이 효과적이다. 예를 들어, purchase는 '구매'라는 행위를 나타낼 때는 불가산명사이나 '구매한 물건'들을 의미할 때는 가산명사이다.

3. **사람명사:** 사람명사는 주로 가산명사이다.

   The ------- is planning to introduce a new strategy.　　(A) marketer　　(B) market

   해설　'계획을 세우다'라는 뜻의 동사 plan이 나왔다. 계획을 세울 수 있는 것은 사물이 아니라 사람이므로, 주어 자리에는 사람 명사인 marketer가 와야 한다.
   해석　마케터는 새로운 전략을 소개할 준비를 하고 있다.

4. **복합명사:** 복합명사는 둘 이상의 명사가 모여 하나의 명사 기능을 하는 것이다. 앞의 명사가 구체적인 종류를 보여준다.

   consumer awareness 소비자 인식　　account number 계좌번호　　accounting certification 회계 증명서

5. **비즈니스 관련 명사 어휘:** 토익에는 취업, 업무에 관련된 비즈니스 어휘가 많이 등장한다.

   The computer ------- is growing.　　(A) segment　　(B) segmentation

   해설　segmentation은 '세분화'라는 의미이고, segment는 '구역'을 뜻하지만 비즈니스에서는 구체적인 '업종'이라는 의미로 쓰인다.
   해석　컴퓨터 업종은 성장하고 있는 중이다.

6. **명사와 동명사의 구별**

   a new plan/planning 새 계획

   ☆ 부정관사 뒤에 올 수 있는 가산명사는 plan(계획)이고, planning은 '기획'이라는 뜻으로 불가산명사이다.

   the marketing/market department 마케팅 부서

   ☆ 행위, 업무 등의 복합명사는 앞의 명사가 동명사이다.

LESSON 1 명사의 역할

Point

명사는 문장에서 **주어, 목적어, 보어**의 역할을 한다.

------ of your requests regarding the exchange will be sent to your e-mail account.
(A) Confirms   (B) Confirmed   (C) Confirming   (D) Confirmation

▶ 빈칸 뒤의 전치사구(of your requests, regarding exchange)를 모두 제거하고 나면 빈칸이 문장의 주어가 된다. 주어로 나올 수 있는 품사는 명사이며 동사인 (A), (B)와 동명사인 (C)는 답이 될 수 없다.

● 고객님의 교환 요청에 대한 확인은 이메일로 보내질 것입니다.   정답 (D)

1. 주어 역할

명사는 사람이나 사물의 이름을 나타내므로 문장의 주어로 쓰인다. 해석은 '~은, ~는, ~이, ~가'로 한다.

The **company** has some financial problems. 그 회사는 재정적인 문제를 안고 있다.
　주어　　　동사　　　　　목적어

2. 목적어 역할

명사는 문장에서 타동사의 목적어나 전치사의 목적어로 사용된다.

(1) 타동사의 목적어 역할: 타동사 뒤는 목적어 자리이며 명사가 그 자리에 온다.

The research indicates an **increase** in sales. 그 조사는 판매가 올라갔음을 보여준다.
　주어　　　동사　　　목적어　　전치사+명사

☆ 타동사 indicates(나타내다) 뒤에 명사인 increase(감소)를 목적어로 받았다.

(2) 전치사의 목적어 역할

I have finished organizing the topics that will be discussed for tomorrow's **meeting**.
주어　동사　　　　　　　목적어　　　　관계대명사절　　　　　전치사+명사(전치사의 목적어)

나는 내일 회의에서 논의될 주제들을 정리하는 것을 끝냈다.

☆ 전치사 for 뒤에 명사 meeting이 전치사의 목적어로 왔다.

3. 보어 역할

주어나 목적어를 보조하는 역할을 한다. 보어가 될 수 있는 것은 '명사'와 '형용사'이며, 주격 보어와 목적격 보어로 사용된다.

(1) 주격 보어 역할

The monthly training session has become a **headache** for some employees.
　　　　　주어　　　　　　　2형식 동사　　주격 보어　전치사　　　명사

그 월례 교육 과정은 일부 직원들에게 골칫거리가 되었다.

☆ '월례 교육 과정이 골칫거리가 되었다'고 주어를 보충 설명하는 주격 보어로 명사 headache가 왔다.

(2) 목적격 보어 역할: keep, find, make, consider 등 5형식 동사 뒤에 〈목적어 + 목적격 보어〉 순으로 쓰인다.

The supervisor considers Tim a hardworking **employee**. 그 상사는 Tim을 열심히 하는 직원이라고 여긴다.
　주어　　　5형식 동사　목적어　　　목적격 보어

☆ consider는 5형식 동사로 〈consider + 목적어 + 목적격 보어〉의 형태로 '목적어를 목적격 보어라고 여기다'라는 의미이다. 여기 서는 명사 employee가 목적어를 보충 설명해주는 목적격 보어로 쓰였다.

Ustar 출제포인트 시험에는 이렇게 나온다!

1. 명사는 토익 시험에서 다음의 4가지 형태로 출제된다!
   ❶ 〈한정사(소유격, 관사, 지시형용사 등) + 명사〉: my friend a desk this computer many employees
   ❷ 〈전치사/타동사 + 명사〉: for students like flowers
   ❸ 〈형용사 + 명사〉, 〈명사 + 형용사〉: beautiful girl local attractions 현지 관광명소 something strange 뭔가 이상한 것
   ❹ 복합명사(명사 + 명사): customer satisfaction 고객 만족 attendance record 출석 기록

2. 복합명사가 출제되는 경우는 해석상의 차이와 문법적인 요소를 모두 응용해서 풀어야 한다.

   There will be a two-week ------.
   (A) late   (B) lately   (C) delay   (D) delays

   ■ 유도부사와 be동사 뒤에 문장의 실제 주어가 와야 한다. 빈칸은 관사 a와 형용사 two-week(2주의)의 수식을 받는 명사 자리이다. 따라서 단수 명사가 와야 한다. 형용사인 (A)와 부사인 (B)는 답이 될 수 없다.
   ■ 2주 지연이 있을 것이다.

Exercises

제한시간 5분(문제당 25초)

문제풀이 예제

> Northwest Airlines has suffered ------- in profit in the previous year because of severe competition among the rival airline companies.
> (A) lose   (B) lost   (C) losses   (D) losing

해설 동사 suffer는 자동사와 타동사로 둘 다 쓰이며, 자동사인 경우 주로 전치사 from과 짝을 이뤄 쓰인다. 문제에서는 전치사가 없으므로 타동사로 봐야 한다. suffered의 목적어로는 명사(상당어구)가 와야 하는데, 보기 중에 명사로 쓸 수 있는 것은 losses밖에 없다. lose는 타동사로 목적어가 필요하며, losing 역시 목적어에 해당하는 명사가 나와야 한다. loss가 feeling of sadness의 의미일 때는 불가산 명사가 된다. 참고로, suffer는 동사로 쓰이면 loss, damage, injury 등을 받아 '~으로 고통 받고 있거나 (안 좋은) 경험하다'는 의미이다.

해석 Northwest Airlines는 라이벌 항공사들 간의 심한 경쟁 때문에 작년에 손해를 입었다.

Step 1 Warm-up Test

01 In order to receive -------- for building access, you must contact the security representative.
    (A) authorization   (B) authoritative

02 By looking at all of Mr. Zimmerman's ------- mentioned on his resume, I assure you that he will become a great asset to our company.   (A) accomplishes   (B) accomplishments

03 The ------- that we came up with regarding the current market trend was indeed correct.
    (A) conclusion   (B) concluding

04 It is my ------- to insist on providing the best service to all customers under any circumstances.
    (A) intention   (B) intentional

05 After two years in -------, the steel industry in Detroit closed down due to low levels of motivation among its employees.   (A) operate   (B) operation

06 In order to form customer -------, Alpha Motors offers an 8-year warranty on its automobiles.
    (A) loyally   (B) loyalty

Step 2 실전 TOEIC Test

01 Mr. Stuart of Human Resources says that encouragement and ------- are necessary to build trust among employees.
    (A) communicate
    (B) communication
    (C) communicated
    (D) communicatively

02 ------- for the annual conference room must be made no later than Monday, July 14.
    (A) Reserve
    (B) Reserved
    (C) Reservations
    (D) Reservable

03 Saks Sixth Avenue now presents you with a large ------- of Italian shoemakers such as Salvatore Ferracamo.
    (A) select
    (B) selects
    (C) selected
    (D) selection

04 Along with your cover letter, please provide your education background and ------- you have acquired in your resume.
    (A) qualified
    (B) qualifications
    (C) qualify
    (D) qualifying

05 Mr. Popovich sent chocolate to his assistants, expressing ------- for their dedication
    (A) appreciation
    (B) appreciative
    (C) appreciating
    (D) appreciates

06 Though Mr. Northman has been working with us for twenty years, he will experience new and exciting ------- in the new executive department located in Texas.
    (A) challenge
    (B) challenges
    (C) challenging
    (D) challenged

▶ 정답 및 해설 p.20~21

▶ 문제풀이 예제 정답 (C)

LESSON 2 명사의 종류와 수

Point

명사는 다음의 5종류로 나누어지며, 명사 문제는 의미와 문법적인 특징을 둘 다 고려해야 해결할 수 있다.

| 셀 수 있는 명사 – 가산명사 | 보통명사/집합명사 | 셀 수 없는 명사 – 불가산명사 | 고유명사/물질명사/추상명사 |

예제 We will open new plants in ------ that are close to Seoul.
(A) locate   (B) located   (C) location   (D) locations

▶ 전치사 다음은 명사 자리이다. 관계대명사 that 다음에 are가 나왔으므로 복수인 locations가 와야 한다.
☞ 우리는 서울과 가까운 장소에 새로운 공장들을 세울 것이다.

정답 (D)

---

1 가산명사는 셀 수 있는 명사로 단수와 복수가 가능하다.

(1) 가산명사에는 보통명사와 집합명사가 있다.

보통명사	• 구체적인 형태나 모양을 가지고 있으며, 일반적으로 사람, 사물, 생물 등을 지칭하는 명사들이다.
집합명사	• 하나하나가 모인 '하나의 공동체'를 지칭하는 명사들이다.

(2) 가산명사의 단수형과 복수형

단수형	• '하나'임을 분명히 표현해줄 수 있는 부정관사 a/an이 온다. • 단수명사를 부정관사 없이 쓰려면 소유격, 정관사(the), this, that 등이 와야 한다.
복수형	• 보통 뒤에 -s나 -es를 붙여 만든다. 》 problem → problem**s**, dish → dish**es**, copy → cop**ies**, shelf → shel**ves** • 복수형이 불규칙하게 변하는 명사들도 있으니 유의해야 한다. 》 man → m**e**n, woman → wom**e**n, foot → f**ee**t

(3) 단수일 때와 복수일 때 뜻이 달라지는 명사

단수	복수	단수	복수
regard 존경	regards 안부	manner 방법, 방식	manners 풍습, 예절
saving 절약	savings 저축	custom 습관	customs 세관, 관세
authority 권위(자)	authorities 당국	good 이익	goods 상품

주의 _ 다음은 토익 시험에서 항상 복수형으로 나오는 명사들이니 꼭 암기하도록 하자!
resources 자원   funds 자금   standards 표준   wages 임금   regulations 규정   customer relations 고객 관리

2 불가산명사는 셀 수 없는 명사로 단수, 복수가 불가능하다.

(1) 불가산명사는 부정관사 a/an이나 복수형 -s/-es를 붙일 수가 없다. 대신 앞에 소유격 또는 this, that 등의 한정사를 붙이거나 much, a little, little 등과 같이 양을 나타내는 형용사를 함께 써줄 수 있다.

(2) 불가산명사에는 고유명사, 추상명사 그리고 물질명사 등이 있다.

고유명사	• 사람 이름이나 회사명, 나라, 지명 등과 같이 세상에서 하나밖에 없는 것을 의미한다.
추상명사	• 만지거나 볼 수 없는 단어들의 총체적인 개념에 해당하는 명사이다. Professor Tanaka stresses the **importance** of interpersonal skills. Tanaka 교수는 대인관계 기술의 중요성을 강조한다.
물질명사	• 기체, 고체, 액체 등 하나로 정해진 형태가 없기 때문에 셀 수가 없는 명사이다. • 셀 수 없는 물질명사는 셀 수 있게 수식하는 단위명사가 필요하다. 》 **two glasses of** water 물 두 잔

불가산명사는 대부분 가산명사로도 쓰이므로 불가산/가산명사를 따로 암기하기보다는 쓰임에 따라 유형별로 이해해야 한다.

Ustar 출제포인트 시험에는 이렇게 나온다!

1. 토익 시험에서 명사가 '주어'로 쓰였을 때는 뒤에 나온 '동사의 단수/복수 여부에 따라' 명사의 수가 결정된다.
   Payment ------ are determined after a performance evaluation has been conducted by department managers at the end of each year.   (A) increases   (B) increase
   ■ Payment에서 빈칸까지가 주어이고 are determined는 동사이다. 동사가 복수이므로 빈칸에는 복수명사가 와야 한다.
   ■ 임금 인상은 매년 말에 부서장의 업무평가에 따라 결정된다.

2. 명사 앞에 나오는 '수식어나 한정사'에 따라서 명사의 수를 결정하는 수일치 문제가 등장한다.
   Forming a sense of trust with a client is one of the toughest ------ for all sales staff members to carry out.
   (A) challenge   (B) challenging   (C) challenged   (D) challenges
   ■ 빈칸 앞에 one of가 있다. '~중의 하나'라는 뜻의 one of 뒤에는 반드시 가산 복수명사가 와야 한다.
   ■ 고객과의 신뢰감 형성은 모든 영업사원들이 수행해야 할 가장 힘든 과업들 중 하나이다.

Exercises

제한시간 5분(문제당 25초)

문제풀이 예제

Even if two stores are owned by a parent company, one store will not give you a refund for -------- made at another store.
(A) purchase   (B) purchases   (C) purchasing   (D) purchaser

해설 refund(환불)는 '구매 행위'에 대해 해주는 것이 아니라 '구매한 물건'에 해주는 것이다. 즉, 위의 purchase는 '구매한 물건'을 의미하는 가산명사로 쓰였으므로, 보기 중 관사나 복수의 -s가 붙어 있는 것이 답이 된다.

해석 두 상점이 하나의 모회사 소유로 되어 있다 하더라도 한 상점에서 구입한 물건을 다른 상점에서 환불해주지는 않는다.

Step 1 Warm-up Test

01 All employees at Placid Mobiles have a ------- to offer quality service and satisfy all customer needs.
(A) responsibility   (B) responsibilities

02 ------- in the music industry is expected to increase even though the overall sales have been decreasing due to illegal MP3 downloads.   (A) Competition   (B) Competitions

03 The first person to make a ------- for Christina Turner's newest album will receive a free poster and a promotional CD which contains a teaser of her upcoming movie, *Unleash the Bandits*.
(A) reservation   (B) reserving

04 Profit ------- are guaranteed if you follow our new business management strategy.
(A) increase   (B) increases

05 As a new stage of its development started, the ------- of enormous growth awaits us.
(A) prospect   (B) prospects

06 In a ------- issued yesterday, the head manager of Classic Labels reported a 3 percent increase in profits.   (A) statements   (B) statement

Step 2 실전 TOEIC Test

01 Yesterday, soccer legend Diego Messi signed a seven-year ------- with FC Jeju.
(A) contract
(B) contracts
(C) contracted
(D) contracting

02 Due to the success of its latest model, Lipstick Star 1, Stardom Cosmetic's annual ------- have been rising significantly.
(A) profit
(B) profits
(C) profitable
(D) profiting

03 As a manager, one of the ------- you must have is to recognize the strength of each employee and embrace them.
(A) responsible
(B) responsibly
(C) responsibility
(D) responsibilities

04 ------- to the annual party at the Royal Palace Hotel have been sent to all staff members.
(A) Invitations
(B) Invitation
(C) Invite
(D) Inviting

05 With the support from his friends and -------, Mr. Issac was able to smoothly launch his private art exhibition at Gala Hall.
(A) acquainted
(B) acquainting
(C) acquaintance
(D) acquaintances

06 The ------- of changing our current supplier is to reduce our production costs.
(A) intending
(B) intentions
(C) intention
(D) intentional

▶ 정답 및 해설 p.21~22

▶ 문제풀이 예제 정답 (B)

LESSON 3 명사의 앞에서 수식하는 한정사

Point

한정사는 명사 앞에서 그 범위를 한정해주는 역할을 한다. **토익 시험에서 한정사 뒷자리가 빈칸이면 빈칸은 명사 자리이다.**

명사 앞의 한정사				
부정관사	정관사	지시형용사	수량형용사	소유격 대명사

+ 명사

예제 ------ student willing to attend Professor Lee's lecture should sign up by the end of the week.
(A) Both   (B) Any   (C) Few   (D) All

▶ student(학생)라는 가산명사 앞자리에는 한정사가 와야 한다. 보기 (A), (C), (D)는 뒤에 복수명사만 받을 수 있는 한정사들이다. 따라서 단수와 복수명사를 모두 받을 수 있는 (B)가 답이 된다.
● Lee 교수의 수업을 듣고 싶은 학생들은 이번 주말까지 등록해야 한다.

정답 (B)

1 단수 가산명사 앞에는 부정관사 a/an이 온다.

셀 수 있는 가산명사가 단수로 쓰일 때는 '하나'의 의미를 나타낼 수 있는 부정관사 a/an이 단수 가산명사 앞에 와주어야 한다. 복수 가산명사 앞에는 부정관사 대신 뒤에 -(e)s가 붙는다.

My friend wrote me **a** letter. 〈단수 가산명사〉 내 친구가 나에게 편지를 한 통 썼다.
My friend wrote letter**s** to me. 〈복수 가산명사〉 내 친구가 나에게 편지들을 썼다.

2 정관사 the는 모든 명사 앞에 올 수 있다.

정관사 the는 단수/복수 가산명사와 불가산명사 앞에 모두 올 수 있다. 또 부정관사는 막연한 '불특정한 것'을 나타내는 반면, 정관사는 앞에서 이미 언급된 '특정한 대상'을 나타낸다는 것도 함께 기억하자.

I began to install **the** air conditioner. 나는 그 에어컨을 설치하기 시작했다.

3 관사 대신 형용사, 소유격 등을 쓸 수도 있다.

(1) 지시형용사 this/that: 뒤의 명사를 수식하는 역할을 한다. 〈this/that + 단수명사〉, 〈these/those + 복수명사〉로 쓴다.

One of the responsibilities of **this** position is to manage the sales department.
이 직책의 책무 중 하나는 영업부를 관리하는 것입니다.

Those employees working in the factory must follow the safety rules at all times.
공장에서 근무하는 저 직원들은 항상 안전규칙을 따라야 합니다.

(2) 수량형용사 many(수)와 much(양): 수량형용사는 명사의 수와 양을 표시해주는 형용사이다. 셀 수 있는 명사(가산명사) 앞에 쓰이는 수량형용사와 셀 수 없는 명사(불가산명사) 앞에 쓰이는 수량형용사를 잘 구분하여 써주어야 한다.

수	many, (a) few, several, a number of, a series of, a wide arrange of, each, every + 가산명사
양	much, (a) little, a deal of, an amount of, a quantity of + 불가산명사
수/양	a lot of, lots of + 복수 가산명사/불가산명사

My uncle has **many** stamps. 〈many + 복수 가산명사〉 내 삼촌은 우표를 많이 가지고 있다.
Let's hurry. We don't have **much** time. 〈much + 불가산명사〉 서둘러. 우리는 시간이 얼마 없어.

(3) 소유격 대명사 (~의): 소유격은 〈소유격 + 명사〉로 쓰여, 뒤에 있는 명사를 꾸미는 형용사 역할을 한다. 이때 소유격은 명사 없이 혼자 쓸 수 없고, 소유격 뒤에 빈칸이 있으면 그 빈칸은 명사 자리이다.

If you need any help, come visit **my** office at anytime. 도움이 필요하시면 언제든지 제 사무실을 방문해 주십시오.

Ustar 출제포인트 시험에는 이렇게 나온다!

다음 한정사들은 뒤에 단수명사가 오는지 복수명사가 오는지를 알아두어야 한다.

1. **each/every/one/another + 단수명사**
   Every employee was given their own personalized e-mail address by the company.
   모든 직원들은 회사에서 각자의 이메일 주소를 받았다.

2. **every/another/per + 수사 + 복수명사:** every와 another 다음에 숫자가 올 경우에는 복수명사가 온다.
   The bus leaves **every 2 hours**. 버스는 2시간마다 떠난다.

3. **each (one) of the + 복수명사**
   Each of the houses is different in size. 집마다 크기가 다르다. ☆ every of는 쓸 수 없다.

4. **all/most/some/other + 복수 가산명사/불가산명사**
   There is still **some water** in the bottle. 〈불가산명사〉 병에 아직도 물이 좀 있다.
   There are **some people** in the building. 〈복수 가산명사〉 건물에 사람들이 있다.

Exercises

제한시간 5분(문제당 25초)

문제풀이 예제

01 All relevant information such as the conference schedules as well as local hotel and transportation information will be included in ------- information packet.
(A) every (B) these (C) whole (D) few

해설 packet(묶음, 다발)은 가산명사인데 빈칸에는 관사가 없다. 따라서 관사를 대신할 수 있는 단어가 나와야 한다. these/those/few/a few 등은 복수 가산명사만을 취할 수 있으므로 우선 (B), (D)는 답에서 제외된다. whole은 일반 형용사라서 관사를 대신할 수 없다. 관사를 대신할 수 있고 단수명사를 취할 수 있는 every/each/one 등이 답이 될 수 있다.

해석 지역 호텔과 교통편 관련 정보뿐만 아니라 회의 일정과 같은 모든 관련정보들은 안내 패킷에 모두 포함되어 있습니다.

02 At the hotel lobby, a guest can ask a porter to bring ------- luggage to their room after they check in.
(A) those (B) the (C) a (D) each

해설 부정관사(a/an)는 가산명사와 함께, 정관사(the)는 모든 명사와 함께 쓰일 수 있다. luggage는 불가산명사라서 앞에 부정관사가 올 수 없다. 부정관사 a는 '하나의'란 뜻으로 단수명사만 수식할 수 있다. 부정관사 a와 each는 단수명사를 수식하며, 지시대명사 those는 that의 복수 형태로 복수 가산명사를 취한다. 정관사 the는 가산/불가산명사를 막론하고 특정한 것을 나타낼 때 붙는다.

해석 투숙객 여러분은 체크인한 후 호텔 로비에서 짐꾼에게 방까지 짐을 옮겨달라고 요청하시면 됩니다.

Step 1 Warm-up Test

01 The clients from Hong Kong showed absolutely no -------- for our company's situation or goal.
(A) consider (B) consideration

02 Brooke Inc. recently sent this ------- to merge the two companies. (A) proposal (B) proposals

03 Many ------- listed on Mr. Lopez's resume suggest that he would be a valuable addition to our company. (A) accomplishment (B) accomplishments

04 Horizon is one of the largest manufacturing firms that provides printers, computers, and other -------. (A) supply (B) supplies

05 After experiencing a lab accident, Dr. Noguchi takes every -------- to avoid any hazards.
(A) precaution (B) precautions

06 It is your ------- to accept this offer or not. (A) choice (B) choices

Step 2 실전 TOEIC Test

01 Explore Innovation is a famous science museum in Los Angeles with branches in a ------- of major cities in the U.S.
(A) number (B) numbering
(C) numbered (D) numbers

02 In order to successfully develop the strategy, we will be expecting a lot of ------- among all employees.
(A) cooperation (B) cooperative
(C) cooperate (D) cooperated

03 Doctors warn people to avoid sleeping pill overdose, which often occur due to the heavy ------- upon the pills.
(A) reliance (B) relies
(C) reliant (D) relied

04 A few ------- in the office were made by the manager in favor of the employees who have been complaining about slow Internet connections and poor cellular phone signals.
(A) changing (B) change
(C) changes (D) changing

05 For this week only, The Mulberry Outlet is offering an extra 25% discount on ------ accessories.
(A) each (B) any of
(C) all (D) every

06 All ------- for the test samples must be made by registering online through our website.
(A) request (B) requests
(C) requested (D) to request

▶ 정답 및 해설 p.22~23

▶ 문제풀이 예제 정답 01 (A) 02 (B)

LESSON 4 가산명사와 불가산명사의 구분

Point

명사 문제가 나오면 먼저 **가산/불가산 여부를 확인하고, 가산명사일 때는 단수/복수의 수일치**를 확인해야 한다.

예제 The medical ------- of our town's hospital are very experienced.
(A) personnel   (B) employee   (C) assistant   (D) manager

▶ 해석만으로는 답을 찾기 힘들다. 우선 보기의 명사가 가산/불가산인지, 집합명사인지를 감안하고 빈칸 앞에 관사가 있는지, 뒤에 동사와 수일치가 되는지 등을 모두 확인한 후에 답을 선택해야 한다. 보기는 모두 사람명사들이며, 뒤에 복수형 동사인 are가 왔다. 즉, 빈칸에는 복수 가산명사나 집합명사가 와야 한다. 보기 중 personnel은 집합명사로 복수동사를 취한다.

● 우리 마을 병원의 의료팀은 경험이 매우 많다.   정답 (A)

1 가산명사 vs 불가산명사

가산명사	불가산명사
특정 개체, 쪼갤 수 있는 단위	총체적인 개념, 대표 성향

(1) '사물/사람명사'는 가산명사이고, '추상명사'는 불가산명사이다.
(2) 집합적 물질명사는 '총체적인 의미'로 쓰였을 때는 불가산명사, '특정 개체' 나타낼 때는 가산명사로 쓰인다.
(3) **불가산명사로만 쓰이는 명사:** information 정보   luggage/baggage 짐   advice 조언   news 소식
   My father always gives me some good **advice**. 아버지는 항상 내게 좋은 조언을 해주신다.
(4) **가산/불가산 둘 다 쓰이는 명사:** charge (가산) 요금 / (불가산) 책임, 담당 business (가산/불가산) 사업, 일 purchase (불가산) 구입 / (가산) 구매한 물건 condition (가산) 조건, 상황 / (불가산) 상태 order (가산) 명령, 지시 / (가산/불가산) 주문, 주문품 / (불가산) 순서, 목적 room (가산) 방 / (불가산) 공간, 여지

   We decided to make **a** small **charge** for drinks. 음료수에 대해서는 소액 요금을 받기로 정했다.
   ☆ charge는 가산명사로 쓰일 때는 상품과 서비스에 대한 '요금, 수수료'의 의미로 쓰인다.

   He is in **charge** of the marketing department. 그가 마케팅 부서를 담당한다.
   ☆ charge가 불가산명사로 쓰이면 '책임, 담당'의 의미를 나타낸다.

2 집합적 물질명사

(1) **money** 금전, **cash** 현금 – **불가산**: 총체적 의미의 '돈, 금전'은 불가산명사이고 그 하위 개념인 가격, 요금 등은 가산명사이다.
   가산명사 – price 가격   cost 경비   payment 지불   charge 청구요금   fee 수수료   salary 봉급   fare 운임
(2) **information** 정보 – **불가산**: information은 detail, clarification 등의 대표적/총체적 개념이라 할 수 있다. 이렇게 대표로 내세울 수 있는 명사는 불가산명사이며, 그 하위 부류 명사들은 가산명사이다.
   가산명사 – description 서술, 기술   detail 상세한 설명   clarification 설명   demonstration 시연(주로 가산으로 사용)
(3) **furniture** 가구 – **불가산**: desk, chair, table 등을 통틀어 furniture라고 한다.
   가산명사 – desk 책상   chair 의자   shelf 선반   table 탁자   couch 소파
(4) **paper** 종이 – **불가산**: '종이'를 의미하는 paper는 book, letter, memo 등의 대표적/총체적 개념이다. 따라서 paper는 불가산명사로 쓰이고 paper의 하위로 쪼개어지는 book, letter, memo 등은 가산명사로 쓰인다.
   가산명사 – paper 신문, 서류, 논문   book 책   letter 편지   memo 메모   magazine 잡지   report 보고서
(5) **personnel/staff** 전 사원, 전 직원 – **불가산**: personnel은 불가산명사이고 employee, manager 등 하위 개념들은 가산명사이다.
   가산명사 – employee 고용인   clerk 점원   assistant 보조, 비서   member 집단의 일원   director 지도자(주로 가산으로 사용)
(6) **equipment** 장비 – **불가산**
   가산명사 – device 장치   camera 카메라   video 비디오   microscope 현미경(주로 가산으로 사용)
(7) **law** 법 – **불가산**
   가산명사 – law 법   regulation 법규, 규정   rule 규칙   mandate 명령   guideline 지침   standard 표준(주로 가산으로 사용)

> **Ustar 출제포인트** 시험에는 이렇게 나온다!
>
> 불가산명사들은 대부분 가산명사로도 쓰인다. 정의나 총체적/보편적인 의미를 나타낼 때는 불가산명사, 구체적인 특정 개체를 나타낼 때는 가산명사가 된다. 또한 셀 수 있는 단위나 경우, 사건 등이 문서화될 때도 가산명사로 쓰일 수 있다.
>
> 〈불가산명사〉 How much **money** is in your wallet? 너 지갑에 돈 얼마 있어?
> 〈가산명사〉 The increase on gas **prices** has been the major reason why more people are taking public transportation to work. 대중교통으로 출근하는 사람들이 더 많아진 주된 이유는 유가 상승 때문이다.
>
> 위와 같이 명사는 가산명사와 불가산명사로 구분되지만, 이는 문맥상 어떻게 사용되느냐에 달려 있다. 대부분의 명사들은 가산명사가 되기도 하고, 불가산명사가 되기도 한다. 예를 들어, price가 '가격'이란 총체적인 개념일 때는 불가산명사이지만, $100 = a price와 같이 구체적인 액수를 나타낼 때는 가산명사이다.

Exercises

제한시간 5분(문제당 25초)

문제풀이 예제

Our company dealt with your requests efficiently and with great -------.
(A) profession   (B) professional   (C) professionalize   (D) professionalism

해설 가산명사와 불가산명사는 우리말에 없는 개념이므로 따로 암기해야 한다. 답을 고를 때는 단순히 명사의 뜻뿐만 아니라 빈칸 앞뒤의 의미를 논리적으로 연결하는 것이 관건이다. 위 문장은 주어와 동사 다음에 〈전치사(with) + 형용사 + 명사〉가 and로 연결된 형태이다. 따라서 동사 (C)는 답이 될 수 없다. (A) '직업'과 (B) '전문가'는 사람명사로 가산명사인데, 빈칸 앞에는 관사가 없다. 그러므로 빈칸에는 '전문성'을 뜻하는 불가산명사인 (D)가 와야 한다.

해석 당사는 고객님의 요구를 전문성을 가지고 효율적으로 처리했습니다.

Step 1 Warm-up Test

01 Most people in the city use public transportation to get to ------- and school.
    (A) work   (B) works

02 For more ------- on our new product, please press 1 and one of our service representatives will assist you shortly.   (A) details   (B) detail

03 In order to sign up for the marathon, please provide the requested --------- about yourself in this application form.   (A) informing   (B) information

04 Mr. Jones has made a money -------- into his own account just moments ago, and the money has been transferred instantly.   (A) deposit   (B) finance

05 The vice-president of Black & White Paintings will be retiring next year after 30 years of ------- to his company.   (A) service   (B) serving

06 Depending on the weather -------- in Los Angeles, your flight may be rescheduled to another date.
    (A) condition   (B) conditions

Step 2 실전 TOEIC Test

01 All managers are asked to read recent ------- regarding their fields.
    (A) paper
    (B) papers
    (C) a paper
    (D) the paper

02 Instead of buying a new vending machine, the manager decided to lease a used one in good ------- for one year.
    (A) term
    (B) basis
    (C) situation
    (D) condition

03 Lance Diner started with the ------- of dinner in June and its customers are satisfied with this particular service.
    (A) deliverable
    (B) deliverer
    (C) deliver
    (D) delivery

04 The new layout of our online shopping site allows you to quickly view both the previews and detailed specifications on the items of your -------.
    (A) choice
    (B) choose
    (C) choices
    (D) chose

05 Mr. Grant reported to his superior that ------- of the negotiation plan would be revised.
    (A) detail
    (B) details
    (C) detailed
    (D) detailing

06 We need to provide the manager with a thorough ------- of our proposal in order to receive his approval.
    (A) attention
    (B) information
    (C) mistake
    (D) description

▶ 정답 및 해설 p.23~24

▶ 문제풀이 예제 정답 (D)

LESSON 5 사람명사 vs 사물명사

Point

> 사람명사는 '행위의 주체'이고, 사물명사/추상명사는 '행위의 대상'이다. 사람명사는 가산명사로 관사나 복수형의 -s가 붙어야 한다.
>
> | 사람명사 | 사물명사/추상명사 |
> |---|---|
> | contributor 기부자 | contribution 공헌, 기부 |
>
> **예제** Since the ------- of the new system, we have upgraded our features.
> (A) creation (B) creator (C) create (D) created
> ▶ 빈칸은 전치사 since를 받는 명사가 와야 한다. 문맥상 사람명사가 올 수 없으므로 추상명사인 creation이 답이다.
> ● 새 시스템을 만든 후에 우리는 기능들을 계속 개선해왔다. 정답 (A)

1 사람을 의미하는 명사 접미어: -er, -or, -ist, -ian, -ee, -ant, -st, -tive

employ**er** 고용주, 회사 employ**ee** 직원 analy**st** 분석가 representa**tive** 대표, 담당자 instruct**or** 강사

2 사물명사/추상명사를 의미하는 명사 접미어

(1) -acy, -ance, -ence(ency), -ice, -sion, -tion, -ity, -ment, -ness, -ure, -y: 성질, 상태, 행위, 정도를 의미하는 명사형
expecta**tion** 기대(치) manage**ment** 관리, 경영(진) emerg**ency** 응급(상황) happi**ness** 행복 import**ance** 중요, 중요성
The **management** is considering closing the factory. 경영진은 그 공장의 폐쇄를 고려 중이다.
☆ 단어에서 실질적 의미를 나타내는 중심이 되는 부분인 어근 manage에 접미어인 -ment를 붙여 명사를 만들었다.

(2) -hood: 시기나 성질, 상태, 계급, 신분을 의미하는 명사형 child**hood** 어린 시절 neighbor**hood** 이웃
I had many good friends during my **childhood**. 나는 어린 시절 좋은 친구가 많았다.
☆ child에 접미어 -hood를 붙여 '어린 시절'이라는 시기를 나타내는 명사가 만들어졌다.

(3) -ship: 지위, 신분 또는 관계, 재능, 기술을 의미하는 명사형 leader**ship** 지도력 relation**ship** 관계 hard**ship** 어려움
The **relationship** between the police and the local community has improved. 경찰과 지역 주민들과의 관계가 개선되었다.
☆ relation에 '지위, 신분, 관계'를 나타내는 접미어 -ship이 붙어 또 다른 명사가 되었다.

(4) -ism: 학설, 주의, 신앙을 의미하는 명사형 journal**ism** 저널리즘 national**ism** 민족주의 critic**ism** 비평
North Korea is a great example of the drawbacks of **communism**. 북한은 공산주의의 단점들을 나타내는 좋은 예다.
☆ commune에 접미어 -ism이 붙어서 '공산주의'라는 의미가 되었다.

3 시험에 자주 출제되는 사람명사와 사물명사 ▶ p. 78의 Reference 1 참고

Hundreds of blood **donors** were willing to help the wounded from the war.
수많은 헌혈자들이 전쟁에서 부상당한 사람들을 위해 헌혈을 하고 싶어 했다.
☆ 헌혈하고 싶은 의사를 밝히는 것은 '기증자(donor)'인 사람이지 '기증(donation)'이라는 행위가 아니다.

사람명사	사물/추상명사	사람명사	사물/추상명사
distributor 배급업자	distribution 배급, 분배	delegate 대표자	delegation 대표단
developer 개발업자	development 개발, 발전	campaigner 운동가	campaign 캠페인, 운동
consultant 상담원	consultation 상담	assembler 조립공	assembly 조립
competitor 경쟁자, 경쟁사	competition 경쟁	agent 대리인	agency 대리점

> **Ustar 출제포인트** 시험에는 이렇게 나온다!
>
> 사람명사를 답으로 선택할 때는 다양한 요소들을 함께 고려해야 한다.
>
> Under ------- and CEO Geroge Henderson, the company has became the market leader.
> (A) foundation (B) founder (C) found (D) founded
>
> ■ and는 앞뒤에 동일한 종류의 명사를 연결해야 한다. and 뒤에 CEO Geroge Henderson이라는 사람명사가 왔으므로 빈칸에도 사람명사가 와야 한다.
> 사람명사는 가산명사라서 관사를 동반해야 하지만, 주격 보어나 호칭 등에서는 관사를 생략할 수 있다.
> ■ 창립자이자 최고경영자인 Geroge Henderson의 지휘 하에 그 회사는 시장의 선두주자가 되었다.

Exercises

제한시간 5분(문제당 25초)

문제풀이 예제

While Anna Johnson, CEO of A&J Enterprise, will resign at the end of this year, she has not mentioned anything about the possibility of staying on as a -------.
(A) consult   (B) consulted   (C) consultant   (D) consultation

해설 전치사 as 뒤에 명사가 나와야 하는 자리이다. 보기 중에 명사는 (C), (D)이다. (D) consultation은 가산명사와 불가산명사 둘 다 쓸 수 있지만 '상담'이라는 의미로 문맥상 적절하지 않다. 빈칸에는 사람명사인 consultant가 와서 '컨설턴트로서 머물 가능성에 대해'라는 의미가 되어야 자연스럽다.

해석 A&J Enterprise의 최고경영자인 Anna Johnson은 올해 말에 사임 예정이지만, 그녀가 컨설턴트로서 머물 가능성에 대해서는 어떤 것도 언급하지 않았다.

어휘 resign 사임하다, 사직하다   mention 간단히 말하다, 언급하다   possibility 가능성

Step 1 Warm-up Test

01 We called our technical team for ------- with the constant wireless connection malfunctions.
(A) assistant   (B) assistance

02 Mr. Bure has hired some of the most skilled ------- from Italy for his wedding in July.
(A) photographs   (B) photographers

03 All of the ------- are expected to arrive at the main office ten minutes earlier.
(A) applicants   (B) application

04 As long as your warranty is valid, you may receive technical ------- for free.
(A) supporter   (B) support

05 Without the ------- of his commitment, our product would not be successful as much as our expectations.   (A) contribution   (B) contributor

06 The program ------- at JKL Computer Technology is regarded as the most talented experts in the IT industry.   (A) developers   (B) developments

Step 2 실전 TOEIC Test

01 The education ------- will be in effect immediately after the board gives its approval.
(A) reformed
(B) reformer
(C) reforms
(D) reformatory

02 Ms. Petrovsy, an aggressive -------- from Motherland Daily, has testified in a case involving corruption at Garcon Group.
(A) journal
(B) journalist
(C) journalism
(D) journalistic

03 Thanks to the advanced mobile phone technology developed by Dr. Mullen, Midas Wireless expected an enormous ------- in sales.
(A) grows
(B) growth
(C) grown
(D) grower

04 After the first lecture, ------- at the second lecture nearly tripled due to Professor Novak's informative presentation.
(A) attendant
(B) attended
(C) attendee
(D) attendance

05 If you have to replace the engine of your car, you must contact the ------- and find out what assistance they can provide.
(A) manufacture
(B) manufacturing
(C) manufacturer
(D) manufactured

06 A ------- of teachers from England is invited to become a part of the International Education forum.
(A) nomination
(B) revision
(C) description
(D) delegation

▶ 문제풀이 예제 정답 (C)

LESSON 6 헷갈리기 쉬운 가산명사

Point

토익에서 가장 빈번하게 출제되는 명사 문제는 가산명사와 불가산명사를 구별하여 답을 찾는 문제이다. 보기에 있는 명사들의 의미 차이를 모르더라도 해당 명사의 문법적인 특징은 알고 있어야 한다.

 Final ------ from the general director is required for the new campaign.
(A) approval   (B) decision   (C) permit   (D) suggestion

▶ 의미상 총지배인의 (A) '승인'과 총지배인의 (B) '결정' 둘 다 가능하다. 하지만 출제포인트는 가산명사냐 불가산명사이냐이다. 빈칸 앞에 관사가 없으므로 단수일 때 관사를 필요로 하는 가산명사 (B), (C), (D)는 답이 될 수 없다. 보기에서 불가산명사는 approval이다.
● 새로운 캠페인을 위해서는 총지배인의 승인이 필요하다.   정답 (A)

1 시험에 자주 출제되는 가산명사

장소 명사	location 위치 place 장소, 공간 area 이 부근, 이 근방 district 지구, 지역 site 부지, 현장 lot 좁은 공간 office 사무실 company 회사 market 시장 zone 구역
언어 행위 명사	request 요청 complaint 불평, 불만거리 talk/conversation 대화 suggestion 제안 discussion 토론 presentation 설명, 발표 speech 연설
재료 명사	resource 자원 source 출처, 근거 material 재료, 물질 ingredient 성분, 원료
기타 명사 (상태 및 일반 행위 등)	attempt 시도 effort 노력 idea 생각, 아이디어 plan 계획 strategy 전략 way (특정한) 방법 alternative 대안 conclusion 결론 decision 결정 error 틀림, 오류 factor 요인 method 수단 mistake 잘못 objective 목적, 목표 problem 문제 procedure 순서, 절차 process 과정 purpose 목적, 목표 reason 이유 requirement 필수조건 result 결과 solution 해법, 해답

2 유사 의미의 가산명사와 불가산명사가 보기에 함께 등장하기도 한다.

가산명사	불가산명사	가산명사	불가산명사
a permit 허가(증)	permission 허가, 승인	an approach 접근 방법	access 접근
a certificate 증명(서)	certification 증명	a survey 설문 조사	research 연구
a suggestion 제안, 조언	advice 조언	a detail (상세한) 설명	information 정보
a product 생산품	production 생산	a decision 결정	approval 승인

3 가산/불가산 둘 다 쓰이는 명사에 유의하자.

하나의 명사가 가산명사와 불가산명사 둘 다 쓰이는 경우, 그 쓰임을 구별해내는 것이 매우 중요하다. 예를 들어, in terms of environment(환경적인 측면에서)의 environment는 보편적인 개념의 환경을 뜻하는 불가산명사이다. 그러나 an work environment(근무 환경)에서는 '특정한 환경'을 뜻하는 가산명사로 쓰였다.

명사	불가산	가산	명사	불가산	가산
experience	경력	특정한 경험	price	가격	특정한 가격
purchase	구매	구매한 물건	knowledge	학식	경험
business	사업	일, 회사	room	공간, 여지	방
supply	공급	공급품	notice	통보	통지서
condition	상황, 상태	조건, (pl.) 날씨, 환경(상황)	space	여지	구역
service	봉사	서비스 상품들, 서비스 업체	account	고려, 심사	계좌, 거래
environment	환경	특정한 환경	order	순서, 목적	명령, 지시, 주문(품)
charge	책임, 담당	요금, 수수료	hearing	청력	청문회
fire/snow/rain	화재, 눈, 비	(사건의 단위) 화재, 눈, 비			

Ustar 출제포인트 시험에는 이렇게 나온다!

1. 한 명사가 가산명사로도 불가산명사로도 출제될 수 있다. 따라서 단어의 다양한 쓰임과 형태를 익혀야 한다.
   The car is in good/bad **condition**. 그 자동차는 상태가 안 좋다. ☆ '상태'를 의미할 때는 불가산명사
   some **conditions** of the contract 그 계약의 조건들 ☆ '조건'을 의미할 때는 가산명사
   weather **conditions** 기상 조건 ☆ 날씨, 주거, 경제, 환경 등과 함께 쓰이는 condition은 주로 복수형

2. 가산/불가산명사는 말하는 사람의 의도에 따라 달라진다.
   in terms of **price**(가격 조건에서)에서 price는 가격의 총체적인 개념으로 불가산명사이다. 하지만 $100 is a good **price**.(100달러면 가격이 괜찮다.)는 특정가격으로 말하고 있어 가산명사가 된다. 이렇게 문맥에 따라 가산명사/불가산명사를 선택해야 하는 경우에 유의하자.

Exercises

제한시간 5분(문제당 25초)

문제풀이 예제

The marketing team conducted a ------- to find out how many hours children use the Internet every day.
(A) research (B) progress (C) survey (D) broadcast

해설 동사 conduct의 목적어로는 research와 survey를 많이 사용하는데, 이 중 research는 불가산명사로서 앞에 부정관사 a를 쓸 수 없어 답에서 제외된다. 설문조사를 했다는 의미로 survey가 더 적절하다.

해석 마케팅팀은 어린이들이 인터넷을 하루에 얼마나 이용하는지를 알아보기 위하여 설문조사를 실시했다.

Step 1 Warm-up Test

01 In order to obtain ------- to be an architect, you need at least two years of education from a community college.   (A) certification   (B) certificate

02 One of the best guitarists of the 20th century, Johnny Page started his career by receiving ------- from local residents and neighbors.   (A) compliment   (B) compliments

03 The manager installed ten air conditioners after he received ------- that the room temperature has risen by up to 40 degrees.   (A) complains   (B) complaints

04 There are copies of detailed ------- inside the file cabinet in my office.
(A) instruction   (B) instructions

05 In order to increase productivity levels, some corporations are making more ------- to provide better employee's benefits.   (A) attempt   (B) attempts

06 ------- on vaccines for the common cold continues, but most specialists agree that successful results are still a long way off.   (A) Research   (B) Researchers

Step 2 실전 TOEIC Test

01 For this weekend only, Trenton Outlet Store will give ------- of up to 70% on all their items.
(A) discount
(B) discounts
(C) discounter
(D) discounting

02 In our company, five representatives including myself are responsible for fulfilling ------- for customer assistance and technical support.
(A) request
(B) requesting
(C) requested
(D) requests

03 After acquiring all the data from ------- conducted in New York, we realized that women in their 20s spend more money on winter clothes than summer clothes.
(A) survey
(B) surveys
(C) surveying
(D) surveyed

04 During the presentation, Ms. Liu gave an ------- of the number of children dying from poverty and starvation.
(A) estimate
(B) estimates
(C) estimated
(D) estimating

05 Since the company was experiencing a loss in revenue, the director decided to consider different -------.
(A) approach
(B) approaches
(C) approached
(D) approaching

06 Professor Adams made a ------- for James Kimble to become a member of the experiment team at Dupont Laboratories.
(A) participation
(B) recommendation
(C) development
(D) progression

▶ 정답 및 해설 p.26~27

▶ 문제풀이 예제 정답 (C)

LESSON 7 -ing형의 가산명사와 불가산명사

Point

기본 명사는 가산명사이나 그와 관련된 행위(동명사)는 불가산명사가 되는 어휘들이 있다. 예컨대, an account(계좌)는 가산명사이고 accounting(회계)은 불가산명사이다.

 ------ could be expanded to 76,000 to accommodate special events.
(A) Seat   (B) Seated   (C) Chair   (D) Seating

▶ 주어 자리인 빈칸 앞에 관사가 없다. 따라서 가산명사인 (A), (C)는 답이 될 수 없다. 불가산명사인 seating이 답이다.
● 특별 행사를 치를 수 있도록 좌석은 7만 6천석까지 확장될 수 있다.
정답 (D)

1. 〈동사원형 + -ing〉는 가산명사로 쓰인다.

〈동사원형 + -ing〉가 명사로 쓰이는 경우에는 가산명사로 취급한다. 이는 보통 명사형이 없는 단어에 -ing를 붙여 쓰며 동사가 아닌 명사로 취급한다.

동사	-ing형 가산명사	동사	-ing형 가산명사
paint 그림 그리다	a painting 그림	warn 경고하다	a warning 경고
offer 출시하다, 제안하다	an offering 출시작	meet 회의하다	a meeting 회의
understand 이해하다	an understanding 이해	mean 의미하다	a meaning 의미

This police left me with **a warning**. 경찰은 나에게 경고를 남기고 떠났다. ☆ warning은 가산명사이므로 관사를 동반한다.

2. 〈가산명사 + -ing〉의 불가산명사들은 꼭 암기해두자.

기본 명사는 가산명사이나 그와 관련된 행위(동명사)는 불가산명사가 되는 명사 어휘들은 반드시 암기해두어야 한다. 불가산명사이므로 관사나 복수의 -(e)s를 동반하지 않는다.

가산명사	불가산명사	가산명사	불가산명사
funds 자금	funding 자금 제공, 융자	a plan 계획	planning 기획
a process (일련의) 과정	processing 처리	an urge 바람, (강한) 희망	urging 요청, 간청
a house 집	housing 주거, 숙소	a measure 조치, 대책	measuring 측정, 측량
an advertisement 광고	advertising 광고, 광고업	a ticket 표	ticketing 발권
seat 좌석	seating 착석, (집합적) 좌석	a cloth 천	clothing 의류
an account 계좌, 거래	accounting 회계	a handle 손잡이	handling 처리, 다룸
a market 시장	marketing 마케팅, 판매	a bank 은행	banking 은행 업무

3. 〈동명사 + 명사〉의 복합명사

앞에 있는 동명사가 뒤에 오는 명사의 업무, 행위, 과정, 종류 등을 보여줄 때 쓰인다.

accounting department 회계부서	dining room 식당	heating system 난방 장치
marketing strategy 마케팅 전략	advertising cost 광고비	drinking water 식수
loading zone 하역장	processing time 처리 시간	checking account 당좌예금 계좌
housing complex 주거 단지	operating cost 운영비	consulting company 컨설팅 회사
housing loan 주택자금 대출	operating funds 운영 자금	shipping company 운송회사

Ustar 출제포인트 시험에는 이렇게 나온다!

1. **자기 품사 우선 법칙(원래 품사가 우선):** 보기에 형용사와 분사 형용사가 나오면 형용사가 우선 답이 되며 명사와 동명사가 나오면 우선적으로 명사를 답으로 선택해준다.

   Each member's merits and demerits must be taken into ------ when assigned to work as a member of a team.
   (A) account   (B) accounting

   ■ 기존의 명사와 -ing형 명사가 뜻이 다른 경우에는 해석에 따라 답을 선택한다.
   ■ 각 팀원의 장점과 단점은 업무를 배정할 때 고려되어야 한다.

2. **빈칸 뒤에 목적어가 오면 동명사가 정답:** 동명사는 동사의 성질을 가지면서 명사 역할을 하기 때문에 뒤에 목적어가 올 수 있다. 따라서 빈칸 뒤에 목적어가 올 경우에는 동명사를 정답으로 선택해야 한다.

   Please call us immediately upon ------ your shipment if there are any problems.
   (A) receipt   (B) receiving

   ■ 빈칸 뒤에 목적어 your shipment가 있으므로 동명사를 정답으로 선택해야 한다. 명사 뒤에는 목적어가 올 수 없기 때문이다.
   ■ 어떠한 문제라도 있으시면 배송품을 수령하는 즉시 저희에게 전화 주십시오.

Exercises

제한시간 5분(문제당 25초)

문제풀이 예제

Seoul is very fortunate to have a well-developed public ------- system despite its geographic challenges.
(A) transporting   (B) transporter   (C) transported   (D) transportation

> 해설 복합명사를 묻는 문제로 public transportation은 '대중교통수단'을 의미하며, system의 종류를 보여주는 복합명사이다. safety equipment(안전장비), delivery company(배송회사), production schedule(생산 일정), retirement party(은퇴 파티) 등의 복합명사는 통째로 익혀두는 것이 동명사와 명사 사이에서 갈등하는 시간을 줄이는 데 효과적이다.
>
> 해석 서울은 지리적인 난제에도 불구하고, 매우 잘 발달된 대중교통체계가 갖춰져 있다.
>
> 어휘 geographic 지리(학)적인   challenge 도전, 해볼 만한 문제

Step 1 Warm-up Test

01 Mr. and Mrs. Pete applied for ------- for their voluntary group which aims to plant trees on barren lands.   (A) fund   (B) funding

02 Thanks to careful -------, the construction of the new shopping center will cause very little inconvenience to the pedestrians.   (A) plan   (B) planning

03 Starting on March 2, the old ------- on Teaneck Rd. will be renovated into a shoe store.
(A) builder   (B) building

04 Financial concerns have prevented the proposed expansion of affordable ------- in the city.
(A) house   (B) housing

05 While the cost of the item is entirely refundable, ------- charges are not.   (A) shipping   (B) ship

06 Some knowledge of ------- will be an advantage, but it's not a prerequisite of the course.
(A) programming   (B) program

Step 2 실전 TOEIC Test

01 The head accountant mentioned that our ------- is rising due to the price increase in essential items.
(A) spenders
(B) spent
(C) spend
(D) spending

02 Bright Clean Car Wash offers free ------- to customers who purchase its promotional car wax and leather cleaner.
(A) cleaning
(B) cleanest
(C) cleaned
(D) clean

03 Please notify all interns that the intern ------- session will commence from September 11.
(A) train
(B) trains
(C) trained
(D) training

04 Mr. Bruger's ------- for hiring an additional advertisement agency has been approved by the executives.
(A) recommendation
(B) recommendable
(C) recommending
(D) recommend

05 With the ------- of seating more than fifty thousand people, the York Stadium is by far the largest football stadium in Europe.
(A) intensities
(B) capacities
(C) preparations
(D) aptitudes

06 Ypsilanti Public School sent a request for a building ------- to the Michigan Building Committee yesterday.
(A) modify
(B) modification
(C) modifies
(D) modified

▶ 정답 및 해설 p.27~28

▶ 문제풀이 예제 정답 (D)

LESSON 8 토익 빈출 복합명사

Point

복합명사 문제는 의미와 문법적인 특징을 고려해서 답을 선택해야 한다.

> 예제) The catalogue does not provide enough detail in its product -------.
> (A) descriptions (B) describe (C) described (D) describing
>
> ▶ 〈전치사 + 소유격 + 명사〉 다음에 동사가 올 수 없으므로 (B), (C)는 우선 답에서 제외된다. 문맥상 제품에 관한 자세한 설명이 부족하다는 의미이므로 빈칸에는 복합명사인 '제품 설명'을 완성해주는 명사가 와야 한다.
> ● 그 카탈로그는 자세한 제품 설명이 부족하다.
>
> 정답 (A)

1 복합명사

(1) 복합명사는 명사구의 일종으로 2개 이상의 명사가 모여 하나의 명사 기능을 한다.
   research committee 연구위원회   **customer service representatives** 고객 서비스 담당자들

(2) 복합명사에서 앞에 있는 명사는 형용사의 역할을 하여 뒤에 나오는 명사의 종류, 유형, 용도, 성격 등을 명확히 해준다.
   admission fee 입장료   **registration** fee 등록비   **replacement** fee 교체비   **tuition** fee 수업료, 등록금

(3) 복합명사에서는 뒤에 나오는 명사가 가산/불가산, 단수, 복수를 결정한다.
   a reception **desk** (가산) 안내 데스크   office **equipment** (불가산) 사무용품   safety **precautions** 안전 규정

2 토익빈출 복합명사는 꼭 외워두자. ▶ p. 78의 Reference 2 참고

account number 계좌번호	identification card 신분증	service desk 상담 창구
application form 지원서, 신청서	installment payment 할부금	parking lot 주차장
assembly line 조립라인	insurance coverage 보험 적용 범위	pay increase 급여 인상
consumer awareness 소비자 인식	job opening 공석 모집	profit margin 이윤
expiration date 만기일, 유효 기간	job performance 직무 수행	transportation system 교통 체계

The **parking lot** is usually filled with lots of cars on Fridays.
주차장은 보통 금요일에는 차들로 꽉 찬다.

Once you give me your **account number**, we will transfer the money to you immediately.
계좌번호를 알려 주시면, 돈을 바로 송금해 드리겠습니다.

3 〈복수형 명사(-(e)s) + 명사〉 형태의 복합명사

customs clearance 세관 수속	electronics company 전자 회사	savings account 보통 예금 계좌
customs declaration 세관 신고	human resources department 인사부	savings bank 저축 은행
customs office 세관 사무소	sales department 영업부	sports car 스포츠카
customs regulation 세관 규정	sales figure 판매수치	sports complex 종합 경기장, 스포츠센터
earnings growth 소득 증가	sales manager 영업부장	public relations department 홍보부

Ustar 출제포인트 시험에는 이렇게 나온다!   〈형용사 + 명사〉 vs 〈명사 + 명사〉

〈명사 + 명사〉는 주로 앞의 명사가 구체적인 종류를 보여주고, 〈형용사 + 명사〉는 형용사가 뒤에 오는 명사의 상태, 성질, 특징 등을 보여준다. 그런데 예외적으로 형용사가 뒤에 오는 명사의 종류를 보여주는 경우도 있다. protective equipment(형용사 + 명사)와 safety equipment(명사 + 명사)는 형태는 서로 다르지만, 같은 의미를 전달한다. 이처럼 〈형용사 + 명사〉는 복합명사와 혼동하기 쉬우므로 그 유형과 형태 변화에 유의하면서 익혀두자.

명사 + 명사	• 앞의 명사가 구체적인 종류를 보여준다. market price 시장가 retail price 소매가 wholesale price 도매가
형용사 + 명사	• 형용사가 뒤에 오는 명사의 상태, 성질, 특징 등을 보여준다. a beautiful girl 아름다운 소녀 • 예외적으로 형용사가 뒤에 오는 명사의 종류를 보여주는 경우도 있다. medical issue 의학적 문제 political issue 정치적 문제 economic issue 경제 문제 financial issue 재정 문제

Exercises

제한시간 5분(문제당 25초)

문제풀이 예제

For security purposes, we require that all Internet-based credit card orders be subject to address -------.
(A) verification (B) verified (C) verify (D) verifies

해설 be subject to는 '~을 필요로 하다, 조건으로 하다'라는 뜻으로, 여기서 to는 전치사이기 때문에 명사구를 수반한다. address verification은 복합명사로 '주소 확인'을 뜻한다.

해석 보안상의 목적으로, 우리는 인터넷으로 들어오는 신용카드 주문들은 모두 주소 확인을 요구한다.

어휘 Internet-based 인터넷 기반의 verification 확인, 증명, 조회 verify 확인하다, 입증하다

Step 1 Warm-up Test

01 A complete schedule and ------- instructions for the next seminar are enclosed.
    (A) register   (B) registration

02 The ------- process for the marketing position includes a group discussion.
    (A) application   (B) applied

03 Some of JK Cosmetic's customers mentioned that its website does not provide enough details in its product -------.   (A) descriptions   (B) describable

04 Solid Private Jet requires its passengers to indicate their meal ------- two days prior to departure.
    (A) prefers   (B) preference

05 The opening ------- of McQueen Fashion Festival will begin at 6 P.M. at an outdoor runaway.
    (A) invention   (B) ceremony

06 In order to raise employee -------, Celera International provides employees with adequate breaks several times a day.   (A) possibility   (B) productivity

Step 2 실전 TOEIC Test

01 There will be a brief meeting for all sales ------- to discuss ways in which to attract more clients.
    (A) representational
    (B) represent
    (C) represents
    (D) representatives

02 In order to guarantee customer -------, Noa United Inc., always takes a close look at customer feedback.
    (A) satisfy
    (B) satisfaction
    (C) satisfactory
    (D) satisfactorily

03 All lab interns are obliged to follow the ------- regulations while they observe the process of an experiment.
    (A) safely
    (B) safe
    (C) safeties
    (D) safety

04 All members who went on the business trip to Berlin will get reimbursement for their travel -------.
    (A) budgets
    (B) prices
    (C) credits
    (D) expenses

05 Most people do not open an account in Delta Bank because they offer a low interest rate in comparison with other ------- plans.
    (A) save
    (B) saved
    (C) savings
    (D) safely

06 The members of the Boston School Board attended the conference on housing -------.
    (A) development
    (B) developing
    (C) developed
    (D) develops

▶ 정답 및 해설 p.28~29

▶ 문제풀이 예제 정답 (A)

LESSON 9 토익 빈출 〈명사+전치사〉 표현

Point

일부 명사들은 특정 전치사를 동반하며 〈명사 + 전치사〉 형태로 하나의 표현처럼 쓰인다. 토익에서는 주로 명사를 제시하고 그에 맞는 전치사를 찾는 문제나 전치사를 제시하고 그에 맞는 명사를 찾는 문제가 출제된다. 〈명사 + 전치사〉 형태의 숙어를 익히고 품사의 배열이 적절한지 확인한다.

 The study ------- question was published.
(A) in   (B) on   (C) for   (D) of

▶ 문장 안에 이미 주어인 study가 있다. 여기에 명사를 추가하기 위해서는 전치사가 와서 전치사의 목적어 자리가 되어야 하는 경우가 있다. 여기서는 '논의가 되고 있는 연구'라는 의미로 상태의 전치사인 in을 쓸 수 있다. 그때그때 의미상으로 전치사를 선택하는 것이 힘들기 때문에 in question은 암기해두는 것이 좋다. ●논의가 되고 있는 그 연구가 출간되었다.   정답 (A)

1 〈명사 + to부정사〉

ability to do ~할 수 있는 능력	incentive to do ~하기 위한 우대, 장려책	right to do ~할 권리
authority to do ~할 수 있는 힘, 권한	opportunity/chance to do ~할 기회	time to do ~할 시간
effort to do ~하고자 하는 노력	plan to do ~을 할 계획	way to do ~하는 방법

He had the <u>authority to make</u> a decision. 그는 결정을 내릴 권한을 가지고 있었다.

2 〈명사 + 전치사〉 ▶ p. 79의 Reference 3 참고

명사 + in	advance in ~에서의 진보 decline in ~에서의 감소 drop in ~에서의 하락 participation in ~에 대한 참여	change in ~에서의 변화 decrease in ~에서의 감소 experience in ~에서의 경험 reduction in ~에서의 감소	confidence in ~에 대한 신뢰 development in ~에서의 개발 investment in ~에 대한 투자 rise in ~에서의 오름, 상승세
명사 + to	access to ~에 대한 접근, 접속 contribution to ~에 대한 공헌/기여 exposure to ~에 대한 폭로, 노출 reaction to ~에 대한 반응	alternative to ~에 대한 대안 damage to ~에 대한 피해, 손상 key to ~에 대한 열쇠, 비결 resistance to ~에 대한 저항	commitment to ~에 대한 헌신, 전념, 약속 dedication to ~에 대한 헌신, 전념 opposition to ~에 대한 반대 solution to ~에 대한 해결책
명사 + for	advocate for/of ~의 옹호자 competition for ~에 대한 경쟁 demand for ~에 대한 요구 qualification for ~에 대한 자격요건 regulation for ~에 대한 규정 talent for ~에 대한 재능	call for ~에 대한 요구 concern for ~에 대한 우려 preference for ~에 대한 선호 recipes for ~에 대한 조리법 request for ~에 대한 요청 ticket for ~을 위한 표, 입장권	clarification for ~에 대한 설명, 해명 cure for ~에 대한 치료법 process for/of ~에 대한 과정 regret for ~에 대한 후회 responsibility for ~에 대한 책임
명사 + on	effect on ~에 대한 영향, 효과 influence on ~에 대한 영향	emphasis on ~에 대한 강조 monopoly on ~에 대한 독점권	impact on ~에 대한 영향, 충격 tax on ~에 대한 세금

3 〈전치사 + 명사〉

in /on + 명사	in advance 미리 on time 정각에	in place 제자리에 on schedule 일정대로	in time 시간 안에 on purpose 고의적으로
at / behind +명사	at no cost 공짜로	at a discount 할인하여	behind schedule 일정에 늦어진
for + 명사	for free 공짜로	for example 예를 들어	for instance 예를 들어

4 〈전치사 + 명사 + 전치사〉

in + 명사 + 전치사	in accordance with ~에 일치하여 in charge of ~을 담당하고 있는 in comparison with ~와 비교하여 in consideration of ~을 고려하여 in conjunction with ~와 관련하여, ~와 함께 in observance of ~을 준수하여 in view of ~을 고려하여	in addition to ~에 더하여 in combination with ~와 협력하여 in compliance with ~에 순응하여, ~에 따라 in excess of ~을 초과하여 in line with ~와 함께 한 줄로 줄을 서서 in preparation for ~에 대비하여 in search of = in the search for ~을 찾아서, ~을 추구해서
as/at/on/by/with + 명사 + 전치사	as a result of ~의 결과로 by means of ~을 수단으로 하여 with the exception of ~을 예로로 on the recommendation of ~의 추천으로	at the rate of ~의 비율로 on behalf of ~을 대신해서 without an exception of 예외 없이

Exercises

제한시간 5분(문제당 25초)

문제풀이 예제

In ------- of others, please turn off your mobile phones during the performance.
(A) considered   (B) consider   (C) consideration   (D) considerate

> **해설** 전치사와 전치사 사이에는 명사가 와야 하므로 빈칸에는 명사인 (C) consideration(고려)이 적합하다. 같은 의미로 considering others도 가능하다.
>
> **해석** 다른 사람을 생각해서 공연 중에는 휴대폰의 전원을 꺼주시기 바랍니다.
>
> **어휘** in consideration of ~을 고려하여   turn off (~의 전원을) 끄다

Step 1 Warm-up Test

01 As part of an ongoing ------- to expand its business, Jason Hotel is interested in adding a new sports complex.   (A) effort   (B) growth

02 Having worked for Prime Productions for 15 years, chief producer Catherine Jeon has shown her full ------- to the television programs.   (A) assessment   (B) commitment

03 All residents and visitors of the Paradigm Apartment Complex have ------- to one of the beautiful swimming pools.   (A) availability   (B) access

04 Maize Bookstore offers a significant ------- on used books and magazines from last year.
(A) discount   (B) renewal

05 In ------- with the business law, Das Munich Corporation has never been associated with any forms of illegal practices.   (A) compliance   (B) competence

06 For young businessmen, Englewood Community College will be commencing a ------- of seminars given by professors.   (A) series   (B) progression

Step 2 실전 TOEIC Test

01 As long as Brookline Coffee maintains its quality coffee taste, they will get the ------- to launch their shops internationally.
(A) juncture
(B) opportunity
(C) progress
(D) play

02 Christopher Benson of the human resources department made a(n) ------- about the ethics of Hotel Rama to a group of new employees.
(A) administration
(B) presentation
(C) arrangements
(D) profession

03 Betty's Flower Shop attracts many shoppers by placing an ------- of beautiful flower pots on the display.
(A) alleviation
(B) array
(C) extension
(D) original

04 The marketing department decided to start ------- into the shopping habits of young adults between the ages of 21 and 30.
(A) configurations
(B) substitutions
(C) investigations
(D) modifications

05 The presentation done by Richard Garnett was very clear and straight to the -------.
(A) grade
(B) point
(C) feet
(D) spot

06 Following the success in the European market, Quickie Fast Burgers are planning its ------- into the Asian market.
(A) expansion
(B) process
(C) creation
(D) action

▶ 정답 및 해설 p.29~30

▶ 문제풀이 예제 정답 (C)

LESSON 10 형태는 비슷하지만 의미가 다른 명사들

Point

유사 어휘 문제는 보기에 어원이 비슷한 명사들이 등장하는 경우 '사람명사인지, 가산명사인지, 의미상 어떤 차이가 있는지' 등을 미리 정리해두어야 시험장에서 문제를 해결할 수 있다. 단어의 외관만으로는 품사를 알 수 없는 경우도 있다.

The job fair will provide a variety of resources for people seeking ---------.
(A) employee (B) employment

▶ 두 단어는 얼핏 뜻이 비슷해 보이지만 employee(직원)는 사람명사이기 때문에 복수형 혹은 관사가 있어야 한다. 따라서 불가산명사인 employment(채용)가 답이 된다.
● 그 직업박람회는 직업을 구하는 사람들을 위해서 다양한 정보를 제공해줄 것이다.   정답 (B)

Product prototypes are shown only to the executive board to ensure ---------.
(A) confidence (B) confidentiality

▶ 동사 ensure 뒤에는 목적어가 필요하다. confidence는 '자신감'이라는 뜻의 명사이고, confidentiality는 '기밀보안'이라는 뜻이다. 시제품(prototypes)을 이사회에만 보여주는 것은 제품의 기밀 유지를 위해서일 것이다.
● 시제품들은 제품의 기밀을 확실히 보장하기 위해서 오로지 이사회에서만 선보인다.   정답 (B)

1 형태가 비슷해서 혼동하기 쉬운 명사들 ▶ p. 80의 Reference 4 참고

다음은 토익에 자주 출제되는 형태가 비슷하여 서로 혼동하기 쉬운 명사 표현들이다.

estimate 견적서	entry 참가, 참가자, 등록	interests 이익	identity 정체성
estimation 견적	entrance 입구, 입장, 입학	interest 관심	identification 신분증
manufacturing 제조업	objective 목표	product 생산품	remainder 나머지
manufacturer 제조업자	objectivity 객관성	production 생산	reminder 상기시키는 것

2 여러 품사들로 쓰여 헷갈리는 명사들

profit은 '이익'이란 뜻의 명사로도 쓰이지만, '이익이 되다'라는 뜻의 동사로도 쓰인다. 하나의 품사가 아니라 다양한 품사로 쓰이는 명사들은 이밖에도 많이 있다.

(1) 명사와 형용사로 쓰이는 어휘

objective	n. 목표, 목적 a. 객관적인	normal	n. 정상, 표준 a. 정상적인, 평균적인	expert	n. 전문가 a. 숙련된, 전문적인
alternative	n. 대안 a. 대안적인	individual	n. 개인 a. 개인의	potential	n. 잠재력 a. 잠재적인

She is a medical **expert**. 〈명사〉 그녀는 의학전문가이다.
Many students seek **expert** advice from the academic counselor. 〈형용사〉
많은 학생들은 진로 상담사로부터 전문적 조언을 구한다.

(2) 명사와 동사로 쓰이는 어휘 ▶ p. 81의 Reference 5 참고

question	n. 질문 v. 질문하다	fund	n. 자금 v. 자금을 공급하다	decrease	n. 하락, 감소 v. 감소하다, 감소시키다
increase	n. 증가, 상승 v. 증가하다, 증가시키다	rise	n. 증가, 상승 v. 올라가다, 상승하다	raise	n. 인상 v. ~을 인상시키다

Lower oil prices are expected to increase **demand**. 〈명사〉 유가 하락은 수요를 증가시킬 것으로 예상된다.
She **demanded** a full refund. 〈동사〉 그녀는 전액 환불을 요구했다.
☆ 그 외에 request, review, plan, visit, benefit 등도 모두 명사와 동사로 쓰인다.

Ustar 출제포인트 시험에는 이렇게 나온다! 하나의 명사가 여러 가지 뜻으로 쓰이는 경우에도 유의하자.

1. **allowance**는 다음의 세 가지 의미로 출제된다.
   baggage **allowance** 수하물 허용치   overtime work **allowance** 초과근무 수당   make **allowances** for ~을 고려하다
2. **access**는 have access to the documents에서는 '접근 권한'을 뜻하지만 '접근의 용이성이나 사용의 수월함'이란 뜻도 있다.
   The hotel has **access** to the beach.   그 호텔은 해변에 접근하기 쉽다.
   The facilities have been adapted to give **access** to wheelchair users.   이 설비들은 장애인들이 사용하기 쉽게 조정되어 있다.
3. **charge**는 강제성이 있는 것을 부과하는 것을 뜻하는데, ① '책임, 의무 등을 지우다,' ② '비용, 대가 등을 청구하다'라는 의미로 쓴다.
   service **charge** 서비스 요금, 청구 금액   be in **charge** of + 업무 = be charged with + 업무 ~을 책임지다, 담당하다

Exercises

제한시간 5분(문제당 25초)

문제풀이 예제

This year's profits may not look particularly good, but we should make ------- for the research that our company has conducted.

(A) reservations (B) allowances (C) omissions (D) eliminations

해설 문맥상 동사 make와 어울리는 명사 어휘를 고르는 문제이다. 여태까지 해오던 연구에 대한 비용을 고려해야 한다는 의미가 되어야 문맥상 적절하므로 빈칸에는 allowances가 와야 한다. make allowances for는 '~을 고려하다'라는 의미.

해석 올해의 수익이 특별히 많을 것 같지는 않지만, 우리 회사가 수행해오던 연구에 대한 비용을 고려해야 한다.

어휘 profit 이익, 이윤 particularly 특히, 각별히 reservation 예약 omission 생략 elimination 제거

Step 1 Warm-up Test

01 Having worked at a hotel before, Ms. Luisa encourages ------- of the rooms and desks at all times.
(A) clean (B) cleanliness

02 High levels of competition is widely regarded as a ------- among candidates applying for high demand jobs. (A) character (B) characteristic

03 Best Plus is famous among retailers for providing office ------- at a reasonable price.
(A) supplies (B) supply

04 KM Software has an impressive staff of programmers who have extensive training and ------- in developing RPG games. (A) expert (B) expertise

05 When staffs at the Cliffside branch heard the news that two of the New Jersey branches closed down, their ------- has crumbled even further. (A) motives (B) motivation

06 Although some people might think that paying Dr. Creed an incredible amount of money is a waste, his contribution will lead Purity Central to an incomparable -------.
(A) success (B) successfulness

Step 2 실전 TOEIC Test

01 Before posting his company's logo on the newspaper cover, Mr. Bright asked for help from advertisement ------- affiliated with Leadway Company.
(A) professional
(B) profession
(C) professionals
(D) professionally

02 A revised plan for the building project has been proposed as an ------- to the current plan in place.
(A) alternative
(B) alternatively
(C) alternatives
(D) alternativeness

03 The study in ------- was conducted at Pickering Medical Research Center three years ago, and the results were published in the London Journal of Medicine.
(A) questioned
(B) questioner
(C) questionably
(D) question

04 With a noticeable ------- in revenue over the past three years, the president is considering on expanding its branches throughout the western regions of the nation.
(A) increases
(B) to increase
(C) increased
(D) increase

05 As volunteers of Cherry Hills Medical Center, please show ------- to all the patients and treat them with sincerity.
(A) respect
(B) respected
(C) respecting
(D) respectable

06 Snow covering the runway will cause ------- in both domestic and international flights.
(A) delaying
(B) delayed
(C) delays
(D) be delayed

▶ 문제풀이 예제 정답 (B)

▶ 정답 및 해설 p.30~31

LESSON 11 명사 문제풀이 순서

Point

명사 문제를 풀 때는 먼저 전체 문장의 구조 분석이 이루어져야 한다. 우선 ❶ 주어, 동사, 목적어의 위치를 파악하고, ❷ 빈칸 앞뒤로 답을 결정하는 혹은 영향을 주는 단어를 확인한 후 답을 찾아야 한다.

 All the ------- for this position have the necessary training.
(A) applicants   (B) application   (C) applicant   (D) apply

▶빈칸은 주어 자리이며, 동사 have는 '소유하다'라는 뜻으로 쓰였다. 소유의 주체는 사람이므로 빈칸에는 사람 주어가 들어가되, 동사가 복수형이므로 복수 주어가 와야 한다. ●이 직위의 지원자들은 모두 필요한 교육을 받은 사람들이다.   정답 (A)

1 명사 문제를 풀 때 꼭 확인해야 할 사항들

(1) 주어인 명사와 동사와의 수일치 확인: 주어가 단수이냐 복수이냐에 따라 뒤에 동사 수가 정해진다.
I set my alarm clock so that it (ring, **rings**) at 7 a.m. every day.
나는 내 알람시계가 매일 오전 7시에 울리도록 해놓는다. ☆ 주어가 3인칭 단수(it)이므로 동사도 단수형이 되어야 한다.

(2) 관사 확인: 빈칸 앞에 관사의 존재 여부에 따라 단수/복수 가산명사가 올지 불가산명사가 올지 등이 정해진다.
We have **a pool** on the fifth floor. 5층에 수영장이 있다. ☆ 관사 a 뒤에 단수명사가 왔다.

(3) 수량형용사 확인: 명사의 수나 양을 나타내주는 형용사들로는 many, a few, few, much, a little, little 등이 있다. 이들은 뒤에 명사가 가산명사의 단수형, 복수형 혹은 불가산명사인지에 따라 쓰임이 결정된다.
He gave them (**much**, many) information through the phone. 그는 그들에게 전화로 많은 정보를 주었다.
☆ 불가산명사인 information(정보) 앞에는 양을 나타내는 much가 와야 한다.

(4) 관련 형용사와 동사 확인: 숙어처럼 어울려 쓰이는 형용사나 동사들에 따라 정답을 골라내야 한다.
The right precautions should be **taken**. 적절한 예방 조치가 취해져야 한다.
☆ take precautions는 '예방 조치를 취하다'라는 숙어이다. 위 문장은 수동태로 목적어가 동사 앞으로 나간 형태이다.

(5) 구조상의 연결 확인: 전체 문장을 분석하여 구조적으로 적절한 품사와 형태를 정답을 골라내야 한다.
There has been signifiant (**growth**, growing) in the hospitality industry. 외식 산업은 엄청나게 성장했다.
☆ 유도부사로 시작되는 〈유도부사 + be동사 + 주어〉 형태의 문장이다. 주어의 역할을 하는 명사 growth가 들어갈 자리이다.

(6) 의미상의 연결 확인
Teams of (**inspectors**, inspections) will check the items to be released soon.
검사관 팀들이 곧 출시되는 품목들을 확인할 것이다.
☆ of는 구성 요소를 보여주는 전치사로 of 뒤에는 team을 구성할 수 있는 단위인 사람명사 inspectors가 와야 한다.

2 명사 앞에서 명사를 수식하는 '명사, 형용사, 분사, 동명사'는 다음의 규칙을 따른다.

(1) 명사 앞에 명사가 오는 경우: 복합명사는 명사와 명사가 함께 쓰여 하나의 의미를 나타내는 것이다. 앞의 명사는 구체적인 종류를 보여주고 뒤의 명사는 전체 종류를 의미하는 명사가 온다.
transportation system 교통 시스템   **control** system 통제 시스템   **inspection** system 검사 시스템

(2) 명사 앞에 형용사가 오는 경우: 형용사는 뒤따르는 명사의 성질이나 특성을 설명해 줄 때 쓰인다.
a **dangerous** man 위험한 남자   a **beautiful** girl 예쁜 여자아이   an **efficient** process 효과적인 과정

(3) 명사 앞에 분사가 오는 경우: 분사형용사란 과거분사와 현재분사가 형용사로 쓰여 명사를 수식해주는 것이다. 과거분사는 이미 발생한 과거/완료/수동을 의미하며 뒤의 명사와 의미상 목적어 관계가 된다. 현재분사는 현재 발생하는 사실이나 명사의 동작을 나타낼 때 쓰며 분사와 뒤의 명사가 의미상의 주어 관계가 된다.
the **burning** house 〈현재분사: ~하고 있는 - 능동〉 불타는 집   the **broken** glass 〈과거분사: ~된, 되는 - 수동〉 깨진 유리잔

(4) 명사 앞에 동명사가 오는 경우: 〈동명사 + 명사〉의 형태로, 주로 업종이나 부서에서 하는 일, 용도, 목적 등을 의미하는 동명사를 명사 앞에 위치시키는 것이다.   a **smoking** room 흡연실   an **advertising** agency 광고 대행사

Ustar 출제포인트 시험에는 이렇게 나온다! 명사의 위치 패턴들을 기억하자.

1. 관사(a/an/the) + 명사   2. 소유격 + 명사   3. 형용사 + 명사 / 명사 + 형용사   4. 명사 + 명사 (복합명사)
5. 분사 + 명사 / 명사 + 분사   6. 타동사 + 명사   7. 명사 + 동사   8. 전치사 + 명사

I / want to know / **the time schedule** / of **public buses** / available / in Seattle.
                          복합명사   전치사의 목적어   전치사의 목적어
시애틀에서 이용 가능한 공공버스의 운행 일정을 알고 싶습니다.
The implementation of **advanced technology** has contributed to our company becoming **a rising power** in the
                       분사 형용사+명사   관사+분사 형용사+명사
field of IT. 첨단기술을 사용하여 우리 회사는 IT계의 떠오르는 샛별이 되었다.

Exercises

제한시간 5분(문제당 25초)

문제풀이 예제

Mutual Savings Bank is currently offering one of the best interest ------- on new car loans.
(A) rating   (B) rate   (C) rates   (D) rated

해설 〈one of the best + 복수명사〉는 '가장 좋은 ~중의 하나'라는 의미로 빈칸에는 복수형인 rates가 나와야 적절하다.
해석 Mutual Savings Bank는 현재 자동차를 새로 살 수 있는 금액을 가장 좋은 금리 중의 하나로 대출해드리고 있습니다.
어휘 rate 비율, 요금, 속도   interest rate 이자율   rating 평가, 평점, 견적액

Step 1 Warm-up Test

01 뒤에 나오는 동사의 수일치
Let me refer you to the August issue of Business World, where our survey ------- were published in full.   (A) result   (B) results

02 관사 여부
Newbridge Travel Inc. has renewed a multi-year marketing ------- with Creative Luster.
(A) contract   (B) contracts

03 관련 수량형용사
Based on the blueprint you submitted, there is too much unusable ------- in the office.
(A) space   (B) spaces

04 관련 형용사나 동사
Safety ------- must be taken by all assembly line workers while dealing with rollers.
(A) precautions   (B) rules

05 구조상의 연결
One of the ------- of the annual board meeting is to review the performance for the year.
(A) aim   (B) aims

06 앞뒤 명사들의 의미상의 연결
Teams of ------- started the investigation on our computers without any notice.
(A) inspectors   (B) inspections

Step 2 실전 TOEIC Test

01 Ms. Hyde is an exceptional employee who finishes ------- assigned to her without any flaws.
(A) working   (B) worker
(C) work   (D) worked

02 Under the guidance of --------, Mr. Bonds Sr., Bonds & Barry was able to survive in a competitive market.
(A) foundation   (B) founder
(C) found   (D) founded

03 Director Thomas Chrysler made a ------- to the factory to encourage the workers.
(A) visiting   (B) visited
(C) visitor   (D) visit

04 Amateur director, Steven Conner's documentary films are ready for ------- in all film classes at the Ann Arbor Film School for free.
(A) distribute   (B) distributor
(C) distributed   (D) distribution

05 In our office, we don't allow the uses of private ------- such as online chats during business hours.
(A) correspondent   (B) corresponds
(C) correspondence   (D) corresponding

06 Please don't forget to e-mail me to confirm the ------- of the packages after you receive them.
(A) deliver   (B) delivery
(C) delivering (D) deliverable

▶ 정답 및 해설 p.31~33

▶ 문제풀이 예제 정답 (C)

시험에 꼭 나오는 명사 어휘 암기리스트

Reference 1 토익 빈출 사람명사와 사물명사 (Lesson 5)

사람명사	사물/추상명사	사람명사	사물/추상명사
advisor 조언자	advice 충고, 조언	editor 편집자	edition 간행
	advising 조언하기	conductor 지휘자, 차장	conduct 지휘, 행위
supervisor 감독관, 직속상관	supervision 감독	arbitrator 중재자, 조정자	arbitration 중재, 조정
analyst 분석가	analysis 분석	politician 정치가	politics 정치학
manufacturer 제조업자	manufacture 제조	translator 번역가, 통역사	translation 번역, 통역
contributor 기부자	contribution 공헌, 기부	director 감독	direction 방향, 지시
contractor 하청업체	contract 계약	critic 비평가	criticism 비평
employer 고용주	employment 고용	interpreter 통역사	interpretation 통역
employee 직원		chemist 화학자	chemicals 화학제품
attendee 참석자, 출석자	attendance 참석, 출석	engineer 기술자	engineering 공학
attendant 수행자		negotiator 협상가	negotiation 협상
accountant 회계사	account 거래, 계좌	photographer 사진사	photograph 사진
	accounting 회계(학)	collector 수집가, 수금원	collection 수집, 수금
consumer 소비자	consumption 소비	performer 공연자	performance 공연
donator 기부자	donation 기부, 기증	rival 경쟁자	rivalry 경쟁
donor 기증자		resident 거주자	residence 거주, 거주지
mechanic 기계공	mechanism 기계장치, 메카니즘	prosecutor 검사	prosecution 기소, 고소
subscriber 구독자	subscription 구독	recipient 영수인	receipt 영수증
announcer 발표자	announcement 발표	president 사장	presidency 사장 직위, 임기
applicant 지원자, 신청자	application 지원, 신청(서)	traveler 여행자	traveling 여행하기
	applying 지원하기	member 회원	membership 회원자격
advertiser 광고업자	advertisement 광고	interviewer 면접관	interview 면접
	advertising 광고(업)	interviewee 피면접인	interviewing 면접하기
official 관리, 공무원	office 사무실, 관공서	illustrator 삽화가	illustration 삽화
officer 장교, 관리		informant 정보 제보자[제공자]	information 정보
manager 경영자, 관리자	management 경영, 관리	grower 재배자, 사육자	growth 성장
agent 대리인	agency 대리점	server 근무자	service 근무
author 작가, 저자	authorization 승인, 허가	complainer 불평하는 사람	complaints 불평
evaluator 평가자	evaluation 평가	guide 안내자, 길잡이	guidance 안내

Reference 2 토익 빈출 복합명사 (Lesson 8)

maternity leave 출산 휴가	identification card 신분증	heating equipment 난방 기구
transportation system 교통 체계	account information 계좌 정보	building expansion 건물 확장
baggage allowance 수화물 중량 제한	address verification 주소 확인	consumer awareness 소비자 인식
convenience goods 일상 용품	delivery company 운송회사	delivery schedule 배달 일정
project manager 프로젝트 매니저	maintenance staff 유지 보수 직원	business sense 사업 감각
electricity company 전력회사	electronics company 전자 회사	research program 연구 프로그램
safety regulations 안전 규정	service desk 상담 창구	confirmation call 확인 전화
satisfaction guarantee 만족 보장	safety features 안전사양	production schedule 생산 일정
media coverage 미디어 보도	customs clearance 통관, 세관 수속	product availability 제품 이용
public relations 홍보	fitness activity 운동	precipitation data 강수량 데이터
accounting certification 회계 자격증[증명서]	performance appraisal 업무 수행 평가	product recognition 제품 인지도
employee participation 직원 참여	production figures 생산 실적	construction delay 공사 지연
exchange rate 환율	occupancy rate 점유율	product reliability 제품 신뢰도
quality requirement 품질 요구 사항	reference letter 추천서	return policy 반환 정책

retail sales 소매 판매	safety precautions 안전 예방 조치	benefit package 복지혜택
customer inquiry 고객 문의	time management 시간 관리	customs declaration 세관 신고
hotel reservation 호텔 예약	production schedule 생산 일정	earnings growth 수익 성장
product certification 제품 인증	job opening 공석 모집	holidays sale 휴가철 세일
personnel information 인적 사항	application fee 신청료	customer needs 고객 요구 사항
expansion project 확장 계획	employee productivity 직원 생산성	product development 제품 개발
application process 신청[지원] 절차	office supplies 사무용품	office equipment 사무기기
performance evaluation 업무 수행 평가	registration process 등록 절차	shipping charge 선적 비용
job performance 직무 수행	work performance 업무 수행	safety inspection 안전 점검
toll collection 통행료 징수	office efficiency 사무실 효율성	cover letter 자기소개서
department manager 부장	contingency plan 비상대책	identifying label 꼬리표
feasibility study 타당성 조사	customs official 세관원	fuel economy 연료의 효율적 사용
customer satisfaction 고객 만족	account number 계좌번호	sales department 영업부
customs office 세관	safety procedure 안전 절차	expiration date 만기일, 유효 기간
pay increase 급여 인상	application form 지원서, 신청서	sales figure 판매수치
parking lot 주차장	sales manager 영업부장	sports complex 종합 경기장, 스포츠 센터
savings bank 저축 은행	assembly line 조립라인	communication skills 의사소통 기술
installment payment 할부금	profit margin 이윤	production line 생산라인
attendance records 출석률	awards ceremony 시상식	registration form 등록양식서
consumer loan 소비자 대출	replacement fee 교체 비용	money management 돈 관리
production facilities 생산설비	insurance coverage 보험 적용 범위	

Reference 3 토익 빈출 〈명사 + 전치사〉 표현 (Lesson 9)

〈명사 + 전치사〉			
명사 + from		명사 + between	
permission from	~로 부터 허락, 허가	difference between	~사이의 차이점
approval from	~로부터 승인	gap between	~사이의 차이
feedback from	~로 부터 피드백, 조언	relation between	~사이의 관계
명사 + about/concerning/regarding		correlation between	~사이의 상관관계
advice about/on	~에 대한 조언, 충고	match between	~사이의 경기
presentation/workshop/seminar on	~에 대한 발표, 교육	명사 + of	
discussion about	~에 대한 토론	advocate of	~의 대변자
information about/regarding/on	~에 대한 정보	showing of	~의 전시회
decision about/on	~에 대한 결정	source of	~의 근본, 원천, 원인
question about/concerning	~에 대한 질문	cause of	~의 원인
disappointment regarding	~에 대한 실망	part of	~의 부분
speculation about/on	~에 대한 심사숙고	knowledge of	~의 대한 지식
명사 + with		명사 + over	
problem with	~에서의 문제	dispute over/about/on	~에 대한 논쟁
interview with	~와의 면접	concern over/about/for	~에 대한 걱정, 우려

⟨전치사 + 명사⟩			
in + 명사		under + 명사	
in conclusion	결론적으로	under construction	공사 중
in confidence	비밀로	under pressure	압력을 받는
in duplicate	두통의	under way	진행 중인
in writing	서면으로	under warranty	보증기간 중인
in third	세 번째로	under development	개발 중인
in effect	효력 있는, 사실상	under consideration	고려 중인
in motion	움직이고 있는	under control	관리를 받는, 통제하에 있는
in advance	미리, 먼저	under supervision	관리 하에
in detail	자세히	under direction	감독을 받는
in place	적소에, 적당한	on/for/to + 명사	
in error	잘못되어	on purpose	고의로, 일부러
at + 명사		for free	무료로
at risk	위험한 상태에	much to one's surprise	놀랍게도
at the end of this month	이달 말쯤	without + 명사	
beyond + 명사		without doubt	의심할 필요 없이
beyond repair	수리할 수 없는	without consent	동의 없이
beyond the control	통제 불가능한	without permission	허락 없이
beyond the expectation	예상을 뛰어넘는	(up)on + 명사	
out of + 명사		(up)on request	신청하는 대로
out of order	고장 난	(up)on delivery	배달 시에
out of print	절판이 된		
out of stock	재고가 떨어진		

Reference 4 토익 빈출 유사 형태의 명사들 (Lesson 10)

certificate 증명서	remainder 나머지	likelihood 가능성
certification 증명	reminder 상기시키는 것	likeness 유사성
occupation 직업, 업무	rise 상승, 오름	employment 고용
occupant 점유자, 거주자	raise 급여 인상	employer 고용주
competition 경쟁	segment 부분	consumption 소비
competitor 경쟁자, 경쟁업체	segmentation 분할	consumer 소비자
benefit 이익, 혜택	performance 공연, 실행, 수행	writing 글, 작품
beneficiary 수혜자	performer 연주자, 실행자	writer 저자, 작가
analysis 분석	membership 회원의 지위	subscription 구독, 신청
analyst 분석가	member 회원	subscriber 구독자, 신청자
operation 작동, 운영, 수술	pollution, pollutant 오염원, 오염물질	lecture 강의, 강연
operator 운영자, 기사		lecturer 강연자, 강사
supervision 감독, 관리	information 정보	entry 입장, 참가자
supervisor 감독자, 직속상관	informer(=informant) 정보 제공자, 통지자	entrance 입장, 입구, 출입
commitment 약속, 위탁, 위임	foundation 기초, 근거, 재단	management 관리, 경영
committee 위원회	founder 창시자, 설립자	manager 관리자, 경영자
representation 설명, 표현, 상연	ownership 소유주로서의 자격	close 폐쇄, 닫음
representative 대표자, 담당직원	owner 주인, 소유주	closeness 밀폐, 친밀, 접근
journalist 기자, 언론인	transportation 교통, 운송	manufacturing 제조업
journalism 언론(계)	transporter 수송자, 운반장치	manufacturer 제조업자

direction 지시, 명령, 방침	term 학기, 기간	application 지원, 신청
director 관리자, 지도자, 감독	terminology 용어(학)	applicant 지원자
view 견해, 전망, 경치	complex 콤플렉스, 합성물	escalation 단계적 확대
viewer 관찰자	complexity 복잡성	escalator 에스컬레이터
percentage 백분율	expectancy 기대감, 예상	proceeds 수입금
percent 퍼센트, 백분	expectation 기대(치), 예상	process 과정
procedure 절차	utilization 이용, 활용	meaning 의미
proceedings 회의록	utility 효용	means 수단
product 제품	economy 경제	consultation 상담, 상의
production 생산	economics 경제학	consultant 상담역, 자문역
productivity 생산성	economist 경제학자	consultancy 상담
photograph 사진	sense 감각	observation 관찰
photographer 사진사	sensitiveness 민감	observatory 전망대, 관측소
photography 사진술, 사진촬영	sensitivity 민감성, 감수성	observance 준수
chemistry 화학	reception 수령, 응접, 환영회	
chemist 화학자	recipient 수납인, 수납자	
chemicals 화학제품	receipt 영수증	

Reference 5 명사와 동사로 쓰이는 토익 빈출 어휘 (Lesson 10)

vacation	n. 휴가 v. 휴가가다	experience	n. 경험 v. 경험하다	profit	n. 이익 v. 이익이 되다
finance	n. 재정, 재무, 융자 v. 자금을 대다	contact	n. 연락 v. 연락하다	respect	n. 존경 v. 존경하다
audit	n. 회계, 감사 v. 회계 감사하다	function	n. 기능 v. 작동하다, 기능을 다하다	market	n. 시장 v. ~을 시장에 내다
police	n. 경찰 v. 치안을 유지하다	bargain	n. 흥정 v. 거래 교섭을 하다	bid	n. 입찰, 가격 제시 v. 값을 매기다, 입찰하다
budget	n. 예산 v. 예산을 책정하다	invoice	n. 송장 v. 송장을 작성하다	estimate	n. 평가, 견적 v. 견적을 내다
proportion	n. (수량 등의) 비, 비율 v. (수량 등의) 균형을 잡다	charge	n. 책임, 청구, 요금 v. ~을 부과하다	position	n. 직책, 입장 v. ~을 배치시키다
damage	n. 손상 v. ~을 손상시키다	demand	n. 요구, 수요 v. ~을 요구하다	address	n. 주소, 연설 v. 연설하다
access	n. 접근, 접속 v. ~에 접근하다, 접속하다	place	n. 장소 v. ~을 두다, 놓다	feature	n. 특징 v. ~을 특징으로 하다

Ustar
TOEIC
Reading

Chapter 3

대명사 (Pronoun)

대명사 문제는 매달 2-3문제가 출제된다.

★ 주요 출제 패턴

> 1. 소유격 대명사
> 2. 재귀대명사
> 3. 소유대명사
> 4. 부분대명사
> 5. 지시대명사 that/those
> 6. 부정대명사 one, another, other, the other

★ 이렇게 풀어라! 문제풀이 전략

1. **소유격 대명사:** 소유격은 형용사의 역할을 하기 때문에 뒤에 명사가 온다.

   Supervisors were asked to manage ------- teams.
   (A) them   (B) their

   해설 여기서 their는 앞의 명사(supervisors)를 대신 받으면서 뒤에 나오는 명사 teams를 꾸며주는 소유격 대명사이다.
   해석 관리자들은 자신들의 팀을 잘 관리하라는 지시를 받았다.

2. **재귀대명사:** 재귀대명사는 목적어와 부사의 기능이 있다.

   The new HR manager will contact each applicant to schedule an interview -------.
   (A) himself   (B) his

   해설 앞에 〈주어(New HR manager) + 동사(will contact) + 목적어(each applicant)〉가 모두 있으므로 빈칸은 부사 자리이다.
   해석 새로운 인사부 부장은 인터뷰 일정을 잡기 위해 지원자 개개인에게 직접 연락할 것이다.

3. **소유대명사:** 〈소유격 대명사 + 명사〉를 받는 대명사로, '~의 것'이라는 소유의 개념을 가진다.

   Your books are more interesting than -------.
   (A) himself   (B) his

   해설 문장에서 his는 his books(그의 책들)를 뜻하는 소유대명사로 쓰였다. 소유격과 명사의 결합 형태로 명사의 역할을 한다.
   해석 당신 책들이 그의 책보다 더 흥미롭다.

4. **부분대명사:** 〈수사/수량형용사 + of + 한정사(the/소유격/지시형용사) + 특정 명사〉

   All of the employees are asked to attend the meeting.
   직원들은 모두 그 회의에 참가해야 한다.
   ☆ all of, one of 등의 부분대명사 뒤에는 반드시 특정 범위를 보여줄 수 있는 한정사가 와야 한다.

5. **지시대명사 that/those:** 단수명사는 that, 복수명사는 those로 받는다.

   My role is similar to ------- of Hamasaki in Tokyo.
   (A) that   (B) those

   해설 문맥상 나의 역할과 하마사키 씨의 역할이 대비되고 있다. 이때 role(역할)은 단수명사라서 that으로 받았다.
   해석 내가 하는 역할은 도쿄에 있는 하마사키 씨의 역할과 유사하다.

6. **부정대명사 one, another, other, the other 구분하기**

   In the survey, we found that **some** prefer blue while **others** like red.
   설문조사에서 우리는 어떤 사람들은 파란색을 선호하는 반면 다른 사람들은 빨간색을 좋아한다는 것을 알았다.
   ☆ 불특정한 다수 중 '막연한 어떤 것'을 의미할 때는 one, '또 다른 하나'는 another, '일부'는 some, '나머지'는 others

LESSON 1 대명사의 이해

Point

❶ 〈주격 대명사 + 동사〉: 주격 대명사는 문장의 주어 역할을 하며, 뒤에 동사가 나온다.
   We must not speak ill of others in their absence. 우리는 다른 사람들이 없는 자리에서 그들의 험담을 하지 말아야 한다.

❷ 〈소유격 대명사 + 명사〉: 소유격 대명사는 형용사의 역할을 하며, 뒤에 명사가 온다.
   Supervisors were asked to manage **their** teams. 관리자들은 그들의 팀을 잘 관리하라는 지시를 받았다.

❸ 〈타동사/전치사 + 목적격 대명사〉: 목적격 대명사는 타동사나 전치사의 목적어 자리에 위치한다.
   Ms. Wang has asked her manager to give **her** a raise. Ms. Wang은 부장에게 급여를 인상해 달라는 요청을 했다.

❹ 소유대명사는 소유격 대명사와 명사가 결합된 형태로 명사 역할을 한다. 따라서 **소유대명사 뒤에는 명사가 올 수 없다.**
   Your books are more interesting than **his**. 당신 책들은 그의 것들보다 더 흥미롭다.

1 대명사는 명사를 대신해서 쓰는 말이다.

대명사는 앞에 나온 명사를 다시 언급할 때 반복을 피하기 위해 사용한다. 즉, 명사 대신 쓰이는 말이다. 토익에서는 앞에 나온 명사를 대신하는 알맞은 형태의 대명사를 고르는 문제가 자주 출제된다.

After I bought **a book**, I lent **it** to my colleague. 나는 그 책을 구입한 후 내 동료에게 빌려주었다.

☆ 앞에 나온 명사인 '책(book)'을 뒤에서는 대명사(it)로 받아 중복을 피했다는 것을 알 수 있다.

2 대명사에는 크게 5가지 종류가 있다.

대명사의 종류에는 인칭대명사, 지시대명사, 부정대명사, 의문대명사, 상호대명사가 있다. (관계대명사도 대명사의 일종이나 관계사 편에서 다루기로 한다.)

인칭대명사	I, you, he, she, it, they 등
지시대명사	this, that, these, those, such, so, the same 등
부정대명사	one, another, other, some, any, all, both, either, neither, most, many, much, few, little, enough, several 등
의문대명사	who, whose, whom, what, which
상호대명사	each other, one another 등

3 인칭대명사는 '격, 성, 수일치' 등이 출제 포인트이다.

인칭대명사는 사람이나 사물을 지칭하는 대명사로 앞에 나온 사람/사물 명사를 대신하여 쓴다. 인칭대명사의 (1) 격은 문장에서 어떠한 성분으로 쓰이는지를, (2) 성은 사물인지 남성인지 여성인지를, (3) 수는 단수와 복수를 구분하는 것이다. 보기가 모두 인칭대명사로 되어 있다면 기본적인 인칭대명사들의 위치와 격을 묻는 문제이다. 인칭대명사 문제를 풀 때는 전체 문장의 구조 안에서 대명사의 역할(주어, 목적어, 소유격 등)을 확인하는 것이 중요하다.

수	인칭/성		주격 (~은, ~는)	소유격 (~의)	목적격 (~를)	소유대명사 (~의 것)	재귀대명사 (~자신)
단수	1인칭		I	my	me	mine	myself
	2인칭		you	your	you	yours	yourself
	3인칭	남성	he	his	him	his	himself
		여성	she	her	her	hers	herself
		중성	it	its	it	-	itself
복수	1인칭		we	our	us	ours	ourselves
	2인칭		you	your	you	yours	yourselves
	3인칭		they	their	them	theirs	themselves

Ustar 출제포인트 시험에는 이렇게 나온다! 인칭대명사 문제는 성, 격, 수일치를 확인하라.

문장에서 답에 영향을 주는 빈칸 앞뒤의 요소들을 모두 살펴보고, 인칭대명사의 '격, 성, 수일치'를 모두 확인해야 답이 나온다.

-------- was one of my friends.
(A) Her   (B) It   (C) They   (D) He

■ 빈칸은 주어 자리로 소유격인 Her는 답이 될 수 없다. 또한 친구라고 했으니까 사물을 받는 It도 답이 될 수 없다. 동사가 was로 단수이므로 복수인 They도 답이 될 수 없다. 주격이고 단수이며 사람명사를 받는 (D) He가 답이다.

■ 그는 내 친구 중 하나이다.

Exercises

제한시간 5분(문제당 25초)

문제풀이 예제

Mr. Chang had to skip the company dinner because of ------- daughter's accident.
(A) himself   (B) him   (C) his   (D) he

해설 시험에 가장 많이 나오는 〈전치사 + 소유격 + 명사〉 형태의 문제이다. 빈칸은 명사 accident 앞에서 명사를 한정해주는 소유격 대명사 자리로 his가 정답이다.

해석 Mr. Chang은 딸의 사고 때문에 회식에 빠져야 했다.

Step 1 Warm-up Test

01 Due to the power shortage of ------- office, computer use will be restricted to three hours.
   (A) our   (B) ours

02 Mr. Baldwin was impressed when he realized that ------- sales goal was met in less than six months.
   (A) he   (B) his

03 Mr. Haas and his team were told to complete and bring ------- presentation to tomorrow's conference.
   (A) them   (B) their

04 Ms. Portman asked all marketing assistants to conduct outdoor surveys and report back to ------- within five hours.   (A) her   (B) herself

05 Since the tickets for *Conspiracy Comedy* were non-refundable, Ms. Duke offered Mr. Duran to take -------.   (A) her   (B) hers

06 Since Mr. Wellington is the only technician on duty during night shifts, he has to fix the corridor lights by -------.   (A) him   (B) himself

Step 2 실전 TOEIC Test

01 Although Mr. Chin doesn't need to hire any managers, he needs to set up a surveillance camera in ------- laundromat.
   (A) himself
   (B) him
   (C) he
   (D) his

02 The anonymous e-mail you received yesterday was the e-mail ------- sent you.
   (A) my
   (B) me
   (C) I
   (D) mine

03 The members of their group have all been selected, but Mr. Foreman may join -------.
   (A) they
   (B) their
   (C) them
   (D) themselves

04 If you are curious about the functions of the buttons on the center console, please refer to ------- owner's manual.
   (A) your
   (B) yourselves
   (C) you
   (D) yours

05 The engineers of Eagle Motorcycles have unveiled ------- new prototype, Inferno Pro.
   (A) they
   (B) their
   (C) them
   (D) those

06 You should receive the booklet by tomorrow and review ------- thoroughly.
   (A) themselves
   (B) them
   (C) itself
   (D) it

▶ 정답 및 해설 p.33~34

▶ 문제풀이 예제 정답 (C)

LESSON 2 인칭대명사 주격/목적격/소유격

Point

인칭대명사의 자리를 묻는 문제가 나오면 ❶ 주격은 주어나 주격 보어 자리, ❷ 소유격은 명사의 앞, ❸ 목적격은 타동사나 전치사 다음의 목적어와 목적격 보어의 자리에 온다는 것을 기억하자.

 We know ------ was not here.   (A) he   (B) him

▶ We know 뒤는 〈주어 + 동사〉 다음이니까 보통은 목적어 자리겠지만, 빈칸 뒤에 또 동사가 있다. 이런 경우는 We know의 목적어가 명사절이라는 의미이다. 명사절을 이끄는 접속사 that이 생략되어 있다는 것을 알아야만 답이 나온다. 답은 주격인 he이다.
● 우리는 그가 여기에 없었다는 것을 알고 있다.
정답 (A)

1 주격은 주어 자리에 온다.

주격은 '~은, ~는, ~이, ~가'로 해석되며 문장에서 동사 앞의 주어나 be동사 다음의 주격 보어로 온다.

He is a director. 〈He는 주어 자리〉 그는 이사이다.
I think the man **is he**. 〈he는 주격 보어 자리〉 나는 그 남자가 그라고 생각한다.

2 목적격은 목적어나 목적격보어 자리에 온다.

목적격은 우리말의 '~을/를', '~에게'로 해석되며 문장에서 동사 또는 전치사의 목적어, 목적격 보어 자리이다.

We should package the items before we deliver **them**. 〈동사의 목적어 자리〉 우리는 배달하기 전에 그 상품들을 포장해야 한다.
Tom was talking to **her**. 〈전치사의 목적어 자리〉 탐은 그녀와 이야기를 하고 있었다.
I think the man to be **him**. 〈목적격 보어 자리〉 나는 그 남자가 그라고 생각한다.

3 인칭대명사 소유격은 형용사처럼 명사 앞에서 명사를 꾸며준다.

(1) 소유격은 '~의'로 해석되며 명사 앞에서 명사를 꾸며주는 형용사의 역할을 한다. 소유격은 명사 없이 혼자 쓰일 수 없다.

I will send you an itinerary to **your** e-mail account. 귀하의 이메일 계정으로 여행 일정을 보내드리겠습니다.

(2) 소유격은 앞 문장에서 어떤 명사를 대신 받았는지 알아야 선택할 수가 있다.

I will send you a proposal to (my, **your**) e-mail.
☆ 내(I)가 너(you)의 이메일로 보내는 것이니까 your가 답이 된다.
If you need my help, you can call (**my**, your) direct line at 02-555-5555.
☆ 네(you)가 나의 번호(my direct line)로 전화를 하는 것이니까 my가 답이 된다.

(3) **이중소유격**: 아래에 나오는 단어들은 소유격과 함께 쓰일 수 없기 때문에 다음과 같은 형식으로 쓴다.

a/an, this/that, these/those, which, some, any, no, other, another, either, neither + 명사 + of + 소유대명사

this my book (X)   this book **of mine** (O) 〈this + 명사 + of + 소유대명사〉 나의 이 책

(4) **소유의 의미를 가지는 own**: own은 형용사로 쓰여 뒤에 명사를 받거나, 대명사로 쓰여 '~의 것'이라는 소유를 나타낸다.

John has started *his* **own** business. 〈소유격 + own + 명사〉 존은 그 자신의 사업을 시작했다.
I need to have a car of *my* **own**. 〈a + 명사 + of + 소유격 + own〉 난 내 소유의 차가 필요하다.
Team members should be able to work efficiently on their **own**. 〈on + 소유격 + own = by/for oneself: 혼자서, 혼자 힘으로〉
팀 멤버들은 자기들 스스로 효율적으로 일할 줄 알아야 한다.

4 소유대명사는 그 자체가 명사이므로 뒤에 명사가 나올 수 없다.

소유대명사는 '~의 것'으로 해석이 되며, 〈소유격 + 명사〉를 받는 말이므로 그 자체가 명사여서 뒤에 명사가 나올 수 없다. 반면 소유격은 뒤에 명사가 반드시 나와야 한다.

It is **hers**. 〈소유대명사〉 이것은 그녀의 것이다. ☆ 소유대명사는 뒤에 명사가 필요 없다.
= It is **her book**. 〈소유격 + 명사〉 이것은 그녀의 책이다. ☆ 소유격은 뒤에 반드시 명사가 와야 한다.

주의 _ 일반적으로 소유대명사는 뒤에 -s를 붙이지만, mine과 his는 예외이다.

He will finish **his** work. = He will finish **his**. 그는 자기 일을 끝낼 것이다.

Ustar 출제포인트 *시험에는 이렇게 나온다!* **소유대명사와 주격/목적격 대명사 구분하기**

'사람과 사물은 동격이 될 수 없다'는 사실을 바탕으로 '사람과 사물을 구별해 쓰는 능력'이 있는지 알아보기 위해 소유대명사와 주격/목적격 대명사 구분 문제가 종종 출제된다.

Our price is higher than ------.   (A) you   (B) yours

■ yours 대신에 you를 쓰면 가격(our price)과 사람(you)을 비교한 것이 된다. 가격과 사람은 비교 대상이 되지 않으므로 빈칸에는 yours(= your price)가 와야 한다. ■ 우리의 가격은 귀사의 가격보다 높다.

Exercises

제한시간 5분(문제당 25초)

문제풀이 예제

01 This economic forecast predicated that most companies will be reducing ------- labour costs.
    (A) they   (B) them   (C) their   (D) themselves

> 해설 that절의 구조는 〈주어(most companies) + 동사(will be reducing) + ------- + 목적어(labour costs)〉로 목적어 앞자리가 비어 있다. 따라서 목적어인 명사를 수식하는 소유격이 답이 된다.
>
> 해석 이 경제 전망을 보면 기업들은 대부분 인건비를 줄이게 될 것이다.

02 Her work style is similar to -------.
    (A) me   (B) I   (C) my   (D) mine

> 해설 사람은 사람과, 사물은 사물과 비교해야 한다. '그의 업무 스타일'과 비교할 수 있는 것은 '내'가 아니라 '내가 일하는 스타일'이다. 소유격은 형용사이기 때문에 전치사의 목적어가 될 수 없다.
>
> 해석 그녀가 일하는 스타일은 나와 비슷하다.

Step 1 Warm-up Test

01 As a salesman, ------- need to deal with more clients and gain a better understanding of their needs.
    (A) you   (B) yours

02 It is more efficient to enter multiple auctions in one day, and the new law for online auctions enables ------- to do so.   (A) we   (B) us

03 Ms. Beans told Mr. Philips to show her the result of his current sales record before ------- requests a raise.   (A) he   (B) his

04 We asked our contractors to present the outline of ------- new services at the next meeting.
    (A) them   (B) their

05 Make sure to notify the professors that the sound system is ready for -------, so that they can commence their lectures.   (A) them   (B) themselves

06 After a week of training, Team A will be required to conduct a survey on the new product on -------.
    (A) them   (B) their own

Step 2 실전 TOEIC Test

01 To prepare for ------- presentation, Miss. Zhang asked for assistance from technical support.
    (A) she   (B) her
    (C) hers   (D) herself

02 Before we write our final draft, we need to e-mail Professor Erin Elliot and ask her about the corrections ------- made.
    (A) she   (B) that
    (C) were   (D) until

03 Ms. Bird's impression on a ballet performance she saw in the past made ------- interested in becoming a dance choreographer.
    (A) she   (B) her
    (C) hers   (D) herself

04 The Creed Brothers decided to quit their jobs and started an accounting firm of -------.
    (A) them   (B) theirs
    (C) their own   (D) themselves

05 It is company policy that all employees at the factory keep a record of the hours ------- have worked.
    (A) them   (B) they
    (C) those   (D) their

06 Ms. Henney told Mr. Bana to fax all employees' performance evaluation forms to ------- by Friday.
    (A) her   (B) him
    (C) hers   (D) his

▶ 정답 및 해설 p.34~35

▶ 문제풀이 예제 정답 01 (C) 02 (D)

LESSON 3 재귀대명사

Point

> 재귀대명사에는 **재귀 용법(목적어)**과 **강조 용법(부사)**의 두 가지 용법이 있다.
>
> The assistant manager asked her boss to give ------- an incentive.
> (A) her   (B) herself
>
> ▶ 주어란 항상 전체 문장의 주어를 의미하는 것은 아니다. 빈칸은 asked의 목적어가 아니라 give의 목적어이다. give의 주어인 boss가 assistant manager에게 인센티브를 주는 것이기 때문에 주어와 목적어는 동일하지 않다. 따라서 재귀대명사가 아니라 목적격 대명사를 써야 한다. ● 대리는 사장에게 그녀의 인센티브를 달라고 요구했다.   정답 (A)

1 재귀 용법: 재귀대명사는 목적어 자리에 온다.

목적격 대명사와 재귀대명사 선택 문제는 주어에 달려 있다. 주어와 목적어가 동일한 경우 목적어로 재귀대명사를 사용한다. 이때 재귀대명사는 주어의 인칭과 성, 수에 맞는 형태를 써야 한다.

- 의미상 주어 = 목적어 → 재귀대명사
- 의미상 주어 ≠ 목적어 → 목적격 대명사

She made **herself** famous. ⟨she = herself⟩ 그녀는 스스로를 유명하게 만들었다.
The book made **her** famous. ⟨the book ≠ her⟩ 그 책은 그녀를 유명하게 만들었다.
☆ 목적어 자리에서 목적격과 재귀대명사를 구분하기 위해서는 문장의 의미상의 주어와 목적어가 같은지 꼭 확인해야 한다.

All employees are asked to take care of **themselves** in case of a fire. ⟨All employees = themselves⟩
모든 직원들은 화재 시에 그들 스스로를 챙기라는 지시를 받았다.
☆ 직원들이 스스로를 돌봐야 한다는 의미니까 전치사 of의 목적어로 재귀대명사인 themselves가 왔다. 재귀대명사는 부사나 목적어 역할을 할 수 있지만 주어 역할을 할 수는 없다.

To get reimbursement for travel expenses, employees must make copies of all receipts and submit **them** with the appropriate forms. ⟨them = copies of all receipts⟩ 출장 경비를 환급받으려면 직원들은 해당 양식과 함께 영수증 사본들을 모두 제출해야 한다.

2 강조 용법: 재귀대명사는 강조 부사로도 쓰인다.

명사나 대명사 뒤, 또는 문장 끝에 오며 '~가 직접, 손수'라는 의미로 명사 및 대명사를 강조한다. 이때 재귀대명사는 부사와 같은 기능을 하므로 생략이 가능하다. 즉, 재귀대명사 문제에서 빈칸을 생략해도 문장이 완전하다면 강조 용법으로 쓰인 것이다.

- 완전한 문장 + 재귀대명사
- 주어 + 재귀대명사 + 동사 + 목적어

(1) 주어 강조: She **herself** admitted that it was wrong. 그녀 스스로 그것이 잘못되었다는 것을 인정했다.
 ☆ 부사인 herself는 그녀(주어) 스스로가 잘못됐다는 걸 인정한다는 것을 강조하기 위해 추가된 것이다.

(2) 보어 강조: She was sympathy **itself**. 그녀는 매우 동정심이 많았다.
 ☆ 보어인 sympathy를 강조한 경우 동정심 그 자체가 아니라 '매우 ~하다'라고 해석한다.

(3) 목적어 강조: They gave the award to Susan Tailor **herself**. 그들은 Susan Tailor 바로 그녀에게 그 상을 주었다.
 ☆ herself를 이용하여 목적어인 Susan Tailor를 강조하였다.

3 재귀대명사의 관용적 용법

by oneself 홀로	for oneself 혼자 힘으로	in itself 본래	between ourselves 비밀인데
of itself 저절로	of oneself 스스로, 저절로	to oneself 혼자서만	beside oneself 제정신이 아닌
on oneself 스스로에게, 독자적으로		in spite of oneself 자신도 모르게, 무의식적으로	

In itself, it's not a difficult problem to solve. 그것이 본질적으로 해결하기 어려운 문제는 아니다.

Ustar 출제포인트 시험에는 이렇게 나온다!

1. 재귀대명사의 관용적 용법은 가능한 많이 암기를 해두어야 한다. 주로 by oneself나 of oneself가 출제되었으나 최근에는 in itself가 출제되어 오답률이 높았던 적이 있다.

   A thing good ------- itself may become harmful by its use.   (A) in   (B) of
   ■ ------- itself는 문맥상 '본래, 그 자체'라는 의미가 되어야 하므로 빈칸에는 in이 적절하다.
   ■ 그 자체가 좋은 것이라도 용도에 따라 해롭게 될 수 있다.

2. 재귀대명사에 부사의 기능이 있기 때문에 형용사 앞에 재귀대명사를 선택하는 실수를 많이 한다. 그러나 **마지막에 명사가 있다면 명사 앞에는 형용사인 소유격이 답이 되어야 한다.** 예를 들어 for ------- excellent report   (A) her   (B) herself
   ■ 전치사 뒤에는 흔히 목적격이 답이 된다. 그러나 report라는 명사 앞에는 소유격이 나와야 한다. 빈칸 뒤에 형용사가 있는 경우 흔히 재귀대명사의 부사적 용법이라고 생각하는데, 빈칸 뒤에 명사가 있다면 소유격이 답이다. her는 목적격으로도, 소유격으로도 쓰이지만 뒤에 명사가 있으므로 소유격이다.

Exercises

제한시간 5분(문제당 25초)

문제풀이 예제

Enclosed is the information required by engineers to help ------- find out the best program to install on their computers.
(A) themselves   (B) they   (C) their   (D) them

해설 help의 의미상의 주어와 목적어를 찾는 것이 우선이다. information이 engineers를 돕는 것이기 때문에 빈칸에는 engineers가 들어가야 한다. 이때 help의 주어와 목적어가 일치하지 않기 때문에(information ≠ engineers) 목적격 대명사를 선택한다. 전체 문장의 구조는 주어인 information을 뒤에서 수식하는 말(후치 수식어구)이 길어서 Enclosed가 앞으로 도치된 문장이다.

해석 엔지니어들이 요청한 그들의 컴퓨터에 설치할 가장 알맞은 프로그램을 찾는 데 도움이 될 수 있는 정보가 동봉되어 있습니다.

Step 1 Warm-up Test

01 The workload near the end of the month was too much for Mr. Sanders and Mrs. Kwak to finish by -------.   (A) their own   (B) themselves

02 The evening classes led by Dr. Malone are suitable for people who are planning to start a business for -------.   (A) theirs   (B) themselves

03 Dr. Newton rarely schedules appointments ------- because he is too busy consulting other patients.
(A) his   (B) himself

04 The mascot of Nu Computers, Drone E won ------- many fans among laptop users for its adorable appearance.   (A) theirs   (B) itself

05 During the clearance sale, we offer ------- customers discounts of up to 75% in any of our stores.
(A) our   (B) ourselves

06 Ms. Hernandez worked on the project by ------- while Mr. Cummings was having a meeting with a client.   (A) herself   (B) her

Step 2 실전 TOEIC Test

01 Through her outstanding performance, Mrs. Robin has shown ------- to be a valuable asset to our firm.
(A) she
(B) her
(C) herself
(D) hers

02 For the employee appreciation dinner, Ms. Finlay set up buffet tables for employees to help ------- to a variety of dishes.
(A) they
(B) themselves
(C) theirs
(D) their

03 Since all other staff who were supposed to watch promotional clips were occupied with other tasks, Ms. Ramos had to watch the clip -------.
(A) her
(B) hers
(C) herself
(D) her own

04 When conducting a tour of the factory, the manager should not allow the new employees to walk around by -------.
(A) oneself
(B) yourselves
(C) myself
(D) themselves

05 Since Mr. Sapp arrived in Turkey a day earlier than his co-workers, he had to spend a night at the Santa Maria Hotel by -------.
(A) he
(B) him
(C) himself
(D) his own

06 As the instructions show, when you are working on this model, place other unnecessary tools away from -------.
(A) your
(B) yours
(C) your own
(D) yourself

▶ 정답 및 해설 p.35~36

▶ 문제풀이 예제 정답 (D)

LESSON 4 지시대명사

Point

지시대명사에는 it, this/these, that/those, so, such, the same이 있다. 특히 it, this/these, that/those의 용법들을 숙지하자.

 This year's revenue figures from major rental agencies are similar to ------- of the last year.
(A) those   (B) that

▶ the revenue figures를 대신 받는 대명사가 올 자리이다. figures가 복수이므로 복수형 those로 받는다. 참고로 this/these는 앞에 나온 비교의 대상을 받는 기능은 없기 때문에 this/these of는 틀린 표현이다.
● 주요 대여 대리점의 올해 소득액은 작년과 유사하다.   정답 (A)

1. it의 다양한 용법을 구분하라.

(1) **대명사 it**: 문장의 앞뒤에서 언급된 단어나 구, 절 등을 다시 받는 3인칭 단수 대명사로 '그것'이라고 해석한다.
He bought an MP3 player and gave **it** to me. 그는 MP3 플레이어를 사서 그것을 나에게 주었다.
☆ 영어는 같은 말을 중복하는 것을 싫어하기에 앞에 나온 명사를 대신 받아 대명사로 표현해준다.

(2) **It is ~ that 강조 용법**: It ~ that 강조 구문은 문장 중에 강조하고 싶은 부분을 It과 that 사이에 넣어준다.
I met Susan here yesterday. 나는 어제 이곳에서 수잔을 만났다.
〈주어 강조〉 **It was I that**[who] met Susan here yesterday. 어제 이곳에서 수잔을 만난 건 '바로 나'였다.
〈목적어 강조〉 **It was Susan that**[whom] I met here yesterday. 내가 어제 이곳에서 만난 사람은 '바로 수잔'이었다.
〈부사(here) 강조〉 **It was here that** I met Susan yesterday. 내가 어제 수잔을 만난 장소는 '바로 여기'였다.

(3) **비인칭 주어 it**: 시간, 날짜, 거리, 날씨 등을 표현할 때 사용되며 해석은 하지 않는다.
It is two o'clock. 〈시간〉 두 시야. **It** is raining outside. 〈날씨〉 밖에 비가 오고 있어.

(4) **가주어 it**: to부정사, 동명사, 명사절 등이 주어로 오는 경우 보통 주어가 길어져서 문장의 뒤로 보내고 그 자리에 it을 주어 대신으로 내세운다. 이렇게 길어서 뒤로 보내진 주어를 '진주어'라고 하고 주어 대신 주어 자리에 있는 it을 '가주어'라고 한다.
To keep your password in a safe place is important. 비밀번호를 안전한 곳에 보관하는 것은 중요하다.
→ **It** is important **to keep your password in a safe place**.

(5) **가목적어 it**: 목적어가 길어지는 경우 뒤로 보내고 그 자리에 it을 쓰는데 이것이 가목적어 it이다.
I found **solving the problem** difficult. 〈주어 + 동사 + 목적어 + 목적보어: 5형식〉 나는 그 문제를 해결하기 어렵다는 걸 알게 되었다.
→ I found **it** difficult **to solve the problem**. 〈주어 + 동사 + 가목적어 + 목적보어 + to부정사〉

2. this와 that의 용법 정리

(1) 지시대명사 this/that은 단수를 받는다.   **This** is mine.   이것은 내 것이다.
(2) 지시대명사 these/those는 복수를 받는다.   **These** are 10 dollars each.   이것들은 각각 10달러입니다.
(3) 지시형용사 this/that + 단수명사, these/those + 복수명사 (단, 불가산명사 앞에는 these와 those를 사용할 수 없다.)
Those employees working in an assembly area must wear protective gear.
조립 구역에서 근무하는 저 직원들은 반드시 보호 장비를 착용해야만 합니다.

3. that과 those의 용법 정리

(1) **특정 수식을 받을 수 있는 that/those**: 인칭대명사 it, they, this 등은 뒤에서 제한적 수식을 받지 못하고 혼자서 쓰이는 반면에 that, those 뒤에는 수식어구(전치사 + 명사, 관계대명사절 등)가 와서 꾸며줄 수 있다.
Only **those** with an invitation are allowed to participate. (O) 초대장이 있는 사람들만 참가할 수 있다.
They with an invitation are allowed to participate. (X)

(2) **those who/-ing**: these who라는 표현은 없다. those는 뒤의 관계사/분사의 수식을 받아 '~하는 사람들'이란 의미로 쓰인다.
Those who wish to apply for a driver's license must show an identification. = **Those wishing** to apply for ~.
운전면허증을 신청하고 싶은 분들은 반드시 신분증을 제시해야 합니다.

Ustar 출제포인트 시험에는 이렇게 나온다!

1. 앞에 나온 명사의 반복을 피하기 위해 쓰이는 대명사 기능은 **that과 those**만이 가지고 있다. 주로 비교 문장에서 쓰인다.
   His sales performance is superior to **that of** his colleagues. 그의 판매 실적은 다른 동료들보다 월등하다.
2. 앞에 나온 명사의 수에 따라 that of를 쓸지, those of를 쓸지가 결정된다. 앞의 명사가 단수면 that of를, 복수면 those of를 써야 한다.
   The population of Seoul is larger than **that of** Busan. 서울의 인구는 부산의 그것보다 많다.
   Ms. Lopez's sales figures surpassed **those of** anyone else. Ms. Lopez의 영업 실적은 그 누구의 것보다 뛰어났다.
3. that of처럼 반드시 전치사 of만 받을 수 있는 것은 아니다.
   The living expense in seoul is higher than **that in** london. 〈that in = the living expense in〉 서울의 생활비는 런던의 생활비보다 비싸다.

Exercises

제한시간 5분(문제당 25초)

문제풀이 예제

01 Beijing's modernization level is higher than ------- of other cities in China.
(A) that   (B) those   (C) this   (D) these

> **해설** 이 문장을 다시 써보면 Beijing's modernization level is higher than (the modernization level) of other cities in China.가 된다. 그런데 this와 these는 비교 문장에서 앞에 나온 명사를 다시 반복할 수 있는 기능이 없기 때문에 답에서 제외된다. 비교가 되고 있는 명사가 단수이기 때문에 that으로 받아야 한다. 영어는 반복/중복을 싫어하는 언어이다. 따라서 비교의 대상이 되는 명사라 하더라도 두 번 사용하지 않고 지시대명사 that이나 those로 대신한다.
>
> **해석** 베이징의 현대화 정도는 중국 다른 도시들의 현대화보다 더 높다.

02 The price of our new product is higher than ------- of yours.
(A) it   (B) that   (C) them   (D) those

> **해설** it은 앞의 명사를 그대로 받고 that/those는 비교 구문에서 비교 대상이 되는 명사를 반복할 때 쓴다. 〈it = the price of our new product〉이고 〈that = the price〉이다. that은 비교, 대조 등의 문장에서 비교 대상이 되는 명사의 반복을 피하기 위해 쓰지만, 앞의 명사와 동일한 것은 아니다. 내용상 빈칸에 적절한 것은 the price를 받는 대명사, 즉 that이다.
>
> **해석** 저희 신제품 가격이 귀사 제품의 가격보다 높습니다.

Step 1 Warm-up Test

01 You are supposed to submit ------- reports by noon.   (A) that   (B) those

02 He found ------- entertaining to attend the gathering.   (A) himself   (B) it

03 ------- who are planning to go away for vacation need to take a look at the special offers.
(A) Those   (B) Themselves

04 ------- is natural that all employees who stop procrastinating become more productive.
(A) It   (B) That

05 Although the computer system is famous for its simplicity, some consumers have complained about ------- constant malfunctions.   (A) its   (B) theirs

06 Mr. John's performance is much better than ------- of his associates.   (A) that   (B) those

Step 2 실전 TOEIC Test

01 The XT-L 600 from XT Autos claims to be the fastest luxury sedan of ------- generation.
(A) its   (B) the
(C) your   (D) their

02 Only ------- with the approval from the CEO could apply for a managerial position in the main headquarters.
(A) this   (B) which
(C) whose   (D) those

03 These days, ------- is well known that the profit ratio is sufficient to describe the problem.
(A) which   (B) that
(C) what   (D) it

04 One reason for the rapid growth of Perth is that ------- offers outstanding resources for tourism.
(A) it   (B) there
(C) they   (D) here

05 We provide 10% discounts on our rental cars only for ------- with an Ohio driver's license.
(A) those   (B) them
(C) whose   (D) which

06 This year's sales figures from furniture businesses are similar to ------- of the preceding two years.
(A) those   (B) that
(C) them   (D) this

▶ 정답 및 해설 p.36~37

▶ 문제풀이 예제 정답 01 (A) 02 (B)

LESSON 5 부분대명사 〈수량형용사 + of + 특정 명사〉

Point

〈수사/수량형용사 + of + 한정사(the/소유격/지시대명사 등) + 명사〉
❶ 수사/수량형용사가 of를 동반하면 그 뒤의 명사 앞에 한정사가 필요하다. 》 some of the books, most of my friends
❷ 때로는 대명사가 〈한정사 + 명사〉를 대신하기도 한다. 》 some of them, all of us

예제 ------ of the members possess a very sharp business mind.
(A) The most   (B) Almost   (C) Most   (D) Mostly

▶ (A)는 최상급이라서 뒤에 형용사를 동반해야 하고, (B)와 (D)는 부사라서 주어 자리에 올수 없다. (C)는 부분대명사로 '(멤버들의) 대부분'이라는 주어가 된다. ●멤버들 대부분은 매우 날카로운 비즈니스 마인드를 가지고 있다.   정답 (C)

1 셀 수 있는 명사는 many, 셀 수 없는 명사는 much가 답이다.

(1) many, a few, few: 가산명사를 수식하는 '수'의 형용사   (2) much, a little, little: 불가산명사를 수식하는 '양'의 형용사
(3) all, most, some, any, etc.: 수와 양에 다 사용되는 형용사

2 수량형용사의 대표적인 용법

수량형용사	부분대명사: 〈수량형용사 + of ~〉	수량형용사 + 명사
all/most/some	• all/most/some + of the/지시형용사/소유격 + 복수 가산명사/불가산명사 all of the **employees**, all of your **money**, most of **them**, most of the **companies**, some of the **information**	• all/most/some + 복수 가산명사/불가산명사 all **information**, all **employees** most **equipment**, most **companies** some **information**, some **items**
any 주로 조건문, 부정문, 의문문	• any of the/지시형용사/소유격 + 복수 가산명사/불가산명사 You can choose any of these **items**. 이 물품들 중 아무거나 선택해서도 돼요.	• any + 복수 가산명사/단수 가산명사/불가산명사 any **questions**, any **book**
few	• 전체 문장을 부정문으로 만든다. Few of **them** remain here. 여기에 남아 있는 사람들은 거의 없다.	• few + 복수 가산명사 + 복수동사

3 부분대명사는 보통 앞의 수량형용사에 따라 동사의 단/복수가 결정된다.

some of the books는 '그 책들 중 일부를', most of my friends는 '내 친구들 중 대부분'을 뜻한다. 이러한 수사/수량형용사를 '전체 중 일부분'을 의미한다고 하여 '부분대명사'라고 부른다. 수량형용사는 형용사뿐 아니라 대명사의 기능도 할 수 있다. 예컨대 Many people like it에서 people을 생략하고 Many like it으로도 쓸 수 있는 것이다.

(1) 〈one/each of the + 복수명사 + 단수동사〉
   Mr. Kim, **one** of the top finance **brokers**, **is** offering investment advice to those who are interested in successful portfolio management techniques.
   최고의 재정 중개인 중 한 사람인 Mr. Kim은 성공적인 자산 운용 기술에 관심 있는 사람들에게 투자 조언을 제공한다.

(2) 〈some/any/most/all + of + 복수 가산명사/불가산명사〉: 불가산명사는 복수형이 없기 때문에 원형 그대로 쓰면 된다.
   All of the cars **are** test-driven before they are shipped out to dealers all across the country.
   모든 차량들은 전국의 대리점으로 발송되기 전에 시험 운행을 하게 된다.

(3) 〈few/several/many/both + of + 복수 가산명사 + 복수동사〉〈either/neither + of + 복수 가산명사 + 단수동사〉
   Many companies have recently decided to recruit executives from **several of** their major **competitors**.
   최근에 많은 회사들이 주요 경쟁사들로부터 경영진을 스카우트하기로 결정했다.

(4) 〈little/a great deal/much + of + 불가산명사 + 단수동사〉
   Although many people don't realize, **much of** the **water** used in our bathrooms and consumed by people **is** groundwater. 비록 많은 사람들이 깨닫지는 못하지만, 욕실에서 사용되거나 사람들에 의해 소비되는 많은 물이 지하수이다.

Ustar 출제포인트 시험에는 이렇게 나온다!   의문대명사 & 의문형용사 & 의문부사

1. 〈의문대명사 who/whom/what/which + 불완전한 문장〉
   The management still doesn't care **what** employees think of the new policy.
   경영진은 아직도 직원들이 새로운 정책을 어떻게 생각하는지에 대해 신경 쓰지 않는다.

2. 〈의문형용사 whose/what/which + 명사를 포함한 완전한 문장〉: 의문형용사는 접속사와 한정사의 기능을 둘 다 하기 때문에 뒤의 명사 에는 관사나 한정사가 따로 오지 않는다.   He asked me **whose** office it is.   그는 이 사무실이 누구의 사무실인지 물었다.

3. 〈의문부사 how/when/where/why + 완전한 문장〉
   Conducting a survey is the best way to understand **why** customers like a certain brand.
   설문조사를 하는 것은 소비자들이 왜 특정 브랜드를 좋아하는지 이해할 수 있는 가장 좋은 방법이다.

Exercises

제한시간 5분(문제당 25초)

문제풀이 예제

01 I am sorry to inform you that we are not able to answer ------- of the questions sent to us in your e-mail.
    (A) any   (B) another   (C) none   (D) much

> **해설** 문맥상 '어떠한 질문에도 답할 수가 없다'는 의미이므로 정답은 any이다. another는 '또 하나의 것, 다른 것'이라는 뜻으로 의미상 부적절하다. 빈칸 앞에 not이 있기 때문에 짝을 이루는 단어인 any가 나와야 한다. not이 존재하는 문장에서는 부정어가 또 나올 수 없으므로(이 중부정은 존재하지 않음) none은 답이 아니다. much of 뒤에는 불가산명사와 단수동사가 오므로 much도 답이 아니다.
>
> **해석** 이메일로 저희에게 보내주신 귀하의 질문에 어떠한 답변도 드릴 수 없음을 알리게 되어 유감입니다.

02 Some of the information ------- missing.
    (A) is   (B) were   (C) are   (D) has

> **해설** some과 any는 단수로도 쓰이고, 복수로도 쓰이기 때문에 뒤에 오는 명사에 따라 동사의 단/복수가 결정된다. information은 불가산명사이므로 빈칸에는 단수동사가 정답이다.
>
> **해석** 정보의 일부가 빠져 있다.

Step 1 Warm-up Test

01 ------- of the new employees has received the guidelines to read before the tour of the facilities.
    (A) Most   (B) Each

02 After working as a consultant for about six years, Mr. Kennedy has become ------- of the most prominent figures among consulting firms in North America.   (A) some   (B) one

03 Keith Jordan is ------- of the smartest scientists who attended Karl Institute of Technology at the age of 15.   (A) one   (B) someone

04 You are asked to finish reviewing ------- of the contract amendments before submitting the final version.   (A) all   (B) every

05 Assistant architects are responsible for preparing ------- of the drawings for the firm's projects.
    (A) most   (B) any

06 ------- of the cities in the country rely on manufacturing as an important source of revenue.
    (A) Many   (B) One

Step 2 실전 TOEIC Test

01 Before the departure, station staff must ensure that ------- of the tickets is collected from the passengers.
    (A) every   (B) all
    (C) each   (D) much

02 Among the numerous pots that are displayed in our shop, ------- of which are directly imported from China.
    (A) several   (B) another
    (C) nothing   (D) who

03 People can read *Motor and Life* to find reviews of ------- of the latest automobiles and motorcycles.
    (A) so   (B) such
    (C) ones   (D) some

04 We are sorry that we do not have ------- of the equipment you ordered in stock at the moment.
    (A) any   (B) another
    (C) one   (D) many

05 While most flower companies are going out of business, Classic Flowers is one of the ------- to have survived in the current crisis.
    (A) some   (B) few
    (C) most   (D) little

06 Management is concerned because the development team hasn't finished ------- of the two projects assigned to them.
    (A) either   (B) neither
    (C) much   (D) none

▶ 정답 및 해설 p.37~38

▶ 문제풀이 예제 정답 01 (A) 02 (A)

LESSON 6 부정대명사 one/another

Point

------ one of them has arrived. (A) No (B) Not
▶ no는 형용사이며, not은 부사이다. one of, two of 등의 수사 앞에서 수를 수식하는 것은 형용사가 아닌 부사(not)이다. Not one of을 쓰면 '한 사람도 도착하지 않았다'라는 의미가 된다. 참고로, ------ one is here에서는 명사 one 앞이므로 형용사(no)가 와야 한다. No one은 '아무도 ~하지 않다'라는 의미이다. ● 그들 중 아무도 도착하지 않았다. 정답 (B)

1 가장 헷갈리는 부정대명사 one: '하나(의)'라는 수사로도 쓰이지만, 토익에는 부정대명사로 많이 출제된다.

(1) 불특정한 사람, 사물을 가리키는 대명사로 쓰인다.
One must not neglect their duty. 누구나 사람은 자기 의무를 소홀히 해서는 안 된다.

(2) 앞에 언급된 명사와 같은 종류이지만 다른 개체일 때도 사용된다.
I like my current job more than the old **one**. 나는 예전 직장보다 현재의 직장이 좋아.

(3) 대명사는 형용사나 관계대명사가 수식할 수 없지만, one은 명사처럼 앞에서 the, this, that, those, some, any, every, which, 형용사가 수식할 수 있고 뒤에서 관계대명사가 수식할 수도 있다.
beautiful she (X)   the old **one** (O)   they who (X)   it which (X)   anyone **who** (O)   everyone **who** (O)

2 one을 사용하지 않는 경우

(1) the first, the second 등 최상급이나 서수 뒤에 one이 오면 생략 가능하다. 단, ones처럼 복수형일 경우에는 생략할 수 없다.
This movie is the worst (**one**) which I have ever seen. 이 영화는 내가 본 중에 최악이다.

(2) 소유격이나 <소유격 + own> 뒤에는 one을 쓰지 않는다.   (3) one은 수사나 수량형용사 뒤에서는 보통 생략된다.
He has some books and I have only two (**ones**). 그는 책을 몇 권 가지고 있는데, 나는 달랑 두 권만 가지고 있다.

3 부정대명사 one과 지시대명사 it의 구별

it은 특정 사물을 의미하는 지시대명사이지만, one은 '종류는 같지만 다른 사물을 막연하게' 지칭할 때 쓴다. one 앞의 형용사는 앞의 명사와 뒤의 명사가 어떻게 다른지 그 특성을 보여준다.
I like my current job and it is better than the old **one**. <it = current job>

4 one/another/other/the other 구별하기

	대명사	형용사
one / another / the other	O	O
other	×	O
others / the others / each other / one another	O	×

(1) 막연한 '다수' 중 하나일 때: <one ~ another(an + other) ...> (불특정 다수 중) 하나는 ~ 다른 하나는 ...
전체 범위가 단 '두 개' 일 때: <one ~ the other ...> (둘 중) 하나는 ~ 다른 하나는 ...
전체 범위가 특정 '세 개'일 때: <one ~ another ... the other~> (셋 중) 하나는 ~ 다른 하나는 ... 나머지 하나는 ~
특정 범위가 주어진 '다수'일 때: <one ~ the others ...> (여럿 중) 하나는 ~ 나머지 모두는

(2) 범위가 정해진 '특정 다수'에서 일부는 some으로, 나머지 모두는 the others로 나타낸다.
막연한 '다수'에서 일부는 some, 다른 일부는 others로 나타낸다.

(3) 형용사적 용법: <one/another + 단수명사> 하나의, 또 다른 하나의 <other + 복수명사> 그 밖의 다른, 나머지, 기타
Another regular **meeting** is scheduled. <another + 단수명사> 또 다른 정기회의가 예정이 되어 있다.
Other products are not as profitable as we expected. <other + 복수명사> 다른 제품들은 기대만큼 수익성이 있지 않다.

(4) 부정대명사 each other와 one another는 부사로 착각할 수 있지만 '대명사'이다.
each other는 둘 사이에 '서로'를 의미하고, one another은 셋 이상 사이에 있어서 '서로'를 의미한다.
They are related to **each other**. 그들은 서로 관련이 있다.
☆ each other와 one another는 목적어로 쓰인다. 단, 이들은 주어로는 쓰이지 않음에 유의하자.

Ustar 출제포인트 *시험에는 이렇게 나온다!*

일반적인 인칭대명사 it/he/they 등은 선행사의 역할을 하거나 특정 수식어구를 직접적으로 동반할 수 없다.
------ who need it should call us today.   (A) Anyone   (B) They   (C) Them   (D) Those
▪ they나 them 등 대명사는 선행사가 될 수 없고 who절 안에 동사가 복수(need)이기 때문에 단수형은 답이 될 수 없다.
▪ 그것이 필요한 분은 오늘 우리에게 전화해주셔야 해요.

Exercises

제한시간 5분(문제당 25초)

문제풀이 예제

01 We are not responsible for any mistakes, misuses or ------- negligence.
   (A) another   (B) other   (C) others   (D) the other

> **해설** 흔히 단수명사 앞에는 another을 쓰고 복수명사 앞에는 other가 오지만 뒤의 명사가 불가산명사라면 other가 올 수 있다. 예를 들면, other information은 올바른 표현이다. (A) another는 '또 다른'이라는 의미이고, (B) other는 '나머지, 기타 등등'의 의미로 쓰인다. negligence는 '부주의, 태만'이라는 뜻의 불가산명사로 '또 다른' 부주의가 아니라 '그밖의 각종' 부주의에 대해 책임을 지지 않는다고 해야 의미가 통한다. others는 대명사라서 뒤에 명사가 올 수 없고 선택 범위가 주어지지 않았기 때문에 특정의 의미인 the가 붙은 the other 또한 답이 될 수 없다.

> **해석** 우리는 어떠한 실수, 오용 및 기타 부주의에 대해서도 책임을 지지 않습니다.

02 ------- who needs it should call us today.
   (A) Any   (B) One   (C) Anyone   (D) Those

> **해설** 관계대명사 뒤에 온 동사 needs가 단수이므로 those는 답이 될 수 없다. 또한 선행사로 사용할 수 있는 대명사는 특정한 대상을 지칭하기 때문에 불특정한 사람/사물을 대신하는 one은 답이 될 수 없으나, the one/someone/anyone 등은 답이 될 수 있다.

> **해석** 그것이 필요한 분은 오늘 우리에게 전화해주셔야 해요.

Step 1 Warm-up Test

01 Any guest who does not have an umbrella may rent ------- from the front desk.   (A) it   (B) one

02 Since Mr. Palmer's phone battery has a short durability, he finally decided to replace ------- with a new one.   (A) one   (B) it

03 ------- of the managers can adequately deal with the demanding customers.   (A) No   (B) None

04 Of the three options that are provided, two are not available to us, while ------- is acceptable within our budget.   (A) the other   (B) others

05 The NJ transit is the most economic means of transportation for commuters, but ------- are also efficient as well.   (A) other   (B) others

06 Monthly Bowling Night Out is a productive way to help employees relieve their stress and build strong relationships with -------.   (A) one another   (B) the other

Step 2 실전 TOEIC Test

01 If the technician can't find any signs of malfunctions, we will simply replace your television with ------- or give you a full refund.
   (A) all other   (B) other
   (C) another   (D) each other

02 We are not sure which facility to buy as we are looking at one in Louisiana and ------- in North Carolina.
   (A) other   (B) another
   (C) one another   (D) each other

03 While Kass Manufacturing is downsizing, ------- within the industry are expanding in anticipation of future growth.
   (A) the other   (B) other
   (C) others   (D) another

04 Since both full-time and part-time working conditions have advantages, applicants should weigh each position carefully against -------.
   (A) other   (B) the other
   (C) another's   (D) the one

05 The manual for new users shows how to copy emails from one account to -------.
   (A) one   (B) another
   (C) other   (D) one another

06 When you need to replace your ink cartridges, use this coupon for a 15% discount on new -------.
   (A) others   (B) ones
   (C) any   (D) some

▶ 정답 및 해설 p.38~39

▶ 문제풀이 예제 정답 01 (B)   02 (C)

LESSON 7 부정대명사 all/both/some/any/each

Point

> 부정대명사 문제는 '의미'와 '품사'적인 요소, '빈칸 앞뒤'의 성분과 논리적 연결 등을 모두 고려하여야 한다.
>
> We need ------- the books.   (A) some   (B) all
>
> ▶ 수량형용사는 일반적으로 뒤에 관사나 다른 한정사를 동반할 수가 없다. 따라서 some은 some books 혹은 some of the books가 되어야 한다. 그러나 부가적 성향이 있는 한정사인 all은 all the books, all of the books 둘 다 쓸 수 있다.
>
> ● 우리는 그 책들이 전부 필요하다.
>
> 정답 (B)

1 부정대명사 all과 both 구별하기

(1) all(모두)은 단수와 복수 둘 다 가능하며 대명사, 형용사, 부사의 역할을 모두 할 수 있다. all이 대명사로 쓰일 때는 뒤에 어떤 명사가 생략되었는지를 따져 문제를 해결한다.

All is silent. 〈대명사-단수〉 모든 것이 고요하다.   ☆ all = everything
All are present. 〈대명사-복수〉 모두가 참석했다.   ☆ all people에서 people이 생략되어 all이 대명사가 되었다.
The roof was **all** covered with special materials. 〈부사〉 지붕은 모두 특수재로 덮여 있었다.

(2) both(둘 다)는 뒤에 복수 가산명사가 있거나 생략되어 있기 때문에 항상 복수 취급한다. 형용사와 대명사의 역할을 한다.

Both parties renewed the agreement. 〈형용사-복수〉 양측 모두 계약을 갱신했다.   ☆ 〈both + 복수명사 + 복수동사〉이다.
Both belong to him. 〈대명사-복수〉 둘 다 그의 것이다.   ☆ 주어 자리(대명사)이고 both는 복수 취급하므로 뒤에 복수동사가 왔다.

2 some은 긍정문에서 쓰고 any는 부정문, 의문문, 조건문 등에 쓴다.

(1) some, someone, something은 긍정문과 평서문에서 사용하고 '약간, 일부, 특정'의 의미를 가진다.

The committee has decided to hire **someone** from within our company.   위원회는 사내에서 사람을 고용하기로 결정했다.

(2) any, anyone, anything은 긍정문이 아니라 부정, 조건, 가정, 의문, (막연하고 불특정한 미래의) 가능성에 쓰인다.

We repair **any** of the items under warranty. 〈미래 불특정〉 품질보증 기간 중에는 어떠한 물건이라도 수리해드립니다.
☆ 어떤 item일지 아직 모르는 상태이므로 any는 '어떠한 ~(일지)라도'의 의미이다. 이때 any는 all, every의 동의어로도 사용된다.

3 all, both, half, double 등은 뒤에 한정사를 바로 받을 수 있다.

수량형용사는 한정사에 속하므로 관사, 대명사와 함께 쓸 수 없고 뒤에 바로 명사를 받거나 부분대명사로 사용해야 한다.

some the books (X)   **some** books (O)   **some of** the books (O)

그러나 all, both, half, double 등은 뒤에 of 없이도 한정사를 받을 수 있고 대명사와도 함께 쓸 수 있다.

· 〈all/both + (of) + 정관사/소유격/지시형용사 + 명사〉   **All (of)** the students must have dreams.   모든 학생들은 꿈을 가져야 한다.
· 〈all/both of + 대명사〉   **All of** them were exhausted.   그들은 모두 지쳤다.   ☆ 여기서 all은 대명사로 쓰였다.

4 부정대명사 each와 every 구분해서 쓰기

everybody, everyone 등 every가 들어간 어휘들은 의미는 복수이나 문법상으로는 단수로 취급해야 한다. every와 each는 뒤에 관사를 받을 수 없고, 기본적으로 단수 취급을 한다는 공통점이 있다.

구분	쓰임	의미	형태
every	한정사	모든, ~마다	every + 단수명사 every + 수사 + 복수명사
each	수 형용사	각각의	each + 단수명사
	대명사	각각, 각자	each of the/지시형용사/소유격 + 복수명사

(1) every는 '모든'과 '~마다'라는 2가지 의미가 있으며, 형용사 역할만을 한다.

Every marketer has a different approach to the issue.   모든 마케터들은 그 문제점에 다른 접근 방법을 가지고 있다.
I go to the gym **every** two days.   나는 운동을 하러 이틀에 한 번씩 체육관에 간다.   ☆ every 뒤에 수사가 나오면 반복의 의미

(2) each는 '각각'이라는 '분리'의 의미가 있고, 형용사와 대명사 모두 가능하다.

Each marketer has a different approach to the issue.   각각의 마케터들은 그 문제점에 다른 접근 방법을 가지고 있다.
Each of the marketers has a different approach to the issue.   마케터들은 각각 그 문제점에 다른 접근 방법을 가지고 있다.
☆ 이때 each는 of 이하의 수식을 받는 대명사이다. each가 대명사로 쓰이면 〈each of + 특정형용사 + 복수명사〉 형태로 쓴다.

> **Ustar 출제포인트** 시험에는 이렇게 나온다!   문장 안에서 전체 문맥을 논리적으로 연결할 수 있어야 한다.
>
> A new product requires ------- repairs.   (A) some   (B) any   (C) few
>
> ■ some을 쓰면 수리할 데가 좀 있다는 의미인데 새로운 제품이 수리할 게 있다는 것은 문맥에 맞지 않는다. any는 긍정문이나 평서문에서 쓸 수 없다. 따라서 few가 문맥상 답이 된다.   ■신제품은 수리가 거의 필요 없다.

Exercises

제한시간 5분(문제당 25초)

문제풀이 예제

01 ------- of the people involved in developing this game ever imagined it would become so popular so quickly.   (A) None   (B) Anybody   (C) Whoever   (D) Something

해설 ever는 긍정문이나 평서문에서 사용할 수 없다. 따라서 주어진 전체 문장을 부정문으로 만들 수 있는 부정어가 나와야 한다. 위 문장의 구조는 ------- (of the people involved in developing this game) ever / imagined / (that) it would ~로 동사 imagined의 목적어는 that절이다. 여기서는 명사절을 이끄는 접속사 that이 생략되었다.

해석 이 게임을 개발한 사람들 중에서 아무도 이 게임이 이렇게 빨리 이렇게 유명해질 거라고 상상하지 못했다.

02 ------- of the parties renewed the agreement.
(A) Both   (B) Most   (C) Some   (D) No

해설 문맥상 ------- of the parties는 '양측 모두'라는 의미가 되어야 하므로 빈칸에는 Both가 적절하다. 덧붙여 일반적인 수량형용사는 한정사에 속하므로 관사, 대명사와 함께 쓸 수 없지만 all, both, half, double 등은 뒤에 of 없이도 한정사를 받을 수 있고 대명사와도 함께 쓸 수 있다. Both the parties = Both of the parties

해석 양측 모두 계약을 갱신했다.

Step 1 Warm-up Test

01 ------- who is interested in the event must contact Mr. Melder by next Friday.
(A) They   (B) Anyone

02 ------- of them must attend the meeting on Thursday at the main office.   (A) Each   (B) Every

03 Almost ------- of the people who were interviewed felt that they did not need a larger house.
(A) most   (B) all

04 Compared to last year, ------- people have volunteered to help out patients in Saint Memorial Hospital this year.   (A) any   (B) fewer

05 After lunch, ------- candidate's name will be called out in an alphabetical order for an interview.
(A) each   (B) single

06 During the governor's speech, both firemen and police officers should be ready for any incidents at ------- times.   (A) every   (B) all

Step 2 실전 TOEIC Test

01 Wrapping paper may not be in stock, so if you have -------, please let Amanda know.
(A) it
(B) ones
(C) any
(D) few

02 A successful negotiator, Victor Henderson, goes on business trips ------- two weeks.
(A) some
(B) several
(C) every
(D) most

03 Ms. Benet encourages ------- to work together in order to perform better in sales than their competitors.
(A) no one
(B) someone
(C) one another
(D) everyone

04 The board members of this company are getting on in age but ------- them possess a very sharp business mind.
(A) the most
(B) almost
(C) most of
(D) mostly

05 The Chalotte bank lowered its interest rates to a record low ------- weeks ago.
(A) one
(B) every
(C) another
(D) some

06 ------- who is interested in joining the volunteering program must fill out this form.
(A) Others
(B) They
(C) Herself
(D) Anyone

▶ 문제풀이 예제 정답 01 (A) 02 (A)

Ustar
TOEIC
Reading

Chapter 4
동사 (Verb)

동사는 매달 5~6문제 정도가 출제된다. 전체 문장의 구조와 어휘가 하나의 문제 안에 총체적으로 들어가 있기 때문에 동사 문제를 풀 때는 여러 요소들을 동시에 고려해야 한다.

★ 주요 출제 패턴

1. 〈동사의 개수 → 수일치 → 태 → 시제〉 순으로 문제를 해결한다.
2. 동사는 자동사/타동사/형식 등을 따져서 풀어야 한다.
3. 동사 어휘는 관련 목적어와 전치사를 같이 암기하여야 한다.
4. 사람 주어와 사람 목적어를 요구하는 동사들에 주의한다.
5. 유사 동사 어휘들은 같이 정리한다.
6. 시제 문제는 '시간부사'나 '접속사와 문장 중의 다른 동사의 시제'를 확인한다.

★ 이렇게 풀어라! 문제풀이 전략

1 + 2. 〈동사의 개수 → 수일치 → 자/타동사의 태 → 시제〉 순으로 풀이

The price of a home inspection ------- an evaluation of the building.
(A) includes   (B) including   (C) include   (D) is included

해설 ① 동사의 개수(구조 분석): 전체 문장에 본동사가 없으므로 빈칸은 본동사 자리이다. → (B) including 제외
② 동사의 수일치: 주어가 the price로 단수니까 단수동사를 골라야 한다. → (C) include 제외
③ 자/타동사의 태: 뒤에 목적어가 있으니까 수동태는 답이 될 수 없다. → (D) is included 제외

해설 주택 점검비에는 그 건물에 대한 평가도 포함되어 있다.

3. 동사 어휘는 관련 목적어와 전치사를 같이 암기하여야 한다.

The policy requires new employees to ------- in the orientation program.
(A) register   (B) enroll

해설 동사 자체의 의미보다는 동사의 활용을 확인한다. register는 전치사 for와 함께 쓰이므로 정답에서 제외된다. enroll은 자동사로 전치사 in과 함께 쓰인다.

해설 (회사의) 정책은 신입사원들이 오리엔테이션 프로그램에 등록하도록 하고 있다.

4 + 5. 사람 주어와 사람 목적어를 요구하는 동사들 및 유사 동사 어휘들

Please be ------- that our company will continue to do our best.
(A) assured   (B) ensured

해설 동사 assure가 나오면 보통 보기에 ensure가 같이 등장한다. 〈ensure + that절〉, 〈assure + 사람 + of + 명사〉, 〈assure + 사람 + that절〉의 형태로 많이 출제된다. 특히 위의 문장처럼 assure가 수동태로 되었을 때를 주의해야 한다.
〈assure + 사람 + that절〉 (능동) → 〈be assured + that절〉 (수동)

해설 우리 회사는 최선을 다할 것을 보장합니다.

6. 시제 문제의 힌트는 '시간부사'나 '접속사와 문장 중 다른 동사의 시제'

The plant manager recently ------- a tour of the company's R&D department.
(A) conduct   (B) conducted

해설 빈칸은 문장의 동사 자리로 시간부사 recently가 답의 키워드이다. recently는 주로 과거나 현재완료와 어울리는 시간부사이므로 동사는 과거형인 conducted가 와야 한다.

해설 공장 관리자는 최근에 회사 연구개발부서를 돌아봤다.

LESSON 1 접속사 + 관계사 + 1 = 동사의 개수

Point

영어에서 한 문장을 구성하는 기본 요소는 하나의 주어와 하나의 동사이다(문장 = 주어 + 동사). 하지만 주어의 경우에는 생략이 많이 이루어지므로(예를 들어, 명령문) 실질적으로 문장의 구성단위는 '동사'를 기준으로 한다. 한 문장 안에 동사를 하나 더 쓰기 위해서는 연결어가 필요하다. 그래서 다음과 같은 공식이 나오게 된다. ➡ 〈동사의 개수 = 접속사의 개수 + 관계사의 개수 + 1〉

> **예제** Atlantic ------- substantially from its direct investment in the oil sector.
> (A) profitable   (B) profited
>
> ▶ 문맥상 주어(Atlantic) 뒤에는 동사가 와야 한다. profitable(유리한)은 형용사로 답에서 제외된다.
> ● Atlantic사는 석유 부문에 대한 직접 투자로 상당히 이익을 얻었다.
> 정답 (B)

1 동사 문제는 이런 순서로 해결하라.

우선 수식어구인 〈전치사 + 명사〉, 〈관계대명사절〉, 〈to부정사 + 목적어〉 등을 제외하고 문장 구조를 파악해야 한다. 보기가 동사의 여러 형태로 제시되는 동사 문제는 다음 순서로 해결한다.

> ❶ 본동사가 있는가? → 없으면 빈칸은 동사 자리
> ❷ 접속사/관계사의 수와 동사의 수가 맞는가?
> ❸ 주어와 수일치가 되어 있는가?
> ❹ 자/타동사 여부(뒤에 목적어가 있는지) 확인
> ❺ 사람 관련 동사인가? → 동사가 수동태인지 능동태인지 판단
> ❻ 시간부사에 맞는 시제가 주어졌는가?

The final contract details ------- to our officers in Tokyo last week.
(A) be sent   (B) were sent   (C) to send   (D) will send

▶ 문장 내에 본동사가 없으므로 일단 보기에서 동사가 아닌 to부정사 (C)는 제외된다. 빈칸 뒤에 〈전치사 + 명사〉의 수식어구인 to our officers와 in Tokyo last week를 제외한다. 수식어구를 제외하면 전체 문장의 목적어가 없으니까 수동태 문장이 와야 하고, 문장 끝에 last week이 있으니까 시제는 과거이다.
● 계약 관련 최종 세부 사항이 지난주에 도쿄에 있는 우리 간부에게 보내졌다.

2 영어의 문장은 동사의 성질(형식)에 따라 5가지 유형으로 나눈다.

- **1형식 〈주어 + 동사〉**: 목적어와 보어 없이 주어와 동사만으로 완전한 문장이 된다.
  I **worked** hard. 나는 열심히 일을 했다. ☆ 주어와 동사 뒤에 부사인 hard(열심히)가 왔다.

- **2형식 〈주어 + 동사 + (주격) 보어〉**: 주격 보어로 명사나 형용사가 온다.
  He **is** funny. 그는 재밌다.

- **3형식 〈주어 + 동사 + 목적어〉**: We **want** a new item. 우리는 새로운 품목을 원합니다.

- **4형식 〈주어 + 동사 + 간접목적어(~에게) + 직접목적어(~을)〉**: He **offered** me a job. 그가 나에게 일을 제안했다.

- **5형식 〈주어 + 동사 + 목적어 + 목적격 보어〉**: 목적어 뒤에 목적격 보어로 명사나 형용사가 주로 온다.
  He **called** her Nancy. 그가 그녀를 Nancy라고 불렀다. ☆ 목적보어로 명사(Nancy)가 온 경우이다.

> **Ustar 출제포인트** 시험에는 이렇게 나온다! 토익은 문장 구조를 복잡하게 해서 출제한다.
>
> 토익의 가장 기본적인 출제 유형이 바로 문장의 구조를 복잡하게 하는 것이다. 하나의 문장 안에 2~3개의 문장을 나열하고 〈접속사나 관계사절〉, 〈전치사 + 명사구〉, 〈부사〉 등의 수식어구를 최대한 늘어놓아 혼동을 준다. 따라서 토익 문제를 해결할 때는 수식어구들을 정리하면서 문장을 그 뼈대인 〈주어 + 동사 + 목적어 + 접속사〉만을 남기고 접근해야 한다. 항상 문장의 구조를 먼저 분석하여 몇 개의 절과 몇 개의 수식어구가 있는지 확인한 후 답을 선택하자.
>
> When purchasing new computers for your department, make sure that each unit you have chosen ------- with our new office guidelines.
> (A) complies   (B) comply   (C) is complied   (D) are complied
>
> ■ ① when 이하의 부사절(When ~ department)은 수식어구이므로 제거한다. ② 관계사절 (which) you have chosen을 제거한다(이때 make sure는 명령문이므로 주어(you)가 생략된 것이다). ③ make sure 이하 목적어절에서 전치사구(전치사 + 명사)를 제거한다. ④ 결국 남은 문장은 주어와 자동사인 each unit ------- 이다. comply는 자동사라서 수동태가 될 수 없고 주어가 단수이므로 능동의 3인칭 단수동사인 (A)가 답이다. (When purchasing new computers for your department,) make sure that each unit (you have chosen) ------- (with our new office guidelines).
> ■ 부서에서 새 컴퓨터를 구입할 때는 반드시 새 사무실의 가이드라인에 따라 기기를 선택해야 한다.
> ■ comply (명령, 요구, 규칙 등에) 응하다, 따르다(보통 전치사 with와 함께 씀)

Exercises

제한시간 5분(문제당 25초)

문제풀이 예제

The subject of the cloned mammals created by the Scottish scientists ------- the news over the past two weeks.
(A) have been dominated (B) has been dominated (C) have dominated (D) has dominated

해설 문장의 주어는 The subject이므로 동사는 단수 형태가 와야 한다. 따라서 (A)와 (C)는 답이 될 수 없고, 동사구 뒤에 목적어(the news)가 왔으므로 수동태인 (B)도 적절하지 않다.

해석 스코틀랜드 과학자들에 의해 태어난 복제 포유동물에 대한 주제는 지난 2주 동안 뉴스를 장악했다.

어휘 cloned 복제된 mammal 포유동물 dominate 지배하다

Step 1 Warm-up Test

01 These letters of recommendation ------- not approved unless they have been signed by your supervisor.   (A) are   (B) being

02 James Reading ------- Martha Focker to replace him as executive manager.
(A) to recommend   (B) recommended

03 Ms. Ayanami's office phone ------- constantly every day ever since she received spotlight on her recently published novel, "3 Japanese in Las Vegas."   (A) be rung   (B) rings

04 Our secretary, Christine Murray ------- all incoming calls from 9 AM to 6 PM.
(A) answers   (B) responds

05 Attached is a list of employees who ------- by the board of directors for an innovative award.
(A) has been nominated   (B) have been nominated

06 After the lost document had been -------, it was reported directly to the manager for confirmation.
(A) finding   (B) found

Step 2 실전 TOEIC Test

01 After posting the job positions online, Kaan Brothers will ------- applicants until the end of this week.
(A) accept
(B) accepts
(C) accepting
(D) accepted

02 The shipment ------- due to arrive in Mexico yesterday from Brazil, but harsh weather conditions caused delays.
(A) is
(B) are
(C) was
(D) were

03 There has been a power outage in the basement and the entire factory ------- closed for the day.
(A) was
(B) are
(C) has been
(D) will be

04 Mr. Mir ------- his company's new television advertisement and is very pleased with its quality.
(A) see
(B) seen
(C) has seen
(D) seeing

05 Yesterday, government officials and a few business leaders ------- at Hotel Primo to discuss business rules and regulations.
(A) convened
(B) convenes
(C) convening
(D) convene

06 Desktop purchases qualify customers for a special service plan that ------- the life of the warranty for an additional two years.
(A) extend
(B) extends
(C) extended
(D) extending

▶ 정답 및 해설 p.41~42

▶ 문제풀이 예제 정답 (D)

LESSON 2 1형식 동사 vs 2형식 동사

Point

동사 선택 문제는 크게 ❶ 전체 문맥을 파악하여 적절한 의미의 동사를 선택해야 하는 어휘 문제와 ❷ 수일치/태/시제를 파악하여 해결해야 하는 문법 문제, 그리고 ❸ 동사 뒤의 특징적인 구조를 파악하여 적절한 동사를 찾는 구조 문제로 나눌 수 있다. 특히 ❸의 경우는 보기에 유사한 동사 어휘들이 등장하는데 이때 각 특정 동사들이 이끄는 문장 패턴을 보고 '구조와 의미'를 동시에 고려하여 풀어야 한다. 가장 단순한 형태의 구조 문제는 **문장의 본동사가 자동사(1, 2형식)인지 타동사인지에 따라 답이 결정되는 문제들**로 이를 해결하기 위해서는 기본적인 자동사와 타동사들은 암기를 해두어야 한다.

 These model formats and schemes should ------- with existing standards developed by the federal government.   (A) comply   (B) belong   (C) adhere   (D) approach

▶ comply with (~을 따르다, 준수하다)는 뒤에 regulation, law, standard 등 반드시 지켜야 하는 사항들을 목적어로 취한다. belong과 adhere는 전치사 to를 동반한다. approach는 주로 타동사로 사용하며 자동사일 때는 '~에 다가가다'라는 의미로 뒤에 〈to + 목표 지점〉을 동반한다. ●이 모델의 형태와 구성을 미연방정부에 의해 개발된 기존의 표준에 맞추어야 한다.   정답 (A)

1 1형식 완전자동사란? 〈주어 + 동사(완전자동사)〉

뒤에 목적어나 보어가 필요 없이 동사 스스로 완벽한 의미를 갖는 동사이다.

| go 가다 | rise 떠오르다 | arise 일어나다 | surge 급등하다 | look 보다 |

The sun **rises** in the east. 〈자동사〉 태양은 동쪽에서 뜬다.
☆ 태양은 누가 올리는 것이 아니라 스스로 떠오르는 것이므로 자동사를 쓴다. 이렇게 스스로 발생하는 것을 자동사라고 한다.
He **raised** a hand. 〈타동사〉 그는 손을 들었다. ☆ 손은 사람이 들어올린다. 이렇게 외부의 개입이 들어가는 것이 타동사이다.

대부분의 동사들은 자동사이자 타동사이다. 예를 들어, decline의 경우 자동사(감소하다)와 타동사(거절하다)일 때 의미가 다르다. 따라서 p.122의 Reference 1 자동사 표에 없는 동사들은 모두 자동사이자 타동사라고 판단할 수 있다.

2 〈완전자동사 + 전치사 = 타동사〉 ▶ p.122의 Reference 2 참조

| refer to 참조하다 | consist of ~로 구성되다 | agree to ~에 동의하다 | deal with ~을 다루다 |

완전자동사는 혼자서도 완전한 문장의 의미를 완성할 수 있지만, 뒤에 전치사의 도움을 받아 명사인 목적어를 수반한다. 이때 〈완전자동사 + 전치사〉는 타동사의 역할을 하는데, 이러한 〈자동사 + 전치사 + 목적어〉는 하나의 숙어로 암기하는 것이 좋다.

3 2형식 불완전자동사란? 〈주어 + 동사(불완전자동사) + 보어(형용사/명사)〉

불완전자동사는 자동사이기는 하나 뒤에 형용사나 명사를 보어로 수반하는 동사를 말한다.

(1) 상태를 나타내는 be동사류 (~이다, 계속 ~한 상태이다): be, keep, remain, stay, last
(2) 상태의 변화를 나타내는 동사 (~되다): become, get, turn, grow + 형용사
(3) 의견을 나타내는 동사 (~인 것 같다, ~처럼 보이다): seem, appear + 형용사
(4) 감각을 나타내는 지각 동사 (~한 맛/냄새/소리/느낌이다/~하게 보이다): taste, smell, sound, feel, look + 형용사
(5) to부정사를 보어로 취하여 출제되는 동사: be, remain, seem, turn out, prove

4 불완전자동사는 수동형과 진행형으로 쓰일 수 없다.

(1) 목적어가 없는 자동사는 수동태로 쓰일 수가 없다. is remained (X) is seemed (X) is loved (X) is occurred (X)
    It is (seemed, expected) to rain . 비가 올 것으로 예상된다. ☆ 타동사인 expect가 수동태가 된다.
(2) 불완전자동사는 진행형으로 쓰일 수 없다. is becoming (X) is remaining (X)
    cf. 단, 강조나 상태의 지속, be동사의 진행형 등은 예외. I am **standing** on the street. 나는 길에 서 있다.

Ustar 출제포인트 시험에는 이렇게 나온다!

1. 〈자동사 + 전치사 + 목적어〉: 자동사가 전치사와 결합하여 타동사구(p. 122의 Reference 2 참조)를 이루면 목적어를 가질 수 있어 수동태가 가능하다.   pay for ~를 지불하다 suffer from ~로부터 고통을 받다 participate in ~에 참여하다 comply with (규정 등) 따르다
   It was ------ for.   (A) accounted   (B) explained
   ■ account for = explain(설명하다)이다. 이 문장은 〈주어 + account for + 목적어〉에서 목적어가 앞으로 나간 형태이다.

2. **that절을 목적어로 취하는 자동사**: know, agree, hope, admit, assume, believe, insist, say, show, suggest, think 등 전치사를 동반하는 자동사들이 that절을 목적어로 받을 때는 전치사가 생략된다.
   Everybody **agrees** that the new highway will attract many tourists.
   새 고속도로가 많은 관광객을 유치할 것이라는 데에 모두가 동의한다.

3. **전치사가 필요 없는 타동사**: discuss, access 등의 타동사는 전치사 없이 바로 목적어를 받는다.
   I can **access** the file. 〈타동사〉 I have **access to** the file. 〈명사 + 전치사〉

Exercises

제한시간 5분(문제당 25초)

문제풀이 예제

When we ------- the conference center, the president's welcoming speech had just finished.
(A) arrived (B) came (C) went (D) reached

해설 주어 바로 다음 자리이며, 뒤에 목적어가 있으므로 빈칸은 타동사 자리이다. (D) reached를 제외한 보기 모두 자동사로 arrive at, come/go to와 같이 특정 전치사와 어울려 '~에 도착하다', '~에 가다'란 의미가 된다.

해석 사장의 환영사가 막 끝났을 때 우리는 회의장에 도착했다.

어휘 conference center 회의장 speech 연설

Step 1 Warm-up Test

01 The education board decided to ------- new plans to manage public schools in Bay County.
(A) announce   (B) agree

02 The technician team was able to fix the virus that ------- when they installed the new web-designing programs.   (A) emerged   (B) revealed

03 Anyone with an interest in board games may ------- in all of the related activities in the basement of the Frieze Building.   (A) participate   (B) attend

04 Since computers ------- out-of-date so rapidly, many users are spending a lot of money on upgrading them.   (A) become   (B) are become

05 According to Global Finances, China apparently ------- a top area for investment in Asia.
(A) elects   (B) remains

06 Personal trainers at Best Gym have special techniques to help their clients ------- their fitness goals.
(A) arrive   (B) reach

Step 2 실전 TOEIC Test

01 Sales of our digital camera have ------- drastically, so I believe it is about time to either add more features to it or simply create a new model.
(A) fallen
(B) refused
(C) performed
(D) acquired

02 Having worked at Juventus Bank for the past ten years, Alessandro Del Toro finally ------- the branch manager.
(A) competed
(B) became
(C) continued
(D) thought

03 Although Leaders Realm has doubled its profit compared to last year, the salaries of its sales staff members ------- the same.
(A) is remaining
(B) have remained
(C) to remain
(D) were remained

04 All new employees of Gulliver Travel Agency are required to ------- for the two-week training session.
(A) approve
(B) express
(C) register
(D) record

05 The seventh annual International Business Meeting will be ------- in Vienna, Austria, on November 21-25, 2020.
(A) remained
(B) held
(C) remain
(D) hold

06 Of the ten most prominent automobile makers, only three were fully ------- environmental regulations.
(A) complied
(B) complying
(C) in compliance
(D) compliant with

▶ 정답 및 해설 p.42~43

▶ 문제풀이 예제 정답 (D)

LESSON 3 3형식 동사

Point

유사 의미의 보기가 나오는 동사 문제들은 해석상의 의미는 같거나 유사하지만 형식상의 차이가 있는 것이 특징이다.

 The team is ------ of ten experts. (A) consisted (B) composed

▶ consist는 자동사이므로 수동태가 되지 않는다. 수동태란 〈주어 + 동사 + 목적어〉의 문장에서 목적어가 앞으로 나온 형태이다. 문장이 수동태가 되기 위해서는 반드시 타동사가 답으로 와야 한다. consist of(~로 구성되어 있다) = be made up with = be composed 이다. ● 그 팀은 10명의 전문가로 구성되어 있다. 정답 (B)

1 3형식 동사란? 〈주어 + 동사(완전타동사) + 목적어〉 ▶ p. 123의 Reference 3 참조

3형식 동사인 완전타동사는 뒤에 목적어가 필요한 동사이다. 반드시 전치사 없이 목적어를 바로 동반해야 한다는 데 유의하자.

| discuss ~을 토론하다 | accompany ~와 동반하다 | reach ~에 도착하다 | provide ~을 제공하다 | access ~에 접근하다 |

When you **access** your account, please **enter** your password. 계좌에 접속하실 때, 비밀번호를 입력하세요.

2 감정동사의 목적어는 반드시 사람이다.

(1) 감정동사의 분사는 주로 형용사 보어로 쓰이는데 수식을 받는 명사나 주어가 사람이면 과거분사(p.p.), 사물이면 현재분사(-ing)가 된다.
 The news is so **worrying**. 그 뉴스가 사람들을 무척 걱정시켰다. ☆ 감정동사이며 주어가 사물이므로 현재분사

(2) 감정동사의 출제 유형은 크게 다음의 3가지이다. ▶ p. 123의 Reference 4 참조
 ❶ 주어 + be동사 ------ (주어의 사람/사물 여부) He is **interested** in the work. ☆ 주어가 사람이므로 과거분사
 ❷ 형용사 자리에서 명사를 수식 (수식받는 명사의 사람/사물 여부) the **interesting** movie ☆ 명사가 사물이므로 현재분사
 ❸ 5형식 동사 + 목적어 + ------ (목적어의 사람/사물 여부) He found the movie **interesting**. ☆ 목적어가 사물이므로 현재분사

3 타동사는 뒤에 오는 목적어와 전치사까지 함께 외우자.

(1) 〈타동사 + 목적어 + 전치사〉를 하나로 암기해야 하는 관용적 표현 ▶ p. 124의 Reference 5 참조

| make use of ~을 이용하다 | pay attention to ~에 주의를 기울이다 | take advantage of ~을 이용하다 |

(2) 타동사 뒤의 목적어는 바꿀 수 있지만 그 다음에 오는 전치사는 정해져 있는 표현 ▶ p. 124의 Reference 6 참조

| attribute A to B A를 B의 탓으로 돌리다 | blame A for B A를 B에 대해 비난하다 | provide A with B A에게 B를 제공하다 |

4 자동사와 타동사일 때 의미가 달라지는 동사들 ▶ p. 125의 Reference 8 참조

| benefit vt. ~에 혜택을 주다 | attend vt. ~에 참석하다 | deal vt. ~을 나누어주다 |
| benefit from vi. ~로 혜택을 받다 | attend to vi. ~에 주의를 기울이다 | deal with vi. ~을 다루다 |

5 명사와 형태가 똑같아서 헷갈리는 동사들 ▶ p. 125의 Reference 9 참조

| access + 목적어 vt. ~에 접근하다 | have access to n. ~에 접근하다. ~을 이용하다 |

Ustar 출제포인트 시험에는 이렇게 나온다! 목적어로 to부정사나 동명사가 오는 3형식 타동사

1. **to부정사가 목적어로 오는 3형식 동사**: want, hope, wish, fail, decide, promise, expect, ask, plan, refuse, afford, intend 등 앞의 동사가 주로 '명령/미래/요구/긍정/방향 제시' 등의 의미일 때 뒤따라오는 동사는 to부정사가 된다.
 Mr. Shaw has decided (**to leave**, leaving) the company at the end of next month.
 Mr. Shaw는 다음 달 말에 회사를 떠나기로 결정했다.

2. **동명사가 목적어로 오는 3형식 동사**: enjoy, finish, avoid, mind, postpone, suggest, keep, stop, consider, give up, discontinue 등 앞의 동사가 '과거/완료/부정/중단/연기' 등의 의미일 때 뒤따라오는 동사는 동명사가 된다.
 Walter suggested (to have, **having**) a five-minute break. Walter씨는 휴식시간 5분을 갖자고 제안했다.

3. 목적어로 동명사와 부정사 둘 다 가능한 3형식 동사
 ❶ remember: + to부정사 (앞으로 ~할 것을) 기억하다 / + -ing (과거에 ~했던 것을) 기억하다
 ❷ stop: + to부정사 (~하기 위해) 멈추다 / + -ing (~하던 것을) 멈추다
 ❸ regret: + to부정사 (~하게 되어) 유감스럽게 생각하다 / + -ing (~했던 것을) 후회하다
 ❹ forget: + to부정사 (앞으로 ~할 것을) 잊다 / + -ing (과거에 ~했던 것을) 잊다
 ❺ try: + to부정사 (~하려고) 애쓰다 / + -ing (시험 삼아) ~해보다

4. to부정사와 동명사를 의미 변화 없이 목적어로 취할 수 있는 동사: begin/start, continue, cease(그만두다), prefer, like, hate 등

Exercises

제한시간 5분(문제당 25초)

문제풀이 예제

Employees at ThyssenKrupp were ------- when they received a notice informing them that they will receive less funding than last year.
(A) noticed   (B) noticing   (C) disappointing   (D) disappointed

해설 직원들(employees)이 통보(notice)를 받았을 때 실망했다는 의미이다. 주어가 사람이므로 감정동사의 과거분사 형태가 나와야 한다.
해석 ThyssenKrupp사의 직원들은 작년보다 돈을 적게 받을 것이라는 통보를 받고는 실망하였다.
어휘 funding 자금 제공, 융자

Step 1 Warm-up Test

01 Call all representatives and make them ------- the conference that will begin in four hours.
(A) attend   (B) arrive

02 I asked Mr. Kim's assistants to turn off all computers before they ------- the office.
(A) come   (B) leave

03 Starting next week, all employees at Tula Inc. are eligible to ------- in yoga classes at a discounted price.   (A) enroll   (B) attend

04 We have one surveillance camera on the ceiling of the main hall of the museum that solely ------- our most valuable treasure.   (A) excites   (B) monitors

05 Mr. Boikins downloaded the attached files from Mr. Beckham and ------- them to Ms. Benedict.
(A) proceeded   (B) forwarded

06 Please ------- the noise and dust while the floor is being repaired, and take caution when walking in this area.   (A) satisfy   (B) pardon

Step 2 실전 TOEIC Test

01 Ever since the rumor began that the company may ------- bankruptcy, most employees have lost their motivation.
(A) look
(B) work
(C) face
(D) talk

02 Engineers are expected to ------- the malfunctions of the newly developed software completely and flawlessly.
(A) deal
(B) address
(C) satisfy
(D) become

03 Some people are against building a new chemical factory in their town, but many people are for it, because it ------- new jobs.
(A) results
(B) creates
(C) interests
(D) appears

04 Because Ms. Emile was not pleased with recent policy changes at Western Australia Bank, she has ------- her funds to Perth Investment.
(A) spent
(B) closed
(C) overdraw
(D) transferred

05 The last person leaving the storage room in the evening should take some time to ------- around to make sure that nothing is on the floor.
(A) look
(B) see
(C) watch
(D) view

06 Mrs. Reynolds called KFC Airlines to ------- her flight schedule for Friday at 7 P.M.
(A) comply
(B) confirm
(C) remind
(D) agree

▶ 정답 및 해설 p.43~44

▶ 문제풀이 예제 정답 (D)

LESSON 4 4형식 동사

Point

4형식 타동사는 2개의 목적어를 갖는 동사이다. 첫 번째 목적어는 '~에게'에 해당하는 간접목적어이고, 두 번째 목적어는 '~을'에 해당하는 직접목적어이다. 4형식 동사는 주로 '~을 주다'라는 의미를 가지므로 수여동사라고도 부른다.

 Valero Energy has decided to ------ its employees a special benefit package.
(A) grant　　(B) donate

▶ 빈칸 뒤의 its employees와 a special benefit package라는 2개의 명사를 취할 수 있는 동사는 수여동사이다. donate는 목적어를 하나만 취하는 3형식 타동사이다. ● Valero Energy사는 직원들에게 특별한 복지 혜택을 주기로 결정하였다.　　정답 (A)

1 대표적인 4형식 동사

give 주다	lend 빌려주다	send 보내주다	bring 가져다주다	ask 물어보다	win 이기다
offer 제공하다	tell 말해주다	teach 가르쳐주다	show 보여주다	hand 건네주다	owe 빚지다
charge 청구하다	grant 수여하다	pay 지불하다	write 쓰다	sell 팔다	call 부르다
award 수여하다	pass 건네주다	buy 사다	cost 비용이 들다	beg 간청하다	fax 팩스를 보내다

2 4형식 문장을 3형식 문장으로 바꾸기

4형식 문장에서는 목적어들(간접목적어와 직접목적어)의 어순을 바꾸어 쓸 수 있다. 단, 이때 직접목적어가 앞으로 오면서 간접목적어 앞에는 적절한 전치사를 붙여야 한다. 즉, 4형식 문장이 3형식으로 바뀌는 것이다.

- 4형식: 주어 + 동사 + 간접목적어(~에게) + 직접목적어(~을/를)
- 3형식: 주어 + 동사 + 직접목적어(~을/를) + 전치사 + 간접목적어(~에게)

☆ 단, answer, cost, forgive, pardon 등은 3형식 전환이 불가능한 수여동사들이다.

to를 쓰는 동사	give send tell show teach bring lend hand pay write pass mail award
for를 쓰는 동사	make buy get find build choose save order cook sing play leave
of를 쓰는 동사	ask inquire request demand beg

He **bought** me a ring. 〈4형식〉 → He **bought** a ring **for** me. 〈3형식〉 그는 나에게 반지를 사주었다.
He **gave** me some money. 〈4형식〉 → He **gave** some money **to** me. 〈3형식〉 그가 나에게 돈을 주었다.
He **asked** me a few questions. 〈4형식〉 → He **asked** a few questions **of** me. 〈3형식〉 그는 나에게 몇 가지 질문을 했다.

3 4형식으로 착각하기 쉬운 3형식 동사

수여동사가 아니지만 '~에게'를 목적어로 취하기 때문에 4형식으로 착각하기 쉽다. 다음의 동사들은 '~에게'를 목적어로 받고 그 뒤에 that절, to부정사, 〈전치사 + 명사〉를 추가로 받는 형식을 취하게 된다.

| '~에게'만을 목적어로 취하는 동사 | ~에게 | ~을 |
| advise inform remind notify assure
brief tell warn convince persuade | 사람/회사/대상 | • 전치사 (of/about/on) + 명사
• that + 주어 + 동사 / • to부정사 |

He (**assured**, is assured) me **that** it would not happen again. 그는 나에게 그런 일이 다시 일어나지 않을 것임을 확신시켰다.
☆ 사람(me)을 목적어로 받는다.

Please (assure, **be assured**) **that** it won't happen again. 그것을 확신해라(너 자신에게 그것을 확신시켜라).
☆ you be assured에서 you가 생략되었다. 수동태 문장에서 사람이 앞으로 나간다는 것은 사람 목적어가 있었다는 것이다.

Ustar 출제포인트 시험에는 이렇게 나온다!

1. **3형식으로만 쓸 수 있는 동사들:** 대부분의 4형식 동사들은 3형식이자 4형식이다. 4형식 동사가 3형식으로 쓰일 때는 사물명사만을 취하고 4형식으로 쓰일 때는 사람을 먼저 목적어로 취한다. 즉, 빈칸 뒤의 명사에 따라 3형식인지 4형식인지가 달라지는 것이다. 그런데 '~에게'에 해당하는 목적어만을 취하는 동사들은 3형식으로만 쓸 수 있다.

   They (**offered**, assured) a discount of up to thirty percent. 그들은 최고 30퍼센트까지 할인해주었다.
   ☆ assure 뒤에는 '~에게'에 해당하는 사람 목적어만 올 수 있다.

2. 주어가 반드시 사람인 동사: decide, plan, intend 등   목적어가 반드시 사람인 동사: teach, instruct, impress 등
   All personnel have been ------ to enforce our companies rules and regulations and are authorized to take steps as necessary.　　(A) agreed　　(B) instructed　　(C) intended　　(D) decided

   ■ 위 문장의 주어는 사람인 All personnel이다. decide, intend는 사람이 주어일 때는 수동태가 불가능하다. agree는 자동사라서 수동태가 불가능하다. instruct는 주로 사람을 목적어로 취하는데 목적어가 앞으로 나가서 수동태가 된 것이 위의 문장이다.
   ■ 모든 직원들은 회사의 규칙과 규정을 시행하도록 지시 받고 필요하면 조치를 취할 수 있는 권한을 부여 받았다.

Exercises

제한시간 5분(문제당 25초)

문제풀이 예제

01 Please let Mr. Manuel's secretary know when you get there so she can ------- him of your arrival.
    (A) speak   (B) notify   (C) report   (D) attend

> 해설 speak은 자동사라서 목적어를 취할 수 없다. report는 타동사이나 '~을' 목적어로 취하므로 그를 보고하였다는 어색한 의미가 된다. notify는 '~에게'를 목적어로 취하고 〈전치사 of + 명사〉를 동반한다.
> 해설 거기에 도착하면 Mr. Manuel의 비서에게 알려주어 그녀가 그에게 당신의 도착을 알려줄 수 있게 해주세요.

02 Clients ------- that the law offices will be closed on Monday for the holiday.
    (A) reminded   (B) remind   (C) have reminded   (D) are reminded

> 해설 remind는 '~에게'에 해당하는 목적어를 동반해야 하는데 이것이 없다면 수동태로, 해당 목적어가 앞으로 나갔다고 봐야 한다.
> 해설 고객들은 법률사무소가 휴일이라 월요일에 문을 닫을 것이라는 말을 다시금 듣는다.

Step 1 Warm-up Test

01 We would like to give our thanks for ------- our staff to tonight's banquet.
    (A) welcoming   (B) giving

02 To avoid confusion before the opera, ushers are essential to ------- guests to their designated seats.
    (A) give   (B) escort

03 The new laser key ------- laboratory staff to both enter the main door and record their time of entry simultaneously.   (A) allows   (B) gives

04 Due to high rates of home invasion crimes, the law has ------- possession of firearms in the state of Oklahoma.   (A) reminded   (B) authorized

05 One Cup now ------- free WiFi in all of its stores, and they are planning to offer the service nationwide by summer.   (A) offers   (B) suggests

06 Our receptionists are trained to help guests ------- nearby stores and local attractions.
    (A) remind   (B) locate

Step 2 실전 TOEIC Test

01 Ms. Douglas, our legal counsel, has ------- us about provisions of the federal Food, Drug and Cosmetic Act, which applies in our case.
    (A) designed   (B) advised
    (C) suggested   (D) proposed

02 Before Mr. Farmer decided to move out from JD Motors, he ------- one of his closest colleagues the position.
    (A) offered   (B) hired
    (C) relocated   (D) asked

03 Make sure to ------- Mr. Noble that he needs to prepare a presentation about the current change of consumer interests in the music industry.
    (A) accept   (B) notify
    (C) deliver   (D) present

04 We had sent numerous requests to Mr. Colombo last week, but he failed to ------- to us.
    (A) promise   (B) respond
    (C) advise   (D) explain

05 *Tetra Magazines* now ------- a 25% discount to all one-year subscribers.
    (A) tells   (B) buys
    (C) travels   (D) offers

06 Volunteers for the charity Walkathon will give out flyers on the streets to ------- as many people as they can.
    (A) attract   (B) participate
    (C) show   (D) say

▶ 정답 및 해설 p.44~45

▶ 문제풀이 예제 정답 01 (B) 02 (D)

LESSON 5 5형식 동사

Point

〈타동사 + 목적어 + 목적 보어〉의 구조를 취하는 5형식 동사는 불완전타동사로 뒤에 반드시 목적어와 목적어를 보충해 줄 수 있는 목적 보어를 취한다. 목적 보어는 형용사, 명사 등이며 목적어의 상태를 설명해준다.

 HBOS is committed to ------ investors informed of all decisions and recent changes.
(A) bringing   (B) requiring   (C) keeping   (D) promoting

▶ 빈칸 뒤에 목적어와 과거분사(p.p.)가 나왔다. 목적어와 목적격 보어의 구조로 5형식 동사가 들어갈 자리이다. bring은 2개의 목적어가 필요한 4형식 수여동사이고 promote나 require는 3형식 타동사이다.
● HBOS는 모든 결정 사항과 최근의 변화들을 투자자들에게 알리기 위해 노력하고 있다.   정답 (C)

목적 보어가 될 수 있는 품사					
명사	형용사	to부정사	동사원형	현재분사	과거분사

1 목적 보어로 명사나 형용사가 오는 경우

목적 보어가 명사인 경우에는 목적어와 동격 관계(목적어 = 목적 보어)라는 데 유의하자.

appoint 임명하다	call 부르다	elect 선출하다	make 만들다	deem[regard/consider] ~라고 여기다
choose 선택하다	believe 믿다	think 생각하다	leave ~을 어떤 상태가 되게 하다	
find ~임을 알다	consider 간주하다	keep ~한 상태로 유지하다	name 임명하다, ~의 이름을 …라고 짓다	

We **named** our daughter Sarah. 〈our daughter = Sarah〉 우리는 딸의 이름을 Sarah라고 지었다.
A lot of phone calls **made** my day much more difficult. 전화가 많이 와서 하루 일과가 훨씬 더 힘들었어.

2 목적 보어로 to부정사가 오는 경우

allow A to + 동사원형 A가 ~하도록 허락하다	instruct/tell A to + 동사원형 A가 ~하도록 지시하다
want A to + 동사원형 A가 ~하기를 원하다	lead A to + 동사원형 A가 ~하도록 이끌다
expect A to + 동사원형 A가 ~할 거라 기대하다	permit A to + 동사원형 A가 ~하도록 허락하다
appoint A to + 동사원형 A가 ~하도록 지명하다	motivate A to + 동사원형 A가 ~하도록 동기를 부여하다
cause A to + 동사원형 A가 ~하도록 초래하다	encourage A to + 동사원형 A가 ~하도록 고무시키다[장려하다]
get A to + 동사원형 A가 ~하도록 시키다	convince/persuade A to + 동사원형 A가 ~하도록 설득하다
advise A to + 동사원형 ~하도록 조언하다	ask A to + 동사원형 A가 ~하도록 요청하다
remind A to + 동사원형 A가 ~하도록 상기시키다	= invite/require/request/urge A to + 동사원형

3 목적 보어로 동사원형이 오는 경우 〈동사 + 목적어 + 동사원형〉

(1) 사역동사: make, have, let, help   (2) 지각동사: see, watch, look at, listen to, hear
The company **watched** its profits rise by 25% this year. 회사는 올해 수익이 25% 증가했다.

4 목적보어로 현재분사가 오는 경우 〈동사 + 목적어 + -ing〉

| keep A -ing   A가 ~하도록 유지시키다 | find A -ing   A가 ~하는 것을 알다 | see/watch A -ing   A가 ~하는 것을 보다 |

5 목적보어로 과거분사가 오는 경우 〈동사 + 목적어 + p.p.〉

| have/make/get A p.p.   A가 ~되도록 하다 | keep/leave A p.p.   A가 ~되도록 유지하다, 남겨두다 |

Ustar 출제포인트 시험에는 이렇게 나온다!   동사 문제는 복잡한 구조에 현혹되지 말자.

토익에서는 반드시 동사의 시제/수일치/태와 관련된 문제가 출제되는데 이때 수식어구들을 이용하여 시선을 분산시킨다. 수식어구에는 〈부사(구/절)〉, 〈전치사 + 명사구〉, 〈to부정사구〉 〈관계사절/분사 삽입〉 등이 있다. 문제를 해결할 때는 수식어구들을 괄호로 묶어 없앤 후에 간추린 형태로 해결하는 연습을 해두어야 한다.

Kate who is one of my old colleagues in the Asiana Airlines ------ working as a manager.   (A) is   (B) are
→ Kate (who is one of my old colleagues) (in the Asiana Airlines) **is** working as a manager.

A bell designed by Gilbert Scott, the plant manger at the Reicher factory, ------ at the beginning of each shift to alert workers to the time.   (A) rings   (B) ring
→ A bell (designed by Gilbert Scott, the plant manger) (at the Reicher factory), **rings** at the beginning ~.

Exercises

제한시간 5분(문제당 25초)

문제풀이 예제

01 Receiving the awards is ------- a great accomplishment to us.
    (A) considered   (B) regarded   (C) respected   (D) rewarded

> 해설 일반적으로 consider A as B = regard A as B라고 알고 있으나 이때 as를 생략하고 5형식처럼 쓸 수 있는 것은 consider이다. regard는 as를 생략할 수가 없다. 위 문장은 A is considered as B에서 as가 생략된 형태이다.
> 해석 그 상을 받는 것은 우리에게는 중요한 성과이다.

02 Any employee wishing to enroll in company-sponsored English language classes in March must let their supervisor ------- before February 15th.
    (A) to know   (B) knowing   (C) know   (D) be known

> 해설 〈사역동사 + 사람 목적어 + 동사원형 + 목적어(자동사 예외)〉 또는 〈사역동사 + 사물 목적어 + 과거분사 + 목적어〉와 같이 사역동사는 목적어에게 '~하도록 시키다'는 의미로 목적격 보어 자리에 동사원형이나 과거분사가 온다. 위 문장은 직원이 직속상사에게 해당 내용을 알려야 한다는 내용의 능동형 문장이므로, 〈사역동사 + 목적어 + 동사원형〉을 그대로 적용해 know를 답으로 선택한다.
> 해석 회사에서 실시하는 3월 영어수업에 등록을 원하는 직원은 2월 15일 전에 직속상사에게 알려야 한다.
> 어휘 enroll (in) ~에 등록하다   supervisor 직속상사

Step 1 Warm-up Test

01 All marketing staff are ------- to finish completing the survey forms by Monday.
    (A) required   (B) appealed

02 The walls will ------- yellow and white.   (A) be painted   (B) paint

03 Due to a regular maintenance check, all staff members are ------- to leave the office before 6 p.m. today.   (A) advised   (B) recommended

04 She is widely ------- as the most promising leader.   (A) served   (B) regarded

05 Liberty Investment Club appreciates and welcomes your interest and ------- you to join others who are involved in real estate investment.   (A) invites   (B) suggests

06 Participants are ------- to show their photo identification cards before taking the survey.
    (A) advised   (B) criticized

Step 2 실전 TOEIC Test

01 This morning's presentation has ------- the clients consider investing in pharmaceuticals.
    (A) become   (B) made
    (C) brought   (D) given

02 As entrepreneurs and innovators, small business owners represent a diverse group and continue to ------- the state's economy productive.
    (A) bring   (B) help
    (C) keep   (D) promote

03 Our supervisor, Mr. Spiegel, ------- employees to take a 30-minute break after 4 p.m.
    (A) brings   (B) allows
    (C) speaks   (D) offers

04 Environmental experts say that this spring's favorable weather will help plants -------.
    (A) would flourish   (B) flourish
    (C) flourished   (D) will flourish

05 The legal programs of Lehman Brothers Holdings will ------- users to automatically handle a lot of complicated tasks.
    (A) avoid   (B) provide
    (C) show   (D) allow

06 Our company has ------- themselves plenty of patrons over the last few of years.
    (A) won   (B) had
    (C) took   (D) went

▶ 정답 및 해설 p.45~47

▶ 문제풀이 예제 정답 01 (A) 02 (C)

LESSON 6 현재 시제

Point

시제 문제는 Part 5와 Part 6에 모두 자주 출제되며, 시제 중에서도 특히 현재 시제가 출제 비중이 가장 높다.

예제
Personnel records of employees ------ not allowed to be distributed without authorization.
(A) will be   (B) are   (C) being   (D) was

▶ 빈칸은 본동사 자리이므로 분사 형태인 (C) being은 답이 될 수 없다. 내용상 특정 과거나 미래에만 적용되는 것이 아니라 항상 적용되는 사실이기 때문에 현재 시제를 선택한다. ●허가 없이 사원들의 인사기록을 유출하는 것은 허용되지 않는다. 정답 (B)

1 현재 시제

(1) 현재 시제는 현재 발생하고 있는 상황에 쓰이지 않는다. 현재 발생하고 있는 것은 현재진행형을 사용한다.
(2) 일반적인 '동작' 동사는 현재 시제를 취할 수 없다
　I buy a book. (X) 나는 책을 산다.　I **buy** a book once a week. (O) 나는 매주 한 번씩 책을 산다. 〈주기적인 반복〉
(3) 현재 시제는 다음과 같은 경우에 답이 된다.
　❶ 공연, 대중교통 등의 고정된 시간표나 일정
　❷ 업무 등의 주기적, 일상적, 반복적인 일의 경우
　❸ 확정된 미래, 정해진 사실, 진리, 상식, 규칙, 계약 등 문서화되어 있는 내용
　❹ 상태동사, 감정동사
　❺ 시간부사절에서 미래의 내용을 나타낼 때
　❻ 계약서, 품질보증서, 규칙 등 강제성을 가지고 있는 경우 혹은 과거, 현재, 미래에 걸쳐 일정 기간 지속적으로 적용되는 경우에는 미래 대신 현재 시제를 사용한다.

2 현재진행

(1) 현재에 진행 중인 동작: 말하고 있는 시점에 어떤 일이 발생하고 있는 것을 말할 때 사용하며, '~하는 중이다'라고 해석한다. 현재를 포함하여 일정 기간 지속적으로 진행되는 동작을 표현하는 경우에 쓴다.
　We **are watching** the soccer match on TV. 우리는 TV로 축구경기를 보고 있다.
　I **am living** with my sister until I find an apartment. 내가 아파트를 구할 때까지는 언니와 살아야 한다.
(2) 현재의 습관: She **is always coming** to class late. 그녀는 항상 수업에 늦게 온다.
(3) 상태, 소유, 감정의 뜻을 지닌 동사들은 진행형을 쓰면 안 된다.

| resemble | consist | appear | exist | include | remain | know | want |
| belong to | possess | own | have | hate | believe | prefer | |

　It still **remains** unclear whether Ms. Johns will step down. Ms. Johns가 퇴진할지는 여전히 불분명한 상태이다.

Ustar 출제포인트 시험에는 이렇게 나온다! 시간/조건의 부사절에서는 현재 시제가 미래를 대신한다.

1. when, after, before, until 등 시간의 부사절이나 if, unless 등 조건의 부사절에서는 내용이 미래일지라도 현재 시제를 쓴다. 단, 주절의 시제는 그대로 미래 시제를 써야 한다.
　❶ 시간부사절을 이끄는 접속사: when, until, while, after, as soon as, before, by the time
　　She will call me when she **arrives** at the station. 그녀는 역에 도착해서 나에게 전화할 것이다.
　❷ 조건부사절을 이끄는 접속사: if, in case, unless, so long as, on condition that, providing/provided (that)
　❸ 시간부사절에서 미래는 현재가 대신하고 미래완료는 현재완료가 대신한다.
　　Once the report **has been** completed, you will be informed of the final decision.
　　일단 보고서가 완료되면 최종 결정에 대해 통보를 받으실 겁니다.

2. 현재 시제로 미래를 표현하는 경우: 교통이나 공연 시간표, 계약서의 내용처럼 이미 정해놓은 일을 말할 때는 현재 시제가 미래를 나타낸다.
　The contract **expires** in 2030. 그 계약은 2030년에 만료된다.

3. 현재 시제로 미래를 나타낼 수 있는 왕래발착동사
　왕래발착동사(go, come, start, return, leave, depart, arrive) + 미래부사구(tonight, tomorrow, next)
　My bus **leaves** promptly at 10:00 a.m. every day. 내가 타는 버스는 매일 오전 10시에 떠난다.

4. 가까운 미래의 일은 현재진행형이 대신한다.
　❶ 왕래발착동사의 현재진행형: 〈왕래발착동사(go, come, leave, move) + 미래부사구〉
　　They **are leaving** for L.A. next week. 그들은 다음 주에 로스앤젤레스로 떠날 것이다.
　❷ 일반동사의 현재진행형이 미래 대용으로 쓰이기도 한다.
　　We **are having** dinner together this evening. 우리는 오늘 저녁에 함께 저녁을 먹을 것이다.

Exercises

제한시간 5분(문제당 25초)

문제풀이 예제

Our purchasing department ------- office supplies every Friday, so all the department are asked to notify the purchasing manager of their needs by Thursday.
(A) order　　(B) ordered　　(C) orders　　(D) to order

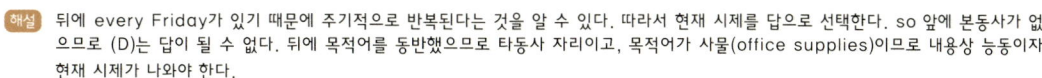 뒤에 every Friday가 있기 때문에 주기적으로 반복된다는 것을 알 수 있다. 따라서 현재 시제를 답으로 선택한다. so 앞에 본동사가 없으므로 (D)는 답이 될 수 없다. 뒤에 목적어를 동반했으므로 타동사 자리이고, 목적어가 사물(office supplies)이므로 내용상 능동이자 현재 시제가 나와야 한다.

우리 구매부서는 사무용품을 매주 금요일에 주문하므로 전 직원들은 구매 담당 부서장에게 목요일까지는 필요한 물품을 통보해주어야 한다.

Step 1 Warm-up Test

01 Timely completion of next year's sales plans ------- clear communication between managers and regional sales representatives.　　(A) require　　(B) requires

02 All of the trees planted in front of the office building ------- well in the shaded area.
(A) grow　　(B) grows

03 Anyone who is ------- relocating to a different branch should personally schedule an appointment with the human resources director.　　(A) considering　　(B) considered

04 As long as Mr. Graham ------- our requests, we will be able to work less hours on Fridays and Saturdays.　　(A) approves　　(B) will approve

05 Computer users are strongly encouraged to read the Safety and Comfort Guide that ------- their product.　　(A) accompany　　(B) accompanies

06 The new company policy ------- employees from using computers for personal reasons during office hours.　　(A) restricts　　(B) will be restricted

Step 2 실전 TOEIC Test

01 Once Mr. Nelson ------- to Hong Kong next month, he will take a tour of the factory and then negotiate the price.
(A) goes
(B) will go
(C) was going
(D) going

02 Dr. Lam ------- lab tools at the end of every month, so don't forget to tell him the equipment you need by tomorrow.
(A) order
(B) ordered
(C) orders
(D) to order

03 In opposition to Mr. Salerno's suggestion, Ms. Simmons ------- to hire two secretaries instead of one.
(A) like
(B) was liking
(C) would like
(D) is liking

04 The successful candidates must ------- excellent interpersonal skills and leadership skills.
(A) had possessed
(B) possess
(C) possessing
(D) will possess

05 A 20% discount ------- only to customers purchasing items online.
(A) apply
(B) applying
(C) applies
(D) application

06 After months of development and testing, JBC's brand new model ------- clearer images than its competitors' models do.
(A) produce
(B) produces
(C) product
(D) producing

▶ 정답 및 해설 p.47~48

▶ 문제풀이 예제 정답 (C)

LESSON 7 과거 시제 vs 현재완료 시제

Point

과거 시제와 현재완료 시제는 항상 보기에 같이 나온다. 의미상 둘 다 과거에 기반을 두고 해석되므로 문법적인 특징으로 답을 선택한다.

예제

In the past 30 years, more girls and women ------ in all types of sports than ever before.
(A) were participated   (B) have been participating
(C) are to be participating   (D) will have been participating

▶ 일반적으로 last, past는 과거 시제를 동반하지만 for/since/in 등의 시간 전치사가 함께 나오면 현재완료 시제를 선택해야 한다. participate는 자동사이기 때문에 항상 능동의 형태를 유지한다. 현재완료에 능동태는 (B) have been participating이다.
● 지난 30년 사이, 이전보다 더 많은 소녀와 여성들이 모든 종목의 스포츠에 참여해오고 있다.   정답 (B)

1 단순 과거 시제

(1) **과거에 발생한 사실**: 과거 특정 시점에 시작하여 과거 특정 시점에 완료된다.
(2) **과거의 습관**: 주로 빈도부사와 함께 쓰인다.
(3) **과거 시제와 함께 쓰이는 부사구**: 특정 과거 시점을 나타내는 부사들이다.

ago ~전에	then 그때	last 지난	past 지난	the other day 요 전날
yesterday 어제	when ~할 때	at that time 그 당시	just now 바로 그때	those days 그 시절

(4) **과거진행 시제 〈was/were + -ing〉**: 과거(특정 시점)에 진행 중인 동작이나 과거의 습관을 나타낸다.
I **was working** at 8 p.m. last night. 〈과거 특정 시점에 진행 중인 동작〉 지난 밤 8시에 나는 일하고 있었다.
I **was usually reading** the paper every morning when he came. 〈과거의 습관〉 그가 오면 나는 매일 아침 신문을 읽고는 했다.

2 현재완료 시제 〈has/have + p.p.〉

(1) **과거부터 현재까지 어떤 동작이나 상태가 계속되는 경우**(~해오고 있다): 기간을 나타내는 since, for 등의 전치사나 현재를 나타내는 this month, this year, up till now 등의 부사와 함께 쓰인다.
(2) **과거부터 현재까지 경험을 말하는 경우**(~한 적이 있다): 주로 횟수를 나타내는 once, twice, three times, many times 및 때를 나타내는 before, never, often, seldom, sometimes 등의 부사와 같이 쓰인다.
(3) **과거의 사건이나 동작이 현재 또는 최근에 완료된 경우**(막 ~했다): 주로 just, already, yet 등과 함께 쓰인다.
(4) **현재완료와 함께 쓰이는 부사구**: 현재를 포함하거나 현재까지 지속되는 기간이나 시점들이다.

already 이미	just 방금 막	in recent years 최근 몇 년 사이	yet 아직
lately 최근에	these days 요즘에	during the last year 작년 동안	recently 최근에

(5) **현재완료진행형 〈has/have been + -ing〉**: 과거의 특정 시점부터 현재까지 계속 진행되는 동작을 나타낸다. 대개 since, ever since, then, for some days, for the last ten days, these three years, long 등의 부사(구)를 동반한다.
James **has been teaching** at the University since June. James는 6월 이후 계속 그 대학교에서 가르치고 있다.

3 과거완료 시제

(1) 과거에서 어떤 시점까지 동작이나 상황이 완료되었을 때 〈by the time + 주어 + 과거동사/과거완료(had p.p.)〉
Ms. Carol **had left** the office by the time I **arrived** yesterday. Ms. Carol은 내가 어제 도착했을 때 사무실을 떠나고 없었다.
(2) 과거완료 시제는 과거의 어느 시점에 이미 종료되거나 그때까지 계속되고 있는 상황이므로 반드시 문장 중에 특정 과거 시점이 언급된다.
I **had been** studying business for one year when I realized that a computer programmer is better paid.
컴퓨터 프로그래머가 더 좋은 처우를 받는다는 것을 알았을 때 나는 1년간 비즈니스를 공부하고 있었다.
(3) **과거완료진행형 〈had been + -ing〉**: 과거의 특정 시점부터 다른 특정 시점까지 동작이 계속되거나 반복되는 것을 나타낸다.
I **had been waiting** for about an hour when he came. 그가 올 때까지 나는 한 시간쯤 기다리고 있었다.

Ustar 출제포인트 시험에는 이렇게 나온다!

1. 〈과거 + last year〉 vs 〈현재완료 + for[over/since/in] the last three years〉
과거 시제는 과거 특정 시점에 시작했다가 완료된 일이고, 현재완료 시제는 과거에 발생하여 지금까지 영향을 미치는 경우이다. 과거 부사는 '과거의 특정한 시점'을 의미하고, 현재완료 부사는 '과거에서 시작해 현재까지 이어지는 시점'을 의미한다.
I **cleaned** the office last Monday. 〈과거 시제〉 지난주 월요일에 나는 사무실을 청소했다.
I **have been** here since this morning. 〈현재완료 시제〉 나는 오늘 아침부터 여기 (계속) 있었다.

2. 〈과거 시제, in 2008〉 vs 〈현재완료, since 2008〉 vs 〈과거완료, by 2008〉
This program which **was implemented** in 2008, has received high satisfaction levels.
2008년에 시행된 이 프로그램은 만족도가 높게 나왔다.

Exercises

문제풀이 예제

The fax machine has not been working ------- this morning.
(A) until   (B) since   (C) after   (D) by

해설 시간부사절로 연결된 동사들은 반드시 앞뒤 사건들의 발생 순서를 따져봐야 한다. 시간부사절 문장은 문장의 순서대로 해석되지 않기 때문에 오답을 고르기가 쉽다. 〈until + 과거〉는 과거 시점까지 발생한 상황이므로 주절에 과거완료가 와야 한다. 〈since + 과거〉는 과거 이래로 지금까지 계속 발생하고 있는 상황이기 때문에 현재완료를 동반한다.

해석 팩스가 오늘 아침부터 지금까지 계속 작동하지 않는다.

Step 1 Warm-up Test

01 The interns ------- meaningful experience after they participated in a hotel development project in Lima, Peru.   (A) will gain   (B) gained

02 The presentation ------- ten minutes before Mrs. Anderson entered the room.
(A) had begun   (B) has begun

03 Dr. Tokioka finished his research while he ------- dinner at his lab.   (A) was having   (B) has

04 Conoco Phillips ------- last week that it predicts significant revenue growth for the coming year.
(A) announced   (B) has announced

05 At first, Dr. Banks ------- the result of her experiment to machine malfunctioning. However, similar results suggested otherwise.   (A) attributes   (B) attributed

06 The web-development team at World Stock initially experienced problems with the registering system, but now everything -------.   (A) was correct   (B) has been corrected

Step 2 실전 TOEIC Test

01 It has been three months since Ms. McDaniel ------- Lauren Sports, and she is already making an outstanding performance.
(A) join
(B) joins
(C) joined
(D) to join

02 Russian scientist, Vladmir Ivanovic ------- a column in a science magazine, which first began the controversy.
(A) writes
(B) write
(C) wrote
(D) written

03 By the time the police arrived at the crime scene, the bank robbers -------- along with an estimated two million dollars in cash.
(A) are disappearing
(B) will have disappeared
(C) disappear
(D) had disappeared

04 The trilogy, "Lord of the Necklace" ------- three awards for the best script since the release of its first episode six years ago.
(A) has received
(B) is receiving
(C) receives
(D) would receive

05 An increase in competition last quarter ------- a great drop in price, and consumers are happy.
(A) causing
(B) causes
(C) has caused
(D) is caused

06 Mr. Paul Newman, who -------- an inspirational figure in the marketing industry for the past thirty years, will be the guest lecturer at Bruinswick University.
(A) will
(B) is
(C) was
(D) has been

▶ 정답 및 해설 p.48~49   ▶ 문제풀이 예제 정답 (B)

LESSON 8 미래 시제

Point

미래완료는 ❶ 완료 시점(~까지)을 제시해야 하고 ❷ 미래의 특정 시점까지 어떤 상황의 종료, 동작의 완료, 경험 등에 사용된다.

> **예제** Next month, Mr. Chigas will ------- at Trent Builders Ltd. for thirty-two years.
> (A) work (B) have been working
> ▶ 다음 달 Mr. Chigas는 Trent 건설사에서 근무한 지 32년이 된다.
> ● 다음 달(next month)이 완료 시점이며 다음 달까지면 근무한 지 32년이 된다는 의미이므로 미래완료가 답이다.   정답 (B)

1 미래 시제

미래 시제는 미래의 일정한 절차나 방법을 설명할 때 사용한다.

(1) 미래 시제와 함께 나오는 시간부사구: tomorrow, next year, by the end of next year, over the next six months, soon, two days from now 등
Next year, we **will cut** the workforce by as much as 50%.   내년에 우리는 직원의 50%나 해고할 것이다.

(2) 주절의 시제가 미래일 때 시간부사절에서는 현재, 현재완료가 미래를 대신한다.
Some of the promotional campaigns **will be cancelled as soon as** the board of directors **reviews** the profit deficit.   이사회가 적자에 대해 검토를 하고 나면 광고 캠페인의 일부는 취소될 것이다.

(3) 〈be going to + 동사원형〉 또는 현재진행형이 미래 시제 대용으로 쓰이기도 한다.

2 미래진행 시제 〈will be + -ing〉

(1) 미래의 특정 시점을 전후해서 진행 중인 일이나 미래의 예정을 나타낼 때 사용한다. 시험에서는 구체적인 일정을 동반한다.
I wonder what he**'ll be doing** at this time tomorrow.   나는 그가 내일 이 시간에 뭘 할지 궁금하다.

(2) 특정 미래 시점에서 발생할 구체적인 내용에도 미래진행형을 쓴다. 이때 시간/조건부사절은 내용이 미래여도 현재 시제로 쓴다.
We**'ll be having** dinner **when** the film **starts**.   영화가 시작하면 우리는 저녁을 먹고 있을 거야.

(3) 미래진행형은 이미 확정된 미래의 구체적인 내용이나 계획 등을 확인하는 경우에 사용된다. 주로 계약서의 내용이나 일정표 등에서 쓰인다.

3 미래완료 시제 〈will/shall have + p.p.〉

특정한 미래 시점까지의 동작/상태의 완료, 결과, 경험, 계속을 나타낸다. 시험에서는 주로 미래의 완료 시점(~까지)이 같이 등장한다.

(1) 완료/결과: 미래 어느 시점에서의 동작의 완료를 나타낸다.
You **will have forgotten** it by the end of the year.   당신은 금년 말이면 그것을 잊어버리게 될 것이다.

(2) 경험: 미래의 어느 시점까지 경험해보게 되는 일을 나타낸다.
He **will have tried** the entrance examination five times if he sits for the next one.
그는 한 번만 더 입학시험을 치르면 다섯 번 도전한 셈이 된다.

(3) 계속: 미래의 어느 시점까지 계속되는 동작이나 상태를 나타낸다.
He **will have lived** here for three years by next September.
그는 다음 9월이면 3년째 여기서 살고 있는 셈이 될 것이다.

(4) 미래완료진행형 〈will have been + -ing〉(계속 ~하고 있을 것이다): 미래 어느 시점까지 동작이 계속되고 있음을 강조한다.
It **will have been snowing** for a week tomorrow.   내일이면 일주일째 눈이 오는 셈이 될 것이다.

Ustar 출제포인트 시험에는 이렇게 나온다!

1. 과거에서 현재를 지나 미래까지 영향을 주는 경우에는 미래완료진행형을 쓴다.
   I **shall have been working** here for three years next year.
   내년이면 나는 3년째 이 회사를 다니고 있는 셈이 될 것이다(3년째 다니고 있고 앞으로도 다닐 것이다).

2. 미래진행형은 이미 정해져 있는 미래의 일정을 나타낼 때 사용된다. 주로 특정 미래 시점이나 장소 등 구체적인 일정이 함께 나온다.
   I **will be working** on the project when you arrive here.
   네가 여기에 도착할 때쯤이면 나는 그 프로젝트를 진행하고 있는 중일 것이다.

3. 〈By the time + 현재 시제, 미래완료 시제〉 vs 〈By the time + 과거 시제, 과거완료 시제〉
   By the time she **retires** next September, Mrs. Santos **will have worked** for the Pear Publishing Company for twenty years.   Mrs. Santos가 다음 9월에 은퇴할 때쯤이면, 그녀는 Pear 출판사에서 일한 지 20년이 될 것이다.
   ☆ 미래완료와 함께 쓰이는 부사구 〈by the time + 현재 시제〉가 있으므로 주절은 미래완료 시제가 된다.

Exercises

제한시간 5분(문제당 25초)

문제풀이 예제

01 When customers ------- instant access to their account information, the bank must be ready and able to provide it.
(A) wanted (B) want (C) will want (D) wanting

> [해설] 시간의 접속사 when이 이끄는 시간부사절의 경우에는 현재 시제가 미래 시제를 대신한다. 의미상으로는 고객들이 계좌에 접근을 원하는 것은 미래의 일이겠지만, 동사는 현재형을 사용해야 한다. 따라서 (B) want가 적합하다.
>
> [해석] 고객들이 자신들의 계좌정보에 즉각적인 접근을 원하면, 은행은 채비를 갖추고 이를 제공할 수 있어야 한다.

02 By the time this massive project has finished, we will --------- on it for twenty-five years.
(A) work (B) working (C) has worked (D) have been working

> [해설] 조동사 will 다음에는 동사원형이 오니까 (B)와 (C)는 답이 될 수 없다. 미래의 특정 시간을 기준으로 그때까지의 시점을 나타내는 〈by the time + 현재완료〉(~할 무렵이면)는 미래완료 시제와 연결된다. 완료 시제의 계속을 나타내주는 for가 있으므로 (D) have been working이 가장 알맞은 답이 된다.
>
> [해석] 이 대규모 프로젝트가 끝날 무렵이면, 우리는 25년째 계속 이 일을 하고 있는 셈이 될 것이다.
>
> [어휘] massive 대량의, 대규모의

Step 1 Warm-up Test

01 Concerning the maintenance costs, the office in Ridgewood ------- to Lodi next month.
(A) will relocate (B) relocated

02 The Las Vegas Auto Show ------- next Monday and last until the end of this month.
(A) will begin (B) has begun

03 Mr. Juma told his secretary that he ------- the science conference in Venice next month.
(A) would not be attending (B) will not be attended

04 By the time Mr. Harvey sends a new order, Best Office Supplies ------- a new price list.
(A) had published (B) will have published

05 The trucking company ------- next Thursday to discuss the terms of the contract.
(A) is coming (B) came

06 A spokesperson from Trans Airline ------- a press conference once a decision has been made about a possible merger with Mid Central Air. (A) hold (B) will hold

Step 2 실전 TOEIC Test

01 During the next holiday season, the library ------- closing at 4 p.m. for the next five days.
(A) was (B) are
(C) has been (D) will be

02 After all data is collected from the lab, Dr. Noguchi ------- the most practical design.
(A) will choose (B) was chosen
(C) chose (D) has chosen

03 The wooden wall that ------- Noranda Park will be constructed using traditional methods.
(A) was enclosing (B) will enclose
(C) enclosed (D) will be enclosed

04 The director ------- out of town until Monday, but her assistant is able to answer any routine inquiries.
(A) will be (B) will have been
(C) has been (D) is being

05 As of next Monday, Martha Aldana ------- marketing director for three months.
(A) will have been (B) had been
(C) to be (D) was

06 Since bad weather is expected, Marks & Johnson will be ------- early to allow its store clerks to travel home safely.
(A) close (B) closes
(C) to close (D) closing

▶ 정답 및 해설 p.49~50

▶ 문제풀이 예제 정답 01 (B) 02 (D)

LESSON 9 수동태

Point

주어가 다른 것에 의하여 동작을 받거나 당하면 〈be + 과거분사(p.p.)〉 형태의 수동태를 쓴다.

 The strength of these incentives is closely ------ to the degree of competition.   (A) relate   (B) related
▶ 빈칸 뒤의 〈전치사 + 명사〉는 수식어구이기 때문에 전체 문장은 목적어가 없는 수동태가 되어야 한다.
● 이 인센티브의 강점은 경쟁의 정도와 밀접한 관련이 있다는 것이다.
정답 (B)

1 수동태: 〈목적어 + be + 과거분사(p.p.)〉

(1) 수동태 vs 능동태: 주어와 동사의 능동/수동 관계를 나타내는 형식을 태(Voice)라고 한다. 주어가 스스로 어떤 행위를 능동적으로 하는 형태를 능동태라고 하고, 주어가 다른 것에 의하여 동작을 받거나 당하는 형태를 수동태라고 한다.

I locked the door. 〈능동태〉 ☆ 내가 스스로 문을 닫은 것이므로 능동태이다.
The door was locked by me. 〈수동태〉 ☆ 문이 스스로 닫는 행위를 한 게 아니라 나에 의해 닫힌 것이므로 수동태이다.

(2) 수동태를 만드는 방법

❶ 능동태의 목적어를 주격으로 바꾸어 수동태의 주어 자리에 둔다.
❷ 능동태의 동사를 〈be + 과거분사〉 형태로 바꾼다.
❸ 능동태의 주어를 〈by + 주어(목적격)〉 형태로 바꾼다.

〈능동태〉 He repaired my watch.
〈수동태〉 My watch was repaired by him.

(3) by 이외의 전치사를 쓰는 수동태: 수동태는 〈by + 주어(목적격)〉를 쓰는 것이 원칙이지만 행위자가 없거나 수동태 동사가 형용사화하여 수동의 느낌을 상실한 경우에는 by 이외의 다른 전치사를 쓰기도 한다. ▶ p. 125의 Reference 10 참조

(4) 〈자동사 + 전치사〉의 수동태: 자동사는 목적어가 없으니까 원칙적으로 수동태가 될 수 없다. 하지만 자동사 뒤에 전치사가 붙어 하나의 타동사처럼 쓰이는 경우에는 〈be + 과거분사 + 전치사 (+ by + 주어)〉 형태로 쓸 수 있다.

He must account for his conduct. 〈능동태〉 그는 자신의 행동에 관해 해명해야 한다.
→ His conduct must be accounted for by him. 〈수동태〉 ▶ p. 126의 Reference 11 참조

(5) 상태나 소유(lack, belong, possess, cost, have, become)를 나타내는 동사들은 수동태로 쓰이지 않는다.
He resembles the famous movie star. 그는 유명한 영화배우를 닮았다. The famous movie star is resembled by him. (X)

2 문장의 형식에 따른 수동태

수동태를 만들려면 동작의 대상인 목적어가 필요하므로 1, 2형식 문장은 수동태를 만들 수 없고 3, 4, 5형식에서만 가능하다.
Many people saw the game. 많은 사람들이 그 경기를 관람했다. → The game was seen by many people.

(1) 일반 타동사의 수동태: 능동태의 목적어가 수동태의 주어로 가면 뒤에 있는 구나 절은 그대로 남는다.
We expect visitors to wear a name tag at all times while at the factory.
→ Visitors are expected to wear a name tag ~ 방문객들은 공장에 있는 동안 늘 명찰을 달고 있어야 한다.

(2) 4형식 문장의 수동태: 목적어가 두 개이므로 두 개의 수동태를 만들 수 있다. give, tell, send, show, allow, promise 등의 동사는 직접목적어를 주어로 수동태를 만들 때 간접목적어 앞에 전치사 to를 붙인다.
She gave the mayor some money. 그녀는 시장에게 약간의 돈을 주었다.
→ The mayor was given some money by her. = Some money was given to the mayor by her.
buy, get, make, cook, do 등의 동사는 직접목적어를 주어로 수동태를 만들 때 간접목적어 앞에 전치사 for를 붙인다.
I made him a cup of tea. 나는 그에게 차 한 잔을 만들어줬다. → A cup of tea was made for him by me.

(3) 5형식 문장의 수동태: find, make, keep, leave, call, name, elect 등의 동사는 목적어를 주어로 하고, 목적격 보어는 그대로 문장 뒤에 두어 수동태를 만든다. 이때 목적 보어로는 형용사, 명사, to부정사, 현재분사(-ing), 과거분사(-ed) 등이 온다.
We elected him captain of the team. 우리는 그를 팀의 주장으로 선출했다.
→ He was elected captain of the team by us. 그는 우리들에 의해서 팀의 주장으로 뽑혔다.
cf. 목적격 보어는 수동태의 주어가 될 수 없다. Captain of the team was elected him by us. (X)

3 It is + 과거분사(p.p.) + that ~ ▶ p. 126의 Reference 12 참조

It is said that TV commercials help sales. TV광고가 판매를 돕는다고 한다.

Ustar 출제포인트 시험에는 이렇게 나온다! **수동태는 항상 마지막에 더한다.**

1. 현재완료 시제 수동태: 〈have/has + p.p.〉 + 〈be + p.p.〉 = have/has been p.p.
2. 진행 시제 수동태: 〈am/are/is + -ing〉 + 〈be + p.p.〉 = am/are/is being p.p.

Exercises

제한시간 5분(문제당 25초)

문제풀이 예제

01 We ------- suffering from serious problems since a new monitoring system was installed.
    (A) had been   (B) have been   (C) had have   (D) have

해설 〈since + 과거〉는 주절에 현재완료 시제를 동반한다. 뒤의 -ing형(suffering)과 어울려 현재완료진행형을 완성하는 (B) have been이 빈칸에 적절하다. have는 바로 뒤에 -ing의 형태를 동반할 수 없다.

해석 새로운 모니터 시스템이 설치된 이후에 우리는 계속 심각한 문제에 시달리고 있다.

02 Regarding the acquisition, all the details will be ------- for in the report.
    (A) accounted   (B) explained

해설 account for = explain / deal with = handle / merge with = acquire / consist of = compose 등 자동사와 타동사를 묶어서 암기해두는 것이 중요하다. 위의 문장에서 빈칸 뒤에 for가 없었다면 explained가 답이 된다.

해석 그 합병에 관해서 모든 세부 사항들은 보고서에서 설명될 것이다.

Step 1 Warm-up Test

01 The first draft of the blueprint was ------- by the assistant architect.   (A) revising   (B) revised

02 Most cities have similar rules that ------- the amount of a fine for drunk driving.
    (A) determine   (B) are determined

03 Two days have passed, yet Mr. Quinn is still ------- whether to expand our branch to California or to Michigan.   (A) considering   (B) considered

04 Everyone must use the back door to get into the building while the front door -------.
    (A) has repaired   (B) is being repaired

05 Until all of the new programs ------- in the computers, please do not turn them off.
    (A) have installed   (B) have been installed

06 During business hours, all employees at the store ------- accountable for stock losses.
    (A) are held   (B) have held

Step 2 실전 TOEIC Test

01 The number of sales of our brand-new mp3 player is ------- to exceed that of its previous model.
    (A) expecting
    (B) expected
    (C) expects
    (D) expect

02 *The Sun Times* newspaper encourages impartiality, so no biased articles will be -------.
    (A) publish
    (B) published
    (C) publication
    (D) publishing

03 Applicants for positions in the factory ------- to possess at least a labor certificate.
    (A) require
    (B) requires
    (C) are required
    (D) has required

04 Sales of Pop Soda ------- last month when O'Gulp came up with a new can design.
    (A) suffer
    (B) suffers
    (C) are suffered
    (D) suffered

05 One volunteer who will be working on Saturday ------- a letter yesterday about his responsibilities by the hospital.
    (A) was sending
    (B) would send
    (C) will be sent
    (D) was sent

06 Project proposals approved by the Board of Directors ------- at the end of the year.
    (A) have been implementing
    (B) to implement
    (C) had implemented
    (D) will be implemented

▶ 문제풀이 예제 정답 01 (B) 02 (A)

▶ 정답 및 해설 p.50~51

LESSON 10 조동사(Modals)

Point

Not even the savviest investors could ------- that the market would take such a serious nosedive, causing many to lose millions of dollars.
(A) predicting (B) predicted (C) have predicted (D) to predict

▶ 조동사 뒤에는 동사원형이 와야 한다. 또한 종속절의 시제가 will의 과거형인 would이다. 예측하는 행위는 그 전에 발생했으므로 과거완료형인 could have p.p.가 와야 한다. 정답 (C)
● 가장 소식이 밝은 투자자들조차 시장이 매우 심각하게 폭락해 많은 사람들이 수백만 달러를 잃을 거라는 것을 예측할 수 없었을 것이다.

1 조동사의 특징

(1) 조동사 뒤에는 항상 동사원형을 쓴다.
(2) 조동사의 진행형 〈조동사 + be + 현재분사〉: 주로 추측을 나타내는 조동사와 함께 쓰인다.
   Jane **may be playing** the cello in her room. 제인은 방에서 첼로를 연주 중일 것이다.
(3) 조동사의 완료형 〈조동사 + have + 과거분사〉: 과거에 대한 유감, 추측을 나타낸다. 과거 사실과 반대 의미의 가정법으로도 쓰인다.
   You **should have parked** the car here. 너는 차를 여기에 주차했어야 했어.

2 조동사의 주요 출제포인트

(1) **used to**: ~하곤 했다, ~에 익숙하다, ~을 위해 사용되다
   ❶ 과거의 상태나 습관적인 동작: (예전엔) 늘 ~하곤 했다
      He **used to** go to school by bus. 예전에 그는 버스로 학교에 가곤 했다.
      cf. 과거의 불규칙적인 동작에는 would: After lunch she **would** take a nap. 그녀는 점심 후에 낮잠을 자곤 했다.
   ❷ 〈사람 + be used to + (동)명사〉 = 〈be accustomed to + (동)명사〉: ~에 익숙하다
      〈사물 + is used + to부정사/for + 명사〉: ~을 위해 사용되다
      Students **are used to** computers. 학생들은 컴퓨터에 익숙해져 있다.

(2) **need**: ~할 필요가 있다
   ❶ 부정문과 의문문에서는 조동사로 쓰인다. **Need** we go now? 우리가 지금 갈 필요가 있니?
   ❷ 긍정문의 need는 조동사와 본동사 모두 쓰인다.
      We **need** to reduce our spending. 우리는 지출을 줄일 필요가 있다.
   ❸ 〈need + 동명사〉 = 〈need to be + 과거분사〉 It **needs** repairing / to be repaired. 그것은 수리할 필요가 있다.

(3) **had better + 동사원형**: ~하는 게 낫다(명령조의 강한 표현임)
   You **had better** go abroad than stay here. 너는 여기 있는 것보다 외국으로 가는 게 좋겠다.

(4) **would rather + 동사원형**: 차라리 ~하는 게 낫다 *cf.* would rather A than B: B하기 보다는 차라리 A하겠다
   I **would rather** stay home than go out. 나가는 것보다 차라리 집에 있겠다.
   I'd **rather** give up the project than do it poorly. 어설프게 그 프로젝트를 할 바에는 차라리 포기하겠다.

3 〈조동사 + have + 과거분사(p.p.)〉 과거 사실의 반대를 의미한다.

실제로는 하지 않았다	실제로는 했다
should/ought to + have + 과거분사 ~했어야만 했는데	need not have + 과거분사 ~할 필요가 없었는데
could have + 과거분사 ~할 수도 있었을 텐데	must have + 과거분사 ~했음(이었음)에 틀림없다
would have + 과거분사 ~했을 텐데	
would rather have + 과거분사 차라리~할 걸 그랬다	
had better have + 과거분사 ~하는 게 나았을 텐데	

Ustar 출제포인트 시험에는 이렇게 나온다! 동사 have의 다양한 활용

- 3형식 동사 have(가지다): 〈have + (형용사) + 명사〉 • 현재완료 have: 〈have + (부사) + 과거분사 + 명사〉
- 사역동사: 〈have + 명사 + 동사원형 + 목적어〉 〈have + 명사 + 과거분사〉

Since coming to New York City, Victoria has ------- several restaurants and bars in Lower Manhattan, trying to discover an unfilled niche. (A) frequent (B) frequently (C) frequency (D) frequented

■ since는 부사/전치사/접속사로 쓰이는데 어떤 품사로 쓰이든지 과거의 어느 시점으로부터 그 이후의 기준시(基準時)까지의 시간 폭을 나타낸다. 그러므로 완료형(과거완료/현재완료/미래완료)과 함께 쓰이는데, '~이래, 현재까지'의 뜻일 경우 현재완료와 함께 쓴다. 빈칸은 현재완료형에서 과거분사 자리이다.
■ 뉴욕에 온 이래로, Victoria는 아직 개발되지 않은 틈새시장을 찾으려 애쓰면서 Lower Manhattan 지역에 있는 여러 식당과 술집을 자주 출입했다.

Exercises

제한시간 5분(문제당 25초)

문제풀이 예제

Before having ------- our current fleet of long haul Bombardier jets, we were limited to shorter commuter-oriented routes.
(A) purchase   (B) purchaser   (C) purchased   (D) purchasing

해설 주절의 시제가 과거이고 앞에 having이 오므로 과거분사인 purchased를 넣어 현재완료를 만들어준다.
해석 장거리 Bombardier 제트기 편대를 구매하기 전, 우리는 비교적 단거리의 통근 항공 노선 위주로 제한되어 있었다.
어휘 fleet 비행단, 선대   long haul 비교적 긴 거리, 긴 여정   commuter 통근 항공(노선), 통근자

Step 1 Warm-up Test

01 Current research suggests that an overdose on vitamins may ------- vomiting.
    (A) induce   (B) induced

02 John will clean his room and Michelle ------- the dishes.   (A) wash   (B) washes

03 Carlson Store ------- sell more than twenty different varieties of drinks.
    (A) used to   (B) is used to

04 Most people ------- spend the extra money to buy a ticket from a broker than to miss the movie.
    (A) would rather   (B) would be

05 The doctor recommended that Mr. Scott ------- for a few days.   (A) rest   (B) rests

06 Certifications are helpful to your personal career, but they do not necessarily ------- your salary.
    (A) boost   (B) boosting

Step 2 실전 TOEIC Test

01 On performance days, tickets for musicals at the Golden Bay Hall can only ------- at the box office.
    (A) to purchase
    (B) purchasing
    (C) were purchased
    (D) be purchased

02 The forms you need to fill out to participate in the World's Hot Dog Contest must ------- by Friday.
    (A) to receive
    (B) received
    (C) be received
    (D) receive

03 The president has requested that the proposal ------- revised to include his recommendations.
    (A) be
    (B) is
    (C) must be
    (D) had been

04 Leonard Air's flight attendants ------- glad to assist you in any situation.
    (A) have been
    (B) would be
    (C) are being
    (D) is being

05 Ms. Rachel ------- her own company two years ago, when studying in Denmark.
    (A) would start
    (B) started
    (C) will be started
    (D) had starting

06 New staff members ------- themselves with company policies before starting their work next week.
    (A) are familiar to
    (B) will be familiar with
    (C) should familiarize
    (D) been familiarized

▶ 정답 및 해설 p.51~52

▶ 문제풀이 예제 정답 (C)

LESSON 11 동사 출제유형 정리

1 수일치와 시제를 묻는 문제

A competent manager ------ a working environment in which all staff members have the ability to work at their best. (A) create (B) creates (C) is created (D) creating

▶ 뒤에 목적어가 있기 때문에 능동이 되어야 하고, 내용상 당연한 사실이므로 현재 시제를 사용해야 한다(의무, 당연한 사실 등은 현재 시제를 사용). 또한 주어가 3인칭 단수이므로 동사 뒤에 -s를 붙인다.

● 유능한 관리자는 모든 직원이 최선을 다할 수 있는 근무환경을 조성한다.   ■ competent 유능한   working environment 근무환경

2 태와 시제를 동시에 묻는 문제

If the hoopla surrounding Jamie Park's new film is any indication, he is well on his way to being nominated for another Orca Award, which would mean he will ------ for a record of fourteen times.
(A) have nominated   (B) nominated   (C) will be nominating   (D) have been nominated

▶ '아직 후보에 오르지는 않았지만 만약 후보에 오른다면 14번째가 된다'는 가정이며, 미래의 특정 시점에 상황이 종료되는 것이므로 미래완료 시제를 사용해야 한다. 그런데 he가 지명하는 게 아니라 지명되는 것이므로 수동태인 have been nominated가 와야 한다.

● Jamie Park의 새 영화를 둘러싼 열광이 어떤 징후라면, 그는 또 한 번의 Orca Award 수상후보로 제대로 가는 중이며 이는 그가 기록적인 14번째 후보에 오르게 되는 것을 의미한다.

■ hoopla 요란한 선전, 야단법석   indication 징후   on one's way to ~로 가는 도중에   nominate ~를 후보로 지명[임명]하다

3 구조, 동사 개수, 수일치, 태 그리고 시제를 동시에 묻는 문제

When Henderson Enterprises ------ its auto-mobile division, a number of senior managers were let go.
(A) was restructured   (B) restructures   (C) was restructuring   (D) to restructure

▶ when은 문장 앞에서 상황들이 동시 발생하는 것을 의미하므로 동일한 시제를 사용해야 한다. 뒤에 주절의 시제가 과거이기 때문에 when절도 과거 시제가 되어야 한다. 빈칸 뒤에 목적어가 있으므로 능동태가 되어야 한다.

● Henderson Enterprises사는 자동차 부서를 구조조정하면서 선임관리자들을 많이 정리해고했다.   ■ division 구분, 부서   senior 선임의, 상급자

4 문장의 구조 분석과 자동사와 타동사를 동시에 묻는 문제

The difficulty that ------ with this approach was that most business owners were lacking a foundation in Internet marketing and web basics.
(A) emerged   (B) engaged   (C) revealed   (D) reacted

▶ emerge와 reveal은 '수면위로 떠오르다, 등장하다, 나타나다'에서 그 어원이 시작되므로 의미가 상당히 비슷한데다 emerge는 대표적인 자동사로, reveal은 타동사로 사용되기 때문에 보기에 자주 같이 등장한다. difficulty that 이하의 문장에서 목적어가 없기 때문에 자동사가 답이 된다. 다음의 예상 출제패턴도 함께 기억하자. ① 〈명사 + that + be + revealed〉(수동태는 타동사만 가능하다) ② 〈명사 + that + reveal + 목적어〉(뒤에 목적어를 동반한다) ③ 〈명사 + that + emerge〉(자동사는 뒤에 목적어를 동반하지 않는다)

● 이 방법을 사용하면서 드러난 문제점은 대부분의 기업주들이 인터넷 마케팅이나 웹의 기초 부문에 대한 기본이 부족하다는 것이다.

■ emerge 드러나다   engage 사로잡다, 관계를 맺다   reveal (비밀 등을) 드러내다

5 문법과 태를 동시에 묻는 문제

The librarian has requested that any overdue books or journals ------ by the end of the month.
(A) be returned   (B) to return   (C) returns   (D) returning

▶ 주절의 동사 request는 that절에 〈조동사 should + 동사원형〉을 이끌고 should는 생략 가능하다. (가정법 참조) 그러므로 be returned 앞에 should가 생략되었다고 보면 된다. request처럼 that절에 〈should + 동사원형〉을 이끄는 동사로는 insist, recommend, ask, demand, decide, suggest, propose 등이 있다.

● 도서관 사서(司書)는 이달 말까지 어떠한 연체된 책이나 학술지도 반납해야 한다고 요청했다.   ■ overdue (날짜, 시간) 지연된, 늦은

6 어휘와 형식, 목적어의 종류 등을 동시에 묻는 문제

We must establish, ------ and maintain procedures to monitor and measure key characteristics of our operations and business activities.   (A) install   (B) implement   (C) notify   (D) fulfill

▶ 어떤 과정, 전략, 계획 등을 실행에 옮기는 것은 implement이다. implement는 strategy, agreement, decision, plan, proposal, recommendation 등을 목적어로 취한다. notify는 사람 목적어만을 취하며, install은 기계나 system, program 등을 목적어로 취한다. fulfill은 duty, task, commitment 등을 목적어로 취하는 동사이다.

● 우리는 우리의 경영과 사업 활동들의 주요 특징들을 관찰하고 측정하기 위해서 절차를 만들고 실행하고 유지해야 한다.

7 어휘와 자/타동사를 동시에 묻는 문제

Please ------ over your proposal with your supervisor before submitting it, because incorrect or incomplete forms will be not accepted.   (A) see   (B) look   (C) view   (D) observe

▶ see는 타동사로 바로 목적어를 취하고 view는 view A as B의 구조를 가진다. observe 또한 타동사로 바로 목적어가 나와야 한다. observe는 '관찰하다'의 의미로 내용상 적절치 않고, look over가 '검토하다'는 의미로 답이 된다.

● 부정확하거나 불충분한 서식은 받아들여지지 않으므로, 제안서를 제출하기 전에 직속상사와 함께 검토해 주시기 바랍니다.   ■ proposal 신청(안), 제안(서)

Exercises

제한시간 5분(문제당 25초)

문제풀이 예제

As soon as you receive your PIN number, please ------- your card immediately so that you may withdraw funds.   (A) active   (B) activity   (C) actively   (D) activate

해설 please 뒤에는 명령문을 만들 수 있는 동사원형이 와야 하므로 activate가 답이 된다.
해석 비밀번호를 받으시는 대로, 자금을 인출하실 수 있도록 카드를 즉시 사용해보시기 바랍니다.
어휘 PIN number 비밀번호   active 활동적인, 활동 중인   activity 활동   activate 활성화하다, 활동적으로 하다   withdraw 인출하다

Step 1 Warm-up Test

01 The whole staffs ------- the new co-manager, Mr. Baron last week.
   (A) welcomed   (B) has welcomed

02 Ms. Flower ------- to speak at a monthly business luncheon at the city hall, and people had a great time.   (A) invited   (B) was invited

03 The online marketing workshop will ------- in-depth social media and content marketing training.
   (A) be addressed   (B) address

04 Articles written by Mr. Thomas must be ------- accordingly before they are published by the magazines.   (A) formatted   (B) formatting

05 Mr. Cohen, as chief financial officer for Hyunsung Co., ------- responsibility for budgeting and accounting from next year.   (A) assume   (B) will assume

06 Before Mr. Banks was promoted to regional manager last year, he ------- in the Philadelphia branch for over four years.   (A) had been worked   (B) had worked

Step 2 실전 TOEIC Test

01 Dr. Jenning's seminar ------- in Room 101 today and tomorrow afternoon.
   (A) holds   (B) has held
   (C) is holding   (D) is being held

02 Tanaka Sportwear encourages all staff to ------- in kendo classes for their well-being.
   (A) attend   (B) apply
   (C) enroll   (D) expect

03 Mama Jones built its reputation as a reliable restaurant that ------- on using fresh meat and local ingredients in its menu.
   (A) insist   (B) insisting
   (C) insistent   (D) insisted

04 Most economists ------- that natural disasters occurring in the southeastern regions of Asia will drop Asia's overall currency value.
   (A) prediction   (B) predicted
   (C) predictable   (D) are predicted

05 For the last two weeks, the entire development process of TJ's 40-inch flat screen monitor ------- by Mr. Gates, our engineering supervisor.
   (A) is overseeing   (B) was overseen
   (C) has overseeing   (D) be overseeing

06 When Guru Com Ltd. ------- APC Computers, they will start expanding their branches internationally.
   (A) merges   (B) remains
   (C) acquires   (D) anticipates

▶ 정답 및 해설 p.52~53   ▶ 문제풀이 예제 정답 (D)

8 문장 안에 절이 여러 개가 등장하면서 진주어를 찾아야 답이 나오는 문제

I believe that integrating math lessons with computer studies ------- a good learning environment.
(A) create   (B) help creating   (C) help create   (D) helps create

▶ believe 이하는 that절로 주어는 integrating이므로 동사는 단수 형태가 와야 한다. help는 뒤에 to를 생략하고 곧바로 동사원형을 사용할 수 있다. 〈help (to) + 동사원형〉의 형태로 '~하는 것을 돕다, ~하는 데 도움이 되다'의 의미를 갖는다.
● 나는 수학 수업과 컴퓨터 학습을 통합하는 것이 좋은 학습 환경을 만드는 데 도움이 된다고 믿는다.   ■ integrate 통합하다, 조성하다(with)

시험에 꼭 나오는 동사 어휘 암기 리스트

Reference 1 완전자동사 (Lesson 2)

go 가다	come 오다	arrive 도착하다	depart 떠나다	leave 떠나다
stay 머무르다	rise 떠오르다	arise 일어나다	lie 눕다	appear 나타나다
disappear 사라지다	emerge 나타나다, 부상하다	increase 증가하다	decrease 감소하다	decline 감소하다
surge 급등하다	drop 떨어지다	fluctuate 오르내리다	proceed 나아가다	grow 자라다
prevail 우세하다	commute 이동하다	cooperate 협동하다	participate 참가하다	talk 말하다
speak 이야기하다	react 반응하다	reply 대답하다	respond 응답하다	listen 듣다
begin 시작하다	start 시작하다	originate 시작하다	expire 만기되다	meet 만나다
wait 기다리다	look 보다	fall 떨어지다	live 살다	reside 거주하다
consist 구성되다	preside 통할하다	stand 서다	work 일하다	laugh 웃다
result 결과가 생기다	travel 여행하다	plunge 뛰어들다	exist 존재하다	happen 일어나다
occur 발생하다	take place 일어나다	vary 변화하다	deteriorate 가치가 떨어지다	

Reference 2 〈완전자동사 + 전치사〉 빈출 표현 (Lesson 2)

자동사 + to	
adapt to = adjust to ~에 적응하다	object to = oppose = be opposed to ~에 반대하다
adhere to ~을 준수하다	refer to ~을 참조하다
answer to = answer ~에 대답하다	react to + 사물 ~에 반응하다
contribute A to B A를 B에 기여[공헌]하다 (타동사도 가능)	succeed to ~을 이어받다
consent to/with = agree to/with ~에 동의하다	belong to ~에 속하다
lead to = cause ~결과를 초래하다	talk to = reply to = respond to ~에 응답하다
stick/adhere/cling to ~을 고수하다, ~에 매달리다	subscribe to ~을 정기구독하다

자동사 + at	
aim at ~을 목적으로 하다	look at ~을 쳐다보다

자동사 + of	
approve of ~을 승인하다 (타동사도 가능)	dispose of ~을 처분하다
consist of = be made up of = compose = be composed/comprised of ~로 구성되다	dream of ~을 꿈꾸다
	think of ~을 생각하다
take care of ~을 처리하다, ~를 보살피다	

자동사 + on	
agree on + 사물 ~에 대해 동의하다	impact on + 사물 ~에 영향을 끼치다
agree with + 사람 ~에게 동의하다	= have an impact/effect/influence on + 사물
count/depend/rely/rest on[upon] ~을 의존[의지]하다 = be dependent/contingent on[upon]	concentrate/focus on ~에 집중하다
	report (on) + 사물 ~을 보도하다
collaborate on + 사물 ~에 대해서 공동으로 일하다	comment on ~에 대해 논평하다, 견해를 밝히다
collaborate with + 사람 ~와 공동으로 일하다	insist on ~을 주장하다

자동사 + with	
assist with + 사람 ~을 돕다	cope with ~을 극복하다 (overcome)
comply with + 규정 = conform to + 규정 ~을 따르다	deal with ~을 다루다, 처리하다 (handle, manage)
compete with/for ~와 경쟁하다, ~에 대해 경쟁하다	interfere with ~을 방해하다

contend with ~와 다투다, 싸우다	experiment with ~을 실험하다
cooperate with + 사람 + on/for ~에 대해 …와 협동하다	put up with ~을 참다

자동사 + for	
account for ~을 설명하다 (explain) ~만큼을 차지하다	compensate + (사람) + for (~에게) ~에 대해 피해/손실을 보상하다
look for ~을 찾다	put in for = sign up for ~을 신청하다, 등록하다
ask for ~을 요청[요구]하다 (require)	make up for ~을 보상하다
call for ~을 요청[요구]하다	compete with/against + 대상 ~와 경쟁하다
care for ~을 돌보다	check for ~을 확인하다
wait for ~을 기다리다 (await)	apply for ~에 지원하다

자동사 + in/into	
break into ~로 침입하다	participate in ~에 참여하다 (take part in, join)
send in ~에 제출하다 (submit)	stop by/in ~에 들르다
fill in/out ~을 작성하다	look into 조사하다
engage in + 일/분야 ~에 관여하다, 종사하다	result in + 결과 (결국) ~을 하게 되다
enroll in ~에 등록하다	result from + 원인 ~로 인해 발생하다
expand into ~로 진출하다	inquire about + 사물/내용 ~에 대해 문의하다
succeed to + 사물 ~을 계승하다, 상속받다	inquire into + 사물 ~을 조사하다
succeed in + (동)명사 ~에서 성공하다	

자동사 + from	
refrain from + (동)명사 ~를 자제하다, 삼가다	benefit from ~로부터 이익을 보다
suffer from ~로부터 고통을 받다	differ from/in ~와 다르다, ~에서 다르다

Reference 3 토익 빈출 타동사 (Lesson 3)

discuss ~을 토론하다	attend ~에 참석하다	adopt ~을 채택하다	await ~를 기다리다	enhance ~을 향상시키다
reveal ~을 드러내다	disclose ~를 폭로하다	mention ~을 언급하다	join ~에 가입하다	accompany ~와 동반하다
reach ~에 도착하다	approve ~을 승인하다	process ~을 처리하다	attract ~을 매료시키다	provide ~을 제공하다
resemble ~와 닮다	access ~에 접근하다	assess ~을 평가하다	interview ~를 면접하다	exceed ~을 초과하다
implement ~을 이행하다	comprise ~으로 구성되다	marry ~와 결혼하다	address ~에게 말을 걸다	visit ~를 방문하다

Reference 4 감정동사 (Lesson 3)

alarm ~를 깜짝 놀라게 하다	convince ~를 확신시키다	exhaust ~를 지치게 하다	reward 보답하다	
amaze ~를 놀라게 하다	delight ~를 크게 기쁘게 하다	fascinate ~를 매혹시키다	satisfy 만족시키다	
amuse ~를 즐겁게 하다	depress ~를 낙담시키다	frighten ~를 깜짝 놀라게 하다	shock 깜짝 놀라게 하다	
annoy ~를 괴롭히다	devastate ~를 압도하다	frustrate ~를 좌절시키다	strike ~에 감명을 주다	
astonish ~를 놀라게 하다	disappoint ~를 실망시키다	insult ~를 모욕하다	surprise ~을 깜짝 놀라게 하다	
awe ~를 경외하게 하다	dissatisfy 불만을 품게 하다	interest ~에게 흥미를 갖게 하다	tire ~을 피곤하게 하다	
bewilder ~를 당황하게 하다	embarrass ~를 창피하게 하다	irritate ~를 짜증나게 하다	trouble ~을 괴롭히다	
bore ~를 지겹게 하다	entice ~를 꾀다	pain ~에게 고통을 주다	worry ~을 걱정시키다	
confuse 혼란스럽게 하다	excite ~를 자극하다	please ~을 기쁘게 하다		

Reference 5 〈타동사 + 목적어 + 전치사〉 관용표현 (Lesson 3)

gain/get/have access to ~에 접근하다	keep track of ~에 뒤처지지 않다
make a point of -ing 반드시 ~하다	have a look at ~을 살펴보다
make an agreement with ~와 계약을 맺다	take advantage of ~을 이용하다
make a choice of ~을 선택하다	make use of ~을 이용하다
make progress to/toward ~으로의 진전을 보이다	have an effect/impact/influence on ~에 영향을 미치다
make reservation for ~에 대한 예약을 하다	make arrangement/preparation for ~을 준비하다
put/insert an advertisement in/on ~에 광고를 내다	have a monopoly of ~에 독점권을 가지고 있다

Reference 6 〈타동사 + 목적어 + 전치사 + 목적어〉 관용표현 (Lesson 3)

brief A on B A에게 B를 요약해주다	insert A into B A를 B에 넣다
check A for B B의 여부를 알기 위해 A를 확인하다	mix A with B A와 B를 섞다
cite/consider/regard/deem A as B A를 B로 간주하다	name A to B A를 B로 임명하다
clear A of B A에서 B를 치우다	narrow down A to B A를 B에 범위를 줄이다
collect/obtain A from B A를 B로부터 모으다/가져오다	obtain A from B B로부터 A를 얻다
compare A with B A와 B를 비교하다 (be compared with)	present A with B A에게 B를 제시하다, 선사하다
compensate A for B A에게 B에 대해 보상하다 (be compensated for)	prevent/stop/keep/hinder A from B A가 B를 못하게 하다
congratulate A on B B에 대해 A를 축하하다	promote A to the position of B A를 B로 승진시키다
contribute A to B A를 B에게 기여하다	provide A with B = provide B to A A에게 B를 제공하다
deprive A of B A에게 B를 빼앗다	regard/cite/refer to A as B A를 B로 여기다/언급하다
dilute A with B A를 B로 희석시키다 (be diluted with)	reimburse A for B A에게 B에 대해 상환하다 (be reimbursed for)
divide A into B A를 B로 나누다 (be divided into)	relocate A to B A를 B로 이전하다
drape A with B A를 B로 덮다 (be draped with)	remind A of B A에게 B를 상기시키다
equip A with B A에게 B를 갖게 하다 (be equipped with)	replace A with B A를 B로 대체하다, 교체하다 (be replaced with)
exchange A for B A와 B를 교환하다 (A를 주고 B를 받다)	rob A of B A에게서 B를 빼앗다
familiarize A (oneself) with B A를 B에 익숙해지게 하다	spend A on B A를 B에 대해 쓰다
follow A to B A를 따라 B로 가다	substitute A for B B를 A로 대체하다
furnish A with B A에게 B를 제공하다	supply A with B A에게 B를 제공하다
impose A on B A를 B에 부과하다	tell A about B A에게 B에 대해 알리다
include A with B A를 B에 포함시키다 (be included with)	transfer A to B A를 B로 이동하다
inform/notify A of/about B A에게 B에 대해 알리다, 통지하다	warn A of B A에게 B에 대해서 경고하다

Reference 7 유사의미끼리 자동사-타동사 묶어서 외우기 (Lesson 3)

자동사	타동사	자동사	타동사
arrive at 도착하다	reach ~를 도착하다	look over 개정하다	revise ~을 개정하다
consist of 구성하다	compose ~을 구성하다	respond to 대응하다	answer ~에게 답하다
decrease/fall 감소하다	reduce/cut ~을 감소하다	result in 결과를 내다	cause ~을 야기하다
grow 자라다, 확장하다	expand ~을 확장하다	rise 오르다	raise ~을 올리다
listen to 듣다	hear ~을 듣다	speak/talk to 말하다	say/tell/discuss ~에게 말하다
look at 보다	see ~을 보다	stop at 들르다	visit ~를 방문하다
look for 찾다	search ~을 찾다	surge 끓어오르다, 급등하다	boost ~을 밀어 올리다
look into 연구하다	study/inspect ~을 연구하다		

Reference 8 자동사와 타동사일 때 의미가 달라지는 동사들 (Lesson 3)

타동사	자동사	타동사	자동사
deal ~을 나누어주다	deal with ~을 다루다	relocate ~을 옮기다, 전송하다	relocate to ~로 돌아가다
transfer ~을 옮기다, 전송하다	transfer to ~로 옮겨지다	lead ~을 이끌다	lead to ~을 초래하다
benefit ~에 혜택을 주다	benefit from ~로 혜택을 받다	return ~을 돌려주다, 반환하다	return to ~로 돌아오다, 귀환하다
attend ~에 참석하다	attend to ~에 주의를 기울이다	leave ~을 떠나다, 남겨두다	leave for ~로 떠나다
check ~을 검사하다	check for (문제점을) 검사하다		

Reference 9 명사와 형태가 똑같아서 헷갈리는 동사들 (Lesson 3)

his visit to the plant (n) 공장에 대한 그의 방문		visit + 목적어 (vt) ~을 방문하다
feel regret for (n) ~에 대해 유감스러워하다		regret + 목적어 (vt) ~을 유감스러워 하다
have access to (n) ~에 접근하다, ~을 이용하다		access + 목적어 (vt) ~에 접근하다
a new approach to (n) ~에 대한 새로운 접근		approach + 목적어 (vt) ~에 접근하다
have an influence on (n) ~에 영향을 미치다		influence + 목적어 (vt) ~에 영향을 미치다

Reference 10 by 이외의 전치사를 쓰는 수동태 (Lesson 9)

be + p.p. + with			
be pleased with/at	~에 기뻐하다, 만족하다	be filled with	~로 가득 채워져 있다
be satisfied with		be covered with	~로 덮여 있다
be delighted with		be concerned with	~에 관여하다
be amused with		be disappointed with	~에 실망하다
be contented with		be cut with	~으로 잘리다
be gratified with		be bored with	~에 지겨워[지루해]하다
be acquainted with	~을 알고 있다	be fed up with	~에 신물이 나다

The room **was filled with** people. 그 방은 사람들로 가득 찼다.

be + p.p. + at
be shocked at/be alarmed at /be astonished at/be amazed at /be surprised at /be frightened at ~에 깜짝 놀라다

She **was astonished at** the news. 그녀는 그 소식을 듣고 깜짝 놀랐다.

be + p.p. + to			
be devoted to ~에 전념하다		be exposed to ~에 노출되다	
be engaged to ~와 약혼한 상태이다			

This doctor **is devoted to** her work. 이 의사는 그녀의 일에 헌신적이다.

be + p.p. + in			
be engaged in ~에 종사하고 있다		be indulged in (쾌락)에 빠지다	
be interested in ~에 관심이 있다		be caught in (소나기 등)을 만나다	
be absorbed in ~에 몰두하다		be involved in ~에 관련되다	

He **was interested in** their conversation. 그는 그들의 대화에 관심이 있었다.

be + p.p. + of/about/from	
be composed of ~로 구성되다	be worried/concerned about ~을 걱정하다
be convinced of ~을 확신하다	be derived from ~에서 유래하다

All our knowledge **is derived from** experience. 우리의 지식은 모두 경험에서 온다.

be + known + as/for/to/by	
be known as ~로서 알려지다	be known for ~으로 유명하다
be known to ~에게 알려지다	be known by ~에 의해 알려지다

He **is known as** a politician. 그는 정치가로서 알려져 있다.

Reference 11 수동태 문제로 빈출하는 〈자동사 + 전치사〉 표현 (Lesson 9)

look at ~을 보다	look into ~을 연구하다	depend on ~에 달려 있다
think of ~을 생각하다	run over (차 등이) ~를 치다	deal with ~을 다루다
care for ~을 돌보다	attend to ~을 주의하다	ask for ~을 요구하다
rely on ~을 의지하다	laugh at ~을 비웃다	account for ~을 설명하다
speak to ~에게 이야기를 하다	act on ~에 영향을 미치다	wish for ~을 바라다
impose on ~을 부과하다	look on ~을 속여 팔다	send for ~을 부르러 보내다
run into ~와 충돌하다	wonder at ~을 보고 경탄하다	trifle with ~을 조롱하다
consider A as B A를 B로 간주하다	look upon A as B A를 B로 간주하다	designate A as B A를 B로 지정하다

Reference 12 〈It is + 과거분사(p.p.) + that〉 (Lesson 9)

It is said that ~라고 하다	It is thought that ~라고 생각되다	It is believed that ~라고 믿어지다
It is expected that ~라고 예상되다	It is known that ~라고 알려지다	It is reported that ~라고 보고되다
It is required that ~라는 것이 요구되다	It is asked that ~라는 것이 요구되다	

Chapter 5

관계사 (Relative Pronoun)

관계사 문제는 매달 2문제 정도의 출제 비중을 가지고 있다. 관계대명사의 기본적인 쓰임, 전치사와 함께 나오는 관계대명사/관계부사, 복합관계사를 묻는 문제가 출제된다. 관계사 문제는 선행사와 빈칸 뒤 문장의 구조를 파악하는 것과 선행사/수/시제/태의 일치를 확인하는 것이 핵심이다.

★ 주요 출제 패턴

1. 격과 선행사, 수일치
2. 전치사 + 관계대명사
3. 관계부사
4. 복합관계사
5. 주격 관계대명사의 생략과 분사구문
6. 목적격 관계대명사의 생략
7. 부분 관계대명사

★ 이렇게 풀어라! 문제풀이 전략

1. 격과 선행사, 수일치

We are looking for sales representatives ------- can handle complaints from customers.

(A) who (B) whom (C) which (D) what

해설 먼저 선행사를 확인하자. sales representatives는 사람 선행사이자 복수명사이다. 문장 구조를 분석해보면 뒤에 동사가 있기 때문에 주어 자리인 주격 관계대명사가 나와야 한다. 따라서 선행사는 사람이고 주격인 who가 답이 된다.

해석 우리는 고객들의 불만사항을 처리할 판매 담당자를 찾고 있습니다.

2 + 3. 전치사 + 관계대명사 = 관계부사

This is **my house which** I live **in**. 이 집이 내가 사는 집이다.
= This is **my house in which** I live. = This is **my house where** I live. ☆ in which = where

4. 복합관계사

------- needs the samples can visit us. (A) Who (B) Whoever

해설 문맥상 '(~한 사람은) 누구든지'라는 의미의 복합관계대명사 whoever 또는 anyone who가 적절하다.

해석 샘플이 필요한 사람은 누구라도 우리를 찾아올 수 있다.

5. 주격 관계대명사 → 분사구문으로 전환

We have more than 20 employees ~~who are~~ designing our new line of products.
우리는 새로운 제품군을 디자인하는 직원이 20명이 넘는다.
☆ 원래 문장에서 주격 관계대명사와 be동사(who are)를 생략해서 분사구문으로 만든다.

6. 목적격 관계대명사 → 생략 가능

This is the book I bought yesterday. 이 책은 내가 어제 구입한 책이다.
☆ 한 문장에 두 개의 동사(is, bought)가 보인다. 하지만 접속사가 보이지 않고, 두 번째 동사 bought의 목적어가 없다. 즉, 목적격 관계대명사가 생략된 문장이다. 원래 문장은 This is the book **that** I bought yesterday.

7. 부분 관계대명사

The company has interviewed 20 candidates, some of ------- were from Korea.

(A) whom (B) them

해설 한 문장 안에 동사가 has와 were 2개이다. 따라서 문장 안에 관계사나 접속사가 있어야 한다. 앞에 있는 선행사가 사람(20 candidates)이므로 of 뒤에 관계대명사 whom이 나와야 한다.

해석 회사는 20명의 지원자를 면접했는데 그 중 일부는 한국에서 왔다.

LESSON 1 관계사의 이해

Point

관계사는 〈접속사 + 반복되는 단어〉로 접속사에 추가 품사 기능이 더해진 것이다. 관계사에는 ❶ 관계대명사(접속사 + 명사), ❷ 관계부사(접속사 + 부사), ❸ 관계형용사(접속사 + 형용사)가 있다. 접속사 기능이 있으므로 〈관계사 + 1 = 동사의 개수〉라는 공식이 성립된다.

예제

The architect ------- designed the Seoul Art Center plans to speak this evening.
(A) who   (B) some   (C) she   (D) also

▶ 빈칸 앞에 명사(선행사)가 있고 뒤에 주어나 목적어가 빠진 불완전한 절이 오면 빈칸은 관계대명사 자리이다. 문장에서 두 개의 동사 designed와 plans를 연결하는 접속사의 역할을 하며, 동시에 앞의 명사(architect 선행사)를 수식할 관계대명사가 나올 자리이다. 원래 문장 The architect designed the Seoul Art Center (and the architect) plans to speak this evening에서 and the architect가 who로 대체된 것이다.

● 서울아트센터를 디자인한 건축가가 오늘 저녁에 연설을 할 계획이다.   정답 (A)

1 관계사는 문장을 연결하는 접속사 기능에 추가 품사의 기능이 더해진 것이다.

관계사가 (1) 〈접속사 + 대명사〉의 역할을 하면 '관계대명사'이고, (2) 〈접속사 + 부사〉의 역할을 하면 '관계부사', (3) 관계사 뒤에 오는 명사를 수식하는 형용사 역할을 하며 앞뒤의 문장을 연결하면 '관계형용사'라 부른다.

This is the house **and** it has three bedrooms. 〈접속사〉 이게 그 집이야. 그리고 3개의 침실이 있지.
= This is the house **which** has three bedrooms. 〈관계대명사〉 이게 3개의 침실이 있는 그 집이야.
☆ 접속사는 단순히 문장들을 연결하지만, 관계사 which는 〈and + it〉이기 때문에 접속사와 뒤 문장의 주어 역할까지 한다.

This is (the place) **where** I was born. 〈관계부사〉 여기는 내가 태어난 곳이다.
I don't know **which color** you like. 〈관계형용사〉 나는 네가 무슨 색을 좋아하는지 모르겠다.

2 〈관계사 + 1 = 동사의 개수〉이다.

접속사가 있다는 것은 뒤에 문장(주어 + 동사)이 하나 더 연결된다는 것을 의미한다. 〈관계사 = 접속사 + 반복되는 단어〉이기 때문에 관계사 뒤에도 반드시 동사가 하나 더 추가되어야 한다.

I **bought** the book **because** I **need** it for my work. 나는 일하는 데 필요해서 그 책을 샀다.
  동사1   접속사   동사2

She **is** a doctor **and** the doctor **cares** about her patients.
= She **is** a doctor **who cares** about her patients. 그녀는 자기 환자들에게 마음을 쓰는 의사이다.
  동사1   관계사 동사2

Ustar 출제포인트 시험에는 이렇게 나온다!   적절한 관계대명사 또는 관계사절의 동사를 고르는 문제

관계대명사 관련 문제는 선행사에 따른 알맞은 격의 관계대명사를 고르는 문제, 또는 알맞은 수와 시제의 동사를 고르는 문제가 자주 출제된다. 따라서 문제를 풀 때는 다음과 같은 점에 신경 쓰도록 한다.

Step 1 선행사의 일치: 선행사가 사람인지 사물인지에 따라 관계대명사를 결정한다.
  I will give you a book (**which**, who) is written in basic English.   쉬운 영어로 쓰인 책을 드리겠습니다.
  ☆ 사물명사인 book이 선행사이고, 빈칸 뒤에는 동사 is가 위치하므로 주격 관계대명사 which나 that이 들어가게 된다.

Step 2 관계대명사의 격을 일치시킨다.
  He wants to marry a woman (**who**, whom) truly loves him.   그는 그를 진정으로 사랑하는 여자와 결혼하고 싶어 한다.
  ☆ 빈칸은 loves의 주어이기 때문에 주격 관계대명사를 썼다.

Step 3 수의 일치: 선행사가 복수인지 단수인지에 따라 관계대명사 뒤에 나오는 동사의 수가 결정된다.
  They want retail clerks and managers who (**are**, is) competent and enthusiastic.
  그들은 유능하고 열정적인 판매직원 및 관리자를 원한다.
  ☆ 선행사가 clerks and managers로 복수이므로 관계절의 동사 역시 복수형을 취한다.

Step 4 시제와 태의 일치: 관계대명사 앞뒤 문장의 시제 및 태를 잘 살펴보고 동사의 형태를 결정한다.
  The keyboard is designed for architects and designers who (**handle**, handled) a mouse or any other device while typing.
  그 키보드는 타이핑하면서 마우스 및 그밖의 다른 장치를 다루는 건축가와 디자이너들을 위해 고안되었다.
  ☆ 주절이 특정 시제가 아닌 일반적인 사실을 말하는 현재 시제로 쓰였고 목적어(a mouse or any other device)가 연결되어 있다는 점에서 현재 시제(능동)인 handle을 써야 옳다.

Exercises

제한시간 5분(문제당 25초)

문제풀이 예제

A free concert ticket is available to anyone who ------- insurance online before July 1.
(A) purchase   (B) to purchase   (C) purchases   (D) purchasing

해설 관계대명사 who는 접속사와 반복되는 명사를 포함하므로 관계대명사 다음의 빈칸은 동사 자리이다. (B)와 (D)는 동사가 아니기 때문에 정답에서 제외된다. 선행사가 단수형인 anyone이기 때문에 단수동사인 (C) purchases가 정답이다.

해석 7월 1일 이전에 온라인으로 보험에 가입한 분은 콘서트 티켓을 무료로 받을 수가 있습니다.

어휘 available 이용[사용] 가능한   purchase insurance 보험을 구매하다[가입하다]

Step 1 Warm-up Test

01 Some of the scientists working for B Concept Corp. were several ------- participated in developing an anti-aging serum for Beau Cosmetics.   (A) where   (B) who

02 The executive board decided ------- having employees access the information electronically is a much more efficient and environmentally friendly way of disseminating the news.   (A) what   (B) that

03 If our server detects a number of intermittent errors, it can automatically call in a ------- who can show up at the customer site before the customer even notices a problem.
(A) technician   (B) technology

04 Mr. Smith possesses extensive knowledge of the target market ------- will be an advantage in his position as marketing manager for the Asian market.   (A) who   (B) which

05 Those employees ------- free health club membership is due to expire must soon report to the personnel department to complete the necessary paperwork to claim a membership for another year.
(A) who   (B) whose

06 The company has entered into an employment agreement with Mr. Caulfield, ------- has agreed to perform the services as a consulting manager.   (A) anyone   (B) who

Step 2 실전 TOEIC Test

01 Mr. Ramos has just made a successful negotiation with John Ferdinand, ------- is one of the world's most famous entrepreneurs.
(A) he
(B) who
(C) his
(D) whose

02 Next to your seat, there is the blue button ------- you should press when you need any assistance from a flight attendant.
(A) which
(B) when
(C) in case
(D) in order that

03 Volunteers ------- wish to help children in Geneva Nursing Home should either call our office or visit in person.
(A) they
(B) whose
(C) who
(D) themselves

04 When conducting a survey on a new region, market researchers prefer to interview people ------- age seems to be in the range between 16~25.
(A) that
(B) than
(C) whose
(D) what

05 It is essential for people ------- work in the area of customer service to have a basic understanding of operations management.
(A) someone
(B) whose
(C) they
(D) who

06 Ms. Robinson is an award-winning romantic-fiction writer ------- work has been translated into four different languages.
(A) what
(B) who
(C) which
(D) whose

▶ 정답 및 해설 p.53~54

▶ 문제풀이 예제 정답 (C)

LESSON 2 관계사의 격과 종류

Point

관계사의 격을 찾는 문제는 토익 최다 출제 유형이다. 관계대명사의 격은 선행사가 관계대명사절 안에서 하는 역할에 따라 달라진다. 선행사가 관계대명사 뒤에서 주어 역할을 하면 주격 관계대명사가 오고, 목적어 역할을 하면 목적격 관계대명사가 오고, his, her, its, their와 같은 소유격 역할을 하면 소유격 관계대명사가 온다.

 Flaxo developed a new contact lens for people ------- experience eye dryness in a matter of few hours.　　(A) who　　(B) when

▶ 문장에 동사가 developed와 experience 두 개이므로 접속사가 들어가야 한다. 빈칸 앞의 선행사가 사람이고 뒤에는 주어가 없고, 바로 동사가 나오므로 주격 관계대명사 who가 정답이다.
● Flaxo는 불과 몇 시간 안에 눈이 마르는 사람들을 위한 새로운 콘택트 렌즈를 개발했다.　　정답 (A)

1 관계대명사의 격과 역할을 파악하라.

(1) **관계대명사의 역할**: '접속사와 대명사'를 대신해 문장을 연결한다. 관계대명사가 이끄는 절은 명사(선행사) 뒤에서 그 명사를 수식해주는 형용사의 역할을 하는 문장이다.　I met a man **who** was doing exercise. 나는 운동하고 있는 남자를 만났다.

(2) **관계대명사의 격**

선행사	사람	사물	사람, 사물	선행사 포함
주격	who	which	that	what
목적격	whom	which	that	
소유격	whose	whose, of which	X	

❶ **주격 관계대명사**: 〈선행사 + who/which/that + 동사 + (목적어)〉

The author **who** wrote this novel is a woman.　이 소설을 쓴 작가는 여성이다.
☆ 사람명사인 author가 선행사이고 뒤에 동사 wrote가 위치하므로 주격 관계대명사 who가 온 것이다.

❷ **목적격 관계대명사**: 〈선행사 + whom/which/that + 주어 + 타동사/(또는 자동사 + 전치사)〉

The coat **which** she has been wearing for the past five years is worn out.　그녀가 지난 5년 동안 입은 그 코트는 다 헤졌다.
☆ 사물명사인 coat가 선행사이고 목적어를 제외한 주어, 동사가 위치하므로 목적격 관계대명사 which/that이 적절하다.

❸ **소유격 관계대명사**: 〈선행사 + whose/of which + 완전한 문장(주어 + 동사)〉

This is the gentleman **whose** son won the prize.　이 사람은 아들이 상을 받은 그 신사이다.
☆ 사람명사인 gentleman이 선행사이고 관계대명사 뒤에 명사 son이 있으므로 소유격 관계대명사 whose로 받았다.

2 관계형용사

관계사 what(어떤), which(어느), whose(누구의)가 명사 앞에서 〈형용사 + 접속사〉 역할을 할 경우 이를 '관계형용사'라고 한다.

I don't know **what** company he works for.　나는 그 남자가 어느 회사에서 일하는지 모른다.

3 관계부사

의문부사 when, where, why, how가 절을 이끌어 선행사를 수식할 때 이를 '관계부사'라고 한다. 관계부사는 '접속사와 부사'를 대신해 문장을 연결하므로 접속사 역할을 하는 부사라고도 볼 수 있다.

This is the town **and** the author of the book lives **there**. 〈장소부사: there = in the town〉
= This is the town **where** the author of the book lives.　이 마을은 그 책의 저자가 사는 곳이다.

4 관계대명사의 제한적 용법과 계속적 용법

(1) **제한적 용법**: 형용사는 명사를 수식하면서 의미를 제한한다. 해석의 순서가 〈형용사절 → 명사〉이다.
　I know a man **who** is the CEO of a leading company.　나는 어느 선두기업의 최고경영자인 남자를 안다.

(2) **계속적 용법**: 관계대명사 앞에 쉼표(,)가 있으며 추가적인 정보를 말해준다. 해석의 순서가 〈명사 → 형용사절〉이다.
　I know a man, **who** is the CEO of a leading company.　나는 어떤 남자를 아는데, 그는 선두기업의 최고경영이다.

> **Ustar 출제포인트** 시험에는 이렇게 나온다!
>
> 일반적인 대명사(they who, it which 등)는 선행사가 될 수 없지만, **those**와 **the one, someone, anyone** 등은 선행사 역할을 한다.
> For (**those**, they) who want to attend the meeting on conflict management in the workplace, please sign up at the front desk before you leave for the weekend.
> ■ 주격 관계대명사 who 앞 선행사 자리로 사람명사가 필요하다. they는 인칭대명사로 선행사의 역할을 할 수 없다. meeting에 참가하고 싶은 사람들을 나타내는 those가 답이 된다. ■ 직장 내 분쟁해결을 위한 회의에 참석하고 싶은 사람들은 주말에 떠나기 전 안내 데스크에서 서명하세요.

Exercises

제한시간 5분(문제당 25초)

문제풀이 예제

Asian countries ------- domestic economies are stagnant are at the risk of falling into recession if the price of oil rises more than 20 percent.
(A) that   (B) whose   (C) what   (D) these

해설 문장에서 주어는 Asian countries부터 stagnant까지이다. 주어와 완전한 문장 사이에 있는 빈칸은 소유격 관계대명사 자리이다.
해석 국내 경제가 침체된 아시아 국가들은 유가가 20% 넘게 상승하면 불경기로 접어들 위험에 처해 있다.
어휘 domestic 국내의   stagnant 정체된   at the risk of ~의 위험에 처한   recession 불경기

Step 1 Warm-up Test

01 Specialists ------- are involved in research and development are great assets to our company.
(A) who   (B) whose

02 Our company policy is to ship to customers only those orders ------- are completed.
(A) who   (B) that

03 Star Electronics has just announced the acquisition of Springfield, ------- will make the company the largest manufacturer of mobile phones in the world.   (A) which   (B) what

04 Ms. Kelly suggested that we should talk about our sales figures, ------- have dropped 17% since March.   (A) which   (B) when

05 ------- who demonstrate the ability to work collaboratively in teams as well as leadership skills will be promoted.   (A) Them   (B) Those

06 This training booklets, ------- cover corporate policies, serve to supplement the new employee orientation.   (A) which   (B) whose

Step 2 실전 TOEIC Test

01 Applicants ------- applied online should expect a return call by Friday.
(A) who
(B) whom
(C) whomever
(D) whose

02 Some of the road workers ------- were concerned about their dangerous working environment filed complaints on Friday.
(A) which
(B) who
(C) what
(D) whose

03 Drew Industry will be building one more factory in Detroit, ------- will enable the industry to expedite the process of manufacturing.
(A) there
(B) which
(C) what
(D) then

04 We offer a 30% discount coupon to anyone who ------- an item worth $50 or more!
(A) purchase
(B) purchaser
(C) purchases
(D) purchasing

05 The scientist ------- invented this year's most notable discovery was awarded the Nobel Peace Prize.
(A) who
(B) some
(C) he
(D) also

06 The new shopping center, ------- is scheduled to open by the end of the month, is not far from the center of town.
(A) where
(B) when
(C) which
(D) who

▶ 정답 및 해설 p.54~56

▶ 문제풀이 예제 정답 (B)

LESSON 3 관계대명사 vs 의문사/의문형용사/관계형용사

Point

관계대명사는 〈접속사 + 반복 명사〉로 선행사를 뒤에서 수식하는 형용사의 역할을 한다. 의문사는 선행사 없이 문장을 시작하며, 의문형용사와 관계형용사는 명사 뒤가 아닌 명사의 앞에서 수식한다는 차이가 있다.

 We were not informed ------- book we should bring to the class.
(A) this   (B) what   (C) when   (D) how

▶ book은 가산명사이다. 가산명사 앞에는 관사를 대신하는 관계형용사나 의문형용사가 와야 된다. 위의 문장에는 동사가 두 개이므로 관계사나 접속사가 필요하다. 따라서 (A)는 우선 탈락된다. how나 when이 오면 가산명사인 book에 관사 또는 복수의 -s가 붙어야 한다. 그러므로 정답은 (B) what이다.

● 우리는 수업에 가져가야 할 책이 무엇인지 전해 듣지 못했다.

정답 (B)

1 의문사류의 특징을 제대로 알고 있어야 한다.

(1) **의문대명사**(what, who, which): 타동사나 전치사 뒤에서 선행사 없이 문장을 시작하며 뒤에는 불완전한 문장을 받는다.
   I know **what** you want. 네가 원하는 게 뭔지 알아.

(2) **의문형용사**(what, which): 의문사인 what, which 뒤에 명사가 오는 경우이다.
   What company does he work for? 그 남자는 어느 회사에서 일합니까?

(3) **의문부사**(when, where, how, why): 의문대명사와 마찬가지로 명사절의 역할을 하며, 뒤에는 완전한 문장을 받는다.
   I don't know **where** you want to go. 나는 당신이 어디로 가고 싶은지를 모른다.

2 선행사가 항상 관계대명사 앞에 위치하는 것은 아니다.

선행사와 관계대명사 사이에 전치사구가 삽입될 수 있으므로 앞뒤 문맥을 파악하여 선행사를 결정해야 한다.

There are many areas in the factory **which** need repair. 그 공장에는 수리를 요하는 곳이 많다.
☆ 수리를 요구하는 선행사는 the factory가 아니라 areas이다. 따라서 areas와 수일치를 이룬 복수동사 need가 왔다.

There is a factory in the downtown area **which** was built in 1990. 시내에는 1990년에 지어진 공장이 있다.
☆ 위 문장의 선행사도 전치사구에 있는 the downtown area가 아니라 그 앞의 a factory이다.

3 which에는 '관계대명사'와 '관계/의문형용사'의 두 가지 용법이 있다.

(1) **관계대명사 which**: 명사(선행사) 뒤에서 수식하는 접속사로 뒤에 주어나 목적어가 없는 불완전한 문장을 받는다.
   He gave me the book **which** he likes. 그는 자신이 좋아하는 책을 나에게 주었다.
   ☆ 관계대명사 뒤에 목적어가 없는 목적격 관계대명사이다.

(2) **관계/의문형용사 which**: 명사절을 이끌고 앞에 선행사 없이 전체 문장의 주어나 목적어 자리에 온다.
   He told me **which** book he likes. 그는 나에게 자신이 어떤 책을 좋아하는지 말했다.
   ☆ 여기서 which는 의문형용사로 told의 목적어절을 이끄는데, 앞에 선행사가 없다.

Ustar 출제포인트 시험에는 이렇게 나온다! **소유격 관계대명사**

선행사가 관계사절에서 소유격에 해당되면 소유격대명사를 사용한다. 선행사가 사람이든 사물이든 his, her, its, their와 같은 소유격대명사를 받는 경우에는 whose를 사용한다. 소유격 관계대명사 뒤에는 완전한 문장이 온다.

1. 선행사가 사람이든 사물이든 his, her, its, their와 같은 소유격을 받는 경우 관계대명사는 whose를 사용하면 된다.
   He is the actor **and his** talent is highly appreciated.
   = He is the actor **whose** talent is highly appreciated. 그는 그의 재능을 높게 평가받는 배우이다.

2. the + 명사 + of which = of which the + 명사 = whose + 명사(관사와 소유격은 같이 쓰일 수 없다)
   He read a book **and the title of it** is "Hard times." = He read a book, **the title of which** is "Hard times."
   = He read a book **of which the title** is "Hard Times."
   = He read a book **whose** title is "Hard times." 그는 《어려운 시절》이라는 제목의 책을 읽었다.

3. 소유격 관계대명사 뒤에는 바로 명사가 오면서 완전한 문장을 이끈다.
   She has a house **whose** garden is beautiful. 그녀는 아름다운 정원이 있는 집에 산다.
   cf. 선행사가 family, committee, crowds처럼 집단명사일 경우에는 which를 쓴다. 이때 동사는 단수이다.
   He misses his family **which** is in Korea. 그는 한국에 있는 가족을 그리워한다.

Exercises

제한시간 5분(문제당 25초)

문제풀이 예제

The town planning board is evaluating the plans for the new stadium to determine ------ can be done to provide sufficient parking.
(A) those   (B) what   (C) whether   (D) there

해설 선행사가 없고 뒤에 주어가 없는 불완전한 문장이 왔다. 타동사 determine의 목적절을 이끌 수 있는 것은 의문대명사 what이다. 의문사는 명사절을 이끄는 접속사의 역할을 한다.

해석 마을 기획 위원회는 새로 짓는 경기장에 주차공간을 충분하게 확보하려면 어떻게 하면 되는지 결론을 내리기 위해 그 계획을 평가하고 있다.

어휘 evaluate 평가하다   sufficient 충분한

Step 1 Warm-up Test

01 The company, ------ largest national market is the United States, is partly protected with hedging contracts against a declining dollar.   (A) which   (B) whose

02 Anyone ------ wishes to attend the annual company picnic must register by 12 noon today in the main lobby.   (A) when   (B) who

03 The guidebook explains in more detail ------ you will experience once you land on the beautiful islands of the Philippines.   (A) which   (B) what

04 We will send an e-mail to all of our customers in order to remind them when the library books ------ they have borrowed should be returned.   (A) that   (B) because

05 The Motor Show, ------ annually demonstrates the newest concept cars, draws over ten thousand attendees.   (A) where   (B) which

06 In your email please find the information from the seminar ------ you requested.
(A) what   (B) that

Step 2 실전 TOEIC Test

01 Ms. Federov has acquired the list of the passengers ------ are required to return back to the security office for additional investigations.
(A) whose
(B) who
(C) where
(D) when

02 When Gary Oldman went to a local Makoto Car Dealership, one car, ------ was a red coupe displayed in front of the show window, caught his attention.
(A) who
(B) where
(C) which
(D) what

03 Ironically, Bob Doyle and Alex Palese, the two tycoons ------ careers are considered to be the best in the business world, are both college dropouts.
(A) who
(B) whose
(C) their
(D) they

04 The renowned chef Francisco Zanetti, ------ latest dish was launched last week, will be competing for the World's Fabulous Chef Tournament.
(A) whatever
(B) whom
(C) what
(D) whose

05 After a day of discussion, the members of Noa Museum of Art will determine ------ artwork will be displayed on the second floor.
(A) who
(B) whom
(C) whoever
(D) whose

06 Ms. Dockers is one of the three applicants ------ work experience is more than ten years in the insurance field.
(A) what
(B) who
(C) which
(D) whose

▶ 문제풀이 예제 정답 (B)

▶ 정답 및 해설 p.56~57

LESSON 4 that vs what

Point

> 관계대명사 that은 선행사가 사람이든 사물이든 상관없이 who, whom, which를 대신해서 쓰인다. 주격과 목적격의 형태가 같고 소유격은 없다. 관계대명사 what은 그 자체에 선행사를 포함하며 명사절을 이끌어 문장의 주어, 보어, 목적어 역할을 한다.
>
> He called us to check the status of the parts ------- were ordered last month.
> (A) that　　　(B) what　　　(C) who　　　(D) there
>
> ▶ 문장에 동사가 두 개(called, were ordered)이므로 유도부사 there는 답이 될 수 없다. 선행사가 사물이니 who도 답이 될 수 없다. what은 앞에 선행사를 받을 수 없으므로 사물 선행사 the status of the parts 뒤에는 that이 와야 된다.
> ● 그는 지난달에 주문한 부품들의 상태를 확인하기 위해서 우리에게 전화했다.　　　　정답 (A)

1 관계대명사 that은 이런 경우에 쓴다.
(1) 선행사의 사람/사물 여부에 관계없이 who, whom, which를 대신해 사용한다.　　(2) 이유, 방법을 나타내는 관계사절에 쓴다.
(3) the day, the year, the time 등 구체적이고 제한적인 시간 개념을 나타내는 관계사절에 쓴다.
(4) 선행사가 최상급, 서수, the one, the very, the same 등으로 수식될 때 지시대명사 성격을 지닌 that이 관계대명사로 온다.
(5) 선행사가 -thing, -one, -body 등의 부정대명사인 경우에 쓴다.

2 관계대명사 that은 이런 경우 쓸 수 없다.
(1) 계속적 용법으로는 쓰이지 않는다. 즉, 관계대명사 that은 앞 문장 전체를 선행사로 받을 수 없고 쉼표 뒤에 올 수도 없다.
　I bought a book, **which** was useful. (O)　I bought a book, **that** was useful. (X) 책을 샀는데, 그 책은 유용하다.
(2) 관계대명사 that은 전치사 뒤에 올 수 없다.　This is the car of **that** I spoke. (X) 이것이 내가 말한 차다.
　주의 _ that은 수량 표현 부정대명사(all/some/any of ~)의 형태로도 쓸 수 없다.　all of **whom** (O)　all of **that** (X)

3 관계대명사 what은 선행사를 포함하며 명사절을 이끈다.
(1) what은 선행사를 포함하므로(the thing which: ~하는 것) 선행사가 중복되지 않도록 주의한다.
　Everything **that** he saw was amazing. (O)　Everything **what** he saw was amazing (X) 그가 본 모든 것은 놀라웠다.
(2) what의 명사절은 전체 문장 중에 '주어, 목적어, 보어'의 역할을 하며 뒤에 불완전한 문장을 취한다.
　What I've experienced is unforgettable. 〈주어 역할〉 내가 경험한 것은 정말 잊을 수 없는 일이다.

4 what의 용법(의문대명사, 의문형용사, 관계대명사, 관계형용사)을 구분하라.
(1) 의문대명사 what: '무엇'이라고 해석하며 뒤에 불완전한 문장의 명사절을 이끈다.
　I asked her **what** she had found in the cave. 나는 그녀가 동굴에서 무엇을 발견했는지를 물어 보았다.
(2) 관계대명사 what: '~하는 것'으로 해석되며 뒤에 불완전한 문장을 이끈다.
　She hid **what** she had found in the cave. 그녀는 동굴에서 찾은 것을 숨겨 놓았다.
(3) 관계형용사 what: 〈what + 명사〉의 형태로 '모든~(all the + 명사)'으로 해석되며 완전한 문장을 이끈다.
　He gave me **what** money he earned. 그는 그가 번 돈을 모두 내게 주었다.
(4) 의문형용사 what: 〈what + 명사〉의 형태로 '어떤, 무슨'의 의미로 명사를 수식하며 완전한 문장을 이끈다.
　I want to know **what** project he'll do this semester. 나는 그가 이번 학기에 어떤 프로젝트를 맡을지 궁금하다.
　☆ what 뒤에는 한정사가 나올 수 없다. 즉 what과 project 사이에는 관사나 소유격 등이 올 수 없다.

Ustar 출제포인트 시험에는 이렇게 나온다! 토익에 나오는 that의 6가지 용법

❶ 지시형용사: 〈지시형용사 + 단수명사〉 I need **that** report. 나는 저 보고서가 필요하다.
❷ 지시대명사: 지시대명사 that은 단수 취급한다. **That** is not mine. 저것은 내 것이 아니다.
❸ that of: 앞에 나온 명사를 대체한다. Our efficiency is better than **that of** yours. 우리의 효율성은 너희보다 낫다.
❹ 명사절 접속사: 전체 문장의 주어 혹은 타동사/전치사의 목적어 자리로 that 뒤에 완전한 문장이 온다.
　I did not know **that** they attended the meeting. 나는 그들이 그 회의에 참석한 줄 몰랐다.
❺ 관계대명사: 명사(선행사) 다음에서 그 명사를 수식한다. 관계대명사 뒤에는 주어나 목적어가 빠진 불완전한 문장이 온다.
　The new design **that** aimed at the Asian market was popular. 아시아 시장을 목표로 한 새 디자인은 인기가 있었다.
❻ 동격절 that: news, fact, rumor, confirmation, agreement 등의 명사 다음의 동격절 that은 뒤에 완전한 절이 따라온다.
　The company announced the plan **that** they will take over one of their competitors. (the plan that: ~라는 계획)
　그 회사는 경쟁사들 중 한 곳을 인수할 거라는 계획을 발표했다.

Exercises

제한시간 5분(문제당 25초)

문제풀이 예제

We were not informed ------- book we should bring to the class.
(A) this   (B) what   (C) when   (D) the

해설 book은 가산명사이다. 가산명사 앞에는 관사를 대신하는 관계형용사나 의문형용사가 된다. 위의 문장에는 동사가 두 개이므로 관계사나 접속사가 필요하다. 일단 (A)는 탈락. how나 when이 오면 가산명사인 book에 관사 또는 복수의 -s가 붙어야 한다.

해석 수업에 가져가야 할 책이 무엇인지 전해 듣지 못했다.

Step 1 Warm-up Test

01 Sports drinks, ------- are used to replenish energy levels, are a great help to athletes.
(A) which   (B) what

02 We are looking for a number of candidates in our administrative division, ------- may be suitable for non pet owners.   (A) which   (B) that

03 Mrs. Park asked me to let her know in detail ------- the responsibilities of the position were.
(A) what   (B) that

04 The launch of the new composition was called off because of a problem that ------- in the marketing department when the environmental pollution was becoming a growing concern.
(A) emerged   (B) revealed

05 After consulting with our salesperson, he will help you determine ------- interior features would be best for you.   (A) which   (B) that

06 It is critical ------- all of the employees be familiar with the company bylaws.   (A) what   (B) that

Step 2 실전 TOEIC Test

01 The renowned broker, William Klein always picks the right stocks ------- rise steadily and safely.
(A) that
(B) they
(C) what
(D) when

02 We have to come to an agreement with Blake & Brothers regarding the contract ------- was previously negotiated.
(A) that
(B) what
(C) who
(D) there

03 What Mr. Righter will be dealing in his presentation today is about marketing strategy, ------- is necessary for all our employees as well as the marketing staffs.
(A) which
(B) that
(C) who
(D) when

04 Please come to the post office by 3 P.M. and pick up the special delivery ------- you ordered.
(A) then
(B) what
(C) when
(D) that

05 The instruction brochure shows ------- passengers must do in case of an emergency landing.
(A) which
(B) where
(C) how
(D) what

06 Please indicate ------- condition should be modified in the contract.
(A) that
(B) whose
(C) what
(D) whether

▶ 정답 및 해설 p.57~58

▶ 문제풀이 예제 정답 (B)

LESSON 5 전치사 + 관계대명사 = 관계부사

Point

관계대명사 앞에서 전치사를 선택하는 문제는 **관계대명사 문장 끝에 '전치사와 선행사'를 넣어본다.**

 The land ------- which our company wanted to construct a distribution center has been sold.
(A) on   (B) from   (C) for   (D) to

▶ 이렇게 관계대명사 앞에 나오는 전치사를 묻는 질문의 경우에는 관계대명사절의 끝에 전치사와 선행사를 넣어본다. Our company wanted to construct a distribution center (on the land). 따라서 답은 on이 된다.

● 우리 회사가 유통센터를 짓고 싶어 하던 그 땅은 팔렸다.

정답 (A)

1 관계대명사에서 전치사의 위치

관계대명사가 전치사의 목적어가 되는 경우 전치사는 관계대명사절의 맨 뒤 또는 관계대명사 바로 앞에 온다.

This is the place **which** I spoke **of**. 〈전치사가 관계대명사절의 끝에 위치〉
= This is the place **of which** I spoke. 〈전치사가 관계대명사의 앞에 위치〉 여기가 제가 말씀드린 그 곳입니다.

2 관계대명사를 생략하려면 전치사를 관계대명사절의 끝에 위치시킨다.

뿐만 아니라, 관계대명사 that은 앞에 전치사가 올 수 없다. 그러므로 전치사를 관계대명사절 뒤로 보낸다.

The company **that** I work **in** is very large. (O)   The company I work **in** is very large. (O)
The company **in that** I work is very large. (X)   The company **in** I work is very large. (X)

내가 일하는 회사는 규모가 매우 크다.

3 관계부사의 이해

주격이나 목적격 관계대명사 뒤에는 항상 주어나 목적어인 선행사 자리가 비어 있는 불완전한 문장이 온다. 그러나 〈접속사 + 부사〉의 역할을 하는 관계부사 when, where, how, why 뒤에는 완전한 문장이 나온다.

〈선행사 + 관계대명사 + 완전한 문장 + 전치사〉 = 〈선행사 + 전치사 + 관계대명사 + 완전한 문장〉
= 〈선행사 + 관계부사 + 완전한 문장〉

(1) 관계부사의 형성과정

❶ The city is by the river + He lives **in** the city.   ☆ 중복되는 명사가 있는 두 문장을 접속사로 연결
❷ The city is by the river ~~and~~ he lives **in** ~~the city~~.   ☆ 접속사와 반복 명사 삭제, 전치사는 삭제 불가
❸ The city **in which** he lives is by the river.   ☆ 접속사와 반복 명사를 관계대명사로 대체, 전치사를 앞으로 이동
❹ The city **where** he lives is by the river. 〈관계부사〉 내가 살고 있는 도시는 강변에 있다.

(2) 관계부사의 종류

선행사		전치사 + 관계대명사		관계부사
시간(time, day...)		at/on/in which		when
장소(place...)	+	at/on/in/to which	=	where
이유(reason)		for which		why
방법(way)		in which		how

I remember **the time at which** I was speechless. = I remember **when** I was speechless.
난 내가 말문이 막힌 그때를 기억한다.

Ustar 출제포인트 시험에는 이렇게 나온다!   관계대명사 which와 관계형용사 which 구분하기

which 뒤에 명사가 오면 which는 관계대명사가 아니라 의문형용사나 관계형용사로 쓰인 것이다. 예컨대 which가 특정 날짜를 선행사로 받는 경우, 〈특정날짜, + ------- + which ~〉일 경우에는 빈칸에 **on**이 들어간다. 하지만 〈특정날짜, + ------- + which time ~〉의 경우에는 which 뒤에 명사가 있으므로 관계형용사이다.

Yahoo will distribute an article about the new player on Friday, ------- which time we will learn more about him.
(A) on   (B) at   (C) in   (D) for

■ 선행사가 시간이기 때문에 관계대명사 앞의 특정 요일(Friday) 앞에 오는 on을 답으로 생각하기 쉽다. 하지만 which 뒤에 명사 time이 있다는 것은 which가 관계대명사가 아니라 관계형용사임을 의미한다. 만약 위 문장의 which가 관계대명사라면, which 뒤에 명사(time)가 따라올 수 없다. 위 문장은 Yahoo will distribute an article about the new player on Friday and at the time we will learn more about him.으로 바꿔 쓸 수 있다. 이때 at the time의 the의 자리는 의미에 따라 that, this 등의 한정사와 관계형용사 which로 바꿀 수 있다. 즉 at that time, at this time, at which time 등이 가능하다는 것이다.

■ 야후는 새로운 선수에 대한 기사를 금요일에 배포할 것이며, 그때 우리는 그에 대해 더 많이 알 수 있을 것이다.

Exercises

제한시간 5분(문제당 25초)

문제풀이 예제

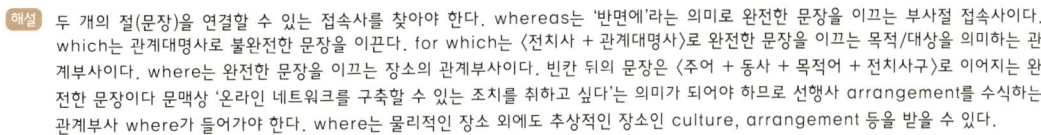

We wish to organize an arrangement ------- we can establish an online network between distributors and suppliers in order to increase the levels of communication within the distribution chain.
(A) whereas   (B) which   (C) for which   (D) where

해설 두 개의 절(문장)을 연결할 수 있는 접속사를 찾아야 한다. whereas는 '반면에'라는 의미로 완전한 문장을 이끄는 부사절 접속사이다. which는 관계대명사로 불완전한 문장을 이끈다. for which는 〈전치사 + 관계대명사〉로 완전한 문장을 이끄는 목적/대상을 의미하는 관계부사이다. where는 완전한 문장을 이끄는 장소의 관계부사이다. 빈칸 뒤의 문장은 〈주어 + 동사 + 목적어 + 전치사구〉로 이어지는 완전한 문장이다 문맥상 '온라인 네트워크를 구축할 수 있는 조치를 취하고 싶다'는 의미가 되어야 하므로 선행사 arrangement를 수식하는 관계부사 where가 들어가야 한다. where는 물리적인 장소 외에도 추상적인 장소인 culture, arrangement 등을 받을 수 있다.

해석 우리는 유통망 내의 의사소통 수준을 향상시키기 위해 유통업자와 공급자 사이에 온라인 네트워크를 구축할 수 있도록 하는 조치를 취하고자 한다.

어휘 arrangement 조치   distributor 유통업자   supplier 공급자   distribution chain 유통망

Step 1 Warm-up Test

01 The buses traveling around the suburban area are hardly ever on schedule ------- there is inclement weather such as fog or heavy rain.   (A) which   (B) when

02 The client asked for payments to be remitted to the account from ------- the loan was drawn.
(A) where   (B) which

03 Returned items should be brought to the Customer Service office ------- a representative will assist you with your request.   (A) where   (B) which

04 This handbook ------- I am referring now is about the policies in the company.
(A) to which   (B) for which

05 Multinational companies must be careful for the values of each culture in ------- they market their products so as not to upset potential clients.   (A) where   (B) which

06 ------- the conference is over, all staff from the accounting department are expected to submit their reports by the end of the day.   (A) When   (B) Why

Step 2 실전 TOEIC Test

01 We will have to travel on foot from this point to reach the health center ------- the natives are being treated.
(A) upon   (B) where
(C) in that   (D) in it

02 We are expecting our manager's return from the UK, ------- she made a speech on cost efficiency at a workshop.
(A) while   (B) where
(C) which   (D) why

03 Wonder Publisher conducted a survey asking thousands of employees who work in low paying industries to express ------- their biggest concerns are.
(A) how   (B) when
(C) what   (D) which

04 The conference room ------- the presentations will be held is equipped with microphones, a sound system and an LCD projector.
(A) why   (B) where
(C) when   (D) how

05 It was very kind of you to drive us to see all of the sights in your great city, especially the newly rebuilt parliament building, ------- we found to be an impressive architectural work indeed.
(A) which   (B) in which
(C) where   (D) that

06 You'll be transported to our bungee platform on the historic Wakitaka Suspension Bridge, ------- you can take an exciting plunge 50 meters straight down to the water below.
(A) when   (B) where
(C) which   (D) that

▶ 정답 및 해설 p.58~59

▶ 문제풀이 예제 정답 (D)

LESSON 6 관계대명사의 생략

Point

관계대명사는 다양한 용법으로 쓰이기 때문에 문장 내에 다른 성분들과의 관계를 보고 잘 판단해야 한다. 특히 최근에는 목적격 관계대명사가 생략된 형태의 문장 구조가 출제되는 경향이 있다.

I like the book ------- recently wrote.
(A) he   (B) his   (C) him   (D) which

▶ 빈칸은 wrote의 주어 자리이며 the book이 wrote의 목적어이다. 따라서 이 문장은 목적격 관계대명사가 생략된 문장임을 알 수 있다. 즉, I like the book (which) he recently wrote.에서 which가 생략된 것이다. 목적격 관계대명사가 생략되어도 뒤의 문장에 오는 〈주어 + 동사〉에는 영향을 주지 않는다.

● 나는 그가 최근에 쓴 책을 좋아한다.   정답 (A)

1 주격 관계대명사의 생략

(1) 주격 관계대명사가 생략되면 뒤에 있는 동사는 분사로 바뀐다.

I saw a man **who was working** in the office. 〈주격 관계대명사 + 동사〉
= I saw a man **working** in the office. 〈주격 관계대명사 + 분사〉 나는 사무실에서 일하고 있는 남자를 보았다.
☆ 주격 관계대명사와 be동사 생략하여 working이라는 분사를 만들었다.

There is a boy **who plays** with toys. 〈주격 관계대명사 + 동사〉
= There is a boy **playing** with toys. 〈주격 관계대명사 + 분사〉 장난감을 갖고 노는 소년이 있다.
cf. There is a boy plays with toys. (X)
☆ 한 문장에 접속사나 관계사 없이 동사가 2개 있는 것은 불가하다.

(2) 관계대명사와 분사는 함께 쓸 수 없다.

There is a boy who playing with toys. (X)
☆ 〈관계대명사 + 분사〉는 불가하다.

2 목적격 관계대명사의 생략

who(m), which, that이 목적격 관계대명사로 쓰일 때는 생략할 수 있다. 목적격 관계대명사는 생략되어도 뒤 문장에 영향을 주지 않는다. 그러나 목적격 관계대명사 앞에 전치사가 있으면 생략할 수 없다. 전치사 뒤에 목적격 관계대명사를 생략할 경우에는 전치사를 관계사절의 끝에 둔다.

He showed his **new car**. + He was so proud of **it**.
= He showed his **new car which** he was so proud **of**. 〈선행사 + 목적격 관계대명사 + 주어 + 자동사 + 전치사〉
= He showed his **new car** he was so proud **of**. 그는 그가 자랑스러워하는 새 자동차를 보여주었다.

(1) 관계대명사가 타동사의 목적어일 때는 생략할 수 있다.

(2) 관계대명사가 전치사의 목적어일 때는 생략할 수 없으므로 반드시 전치사를 관계사절 문장의 끝으로 보내고 관계대명사를 생략해야 한다.

He announced the news **which** everyone waited **for**. 그는 모두가 기다리는 소식을 전했다.
= He announced the news everyone waited **for**.

(3) 관계대명사를 생략한 경우 목적어를 뒤에서 두 번 쓰지 않도록 유의한다.

Here is the file **that I left** in the office. (O) 내가 사무실에 두고 왔던 파일이 여기 있습니다.
Here is the file I **left it** in the office. (X)

Ustar 출제포인트 시험에는 이렇게 나온다!

관계대명사 바로 뒤에 〈주어 + 동사〉의 삽입절이 있는 경우 이를 생략할 수 있다. 이때 〈주어 + 동사〉는 주로 I think, he supposes, we believe 등으로 in my/our opinion, in his opinion 등 부사구의 의미를 가진다.

The officer **who** (I thought) was honest deceived people. 내가 정직하다고 생각한 경찰관이 사람들을 속였다.
The officer **who** was honest deceived people. 정직한 경찰관이 사람들을 속였다.
☆ I thought는 생략 가능한 삽입절이며, 뒤에 동사 was가 오므로 who는 주격 관계대명사이다.

I bought some vegetables which **(I supposed)** were organic. 나는 유기농이라 여겨지는 야채를 샀다.
cf. I bought some vegetables which **I supposed** to be organic.
☆ 이때의 I suppose는 삽입절이 아니다. some vegetables가 supposed의 목적어이므로 which는 목적격 관계대명사가 된다.

Exercises

제한시간 5분(문제당 25초)

문제풀이 예제

> Productivity was markedly improved amongst those employees ------- three day weekends, sharply contrasting that of workers saddled with their regular schedules.
> (A) given   (B) were given   (C) have given   (D) gave

해설 관계대명사 생략에는 2가지 경우가 있다. 〈목적격 관계대명사〉와 〈주격 관계대명사 + be동사〉가 그것이다. 위 문장은 후자의 경우에 해당한다. 빈칸 앞에 who were가 생략되었으므로, 선행사 those employees 다음의 빈칸에는 과거분사 given만 있어야 한다. 만약 빈칸 앞에 who가 있다면 답은 동사인 were given일 것이다.

해석 3일의 주말 휴가를 받은 노동자들 사이에서 생산성이 눈에 띄게 증가되었는데, 이것은 정규 일정으로 일을 하는 노동자들과 비교했을 때 뚜렷하게 대조되는 현상이었다.

어휘 productivity 생산성   saddle with 떠맡다, 부담을 지우다

Step 1 Warm-up Test

01 Caremark Rx, Inc. assures its customers that it is committed to ensuring a seamless, efficient integration ------- exceptional service levels for them.   (A) maintaining   (B) will maintain

02 Recent changes in federal law concerning telecommunications companies ------- the use of customer's personal information for marketing purpose.   (A) regulate   (B) regulating

03 Dr. Robert Laurie has ------- the regular consumption of nuts may reduce the risk of heart disease.
    (A) suggestion   (B) suggested

04 *The Ford Report* established in 1988, gives you the latest issues on management and marketing ------- the hospitality industry, with subscribers in over 100 countries.   (A) affecting   (B) affects

05 The University of Redding offers a very limited number of scholarships, ------- to any candidate of exceptional merit, although the competition is usually extremely high.   (A) open   (B) opens

06 Unlike most hand pumps made of leather, the Emergency Pump System utilizes a unique plunger system ------- totally out of plastic.   (A) is made   (B) made

Step 2 실전 TOEIC Test

01 It is the company's policy that all of the employees at the factory keep a record of the hours ------- work.
    (A) them
    (B) they
    (C) those
    (D) their

02 The amount you ------- depends on which plan you choose.
    (A) save
    (B) saved
    (C) saving
    (D) to save

03 The missing items are indicated on the copy of the order we ------- for your information.
    (A) place
    (B) enclose
    (C) detach
    (D) annex

04 We would appreciate your sending a replacement shipment of the missing portion of the order, ------- we feel may have been omitted when the original order was filled.
    (A) which
    (B) in which
    (C) whichever
    (D) that

05 The machines ------- to make different designs in response to the rapidly-changing demands of fashion will be delivered to the factory next week.
    (a) programmed
    (B) program
    (C) is programmed
    (D) is programming

06 Financial News Network announced today that it will be sold to a joint venture ------- by Dow Jones and Westinghouse Broadcasting.
    (A) creates
    (B) creating
    (C) creation
    (D) created

▶ 정답 및 해설 p.59~60

▶ 문제풀이 예제 정답 (A)

LESSON 7 부정대명사 + of whom/which & 유사관계대명사

Point

> 부정대명사 all, half, most, both, many, some, either, neither 뒤에 빈칸이 나오면 선행사에 따라 목적격 관계대명사 whom 또는 which를 선택한다.
>
> | 부정대명사 + of + whom(사람)/ which(사물) + 동사 |
> | --- |
>
> There were 60 men, some of ---------- have left.
> (A) they (B) them (C) whom (D) which
>
> ▶ 위 문장은 동사가 두 개이므로 절(문장)과 절(문장)을 연결할 수 있는 접속사나 관계대명사가 답이 될 수 있다. 일단 대명사인 they나 them은 답에서 제외된다. 원래 문장은 There were 60 men and some of the 60 men have left.이다. 여기에서 접속사(and)와 반복 명사(60 men)가 생략된 형태이다. 따라서 빈칸에는 관계대명사가 와야 하는데 선행사가 사람이고 문장의 주어가 some이며 빈칸은 of의 목적어이므로 목적격 관계대명사 whom이 와야 한다.
>
> ● 60명의 사람들이 있었는데, 그들 중 일부는 떠났다.
>
> 정답 (C)

1 부정대명사+of+whom/which

부정대명사란 all, half, most, both, many, some, either, neither 등 수와 양을 나타내는 것을 뜻한다. 부정대명사 뒤에 빈칸이 나오고 전체 문장의 동사가 2개이면 빈칸에는 접속사나 전치사 of의 목적어, 즉 목적격 관계대명사가 와야 한다.

사람 선행사 + all/half/most/both... + of + whom + 불완전한 문장
사물 선행사 + all/half/most/both... + of + which + 불완전한 문장

I have **ten books, most of which** I have read.
나는 책 10권을 가지고 있는데 그 책들 중에서 대부분을 읽었다.
The team has **twelve members, most** of **whom** are professionals.
그 팀은 구성원이 12명인데, 그들 중 대부분은 전문가들이다.

2 유사관계대명사

유사관계대명사란 원래 관계대명사는 아니지만 관계대명사 역할을 하는 접속사를 칭한다. 관계대명사와 마찬가지로 선행사를 지니며, 뒤에 불완전한 문장을 받는다.

(1) 유사관계대명사는 보통 특정 형용사에 상응해 쓰인다.

same + 명사 ~ as	no + 명사 ~ but
such + 명사 ~ as	nobody ~ but
as ~ as	more + 명사 ~ than

(2) **as**: as가 단독으로 쓰여서 앞이나 뒤의 문장 전체를 선행사로 받을 수 있다.
  As I mentioned at the meeting, we can't afford to go on vacation this year.
  회의에서 언급했듯이 우리는 올해 휴가를 갈 수 없습니다.

(3) **as/than**: as는 앞에 〈such/same + 명사〉를 선행사로 받고 than은 '~보다도'라는 뜻을 가지며, 선행사로 앞에 비교급과 형용사/명사를 받는다.
  He asked me for **more** food **than** (is) needed. 〈주격〉 그는 필요한 양보다 많은 음식을 부탁했다.
  I earned **more** money **than** I expected. 〈목적격〉 난 내가 예상했던 것보다 돈을 더 많이 받았다.

(4) **but**: 선행사 앞에 no, not, few 등의 부정어가 올 때 쓰이며 who/which/that ~ not의 의미를 지닌다.
  There is **no** one **but** has a dream. 꿈을 갖고 있지 않은 사람은 없다.
  = There is **no** one **who does not** have a dream.

> **Ustar 출제포인트** 시험에는 이렇게 나온다!
>
> 1. 유사관계사의 용법을 숙지하라!
>   This is the same book ------- I bought.
>   (A) as   (B) with
>   ■ as는 앞 문장 전체 내용을 받는 유사관계대명사이다.
>   ■ 이것은 내가 구입한 책과 같은 책이다.
>
> 2. 부분 관계대명사에서 관계대명사는 주격이 아니라 목적격이다. 일반적으로 타동사 뒤에 whom은 who로 바꾸어 쓸 수 있지만 전치사 뒤에 whom은 who로 바꾸어 쓸 수 없다. some of who (X) some of whom (O)
>
> 3. 전치사 뒤에는 관계대명사 that을 쓸 수 없다. some of that (X) some of which (O)

Exercises

제한시간 5분(문제당 25초)

문제풀이 예제

The company has decided to recruit seven new employees during the first quarter of next year, all of ------- are expected to be female.
(A) what (B) this (C) their (D) whom

해설 빈칸 앞에 있는 선행사는 부분대명사인 all이다. 빈칸 앞뒤에 전치사 of와 동사 are가 위치하므로 목적격 관계대명사 whom이 올 자리이다. 여기서 whom은 seven new employees를 가리킨다.

해석 회사는 내년 1분기 때 7명의 신입사원을 채용하기로 결정했는데, 모두 여성이 될 것이다.

어휘 recruit 모집[채용]하다 quarter 분기

Step 1 Warm-up Test

01 The company has interviewed 20 candidates, some of ------- were from Korea.
(A) which (B) whom

02 Wine from California is as famous ------- Chile Wine in both Asia and eastern Europe.
(A) as (B) of

03 Soft Technology Institute saved a significant sum of money last year, most of ------- will be reinvested into research and development. (A) which (B) that

04 Managers often have to decide between several courses of action, none of ------- is completely right or wrong. (A) whom (B) which

05 Although many Korean employees don't like working under their British boss, some of ------- have found him to be quite nice. (A) them (B) whom

06 We recently hired some local economy specialists, ------- of whom are native to the region.
(A) one (B) most

Step 2 실전 TOEIC Test

01 The school tries to hire employees from diverse backgrounds, but they now have only 10 teachers, all of ------- are men.
(A) what
(B) which
(C) them
(D) whom

02 Prinstar sells over $30 million worth of output device units a year, half of ------- are sold in China.
(A) whose
(B) which
(C) them
(D) whom

03 We interviewed ten candidates for the position, anyone of ------- would make an excellent addition to our department.
(A) who
(B) whom
(C) which
(D) them

04 Since the interview for the sales position started promptly at 8 A.M. Ms. Jameson had to come to work ------- than usual.
(A) early
(B) earlier
(C) earliest
(D) earliness

05 Our research and development department has developed some new designs, two of ------- were considered for last year's Innovative awards.
(A) them
(B) whose
(C) that
(D) which

06 The Pest County Animal Health and Food Control Station has banned the marketing of a list of past-date-of-sale items, ------- of which had their original expiration dates removed.
(A) many
(B) few
(C) little
(D) none

▶ 정답 및 해설 p.61~62

▶ 문제풀이 예제 정답 (D)

LESSON 8 복합관계사의 이해

Point

> 복합관계사란 관계대명사(who, which, whom, that)나 관계부사(when, where, how) 뒤에 -ever가 붙어 강조와 양보를 나타내는 것으로 선행사가 포함된 관계사를 말한다. 선행사를 포함하고 있으므로 복합관계사 앞에 선행사는 올 수 없다.
>
> There is a boy ------- is one of my friends.　　(A) who　　(B) whoever
> ▶앞에 선행사가 있으므로 whoever는 답이 될 수 없다. 복합관계대명사 whoever, whichever, whatever는 선행사를 포함한 관계대명사로 주로 명사절이나 양보 부사절의 기능을 한다. ●내 친구 중 하나인 소년이 있다.　　정답 (A)

1 복합관계사는 〈관계대명사/관계부사 + -ever〉로 명사절과 부사절로 쓰인다.

2 복합관계대명사의 '격'은 복합관계사절 안에 빠져 있는 문장 성분에 따라 결정된다.

(1) **주격**: 〈whoever + 동사(주어가 없는 불완전한 문장)〉
  Whoever wants to come can ask for the free ticket. (= Anyone who wants ~)
  오기를 원하는 사람은 누구나 무료 티켓을 요청할 수 있다.

(2) **목적격**: 〈whomever + 주어 + 동사/전치사(목적어가 없는 불완전한 문장)〉
  You can give it to **whomever** you like. (= anyone whom you like)
  당신이 주고 싶은 사람 누구에게나 줄 수 있다.

(3) **소유격**: 〈whosever + 완전한 문장〉
  Whosever parcel it is, please move it to another place. = No matter whose parcel it is ~
  이것이 누구의 소포인지 간에, 다른 곳으로 옮겨 주십시오. ☆ parcel it is는 〈보어 + 주어 + 동사〉의 완전한 문장이다.

3 whoever는 명사절 접속사와 양보 부사절 접속사의 2가지 기능을 갖는다.

(1) **명사절의 whoever**: 〈선행사(anyone) + 관계대명사(who)〉 형태로 '누구나'라는 의미를 갖는다. 선행사를 포함하고 있으므로 whoever 앞에는 선행사가 올 수 없으며 항상 단수 취급한다.
  Whoever applies for the job will be accepted. 〈명사절 - 주어 역할〉 그 직장에 지원한 사람은 누구나 합격할 것이다.

(2) **양보 부사절의 whoever**: 〈관계대명사(who) + 강조(ever)〉의 형태로 '누구든지'라는 의미의 양보 부사절을 이끈다.
  Whoever may apply for the job, he will be accepted. 〈부사절 양보〉 그 직장에 누가 지원할지라도 그는 합격할 것이다.
  ☆ 부사절인 whoever는 쉼표로 끊어준다.

4 whichever와 whatever

whichever와 whatever는 '선택'이란 동일한 기능을 가지며 둘 다 모두 소유격 형태를 지니지 않고 주격과 목적격이 동일하다.

(1) 〈복합관계대명사 + 불완전한 문장〉: 선택의 의미가 있는 명사절
  You can buy **whichever** you want. (= anything that) 네가 원하는 건 뭐든지 살 수 있다.

(2) 〈복합관계대명사 + 불완전한 문장〉: 양보의 부사절
  Whichever you want, you can take it. (= no matter which) 네가 원하는 게 무엇이든 넌 그걸 가질 수 있다.

(3) 〈복합관계형용사 + 완전한 문장〉: '어떤 ~라도'란 뜻으로, 명사절, 부사절 모두 사용 가능하다.
  • 〈whatever + 명사〉: 특정하게 제한되지 않은 범위에서 막연하게 선택
  Whatever conditions they might offer, I will cancel the contract. 〈Whatever + 목적어 + 주어 + 동사: 완전한 문장〉
  그들이 어떤 조건을 제안하든, 나는 이 계약을 파기할 것이다.
  • 〈whichever + 명사〉: 제한된 범위에서 좀 더 구체적으로 선택
  Whichever method he takes, he can solve the problem easily. 〈Whichever + 목적어 + 주어 + 동사: 완전한 문장〉
  어떤 방법을 취할지라도, 그는 쉽게 문제를 풀 수 있을 것이다.

> **Ustar 출제포인트** 시험에는 이렇게 나온다!
>
> 관계대명사, 복합관계대명사, 의문사가 모두 보기에 제시되는 경우 구분할 수 있어야 한다. 우선 관계대명사는 선행사가 필요하며, 선행사가 필요 없는 복합관계대명사와 의문사는 해석상에 차이가 있다. ❶ 복합관계대명사는 '~하는 사람, ~하는 것'을 지칭하며 ❷ 의문사는 명사절을 이끌며 '~라는 사실'이라고 해석된다.
>
> ------- needs it should call me.　　(A) Who　　(B) Whoever　　(C) Anyone　　(D) Whichever
>
> ■ ------- needs it이 전체 문장의 주어 역할을 한다. 문장의 동사가 2개(needs, should call)이므로 둘을 연결할 수 있는 접속사나 관계사가 답이 된다. 일단 Anyone은 대명사이므로 정답에 제외된다. 동사 should call(전화를 해야 한다)의 주어는 사람이다. 따라서 Whichever는 답이 될 수 없다. Who는 선행사가 없으므로 답이 될 수 없고, 의문사라고 해도 ~라는 사실이라고 해석되는데 ~라는 사실이 전화를 할 수 없기 때문에 답이 될 수 없다. 문맥상 '~한 사람이라면 누구나(anyone who)'라는 의미의 Whoever가 답이다. ■이것이 필요한 사람이라면 누구나 나에게 전화를 해야 한다.

Exercises

제한시간 5분(문제당 25초)

문제풀이 예제

For detailed information, applicants may inquire by either telephone or e-mail, ------- they prefer.
(A) what   (B) which   (C) whoever   (D) whichever

> **해설** 선택지를 보고 문제의 성격을 파악한다. 관계사 문제이므로 빈칸 앞뒤의 구조를 확인한다. 보기 중 what(= the thing that), whoever(= anyone who), whichever(= anything that)는 모두 선행사를 포함한 관계대명사이다. 앞에 선행사 telephone or e-mail이 있고 빈칸 뒤에 목적어 없이 〈주어 + 동사〉가 연결되어 있으니 '목적격 관계대명사'라고 생각하고 which를 선택하면 안 된다. 그렇게 되면 '지원자들이 전화나 이메일을 선호하고 있다'는 어색한 의미가 되어버린다. 이때는 whichever와 whoever가 양보절을 이끄는 관계대명사로 쓰였음을 판단해낼 수 있어야 한다. whichever(= no matter which: 어느 것을 ~할지라도), whoever(= no matter who: 누가 ~할지라도)는 뒤에 불완전한 문장을 이끄는 양보절 접속사로 사용 가능하다. 문맥상 전화나 이메일 등 그들이 선호하는 어느 방법으로든 문의할 수 있다는 문맥이 자연스러우므로 whichever가 답이 된다.
>
> **해석** 자세한 정보를 알고 싶으면, 지원자들은 전화나 이메일 등 그들이 선호하는 어떤 방법으로든 문의할 수 있습니다.
>
> **어휘** applicant 지원자, 신청자   prefer 선호하다

Step 1 Warm-up Test

01 New employees ------- have worked at another company for more than 6 months may apply to have the probation period shortened or waived.   (A) who   (B) whoever

02 If the clients to ------- the monthly interest income will be transferred do not have a debit card, Hebros Bank will issue to them a debit card free of charge.   (A) whoever   (B) whom

03 Both of the carpets were designed with great care and we assure you that ------- you choose will bring years of satisfaction.   (A) some   (B) whichever

04 Mr. Cohen informed the human resources department that he could come for an interview ------- it is convenient.   (A) whenever   (B) whichever

05 If the assignments are completed on time, ------- in the division will receive additional bonuses.
(A) everyone   (B) whoever

06 After Mr. Mark retires from our public relations department, it will be arduous to seek ------- with comparable proficiency and expertise in planning to replace him.   (A) someone   (B) whoever

Step 2 실전 TOEIC Test

01 Emergency road service should be available ------- a person is located.
(A) whoever
(B) wherever
(C) whatever
(D) whichever

02 Passengers who booked first class are allowed to bring ------- they want, except for flammables.
(A) wherever
(B) however
(C) whomever
(D) whatever

03 The National Art Gallery must meet its July deadline for returning all of the Avan paintings ------- it has borrowed.
(A) that
(B) this
(C) whoever
(D) what

04 No matter ------- method you choose, it is important to let us know your travel arrangements.
(A) when
(B) why
(C) which
(D) where

05 ------- team wins at the end of this tournament will go to the championship game in America.
(A) Which
(B) Whichever
(C) When
(D) Whenever

06 ------- wishing to apply for the position is asked to submit three recommendation letters.
(A) Some
(B) Anyone
(C) Whoever
(D) Something

▶ 문제풀이 예제 정답 (D)

▶ 정답 및 해설 p.62~63

LESSON 9 복합관계부사

Point

> 복합관계부사인 wherever, whenever, however는 명사절을 이끌 수 없고 **부사절만을 이끈다**.
>
> Small packages should be placed ------ the person in charge can find them easily.
> (A) whoever   (B) wherever   (C) whatever   (D) whichever
>
> ▶ 빈칸 앞은 완전한 문장으로 명사절이 올 수 없다. 따라서 빈칸은 부사절을 이끌 수 있는 복합관계부사가 나와야 한다. 보기 중 whoever, whatever, whichever는 모두 복합관계대명사로 답이 될 수 없다.
>
> ● 작은 소포들은 어떤 곳이라도 담당자가 그것들을 쉽게 찾을 수 있는 곳에 놓아두어야 한다.   정답 (B)

1 관계부사는 〈선행사 + 관계부사 + 완전한 문장〉의 형태로 연결된다.

항상 뒤에 완전한 문장을 이끌며 부사절로만 쓰인다. 관계부사절이 주절 앞에 위치하면 쉼표를 찍어 주절과 내용을 분리시킨다.

We are expecting our manager's return from the UK, **where** she made a speech on cost efficiency at a workshop.   우리는 영국에서 우리 매니저가 돌아오기를 기다리고 있는데, 그녀는 그곳에서 열린 워크숍에서 비용 효율성에 대해 연설했다.
= We are ~, ~~접속사~~ she made a speech on cost efficiency at a workshop in ~~the Uk~~. 〈접속사와 반복 명사 삭제〉
= We are ~, which she made a speech on cost efficiency at a workshop in. 〈전치사 in 앞으로 이동〉
= We are ~, in which she made a speech on cost efficiency at a workshop. 〈 where = in which 〉

2 복합관계부사는 〈관계부사(when, where, how) + -ever〉이다.

복합관계부사는 관계부사에 -ever가 붙는 형태이다. 관계부사와 마찬가지로 뒤에 완전한 문장을 이끌며 부사절로만 쓰인다. 복합관계대명사와 같이 선행사를 포함하기 때문에 앞에 선행사가 올 수 없다.

복합관계부사절		
wherever + 완전한 문장	장소 강조	~하는 어디든지(= at any place where)
	양보 구문	어디서~할지라도(= no matter where)
whenever + 완전한 문장	시간 강조	~때는 언제든지(= at any time when)
	양보 구문	언제 ~을 할지라도(= no matter when)
however + 형용사/부사 + 주어 + 동사	양보 구문	아무리~할지라도(= no matter how)

(1) **wherever**
   You can go **wherever** you like. = You can go **to any place** you like.
   당신은 원하는 곳은 어디든지 갈 수 있다. 〈장소의 의미를 강조하는 부사절: ~하는 곳은 어디든지〉
   Wherever you want to go, you may go. = **No matter where** you want to go, you may go.
   당신이 가고 싶은 곳이 어디일지라도, 가도 됩니다. 〈양보 부사절: ~하는 곳이 어디일지라도〉

(2) **whenever**
   Come **whenever** you want. = Come **at any time** you want.
   당신이 원하는 시간에는 언제든지 오십시오. 〈시간의 의미를 강조하는 부사절: ~때는 언제든지〉
   Whenever he apologizes, I'll forgive him. = **No matter when** he apologize, I'll forgive him.
   그가 언제 사과를 하든지, 나는 그를 용서할 것이다. 〈양보 부사절: 언제 ~을 할지라도〉

(3) **however**: 〈however + 형용사/부사 + 주어 + 동사, 주어 + 동사〉 = 〈although + 주어 + 동사, 주어 + 동사〉
   However hard you may try, he'll not be easily persuaded.   당신이 아무리 노력을 할지라도, 그는 쉽게 설득하지 않을 것이다.
   = **No matter how** hard you may try, he'll not be easily persuaded.
   = **Although** you try hard, he will not be easily persuaded.

   cf. 접속부사 however: 그러나, 그렇지만(yet), 어쨌든(전환)
       That kind of attitude, **however**, will not be accepted.   어쨌든, 그런 종류의 태도는 용납되지 않을 것이다.
       ☆ 접속부사는 문두에 나올 수 없다.

Ustar 출제포인트 시험에는 이렇게 나온다! 복합관계사

종류	명사절(강조)	부사절(양보)
whoever + 불완전한 문장	anyone who ~하는 사람은 누구나	no matter who 누가 ~할지라도
whomever + 불완전한 문장	anyone whom ~하는 사람은 누구나	no matter whom 누구를 ~할지라도
whosever + 완전한 문장	anyone whose ~하는 것은 누구의 것이나	no matter whose 누구의 ~이라 할지라도
whichever	anything that ~하는 것은 어느 것이나	no matter which 어느 것을 ~할지라도
whatever	anything that ~하는 것은 무엇이나	no matter what 무엇을 ~할지라도

Exercises

문제풀이 예제

You can contact me ------- you need my help.
(A) whoever   (B) whichever   (C) whenever   (D) however

해설 빈칸 앞뒤에 각각 완전한 문장들이 있다. 따라서 빈칸 뒤에 오는 절은 부사절이다. whoever, whichever는 주로 명사절의 완전한 문장을 받는다. (D)는 뒤에 형용사나 부사가 뒤따라야 하는데 빈칸 뒤에는 주어와 동사가 있다. 이렇게 완전한 문장 앞에 올 수 있는 부사절을 이끄는 접속사는 whenever와 wherever뿐이다.

해석 제 도움이 필요하시면 언제든 연락주시면 됩니다.

Step 1 Warm-up Test

01 ------- Sanya Electronic's televisions always receive bad ratings by consumers, many people somehow still buy their televisions because of their unique design.   (A) Although   (B) However

02 ------- you choose, you will be sure to have a memorable stay at our hotel.
(A) Whatever   (B) However

03 ------- firmly the directors agree with the original plan, we should prepare for alternative plans.
(A) Whatever   (B) However

04 The new Voicemail system will answer your calls and transfer them to you ------- you may be.
(A) whenever   (B) wherever

05 ------- deciding whether or not to purchase a particular stock, it is advisable to consider consulting with our specialist.   (A) Whatever   (B) Whenever

06 ------- often customers experience poor service, they continue to use it because they can save money.   (A) Whenever   (B) However

Step 2 실전 TOEIC Test

01 ------- you go after work, you will see any of your colleagues downtown.
(A) Whenever
(B) Wherever
(C) However
(D) Whoever

02 Ms. Evans asks that ------- is in attendance please refrain from making any comments or asking any questions until after the statement is read.
(A) everyone
(B) whoever
(C) whomever
(D) everywhere

03 Those interns should receive a training to develop a creative product ------- assigned during their first year.
(A) wherever
(B) whenever
(C) however
(D) whatever

04 ------- you decide, the most important thing is that you take the employees' best interests into careful consideration.
(A) However
(B) Whenever
(C) Whatever
(D) Both

05 Demands on the new hair dryer have been so high that people are willing to buy it no matter ------- expensive it is.
(A) if
(B) where
(C) how
(D) so

06 Lynn's dad told him that he could have ------- he wanted for Christmas.
(A) whatever
(B) whoever
(C) whenever
(D) wherever

▶ 정답 및 해설 p.63~64

▶ 문제풀이 예제 정답 (C)

Ustar
TOEIC
Reading

Chapter 6

분사 (Participle)

분사 문제는 하나의 문법 지식만을 가지고는 풀 수 없으며, 연관된 문법들(접속사, 문장 구조, 태, 자동사, 타동사, 시제 등)에 대한 전반적인 이해도를 묻는다. 분사 문제는 크게 6가지 형태로 나눌 수 있다.

★ 주요 출제 패턴

1. 명사 앞에서 전치 수식하는 분사
2. 명사 뒤에서 후치 수식하는 관계대명사 생략 분사
3. 자동사 분사
4. 감정동사 분사
5. 종속접속사 주어 생략 분사
6. 동사 / 분사 / to부정사 / 동명사 구별

★ 이렇게 풀어라! 문제풀이 전략

1. **명사 앞에서 전치 수식하는 분사**

    The movie left a **good** impression. 〈형용사〉 그 영화는 좋은 인상을 주었다.
    The movie left a **lasting** impression. 〈분사 형용사〉 그 영화는 지속적인 인상을 주었다.

    good, lasting 모두 뒤에 있는 명사 impression을 수식하고 있다. 둘 다 형용사로 사용된 점에서는 동일하나 lasting은 좀 더 동사의 의미를 지니고 있다는 점에서 차이가 있다. 분사는 이렇게 명사 앞에서 형용사의 역할을 할 수 있다.

2. **명사 뒤에서 후치 수식하는 관계대명사 생략 분사**

    Employees ------- press machines must wear protective gloves.
    (A) have operated (B) operating (C) operated

    해설 Employees who operate press machines ~에서 Employees를 선행사로 하는 주격 관계대명사 who가 생략된 형태이다. 접속사가 없으므로 동사 operate는 명사를 수식할 수 있는 분사 형태가 되어야 한다. 내용상 employees가 operate의 행위를 능동적으로 하고 있으므로 operating이 답이다. 빈칸 뒤의 press machines는 분사의 목적어이다.

    해석 프레스 기계를 작동하는 직원들은 반드시 보안장갑을 착용해야 한다.

3. **자동사 분사**: 자동사의 분사 형태는 무조건 -ing

    Employees ------- in the office are requested to leave now.   (A) remaining   (B) remained

    해설 remain은 자동사라서 앞에서 수식하든 뒤에서 수식하든, 명사를 수식할 때는 항상 현재분사의 형태이다. 자동사 분사는 뒤의 목적어 유무로 판단하지 않도록 한다.

    해석 회사에 남아 있는 직원들은 지금 떠날 것을 요구받는다.

4. **감정동사 분사**: 사람은 과거분사, 사물은 -ing

    Potential buyers ------- in the newest models may be present at the British International Motor Show.
    (A) interesting (B) interested

    해설 Potential buyers who are interested in ~에서 who are가 생략된 형태이다. 앞의 명사인 buyers를 수식하고 있으며, buyers가 사람이고 interest는 감정동사이기 때문에 과거분사형인 interested가 답이 된다.

    해석 신차에 관심이 있는 잠재 구매자들은 영국 국제 모터쇼에 참석할 것이다.

5. **종속접속사 분사**: 종속접속사 뒤에 주어가 생략될 때 동사는 분사형이 된다.

    After ------- asked to find a solution, all the managers had to stay late in the office.
    (A) being (B) been

    해설 종속절의 원래 문장은 After all the managers were asked to find ~로 주어인 all the managers가 생략되면서 뒤의 be동사가 현재분사 being으로 바뀐 형태이다. 이때 접속사에 따라 being은 생략이 가능한 경우도 있다.

    해석 해결책을 찾도록 요청받자, 모든 관리자는 늦게까지 사무실에 머물러야 했다.

6. **동사 / 분사 / to부정사 / 동명사 구별**

    ① to부정사: 주절보다 미래/결과/목적의 의미
    ② 동명사: 주절의 동사보다 과거/과정의 의미
    ③ 동사의 현재형/능동 분사: 주절과 동일한 시제
    ④ 동사의 과거형/수동 분사: 주절보다 과거의 시제

LESSON 1 분사의 이해

Point

분사란 동사가 〈동사 + -ing〉 혹은 〈동사 + -ed〉의 형태로 바뀌어 형용사 역할을 하는 것을 말한다. 순수 형용사가 아닌 **동가 형용사의 역할을 나눠 한다는** 의미에서 '분사'라는 이름이 붙었다.

 Our company will have a luncheon ------- its loyal employees.
(A) honored   (B) honoring

▶ will have가 본동사이며 접속사나 관계사가 없기 때문에 문장 안에 동사가 하나여야 한다. 따라서 빈칸은 동사가 아닌 분사 자리이다. 주체가 luncheon(연회)이고 목적어가 employees(직원들), 즉 주어와 목적어가 모두 있는 능동 구조이므로 현재분사인 (B)가 답이다.
● 우리 회사는 장기근속 직원들에게 상을 주기 위한 연회를 열 것이다.   정답 (B)

---

1 분사는 형용사의 역할을 한다.

문장에서 (1) 접속사가 생략되거나 (2) 관계대명사가 생략되면서 동사가 준동사로 변한 것이다. 분사는 동사의 형태가 바뀌어 수식어로 쓰이는 것이므로, 동사의 기능은 할 수 없고, 형용사나 부사의 역할만 한다.

I am looking at the **landing** flight. 나는 착륙하는 비행기를 보고 있다. ☆ 동사인 land가 명사 앞에서 형용사 역할을 하고 있다.

2 분사는 동사의 성질을 가지기 때문에 '태'와 '시제'가 있다.

분사는 동사의 기능은 없지만, 동사의 성질은 그대로 남아 있다. 그래서 일반동사처럼 '의미상의 주어, 목적어나 보어' 등을 필요로 하고, '태와 시제'가 있으며 '부사나 부사구의 수식'을 받는다.

SK Telecom **serving** all the major cities announced its merger.
모든 주요 도시에 서비스를 제공하는 SK Telecom사는 합병을 발표했다.
☆ 분사 serving의 의미상의 주어는 SK telecom이고 목적어는 all the major cities이다.

I am looking at the flight **landing** on the runway. 나는 활주로에 착륙하는 비행기를 보고 있다.
☆ landing(착륙하는)에 행위가 구체적으로 드러나 있으나 부사구(on the runway)로 인해 landing의 의미가 더 구체화되었다.

3 수식을 받는 명사가 의미상 분사의 주어 역할을 할 때는 능동형인 현재분사(-ing)를 쓴다.

I am looking at the **landing flight**. 나는 착륙하는 비행기를 보고 있다.
☆ 착륙하는 것은 비행기이다. 분사 landing의 수식을 받는 flight가 의미상 주어이므로 현재분사가 사용되었다.

I am looking at **the plane departing** from Inchon International Airport.
= I am looking at **the plane (which is) departing** from Inchon International Airport.
나는 인천국제공항에서 출발하는 비행기를 보고 있다.
☆ departing이 plane을 뒤에서 수식하는 형태로 departing의 의미상 주어는 the plane이다. 형용사 역할을 하는 관계대명사절에서 which is가 생략된 형태로 분사(departing) 또한 형용사의 역할을 한다.

4 수식되는 명사가 의미상 분사의 목적어 역할을 할 때는 과거분사(p.p.)를 쓴다.

I read a novel **written** in 1867. = I read **a novel (which was) written** (by a famous author) in 1867.
나는 1867년에 집필된 소설을 읽었다.
☆ written의 의미상 주어 by a famous author가 생략된 분사로 수식되는 명사인 a novel은 의미상 목적어의 기능을 하고 있다. 수동태 문장에서 만들어진 분사는 과거분사, 의미상 주어는 〈by + 주체〉로 주어를 언급할 필요가 없을 때 생략될 수 있다.

We need the (**revised**, revising) books. 우리는 개정된 책이 필요하다.
☆ 분사 문제는 우선 수식받는 명사가 분사의 의미상 주어인지 목적어인지를 확인해야 한다. 책이 스스로 검토하는 것이 아니라 누군가가 '책을 검토하는 것'이기 때문에 수동의 개념인 과거분사(revised)가 답이 된다.

Ustar 출제포인트 시험에는 이렇게 나온다! **분사는 동사와 어떻게 다른가?**

분사란 동사의 형태가 바뀌어 수식어인 형용사나 부사의 역할을 하는 것이다. 보통 하나의 문장에는 주어 1개와 동사 1개가 있다. 그런데 만약 한 문장에 주어 1개와 동사 2개가 등장한다면 ❶ 접속사가 생략되거나 ❷ 관계대명사가 생략되면서 뒤에 있어야 하는 동사가 준동사로 바뀌어 수식어(형용사) 역할을 하게 된다.

There is a boy who reads a book. → There is a boy reading a book.

분사 문제는 항상 풀이 순서를 정해 놓고 일관성 있게 풀어야 한다.
❶ 전체 문장의 접속사나 관계사의 개수 확인   ❷ 필요한 동사의 개수 확인 〈접속사, 관계사의 개수 + 1 = 동사의 개수〉
❸ 빈칸이 동사인지 준동사(분사, 동명사, to부정사)인지 결정   ❹ 준동사가 필요한 경우 각 관련 문법 사항을 확인
❺ 문장에서 의미상 주어와 의미상 목적어가 있는지 확인하고 현재분사(-ing)인지 과거분사(p.p.)인지 결정

148

Exercises

제한시간 5분(문제당 25초)

문제풀이 예제

Jay M. Haft, ------ as the Vice-Chairman of the Board, is a strategic and financial consultant for growth-stage companies.
(A) serve   (B) serves   (C) served   (D) serving

해설 보기 (A) serve와 (B) serves는 동사, (C) served는 과거분사, (D) serving은 현재분사이다. 문장의 구조는 Jay M. Haft, (------ as the Vice-Chairman of the Board), / is / a strategic and financial consultant / (for growth-stage companies).로 본동사는 is이며 접속사나 관계사가 없으므로 문장에 더 이상의 동사는 불필요하다. 따라서 빈칸에는 동사가 수식어구의 형태로 변한 분사가 필요하다. serve(~의 역할을 하다, 근무하다)는 자동사로 목적어가 없다. 목적어가 없으면 수동의 개념이 존재하지 않는다. 그러므로 빈칸은 능동의 현재분사 자리이다.

해석 이사회 부회장으로서 근무하고 있는 Jay M. Haft는 성장 단계에 있는 회사들을 위한 전략과 재정 부문의 컨설턴트이다.

Step 1 Warm-up Test

01 Employees ------ in the office after 5 p.m. are advised to inform their supervisor.
    (A) remained   (B) remaining

02 Travelers ------ local hotels complain that they need more parking spaces.
    (A) used   (B) using

03 We need a volunteer who ------ how to arrange them.   (A) knows   (B) knowing

04 M&M Inc. ------ in business consulting advised us to invest more in research and development.
    (A) specializes   (B) specializing

05 Our director goes to work every day and ------ home before 6 p.m.   (A) returns   (B) returning

Step 2 실전 TOEIC Test

01 Those employees ------ in the factory must wear protective equipment at all times.
    (A) are working
    (B) have worked
    (C) working
    (D) worked

02 Kensington Inc. hired a local property company to search potential sites for the ------ distribution center.
    (A) preposition
    (B) proposed
    (C) propose
    (D) proposal

03 Wellington City's pet registration form asks pet owners to fill in the animal's markings and other ------ details.
    (A) identifiers
    (B) identifying
    (C) identifies
    (D) identify

04 Non-governmental organizations conduct thousands of studies every year to prove that ------ air from industry is a major source of global warming.
    (A) pollution
    (B) polluted
    (C) pollute
    (D) pollutes

05 Employees ------ reimbursement for their business trip need to submit an application form to Mr. Jason.
    (A) seek
    (B) seeks
    (C) will seek
    (D) seeking

06 The Whitfield Charity Foundation ------ the homeless in Central America is proud to announce its tenth anniversary.
    (A) serving
    (B) served
    (C) server
    (D) serves

▶ 정답 및 해설 p.64~65

▶ 문제풀이 예제 정답 (D)

LESSON 2 분사의 생성 원리

Point

분사는 접속사나 관계사가 있었던 문장에서 그 종속접속사의 주어나 관계사가 없어지면서 뒤에 있었던 동사가 수식어로 바뀐 것이다.
분사 문제를 해결할 때는 우선 '종속접속사 관련 분사 문제'인지 '관계대명사 관련 분사 문제'인지를 파악해야 한다.

Please call ahead, when ------ Korea.
(A) visit (B) visited (C) visiting (D) will visit

▶ when you visit ~에서 주어인 you가 생략되고 분사가 된 경우이다. 뒤에 목적어인 Korea가 있기 때문에 능동의 의미를 지닌 현재분사가 답이 된다. when은 생략할 수도 있다. 종속접속사 뒤에 주어가 있으면 동사를, 주어가 없으면 분사를 선택하면 된다.

● 한국에 방문할 때 먼저 전화주세요.   정답 (C)

▶ 분사가 만들어지는 과정

영어에서 관계사나 접속사 뒤에는 반드시 동사가 하나씩 추가된다. 그러나 이때 관계사나 접속사가 생략되면 그 뒤에 동사도 필요가 없어지게 된다. 이렇게 관계사나 접속사로 연결되어 있던 문장에서 접속사나 관계사가 생략되면, 그 뒤의 동사는 동사의 기능을 상실하고 수식어인 분사로 형태가 바뀌어 사용하게 된다.

분사가 담당하는 역할은 크게 (1) 형용사 역할과 (2) 부사 역할(분사구문)로 나눌 수 있다. 분사의 형용사 역할은 형용사절을 이끄는 관계대명사가 생략될 때, 분사구문의 부사 역할은 부사절을 이끄는 종속접속사가 생략될 때 이뤄진다.

1 관계대명사의 생략과 분사 형용사 〈주절 + 관계대명사 + 동사〉 → 〈주절 + 분사 형용사〉

관계대명사가 연결하는 문장을 보면, 주절에 동사가 있고 관계대명사절 안에 또 하나의 동사가 있어 모두 두 개의 동사가 존재한다. 그러나 이 관계대명사가 생략되면 그 뒤의 동사는 분사가 되어 형용사절을 대신한다.

I saw Mr. Moon with a woman (~~who was~~ **wearing** glasses with black frames). 〈형용사절의 동사〉
→ I saw Mr. Moon with a woman (**wearing** glasses with black frames). 〈분사 형용사〉
나는 Mr. Moon이 검은색 테의 안경을 쓰고 있는 여자와 있는 것을 보았다.

2 부사절 접속사의 생략과 부사 역할의 분사 구문 〈접속사 + 동사, 주절 → 분사, 주절〉

〈접속사 + 주어 + 동사〉의 부사절 안에도 동사가 있고, 주절 안에도 또 하나의 동사가 존재한다. 이때 접속사가 생략되면 부사절의 동사는 분사가 되어 부사의 역할을 하게 된다. 즉, 접속사로 연결된 문장에 있던 두 개의 동사 중 하나는 본동사로 남고, 하나는 더 이상 동사의 기능을 못하고 부사(수식어)가 되는 것이다. 이때 접속사는 다시 살릴 수 있지만 주어는 반드시 생략된다.

After he **graduated** from university, he went to Mexico for a short vacation. 〈부사절의 동사〉
→ **Graduating** from university, he went to Mexico for a short vacation. 〈분사구문 부사구〉
→ After **graduating** from university, he went to Mexico for a short vacation. 〈접속사 살린 부사구〉
그는 대학교를 졸업한 후, 짧은 휴가를 즐기러 멕시코로 갔다.

Ustar 출제포인트 시험에는 이렇게 나온다! 관계대명사 생략 분사와 종속접속사 생략 분사의 구별

종류	과거분사와 현재분사의 구별
관계대명사 생략 분사	• 명사 앞뒤에서 명사를 수식한다. 이때 명사는 선행사이다. 　a **revised** book 검토된 책 / a **revising** work 검토하는 일 • 일반타동사의 분사는 분사와 선행사인 명사의 관계가 능동이냐 수동이냐에 따라 구별한다. 자동사 분사는 항상 현재분사를 사용하며, 감정동사는 수식받는 명사가 사람이냐 사물이냐에 따라 구별한다. 　an **exciting** movie 흥미진진한 영화 / **excited** people 흥분한 사람
종속접속사 생략 분사	• 접속사가 생략될 수도 있고 유지될 수도 있다. 따라서 빈칸 주변에 쉼표가 있다면 빈칸 앞에는 주로 종속접속사가 생략된 자리이고 빈칸은 분사 자리이다. 접속사가 생략되지 않았다면 주어가 있는가가 관건이다. 접속사 뒤에 주어가 있다면 동사 자리이고, 접속사 뒤에 주어가 없다면 분사 자리이다. 　when **finishing** the project. 주어 + 동사 / when you **finish** the project. 주어 + 동사 • 일반타동사의 분사가 현재분사인가 과거분사인가는 빈칸 뒤에 목적어가 있느냐에 따라 결정한다. 　when **comparing** those prices. 주어 + 동사 / when **compared**. 주어 + 동사

The manager ------ for the campaign is going to attend the workshop.   (A) responsible   (B) responsibly

■ 〈주어 + ------ + 동사〉 사이에는 일반적으로 부사가 나오지만 관계대명사가 생략된 경우에는 형용사나 분사 형용사가 나온다. 이때 명사 뒤의 형용사는 단독으로 쓰이지 않고 전치사 등이 연결된 숙어 형태가 대부분이다. The manager (who is) responsible for ~
■ 그 캠페인 담당 매니저가 워크숍에 참석할 것이다.

cf. 분사 형용사 뒤에 전치사구가 숙어이거나 의미상 연결이 되면 분사 형용사는 명사 앞으로 나올 수 없다.
　　The marketers **accustomed to** the system work more efficiently. 그 시스템에 익숙해진 마케터들은 일을 더 효율적으로 한다.

Exercises

제한시간 5분(문제당 25초)

문제풀이 예제

------- interested in joining the English club should fill out the form.
(A) Who   (B) Whoever   (C) Anyone   (D) Anyone is

해설 전체 문장의 본동사는 fill out이다. 여기서 중요 사항은 interested인데 is interested였다면 동사로 취급하겠지만 interested가 단독으로 등장하였다는 것은 동사가 아니라 분사라는 의미이다. 따라서 문장 내에 동사의 개수는 하나이고 접속사나 관계사는 나올 수 없다. 앞에서 언급한 〈접속사나 관계사의 개수 + 1 = 동사의 개수〉의 원칙을 잊지 말자! 따라서 접속사나 관계사인 (A)와 (B)는 제거한다. 관계사나 접속사가 없다는 것은 그 뒤에 be동사도 제거돼야 한다는 의미이다. 즉, (D) Anyone is도 답이 될 수 없다. 차라리 관계사인 who가 있다면 Anyone who is는 답이 될 수 있다. 원래 문장은 Anyone who is interested = Whoever is interested로, who와 is가 생략된 (C)가 정답이다.

해석 영어클럽에 가입하고자 하는 사람은 이 서류를 작성해야 한다.

어휘 join 가입하다   fill out 채우다, 작성하다

Step 1 Warm-up Test

01 After ------- asked to solve a number of data security problems, Northen Softech produced Data Secureware.   (A) were   (B) being

02 The Southern Island Inn offers free parking to all guests ------- longer than two days.
(A) will stay   (B) staying

03 Since the surveillance system is outdated, we need to install more advanced ------- cameras in our store.   (A) was monitored   (B) monitoring

04 When ------- your application, please be sure to include three recommendation letters.
(A) mails   (B) mailing

05 The recently ------- branch manager of Austin, Juan Martinez, has had a successful career record of ten years.   (A) appointing   (B) appointed

06 Seeing how Urban Gold's impractical expansions did not help them in any way, their failure was an ------- consequence.   (A) expected   (B) expect

Step 2 실전 TOEIC Test

01 The new designer ------- our department next week has an excellent background and lots of experience.
(A) joins
(B) joining
(C) will join
(D) will be joining

02 As ------- on the phone yesterday, Ms. Cohen will attend the seminar at 4 P.M. on Thursday.
(A) discuss
(B) discussion
(C) discussing
(D) discussed

03 To achieve ------- sales, Dr. Wiseman recommends all new employees to read his handbook on negotiation and persuasion skills.
(A) increase
(B) increases
(C) increased
(D) increasingly

04 Mr. Ali wants his delivery ------- in person because it contains some confidential files.
(A) make
(B) made
(C) making
(D) are made

05 Johnny Cage will give a detailed explanation about the ------- admission requirements later this afternoon.
(A) revising
(B) revision
(C) revise
(D) revised

06 Dr. Shrute should be available on Saturday morning since she has no ------- appointments with any other patients.
(A) scheduling
(B) scheduler
(C) scheduled
(D) schedule

▶ 문제풀이 예제 정답 (C)

▶ 정답 및 해설 p.65~66

LESSON 3 관계대명사 생략 분사

Point

분사가 명사를 뒤에서 수식할 경우, 분사 형용사의 기능은 관계대명사와 그 성질이 비슷하다. 관계대명사는 형용사절을 이끌면서 앞의 명사(선행사)를 수식한다. 이때 관계대명사가 생략되면 관계대명사절의 동사를 분사로 바꿔 쓰면서 앞의 명사를 수식한다.

 The government will pass a law ------- all foreign workers to obtain a working permit.
(A) require   (B) required   (C) requiring   (D) requires

▶ 문장에 본동사인 pass가 있는데도 보기에 require가 있다는 것은 원래 관계대명사나 접속사와 동사가 있었다는 것이다. 빈칸이 명사 뒷자리이니 원래 문장에는 명사 뒤에 관계대명사가 있었음을 알 수 있다. 즉, The government will pass a law which requires all foreign workers to ~에서 which가 생략되고 뒤의 동사가 requiring이라는 분사가 되었다.
● 정부는 외국인 노동자들에게 노동 허가를 받도록 하는 법을 통과시킬 것이다.   정답 (C)

1. 분사의 수식을 받는 명사가 의미상의 주어이면 현재분사, 의미상의 목적어이면 과거분사

능동의 현재분사(-ing)	수식받는 명사가 스스로 분사를 행하는 의미상의 주체이다.
수동의 과거분사(p.p.)	분사의 수식을 받는 명사가 분사의 의미상의 목적어이다.

(1) 분사의 앞뒤에 의미상의 주어와 의미상의 목적어인 명사가 둘 다 있으면 현재분사(-ing)가 된다.
〈명사(선행사/주어) + ------- + 명사(목적어)〉 형태에서는 현재분사(-ing)가 정답이다.
I met an old man **picking up** some branches in the park. 공원에서 나뭇가지를 줍고 있는 노인을 만났다.
→ I met an old man (**who was**) **picking up** some branches in the park.
☆ an old man이 picking up을 하는 의미상 주어이고 branches가 의미상 목적어이다.

(2) 수식받는 명사가 분사의 의미상 주어이면 현재분사(-ing)이다.
Staff members **remaining** in the building after 10 p.m. should report to their supervisor.
→ Staff members **who remain** in the building after 10 p.m. should report to their supervisor.
저녁 10시 이후에도 건물에 남아 있는 직원들은 상사에게 보고해야 한다.   ☆ '직원들'이 의미상 주어이므로 현재분사를 썼다.

(3) 수식받는 명사가 분사의 목적어이면 과거분사(p.p.)가 된다.
Please note the agenda (**which was**) **revised** for Friday's meeting. 금요일 회의의 수정된 안건에 주목하세요.
→ Please note the agenda **revised** for Friday's meeting.
→ Please note the **revised** agenda for Friday's meeting. ☆ 이때 분사는 형용사이므로 명사 앞으로 이동한다.

2. 분사가 되어도 동사의 종류에 따라 뒤에 요구하는 성분이 달라진다.

예를 들어, 3형식 타동사의 경우는 분사가 되어도 목적어가 필요하고, 2형식 동사의 경우에는 뒤에 보어가 와야 한다.
The brochure **detailing** our services will be provided to customers next month.
우리 서비스를 자세히 다루고 있는 책자는 다음 달에 고객들에게 공급될 것이다.
☆ detail은 3형식 타동사이며, 문장에서 능동형 현재분사로 사용되고 있으므로 뒤에 목적어(our services)가 왔다.

The audience **consisting of** both adults and children seemed quite impressed.
어른과 아이들로 구성된 청중들은 매우 감동을 받은 것처럼 보였다.   ☆ consist는 자동사로 뒤에 목적어를 받으려면 전치사를 동반해야 한다.

3. 〈소유격 + ------- + 명사〉의 형태이면 주로 과거분사가 답이 된다.

Sue showed up at the billiard tournament holding her three-piece pool cue with its ------- leather grip.
(A) customizing   (B) customized

▶ with its leather grip which was customized에서 관계사와 be동사가 생략된 분사 형용사가 명사 앞에 위치한 형태이다.
● Sue는 맞춤 가죽 손잡이가 달린 자신의 3단 분리 큐를 들고 당구 대회에 나타났다.

Ustar 출제포인트 시험에는 이렇게 나온다!

1. 관계대명사와 분사는 함께 쓸 수 없다. 관계대명사가 생략되면서 동사가 분사화되므로 둘은 한 문장에 공존할 수 없다
   I met a man **who having** trouble finding U-Star English. (X)
   I met a man **who had** trouble finding U-Star English. / I met a man **having** trouble finding U-Star English. (O)
   나는 유스타잉글리쉬가 어딘지 찾는 데에 어려움을 겪고 있는 남자를 만났다.

2. 수동태 문장의 경우, 진행 중에 있음을 강조하기 위해서는 being을 남겨둘 수도 있다.
   There is a concert **being held** in Jamsil. 잠실에서 개최되고 있는 콘서트가 있다.

3. 목적격 관계대명사는 생략되어도 뒤 문장에 영향을 주지 않는다.   I like the book (**which**) the author wrote.
   관계대명사의 목적격을 생략한 뒤에는 주어와 능동 동사가 와야 한다. 토익에서는 다음 두 가지 형태로 출제된다.
   (1) I like the book the author (**wrote**, was written).   (2) I like the book (**he**, his) wrote.

Exercises

제한시간 5분(문제당 25초)

문제풀이 예제

Small local stores are closing as a result of the large supermarkets ------- many items at much cheaper prices.
(A) sell   (B) sells   (C) sold   (D) selling

해설 동사는 먼저 문장의 구조를 파악하고 본동사 자리인지 준동사 자리인지를 확인해야 한다. Small local stores / are closing / (as a result of the large supermarkets) ------- many items (at much cheaper prices). 본동사는 are closing이며 접속사가 없기 때문에 빈칸에는 준동사가 들어가야 한다. sell은 '~을 팔다'라는 의미의 타동사이다. 뒤에 목적어가 있으므로 능동의 의미를 갖는 현재분사가 답이 된다.

해석 여러 가지 물품을 더 저렴한 가격으로 판매하고 있는 대형 슈퍼마켓으로 인해 작은 지역 상점들은 문을 닫고 있다.

Step 1 Warm-up Test

01 Citing a survey ------- by a polling firm, the *Daily Times* reported that 45 percent of residents were opposed to constructing a new shopping center.   (A) conducted   (B) conducting

02 The productivity has improved among those workers ------- special bonuses.
(A) given   (B) were given

03 I am afraid that we have to find another time for the meeting initially ------- for February 11.
(A) has been scheduled   (B) scheduled

04 Central Trains apologizes for any inconvenience ------- by the ongoing renovations to the station.
(A) causing   (B) caused

05 Cooper United, formerly ------- as Cooper Corp., has expanded its branches to California and Arizona.   (A) knowing   (B) known

06 The number of staff ------- in the building was being calculated.   (A) remained   (B) remaining

Step 2 실전 TOEIC Test

01 Any individual ------- in a legal case is advised to talk with our legal consultant.
(A) involving
(B) involved
(C) involve
(D) involves

02 Because of his experience ------- workers in assembly lines, Mr. Lopez has been appointed to oversee the operation.
(A) supervisor
(B) supervising
(C) supervise
(D) supervised

03 The idea ------- by one of our representatives to reduce unnecessary fees at the station has been well received.
(A) suggest
(B) suggests
(C) suggesting
(D) suggested

04 Heavy snowfalls ------- by strong winds are expected to arrive in the southern region by tomorrow.
(A) will accompany
(B) accompanied
(C) to accompany
(D) accompanying

05 Because of the computer breakdown, all shipments ------- in Texas will take two more days to be processed.
(A) origin
(B) originate
(C) originating
(D) will originate

06 Out-n-In Fast Food is a famous chain of burger restaurants ------- a variety of hand-made burgers in the west side.
(A) sell
(B) sells
(C) sold
(D) selling

▶ 정답 및 해설 p.66~68

▶ 문제풀이 예제 정답 (D)

LESSON 4 현재분사 vs 과거분사

Point

자동사의 분사형은 반드시 현재분사(-ing)를 쓰고 **타동사의 분사형은 과거분사(p.p.)를** 많이 쓴다. 단, 감정동사는 수식을 받는 명사가 사람이면 과거분사, 사물이면 현재분사를 쓴다.

예제 Within only three seconds, you make a ------- impression on the other person.
  (A) last   (B) lasts   (C) lasted   (D) lasting

▶ 명사를 수식하는 형용사 자리이다. last는 자동사이고 자동사의 분사형은 무조건 현재분사이다.
● 오직 3초 만에 당신은 다른 사람의 최종적인 인상을 결정한다.

정답 (D)

1 자동사에는 항상 현재분사가 온다.

자동사는 목적어가 없기 때문에 수동이 성립되지 않는다. 따라서 자동사인 경우에는 항상 능동의 현재분사가 답이 된다.

There are many workers **working** in the factory. 〈분사 + 부사구〉 공장에서 일하고 있는 직원들이 많이 있다.

☆ work가 여기서는 자동사로 쓰였으므로 현재분사이며, 뒤에 목적어가 아닌 부사구가 나온다.

2 〈명사(분사의 의미상 주어) + 현재분사 + 명사(분사의 목적어)〉

There are many workers **making** our new products. 〈분사 + 목적어〉 우리 신제품을 만드는 직원들이 많이 있다.

☆ make가 타동사이므로 뒤에 목적어인 our new products가 나온다.

명사 앞에서 항상 현재분사인 분사 형용사

opening ceremony 개회식	existing facility 기존의 시설	closing shift 마감 근무조
living creatures 생명체, 살아있는 존재들	rising cost 상승하는 원가	challenging task 어려운 임무
rewarding work 결실이 있는 작업	remaining audience 남아 있는 청중	promising company 전망 있는 회사
growing pain 점점 커져가는 고통	leading company 앞서가는 기업	lasting memory 지속되는 기억
mounting debt 늘어나는 빚	operating system 조작 시스템	welcoming present 환영 선물
missing luggage 분실한 짐	presiding officer 진행자	misleading comment 오해하기 쉬운 발언
demanding manager 까다로운 상사	extenuating factor 정상참작 요소	the following month (그) 다음 달
surrounding area 주위 지역	the coming year 다가오는 해, 다음 해	overwhelming superiority 압도적 우세
opposing direction 반대 방향	approaching crisis 다가오는 위기	

3 〈타동사 분사 + 목적어 명사〉나 〈목적어 명사 + 타동사 분사〉는 항상 과거분사(p.p.)이다.

타동사의 분사는 대부분 과거분사가 답이다. 단, 감정동사는 수식받는 명사가 사람명사인지 사물명사인지에 따라 달라진다.

That's a computer **updated** with lots of software. 저것은 소프트웨어가 많이 업데이트된 컴퓨터이다.
→ That's a computer (which has been) **updated** (by someone) with lots of software.

☆ 부사구 with lots of software가 없다면 That's an updated computer.와 같이 분사 형용사가 단독으로 명사 앞에 올 수 있다.

명사 앞에서 항상 과거분사형인 분사 형용사

revised edition 개정판	merged company 합병된 회사	dedicated crew 헌신적인 직원
unlimited warranty 무제한 보증	reduced size 축소된 규모	detailed analysis 상세한 분석
attached file 첨부된 파일	written confirmation 서면 확인	provided booklet 제공되어지는 소책자
experienced staff 경험이 풍부한 직원	attached receipt 첨부된 영수증	preferred method 선호되는 방법
inspected item 조사를 마친 항목	designated seat 지정석	enclosed coupon 동봉된 쿠폰
complicated system 복잡한 시스템	informed man 박식한 사람	motivated workers 동기부여가 된 직원들

Ustar 출제포인트 시험에는 이렇게 나온다!

1. 자동사의 분사형이 명사를 수식/서술하는 경우에는 항상 현재분사(-ing)이다. 그럼 fallen leaves는?

   fall(떨어지다)은 자동사이다. 그런데 낙엽이라고 하면 과거분사를 쓴다. fallen leaves = leaves which are fallen으로 이미 완료된 상태를 의미하기에 〈현재-능동〉 혹은 〈과거-수동〉을 벗어난 경우이다. 시험의 출제 의도에서 벗어나 있으므로 출제되지 않고 있다.

2. 〈현재분사 + 명사〉 vs 〈동명사 + 명사〉: 동명사는 동사가 명사 역할을 하느라 -ing 형태로 바뀐 것이다. 현재분사와 동명사는 형태는 같지만 '현재분사 뒤의 명사는 의미상 주어'인 반면, '동명사 뒤의 명사는 동명사의 목적어나 복합명사'이다.

   I saw the **limping** dog. 〈현재분사 + 의미상 주어〉 절뚝거리는 개를 보았다.
   Mr. Kim is interested in **buying** a new house. 〈동명사 + 동명사의 목적어〉 Mr. Kim은 새 집을 사는 데 관심이 있다.
   Mr. Kim is interested in a new house which is buying. (X)   ☆ buying은 전치사 in의 목적어 역할을 하므로 동명사

Exercises

제한시간 5분(문제당 25초)

문제풀이 예제

01 Employees ------ in the office after 8 p.m. are requested to inform the security guard at the main desk.
    (A) remain   (B) remains   (C) remaining   (D) remained

> **해설** 이미 문장에 are requested라는 본동사가 있기 때문에 더 이상 동사는 들어갈 수 없다. 따라서 분사의 형태를 답으로 선택한다. remain은 자동사이므로 명사를 수식할 때 항상 현재분사를 취한다.
>
> **해석** 오후 8시 이후에 사무실에 남아 있는 직원들은 메인데스크의 경비원에게 알려야 한다.
>
> **어휘** be requested to + 동사원형 ~ 해야 한다

02 For ------ working later than 10 P.M., we will prepare some snacks.
    (A) they   (B) those   (C) that   (D) them

> **해설** '~하는 사람들'이라는 뜻의 those who에서 who가 생략된 형태이다. 참고로, 일반 대명사는 뒤에 관계대명사나 분사를 받을 수 없다. 즉, they who나 they working 등은 쓸 수 없다는 것이다. 분사가 대명사를 수식할 경우에는 명사의 뒤에서만 수식한다.
>
> **해석** 밤 10시 이후까지 일하는 사람들을 위해 우리가 간식을 준비하겠다.

Step 1 Warm-up Test

01 The service center is staffed by ------ representatives with a thorough knowledge of our company products.   (A) dedicating   (B) dedicated

02 Please place your application in the ------ envelope and mail it to Carlson Energy by June 10.
    (A) enclosed   (B) enclosing

03 Home Fashion is one of the ------ magazines where you can find current trends on home furnishings and furniture.   (A) led   (B) leading

04 The Lexington Industry is aggressively seeking sales representatives with ------ skills.
    (A) specialized   (B) specializing

05 ------ traffic in cargo and passengers has led to an expansion of the train station.
    (A) Growing   (B) Grown

06 Employees ------ to the factory must wear protective goggles.   (A) are assigned   (B) assigned

Step 2 실전 TOEIC Test

01 Prime Industry is proud to have one of the most ------ workers in the industry.
    (A) motivate   (B) motivator
    (C) motivated   (D) motivation

02 Since Sarah and Timothy volunteered to work overtime for the last three days, they are eligible to work ------ hours this Thursday and Friday.
    (A) reduce   (B) reduction
    (C) reduced   (D) reducing

03 A number of traditional buildings are in ------ condition and need to be repaired.
    (A) deteriorating   (B) deterioration
    (C) deteriorates   (D) deteriorate

04 The next stage of our company's growth will be simultaneously exciting and ------.
    (A) demand   (B) demands
    (C) demanded   (D) demanding

05 New employees at Jay Manufacturing will receive close supervision by ------ colleagues.
    (A) experience   (B) experienced
    (C) experiencing   (D) experiences

06 A ------ schedule has been proposed as an alternative to the one currently in place.
    (A) revise   (B) revision
    (C) revised   (D) revising

▶ 정답 및 해설 p.68~69

▶ 문제풀이 예제 정답 01 (C) 02 (B)

LESSON 5 감정동사의 분사 형용사

Point

감정동사는 사람만을 목적어로 취하는 동사이다. 〈주어 + 감정동사 + 사람 목적어〉가 기본형인데 사람이 앞으로 나와서 수동태가 되면 〈사람 + be + p.p.〉 형태가 된다. 그래서 **감정동사가 사람을 수식하면**(~하게 된 사람들) **과거분사**(p.p.), **사물을 수식하면**(사람을 ~하게 만드는) **현재분사**(-ing)를 써야 한다.

 The boy is ------ in the movie. (A) interesting (B) interested
▶ 영화(사물)가 그 소년을 흥미 있게 만드는 것이므로 수동의 과거분사 interested가 정답이다. 참고로 an interesting boy의 경우, 소년이 사람들을 재미있게 만드는 것이므로 능동의 현재분사가 왔다. ● 그 소년은 그 영화에 관심이 있다.   정답 (B)

1 감정동사의 분사 형용사

(1) **감정동사의 목적어는 반드시 사람이다**: 감정은 사람의 의지로 생겨나는 게 아니라 주변 상황 등 외부 요인으로 발생한다. 그래서 감정동사의 목적어는 반드시 사람이며 사람은 '~한 감정을 느끼게 되는 대상(목적어)'이 된다.

(2) **사람은 과거분사(p.p.), 사물은 현재분사(-ing)**: 감정동사가 사람을 수식하면 '~하게 된 사람들'의 의미로 과거분사(p.p.)를 쓰고, 사물을 수식하면 '(사람을) ~하게 만드는'의 의미로 현재분사(-ing)를 쓴다.

(3) 감정동사의 목적어가 막연한 대상이나 강조할 필요가 없는 경우에는 사람 목적어 없이 단독으로 능동 형용사 형태로 쓰인다.
The last Christmas party was **exciting**. 작년 크리스마스 파티는 즐거웠다.
☆ 빈칸 뒤에 목적어가 없다고 생각하여 p.p.를 선택하면 안 된다. 빈칸 뒤에는 people이 생략되어 있는 것이다.

(4) 감정동사의 목적어가 사람이므로 수동태의 주어 역시 반드시 사람이다.
That sound **annoys** me. 〈사람이 annoy의 목적어〉 그 소리는 나를 짜증나게 한다.
→ I am **annoyed** with the sound. 〈수동태 과거분사〉 = The sound is **annoying**. 〈분사 형용사: 사물을 설명해주는 현재분사〉

2 감정동사 분사 형용사의 종류와 위치

(1) 명사를 수식하는 분사 형용사 〈(관사, 소유격) + 감정동사 분사 + 명사〉
worrying situation 〈현재분사 + 사물명사〉 사람들을 걱정하게 만드는 상황
the **confused** engineer = the engineer (who is) confused by something 〈과거분사 + 사람명사〉 혼란스러운 엔지니어
☆ 감정동사의 분사가 사람명사를 수식하는 경우에는 과거분사

(2) be동사의 주격 보어로 쓰인 분사 형용사
〈사물 주어 + be동사 + 감정동사 현재분사〉 〈사람 주어 + be동사 + 감정동사 과거분사〉
The concert in Times Square was **fascinating**. 타임스 스퀘어에서 있었던 공연은 멋졌다.
I was **fascinated** by the concert in Times Square. 나는 타임스 스퀘어에서 있었던 공연에 매료되었다.

(3) 5형식 문장의 목적격 보어로 쓰인 분사 형용사
〈불완전 타동사 + 사물 목적어 + 감정동사 현재분사〉 〈불완전 타동사 + 사람 목적어 + 감정동사 과거분사〉
The clown made the show **amusing**. 그 광대는 공연을 재미있게 만들었다.
The clown made my son **frightened**. 그 광대는 내 아들을 겁나게 만들었다.

3 토익에 자주 출제되는 감정동사 분사 형용사

annoying noise 짜증나게 하는 소음	encouraging news 고무적인 소식	amusing news 엄청난[놀라운] 소식
annoyed manager 화가 난 관리자	encouraged players 용기를 얻은 선수들	amused lady 즐거워하는 여인
pleasing flavor 기분을 좋게 해주는 맛	alarming call 경고음	worrying situation 걱정하게 하는 상황
pleased woman 기분 좋은 여인	alarmed refugees 놀란 피난민들	worried engineers 걱정하는 기술자들
boring movie 지루한 영화	shocking accident 충격적인 사고	exhausting day 힘든[진빠지게 하는] 하루
bored student 지루해진 학생	shocked counselor 충격 받은 상담사	exhausted student 지친 학생
disappointing result 실망스러운 결과	exciting game 흥미로운 경기	distracting factor 산만하게 하는 요소
disappointed applicant 실망한 응시자	excited spectator 흥분한 관객	distracted man 산만해진 남성
embarrassing moment 당혹스러운 순간	rewarding work 가치가 있는 일	astonishing effect 놀라운 효과
embarrassed dancer 당황한 무용수	rewarded employees 보상 받은 직원들	astonished woman 놀란 여성

Ustar 출제포인트 시험에는 이렇게 나온다! keep customer satisfaction과 keep customers satisfied의 차이

사람을 수식하면 과거분사(p.p.)를, 사물을 수식하면 현재분사(-ing)를 쓴다.
Keep customers -------. (A) satisfaction (B) satisfied
■ customers와 satisfaction은 동격이 될 수 없기 때문에 명사 보어를 받을 수 없다. '고객만족'이라는 복합명사는 -s가 빠진 customer satisfaction이다.

Exercises

제한시간 5분(문제당 25초)

문제풀이 예제

Potential buyers ------- in the newest models of Hyundai Motor Company may be present at the British International Motor Show 2020 on Sunday.
(A) interesting   (B) interested   (C) interest   (D) interests

> 해설 본동사는 may be present이고 접속사나 관계사가 없기 때문에 더 이상 동사가 나올 수 없다. 따라서 보기 (C), (D)는 정답에서 제외된다. potential buyers who are interested in ~에서 who are가 생략된 분사구문으로 앞의 명사가 사람이고 interest는 감정동사이므로 수동형인 과거분사 interested를 답으로 선택한다.

> 해석 현대 자동차 회사의 신차에 관심이 있는 잠재 구매자들은 일요일에 있는 2020 British International Motor Show에 참석할 것이다.

Step 1 Warm-up Test

01 The decrease in tourism could have ------- consequences for the local economy.
(A) worried   (B) worrying

02 The marketing team made an ------- recovery from a late start to complete the assignment.
(A) amazing   (B) amazement

03 The company president stated that we have to keep customers -------.
(A) satisfaction   (B) satisfied

04 Orange Outfitters is ------- to announce its merger with one of the most respected brands.
(A) pleased   (B) pleasing

05 The movie was very popular but most critics were not ------- by it.
(A) impressive   (B) impressed

06 Kingstone Park is seeking ------- individuals to participate in a survey about their recreational activity.
(A) interested   (B) interestedly

Step 2 실전 TOEIC Test

01 Mr. Adams decided to delete some of the images he was going to put on his 3D graphics because he believed they would be too -------.
(A) distract
(B) distraction
(C) distractedly
(D) distracting

02 Our new safety-assured Woof Ball will guarantee to make all your old dogs ------- to spend time in the backyard once again.
(A) excite
(B) exciting
(C) excited
(D) excitement

03 Mr. Downing was very ------- with the news that announced the fall of his rival company.
(A) pleased
(B) pleasant
(C) pleasing
(D) pleasure

04 Although Joe Cole's new boots received good reviews in most fashion magazines, its sales have been rather -------.
(A) disappoint
(B) disappointed
(C) disappointment
(D) disappointing

05 The subway lines in the city can sometimes seem ------- to travellers unfamiliar with the system.
(A) confusing
(B) confused
(C) confusingly
(D) confuse

06 The survey shows that 35% of the passengers said that they found the long waiting time at the terminals -------.
(A) exhausting
(B) exhausted
(C) exhaustingly
(D) exhaustion

▶ 정답 및 해설 p.69~70

▶ 문제풀이 예제 정답 (B)

LESSON 6 종속접속사 뒤에 오는 분사

Point

부사절을 이끄는 종속접속사는 관계사와 더불어 두 개의 문장을 연결한다. 간결한 문장을 위해 **접속사와 주어가 생략될 경우** 접속사 다음의 동사는 분사가 된다.

 ------ as the most efficient way, the strategy is very popular in the marketing field.
(A) Known   (B) Knowing

▶ 문장이 빈칸으로 시작하고 중간에 쉼표가 있다. 쉼표 뒤의 문장이 주절이며 문장에 접속사가 보이지 않는다. 이런 경우에는 접속사가 생략된 분사구문이다. 주절의 주어인 strategy가 스스로 아는 것이 아니라 알려지는 것이므로 수동의 의미가 있는 과거분사가 답이다.
● 그 전략은 가장 효율적이라고 알려져 있기 때문에 마케팅 분야에서 많이 쓰이고 있다. 정답 (A)

1 접속사 뒤의 주어가 생략되면 그 뒤의 동사는 분사가 된다.

Checking all the details, **Mr. Shin** approved the proposal. Mr. Shin은 모든 세부사항들을 확인한 후 그 제안을 승인했다.
→ ~~After Mr. Shin~~ **checked** all the details, **he** approved the proposal. ☆ 접속사와 동일 주어를 생략, 동사를 분사로 변경
→ After **checking** all the details, **Mr. Shin** approved the proposal. ☆ 접속사가 있어도 뒤에 주어가 없다면 분사로 변경

Delivered, **the invoice** was handed over to the manager. 송장이 배달되었을 때, 그 송장은 매니저에게 건네졌다.
→ ~~When the invoice was~~ **delivered**, **it** was handed over to the manager. ☆ 〈접속사 + 주어〉 생략, 수동은 being 생략
→ When **delivered**, **the invoice** was handed over to the manager. ☆ 접속사는 생략되지 않는 경우가 더 많다.

2 분사구문과 주절은 일이 일어난 순서대로 배치한다.

분사구문이 주절보다 먼저 일어난 일인 경우에는 항상 앞에 나온다. 주절 뒤에 올 때는 접속사로 논리적인 시간관계를 밝혀준다.

~~After he~~ **finished** his project, he was off to have dinner outside. 프로젝트를 끝내고, 그는 저녁식사를 하러 나갔다.
→ **Finishing** his project, he was off to have dinner outside.
→ He was off to have dinner outside, **after finishing** his project. ☆ 시간의 전후관계를 나타내는 after를 써준다.

3 능동의 현재분사 구문 vs 수동의 과거분사 구문

(1) 능동의 현재분사 구문 간격: 분사 뒤에 목적어가 있고 주절의 주어와 분사의 관계가 능동이면 현재분사가 온다.

〈현재분사(-ing) + 명사, 주어 + 동사〉: 분사 뒤에 목적어가 있으면 능동인 현재분사로 쓴다.
Calling Jennifer's name, he noticed that she was not there. 제니퍼를 호명했을 때, 그는 그녀가 거기에 없다는 것을 알아차렸다.
☆ call은 주절의 주어 he의 능동적인 행동이다.

〈자동사 분사 + (부사구), 주어 + 동사〉: 자동사가 분사가 되면 항상 현재분사 구문이다.
Walking on the street, she met a friend of hers. 길을 걷다 그녀는 친구를 만났다.
☆ 여기서 walk는 '걷다'라는 자동사이기 때문에 현재분사가 되었다.

(2) 수동의 과거분사 구문: 주절의 주어가 분사의 의미상 목적어이다.

Seen from the top of the building, the city looks like a maze. 건물 위에서 보면, 도시가 미로처럼 보인다.
☆ 주절의 주어인 city가 보는 것이 아니라 보이는 것이기 때문에 수동의 과거분사가 왔다.

〈타동사 과거분사(p.p.) + 부사구, 주어 + 동사〉: 대부분의 과거분사 뒤에는 명사가 따라오지 않는다. 문장이 과거분사로 시작하는 경우는 being이나 having been이 생략된 경우이다.
Being named during the graduating ceremony, he was very pleased. 졸업식에서 이름이 불렸을 때 그는 매우 기뻤다.
→ (Being) **Named** during the graduating ceremony, he was very pleased.

Ustar 출제포인트 시험에는 이렇게 나온다!

관계대명사 생략 분사는 명사 앞에 위치하고 종속접속사 생략 분사는 주로 쉼표를 동반한다.

1. 관계대명사가 생략된 분사는 수식받는 명사가 의미상의 목적어이면 과거분사를, 의미상의 주어이면 현재분사를 쓴다.
   the **inviting** park   ☆ 공원이 사람들을 이끄는 의미상의 주체이므로 현재분사를 쓴다.
   the **visited** park   ☆ 사람들이 공원을 방문하는 것이므로 공원이 목적어의 역할을 하게 된다. 따라서 과거분사를 쓴다.

2. 접속사 뒤에 주어가 생략된 분사는 주절의 주어와의 관계도 살펴야 한다.
   Considering all the terms, we decided to go. ☆ 뒤에 목적어가 있고 생략된 주어(we)가 고려하는 주체 즉, 능동의 관계이다.
   Known as a singer, he enjoys a great deal of fame. ☆ 뒤에 목적어 없이 전치사가 왔으므로 과거분사이다.

3. 일반적으로 뒤에 목적어의 유무에 따라 능동(현재분사), 수동(과거분사)을 결정하나 〈자동사 + 전치사〉는 타동사 가능을 한다.
   Before **taking** over the public relations department, Ms. Smith was the head of marketing at Turner's Inc.
   홍보부를 담당하기 전에 Ms. Smith는 Turner's사의 마케팅 담당 부서장이었다.
   ☆ take over(~을 책임지다, 담당하다)는 뒤에 목적어를 취하고 있다. 'Ms. Smith가 홍보부를 담당하다'라는 능동의 의미이므로 현재분사가 왔다.

Exercises

제한시간 5분(문제당 25초)

문제풀이 예제

As ------- in the meeting this morning, they will arrive at your office at noon on Friday, June 29th.
(A) discuss   (B) discussion   (C) discussing   (D) discussed

해설 이 문장의 As는 동격(자격, 역할 등)의 전치사가 아니라 접속사이다. 접속사 As는 주어와 동사를 수반하는데, 위 문장은 주절과 동일한 주어와 be동사가 생략된 분사구문이다. 즉, As it was discussed in the meeting ~에서 it was가 생략된 것이다. 보통 접속사 뒤의 주어가 생략된 분사의 경우는 빈칸 뒤를 확인해야 한다. 위 문장은 목적어가 없는 구문으로, 이처럼 목적어가 동반되지 않는 타동사의 경우는 대부분 과거분사가 답이 된다.

해설 아침에 회의에서 얘기된 것처럼 그들은 6월 29일 금요일 12시에 당신의 사무실로 갈 것입니다.

Step 1 Warm-up Test

01 Mrs. Cohen has demonstrated repeatedly that she excels when ------- with a challenge.
    (A) facing   (B) faced

02 As ------- in the posting, employees who currently work night shifts will receive bonuses by the end of this week.   (A) noted   (B) noting

03 ------- in the central city, the tourist center promotes the understanding and continuity of contemporary cultures.   (A) Located   (B) Locating

04 When ------- cash from an ATM, be aware of your surroundings to prevent a sudden and unexpected assault.   (A) withdrawing   (B) withdrawn

05 The mayor decided to name the new street Howie Road, ------- the best gold medalist of all time, Rocky Howie.   (A) honored   (B) honoring

06 The Royal bridge has been reconstructed, ------- people to travel to the islands with their cars.
    (A) allowing   (B) allows

Step 2 실전 TOEIC Test

01 ------- to last quarter's disappointing earnings, the figures for this month indicate an encouraging trend.
    (A) Compared
    (B) Comparing
    (C) Comparative
    (D) Comparisons

02 ------- the head of security, Mr. Tunney has access to employee profiles without anyone's approval.
    (A) To be
    (B) Be
    (C) Being
    (D) Has been

03 The audience left the theater in a straight line when ------- through the main door to avoid bumping into each other.
    (A) exit
    (B) exits
    (C) exited
    (D) exiting

04 Martin Creative's profits rose to 600 million dollars, ------- its position as the world's largest advertising company.
    (A) reconfirms
    (B) reconfirmed
    (C) reconfirming
    (D) be reconfirmed

05 The stock market rose again today, ------- yesterday's trend that experts attribute to the new economic policy.
    (A) continuing
    (B) continues
    (C) continual
    (D) continually

06 Once ------- with the Research Department at Cornell University, the Ballac Research Center will be shut down immediately.
    (A) merging
    (B) merged
    (C) acquiring
    (D) acquired

▶ 정답 및 해설 p.70~71

▶ 문제풀이 예제 정답 (D)

LESSON 7 분사구문의 위치와 시제

Point

접속사 뒤에 주어가 생략되면 분사만 오는 것이 아니다. 〈주어 + be동사 + 보어〉에서 보어에 해당하는 형용사, 분사, 〈전치사 + 명사〉 등 다양한 보어를 받을 수 있다. 단, **명사나 부사는 접속사 뒤에 바로 올 수 없다.**

예제 All morning staff members are entitled to free food ------- on duty. (A) while (B) during

▶ All morning staff members / are entitled / (to free food) 빈칸 앞의 문장은 완전한 구성요소를 갖춘 주절이다. 완전한 문장 뒤에 수식어구를 추가하기 위해서는 〈접속사 + 주어 + 동사〉나 〈전치사 + 명사〉가 와야 하는데 이미 on이라는 전치사가 있으므로 전치사 (B)는 올 수 없다. while the members are on duty에서 주어와 be동사를 생략한 것이다.

● 모든 아침 근무자들은 근무 중에 무료 음식을 먹을 수 있다.   정답 (A)

1 분사구문〈(접속사) + 분사〉의 위치

분사구문에서 의미상 혼동의 여지가 있거나 강조하려면 접속사를 살릴 수 있다. 하지만 접속사 뒤에 주어가 있는 경우에는 분사가 아니라 반드시 동사(접속사+주어+동사)가 필요하다.

(1) 주절 앞에 오는 경우: 〈(접속사) + 분사, 주어 + 동사〉
　(As) Having a headache, she couldn't finish her work. 두통 때문에 그녀는 작업을 끝낼 수 없었다.
(2) 주절 뒤에 오는 경우: 〈주어 + 동사, (접속사) + 분사〉 She couldn't finish her work, **(as) having a headache**.
(3) 주절 안에 삽입된 경우: 〈주어, + (접속사/관계대명사) + 분사, + 동사 ~〉 분사구 앞뒤로 쉼표를 찍으며, 항상 주어 뒤에만 온다.
　She, **having a headache**, couldn't finish her work.

2 분사 형용사가 수식할 수 있는 '대명사'는 -one과 those뿐이다.

명사 뒤의 분사 형용사는 관계대명사가 생략된 것이다. 즉, 〈선행사 + 관계대명사 + 동사〉에서 관계대명사가 생략되고 동사가 분사가 된 것이다. 이때 it, he와 같은 일반 인칭대명사는 선행사가 될 수 없으며, 선행사 자리에 올 수 있는 '대명사'는 -one과 those뿐이다. 다시 말해, 분사 형용사가 수식할 수 있는 '대명사'도 -one과 those뿐이다.

For **those** doing overtime work 초과 근무를 하는 사람들을 위해

3 분사구문의 시제

(1) 주절의 시제와 종속접속사 부사절의 시제가 동일한 경우: 단순분사 → 현재분사(-ing) / 과거분사(p.p.)
　As Prime Hotel **provides** a continental buffet, it **charges** a little more than others.
　Providing a continental buffet, Prime Hotel **charges** a little more than others. 〈단순분사: 현재 시제〉
　Prime 호텔은 조식 뷔페를 제공하기 때문에, 다른 곳보다 조금 더 돈을 받는다.
(2) 종속접속사 부사절의 시제가 주절보다 앞설 경우: 완료분사(having p.p.)
　Because he **had eaten** too much during dinner, he **had to** take some digestive medicines.
　→ **Having eaten** too much during dinner, he **had to** take some digestive medicines.
　저녁때 너무 많이 먹어서, 그는 소화제를 복용해야만 했다.
(3) to부정사, 동명사, 분사의 완료형은 본동사의 시제보다 한 시제 앞선 시제를 의미한다.
　He seems **to be** busy. 그는 지금 바빠 보인다.   He seems **to have been** busy. 그는 바빴던 것처럼 보인다.
　Having considered all the proposals, the management decided to hire Kim's Graphics.
　경영진은 모든 제안서들을 검토한 후 Kim's Graphics사를 이용하기로 했다.
　☆ 검토한 것이 결정한 것보다 더 과거이므로 원래 문장의 시제는 After the management had considered로 보아야 한다.

4 관용적 독립분사 구문은 단독으로 쓰이며 부사의 역할을 한다.

Generally speaking 일반적으로 말해서	Strictly speaking 엄밀히 말하자면	Frankly speaking 솔직하게 말해서
Supposing that ~라고 가정하면	Speaking of ~에 관해 말하면	Granting that ~라는 점을 가정하면

Ustar 출제포인트 시험에는 이렇게 나온다!

영어에는 ❶ 등위접속사 ❷ 명사절 접속사 ❸ 상관접속사 ❹ 관계사(형용사절) ❺ 종속(부사절)접속사의 5가지 접속사가 있는데 그 중 관계사와 종속접속사만이 생략되어 분사를 만들 수 있다.

I know when taking place. (X)　　I know **when** it will take place. (O) 나는 그 일이 언제 일어날지 안다.
I know when he coming. (X)　　I know **when** he will come.　(O) 나는 그가 언제 올지 안다.

위 문장의 경우 when이 종속접속사 부사절을 이끌었다면 when 뒤에 주어를 생략하고 분사를 사용했다고 볼 수 있겠다. 하지만 I know 뒤에 when절은 명사절(목적어절)이기 때문에 분사를 쓸 수 없다. 그리고 명사절 when 뒤에는 주어와 동사가 모두 필요하다.

Exercises

제한시간 5분(문제당 25초)

문제풀이 예제

01 After ------- requests by residents, the city council decided to discontinue the consideration of the new law.　(A) repeat　(B) repeating　(C) repeated　(D) repeats

> **해설** after 뒤에 주어가 없으므로 동사는 올 수 없다. repeat requests는 복합명사도, 〈주어 + 동사〉의 관계도 아니다. 원래 문장인 After requests (which were) repeated by residents, ~에서 which were가 생략되고 repeated가 분사 형용사가 되어 명사인 requests의 앞으로 나온 형태이다. 일반적으로 주절의 주어(the city council)와 동일한 주어는 생략되지만, 위 문장은 by residents 가 있으므로 동일 주어 생략이 아니라 관계사와 be동사가 생략된 수동 분사임을 알 수 있다.
>
> **해석** 주민들의 청원이 거듭되자 시의회는 새로운 법률을 고려하는 것을 그만두기로 결정했다.

02 ------- heard the conditions of the mergers, the president of DBC Corporation could no longer consider the offer.　(A) Having　(B) Had　(C) Have　(D) Has

> **해설** 〈had + p.p.〉는 분사구문이 아니라 과거완료 본동사이다. 과거완료 본동사를 쓰기 위해서는 〈접속사 + 주어 + had + p.p.〉의 형태를 모두 갖춰야 한다. 접속사와 주어가 생략되었으므로 분사는 〈having + p.p.〉가 된다. 수동 분사는 〈having been + p.p.〉가 되어야 한다. if가 생략된 경우라면 〈had + 주어 + p.p.〉로 도치된 형태가 된다. 이 경우 빈칸과 p.p. 사이에는 주어가 필요하다. 완료 분사 구문을 본동사인 과거완료 시제 가정법과 혼동하지 않도록 유의하자.
>
> **해석** 합병 조건을 듣자, DBC사의 사장은 더 이상 그 제안을 고려할 수 없었다.

Step 1 Warm-up Test

01 ------- heard the conditions of the contract, the board of directors could no longer consider the offer.
(A) Having　(B) Have

02 Shapiro Undergraduate Library, also ------- as UGLI, is the biggest library in the central campus of University of Michigan.　(A) known　(B) knowing

03 ------- you will find a copy of our standard confidentiality agreement.
(A) Enclosing　(B) Enclosed

04 Applicants should note that any false or misleading information ------- in this loan application can be subject to legal action.　(A) was given　(B) given

05 Market patterns show a drop in consumer spending as ------- on the chart below.
(A) indicating　(B) indicated

06 We're specialized in providing ------- staffing solutions to meet your own operational and organizational needs.　(A) customizing　(B) customized

Step 2 실전 TOEIC Test

01 ------- all the proposals for the construction, we chose the government agency over private firms.
(A) Reviewing　(B) Reviewed
(C) Having reviewed　(D) Having been reviewed

02 We will send you an e-mail which includes a printable receipt, ------- that your order was successfully made.
(A) confirm　(B) confirmed
(C) confirming　(D) confirmation

03 In order to avoid these kinds of problems, we need to keep all the sales representatives ------- of customer feedback immediately.
(A) informed　(B) information
(C) inform　(D) informant

04 Occasionally we make our customer list available to carefully ------- companies whose products may be of interest to you.
(A) screened　(B) screening
(C) screener　(D) screenable

05 ------- forecasting techniques lead to financial savings and reduction in environmental damage.
(A) Improvement　(B) Improved
(C) Improve　(D) Improves

06 None of the companies should refuse to hire ------- who are physically handicapped.
(A) whoever　(B) anyone
(C) those　(D) they

▶ 정답 및 해설 p.71~72

▶ 문제풀이 예제 정답 01 (C) 02 (A)

LESSON 8 보어 역할을 하는 분사 형용사

Point

분사 형용사는 문장에서 보어의 역할도 한다. 불완전자동사의 주격 보어와 불완전타동사의 목적격 보어로 분사 형용사가 쓰일 수 있다. 2형식 동사인 remain, be, become, stay 등이나 오감 동사인 look, seem, smell, taste, sound, feel 등의 불완전자동사 뒤에는 분사 형용사가 올 수 있다.

 Every June, the vineyards in San Francisco become too ------- with tourists and wine experts.
(A) crowded   (B) crowding

▶ 동사 뒤에 형용사를 수식하는 강조부사 too가 나오고 있다. 빈칸은 주격 보어 자리로 주어의 상태를 설명하는 형용사가 들어가야 한다. 보기 중에서 사람들이 많다는 의미의 형용사로 굳어진 crowded가 정답이다.

● San Francisco의 포도원은 6월이면 여행자들과 와인 전문가들로 붐빈다.
정답 (A)

1. 2형식의 주격 보어 분사: 〈주어 + 2형식 동사 + 주격 보어〉

remain, be, become, stay 등 2형식 동사의 보어 자리에 분사 형용사가 올 수 있다. 이때 주어와 주격 보어가 능동의 관계(-ing)인지 수동의 관계(p.p.)인지에 따라 분사의 형태가 결정된다.

현재분사 주격 보어	주어가 주격 보어의 의미상 주어이면 능동의 현재분사가 온다.
과거분사 주격 보어	주어가 주격 보어의 목적어이면 수동의 과거분사가 온다.

2. 5형식의 목적격보어 분사: 〈주어 + 5형식 동사 + 목적어 + 목적격보어〉

분사는 5형식의 목적격 보어로도 쓰일 수 있다. 이 경우는 목적어와 목적격 보어의 관계에 따라 분사의 형태가 달라진다. 5형식 동사에는 leave(남겨두다), find(발견하다), keep(유지하다), meet(마주치다), 지각동사(see, watch, hear, feel), 사역동사(make, have, let) 등이 있다.

현재분사 목적격 보어	목적어가 목적격 보어의 의미상 주어이다.
과거분사 목적격 보어	목적어가 목적격 보어의 목적어로 수동의 관계이다.

I found him **standing** on the road. 〈현재분사 목적격 보어〉 나는 그가 길에 서있는 것을 보았다.
☆ 위 문장에서는 found의 목적어인 him이 standing의 의미상의 주어이다.

I found my money in my wallet **stolen**. 〈과거분사 목적격 보어〉 나는 지갑의 돈이 도둑맞은 걸 알았다.
☆ found의 목적어인 my money가 동사 steal과의 관계에서도 목적어(돈을 훔치다)로 해석되므로, stolen이 목적격 보어로 사용되었다.

3. 분사가 지각동사의 목적격 보어로 쓰일 때

(1) 〈지각동사(see, watch, taste, feel, ...) + 목적어 + 동사원형〉: 목적어-목적격보어가 능동의 관계
   I saw Ms. Park **enter** the meeting room. 〈목적보어-동사원형〉 Ms. Park이 회의실로 들어가는 것을 보았다.

(2) 지각동사의 목적격 보어로 분사가 오는 경우

현재분사: 목적어와 목적격 보어의 관계가 능동적일 때 + '진행'의 의미
과거분사: 목적어와 목적격 보어의 관계가 수동적일 때 + '완료'의 의미

I saw the policeman **catching** the thief. 나는 경찰관이 도둑을 잡고 있는 것을 보았다.
☆ 목적어(policeman)가 목적격 보어(catching)의 주체가 되는 능동의 관계이다. 목적격 보어에는 동사원형과 현재분사 모두 가능하지만, 진행되는 생생한 상황을 설명할 때는 현재분사가 온다.

I saw the thief **caught** by the policeman. 나는 경찰에게 도둑이 잡히는 것을 보았다.
☆ 목적어(thief)가 목적격 보어(caught)와 수동의 관계이므로 과거분사가 온다.

Ustar 출제포인트 시험에는 이렇게 나온다! **분사가 사역동사의 목적격 보어로 쓰일 때**

1. 〈사역동사(make, have, let) + 목적어 + 동사원형〉: 목적어와 목적격 보어가 능동의 관계
   My parents made me **stay** in the dormitory during the spring semester. 부모님은 봄 학기 동안 날 기숙사에 있게 했다.
   ☆ 목적격 보어(stay)하는 주체가 목적어(me)이다. 둘의 관계가 능동이므로 동사원형이 왔다.
   cf. 동사 have, let은 수동태의 형태가 없으므로 have = be asked to, let = be allowed to로 수동태를 나타낸다.
   My parents had me stay in the dormitory during the whole semester.
   = I **was asked to** stay in the dormitory during the whole semester.

2. 사역동사의 목적격 보어로 쓰인 분사: 목적어와 목적격 보어의 관계가 수동일 경우 과거분사가 온다.
   I had my hair **done** yesterday. 〈목적격 - 목적격 보어가 수동의 관계〉 나는 어제 머리를 했다.

Exercises

제한시간 5분(문제당 25초)

문제풀이 예제

The manager of the sales department found the last quarter sales statistics -------.
(A) alarmed (B) alarming (C) alarm (D) alarms

해설 문장의 본동사는 found이고 뒤에 접속사나 관계사가 없기 때문에 동사는 답이 될 수 없다. 즉, (C)와 (D)는 답이 될 수 없다. 〈find + 목적어 + 목적격 보어〉의 5형식 구문으로 목적격 보어는 목적어를 수식한다. 목적어가 sales statistics로 사물이므로 감정동사인 alarm(~을 놀라게 하다)은 현재분사 형태인 alarming이 되어야 한다.

해석 영업부장은 지난 분기 영업 통계를 보고 놀랐다.

Step 1 Warm-up Test

01 Many people find new forms of online advertising -------.   (A) attractive   (B) fascinated

02 The branch that has the highest sales figures this year will be ------- an all-expense-paid vacation to the Tika Mountains.   (A) giving   (B) given

03 The publisher reserves the right to reject advertisements that are ------- objectionable.
(A) considering   (B) considered

04 Because there were mechanical problems with the car that she rented, Mr. Perez would like to have her money -------.   (A) refunding   (B) refunded

05 Fadax Service remains ------- to reviewing and modifying security measures on a regular basis.
(A) committed   (B) committing

Step 2 실전 TOEIC Test

01 Please inform your manager, if you are ------- in working a night shift during the first week of next month.
(A) interest
(B) interested
(C) interesting
(D) interests

02 The management discussed new ways to keep their employees ------- to do their best in the workplace.
(A) have inspiration
(B) inspiring
(C) inspired
(D) be inspired

03 We are reviewing our employees' growth in the company, which is an important matter that must be ------- with promptly.
(A) handled
(B) dealing
(C) dealt
(D) being dealt

04 The designer is ------- to develop all related programs for the company for a minimum of two years.
(A) contract
(B) contracting
(C) contracted
(D) contracts

05 The feedback regarding the new product was not as ------- as the company had hoped or expected.
(A) encourage
(B) encouragement
(C) encouraged
(D) encouraging

06 We had employees who work from home ------- to their supervisor everyday by email.
(A) report
(B) reported
(C) to report
(D) reporting

▶ 정답 및 해설 p.72~73   ▶ 문제풀이 예제 정답 (B)

LESSON 9 일반 형용사와 분사 형용사

Point

> 형용사는 명사의 본질적이고 지속적인 성질, 특징, 상태 등을 설명하는 반면, 분사 형용사는 동작의 일시적인 능동, 수동, 진행상태, 완료 등을 설명한다.
>
> There was a ------ concert at the Grandeur Hall yesterday.
> (A) live   (B) living
>
> ▶ 둘 다 살아있다는 의미이지만 living[líviŋ]은 living people(거주하는 사람들)과 같이 '살고 있는, 거주하는'이란 동사의 의미를 그대로 유지한 능동적인 진행 상태를 나타낸다. 그러나 live[laiv]가 형용사일 때는 '실황의'라는 의미로 위 문장의 답이 된다.
> ● 어제 Grandeur Hall에서 라이브 공연이 있었다.   정답 (A)

1 형용사와 분사 형용사의 의미 구분

(1) 형용사: 사물의 형태, 성질을 묘사하고 설명하는 정적인 상태 중심의 품사이다.

He was awarded as the most **cooperative** employee of this month. 그는 이번 달 가장 협조적인 직원으로 상을 받았다.

☆ 문맥상 협조하고 있는(cooperating) 직원이 아니라, 협조적인(cooperative) 자세를 지닌 직원을 의미하므로 형용사가 왔다.

(2) 분사 형용사: 동사에 기반을 두어 능동, 수동, 진행, 완료의 의미가 포함되어 있다. 일시적·동적인 상태 중심의 품사이다. 형용사가 없거나 원래 형용사 뜻이 아니라 동사에서 의미가 추가되는 경우는 분사 형용사를 답으로 선택한다.

preferable 바람직한	last 마지막의	satisfactory 만족스러운	applicable 적용할 수 있는
preferred 선호되는	lasting 지속적인	satisfied 만족한	applied 적용된
inclusive 포괄적인	protective 보호를 위한	live [laiv] 라이브의	cooperative 협조적인
including 포함하는	protecting 보호해주는	living [líviŋ] 살아 있는	cooperating 협조하는

2 〈소유격/관사 + ------ + 명사〉는 분사 형용사,
〈전치사 + ------ + 소유격/관사 + 명사〉는 동명사

문장의 구조가 〈전치사 + 소유격/관사 + ------ + 명사〉로 빈칸이 명사 바로 앞이면 형용사나 분사 형용사를 선택하고, 〈전치사 + ------ + 소유격/관사 + 명사〉로 전치사 다음이면 동명사를 선택하는 것이 답의 확률이 높다. 보통 전치사가 목적어로 '행위'를 받으면 동명사가 답이 되고, 전치사의 목적어가 명사이면 형용사가 답이 된다.

> The management of Anderson Enterprises is in the process of ------ a new set of guidelines for its international service.   (A) established   (B) establishing
>
> ▶ 빈칸의 위치가 전치사 of 다음이므로 동명사인 establishing이 답이 된다.
> ● Anderson Enterprises사의 경영진들은 국제 서비스에 관한 새로운 가이드라인을 만들고 있는 중이다.

> Various services on the Internet can be helpful in ------ books which are difficult to find.
> (A) located   (B) locating
>
> ▶ 의미상 책을 돕는 것이 아니라 책을 찾는 행위를 돕는 것이다. 따라서 be helpful in의 목적어인 동명사를 답으로 선택하여야 한다.
> ● 인터넷상의 다양한 서비스들이 찾기 어려운 책들을 찾는 데 도움이 된다.

> The sales volume of the new product has been boosted by ------ marketing representatives.
> (A) dedicated   (B) dedicating
>
> ▶ 판매량이 증가된 것이 직원들을 '희생시킨 행위'이면 동명사가 답이다. 하지만 문맥상 by ------ marketing representatives는 '~한 직원들에 의해서'라는 의미로 빈칸은 '헌신적인'이란 뜻의 (분사) 형용사가 들어가야 한다.
> ● 헌신적인 마케팅 직원들에 의해 그 신제품의 판매량이 증가하였다.

> **Ustar 출제포인트** 시험에는 이렇게 나온다!
>
> **to부정사는 주절의 동사보다 미래 지향적이고 동명사는 과거 지향적이다. 현재분사는 주절의 시제와 동일하다!**
>
> ❶ **to부정사:** 주절의 동사보다 미래, 주로 결과/목적
> ❷ **동명사:** 주절의 동사보다 과거, 주로 과정
> ❸ **동사의 현재형/능동분사:** 주절과 동일한 시제
> ❹ **동사의 과거형/수동분사:** 주절보다 과거 시제
>
> There is a chapter in the book ------ the guidelines for all the procedures.
> (A) explain   (B) explaining   (C) explained   (D) to explain
>
> ■ 현재분사의 경우는 주절의 시제와 일치하게 해석해야 한다. 현재분사는 능동적인 진행, 상태를 묘사할 때 쓰이며, 능동의 의미이므로 뒤에 목적어를 취한다. 과거분사의 경우는 수동, 완료, 과거 등의 의미를 가진다. to부정사는 주로 목적이나 미래의 의미를 포함한다. 앞으로 쓸 책이 아니라 '이미 써진 책'이므로 미래의 to explain은 적절치 않다. 책의 내용은 이미 정해진 하나의 사실처럼 바뀌지 않기 때문에 하나의 상황으로 봐서 현재분사를 쓰는 것이 적절하다.
> ■ 그 책에는 모든 절차에 대한 지침을 설명하는 장(챕터)이 있다.

Exercises

제한시간 5분(문제당 25초)

문제풀이 예제

Throughout the entire park, you will find an array of entertainment and activities that is -------.
(A) impressed   (B) impressive   (C) impression   (D) impress

해설 빈칸은 be동사 is의 보어 자리이다. that 이하는 an array of entertainment and activities를 수식해주는 관계대명사절이며, 문맥상 '인상적인 볼거리와 즐길 거리'라는 의미를 나타내기 위해서는 빈칸에 형용사 impressive가 들어가야 한다. impress는 감정 동사로 사람을 주어로 받거나 주체가 될 경우 분사 형용사 impressed가 되며, 사물이나 행위 등이 인상적이라고 할 때는 형용사인 impressive를 써야 한다. 보기에 형용사와 분사 형용사가 동시에 존재할 때는 형용사가 답의 우선순위를 가진다.

해석 공원 전역에서 인상적인 볼거리와 즐길 거리들을 접하게 될 것입니다.

Step 1 Warm-up Test

01 The company sells office supplies, including file folders and ------- printed products.
(A) customizing   (B) customized

02 By ------- the consumption of cholesterol-rich foods, symptoms of heart disease can be avoided.
(A) lowering   (B) lowered

03 Before you throw out the parcel, be sure to tear the ------- paper that has your home address on it.
(A) attaching   (B) attached

04 We found the characters in the play quite stereotypical and the plot too -------.
(A) predicted   (B) predictable

05 Auto bikes are the ------- means of transportations for many local residents in the city.
(A) preferred   (B) preferring

06 Jimmy Johns decided to accept an offer from a mid-size company because of their ------- benefits kit.   (A) attractive   (B) attracted

Step 2 실전 TOEIC Test

01 In addition to providing ------- financial support to a number of charity groups, we encourage our employees to give something back to their communities through a variety of volunteer programs.
(A) extend
(B) extent
(C) extensive
(D) extending

02 Company health and safety procedures require that call center employees take adequate rest before ------- to their workstations.
(A) to return
(B) returns
(C) returned
(D) returning

03 After Mr. Mark retires from our public relations department, it will be arduous to seek someone with ------- proficiency and expertise in replacing him.
(A) compare
(B) comparing
(C) compared
(D) comparable

04 Cathie Rubins is the director of marketing and is responsible for ------- the association to diverse audiences for the purpose of expanding active membership.
(A) promotes
(B) promote
(C) promoting
(D) promoted

05 Increasingly, the nation's high-tech industries are depending on entrepreneurs to remain ------- in the global marketplace.
(A) competed
(B) competition
(C) competitive
(D) competing

06 Due to ------- maintenance costs, more people are moving away from the city to seek for a house in the suburbs.
(A) rising
(B) rose
(C) arisen
(D) rise

▶ 문제풀이 예제 정답 (B)

▶ 정답 및 해설 p.73~75

to부정사, 동명사, 분사를 '준동사'라고 한다. 동사이긴 하지만 이미 본동사가 있어서 문장의 핵심 동사 역할은 하지 못한다. 명사, 형용사, 부사 역할을 하며 더 이상 동사 취급을 하지는 않지만 동사의 특징(의미상의 주어, 목적어, 보어, 태, 형식, 시제 등)은 그대로 유지한다.

★ 주요 출제 패턴

1. 본동사와 준동사의 선택
2. 준동사의 의미상 주어, 태, 시제
3. 준동사의 선택
4. 동명사를 목적어로 취하는 동사
5. to부정사를 목적어로 취하는 동사
6. to부정사와 전치사 to의 구별
7. 독립 to부정사구
8. 명사와 동명사의 선택
9. 준동사를 수식하는 부사
10. 문장 구조 안에 to부정사

★ 이렇게 풀어라! 문제풀이 전략

1. **본동사와 준동사의 선택**: 문장 안에 접속사나 관계대명사가 없다면 본동사 외에 다른 동사가 추가될 수 없다.

   All staff are required ------- to the policies.   (A) to adhere   (B) adhere

   > 해설 동사 구조를 묻는 문제는 우선 본동사의 개수와 접속사의 유무를 확인해야 한다. 문장에 본동사 is required가 있으므로 동사 adhere는 올 수 없다. 위 문장은 〈require A to + 동사원형〉(A가 ~하도록 요청하다)의 수동태로 봐야 하므로 적절한 동사는 to부정사인 to adhere가 된다.

   > 해석 전 직원들은 그 방침을 고수하도록 요구받았다.

2. **준동사의 의미상 주어, 태, 시제**: 준동사는 동사에서 변형된 형태이기 때문에 동사의 특징을 그대로 유지한다.

   (1) to부정사의 의미상 주어는 〈for + 목적격 대명사/명사〉, 동명사의 의미상 주어는 '소유격', 분사의 의미상 주어는 '앞의 명사'나 '생략된 주어'이다.

   The managers arranged ------- the employees to check their performance evaluation themselves.
   (A) for   (B) to

   > 해설 the employees는 부정사 to check의 의미상 주어이므로 빈칸에는 전치사 for가 들어가야 한다.

   > 해석 관리자들은 직원들이 직접 자기 업무평가를 확인할 수 있도록 해줬다.

   (2) 2형식 동사의 준동사 뒤에는 형용사가, 타동사의 준동사 뒤에는 목적어가, 5형식 동사의 준동사 뒤에는 목적어와 목적격 보어가 온다. 그리고 동사의 형식에 따라 준동사도 능동태와 수동태가 있다.

   Financial News Network announced today that it will be sold to a joint venture ------- by Dow Jones and Westinghouse Broadcasting.   (A) creating   (B) created

   > 해설 뒤에 행위의 주체인 〈by + 주어〉가 있기 때문에 수동이라는 것을 알 수 있다. a joint venture which was created by ~에서 관계대명사가 생략된 분사구문이다.

   > 해석 Financial News Network는 오늘 Dow Jones와 Westinghouse Broadcasting의 합작투자로 회사가 매각될 것임을 발표했다.

3. **준동사의 선택**: 보기가 모두 준동사인 경우 to부정사는 미래지향적 의미를, 동명사는 과거지향적 의미를, 현재분사는 현재 시제의 의미를, 그리고 수동태 분사는 과거의 의미를 담고 있다.

   The trainees from the sales department will attend the marketing class on Friday ------- more about the marketing promotions.   (A) to learn   (B) for learning

   > 해설 문장에 본동사가 attend가 있으므로 준동사 자리이다. 내용상 앞으로 배울 것이기 때문에 미래의 to부정사가 와야 한다.

   > 해석 영업부의 수습사원들은 금요일에 마케팅 프로모션에 대해 더 배우기 위해 마케팅 수업에 참석할 것이다.

   Please check the ------- guidelines if you need more information.   (A) revised   (B) revising

   > 해설 동명사 복합명사는 종류를 보여주기에 답이 될 수 없고 〈동명사 + 목적어〉는 앞에 관사가 오지 않기 때문에 동명사 자리는 아니다. 관사 뒤에 빈칸은 분사 형용사이고 '이미 수정이 된'이라는 과거완료의 의미이므로 수동형인 과거분사가 적절하다.

   > 해석 더 많은 정보가 필요하면 수정된 안내서를 확인하세요.

Chapter 7

준동사

4. 동명사를 목적어로 취하는 동사: 부정/과거/완료 등을 의미하는 동사들은 보통 뒤에 동명사를 목적어로 취한다.

The committee has not yet finished ------- the investigation into the complaints.
(A) to conduct   (B) conducting

> 해설 완료를 의미하는 동사 finish는 뒤에 동명사를 목적어로 취한다.
> 해석 위원회는 그 불만사항들에 대한 조사를 완료하지 못했다.

5. to부정사를 목적어로 취하는 동사: 미래/긍정/방향 등을 의미하는 동사들은 보통 뒤에 to부정사를 목적어로 취한다.

Employees who have expressed their interest in the annual company marathon are expected ------- at the reception desk three weeks prior to the closing date.   (A) to register   (B) registering

> 해설 be expected 다음에 오는 적절한 동사의 형태를 찾는 문제이다. 〈be expected to + 동사원형〉(~하도록 예상되다)이므로 to register가 정답이 된다.
> 해석 연례 회사 마라톤에 대해 관심을 표시한 직원들은 마감 3주 전에 접수처에 등록해야 한다.

6. to부정사와 전치사 to의 구별

In addition to ------- some of the finest hand-crafted furniture created in the United States, the festival will be an opportunity for guests to enjoy live music throughout the day.   (A) displaying   (B) display

> 해설 in addition to는 전치사이다. 전치사 다음에 올 수 있는 것은 명사상당어구인데, 그 중에서도 빈칸 뒤의 명사를 목적어로 받으면서 전치사 다음에 올 수 있는 것은 동명사이다.
> 해석 그 축제는 미국에서 제작된 최고의 수제가구들을 전시하는 것뿐만 아니라 손님들에게 종일 라이브 음악을 즐길 기회를 줄 것이다.

7. 독립 to부정사구

With more than 100 employees in this office alone, ------- staff at our branches, it has become simply impossible to produce enough documents.   (A) as a matter of fact   (B) not to mention

> 해설 빈칸 앞의 내용을 논리적으로 이어줄 수 있는 부사구를 찾는다. 이 사무소에만 100명이 넘는 직원들이 있다는 내용 뒤에 쉼표(,)로 지사에 있는 직원들 얘기가 삽입되어 있으므로 문맥상 '~은 말할 것도 없고'의 의미를 가진 not to mention이 적절하다.
> 해석 우리 지점들은 말할 것도 없고 이 사무소에만 100명 넘는 직원들이 있으므로 충분한 서류를 제작하는 것은 정말 불가능하다.

8. 명사와 동명사의 선택

------- detailed employee manuals is one of the most important tasks for the human resources department.
(A) Development   (B) Developing

> 해설 문장의 주어는 명사, 대명사, to부정사, 동명사 등이 될 수 있는데, 빈칸에는 employee manuals(직원용 매뉴얼)를 목적어로 받을 수 있는 동사의 성격을 가진 명사가 들어가야 한다. 따라서 동명사 Developing이 정답이다.
> 해석 상세한 직원용 매뉴얼을 개발하는 것은 인사부의 가장 중요한 업무 가운데 하나이다.

9. 준동사를 수식하는 것은 부사이다.

With an office ------- located at 1615 West Franklin Street, our technicians can respond quickly to your needs.   (A) conveniently   (B) convenient

> 해설 located(위치한)라는 분사를 수식할 수 있는 품사는 부사이다.
> 해석 사무실의 한 곳이 West Franklin가 1615번지의 편리한 위치에 자리한 덕분에 우리 기술자들은 귀하의 요구에 부응할 수 있습니다.

10. 문장 구조 안에 to부정사

The result remains ------- seen.   (A) being   (B) to be

> 해설 remain to be seen(앞으로 두고 볼 일이다)은 하나의 동사구로 숙어처럼 쓰인다.
> 해석 그 결과는 두고 볼 일이다.

LESSON 1 준동사에 대한 이해와 to부정사

Point

준동사란 동사가 역할 이동을 하는 것으로 to부정사, 동명사, 분사가 이에 속한다. 이 준동사들은 동사가 아닌 명사, 형용사, 부사 역할을 하지만 동사의 특징(의미상의 주어, 목적어, 보어, 태, 형식, 시제 등)은 그대로 유지하게 된다.

 A thunderstorm ------ by severe lightening is predicted to hit the southern part of the state by nightfall.　(A) will accompany　(B) accompanying　(C) accompanied　(D) to accompany

▶ 문장 안에 접속사나 관계대명사가 없고 본동사는 is predicted이다. 따라서 더 이상의 동사가 나올 수 없기 때문에 동사인 (A)는 답이 될 수 없다. 준동사 중에 능동의 형태는 뒤에 목적어가 필요한데 빈칸 뒤에 by가 있다. 즉, 수동의 형태를 가지고 있는 (C)가 답이 된다.

● 강한 번개를 동반한 뇌우가 해질녘까지 그 주의 남부 지방을 강타할 것이라고 예상됩니다.　　정답 (C)

1 to부정사의 기본적인 용법

(1) **명사적 용법**: to부정사가 명사적 용법으로 쓰일 때는 '~하는 것'으로 해석되고 문장에서 명사 역할(주어, 목적어, 보어)을 한다.
(2) **형용사적 용법**: to부정사가 형용사적 용법으로 쓰일 때는 명사를 수식하는 기능을 하며 명사 뒤에 위치한다. 주로 way, ability, right, wish, opportunity 등의 명사를 수식한다.
(3) **부사적 용법**: to부정사가 부사의 기능을 하는 것으로 주로 '~하기 위해서(= in order to)'라는 목적의 to부정사가 출제된다.

2 to부정사의 특징

(1) **의미상의 주어**: 전치사 for 뒤에 목적격 대명사나 명사를 넣어 주어를 나타낸다.
(2) **시제와 태**: to부정사의 경우 태(능동태/수동태)와 관련된 문제가 가장 많이 출제되고 있다.
문제를 해결할 때는 우선 to부정사에 사용된 동사가 자동사인지, 타동사인지 확인하고 목적어의 필요 유무를 고려해야 한다. 본동사보다 to부정사의 시제가 앞설 경우 to have p.p.의 형태를, 주어와의 관계가 수동일 경우 to be p.p.의 형태를 취한다.

He seems **to be** a teacher. = It seems that he **is** a teacher.　그는 교사인 듯 보인다.
He seems **to have been** a teacher. = It seems that he **was** a teacher.　그는 교사였던 것 같다.

3 〈명사 + to부정사〉로 쓰이는 명사들은 외워두라.

ability는 뒤에 〈to + 동사원형〉을, capability는 전치사 of를 취한다. 이렇게 명사마다 뒤에 to부정사, 전치사, 동명사 등 취하는 형태가 다르므로 시험에 자주 나오는 표현들을 따로 암기해두어야 한다.

ability to do ~하기 위한 능력	drive to do ~하려는 추진력	right to do ~할 권리
attempt to do ~하기 위한 시도	effort to do ~하기 위한 노력	time to do ~할 시간
authority to do ~할 수 있는 권한	opportunity/chance to do ~할 기회	way to do ~할 방법
decision to do ~할 결정	plan to do ~할 계획	willingness to do ~하려는 의지

One hallmark of effective leadership is the **ability to delegate** responsibilities to others.
효율적인 지도력의 한 가지 특징은 책임사항들을 다른 사람들에게 위임하는 능력이다.

In an **effort to reduce** expenses, Barson Cosmetics halved its advertising budget.
비용을 줄이기 위한 노력의 일환으로, Barson Cosmetics는 광고예산을 절반으로 줄였다.

4 to부정사를 목적어로 취하는 동사

앞의 동사가 미래/긍정/방향의 의미를 나타내면 목적어로 오는 준동사는 주로 to부정사이다. fail과 refuse는 예외적으로 부정적인 의미인데도 to부정사를 동반한다는 것도 함께 기억하자.

afford ~할 여유가 있다	expect 예상하다	manage 관리하다	propose 제안하다
agree 동의하다	fail 실패하다	plan 계획하다	refuse 거절하다
choose 선택하다	hope 희망하다	prefer 선호하다	want 원하다
decide 결정하다	intend 의도하다	promise 약속하다	wish 바라다

Ustar 출제포인트 시험에는 이렇게 나온다!　**준동사의 의미상 주어**

to부정사의 의미상 주어는 〈for + 목적격 대명사/명사〉, 동명사의 의미상 주어는 '소유격', 분사의 의미상 주어는 '앞의 명사'나 '생략된 주어'이다.
Following the meeting with their direct boss, the computer programmers handed in their reports in a single document ------ him to review.　　(A) to　　(B) with　　(C) of　　(D) for

■ review의 의미상의 주어는 him이다. 즉, boss가 검토한다는 의미로 의미상의 주어인 boss를 for him으로 받아야 한다.
■ 직속상관과의 회의가 있은 후에 컴퓨터 프로그래머는 상관이 검토할 수 있도록 하나의 문서로 리포트를 제출했다.

Exercises

제한시간 5분(문제당 25초)

문제풀이 예제

The purpose of the workshop is ------- employees with information about effective time-management practices.
(A) provide   (B) provided   (C) to provide   (D) provision

해설 보기에 동사의 다양한 형태가 제시되어 있으므로 먼저 문장의 구조를 확인한다. is라는 본동사가 있으므로 동사인 provide는 일단 답에서 제외된다. 빈칸 뒤에 목적어(employees)가 있으므로 수동태 provided(과거분사)나 명사 provision도 답이 될 수 없다. 빈칸은 목적어를 이끌면서 주어(purpose)를 설명해주는 주격 보어 자리이다. 보어 역할을 할 수 있는 것은 to부정사인 to provide이다.

해석 이 워크샵의 목적은 직원들에게 효과적인 시간 관리 요령에 관한 정보를 제공하는 것이다.

Step 1 Warm-up Test

01 In an effort ------- sales, manufacturers have capitalized on growing consumer interest in health and well being and have started to invest in new products containing natural ingredients.
(A) to improve   (B) improving

02 We ------- to find out a solution to the technical problems.   (A) failed   (B) considered

03 It is important ------- to complete the reports before the end of the semester.
(A) for us   (B) to us

04 Van Youth wants to ------- its risk by creating a new product line of affordable clothes for teenagers.
(A) reduction   (B) reduce

05 The committee chose ------- fisherman, Jay. for a career distinguished by outstanding service.
(A) to honor   (B) to be honored

06 ------- maintain a clean office, Mr. Cena advised all employees not to bring foods that are easy to spill.   (A) In order to   (B) In regard to

Step 2 실전 TOEIC Test

01 While we wish to ------- a strong presence in the market place, the lack of a signature product is hampering our ability to do so.
(A) establishing
(B) establish
(C) establishment
(D) established

02 On Thursday afternoon, officials from 47 countries will gather ------- new environmental guidelines.
(A) approved
(B) approving
(C) to approve
(D) have approved

03 Due to the recent economic recession, many manufacturers seized the opportunity to ------- into overseas markets.
(A) expand
(B) expending
(C) expansion
(D) expanse

04 This restaurant reserves the right ------- entrance to prospective customers who are not wearing a tie and jacket or are otherwise improperly attired.
(A) refuse
(B) to be refused
(C) to refuse
(D) refusing

05 Having worked over 10 years in Manhattan, William Lee still believes bus is the best transportation ------- between New York and New Jersey.
(A) to commute
(B) commute
(C) to be commuted
(D) commuted

06 The president of the University of New Orleans would like ------- the founder of Tron Electronics, Mr. Flynn for a graduation speech.
(A) to invite
(B) invitation
(C) invitingly
(D) invited

▶ 정답 및 해설 p.75~76

▶ 문제풀이 예제 정답 (C)

LESSON 2 to부정사 패턴

Point

to부정사를 목적 보어나 주격 보어로 취하는 동사의 패턴이 있다. 보기가 모두 다른 의미의 동사로 구성되어 있다면 토익에서는 크게 두 가지의 유형으로 묻는다. 하나는 주어, 목적어와의 의미관계 또는 전체 문맥에 어울리는 동사를 고르는 문제, 다른 하나는 동사가 취하는 고유한 패턴을 묻는 문제 유형이다. 그리고 두 가지 유형 중 동사의 패턴을 묻는 문제가 출제빈도가 더 높다.

 예제

The aim of the initiative is to reduce utility costs for lower and middle-class households and to encourage consumers ------- energy.   (A) conservancy   (B) to conserve   (C) conserving   (D) conserve

▶ 동사의 다양한 형태를 묻고 있으므로 빈칸 앞뒤의 문장 구조를 확인한다. 본동사는 is이고 to부정사인 to reduce와 to encourage 가 and로 연결되어 문장의 보어 역할을 하고 있다. 빈칸 앞뒤는 〈동사 + 목적어 + 목적 보어〉 형태인데 encourage는 〈encourage A to + 동사원형〉(A에게 ~하라고 격려하다) 패턴으로 쓰이므로 빈칸에 적절한 것은 to부정사 형태이다.
▶ 그 계획의 목적은 저소득층과 중산층의 공과금을 감소시키고 소비자들에게 에너지 절약을 촉진하기 위해서이다.   정답 (B)

1. 〈동사 + 목적어 + to부정사〉 구조를 갖는 동사

allow/permit A to do ~하도록 허락하다	force A to do ~하라고 강요하다	remind A to do ~하라고 상기하다
cause A to do ~하는 것을 야기하다	instruct A to do ~하라고 지시하다	require/ask A to do ~하라고 요구하다
enable A to do ~을 가능하게 하다	invite A to do ~하라고 초대하다	persuade/convince A to do ~하도록 설득하다
encourage A to do ~하도록 격려하다	lead A to do ~하도록 이끌다	urge A to do ~하도록 촉구하다
expect A to do ~하리라 예상하다	promote A to do ~하도록 장려하다	want A to do ~하기를 원하다

The corporate policy **requires** its senior managers **to act** in the best interest of the company.
회사 정책은 선임 매니저들이 회사에 최대한 이익이 되도록 행동하기를 요구한다.

2. 〈be + p.p. + to부정사〉 패턴

to부정사를 목적보어로 취하는 동사 중에서는 〈be + 과거분사 + to부정사〉의 수동태 형태로도 자주 출제되고 있다. 기출 수동태 패턴을 기억하여 능동 ↔ 수동 전환시 혼동하지 않도록 주의하자.

be advised to do ~하라고 충고받다	be encouraged to do ~할 것을 격려받다	be invited to do ~하도록 권유받다(~해주세요)
be allowed to do ~하도록 허락받다	be forced to do ~하도록 강요받다	be asked/required to do ~하도록 요청받다
be inclined to do ~하는 경향이 있다	be permitted to do ~하도록 허가받다	be enabled to do ~할 수 있게 되다
be scheduled/planned/expected/supposed to do ~하기로 계획되어 있다		

You **are invited to attend** the second annual conference for licensed software engineers at the Ritz Hotel in downtown Columbia.   콜롬비아 시내에 있는 Ritz 호텔에서 열리는 소프트웨어 기술자들을 위한 두 번째 연례회의에 참석해주시기 바랍니다.

3. 〈be + 형용사 + to부정사〉 패턴

be able to do ~할 수 있다	be entitled to do ~할 자격을 주다	be pleased to do ~하게 되어 기쁘다
be anxious to do ~하기를 간절히 원하다	be hard to do ~하기 어렵다	be possible to do ~할 가능성이 있다
be eager to do ~하고 싶어 하다	be liable to do ~할 것 같다	be willing to do 기꺼이 ~하다
be eligible to do ~할 자격이 있다	be likely to do ~할 것 같다	be ready to do ~할 준비가 되다

I **am anxious to share** my ideas with our staff as soon as possible.   내 아이디어들을 가능한 빨리 직원들과 공유하고 싶다.
cf. be anxious for + 사람/about + 사물: ~을 걱정하다, 초조해하다

4. to have p.p.를 알면 고득점도 문제없다:
to부정사는 주로 미래의 의미를 가지지만, 본동사보다 과거의 상황을 to부정사로 받아야 할 때는 완료 시제를 넣어 to have p.p.로 쓰게 된다. 완료형 부정사를 취하는 동사는 주로 appear, seem이다.

The director's choice to offer team members performance related incentives appears **to have been** effective, as their sales increased by sixteen percent.
팀원들에게 성과연동 인센티브를 제공하겠다는 이사의 결정은 판매가 60% 오르면서 효과를 보이기 시작하는 것 같다.
☆ '판매량이 60% 증가했기 때문에 그 이사의 선택이 효과적이었던 것으로 보인다'로 to이하가 본동사보다 과거의 내용을 담고 있다.

Ustar 출제포인트 시험에는 이렇게 나온다!   빈출 유사표현은 주제별로 정리하여 암기해두자.

예를 들어, 시간에 대한 표현들인 〈take + 시간 + to + 동사원형〉(~하는 데 시간이 들다), 〈spend + 시간 + in -ing/on + 명사〉(~하는 데 시간을 쓰다), 〈last (for) + 시간〉(~동안 지속되다) 등은 함께 외워두지 않으면 시험에서 혼동하기 쉽다.

Please take the time ------- the following report thoroughly as it includes imperative details about the meeting.
(A) reviewing   (B) to review

■ 〈동사(take) + 목적어(the time) + 목적 보어〉에서 목적 보어로 쓰이면서 명사(the following report)를 목적어로 취할 수 있는 준동사의 자리이다.
■ 그 미팅에 관해 꼭 필요한 사항들을 포함하고 있으므로 시간을 내서 다음 보고서를 철저하게 검토하세요.

Exercises

제한시간 5분(문제당 25초)

문제풀이 예제

Customer service managers are required ------- about every complaint received.
(A) inform   (B) informing   (C) has informed   (D) to be informed

해설 본동사 are required가 있으므로 동사인 (A)와 (C)는 일단 답에서 제외된다. require는 목적어로 뒤에 to부정사를 취하는데 수동태이므로 〈be required to + 동사원형〉(~해야 한다) 형태가 된다. 따라서 빈칸에는 to부정사가 와야겠다. 또한 inform은 뒤에 사람 목적어를 받는 동사로, 빈칸 뒤에 목적어가 없으므로 to be p.p.의 수동태가 되어야 한다.

해석 고객 서비스 관리자들은 접수되는 모든 불만사항에 대해 알고 있어야만 한다.

어휘 customer service 고객 서비스   complaint 불평, 불만

Step 1 Warm-up Test

01 All executives are provided with their own personal ID to allow them ------- confidential data.
(A) to access   (B) access

02 Tyron Motor Company is supposed ------- plans to eliminate 12,000 jobs and shut down four manufacturing factories next month.   (A) to announce   (B) announcing

03 The accountant said that Teller Corp. must fire at least six main staff members to lessen the time it takes ------- from its financial unbalance.   (A) for recovering   (B) to recover

04 All divers are required ------- to the safety regulations stated in the agreement before renting the equipment.   (A) to adhere   (B) adhering

05 The technician was able ------- my laptop by replacing the main CPU chip and the processor.
(A) repairs   (B) to repair

06 ------- Ronald Deer's retirement, the manager reserved five tables at the Charlie's Italian Bistro.
(A) To celebrate   (B) Celebrate

Step 2 실전 TOEIC Test

01 The City Chorus is scheduled ------- at the dedication of the new library building.
(A) is performing
(B) will perform
(C) to perform
(D) performance

02 The Macy department store will be closing tomorrow to ------- its staff to take a special day off.
(A) allow
(B) prohibit
(C) make
(D) let

03 Dr. Joseph Greenberg advises his patients to spend a minimum of twenty minutes a day -------.
(A) exercise
(B) exercised
(C) exerciser
(D) exercising

04 As long as there are no objections, Sam Flint will be the next person ------- William Flint as chief executive officer.
(A) successor
(B) successive
(C) succession
(D) to succeed

05 The clients' testimony is meant to ------- Mr. Johnson's case.
(A) clarify
(B) clarification
(C) has clarified
(D) be clarified

06 One of the marketing representatives of York Enterprise, Ms. Salgado, is ready ------- her presentation once everyone is inside the conference room.
(A) begin
(B) began
(C) beginning
(D) to begin

▶ 정답 및 해설 p.76~77

▶ 문제풀이 예제 정답 (D)

LESSON 3 동명사

Point

동명사는 동사원형에 -ing를 붙인 형태로 동사와 명사의 특징을 모두 가지고 있다. 동명사 문제는 빈칸 앞뒤의 성분들을 문맥과 문법에 맞게 적절하게 연결하는 답을 선택하는 능력을 키워야 한다.

 예제 The Better Business Bureau plays a key role in ------- import and export data to assist American firms.
(A) coordinating (B) coordination (C) coordinate (D) coordinator

▶ 빈칸은 전치사 in의 목적어 역할(명사 기능)을 하는 동시에 명사들을 목적어로 취해야(동사 기능) 한다. 이 두 기능을 동시에 하는 것이 동명사이다. ● Better Business 사무국은 미국기업을 도와 수출입 정보를 수집 정리하는 데 중요한 역할을 한다.   정답 (A)

1 동명사의 기본적인 기능

(1) **주어 역할**: 동명사가 주어 자리에 올 경우, 목적어를 동반하고 뒤에 단수형 동사를 취한다. 단, 동명사 앞에 관사는 올 수 없다.
Reading a book is my hobby. 독서는 내 취미이다. ☆ reading은 전체 문장의 주어인 동시에 뒤에 목적어(a book)를 취한다.
(2) **보어 역할**: 동명사가 보어 역할을 할 때 주어와 동명사는 동일하다. 이 경우 to부정사와 대체하여 쓸 수 있다.
(3) **타동사나 전치사의 목적어 역할**: 타동사나 전치사의 목적어 자리에는 동명사, 명사, 목적격 대명사 세 품사가 올 수 있는데, 원칙적으로는 자기품사 우선 원칙이기 때문에 명사를 선호한다. ☆ 동명사가 답이 되는 경우는 Lesson 4 참조

2 동명사의 특징

(1) **의미상의 주어**: to부정사와 마찬가지로 문장의 주어와 동명사의 주어가 다를 경우 의미상의 주어를 취한다. 동명사의 의미상의 주어는 소유격으로 나타낸다. He is used to **her** arriving late. 그는 그녀가 늦게 오는 데 적응되어 있다.
(2) **시제와 태**: 본동사보다 동명사의 시제가 앞서는 경우에는 having p.p. 형태를, 동명사와 주어의 관계가 수동일 경우에는 being p.p. 형태를 취한다. He is ashamed of **having been** a politician. 그는 정치인이었던 것을 부끄러워한다.

3 동명사를 목적어로 취하는 동사

주로 앞의 동사가 완료/부정/과거의 의미를 나타내면 목적어로 오는 준동사는 동명사이다.

admit 인정하다	deny 부인하다	mind 반대하다, 꺼리다	quit 중단하다	advocate 지지하다
discontinue 중단하다	miss 놓치다	recommend 추천하다	avoid 피하다	enjoy 즐기다
postpone 연기하다	stop 멈추다	consider 고려하다	finish 끝내다, 마치다	practice 연습하다
suggest 제안하다	delay 지연시키다	give up 포기하다	put off 연기하다	

As labor costs continue to rise, experts are advising small business owners to **consider renegotiating** their agreements. 인건비가 계속 상승함에 따라 전문가들은 중소기업주들에게 계약 재협상을 고려하라고 조언하고 있다.

4 〈동사 + 목적어 + 동명사(V-ing)〉 패턴

'막다, 금지하다' 류의 동사 prevent, prohibit, forbid, ban, keep, stop 등은 〈주어 + 동사 + 목적어 + from + 동명사〉 형태로 '목적어가 ~하는 것을 막다, 방해하다, 금지하다'라는 의미로 쓰인다. 단, refrain은 자동사라서 목적어 없이 from을 받는다.
A number of unexpected hindrances are **preventing** the negotiation with British Telecom **from occurring**.
예기치 못한 많은 장애물들이 British Telecom과의 협상이 진행되지 못하도록 하고 있다.

5 동명사 빈출 관용표현 암기 리스트

be good at -ing ~을 잘하다	cannot help -ing ~하지 않을 수 없다	make a point of -ing 반드시 ~하다
be worth -ing ~할 가치가 있다	have difficulty/trouble (in) -ing ~하는 데 어려움을 겪다	(= make it a point to + 동사원형)
go -ing ~하러 가다		spend A in -ing/on + 명사 ~하는 데 A를 소비하다
feel like -ing ~하고 싶다	It is no use -ing ~해도 아무 소용없다	There is no -ing ~할 수는 없다

Ustar 출제포인트 시험에는 이렇게 나온다!

1. 타동사의 동명사 주어는 뒤에 목적어를 동반하며 단수동사를 사용한다.
   Helping job-seekers is the best way to increase the employment percentage in Quebec.
   구직자를 돕는 것은 퀘벡에서 고용률을 올릴 수 있는 가장 좋은 방법이다.
   ☆ ------- job-seekers가 주어이다. 본동사 is가 단수이므로 동명사 주어가 나와서 seekers를 목적어로 받아주었다.

2. 동명사를 수식하는 품사를 구분하라: 동명사가 단독으로 사용되는 명사적 기능의 경우는 형용사나 관사의 수식을 받을 수 있지만, 동명사가 뒤에 목적어를 받는 경우나 수동태 동명사 등은 동사의 성향 때문에 관사나 형용사가 수식을 할 수 없다.
   The efficient **training** is important. 〈명사 기능〉 Efficiently **training** people is important. 〈동사 기능〉

Exercises

제한시간 5분(문제당 25초)

문제풀이 예제

01 Adidas has announced that it is going to discontinue ------- the Tracy McGrady shoes as sales have been worse than expected.
(A) making (B) to make (C) made (D) make

해설 discontinue는 동명사를 목적어로 취하는 동사이다. 참고로 continue는 목적어로 to부정사와 동명사를 모두 취할 수 있는 동사라는 점도 기억해두자.

해석 Adidas는 Tracy McGrady 신발의 판매가 예상보다 저조해서 제작을 중단할 예정이라고 발표했다.

02 ------- job-seekers is the best way to increase the employment rate in Quebec.
(A) Help (B) Helping (C) To helping (D) Being helped

해설 타동사인 동명사 주어는 자신만의 목적어를 동반하며, 본동사로 단수 동사를 취한다. 문장의 본동사가 is이고 빈칸에서 job-seekers까지가 주어이다. 이때 seekers가 복수이므로 빈칸은 seeksrs를 목적어로 받는 능동의 동명사가 와야 한다.

해석 구직자를 돕는 것은 Quebec에서 고용률을 올릴 수 있는 가장 좋은 방법이다.

Step 1 Warm-up Test

01 Our main engineer recommended ------- steel frames to build sturdier automobiles.
(A) develop (B) developing

02 It is no use ------- anymore. (A) trying (B) to try

03 Even though the meeting is on Wednesday afternoon, we have yet to finish ------- the data gathered by our researchers. (A) calculating (B) to calculate

04 He has a chance of ------- as the director of public relations.
(A) appointing (B) being appointed

05 If you are ------- buying the package products, make sure the package is comparable with the current system. (A) thinking (B) considering

06 To surpass last year's sales numbers for the holiday season, Altamonte Mall management has suggested ------- later during the week. (A) to close (B) closing

Step 2 실전 TOEIC Test

01 Effective sales people are very good at ------- customers to purchase products by overcoming objections and helping customers recognize their need for the product.
(A) persuading (B) persuasiveness
(C) persuasion (D) persuasive

02 Todd Porter told his immediate supervisor that he would not mind ------- every Sunday on the assembly line starting next month.
(A) work (B) worked
(C) working (D) to work

03 The guidance counselors feel that it is necessary to create a handbook to assist graduating students who have difficulty ------- a career path.
(A) choose (B) chooses
(C) choosing (D) chosen

04 ------- us of your travel schedule helps us better prepare for your needs during the holiday.
(A) You notified (B) You notify
(C) Your notifying (D) You are notifying

05 According to the recent article of the *Business Week*, most companies tend to ------- workers from joining unions.
(A) discourage (B) ask
(C) require (D) inform

06 Mr. Bridges had already decided to work for Silverman and Sachs before ------- to the terms and conditions listed in the contract.
(A) agree (B) agreed
(C) agrees (D) agreeing

▶ 정답 및 해설 p.77~78

▶ 문제풀이 예제 정답 01 (A) 02 (B)

LESSON 4 명사와 동명사의 선택

Point

명사와 동명사를 구별하는 문제는 ❶ 가산명사의 관사 여부, ❷ 빈칸 앞뒤 성분들의 문법적 연결관계, ❸ 빈칸 앞뒤의 수식관계 등을 모두 염두에 두고 답을 선택하여야 한다.

 I want to work for the ------- agency.　　(A) advertisement　　(B) advertising

▶ 보기에 명사와 동명사가 있고 빈칸 뒤의 명사 agency는 업종을 나타낸다. 업무, 업종의 복합명사는 앞에는 동명사를 쓴다. 일반 명사가 답일 때는 주로 I saw the advertisement.(나는 그 광고를 봤다.)에서처럼 셀 수 있고 단위를 보여주는 명사인 경우이다.
● 나는 광고 에이전시에서 일하고 싶다.　　　　　　　　　　　　　　　　　　　　　　　　　　　정답 (B)

1 명사와 동명사 중 동명사를 선택해야 하는 4가지 경우가 있다.

전치사, 관사, 소유격, 타동사 등의 뒤에 빈칸이 있을 경우 명사가 우선하는 게 원칙이지만 다음의 경우에는 동명사가 답이 된다.

(1) **빈칸 뒤에 목적어를 수반한 경우**
(2) **명사와 동명사의 뜻이 다른 경우:** 이때 명사는 대부분 가산명사이고 동명사는 해당 행위에 해당하는 불가산 명사이다.

account 계좌 / accounting 회계	plan 계획 / planning 계획 세우기	seat 좌석 / seating 착석, (집합적) 좌석
funds 자금조달 / funding 자금지원	process 과정 / processing 처리	ticket 티켓 / ticketing 발권
house 집 / housing 주거, 주택공급	purchase 구매 / purchasing 구매행위	urge 충동 / urging 요청, 간청
market 시장 / marketing 마케팅	staff 직원 / staffing 직원배치	

(3) **행위, 과정, 전략, 용어, 부서 등의 경우:** pricing 가격 책정　advertising 광고　marketing 마케팅　housing 주택공급
(4) **명사화된 동명사:** belongings 소유물　building 건물　meaning 의미　planning 기획　surroundings 주변
　Because of **careful planning**, the renovation on the old historic community center will be completed three months ahead of schedule. 신중한 기획으로 인해 역사적으로 유명한 그 오래된 지역 센터의 개조 공사는 3개월 앞서 완료될 것이다.

2 동명사와 형용사의 구분

(1) **빈칸 앞뒤에 관사가 있는 경우**
❶ 〈전치사 + ------- + 관사/소유격 + 명사〉는 동명사가, ❷ 〈전치사 + 관사 + ------- + 명사〉는 (분사) 형용사가 정답이다.

Due to several unforeseen circumstances, Ian & Sons, Inc. has obtained monetary assistance in ------- its international business.　　(A) expansive　　(B) expanding

▶ 전치사 뒤에서 자신의 목적어를 동반할 수 있는 것은 동명사뿐이다. 〈전치사 + ------- + 관사 + 명사〉는 동명사가 답이다.
● 여러 예상치 못한 상황으로 인해, Ian & Sons사는 국제 사업을 확장하는 데 재정적 지원을 얻었다.

(2) **빈칸 앞뒤에 관사가 없는 경우**
❶ 〈전치사 + 동명사 + 명사〉: 전치사의 목적어 자리인 빈칸에는 동명사가 오며 주로 '행위'의 명사를 목적어로 받는다.

The purpose of ------- history is to comprehend patterns in society, the economy and the government, in order to forecast the direction the world is headed in.　　(A) studied　　(B) studying

▶ 역사의 목적이 아니라 공부의 목적이다. 따라서 of는 study를 목적어로 취하고 study의 목적어가 history이다. 전치사의 목적어가 동사인 경우에는 동명사의 형태를 취한다. ● 역사를 공부하는 목적은 사회, 경제와 정부의 패턴을 이해해 세상이 어떻게 될지 예측하기 위해서이다.

❷ 〈전치사 + 과거분사 + 형용사 + 명사〉: 뒤에 명사가 의미상의 목적어 역할을 하고 형용사가 그 사이에 등장한다. 이때 전치사의 목적어는 명사이다.

Employees need to take a look at the staff board for the ------- shift schedule so that confusion can be avoided following the Memorial Day holiday.　　(A) revised　　(B) revising

▶ 전치사 for의 목적어는 shift schedule이다. 따라서 빈칸은 동명사가 아닌 형용사가 들어갈 자리이다. revised는 이미 완료된 과거 사실을 말하는 수동 과거분사(p.p.)이며 the shift schedule (which was) revised에서 revised가 앞으로 나온 형태이므로 답이 된다.
● 직원들은 현충일 이후 혼란을 피할 수 있게 직원 게시판에서 조정된 교대 근무 일정을 확인해야 합니다.

Ustar 출제포인트 시험에는 이렇게 나온다! 〈------- + 명사〉

1. **형용사 + 명사:** 형용사가 명사의 성향, 특징 등을 의미한다.　a **beautiful** girl 아름다운 소녀
2. **명사 + 명사:** 앞의 명사가 구체적인 종류를 보여준다.　admission fee 입학금　registration fee 등록금　tuition fee 수업료
3. **동명사 + 명사:** 동명사가 뒤에 오는 명사의 행위, 과정, 업무 등을 보여준다.
　　consulting agency 컨설팅 에이전시　**publishing** company 출판사　**marketing** agency 마케팅 에이전시 → ~하는 회사
4. **현재분사 + 명사:** 능동/현재의 의미를 보여준다.　There is a boy **reading** a book. 책을 읽고 있는 소년이 있다.
5. **과거분사 + 명사:** 과거/완료/수동의 의미를 가진다.　a **broken** window 이미 깨진 창문

Exercises

제한시간 5분(문제당 25초)

문제풀이 예제

01 Admittedly, we have several avenues for generating cash at our disposal, however I feel ------- another series of corporate bonds is the most prudent course for the time being.
(A) issuing   (B) issued   (C) issues   (D) issuer

해설 however I feel (that)(하지만 ~라고 생각한다) 뒤에 또 다른 문장이 시작하고 있다(that은 생략). 빈칸 이하의 문장에서 주어는 bonds까지이므로 빈칸에는 주어를 이끌 수 있는 단어가 올 자리이다. 보기 중 주어 자리에 올 수 있는 것은 동명사인 (A)이다. 동명사가 주어 자리에 올 경우, 동명사 앞에는 관사가 올 수 없고, 단수형 동사를 취한다는 것을 반드시 기억해야 한다.

해설 명백하게 우리가 마음대로 현금을 만들어내기 위한 몇 가지 방법이 있지만, 나는 또 다른 일련의 회사채를 발행하는 것이 당분간은 가장 현명한 방법이라고 생각한다.

어휘 admittedly 명백하게   avenue 방법, 수단   generate 발행시키다   at one's disposal 마음대로   corporate bonds 회사채

02 I am writing for ------- that Mr. Jamison has received the financial estimates regarding the Dennison building project.   (A) confirm   (B) confirmation   (C) confirming   (D) to confirm

해설 전치사 뒤에는 동사원형도 to부정사도 올 수 없으므로 (A)와 (D)는 정답에서 제외된다. 따라서 (B)와 (C) 중 자기 품사 우선의 원칙에 의해 명사 (B)가 답이 된다. 단, '~해주셔서'라고 이미 한 일에 대한 감사의 이유 등을 밝힐 때는 〈for + -ing〉 형태를 써야 한다.

해설 Dennison 빌딩 건과 관련하여 Mr. Jamison이 견적서를 받았다는 사실을 확인하기 위해 이 글을 쓰고 있습니다.

Step 1 Warm-up Test

01 Howell Petroleum Corporation has received final ------- from the Land Management Bureau to begin construction.   (A) approval   (B) approving

02 Customers ------- the parking spaces next to Dillard's have been complaining that the spaces are not wide enough.   (A) to use   (B) using

03 Please contact me by the phone number, 0800-343-3434 as soon as possible ------- that this issue is being looked into.   (A) confirming   (B) to confirm

04 Prior to speaking with the sales department, please make sure there is an operator ------- your call.
(A) connecting   (B) connected

05 Due to careful --------, the construction of the new office building in Scranton will be completed sooner than expected.   (A) plan   (B) planning

06 Mr. Moya received an e-mail invitation -------the opening party of Gene's Fashion & Apparels.
(A) to attend   (B) attend

Step 2 실전 TOEIC Test

01 The bill needs to be paid within 14 days of ------- this statement; if not, legal action will be taken.
(A) receive   (B) receiving
(C) reception   (D) to receipt

02 ------- the effects of a technological innovation in the workplace is far from easy, as the effects are neither clear nor immediate.
(A) Researchers   (B) Research
(C) Researching   (D) Researched

03 Although the board of directors announced special provisions, employees will be accustomed to these ------- sooner or later.
(A) changing   (B) change
(C) changed   (D) changes

04 The main reason that Fortilfax storage batteries are not as popular as we had hoped is that ------- them takes a good eight hours.
(A) recharge   (B) recharger
(C) recharged   (D) recharging

05 Many different Internet sites can assist one in ------- information about existing companies and their Investor Relations.
(A) located   (B) locating
(C) will locate   (D) to locate

06 Please choose the color after ------- on the types of textiles you want for your cardigan.
(A) decide   (B) decision
(C) decided   (D) deciding

▶ 문제풀이 예제 정답 01 (A) 02 (B)

▶ 정답 및 해설 p.78~79

LESSON 5 전치사 to와 to부정사

Point

to가 항상 to부정사를 의미하는 것은 아니다. 시험에 등장하는 to에는 크게 세 종류가 있다.
❶ to부정사 ❷ 〈동사 + 전치사 to〉 숙어 ❸ 장소, 사람, 방향 등을 나타내는 전치사 to

 Our marketing team is looking forward to ------- more functional options to the newly launched software. (A) find (B) found (C) finding (D) be found

▶ look forward to는 '~하기를 고대하다'라는 의미의 관용표현이다. 그런데 이때의 to는 전치사로 뒤에 동사원형이 아닌 동명사가 연결된다. ● 우리 마케팅팀은 새롭게 출시된 소프트웨어에 기능적인 옵션들이 더 많을 것이라 기대하고 있다. 정답 (C)

1 〈동사 + 전치사 to + 동명사〉의 빈출 관용표현

다음은 전치사 to와 동명사를 연결한 형태로 시험에 자주 출제된다. to부정사로 혼동하여 동사원형을 선택하지 않도록 한다.

come close to -ing 거의 ~할 뻔하다	be devoted to -ing ~에 몰두/헌신하다	be subject to -ing ~하기 쉽다, ~을 조건으로 하다
look forward to -ing ~하기를 기대하다	be opposed to -ing ~에 반대하다	
object to -ing ~에 반대하다	be dedicated/committed to -ing ~에 헌신하다	be used/accustomed to -ing ~하는 데 익숙하다
when it comes to -ing ~에 관한 문제라면		

We **are dedicated to exceeding** our consumers' expectations by offering affordable prices for methods to increase their business brand power in an overly saturated market.
우리는 과포화된 시장에 제품의 브랜드 파워를 높이기 위한 방법으로 저렴한 가격으로 제공함으로써 고객 기대를 넘어서는 데 최선을 다하고 있다.

2 항상 be used to -ing인 것은 아니다!

(1) be used to + 동사원형(~하는 데 사용되다): use가 타동사로 쓰일 경우 수동태는 〈be used + to부정사〉의 형태로 쓰인다.
　We **use** the materials to build a house. 〈능동〉 우리는 집을 짓기 위해 그 재료를 사용한다.
　→ The materials **are used to build** a house. 〈수동〉 그 재료는 집을 짓는 데 사용된다.

(2) used to + 동사원형(예전엔 ~하곤 했다): 조동사 used to는 과거의 규칙적인 습관을 나타내며 뒤에 동사원형이 온다.
　I **used to go** to work at 7 a.m. 아침에 7시에 출근하곤 했다.

(3) 사람 + be used to -ing(~하는 데 익숙해지다): 반드시 주어를 사람으로 선택하여야 한다.

3 전치사 to를 동반하는 명사들

주로 change, revision, modification, alteration 등과 같이 '변경/변화'를 의미하는 명사 뒤에 전치사 to가 붙는다.

access 접근, 접촉	change 변화	damage 손상	path 길
approach 접근	revision 수정, 변경	answer 답	reaction 반응
commitment 약속, 헌신	modification (개선을 위한) 수정	key 열쇠	solution 해결
dedication 헌신	alteration 변화, 개조	opposition 반대	visit 방문

Economists are searching for **a solution to** the growing number of small business bankruptcies in the region over the past decade. 경제학자들은 지난 10년간 그 지역의 중소기업 파산이 증가하는 데 대한 해결책을 찾고 있다.

4 so as는 접속사가 아니다. 〈so as to + 동사원형〉

Coolidge County had recently started renovating the town hall building after the flood ------- find that the foundation has been damaged beyond repair.
(A) so as (B) only to (C) even though (D) in order that

▶ 빈칸 앞 문장은 주어, 동사, 목적어의 완전한 구조를 갖추었다. 완전한 문장 뒤에 동사 find를 추가하기 위해서는 to부정사, 〈전치사 + 동명사〉, 혹은 분사의 형태를 취해야 한다. so as는 뒤에 to부정사가 필요하다. 보기 중에 to를 포함한 것은 only to(결국 ~하게 되다) 뿐이다. (C)와 (D)는 접속사라서 주어가 와야 동사를 받을 수 있다. ● Coolidge County는 홍수가 난 후 최근 시청 건물을 보수하기 시작해 기초공사가 불가능하게 파손이 되었다는 것을 알게 되었다.

Ustar 출제포인트 시험에는 이렇게 나온다! to부정사가 아닌 전치사 to의 주요 관용표현

〈타동사 + 목적어 + to〉	〈자동사 + to〉	〈형용사 + to〉	〈전치사 to 관용표현〉
affix A to B A를 B에 붙이다	lead to ~을 초래하다	responsive to ~에 반응하는	according to ~에 따르면
attribute A to B A를 B탓으로 하다	refer to ~을 참조하다	native to ~의 출신인	in addition to ~에 덧붙여
contribute A to B A를 B에 기부하다	react to ~에 반응하다	prior to ~이전에	in response to ~에 대한응답으로
compare A to B A를 B에 비유하다	reply to ~에 대답하다	similar to ~와 유사한	in regard to ~에 관련하여
return A to B A를 B에 반납하다	response to ~에 응답하다	equivalent to ~와 동등한	

Exercises

문제풀이 예제

Trevor Adams is used to ---------- overtime since he was promoted three years ago to Managing Director.
(A) working (B) work (C) worked (D) be working

해설 주어가 Trevor Adams이고 사람은 '~하기 위해 사용되는 것'이 아니기 때문에 수동태로 볼 수 없다. 따라서 빈칸에는 동사가 올 수 없다. '~하는 데 익숙해지다'라는 의미의 숙어 be used to -ing를 알면 쉽게 풀 수 있는 문제이다.

해석 Trevor Adams는 3년 전에 상무이사로 승진한 이래로 초과근무를 하는 데 익숙하다.

Step 1 Warm-up Test

01 Our sales representatives are looking forward to attending the new advertising strategy conference and to ------- their ideas with the other attendees.   (A) share   (B) sharing

02 She is accustomed to ------- quickly to new standards and policies.
(A) being adapted   (B) adapting

03 We are dedicated to ------- the perpetrators responsible. Stay alert and stay safe.
(A) catch   (B) catching

04 The new laser-light therapy has been widely used -------- acne and revitalize skin tone.
(A) to treat   (B) for treating

05 Bella Courtesy Center consisted of staff who are committed to -------- volunteering opportunities for all people.   (A) arranging   (B) arrangement

06 Since the value of gold is expected to rise next month, international banks are planning to -------- as much gold as possible.   (A) purchase   (B) purchasing

Step 2 실전 TOEIC Test

01 James Rivers has called all of his clients ------- find out that most of them signed contracts with other investors.
(A) so as
(B) only to
(C) even though
(D) in order that

02 The new medication has been used ------- a persistent flu virus and respiratory diseases.
(A) treated
(B) to treat
(C) treatment
(D) having treated

03 To a lot of editors, e-mail means being able to work from home as opposed to ------- to an office.
(A) go
(B) going
(C) goes
(D) be going

04 Retail leases are tricky -------; therefore small business owners should consider hiring an experienced business consultant to handle this task.
(A) negotiate
(B) to negotiate
(C) for negotiating
(D) negotiated

05 All visitors must wear protective gear prior to ------- the factory.
(A) stepping
(B) entering
(C) producing
(D) processing

06 The president of Lauren Corp. was willing to ------- to every question from the reporters.
(A) responding
(B) responded
(C) respond
(D) response

▶ 정답 및 해설 p.79~80

▶ 문제풀이 예제 정답 (A)

LESSON 6 to부정사와 동명사를 모두 목적어로 취하는 동사

Point

to부정사와 동명사를 모두 목적어로 취할 수 있는 동사들도 정해져 있다. 이때 to부정사와 동명사 중 어느 것을 취하느냐에 따라 의미가 달라지는 동사들도 있으니 주의할 것. 동명사는 과거/현재, to부정사는 미래의 개념을 지니고 있다는 점에 착안하여 동사의 목적어로 to부정사와 동명사가 왔을 때의 의미상 차이를 알아야 한다.

 The first round of talks between management and the union to try ------ their differences did not go well.   (A) settling   (B) to settle

▶ try는 목적어로 to부정사와 동명사를 모두 취할 수 있지만 목적어에 따라 의미가 달라진다. 〈try + to부정사〉는 '~하기 위해 애쓰다', 〈try + 동명사〉는 '시험 삼아 ~해보다'라는 뜻이다. 문맥상 경영진과 노동조합의 차이를 해결하기 위해 노력하다는 의미가 적절하므로 to settle이 정답이다.

● 경영진과 노조의 차이를 해결하기 위한 1차 회담은 제대로 진행되지 못했다.

정답 (B)

1 to부정사와 동명사를 모두 목적어로 취하는 동사

to부정사는 미래지향적이고 동명사는 과거지향적이다. 무조건 암기하지 말고 의미로 파악하려고 노력해야 한다.

remember	+ to부정사	앞으로 ~할 것을 기억하다	+ 동명사	과거에 ~했던 것을 기억하다
stop	+ to부정사	~하기 위해 멈추다	+ 동명사	~하던 것을 멈추다
regret	+ to부정사	~하게 되어 유감이다	+ 동명사	~했던 것을 후회하다
forget	+ to부정사	앞으로 ~할 것을 잊다	+ 동명사	과거에 ~했던 것을 잊다
try	+ to부정사	~하려고 애쓰다	+ 동명사	시험 삼아 ~해보다

Remember to put on a coat. It's cold outside. 코트 입는 거 잊지 마라. 밖이 춥다.
I **remember putting** the stapler on the copier, but it is not there now.
복사기 위에 스테이플러를 올려놨던 게 기억나는데, 지금 그곳에 없다.
We **tried to move** the piano to the other side of the room, but it was too heavy.
우리는 피아노를 다른 쪽으로 옮기려고 노력했지만, 너무 무거웠다.
I **tried taking** a sleeping pill, but I still couldn't get to sleep. 수면제를 먹어봤지만, 잠을 이룰 수 없었다.

2 to부정사든 동명사든 의미가 변하지 않는 동사도 있다.

| begin/start 시작하다 | continue 계속하다 | cease 그만두다 | prefer 선호하다 |

The technology team **began investigating / to investigate** the defects in the computer network as soon as it was discovered. 기술팀은 컴퓨터 네트워크상의 결함을 발견하자마자 조사하기 시작했다.

3 to부정사는 미래를, 현재분사는 현재의 사실을, 〈전치사 + 동명사〉는 현재/과거의 사실을 주로 보여준다.

There is a book **to read**. 〈to부정사: 미래〉 앞으로 읽을 책이 있다.

Being a manager, he has access to the confidential documents. 〈현재분사: 현재〉
매니저가 되어 그는 기밀문서에 접근할 권한이 있다.
☆ 현재 매니저이기 때문에 access를 가지고 있는 것이다. 그래서 현재 사실을 보여주는 현재분사가 쓰였다.

If the staff don't **succeed in resolving** their problems, further steps will be taken by their superior.
〈전치사 + 동명사 : 현재〉 직원들이 자신들의 문제를 해결하지 못하면 다음 단계는 그들의 상급자들이 처리할 것이다.

Ustar 출제포인트 시험에는 이렇게 나온다! **forgot 뒤의 to부정사와 동명사 구분하기**

forget은 to부정사와 동명사를 모두 목적어로 취할 수 있으며 to부정사가 오느냐, 동명사가 오느냐에 따라 의미가 달라진다. to부정사는 미래, 동명사는 현재/과거의 개념을 갖는다. 따라서 〈forgot + to부정사〉는 '(과거 시점에서) ~해야 할 것을 잊었다', forgot -ing는 '~했었던 것을 잊었다'라는 의미가 된다. 문맥을 보고 빈칸 이하가 그 일을 잊어버린 시점에서 앞으로 해야 할 내용인지, 이미 했던 내용인지를 가려야 한다.

Apparently his secretary forgot ------ him that there had been a change to the conference to be held next week.
(A) inform   (B) informing   (C) informs   (D) to inform

■ 보기를 보고 문제의 성격을 파악한다. 동사 inform의 어형 문제로 보기 중에 동사가 있다면 문장에 본동사가 있는지의 여부부터 확인한다. 이미 본동사 forgot이 있으므로 동사인 inform과 informs는 제외된다. forget은 목적어로 동명사와 to부정사를 모두 취할 수 있다. 과거의 어느 시점에서 that이하의 사실을 알려야 하는 것을 잊었다는 문맥이므로 빈칸에는 to부정사 to inform이 적절하다.

■ 분명, 그의 비서는 다음 주에 열리기로 되어 있던 회의에 변경사항이 있음을 그에게 알려주는 것을 잊었다.

Exercises

문제풀이 예제

------- research in genetic research, Medi-Wise Pharmaceuticals was given a grant from the federal government, which will cover more than half of the expenses for their new drug trials.
(A) To promote   (B) For the promoting   (C) By promoting   (D) As a promotion

해설 Medi-Wise Pharmaceuticals가 주절의 시작이고 문장의 본동사는 was given이다. ------- research in genetic research는 주절에 종속되는 수식어구이고 빈칸은 명사 research를 목적어로 받을 수 있어야 한다. 문장에 promote라는 동사를 추가하기 위해서는 〈전치사 + 동명사〉, to부정사, 〈접속사 + 주어 + 동사〉 형태 중에 고를 수 있다. (B) 동명사가 뒤에 목적어를 취할 때는 앞에 관사가 올 수 없다. (C) By -ing는 수단, 방법으로 promote(장려하다)를 먼저 하고 grant(보조금)를 나중에 받게 되었다는 것은 내용상 성립하지 않는다. 정부로부터 보조금을 받아 연구를 장려한 것이므로 부정사 to promote가 적절하다. (D)의 as는 동격의 전치사인데 research와 회사인 Medi-Wise Pharmaceuticals가 동격이 될 수 없으니 답이 아니다.

해석 유전자 분야의 연구를 장려하고자 Medi-Wise 제약회사는 연방정부로부터 보조금을 받았는데 보조금의 절반 이상은 그들의 신약실험에 쓰일 것이다.

Step 1 Warm-up Test

01 If you want to become a member, please remember ------- up.   (A) to sign   (B) signing

02 People planning -------- their travel schedule must inform their travel agent before November 9.
(A) to alter   (B) alternation

03 Put the documents ------- filed on top of the filing cabinet in the corner of Mr. Wong's office.
(A) are   (B) to be

04 This memo is ------- you that your order has been processed and payment should be sent by wire transfer within two business days.   (A) to inform   (B) informing

05 As a means of --------- consumers, Jay's Liquor and Wine decided to offer them two wine glasses for free if they buy a bottle of wine that is valued over $20.   (A) attractive   (B) attracting

06 Florence Flower Delivery has changed its phone service system ------- the quality of service from the service representatives.   (A) to improve   (B) being improved

Step 2 실전 TOEIC Test

01 The only experience I can honestly say that was not up to my expectations was ------- on the train.
(A) dining   (B) diner
(C) dine   (D) to dine

02 A large crowd has gathered at El Maestro Airport ------- all athletes who competed in the 2008 Olympics.
(A) will honor   (B) to honor
(C) would honor   (D) to be honored

03 General Foods is implementing a new procedure ------- the quality of food products produced at their facilities.
(A) improved   (B) have improved
(C) to improve   (D) being improved

04 A large number of students came from India -------- the University of Montana for its exceptional mathematics curriculum.
(A) to attend   (B) attend
(C) attended   (D) attending

05 As this complex had a busy rental season, the manager did not remember ------- the proper inspections done.
(A) had   (B) having
(C) have   (D) to have

06 The supervisor asked the head engineer to come to his office ------- find out about the progress of their current project.
(A) can   (B) to
(C) so   (D) will

▶ 정답 및 해설 p.80~81   ▶ 문제풀이 예제 정답 (A)

Ustar
TOEIC
Reading

Chapter 8
형용사 (Adjective)

형용사 문제는 어휘, 구조, 수식 관계 등을 복합적으로 이해해야 문제를 해결할 수 있다.

★ 주요 출제 패턴

1. 형용사의 자리
2. 〈be동사 + 형용사 + 전치사〉 숙어
3. 형용사의 종류
4. 형용사의 배치 순서
5. 일반형용사와 분사형용사의 차이
6. 〈형용사 + 형용사〉 = 〈부사 + 형용사〉
7. 형용사의 형태: 〈명사 + ly〉, 〈of + 추상명사〉

★ 이렇게 풀어라! 문제풀이 전략

1. **형용사의 자리**: ① 명사를 수식하는 자리와 ② be/2형식/5형식 동사 뒤에 보어로 쓰이는 경우
   〈be/2형식 동사(become, remain) + 형용사(주격 보어)〉 The plant will not be **operational**. 그 공장은 가동되지 않을 것이다.
   〈형용사 + 명사〉 We have **technical** problems. 우리는 기술적인 문제가 있다.
   〈5형식 동사(find, consider, make, keep) + 목적어 + 형용사(목적격 보어)〉 A variety of events make the game **interesting**. 다양한 행사들이 경기를 재미있게 한다.

2. **〈be동사 + 형용사 + 전치사〉 숙어**
   He **is responsible for** the entire project. 그는 전체 프로젝트의 책임자이다.

3. **형용사의 종류**: 한정사(관사, 소유격, 지시형용사 등), 수량형용사, 사람형용사 등 형용사별 특징과 쓰임을 알아둬야 한다.
   a (considerable, **considerate**) man
   ☆ considerable 상당한, 중요한 / considerate 사려 깊은, 신중한

4. **형용사의 배치 순서**: 한정사 → 수량형용사(서수→기수) → 성질형용사(크기, 모양, 색깔, 신구, 재료)의 순서
   a red large round table (X) → **a large round red** table (O)

5. **일반형용사와 분사형용사의 차이**
   A ------- show is on television.
   (A) live   (B) alive   (C) living   (D) lived

   해설 live는 '살아 있다, 살다'라는 동사([liv]로 발음)로도 쓰이지만 '생생한, 살아 있는'이란 의미의 형용사([laiv]로 발음)로도 쓰인다. alive는 서술적 용법으로만 쓰이지, 명사 앞에는 오지 않는다. living은 '(실제로) 생명이 살아 있는'이란 뜻으로 의미상 부적절하다. lived는 단독으로 쓰이지 않고 long-lived(생명이 긴)처럼 복합어로 쓰인다.

   해석 라이브 쇼가 TV에서 방영되고 있다.

6. **〈형용사 + 형용사〉 = 〈부사 + 형용사〉**
   sound financial conditions = **financially sound** conditions 재정적으로 건전한 상태

7. **형용사의 형태**: 명사에 -ly가 붙어 형용사(lovely, friendly, monthly 등)가 되는 경우도 있다. 부사로 착각하지 않도록 한다.
   a **monthly** meeting 월례회의
   ☆ 기간을 나타내는 daily, weekly, monthly 등은 -ly가 있지만 부사로만 쓰이는 게 아니고 형용사, 부사 둘 다 쓰인다.

LESSON 1 형용사의 역할

Point

> 형용사 중에서 토익 최다 출제 문제는 바로 '형용사의 자리'이다. **빈칸 앞뒤에 명사가 있다면 우선 형용사를 고려해봐야 한다.**
>
> John will need help with many pieces of ------- luggage when he arrives.
> (A) heaviness   (B) heavily   (C) heavy   (D) heaviest
>
> ▶명사 앞에는 보통 형용사가 와서 수식한다. (B)는 부사, (D)는 최상급이라 정관사 the를 동반한다. 복합명사는 앞의 명사가 구체적인 종류를 보여주므로 추상명사인 (A) 역시 답이 아니다. ●존이 도착했을 때 무거운 짐들이 많아서 도움이 필요할 것이다. 정답 (C)

1 형용사의 위치와 용법

(1) 한정적 용법: 명사 앞뒤에서 그 명사를 한정하면서 직접 꾸며주고 설명한다.

This is a **beautiful** design. 〈형용사 + 명사〉 이것은 아름다운 디자인이다.
We want something **special** for the new product. 〈명사 + 형용사〉 우리는 신제품에 대해 특별한 것을 원한다.

(2) 서술적 용법: 2형식의 주격 보어나 5형식의 목적격 보어 자리에 오는 형용사로 주어나 목적어를 보충설명한다.

[2형식 문장] 주어 + 동사 + 주격 보어   He is **competent**. 그는 유능하다.
[5형식 문장] 주어 + 동사 + 목적어 + 목적격 보어   We consider him **competent**. 우리는 그가 유능하다고 생각한다.

2 한정적, 서술적 용법에 따라 의미가 다른 형용사

명사 앞에서 수식하느냐 동사 뒤에서 수식하느냐에 따라 의미가 달라지는 형용사에는 present, certain, late, right, ill 등이 있다.

He is the **present** owner. 〈한정적 용법〉 그가 현재 소유주이다.   The president was **present**. 〈서술적 용법〉 사장이 참석했다.

3 형용사의 종류 & 형태

(1) 형용사의 종류

지시형용사	사람이나 사물을 지칭	this, that, these, those
소유형용사	소유격	my, your, her, our
의문형용사	명사 앞에서 형용사절과 명사절을 이끄는 접속사	which, what, whose
관계형용사	접속사와 지시형 대명사의 역할	whose, which, what, whichever, whatever
부정 수량형용사	수나 양을 표현	some, any, no, little/few, many/much, each, every
서수, 기수, 회수	사물의 수량이나 순서	one, two, first, thirteenth once, double, trifle
순서, 최상급	순서나 최고를 나타내는 형용사	last, next, biggest
수량형용사	부사나 대명사의 특징을 가진 형용사	half, all, both
성질형용사	사람이나 사물의 특성	pretty, right, fat

(2) 형용사의 형태: 단어는 접미사(suffix)로 구분이 되므로 형용사형 접미사를 알아두면 품사와 그 의미까지 유추할 수 있다.

접미사	의미	형용사들	
-able, -ible	수동. 가능	avaliable 이용 가능한	edible 먹을 수 있는
-fic, -ive, -ory	능동. 소유	terrific 끝내주게 좋은	satisfactory 만족스러운
-ful, -y, -ous, -lent	풍부한. 가득한	successful 성공적인	famous 유명한
-ish, -like, -some, -ly	~한 성향을 가진	lonesome 외로운	orderly 질서정연한
-ular, -ilar	비슷한	particular 특별한	similar 비슷한
-less	결핍	valueless 가치 없는	useless 소용없는
-en	재료	wooden 나무로 된	leaden 납으로 된
-ern, -ward	방향	eastern 동쪽의	forward 앞으로의
-al, -ic	~의(관련)	formal 공식적인	historic 역사적인
-ant, -tic	~특징(을 가진)	energetic 열정적인	reliant 의존하는

> **Ustar 출제포인트** 시험에는 이렇게 나온다!
>
> 1. -able, -ible로 끝나는 일부 형용사는 위치에 따라 의미가 달라진다.
>   the stars **visible** ☆ 어떤 시점에 시야에 들어오는 별들 → 일시적   the **visible** stars ☆ 시야에 들어오는 모든 별들 → 영구적
>
> 2. 〈형용사 + ly〉는 부사이지만, 〈명사 + ly〉는 형용사로 be동사 뒤나 명사 앞에 올 수 있다.
>
>   weekly 매주의   annually 매년의   lovely 사랑스러운   likely ~할 것 같은   friendly 친절한   costly 값비싼   timely 시기적절한
>
>   (**regular**, regularly) weekly meeting 정기적인 주간회의 ☆ weekly meeting은 복합명사이기 때문에 형용사인 regular가 답이다.

Exercises

제한시간 5분(문제당 25초)

문제풀이 예제

To fulfill the customers' expectations, appropriate aid should be made in a ------- manner.
(A) timely   (B) seasonable   (C) fortunate   (D) marginal

해설 적절한 지원이 '시기적절하게' 이루어져야 한다는 내용이므로 in a timely manner(적시에)가 적절하다. (A) timely 는 '시기적절한'이란 의미의 형용사로 명사 앞에 올 수 있다.

해석 고객들의 기대에 부응하기 위해 적절한 지원이 시기적절하게 이루어져야 한다.

어휘 fulfill 만족시키다, 이행하다   expectation 기대(치)   appropriate 적절한, 알맞은   aid 도움, 원조   seasonable 철에 맞는, 호기의   fortunate 운이 좋은, 행운의   marginal 한계의, 최저의

Step 1 Warm-up Test

01 Scientists from ------- laboratories will come together and find out ways to prevent global warming.
(A) variety   (B) various

02 Although Jacob Simpson is a director who has been famous for producing movies with intense violence, his newest film is ------- for children's viewing.   (A) suitable   (B) suitability

03 If you plan to become a successful architect, not only should you be familiar with the basic formation of buildings, but you must possess ------- knowledge in visual arts as well.
(A) extensive   (B) extent

04 *Ladies Beauty* featured an article that showed detailed descriptions among ------- lip moisturizers.
(A) comparable   (B) comparatively

05 The significant rise of sales in Toure Electronics is attributed to ------- efforts of our supervisor, Dwight Howard.   (A) deliberates   (B) deliberate

06 Engineers say that inventing a new type of engine that could be compatible with both cars and motorcycles will be a ------- process, but definitely worthwhile.   (A) lengthen   (B) lengthy

Step 2 실전 TOEIC Test

01 The president of Newcastle Inc. decided to get supplies from Browns Wholesales because their representative was the most ------- among them.
(A) persuasive
(B) persuasively
(C) persuade
(D) persuasion

02 After the ------- outlay on advertising, the company paid its debt within five days.
(A) initially
(B) initiate
(C) initiation
(D) initial

03 After three months of training, the new employees have become very ------- with the company policies.
(A) familiarity
(B) familiarly
(C) familiar
(D) familiarize

04 The police department is taking ------- measures to lower the criminal rate in the downtown area of Queens.
(A) signify
(B) significant
(C) significantly
(D) significance

05 The new sleeping pill developed by Crax Welcome is now being offered at a reduced price so that it could be ------- to everyone.
(A) affordable
(B) affording
(C) affords
(D) afford

06 Due to unexpected errors, the manager announced early ------- morning that our project will be postponed until Wednesday.
(A) this
(B) those
(C) which
(D) whose

▶ 정답 및 해설 p.82~83

▶ 문제풀이 예제 정답 (A)

LESSON 2 형용사의 어순과 명사 앞 전치 수식

Point

형용사들이 나열될 때 중간에 빈칸이 오는 경우는 형용사의 종류별 어순을 알아야 문제를 풀 수 있다. 〈전치한정사 + 한정사 + (부사) + 수량형용사(서수 → 기수) + 일반형용사(크기, 모양, 색깔, 신구, 재료) + 명사〉의 어순을 기억하자.

 We need to purchase a ------- round red wooden table.
(A) large   (B) largely   (C) my   (D) two

▶ 크기의 형용사가 모양(round) 앞에 나오는 것이므로 (A)가 답이다. (B)는 '주로, 대부분'이란 의미로 문맥에 어울리지 않고 (C)는 소유격으로 관사와 함께 쓸 수 없다. 뒤의 명사가 단수이기 때문에 (D) 역시 답이 될 수 없다.
● 우리는 크고 둥근 빨간 나무 테이블을 사야 한다.   정답 (A)

1 형용사의 어순을 기억하라!

한정사			형용사							명사
all such half both twice	+	관사 부정형용사 지시형용사 소유격	부사	수량	의견	크기(대/소)	성질/모양	신/구	색깔	재료	소속
				(서수 → 기수)	의견 (주관적 형용사)	사실 (객관적 형용사)					명사

(1) 형용사는 보통 '전치한정사 → 한정사 → 수량형용사 → 성질형용사' 순서로 연결한다: 한정사란 지시형용사, 소유격 대명사, 관사와 부정형용사 등으로 명사 앞에 2개 이상이 함께 놓일 수 없다. 단, 전치한정사는 다른 한정사 앞에 올 수 있다.
  ❶ 전치한정사: all, both, half, double, twice, three times this my book (X) **all the** information (O)
  ❷ 한정사: 관사(a, an, the) / 부정형용사(some, any, no) / 지시형용사(this, that, these, those) / 소유격(my, your)
  ❸ 성질형용사: '크기(big, small) → 모양(long, ugly) → 신구(old, new) → 색깔(red) → 재료(made of)'의 순서
(2) 〈서수 + 기수〉의 어순: 서수(the first, the second, the third) / 기수(one, two, three) the first two weeks 첫 2주
(3) 명사 앞에 동일한 종류의 형용사가 반복해서 쓰일 때는 쉼표(,)나 and가 필요하다. 단, 동사 뒤에서 서술적으로 쓰일 때는 반드시 and로 연결해야 한다. He is adventurous **and** young. 그는 모험심이 강하고 젊다.

2 명사 앞은 형용사 자리이다.

한정사(관사/부정형용사/지시형용사/소유격), 전치사, 타동사 등의 뒷자리는 명사이며, 그 사이에는 형용사가 나온다.
(1) 관사 + 형용사 + 명사: an **active** program 쓰이고 있는 프로그램
(2) 소유격 + 형용사 + 명사: its **strategic** growth 전략적인 증대
(3) (부사/형용사) + 형용사 + 명사: particularly **small** companies 특히 소규모 회사
(4) 타동사 + 형용사 + 명사: have **technical** problems 기술적인 문제가 있다
(5) 동명사 + 형용사 + 명사: changing **political** conditions 정치적인 조건을 변경하기
(6) 전치사 + 형용사 + 명사: of **professional** ethics 직업윤리의

3 한정적 용법(명사 앞뒤에서 그 명사를 한정하는)의 형용사는 4가지

(1) 강한 한정의 형용사: only 유일한 sole 유일한 utter 완전한 major 주요한
(2) -er 형태의 절대 비교급 형용사: elder 손위의 upper 위쪽의 lower 하부의 inner 내부의 latter 후반의, 후자의 former 전, 앞의
(3) -en으로 끝나는 물질 & 분사형 형용사: wooden 나무로 만든 silken 비단으로 만든 woolen 모직의 golden 황금의
(4) 명사에서 파생된 형용사: dramatic 극적인 medical 의학의 lawful 합법적인 polar 극지의

> **Ustar 출제포인트** 시험에는 이렇게 나온다!
> 1. 〈부사 + 상태형용사(good, bad, hot) + 명사〉 vs 〈형용사 + 종류형용사(medical, economic, Korean) + 명사〉
>   **financially sound** conditions 재정적으로 건전한 상태 = **sound financial** conditions 건전한 재정 상태
>   　　부사상태　　형용사　　　　　　　　　　　　　　　　　종류
> 2. 같은 종류의 형용사들을 나열할 때는 and로 연결해야 한다.
>   sexy mild shampoo (X) ☆ sexy, mild 둘 다 상태형용사이다. **sexy and mild** shampoo (O)
> 3. 〈단위명사 + 단위형용사〉는 같이 쓰여서 하나의 형용사구를 만든다.
>   a **three-year old** boy 3살짜리 남자아이   a **40-inch long** ruler 40인치짜리 줄자
>   This table is **one meter wide** and **two meters high**. 이 테이블은 폭이 1미터에 높이가 2미터이다.

Exercises

제한시간 5분(문제당 25초)

문제풀이 예제

> Profit forecasts were down sharply from those ------- forecasts, due to higher-than-expected fuel costs and labor strife.
> (A) origin   (B) originality   (C) original   (D) originally

해설 빈칸에는 명사 forecasts(예상, 예측)를 수식하는 형용사가 와야 하므로 보기 중에서 '본래의, 원래의'라는 의미의 original이 적합하다. 관사/지시형용사/소유격 뒤에는 형용사가 나온다. 여기에서 those는 지시형용사이다.

해석 예상했던 것보다 높은 연료 비용과 노사분규 때문에 예상 수익은 애초 예상보다 급격히 내려갔다.

어휘 sharply 급격히   origin 근원, 기원   originality 독창성, 독창력   originally 원래는, 본래는   strife 분쟁, 쟁의

Step 1 Warm-up Test

01 Kelly Price is planning ------- events for a new cosmetic brand, Las Chicas Bonitas.
   (A) promotion   (B) promotional

02 Calgary Station is the ------- busiest train station in Canada.   (A) three   (B) third

03 With strong determination to become the best automobile brand in Europe, Northman Auto showed its ------- lineup of coupes and convertibles.   (A) impressive   (B) impressively

04 All guests are reminded to take all of their ------- belongings when they leave the building.
   (A) personality   (B) personal

05 Although Mr. Quinn has just started his own business, he is confident that he will receive assurance from his ------- contacts.   (A) commercial   (B) commercially

06 Merging the two companies is one ------- outcome of the meeting between the two CEOs.
   (A) possibility   (B) possible

Step 2 실전 TOEIC Test

01 Sales manager Gregory Gallas is a smart individual who is always willing to take risks yet maintains a steady ------- progress.
   (A) economic
   (B) economically
   (C) economist
   (D) economy

02 Thousands of people are visiting this year's ------- conference at the Metro Convention Center in Singapore.
   (A) week
   (B) weeklong
   (C) weekly
   (D) weeks

03 The Hansol KP-600 cell phone is the most ------- model on the market these days, because it has a lot more functions than other phones.
   (A) competitor
   (B) competitive
   (C) competitively
   (D) competition

04 Keller Furniture Company is planning to renovate the ------- factory on Church Street pending approval from the city.
   (A) vacant
   (B) vacantly
   (C) vacate
   (D) vacancy

05 To celebrate its opening day, Dana's Diner will offer desserts to its first twenty groups of customers with absolutely no ------- charge.
   (A) addition
   (B) adding
   (C) additional
   (D) additionally

06 In response to ------- visits from tourists, Rommel Hotel is offering a free transportation service from the airport to the hotel.
   (A) frequently
   (B) frequenting
   (C) frequent
   (D) frequented

▶ 정답 및 해설 p.83~84

▶ 문제풀이 예제 정답 (C)

LESSON 3 명사 뒤 후치 수식 용법 & 동사 뒤 서술적 용법

Point

형용사들 중에는 명사 앞 또는 동사 뒤 등으로 위치가 제한되거나, 위치에 따라서 뜻이 달라지는 경우도 있다.

 We offer a discount for those ------.
(A) current   (B) present   (C) certain   (D) some

▶ current는 '현재의'라는 뜻이고 certain은 명사 뒤에서 '확실한'이라는 뜻을 가진다. some은 명사 앞에만 오는 형용사이다. present는 명사 앞에서는 '현재의'라는 의미이나 명사 뒤에 쓰일 때는 '참석한'이라는 의미가 된다.
● 우리는 참석한 사람들에게 할인을 해준다.

정답 (B)

1 명사 뒤에서 명사를 꾸며주는 후치 수식 용법

(1) 〈명사 + 형용사 + 형용사〉: 두 개 이상의 형용사가 명사를 수식하는 경우
  a girl **sweet, smart and kind** 상냥하고 똑똑하고 친절한 소녀

(2) 〈명사 + 형용사 + 전치사구〉: 형용사가 전치사와 결합해 숙어로 쓰이거나 의미상 연결될 때는 뒤에서 수식한다.
  This is a book **useful** to me. 이 책은 나에게 매우 유용합니다.

(3) 〈-thing, -body, -one -where로 끝나는 부정대명사 + 형용사〉
  Please give me something **hot**. 나에게 뜨거운 것을 좀 주세요.

(4) 〈수사 + 명사 + 측정형용사(old, long, high, wide, tall)〉: 크기, 길이, 부피 등을 나타내는 형용사가 수사와 함께 수식할 때는 형용사가 명사 뒤로 간다.
  He is **twelve years old**. = He is a **twelve-year-old** boy. 그는 12살이다.

2 동사 뒤에서만 쓰이는 서술적 용법

(1) **a-로 시작하는 형용사**: 서술적 형용사라고 해서 명사 앞에 올 수 없고 동사 뒤에서 수식어구로만 사용된다.

| alive 살아 있는 | alone 홀로 | asleep 잠든 | afraid 두려워하는 |
| alike 같은 | awake 잠이 깬 | aware 알고 있는 | ashamed 수줍어하는 |

They **look** alike. 그들은 똑같이 생겼다.

(2) 그밖에 서술적 용법으로만 사용되는 형용사

liable (~하기 쉬운): We **are liable to** make mistakes. 우리는 실수하기 쉽다.
subject (~의 관건/대상이 되는): The budget **is subject to** change. 예산은 바뀔 수 있다.
worth (가치 있는): The picture **is worth** a lot. 이 그림은 대단한 가치가 있다.

3 한정적, 서술적 용법에 따라 의미가 다른 형용사

의미상 한정적 용법은 지속적인 성질과 특징을, 서술적 용법은 일시적인 성질과 특성을 나타낸다.

형용사	한정적 용법 의미	서술적 용법 의미
sick	아픈, 병든	넌더리난, 분한
certain	어떤	확실한
ill	불건전한, 나쁜, 서투른	병든, 건강이 나쁜

I was told that by a **certain** person. 〈한정적 용법(어떤): 명사 수식〉 어떤 사람에게 그 이야기를 들었다.
This is quite **certain**. 〈서술적 용법(확실한): be동사의 주격보어〉 이것은 아주 확실합니다.

Ustar 출제포인트 시험에는 이렇게 나온다!

1. 〈주어 + 동사 + 형용사 + 명사〉: 명사를 앞에서 수식하는 것은 형용사이다.
   Before we release our new product, we need to conduct ------ research in the domestic market.
   (A) additional   (B) additionally
   ▪ 빈칸은 명사 research 앞에 위치하여 이를 수식하는 자리로 research를 수식하는 형용사가 들어가야 적절하다.
   ▪ 우리는 신제품을 출시하기 전에 국내 시장에 대해 추가 조사를 할 필요가 있다.

2. 〈〈관사〉 + 형용사 + 명사〉 〈부사 + 관사 + 명사(명사구)〉
   Lineage is ------ the best video game ever.   (A) absolute   (B) absolutely
   ▪ 관사 앞에는 형용사가 올 수 없다. 빈칸에는 부사가 답이다. 〈형용사/부사 + 한정사 + 명사〉: 〈한정사 + 명사〉는 일종의 명사구이며, 모든 '구'와 '절'은 부사가 수식한다.   ▪ 리니지는 여태껏 나온 게임 중 확실히 최고의 비디오 게임이다.

Exercises

제한시간 5분(문제당 25초)

문제풀이 예제

Among all the necessary characteristics, leadership is one key factor that makes a man ------- for becoming a great politician.
(A) idealism   (B) idealize   (C) ideal   (D) idealist

해설 a man who is ideal for ~에서 관계대명사와 be동사가 생략된 문장이다. 이때 be ideal for ~는 연결된 표현이기 때문에 ideal만 명사 앞으로 나갈 수 없다. ideal for ~가 형용사 수식어구 역할을 하며 앞의 명사를 뒤에서 수식하였다.
해석 모든 필요한 특징 중 리더십은 훌륭한 정치인이 되기에 이상적인 사람으로 만들어 줄 주된 요소 중 하나이다.
어휘 necessary 필요한   characteristic 특징   factor 요소   ideal 이상적인   politician 정치인

Step 1 Warm-up Test

01 Our new concept car is ------- around a billion dollars, according to *World Automobile Magazine*.
     (A) worth   (B) worthy

02 With so many qualified applicants, Mr. Moyez is still ------- about whom to hire as a sales staff member.   (A) uncertainly   (B) uncertain

03 Most interns seem ------- at first, but they become easily intimidated once they realize the work is beyond their abilities.   (A) energetic   (B) energetically

04 Before distributing hotel listings to media, marketing specialists consider ------- features like size, occupancy rate and value.   (A) specifications   (B) specific

05 Customers who purchase any item today will be ------- from paying a service charge for any damage.
     (A) exempting   (B) exempt

06 After your order is -------, an online receipt will be sent through your e-mail account instantly.
     (A) complete   (B) completion

Step 2 실전 TOEIC Test

01 Mr. Dixon advised me that it is not ------- to discuss religion at the dinner table.
     (A) appropriateness
     (B) appropriate
     (C) appropriately
     (D) most appropriately

02 All sales representatives must be ------- of different cultural barriers of foreign countries.
     (A) aware
     (B) know
     (C) expert
     (D) accustomed

03 The preparations for the presentation must be ------- at least thirty minutes before the audience enters the room.
     (A) readily
     (B) readiness
     (C) ready
     (C) readier

04 Please give us a ------- introduction of yourself before we start the actual interview for the managerial position.
     (A) briefed
     (B) briefing
     (C) briefly
     (D) brief

05 The process of developing a new product design shown in the presentation was clear and -------.
     (A) understand
     (B) understanding
     (C) understandably
     (D) understandable

06 Mr. Strong decided to start his own business since he does not like to be ------- on his colleagues.
     (A) dependence
     (B) dependently
     (C) dependent
     (D) depend

▶ 정답 및 해설 p.84~85

▶ 문제풀이 예제 정답 (C)

LESSON 4 2, 5형식 문장의 서술적 용법

Point

2형식 문장의 주어와 5형식 문장의 목적어의 상태를 설명해주는 역할을 하는 형용사를 서술적 용법의 형용사라고 한다. 2형식 동사나 5형식 동사에는 반드시 형용사가 필요하다. (토익에서는 보어 자리에 명사가 답인 경우는 거의 없다.)
They look **happy**. 〈2형식〉 그들은 행복해 보인다.   He makes me **happy**. 〈5형식〉 그는 나를 기쁘게 만든다.

 Thanks to the new bridge, a commute to work is easily -------.
(A) manages   (B) managing   (C) manageable   (D) management

▶ be동사 뒤에 부사(easily)가 있다. 부사 뒤에는 명사가 올 수 없다. 문맥상 '경영'을 의미하는 (D)는 답이 될 수 없으며, '출퇴근이 할 만하다(manageable)'라는 내용이 되는 형용사 (C)가 답이다. be동사 뒤에 동사인 (A)는 나올 수 없고 (B) 역시 뒤에 목적어를 동반 해야 하므로 답이 아니다.   ● 새로 생긴 다리 덕분에 출퇴근이 할 만해졌다.   정답 (C)

1 be동사 뒤는 무조건 형용사가 답이다? I am a boy는?

토익 시험에서 〈주어 + be동사 + 주격 보어〉 구문의 주격 보어 자리가 비어 있다면 답은 항상 형용사이다. 주격 보어가 명사이기 위해서는 동종의 명사가 등장해야 하는데 동종의 명사가 등장할 확률이 낮기 때문이다. 예를 들어, 주어가 사람이면 주격 보어도 사람, 주어가 가산 보통명사이면 주격 보어도 가산 보통명사가 나와야 한다.

The children are -------.   (A) creativity   (B) creative

▶ children(아이들)이 추상명사인 creativity(창조성)와 동격이 될 수는 없다. 형용사 보어는 주어의 상태, 특징, 성향 등을 보여주기 때문에 답이 된다. 이렇게 주 어와 보어의 명사가 동격이 될 수 없는 경우가 대부분이므로 be동사 뒤에는 흔히 형용사가 답이 된다.

The Seoul plant will not be ------- until all of the new safety facilities have been checked.
(A) operational   (B) operator

▶ plant(공장)라는 가산 보통명사와 추상명사인 operation(작동)은 동격이 될 수 없다. 따라서 명사 보어가 아니라 plant의 상태를 보여주는 형용사 operational(작동 중인)이 정답이다.
● 서울 공장은 새 안전설비들을 모두 검열 받을 때까지 공장을 가동하지 않을 것입니다.

2 주어나 목적어를 보충 설명해주는 형용사 (서술적 용법)

(1) **2형식 문장에서 주어를 보충 설명해주는 형용사**: 〈주어 + 동사 + 형용사〉 형태로 이때 형용사는 주어의 상태를 설명하는 주격 보 어로 쓰였다. 2형식 문장을 만드는 동사에는 be, become, remain, stay, leave, smell, seem, prove 등이 있다.
Since ComTel Inc. received the first-rate award in the market, its products have become much more **valuable**. ComTel사가 시장에서 1등상을 수상한 이후로, 그 회사의 제품은 훨씬 더 가치가 높아졌다.

cf. **2형식의 주격보어 자리에 명사가 오는 경우**: 주어와 보어가 같은 종류의 명사이면 2형식 동사 뒤에 명사가 올 수 있다.
Hawaii is the most popular tourist **destination**.   하와이는 가장 인기 있는 관광지이다.
How to solve the problem remains **a challenge**.   문제를 어떻게 풀어야 할 것인지는 과제로 남아 있다.

(2) **5형식 문장에서 목적어를 보충 설명해주는 형용사**: 〈주어 + 동사 + 목적어 + 형용사〉 형태로 여기서 형용사는 목적어의 상태를 설명하는 목적격 보어로 쓰였다. 5형식 문장을 만드는 동사에는 make, keep, believe, find 등이 있다.
When purchasing mail-order products, please make all checks **payable** to Smith Industries Inc.
통신판매 제품을 구입할 때는 수표를 모두 Smith Industries사에 지불하시는 것으로 작성하셔야 합니다.
★ 최근에 출제된 5형식 동사 paint: We will paint the house **white**.   우리는 그 집을 하얀색으로 칠할 것이다.

cf. **5형식에서 목적 보어 자리에 명사가 오는 경우**: 보어가 형용사인 경우에는 목적어의 '상태'이지만 목적 보어 자리에 명사가 나 오면 목적어와 목적 보어가 '동격'이 되어야 한다.
The board of directors **appointed** him a general manager.   이사회는 그를 총책임자로 임명했다.

3 유사보어: 문법적으로 보어가 필요 없는 문장에서 보어인 척하는 형용사가 있는데 이를 '유사보어'라 한다.

(1) **1형식 문장에서 유사보어로 사용되는 형용사**: He returned home **safe**.   그는 집으로 안전하게 돌아왔다.
(2) **3형식 문장에서 유사보어로 사용되는 형용사**: He left hometown **rich**.   그는 부자로 그의 고향을 떠났다.
★ 최근에 출제된 유사보어 〈appear + 형용사〉: The prediction will appear **true**.   그 예측은 사실일 것만 같다.

Ustar 출제포인트 시험에는 이렇게 나온다!

주어 + be ------- + 명사	형용사 자리	주어 + be ------- + 형용사 + 명사	형용사/부사 모두 가능한 자리
주어 + be ------- + 형용사	부사 자리	주어 + be + 부사 + -------	형용사 자리

Personal information must remain ------- confidential.   (A) strict   (B) strictly   (C) critic   (D) criticize
■ 형용사로 끝난 문장 앞에는 부사가 답이다.   ● 개인정보는 엄격하게 기밀로 유지해야 한다.

Exercises

제한시간 5분(문제당 25초)

문제풀이 예제

01 It is our hope that you will find your stay quite ------- and if there are any problems, please inform us immediately.
(A) satisfied   (B) satisfaction   (C) satisfactory   (D) satisfactorily

해설 빈칸 앞은 〈find + 목적어(your stay) + 형용사(목적격 보어)〉 형태로, 부사 quite가 수식하는 빈칸에는 형용사가 와야 한다. 목적어인 your stay가 사물이기 때문에 사람을 수식하는 satisfied는 답이 될 수 없다. 내용상 '만족하는'의 의미를 가진 satisfactory가 답이다.
해석 고객님께서 아주 만족스럽게 머무르시기를 바라며, 혹시 문제가 있을 시 저희에게 즉시 알려주십시오.

02 The journal published last month was highly ------- of safety standards at the factory.
(A) critical   (B) critically   (C) critic   (D) criticize

해설 be동사 다음이고 〈전치사 + 명사〉의 전치사구를 제거해도 완결된 문장이 되려면 형용사 보어로 문장이 끝나야 한다. 또한 보기 중에 부사 highly의 수식을 받을 수 있는 품사는 형용사이므로 (A) critical(비판적인, 비평의)이 답이다.
해석 지난달에 출간된 잡지는 공장의 안전기준에 대해 매우 비판적이었다.

Step 1 Warm-up Test

01 The report was extremely ------- of our decision to build the new factory near the lake.
(A) critic   (B) critical

02 The merger between Coffee Kings and Caffeine Addiction will not be ------- to other privately owned coffee shops in Seoul.   (A) benefited   (B) beneficial

03 The Lincoln-Morgan Airport director considers it ------- to delay all planes until the fog clears up.
(A) necessity   (B) necessary

04 After the peak season is over, prices for lodging and motels become more ------- for people on road trips.   (A) afford   (B) affordable

05 As long as the employees remain -------, we should be able to achieve all of our monthly goals.
(A) productive   (B) production

06 For your driver's license to be ------- abroad, you must take a simple written exam and get a score of 60 or higher.   (A) validity   (B) valid

Step 2 실전 TOEIC Test

01 Mr. Tesla recently got a job offer from one of the world's leading banks, but for some reason he seems ------- to take it.
(A) hesitant   (B) hesitate
(C) hesitantly   (D) hesitation

02 Though many experts considered the plan -------, the marketing strategy implemented by Litzman proved to be highly successful.
(A) impossible   (B) impossibility
(C) impossibly   (D) impossibleness

03 The mayor of the city of Richmond, Mr. Cooper, was ------- in getting government funds to build two local parks.
(A) instrument   (B) instrumental
(C) instrumentally   (D) instrumentation

04 The lab scientists at Lomax Laboratories are ------- by their silver metallic name cards.
(A) identify   (B) identifies
(C) identity   (D) identifiable

05 Marketing Director, James Lehman, said that he was impressed with how ------- Mr. Johnson's presentation was.
(A) persuade   (B) persuasiveness
(C) to persuade   (D) persuasive

06 The crew members of Pacific Cruise are highly regarded for being ------- to all customer's needs.
(A) attention   (B) attentiveness
(C) attentive   (D) attentively

▶ 정답 및 해설 p.85~87

▶ 문제풀이 예제 정답 01 (C) 02 (A)

LESSON 5 주요 형용사 구문

Point

> 토익에서는 의미가 동일해도 사람을 수식하느냐 사물을 수식하느냐에 따라 답이 다른 유사형용사 어휘 문제가 자주 출제된다.
>
> **예제** I am ------ that he will attend the meeting. (A) complete (B) confident (C) obvious (D) definite
> ▶ 보기 모두 '확실한'이란 의미이나 사람 주어를 받을 수 있는 것은 (B)뿐이다. ● 그가 회의에 참석할 거라고 확신한다.   정답 (B)

1 감정동사 분사 형용사

(1) 사람만 주어로 받는 형용사: 〈사람 주어 + be동사 + 과거분사〉

감정동사는 사람만 목적어로 받는다. 〈주어 + 감정동사 + 사람〉에서 수동태가 되면 〈사람 주어 + be동사 + 과거분사〉가 된다. 사람이 주어인 경우 be동사 뒤의 감정동사는 과거분사이며, 사람의 감정을 나타내는 형용사 역시 사람만을 주어로 받는다.

content 만족하는	embarrassed 당혹스런	disappointed 실망한	surprised 놀라는
sorry 유감인	happy 기쁜	excited 흥분된	impressed 인상 깊게 생각하는
afraid 유감스러운	worried 걱정하는	convinced 확신하는	satisfied 만족하는
concerned 걱정하는	pleased 기쁜		

We were all **excited** at the arena. 경기장에서 우리 모두 흥분했었다.

(2) 사물만 주어로 받는 형용사: 〈사물 주어 + be동사 + 현재분사〉

'사람을 ~하게 만든다'는 것이 감정동사이다. 주어가 사물인 경우 be동사 다음의 감정동사는 능동의 현재분사가 온다.

disappointing 실망스러운	surprising 놀라운	satisfying 만족시키는	embarrassing 당황케 하는
exciting 흥분시키는	interesting 흥미 있는	fascinating 흥미로운	entertaining 즐겁게 해주는

His exam results were **disappointing**. 그의 시험 결과는 아주 실망스러웠다.
cf. He is an **interesting** boy. 그는 (주변 사람들을) 재미있게 만드는 사람이다. ☆ 사역의 의미일 때는 사람 수식이라도 현재분사

2 사실에 대한 판단의 형용사: 〈It is + 형용사 + for + 사람 + to부정사/that절〉

dangerous 위험한	useful 유용한	natural 당연한	(in)convenient 편리한/불편한
difficult 어려운	easy 쉬운	hard 어려운	(im)possible 가능한/불가능한
regrettable 유감스러운	necessary 필요한	painful 괴로운	(un)important 중요한/중요하지 않는

It is difficult for us to master English. 우리들이 영어를 마스터하는 것은 어렵다.

3 의지를 나타내는 형용사: 〈사람 주어 + be동사 + 형용사 + to부정사/that절〉

사람을 주어로 하고 주어의 의지를 나타내는 형용사 구문은 〈It is + 형용사 + to부정사/that절〉 구문으로 바꾸어 쓸 수 없다.

anxious 갈망하는	keen/eager 열망하는	reluctant ~하기를 꺼려 하는	willing 기꺼이 ~하려고 하는

The manager **is willing to** do the work. 매니저는 기꺼이 그 일을 하려고 한다.

4 〈It is + 형용사 + of + 의미상의 주어 + to부정사〉 = 〈사람 주어 + be동사 + 형용사 + to부정사〉

generous 관대한	careful 조심하는	wise 현명한	reasonable 타당한
sensible 분별 있는. 현명한	considerate 사려 깊은	polite 예의바른	

It was really **kind** of you to help me. = You were really **kind** to help me. 당신은 정말로 친절하게 저를 도와주셨습니다.

5 〈It is + 형용사 + that ~ (should)〉

형용사 자리에 이성적 판단을 표현하는 형용사가 오면 that절 안의 should는 생략이 가능하다. 그 외에 말하는 사람의 요구, 충고, 명령, 제안, 바람 등의 동사 뒤 that절 안에도 should가 생략될 수 있다.

necessary 필요한	natural 당연한	vital 절대로 필요한	advisable 권할 만한. 합당한
essential 필수적인	important 중요한	imperative 필수적인	

It is **vital** that we (**should**) be kept informed of any new developments. 우리에게 사태의 진전을 꼭 알려주는 게 중요하다.

Ustar 출제포인트 시험에는 이렇게 나온다! 사람 형용사와 사물 형용사를 구별하라!

argumentative 따지기 좋아하는	arguable 논쟁의 여지가 있는	considerate 사려 깊은	considerable 상당한. 중요한
economical 검소한. 절약하는	economic 경제의. 경제상의	understanding 이해심이 많은	understandable 이해할 수 있는

Exercises

제한시간 5분(문제당 25초)

문제풀이 예제

01 Visitors to Cambridge Museum are requested to be ------- and refrain from taking photos during their tour.
   (A) considered   (B) consider   (C) considerable   (D) considerate

   해설 문장의 본동사가 are requested이므로 동사 (B)는 답에서 제외된다. 빈칸에는 사람(Visitors)을 주어로 받을 수 있는 형용사로 문맥상 '배려하는, 사려 깊은'이라는 뜻의 considerate가 정답이다.
   해석 캠브리지 박물관 방문객들은 사려 깊게 행동해야 하며 관람하는 동안 사진촬영을 자제해야 한다.
   어휘 be requested to + 동사원형 ~하도록 요청받다   refrain from + -ing ~하는 것을 자제하다

02 England Airways would like to thank all its passengers for being so --------- during this small delay we are facing due to technical difficulties.
   (A) understand   (B) understandable   (C) understood   (D) understanding

   해설 빈칸은 passengers를 수식한다. 보기 중에서 사람을 수식하는 형용사는 understanding(이해심이 있는)이다.
   해석 England Airways는 기술적인 문제로 잠시 지연되는 것을 양해해주신 모든 승객분들께 감사드립니다.

Step 1 Warm-up Test

01 After experiencing an uncountable number of failures, Ms. Moore is finally ------- that her creation will be considered as one of the most notable inventions of this century.   (A) confident   (B) obvious

02 Dover's Ballet Squad's main dancer, Sonya Sharapova, is one of the most successful dancers famous for her ------- performance in 2010.   (A) impressive   (B) impressed

03 Mr. Thompson's speech is always a pleasure to listen to because he frequently describes some of his ------- experiences in the past.   (A) fascinating   (B) fascinated

04 Our executive director was ------- to hear that Dr. Grey joined our company to co-develop a new source of energy.   (A) convenient   (B) pleased

05 Valdes Autos is one of the few automobile companies that constantly produces ------- cars without any major breakdowns.   (A) skilled   (B) reliable

06 The board of directors complimented the sales representatives on their ------- work they had done this quarter.   (A) excellent   (B) interested

Step 2 실전 TOEIC Test

01 We have realized that someone was hacking into our database, and therefore it was ------- for the technician staff to take this matter seriously.
   (A) necessities   (B) necessarily
   (C) necessary   (D) necessitate

02 It is ------- that all managers complete their report by this Friday to prepare for the board meeting.
   (A) prone   (B) vital
   (C) poised   (D) ready

03 Since ------- blood donations are in need for earthquake victims, we would like to ask for your employees' cooperation.
   (A) addition   (B) additional
   (C) additions   (D) additionally

04 It is ------- to keep your important belongings in your possession when you are on a tour in Greece.
   (A) advisable   (B) advisory
   (C) advisedly   (D) advise

05 The ideas that came out from the interns were proven to be quite ------- and were applied to our project.
   (A) interested   (B) expectant
   (C) confirmed   (D) useful

06 The taste may not be so great, but the ------- atmosphere of Tapas makes it one of the most popular restaurants in downtown.
   (A) pleasant   (B) tender
   (C) confident   (D) fragile

▶ 정답 및 해설 p.87~88

▶ 문제풀이 예제 정답 01 (D) 02 (D)

LESSON 6 형용사를 대신할 수 있는 어구

Point

명사 앞에서 명사를 수식할 수 있는 것에는 형용사만 있는 것은 아니다. **형용사 상당어구**에 해당하는 다양한 수식어구들이 등장하기 때문에 이러한 응용문제들을 많이 풀어보아야 한다.

 You should submit all the ------- documents.
(A) achievable   (B) related   (C) alike   (D) interested

▶(A)는 '성취할 수 있는'이라는 의미의 형용사이지만, documents(서류)보다는 goal(목표) 등의 단어와 어울리기 때문에 답이 될 수 없다. (C)는 명사 앞에 나올 수 없으며 (D)는 사람 명사만 수식할 수 있다. 답은 '관련 서류'라는 의미가 되는 (B)이다.

● 관련된 서류를 모두 제출하여야 한다.   정답 (B)

1 형용사의 역할을 대신해주는 수식어구들

(1) **분사구문**: Look at the clerk **working in the office**. 사무실에서 일하고 있는 직원을 보아라.
(2) **분사형용사**: He called a technician to fix a **broken** fax machine. 그는 고장 난 팩스기를 수리하기 위해 기술자를 불렀다.
(3) **to부정사**: I have a book **to read**. 나는 읽을 책이 있다.
(4) **관계사절**: I want to be a doctor **who helps the sick people**. 나는 아픈 사람들을 돕는 의사가 되고 싶다.
(5) **전치사 + 추상명사**: **of importance** = important 중요한 *cf.* with caution = cautiously 〈부사〉 조심스럽게
(6) **동명사**: Our restaurants provides an elegant atmosphere for a great **dining** experience.
    저희 레스토랑은 멋진 식사 경험을 위한 우아한 분위기를 제공합니다.
(7) **명사**: Their **water** supply is old and filled with leaks. 그 회사의 수도관은 낡아서 여기저기서 물이 샌다.
    ☆ 이때, water supply는 '복합명사'로 앞의 명사가 형용사의 역할을 한다.
(8) **동격어구**: The city **of Seoul** is expanding rapidly into the country. 서울시는 교외로 급속히 팽창해가고 있다.
(9) **소유격**: The review is in **today's** paper. 그 논평은 오늘 신문에 실렸다.

2 전치사적 형용사

형용사는 명사를 꾸며주는 역할을 하기 때문에 목적어를 가지지 못한다. 하지만 예외적으로 목적어를 가질 수 있는 형용사들이 있는데 이를 '전치사적 형용사'라고 부른다.

(1) **like = similar to**(~와 비슷한): He is **like** his father. 그는 아버지와 닮았다.
(2) **unlike**(~와 서로 다른): This picture looks quite **unlike** you. 이 사진은 너와 상당히 다르다.
(3) **near**(~에 가까운): The time draws **near** Christmas. 크리스마스가 다가오다.
(4) **next**(~옆의, 다음의): He will be back at the end of the year or by **next** year. 그는 올해 말 또는 내년에 돌아올 것이다.
(5) **opposite**(~ 반대편의): He sat down **opposite** his mother. 그는 어머니 반대편에 앉았다.
(6) **worth**(~의 가치가 있는): Our house is **worth** £100,000. 우리 집은 약 10만 파운드의 가치가 있다.

3 명사를 대신하는 형용사들

(1) 〈the + 형용사(분사)〉(~하는 사람들): 복수 보통명사의 역할을 한다. **the young** = young people 젊은 사람들
    cf. 단수 보통명사를 나타내는 경우에는 단수 취급한다. **the accused** = the accused person 피고인
(2) 〈the + 형용사(분사)〉(~하는 것): 추상명사나 복수 보통명사의 역할을 한다.
    the unexpected = unexpected things 뜻하지 않은 일   **the good** = goodness 선의
(3) 〈형용사 + -s(복수형 어미)〉: 복수 보통명사로 취급한다.
    I hope your first report will be followed **by others**. 첫 번째 보고에 이어 다른 보고가 더 있기를 바란다.
    ☆ others = other reports
(4) 〈부정관사 + 형용사〉가 문맥 속에서 보통명사로 쓰이는 경우: **a native** 원주민
(5) 명사로도 쓰일 수 있는 형용사: **valuables** 귀중품

> **Ustar 출제포인트** *시험에는 이렇게 나온다!* 한정사나 수사 앞에 등장하는 형용사
>
> 형용사는 뒤에 관사나 소유격, 수사 등이 등장할 수 없다.
> funny the story (X)   the **funny** story (O)
> 그러나 전치사의 기능을 가지고 있는 형용사는 일반 형용사와 달리 한정사나 수사 앞에 등장한다.
> This book is **worth** 100 dollars. 이 책은 100달러의 가치가 있다. ☆ worth 전치사적 형용사
> The event is **worthy** of being remembered. 그 사건은 기억될 만한 가치가 있다. ☆ worthy 일반 형용사

Exercises

제한시간 5분(문제당 25초)

문제풀이 예제

01 It is of ------- that Asian customers are willing to pay more for the promise a brand brings to the purchase.
  (A) interest (B) interests (C) interesting (D) interested

> **해설** 전치사 뒷자리는 형용사가 올 수 없으므로 (C) interesting과 (D) interested는 답이 될 수 없다. 〈전치사 + 추상명사 = 형용사〉이므로 It is of interest = It is interesting이다. 추상명사는 복수형이 될 수 없으므로 (B) interests는 답에서 제외된다.
>
> **해석** 아시아 고객들이 브랜드가 구매시 제공하는 약속에 비용을 기꺼이 더 지불하려 한다는 것은 흥미로운 사실이다.
>
> **어휘** be willing to + 동사원형 ~하려고 하다   promise 약속

02 We were ------- to leave before the renovations work starts.
  (A) advise (B) advised (C) advisable (D) advice

> **해설** advise는 사람만을 목적어로 받는다. 따라서 수동태가 되는 경우 목적어인 사람이 앞으로 나온다. 〈사람 + is advised ~〉라는 구문이 성립된다. 반면, 사물이 충고를 받는 대상이 아니기 때문에 사물 주어는 '충고할 만한' 것이라는 형용사를 받아야 한다. It is advisable to go there. = You are advised to go there.
>
> **해석** 우리는 보수공사가 시작하기 전에 떠나라고 권고를 받았다.

Step 1 Warm-up Test

01 There have been a lot of controversies and debates on racism and other ------- subjects.
  (A) related (B) relating

02 The novelist has finally completed writing ------- upcoming novel, *The Brave Old World*.
  (A) his (B) he

03 For the summer season, Rebeccas Shoes & Sneakers updated its homepage to attract shoppers ------- in buying sandals.   (A) interest (B) interested

04 There will be a ------- fee for all the conferences and workshops next year.
  (A) registered (B) registration

05 Management allows only ------- access to employee's personal information.
  (A) restrictedly (B) restricted

06 According to the association's annual report, the volume of import from China had risen by 2 percent from the ------- year.   (A) preceding (B) preceded

Step 2 실전 TOEIC Test

01 HSK is one of the most reputable companies ------- for providing a variety of advertising campaigns.
  (A) responsible (B) responsibly
  (C) responsibility (D) responsibilities

02 The ------- process for all entry level positions being offered includes a group discussion.
  (A) applicator (B) application
  (C) apply (D) applied

03 Due to Mr. Randall's ------- late arrival, the whole development project will be rescheduled for Friday.
  (A) hesitant (B) urgent
  (C) unexpected (D) apprehensive

04 After a week of evaluation, the board has finally approved ------- use of chemicals for the experiments.
  (A) us (B) ours
  (C) our (D) ourselves

05 There have been a ------- of traffic accidents this week due to the bad weather.
  (A) theater (B) procession
  (C) orchestra (D) series

06 Already an accomplished music artist, Robin Raymond is currently learning acting to become a cast of an ------- role in an action movie.
  (A) excite (B) exciting
  (C) excited (D) excitably

▶ 정답 및 해설 p.88~89

▶ 문제풀이 예제 정답 01 (A) 02 (B)

193

LESSON 7 (부정) 수량형용사

Point

정해지지 않은 막연한 명사의 수나 양을 나타내는 형용사를 '부정 수량형용사'라고 한다. 부정 수량형용사는 ❶ 수의 형용사와 ❷ 양의 형용사, 그리고 ❸ 수와 양 모두에 사용되는 형용사로 구분이 되며, 뒤에 오는 명사와 동사의 단수/복수를 결정하는 역할을 한다.

 This position offers ------- flexibility and a competitive salary.
(A) fixed   (B) multiple   (C) hopeful   (D) additional

▶ (A)는 뒤의 명사 flexibility(유연성)와 반대어이기 때문에 나란히 쓸 수 없다. (B)는 뒤에 복수명사를 받아야 하며, (C)는 '희망이 가득한'의 의미로 주로 사람을 수식한다. 불가산명사를 받으며 의미상으로 연결되는 답은 (D)이다.
● 이 자리는 더 많은 유연성과 경쟁력 있는 급여를 제공한다.   정답 (D)

1 가산 단수명사와 함께 쓰는 형용사 *cf.* any는 가산 단수명사와 복수명사 모두 취할 수 있다.

every / each one / another	+	셀 수 있는 단수명사	every employee 모든 직원 / each employee 각각의 직원 one employee 한 명의 직원 / another employee 또 다른 직원

2 가산 복수명사와 함께 쓰는 형용사

many / numerous / a number of few (부정) / a few (긍정) / fewer multiple / several (수사, 둘 이상) every + 수사 (반복) each of / one of other / both various / a variety of	+	셀 수 있는 복수명사	a good number of employees 꽤 많은 직원들 few employees 거의 없는 직원들 / a few employees 몇몇 직원들 multiple books 많은 책들 every five weeks 5주마다 each of the employees 직원들 각각 other employees 다른 직원들 various employees 다양한 직원들

(1) as many(같은 수의): He made ten mistakes in **as many** lines. 그는 10줄에서 10번 실수했다.
(2) 〈a + (형용사) + number of + 복수명사〉: **A large number of** people 수많은 사람들
(3) 〈few/a few/several + 가산 복수명사〉: few(거의 없다)는 부정이고 a few(조금은 있다)는 긍정의 의미이다.
   ❶ not a few = quite a few (많은 수)   ❷ only a few = very few = but few (극소수의, 몇몇 소수의)

3 불가산 명사와 함께 쓰는 형용사

much / a great deal of little (부정) / a little (긍정) / less quite a little	+	셀 수 없는 단수명사	a great deal of time 많은 시간 little time 거의 없는 시간 / a little time 약간의 시간 quite a little time 꽤 많은 시간

(1) ❶ as much(같은 양의) / so much(얼마만큼의) / too much(지나치게 많은)
   ❷ as much as (~만큼): Take **as much as** you want to. 원하는 만큼 가지세요.
   ❸ not so much A as B = less A than B = more/rather B than A (A라기보다는 오히려 B이다)
(2) 〈a + (형용사) + deal/amount of + 불가산명사〉: **a good deal of** money 많은 돈
(3) ❶ not a little = quite a little (꽤 많은 양)
   ❷ little or no (거의 없는) / a little (적은 양의) / only a little = very little (거의 없는)
   ❸ little better than = no better than = as good as (~와 다름없는, ~보다 별로 나을 게 없는)

4 가산 복수명사/불가산 명사와 함께 쓰는 형용사

a lot of / lots of / plenty of / a wide range of / a great selection of all / most / some / no / enough / other / the other	+	가산복수명사(수) 불가산명사(양)

He has **a lot of** books. 〈가산복수명사〉 그는 많은 책을 가지고 있다.
He has **a wide range of** knowledge. 〈불가산명사〉 그는 광범위한 지식을 가지고 있다.

> **Ustar 출제포인트** 시험에는 이렇게 나온다!
> 1. 부분대명사에 쓰이는 수량형용사는 형용사와 명사 두 개의 품사가 있다. 단, a few는 형용사로만 쓰인다. (a few, **few**) of them
> 2. a many number of, a little amount of는 중복이다. a number of나 an amount of를 수식하는 형용사에는 large, great, good, significant, substantial, considerable, small, limited 등이 있다. **a great number of** books
> 3. (**Many**, Much) like it. 많은 사람들이 이것을 좋아한다. ☆ 이때 many는 many people을 의미

Exercises

제한시간 5분(문제당 25초)

문제풀이 예제

01 Jeremy has worked in the London branch for ------- years and is a valued employee of the company.
(A) a lot   (B) various   (C) several   (D) some of

> 해설 〈전치사 + ------- + 명사〉 구조이므로 빈칸은 형용사 자리이다. (A) a lot은 부사로서 형용사가 되기 위해서는 a lot of의 형태가 되어야 한다. (B)는 '다양한'이라는 뜻으로 문맥상 답이 될 수 없다. (D)는 부분대명사라서 뒤에 the, 지시형용사, 소유격 등이 동반된 특정 명사가 와야 한다. 따라서 복수명사 years 앞에 올 수 있는 형용사는 (C) several이다.
>
> 해석 Jeremy는 런던 지사에서 몇 년째 근무를 하는데, 회사의 귀중한 직원이다.

02 ------- did I know that you would come so early.
(A) Little   (B) A little   (C) Least   (D) A few

> 해설 형용사 little은 '별로 없는'이라는 부정의 의미이며, a little은 '조금 있다'는 긍정의 의미이다. 한편 부사 little은 '거의 ~않다, 좀처럼 ~않다'이고 a little은 '조금은, 약간'이라는 의미이다. 부정사인 little이 문두에 나오면 문장의 도치가 발생한다. 따라서 뒤 문장은 〈주어 + 동사〉가 아닌 〈동사 + 주어〉의 어순이다.
>
> 해석 네가 그렇게 빨리 올 줄 꿈에도 생각 못했어.

Step 1 Warm-up Test

01 Compared to last year, ------- people have volunteered to help out patients in our hospital this year.
(A) any   (B) fewer

02 After the presentation, ------- staff members voted in favor of renovating the conference room.
(A) many   (B) much

03 ------- minor errors may occur since our clients provide and edit the information themselves.
(A) A few   (B) A little

04 Having acquired three companies recently, Drysler Motors has become the ------- largest employer in the car industry.   (A) single   (B) some

05 Lambda Cosmetics offers a ------- selection of face lotions for various skin types.
(A) widen   (B) wide

06 ------- information packet includes the introduction of our company as well as lists of our branches.
(A) Every   (B) Few

Step 2 실전 TOEIC Test

01 Please note that ------- applicants who are scheduled for interviews today must also prepare for additional interviews tomorrow morning.
(A) each   (B) every
(C) all   (D) some of

02 During the governor's speech, both firemen and the police officers should be ready for any incidents at ------- times.
(A) every   (B) all
(C) much   (D) any

03 ------- staff members are reminded to submit their account information to the secretary.
(A) All   (B) Each
(C) Every   (D) Whichever

04 Premium Printing in Sanger has been in business much longer than most ------- printing stores in the area.
(A) other   (B) added
(C) further   (D) extra

05 Of the 450 applicants who applied this month, ------- had more credentials than Villarreal.
(A) few   (B) both
(C) only   (D) every

06 Since we need more personnel to commence with the research, we will have to ask our supervisor to send ------- more assistants.
(A) quite   (B) often
(C) any   (D) a few

▶ 정답 및 해설 p.89~90

▶ 문제풀이 예제 정답 01 (C) 02 (A)

LESSON 8 수량형용사의 주요 표현들

Point

수량형용사 문제는 문법적 구조 분석과 문장 안에서 의미들을 논리적으로 연결할 수 있는 판단 능력을 동시에 요구한다.

 We assure you that this new product needs ------- repairs.
(A) a few   (B) any   (C) some   (D) few

▶ a few나 some은 수리할 것이 '있다'는 뜻이고 any는 '있는지 없는지 모르겠다'는 뜻으로 문맥상 부적절하다. '수리할 것이 거의 없다고 보장하다'라는 의미가 되는 few가 답이다. ● 우리는 이 제품이 수리할 필요가 거의 없다는 것을 보장합니다. 정답 (D)

1 every/each/another는 빈칸 뒤의 명사가 단수냐 복수냐에 유의하자.

(1) every/each/another + 단수명사: every(모든), each(각각의), another(또 다른)가 형용사일 때는 단수명사와 단수동사를 쓴다.
 (**Every**, All) staff member was given a bonus. 모든 직원들이 보너스를 받았다.
 ☆ every와 all 둘 다 '모든'이란 의미가 있지만 every 뒤에는 단수명사가, all 뒤에는 복수명사가 온다.
 주의 _ every는 뒤에 둘 이상의 명사가 오더라도 단수동사로 받는다. **Every** boy and girl likes chocolate.

(2) every/another + 수사 + 복수명사: every와 another 뒤에 수사가 있으면 복수명사를 사용한다.
 • 〈every + 수사 + 복수명사〉: ~마다 (반복)   I visit her house **every** two weeks. 나는 2주마다 그녀의 집을 방문한다.
 • 〈another + 수사 + 복수명사〉: 다시, 또, 다음 (추가)   I have to read **another** seven books. 나는 책 7권을 더 읽어야 했다.

(3) each (one) of the/every one of the + 복수명사: every는 한정사의 기능만을 하는 데 비해, each는 한정사와 대명사의 기능을 모두 한다. 따라서 each of the와 each one of the 모두 가능하며, every of the는 불가하다.

2 both/either/neither는 대명사와 형용사의 역할을 모두 할 수 있다.

	형용사	대명사
both 둘 다	both (the) + 복수명사 + 복수동사 양쪽의/둘의	both of the/소유격 + 복수명사 양쪽 모두, 둘 다
either 둘 중 한쪽	either + 단수명사 + 단수동사 둘 중 하나가 그렇다	either of the/소유격 + 복수명사 (둘 중) 하나가 그렇다
neither 어느 쪽도 아닌	neither + 단수명사 + 단수동사 어느 쪽도 ~아닌	neither of the/소유격 + 복수명사 (둘 중) 어느 쪽도 ~않다

Either company has the right to revise the content. 〈형용사〉
Either of the companies has the right to revise the content. 〈대명사〉 두 회사 중 한 회사만 콘텐츠를 수정할 권리가 있다.

3 some(긍정문) / any(부정문, 의문문, 조건문) / few(부정)

(1) some은 긍정문에 사용하며, 특정 또는 일부의 개념으로 a few, a little 등의 동의어가 된다.
 I have **some** questions. 〈긍정문〉 나는 몇 가지 질문이 있다.
(2) any는 평서문, 긍정문에 단독으로 쓰이지 않으며 부정문, 의문문, 조건문, 가정, 미래의 불특정한 대상을 의미할 때 사용된다.
 If I can help in **any** way, let me know. 〈조건문〉 내가 어떤 방법으로든 도울 수 있다면 알려주세요.
(3) few는 부정어로 no의 의미를 가진다.

4 no(형용사) / not(부사) / none(대명사)

(1) no (형용사): **No** employees is to leave the office. 어느 직원도 사무실을 떠나지 말아야 한다.
(2) not/never (부사): The manager warned all his employees **not** to be late. 매니저는 모든 직원들에게 늦지 말라고 경고했다.
(3) none (no + one → 대명사): **None** of them has arrived yet. 그들 중 아무도 아직 도착하지 않았다.

Ustar 출제포인트 시험에는 이렇게 나온다!   most / most of / mostly / almost

1. 〈most(형용사) + 가산복수명사/불가산명사〉: most는 형용사, 부사, 대명사로 쓰이며, 형용사인 경우 가산복수명사와 불가산명사를 취한다.
   Most people enjoy being in a speeding car. 대부분의 사람들은 고속으로 차를 타는 것을 즐긴다.
2. 〈the most + 형용사〉: 가장 ~한   Soccer is one of **the most** popular sports. 축구는 가장 인기 있는 운동 중 하나이다.
   cf. 부사의 최상급에는 the가 붙지 않는다.   This question is asked **most** frequently. 이 질문은 가장 빈번하게 물어보는 것이다.
3. 〈most of(부분대명사) + 특정 명사〉: of 뒤에 명사가 복수이면 복수동사를, 단수이면 단수동사를 받아야 한다.
   I invited all of my students to the party, and **most of** them came. 내 학생들 전부 파티에 초대했고 대부분 파티에 왔다.
4. mostly(부사): 명사를 직접 수식하는 부사로 '대부분이 ~이다'라고 해석한다.   They are **mostly** men. 그들은 대부분이 남자들이다.
5. almost(부사): 부사 almost는 명사를 수식하지 못하며 수사나 수량형용사 앞에 온다. 또한 동사를 수식할 때 arrived, finished 등 주로 완료동작을 강조한다. almost가 형용사인 경우에는 단독으로 쓸 수 없고 almost all/every 등의 형태가 된다.
   It's **almost** six o'clock. 〈부사〉 거의 6시야.
   Almost all the users control their computers by using this. 〈형용사〉 대부분의 사용자들은 이것을 이용해 컴퓨터를 조정한다.

Exercises

제한시간 5분(문제당 25초)

문제풀이 예제

------- employee who wishes to attend the upcoming marketing seminar should submit an application to James Brown in Marketing.
(A) Both   (B) Any   (C) Few   (D) All

해설 employee는 사람명사이고 사람명사는 가산명사이다. both나 all은 가산복수명사를 받는다. few는 긍정의 의미, 부정의 의미 모두 복수명사를 취한다. 따라서 단수명사를 받을 수 있는 형용사는 (B) Any밖에 없다.

해석 이번 마케팅 세미나에 참석을 희망하시는 직원들은 마케팅부의 James Brown씨에게 신청서를 제출하십시오.

어휘 attend 참석하다   upcoming 다가오는, 이번의   submit 제출하다   application 지원(서), 신청(서)

Step 1 Warm-up Test

01 One of the leading online malls, Mona only offers coupons instead of ------- discounts to its online customers.   (A) other   (B) another

02 Please share ------- your concerns and inner pains when you are having a conversation with Dr. Kako.
(A) each   (B) all

03 After lunch, ------- candidate's name will be called out in alphabetical order for an interview.
(A) each   (B) several

04 As long as you cancel the ticket a week before the performance, we will refund your ticket with ------- extra cost.   (A) no   (B) not

05 ------- museum members receive 50% discounts on special exhibitions.   (A) At   (B) Most

06 Prior approval will be required in ------- situation.   (A) any   (B) some

Step 2 실전 TOEIC Test

01 If there is a chance of snowstorm or ------- forms of inclement weather, the airport will provide a free bus service for all passengers.
(A) others
(B) another
(C) any other
(D) one another

02 Bloomingdale Medical Center has been delivering flowers to all hospitalized patients ------- Sunday morning.
(A) while
(B) still
(C) quite
(D) every

03 For this week only, The Mulberry Outlet will offer an extra 25% discount on ------- accessories.
(A) each
(B) any of
(C) all
(D) every

04 There are ------- rooms available at Hotel Zeta, but there are still some rooms available at Hotel Omega.
(A) no
(B) not
(C) none
(D) never

05 ------- employee interested in participating in this week's training session should contact Mr. Perze at extension 1543.
(A) Both
(B) Any
(C) Few
(D) All

06 Numerous pots are displayed on our shop, ------- of which are directly imported from China.
(A) several
(B) another
(C) nothing
(D) who

▶ 정답 및 해설 p.90~91

▶ 문제풀이 예제 정답 (B)

LESSON 9 따로 암기해야 하는 형용사들

Point

-able, 과거분사 형용사, 현재분사 형용사: 형용사는 수식받는 명사의 본질적인 특성(상태, 특징, 성향 등)을 보여준다.

❶ -able 형용사는 미래, 가능성을 의미한다. This parcel is **breakable**. 이 소포는 깨지기 쉽다.
❷ 과거분사(-ed) 형용사는 수식받는 명사를 의미상의 목적어로 취하는데, '이미 ~된'이라는 과거, 완료, 수동을 의미한다.
   a **broken** window 이미 깨진 창문 ☆ 창문을 깬 것이므로 창문이 목적어로 해석된다.
❸ 현재분사(-ing) 형용사는 주절의 시제와 일치하며 '~하고 있는'이라는 현재, 진행, 능동을 의미한다.
   The boy **reading** a book is Tom. 책을 읽고 있는 소년은 톰이다.

> **예제** This offer is not valid on tickets ------- previous to the date specified on the advertisement.
> (A) purchasable   (B) purchased
> ▶내용상 '지정된 날짜 이전에 구입된 티켓'이라는 의미가 적절하다. purchasable은 '구매할 수 있는'이란 뜻으로 미래의 가능성을 의미하는데, 여기서는 '구입된'이라는 수동의 의미를 나타내는 과거분사 purchased가 적절하다.
> ●광고상의 이 할인은 지정된 날짜 이전에 구입한 티켓에는 효력이 없다.   정답 (B)

1 분사형 형용사

(1) 과거분사(-ed) 형용사: 주로 과거, 완료, 수동의 의미를 가지며 해당 명사가 의미상의 목적어 역할을 한다.

designated 지정된	talented 유능한	damaged 파손된	unused 사용되지 않은
limited 제한된	required 필수의	estimated 추정된, 어림잡아 ~인	detailed 상세한
dedicated 헌신적인	accomplished 뛰어난	unbiased 편견 없는	unexpected 예기치 않은

(2) 현재분사(-ing) 형용사: 주로 현재, 계속, 진행, 능동의 의미를 가지며 해당 명사가 의미상의 주어 역할을 한다.

identifying 확인하는	enlightening 계몽적인	promising 유망한	mounting 증가하는, 거센
existing 현존하는	appealing 호소하는	deteriorating 악화되는	opposing 반대하는
encouraging 고무적인	overwhelming 압도적인	increasing 증가하는	demanding 까다로운

2 of + 추상명사 = 형용사

a matter of high/low priority	대체 형용사 없음	매우 중요한/별로 중요하지 않은 문제
of benefit	beneficial	도움이 되는
of interest	interesting	관심의 대상이 되는
of concern	concerning	관심이 되는
of significance	significant	중요한
of use / of no use	useful / useless	유용한 / 쓸모없는

3 hundred, thousand, million, score, dozen

(1) two hundred books: hundred, thousand, million, score, dozen 등이 형용사 역할을 할 때는 뒤에 복수명사가 온다.
seven **hundred** workers (O)   seven hundreds workers (X)
☆ 단위명사인 hundred, thousand, million 등이 단독으로 쓰일 때는 가산명사이므로 앞에 관사나 수사 혹은 끝에 -s를 붙여준다. 하지만 hundred가 다른 명사와 결합하면 복합명사의 원칙상 마지막 명사에만 복수형 -s를 붙인다.

(2) two hundred of the books: 이때 200은 하나의 단위이기 때문에 hundred에 따로 복수의 -s를 붙이지 않는다..

(3) hundreds of books: hundred, thousand, million, score, dozen이 복수형(-s)으로 of와 함께 쓰이면 형용사가 된다. 이때 뒤에는 가산복수명사와 복수동사가 온다.
hundreds of 수백의   thousands of 수천의   months of 수개월에 걸친   years of 수년간에 걸친
through years of experience 수년간의 경험을 통해 ☆ 이때 through는 years가 아니라 experience를 받는다.

> **Ustar 출제포인트** 시험에는 이렇게 나온다! 형용사와 분사 형용사가 보기에 있으면 형용사가 정답이다!
>
> be동사 뒷자리, 명사 앞자리 등 형용사 자리에는 본래의 형용사가 우선된다(자기 품사 우선의 법칙). 분사 형용사가 답이 되는 경우는
> ❶ interesting처럼 형용사가 따로 없거나 ❷ 형용사에 동사의 역할이 추가될 때이다.
>
> Ally's Clothing Co. has hired ------- people from all over the world.   (A) diverse   (B) diversified
> ■동사 다음에 오는 명사를 수식하는 형용사의 자리이다. diverse(다양한)는 people, nature, color, trees 등을 수식하며, diversified(인위적인 과정을 거쳐서 다각화된)는 product, service 등을 수식한다. 문맥상 정답은 (A)이다.
> ■엘리 의류회사는 전세계에 걸쳐 다양한 사람들을 채용했다.

Exercises

제한시간 5분(문제당 25초)

문제풀이 예제

01 ------- years of efforts, we finally completed developing the new accounting system.
(A) Through   (B) For   (C) During   (D) By

> **해설** years of(수년 동안의)는 형용사이기 때문에 빈칸의 전치사는 years가 아닌 efforts를 목적어로 받는다. '노력을 통해서'라는 뜻으로 through가 답이 되어야 한다.
>
> **해석** 수년간의 노력을 통해서 마침내 새로운 회계 시스템을 개발하였다.

02 The newly developed computer from Premium Selections can store hundreds, ------- thousands, of large files.   (A) if not   (B) above all   (C) further   (D) nevertheless

> **해설** 구조 분석도 중요하다. 〈주어 + 동사 + 목적어(hundreds of large files)〉에 ------- thousands가 삽입된 형태이다. 즉, 빈칸에는 전치사가 와야 〈전치사 + 명사〉 구문으로 생략될 수 있다. 그러나 보기에 전치사가 없고 (B), (C), (D)는 부사이기 때문에 적절하지 못하다. 그렇다면 접속사인 (A)만 유일하게 답이 될 수 있다. if not은 ① 그렇지 않다면[그것이 아니라면] ②~까지는 아니라 하더라도 등의 의미로 쓰인다.
>
> **해석** Premium Selections에서 새로 개발된 컴퓨터는 수천 개는 아니더라도 수백 개의 대용량 파일을 저장할 수 있다.

Step 1 Warm-up Test

01 The architect believes the interior design of Funnel Building is simply beautiful, but too ------- at the same time.   (A) complicate   (B) complicated

02 The musical *Ricky Terror Show* is always filled with relatively younger audiences due to its ------- choreographies.   (A) amazed   (B) entertaining

03 Since we expect overcrowding before the start of the show, we would like all guests to stand in line and enter in an ------- manner.   (A) order   (B) orderly

04 Financial analysts have indicated a ------- rise of the stock price of Tomino Health Insurance from January to April.   (A) noticing   (B) noticeable

05 John Williams is a ------- Emergency First Aide Responder as well as a registered mountain walking guide.   (A) qualifier   (B) qualified

06 All employees must submit a R-3 tax form with their paperwork in a ------- envelop.
(A) trained   (B) sealed

Step 2 실전 TOEIC Test

01 Increased profits can be achieved through ------- costs but in order to do so, a company must come out with a sound strategy.
(A) reduce   (B) reduced
(C) reduces   (D) reduction

02 When the director pays a visit to our office tomorrow, he is ------- to meet all employees, so tell them to wear formal attires.
(A) like   (B) likable
(C) likely   (D) likeness

03 Starks is the ------- distributor of home appliances for the southern and western states of the U.S.A.
(A) leading   (B) leader
(C) leadership   (D) leads

04 If there are any problems with your recently purchased camera, please visit any of our ------- retailers near you.
(A) authorized   (B) authorization
(C) authority   (D) authorize

05 Once you receive our e-mail regarding the contract, please reply in a ------- manner.
(A) time   (B) timing
(C) timely   (D) timer

06 The issue of poor working conditions in most countries in South America is a(n) ------- problem that has yet to be resolved.
(A) dissolved   (B) restrained
(C) ongoing   (D) considerate

▶ 정답 및 해설 p.91~92

▶ 문제풀이 예제 정답 01 (A) 02 (A)

LESSON 10 고난도 형용사의 용법들

1 only/the only와 same/the same의 쓰임 구분하기

only와 same이 일반적인 부사나 형용사로 쓰일 때는 the를 동반하지 않지만 다음의 경우에는 반드시 앞에 the를 동반한다.
(1) ⟨the same as/that절/which절⟩의 형태로 동일한 물건, 사람을 나타낼 때나 ⟨the same + 명사⟩의 형태로 동일물을 강조할 때는 the를 동반한다.
(2) ⟨the only + 명사⟩, ⟨only the + 명사⟩ 등 앞에서 명사를 직접 수식할 때는 the를 동반한다.

> **Q1** Your computer is ------- mine.
> (A) same   (B) the same   (C) the same as   (D) same as

2 형용사 all과 whole, complete 구분하기

(1) all은 뒤에 명사를 더한 '총합'을, complete(= perfect: 완전한)는 '정도/상태'를 나타낸다.
(2) all the members = the whole team: all은 멤버들을 하나씩 더한 개념이고, whole은 전체를 통틀어 하나로 묘사할 때 쓴다.

> **Q2** At yesterday's general meeting, the president emphasized that our customers' ------- satisfaction is our top priority.
> (A) wholly   (B) complete   (C) all   (D) totally

3 명사 앞의 빈칸에 항상 형용사만 올 수 있는 것은 아니다.

(1) 명사 + 명사: 뒤에 오는 명사의 구체적인 정보, 장소, 재료, 용도 ≫ a **night** flight 야간비행   a **reception** desk 안내데스크
(2) 동명사 + 명사: 뒤에 오는 명사의 기능, 행위, 업종 ≫ **living** room 거실   **advertising** company 광고회사
(3) 형용사 + 명사: 뒤에 오는 명사의 종류를 세분화 ≫ **economic** problem 경제적 문제   **environmental** problem 환경문제

> **Q3** Our chief manager, Mr. Price's ------- talent and tenacity have helped him ever since his first day at El Mano Investments.
> (A) artistic   (B) artistically   (C) art   (D) artisan

4 able/possible 관련 형용사 어휘

(1) able/capable/potential 등은 주어의 능력에 따라 가능하거나 가능성이 있는 경우에 사용한다.
(2) possible(가능한)/probable(있음직한) 등은 외부적 요인이나 확률 등에 따른 가능성을 나타낸다.

> **Q4** Due to the government's recent policy changes, the manufacturing company is no longer ------- to cope with current market demand.
> (A) able   (B) eligible   (C) capable   (D) probable

5 be동사 뒤에 형용사가 아닌 부사가 나오는 경우: ⟨be동사 + 부사 + 전치사구⟩

be동사 뒤에는 형용사가 나오며 이 형용사는 주어의 상태를 보여주어야 한다. 그럼 I am currently in the room.이라는 문장에서는 왜 be동사 뒤에 부사인 currently가 나온 것일까? 이때 I의 상태는 currently가 아니라 '방안에 있는 것'이다. 즉, 이 문장에서는 in the room이 주격 보어인 것이다. currently는 주격 보어를 수식하는 부사이다. 시험 영어에서는 'be동사 뒤에 전치사구가 장소, 방법, 수단 등을 보여주면 그 사이에는 부사가 나온다'고 정리해두자.

> **Q5** Partnership is a very precautious business process since it is ------- through combining resources and capabilities and establishing collaboration among employers.
> (A) main   (B) mainly   (C) major   (D) majored

6 형용사, 형용사 and ------- 형용사

and는 앞뒤에서 같은 품사를 연결한다. 하지만 문제를 해결할 때는 단순한 공식만으로 해결되는 것이 아니라 문장 전체의 구조나 다른 단어들의 배치를 전반적으로 보는 눈이 있어야 한다. 빈칸에 형용사가 또 들어온다면 and의 위치가 빈칸 뒤로 이동하여야 한다. 따라서 빈칸은 부사가 되어야 한다.

> **Q6** Many scientists including Dr. Jameson Kenton and Dr. Itaguchi Nogero are trying to develop new energy sources that are effective, safe and ------- profitable.
> (A) economics   (B) more economical   (C) economic   (D) economically

7 (부정) 수량형용사 enough

(1) enough의 위치: enough(충분한)는 수량이나 정도를 나타내는 형용사, 부사, 대명사로 쓰인다. 토익에서는 수식 관계에 따른 위치가 출제포인트! enough는 (1) 명사 앞(형용사) (2) 형용사 뒤(부사) (3) 동사 뒤(부사, 형용사) (4) to부정사 앞에 위치한다.

There are **enough chairs** for the people. 〈enough + 명사〉 사람들이 앉기에 충분한 의자가 있다.
His score was **good enough to pass** the exam. 〈형용사 + enough + to부정사〉 그의 점수는 그 시험을 통과하기에 충분히 좋았다.
☆ 부사 enough는 주로 수식하는 단어 뒤에 위치한다. 위 문장에서는 〈형용사(good) + 부사(enough)〉의 형태로 쓰이고 있다.

(2) 부사로 쓰이는 enough: 〈형용사/부사 + enough〉
His score on the exam was **good enough** to qualify for a graduation program. 〈형용사 수식〉
그의 시험점수는 졸업 프로그램에 적합할 만큼 우수했다.
You know **well enough** what I mean. 〈부사 수식〉 너는 내가 뜻하는 바를 아주 잘 알고 있다.
☆ enough 앞에 부사가 왔다. 이때 enough는 부사로 쓰여서 앞에 있는 부사를 뒤에서 수식해준다.

(3) 대명사로 쓰이는 enough
Enough has been said. 말할 것은 다 말했다.
I've had **enough** of your grumbling and groaning. 나는 너의 불평불만을 참을 만큼 참았다.
☆ enough 혼자 대명사로 쓰일 수 있으며, enough 다음에 〈of + 명사〉가 와서 대명사로 쓰일 수도 있다.

> **Q7** At the current speed of production, Prime Tech will manufacture ------- products to meet the demand by this summer.
> (A) full   (B) quick   (C) enough   (D) quickly

8 the next, the last

서수와 최상급에 해당하는 next나 last등은 앞에 정관사 the를 동반하여야 한다.

> **Q8** After you come back from the bus tour, you can either have dinner in the lobby or spend a few hours on a ------- shore.
> (A) next   (B) nearby   (C) closest   (D) brief

9 수식 관계를 정확히 파악해야 형용사/부사를 선택할 수 있다.

consider는 3형식 동사로도 쓰이지만 〈consider + 목적어 + as + 형용사〉에서 as를 생략하여 5형식처럼 쓰이기도 한다. consider가 3형식에서 수동태가 되면 〈be considered + 부사〉가 되지만 5형식에서 수동태가 되면 〈be considered + 형용사〉가 된다. 따라서 빈칸이 동사를 수식하면 부사가, 빈칸이 주어를 수식하면 형용사가 답이 된다.

It was considered **carefully**. 〈부사〉 조심스럽게 검토되었다.   It is considered **important**. 〈형용사〉 이것은 중요하다고 여겨진다.

> **Q9** This new machine is considered as ------- as the old one.
> (A) efficient   (B) efficiently   (C) efficiency   (D) efficiencies

→ 문제풀이와 정답은 해설집에

Ustar 출제포인트 시험에는 이렇게 나온다! fast / long / hard / high / late

일반적으로 부사의 형태는 형용사 뒤에 -ly 붙인 형태이지만, 일부 형용사들은 그 모습 그대로 부사로 사용되는 경우가 있다.

fast	a. 빠른 ad. 빠르게	He is a **fast** runner. 그는 빠른 달리기 선수이다. He can run **fast**. 그는 빨리 달릴 수 있다.
long	a. 긴 ad. 오래	She has **long** brown hair. 그녀는 긴 갈색머리를 갖고 있다. How **long** have you been waiting? 얼마나 오래 기다렸나요?
hard	a. 열심히 하는, 어려운 ad. 열심히, 단단하게	She is a **hard** worker. 그녀는 열심히 일하는 직원이다. 〈형용사〉 She had a **hard** life. 그녀는 힘든 생활을 해왔다. 〈형용사〉 She works **hard**. 그녀는 열심히 일한다. 〈부사〉
high	a. 높은 ad. 높게	The building is **high**. 그 건물은 높다. The man climbed the tree **high**. 그 남자는 나무에 높이 올라갔다.
late	a. 늦은 ad. 늦게	He was **late** for the meeting. 그는 회의에 늦었다. We arrived at the meeting **late**. 우리는 회의에 늦게 도착했다. cf. **later** 나중에 / **lately** = recently 최근에

▶ 정답 및 해설 p.92~93

LESSON 11 의미상으로 혼동하기 쉬운 형용사

1. high/low로 정도를 표시하는 명사들

돈과 관련된 명사(cost, rate, pay 등)는 high/low나 large/small로 정도를 나타낼 수 있지만 level(수준), quality(품질), productivity(생산성)는 high/low로만 표현 가능하다.

price 가격	pay 급료	speed 속도	temperature 온도	level 수준
regard 존경	wage 급료	standard 표준	productivity 생산성	quality 품질

The **price** is too **high**. = It's too **expensive**. 값이 너무 비싸다.
cf. The price is expensive. (X)
☆ expensive에 가격의 의미가 있으므로 주어가 price일 경우 보어로 expensive나 cheap을 사용할 수 없다.

2. large/small로 수량을 표시하는 명사들

family 가족	profit 이익	sum 금액	income 수입	demand 수요
salary 급료	change 거스름돈	sale 판매	success 성공	amount 양

There was a **small attendance**. 출석자는 적었다.

3. regular/normal/average/usual

usual, normal, common은 셋 다 '보통의, 흔히 있는'의 의미이나 어감의 차이가 있다. usual은 '일상적인, 늘 하던 일'이란 뜻이고, normal은 '보통의, 표준의', common은 '공통의, 공유의, 보편적인'이라는 뜻이다. regular는 매주, 매달처럼 일정하고 정기적으로 발생하는 일에 대해서 설명할 때 사용되지만, normal은 정상적인 상태나 수준을 의미하는 명사로도 사용된다.

regular	규칙적인, 정기적인	On Monday he would have to return to his **regular** duties. 월요일이 되면 그는 평상시 임무로 돌아가야 할 것이다.
normal	보통의, 평범한	It's **normal** to feel tired after such a long trip. 그렇게 긴 여행을 했으니 피곤한 게 정상이다.
usual	보통의, 일상의	I left home earlier than **usual**. 평소보다 일찍 집을 나왔다.
common	공동의, 공공의	This desk is for **common** use. 이 책상은 공용이다.

4. tentative/temporary

tentative는 '정해지지 않은, 후에 바뀔 수 있는'이란 의미로 주로 theory, conclusion 같은 단어들과 함께 사용된다. temporary는 '영속적이지 않고 제한된 단기간의, 일시적인'이란 의미로 position, job, employment 등의 단어와 함께 사용된다.

tentative	시험적인, 잠정적인 자신 없는	We made a **tentative** arrangement to meet on Friday. 우리는 금요일에 만나기로 잠정적으로 정했다. I'm taking the first **tentative** steps towards fitness. 나는 건강관리를 향해 자신 없는 첫발을 내딛고 있다.
temporary	일시의, 순간의	They had to move into **temporary** accommodation. 그들은 임시 거처로 이사를 해야 했다.

5. vulnerable/delicate

vulnerable은 쉽게 상처 받는 사람이나 공격을 받기 쉬운 장소나 물건 등을 설명할 때 사용되며, 주로 전치사 to와 함께 vulnerable to(~에 영향 받기 쉬운)의 형태로 쓴다. 반면, delicate는 물리적으로 손상되거나 깨지기 쉬울 정도로 섬세한 상태를 의미한다.

vulnerable	상처 입기 쉬운, 비난 받기 쉬운	This stadium is highly **vulnerable** to two types of attacks. 이 경기장은 두 가지 유형의 공격에 매우 취약하다.
delicate	섬세한, 우아한	I think it's a really **delicate** thing. 참으로 민감한 문제인 것 같다.

6. favorable/favorite

favorable은 어떠한 상태나 상황, 사건 등이 사람에게 주는 감정 또는 분위기를 나타내는 것으로 '호감을 주는, 호의적인'이란 의미를 가진다. 이에 반해 favorite는 사람이 갖고 있는 생각이나 감정을 나타내며 '좋아하는, 호감이 있는'이라는 뜻이다.

favorable	호의적인, 유리한	He was employed on **favorable** terms. 그는 유리한 조건으로 채용되었다.
favorite	마음에 드는	Spring is one of my **favorite** seasons. 봄은 내가 좋아하는 계절이다.

7 worth/valued

둘 다 '가치가 있다'라는 의미가 있지만 문장에서의 쓰임은 차이가 있다. worth는 〈worth + 숫자〉 형태로 나오고, value는 '~의 가치가 있는'이라는 의미로 쓰이려면 뒤에 전치사 at을 붙여 valued at의 형태가 되어야 한다.

worth	~의 가치가 있는	The jewel is rated as **worth** 5,000 dollars. 그 보석은 5천 달러의 가치가 있다.
valued	귀중한, 값진	The vase is **valued** at a million won today. 그 꽃병은 시가가 100만원이다.

8 uncertain/inexact

uncertain은 unsure와 같은 의미로 사람이 불확실한 어떤 것을 느끼는 것을 의미하며, inexact는 정보나 주장 등이 정확하지 않다는 것을 의미한다.

uncertain	불명확한, 분명치 않은	I am **uncertain** whether he will come himself or not. 그가 직접 오려는지 모르겠다.
inexact	정확하지 않은, 부정확한	The maps of the area were **inexact**. 그 지역의 지도는 부정확했다.

9 null/idle

null은 '아무 가치가 없는'이란 뜻으로 주로 동의나 계약에 관해 법적인 효력이 없음을 의미한다. 숙어로 null and void(무효의)라는 표현이 있다. idle은 '일하지 않는, 태만한'이라는 뜻으로 일이나 생산 관련 활동을 하지 않는 상태를 의미한다.

null	아무 가치가 없는	The contract was declared **null** and void. 그 계약은 더 이상 효력이 없다.
idle	태만한, 할 일이 없는	Over ten per cent of the workforce is now **idle**. 노동인구의 10% 이상이 지금 놀고 있다.

10 upcoming/following

현재 시점을 기준으로 미래에 있을 일을 말할 때는 upcoming을, 과거나 미래의 시점에서 시간상 '다음'을 의미하는 것은 following을 사용한다.

upcoming	다가오는, 곧 있을	Thoughts of the **upcoming** exam were a dead weight on her mind. 그 애는 다가오는 시험 생각에 마음이 아주 무거웠다.
following	다음의, 그 뒤에 오는	I start my senior year in September and graduate the **following** February. 나는 9월에 4학년이 되고, 내년 2월에 졸업한다.

11 attached/connected

'파일이나 서류가 메일 등을 통해 첨부되었다'라는 표현은 과거분사형인 attached documents, attached form 등으로 사용된다. 한편, connected는 거대한 시스템이나 네트워크상에서 물리적으로 연결되거나 결합되는 것을 의미하며 그 대상들은 서로 대등한 관계이다.

attached	첨부된	After looking over the **attached** documents, please contact the service desk. 첨부된 문서를 살펴보신 후에 안내 데스크로 연락 주십시오.
connected	연결된	I had the telephone line **connected** to the computer. 전화선을 컴퓨터와 연결했다.

12 early/previous

early는 시간적으로 '이른, 일찍이'라는 뜻으로 일이 예상한 것보다 더 이르게 일어나는 것을 의미한다. previous는 순서상 '먼저, 이전에' 일어나는 일을 말할 때 사용한다.

early	이른	The company offers **early** retirement incentives. 회사는 조기 퇴직 보상금을 제공한다.
previous	이전의	The new library is far more comprehensive than the **previous** one. 새 도서관은 이전 도서관보다 훨씬 종합적이다.

13 likely/possible

likely는 주로 〈be likely to + 동사원형〉(~할 것 같다) 형태로 일이 일어날 가능성이 높다는 것을 나타낸다. possible은 실행/달성이 가능한 일에 사용한다. as soon as possible(가능한 한 빨리), 〈It is possible to + 동사원형〉(~하는 것이 가능하다)로 쓰인다.

likely	~한 것 같은	The report is **likely** to be released within the next week. 그 보고서는 다음 주 내로 발표될 것이다.
possible	가능한	He came as soon as **possible**. 그는 가능한 한 빨리 도착했다.

14 reserved/preserved

reserved는 serve(지키다)에 back(다시, 뒤로)의 의미가 있는 접두어 re-가 붙은 형태로 뒤에서 지켜주다, 다시 말해 자리를 보존해 준다는 의미로 '예약된'이라는 의미를 나타낸다. preserved는 '이전의'라는 의미의 pre-가 serve(지키다)에 붙어 미리 지켜진, 즉 어떤 상태를 오염이나 외부의 파괴로부터 '보존하는'의 의미가 된다.

reserved	예약된, 내성적인	They **reserved** the seat in advance. 그들은 사전에 좌석을 예약해 두었다.
preserved	보존된	Europeans at that time **preserved** their heritage. 당시의 유럽인들은 그들의 문화유산을 보존했다.

15 damaged/injured/wounded/impaired

damaged는 어떠한 사물이 물리적으로 해를 당하거나 신체 일부분이 손상되어 상처를 받은 상태를 의미한다. injured는 공격이나 사고에 의해 부상당한 것을, wounded는 물리적인 도구에 의해 상처나 부상을 당한 것을 의미하며, impaired는 신체적인 손상으로 기능을 제대로 하지 못하는 것 또는 신체적, 정신적으로 장애가 있는 것을 의미한다.

damaged	손상된, 파손된	The **damaged** goods will be refunded. 그 파손된 물건은 환불될 것이다.
injured	상처 입은	His **injured** arm was tightly bound with bandages. 그의 부상당한 팔은 붕대로 단단히 묶여 있었다.
wounded	부상당한	The **wounded** man cried out in pain. 그 부상자는 고통스러운 비명을 질렀다.
impaired	손상된	Since the car accident, Mr. Smith has suffered from **impaired** vision. 그 교통사고 이후 Mr. Smith는 시력 손상으로 고생하고 있다.

16 limited/restricted

restricted는 어떤 사물에 대한 크기, 양, 범위, 행동, 규제, 법률 등을 한정시키거나 제한하는 것을 의미한다.

limited	제한된	**limited** parking spaces 부족한 주차공간
restricted	한정된, 제한된	A small plane strayed into **restricted** airspace. 작은 비행기 한 대가 비행 금지 구역을 침범했다.

17 required/obligated

어떠한 일을 하려고 필요해서 요청하거나 권리, 권력에 의하여 또는 법이나 제한된 규칙들을 명령하는 데 있어서 필요한 조건들에는 required가 사용된다. obligated는 법률적, 도덕상 의무적인 것을 강요받을 때 사용된다.

required	요구된, 필수적인	Motorcyclists are **required** to wear headgear to protect themselves. 오토바이 운전자들은 자신을 보호하기 위해서 헬멧을 써야만 한다.
obligated	의무적인, 강요된	Parents are **obligated** to support their children. 부모는 자녀를 양육할 의무가 있다.

18 dependable/reliable

필요, 기대에 대해 신뢰하거나 의지할 수 있음을 나타내는 dependable은 때때로 '남이나 다른 어떤 것에 의지하다'라는 의미도 갖고 있기에 자기 자신의 힘, 생각이 부족하다는 뜻도 내포되어 있다. reliable은 어떤 사람이나 사물에 대해 믿을 수 있고 의지가 된다는 것을 나타낼 때 사용한다.

dependable	의지할 수 있는, 신뢰할 수 있는	John was a very strong and **dependable** person. John은 매우 강하고 의지가 되는 사람이다.
reliable	믿을 수 있는, 믿을 만한	We are looking for someone who is **reliable** and hard-working. 우리는 신뢰할 수 있고 성실한 사람을 찾고 있어요.

19 extended/expanded/extensive/spacious

extensive는 지역이 광대하거나 지식이나 조사의 범위가 포괄적인 것을 설명할 때 사용된다. spacious는 장소나 공간이 넓은 것을 의미한다. extended는 주로 extended period of time처럼 기간이 연장되거나 공간이 확장되는 것을 말할 때 쓴다. expanded는 크기, 수량 등이 늘어나는 것으로 사업이나 회사가 확장되거나 넓어진다고 할 때도 쓸 수 있다.

extended	길어진, 늘어난	The term of military service was **extended** to three years. 군 복무 기간이 3년으로 연장되었다.
expanded	넓어진, 확장된	The villages **expanded** and merged into one large town. 그 마을들이 커지다가 합쳐져서 하나의 큰 읍을 이루었다.
extensive	포괄적인	She has **extensive** knowledge of ancient Chinese history 그녀는 고대 중국사에 관해 광범위한 지식을 가지고 있다.
spacious	넓은 (범위의)	I need a more **spacious** living room. 나는 좀 더 넓은 거실이 필요하다.

Exercises

제한시간 5분(문제당 25초)

문제풀이 예제

01 The company expected a fairly steady sales rate, but contrary to everyone's expectations, the sales rate has been relatively ------- lately.
(A) high   (B) height   (C) highly   (D) heighten

해설 the sales rate(판매율)을 주어로 하는 문장에서 be동사의 주격 보어를 선택하는 문제이다. 보어는 명사나 형용사가 될 수 있으므로 부사 (C) highly와 동사 (D) heighten은 제외한다. 주격 보어가 명사인 경우에는 주어와 동격을 이뤄야 하므로, 명사 (B) height도 정답이 되기에 어색하다. 정답은 형용사인 (A) high(높은)이다.

해석 회사는 꾸준한 판매율을 기대했지만 모든 사람과의 예상과는 반대로 최근 판매율이 비교적 높았다.

어휘 relatively 비교적   lately 최근

02 Mr. Grant cuts all branches that hang ------- to the ground to make sure they do not disturb visitors from entering his office entrance.
(A) lower   (B) lowly   (C) low   (D) lowest

해설 lower는 '낮추다'라는 의미의 동사이고 lowly는 '(지위, 중요도가) 낮게, 하찮게'란 의미의 부사이다. low는 형용사, 부사가 모두 있는데 물리적으로 위치가 낮거나 가격이 낮을 때 쓰인다.

해석 Mr. Grant는 사무실 방문객들의 입장을 방해하지 않기 위해서 땅도 낮게 드리워진 나뭇가지들을 모두 깎아놓았다.

Step 1 Warm-up Test

01 Although the ------- results could not prove the hypothesis that the bacteria are not working under certain circumstances, a follow-up study did.   (A) initial   (B) forward

02 Once we receive your order, the item you've purchased will be shipped on the ------- day.
(A) upcoming   (B) following

03 Ms. Lindros recently got interested in reading science fiction novels, and she has become a ------- visitor of James & Nobles Bookstore.   (A) frequent   (B) repetitious

04 Followed by the success of all its printer models, Hewitt-Park decided to add cameras and other digital appliances to its ------- product line.   (A) now   (B) current

05 Since most people in California prefer brick houses nowadays, a lot of ------- carpenters have lost their jobs.   (A) idle   (B) null

06 The components used in the new model are the ------- as the ones used to create the previous model.   (A) same   (B) equal

Step 2 실전 TOEIC Test

01 The chief engineer of Global Computer is proud to present the world's most sensitive mouse equipped with the ------- technology.
(A) latest   (B) immediate
(C) shortest   (D) constant

02 Since so many people liked the attractive exterior of the Phoenix V6, the main platforms of the ------- design will remain unchanged.
(A) previous   (B) away
(C) forward   (D) precise

03 Since the client won't be able to have a meeting with us today, the meeting time will be moved to a ------- date.
(A) later   (B) recent
(C) further   (D) following

04 Orders placed after 5 p.m. will not be shipped until the ------- business day.
(A) following   (B) updated
(C) interested   (D) remaining

05 The general manager asked one of his assistants to do ------- evaluation on Mr. Scofield's performance.
(A) accurate   (B) evident
(C) stable   (D) sheer

06 Due to the well received ratings of its high technology sensors last year, Olympia's cameras will be installing the same sensors on the models in ------- years.
(A) next   (B) followed
(C) late   (D) subsequent

▶ 정답 및 해설 p.93~95

▶ 문제풀이 예제 정답 01 (A) 02 (C)

LESSON 12 토익 빈출 형용사 표현

1. be동사 + 형용사 + about

be crazy about ~에 반하다, 푹 빠지다	be passionate about ~에 열정적이다	be emphatic about ~을 강조하다
be enthusiastic about ~을 열심히 하다	be optimistic/pessimistic about ~을 낙관/비관하다	

2. be동사 + 형용사 + for

be accountable for ~에 책임이 있다	be famous for ~로 유명하다	be noted for ~로 유명하다
be adequate for ~에 적합하다	be honored for ~에 대해 표창을 받다	be responsible for ~에 책임이 있다
be convenient for ~에 편리하다	be ideal for ~에 이상적이다	be sufficient for ~에 충분하다
be eager for ~을 고대하다	be inadequate for ~에 부적합하다	be suitable for ~에 적합하다
be eligible for ~에 자격이 있다	be necessary for ~에 필요하다	be valid for ~에 유효하다, 타당하다

3. be동사 + 형용사 + of

be afraid of ~을 두려워하다	be cognizant of ~을 알다	be desirous of ~을 갈망하다
be appreciative of ~에 감사하다	be confident of ~에 자신 있다	be full of ~로 가득 차다
be aware of ~을 인식하다, 알다	be conscious of ~을 인식하다	be incapable of ~할 능력이 없다
be capable of ~에 유능하다	be critical of ~에 비난하다, 꾸짖다	be indicative of ~을 나타내다, 표시하다

4. be동사 + 형용사 + with

be associated with ~와 연계하다	be compatible with ~에 부합하다, 호환되다	be correspondent with ~에 일치하다
be complete with ~을 갖추다, 완비하다	be consistent with ~와 조화를 이루다	be faced with ~에 직면하다
be comparable with ~에 비교하다	be consonant with ~와 일치하다	be pleased with ~에 기쁘다

5. be동사 + 형용사 + to(전치사) + 명사/동명사(-ing)

be accessible to ~에 접근 가능하다	be beneficial to ~에 이득이 되다	be equal to ~과 동등하다
be accustomed to ~에 익숙하다	be close to ~에 가깝다	be equivalent to ~에 상응하다, 같다
be adjacent to ~에 인접하다	be comparable to ~에 필적할 만하다	be exposed to ~에 노출되다
be affordable to ~에 감당할 수 있다	be comprehensible to ~가 알기 쉽다	be harmful to ~에 해롭다
be attractive to ~에 매력적이다	be devoted to ~에 헌신하다	be integral to ~에 필수이다
be available to ~에 이용 가능하다	be entitled to ~할 자격이 있다	be liable to ~의 영향을 받기 쉬운

6. be동사 + 형용사 + to부정사

be able to do ~할 수 있다	be eligible to do ~할 자격이 있다	be proud to do ~하는 것을 자랑스러워하다
be apt to do ~하는 경향이 있다	be embarrassed to do ~해서 난감하다	be qualified to do ~할 자격이 있다
be bored to do ~하는 것이 지겹다	be entitled to do ~할 자격이 있다	be ready to do ~할 준비가 되다
be bound to do 반드시 ~하다	be excited to do ~해서 신이 나다	be reluctant to do ~하기를 꺼려하다
be delighted to do ~해서 기분이 좋다	be glad to do ~해서 기쁘다	be supposed to do ~하기로 되어있다
be depressed to do ~해서 좌절하다	be happy to do ~해서 기쁘다	be sure to do 확실히 ~할 수 있다
be difficult to do ~하기 어렵다	be liable to do ~하기 쉽다	be surprised to do ~해서 놀라다
be eager to do ~하기를 열망하다	be likely to do ~하기 쉽다	be unable to do ~할 수 없다
be easy to do ~하기 쉽다	be pleased to do ~해서 기분이 좋다	be willing to do 기꺼이 ~하려하다

7. be동사 + 형용사 + that절

be aware that ~을 알고 있다	be unaware that ~을 모르고 있다	It is inevitable that ~라는 것은 피할 수 없다
be confident that ~을 확신하다	It is apparent that ~은 분명하다	It is likely that ~일 것 같다
be conscious that ~을 인지하고 있다	It is appropriate that ~하는 것은 적절하다	It is natural that ~하는 것은 당연한 일이다
be convinced that ~을 확신하다	It is clear that ~은 분명하다	It is obvious that ~은 분명하다
be optimistic that ~에 대해 낙관적이다	It is essential that ~인 것은 필수적이다	It is possible that ~라는 것은 가능하다
be sure that ~을 확신하다	It is important that ~라는 것은 중요하다	It is true that ~라는 것은 사실이다

Exercises

제한시간 5분(문제당 25초)

문제풀이 예제

The penthouse at Hotel El Dorado is ------- for its spectacular view of the sea.
(A) particular (B) actual (C) notable (D) changeable

해설 be동사 is의 보어 역할을 하는 형용사 어휘를 선택하는 문제로 전치사 for와 쓰이는 형용사 어휘를 찾아야 한다. '~로 주목할 만한'이라는 뜻의 notable이 정답이다. be notable for = be known for = be famous for = be recognized for이다. (A) particular(특정한)와 (B) actual(실제의)은 명사 앞에서만 쓰인다. (D) changeable은 '바뀔 수도 있는, 변덕이 심한'의 의미로 주어 The penthouse와 쓰기에는 어색하다.

해석 El Dorado 호텔의 펜트하우스는 장관을 이루는 바다를 볼 수 있는 것으로 주목할 만하다.

Step 1 Warm-up Test

01 Some of Jackson Elec's clients say that they are ------- to buy the new JE 2011 model because it looks difficult to handle.   (A) reluctant   (B) worrisome

02 Most new employees are ------- to show their qualities for a rapid promotion, and thus competitiveness is necessary for these individuals.   (A) eager   (B) relative

03 A smooth running of the development process is ------- on the experience and knowledge of our supervisor, Mr. Kluger.   (A) dependable   (B) dependent

04 Increased beverage sales during the summer are not always ------- of purchasing trends in later months.   (A) indicated   (B) indicative

05 While Ms. Ferdinand was in charge of organizing a team, Mr. Baldwin was ------- for contacting the clients.   (A) responsible   (B) powerful

06 Although sales of his latest design have been dropping steadily, Mr. Marshall is still ------- about the product's eventual success.   (A) willing   (B) optimistic

Step 2 실전 TOEIC Test

01 The outcome of creating an electric-heating coat is ------- to Mr. Job's gifted talent and dedication.
(A) plain
(B) public
(C) subject
(D) general

02 The managing director was ------- of my efforts I had shown during the meeting with Mr. Fuyusuki, who was a very important client.
(A) willing
(B) appreciative
(C) fulfilled
(D) decisive

03 Peter & Pecker's ------- use of space has helped them to reduce maintenance costs and other expenses.
(A) economical
(B) economy
(C) economic
(D) economize

04 Doctors say that drinking one glass of wine twice a week is actually ------- to our health.
(A) legible
(B) beneficial
(C) abundant
(D) accessible

05 If your customers are ------- to receiving their orders within one week, it is essential for you to choose a reliable transportation company.
(A) familiar
(B) accustomed
(C) need
(D) aware

06 Fast Food Restaurant, McGrady's introduced the self-service kiosk system to make orders even more ------- to customers.
(A) access
(B) accesses
(C) accessible
(D) accessibly

▶ 정답 및 해설 p.95~96

▶ 문제풀이 예제 정답 (C)

시험에 꼭 나오는 유사 어휘 형용사 암기리스트

considerable	상당한, 중요한		considerable labor		많은 수고
considerate	사려 깊은		be considerate of others		남을 잘 배려하는
sensitive	민감한, 예민한		a sensitive skin		민감한 피부
sensible	분별 있는, 현명한		a sensible man		이해가 빠른 사람
sensual	육체적인, 음란한		sensual lips		육감적인 입술
sensuous	감각적인, 미적인		sensuous description		감각적인 표현
economic	경제의		economic crisis		경제 위기
economical	알뜰한, 절약하는		an economical housewife		알뜰한 주부
healthful	건강에 좋은		a healthful diet		건강에 좋은 음식물
healthy	건강한, 건전한		a healthy body		건강한 몸
historic	역사적으로 유명한		the historic remains		사적, 유적
historical	역사에 관한, 역사의		a historical novel		역사 소설
credible	믿을 만한, 믿음직한		a credible witness		믿을 만한 증인
credulous	쉽게 받는, 잘 속는		a credulous person		잘 속는 사람
respectable	존경할만한		a respectable man		존경할 만한 사람
respective	각각의, 각자의		respective merits		각각의 장점
respectful	공손한, 예의바른		a respectful bow		공손한 절
industrial	산업의, 공업의		an industrial nation		공업국
industrious	근면한, 부지런한		an industrious man		부지런한 남자
successful	성공한, 합격한		a successful candidate		당선자
successive	연속적인		successive failure		실패의 연속
momentary	순간의, 찰나의		momentary thrill		순간의 전율
momentous	중대한		a momentous decision		중대한 결정
desirable	바람직한, 호감 가는		a desirable man		바람직한 사람
desirous	원하는		desirous of visiting		방문하고 싶어 하다
memorable	잊지 못할		memorable event		잊을 수 없는 사건
memorial	기념의, 기념이 되는		a memorial service		기념식, 추도식

Chapter 9

부사 (Adverb)

부사 문제는 출제 비중이 상당히 높고 난이도 또한 높기 때문에 다양한 문제 유형에 미리 대비해두어야 시험에서 고득점을 얻을 수 있다. 부사 어휘 문제는 단순히 뜻을 암기하는 것이 아니라 어느 단어와 어떻게 출제되는지 같이 암기해두어야 한다.

★ 주요 출제 패턴

1. 부사 자리 (특히 형용사와 부사 중에 선택하는 문제)
2. 부사의 종류: 빈도부사/접속부사/시제부사 등
3. 부사의 위치
4. 부사의 수식 관계: 동사 수식/형용사 수식/수사 수식 등
5. 유사 부사 어휘 구별
6. 주요 부사들의 다양한 쓰임

★ 이렇게 풀어라! 문제풀이 전략

1. 부사 자리

   The manager ------- solved the personal conflict between the two employees.
   (A) effectively   (B) effective

   해설 빈칸은 주어와 동사 사이에서 동사 solved를 수식하는 부사 자리이므로 (A) effectively가 답이다.
   해석 매니저는 두 직원간의 개인적 갈등을 효과적으로 해결했다.

2. 부사의 종류

   We have been there ------- in the past.   (A) ever   (B) once

   해설 ever는 긍정문이나 평서문에서 쓸 수 없으므로, '한때 ~이었다'의 의미로 과거의 경험을 보여주는 (B) once가 답이 된다.
   해석 우리는 전에 거기에 한 번 가본 적이 있다.

3. 부사의 위치

   Due to the increasing number of clients, the sales department ------- hired two more employees.
   (A) lately   (B) recently

   해설 recently와 lately는 둘 다 의미는 유사하지만 위치와 쓰임은 차이가 있다. recently는 문장 내에서 위치가 자유롭지만 lately는 주로 부정문, 의문문에 등장하며 위치도 주로 문두나 문장 끝에서 쓰인다.
   해석 고객이 늘어나고 있기 때문에 판매부는 최근에 직원 두 명을 더 고용했다.

4. 부사의 수식 관계

   The last problem of the test was ------- easy to solve.   (A) fairly   (B) quickly

   해설 형용사 easy를 수식할 수 있는 부사를 찾아야 한다. quickly는 동작이 지체 없이 발생하는 것을 의미하는 부사로 형용사를 수식할 수 없다. '상당히 많이'라는 의미로 형용사를 수식할 수 있는 fairly가 답이 된다.
   해석 시험의 마지막 문제를 푸는 것은 상당히 쉬웠다.

5. 유사 부사 어휘 구별

   I am sorry, but our stores accept cash -------.   (A) just   (B) only

   해설 상점에서 현금만 취급한다는 내용으로 '오직 ~만'이라는 의미로 쓸 수 있는 only가 정답이다. just는 주로 완료 시제와 과거 시제에서 쓰이며 '이제, 막'이라는 의미로 사용된다.
   해석 죄송하지만 우리 가게는 현금만 취급합니다.

6. 주요 부사들의 다양한 쓰임

   Our brand is ------- as famous as Anarchy Jeans.   (A) well   (B) just

   해설 just는 〈just as + 형용사/부사〉의 형태로 쓰이면 '동등하게, 똑같이'라는 의미를 갖는다.
   해석 우리 브랜드는 Anarchy Jeans만큼이나 유명하다.

LESSON 1 부사의 수식과 위치

Point

형용사는 명사만을 수식하지만 **부사는 명사를 제외한 나머지 형용사, 동사, 부사는 물론이고 구, 절, 전체 문장까지 수식**할 수 있다.

 According to recent studies, ------- seventy percent of the Asian population eat rice on a daily basis.
(A) approximate   (B) approximately

▶수사인 seventy percent를 꾸며줄 수 있는 것은 부사이다. approximate(대략의)는 형용사라서 답이 될 수 없고 부사인 (B) approximately(대략)가 답이 된다. approximately, about, around, almost 등 수사를 수식하는 부사들은 따로 암기해둘 것!

● 최근 연구에 따르면 대략 아시아 인구 70%가 주식으로 쌀을 먹는다.   정답 (B)

1 부사는 이런 것들을 수식한다: 부사는 동사, 형용사, 다른 부사(구/절), 문장 전체를 꾸며준다.

(1) **동사를 꾸며주는 부사:** We will **promptly** answer your questions. 저희가 질문에 즉시 답변해드리겠습니다.
(2) **형용사를 꾸며주는 부사:** Last day's match was **extremely** exciting. 마지막 날 시합은 상당히 흥미진진했다.
(3) **다른 부사(구/절)를 꾸며주는 부사:** She makes Italian food **very** well. 〈부사 수식〉 그녀는 이탈리아 음식을 참 잘 만든다.
(4) **문장 전체를 꾸며주는 부사:** **Luckily**, I won the ticket to go on a safari tour. 운 좋게도, 나는 사파리 투어를 할 수 있는 티켓을 얻었다.
(5) **수사 수식 부사:** 수사를 수식하는 것은 부사로, 빈출어휘들에는 about, around, over, almost, nearly, more than, approximately 등이 있다. 특히 전치사인 about, around, over 등은 수사 앞에서는 부사로 쓰인다.

2 부사의 위치 패턴을 기억하라: 토익 문제의 기본은 품사의 배치이다. 특히 시험에서는 부사 문제가 비중 있게 출제되는데, 이는 부사가 올 수 있는 위치가 매우 다양한 반면 일정한 패턴이 있어 출제가 용이하기 때문이다. 부사 문제는 크게 (1) 위치 문제와 (2) 부사의 종류, 그리고 (3) 어휘 문제로 나뉘는데, 일반적인 부사의 위치는 다음의 13가지 패턴으로 나눌 수 있다.

(1) **동사를 꾸며주는 부사:** 빈칸이 없어도 문장 구조가 완전하다면 부사 자리로 판단할 수 있다.
　❶ 〈주어 + ------- + 동사〉　　　　　　　❷ 〈주어 + 동사 + 목적어 + -------〉
　The price of a pack of cigarettes **directly** reflects the cost of tobacco on the open market. 〈주어 + 부사 + 타동사〉
　담배 한 갑 값은 공개 시장에서의 담뱃잎 가격을 직접적으로 반영한다.
(2) **형용사 및 부사를 꾸며주는 부사:** 형용사, 다른 부사(구) 등을 수식할 때는 바로 앞에 위치한다. 형용사를 꾸며주는 부사에는 so, very, too, quite(꽤), extremely(몹시), relatively(상대적으로) 등이 있다.
　❸ 〈관사 + ------- + 형용사 + 명사〉　　　❹ 〈be + ------- + 형용사/부사〉
　Although Mr. Carter was known for being patient, his recent decision was made **rather** quickly. 〈be + 부사 + 부사〉
　Mr. Carter는 침착한 사람으로 알려져 있지만, 그는 최근에 상당히 빨리 결정을 내렸다.
(3) **문장 전체를 꾸며주는 부사:** 특히 문장 맨 앞에 빈칸이 있고, 쉼표가 있다면 무조건 부사가 정답이다. increasingly(점차), regrettably(유감스럽게도), apparently(분명히), presumably(아마도) 등이 문장 수식 부사로 출제된 바 있다.
　❺ 〈-------, 완전한 문장(주어 + 동사 + 목적어)〉　　❻ 〈완전한 문장 + -------〉
(4) **분사를 꾸며주는 부사:** 분사는 동사의 성질을 갖기 때문에 부사가 분사를 꾸미는 것은 당연하다.
　❼ 〈be + ------- + 과거분사〉　　　　　　❽ 〈be + ------- + 현재분사〉
　The new system was **clearly** created to improve productivity among employees. 〈be + 부사 + 과거분사〉
　새로운 시스템은 사원들의 생산성을 향상시키려는 분명한 목적을 가지고 만들어진 것이었다.
(5) **동사구 사이에 들어가는 부사**
　❾ 〈have + ------- + 과거분사〉　❿ 〈자동사 + ------- + 전치사〉　⓫ 〈조동사 + ------- + 본동사〉
　They cannot **possibly** be expected to finish the project by the deadline. 〈조동사 + 부사 + 본동사〉
　그들이 마감일까지 그 계획을 마칠 수 있을 거라고 도저히 기대하지 않는다.
(6) **비교급 표현 사이에 들어가는 부사:** 주로 형용사와 부사 중에서 선택하는 문제로 출제된다. 빈칸 앞이 완전한 문장이면 빈칸에는 부사가 나오는데, 특히 앞의 동사가 자동사인 경우에는 무조건 부사 자리이다.
　⓬ 〈완전한 문장 + as + ------- + as〉　　⓭ 〈완전한 문장 + more + ------- + than〉
　He works as **efficiently** as you. 〈동사 + as + 부사 + as〉 그는 당신만큼 효율적으로 일한다.

Ustar 출제포인트 시험에는 이렇게 나온다! 〈타동사 + ------- + 명사(목적어)〉는 부사가 아닌 형용사가 들어갈 자리이다.

We must take ------- action.　　　(A) quick　　　(B) quickly

■ 부사가 동사를 수식할 때는 〈주어 + (부사) + 자동사〉 또는 〈주어 + (부사) + 타동사 + 목적어 + (부사)〉이다. 즉, 자동사는 부사가 동사 앞뒤 어디에서도 수식 가능하지만, 타동사는 반드시 동사 앞 또는 문장 끝에 와야 한다. 따라서 빈칸은 명사를 수식하는 형용사 자리이다.
■ 우리는 빨리 행동을 취해야 한다.

210

Exercises

제한시간 5분(문제당 25초)

문제풀이 예제

01 They played at the National Art Center in the evening and seeing that was ------- the best part of the trip.　(A) definitely　(B) definitive

> 해설　보통 명사 앞은 형용사 자리이지만, 〈관사 + 명사〉는 '구'에 해당하므로 보기 중 부사인 definitely가 와야 한다.
> 해석　그들은 내셔널 아트센터에서 저녁에 공연을 했고 그것을 본 것이 여행에서 가장 최고에 해당했다.

02 Featuring cameos might add more interest to the movie, but it is still a ------- useless presence in regards to the plot of the entire movie.
　(A) nearly　(B) closely　(C) precisely　(D) relatively

> 해설　빈칸은 형용사를 수식하는 부사 자리이다. nearly(대략)는 수사를 수식하고, closely(가까이, 면밀히)는 '조사하다, 검사하다'라는 뜻의 동사와 쓰인다. precisely(정확히, 정밀하게)는 기계류의 작동을 수식할 때 어울리는 부사이다. 보기 중 문맥상 형용사 useless를 수식할 수 있는 부사는 relatively(상대적으로, 비교적)이다.
> 해석　카메오들의 출현은 영화에 재미를 더할 수는 있지만 전체 영화 구성에서 보면 여전히 상대적으로 불필요한 존재이다.
> 어휘　feature 출연하다　cameo 카메오, 특별 출연　useless 무의미한　presence 존재　in regards to ~에 대해　plot 구성　entire 전체의　relatively 비교적, 상대적으로

Step 1 Warm-up Test

01 More -------, we need to catch up with our competitors who have a big lead over us in the book market.　(A) import　(B) importantly

02 The live speech of Mr. Sterns of Sterns Incorporated is proceeding ------- without any interferences so far.　(A) steadily　(B) steadiness

03 If Redsun Electronics fails on improving the quality of their products, they will ------- lose their customers to other companies.　(A) inevitably　(B) inevitable

04 Due to an ------- innovative design of Kissan Motor's new coupe, its sales has been skyrocketing among drivers in all ages.　(A) astonishingly　(B) astonished

05 Before loading the wine barrels on the truck, make sure that each barrel weighs ------- 300 pounds.
　(A) exact　(B) exactly

06 Herbal spices have ------- been playing an essential role in Indian cuisine.
　(A) historically　(B) historical

Step 2 실전 TOEIC Test

01 Hotel Renaissance is ------- located near the Santamo Beach and thus has spectacular view of the sea.
　(A) convenient　(B) conveniently
　(C) convenience　(D) conveniences

02 After you cancel the tickets you have purchased for the musical on Friday, the refund will ------- be transacted to your account within two business days.
　(A) automatic　(B) automaticity
　(C) automated　(D) automatically

03 Mr. Hitchcock ------- requested for a raise for a month, and it cost him his job.
　(A) persistence　(B) persistently
　(C) persistent　(D) persisted

04 In order to avoid unnecessary costs, Mr. Rossi purchases stocks ------- from the company.
　(A) directly　(B) directing
　(C) direct　(D) direction

05 It is important for all advertising firms to read business-related magazines ------- so that they can get a general idea on the changes of the current market trend.
　(A) regular　(B) regulars
　(C) regularly　(D) regularity

06 After suffering from diabetes last month, Mr. Stone visits his physician ------- to get a general health check-up.
　(A) frequency　(B) frequent
　(C) frequently　(D) frequent

▶ 정답 및 해설 p.96~97

▶ 문제풀이 예제 정답 01 (A)　02 (D)

LESSON 2 부사의 형태

Point

부사 자리를 확인하고 부사의 형태를 찾는 문제는 매달 출제된다.

 HMA corporation has directed its marketing department to work more ------- to develop a new business model.　(A) active　(B) activation　(C) action　(D) actively

▶ work는 자동사이기 때문에 이미 완전한 문장 구성을 가지고 있으므로 뒤에 부사가 나와야 한다.
● HMA사는 마케팅 부서에게 새로운 사업 모델을 개발하기 위한 노력을 좀 더 활발히 할 것을 지시했다.　　정답 (D)

1. 일반 형용사의 끝에 -ly를 붙이면 부사가 된다.

complete 완전한, 완벽한 → completely 완전히, 완벽하게　　polite 공손한, 예의바른 → politely 정중하게
cf. 형용사의 역할을 하는 분사, 일부 명사의 경우에도, 일반 형용사처럼 -ly를 붙여 부사를 만든다.
increasing 증가하는 → increasingly 점점　surprising 놀랄 만한 → surprisingly 놀랄 정도로　purpose 목적 → purposely 일부러

2. -ly 형태의 형용사: 〈명사 + -ly = 형용사〉

lovely 사랑스러운　friendly 친근한　costly 비싼　timely 시기적절한　weekly 매주의　monthly 매달의　yearly 해마다, 연간의
cf. 〈형용사 + -ly = 형용사〉 likely ~할 것 같은　lively[laívli] 생기가 넘치는, 활발한

3. 헷갈리기 쉬운 부사 형태

(1) ll로 끝나는 형용사는 -ly를 붙이면 l이 중복되므로, -ll 뒤에 y만 붙인다.　full 가득한, 가득 채워진 → fully 가득하게
(2) e로 끝나는 형용사는 e를 떼고 부사를 만들어주는 -ly를 붙인다.　simple 간단한 → simply 간단히　true 진실한 → truly 진실로
(3) 〈자음 + y〉로 끝나는 형용사는 y를 i로 바꾸고 -ly를 붙인다.　busy 바쁜 → busily 바쁘게　easy 쉬운 → easily 쉽게
(4) -ic로 끝나는 형용사는 뒤에 -ally를 붙인다.　dramatic 극적인 → dramatically 극적으로
(5) 명사, 형용사 앞에 '~에, ~로'라는 의미를 가진 a-가 붙어 부사가 되는 경우가 있다.　ahead 전방에　abroad 해외로　across 가로질러
(6) 방향을 의미하는 -way(s), -ward(s), -wise가 붙는 부사
　-way(s) 도로, 길: side 옆의 → sideways 옆쪽으로　broad 광대한 → broadways 옆으로　cross 교차의 → crossways 가로로
　-ward(s) 방향: after 뒤에 → afterwards 나중에, 그 뒤에　back 뒤쪽의 → backwards 뒤에　for 앞에 → forwards 앞으로, 전방에
　-wise 방법, 방향: other 다른 → otherwise 그렇지 않으면　like ~와 같은 → likewise 똑같이　clock 시계 → clockwise 시계방향의

4. 부사와 형용사가 같은 단어들

early	a. 초기의, 이른 ad. 일찍	great	a. 큰, 많은 ad. 아주, 잘	last	a. 최후의, 마지막의 ad. 마지막으로	late	a. 늦은 ad. 늦게
far	a. 먼 ad. 멀리, 먼 곳으로	hard	a. 열심인, 어려운, 단단한 ad. 열심히, 단단히	long	a. (길이, 거리가) 긴 ad. 오래, 오랫동안	right	a. 옳은, 올바른 ad. 정확히, 바로
fast	a. 빠른 ad. 빨리	high	a. 높은 ad. 높게	near	a. (거리, 시간상) 가까운 ad. (거리, 시간상) 가까이	wrong	a. 틀린, 잘못된 ad. 틀리게

Although Mr. Gee works (**hard**, hardly), his application for a pay raise was not granted.
Mr. Gee는 열심히 일했지만, 봉급 인상 요청은 받아들여지지 않았다. ☆ hardly(거의 ~않다)는 부사로 hard와 전혀 의미가 다르다. hardly ever = never

5. 의미가 다르게 쓰이는 -ly 없는 부사와 -ly 있는 부사

late 늦게	lately 요즘은, 최근	high 높게	highly 매우
right 정확히, 바로	rightly 올바르게, 정당하게	hard 열심히, 단단히	hardly 거의~아니다
pretty 꽤, 비교적, 상당히	prettily 곱게, 귀엽게, 얌전히	clear 완전히, 명료하게	clearly 분명히

cf. -ly 없는 부사와 -ly 있는 부사가 의미가 같은 경우: quick=quickly 빠르게　slow=slowly 느리게　tight=tightly 단단하게

Ustar 출제포인트 시험에는 이렇게 나온다! 　**의문부사와 접속부사**

1. 〈any/some + 의문사〉 = 부사: somewhere 어딘가에　somehow 어떻게든　sometime 언젠가　somewhat 다소, 어느 정도
　anywhere 어디라도　anyhow 되는대로　anytime 언제든지
　It can be **anywhere** in the room. 그것은 방 어디라도 있을 수 있다.　Finish it **somehow**. 어떻게든 끝내.
2. 단어가 셋 이상인 경우에도 부사의 형태로 변형이 가능하다.: nevertheless (never + the + less) 그럼에도 불구하고
　nowadays (now + a + days) 현재는, 오늘날에는　nonetheless (none + the + less) 그럼에도 불구하고
　notwithstanding (not + with + standing) ~에도 불구하고

Exercises

제한시간 5분(문제당 25초)

문제풀이 예제

The company's advertising campaign to attract its new customers has been only ------- successful, as it is often difficult to enter new markets.

(A) probably (B) elsewhere (C) somewhat (D) otherwise

해설 문맥상 형용사 successful을 수식하는 부사로 '다소 성공적이었다'는 의미가 되는 somewhat(다소, 약간은)이 적절하다. 토익 시험에 자주 등장하는 부사 중에 〈some + 의문사〉 형태의 somehow(어떻게 해서든지)와 somewhere(어딘가에)는 반드시 알아두어야 한다.

해석 새로운 시장으로 진입하는 것은 어려울 때가 많은 법이므로, 새로운 고객들을 끌어들이려는 회사의 홍보 노력은 약간 성공했을 뿐이다.

어휘 attract 끌어들이다 enter 진입하다 probably 아마도 elsewhere 다른 곳에서 otherwise 만약 그렇지 않으면

Step 1 Warm-up Test

01 Education officials say KLE test will be ------- monitored to prevent cheating.
(A) close (B) closely

02 Giving monthly bonus to an employee with the highest performance will be ------- effective on enhancing an employee's performance. (A) high (B) highly

03 The receipt for your purchase will be sent to your e-mail ------- and the package will be shipped right away. (A) electronically (B) electronic

04 An amateur film director ------- posted an independent movie online to check viewer's response.
(A) purposing (B) purposely

05 Clear descriptions of our finest selections of wine is ------- available online.
(A) readily (B) ready

06 The ratings of a reality TV show, *Kitchen Survivor* have increased ------- after its first season.
(A) noticeable (B) noticeably

Step 2 실전 TOEIC Test

01 General Tao's Chinese Restaurant has expanded ------- in all parts in Asia except for cities in India.
(A) everywhere
(B) alongside
(C) together
(D) forward

02 Thanks to the new sorting software, all online applications were processed -------.
(A) ease
(B) easy
(C) easily
(D) eased

03 The Magnum-Drive system is the most ------- advanced and customizable feedback system on the planet.
(A) high
(B) higher
(C) highly
(D) highest

04 In order to improve the education level of local public schools in Iowa, the governor decided to hire ------- qualified teachers abroad.
(A) highly
(B) hopefully
(C) probably
(D) rarely

05 Greene Computer Accessories developed a DVD burner that is ------- compatible with any DVD formats.
(A) universe
(B) universal
(C) universally
(D) universality

06 The bond between Nagata Publishing and Makoto Books have grown ------- stronger and local bookstores are having troubles running their businesses.
(A) consider
(B) considerate
(C) considerable
(D) considerably

▶ 정답 및 해설 p.97~98

▶ 문제풀이 예제 정답 (C)

LESSON 3 동사 수식 부사 vs 형용사 수식 부사

Point

very는 형용사와 부사를 수식하는 부사이고 well은 동사만 수식하는 부사이다. 이렇게 부사에는 특정 품사만 수식하는 것들이 있다.

 The new financial incentive plan for sales managers will prove to be ------- lucrative for some employees.   (A) enough   (B) too much   (C) very   (D) well

▶ enough는 형용사, 동사 뒤나 명사, to부정사 앞에서 수식한다. too much의 much는 뒤에 비교급 형용사만 올 수 있다. well은 주로 동사 뒤에서 수식하며 형용사는 수식할 수 없다. 형용사인 lucrative(유리한)를 앞에서 꾸며줄 수 있는 부사는 very밖에 없다.
● 영업 관리직들을 위한 새로운 재정적인 인센티브 계획은 일부 직원들에게 매우 유리할 것임이 증명될 것이다.   정답 (C)

1 very

(1) 부사 very는 동사를 수식할 수 없으며 형용사, 부사, 현재분사형의 형용사를 수식한다.
(2) 부사 very의 꾸밈을 받는 현재분사형 형용사

| amazing 놀라게 하는 | boring 지루한 | surprising 놀랄 만한 | disturbing 당황스럽게 하는 |
| interesting 흥미로운 | exciting 신나게 하는 | pleasing 유쾌한 | embarrassing 난처하게 하는 |

(3) 감정이나 심적인 상태를 나타내는 과거분사형 형용사들도 very의 꾸밈을 받을 수 있다.

| amused 재미있어 하는 | bored 지루해 하는 | surprised 놀란 | worried 걱정하는 | interested 관심 있어 하는 |
| ashamed 부끄러운 | pleased 기쁜 | embarrassed 창피한 | contented 만족해하는 | excited 흥분한 |

2 well

(1) 부사 well은 동사만을 수식한다.   I know him **well**. 나는 그를 잘 안다.
(2) 수동태 동사구 〈be + well + 과거분사〉   He is **well** known for his great sense of humor. 그는 뛰어난 유머 감각으로 잘 알려져 있다.
(3) 〈well + before/after/above/below/over〉: 훨씬 전/후/위에/아래에/이상의
　Most areas in the Netherlands are **well below** sea level. 네덜란드 대부분 지역들은 해수면 훨씬 아래에 있다.
(4) 과거분사가 '~을 잘 한다'라는 뜻일 때는 well의 꾸밈을 받을 수 있다.: educated 교육받은   skilled 숙련된   qualified 자격 있는, 적격의

3 동사를 수식하는 부사

동사를 수식하는 부사는 주제별로 암기해두자. 특히 동작의 변화(증가, 감소) 관련 동사를 수식하는 부사는 주요 출제포인트이다.

| considerably, substantially, significantly, greatly 상당히   quickly, rapidly 빠르게   unexpectedly, surprisingly 뜻밖에, 놀랍게 |
| slowly, steadily, gradually 느리게, 꾸준히, 점진적으로   sharply, dramatically, remarkably, noticeably 급격하게, 두드러지게 |

Online record sales has increased **dramatically** over the last year.   온라인 음반 매출이 지난해 급격하게 증가하였다.

4 형용사를 수식하는 부사

(1) 형용사로 끝나는 문장에서 형용사의 앞자리는 부사이다.
　Arabesque Furnitures's first year has only been (moderate, **moderately**) successful.
　　Arabesque Furnitures의 첫 해는 실적이 그저 조금 좋았을 뿐이다.
(2) 〈------ + 형용사 + 명사〉에서 빈칸은 수식관계에 따라 형용사와 부사 둘 다 올 수 있다.
　❶ 빈칸 뒤의 형용사가 명사의 상태를 나타내면 빈칸은 부사이다.   **a quite** excellent speech 아주 훌륭한 연설
　❷ 빈칸 뒤의 형용사가 명사의 종류를 나타내면 빈칸은 형용사이다.   **a great** political speech 위대한 정치적인 연설
　❸ 동종의 형용사는 and 대신 쉼표로 연결할 수 있다: 〈형용사, 형용사 + 명사〉 〈부사, 형용사 + 명사〉

5 부사를 수식하는 부사: very, pretty, more, most, less, least, enough, indeed 등 (정도 부사)

It will help you work **quite** efficiently. 그것은 당신이 상당히 효율적으로 일하는 데 도움이 될 것이다.

Ustar 출제포인트 시험에는 이렇게 나온다!   **수량형용사나 수사를 수식하는 부사**
부사의 수식을 받는 수량형용사에는 ❶ many, much, few ❷ every, all, no ❸ 수사 등이 있다.

almost, nearly, about 거의	approximately, roughly, around 대략	over, more than ~보다 많은
up to, a maximum of 최대한	as many as, as much as ~만큼	under, less than ~미만
barely, only, just, at most, at the most, no more than, not more than 겨우		
at least, at very least, at the very least, not less than, a minimum of 최소한, 적어도		

The airport is **approximately** twenty kilometers away from the hotel. 공항은 호텔에서 20킬로미터보다 더 떨어져 있다.

Exercises

제한시간 5분(문제당 25초)

문제풀이 예제

01 The news about recent economic recessions has been ------- widespread among public.
(A) exactly   (B) directly   (C) fairly   (D) quickly

해설 빈칸 뒤 widespread의 품사는 형용사이다. 보기 중 형용사를 수식할 수 있는 부사를 찾아야 하는데 quickly는 동작이 지체 없이 발생하는 것을 의미하는 부사이므로 형용사를 수식할 수 없다. 만약 뒤에 동사인 spread가 있었다면 quickly가 답이 되는 경우도 따져볼 수 있다. 따라서 '상당히 많이'라는 의미로 형용사를 수식할 수 있는 fairly가 답이 된다.

해석 최근 경제 침체들에 대한 뉴스가 대중들 사이에서 상당히 광범위하게 퍼져 있다. widespread 널리 보급된, 광범위한, 일반적인

02 We do not have ------- parking spaces for all employees.
(A) enough   (B) much   (C) few   (D) a lot

해설 enough는 ① 명사 앞, ② 형용사나 부사 뒤, ③ to부정사/〈전치사 + 동명사〉 앞, ④ 동사 뒤에 온다.
The house is big **enough** for us. 〈형용사 + enough〉 그 집은 우리에게 충분히 크다.
He studied hard **enough** to get a job. 〈부사 + enough〉 그는 직장을 구하기 위해 충분히 열심히 공부했다.
They have **enough** food for living. 〈enough + 명사〉 그들은 살아가기에 충분한 음식이 있다.
much 뒤에는 불가산 명사를 받아야 하고, few는 not 뒤에 올 수 없고, a lot은 부사이기 때문에 뒤에 명사를 바로 수식할 수 없다.

해석 우리는 모든 직원을 위한 충분한 주차 공간이 없다.

Step 1 Warm-up Test

01 Dana & White has ------- produced high-quality irons since 2002.
(A) consistently   (B) enormously

02 Though most people did not expect much from the new treadmill by Burnout Health Equipment, many in fact were ------- satisfied with the effect it brought to them.   (A) well   (B) quite

03 The weather has been ------- unpredictable for the past few days, so no one really relied on the weather forecast recently.   (A) very   (B) well

04 Having sold more than two hundred automobiles each year, Mr. Summers is ------- regarded among car salesmen.   (A) highly   (B) high

05 The new hybrid made by Makoto Automobiles has been classified as ------- friendly by auto experts.
(A) environmentally   (B) environmental

06 If you make an order within this week, you will receive an extra T-shirt ------- free of charge.
(A) extremely   (B) completely

Step 2 실전 TOEIC Test

01 We will need ------- ten minutes to make preparations for the lab experiment we will be conducting for today.
(A) approximately   (B) briefly
(C) rapidly   (D) unpredictably

02 The numbers of volunteers grew ------- after the news showed the damages from the earthquake in Iceland.
(A) accidentally   (B) expressively
(C) dramatically   (D) eagerly

03 The fuel efficiency of the new hybrid based on electric engines is ------- better than the previous model, which runs on diesel engines.
(A) significant   (B) signify
(C) significant   (D) significantly

04 Since the ice melted, the traffic on Hudson Highway is moving ------- compared to the traffic during the morning.
(A) quickly   (B) still
(C) rarely   (D) highly

05 ------- 30 percent of college freshmen nationwide must enroll in at least one remedial course because they are not prepared for college-level work in a particular subject.
(A) Nearly   (B) Justly
(C) Mostly   (D) Fluently

06 Take the Shuto Expressway for ------- twenty kilometers and then follow the exit for Hamamatsucho.
(A) besides   (B) between
(C) along   (D) about

▶ 정답 및 해설 p.98~99

▶ 문제풀이 예제 정답 01 (C) 02 (A)

LESSON 4 시간부사

Point

> Almost all areas of Britain have been declared disease-free, but there are ------ some problem areas.
> (A) still   (B) already
>
> ▶there are 뒤에 〈형용사 + 주어〉가 나오고 있기 때문에 빈칸은 부사 자리이다. 문맥상 '아직도 몇 곳은 위험하다'는 의미이므로 빈칸에는 부사 still(아직도)이 들어가야 한다. already는 어떤 현상이 '예상보다 일찍 발생/완료되었다'는 의미라서 답이 될 수 없다.
> ●영국의 거의 모든 지역이 질병에서 안전한 것으로 선포되었지만, 몇몇 지역은 아직도 위험하다.   정답 (A)

1 빈도부사

(1) **일정한 주기를 가진 빈도부사:** hourly 한 시간마다   daily 매일의   monthly 달마다   yearly/annually 해마다

(2) **횟수를 나타내는 빈도부사:** once 한 번   twice 두 번   three times 세 번

(3) **반복을 의미하는 부사:** regularly 정기적으로   always 항상   frequently/often 종종, 자주   sometimes 어쩌다   usually 대개, 보통

(4) **빈도부사의 위치:** 조동사와 본동사 사이, be/have동사와 과거분사 사이, be동사 뒤, 일반동사 앞에 온다. usually, often은 문장 앞뒤 모두 올 수 있지만, always는 문장 앞에 올 수 없다. very, quite의 꾸밈을 받는 경우에는 문장 끝에 오기도 한다.
I **usually** eat lunch around 1 p.m. 주로 오후 1시쯤 점심을 먹어.   These days, it rains very **often**. 요즘 비가 매우 자주 내린다.

(5) **현재 시제와 빈도부사:** 현재 시제는 주로 ① 일상적/주기적/반복적인 일 ② 상식/진리 ③ 상태/지속/감정/인지동사의 경우 ④ 확정된 미래에 쓴다. 그래서 현재 시제와 짝을 이루는 부사 역시 주기적/반복적인 일을 나타내는 빈도부사이다.

2 빈출 시제부사

(1) **yet(아직):** 현재완료의 부정문에서 부정어 뒤에 주로 쓰인다. have yet to(아직 ~하지 못했다) 형태가 출제 비중이 높다.
   ❶ 〈have/has yet to + 동사원형〉 = 〈still have/has to + 동사원형〉: 아직 ~하지 못했다
   ❷ 〈have/has not yet p.p〉 = 〈have/has not p.p. ~ yet〉: 아직 ~하지 않았다
   ❸ 〈be yet to + 동사원형〉: 아직 ~하지 못하다

(2) **still(아직도 여전히):** 어떤 상태가 변화 없이 계속 지속됨을 보여주는 부사이다.
   ❶ be동사/조동사 뒤, 일반동사 앞에 온다: The contract **is still** valid. 그 계약은 여전히 유효하다.
   ❷ 부정문에서는 부정어 앞에 온다: You **still do not** understand. 여전히 이해하지 못하고 있구나.

(3) **already(벌써, 이미):** 긍정문, 부정문, 단순 시제, 완료 시제 모두 쓸 수 있다.
   She has **already** finished her works. 그녀는 이미 자기 일을 끝냈다.

(4) **just(지금 막, 방금):** 현재, 현재진행, 현재완료, 과거의 긍정문에 쓰인다.
   ❶ 방금, 바로 지금 막(very recently): We have **just** heard the news. 우린 막 방금 그 뉴스를 들었다.
   ❷ 불과, 단지(only): I will bring you the napkins in **just** a few seconds. 제가 냅킨을 금방 갖다 드리겠습니다.
   ❸ 동등하게, 똑같이 〈just as + 형용사/부사〉: He's **just as** handsome as his father. 그는 그의 아버지 같이 잘 생겼다.
   ❹ 〈just + 시간접속부사〉: just before ~하기 직전에   just after ~한 직후에   just ~ when... ...하려고 했을 때, 딱 ~

(5) **now(지금):** now는 주로 현재/현재진행에 쓰이며, from now(지금부터)는 미래 시제, until now(지금까지)는 현재완료나 과거 시제와 함께 쓰인다.   It is **now** snowing outside. 지금 밖에는 눈이 내린다.   They came back just **now**. 그들은 지금 막 돌아왔다.

(6) **ever:** 현재완료 긍정문과 함께 쓸 수 없다.
   ❶ 부정문: I have **never** (not ever) been there.   ❷ 가정: if you have **ever** been there
   ❸ 조건: a manager who has **ever** been there   ❹ 비교/최상: it is the worst movie **ever**

(7) **once:** 과거 시제와 쓰여 '한때 ~였으나 지금은 아니다'라는 과거 시점을 보여준다.(시간/조건의 접속사로도 사용된다.)
   Once a small motel in the countryside, Fordham Motel is now America's leading motel chain.
   한때 시골의 작은 모텔이었던 Fordham Motel은 이제 미국의 선두 모텔 체인이 되었다.
   cf. previously, originally, initially 등의 부사도 once처럼 '특정 시점 이전에'라는 의미로 과거 시제와 함께 쓰인다.

(8) **since(~이래로 계속):** 과거의 특정시점부터 현재까지 지속된다는 의미며, 현재완료 구문에서 사용한다.
   The building has long **since** been demolished. 그 건물은 허물어진 지가 오래 되었다.

(9) **ago(~전에):** 주로 시간명사와 함께 과거의 특정 시점을 보여주는 과거시제에 쓰이며 완료시제에는 쓰이지 않는다.
   We placed an order a few days **ago**. 우리는 며칠 전에 주문하였다. ☆ 문장 끝에 〈시간명사 + 부사〉 형태로 나온다.

(10) **before:** 과거, 과거완료, 현재완료   I have never seen such a beautiful place **before**. 이렇게 아름다운 곳을 본적이 없다.

> **Ustar 출제포인트** 시험에는 이렇게 나온다!   **부정의 빈도부사**
> 1. no, not, never 등의 부정어는 barely, hardly, scarcely, rarely, seldom 같이 부정적 의미의 빈도부사들과 함께 쓰일 수 없다.
> 2. 부정의 빈도부사가 문장 맨 앞에 오면, 주어와 동사가 도치된다.   She **barely** had ~ = **Barely** had she ~

Exercises

제한시간 5분(문제당 25초)

문제풀이 예제

01 The board of directors has ------- not released the newly developed product for the next season.
(A) yet   (B) almost   (C) once   (D) still

> 해설 둘 다 현재완료 부정문과 같이 쓰이나 still은 주로 not 앞에, yet은 not 뒤에 쓴다. 아직 공개되지 않은 상태가 지속되는 것이다. once는 과거의 사실(지금은 아니다)을 묘사할 때 사용하고 almost는 주로 수사 앞이나 동작 완료시에 사용하기 때문에 still이 답이 된다.

> 해석 이사회에서는 다음 시즌을 위해 새로 개발된 신제품을 아직 공개하지 않고 있다.

02 Good eye contact and comfortable gestures are important during job interviews, but they are not ------- required to all interviewees.
(A) importantly   (B) greatly   (C) necessarily

> 해설 부분 부정: 〈부정어 + all/every/always/necessarily ~〉 모두 ~한 것은 아니다, 항상 ~한 것은 아니다, 반드시 ~한 것은 아니다.

> 해석 시선을 맞추는 것과 편안한 몸짓은 취업 면접에서 중요하지만, 인터뷰를 보는 사람들에게 모두 필수적으로 요구되는 것은 아니다.

Step 1 Warm-up Test

01 We have ------- produced the model.   (A) once   (B) ever

02 The new printer arrived yesterday, but it has not been connected to the computers -------.
(A) still   (B) yet

03 The design team has ------- started drawing a rough sketch of the car yesterday.
(A) already   (B) still

04 Our company has ------- to realize the importance of providing a good working environment for the employees.   (A) yet   (B) ever

05 Mrs. Malone is ------- finished with the research, so she should be able to send you the data by the end of today.   (A) highly   (B) nearly

06 It will definitely be a hassle, but you have to visit the orthopedics at ------- scheduled appointments for about three months.   (A) necessarily   (B) regularly

Step 2 실전 TOEIC Test

01 With the implementation of the automated systems, employees will ------- be able to access company files while on business trips.
(A) soon   (B) yet
(C) ever   (D) once

02 Since Professor Wiseman has ------- seen such inborn artistic talent from a little girl, he decided to teach Jina the fundamentals of art for free.
(A) elsewhere   (B) seldom
(C) practically   (D) sparsely

03 The public is anticipatingly waiting for the result of the presidential votes that is ------- to be announced.
(A) yet   (B) besides
(C) rarely   (D) permanently

04 In order to make a more accurate analysis, we ------- need at least 300 more responses from the customers.
(A) still   (B) always
(C) yet   (D) usually

05 As expected, the 2011 Fall Fashion Show which was held in Paris was ------- attended by world-class designers, models, and media staff.
(A) well   (B) quite
(C) many   (D) some

06 Arnold Van Dutch, ------- a popular music artist in the 1980s, now manages a successful record label called M-International.
(A) once   (B) often
(C) soon   (D) now

▶ 정답 및 해설 p.99~100

▶ 문제풀이 예제 정답 01 (D) 02 (C)

LESSON 5 준동사 수식 부사 & 구절 수식 부사

Point

> 동명사와 to부정사, 분사를 꾸며주는 것은 부사이다. 동명사, to부정사, 그리고 현재분사, 과거분사 등은 모두 동사에서 출발했기 때문에 이들을 '준동사'라 하는데, 이렇게 동사라는 뿌리에서 변화된 준동사들은 부사의 꾸밈을 받을 수 있다.
>
> The manager is planning to ------- announce the bankruptcy of their company tomorrow afternoon.
> (A) formally   (B) formal
>
> ▶ to부정사 to announce를 수식하는 것은 부사인 formally이다. 형용사인 formal은 명사를 수식한다.
> ● 매니저는 공식적으로 내일 오후 회사의 파산을 알릴 것을 계획하고 있다.   정답 (A)

1 to부정사를 꾸며주는 부사

타동사의 to부정사는 〈to + 부사 + 동사원형〉처럼 부사가 동사구 사이에 오거나 〈to부정사 + 목적어 + 부사〉처럼 뒤에서 수식한다. 반면에 자동사는 〈to부정사 + 부사〉 형태로 부사가 to부정사를 뒤에서 수식한다.

It is necessary to complete the project **perfectly**. 그 프로젝트를 완벽하게 끝낼 필요가 있다.

2 분사를 꾸며주는 부사

분사는 동사에서 왔기 때문에 이러한 분사를 수식할 수 있는 품사도 부사이다.

The whole city was **severely** damaged by the recent earthquake. 최근 지진으로 인해 도시 전체가 심각하게 파괴되었다.
I have been **extremely** tired. 나는 극도로 피로했다.
cf. 자동사 분사의 경우에는 부사가 문장 끝에 오기도 한다. The price has increased **significantly**.

3 동명사를 꾸며주는 부사

동명사가 명사의 성향이 강한 경우 형용사의 수식을 받고, 동사의 성향이 강한 경우 부사의 수식을 받는다.

An **effective** training will help them do their best work. ☆ training이 주어인 동명사로 쓰였다. 〈동명사의 명사 용법〉
Effectively training workers will help them do their best work. ☆ training이 뒤에 목적어를 동반하였다. 〈동명사의 동사 용법〉
효율적으로 직원들을 훈련하는 것은 그들이 최선을 다해 일하도록 도움을 줄 것이다.

4 단어와 단어로 이루어진 구나 〈주어 + 동사〉인 문장은 부사가 수식한다.

(1) 전치사구를 꾸며주는 부사: The bridge is **currently** under construction. 다리는 현재 건설 중입니다.
(2) 주어와 동사를 가진 절 즉, 문장을 꾸며주는 부사

❶ 〈부사 + 접속사 + 주어 + 동사〉: The baby fell asleep **soon** after he drank milk. 아기는 우유를 먹자마자 잠이 들었다.
❷ 문장 전체를 꾸며주는 부사는 주로 전체 문장 앞이나 문장 끝에 위치한다.
   Apparently, a glass of wine is said to be good for your health. 분명히, 하루에 와인 한잔은 건강에 좋다고 한다.
   = It is said that a glass of wine a day is **apparently** good for your health.
❸ 문장을 꾸며주는 부사들

| perhaps, probably, possibly, maybe 아마도 | significantly, importantly 중요하게도 |
| supposedly, reportedly, seemingly 소문으로는 | surprisingly, amazingly, astonishingly 놀랍게도 |
| regrettably, unfortunately, unacceptably, disappointingly 유감스럽게도 |
| apparently, certainly, clearly, definitely, evidently, obviously, unarguably, undoubtedly 분명히, 명백히 |

❹ 문장 수식 부사 중에는 전치사구나 to부정사 형태도 있다. 주로 화자의 심리나 의견이 반영된 의미를 가지고 있다.

| briefly = to be brief, shortly = to be short 간단하게 말하자면 | confidently = to be confident 자신 있게 말하자면 |
| honestly = to be honest, frankly = to be frank, truly = to be truth, plainly = to be plain 솔직하게 말하자면 |

Honestly, I don't know what to do. = **To be honest**, I don't know what to do. 솔직히 말해 내가 뭘 해야 할지 모르겠다.

> **Ustar** 출제포인트 *시험에는 이렇게 나온다!* 전치사구: 〈전치사 + 명사〉
>
> 전치사구는 문장에서 부사의 역할을 한다. 예를 들어 in the room은 장소부사, at 3 o'clock은 시간부사이다.
>
> | at once = immediately 즉시 | in brief = briefly 간단히 말해서 | with care = carefully 주의 깊게 |
> | by accident = accidently 우연히 | by chance = incidentally 우연히 | in private = privately 사적으로 |
> | by intention = intentionally 의도적으로 | on purpose = purposely 고의로 | with fluency = fluently 유창하게 |
> | by luck = luckily, fortunately 운좋게 | on occasion = occasionally 때때로 | with caution = cautiously 조심스럽게 |
> | in advance = beforehand 사전에, 미리 | without doubt = undoubtedly = no doubt = certainly 의심할 바 없이 |

Exercises

제한시간 5분(문제당 25초)

문제풀이 예제

01 The brand is more popular overseas than -------.
    (A) local (B) in local markets (C) localization (D) locals

해설 than 뒤에는 비교 대상이 나와야 한다. brand를 비교한다면 명사가, popular와 비교한다면 형용사가, 장소부사인 overseas를 비교한다면 부사를 쓰면 된다. overseas라는 부사가 비교 대상이 되기 때문에 locally가 답이 되어야 하지만 선택 문항에 부사가 없기 때문에 〈전치사 + 명사〉인 in local markets를 선택한다.

해석 이 브랜드는 국내 시장보다 해외에서 더 유명하다.

02 Since her arrival in London, Ericka has endured the inconvenience of ------- being mistaken for a famous British actress.
    (A) frequent (B) frequently (C) frequency (D) frequented

해설 동명사의 수동태는 동사의 성향을 띠고 있기 때문에 부사의 수식을 받게 된다. 보기 중에 부사인 frequently가 정답이다.

해석 런던에 도착한 이후로 에리카는 자주 영국 유명 배우로 오해를 받는 불편함을 참았다.

어휘 arrival 도착 endure 인내하다, 참다 inconvenience 불편함 be mistaken for ~로 오해를 받다

Step 1 Warm-up Test

01 New employees who haven't had health examination yesterday were informed to do so ------- after lunchtime.   (A) precisely   (B) immediately

02 The presentation that will introduce some of the effective methods of doing customer service will start ------- at 10 A.M.   (A) inwardly   (B) promptly

03 Unfortunately, the engineers could find ------- any defects on the returned vehicle.
    (A) hardly   (B) hard

04 If you are visiting our dental clinic for orthodontic treatment, you must come at ------- ten minutes prior to your appointment.   (A) least   (B) less

05 The value of rupee declined ------- after the tsunami followed by an earthquake hit New Delhi.
    (A) sharply   (B) sharp

06 Mr. Lockwood's car is ------- parked in front of our office building, but I saw his car in the back today.
    (A) usually   (B) relatively

Step 2 실전 TOEIC Test

01 We have to develop a better marketing strategy in order for our new service to reach our target market more -------.
    (A) easy   (B) easily
    (C) easier   (D) eased

02 Before you buy a used car, it is always important to check the engine and other components ------- if there seems to be no defects at all.
    (A) nonetheless   (B) the same as
    (C) regardless   (D) even

03 Although most experts have assumed that Sax International Trade will be going through tough times this year, it has been performing remarkably ------- so far.
    (A) partly   (B) well
    (C) ever   (D) yet

04 ------- Mr. Brown expected the conference would be discussing current market trends, but it focused more on the process of designing our new product.
    (A) At first   (B) In light of
    (C) Although   (D) Despite

05 Please remind Ms. Evans three hours ------- that she needs to go to the airport to greet her client from Korea.
    (A) in advance   (B) initially
    (C) behind   (D) ago

06 After ------- reviewing all of the applicants' profile, the Human Resources decided to schedule interviews with four applicants.
    (A) carefully   (B) To care
    (C) most careful   (D) careful

▶ 문제풀이 예제 정답 01 (B)   02 (B)

▶ 정답 및 해설 p.100~101

LESSON 6 장소와 방향의 부사 & 방법과 강조 부사

1 장소를 나타내는 부사

here 여기	there 저기	upstairs 위층에	downstairs 아래층에
anywhere* 어디에라도	everywhere* 어디든지	somewhere* 어디론가	

I turned off the television and went **upstairs**. 난 텔레비전을 끄고 위층에 올라갔다.

2 위치를 나타내는 부사

near 근처에, 가까이	around 주변에, 근처에	round 둘레에, 사방에	apart 떨어져서

Please put my bag **near** the table. 제 가방을 탁자 가까이 놓아주세요.

3 방향을 나타내는 부사

aside 곁에, 옆에	sideways 옆쪽으로	above 위쪽	below 아래쪽
left 왼쪽	right 오른쪽	backwards 뒤쪽으로	

Some kids hurt themselves walking **backwards**. 어떤 아이들은 뒤로 걷다가 다치곤 한다.

4 정도를 나타내는 부사

(1) '매우, 완전히, 극도로'의 강한 정도 부사

fairly, quite, pretty 꽤	considerably, substantially, significantly 상당히	highly, very, much 매우
completely, fully 완전하게	excessively, exceedingly, extremely, overly 지나치게	

They were **extremely** excited about the upcoming rock concert. 그들은 다가올 락 콘서트에 대해 매우 흥분했다.

(2) '약간, 다소'의 약한 정도 부사

barely, hardly, scarcely, seldom 거의 ~않는	a little 약간	somewhat 약간	slightly 근소하게

She could **barely** slept that night because her neighbor was playing the guitar for the entire night.
그녀는 그날 밤 이웃이 밤새도록 기타를 치는 바람에 거의 잠을 잘 수가 없었다.

5 상태, 방법을 나타내는 방법 부사

(1) -ly가 없는 방법 부사

so 이와 같이	hard 몹시, 심하게	fast 빠르게	how 어떻게	well 잘

I think everything is going **well**. 모든 것이 잘 되고 있다고 생각한다.

(2) -ly와 같은 접미사가 붙은 방법 부사

skillfully 능숙하게	politely 공손하게	easily 쉽게	quickly 빠르게
slowly 느리게	convincingly 설득력 있게	safely 안전하게	

He tried to speak **convincingly**. 그는 설득력 있게 말하려고 노력했다.

6 특정 대상에 관심을 두어 의미를 강조해주는 강조 부사

강조 부사는 강조하고자 하는 단어나 구의 앞뒤에 온다. 특히 명사에도 강조의 의미를 줄 수 있다는 것이 특징이다.

merely, only 단지	simply 단지, 간단하게	just 단지, 정확하게	exactly 정확하게
even 심지어	as well 또, 또한	also 또한, 역시	

This product is not only cheap but **also** long-lasting. 이 제품은 저렴하며 또한 오래간다는 장점도 가지고 있다.

7 긍정과 부정의 의미를 가진 부사

(1) 긍정의 의미인 부사: yes 네, 그래요   certainly 확실히   surely 반드시

The museum on 2nd Street is **certainly** worth the visit. 2번가에 있는 박물관은 확실히 방문할 가치가 있다.

(2) 부정의 의미를 가진 부사

no, not ~아니다	never 결코~아니다	nowhere 아무데도 없다	none, no one, nobody 아무도 ~않다
nothing ~이 아니다	little (양) 거의 없는	few (수) 거의 없는	hardly, scarcely, rarely, seldom 거의 ~않다

I could **hardly** believe it when I heard it from the news. 나는 그것을 뉴스에서 들었을 때 거의 믿지 않았다.

Exercises

제한시간 5분(문제당 25초)

문제풀이 예제

01 Financial analysts are amazed by how ------- Brazil's economy has been growing lately.
   (A) sharpness   (B) sharper   (C) sharply   (D) sharpest

> 해설 〈how + ------- + 주어 + 동사〉 형태로 빈칸 다음에 완전한 문장이 왔다. 따라서 빈칸은 부사 자리이다.
> 해석 재무 분석가는 최근 브라질의 경제가 얼마나 급격하게 성장했는지에 대해 놀랐다.
> 어휘 financial 재무의   analyst 분석가   amaze 놀라게 하다   sharply 급격하게   economy 경제

02 People who make cash withdrawals ------- are interested in how much each bank charges for a service charges.   (A) totally   (B) hugely   (C) greatly   (D) frequently

> 해설 문장의 구조는 〈주어(People) + 관계대명사 수식어구(who make ~ 빈칸) + 동사구(are interested in) + 명사절 목적어(how much ~ charges)〉이다. 이때 빈칸은 앞에 있는 동사 make를 수식하는 부사 자리이다. 만약 '많은 (양의) 돈'이라고 해석할 경우에는 huge나 great가 형용사로 명사인 cash를 수식해야 한다. 하지만 부사는 반드시 동사를 수식해야 하며, make는 '지금 출금한다'는 현재의 일이 아니라 출금할 때마다 항상 적용되는 규칙이라서 현재 시제를 사용한 것이다. 따라서 빈칸에는 현재 시제와 함께 쓰이는 빈도부사 frequently가 들어가야 한다.
> 해석 현금 인출을 자주 하는 사람들은 각 은행들이 얼마나 수수료를 부과하고 있는가에 관심을 가진다.
> 어휘 withdrawal 인출   totally 전체적으로, 합계하여   hugely 크게, 엄청나게   frequently 자주

Step 1 Warm-up Test

01 An ------- large quantity of black beans is imported worldwide after Dr. Ricci said that black beans help fight against cancer.   (A) increasing   (B) increasingly

02 After a long battle with against deficit, Monkey Candy ------- started to make some profit last month.
   (A) soon   (B) finally)

03 After the flood ran over the warehouses, they were ------- destroyed along with the goods inside and were impossible to be fixed.   (A) completely   (B) whenever

04 Surprisingly, there has been ------- high levels of participation from the elderly in the volunteer orphanage programs.   (A) remarkably   (B) remarked

05 Over the past three months, Dr. Hogan and his team have been focusing ------- on finding an alternate source of fuel.   (A) numerically   (B) primarily

06 The technology for the air conditioning system has ------- been implemented, and the preparations for testing is complete.   (A) since   (B) after

Step 2 실전 TOEIC Test

01 Ms. Theron prepared her presentation ------- quickly that she was able to finish it in two hours.
   (A) well   (B) very
   (C) too   (D) so

02 About 90% of the customers preorder jewelry made by Jina Nam every month because they simply like them ------- for their extraordinary styles.
   (A) so many   (B) so much
   (C) as far   (D) as though

03 The new lotion developed from Skin Therapy would be ------- effective on sensitive skin.
   (A) so much   (B) especially
   (C) some   (D) particular

04 Mr. Choi said that he had visited Switzerland ------- and was able to successfully negotiate a contract with two prominent watch makers.
   (A) ever   (B) ago
   (C) once   (D) then

05 ------- those with an Canadian citizenship are eligible to apply for a part-time job at our theaters.
   (A) Almost   (B) Only
   (C) Entirely   (D) Neither

06 Kenneth Coleman's new shoe polisher can be applied ------- on leather.
   (A) doubly   (B) only
   (C) exactly   (D) nearly

▶ 문제풀이 예제 정답 01 (C)   02 (D)

▶ 정답 및 해설 p.101~102

LESSON 7 접속부사 & 비교급 수식 부사

Point

문장 전체를 꾸며주는 부사 중에는 '따라서, 드디어, 마침내, ~임에도 불구하고'와 같이 문장과 문장을 논리적으로 연결해주는 부사들도 있다. 이들을 '접속부사'라 한다. 접속부사는 문장과 문장을 연결하는 접속사의 역할을 하는 동시에, 부사로서 문장을 꾸며주는 역할도 한다. 접속부사는 품사가 접속사가 아니라 부사라는 것이 중요한 포인트이다.

1 접속부사

by the way, incidentally 그런데, 그건 그렇고(주제전환)	nonetheless, nevertheless, however ~임에도 불구하고(기대치의 반대)
actually, really, in reality, in fact 사실(추가, 실례 설명)	on behalf of, instead of 그 대신(선택 구문)
subsequently, afterward, afterwards 그 후에	finally, eventually 드디어, 마침내
as a result, thus, consequently, therefore, accordingly 따라서, 결과적으로(원인 + 결과)	otherwise 그렇지 않으면
moreover, too, furthermore, as well, above all, also, in addition, besides 게다가(추가 설명)	then 그때에(발생 순서)

2 접속부사의 위치

접속부사는 주어와 동사가 있는 문장과 문장을 연결하는 역할을 하기 때문에 문장과 문장 사이에 온다.

- 주어 + 동사 ~. [접속부사], 주어 + 동사 ~
- 주어 + 동사 + 접속사 + [접속부사], 주어 + 동사 ~
- 주어 + 동사 + ;[접속부사], 주어 + 동사 ~

Our company spends a great deal of time and effort in improving service system. **Consequently,** we are committed to high quality services and customer satisfaction.
저희 회사는 서비스 시스템을 개선하는 데 많은 시간과 노력을 들입니다. 그 결과, 고품질의 서비스와 고객만족을 제공합니다.

It would be very appreciated if you could consider our circumstances and adjust the conditions of the new contract **accordingly**. 이 같은 저희 사정을 고려해서, 계약 조건을 적절히 조절해주시면 감사하겠습니다.

☆ accordingly는 '(앞 문장에) 따라서'의 의미로 보통 두 번째 문장의 끝에 위치한다.

3 비교급 부사

원급 비교	She can run **as quickly as** I. 그녀는 나만큼 빨리 달릴 수 있다.
비교급 비교	She can run **more quickly than** I. 그녀는 나보다 더 빨리 달릴 수 있다.
최상급 비교	She can run **most quickly** in the class. 그녀는 우리 반에서 가장 빨리 달릴 수 있다.

4 비교의 정도를 더 강조하는 부사

형용사	so, very, too 매우	원급 비교	almost, about, just, nearly 거의, 딱
우월 비교	even, much, still, far, a lot, a good deal, a great deal, a little, a bit 훨씬		
최상급	even, much, by far, far, quite, a good deal, a great deal, the very, the single 가장 최고로		

He speaks **almost as** fluently **as** an English native speaker. 〈원급〉 그는 거의 영어가 모국어인 사람만큼 유창하게 말한다.
He speaks **much more** fluently **than** any English native speaker. 〈비교급〉 그는 영어가 모국어인 사람보다 훨씬 더 유창하게 말한다.
He speaks **by far the** most **fluent** English in the class. 〈최상급〉 그는 우리 반에서 가장 최고로 유창하게 영어를 말한다.

5 〈as 형용사 as〉/〈more 형용사 than〉 vs 〈as 부사 as〉/〈more 부사 than〉

as ~ as 또는 more ~ than 사이에 형용사와 부사 중 어느 것이 올지는 앞의 동사에 달려 있다. be동사나 2형식 동사 뒤에는 형용사가 오고, 일반동사 뒤에는 부사가 온다.

- be동사/2형식 동사 + [as 형용사 as/more 형용사 than]
- 일반동사 + [as 부사 as/more 부사 than]

There is an increasing need for people to **use** electricity **as** (**efficiently**, efficient) **as** possible.
사람들이 전기를 가능한 한 효율적으로 사용해야 할 필요성이 커지고 있다. ☆ 타동사 use를 꾸밀 수 있는 것은 부사인 efficiently이다.

Ustar 출제포인트 시험에는 이렇게 나온다! too much vs much too

too much + 불가산명사	too much money 너무 많은 돈	too much noise 너무 시끄러운 소음
much too + 형용사/부사	much too heavy 지나치게 무거운	much too complicated 너무 복잡한

much는 부사와 형용사 둘 다 쓰일 수 있는 반면, too는 부사의 기능 밖에 없다. 따라서 too much는 〈부사 + 형용사〉로 뒤에 명사가 오지만 (단, 이때 much는 '양'의 형용사라서 뒤에 불가산명사가 온다). much too는 〈부사 + 부사〉로 too 뒤에 형용사나 부사가 연결된다.

Exercises

제한시간 5분(문제당 25초)

문제풀이 예제

This new machine is considered as ------- as the old one.
(A) efficient
(B) efficiently
(C) efficiency
(D) efficiencies

해설 as ~ as 사이에 형용사가 올지 부사가 올지는 앞의 동사에 달려 있다고 했다. 이 문제를 풀기 위해서는 consider에 대한 이해가 필요하다. consider는 〈consider + 목적어(as/to be) + 명사/형용사〉의 형태로 쓰이며 위 문장은 〈목적어 + be considered + 명사/형용사〉로 consider가 수동태가 된 형태이다. 앞의 동사가 be동사이고, 목적어(this machine)와 명사 보어(efficiency)는 동격이 아니다. 따라서 빈칸에는 목적어의 상태를 나타내는 형용사 보어가 와야 한다.

해석 이 새로운 기계는 예전의 것만큼 효율적이라고 여겨진다.

Step 1 Warm-up Test

01 Due to a simple misinterpretation in numbers, Star Supplies made ------- many products that they had to put nearly half of them in the storage.   (A) too   (B) much

02 Every morning, the owner of Moose Mart, Mr. Kumar, places the goods ------- on the display.
(A) accordingly   (B) considerably

03 This year's corporate-league football finals were ------- more exciting to watch than last year's.
(A) far   (B) very

04 Because of a sudden storm, the flight to Bermuda arrived a few hours later than ------- expected.
(A) completely   (B) previously

05 The advertising department of Italiano Furniture is trying to figure out ways to receive customer feedbacks more ------- from the website.   (A) extremely   (B) efficiently

06 In order to make the factories operate more -------, Ms. Kafelnikov of the mechanical department proposed a request on installing three more machines on each factory.
(A) productive   (B) productively

Step 2 실전 TOEIC Test

01 The canal that connects the two rivers is ------- remarkable when you realize that it was completed only in the matter of 5 years.
(A) most of
(B) too much
(C) all the more
(D) many more

02 We should be focusing on moving towards ------- efficient, cleaner, and ultimately more sustainable forms of energy.
(A) better
(B) more
(C) well
(D) greater

03 Before you make a miniature building, first draw a rough sketch and ------- take precise measurements.
(A) since
(B) then
(C) here
(D) much

04 Since the recent success of its new camera design, Nixon Camera's popularity has increased more than -------.
(A) once
(B) never
(C) not
(D) ever

05 After acquiring Blue Oil, Grand Gas is ------- larger than PB Oil Company, which is one of the most prominent oil industries domestically.
(A) more
(B) too
(C) so
(D) even

06 The researchers found out that the new electric cigarette was indeed as ------- detrimental as normal cigarettes to men's health.
(A) equal
(B) equally
(C) equaled
(D) equality

▶ 정답 및 해설 p.102~103

▶ 문제풀이 예제 정답 (A)

Additional Training
유사 의미 부사

[lastly vs finally]

01 After the review with other staff members, Mr. Hopkins was ------- able to finish the budget report.
(A) lastly
(B) at first
(C) finally
(D) meanwhile

[recently vs lately]

02 Our beverage research team ------- added vanilla flavoring to our drink to make them easier for women to take.
(A) lately
(B) hardly
(C) recently
(D) shortly

[also vs too]

03 Although Mr. Anderson has already signed the employment contract, he ------- needs to talk about the benefit package.
(A) besides
(B) also
(C) either
(D) too

[already vs before]

04 ABC Restaurant has just added a few new features to its ------- popular lunch menu.
(A) fascinated
(B) already
(C) before
(D) intended

[only vs just]

05 Most stores will not give cash refunds but will accept returns of any unworn items for store credit -------.
(A) just
(B) only
(C) partially
(D) as well

[steadily vs consistently]

06 Morgan Stanley has decided to switch its suppliers as Pemex has been ------- late in filling its orders.
(A) steadily
(B) sensibly
(C) exactly
(D) consistently

[rightly vs accurately]

07 Mr. Patrick is in charge of ensuring that all related expenditures are recorded ------- in the accounts.
(A) essentially
(B) suddenly
(C) rightly
(D) accurately

[prominently vs markedly]

08 South Asia's current economic crisis is ------- different from previous downturns.
(A) prominently
(B) observantly
(C) markedly
(D) importantly

01 해설 (C) lastly는 주로 문두에서 여러 가지를 언급하다가 '(순서상) 마지막으로'라는 의미를 갖기 때문에 문맥상 부적절하다. finally는 '결국, 마침내(after a long time)'라는 뜻이며 문장 내의 위치도 자유롭다. 따라서 정답은 (C) finally이다.

해석 다른 직원들과 검토해본 끝에 Hopkins 씨는 마침내 예산 보고서를 끝낼 수 있었다.

어휘 review 검토 lastly (순서) 마지막으로 at first 처음에 meanwhile (접속부사) 그동안

02 해설 (C) recently와 lately는 의미는 같지만 그 위치에 있어서는 다르다. recently는 문장 내에서 위치가 자유롭지만 lately는 주로 부정문이나 의문문에 등장하며, 대개 문두나 문장 끝에서 쓰인다. 정답은 (C) recently이다.

해석 우리 음료 연구팀은 여자들이 마시기 쉽게 하기 위해서 최근에 음료에 바닐라 맛을 추가했다.

어휘 beverage 음료 add 추가[첨가]하다 hardly 거의 ~ 하지 않다 shortly 곧, 짧게, 간략하게

03 해설 (B) 주어와 동사 사이에 들어갈 수 있는 부사가 필요하다. 의미상 서명을 했더라도 또한 '~에 대해서 얘기할 필요가 있다'는 뜻이므로 (B) also가 정답이다. 유사한 의미인 too/as well/altogether 등은 주로 문장 끝에 쓰이고, besides도 문장 맨 앞이나 끝에 등장한다. 위치가 자유롭고 문맥이 연결되는 것은 also이다. either는 A or B라는 두 개의 연결 단위가 있어야 하는데 뒤에 하나의 내용만 나오므로 답이 될 수 없다.

해석 Mr. Anderson은 고용 계약서에 이미 서명을 했으나 복지 혜택에 대해서도 얘기를 해야 한다.

어휘 sign (서류, 계약서 등에) 서명하다 employment contract 고용 계약 benefit package 복지 혜택

04 해설 (B) before는 주로 수식하는 단어의 뒤에 위치한다. (A) fascinated는 감정동사의 분사형용사이기 때문에 사람만을 받으며 명사 앞에서 수식하지 못하고 서술적인 용법으로만 쓰인다. 따라서 '이미 인기 있는'이라는 의미의 (B) already가 위치가 자유롭기에 오류 없는 정답이 된다.

해석 ABC레스토랑은 이미 인기 있는 점심 메뉴에 새로운 메뉴를 몇 가지 추가하였다.

어휘 feature 특징적인 것 fascinated 매력을 느끼는 intended 의도한

05 해설 (B) 그 '상점 포인트만'이라는 의미로 쓸 수 있는 기능은 (B) only만이 가지고 있다. just는 주로 완료 시제와 과거 시제에서 쓰이며 '이제, 막'이라는 의미로 사용된다.

해석 대부분의 상점들은 손상되지 않은 물건에 대해 현금 환불은 해주지 않지만 그 상점에서 쓸 수 있는 포인트로 바꾸어준다.

어휘 cash refund 현금 환불 accept 받다 unworn 손상되지 않은

06 해설 (D) steadily는 상태의 지속 또는 지속적인 개발, 상승에 쓰인다. consistently는 어떤 태도나 행동 방향이 일관적인 것을 의미한다. 납품이 계속 늦어지는 것은 행동이 일관된 것이기 때문에 답은 (D) consistently가 된다. 이 두 단어는 형용사 형태도 함께 출제되는데 steady의 경우는 경제나 판매량 등이 변화 없이 일정하게 유지될 때 사용되며, consistent의 경우는 품질이나 서비스가 일관되게 유지될 때 주로 사용된다.

해석 Pemex가 주문을 처리하는 데 계속 늦어지고 있기 때문에 Morgan Stanley는 공급업체를 바꾸기로 결정했다.

어휘 switch 바꾸다, 변경하다 supplier 공급업체[자] fill an order 주문을 처리하다, 납품하다

07 해설 (D) rightly는 사실과 다른 점이 없어서 정확한 것을 의미한다. accurately는 정보나 계산 기록, 수치 등이 오류 없이 정확한 것을 의미한다. 여기서는 비용(금액)이 정확하게 기록되는 것이므로 (D) accurately가 정답이다.

해석 Mr. Patrick씨는 모든 관련 비용을 장부에 정확하게 기록하는 일을 담당하고 있다.

어휘 be in charge of ~ 을 담당하다, 책임지다 ensure that ~ 을 확실하게 하다 related 관련된 expenditure 비용 suddenly 갑자기

08 해설 (C) prominently는 '눈에 띄게, 두드러지게'라는 의미를 가지며 주로 placed, displayed, positioned 등의 동사들과 함께 등장한다. 이에 반해 markedly는 어떤 변화(change)나 차이(difference), 동작 등이 눈에 띌 정도로 분명하다는 의미이다. 문맥상 상황의 변화가 눈에 띄게 다르다는 의미의 (C) markedly가 적절하다.

해석 현재 동남아의 경제 위기는 예전의 경제 침체와는 상당히 다르다.

어휘 crisis 위기 previous 이전의 downturn 침체

[wholly vs all]

09 North Star is a(n) ------- owned subsidiary of Western Cereals, specializing in the transport and storage of grain products across the western provinces.
(A) wholly
(B) complete
(C) all
(D) totally

[mostly vs almost]

10 Our competition consists of ------- small mom and pop operations, but we can't be complacent as these kinds of businesses tend to have very loyal clienteles.
(A) nearly
(B) justly
(C) mostly
(D) almost

[only vs merely]

11 Ms. Samantha insisted that ------- the landowner authorize any changes to the property and facilities.
(A) only
(B) easily
(C) simply
(D) merely

[far vs away]

12 The international airport is located about sixteen miles ------- from the shopping district.
(A) far
(B) beside
(C) away
(D) remote

[high vs highly]

13 KM Architectural Engineering's design for the national museum was ------- regarded by all members of the town's planning committee.
(A) high
(B) highly
(C) highest
(D) higher

[late vs lately]

14 Shops all over the city are open quite ------- these days.
(A) lately
(B) late
(C) later
(D) lateness

[fully vs enough]

15 Most hospitality companies do not ------- appreciate how important the Internet is in the fierce international market.
(A) enough
(B) fully
(C) marginally
(D) evidently

[much more vs more than]

16 After the merger, the company has ------- doubled in size, currently employing over 1800 people.
(A) ever
(B) much more
(C) more than
(D) even more

09 해설 (A) 문맥상 부정관사 뒤에서 형용사 owned를 꾸며주는 부사가 와야 하며, 의미상 Western Cereals사가 전체 지분을 소유하고 있는 자회사라는 의미의 wholly-owned subsidiary가 되어야 적절하므로 (A) wholly가 답이 된다. all이나 every는 '합'의 개념으로 '뒤의 명사들을 모두 더 한다'는 의미이고, whole은 뒤의 명사의 전체를 의미한다. 즉, all the pages = every page = the whole book이 된다. 뒤에 명사가 단일 개체의 개념이기 때문에 '더한 합'을 의미하는 것이 아니라 '하나의 명사 전체'를 의미하는 것이 맞다. 즉, 하나의 회사를 통으로(전체, 100%) 소유하고 있다는 뜻이다.

해석 North Star는 Western Cereals가 완전 소유한 자회사로, 서부 지역 전역의 곡물 제품의 운송과 저장을 전문으로 한다.

어휘 wholly-owned subsidiary (전체 지분을 모회사에서 소유하고 있는) 자회사   province 지방, 지역

10 해설 (C) mostly는 부사로 '대다수를 의미하는 명사(구)'를 수식한다. almost는 부사로 almost는 뒤에 명사가 바로 올 수는 없고, all (of) the people과 같이 수사나 수량형용사를 이끈다. 빈칸에는 의미상 '대부분, 주로'의 의미를 가진 (C) mostly가 와야 한다. nearly와 almost는 쓰임이 동일한데 수사 앞이나 수량형용사 앞에 오거나 동작의 완료를 수식할 때 쓰인다.

해석 우리의 경쟁 상대는 주로 작고 영세한 사업체로 구성되어 있지만, 이런 종류의 사업들은 매우 충성스러운 단골을 갖는 경향이 있기 때문에 마음을 놓고 있을 수는 없다.

어휘 competition 경쟁자, 경쟁 상대   mom and pop 부부경영의, 영세한   operation 사업체   complacent 마음을 푹 놓고 있는, 만족해하는   clientele 단골손님

11 해설 (A) only의 출제포인트: (1) staff only: 명사 뒤에 '~전용'으로 쓰임 (2) the only + 명사: the를 동반하여 유일함을 강조 (3) '단지, 오직, 불과' 등의 의미로 폭넓게 사용됨.
merely의 출제포인트: only와 의미는 유사하지만 '단지 ~일 뿐'이라고 하여 '별 것 아니다, 그 이상도 이하도 아니다'라는 의미를 함축하고 있다. 그래서 merely를 선택하면 '별 것 아닌 소유자들'이라는 어색한 의미가 된다. 문맥상 '단지 소유자들만이'라는 의미의 only가 적절하다.

해석 Ms. Samantha는 대지의 소유주들만이 건물이나 시설에 대한 변경을 승인할 수 있다고 주장하였다.

어휘 insist that ~을 주장하다   landowner 땅 주인   authorize 승인하다   property 자산, 부동산   merely (작거나 중요하지 않음을 강조) 단지, 그냥

12 해설 (C) 〈거리 + away from〉은 '~로부터 (거리가) 떨어져 있는'이라는 의미로 away에는 분리의 의미가 있다. far는 단순히 '(거리가) 먼, 멀리'의 의미이다 이 문장에 16마일은 거리의 개념이므로 far를 쓰게 되면 중복이 된다. 〈far from + 장소명사〉는 '~에서 멀리'라는 의미로 구체적인 거리와는 같이 쓰지 않는다. 따라서 정답은 (C) away이다.

해석 그 국제공항은 쇼핑 지구에서 16마일 정도 떨어진 곳에 있다.

어휘 be located 위치하다   district 지구, 구획   remote from ~와는 거리가 먼[매우 다른]

13 해설 (B) 빈칸에 적절한 품사를 고르는 문제이다. 빈칸은 be 동사와 p.p. 사이, 동사구 사이에 위치한다. 동사구 사이에서 동사를 수식해 줄 수 있는 품사는 부사이다. high와 highly는 둘 다 부사의 품사이지만 high는 구체적인 높이나 가치, 가격(비용), 수가 높음을 의미하며, highly는 very와 유사하게 쓰이거나 p.p.형태를 수식하여 수준이나 레벨 등이 높음을 의미한다. 문제에서는 be highly regarded로 p.p.형태를 수식하며 '매우 좋다고 생각되거나 평가된다'는 의미로 관용적으로 쓰였다.

해석 KM Architectural Engineering의 국립박물관 디자인은 시 기획위원회의 모든 위원들에 의해 좋은 평가를 받았다.

14 해설 (B) 빈칸에는 부사 quite의 수식을 받을 수 있는 부사 또는 형용사가 나와야 하는데, 문맥상 늦게까지 문을 연다는 의미로 부사 (B) late가 적절하다. late는 형용사와 부사 둘 다 쓰이며 lately(최근에는) 형용사 late에 -ly가 붙은 형태의 부사로서 문맥상 적절하지 않다.

해석 시내 전역에 있는 가게들은 최근에 상당히 늦게까지 연다.

어휘 all over + 장소명사 ~전역에, 모든 곳에   these days 요즘에, 최근에   late 늦게   later 나중에

15 해설 (B) enough는 명사 앞, to 부정사 앞, 동사/부사/형용사 뒤에 위치한다. 따라서 appreciate 앞에서 수식하는 것은 불가능하다. well 또한 수식하는 동사 뒤에 온다. 반면에 fully나 completely의 경우는 수식하는 단어 앞에 온다. 따라서 정답은 (B) fully가 된다.

해석 대부분의 접객 서비스 회사들은 인터넷이 치열한 국제 시장에서 얼마나 중요한가를 충분히 인식하지 못하고 있다.

어휘 hospitality 접객(업), 환대   appreciate (중요성 등을) 이해[인식]하다, 평가하다, 감사하다   fierce 치열한

16 해설 (C) 동사 double을 수식할 수 있는 부사 표현으로 '두 배 넘게' 성장했다는 의미의 (C) more than이 가장 적절하다. ever는 경험을 의미하는 부사이고 much more에서 much는 a lot, far등과 함께 비교급 more를 수식하는 강조부사로 쓰였다. even more에서 even 역시 비교급을 강조하는 표현이다.

해석 합병 이후에 그 회사는 규모면에서 두 배가 넘어, 현재 1,800명이 넘는 사람들을 고용하고 있다.

어휘 merger 합병   double 두 배가 되다   currently 현재에

[most of vs all the more]

17. Christine's achievements are ------- remarkable when compared to those of her competitors.
    (A) most of
    (B) too much
    (C) all the more
    (D) many more

[in advance vs ahead of]

18. It's the fourth day of protests ------- next month's conference of the World Bank and International Monetary Fund.
    (A) ahead of
    (B) in advance
    (D) earlier
    (C) prior

[too much vs much too]

19. There is ------- information.
    (A) too much
    (B) much too
    (D) many too
    (C) too many

[readily / heavily / fairly / increasingly]

20. AGK outlets will sponsor events by offering ------- discounted ad rates or free advertising space in exchange for logo placement on event merchandise.
    (A) busily
    (B) heavily
    (C) solely
    (D) safely

[relatively: 형용사 수식]

21. According to the recent economic magazine, for a ------- small outlay you can start manufacturing T-shirts or jeans.
    (A) nearly
    (B) hardly
    (C) scarcely
    (D) relatively

[hard vs hardly]

22. Although Mr. Gee works -------, his application for a pay raise was not granted.
    (A) hard
    (B) hardly
    (C) hardness
    (D) hardiness

17 해설 (C) be동사 뒤에 형용사를 수식할 수 있는 부사로 다른 상황이나 다른 것들에 비해 '더 ~하다'는 의미로 〈all the + 비교급〉 형태로 쓰이는 (C) all the more가 가장 적절하다. most of는 뒤에 〈the + 가산복수명사〉나 불가산단수명사를 받아 '대부분의'라는 의미로 쓰인다. too much는 양을 수식하는 부사이고 many more는 가산복수명사를 받아 '훨씬 더 많은'이란 의미를 갖는다.

해석 Christine의 성과는 그녀의 경쟁자들의 성과와 비교했을 때 훨씬 더 뛰어나다.

어휘 achievement 성과물　remarkable 뛰어난, 훌륭한　compare to ~와 비교하다

18 해설 (A) It is the fourth day는 이미 완전한 문장의 형태를 갖추고 있고 그 뒤에는 모두 〈전치사 + 명사〉의 수식어구들이다. 빈칸에는 conference라는 명사를 목적어로 받을 전치사가 와야 한다. earlier와 prior는 형용사이므로 next 앞에 올 수 없고, in advance 또한 뒤에 명사를 목적어로 취할 수 없다. (A) ahead of는 끝이 전치사이기 때문에 뒤에 명사를 목적어로 취할 수 있다.

해석 다음 달에 예정된 세계은행과 국제 통화 기금 회의에 앞서 나흘째 시위가 벌어지고 있습니다.

어휘 protest 시위

19 해설 (A) too much나 much too는 의미상으로는 같다. 하지만 뒤에 연결되는 품사가 달라진다. too much는 〈부사 + 형용사〉의 형태로 뒤에 명사가 오지만, much too는 〈부사 + 부사〉의 형태로 뒤에 형용사나 부사가 연결된다. 따라서 정답은 (A) too much이다.

해석 정보가 너무 많다.

어휘 information 정보

20 해설 (B) readily/heavily/fairly/increasingly는 '매우, 상당히'라는 의미의 정도 강조부사이다. 따라서 discounted ad rates(할인된 광고료)를 수식하는 부사로는 문맥상 (B) heavily(몹시, 많이)가 적절하다. busily(바쁘게, 부지런히), solely(단지, 오로지), safely(안전하게, 틀림없이)는 모두 의미상 적절치 않다.

해석 AGK 아울렛은 행사 제품에 로고를 넣는 조건으로 광고비를 상당히 많이 할인해주거나 무료광고공간을 제공함으로써 행사를 후원할 것이다.

어휘 sponsor 후원하다　in exchange for (교환의 개념) ~을 하는 조건으로　placement 삽입

21 해설 (D) nearly는 주로 수사를 수식하거나 동작 동사의 완료를 수식하는 기능을 한다. hardly와 scarcely는 부정부사어로 '거의 ~않다'라는 의미를 가진다. relatively는 '상대적으로, 비교적'이라는 의미로 형용사를 수식하는 부사이다. 따라서 정답은 (D) relatively이다.

해석 최근 경제 잡지에 의하면, 비교적 적은 비용으로 티셔츠나 청바지 생산을 시작할 수 있다.

어휘 outlay 지출, 소비

22 해설 (A) hard는 형용사로는 '고된, 근면한, 딱딱한'이란 뜻이고, 부사로는 '열심히'라는 뜻으로 쓰인다. much와 마찬가지로 형용사, 부사 둘 다 쓰이며, 형태가 동일하다. hardly는 hardly ever(= never)와 같이 '거의 ~않다'라는 부사로만 쓰이며 hard와 의미가 전혀 다르다. 문맥상 동사 work을 수식하는 부사는 '열심히' 일한다는 의미의 (A) hard가 가장 적절하다.

해석 비록 Mr. Gee가 열심히 일을 하고 있지만 그의 급여인상 신청은 승인되지 않았다.

어휘 application 신청(서)　pay raise 임금인상　grant 승인하다, 인정하다

비교급/최상급 문제는 보기가 모두 형용사나 부사의 원급, 비교급, 최상급으로 이루어져 있다. 다른 품사에 비해 출제 빈도가 상대적으로 적기 때문에 문장의 구조 분석과 빈출 유형만 공부해도 충분히 맞출 수 있다.

★ 비교급의 주요 출제 포인트

1. 원급 비교 〈as + 형용사/부사 + as + 비교대상〉
2. 우열 비교 〈more + 형용사/부사 + than + 비교대상〉
3. 형용사/부사의 자리 선택
4. than 이하의 생략
5. 〈the + 비교급, the + 비교급〉
6. 비교급 수식 부사
7. 〈of/between the two + 복수명사, the + 비교급〉: 둘 중에 더 나은 = 가장 ~한
8. 〈not + 비교급〉 = 최상급
9. 수량형용사의 비교급과 최상급
10. 비교급의 관용표현

★ 이렇게 풀어라! 문제풀이 전략

1. **원급 비교 〈as + 형용사/부사 + as + 비교대상〉**

   Michelle is **as smart as** Tom.   Michelle은 Tom만큼 똑똑하다.   ☆ be동사 뒤에 형용사가 왔다.
   I have **as many books as** you have.   나는 네가 가지고 있는 만큼의 책을 가지고 있다.
   ☆ have 동사 뒤, 목적어인 books 앞에 형용사가 위치했다.

2. **우열 비교 〈more + 형용사/부사 + than + 비교대상〉**

   Buying new computers would be ------- than repairing them.
   (A) cheaper   (B) cheapest

   해설 빈칸은 be동사의 보어로 형용사가 올 자리이다. 빈칸 뒤의 than과 어울리는 형용사는 비교급 cheaper이다.
   해석 새 컴퓨터를 사는 것이 수리하는 것보다 쌀 것이다.

3. **형용사/부사의 자리 선택**

   Customers complain that delays are becoming more -------.
   (A) frequent   (B) frequently

   해설 빈칸은 2형식 동사 become의 현재진행형인 are becoming의 보어 자리로, 보어가 될 수 있는 형용사가 와야 한다.
   해석 고객들은 연착이 점점 빈번해지기 시작했다고 불평한다.

4. **than 이하의 생략**

   than now, than others, than before 등 누구나 알고 있거나 앞에서 언급된 비교 대상의 경우, than 이하를 언급하지 않는다.
   We try to make it better (~~than others~~).   우리는 이것을 다른 것보다 더 낫게 만들려고 노력한다.

5. **〈the + 비교급, the + 비교급〉**

   The more we listen to his songs, **the more impressed** we are.   우리는 그의 노래를 들으면 들을수록 더욱 더 감동을 받는다.

6. **비교급 수식 부사**

   The new system was designed to help scientists to conduct an experiment much more -------.
   (A) efficient   (B) efficiently

   해설 문장의 구성 요소(주어, 동사, 목적어)가 모두 있는 완전한 문장이다. 따라서 빈칸에는 문장을 수식하는 부사가 와야 한다. much는 비교급 부사인 more efficiently를 강조하는 부사이다.
   해석 새로운 시스템은 과학자들이 실험을 보다 효율적으로 할 수 있게 도와주도록 설계되었다.

Chapter 10
비교급과 최상급

7. ⟨of/between the two + 복수명사, the + 비교급⟩: 둘 중에 더 나은 = 가장 ~한
   Of the two actors, Jonathan Timberland is **the more talented**.
   두 명의 연기자들 중에 Jonathan Timberland가 더 재능이 있다.

8. ⟨not + 비교급⟩ = 최상급
   It could**n't** be **better**. 더 이상 좋을 수 없다. = It is **the best**. 최고로 좋다.

9. 수량형용사의 비교급과 최상급
   (**less**, fewer) competition ☆ competition(경쟁)은 불가산명사이므로 앞에 양의 형용사인 little, less 등이 와야 한다.

10. 비교급의 관용표현
    The sound system of RC-3500 **is stronger than any other** stereos on the market.
    RC-3500의 음향 시스템은 시중에 나와 있는 그 어떤 스테레오보다도 더 강하다.
    ☆ 비교급 + than any other + 복수명사: 다른 어떤 ~보다 더 …하다

★ 최상급의 주요 출제 포인트

1. ⟨the + 최상급 + in/on + 분야⟩
2. ⟨the + 최상급 + of/among + 전체 비교 대상⟩
3. ⟨the + 최상급 + available/possible⟩
4. ⟨the + 최상급 + ever⟩
5. 부사 최상급의 the 생략
6. ⟨the + 서수 + 최상급⟩
7. 최상급의 관용표현

★ 이렇게 풀어라! 문제풀이 전략

1+2. ⟨the + 최상급 + in/on + 분야⟩ ⟨the + 최상급 + of/among + 전체 비교 대상⟩
   He is **the best in** sales. 그는 판매 분야에서 최고다.
   He is **the best of** all the sales representatives. 그는 모든 영업사원 중에서 최고다.

3. ⟨the + 최상급 + available/possible⟩
   The clerks are providing our clients with **the highest** level of service **possible**.
   직원들은 우리 고객들에게 가능한 한 최고 수준의 서비스를 제공하고 있다
   ☆ ⟨the + 최상급 + 명사 + of + 명사⟩ 형태로 '가장 ~하다'의 의미가 될 수 있는 최상급 highest가 왔다.

4. ⟨the + 최상급 + ever⟩
   It is **the worst** movie **ever**. 이 영화는 최악의 영화이다.

5. 부사 최상급의 the 생략
   He runs **fastest** of all the students. 그는 모든 학생들 중에 가장 빠르다.

6. ⟨the + 서수 + 최상급⟩
   It is **the second best** selling comic book. 이것은 두 번째로 잘 팔리는 만화책이다.

7. 최상급의 관용표현
   the single largest cost 단일 최대 비용
   the single largest building 하나의 가장 큰 빌딩

LESSON 1 비교 구문의 이해

Point

as와 as 사이에 빈칸이 있고 보기에 형용사와 부사를 제시하는 문제는 문장의 구조 분석을 통해 품사를 선택해야 한다. as를 지우고 봤을 때 앞의 문장이 완전한 형태라면 부사가 정답이고, 보어가 필요한 불완전한 문장이라면 형용사가 답이다.

 This machine is as ------- as the old one.   (A) efficient   (B) efficiently
▶ 빈칸 앞이 be동사이다. be/2형식/5형식 동사 뒤에는 형용사가 나온다.
● 그 기계는 예전 것만큼이나 효율적이다.
정답 (A)

This machine works as ------- as the old one.   (A) efficient   (B) efficiently
▶ work가 자동사이므로 빈칸 앞은 〈주어 + 자동사〉의 완전한 문장이다. 완전한 문장 뒤에는 부사가 나온다.
● 그 기계는 예전 것만큼이나 효율적으로 돌아간다.
정답 (B)

1 비교 구문은 둘 이상의 대상을 수량, 성질 면에서 비교하는 구문이다.

(1) 비교 구문은 반드시 '동일한 범주'의 대상을 비교해야 한다.
  This apple is delicious. 이 사과는 맛있다. + That apple is big. 저 사과는 크다.
  ☆ 위 문장의 두 사과를 비교할 수는 없다. 하나는 맛이고, 다른 하나는 크기로, 서로 다른 성질의 형용사이기 때문이다.
  This apple is expensive. 이 사과는 비싸다. + That apple is expensive. 저 사과는 비싸다.
  두 문장 모두 '가격'에 대해서 말하고 있으므로, 아래와 같은 비교가 가능하다.
  This apple is **as** expensive **as** that apple (is expensive). 〈원급 비교: ~만큼〉 이 사과는 저 사과만큼 비싸다.
  This apple is **more** expensive **than** that apple (is expensive). 〈비교급 비교: ~보다 더〉 이 사과는 저 사과보다 비싸다.

(2) 한 문장 안에 반복되는 동일 어구는 생략한다.
  This apple is as expensive as that apple ~~is expensive~~.
  ☆ 앞의 as는 형용사 expensive를 꾸며주는 부사이고 뒤의 as는 절을 가질 수 있는 접속사이다.
  This apple is more expensive than that apple ~~is expensive~~.
  ☆ more는 형용사 expensive를 꾸며주는 부사이다. 원래 접속사 than 이하는 that apple is expensive였다.

2 원급 비교의 기본 형태 〈as + 형용사/부사 + as〉

(1) 불완전한 문장 + 〈as + 형용사 + as〉 + 비교 대상: be/2형식/5형식 동사 뒤에는 형용사가 나온다.

be동사		become동사
be, remain, stay		become, get, grow
감각동사	상태동사	5형식동사
smell, feel, look	appear, seem	make, find

  This car is **as** fast **as** that one. 이 자동차는 저 자동차만큼 빠르다.

(2) 완전한 문장 + 〈as + 부사 + as〉 + 비교 대상: Michael can run **as** quickly **as** Karl. Michael은 Karl만큼 빠르게 뛸 수 있다.

3 원급 비교의 부정 형태 〈not as/so + 형용사/부사 + as + 명사(비교 대상)〉

as ~ as 앞에 부정어 not을 쓰면 되는데, 앞의 as 대신 so가 올 수 있다. 부정어도 not 외에도 never, hardly 등을 쓸 수 있다.
My mom is **not as** old **as** my dad. = My mom is **not so** old **as** my dad. 〈원급의 부정〉 엄마는 아빠만큼 나이가 많지 않다.

Ustar 출제포인트 시험에는 이렇게 나온다! **원급 비교**

1. 〈the same + (형용사) + 명사 + as + 비교 대상〉〈the same + (형용사) + 명사 + that + 주어 + 동사〉
   I bought in **the same** car (**as**, with) yours. 나는 너의 차와 똑같은 차를 샀다.

2. 〈as + 수량형용사 + 명사 + as〉: 원칙적으로 as ~ as 사이에는 형용사나 부사가 들어가지만 many, much, few, little 등의 수량형용사가 올 경우에는 뒤에 명사를 넣을 수 있다.
   He has **as** many clothes **as** she. 그는 그녀가 가진 만큼의 옷을 가지고 있다.
   ☆ 앞의 문장에 has의 목적어가 없으므로 many 뒤에는 앞 문장을 완성해줄 목적어도 동반해야 한다.

3. 〈as + 일반형용사 + 관사(a/an) + 명사 + as〉
   She is **as nice a** teacher **as** her sister. (O)   She is as **a nice** teacher as her sister. (X)
   그녀는 자기 언니만큼 멋진 교사이다.
   ☆ She is a teacher.와 Her sister is a teacher.가 결합한 문장으로, 이때 nice는 a teacher를 수식하는 형용사가 아니라 두 문장의 비교 기준이다. 즉 She is a teacher.에 〈as + 형용사 + as +비교 대상〉이 추가된 것이다. 특히 관사(a, an)가 형용사 뒤에 나온다는 데 유의하자.

Exercises

제한시간 5분(문제당 25초)

문제풀이 예제

You are required to be as ------- as possible when you are asked about your future goals.
(A) specify   (B) specific   (C) specified   (D) specification

해설 as ~ as 원급 비교 구문으로, be동사 뒤에 오는 형용사 자리이므로 보기 중 형용사 specific이 가장 적절하다. specified는 분사 형용사로 문법적으로는 가능할 수 있으나 문맥상 '자세히 언급된'이라는 의미가 되어 부적절하다. 일반적으로 be동사 뒤의 분사 형용사는 의미 추가나 수동의 과거일 때만 사용할 수 있다.

해석 미래의 목표들에 대해 질문할 때는 최대한 구체적으로 해야 한다.

어휘 specific 구체적인, 자세한, 특정한   as ~ as possible 가능한 ~한

Step 1 Warm-up Test

01 International flight delays are often more ------- and less common than domestic flights.
(A) preventing   (B) preventable

02 The medical equipment support team assured the board that its heart-testing monitor is as ------- as other top models on the market.   (A) reliant   (B) reliable

03 Due to the sudden drop in the stock market, consumers have been asked to sell stocks as ------- as possible.   (A) more cautiously   (B) cautiously

04 Under more ------- circumstances, the newly introduced products became successful later in the year.
(A) favorable   (B) favorably

05 Researchers have discovered that children as young ------- five months of age are capable of appreciating music.   (A) as   (B) at

06 Employees who must leave work ------- than their official dismissal time must receive approval by their supervisor.   (A) early   (B) earlier

Step 2 실전 TOEIC Test

01 Surprisingly, the stock market rose 30 percent higher than previously -------.
(A) predict
(B) predicted
(C) predicting
(D) prediction

02 Wine from California is as famous ------- Chile Wine in both Asia and eastern Europe.
(A) as
(B) of
(C) either
(D) like

03 It is often advised by physical trainers that it is more ------- to change your exercise routines on a monthly basis.
(A) efficiencies
(B) efficient
(C) efficiency
(D) efficiently

04 The components used in the new model are the ------- as the ones used to create the previous model.
(A) same
(B) equal
(C) repeat
(D) fewest

05 Fast Food Restaurant McGrady's introduced the self-service kiosk system to make orders even more ------- to customers.
(A) access
(B) accesses
(C) accessible
(D) accessibly

06 Since more college students are driving cars today, Frankfrut Auto is mass-producing vehicles that are much more -------.
(A) afford
(B) affordable
(C) affectability
(D) affordably

▶ 정답 및 해설 p.104~105

▶ 문제풀이 예제 정답 (B)

LESSON 2 비교급/최상급의 형태

Point

> 비교급 문제는 ❶ 전체 문장의 구조 ❷ 형용사/부사의 자리 ❸ 비교급/최상급과 동반되는 수식어구 등을 모두 확인해야 한다.
>
> The computers in our department were purchased ------ than the fax machine.
> (A) recently　　(B) most recent　　(C) more recently　　(D) most recently
>
> ▶ 빈칸 앞은 수동태의 완전한 문장이므로 그 뒤에 올 수 있는 품사는 부사이다. 빈칸 뒤에 than이 있기 때문에 비교급을 선택해야 한다.
> ● 우리 부서에 있는 컴퓨터들은 팩스기보다 더 최근에 구매된 것이다.　　　　정답 (C)

1 비교급 출제포인트

(1) 형용사와 부사는 음절 길이에 따라 다양한 형태의 비교급과 최상급을 가지며, 특히 비교급은 주로 '~보다'란 뜻의 than과 짝을 이뤄 쓰인다.
　Today is **warmer than** yesterday. 〈1음절 형용사 + -er〉 오늘은 어제보다 더 따뜻하다.
　Her new album is **more popular than** the last one. 〈more + 2음절 형용사〉 그녀의 새 앨범은 지난 앨범보다 더 인기가 있다.

(2) more는 many/much의 비교급이고, better는 good/well의 비교급이다. more는 비교급 형용사와 같이 사용할 수 없다.
　Living standards in this country have never been (**much**, more) better than they are today.
　이 나라의 생활수준은 지금보다 훨씬 더 나은 적이 없었다. ☆ 비교급의 부사인 more는 비교급 better를 수식할 수 없다.

(3) more(더)와 less(덜): '더'라는 개념을 나타낼 때는 형용사/부사의 길이에 따라 -er를 붙이거나 〈more + 형용사/부사〉라고 표현하는 등 비교급의 형태가 다르지만, '덜'이라는 개념을 나타낼 때는 길이에 상관없이 less를 붙인다.
　This question is **less** confusing than that question. 이 문제는 저 문제보다 덜 혼란스럽다.

2 비교급과 최상급의 규칙 변화

(1) 1음절 단어나 -er, -y, -ow, -some로 끝나는 2음절 단어

원급	비교급 (원급 + -er)	최상급 (the + 원급 + -est)
small 작은 ↔ tall 키가 큰	smaller 더 작은 ↔ taller 키가 더 큰	smallest 가장 작은 ↔ tallest 키가 가장 큰

(2) -ive, -ant, -al, -ful, -able, -ing, -less, -ous로 끝나는 2~3음절 단어

원급	비교급 (more + 원급)	최상급 (the most + 원급)
sensitive 민감한	more sensitive 더 민감한	most sensitive 가장 민감한

(3) 3음절 이상의 단어

원급	비교급 (more + 원급)	최상급 (the most + 원급)
impressive 인상적인	more impressive 더 인상적인	most impressive 가장 인상적인

(4) 〈모음 + 자음〉으로 끝나는 단어

원급	비교급 (마지막 자음 추가 + -er)	최상급 (the + 마지막 자음 추가 + -est)
big 큰	bigger 더 큰	biggest 가장 큰

3 비교급과 최상급의 불규칙 변화

(1) 동일한 비교급과 최상급을 갖는 유사 의미의 형용사/부사

원급	비교급	최상급
good a. 좋은 / well a. 건강한 ad. 잘	better ~보다 좋은, ~보다 좋게	best 가장 좋은, 가장 좋게
many a. (수가) 많은 / much a. (양이) 많은 ad. 훨씬	more (수, 양이) 더 많은	most (수, 양이) 가장 많은
little a. (양이) 작은 ad. 조금	less (양이) ~보다 작은	least (양이) 가장 적은

(2) 의미에 따라 두 가지 형태의 비교급과 최상급을 갖는 형용사/부사

near (시간, 공간) 가까운, 다음의	nearer (시간, 공간) 더 가까운	nearest 가장 가까운 / next 다음의, 이웃의
late (시간) 늦은 / (순서) 뒤인	later 더 늦은, 나중에 / latter 뒤의, 후반의	latest 최신의, 최근의 / last 맨 마지막

Ustar 출제포인트 시험에는 이렇게 나온다! 원급 비교의 관용적 쓰임

as many + 가산명사 + as ~만큼 많은 (수의)	as much + 불가산명사 + as ~만큼 많은 (양의)
as ~ as any one/other + 복수명사 … 못지않게 ~한	as ~ as ever + 동사 지금까지 ~한 누구 못지않게
as + 형용사 + as ever 여전히	as good as = no better than ~나 다름없는
as long as ~하는 한, ~동안	
as/so far as (범위) ~하는 한	as well as B B뿐만 아니라 A도	as ~ as possible = as ~ as + 주어 + can 최대한 ~하게

234

Exercises

제한시간 5분(문제당 25초)

문제풀이 예제

01 Achieving the new goal of the affordable housing strategy was ------- than they had expected.
(A) more difficulty   (B) most difficult   (C) more difficult   (D) much difficulty

해설 우선 than이하를 제외한 빈칸 앞을 보면 be동사 다음이므로 형용사 자리이다. 따라서 명사인 (A)와 (D)는 제외된다. 뒤에 than이라는 수식어구가 있으므로 비교급이 짝으로 나와야 한다.

해석 알맞은 가격의 주택 보급이라는 새로운 목표를 달성하는 것은 그들의 예상보다 더 어려운 일이었다.

02 This package is wrapped in foil ------- to retain its original flavor.
(A) so far   (B) so that   (C) as much   (D) as long as

해설 so far는 '지금까지'라는 시제를 보여주는 부사이고, so that은 목적을 나타내는 접속사이며, as long as는 조건을 나타내는 접속사이다. 위의 문장에서 빈칸은 부사 자리로, 문맥상 '그만큼 많이'라는 뜻의 (C) as much가 들어가야 적절하다.

해석 이 포장은 고유의 향을 보존하기 위해 그만큼 많은 호일로 싸였다.

Step 1 Warm-up Test

01 In the company's quarterly report issued last August, On2 Technologies said that its compression software was ------- than the competitors' when customers streamed content over slower connections.   (A) more efficient   (B) most efficiently

02 If you would like to find ------- information about the exhibition, please visit http://www.globalconvention.com.   (A) further   (B) furthest

03 New computers consume about 50 percent ------- energy than those previously produced.
(A) fewer   (B) less

04 Today's ever changing business environment requires us to learn new skills ------- than we had to in the past.   (A) more quickly   (B) quicker

05 EllynCom International's new mobile phone service plan has ------- expensive rates than competing plans.   (A) lesser   (B) less

06 After the company agreed to pay for the cleanup of the polluted river, the government decided that no ------- penalty was necessary.   (A) further   (B) longer

Step 2 실전 TOEIC Test

01 According to *Business Daily*, Newman & Marcos holds more clients ------- any other investment company.
(A) as   (B) while
(C) than   (D) whether

02 Mr. Crouch always finalized deals ------- than other co-workers.
(A) so fast   (B) faster
(C) too fast   (D) fast

03 This monthly publication features food and spas as ------- as hotels, travel and our prestigious compilation of the top 40 restaurants of the year.
(A) good   (B) far
(C) well   (D) near

04 Independently owned and operated airline Skywest operates more flights ------- any other airlines with the exception of United Airlines.
(A) as   (B) while
(C) than   (D) whether

05 MacLellan quit his job to start a consulting company, but finding short-term housing on his own for business purchases was ------- than he had expected.
(A) difficult   (B) difficulty
(C) more difficult   (D) much difficulty

06 Framing the automobiles with steel would make them safer but more expensive ------- using aluminum alloys.
(A) while   (B) but
(C) than   (D) and

▶ 정답 및 해설 p.105~106

▶ 문제풀이 예제 정답 01 (C) 02 (C)

LESSON 3 비교급을 강조하는 부사 / the + 비교급

Point

> 비교급을 강조하는 부사에는 much, far, by far, yet, even, still, a lot, a little, significantly 등이 있다.
>
> The test is much ------- for a high school graduate than a university graduate.
> (A) hardest (B) hardness (C) hard (D) harder
>
> ▶빈칸 앞에 비교급 강조부사 much가 있고 뒤에 비교급과 짝을 이루는 than이 있는 것으로 보아 비교급 harder가 답이 된다.
> ●그 테스트는 대학교 졸업자들보다 고등학교 졸업자들에게 훨씬 어려운 것이다.
> 정답 (D)

1 비교급을 강조하는 부사

(1) much, far, by far, yet, even, still, a lot, a great deal, significantly: 훨씬 더 많이 ~한

The result of the experiment will be **much** better than the previous one done last year.
그 실험 결과는 작년의 실험 결과보다 훨씬 더 좋을 것이다.

cf. much, far, by far는 비교급은 물론 최상급의 수식에도 쓰인다.

This product is **much** cheaper than that product. 〈비교급 강조〉 이 제품은 저 제품보다 훨씬 더 가격이 저렴하다.
This product is **much** the cheapest in the world. 〈최상급 강조〉 이 제품은 세계에서 단연 가장 저렴하다.

(2) a little, a bit: 약간 더 ~한

The proposal is **a little** more detailed than the last proposal.
이 제안서는 지난 제안서보다 조금 더 상세하게 되어 있다.

(3) 원급을 수식하는 부사: very, too, so

Diamond is <u>very</u> strong. / Diamond is **much** stronger than steel. (O)
Diamond is <u>very</u> stronger than steel. (X)

2 〈the + 형용사의 비교급〉

원칙적으로는 최상급에만 정관사 the를 쓸 수 있지만 다음의 경우 비교급에서도 the를 동반할 수 있다.

(1) 〈the + 비교급(주어 + 동사), the + 비교급(주어 + 동사)〉

The more we practice tennis, **the better** we become at it. 테니스를 더 많이 연습할수록, 더 잘 치게 된다.
☆ If we practice tennis the more, we become at it the better.에서 보어인 the more와 the better를 앞으로 도치시킨 문장이다.

cf. 〈the + 비교급〉 뒤에 be동사나 become류 동사가 오는 경우 생략하기도 한다.

The more you have, **the better** it will be. = **The more, the better.** 많으면 많을수록 더 좋다.
The sooner, the better. 빠르면 빠를수록 더 좋다.

(2) 〈of/between the two + 복수명사 ~, the + 비교급〉: 둘 중에 더 낫다는 것은 '가장 ~하다'라는 뜻이다. 의미상 최상급이므로 최상급 앞에 오는 the가 쓰인다. 〈of/between the two + 복수명사〉는 결국 of/between A and B와 같은 의미이다.

Of the two episodes, the recent episode is **the more** interesting than the other one.
= The recent episode is **the more** interesting of the two (nobles). 두 에피소드 중에 최근 에피소드가 더 재미있다.

(3) 〈there are A and B, and A is the + 비교급〉: A와 B 둘 중에 A가 더 ~하다

3 〈비교급 + and + 비교급〉: 점점 더 ~하다

Due to its convenience, online shopping has become **more and more** popular.
편리함 때문에 온라인 쇼핑은 점점 더 인기가 많아지고 있다.

Ustar 출제포인트 시험에는 이렇게 나온다!

1. 원급을 강조하는 부사: just, quite, almost, about, nearly, very, so, too

This book is **almost/about/nearly** as thin as that one. 이 책은 거의 저 책만큼 얇다.
The new apartment looks **just** as big as that one. 새 아파트는 딱 저 집만큼 크다.

2. than의 생략: 누구나 안다는 것을 전제로 생략한다. than now, than the other, than others, than before 등은 생략한다.

During the presentation, Ms. Cavallo said the company must put ------- emphasis on international marketing.
(A) greater   (B) as great as

■ 비교 대상을 정확히 파악하고 문제를 해결해야 한다. as great as를 넣는 경우 비교 대상이 company와 emphasis가 되므로 의미가 통하지 않는다. 내용상 greater emphasis than others가 적절하다. 이때 than others, than now, than before 등은 생략한다.
■ 프레젠테이션 동안, Ms. Cavallo는 회사가 해외 마케팅에 다른 무엇보다 크게 중점을 두어야 한다고 말했다.
■ presentation 프레젠테이션   emphasis 강조   international 해외의

Exercises

제한시간 5분(문제당 25초)

문제풀이 예제

01 The unexpected changes in raw material costs resulted in an unprecedented increase in unit costs and ------- more so in retail prices.
   (A) all   (B) any   (C) even   (D) although

해설 보기 중 비교급 more를 강조할 수 있는 부사는 even뿐이다(비교급 강조부사에는 even, much, still, a lot 등이 있다.) although는 뒤에 주어와 동사가 필요하기 때문에 답이 될 수 없다. unprecedented increase(전례 없는 증가)가 in unit costs(단가)와 in the retail prices(소매가)에서 이뤄졌는데 retail prices가 증가폭이 더(more) 크다는 내용으로 문맥상으로도 even이 가장 적절하다.

해석 원자재 값이 예상 외로 변화해서 원가가 전례 없이 높아졌으며, 소매가는 더욱 올랐다.

어휘 raw material 원자재   result in ~의 결과가 초래되다   unprecedented 전례 없는   unit cost 단가   retail price 소매가

02 Of the two dates they mentioned, June 10 fits ------- into our schedule.
   (A) good   (B) better   (C) any better   (D) any good

해설 fit into라는 동사구(동사 + 전치사) 사이에 들어갈 수 있는 품사는 부사이다. good/well의 비교급이 better인데 위 문장에서는 well의 비교급인 better가 적절하다. 이 better는 동사구 사이에 들어가므로 <of/between the two + 복수명사, the + 비교급>의 비교급 앞에 붙는 the는 생략해야 한다. any는 앞에 부정어나 뒤에 조건 등이 있어야 하므로 위 문장에는 사용할 수 없다.

해석 그들이 언급한 두 날짜 중에 6월 10일이 우리 일정에 더 맞는다.

Step 1 Warm-up Test

01 Since the public's interest on the new phone plans offered by I-Mobile grew on a large scale, the replays of its commercials on every main TV channel are becoming more -------.
   (A) frequented   (B) frequent

02 In a meeting yesterday, Dayton Consulting directors decided on HT's proposal over that of TP's, because it is the ------- to implement.   (A) easiest   (B) easier

03 The more they work with her, the more ------- they are by her organizing skills.
   (A) impressive   (B) impressed

04 In order to encourage better teamwork, Mr. Costa always thinks of ways to make bonds among employees -------.   (A) stronger   (B) strongly

05 The richer the fruit/vegetable color, the ------- it is for you.   (A) healthy   (B) healthier

06 It will be ------- helpful for the coordinator who will oversee our whole project to attend the local government workshop on a regular basis.   (A) so much   (B) especially

Step 2 실전 TOEIC Test

01 Adding more features on an already successful printer was ------- than they had expected.
   (A) difficult   (B) difficulty
   (C) more difficult   (D) much difficulty

02 The new hybrid hatchback developed by Yama Autos was proven to be ------- than its competitors.
   (A) more efficient   (B) so efficiently
   (C) as efficient   (D) most efficiently

03 Since most staff members complained about the slow Internet connections, they were replaced ------- than the computers.
   (A) recently   (B) most recent
   (C) more recently   (D) most recently

04 Brooks & Burke already had an outstanding year last year, but they even have set a ------- standard for themselves this year.
   (A) highest   (B) high
   (C) highly   (D) higher

05 Compared to last year, ------- people have volunteered to help out patients in Saint Memorial Hospital this year.
   (A) least   (B) any
   (C) smaller   (D) fewer

06 Our newest consultant Robert Stern is a Haverford graduate whom we expect to become a very ------- employee.
   (A) valuably   (B) valuable
   (C) valuing   (D) value

▶ 정답 및 해설 p.106~107

▶ 문제풀이 예제 정답 01 (C) 02 (B)

LESSON 4 비교급 관용표현

Point

more에는 비교급 외에도 다양한 용법이 있다. more와 관련된 용법적인 표현을 익혀두도록 하자.

 I need ------ books.　　(A) many more　　(B) much more　　(C) more than　　(D) too more

▶ (so, too, much) more 뒤에는 형용사나 불가산명사가 와야 하는데 빈칸 뒤에 가산 복수명사인 books가 있다. 따라서 more는 강조가 아닌 추가의 의미로 보아야 한다. 이런 more는 one more books(한 권 더), two more books(두 권 더), many more books(많이 더) 등으로 쓰인다. ●난 더 많은 책이 필요해.　　　　　　　　　　　　　　　　　　　정답 (A)

1 more가 정답인 토익 빈출 유형

(1) 〈more + 원급 형용사/부사〉(더 ~한): **more** interesting 더 흥미로운
(2) 〈more + 불가산명사/가산 복수명사〉(더 많은): **more** information 더 많은 정보　**more** books 더 많은 책
(3) 〈many more + 가산 복수명사〉(더 많은): **many more** shirts 더 많은 셔츠
(4) 〈(so/too) much more + 불가산명사〉(훨씬 더 많은): **much more** funding 훨씬 더 많은 자금
(5) 〈much more + 형용사〉(훨씬 더 ~한): **much more** important 훨씬 더

cf. much/still more(더구나, 하물며)는 긍정문에, much/still less(하물며 ~은 더 아니다)는 부정문에 사용한다.

2 more than의 주요 출제유형

(1) 〈more than + 수사〉(~개가 넘는): **more than** 500　500개가 넘는
(2) 〈more than + 형용사〉(매우 ~한): **more than** beautiful 매우 아름답다
(3) 〈more than + 동사〉(~가 넘게 …하다): Sales have **more than** doubled. 판매량이 두 배가 넘게 증가하였다.

cf. 〈주어 ~ more A than B〉(B이기보다는 A이다) He is **more** cautious **than** careless. 그는 부주의하기보다는 조심스럽다.

3 비교급의 관용표현

no more = not ~ any more 더 이상 ~않는	no more than = as few/little as, only 단지 밖에 안 되는, 겨우
no more A than B B가 아닌 것과 마찬가지로 A도 아니다	not more than = at most 기껏해야, 많아야
not less than = at least 적어도	no less A than B ~에 못지않게, ~와 마찬가지로
no less than = as much/many as 자그마치 ~만큼	none the less 그래도 역시, 그럼에도 불구하고
비교급 + than + 주어 +expected/anticipated 기대보다 더 ~한	more often than not = as often as not 자주, 대개
no longer = not ~ any longer 이미 ~ 하지 않는	other than = except for ~을 제외하고
what is more/less 게다가	
sooner than ~보다는 차라리	more and more 점점 더
no later than + 날짜(시간적) ~까지	sooner or later 조만간
for better or for worse 좋든 나쁘든	rather than ~라기보다는 오히려
	more or less 다소(somewhat), 어느 정도(about)
	no sooner than ~하자마자 …하다
	more likely than not 어쩌면, 아마도
	no better than = nearly, almost = as good as = practically the same as 거의

She has **no more than** 10 books. 그녀는 책을 10권밖에 가지고 있지 않다.
She has **not more than** 10 books. 그녀가 가진 책은 많아야 10권을 넘지 않는다.
She has **no less than** 10 books. 그녀는 자그마치 10권의 책을 가지고 있다.
She has **not less than** 10 books. 그녀는 적어도 10권의 책을 가지고 있다.

4 배수 비교: ~보다 몇 배

배수를 비교할 때는 구체적인 수치가 필요한 크기, 수, 양, 길이 관련 형용사들이 자주 등장한다.
many (수)　much (양)　big/large/small (크기)　long (길이)　high (높이)　heavy (무게)　old (나이)

❶ 원급 비교: 〈배수사 + as + 형용사의 원급 + as〉 ~배만큼 …하다
　Golden kiwis are **two times as** expensive **as** normal kiwis. 골든 키위는 일반 키위보다 두 배만큼 비싸다.

❷ 비교급 비교: 〈배수사 + 비교급 + than〉 ~배 더 …하다
　Golden kiwis are **two times more** expensive **than** normal kiwis. 골든 키위는 일반 키위보다 두 배 더 비싸다.

> **Ustar 출제포인트** 시험에는 이렇게 나온다! 비교급과 최상급의 나열
>
> 형용사들을 나열할 경우 비교급은 각 형용사 앞에 more를 붙여주어야 한다. 반면 최상급은 맨 앞의 형용사에만 most를 붙이면 된다.
> She is **more** intelligent, **more** understanding, and **more** generous than her brother. 〈비교급의 나열〉
> 그녀는 그의 오빠보다 더 똑똑하고, 더 이해심이 많고, 더 관대하다.
> She is the **most** beautiful, intelligent, and generous person I had ever seen. 〈최상급의 나열〉
> 그녀는 내가 본 사람 중에 가장 아름답고, 똑똑하며, 관대한 사람이다.

Exercises

제한시간 5분(문제당 25초)

문제풀이 예제

01 Mr. Clifford's flight from Tokyo was delayed for ------- two hours.
 (A) now that   (B) within   (C) more than   (D) still

> 해설 빈칸 앞은 전치사, 빈칸 뒤는 수사이다. for라는 전치사가 있기 때문에 더 이상 전치사는 나올 수 없으며 수사를 수식할 수 있는 부사가 와야 한다. now that은 접속사이고 within은 전치사이기 때문에 정답에서 제외된다. 문맥상 '~이 넘는'이라는 의미의 more than이 적절하다. 이때 more than은 over와 동의어로, over 역시 출제 비중이 높은 부사이니 기억해두자.
>
> 해석 Tokyo를 출발하는 Mr. Clifford의 비행편은 두 시간 넘게 지연되었다.
>
> 어휘 flight 비행편   delay 연기하다, 지연시키다, 늦추다

02 She does not speak English, ------- Chinese.
 (A) much more   (B) still more   (C) much less   (D) more less

> 해설 much/still more(더구나, 하물며)는 She speaks English, much/still more Chinese.(그녀는 영어를 할 줄 아는데, 하물며 중국어는 말할 것도 없다.)와 같이 긍정문에, much/still less(하물며 ~은 아니다)는 부정문에 사용한다. more less는 실제로 존재하지 않는 표현이며 단순히 혼동을 주기 위한 단어의 조합이다. 굳이 사용한다면 more or less로 쓰여 '거의, 대략'이라는 뜻의 부사어이다.
>
> 해석 그녀는 영어를 못하는데, 하물며 중국어는 말할 것도 없다.

Step 1 Warm-up Test

01 There are ------- more rooms available at Hotel Zeta, but there are still some rooms available at Hotel Omega.   (A) no   (B) not

02 Our company is ------- using your agency for future travel arrangements.
 (A) anymore   (B) no longer

03 We must increase our efforts to raise money for the orphans because there are ------- four weeks left until the Christmas party.   (A) individually   (B) less than

04 Please sign and date this letter and send it to our office no ------- than March 24, 2007.
 (A) more   (B) later

05 If you require any fundraising suggestions, you're ------- welcome to contact the building organizers.
 (A) enough   (B) more than

06 Following two luxurious days cruising to the Caribbean, no ------- than twelve delightful Caribbean destinations follow, leading up to an evening in port in the island paradise of Barbados before flying home.   (A) lesser   (B) fewer

Step 2 실전 TOEIC Test

01 During the investigation clues surfaced ------- quickly than anybody had anticipated.
 (A) more   (B) most
 (C) much   (D) many

02 Ms. Kumar decided to spend a night in Anchorage because her flight was delayed for ------- twelve hours.
 (A) now that   (B) within
 (C) more than   (D) still

03 This year's growth in EMK International's sales will allow the company to invest ------- in equipment.
 (A) more   (B) ever
 (C) best   (D) any

04 The thunderstorm is expected to hit Malaysia ------- than the weather forecast anticipated.
 (A) sooner   (B) often
 (C) still   (D) greater

05 In order to maximize the efficiency of your computers, you will need to install ------- advanced software in the hard drive.
 (A) more   (B) ever
 (C) almost   (D) since

06 As ------- as Mr. and Mrs. Orwell join us, we will start our annual appreciation ceremony.
 (A) close   (B) soon
 (C) next   (D) nearly

▶ 정답 및 해설 p.107~108

▶ 문제풀이 예제 정답 01 (C) 02 (C)

LESSON 5 최상급의 이해

Point

최상급은 셋 이상의 비교 대상들 또는 넓은 범위의 장소나 지역 안의 전체 대상들 중에서 '최고' 혹은 '최하'를 의미하며, 일반적으로 정관사 the를 동반한다.

 The TV show earned ------- ratings of any net work programs in television history.
(A) highest (B) the highest (C) higher (D) more high

▶ 빈칸 앞에는 동사, 빈칸 다음에는 명사(ratings)가 나왔다. '텔레비전 방송 역사상(in television history) 어떤 프로그램(any network programs)보다도 '높은 시청률' 즉, 특정 집단 전체에서 '최고'를 의미하므로 빈칸은 the를 동반한 최상급 형용사의 자리이다.
● 그 TV쇼는 텔레비전 방송 역사상 그 어떤 프로그램보다도 가장 높은 시청률을 기록했다. 정답 (B)

1. 최상급과 공간적 범위

(1) 〈the + 최상급 + in + 단수명사(장소, 범위, 분야 등)〉
This park is **the most beautiful** park **in the city**. 이 공원은 이 도시에서 가장 아름다운 공원이다.

(2) 〈the + 최상급 + on + 단수명사(장소, 범위, 분야 등)〉
The iPhone is **the most innovative** item **on the world market** today. 아이폰은 요즘 세계 시장에서 가장 혁신적인 제품이다.

2. 최상급과 복수의 범위: 〈the + 최상급 + of/among + 단/복수명사(집단, 그룹, 범위 등)〉

전치사 of가 나오는 경우 뒤에는 주로 '집단이나 그룹'의 명사들이 출제된다.

She is the **most reliable** employee **of the entire department**. 그녀는 전체 부서에서 가장 믿음직한 직원이다.
Peter&Luger is **the biggest** restaurant **among restaurants in New York**.
Peter&Luger는 뉴욕에 있는 레스토랑들 중에서 가장 큰 레스토랑이다.

3. 〈the + 형용사의 최상급〉

최상급은 '가장 ~한'이라는 최고의 '하나'를 지칭하기 때문에 항상 앞에 특정 대상을 보여주는 정관사 the가 동반된다.

This beach is **the most** beautiful place in the world. (O)   This beach is <u>most</u> beautiful place in the world. (X)
이 해변은 전 세계에서 가장 아름다운 장소이다.

4. the 없이 쓰이는 최상급

(1) 부사의 최상급인 경우: 동사를 꾸며주는 역할을 하는 부사의 최상급에는 보통 the가 붙지 않는다.
I like it ~~the~~ **most**. 〈부사〉 나는 이것을 제일 좋아한다.   He works **hardest** of them all. 그는 그들 중에서 가장 일을 열심히 한다.

(2) 최상급 앞에 소유격이 오는 경우: 명사의 범위를 정해주는 한정사(관사, 소유격 대명사 등)는 한 번에 하나씩만 쓸 수 있다. 따라서 소유격이 명사 앞에 오면 최상급이 있더라도 정관사 the를 붙일 수 없게 된다.
This artwork is **my best** creation. 이 작품은 내 최고의 창작품이다.

Ustar 출제포인트 시험에는 이렇게 나온다!

1. 토익 시험에 나오는 최상급 총정리

❶ 〈the + 최상급 + 명사 + of/among + 전체 명사〉: 막연한 불특정 명사들 중에서 가장 ~한
❷ 〈the + 최상급 + 명사 + in/on + 장소/범위명사〉: 특정 장소/범위/분야 내에서 가장 ~한
❸ 〈the + 최상급 + 명사 + 주어 + have (ever) p.p.〉: 과거의 경험과 관련하여 가장 ~한
❹ 〈one's own + 최상급 + 사람명사〉: 타고난/매우 ~한 사람
❺ 〈the + 최상급/서수 + in + 기간〉: 몇 년 만에 가장/최고로/처음으로 ~한
  He is **the first** winner **in the last ten years**. 그는 지난 10년 만의 최초의 우승자이다.
❻ 〈all/every/최상급 형용사 + 명사 + -ble 형용사〉: 최상급 뒤에 possible, available 등이 자주 등장한다.
❼ 〈one of + the + 최상급 + 복수명사〉 = 〈among + the + 최상급 + 복수명사〉: 가장 ~한 것 중의 하나
  This is **one of the greatest inventions** in the world.
  = This is **among the greatest inventions** in the world. 이것은 세상에서 가장 위대한 발명품 중 하나이다.
❽ 동사구에 속하는 부사의 최상급에는 보통 정관사 the가 붙지 않는다. He came ~~the~~ first.
❾ 〈the only + 명사〉(유일한 ~): 명사 앞에 오는 only에는 반드시 the가 와야 한다.

2. most의 3가지 출제포인트

❶ most of + 특정 명사(~의 대부분): most of 앞에는 the가 붙지 않는다.
❷ the most + 최상급 형용사   ❸ most + 불가산 단수명사/가산 명사

Exercises

제한시간 5분(문제당 25초)

문제풀이 예제

01 He is staying at a ------- hotel.
    (A) nearly   (B) nearest   (C) nearby

> 해설 (A)는 부사라서 명사 앞에 올 수 없고 최상급은 정관사 the가 필요하다. 따라서 답은 (C)이다.
> 해석 그는 근처의 호텔에서 머무를 것이다.

02 ------- of the books are in stock.
    (A) Most   (B) The most   (C) Mostly   (D) Almost

> 해설 the most는 최상급으로 뒤에 형용사가 와야 한다. mostly는 They are mostly men.(그들은 대부분 남자이다.)과 같이 '대개, 주로'라는 의미의 부사이다. almost는 보통 수사나 수량형용사 앞에 등장한다. most는 〈most of + 특정 명사〉 형태로 쓰이는데, 위 문장에 most를 대입하면 '그 책들 대부분'이란 의미가 되어 문맥상 적절하다.
> 해석 그 책들 대부분 재고가 있다.

Step 1 Warm-up Test

01 The president of Newcastle Inc. decided to get supplies from Browns Wholesales because their representative was the most ------- among others.   (A) persuasive   (B) persuasively

02 The ability to chat and send files through mobile phones will be regarded as the most ------- means of communication of the decade.   (A) innovation   (B) innovative

03 ------- all the advices Mr. Moyes received regarding his wedding, he believes a vineyard would be the most ideal place for an outdoor wedding.   (A) In   (B) Of

04 The Alzheimer's medication being developed by BL Industries will become the ------- widely used treatment by the end of next year.   (A) more   (B) most

05 If our sales remain at this level, it will be the first time ------- ten years that annual sales have surpassed the total costs.   (A) among   (B) in

06 We at Hotel Han Nuri has the world's ------- indoor pool which can accomodate up to 200 people.
   (A) larger   (B) largest

Step 2 실전 TOEIC Test

01 Among all the speeches I have heard so far, I was most ------- with the outstanding speech done by Dr. Grant.
   (A) impression   (B) impressed
   (C) impress   (D) impresses

02 Compared to all local banks in Livonia, TFC Bank is known for providing the ------- quality of customer service.
   (A) highly   (B) high
   (C) highest   (D) higher

03 The frames that are used for the Cruiser T-300 contain the ------- of all metals used in automobiles.
   (A) hardly   (B) harder
   (C) hardest   (D) hard

04 Dr. White is the one with the most ------- knowledge on child psychology.
   (A) extensive   (B) extent
   (C) extensively   (D) extension

05 Among our recognized staff, Mr. Haywood is one of the most ------- workers who brings a positive vibe to the whole office environment.
   (A) distinctive   (B) distinction
   (C) distinctively   (D) distinctiveness

06 Of all the applicants, Kevin Lomax has the most ------- educational background and work experience.
   (A) impressively   (B) impressive
   (C) impress   (D) impressiveness

▶ 정답 및 해설 p.108~109

▶ 문제풀이 예제 정답 01 (C) 02 (A)

LESSON 6 최상급과 같이 쓰이는 부사와 형용사

Point

the + 최상급 형용사 + 명사 + possible/able/available

They asserted that their products are the ------- of any available on the Asian market.
(A) fine   (B) finer   (C) finest   (D) fineness

▶ 빈칸 뒤에 '막연한 전체 중에서'를 의미하는 any available이 있으므로 빈칸은 최상급이 올 자리인데, be동사 다음이므로 형용사가 나와야 하므로 답은 최상급 형용사이다. their products는 보통명사라서 fineness라는 추상명사와 동격이 될 수는 없다.

● 그들은 자신의 제품들이 아시아 시장에서 구입할 수 있는 어떤 것보다도 가장 좋다고 말했다.   정답 (C)

1 최상급과 경험치의 범위: 〈the + 최상급 + (that) + 주어 + have/has (ever) p.p.〉

최상급 다음에 오는 that절에 현재완료 시제를 사용하여 '과거부터 지금까지의 경험 중에 가장 ~하다'라는 의미를 만들 수 있다.

This movie is the worst movie **that I have ever seen.** 이 영화는 지금껏 내가 본 영화 중에 최악이다.
= This movie is the worst movie **I have ever seen.**
☆ 관계대명사 목적격 that은 생략이 가능하다.

현재완료(Present Perfect) 시제: 과거에 일어났던 일이 현재까지 계속 이어지는 경우에 사용한다.

2 최상급을 강조하는 부사

최상급을 강조하는 부사에는 much, far, by far, even, the very 등이 있으며, 주로 최상급의 정관사 the 앞에 위치한다.

She is **by far** the most beautiful woman among several actresses.
여러 배우들 중에서 그녀가 단연 가장 예쁘다.

3 최상급의 의미를 가지는 원급 비교 형태

(1) as ~ as possible = as ~ as you can: 최대한으로, 가능한 ~한

| as soon/quickly as possible 최대한, 가능한 빨리 | as much as possible 최대한, 가능한 많이 |

Please send me the blueprint via e-mail **as soon as possible.** 최대한 빨리 저에게 청사진을 이메일로 보내주세요.
= Please send me the blueprint via e-mail **as soon as you can.**
☆ 겉으로 드러난 형태는 as ~ as 구문이지만 '가능한, 최대한 빨리'라는 최상급의 의미를 나타낸다.

(2) 〈as ~ as + 형용사〉 형태의 관용 표현

| as always as necessary 필요하면 언제든지 | as often as expected 생각했던 만큼 자주 |
| as always as usual 평소대로 언제든지 | as good as expected 예상했던 만큼 좋은 |

(3) 〈A as ~ as any + 명사〉: A가 (비교 대상) 못지않게 가장 ~하다
   〈A as ~ + 명사 + as ever + 동사〉: A가 지금까지 (동사한 ~들) 못지않게 ~하다

She is **as** experienced **as any** actresses in Hollywood. 그녀는 헐리우드 어느 여배우 못지않게 경험이 많다.
= She is the most experienced actress in Hollywood. 그녀는 헐리우드에서 가장 경험이 많은 여배우이다.

She is **as** great an actress **as ever lived.** 이제까지 그녀만큼 위대한 여배우가 없었다.
= She is the greatest actress who ever lived. 그녀는 여태까지 살았던 여배우들 중 가장 위대한 여배우이다.

Ustar 출제포인트 시험에는 이렇게 나온다!   very(원급을 꾸며주는 부사) vs the very(최상급을 꾸며주는 부사)

very는 형용사/부사의 원급을 수식하는 부사이지만, 앞에 정관사 the를 붙이면 최상급을 강조하는 부사가 된다.
They provide **very** good service. 〈원급 강조 very〉 그들은 매우 좋은 서비스를 제공한다.
☆ 부사 very가 형용사의 원급 good을 꾸며주고 있다.

We provide the **very** best service in the world. 〈최상급 강조 the very〉 우리는 세계 최고의 서비스를 제공한다.
☆ the very가 최상급 best를 꾸며주고 있다. the very 외에 single(유일한)도 〈the single + 최상급〉의 형태로 사용된다.

Exercises

제한시간 5분(문제당 25초)

문제풀이 예제

Most job-seekers for the entry-level openings regarded the interpersonal skill section as the ------- part of the job aptitude test.
(A) easy   (B) easier   (C) easily   (D) easiest

해설 명사 앞이므로 형용사 자리이다. 보기에 원급, 비교급 및 최상급 형용사가 모두 등장하므로 문장에 비교 대상이 있는지 확인한다. 빈칸 앞에 정관사 the가 있고 명사 뒤에 'of + 명사 형태'의 비교 대상이 언급되어 있으므로 형용사의 최상급이 올 자리임을 알 수 있다. 최상급은 보통 〈the + 최상급 형용사 + of/among/in + 명사/that절〉 형태로 쓰이는데, 비교 대상이 없었다면 원급인 easy도 답이 될 수 있겠지만, 위와 같이 셋 이상 또는 불특정한 비교 대상이 언급될 경우에는 반드시 최상급 형용사가 답이다.

해석 신입사원 모집에 응시한 대다수 구직자들은 적성 검사 중 대인관계 기술 부문을 가장 쉬운 부문으로 여겼다.

어휘 job-seeker 구직자   entry-level 신입사원의   job aptitude test 직무 적성 검사

Step 1 Warm-up Test

01 They decided it was worth some extra money to purchase the ------- best insurance policy on the market so as to secure their new patents.   (A) very   (B) a lot

02 Samsung Motors allows its subsidiaries the ------- level of autonomy possible.
(A) high   (B) highest

03 We should be responsive to the market needs by creating new systems of ------- quality than those of other manufacturers.   (A) highest   (B) higher

04 The *Sweet 16 Magazine* is ------- the best selling magazine among teenage girls.
(A) by far   (B) so

05 ------- all the PC games Magicsoft sells, Misty Island is the most popular game with customers.
(A) By   (B) Of

06 Planet Technologies was named one of the five most admired companies ------- a recent poll published by World Business.   (A) at   (B) in

Step 2 실전 TOEIC Test

01 Director Chris Weaving's ------- documentary film will be playing exclusively on Channel BNC.
(A) late   (B) lately
(C) latest   (D) lateness

02 Professor Turner is a well-renowned mentor who can bring as full potential as ------- managers.
(A) any   (B) some
(C) few   (D) a few

03 In order to ensure safety on Vreeland Ave, the mayor decided to put the ------- street lights to date.
(A) bright   (B) brightest
(C) brightens   (D) brightness

04 Most companies were forced to rethink their marketing strategy after the recent downturn in consumer spending because the cost of advertising is the ------- largest cost for those companies.
(A) alone   (B) separate
(C) single   (D) desperate

05 We believe our products are the very ------- items available on the market today.
(A) late   (B) later
(C) latest   (D) lateness

06 We sell various computer devices at cheap prices and our products are some of the ------- available on the market.
(A) fine   (B) finer
(C) finest   (D) finely

▶ 정답 및 해설 p.109~110

▶ 문제풀이 예제 정답 (D)

LESSON 7 최상급 관용표현

1 최상급의 의미를 지니는 표현들

(1) 원급: 〈No/Nothing(부정어) ~ so/as + 원급 + as + 비교 대상〉: ~만큼 …한 것은 없다 = 가장 ~하다
  No employee in our department is **as** diligent **as** her. 우리 부서의 직원 중에 어느 누구도 그녀만큼 열심인 사람이 없다.
  = She is **the most** diligent employee in our department. 그녀가 우리 부서에서 가장 열심이다.

(2) 비교급: 〈부정어 + 비교급〉: 더 이상 ~할 수 없다 = 가장 ~하다   It **couldn't** be **better**. 더 이상 좋을 수 없다. = 최고이다.
  • 〈No/Nothing(부정어) ~ + 비교급 + than + 비교 대상〉: ~보다 더 …한 것은 없다, 가장~하다
    Nothing is **more** important **than** my family in my life. 내 인생에서 어떤 것도 가족보다 더 소중한 것은 없다.
  • 〈비교급 + than any other + 단수명사〉: 무엇보다 더 ~한 = 가장 ~한
    My family is **more** important **than any other thing** in my life. 가족은 내 인생에서 다른 어떤 것보다 더 중요하다.
  • 〈비교급 + than all the other + 복수명사〉: 무엇보다 더 ~한 = 가장 ~한
    My family is **more** important **than all the other things** in my life. 가족은 내 인생에서 다른 모든 것들보다 더 중요하다.
  • 〈비교급 + than any one else〉: 어느 누구보다 ~한 = 가장 ~한
    My family is **more** important **than any one else** in my life. 가족은 내 인생에서 다른 어떤 누구보다 더 중요하다.

2 서수의 최상급

(1) 〈the second/third/fourth... + 최상급〉: first(제일 먼저), last(제일 마지막), next(바로 옆)는 그 자체에 최상의 의미가 있어 최상급과 함께 쓸 수 없다. 그러나 second, third, fourth 등의 서수는 최상급과 함께 '~번째로 가장 …한'이라는 의미로 쓰인다.
  This car is **the third best** selling car in our brand. 이 차는 우리 브랜드에서 세 번째로 잘 팔리는 자동차이다.

(2) 〈the second + 최상급〉 = 〈the + 최상급 + but one〉: 두 번째로 가장 ~한
  It is **the second biggest** aquarium in the world. = It is **the biggest** aquarium **but one** in the world.
  이것은 세계에서 두 번째로 큰 수족관이다.

3 길이에 상관없이 more(비교급)/most(최상급)가 붙는 부사/형용사들

(1) 〈형용사 + -ly〉 형태인 부사 *cf.* 부사 early(일찍이)는 early–earlier–earliest의 형태로 쓰인다.

-ly 부사	비교급 (더 ~하게)	최상급 (가장 ~하게)
easily 용이하게	more easily 더 용이하게	most easily 가장 용이하게
simply 간단하게	more simply 더 간단하게	most simply 가장 간단하게

(2) 형용사 like, right, wrong, false, just, real, kind

원급	비교급 (더 ~한)	최상급 (가장 ~한)
like 비슷한	more like 더 비슷한	most like 가장 비슷한
right 옳은	more right 더 옳은	most right 가장 옳은

(3) 분사형태(-ing/-p.p.)의 형용사

원급	비교급 (더 ~한)	최상급 (가장 ~한)
promising 유망한	more promising 더 유망한	most promising 가장 유망한
leading 주도적인	more leading 더 주도적인	most leading 가장 주도적인

4 최상급의 관용표현

at least 적어도	not in the least 전혀, 조금도	at (the) latest 늦어도
at (the) most 많아야	at (the) best 기껏해야, 잘해봐야	at (the) earliest 가능한 빠른 시간에
at the worst 최악의 경우	to the last 최후까지	for the most part = mostly 대부분
do one's best 최선을 다하다	(all) for the best 좋은 결과가 되도록	at one's best 가장 좋은 상태에
first of all 무엇보다도	make the best/most of 최선을 다하다	to the best of one's knowledge 알고 있는 바로는

Ustar 출제포인트 시험에는 이렇게 나온다! 라틴계 형용사의 비교급은 than이 아니라 to를 동반한다.

| prior to = earlier than ~에 앞서, 먼저 | posterior to = later than ~보다 이후에 | superior to = better than ~보다 우수한 |
| inferior to = worse than ~보다 열등한 | senior to = older than ~보다 손위의 | junior to = younger than ~보다 손아래의 |

She is three years **senior to** me. 〈라틴어계 비교급〉 그녀는 나보다 세살이 더 많다.   She is three years older than I. 〈일반 비교급〉

Exercises

제한시간 5분(문제당 25초)

문제풀이 예제

As his mentor and confidant through the trying first years of his company, James had always held Mr. Wells in the ------- regards.
(A) higher   (B) highly   (C) highest   (D) highness

해설 in the highest는 '최고도로, 극구'라는 의미를 갖는다. 참고로 at the highest는 '기껏해야, 아무리 높아도'의 의미이다.

해석 견디기 어려웠던 입사 첫 해의 좋은 조언자이자 절친한 친구로서, James는 항상 Mr. Wells를 최고로 꼽았다.

어휘 mentor 선도자, 좋은 조언자   confidant 절친한 친구(bosom friend)   trying 괴로운, 지치게 하는, 견딜 수 없는

Step 1 Warm-up Test

01 Birmingham is the ------- biggest city in the UK.   (A) second   (B) two

02 The new construction project took approximately three times ------- than anticipated.
(A) higher   (B) longer

03 Administrators said this kind of cheating is the ------- to catch because of the hard evidence involved.
(A) most easily   (B) easiest

04 Columnists for the *Allentown Daily* are asked to check the facts in their articles to the ------- extent possible.   (A) fullest   (B) most fully

05 The fact that the tickets sold out three weeks ago suggests that the Mr. Bean is the most popular ------- local residents.   (A) among   (B) throughout

06 Our new online marketing promotion will boost profits faster than any -------- strategy.
(A) other   (B) extra

Step 2 실전 TOEIC Test

01 KTX industries earned the ------- ratings for customer satisfaction in this year's Best Businesses survey.
(A) higher
(B) highest
(C) high
(D) highly

02 Since the interview for the sales position started promptly at 8 A.M., Ms. Jameson had to arrive at work ------- than usual.
(A) early
(B) earlier
(C) earliest
(D) earliness

03 The fuel efficiency of Electrica 150 T is better ------- any other electric vehicle.
(A) at
(B) than
(C) of
(D) with

04 You must fill out these application forms ------- to opening a checking account at our bank.
(A) suited
(B) conducive
(C) prior
(D) forward

05 Travel in comfort on the Maid of the Caribbean, the newest member of our fleet, and the ------- largest cruise liner in the Caribbean.
(A) two
(B) second
(C) secondly
(D) second-hand

06 You can be assured that the quality of our products is ------- to any others in the nation.
(A) superior
(B) exceptional
(C) improved
(D) formal

▶ 정답 및 해설 p.110~111

▶ 문제풀이 예제 정답 (C)

Ustar
TOEIC
Reading

Chapter 11
전치사 (Preposition)

전치사는 평균 4~5문제가 꾸준히 출제되는 비중이 높은 파트이다. 전치사 문제는 다음의 4가지 유형만 기억하라

- **빈칸 뒤에 명사가 답을 결정하는 문제: for** five years 5년 동안 (기간 명사 앞에 for) **on** the third floor 3층에서 (층수 앞에 on)
- **'동사와 전치사' 숙어 문제:** 앞에 있는 동사가 뒤에 있는 전치사의 힌트를 가지고 있다.
  attribute A **to** B A를 B의 덕분으로 하다   blame A **for** B B에 대해 A를 비난하다
- **기타 복합 전치사 숙어 문제:** 빈칸 앞이나 뒤의 명사/형용사가 전치사의 힌트가 된다.
  by means of ~에 의하여, ~를 수단으로   **in** the vicinity of ~의 주위에
- **빈칸 앞뒤 명사들의 상관관계에 따라 답이 결정되는 문제:** 문맥상 적절한 의미를 이끌어내는 데 필요한 전치사를 찾아야 한다.
  specifications **for** a garage 차고 설계 설명서(목적/용도)   the fact **of** your meeting him 네가 그를 만났다는 사실 (동격)

★ 주요 출제 패턴

1. 전치사와 접속사의 구분
2. 기본 전치사의 의미와 쓰임
3. 전치사를 활용한 숙어표현
4. 전치사 to와 to부정사의 구분

★ 이렇게 풀어라! 문제풀이 전략

1. **〈전치사 + 명사〉 vs 〈접속사 + 문장〉:** 빈칸 뒤에 명사(구)가 있으면 전치사, 〈주어+동사(절)〉가 있으면 접속사가 답이다.
   ------- yesterday's meeting, Mr. Parsons told employees to return from their lunch break by 3 P.M.
   (A) When   (B) During

   해설 빈칸 뒤에 yesterday's meeting이라는 명사구가 있으므로 빈칸은 전치사 자리이다. 따라서 During(~하는 동안)이 정답이 된다. When은 접속사로서 뒤에 문장이나 분사 형태의 구가 나와야 한다.
   해석 어제 회의하는 동안, Mr. Parsons는 직원들에게 점심식사시간 이후에 적어도 오후 3시까지는 돌아오라고 말했다.

2. **기본 전치사의 의미와 쓰임:** 〈전치사 + 명사〉의 형태로 쓰이므로 전치사를 고를 때는 우선 뒤에 오는 명사의 종류와 의미를 확인해야 한다. 유사 의미의 전치사를 구분하는 형태도 자주 출제되므로 각 전치사의 의미와 쓰임을 정확히 익혀둔다.
   Since the economic depression, many liquor stores ------- the southern part of France have closed down.
   (A) in   (B) during

   해설 빈칸 뒤의 장소명사와 어울리는 전치사를 선택하는 문제이다. 보기 중 장소의 의미를 가진 전치사는 in(~에)이다. during은 '~동안에'라는 뜻의 시간의 전치사로 뒤에 기간을 나타내는 명사를 받는다.
   해석 경제적 침체기 이후 프랑스 남부 지역에 있는 많은 주류 판매점들이 문을 닫았다.

3. **전치사를 활용한 숙어표현:** 〈명사 + 전치사〉 외에 〈동사 + 전치사〉, 〈be + 형용사/과거분사 + 전치사〉 형태의 숙어표현들이 있다. 이들은 뒤의 명사가 아니라 앞에 있는 동사, 명사, 형용사에 따라 전치사가 결정된다. 이러한 패턴들은 반드시 암기해둔다.
   Mr. Armani is known ------- his accurate measurements and artistic talent.   (A) for   (B) as

   해설 명사구 앞에 빈칸이 있으므로 전치사가 올 자리이다. 여기서는 앞에 있는 동사 is known이 힌트가 된다. (be) known for는 '~으로 유명하다', (be) known as는 '~로서 유명하다'라는 뜻을 가지고 있다. 또한 전치사 for 뒤에는 유명하게 된 내용이, as 뒤에는 자격/지위와 관련된 명사가 나온다. 위 문장의 명사구는 자격/지위와 관련된 명사가 아니므로, for가 와야 한다.
   해석 Mr. Armani는 그의 정확한 측정과 예술적 재능으로 잘 알려져 있다.

4. **전치사 to와 to부정사의 구분:** 문장 구조와 의미를 통해 전치사 to와 to부정사를 구분해야 한다.
   Milon Caltex has announced to ------- that its profits are expected to rise in the next quarter.
   (A) invest   (B) investors

   해설 〈announce to + 사람 + that + 주어 + 동사〉(~에게 that 이하라고 발표하다)라는 관용적인 표현이 쓰인 문장이다. 여기서 전치사 to 뒤에는 발표하는 대상인 '사람명사'가 와야 한다.
   해석 Milon Caltex는 투자자들에게 다음 분기에 회사의 수익이 증가될 예정이라고 발표했다.

247

LESSON 1 전치사와 접속사의 구분

Point

보기에 보통 전치사, 부사, 접속사 등이 함께 등장하기 때문에 문장 구조를 통해 어떤 품사가 들어갈 자리인지 확인해야 한다.

 ------ the increase in sales, all employees at Carter Inc. are showing less motivation due to long working hours.   (A) Since   (B) Despite   (C) Because   (D) Although

▶ 빈칸 뒤부터 쉼표(,) 앞까지의 명사구를 이끄는 전치사를 선택하는 문제이므로 일단 접속사인 Because(왜냐하면), Although(~에도 불구하고)는 정답에서 제외된다. Since(~이래로)는 전치사로 쓰일 때는 뒤에 시점명사가 와야 한다. 따라서 정답은 '~에도 불구하고'라는 양보의 의미를 가진 전치사 Despite가 된다.

● 판매 증가에도 불구하고 Carter사의 직원들은 긴 근무시간으로 인해 일을 열심히 하고자 하는 열의가 낮다.   정답 (B)

1. 〈전치사 + 명사〉 vs 〈접속사 + 문장(주어 + 동사)〉

빈칸 뒤에 명사나 명사 상당어구(명사구/절, 대명사, 동명사)가 있으면 전치사가, 〈주어 + 동사〉(절)가 있으면 접속사가 답이다.

Ms. Lopez has already become an asset **to** the firm. 〈전치사 + 명사〉 Ms. Lopez는 이미 회사에 꼭 필요한 사람이 되었다.
Local farmers are assured **of** having a successful crop. 〈전치사 + 동명사구〉
지역 농민들은 성공적인 수확을 할 것이라고 확신하고 있다.
A convenience store is always open 24 hours a day, **even if** it is a national holiday. 〈접속사 + 문장〉
심지어 국경일이라도 편의점은 24시간 항상 가게 문을 연다.

2. 전치사구(전치사 + 명사)는 문장에서 형용사와 부사의 역할을 한다.

People **of all ages** are eligible to enter the competition.   모든 연령대의 사람들이 대회에 참가할 수 있다.
☆ 〈전치사 + 명사〉(of all ages)가 앞의 명사 people을 수식하여 '모든 나이의'라는 의미의 형용사 역할을 하고 있다.

Jean Aden has worked **in the accounting office for several years**.   Jean Aden은 몇 년째 회계사무실에서 일해오고 있다.
☆ in the accounting office는 장소부사의 역할을, for several years는 기간부사의 역할을 하고 있다.

3. 전치사는 (자)동사와 함께 쓰여 동사구의 역할을 한다.

We **are looking for** experienced instructors to teach presentation skills.   우리는 발표 기술을 가르칠 경력 있는 강사를 찾고 있다.
☆ 동사 look for는 〈자동사 + 전치사〉 형태로 동사구를 이루고 뒤에 나오는 명사는 동사 look for의 목적어가 된다.

4. 주의해야 할 전치사

(1) **두 단어 이상으로 구성된 전치사**: 두 단어 이상으로 구성된 경우 마지막 단어가 전체 품사를 결정한다. prior to, ahead of 등은 형용사가 아니라 전치사구로 봐야 한다.

prior to ~전에   ahead of ~에 앞서서   regardless of ~에 상관없이   native to ~에서 태어난   free of ~을 떠나서, 면제된

All texts should be checked carefully **prior to** publication.   모든 내용은 출간 전에 세심하게 확인되어야 한다.

(2) **-ing 형태의 전치사**: regarding ~에 관해서   concerning ~에 대해서   following ~다음에, 이후   including ~을 포함해서

Many economists **including** Samuel Jackson have published articles in the *Weekly Business*.
사무엘 잭슨을 포함한 많은 경제학자들이 Weekly Business지에 기사를 내고 있다.

Ustar 출제포인트 시험에는 이렇게 나온다!   유사 의미의 접속사와 전치사를 구분하라.

	전치사	접속사
(양보) ~에도 불구하고, 비록 ~라도	despite, in spite of	although, (even) though, even if
(이유, 원인) ~때문에	because of, due to, owing to, on account of	because, since, as
~을 제외하고	aside from, except (for), excluding	except that, but that
(시간) ~동안	for, during	while
(시간) ~할 때	at, on	when, at the time when
(시간) ~ 전에	before, prior to	before
(시간) ~후에	after, following, subsequent to	after
(시간) ~까지	by, until	by the time, until
(가정) 만일 ~이 아니라면	barring, without	unless
(조건) ~이 아니라면	without	unless
~한 경우를 대비하여	in case of	in case (that)
~한 경우에	in the event of	in the event that

Exercises

제한시간 5분(문제당 25초)

문제풀이 예제

01 All computers had to be shut down for two days ------- the highly contaminative virus infection.
(A) due to   (B) since   (C) to   (D) at

해설 뒤에 명사가 있고 문맥상 '이유/원인'의 전치사가 들어갈 자리이다. since는 전치사일 때는 '~때문에'라는 이유로는 쓰이지 않고 뒤에 시간 상당어구가 오면서 '~이래로'라는 의미만을 가진다. 보기 중 이유/원인의 전치사는 due to이다.

해석 급속도로 전이되는 바이러스 감염으로 인해 컴퓨터를 모두 이틀 동안 꺼두어야만 했다.

02 ------- the recession, Penero Industries had to lay off thirty factory workers in order to reduce labor costs.   (A) As   (B) Upon   (C) While   (D) During

해설 기간의 의미가 있는 명사 recession(불경기)과 함께 쓰일 수 있는 전치사를 선택하는 문제이다. As는 '~로서'라는 자격을 나타내는 전치사이고, Upon은 '~에 대하여'의 의미로 문맥상 적합하지 않다. While(~하는 동안에)은 접속사이다. 따라서 '~하는 동안'의 기간을 나타내는 전치사 During이 가장 적절하다.

해석 불경기 동안 Penero Industries사는 인건비를 줄이기 위해 30명의 공장 직원들을 정리해고해야만 했다.

어휘 recession 경기 후퇴, 불경기   lay off 해고하다   reduce 줄이다   labor cost 인건비

Step 1 Warm-up Test

01 For your own good, if you are driving in a foreign country, drive ------- the speed limit.
(A) while   (B) within

02 ------- taking the client to a hotel, Ms. Becker invited him to a traditional German restaurant.
(A) However   (B) Instead of

03 If you are planning on driving your car into the city, please don't use Hudson Parkway ------- rush hours.   (A) during   (B) when

04 ------- the financial issues, Mr. Walton decided to commence with the development of the new lens design.   (A) Despite   (B) Unless

05 Margaret Tunney has been one exceptional individual who has been relentlessly committed ------- developing Victor & Tunney into a global industry.   (A) that   (B) to

06 It is important to check whether all the equipment is functioning properly ------- starting the lab experiment.   (A) so that   (B) before

Step 2 실전 TOEIC Test

01 If you wish to receive a full refund, please return the package in its original form ------- thirty days of purchase.
(A) within   (B) behind
(C) still   (D) even

02 ------- the presentation, Mr. Malcovich gave a very clear example to describe how his company's new marketing strategy works.
(A) Of   (B) Even
(C) When   (D) During

03 Staff from each department attended the annual banquet ------- some staff in the accounting department.
(A) even though   (B) unless
(C) opposing   (D) except for

04 The new football stadium for the Maine Lobsters which is currently under construction will be able to hold ------- 80,000 people.
(A) such that   (B) in which
(C) out of   (D) up to

05 ------- her sensational taste in design, Ms. Miyake's fashion accessories always recorded high sales among women.
(A) Consequently   (B) Because of
(C) According to   (D) Thus

06 Sales of Laser Square Software have doubled since last year ------- a success in negotiating with Verizon Computers.
(A) only if   (B) provided that
(C) in order to   (D) as a result of

▶ 정답 및 해설 p.111~112

▶ 문제풀이 예제 정답 01 (A) 02 (D)

LESSON 2 기본 전치사 at/in/on

Point

전치사를 결정하는 것은 뒤에 있는 명사이다. 먼저 명사의 종류와 성격을 파악하고 나서 문맥에 적절한 전치사를 골라야 한다.

 We will send you detailed information on the terms and conditions of your employment contract ------ a sealed envelope. (A) in (B) on (C) to (D) at

▶ 명사구 a sealed envelope와 쓰일 수 있는 전치사를 고르는 문제이다. '고용계약의 조건에 관한 자세한 정보를 봉인된 봉투에 보낼 것이다'에서 '~안에'라는 공간의 전치사 in이 정답으로 가장 적절하다. on은 '~위에' 또는 '~에 대하여'라는 의미이고, to는 '~에, ~에게'의 방향을 의미하는 전치사이다. at 역시 하나의 지점에 해당하는 장소이므로 문맥상 어색하다.

● 우리는 고용계약서의 조건들에 관한 상세한 정보를 봉투에 담아 당신에게 보낼 겁니다.   정답 (A)

1 at, in, on의 기본 개념을 이해하자.

(점)	at은 시간이나 장소에 있어 하나의 지점, 위치 등을 나타낸다.
(공간)	in은 장소나 특정 공간 내에 존재하거나 포함되어 있다는 의미를 가진다.
(선 위의 점)	on은 물리적 · 추상적인 것의 표면에 접해 있다는 개념의 전치사이다.

2 시간이나 시기를 나타낼 때

at	• 어떤 일이 발생하는 정확한 시간이나 시각을 나타낼 때 **at** 2 o'clock 2시에 **at** night 밤에 **at** Christmas 크리스마스에
in	• 월 이상의 시간(월/계절/연도/세기)이나 특정 사건, 일이 발생한 때 **in** February 2월에 **in** 1999 1999년에 **in** summer 여름에 **in** my childhood 내 어린 시절에
on	• 특정한 날이나 날짜, 요일을 말할 때 **on** Monday 월요일에 **on** August 1st 8월 1일에 **on** my birthday 내 생일에

cf. last, this, every, next 뒤에 나오는 시간에는 at/in/on의 전치사를 쓰지 않는다.

We will be meeting with our clients **next** Monday. 우리는 다음 주 월요일에 고객들을 만날 예정이다.

3 위치나 장소를 나타낼 때

at	• 특정 시점에서의 사람이나 사물의 소재, 행방 또는 행위가 일어나는 정확한 장소나 위치 **at** the bus stop 버스 정거장에 **at** the corner 구석에 **at** work 직장에
in	• 특정 장소나 (town 이상의) 지역 또는 외부와 독립된 공간 안에서의 존재 **in** Korea 한국에 **in** New York 뉴욕에 **in** the drawer 서랍 안에 chairs **in** the room 방에 있는 의자
on	• 표면 위, 일직선상의 지점 또는 기록이 보관된 장소 a calendar **on** the wall 벽에 걸린 달력 **on** the street 거리에서 **on** the computer 컴퓨터에 (있다)

at은 '좁은 공간'이라는 단순 개념만으로 이해하기는 어렵다. 예컨대 Part 2에서 Where did you buy it? - at the store / in the store라는 문제가 있다. 이때 그저 공간 안에 머무르고 있는(in) 상태가 아니라 '~하고 있는 중'이라는 특정 행위 시점에서 그 사람의 소재나 행방을 나타낼 때는 at을 사용한다.

Ustar 출제포인트 시험에는 이렇게 나온다! 시간, 장소 외에 at/in/on의 빈출 용법

at	• 횟수/비율/속도/온도/가격/비용: **at** the speed of 60 miles an hour 시속 60마일의 속도로 **at** the rate of 35% 35퍼센트의 비율로 **at** the cost of $100 100달러의 비용으로 **at** a reasonable price 합리적인 가격으로 • 연락처(전화번호/주소/번지): **at** 080-123-3456 080-123-3456번으로 **at** 24 Oxford Street 옥스퍼드 24번지
in	• 기간(~후에): The book will be released **in** two months. 그 책은 2개월 후에 출판될 것이다. • 〈the + 최상급 + 기수 + 기간명사〉(~한 것은 …동안 처음인): the first winner **in** the last five years 지난 5년 만에 최초의 우승자 *cf.* 〈현재완료 + for/over/in/since + last/past + 시간명사〉: 지난 ~동안/지난 ~에 걸쳐/지난 사이에/지난 ~이래로 • 〈증가/감소/진보/경력 + in + 분야〉: an increase **in** sales 판매의 증가 • 색깔: **in** blue 파란색인 • 소속, 관련 분야 등의 숙어: be involved **in** ~에 관련되다 be engaged **in** ~에 종사하다
on	• 주제/대상(~에 대한): a book **on** biology 생물학에 관한 책 take lessons **on** the violin 바이올린 강습을 받다

〈전치사 + 명사〉의 관용표현: in writing 서면으로 in detail 자세하게 in advance 미리 in time 제시간에(늦지 않게)
on time 정각에 upon/on arrival 도착하자마자

Exercises

제한시간 5분(문제당 25초)

문제풀이 예제

01 Starting next Monday, all fruits and vegetables at Tommy's Garden will be sold ------- a much lower price.
(A) in   (B) on   (C) at   (D) after

해설 빈칸 뒤의 명사구 a much lower price에서 명사 price(가격)와 어울리는 전치사를 묻고 있다. 비용/가격과 어울리는 전치사는 at이다. at a much lower price는 '훨씬 더 낮은 가격으로'라고 해석된다. in은 시간이나 장소를, on은 요일이나 위치를, after(~이후에)는 시간을 나타내는 전치사로 문맥상 적절치 않다.

해석 다음 주 월요일부터 Tommy's Garden의 모든 과일과 채소는 훨씬 낮은 값에 판매될 것이다.

02 Starting next year, our hotel will impose taxes ------ each room.
(A) in   (B) on   (C) at   (D) to

해설 there are chairs in the room에서처럼 주체가 장소, 공간 안에 존재할 때에만 in the room이 성립된다. 방안에 세금이 있는 것이 아니다(impose taxes in the room(x)). 각 방에 대한 세금을 물린다는 의미이므로, '~에 대한'이라는 의미의 전치사 on을 써야 한다.

해석 내년부터 우리 호텔은 방마다 세금을 부과할 것이다.

Step 1 Warm-up Test

01 Mr. Cohen's presentation is scheduled to begin ------- three o'clock this afternoon.
(A) in   (B) at

02 Clients will be visiting our offices ------- August 12 to meet the marketing director.
(A) in   (B) on

03 Refreshments will be available ------- the main lobby after Mr. Park's speech.   (A) on   (B) in

04 Sales of the Z-1200 computer have doubled ------- the last five years.   (A) in   (B) at

05 Mr. Kirkwood found Ms. Courtney's cellular phone ------- the table in the snack room, but she had already gone home.   (A) on   (B) to

06 The new pillow sets by Sleep Mate are available ------- white, ivory, blue, and black.
(A) at   (B) in

Step 2 실전 TOEIC Test

01 The results of the customer's survey will be released ------- three months.
(A) by   (B) with
(C) from   (D) in

02 Leave your name card with the reception ------- the conclusion of today's seminar.
(A) at   (B) in
(C) since   (D) except

03 ------- Kale Consulting Inc., we value teamwork and foster a cooperative working environment.
(A) On   (B) At
(C) Of   (D) To

04 Once you pass Kingko's Diner, walk straight for about five minutes, you will be able to find China Gate ------- your right.
(A) on   (B) at
(C) for   (D) with

05 If the skater succeeds, it will be the first time ------- fifteen years that an European has won the prize for this race.
(A) in   (B) among
(C) during   (D) since

06 Experts say that advertisements ------- online newspapers are very ineffective because Internet users find them disturbing and annoying.
(A) of   (B) up
(C) as   (D) on

▶ 정답 및 해설 p.112~113

▶ 문제풀이 예제 정답 01 (C) 02 (B)

LESSON 3 기간 전치사와 기준 전치사

Point

뒤에 있는 명사가 기준 시점을 의미하는지 기간을 의미하는지 확인하라.

 The new Vice President of Marketing has promised to evaluate all of the company's operations ------- the next two months.
(A) by　　　(B) until　　　(C) over　　　(D) since

▶ 빈칸 뒤에 명사 the next two months(앞으로 2개월)를 받을 수 있는 전치사가 들어갈 자리이다. 전치사의 의미가 다르다고 해서 의미상으로 접근해서는 안 된다. by, until은 '~까지', since는 '~이래로'의 의미로 뒤에 특정한 시점을 가리키는 명사가 나와야 하며, over는 '~동안'이라는 의미로 기간을 알 수 있는 (복수)명사가 나와야 한다. 문장에서 '앞으로 2개월'이라는 기간으로 나오고 있기 때문에 정답은 over가 된다.

● 새로운 마케팅 담당 부사장은 앞으로 두 달에 걸쳐 회사의 모든 운영을 평가하겠다고 약속했다.　　　　정답 (C)

1 기간 전치사란? 특정 기간을 명시하는 (복수)명사가 따라오는 전치사

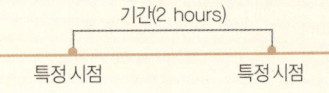

for(~동안)	• 특정 기간 동안에 지속적으로 발생한 사실이나 상태를 말할 때 **for** two weeks 2주 동안　**for** a while 잠시 동안　**for** ten years 10년 동안
during/over(~동안)	• 특정 기간 명사와 함께 그때 또는 그 시기에 특정 행위가 발생함을 말할 때 **during** his time at the company 회사에서 근무할 때　**during** the summer 여름에 **over** the past few months 지난 몇 달에 걸쳐　**over** the weekend 주말에 걸쳐
through(out)(~동안 내내)	• 특정 기간의 처음부터 끝까지 내내 정기적·주기적으로 어떤 일이 발생할 때 **throughout** the year 일 년 내내　**throughout** the winter 겨울 내내
within(~이내)	• 특정한 사건이나 행위가 일어난 후부터 특정 기간이나 시간 이내에 **within** a week 1주일 이내　**within** 2 hours 2시간 이내에
after(~후에)	• 특정한 사건이나 기간이 지난 그 이후를 의미할 때 **after** six months 6개월 후에　**after** 2 hours 2시간이 지난 이후에
in(~후에)	• 현재를 기준으로 특정 기간이 지난 시점에서 어떤 일이 발생할 때 **in** a week 1주일 후에　**in** 2 hours 2시간 후에

2 기준 전치사란? 특정 시점을 기준으로 움직이는 것

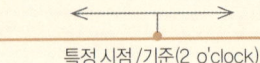

by(~까지)	• 특정 행위나 동작의 완료　**by** the end of this week 이번 주말까지
(up) until(~까지)	• 특정 행위나 동작, 상태가 특정 시점까지 지속될 때　**until** March 3월까지
from(~부터)/to(~까지)	• from은 시작점을, to는 끝나는 시점을 의미한다. **from** 10 A.M. **to** 5 P.M. 오전 10시부터 오후 5시까지
since(~이래로)	• 주로 과거의 특정 시점을 받아 그 이후부터 현재까지의 기간 **since** last Friday 금요일부터　**since** 5 years ago 5년 전부터
before/prior to(~전에)	• 특정 사건이나 행위 또는 시점을 기준으로 그 이전을 의미 **before** the end of the year 연말 전에　**before** the show 공연 전에 **prior to** the departure 출발 전에
after/following(~후에)	• 특정 사건이나 행위 또는 시점을 기준으로 그 이후를 의미 **after** the meeting 미팅 후에　**following** his presentation 그의 발표 이후에

Ustar 출제포인트 시험에는 이렇게 나온다! since의 다양한 용법 암기하기

since	시간 (~이래로)	이유, 원인 (~때문에)
접속사	○	○
전치사	○	X
부사	○	X

Exercises

제한시간 5분(문제당 25초)

문제풀이 예제

01 Kuyt Company's fifth year anniversary party will begin at 7 P.M. and last ------- midnight.
    (A) with   (B) on   (C) in   (D) until

> 해설 last는 '지속되다'라는 의미로 until과 잘 어울리는 동사이다. 또한 빈칸 뒤에 시간명사 midnight이 나와 있으므로 보기 중에서 시간을 나타내는 전치사 until(~까지)이 가장 적절하다. 시간의 전치사라도 on은 날짜, 요일에만 쓰이고, in은 연도 앞에서 쓰이거나 기간명사를 받아 '~후에'라는 의미로 쓰이므로 내용상 적절하지 않다.

> 해석 Kuyt Company의 5번째 창립 기념일 파티는 오후 7시에 시작해서 자정까지 지속될 것이다.

> 어휘 anniversary 창립 기념일   last 지속되다   midnight 자정

02 AFC Insurance has been in business ------- five years ago.
    (A) for   (B) since

> 해설 빈칸 뒤에 five years만 보고 기간 전치사인 for를 고르지 않도록 주의하자. 〈기간명사 + ago〉는 해당 기간만큼의 과거 시점을 의미하므로 시간의 기준 전치사인 since가 답이다. since는 주로 〈주어 + 동사(현재완료) ~ since + 과거 시점명사〉 형태로 쓰이며 최근에는 전치사뿐만 아니라 부사로도 자주 출제되고 있다. ago는 단독으로 쓰이지 않고 항상 기간명사와 함께 쓰인다.

> 해석 AFC 보험은 5년 전부터 사업을 했다.

Step 1 Warm-up Test

01 You must fill out these application forms ------- to opening a checking account at our bank.
    (A) prior   (B) forward

02 All employees were informed to submit their daily reports ------- the end of today.
    (A) on   (B) by

03 Our manager, Mr. Hillman, has been working for Sioux Manufacturer ------- over fifteen years.
    (A) in   (B) for

04 The elevator in Ross Building has not been operating properly ------- Friday.   (A) until   (B) since

05 Since many attendants couldn't join the ceremony due to bad weather, the ceremony is expected to be over ------- 8 P.M.   (A) by   (B) on

06 Due to the work overload, Mr. Young told his supervisor that he wouldn't be able to finish his work ------- July 7, which was his initial due date.   (A) within   (B) before

Step 2 실전 TOEIC Test

01 As long as you return the package ------- Monday, you will receive a full refund.
    (A) by   (B) in
    (C) at   (D) to

02 ------- 1933 , Orlando Brando has built its reputation by making high-quality dress shoes exclusively for men.
    (A) Before   (B) Since
    (C) On   (D) By

03 We just received the news that the chief financial officer has been involved in a minor car accident, so the conference will be postponed ------- later this afternoon.
    (A) during   (B) when
    (C) since   (D) until

04 No one should be allowed to enter the seminar room ------- Mr. Tanaka's presentation.
    (A) between   (B) concerning
    (C) during   (D) inside

05 ------- weeks of uncertainty, the board of directors has finally announced a merger with KMC Inc.
    (A) At   (B) Following
    (C) Upon   (D) Except

06 If you experience difficulties with the installation process, technical support is available ------- the day.
    (A) from   (B) about
    (C) between   (D) throughout

▶ 정답 및 해설 p.113~115

▶ 문제풀이 예제 정답 01 (D) 02 (B)

LESSON 4 기본 전치사 for/about/with/within

Point

전치사의 기본적인 의미는 반드시 알아두자. for는 기간 외에도 목적, 용도, 대상의 전치사로도 쓰인다.

 ------ your own safety, please wear safety goggles and lab suits before entering the restricted area.
(A) About   (B) By   (C) For   (D) Of

▶ '안전을 위해 ~와 ~를 착용하세요'라는 문맥에서 전치사구를 완성하는 알맞은 전치사를 선택하는 문제이다. 따라서 정답은 '~를 위해'의 (C) For가 가장 적절하다. (A) About은 '~에 대하여'의 의미를, (B) By는 '~로'라는 수단과 방법을 의미하고 (D) Of는 '~의'란 의미로 서로 속하거나 관련이 있는 명사들과 쓰이므로 정답으로 적절하지 않다.
● 당신의 안전을 위해 출입이 제한된 실험실에 들어가기 전에 고글을 쓰고 실험복을 입으세요.   정답 (C)

---

1 for: 목적, 용도, 기간, 이유, 대상, 가치

전치사 for는 기간 전치사 외에도 목적, 용도, 이유, 대상, 가치 등의 의미로 쓰인다.

목적(~를 위한)/용도(~용)	tables **for** the main lobby 메인로비용 테이블 waiting **for** a train 기차를 기다림 the specification **for** the new edition 최신판을 위한 세부 사항
이유(~해서)	I am sorry **for** interrupting you. 방해해서 죄송합니다.
대가/교환/가치	exchange my old camera **for** a new one 오래된 카메라를 새것으로 바꾸다 a gift certificate **for** $100 100달러 상품권

2 about: 주제, 장소

주제(~에 대해, 관해)	favorable news reports **about** the company 회사에 대한 긍정적인 소식 ☆ 주제/대상을 의미하는 전치사에는 concerning, regarding, with regard to, as to, on, over가 있다
장소(주변에, 근처에)	They spent the whole day walking **about** town. 그들은 하루 종일 시내 주변을 걸어다녔다. ☆ 근방/근처를 의미하는 전치사에는 around, round가 있다.

주의 _ ① 〈be about to + 동사원형〉: 막 ~하려고 하다
② 부사 about: 약, 대략(= roughly, approximately, around)   It's **about** 10 kms away. 약 10킬로미터 떨어져 있다.

3 with: 동반/소지, 조건, 소유, 도구/수단, 상태 등(↔ with out)

공존/동반/소지	**with** my friends 내 친구들과 (함께) 〈take/bring/have + 사람/사물 + with〉 ~와 (함께) …를 데려오다/가져오다
조건/특성/소유	a man **with** capability 능력이 있는 사람 a book **with** a red cover 빨간 표지의 책
재료/도구/수단	fill a glass **with** wine 와인으로 잔을 채우다 slice the potatoes **with** a knife 칼로 감자를 자르다
상태	〈with + 추상명사〉 **with** caution 주의하여 **with** courage 용감하게

4 within: 장소, 거리, 조직, 범위, 규칙(↔ beyond)

within은 기간명사를 받는 것 외에도 장소, 거리, 범위, 규칙을 의미하는 명사를 받아 '~이내에'를 의미한다.

장소	**within** the airport 공항 내에 **within** the park 공원 내에
거리	**within** walking distance 걸어서 갈 만한 거리에 **within** commuting distance 출퇴근할 만한 거리에
조직	**within** the company 사내에 **within** the department 부서 내에
한계, 규칙	**within** the regulation 규정 내에 **within** the budget 예산 안에서

Ustar 출제포인트 시험에는 이렇게 나온다!   for doing something에는 목적의 의미가 없다.

1. 명사(사물, 행위) + for (doing) something: 물건의 용도, 목적
   a knife **for** bread 빵을 자르기 위한 칼   a gift **for** your birthday 생일선물
2. 명사(결과) + for doing something = as a result of (doing) something: 과정, 이유
   a reward **for** making contributions to the community 지역사회 기여에 대한 상
   cf. 확인을 위해서: **for** a confirmation = in order to confirm (O)   for confirming (X)
   For studying hard, I passed the exam. = To pass the exam, I studied hard.   공부를 열심히 해서 합격하였다.

Exercises

제한시간 5분(문제당 25초)

문제풀이 예제

01 Many local attractions are ------- an hour's drive of the condominium where we are staying.
   (A) within   (B) onto   (C) so that   (D) much as

> **해설** 빈칸은 be동사와 명사 사이에 들어갈 전치사 자리이다. 보기 중에 전치사는 within과 onto이다. 전치사를 결정하는 것은 뒤에 있는 명사인데, 빈칸 뒤에 범위를 나타내는 명사구 an hour's drive(차량으로 운전해서 1시간)가 있으므로 빈칸에는 범위를 나타내는 전치사가 와야 한다. 따라서 '(범위) ~이내에'라는 의미를 나타내는 within이 정답이다. onto는 '~쪽에'라는 전치사로 장소명사와 어울려 쓰인다. so that과 much as는 접속사이므로 답이 될 수 없다.

> **해석** 많은 지역 관광명소들은 우리가 머무르고 있는 콘도에서 차로 1시간 이내에 갈 수 있는 거리에 있다.

02 There is going to be a staff meeting this Thursday ------- the training workshops starting in December.
   (A) during   (B) about   (C) within   (D) to

> **해설** 기본 전치사 문제라도 구조를 정확히 파악해야 정답을 맞힐 수 있다. 빈칸 이하의 the training workshops를 보고 '워크샵을 하는 동안'이라고 이해해서 during을 선택하는 경우가 많다. 하지만 워크샵이 열리게 되는 것은 12월이고, 회의가 이번 주 목요일이므로 문맥상 적합하지 않다. 결국 직원회의의 주제가 앞으로 열릴 워크샵이라는 의미로, 주제/대상을 의미하는 about이 정답이다.

> **해석** 12월에 시작하는 교육 워크샵에 대한 직원회의가 이번 목요일에 있을 예정이다.

Step 1 Warm-up Test

01 The wedding invitation letter is enclosed ------- the directions to the hotel.   (A) with   (B) along

02 If you want to find out more information ------- the features of the Rally T-250, please call one of our sales representatives.   (A) in   (B) about

03 If you use Loister Oil, you can save up to 3% ------- every litter of gasoline you put in your vehicle.
   (A) in   (B) for

04 Among all the sales departments ------- our company, the sales team of Leonia branch has shown the best record.   (A) as for   (B) within

05 Mr. Bridges asked the marketing staff ------- a practical marketing strategy on the company's upcoming software.   (A) about   (B) along

06 A new method of melting metals was implemented ------- the development of creating a stronger alloy.   (A) to   (B) for

Step 2 실전 TOEIC Test

01 Director Stephen Zuckerberg will be traveling to Australia ------- the rest of the crew to film a documentary about the lives of the natives.
   (A) where   (B) both
   (C) with   (D) but

02 There are about seven hotels ------- a ten-mile radius of Berlin International Airport.
   (A) across   (B) within
   (C) in front of   (D) nearby

03 Ms. Serafica has some questions ------- the presentation that was given a few hours ago.
   (A) between   (B) regarding
   (C) onto   (D) next

04 Mr. Wilde always reminds all staff members to never be late ------- the short meetings held every Monday morning.
   (A) in   (B) as
   (C) at   (D) for

05 Both Mr. Simon and Ms. Barry are indecisive ------- whether hiring Mr. Kumar as the manager of international trade is a sound decision.
   (A) out of   (B) as to
   (C) up to   (D) because of

06 Mr. Gray makes regular appointments ------- a doctor because of his high blood pressure.
   (A) until   (B) around
   (C) above   (D) with

▶ 정답 및 해설 p.115~116

▶ 문제풀이 예제 정답 01 (A) 02 (B)

LESSON 5 기본 전치사 of/by/under

Point

전치사 of는 '~의'라는 소유, 소속의 의미를 가진다.

 As manager ------ the sales department, Mr. Gruber gathers all sales staff members for a brief meeting every Wednesday morning.
(A) on   (B) of   (C) to   (D) by

▶영업부서(the sales department)에 속해 있는 manager라는 의미이므로 소속을 나타내는 전치사 of(~의)가 가장 적절하다. on은 장소나 시간을 나타내는 전치사이고, to는 방향을, by는 수단/방법/장소를 나타내는 전치사이므로 답으로 부적절하다.
●영업부 부장으로서 Mr. Gruber는 수요일 아침마다 간략한 미팅을 위해 전 영업사원들을 소집한다.   정답 (B)

1 of: 소유/소속, 원인/이유, 연결/관련, 동격, 구성 요소 등

본래 off와 같은 말로, '~로부터 떨어져'라는 뜻으로 쓰였다. 따라서 '근원·소속'으로부터 떨어지는 '원인·이유'의 뜻이 생기고, 다시 분리·소속으로부터 '부분'의 뜻을, 원인·이유로부터 '관련'의 뜻을 나타내게 되었다.

재료/구성 요소	a watch (made) **of** gold 금으로 만든 시계 consist **of** ~로 구성되다
동격	the city **of** Seoul 서울시 discount **of** 25% 25퍼센트 할인
소유/소속	history **of** Korea 한국의 역사 the house **of** his family 그의 가족의 집 the manager **of** the accounting department 회계부서의 부장
연결/관련	a friend **of** mine 나의 친구 the responsibility **of** the manager 매니저의 책임
유래/기원/출처	a man **of** Oregon 오리건 주 출신의 사람
부분	some **of** the employees 직원들 중의 일부 one **of** the duties 임무(할 일) 중의 하나
주체가 되는 사람, 사물	• 의미상 of 뒤에 있는 명사가 앞에 있는 명사의 주체(주어)가 된다. the appearance **of** a competitor 경쟁자의 출현 the arrival **of** visitors 손님들의 도착
대상이 되는 사람, 사물	• 의미상 of 뒤에 있는 명사가 앞에 있는 명사의 대상(목적어)이 된다. an exchange **of** ideas 의견 교환 an offer **of** a job 일자리의 제공

주의 〈of + 추상명사〉 = 형용사   The matter is **of** great importance. 그 일은 매우 중요하다.

2 by: 행위의 주체, 수단/방법, 장소/위치, 비율, 차이(정도)

'~까지'라는 시간을 의미하는 기준 전치사 외에도 행위의 주체, 수단/방법, 장소/위치, 비율 등을 의미하는 전치사이다.

시간의 완료(~까지)	**by** the end of this year 올해 말까지는
행위의 주체(~에 의해)	• 〈be + 과거분사 + by ~〉: 형태로 수동태 문장에서 행위의 주체를 말할 때 사용된다. published **by** the company 회사에서 출판되다
위치/장소(~옆에)	**by** the door 문 옆에 Come and sit **by** me. 내 옆에 와서 앉아라.
정도/비율/단위의 차이	missed **by** one minute 1분 차이로 놓치다
수단/방법(~로)	**by** land 육로로 **by** machine 기계로 만든 **by** bus 버스로 **by** fax 팩스로 cf. **by** -ing ~함으로써 We learn **by** writing. 우리는 쓰면서 배운다.

3 under: 진행, 영향을 받는 상태, 조건, 체제

under는 기본적으로 위치(~아래), 수량(~이하)을 나타내지만 진행 중인 상태나 체제, 조건(~하에)의 전치사로도 자주 쓰인다.

일, 상황의 진행	**under** discussion/consideration/review 논의/고려/검토 중인 **under** construction 공사 중인
영향을 받고 있는 상태	**under** control 관리 하에, 지배하에 **under** pressure 압박을 받고 **under** warranty 보증기간에 있는
상태/조건/사정/권한 (~일 때, ~하에)	**under** such conditions 그런 조건하에서 **under** different circumstances 다른 상황일 때 **under** no circumstances 어떠한 경우라도 **under** his leadership 그의 리더십 아래 **under** president Paula 파울러 대통령 체제하에 **under** the situation 그 상황 하에서
법, 규칙(~에 따라)	= according to **under** the terms of agreement 합의서의 조항에 따라

Ustar 출제포인트 시험에는 이렇게 나온다!   **plus의 품사는?**

plus는 토익에서 전치사, 명사, 접속사, 형용사 골고루 모두 출제되고 있다.
Rivet Technologies has replaced the SL6 speaker system with the SL6Q, which has all the same features ------ updated surround sound features.   (A) plus   (B) together

■Rivet Technologies사는 SL6 스피커 시스템을 SL6Q로 교체했으며, 그 SL6Q 시스템은 이전 것과 똑같은 기능에다 덧붙여서 업데이트된 사운드 기능이 추가되었다.   ▶위 문장에서 plus는 전치사(~에다 덧붙여서)로 쓰였다.

Exercises

제한시간 5분(문제당 25초)

문제풀이 예제

01 The plan to build the world's tallest tower in the center of Montreal has been ------- consideration for about three months now.
(A) before   (B) aside   (C) even   (D) under

> 해설 빈칸 뒤의 명사 consideration(고려)과 어울려 쓰이는 전치사를 선택하는 문제이다. 따라서 부사인 aside(한쪽으로)와 even(~조차)은 정답에서 제외한다. before는 '~이전에'라는 시간을 의미하는 전치사로 시간 관련 명사와 함께 쓰인다. 따라서 정답은 '~하고 있는 중인'이라는 의미의 전치사 under이다.

> 해설 Montreal 시내 중심에서 세계에서 가장 높은 타워를 짓는 계획은 현재 대략 3개월째 고려중에 있다.

02 We were informed ------- Mr. Park that our top priority is to increase overall customer satisfaction.
(A) at   (B) by   (C) until   (D) of

> 해설 Mr. Park informed us that ~(Mr. Park이 ~라고 전했다)의 능동태 구문이 수동태로 바뀌어 'Mr. Park에 의해서 that 이하의 사실을 들었다'라는 의미가 된 것이다. 빈칸에는 수동태의 전치사인 by가 가장 적절하다.

> 해설 우리는 Mr. Park으로부터 우리의 최우선 순위는 전반적인 고객만족도를 끌어올리는 것이라고 들었다.

Step 1 Warm-up Test

01 ------- volunteering at an orphanage in Bolivia, Stephanie Taylor was able to learn the importance of humanity.   (A) By   (B) Because

02 The lack ------- motivation among employees slowed down the production process of the whole factory.   (A) of   (B) with

03 The human resources department is certain that motivation levels among employees will be negatively affected ------- the sudden drop in sales.   (A) toward   (B) by

04 The slight addition ------- a special ingredient was the key factor that Chef Yoon become the final victor of the National Cooking Contest.   (A) of   (B) at

05 You will receive a 25% discount coupon ------- applying for membership either online or at any of our stores.   (A) by   (B) in

06 Any defective items returned within 10 days of purchase is considered ------- warranty and will be replaced at no cost.   (A) under   (B) as

Step 2 실전 TOEIC Test

01 Details about this year's advertising campaign will be provided ------- the marketing director.
(A) by   (B) of
(C) for   (D) with

02 A high level ------- satisfaction is guaranteed with all of our products.
(A) by   (B) of
(C) while   (D) around

03 We guarantee that our program will meet your company's goal ------- increasing total sales.
(A) to   (B) with
(C) on   (D) of

04 ------- hiring additional designers for the new product designs, Paramount Electronic is hoping to create a revolutionary change on all their televisions and stereos.
(A) Up   (B) About
(C) By   (D) To

05 The head director wanted Dr. Zhang to give a demonstration ------- the new product.
(A) along   (B) during
(C) of   (D) into

06 Since St. George Street is currently ------- construction, Route 5 is being used as a detour.
(A) during   (B) under
(C) by   (D) aside

▶ 정답 및 해설 p.116~117

▶ 문제풀이 예제 정답 01 (D) 02 (B)

LESSON 6 기본 전치사(구) from/to/without/because of/despite

Point

전치사 to는 도달점까지 가는 방향성을 가지고 있다.

 According to *Daily Economy*, the overall growth rate in America fell ------- 3 percent, causing a serious economic downfall.

(A) to (B) at (C) in (D) on

▶ 수치를 나타내는 명사 3 percent와 쓰일 수 있는 전치사를 선택하는 문제이다. 빈칸 앞뒤에 동사 fell(떨어졌다)과 수치명사가 있기 때문에 성장률(growth rate)이 떨어진 도달점을 보여주는 전치사 to(~까지)가 가장 적절하다. at은 현재 시점에서의 수준이나 비율을 보여주며, in(~에, ~안에)은 장소나 시간명사와 쓰인다. on 역시 장소 명사나 요일, 날짜 앞에 쓰이므로 정답이 될 수 없다.

● 《Daily Economy》에 따르면 미국의 전반적인 성장률이 심각한 경제적 몰락을 야기하며 3%로 떨어졌다.   정답 (A)

1. from(~부터): 시작이나 출발점의 개념, 금지, 차이

시간/거리/범위, 장소, 동작의 시작이나 출발점	fall **from** the sky 하늘에서 떨어지다　**from** June until October 6월부터 10월까지 about two blocks away **from** the bank 은행에서 약 2블럭 떨어진
원래의 상태	Cheese is made **from** milk. 치즈는 우유로 만든다. cf. 상태의 변화가 없을 경우 단순한 구성 요소를 말할 때는 of를 쓴다. The table is made **of** wood. 테이블은 나무로 만들어진다.
근거/유래/출처/관점	**from** an educational point of view 교육적인 관점에서 보면 draw a conclusion **from** the facts 사실에서 결론을 끌어내다
차이/금지	different **from** ~과 다른 restrain/prevent/prohibit/ban + 목적어 + **from** + -ing ~하는 것을 막다, 금지하다

cf. 〈기간 + after, following/before, prior to + 명사 (시점/사건/행위)〉: ~후 언제/~하기 얼마 전에
Daniel arrived just five minutes **before** the meeting.　Daniel은 회의가 시작하기 불과 5분 전에 도착했다.

2. to(~에게, ~까지): 방향, 대상 끝, 도달점

방향/대상	[방향] relocate our office **to** the downtown area 우리 사무실을 시내로 이전하다 [대상] offer a discount **to** our loyal customers 충성도가 높은 고객들에게 할인을 제공하다
범위/도달점/결과	[범위] from 9 A.M. **to** 5 P.M. 오전 9시부터 오후 5시까지 [도달점] **to** a certain extent 어느 정도까지　[결과] change **to** blue 파란색으로 변하다
일치/적합/필요	[필요] a solution **to** the problem 그 문제의 해결책　an answer **to** the question 그 질문의 대답 [적합] a key **to** the house 그 집의 열쇠

(1) up to(~까지): '특정한 양, 수까지만'이라는 의미　**up to** 30% 30퍼센트까지
(2) into(안으로 들어가다): 단독으로 쓰이기보다는 주로 동사 숙어로 출제된다.
(3) onto(안으로 올라타다): '들어가 올라타다, 탑승하다'라는 의미　**onto** the bus 버스에 올라타

3. without(~없이)

~없이	**without** written permission/consent 서면 허가/동의 없이　**without** delay 지체 없이, 바로, 즉시
~하지 않고	**without** any notice 어떠한 통보도 하지 않고　**without** having to pay 돈을 내지 않고도
~하지 않는다면	not/never ... **without** ~ ~하지 않고 …하는 일은 없다, ~하면 반드시 …하다

4. because of(~때문에) & despite(~하더라도, ~에도 불구하고)

이유, 원인	**because of, due to, owing to, on account of** ~ 때문에　**thanks to** ~덕분에 **because of** a problem with the equipment 장비의 문제로 인해
양보	**despite, in spite of, notwithstanding, regardless of** ~에도 상관없이 **despite** the interruption 방해/장애에도 불구하고

Ustar 출제포인트 시험에는 이렇게 나온다!　전치사 due to와 형용사 due

because of의 동의어인 due to는 2가지가 모두 출제된다.
1. due to (전치사): ~ 때문에
2. be due (형용사): ~하기로 되어 있는, 제출 예정인, 지급 예정인
　The payment **is due** on 1st June. 그 비용은 6월 1일까지 지급되어야 한다.

Exercises

제한시간 5분(문제당 25초)

문제풀이 예제

01 You will not be given access to enter the laboratory ------- approval from your supervisor.
    (A) into   (B) until   (C) among   (D) without

> 해설 빈칸 뒤의 명사 approval 앞에 쓰일 적절한 전치사를 선택하는 문제이다. into는 '~안으로'라는 방향을 의미하는 전치사로 방향성이 없는 명사 approval(승인)과 쓰이기에는 부적절하다. until(~까지)은 시간을 나타내는 전치사이고, among은 뒤에 복수명사와 함께 쓰여 '(셋 이상인) ~중에서, ~사이에서'라는 의미를 가지므로 역시 답이 될 수 없다. 정답은 문맥상 '~없이'라는 뜻의 전치사 without이 된다.

> 해석 당신의 직속상사의 허가 없이는 실험실에 들어갈 수 없다.

> 어휘 access 접근(권)   laboratory 실험실   approval 허가   supervisor 직속상사

02 There will be a very important meeting with a spokesperson from Wiseman Corporation a week ------- this Friday.   (A) on   (B) for   (C) than   (D) from

> 해설 시점명사 this Friday와 어울리는 전치사 어휘를 선택하는 문제이다. 이번 주 금요일부터 한 주 후에 중요한 미팅을 할 것이라는 의미이므로 '~부터'를 뜻하는 전치사 from이 가장 적절하다. 요일 앞에 this, last, next, every 등이 올 때는 전치사 on 없이 '이번/지난/다음/매주 ~요일에'란 의미로 쓰인다. for(~동안)는 기간명사와 쓰이고 than(~보다)은 앞에 비교를 나타내는 표현과 함께 쓰인다.

> 해석 이번 주 금요일부터 한 주 후에 Wiseman Corporation의 대변인과의 매우 중요한 미팅을 할 것이다.

Step 1 Warm-up Test

01 Please forward messages ------- the research group in Tokyo directly to Mr. Sander's office.
    (A) out   (B) from

02 You may not enter the Exclusive Bellanova Fashion Show ------- an invitation card.
    (A) without   (B) along

03 After we review the conditions in the contract, an e-mail will be sent ------- Mr. Martin.
    (A) upon   (B) to

04 All factory workers at the power plant had to evacuate the building ------- a toxic waste leakage.
    (A) due to   (B) for

05 ------- her outstanding education background, Ms. Twain was not hired because of her lack of experience as an art curator.   (A) Yet   (B) In spite of

06 ------- the recent terrorist attack in Mexico City Airport, all departing and arrival flights have been canceled to prevent further risks.   (A) According to   (B) Because of

Step 2 실전 TOEIC Test

01 Since the deadline was approaching, Ms. Chambers hurriedly finished her report ------- checking it for grammatical errors.
    (A) without   (B) afterwards
    (C) then   (D) besides

02 Buses and subways are the only means of transportation available ------- the hotels in Monte Negro to the downtown area.
    (A) on   (B) off
    (C) next   (D) from

03 ------- a deep headache, Mr. Wilkins decided not to leave the office until he finishes creating a presentation for tomorrow.
    (A) Regarding   (B) Except
    (C) About   (D) Despite

04 If you wish to charge this order ------- your credit card, please provide your account number and expiration date.
    (A) of   (B) at
    (C) by   (D) to

05 If you subscribe to Jerome Wireless by the end of this month, you can save ------- 35% on your high speed Internet and cable TV service.
    (A) up to   (B) except for
    (C) off of   (D) as far as

06 ------- the severe weather conditions, all departing flights will be delayed for three hours.
    (A) Now that   (B) In fact
    (C) In case of   (D) Because of

▶ 정답 및 해설 p.117~118

▶ 문제풀이 예제 정답 01 (D) 02 (D)

LESSON 7 장소/위치/방향의 전치사 등

Point

장소, 위치, 방향을 의미하는 전치사를 구별하라.

 Once you walk ------ the post office, you will see Ben & Jenny's Ice Cream at the end of the corner.
(A) between   (B) down   (C) during   (D) past

▶ 장소명사 the post office와 어울려 쓰이는 전치사를 선택하는 문제이다. between(~사이에)은 뒤에 접속사 and 또는 복수명사를 받아 시간, 거리, 장소 등의 범위를 나타낸다. down은 '높은 데서 내려와 ~의 아래쪽으로' 또는 '(특정 지점)을 따라'의 의미로 보통 street처럼 '길'을 나타내는 명사와 함께 쓰인다. during(~하는 동안) 역시 기간을 나타내는 명사와 쓰이므로 답이 될 수 없다. 따라서 '~을 지나서'라는 위치를 나타내는 전치사 past가 가장 적절하다.

● 일단 우체국을 지나면 모퉁이 끝에서 Ben & Jenny's Ice Cream을 볼 수 있을 겁니다.   정답 (D)

1 장소/위치 및 방향을 나타내는 전치사

throughout (~도처에, 내내)	[장소/시간] = across, through '특정 기간 내내'를 의미하는 기간 전치사로도 쓰이지만 공간, 장소를 나타낼 때 역시 '전 지역'이나 '전 파트'를 의미한다. **throughout** the office 사무실 구석구석에서 **throughout** the region 전역에 걸쳐
around (~의 주변에, 근처에)	[장소] 기본적으로 어떤 장소의 '근처'를 나타낸다. 뿐만 아니라 시간이나 수, 양에서도 〈around + 수량〉의 형태로 '대략, 약'의 의미로 쓸 수 있다. **around** the tree 나무 근처
beside (~옆에)	[장소/위치] next to, near, by와 같은 의미로 장소나 위치적으로 '옆에' 있음을 의미한다. **beside** the table 테이블 옆에 *cf.* **nearby**는 명사 앞에서만 쓰는 형용사, 부사이다.
along (~을 따라서)	[장소/움직임] 길게 나 있는 장소를 '따라' 움직인다는 의미이다. walk **along** the river 강을 따라 걷다 **along** the street 거리를 따라 **along** the line 선을 따라, (일을) 진행하는 중 어느 시점에
toward(s) (~을 향해서)	[방향/결과] '~을 향해'라는 이동/방향 또는 목표나 달성하고자 하는 일에 사용한다. **toward** the river 강을 향해 a step **toward** current goals 현재 목표에 도달하기 위한 조치 [시간] 특정 시간의 바로 직전(just before) **toward** the end of the negotiation 협상이 끝날 쯤에
through (~을 통하여)	[장소] 장소나 지역, 사물을 '통과하여' 혹은 '가로질러' 간다는 의미이다. clear **through** customs 세관을 통과하다 **through** the park 공원을 가로질러[통과하여] *cf.* 전치사 past는 통과의 개념이 아니라 '지나가서 (더 멀리)'라는 의미로 사용된다.

2 그 밖에 빈출 전치사 표현

in addition to (~뿐만 아니라)	[추가/첨가] = besides, plus 뿐만 아니라(추가로, 더하여) **in addition to** displaying phone numbers 전화번호를 보여주는 것뿐만 아니라
in case of (~한 경우)	[사례/경우] = in the event of, given (that) ~할 경우에는, ~을 고려하면 **in case of** an emergency 위급상황의 경우
as (~로서, ~와 같이)	[자격] '~로서'의 의미로 자격이나 지위, 동격을 나타낸다. work **as** a physician in a private practice 개인 병원의 내과의사로 일하다
including (~을 포함하여)	**including** easy access 쉽게 이용할 수 있는 권한을 포함해서 *cf.* **excluding** 배제하여
according to (~에 따라)	[출처] **according to** the president 사장(의 말)에 따르면 [근거] **according to** the agreement 합의서에 따라
out of (~의 범위 밖으로)	[범위, 능력, 공간] out은 공간이나 능력의 제한 범위에서 '~의 범위 밖으로'라는 의미 **out of** control 통제 불능의 **out of** order 고장 난 **out of** stock 재고가 없는 **out of** date 낡은 오래된 Keep **out of** the room. 그 방에 들어가지 마라.

Ustar 출제포인트 시험에는 이렇게 나온다! out과 out of

out은 거의 부사의 용도로 출제되고 있기 때문에 토익 시험에 전치사는 out of라고 생각하면 된다.

All medication should be kept ------ the reach of children and secured in a safe place at all times.
(A) up until   (B) without   (C) out of   (D) away with

■ 모든 의약품은 항상 아이들의 손이 닿지 않고 안전한 곳에 보관해야만 한다.

Exercises

제한시간 5분(문제당 25초)

문제풀이 예제

01 TFF National Bank offer the same interest rate ------- the bank of Pennsylvania.
(A) with   (B) that   (C) along   (D) as

> **해설** 빈칸은 명사 앞에서 쓰이는 전치사가 위치해야 하는 자리로 앞에 있는 형용사 the same이 힌트이다. the same A as B는 'B와 같은 A' 의 의미를 가지고 있다. 따라서 정답은 (D) as이다. with(~와 함께)는 관계를 나타내는 전치사이고, that은 주어와 동사를 갖춘 절을 이끄 는 접속사이므로 답이 될 수 없다. along은 '~을 따라서'의 의미로 보통 장소명사와 함께 쓰인다.
>
> **해석** TFF National Bank는 the bank of Pennsylvania와 같은 금리를 제공한다.
>
> **어휘** interest rate 금리, 이율

02 The sudden growth of interest among investors ------- the IT industry has raised its stock prices.
(A) into   (B) throughout   (C) during   (D) as

> **해설** ------- the IT industry는 주어인 The sudden growth를 수식하는 수식어구이다. into는 '~안으로'의 뜻으로 장소명사와 함께 쓰이 고, during은 기간을 나타내는 명사와 함께 쓰인다. 또 as는 직위나 자격을 나타내는 명사와 쓰여 '~로서'의 의미를 가지고 있으므로 모 두 답으로 부적절하다. 따라서 답은 '(전반에) 걸쳐, 내내'의 의미를 갖는 (B) throughout이 된다.
>
> **해석** IT 산업 전반에 걸쳐 투자자들 사이의 관심이 갑자기 높아져서 주가가 올랐다.

Step 1 Warm-up Test

01 In the event ------- an emergency, please call 911 and stay close to the victim until an ambulance arrives on site.   (A) of   (B) with

02 If there is no parking spot around our store, you can park your car ------- the fountain located in the central park.   (A) into   (B) near

03 Mr. Yang decided to repair the lobby and the main office ------- renovating the whole building.
(A) except for   (B) instead of

04 There are already three restaurants ------- N. Anderson Street, so we should plan to open up a restaurant elsewhere.   (A) without   (B) along

05 Sign up for Blair Wireless by this Friday to get the world's fastest online access ------- a wireless connection.   (A) in addition   (B) plus

06 Once you are finished with the first draft, go to the second floor and print ------- five copies of it.
(A) within   (B) out

Step 2 실전 TOEIC Test

01 NDC Prime Time News announced the retirement of Sears Financial's CEO Peter Kingston and the news spread quickly ------- the country.
(A) opposite   (B) except
(C) into   (D) throughout

02 Everyone in this office, ------- all interns will have to attend the presentation that Mr. Hansen has prepared today.
(A) among   (B) together
(C) including   (D) because

03 The old water pipes ------- the basement floor have finally broken and require immediate repairs.
(A) there   (B) open
(C) under   (D) away

04 Always hold on to your passport and social security number ------- proof of your citizenship when you are traveling abroad.
(A) off   (B) except
(C) as   (D) though

05 The new jacket from City Outfitters will be available at all department stores ------- the end of this week.
(A) toward   (B) regarding
(C) against   (D) above

06 All visitors are required to read and observe the instructions posted ------- the museum entrance.
(A) from   (B) of
(C) beside   (D) with

▶ 문제풀이 예제 정답 01 (D) 02 (B)

▶ 정답 및 해설 p.118~119

LESSON 8 헷갈리기 쉬운 전치사

Point

해석상의 의미가 유사한 전치사들은 그 쓰임을 통해 정확히 구분해낼 수 있어야 한다.

예제 The announcement of the best television advertisement award will be made ------ dinner time.
(A) for   (B) down   (C) along   (D) during

▶빈칸 뒤의 명사 dinner time과 어울려 쓸 수 있는 전치사를 선택하는 문제이다. 문맥상 저녁시간 동안에 발표가 될 것이라는 의미로, 특정 기간명사를 받는 전치사 during(~동안)이 나와야 적절하다. for도 기간에 쓰이지만 how long의 개념으로 뒤에 〈수사 + 복수 단위명사〉 형태가 온다. 기간명사가 오지 않으면 for는 '~을 위해'라는 목적을 나타내는 전치사가 된다. 한편, down(~아래로)과 along(~을 따라서)은 방향을 의미하는 전치사로 시간 표현과는 함께 쓰이지 않는다.

● 최우수 TV 광고 수상 발표는 저녁시간 동안에 이루어질 것이다.

정답 (D)

1. 불특정 기간 내의 동작/상황의 지속은 for, 특정 기간 내의 동작/상황의 발생은 during

for (~동안)	〈for + 수사 + 단위 시간명사〉: 전치사 for는 불특정한 기간 내의 동작/상황의 지속성을 보여준다. 이때는 how long(얼마동안)의 의미로 수사와 함께 오는 것이 일반적이다. The ticket is valid **for** only two weeks. 티켓은 2주간만 유효하다.
during (~동안)	〈during + 특정 기간명사〉: 전치사 during은 특정 기간 내의 동작/상황의 발생을 보여준다. when(언제)의 개념으로 주로 뒤에 특정 기간을 내포하는 명사가 온다. 단, 〈수사 + 명사〉를 쓸 경우 반드시 정관사 the와 함께 쓴다. **During** my stay in London I met Mr. Timothy. 런던에 머무르는 동안 Mr. Timothy를 만났다. **during** the summer vacation 여름방학 동안

2. 일회성, 완료의 의미이면 by, 지속/계속의 의미이면 until

by (~까지)	〈일회성 동작 또는 완료의 동사 + by + 시점명사〉: 동작의 일회성 또는 완료의 의미를 가진 happen, arrive, complete, finish, submit, inform, return, receive 등의 동사와 함께 쓰인다. Please deliver all new models **by** the specific deadlines. 정해진 기한까지 신규 모델을 배송해주시기 바랍니다.
until (~까지)	〈상태 지속동사 + until + 시점명사〉: 동작/상태의 지속/계속의 의미를 가진 be, remain, like, stay, continue, sleep, wait 등의 동사와 함께 쓰인다. Visitors will stay **until** tomorrow morning. 방문객들은 내일 아침까지 머물 것이다.

cf. It will arrive **by** 3 p.m.   ☆ 3시까지 도착하는 동작 발생
　　It will not arrive **until** 3 p.m.   ☆ 3시까지 도착하지 않은 상태

3. 시간의 경과는 in, 일정 기간 이내는 within, 그 시간 이후는 after

in과 within은 모두 뒤에 기간을 나타내는 명사가 오는데, in은 '~후에, ~이 지나면'이라는 시간의 경과를 나타내며 주로 미래 시제와 함께 사용된다. 이에 반해 within은 '일정 기간 이내'를 의미한다.

in (~후에)	〈in + 기간명사〉: '~후에, ~이 지나면'이라는 뜻으로 특정 시간이 지난 바로 그 시점을 나타낸다. I will be ready to leave **in** an hour from now. 나는 앞으로 한 시간 후에 떠날 준비가 될 것이다.
within (~이내)	〈within + 기간명사〉: '~이내에'라는 뜻으로 특정 기간 내에 어떤 동작이 발생하는 것을 나타낸다. I will be here **within** two weeks. 나는 2주 이내에 여기 올 것이다.
after (~후에)	〈after + 기간명사〉: 특정 시간이 지난 후부터 그 이후 계속되는 시간을 나타낸다. 전치사 in/within은 주로 미래 시제에, 전치사 after는 주로 과거 시제에 쓰인다.

현재 시간이 2시라고 하면, come back in 2 hours는 '2시간 후'인 4시에 다시 오라는 것이고, come back within 2 hours는 지금부터 '2시간 이내'인 4시 전에 오라는 것이고, come back after 2 hours는 4시 '이후에' 오라는 의미가 된다.

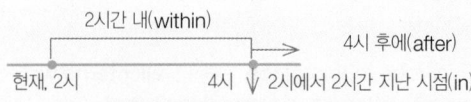

4. across(건너, 지나) vs opposite(마주보고 있는)

across (~건너, 지나)	● 한쪽에서 다른 한쪽으로의 공간을 넘어가는 개념을 가지고 있다. 주로 river, street, boarder, road 등과 함께 쓰인다. run **across** the street 길을 건너 뛰어가다 a bridge **across** the river 강을 가로질러 있는 다리
opposite (~맞은편에)	● 하나의 사물이나 사람이 서로 반대편에서 마주보고 있다는 의미로 주로 마주하고 있는 대상(사람, 사물)과 함께 쓰인다. The store is **opposite** the bank. 그 가게는 은행 맞은편에 있다.

cf. opposite은 across from으로 바꿔 쓸 수 있다. sitting **opposite** her = sitting **across from** her

5. except는 제외의 의미로만 쓰이지만, barring은 가정의 의미로도 쓰인다.

'~을 제외하고'라는 의미로 쓰일 때는 except for와 barring은 혼용해서 쓸 수 있다. 하지만 barring은 '~이 없다면(= unless there is)'이라는 가정의 의미를 추가적으로 가지고 있다.

except (~을 제외하고)	⟨except + 명사⟩: except는 문두에 나올 수 없고, 동종 명사에서 사용된다. I can see you anytime **except** Monday. 월요일을 제외하고는 아무 때나 널 만날 수 있다. ⟨except + 전치사⟩: except for는 위치가 자유로우며, 서로 다른 종류의 명사에 사용된다. The bus was empty **except for** the lady. 여자 한 명을 제외하면 그 버스는 텅 비었다. ⟨except + 접속사⟩: except that은 that 다음에 주어와 동사를 갖춘 절이 나온다. I know nothing **except that** the woman was on the spot. 그 여자가 현장에 있었다는 것 외에 내가 아는 게 없다. ⟨except for = aside[apart] from⟩ We've all finished **aside[apart] from** the last question. 우리는 마지막 질문을 빼놓곤 모두 끝냈다.
barring (~을 제외하고, ~이 없다면)	• except for와 유사한 의미 외에도 미래 사실에 대한 가정(unless there is)을 나타낸다. **Barring** some fluctuations, the overall market will be stable. 약간의 변동을 제외한다면, 전반적인 시장은 안정적일 것이다. ☆ 현재는 없지만, 미래에 예상되는 변동을 가정

주의 _ **except** 동사로도 쓰인다.   make an **exception** 예외로 해주다
with/without **exceptions** 예외로/예외 없이   **exceptionally** = very 매우

6. beyond vs over vs above

beyond는 물리적 또는 추상적으로 '그 이상, 너머'라는 의미이며, 주로 장소/시간/거리/한계/수 등에 사용된다.

beyond (~이후, ~너머, ~이상)	[레벨/한계/능력/기준] **beyond** expectation/average/standard/capacity 기대/평균/기준(표준)/능력 이상 **beyond** sb's/sth's capabilities ~의 능력 밖의 **beyond** doubt/dispute 의심/논쟁의 여지없이 [시간/날짜] next year and **beyond** 내년 그리고 이후 [장소/거리] **beyond** the lake 호수 너머 멀리에
over (~위에, ~이상, ~너머)	[위치] 바로 위의 공간을 나타낸다. **over** the table 테이블 위 공간 ↔ under the table 테이블 아래 공간 [수량/레벨] 특정 수량 이상을 의미하며, 정확한 숫자보다는 더 많다는 정도의 의미이다. **over** the speed limit 속도제한을 넘어서는 [장소] bridge **over** the river 강을 가로지르는 다리 **over** the road 길 건너편 [시간] ~동안 = during
above (~이상)	[위치] **above** the line 선 위에 ↔ **below** the line 선 아래에 [수량/레벨/정도] far, well, a lot 등의 수식을 받는다. **above** the expectation 기대 이상으로 **above** the age of 13 13세가 넘는

주의 _ **beyond** repair 수리가 불가능한   **beyond** control 통제가 불가능한   **beyond** doubt/dispute 의심/논쟁의 여지없이

7. between은 둘 사이에, among은 셋 사이에, of는 소속의 의미

between (둘의 관계)	⟨between + 복수명사⟩/⟨between A and B⟩: 둘 사이의 장소, 시간, 거리, 범위, 관계 등을 나타낸다. sail **between** two countries 두 국가 사이를 항해하다 The employees stood **between** the door and the table. 직원들은 문과 테이블 사이에 서 있었다.
among (셋 이상의 관계)	⟨among + (불특정 다수) 복수명사⟩: 형태로 셋 이상의 관계를 나타낼 때 쓴다. ❶ [위치] ~사이에 (둘러싸여 있는) He sat **among** the candidates. 그는 후보자들 사이에 앉았다. ❷ [배분/의견 공유] ~사이에서 concern **among** economists 경제학자들 사이에서의 걱정 ❸ [소속, 포함] (여럿) 중에 (하나)(one of ~, some of ~) ❹ [관계] 서로서로, 끼리끼리(= with each other)
of (~중에)	• 그룹이나 단체의 소속되어 있다는 의미로 문두에서도 종종 등장한다. **of** the applicants 지원자들 중에서

주의 _ **amid** ~한창인 와중에, ~의 한복판에   choose **between/from** ~에서 선택하다

8. 수단과 방법을 나타내는 by/with/through

by (~로)	〈by + 무관사 명사〉: 주로 교통·통신수단에 쓰이며, 교통·통신수단을 제외하고는 주로 by -ing 형태로 쓴다. **by** car 자동차로　**by** hand 손수　**by** mail(= in the mail) 우편으로　**by** phone(= on the phone) 전화로
with (~을 가지고, 로)	[구체적인 도구/수단/방법] **with** both hands 양손으로　**with** this pen(= by pen) 이 펜으로
through (~을 통해서)	[매개, 경로, 매체] 주로 수단, 경험, 인터넷, 과정 등을 목적어로 받는다. **through** knowledge/experience/procedure/Internet 지식/경험/과정/인터넷을 통해서

9. 함께 암기해두면 좋은 전치사

against(~에 반대하는) vs for(~을 지지하는)	• against는 '반대/경쟁/대비'의 의미로, for는 '찬성/지지/동의'의 의미로 쓸 수 있다. advise **against** ~하지 않도록 조언하다　lean **against** ~에 기대다　compete **against** ~와 맞서 경쟁하다 vote **for** ~에 찬성/지지의 표를 던지다 ↔ vote **against** ~에 반대하는 표를 던지다
like(~와 비슷한) vs unlike(~와 다른)	• like(= such as)는 유사한 사물/사람을 의미하며, '~와 다르다'는 의미로는 unlike를 쓸 수 있다. He is **like** his father. 그는 그의 아버지와 비슷하다. office supplies **like** a stapler 스테이플러 같은 사무용품 **unlike** most other companies 대부분의 다른 회사들과는 다르게(달리)
behind(~보다 뒤에) vs ahead of(~보다 앞에)	• 일정의 시간상 순서 또는 장소나 공간상의 위치를 나타낸다. ❶ **behind** schedule (일정보다) 늦게 – **on** schedule (일정에) 맞게 – **ahead of** schedule (일정보다) 빨리 ❷ fall/lag **behind** 늦어지다, 뒤처지다, 꾸물거리다 ❸ a mastermind **behind**/of (뒤에 있는) 배후자/조정자 ❹ **behind** the wall 벽 뒤에　**behind**/at the wheel 운전을 하는

10. 접속사로도 쓰이는 until은 by the time, while과 구별해 쓰라.

- 동작 + by the time + 동작, 특정 시점
- 상태 + until + 동작, 특정 시점
- 동작, 상태 + while + 진행, 상태

Come back **by the time** I come back. 내가 올 때까지 돌아와.
Stay here **until** I come back. 내가 올 때까지 여기 있어.
Come back **while** I am here. 내가 여기 있을 동안 돌아와.
Stay here **while** I am here. 내가 여기 있는 동안 (너도) 여기 있어.

Ustar 출제포인트 시험에는 이렇게 나온다!

〈beyond〉　　〈within〉

1. The new incentives will boost profits both in the coming year and ------.　　(A) above　　(B) beyond
   - 문맥상 내년과 '그 이후'라는 시간의 의미로 쓸 수 있는 beyond가 답이 된다. beyond는 '특정 시점 이후에'라는 의미로 after를 뜻하는 전치사, 부사로 쓸 수 있다. above는 어떤 기준 이상이나 이하를 의미하지는 시간을 의미하지는 않는다.
   - 새로운 인센티브가 내년과 그 이후에도 이익을 증진시킬 것이다.

2. As long as you return the package ------ Monday, you will get to receive a full refund.　　(A) by　　(B) until
   - 시간명사 Monday와 어울려 쓰이는 전치사를 선택하는 문제이다. 해석상 의미는 비슷하지만 문맥상 '~까지'의 완료를 나타내는 전치사 by가 답이 된다. until은 동작/상태의 지속을 의미하므로 답이 될 수 없다.
   - 당신이 소포를 월요일까지 반납하는 한 당신은 전액 환불을 받을 것이다.

3. Alpensia Books has decided to move to King's Street ------ the Birmingham University.
   (A) across　　(B) opposite
   - 명사와 명사를 연결할 수 있는 전치사가 들어갈 자리이다. 문맥상 '~맞은편[건너편]'를 나타내는 opposite이 적절하다. across 역시 '반대편, 건너편'을 나타내지만 뒤에 주로 river, street, road 등의 명사를 받기 때문에 답이 될 수 없다. the university를 받기 위해서는 across from을 써야 한다.　■ Alpensia Books(서점)는 Birmingham University 맞은편의 King's Street로 이전하기로 했다.

Exercises

제한시간 5분(문제당 25초)

문제풀이 예제

------- an out-of-court settlement, the trial will begin next week and is bound to last at least six months.
(A) Except (B) Beside (C) Unless (D) Barring

해설 빈칸은 명사(an out-of-court settlement)를 받는 전치사 자리이다. 문맥상 제외하다(except)라는 의미보다는 '~하지 않는다면'이라는 예외 상황을 가정하는 barring이 적절하다. beside는 '~의 옆에, ~와 비교해보면'이라는 뜻의 전치사이고, unless는 접속사로 뒤에 〈주어 + 동사〉의 절을 받아야 하므로 답이 될 수 없다.

해석 합의하지 않는다면 재판은 다음 주에 시작해서 적어도 6개월간 지속될 것이다.

어휘 out-of-court settlement 재판을 하지 않고 합의하는 것   be bound to + 동사원형 ~하기로 되어 있다

Step 1 Warm-up Test

01 ------- over the past ten years, tennis shoes made from The Balance have been highly regarded by professional players.   (A) For   (B) During

02 We just received the news that the conference will be postponed ------- later this afternoon.
(A) until   (B) by

03 We guarantee that all of our packages will be shipped ------- three business days.
(A) until   (B) within

04 The cargo train passes through five stops ------- Jacksonville and Pepper City.
(A) between   (B) among

05 Mr. Wallace asked us to submit the employee evaluations ------- next Wednesday morning.
(A) toward   (B) by

06 The admission fee to Great National Park is ten dollars for all visitors ------- for children of five years or less.   (A) as   (B) except

07 Under the new experienced supervisor, the development process of our new printer was ------- schedule.   (A) next to   (B) ahead of

08 There hasn't been any delays, but the flight from Norway will not arrive ------- an hour.
(A) within   (B) sometime

Step 2 실전 TOEIC Test

01 ------- most of the previous models, the all-new Fire Star comes with three different types of engines.
(A) Despite   (B) Unlike
(C) Aside   (D) Except

02 ------- all the advice Mr. Moyes received regarding his wedding, he believes a vineyard would be the most ideal place for an outdoor wedding.
(A) In   (B) Of
(C) At   (D) Out

03 No one ------- for Mr. Phillips is allowed to leave the building during office hours without the approval of a supervisor.
(A) except   (B) nevertheless
(C) regarding   (D) since

04 As an usher in Global Cinema, your responsibilities include tasks ------- cleaning the floor and guiding customers to their seats.
(A) so as   (B) so that
(C) some of   (D) such as

05 Due to its innovative, futuristic design, the all new 4-door luxury sedan by Vulcan Motors seemed more ------- a sports car than a family sedan.
(A) about   (B) like
(C) near   (D) similar

06 The police claim that it is crucial to increase vigilance especially at night ------- local neighbors.
(A) between   (B) among
(C) beside   (D) about

▶ 정답 및 해설 p.119~121

▶ 문제풀이 예제 정답 (D)

LESSON 9 전치사를 포함한 관용표현

Point

전치사 앞의 명사/형용사/동사에 주의하자. 뒤의 명사로 답이 나오지 않을 때는 앞의 명사/형용사/동사는 큰 힌트가 될 수 있다.

예제) Once the technical department finds the solution ------ your phone's malfunctions, we will call you through your temporary phone immediately.
(A) over　　(B) to　　(C) about　　(D) out

▶ 명사 solution과 어울리는 전치사를 찾는 문제이다. solution은 보통 전치사 to와 함께 쓰인다. '~에 대하여'를 뜻하는 about과 착각하지 않도록 주의하자.
● 일단 기술부서에서 고객님 전화기의 기능 장애에 대한 해결책을 찾으면 즉시 임시 전화기를 통해 고객님께 전화할 것입니다.
■ technical 기술적인　solution 해결책　malfunction (기계의) 기능 장애　temporary 임시의　immediately 즉시　정답 (B)

1 〈명사 + 전치사〉 + 명사

advocate of/for ~의/대한 옹호	commitment to ~에 대한 전념/헌신	plan for ~에 대한 계획
alternative to ~의 대안	demand/request/call for ~에 대한 요구	reaction to ~에 대한 반응
advances in ~의 진보	difference with/in ~과의 차이	reason for ~의 이유
access to ~에(의) 접근	dispute over ~에 대한 논쟁	regret for ~에 대한 후회
approach to ~에 대한 방법	damage to ~에 대한 피해	responsibility for ~에 대한 책임
attention to ~에 대한 관심	experience in ~에서의 경험	question about ~에 대한 질문
change in ~의 변화	exposure to ~의 노출	tax on ~에 대한 세금
concern about/for/over ~에 대한 관심	emphasis on ~에 대한 강조	solution to ~에 대한 해결책
concern with ~와의 관계	effect/impact/influence on ~에 대한 영향	supply of ~의 공급
contribution to ~에 대한 공헌/기부	gap between ~간의 차이	a rise/increase in ~의 증가
confidence in ~에 대한 자신감/신뢰	interest in ~에 대한 관심	a fall/decrease/reduction/drop/decline in ~의 감소/하락
dedication to ~에 대한 헌신/노력	investment in ~에 대한 투자	

2 〈전치사 + 명사 + 전치사〉 + 명사

as a result of ~의 결과로서	in compliance with ~에 따라서	in spite of ~에도 불구하고
by means of ~에 의해서	in conjunction with ~와 협력해서	in the event of 만일 ~의 경우에
for the purpose of ~을 목적으로	in contrast to ~와 대조되는	in terms of ~라는 점에서
in accordance with ~과 일치하여	in favor of ~을 찬성하여	on account of ~때문에
in addition to ~뿐만 아니라	in honor of ~을 기념하여	on behalf of ~을 대신하여
in advance of ~보다 미리	in line with ~와 일치하여	on the basis of ~을 근거[기초]로 하여
in case of ~의 경우에	in observance of ~을 준수하여	with/in regard to ~에 관해서
in charge of ~을 담당하는	in/with reference to ~에 관하여	with respect to ~에 관하여
in comparison with ~와 비교하여	in/with response to ~에 대한 응답으로	with the exception of ~의 예외로

3 〈자동사 + 전치사〉 + 명사

account for ~을 설명하다	concentrate/focus on ~에 집중하다	make up for ~을 보상하다, 만회하다
adapt to ~에 적응/순응하다	consist of ~로 구성되다	object to -ing ~에 반대하다
adhere to ~을 준수하다	contribute to ~에 공헌하다	participate in ~에 참여하다
agree with ~에게 동의하다	count/rely/depend on ~에 의지하다	put up with ~을 참다
agree on ~에 대해 동의하다	deal with ~을 다루다	put in for (sign up for) ~을 신청/요청하다
apply for ~에 지원하다	dispose of ~을 제거하다, 없애다	refrain from ~하는 것을 막다
approve of ~을 승인하다	differ from/in ~와 다르다	respond/reply to ~에 응답하다
belong to ~에 속하다	experiment on ~에 관해 실험하다	result in ~을 초래하다, 야기하다
benefit from ~로부터 이익을 얻다	fill in/out ~을 작성하다	result from ~으로부터 초래되다
care for ~을 돌보다	insist on ~을 주장하다	talk to ~에게 얘기하다.
check for ~을 확인하다	interfere with ~을 방해하다	talk about ~에 대해서 얘기하다
collaborate on ~에 대해 협조하다	enroll in ~에 등록하다	send in ~에 제출하다

266

collaborate with ~와 협력하다	get through ~를 통과하다, 거치다	stop by/in ~에 들르다
come to an end 끝나다	give in to ~에 굴복하다, ~을 들어주다	subscribe to ~을 구독하다
comment on ~에 대해 얘기하다	look for ~을 찾다	succeed in ~에 성공하다
compete with/for ~와/에 대해 경쟁하다	look/stare at ~을 보다	succeed to ~을 이어받다
comply with ~을 따르다, 지키다	look into ~을 조사하다	think of/dream of ~을 생각하다, 꿈꾸다

4. ⟨be + 형용사 + 전치사⟩ + 명사

be absent from ~을 결석하다	be confident of ~을 확신하다	be full of ~로 가득 차다
be appreciative of ~을 감사하다	be consistent with/in ~와 일치하다	be ideal for ~을 위해 이상적이다
be conscious/aware of ~을 알다, 인지하다	be different from ~과 다르다	be independent of ~로부터 독립적이다
be capable of ~을 할 수 있다	be eligible for ~할 자격이 있다	be relevant to ~과 관계있다
be certain of/about ~에 대해 확신하다	be equal to ~와 같다	be responsible for ~을 책임지다
be close to ~에 가깝다	be equivalent to ~와 맞먹다	be subject to ~하기 쉽다
be commensurate with ~에 비례하다	be familiar with ~에 정통하다	be suitable for ~에 적합하다
be compatible with ~와 걸맞다	be familiar to ~에 익숙하다	be valid for ~에 유효하다
be comparable with/to ~와 비교할 만하다	be famous for ~로 유명하다	be worth[worthy of]-ing ~할 가치가 있다

5. ⟨be + 과거분사 + 전치사⟩ + 명사

be accustomed to ~하는 데 익숙하다	be crowed with ~로 붐비다	be involved in ~에 관여되다
be aimed at ~을 목적으로 하다	be equipped with ~을 갖추다	be made of ~로 만들어지다(재료)
be assigned to ~에게 할당되다	be engaged in ~에 종사하다	be please with ~에 기쁘다
be associated with ~과 관련 있다	be related to ~과 관계있다	be based on ~에 근거하다
be exposed to ~에 노출되다	be replaced with ~로 대체되다	be composed of ~로 구성되다
be faced with ~와 마주하다	be transmitted to ~로 전송되다	be concerned about ~에 대해 걱정하다
be interested in ~에 관심을 갖다	be covered with ~로 뒤덮이다	be satisfied/pleased with ~에 만족하다
be introduced to ~에게 소개되다	be surprised/alarmed/shocked/amazed at/by ~에 놀라다	

6. ⟨타동사 + 목적어 + 전치사⟩ + 명사

acquaint A with B A에게 B를 이해시키다	divide A into B A를 B로 나누다	provide A with B A에게 B를 제공하다
add A to B A를 B에 더하다	drape A with B A를 B로 덮다	provide A to B A를 B에게 제공하다
attribute A to B A를 B의 탓으로 돌리다	deprive A of B A에게서 B를 빼앗다	reimburse A for B A에게 B에 대해 환급해주다
associate A with B A와 B를 관계시키다	equip A with B A에게 B를 갖추게 하다	remind A of B A에게 B를 상기시키다
blame A for B A에게 B에 대해 비난하다	exchange A for B A와 B를 교환하다	relocate A to B A를 B로 이전시키다
brief A on B A에게 B에 대해 간단히 설명하다	follow A to B A를 따라 B로 가다	replace A with B A를 B로 대체하다
check A for B B의 여부에 대해 A를 확인하다	furnish A with B A에게 B를 제공하다	refer to A as B A를 B로 언급하다
clear A of B A에서 B를 치우다	impose A on B A를 B에 부과하다	rob A of B A에게서 B를 빼앗다
compare A with B A와 B를 비교하다	include A with B A를 B에 포함시키다	spend A on B A를 B에 대해 쓰다(돈, 시간 등)
compensate A for B A에게 B를 보상하다	insert A into B A를 B에 넣다	supply A with B A에게 B를 제공하다
collect/obtain A from B B에게 A를 징수하다	narrow down A to B A를 B로 줄이다	substitute A to B A를 B로 대신하다
contribute A to B A를 B에 공헌하다	mix A with B A와 B를 섞다	transfer A to B A를 B로 이전시키다
congratulate A on B A에 대해 B를 축하하다	obtain A from B B로부터 A를 얻다	warn A of B A에게 B에 대해서 경고하다
dilute A with B A를 B로 희석시키다	present A with B A에게 B를 제시하다	take ~ into consideration ~를 고려하다
cite/consider/regard/deem A as B A를 B로 간주하다	inform/notify/tell A of/about B A에게 B에 대해서 알리다	
prevent/stop/keep/hinder A from B A가 B를 못하게 하다	promote A to the position of B	name A to B A를 B(직책)로 승진시키다

7 그 밖에 전치사를 포함한 관용표현

above all 무엇보다도	get along with ~와 함께 잘 지내다	on business 업무로, 볼일이 있어
aside from ~를 제외하고	go/come into effect 효력을 발휘하다	on purpose 고의로
at the reasonable price 합리적인 가격에	have an effect on ~에 영향을 미치다	on sale 세일중인
at one's convenience ~가 편리한 때에	in business 영업 중인, 종사중인	out of print 절판된
at all times 항상	in third 세 번째로	run short of ~가 부족하다
at the latest 늦어도	in conclusion 결론적으로	take advantage of ~를 이용하다
at most 기껏해야 / at least 적어도	in advance 미리	under pressure 압박을 받는
at no cost 비용 없이, 무료로	in general 일반적으로	upon/on request 요청 시
around the world 전 세계에서	in (the) light/terms of ~의 측면에서	without a doubt 의심할 여지없이
come close to ~에 가까스로 이르다	in writing 서면으로	with caution 조심스럽게
come up with 생각해내다	keep track of ~를 추적하다	with ease 쉽게
for free 무료로	look forward to -ing ~를 학수고대하다	at ease 마음 편히, 편하게

Ustar 출제포인트 시험에는 이렇게 나온다! 〈to + 동명사(-ing)〉

1. 시험에 자주 나오는 to의 3가지 용법: ❶ 전치사 to: ~에게, ~로 ❷ to + 동사원형: to부정사 ❸ 전치사 to + 동명사
2. 주요 〈to + 동명사〉 숙어

look forward to -ing ~하기를 기대하다	be dedicated to -ing ~하는 데 헌신하다	be committed to -ing ~하는 데 헌신하다
object to -ing ~하는데 반대하다	be opposed to -ing ~하는 데 반대하다	prior to -ing ~하기보다 우선, 먼저
be subject to -ing ~의 대상이 되다	be used to -ing ~하는 데 익숙해지다	

3. 전치사 to 뒤에 명사가 오는 경우와 동명사가 오는 경우
   〈be subject to + 명사〉 **be subject to** approval
   〈be subject to + 동명사 + 목적어〉 **be subject to** approving the plan

Exercises

제한시간 5분(문제당 25초)

문제풀이 예제

In recognition of Benson Industries' success in the past year, the company will reward employees ------- performance bonuses.
(A) of   (B) for   (C) with   (D) to

해설 전치사 문제는 우선 뒤에 오는 명사를 확인하고, 앞의 동사어구와 함께 쓰이는 전치사를 확인해야 한다. 문맥상 '(사람)에게 (사물)을 보상하다, 주다'라는 의미의 〈reward + 사람 + with + 사물〉로 빈칸에는 전치사 with가 가장 적절하다. reward A for B(B에 대해서 A에게 보상하다)나 reward가 명사로 쓰인 reward of/for(~에 대한 보상)와 혼동하지 않도록 유의하자.

해석 지난해 Benson Industries사의 성공적인 성과에 대한 대가로 회사는 직원들에게 성과급 보너스를 지급할 것이다.

어휘 in recognition of ~에 대한 답례[보수]로

Step 1 Warm-up Test

01 Now that Mr. Hancock is retiring, Ms. Wright will be ------- of the marketing department.
   (A) in charge   (B) in place

02 For this year's sports car, a variety ------- useful features will be added on its steering wheel.
   (A) of   (B) from

03 The deputy manager said that the last staff member to leave the office must turn ------- the lights.
   (A) off   (B) out

04 The Human Resources Department will provide additional office supplies ------- all employees of each department.   (A) to   (B) of

05 Federal Express Cargo offers the best price for shipping wooden products ------- Asia.
   (A) with   (B) to

06 The multi-task truck developed by Buik Motors did not comply ------- gas emission standards and thus requires further changes and adjustments.   (A) for   (B) with

Step 2 실전 TOEIC Test

01 The use of spare parts ------- a third party supplier will void the warranty on this vehicle.
(A) over
(B) behind
(C) out of
(D) from

02 The circus show prepared ------- elderly patients in Cleveland Medical Center will be on air on local cable channels in Ohio.
(A) into
(B) for
(C) from
(D) to

03 The managing director was concerned ------- the current decrease in sales, so he arranged for a meeting this Friday.
(A) of
(B) through
(C) about
(D) in

04 The hotel asks all guests to check in ------- arrival.
(A) on
(B) ever
(C) as
(D) into

05 Because of its proximity ------- major tourist attractions, the Royal Hotel in Osaka is often fully booked.
(A) next to
(B) near
(C) to
(D) by

06 Customers who visit our newly opened restaurant today will be exempt ------- paying service charges.
(A) to
(B) of
(C) from
(D) with

▶ 정답 및 해설 p.121~122

▶ 문제풀이 예제 정답 (C)

시험에 꼭 나오는 전치사 암기 포인트

above ~바로 위에(↔ below 바로 아래에)

↑ above
──────────────(기준)
↓ below

⟨above/below + 기준(expectation, standard, average, ...)⟩
~초과/미만 **above** my expectation 기대치 이상

across
① 전반에 걸쳐서(= throughout)
　across the industry 그 업종 전반에 걸쳐
② [공간] ~을 건너서: **across** the road 길 건너

주의_ 장소명사를 동반하는 전치사
along ~을 따라서　　around ~의 주변
near ~근처에　　　　next to ~옆에

among
① ~중에 하나/여럿(= one of ~/some of ~)
　My company is **one of** those buildings.
　One of those buildings is my company.
　Among those buildings is my company.
　저 건물들 중의 하나가 우리 회사이다.
② ~사이에서(= from)
　chose **from** them = chose **among** them
③ 서로서로, 끼리끼리
④ ~안에서(= within)

amid 한창 ~인 와중에 / ~의 한복판에

at
① 특정 행위가 발생한 시점[시간]/지점[공간]
　at the time 그 당시에　**at** the company 회사에
② 시간/온도/속도/가격/비율
　at the price of 500 won 500원의 가격으로
　at the 500 kms 500km의 속도로
　at the 50℃ 500도의 온도로
③ ⟨**at** + 좁은 공간⟩ ⟨**in** + 넓은 공간⟩

opposite [기준점] ~의 반대편에(= across from)
opposite the building 그 건물 맞은편

barring [미래, 가정] 제외하면
The market will be stable **barring** some change.
약간의 변화를 제외하고 시장은 안정이 될 것이다.

against ~에 반대하는(↔ for)
☆ 단독으로 출제되지 않고 동사 숙어로 출제된다.
decide **against** ~하지 않기로 결정하다
advise **against** ~하지 말라고 충고하다
lean **against** ~에 기대다
vote **against** ~에 반대투표하다
compete **against** ~과 경쟁하다
be **against** ~에 반대하다/위배되다/대항하다/맞서다

about
① [주제] ~에 관하여(= concerning/regarding/over/on)
② [숙어] be **about** to do 막 ~하려는 참이다

as [지위/자격의 동격] ~로, ~로서
work **as** a physician in a private practice
개인 병원의 내과의사로 일하다

from
① [이동의 출발점, 출처] ~에서, ~로부터
　start **from** ~에서 출발하다 **from** A to B A에서 B까지
② [상태변화에서 원래 상태] be made **from** ~로 만들다
③ '금지하다' 동사 + 목적어 + **from** -ing ~가 …하는 것을 막다
④ [동사 숙어] benefit **from** ~에서 혜택을 받다

for
① [용도, 목적]
② ⟨for + 기간⟩ ~동안: **for** seven days 7일 동안
③ [교환] I bought it **for** $100. 그것을 100달러에 샀다.
④ ⟨be + 과거분사 + for + 이유⟩ ~ 때문에 …하다
　be blamed/awarded/known/noted/promoted **for** + 이유
　I was awarded **for** the design.
　그 디자인 때문에 상을 받았다.
⑤ **for** -ing = as a result of
⑥ ~에 찬성하는(↔ against)

during
① [특정 기간, 특정 행위, 특정 사건] ~동안
② ⟨during + 시간명사⟩ (O) ⟨during + 동명사⟩ (X)
③ They slept ------ in the flight.
　(A) while　(B) during　☆ 전치사 2개는 중복이다.

into
단독으로 쓰이는 경우는 거의 없고 주로 동사 숙어로 출제된다.
① ⟨divide/pour/insert/cut + 목적어 + **into**⟩
　(목적어)를 ~로 나누다/~안에 붓다/~안에 주입하다/~로 자르다
② 변화/확장/이동의 동사(expand, evolve, ...) + **into**

in
① [기간] ~후에
　The book will be released **in** two months.
　그 책은 2개월 후에 출판될 것이다.
② [기간] ~만에, ~사이에
　the first winner **in** the last five years
　지난 5년 만에 최초의 우승자
③ [분야, 관련] 증가/감소/진보/경력 + **in** + 분야
　an increase **in** sales 판매의 증가
④ [색상] **in** blue 파란색
⑤ [독립된 공간] **in** the room, **in** the envelope
⑥ [숙어] be interested **in** ~에 관심[흥미]이 있다
　　　　 be involved **in** ~에 관여하다
⑦ [업종, 분야]

on ~에
① [특정 요일/날짜] **on** February 12 2월 12일에
② [장소]　③ [주제, 대상] ~에 관해

upon ~에
① **on** request = **upon** request 요청 시에
② depend **on** = depend **upon** ~에 따라 좌우되다

including ~을 포함한(↔ excluding ~을 제외한(= aside from))
including a tip 팁을 포함해서

like ~와 같은(↔ unlike ~와 달리)

by
① [시간 완료] **by** the end of this year 올해 말까지는
주의_ 〈동작 완료/1회성 동작 + **by**〉
　　　〈상태 지속/진행 + until〉
② [원인/방법] by -ing ~함으로써
　　We learn **by** writing. 우리는 쓰면서 배운다.
③ [주체] published **by** company 그 회사에서 출판된
④ [장소/위치] Come and sit **by** me. 내 옆에 와서 앉아라.
⑤ [정도/비율] miss **by** minute 1분 차이로 놓치다
⑥ [수단/방법] **by** land 육로로   **by** machine 기계로 만든

beside [장소] ~옆에
besides [추가] 게다가, 이외에 또(= as well as)

since + 과거 기준시점 ~이래로
☆ '~때문에'일 때는 접속사로 뒤에 문장이 온다.

behind
　　●━━━━━━━●
　now　　기준 시점
① 기준 시점보다 늦어진: **behind** (the) schedule 일정에 늦어진
② lag/fall + **behind** (일정 등이) 뒤처지다
③ [중심] a mastermind **behind** of ~의 주모자, 중심
④ [장소] ~뒤에: **behind** the wall ~벽 뒤에

beyond
① [긍정] ~이상의: **beyond** our expectation 기대치 이상
② [부정] 능력 밖의: **beyond** our capacity/ability/experience
　　　　　　　　☆ 할 수 없음, 모름
③ The problem was **beyond** what I thought.
　　생각지 못한 문제였다.
④ next year and **beyond** 내년 그리고 그 후

beneath
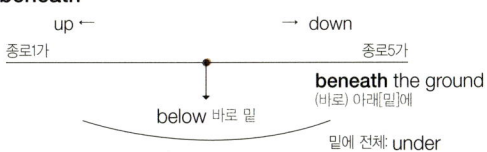

except 전체 중 일부
① except + 명사
② except + to부정사
③ except + 전치사 + 명사
④ except + 접속사 + 주어 + 동사 + 목적어

[출제포인트]
① except는 문두에 올 수 없다.
② except for는 문장에서 위치가 자유롭다.
③ make an **exception** 예외로 하다
　　with(out) **exceptions** 예외로[예외 없이]

following
① [전치사] ~이후에(= after)
② [형용사] 다음의(= next): in the **following** week
③ [명사] The **following** is my address. 다음이 내 주소이다.

of
① [구성요소] consist **of**, be made **of**...
② [동격] The price **of** 500won 500원이라는 가격
③ research/production/development/sales/promotion/
　　distribution/withdrawal + **of** + 제품
　　제품의 연구/생산/개발/판매/홍보/유통/철수
④ 〈**of** + 추상명사 = 형용사〉 **of** importance = important

over
① 〈**over** + 장소〉 ~너머
② [주제/대상] ~에 대해: (= on/about)
③ 넘게: **over** 500 5백 개 넘게
④ advantage **over** ~에 비해 이익
　　choose A **over** B B에 비해 A를 선택하다
⑤ 숫자 앞에서는 부사: for **over** two years 2년이 넘도록

through
① [장소] 통과의 개념   ② [방법, 수단]
주의_ 수단, 방법의 전치사
　●〈by + 무관사 대표 명사〉 **by** car 자동차로
　●〈with + 구체적인 명사〉 **with** this pen 이 펜을 써서
　　　　☆ 소유격, 지시형용사, the로 한정
　●〈**through** + 추상명사(network/experience/know-
　　how/the Internet)〉

throughout
① [장소] 곳곳에, 사방에
　　search **throughout** the office 사무실 구석구석을 찾다
② [시간] ~내내, 줄곧
　　throughout my life 내 일생을 통하여[내내]

to
① 이동 방향 제시
② ~에게: 〈to + 사람(대상)〉/~로: 〈to + 장소〉/~까지: 〈to + 목표〉

toward ~을 향해서(방향성)
① [목표치/목적지]
② 이동/방향의 동사와 함께
③ **toward** the end of this month 이 달 말쯤

under
① ~중인: **under** consideration 고려중인
　　　　　under warranty 보증기간 중인
② ~하에: **under** such conditions 그런 조건하에서
　　　　under different circumstances 다른 상황일 때

within
(기간/법/장소/공간/규칙/숫자 등의 범위) 내에서
act **within** the regulations 규칙 내에서 행동하다
within the next month 다음 달 내에

without
① do **without** help 도움 없이 해내다
　do **without** -ing ~하지 않고 하다   ② 부족/결핍

with
① [동반, 동행] ~과 함께 ② [수단, 방법] ~으로
③ [자격, 경력, 조건] ~을 가지고
　　with ten years' experience 10년간의 경력을 가지고

Ustar
TOEIC
Reading
✦

Chapter 12
가정법 (Subjunctive Mood)

가정법은 많이 출제되지는 않지만 일단 출제되면 오답률이 높기 때문에 출제유형별로 충분히 정리하고 깊이 있게 이해해두는 것이 중요하다. 가정법은 동사의 시제와 형태 문제가 가장 많이 출제되고 있다.

★ 주요 출제 패턴

1. if의 시제
2. if의 생략 도치
3. 혼합가정법
4. if를 대신하는 접속사와 전치사들
5. 주장/명령/요구/제안/충고 동사 + (that) + 주어 + (should) + 동사원형

★ 이렇게 풀어라! 문제풀이 전략

1. if의 시제

   If we ------- employees to work overtime, we need to provide them with extra pay.
   (A) ask   (B) will ask

   해설 가정법 형태의 문장을 제외하고 주절과 종속절의 시제는 늘 일치시켜줘야 한다. if절은 조건 부사절로 주절의 동사(need)가 현재형이므로 시제를 일치시키려면 보기 중에 현재 시제인 ask가 정답이 된다.
   해석 만약 우리가 직원들에게 초과 근무를 요구하려면, 추가 수당을 지급해야 한다.

2. if의 생략 도치

   ------- he arrive by today, I would prepare a feast.
   (A) If   (B) Should

   해설 if가 오려면 he arrives가 되어야 한다. 위 문장은 if가 생략되고 should가 주어 앞으로 나와 도치된 형태이므로 should가 와야 한다.
   해석 그가 오늘까지 왔었다면, 잔치를 준비했을 텐데.

3. 혼합가정법

   If I had worked hard when I was younger, I ------- by now.
   (A) could succeed   (B) had succeeded

   해설 '과거에 일을 열심히 했더라면(가정법 과거완료) + 성공했을 텐데(가정법 과거)'가 합쳐진 형태이다.
   해석 내가 젊었을 때 열심히 공부했더라면, 지금쯤 성공할 수 있었을 텐데.

4. if를 대신하는 접속사와 전치사들

   Success would not have been achieved ------- the feedback received from the customers.
   (A) if not for   (B) as to

   해설 주절의 시제 would not have been achieved와 함께 쓸 수 있는 가정법 과거완료 자리이다. if it had not been for에서 it had been이 생략된 if not for가 정답이다.
   해석 고객들로부터 의견을 받지 않았더라면 성공을 거둘 수 없었을 것이다.

5. 주장/명령/요구/제안/충고 동사 + (that) + 주어 + (should) + 동사원형

   The manager requires all staffs ------- in their daily reports at the end of their shifts.
   (A) hand   (B) would hand

   해설 〈주장/명령/요구/제안/충고 동사 + (that) + 주어 + (should) + 동사원형〉 형태이다. 문장 속에 requires가 있으므로 빈칸에는 동사원형이 들어가야 한다. 따라서 정답은 hand가 된다.
   해석 부장은 직원들에게 매일 교대 근무가 끝날 때 업무일지를 제출하라고 요구한다.

LESSON 1 가정법 현재와 미래

Point

화자가 있는 그대로를 말하지 않고, 반대로 가정하거나 일어날 수 없는 일을 가정/의심/희망/요구하는 화법이다. 토익에서 가정법은 시제 관련 문제가 가장 많이 출제된다. 가정법의 시제는 미리 유형별로 암기해두어야 한다.

 If payment is remitted after the 15th, a ten percent fine ------- be added.
(A) will   (B) would

▶ if절 안에 동사가 현재이고 정해진 사실에 대해 설명하고 있기 때문에 주절에는 현재나 미래 시제가 와야 한다. 주절에 would가 오면 과거 사실에 대한 가정이 된다. ● 15일 이후에 입금이 되면 10%의 벌금이 추가된다. 정답 (A)

1

가정법 현재: 〈If + 현재동사, 주어 + will(shall/can/may) + 동사원형〉

현재 또는 미래를 단순히 추측하고 기대하는 경우로, 항상 일어나는 일이나 현실 가능성이 있는 경우에 사용한다.

(1) 조건(~한다면): '그 일이 지금이나 미래에 일어날지 어떨지 잘 모르겠지만, 만약 일어난다면'이라는 의미이다. 현재의 사실, 정해진 사실, 습관, 반복되는 행위 등의 경우에는 if를 when으로 바꿀 수 있다.

If the weather **is** sunny, I usually **go** watch baseball games. 날씨가 좋을 때 나는 주로 야구경기를 보러간다.
= When the weather is sunny, I usually go watch baseball games.

(2) 가정(만약 ~이라면): 현실 가능성이 있는 조건을 제시한다.

If he ever **tells** me a lie, I **will** never trust him. 만약 그가 거짓말을 한다면 앞으로 그를 믿지 않을 것이다.

cf. 반대 사실을 가정하는 경우에는 when으로 바꿀 수 없다.

If I **bought** a car, I **would** show it to you immediately. 만약 내가 차를 산다면 (사지 않겠지만), 너에게 바로 보여줄게.
≠ When I bought a car, I would show it to you immediately. (X)

(3) 〈If + 주어 + 현재동사, 주어 + [미래조동사 + 동사원형]/[현재조동사 + 동사원형]/[명령형]〉

미래에 아직 일어나지 않은 일에 대한 의도, 생각을 나타내며 주절에는 현재나 미래에 기반을 둔 다양한 형태가 올 수 있다.

If I **am** sick, I **won't** be able to go to the party. 〈미래조동사 + 동사원형〉 아프면 파티에 가지 않을 것이다.
If I **am** sick, **hire** a temporary employee. 〈명령형〉 제가 아프면 단기 계약사원을 채용하세요.

2

가정법 미래: 〈if + should/were to + 동사원형, 주어 + can(will/would/should) + 동사원형〉

현재 또는 미래에 대한 강한 의혹이나 가정을 나타낸다.

(1) 가정: 주로 '만약 ~한다면, …할 수 있을 것이다'라는 제안, 요청, 부탁의 문장을 나타낼 때 사용된다.

• 〈If + 주어 + should + 동사원형, 주어 + 미래조동사(will/shall) + 동사원형〉: ~해야 한다면, …하겠다
If you **should** go tomorrow, I **will** at least buy you dinner tonight.
혹시 내일까지 가야 한다면, 최소한 오늘밤 저녁식사라도 대접하겠습니다.

• 〈If + 주어 + should + 동사원형, 명령문〉: 만약 ~한다면, …해라
If you **should** have any doubts, **please** trust my intuition. 만약 의심스럽다면, 내 직감을 믿어라.

(2) 강한 의혹: '절대 일어나지 않을 일이지만, 혹시 ~하다'라는 의미의 전혀 가능성이 없는 일을 나타낸다.

〈If + 주어 + should/were to + 동사원형, 주어 + would/could/should/might + 동사원형〉
If I **should** die in a week, I **would** donate my entire fortune. 일주일 후에 죽을 경우 전 재산을 기부하겠다.

Ustar 출제포인트 시험에는 이렇게 나온다! **가정법의 〈가정절 + 주절〉의 시제 법칙**

가정절	주절
If + 주어 + 현재동사	주어 + will/shall + 동사원형
If + 주어 + should + 동사원형	명령문/주어 + will/shall + 동사원형
If + 주어 + 과거동사	주어 + would/could/should/might + 동사원형
If + 주어 + had p.p.	주어 + would/could/should/might + have p.p.
If + 주어 + should/were to + 동사원형	주어 + would/could/should/might + 동사원형
If + 주어 + will	please (부탁, 공손한 표현)

시간/조건 부사절에서는 will을 쓰지 않으므로 if절에서는 보통 현재 시제를 사용한다. 최근 Part 6에서 if절에 will이 사용되는 경우가 종종 출제된다. 시간/조건 부사절에서도 공손한 표현, 부탁, 주어의 의지, 감정 등에는 will을 쓸 수 있다. 주로 주절에 please 등 부탁의 표현이 등장한다.

If you ------- this offer, please let me know as soon as possible.
(A) accepted   (B) will accept

■ 부탁의 편지나 공손한 표현을 사용할 때는 if절 안에 will을 함께 써준다. 주로 주절에 please를 동반하는 경우가 많다.
■ 만약 이 제안을 받아주신다면, 가능한 빨리 연락해주시기 바랍니다.

Exercises

제한시간 5분(문제당 25초)

문제풀이 예제

The customer will have the choice of a refund, replacement or compensation for any faulty goods ------- the problem occurs within one year of purchase.
(A) if   (B) about   (C) due to   (D) why

> **해설** 접속사와 전치사가 함께 있는 문제는 본동사의 개수와 또 다른 접속사의 유무를 확인해야 한다. 빈칸 뒤에 the problem 이하의 절을 받을 수 있는 품사는 접속사뿐이다. why는 의문사나 관계부사의 접속사 역할을 할 수 있으나, 명사절이나 형용사절의 역할을 해야 하므로 부적절하다. 따라서 정답은 '만약 ~라면'의 부사절을 이끄는 if가 된다.
>
> **해석** 구매한 지 1년 이내에 문제가 발생하면, 고객은 결함이 있는 제품에 대해 모두 환불, 교환 또는 보상을 받을 수 있다.
>
> **어휘** compensation 보상   faulty 흠이 있는

Step 1 Warm-up Test

01 Be sure to call security and fill out an incident report ------- you find it is necessary to shut off the power for any reason.   (A) if   (B) once

02 If the customer service programs were better organized, there ------- fewer complaints regarding incidental issues.   (A) is   (B) would be

03 If the accountant ------- well qualified, the management would have granted him access to the confidential files.   (A) has been   (B) had been

04 If you ------- any side effects after taking this medicine, please consult your doctor.
    (A) experience   (B) had experienced

05 We can make express deliveries ------- orders are placed no later than 1 p.m.   (A) if   (B) before

06 Since Mr. Brown is busy organizing a seminar, he will attend this afternoon's meeting ------- the other marketing managers are unavailable.   (A) only if   (B) so as

Step 2 실전 TOEIC Test

01 ------- you are planning on getting car insurance, Mr. O'neil can help you find appropriate deals for you.
(A) That
(B) So
(C) If
(D) Due to

02 Goods International can deliver an item for free only ------- you buy 50 dollars of more.
(A) while
(B) yet
(C) on
(D) if

03 If Mr. Smith ------- our requests, we will be able to work less hours on Fridays and Saturdays.
(A) approves
(B) approvable
(C) approvingly
(D) approval

04 ------- the company moves to Sydney, the employees who are transferred will receive reimbursement for their moving expenses.
(A) If
(B) So
(C) Wherever
(D) Whom

05 If the train should arrive on time, we ------- late for the meeting with our clients.
(A) are
(B) will not be
(C) will be
(D) will have been

06 We will unveil our expansion plans next Monday ------- we receive the final blueprints from the architect.
(A) there
(B) if
(C) then
(D) so

▶ 정답 및 해설 p.122~123

▶ 문제풀이 예제 정답 (A)

LESSON 2 가정법 과거와 과거완료

Point

가정법 현재와 미래는 '가정'과 '조건'을 나타내지만, 가정법 과거와 과거완료는 '가정'만을 나타낸다. 가정법 과거(if절의 시제가 과거)와 가정법 과거완료(if절의 시제가 과거완료)는 if절과 주절 동사의 시제와 형태를 잘 익혀두어야 한다.

 If the training program was well organized, there ------- no more complaints.
(A) were   (B) is   (C) would be   (D) will be

▶ if 뒤에 동사가 과거 시제이므로 가정법 과거이다. 가정법 과거의 주절에는 조동사 과거형이 와야 한다.
● 교육 프로그램이 잘 짜여져 있다면 더 이상의 불평은 없을 텐데.   정답 (C)

1 가정법 과거: 〈If + 주어 + 과거동사, 주어 + would(should/could/might) + 동사원형〉

'그럴 일 없겠지만, 만약 지금/미래에 (지금과 반대되는) ~이 일어난다면'이라는 뜻으로 현재 상황과 반대되는 일이나 불가능한 상황을 추측하고 가정할 때 쓰인다.
If I **stole** a car, I **would be** in prison by now. 만약 내가 차를 훔쳤다면 지금쯤 교도소에 있을 것이다.

(1) 가정법 과거와 가정법 현재의 차이
I **will be** happy **if** you **are** more focused on what you're doing. 〈가정법 현재: 조건 부사절〉
네가 하고 있는 일에 (앞으로) 좀 더 집중한다면 기쁘겠구나. ☆ 앞으로 하는 일에 집중하라는 의미의 조건 부사절
I **would be** happy, **if** you **were** more focused on what you're doing. 〈가정법 과거: 가정〉
네가 (지금) 하고 있는 일에 좀 더 집중하고 있다면, 기쁠 텐데. ☆ 집중해서 하고 있지 않는 현재 사실을 반대로 가정

(2) 현재 사실을 반대로 가정할 때
If I **had** the ticket, I **could** watch the movie. 나에게 표가 있다면, 영화를 볼 수 있을 텐데.
☆ 현재 표가 없는 상태이다. 이처럼 가정법 과거완료는 현재 상황을 반대로 가정한다.

(3) 가능성이 거의 없는 일을 가정할 때도 〈if + 과거동사〉이다. 이때 if 뒤의 be동사는 인칭에 상관없이 과거형 were를 쓴다.
If she **were** in my shoes, she **would** understand my final decision.
만약 그녀가 내 입장이라면, 그녀는 내 마지막 결정을 이해했을 텐데.

2 가정법 과거완료: 〈If + 주어 + 과거완료 동사, 주어 + would(should/could/might) have p.p.

'이미 과거에 일어났지만, 만약 그렇지 않았다면'이라는 의미로 과거에 일어나서 바꿀 수 없는 일을 반대로 가정할 때 쓰인다.
If I **had worked** a little longer, I **could have** finished the task. 내가 좀 더 오래 일했다면, 그 일을 끝낼 수도 있었을 텐데.

(1) 이미 일어난 과거의 일에 대한 반대 가정, 소망 등을 나타낸다.
If I **had eaten** breakfast, I **would** not **have** eaten such a heavy lunch.
내가 아침을 먹었다면, 점심을 그렇게 많이 안 먹었을 텐데. (아침을 안 먹어서 점심을 많이 먹었다.)

(2) 가정법 과거 〈if + 과거동사〉와 가정법 과거완료 〈if + 과거완료동사(had p.p.)〉의 차이
If I **see** him, I **would** ask him for an autograph. = In fact, I have never seen him.
그를 본다면 그에게 사인해달라고 했을 텐데. ☆ '그럴 일 없지만, 만약 그를 본다면'이라고 현재 사실과 반대되는 상황을 가정한다.
If I **had seen** him, I **would** have asked him for an autograph. = In fact, I didn't see him.
그를 봤더라면 그에게 사인해달라고 부탁했을 텐데.
☆ 과거 사실의 반대. 사실은 그를 보지 못했다. 이렇게 돌이킬 수 없는 과거 사실을 반대로 가정할 때 가정법 과거완료를 쓴다.

Ustar 출제포인트 시험에는 이렇게 나온다!

1. if 없이도 〈과거 조동사 + 현재완료〉는 가정의 의미를 가질 수 있다.

would have p.p. (의지) ~했을 텐데 못했다	should have p.p. (의무) ~했어야만 했는데 못했다
could have p.p. (가능) ~할 수 있었는데 못했다	might have p.p. (추측) ~일지 몰랐는데

He **should have quit** smoking a long time ago. 그는 오래전에 담배를 끊었어야 했다. ☆ quit의 과거형과 과거완료형 역시 quit이다.

2. I was going to/I was supposed to/I thought도 if 없이 가정법 과거의 의미를 갖는 문장을 만들 수 있다.
I **was going to** attend the meeting. 미팅에 참석하려고 했다. (그러나 가지 못했다.)

3. I wish 가정법: 현재 또는 과거에 일어나지 않은 일을 반대로 소망할 경우에 쓴다. if절이 I wish 두 마디 안에 압축되어 있다.
❶ 〈I wish(ed) + 주어 + 과거동사〉(~하면 좋을 텐데): 현재 사실에 반대되는 내용을 소망
I **wish** it **were** possible. = I'm sorry that it is not possible. 그게 가능하면 좋을 텐데.
❷ 〈I wish(ed) + 주어 + 과거완료동사〉(~했다면 좋았을 텐데): 과거 사실에 반대되는 내용을 소망
I **wished** he **had been** more caring. = In fact, he had not been caring. 그가 좀 더 배려했었더라면 좋았을 텐데.

Exercises

제한시간 5분(문제당 25초)

문제풀이 예제

If I had ------- the early train, I would not have been late for work.
(A) catch   (B) caught   (C) catching   (D) catches

해설 보기에 동사 catch의 다양한 형태가 제시되어 있다. 이 경우 문장 구성을 확인하여 어떤 형태의 동사가 필요한지 결정해야 한다. 빈칸 앞의 had와 주절의 시제(would not have been)를 단서로 빈칸은 if절의 동사 자리임을 알 수 있다. 주절의 동사가 〈조동사 과거 + have p.p.〉 형태인 가정법 과거완료 문장이므로, if절의 동사는 과거완료동사(had p.p.)가 와야 한다. 가정법 과거완료는 〈If + 주어 + 과거완료동사, 주어 + 조동사 과거 + have p.p.〉 형태이다.

해석 기차를 일찍 탔더라면, 직장에 늦지 않았을 텐데.

어휘 be late for ~에 늦다

Step 1 Warm-up Test

01 If we ------- the trouble to recycle more, we would have fewer landfills.   (A) has taken   (B) took

02 The project might have been completed earlier if the marketing test data ------- been entered into the report sooner.   (A) would have   (B) had

03 If the union ------- the proposal, they would have recommended its acceptance to the members, instead of trying to get more by playing a high risk game of chicken with the employer.
(A) would like   (B) had liked

04 Several reports claim that if interest rates had been lowered earlier in the year, technology companies ------- more quickly.   (A) have recovered   (B) would have recovered

05 If he had known about the building project report early, Mr. Simmons ------- construction before the end of July.   (A) began   (B) could have begun

06 I wish I ------- enough money to buy a new house.   (A) have   (B) had

Step 2 실전 TOEIC Test

01 If you ------- to reserve a conference room, please see Ms. Lopez at the front desk.
(A) have liked
(B) were liked
(C) would like
(D) had liked

02 If people commuted by rail rather than car pool, there ------- even less traffic on the highways in the morning.
(A) be
(B) was
(C) would be
(D) will be

03 If we had foreseen the high level of customer interest during the product release, we ------- more product information booklets to be printed.
(A) could arrange
(B) could have been arranged
(C) could be arranged
(D) could have arranged

04 If the computer malfunction had not been repaired so quickly, we ------- the necessary support.
(A) are not receiving
(B) will not receive
(C) would not have received
(D) cannot receive

05 The committee acknowledged that last year's conference could ------- more efficiently if members had actively participated.
(A) have been organized
(B) have organized
(C) be organized
(D) organize

06 If the office manager ------- that the fax machine was not working properly, she could have called the repair company earlier.
(A) is told
(B) told
(C) had been told
(D) will tell

▶ 정답 및 해설 p.123~124

▶ 문제풀이 예제 정답 (B)

LESSON 3 if의 부정적 표현 unless/otherwise

Point

given/assuming/supposing/provided/providing (that) 등은 조건 또는 가정을 뜻하는 if의 대용 표현이다. 또 unless와 otherwise는 if ~ not의 대용 표현으로 그 자체에 부정의 의미가 포함되어 있다.

------ government resources can be secured, initial testing on the new product will start next month.
(A) Providing   (B) In view of

▶ 문장의 동사가 2개이므로(can be secured, will start) 빈칸은 접속사 자리이다. in view of는 전치사이므로 답이 될 수 없다. providing은 if와 동의어로 '자원이 확보된다면'이라는 조건절을 이끈다.
● 정부의 자원이 확보된다면, 새로운 제품의 초기 시험은 다음 달에 시작될 것이다.   정답 (A)

1 unless: 만약 ~ 아니라면

(1) **unless는 의미상 if와 반대이지만(if ~ not), 가정법의 형태는 유사하다:** 현재 사실의 반대를 가정할 때는 〈unless + 과거동사〉를, 과거사실의 반대를 가정할 때는 〈unless + 과거완료〉를 쓴다.

Unless he **changed** his mind, he definitely **could** lose the chance. 〈현재 사실의 반대〉
= **If** he **didn't change** his mind, he definitely **could** lose the chance.
그가 마음을 바꾸지 않는다면, 그는 단연코 그 기회를 놓칠 것이다.

Unless the ambulance **had come** on time, she **would have** died instantly. 〈과거 사실의 반대〉
= **If** the ambulance **had not come** on time, she **would have** died instantly.
구급차가 제때 오지 않았더라면, 그녀는 바로 죽었을 것이다.

(2) **unless와 not은 한 문장 안에서 공존할 수 없다:** unless는 그 자체에 이미 부정(not)의 의미가 포함되어 있으므로 unless ~ not 이라고 하면 안된다. 중복이 되어 틀린 내용이 된다.

Unless you **don't** go and see the doctor right now, your symptoms **will** get worse. (X)
= **Unless** you go and see the doctor right now, your symptoms **will** get worse. (O)
= **If** you **don't** go and see the doctor right now, your symptoms **will** get worse. (O)
지금 의사한테 가지 않으면, 네 증상들은 더 악화될 것이다.

2 otherwise: 그렇지 않으면

(1) **otherwise는 뒤에서 앞 문장을 반대로 가정한다:** unless는 unless가 이끄는 문장을 반대로 가정하는데, otherwise는 바로 앞에 언급된 문장을 반대로 가정한다.

She woke up early this morning. **Otherwise** she **might have** been late for the work.
= **Unless** she woke up early this morning, she **might have** been late for the work.
그녀가 일찍 일어나지 않았다면, 회사에 늦었을 것이다. (일찍 일어나서 늦지 않았다.)

(2) **unless는 접속사, otherwise는 접속부사(접속사가 아닌 부사)이다.** 따라서 otherwise는 문장과 문장을 연결하지 못한다.
cf. Unless **otherwise** stated, prices in this catalog do not include local sales tax. 〈일반 부사: 별도로, 그 밖에 달리〉
별도로 표시되지 않는 한, 이 카탈로그에 적힌 가격들은 지역 판매세를 포함하지 않는다.

Ustar 출제포인트 시험에는 이렇게 나온다!   **if의 의미를 갖는 접속사**

if를 대신하는 접속사들(1~3)은 가정이 아닌 조건의 기능만 있다. 그래서 뒤에 가정법이 아닌 직설법 문장을 받으며 '~하면'이라는 조건절의 역할을 한다.

1. **in case:** ~하는 경우를 대비하여 미리 …하다   Save your money **in case** you lose your job. 실직할 경우를 대비해 돈을 모아라.
2. **as/so long as:** ~하는 한 …하다   **As long as** you stay here, you will be fine. 여기 있는 한 너는 괜찮을 것이다.
3. **분사 접속사:** 일반적으로 〈분사 + that〉은 접속사의 형태로 다양하게 쓰인다.

When we consider that 주어 + 동사 = Considering that 주어 + 동사 ~을 고려하면, 감안하면				
Given + 명사.	주어 + 동사	~이 주어진다면	Granted (that)	주어 + 동사	설사 ~일지라도, ~이므로
Given that = On condition that		~을 고려해보면, ~라는 조건으로	Suppose/Supposing (that) = Assuming (that)		~라고 가정하면
Provided/Providing (that) 주어 + 동사. 주어 + 미래 동사 만약 ~라면(~하는 경우에) …일 것이다 〈조건〉				

I **will** work overtime **providing (that)** I get paid at a higher pay rate. 더 높은 임금을 받는다면, 초과근무를 하겠다.

4. **but (that)과 only (that):** but (that)은 '~하지 않으면(if ~ not)', only (that)은 '~만 하지 않는다면'이란 의미로 쓰인다.
  But (that) I submitted the report before the deadline, I **could have** received the lowest score in the class.
  마감 전에 보고서를 제출하지 않으면, 학급에서 가장 낮은 점수를 받을 수도 있다.

Exercises

제한시간 5분(문제당 25초)

문제풀이 예제

01 Please press the blue button ------- you need any assistance from a flight attendant.
(A) when (B) in case

해설 의미상 두 문장(절)을 자연스럽게 연결하는 접속사를 골라야 한다. '도움이 필요하다'와 '파란색 버튼을 눌러라'를 자연스럽게 이어줄 접속사는 '~할 때'라는 의미의 when이 적절하다. in case는 '~하는 경우를 대비하여'라는 뜻으로 주절에는 어떤 경우에 대비해서 '미리' 어떤 조치를 취해야 한다는 내용이 와야 한다. in case가 답이라면 '도움이 필요한 경우를 대비해 미리 버튼을 누르라'는 말로 자연스럽지 않다.

해석 승무원에게 도움이 필요할 때 파란색 버튼을 눌러주세요.

어휘 press 누르다 assistance 도움, 지원 flight attendant 승무원

02 ------- he graduated from a renowned university, he must be smart.
(A) Given that (B) But that

해설 주절에서 그가 똑똑할 거라고 강하게 추측하는 것으로 보아, 문맥상 '~을 고려해보면'이란 의미의 Given that이 들어가야 적절하다.

해석 그가 명문 대학을 졸업했다는 것을 고려해보면, 그는 분명 똑똑할 것이다.

Step 1 Warm-up Test

01 The seminar date will be moved up to March 24 ------- the guest speaker will be able to change his schedule accordingly.   (A) up until   (B) assuming that

02 Norton Bank personnel will automatically renew customers' enrollment in the online bill-paying program each year unless instructed to do -------.   (A) besides   (B) otherwise

03 I fixed the old engine in my car yesterday. -------, my car could have blown up.
(A) Unless   (B) Otherwise

04 Hurry up with your work ------- the due date shifts to an earlier date.   (A) in case   (B) as long as

05 I will help you, ------- you promise me one thing.   (A) in case   (B) as long as

Step 2 실전 TOEIC Test

01 Laborers at the construction site said that they will stop working ------- Smith Construction Company raises their hourly pay from $30 to $35.
(A) whereas
(B) in spite of
(C) unless
(D) regarding

02 ------- ample time is given, we will ship out all your orders by the 10th of this month.
(A) Despite
(B) Or
(C) Because
(D) Provided that

03 ------- we receive your payment by this week, we will still be able to deliver your orders.
(A) Despite
(B) As long as
(C) Prior to
(D) In order to

04 ------- Mr. Madden replies to our e-mail regarding his contract by tomorrow, we will have to hire a new person for the sales position.
(A) Unless
(B) Because
(C) When
(D) As if

05 ------- the new technology has become widely accepted, we must also apply it for our own benefit.
(A) If so
(B) Rather than
(C) Owing to
(D) Given that

06 ------- the new venture is successful, the entrepreneur must develop following plans.
(A) Assume
(B) Assumed
(C) Assuming
(D) Assumes

▶ 정답 및 해설 p.124~126

▶ 문제풀이 예제 정답 01 (A) 02 (A)

LESSON 4 if의 생략과 도치

Point

> 예제
> ------ he know, he would tell me.
> (A) Although　　(B) If　　(C) That　　(D) Should
>
> ▶토익문제는 단순한 문법보다는 사소한 함정으로 실수를 유도하기에 간단해 보이는 이런 문제가 오답율이 가장 높다. 위 문제의 핵심은 수 일치이다. (A)나 (B)가 답이 되려면 he knows 혹은 he knew가 뒤에 와야 한다. know가 동사원형인 것이 힌트로 if가 생략된 도치구문으로 판단하여 (D)를 선택해야 한다.　●만약에 그가 알고 있었다면 나에게 말했을 것이다.　　　정답 (D)

1. 일반적으로 도치가 발생하는 조건

(1) 〈There is/are + 주어〉, 〈Here is/are + 주어〉는 유도부사 there와 here가 문두에 오면서 주어, 동사의 순서가 바뀐 경우이다.
　There is a car on the street. 길에 차가 있다.

(2) 부정어구가 문두에 위치할 경우: not, never, seldom, hardly, not until, not only ~ but also 등이 문두에 위치하면 뒤에 주어, 동사의 위치가 바뀐다.
　She could **never** forget about it. → **Never** could she forget about it. 그녀는 그것을 결코 잊을 수 없었다.

(3) 부사 so(~도 역시)가 문두에 나오면 도치가 이루어진다.　**So** do I. 나도 역시 그래

2. if가 생략되면 뒤의 문장에 도치가 발생한다.

(1) 가정법 과거: If + 주어 + were/과거동사, ~ → 〈Were/과거동사 + 주어, ~〉
　Were I to be rich now, I would build a hotel in Hawaii. 내가 부자라면, 하와이에 호텔을 지었을 것이다.
　= **If** I **were** to be rich now, I would build a hotel in Hawaii.

(2) 가정법 과거완료: If + 주어 + had p.p., ~ → 〈Had + 주어 + p.p., ~〉
　Had I **known** your requests, I would have cared about it. 당신의 요구사항을 알았다면, 신경을 써줬을 텐데.
　= **If** I **had known** your requests, I would have cared about it.

(3) 가정법 미래: If + 주어 + should + 동사원형, ~ → 〈Should + 주어 + 동사원형, ~〉
　Should the train **arrive** on time, we will not be late. 기차가 제시간에만 온다면, 우리는 늦지 않을 것이다.
　= **If** the train **should arrive** on time, we will not be late.

3. If it were not for: 만약 ~이 없다면

(1) If (it were) not for ~, 주어 + 조동사 과거 + 동사원형: (현재) ~이 없다면
(2) If (it had) not (been) for ~, 주어 + 조동사 과거 + 과거완료동사: (과거) ~이 없었다면
(3) if it were not for와 유사한 의미의 전치사들: '~이 없다면(조건), ~이 없다고 한다면(가정)'이라는 의미의 전치사에는 if not for, without, but/except for 등이 있다.
　If it were not for more funding, I could not donate money to build the new facilities.
　= **If not for** more funding, I could not donate money to build the new facilities.
　= **Were it not for** more funding, I could not donate money to build the new facilities.
　= **Without** more funding, I could not donate money to build the new facilities.
　= **But for** more funding, I could not donate money to build the new facilities.
　기금이 더 없다면, 새로운 시설을 세우기 위한 돈을 기부하지 못할 것이다.

> **Ustar 출제포인트** 시험에는 이렇게 나온다!
>
> 1. 도치는 부정부사절 안에서 발생하는 것이 아니라 뒤의 주절에서 발생한다.
>   **Not until** I arrived, could they have started the meeting. (O) 내가 도착할 때까지 그들은 회의를 시작할 수 없었을 텐데.
>   Not until did I arrive, they started the meeting. (X)
>
> 2. 접속사 or도 if를 대신할 수 있다: or는 '그렇지 않으면 ~일 것이다(if ~ not)'라는 강한 추측을 나타낸다. otherwise처럼 앞 문장의 내용을 반대로 가정하고, 뒤에 그 가정의 결과에 해당하는 주절이 따라온다.
>   You must be very tired, **or** you would not look so drowsy. 진짜 피곤한가보구나. 그렇지 않으면 그렇게 하품을 하지 않을 텐데.
>   ☆ 여기서 or는 if you were not tired의 의미를 담고 있다.
>
> 3. 〈명령문 + and〉: ~해라, 그러면 / 〈명령문 + or〉: ~해라, 그렇지 않으면(if ~ not)
>   Turn left, **and** you will see the hospital. 좌회전하세요. 그러면 병원이 보일 겁니다.
>   Study hard **or** you will regret it in the future. 공부 열심히 해. 안 그러면 나중에 후회할 거야.
>
> 4. if, should, had가 보기에 있을 때는 뒤에 오는 동사를 확인해야 한다.
>   if he knows (현재형)　should he know (동사원형)　had he known (분사 형태)

Exercises

제한시간 5분(문제당 25초)

문제풀이 예제

The newest game, Death Valley, would not have been possible ------- the dedication of its creators.
(A) so as　　(B) if not for　　(C) in that　　(D) as to

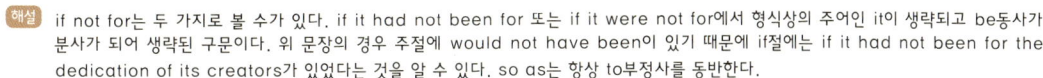 if not for는 두 가지로 볼 수가 있다. if it had not been for 또는 if it were not for에서 형식상의 주어인 it이 생략되고 be동사가 분사가 되어 생략된 구문이다. 위 문장의 경우 주절에 would not have been이 있기 때문에 if절에는 if it had not been for the dedication of its creators가 있었다는 것을 알 수 있다. so as는 항상 to부정사를 동반한다.

해석 최신 게임인 Death Valley는 만든 사람들의 노력이 없었다면 불가능했을 것이다.

어휘 dedication 노력, 수고　　creator 생산자, 창조자

Step 1　Warm-up Test

01　Had Ms. Lee sent the blueprint earlier, construction workers ------- building the Ford Tower two days ago.　　(A) began　　(B) could have begun

02　------- the ozone layer, the full blast of the sun's ultraviolet light would burn our skin and blind our eyes.　　(A) Were there not for　　(B) Were it not for

03　------- find offensive messages directed at you posted on the board from other club members, you should report it to us immediately.　　(A) You　　(B) Should you

04　The office renovation may cost more than we expected ------- extra time be required to install the new computer network.　　(A) when　　(B) should

05　Had it not been for her help, I estimate that it ------- more than a week to finish the report.
(A) took　　(B) would have taken

06　The success would not have been achieved ------- the feedback received from customers.
(A) as to　　(B) if not for

Step 2　실전 TOEIC Test

01　------- completed his studies at Aston / University, George went in search of job in London.
(A) Have
(B) Had
(C) Having
(D) Should

02　------- you need any assistance, please feel free to talk to any one of our many customer representatives.
(A) Perhaps
(B) Whether
(C) May
(D) Should

03　Should you ------- any difficulties with your new microwave oven, please check your operating manual before you contact the manufacturer.
(A) experience
(B) had experienced
(C) experiencing
(D) were experienced

04　------- we not implemented significant reforms over the past two years, our company would have suffered from severe fiscal pressures and possible bankruptcy.
(A) Have
(B) Had
(C) Having
(D) Should

05　------- had we invested in Trytech Inc. than the stock market crashed.
(A) No soon
(B) Not sooner
(C) No sooner
(D) As soon as

06　------- his advice, we would have failed to save enough money to build the facilities.
(A) If it were not
(B) But for
(C) Otherwise
(D) Had it not for

▶ 정답 및 해설 p.126~127

▶ 문제풀이 예제 정답 (B)

LESSON 5 혼합가정법 & 직설법과 가정법

Point

혼합가정법이란 두 가지 시제인 가정법 과거완료와 가정법 과거가 한 문장 안에 쓰이는 것이다. '만약 ~했다면, 지금 …할 텐데'라는 의미로 주로 과거와 반대되는 사실이 현재까지 영향을 미치고 있을 때 사용된다.

 If you had not helped me, I ------- be able to live in this house now.
(A) will not   (B) wasn't   (C) would not   (D) would have

▶ 혼합가정법 구문이므로 if절은 과거 사실의 반대를, 주절은 현재 사실의 반대를 나타내야 한다. 따라서 would not이 정답이다.
● 네 도움이 없었다면, 나는 지금 이 집에 살 수 없을 것이다. (과거에 도와줘서 현재 이 집에 살고 있다.)   정답 (C)

1 혼합가정법: 〈가정법 과거완료 if절(과거 사실 반대) + 가정법 과거의 주절(현재 사실 반대)〉

If + 주어 + had p.p. ~ ,	주어 + would/should/could/might + 동사원형 ~
가정절: 가정법 과거완료	주절: 가정법 과거

If I **had worked** hard before, I **could** success now.   예전에 열심히 일했다면, 지금쯤 성공했을 텐데.
☆ 혼합가정법이 적용되었음을 알 수 있는 단서로 주절에 now, by now 등의 부사(구)가 등장한다.

2 가정법 문장 안에 직설법 삽입구문이 들어간 경우

토익시험에 나올 수 있는 가정법의 최고 난이도 문제는 화법이 혼합되는 경우이다. 가정법이란 현재 사실의 반대를 가정하는 것인데 만약 문장 안에 직설법의 화법이 삽입되면 시제를 선택하는 것이 상당히 어렵게 된다.

If you **worked** in an orphanage, it **is** likely that, you **would** treat them with sincerity.
☆ it is likely를 제외한 전체 문장은 '현재 사실의 반대'를 가정하는 가정법 과거이다. 따라서 삽입되는 직설법의 문장은 '현재시제'이다.

3 가정법을 대신하는 표현들

(1) **as if/though**: 사실이 아닌 일을 마치 사실인 것처럼 가정하여 반대되는 상황을 강조할 때 사용한다.
   He **acts as if** he was rich. 〈현재〉 = In fact he **is** not rich. 〈현재〉 그는 자기가 부자인 것처럼 굴어.
   He **acts as if** he had been rich. 〈과거〉 = In fact he **was** not rich. 〈과거〉 그는 자기가 부자였던 것처럼 굴어.
   He **acted as if** he was rich. 〈과거〉 = In fact he **was** not rich. 〈과거〉 그는 자기가 부자인 것처럼 굴었어.
   He **acted as if** he had been rich. 〈과거〉 = In fact he **had** not **been** rich. 〈과거보다 이전〉 그는 자기가 부자였던 것처럼 굴었어.

(2) **if only**: '~하기만 한다면 좋을텐데'라는 뜻의 가정법으로 조건이나 소망을 나타낸다.
   If only it's clear tomorrow, I'll head out for a drive.   내일 날씨가 좋다면, 드라이브를 나갈 텐데.
   cf. if only가 독립적으로 쓰일 경우: 뒤에 주절이 오지 않고, 단독으로 소망을 나타낼 수 있다.
   If only we had more time to come out with a better plan.   우리에게 더 좋은 계획을 생각해낼 수 있는 시간이 조금만 더 있다면…

(3) **what if**
   ❶ ~라면 어떻게 하지? = What will/would happen if ~?
   What if he **moves** back to California? What will happen then? 〈미래에 대한 단순한 조건(if + 현재동사)〉
   캘리포니아로 돌아가면 어떨까? 그러면 무슨 일이 일어날까?
   What if he **had** never **been** born? 〈이미 과거에 일어난 일을 반대로 가정(if + 과거완료)〉
   그가 태어나지 못했다면 어떻게 되었을까?
   ❷ ~인들 무슨 상관이겠는가? = What does it matter if ~?: 이 경우 if는 whether or not의 의미로 가정을 뜻하지 않는다.
   What if he hurts his leg because of his own carelessness?   그가 자기 부주의로 다리를 다친들 무슨 상관이야?

(4) **only if**: '~할 때만, ~해야 한다면'이라는 의미로 조건을 나타낸다.
   Children can be admitted **only if** they are accompanied by parents.   어린이들은 부모와 동반하는 경우에만 입장이 가능하다.

Ustar 출제포인트 시험에는 이렇게 나온다! **가정법을 대신하는 전치사구**

1. **with/without + 명사 분사구(N -ing)**: 전치사 with, without은 명사와 함께 쓰여서 입장, 조건, 상황 등을 나타낸다. 이와 더불어 〈without + N -ing〉는 가능하지만 〈with + -ing〉는 출제된 적이 없다는 사실도 알아두자.
   I could receive a 20% discount **with the coupon**. 그 쿠폰이 있으면 20% 할인을 받을 수 있다.
   = I couldn't receive a 20% discount **without the coupon**. = **If I had the coupon**, I could receive a 20% discount.

2. **in one's place**: '내가 너라면', '네가 ~이러한 상황에 있다면'이라는 가정의 의미를 포함하는 부사구로 if를 대신해 쓰인다.
   I would not be jealous of his promotion **in her place**. 내가 그녀의 입장이라면, 그의 승진을 질투하지 않을 것이다.
   = **If I were in her place**, I would not be jealous of his promotion.

Exercises

제한시간 5분(문제당 25초)

문제풀이 예제

If he knew the full terms of the contract, it ------- likely that James McIvor would rethink his refusal to renew his employment with Chase Corporation.
(A) is   (B) was   (C) had been   (D) were

해설 If he knew의 주절은 James McIvor would ~이다. 즉, 위의 문장은 If he knew the full terms of the contract, James McIvor would rethink his refusal to renew his employment with Chase Corporation.에서 '~일 것 같다'라는 현재의 판단(be likely to)이 개입된 것이다. 이때 가정법은 과거(현재 시제의 반대)이기 때문에 삽입되는 직설법의 문장은 현재 시제가 들어가야 한다. 위의 문제는 If he knew the full terms of the contract, it is likely that James McIvor (would rethink, rethinks) his refusal to renew his employment with Chase Corporation.(정답은 would rethink)로 변형되어 출제될 수도 있다.

해석 만약 그가 모든 계약조건을 알았다면, James McIvor는 Chase사와의 고용계약의 갱신을 거절하는 것을 아마도 다시 생각해 보았을 것이다.

어휘 full terms 모든 계약조건   rethink 재고하다, 다시 생각하다   refusal 거절, 거부   renew 갱신하다   employment 고용

Step 1 Warm-up Test

01 ------- our goal is to maintain leverage over other competitors, we must develop a new product design.   (A) As if   (B) If

02 If the proposal ------- more detailed, GM Mechanic Inc. would be our only supplier of steel parts.
(A) has been   (B) had been

03 Without your assistance, I ------- have never gotten all of this work done on time.
(A) would   (B) must

04 ------- your supervisor approves of it, you can get paid holidays.   (A) Only if   (B) If only

05 You wouldn't be given access to enter the laboratory ------- an approval from our supervisor, Mrs. Iverson.   (A) until   (B) without

Step 2 실전 TOEIC Test

01 If Mr. Kim knew every detail of the project, it is likely that he ------- me.
(A) tell
(B) had told
(C) would tell
(D) will tell

02 Children under six can ride on a bumper car ------- accompanied by a guardian.
(A) until
(B) not only
(C) since
(D) only if

03 If he was more proactive, it is possible that the board of directors ------- him to the position of general manager.
(A) promotes
(B) will promote
(C) had promoted
(D) would promote

04 It looks as though the Regency Hotel will not ------- capacity during the peak season.
(A) reach
(B) reaches
(C) be reached
(D) reached

05 Any items purchased from Shavers can be returned ------- unopened within 10 days of receipt with all enclosures, instructions and blank warranty cards.
(A) until
(B) not only
(C) since
(D) only if

06 If more suburban commuters lived closer to train stations, it ------- likely that they would use their cars much less frequently.
(A) be
(B) is
(C) was
(D) will be

▶ 정답 및 해설 p.127~128

▶ 문제풀이 예제 정답 (A)

LESSON 6 요구/주장/제안 동사 + that + 주어 + (should) + 동사원형

Point

요구/주장/제안 동사 + that + 주어 + (should) + 동사원형: 아직 일어나지 않은 일에 대해 '~해야만 한다'고 요구, 주장, 제안하는 동사들은 이미 동사 자체가 '~해야 한다'는 의미를 가지고 있다. should(~해야만 한다) 역시 의무, 당연의 의미를 가진 조동사이다. 따라서 이 경우 that 뒤에서 중복이 되는 should를 생략할 수 있다.

예제|
The section manager requires that his staff ------- in their proposals every week.
(A) be handed   (B) hand

▶〈요구/주장/제안 동사 + that + 주어 + (should) + 동사원형〉형태에 관한 문제. 문장 내에 요구동사 requires가 있으므로 빈칸은 동사원형이 들어갈 자리이다. ● 과장은 직원들에게 매주 제안서를 제출하라고 요구했다.   정답 (B)

1 요구/주장/제안 동사 + that + 주어 + (should) + 동사원형

화자가 주장하는 내용은 아직 이루어지지 않은 미래의 일이며, 이는 이루어질지 불확실한 상황과 당위의 의미를 모두 포함하는 조동사 should(~해야만 한다)가 나타내고 있다.

| insist 요구하다 | suggest 제안하다 | require 요구하다 | decide 결정하다 |
| ask 요청하다 | recommend 권고하다 | propose 제안하다 | demand 요구하다 |

I require that you **(should)** bring the proper evidence. 당신이 적절한 증거를 가져올 것을 요구합니다.

(1) 이미 일어난 과거의 일을 제안, 주장하는 경우 that 이하에는 동사원형이 오지 않는다: 예컨대, 동사 insist는 이미 일어난 과거 일을 주장하는 경우와 앞으로 일어날 일에 대해 주장하는 경우가 있다. 이때 화자가 주장하는 내용이 앞으로 일어날 일인 경우에는 that절 안에 미래사실이 오므로 〈(should) + 동사원형〉이 이어지지만, 과거 사실을 주장하는 경우에는 과거 시제가 연결된다.

She **insists** that she **(should) help** the patient. 〈미래의 일에 대한 주장〉
그녀는 자신이 그 환자를 도와야 한다고 주장한다. ☆ 아직 일어나지 않은 미래에 대한 화자의 의지를 나타낸다.
She **insisted** that it **was** she who helped the patient yesterday. 〈과거 사실을 주장〉
그녀는 어제 그 환자를 도운 사람이 자신이라고 주장했다.
☆ 과거에 일어난 일을 우기는 정도의 의미이며, 동사원형이 아닌 문맥에 맞는 문장이 연결될 것이다.

(2) 주절의 동사가 과거라도, that 이하는 동사원형이 온다: 제안한 것이 과거의 일인 경우라도 이루어지지 않은 일을 나타내는 that 이하는 그대로 〈(should) + 동사원형〉이다.

He **suggested** that the plan **(should) be** changed. 그는 그 계획이 변화되어야 한다고 주장했다.

2 요구/주장/제안 명사 + that + 주어 + (should) + 동사원형

요구/주장/제안의 동사뿐 아니라 여기서 파생된 명사 표현 또한 〈that + 주어 + (should) + 동사원형〉의 가정법 형태를 따른다.

| advice 충고 | suggestion 제의 | regulation 규정 | command 명령 |
| instruction 지시 | recommendation 추천 | order 명령 | decision 결정 |

She made a **request** that the printer **(should) be** replaced within a new one.
그녀는 프린터가 새 것으로 교체되어야 한다고 주장했다.

3 이성/판단/의지/의무 형용사 + that + 주어 + (should) + 동사원형

말하는 사람의 이성/판단/의지와 관련된 형용사가 있을 경우 뒤에 오는 that절은 〈that + (should) + 동사원형〉의 가정법 형태가 되며, 이때 should는 생략한다.

essential 필수적인	natural 자연스러운	eager 열망하는	necessary 필요한
important 중요한	pity 안쓰러운	proper 적당한	imperative 필수적인
compulsory 강제의	amazing 놀라운	sufficient 충분한	anxious 걱정하는

It is **mandatory** that all new employees **be** present at the orientation scheduled next Friday.
모든 신입사원은 다음 금요일에 예정된 오리엔테이션에 참석해야만 한다.

Ustar 출제포인트 시험에는 이렇게 나온다! 요구/주장/제안 동사 외에 that절의 should가 생략되는 경우

1. agree, prefer 등 강제성을 띠거나 확정된 미래를 뜻하는 경우에도 that절의 should 생략
2. that절 앞에 suggestion, request 등의 명사가 있고 뒤에 동격절이 오는 경우
3. 이성/감정/판단의 형용사 외에도 강제성을 가지는 mandatory, advisable, recommendable, evident의 경우
   cf. suggest가 '제안하다' 외의 의미로 사용될 때 that절 안의 should는 생략되지 않는다.

As we have a meeting tomorrow, we **prefer** that the seminar **be** postponed until next week.
내일 회의가 있기 때문에 세미나를 다음 주까지 연기하고 싶습니다.

Exercises

제한시간 5분(문제당 25초)

문제풀이 예제

The CEO has requested that the merger proposal ------- revised to include his thoughts and recommendations.
(A) be   (B) is   (C) must be   (D) had been

해설 동사의 알맞은 형태를 고르는 문제이다. ask, request, require, demand와 같은 요구동사 다음에 접속사 that이 이어질 때 that절은 〈should + 동사원형〉의 형태를 취하며 이때 일반적으로 should는 생략된다. 빈칸에는 원래 should be가 들어가야 하지만 should가 생략되고 동사원형만 남게 되므로 정답은 be이다.

해석 최고경영자는 자신의 생각과 권고 사항을 포함하도록 합병 제안서를 수정할 것을 요구했다.

어휘 request 요청하다   merger 합병   proposal 제안서   revise 수정하다   recommendation 충고, 권고

Step 1 Warm-up Test

01 Richard K. has required that we ------- the potential risks carefully when making an investment decision.   (A) considered   (B) consider

02 Since there is an annual meeting the board of directors prefer that a company picnic ------- until next week.   (A) be postponed   (B) postpone

03 The buyers asked that the ordered products ------- to them before the end of this week.
(A) shipped   (B) be shipped

04 The shipping director suggested that we ------- out insurance on the shipment.
(A) took   (B) take

05 Directors ------- that monthly progress reports be submitted on time.   (A) require   (B) order

Step 2 실전 TOEIC Test

01 Mr. Robin requested that the auditor ------- the impact of faulty accounting procedures.
(A) analyzed
(B) analysis
(C) analyze
(D) analyzing

02 The chief engineer insists that the break system ------- remodeled, regardless of the high cost involved.
(A) be
(B) are
(C) have
(D) has

03 It is essential that no one ------- to the building after hours without proper identification.
(A) admits
(B) admitted
(C) is admitting
(D) be admitted

04 In order to protect fragile items during shipment it is imperative that they not -------.
(A) to shake
(B) shaking
(C) shaken
(D) be shaken

05 The librarian has requested that any overdue books or journals ------- by the end of the month.
(A) be returned
(B) to return
(C) returns
(D) returning

06 Enclosed in the letter was a request that it ------- along with the original policy document.
(A) be returned
(B) will be returned
(C) was returned
(D) is returned

▶ 정답 및 해설 p.128~129   ▶ 문제풀이 예제 정답 (A)

Part 5 Final Test

READING TEST

In the Reading test, you will read a variety of texts and answer several different types of reading comprehension questions. The entire Reading test will last 75 minutes. There are three parts, and directions are given for each part. You are encouraged to answer as many questions as possible within the time allowed.

You must mark your answers on the separate answer sheet. Do not write your answers in the test book.

Part 5

Directions: A word or phrase is missing in each of the sentences below. Four answer choices are given below each sentence. Select the best answer to complete the sentence. Then mark the letter (A), (B), (C), or (D) on your answer sheet.

101. The head accountant ------- the financial report before it was submitted to the main headquarters.
   (A) is revising
   (B) will revise
   (C) revises
   (D) revised

102. If you let ------- know when you will return from Indonesia, I can arrange the appointment with Mr. Phillips right away.
   (A) my
   (B) me
   (C) I
   (D) myself

103. Dr. Roman and Dr. Liu are invited to Bays College's annual awards ------- at Hotel Luisa next Saturday.
   (A) winner
   (B) group
   (C) title
   (D) ceremony

104. Sales of the ICM T90 have doubled ------- the last two years.
   (A) in
   (B) on
   (C) at
   (D) of

105. A hotel porter helped Mrs. Long carry her ------- luggage after she took them out of her trunk.
   (A) heaviness
   (B) heavily
   (C) heavy
   (D) heaviest

106. Some of JK Cosmetic's customers mentioned that its website does not provide enough details in its product -------.
   (A) descriptions
   (B) describe
   (C) descriptive
   (D) describable

107. According to the annual report by the government, the number of health-conscious people has risen ------- over the past five years.
    (A) dramatically
    (B) efficiently
    (C) openly
    (D) hastily

108. If any malfunctioning equipment needs to be -------, you can call our maintenance staff.
    (A) repaired
    (B) concerned
    (C) established
    (D) determined

109. Most of the policies reguarding employee benefits have ------- been implemented.
    (A) a great deal
    (B) already
    (C) soon
    (D) by far

110. The Grand Museum offers visitors a variety of ways to learn about art, allowing them to either explore the premises individually ------- take a guided tour with an expert.
    (A) so
    (B) as
    (C) if
    (D) or

111. Jim Halpert had to postpone the meeting with his new client ------- he had to attend an important conference this afternoon.
    (A) until
    (B) because
    (C) not only
    (D) so that

112. Performance records of FML 707 as well as -------- development process files will be kept confidential until its release date.
    (A) it
    (B) its
    (C) they
    (D) them

113. Hotel Blanca is ------- located, providing local customers and tourists easy access to public transportation to downtown.
    (A) centrally
    (B) center
    (C) central
    (D) centered

114. Many experts said that Jimmy Jones IT stock will rise, ------- in fact, it has been dropping significantly.
    (A) and
    (B) or
    (C) but
    (D) if

115. Dr. Sanders ------- arranges surgery appointments late on Sundays to treat patients who have no time for surgery either on the weekdays or on Saturdays.
    (A) occasionally
    (B) occasional
    (C) occasions
    (D) occasion

116. To generate more profit, the fast-food store is moving to Queen's Street, ------- the Starville Shopping Center.
    (A) across
    (B) opposite
    (C) throughout
    (D) upon

117. The wooden wall that ------- Noranda Park will be constructed using traditional methods.
(A) was enclosing
(B) will enclose
(C) enclosed
(D) will be enclosed

118. Customers of Billy Online Bookstore have been ------- unaffected by the replacement of the new order-tracking system on the website.
(A) large
(B) larger
(C) largely
(D) largeness

119. The Birmingham Educational Committee ------- for many hours about making new programs for elderly people in their community.
(A) deliberated
(B) mediated
(C) regarded
(D) supposed

120. Management allows only ------- access to employee's personal information.
(A) restrict
(B) restrictedly
(C) restricted
(D) restriction

121. The careful -------- of the two applicants has helped Mr. Palmer to make his final decision on hiring Lance Simpson because of his remarkable work experience.
(A) evaluate
(B) evaluated
(C) evaluates
(D) evaluation

122. Prior to becoming the head executive at Grey Associations, Mr. Howard ------- as a coordinator in Fisher& McKenzie.
(A) regarded
(B) involved
(C) served
(D) conducted

123. The experimenters who have completed the survey must return to Room 501 ------- further instructions.
(A) onto
(B) within
(C) along
(D) for

124. From the presentation on the new tablet developed by Garms Pharmaceuticals, they have shown its commitment to ------- high blood pressure.
(A) lower
(B) low
(C) lowered
(D) lowering

125. Although Liam&Bure is known for its tough working environment and long working hours, most applicants wish to work for this company because they offer their employees a ------- salary.
(A) satisfied
(B) competitive
(C) preventable
(D) experienced

126. At the annual conference, Ms. Sarah stated that Koll Inc. will move ------- with plans to expand its assembly line.
(A) around
(B) forward
(C) altogether
(D) never

127. Some of Jackson Elec's clients say that they are ------- to buy the new JE 2011 Model because it looks difficult to handle.
    (A) suspicious
    (B) uncertain
    (C) reluctant
    (D) worrisome

128. Because of its ------- to the city, Carot Inn is often fully booked.
    (A) proximity
    (B) exclusion
    (C) efficiency
    (D) availability

129. The President of JK Trading Inc., Mr. Lee, is known for his ------- skills and pleasant manner.
    (A) cooperating
    (B) conducting
    (C) negotiating
    (D) enclosing

130. Mr. Tanioka is in charge of publishing all books ------- for those related to language arts.
    (A) aside
    (B) even if
    (C) except
    (D) additionally

131. Marketing Director, James Lehman, said that he was impressed with how -------- Mr. Johnson's presentation was.
    (A) persuade
    (B) persuasiveness
    (C) to persuade
    (D) persuasive

132. After all of the machines were replaced with new ones, the productivity of Katz Snacks has increased -------.
    (A) extremely
    (B) retroactively
    (C) adversely
    (D) dramatically

133. Here in Boxers, you can enjoy our -------- collection of spices from all over the world.
    (A) enthusiastic
    (B) immense
    (C) calculating
    (D) impending

134. -------- the chief executive officer vowed to give out bonuses to factory workers this month, none of them were able to receive a bonus or any other forms of compensation.
    (A) Anyone
    (B) Something
    (C) Although
    (D) Whenever

135. Sill Batteries will now face a wide ------- of concerns after one of its customers left an extremely negative yet convincing comment on one of its battery's poor durability.
    (A) agreement
    (B) acclaim
    (C) array
    (D) appeal

136. For the last three years, the Jennifer Foundation has made ------- donations to charitable organizations in the United States.
(A) contented
(B) substantial
(C) generating
(D) acquired

137. ------- the extra hours Ms. Kim devoted to her project, she was unable to meet the deadline.
(A) During
(B) In spite of
(C) Even though
(D) As if

138. Because of its loyal customers, Sunny Flower Shop ------- intense competition from other stores in the region.
(A) withstanding
(B) is withstood
(C) to withstand
(D) has withstood

139. In her presentation to the board of directors, Ms. Hans suggested how both universities and local businesses are ------- to the success of the local economy.
(A) diligent
(B) integral
(C) prepared
(D) displayed

140. In order to prepare for a successful seminar, the agenda should be distributed to each participant ------- the beginning of the event.
(A) in favor of
(B) prior to
(C) owing to
(D) in case of

Ustar TOEIC Reading

→→→→→→ **Part**

Text Completion

Part 6 개요 및 공략법

1. Part 6 시험에 대한 이해

문제 유형: 단문의 빈칸을 채우는 Part 5와 Part 7의 문서가 결합한 형태
문제 개수: 141번~152번의 총 12문제로 구성되어 있으며, 4개 문서에 3문제씩 등장한다.
풀이 시간: 5분 이내 (문제당 20~25초 안에 풀어야 한다.)

2. Part 6 문제 샘플

Questions 141-143 refer to the following notice.

Our record shows that your subscription to Comquest Digital Cable TV is going to expire next month. We attached a form for you ------- your

141. (A) renews
 (B) renewed
 (C) renew
 (D) to renew

subscription and enjoy America's most convenient cable TV service.
In order to guarantee a clear cable television display without -------, we

142. (A) division
 (B) function
 (C) interruption
 (D) attraction

also recommend using the new cable antenna developed exclusively for Comquest subscribers.
The antenna costs $35. -------, we will give you a 40% discount if you

143. (A) Otherwise
 (B) Therefore
 (C) However
 (D) Nevertheless

have your friends or relatives enroll in our subscription. So, invite your loved ones and experience the best cable quality Comquest has to offer!

141번은 문장의 구조와 관련된 알맞은 동사의 형태를 찾는 문제이다.
We / attached / a form / for you ------- your subscription ~에서 앞부분에 이미 〈주어 + 동사〉가 존재하므로 빈칸에 본동사는 나올 수 없다. 따라서 (A) renews와 (C) renew는 정답에서 제외. 또한, 서비스 갱신은 원한다면 앞으로 해야 할 일이지, 이미 되어 있는 일. 즉 과거의 사실이 아니므로 과거형 (B) renewed도 답이 될 수 없다. 앞으로 갱신하기 위해서 양식을 첨부한 것이므로 준동사 중에 미래의 의미를 가지는 to부정사 (D) to renew가 답이 된다.

142번은 어휘 문제로서, 전반적인 내용 파악은 물론 빈칸 앞뒤의 문맥 파악이 관건이다.
빈칸이 포함된 문구는 '케이블 TV가 ------- 없이 선명하게 나오는 것을 보장하기 위해서'란 의미다. 따라서 '방해 없이, 문제없이' TV가 선명하게 나오도록 하기 위한다는 뜻이 되어야 문맥상 적절하겠다. 따라서 '방해'를 의미하는 (C) interruption이 정답이다.

143번은 Part 6에서 특히 자주 출제되는 접속부사 문제로, 난이도가 높기 때문에 앞뒤의 문장을 완벽하게 파악하고 접근해야 한다.
접속부사에 대한 이해가 필요하다. (A) Otherwise(그렇지 않다면)는 앞 문장에 대한 반대 개념을 나타내고, (B) Therefore(그러므로)는 원인-결과를 나타낸다. (C) However(그러나)는 역접의 개념을 나타낸다. (D) Nevertheless(그럼에도 불구하고)는 양보를 나타낸다. 빈칸 앞 문장에서는 안테나 가격을 설명하고 있고, 뒤에서는 친구나 친척이 등록하면 할인해준다는 내용이 나오고 있다. 이 두 내용을 자연스럽게 연결하기 위해서는 빈칸에 역접의 접속부사가 필요하다. 따라서 정답은 (C) However이다.

3. Part 6의 핵심은 문제가 복합적으로 출제된다는 점이다.

Part 6는 일상 업무에서 흔히 접할 수 있는 문서 형태로 등장하는데, Part 5(단문 빈칸 채우기)와 Part 7(지문 독해)의 중간 형태로 양쪽의 특징을 함께 가지고 있다. Part 5의 문법과 어휘, Part 7의 전반적인 문서 이해력을 모두 요구하는 파트가 바로 Part 6이다.

Part 5가 비즈니스에서 사용되는 문장을 제대로 구사하는 데 필요한 어휘, 문법 실력을 확인하는 시험이라면, Part 6는 보다 실질적이고 전체적인 비즈니스 서식을 이해하는 능력을 향상시키기 위한 시험이다. 비즈니스 서류 작성 및 이해에 필요한 기본 문법 사항과 어휘, 관용적인 문서상의 표현 등을 묻는 문제가 등장하며, 전체 문서의 내용을 이해해야 풀 수 있는 논리적 사고력에 대한 문제도 많이 출제된다.

4. 전체 지문 내의 다른 정보들을 총괄적으로 이용해야 한다.

Part 6에서 가장 중요한 관건은, 특히 시제 문제의 답을 찾을 때 빈칸 앞뒤만을 읽고 답을 선택하는 것이 아니라 반드시 전체 지문 내의 다른 정보들을 총괄적으로 이용해야 한다는 것이다. 중급자들은 문제를 소화할 때 시야가 좁기 때문에 항상 이런 점을 의식하여 문제를 해결하여야 한다.

5. Part 6는 문장의 이해와 더불어 전체 내용의 흐름을 파악해야 하므로 Part 5의 선행학습이 중요하다.

문장에 대한 이해가 우선해야 이것이 결합된 문서를 이해할 수 있으므로, Part 5에 대한 대비를 완벽하게 해두지 않은 상태에서 Part 6를 정복하기는 힘들다. 따라서 Part 5를 공부한 후에 Part 6를 준비하는 것이 효율적이다.

문장 구조와 기본 문법 & 어휘 문제 약 5~6문제 출제	비즈니스 문서의 전반적인 이해 능력을 묻는 문제 약 6~7문제 출제
① 문장 구조 분석을 통해 빈칸에 필요한 품사 확인 ② 동사의 활용 (준동사와 본동사, 동사의 수, 태) ③ 명사 구분 (사람명사, 사물명사, 가산명사, 불가산명사) ④ 접속사와 접속부사의 유형과 쓰임 ⑤ 전치사의 쓰임 외에 Part 5에 등장하는 기본 문법 사항	① 동사 시제와 문서상의 사건 발생 순서 파악 능력 ② 앞뒤 문장의 상관관계를 설명하는 연결어 ③ 문서에서 지칭하는 명사를 받는 대명사 찾기 ④ 비즈니스 문서상의 관용표현과 어휘 ⑤ 전후 문맥과 상황에 맞는 어휘 선택 능력 ⑥ 전체 문맥을 연결할 수 있는 답을 찾는 논리력

6. 특히, 동사 어휘, 시제 그리고 태가 복합적으로 출제되는 경우를 주의하라.

동사 어휘를 선택할 때에는 빈칸 앞뒤의 다른 정보들을 살펴보고 문맥에 적절한 보기를 선택하는 것이 중요하다. 이때 자동사, 타동사, 수여동사 등 각 동사의 특성을 감안하여 답을 선택해야 한다.

(1) 자/타/형식/수여 동사 등의 여부를 먼저 살핀다.
(2) 각 동사의 뜻을 파악하여 관련 주어나 목적어를 찾아본다.
(3) 시제와 태까지 따져본 후에 답을 선택한다.
(4) 전체 문맥에 맞게 논리적으로 내용이 연결되는 단어를 선택해야 하는 것도 무엇보다 중요하다.

7. Part 6 문제풀이 접근법

1단계 빈칸이 포함된 문장의 구조 분석을 하고 필요 품사를 찾는다.
2단계 어휘 문제는 위아래 각 2줄씩을 읽고 논리적으로 연결되는 단어를 답으로 선택한다.
3단계 동사 시제는 전체 지문의 다른 동사들의 시제를 먼저 확인한다.
4단계 비즈니스 문서의 관용적 표현들을 암기해둔다.

July 21

Dear Mr. Billings,

In reply to your July 18 letter, I gladly accept the position as Regional Operational Director.
As requested, I ------- to the office on Monday the 1st of August at 9:00 am.
       (A) reporting
       (B) have reported
       (C) did report
       (D) will report

I look forward to becoming a part of your company and collaborating with my new colleagues at Wells Works Health Supplies.

Kind regards,

Peter McCormick

Step 1_ 빈칸이 제시된 해당 문장만으로 풀어라.
  ① 보기를 통해 동사 report의 형태를 선택하는 문제임을 알 수 있다.
  ② As requested. ~부터 9:00 am까지 하나의 문장에서 빈칸은 본동사가 들어갈 자리이므로 reporting은 답이 될 수 없다.
  ③ reporting을 제외한 보기의 동사들은 시제를 달리하고 있으며, 모두 본동사로 들어가는 데 문법적으로 문제가 되지 않는다.

Step 2_ 전체 지문 특히 빈칸 위아래, 앞뒤 문장의 문맥을 확인하라.
  ④ 해당 문장만으론 시제를 확인할 수 있는 1st of August가 과거인지, 미래인지 알 수 없으므로 앞뒤 문맥을 확인해야 한다.
  ⑤ 문서 맨 위에 작성일이 7월 21일(July 21)이라고 기재되어 있는 것으로 보아 8월 1일은 미래 시점임을 알 수 있다.
  ⑥ 따라서 정답은 미래 시제인 (D) will report이다.
    (※ 참고로 I look forward to becoming a part of your company ~라고 한 뒷 문장을 통해서도 미래의 일임을 알 수 있다.)

Ustar
TOEIC
Reading

Chapter 1

비즈니스 문서상에서 동사의 시제 활용

Part 6에서 동사 활용 문제는 문서의 목적 또는 일, 상황의 전개에 적합한 동사의 형태를 묻는다. 기본적으로 동사의 수, 태, 시제 등을 묻게 되는데, 특히 시제의 경우에는 문서의 의도와 앞뒤 문맥을 확인해야 풀 수 있는 문제들이 출제된다.

★ **동사 표현, 시험엔 이렇게 나온다!**
1. 전반부에서는 문서를 작성하는 주제와 의도, 배경, 상황 전개 등을 설명하는 동사를 묻는다. 이미 진행된 일인지(과거) 아니면 앞으로 진행될 일인지(미래) 등을 확인하고 답해야 한다.
2. 후반부에서는 상대에게 제안 또는 요청할 때 사용되는 동사의 시제에 대한 문제이다. 요구 사항은 미래 시제, 확정된 사항은 미래 시제와 현재 시제 모두 쓸 수 있다.

★ **이렇게 풀어라! 문제풀이 전략**
1. 편지의 경우, 먼저 온 편지에 대한 답장인지 제안의 편지인지 등의 상황 파악을 먼저 해야 한다.
2. 동사는 〈동사의 개수 → 본동사 여부 → 수일치 → 태 확인 → 시제〉 순으로 일관되게 풀어야 한다.
3. 특정 사건에 대한 시제를 찾는 문제는 다른 동사들의 시제들을 모두 살펴 발생 순서를 따져보아야 답이 나온다.

Product development team,

The agenda for this weekly meeting -------. Please find the final
                   (A) will be updated
                   (B) is updating
                   (C) has been updated
                   (D) will update
version attached to this e-mail.

제품 개발팀에게,
이번 주 회의에 대한 안건이 업데이트되었습니다. 본 이메일에 첨부된 최종 버전을 확인하시기 바랍니다.

▶ agenda 안건 update 갱신하다
   attach 첨부하다

Step 1_ 먼저 빈칸이 제시된 해당 문장만으로 푼다.
   ① 보기가 모두 동사 형태이며, 빈칸은 본동사가 들어갈 자리이다.
   ② 항상 〈본동사 여부 → 수, 태, 시제〉를 먼저 확인하라.
   ③ update는 타동사로, 뒤에 목적어가 없기 때문에 수동태가 나와야 한다.
   ④ 수동태 보기는 will be updated와 has been updated이다.
   → 미래와 현재완료를 구분해야 한다. 하지만 해당 문장만으로는 시제를 판단할 수 있는 근거가 없다.

Step 2_ 앞뒤 문장의 문맥을 확인하라.
   ⑤ 뒤 문장에서 이메일에 첨부된 최종 버전(final version attached to this email)이라는 말을 통해 이미 update가 되었음을 알 수 있다.
   ⑥ 따라서 정답은 현재완료 시제인 (C) has been updated이다.

LESSON 1 과거에 발생한 사실을 나타내는 과거동사 표현

Point

과거에 발생한 단순 사실은 주로 과거 시제를 쓰며, 과거에 발생한 일이 현재까지 영향을 미칠 때는 과거에 시작된 일이더라도 현재완료 시제를 사용한다.

❶ 빈칸을 포함한 문장에서 과거의 시간을 알 수 있는 시점 부사를 확인한다.
❷ 앞뒤 문장의 동사 시제를 통해서 일이나 사건 발생의 전후 사실을 확인한다.
❸ 문서상에서 시점의 전후를 파악하는 기준이 되는 작성일 등의 정보를 이용하라.

A 과거 시제: 규칙동사의 -ed형, 또는 불규칙동사의 과거형

(1) 과거 시점에서 발생한 사실, (2) 과거 시점의 상태, (3) 과거의 역사적인 사실 등을 말할 때 사용한다. 과거에 발생한 시점은 일반적으로 과거 시간 부사로 명시해주지만, 문서에서는 내용 전개상 과거라도 문장마다 매번 과거 시간 부사를 쓸 필요가 없다. 따라서 문서 형태인 Part 6 문제를 풀 때는 앞뒤 문장들의 시제를 꼭 확인해야 한다.

B 과거완료 시제: had + 과거분사(-ed)

과거의 사실보다 먼저 일어난 일을 표현할 때는 대과거를 나타내는 과거완료 시제를 쓴다. 지문 중에 과거의 특정 시점이 나와 그 시점까지 일이 완료되었음을 보여줘야 한다.

C 현재완료 시제: have/has + 과거분사(-ed)

과거의 경험을 나타내거나 과거부터 현재(또는 최근)까지 특정 기간 동안 발생하여 완료된 사실을 말할 때 쓴다. 보통 과거부터 현재(또는 최근)까지의 기간을 의미하는 시간 부사어구와 함께 나오지만, 이러한 시간 부사어구가 없을 경우에는 과거 시제와 동일하게 쓸 수 있다.

Ustar 출제포인트 *시험에는 이렇게 나온다!*

 다음은 조사 보고서(inspection report)의 도입 부분이다.

> **Inspection of Office Computers
> at Red Fox Architecture Design Team
> by Sand Computer Assistance**
>
> On January 27, Sand Computer Assistance ------- the computers at
> (A) are inspecting
> (B) inspected
> (C) will inspect
> (D) inspects
>
> Red Fox Architecture Design Team. We looked into the computer performance and searched for any forms of errors.

> Red Fox 건축 디자인팀 사무실 컴퓨터 점검
> 작성: Sand Computer Assistance
>
> 1월 27일, Sand Computer Assistance는 Red Fox 건축 디자인팀의 컴퓨터들을 점검했습니다. 우리는 컴퓨터의 성능을 확인하고 에러가 있는지 조사했습니다.
>
> ▶ inspect 점검하다 look into 확인[조사]해 보다 performance 성능 search for 찾다

Step 1_ 문장의 구조와 동사의 수, 태, 시제를 확인하라.

빈칸은 문장의 본동사가 들어갈 자리이다. 그런데 보기는 모두 뒤에 목적어를 취할 수 있는 능동형이다. 그러나 주어가 단수형인 Sand Computer Assistance이기 때문에 복수동사인 (A) are inspecting은 답이 될 수 없다.
문장 안에 On January 27이 있지만 정확하게 과거인지, 미래인지를 판단할 수 있는 근거가 없다. 그렇기 때문에 과거 시제인 inspected, 미래 시제인 will inspect, 현재 시제인 inspects 모두 시제 상으로는 오류가 없다.

Step 2_ 앞뒤 문맥을 확인하라.

이어지는 뒷 문장에서 We looked into the computer performance(우리가 컴퓨터의 성능을 확인해봤다)~라는 내용으로 미루어 컴퓨터 점검이 이미 이루어졌음을 알 수 있다. 따라서 정답은 과거 시제인 (B) inspected가 된다.

출제유형

1. 문서의 전반부에서 일·사건의 배경이나 원인을 말할 때
2. 일의 경과를 보고하거나 발생한 일에 대한 조치나 처리에 대해 말할 때
3. in the previous mail, before 등과 같이 주로 과거의 특정 시간을 보여주는 부사들과 함께 출제된다.

Exercises

제한시간 3분(문제당 30초)

Test 1: Questions 01-03 refer to the following article.

Washington D.C., Nov. 4

Metropolitan Hotel announced that a temporary ------- of its computer systems caused errors in

01 (A) failure
   (B) arrival
   (C) complaint
   (D) report

confirming reservations and check-ins for people. According to the technical department, the malfunction ------- due to virus infections that invaded the main computer a day before.

02 (A) is caused
   (B) have been caused
   (C) will be caused
   (D) was caused

As a result, employees had to manually form a list for room confirmations and names of the hotel guests. After the newly ------- system was implemented, all computer problems were resolved.

03 (A) magnified
   (B) enhanced
   (C) selected
   (D) admired

Test 2: Questions 04-06 refer to the following letter.

October 3

Dear Mr. Lee,

Thank you for the brief consultation last week. I ------- this great opportunity to discuss my career

04 (A) appreciated
   (B) appreciating
   (C) will appreciate
   (D) was appreciated

path with someone who has such a vast knowledge in the field of music industry.

If possible, I would like further assistance from you in regards to choosing the most suitable company. I have enclosed a list of the companies I am planning on applying. As I mentioned earlier, I would like to be a part of a ------- industry with a great brand image.

05 (A) repute
   (B) reputable
   (C) reputably
   (D) reputation

Also, I am an individual who believes that music, like technology, must be progressive. For this reason, I wish to work for an industry that rates ------- as one of its primary considerations.

06 (A) commerce
   (B) routine
   (C) innovation
   (D) association

My number is 011-877-3732, so please give me a call whenever you are free. Thank you very much for your consideration.

Sincerely,

Yoojin Nam

▶ 정답 및 해설 p.136~137

LESSON 2 미래를 나타내는 미래동사 표현

Point

미래의 일을 나타낼 때는 일반적으로 동사의 미래 시제를 사용하지만, 이를 대용할 수 있는 동사 표현들 또한 함께 알아두어야 한다.
1. 빈칸을 포함한 문장에 미래의 시간을 알 수 있는 시점 부사를 확인한다.
2. 앞뒤 문장의 동사 시제를 통해서 일이나 사건 발생의 전후 사실을 확인한다.
3. 문서상에서 시점의 전후를 파악하는 기준이 되는 작성일 등의 정보를 이용하라.

A 미래 시제: will + 동사원형, will be + -ing, be + -ing

(1) **will + 동사원형 (단순미래형)**: 어떤 일, 사건, 행위 등이 발생하는 시점이 미래임을 나타내는 시제로, 주어의 의지가 담긴 미래 (~할 것이다)를 나타낼 때도 쓴다.

(2) **be + -ing (현재진행형)**: 주로 현재 진행되고 있는 상황을 나타내지만, 조만간 예정되어 있는 미래의 일을 나타낼 때도 사용한다.

(3) **will be + -ing (미래진행형)**: 계획된 미래의 구체적인 일정이나 계획을 말할 때 쓴다. 따라서 구체적인 일정인 시간, 장소 등이 동반되는 경우가 많다.

(4) **will have p.p. (미래완료형)**: 미래완료는 반드시 완료 시점을 보여주는 미래 부사(절) 등이 동반되어야 한다.
by next year   by the time S + V

B 미래 대응 동사 표현

(1) **is/are + expected/supposed/scheduled + to 동사원형**: 동사의 시제는 현재형이지만 의미는 미래를 나타낸다.
(2) **is/are + willing/about/going + to 동사원형**: 주어의 의지나 곧 있을 미래의 일을 나타내는 관용적인 동사 표현이다.
※ 확정된 미래, 계약서의 내용, 법이나 규칙의 내용 등은 미래의 일이라 하더라도 현재 시제를 사용한다.

Ustar 출제포인트 시험에는 이렇게 나온다!

예제 다음은 이메일(email)의 도입 부분이다.

To: All employees
From: Jamie Walters
Date: July 30
Subject: Promotion of Phyllis Puzzo

Dear all staff members,

The Human Resources Department is pleased to announce the promotion of Phyllis Puzzo from general manager to executive director of domestic marketing for White Marble Cosmetics. Effective on the 7th of August, Ms. Puzzo ------ the marketing activities for

(A) to oversee   (B) will oversee
(C) had been overseeing   (D) oversees

White Marble Cosmetics in Canada. Having graduated from Nathan University, Ms. Puzzo has worked for 15 years in the marketing field.

수신: 전 직원
발신: 제이미 월터스
날짜: 7월 30일
제목: Phyllis Puzzo의 승진

안녕하세요, 직원 여러분.

인사부는 Phyllis Puzzo가 화이트 마블 화장품의 총괄 매니저에서 국내 마케팅 이사로 승진하게 된 것을 알리게 되어 기쁩니다. 8월 7일부로 Ms. Puzzo는 캐나다에서 진행되고 있는 화이트 마블 화장품의 마케팅 활동을 관리 감독하게 될 것입니다. Nathan 대학을 졸업한 Ms. Puzzo는 15년째 마케팅 분야에서 일을 하고 있습니다.

▶ promotion 승진 effective 효력을 발생하는 oversee 관리 감독하다 graduate from ~을 졸업하다

Step 1_ 문장의 구조와 동사의 수, 태, 시제를 확인하라.

빈칸은 Ms. Puzzo를 주어로 하고 the marketing activities를 목적어로 취하는 본동사 자리이다. 우선, 준동사인 to부정사는 본동사가 될 수 없으므로 (A) to oversee는 정답에서 제외한다. 문장에서 시간을 알 수 있는 시간 부사구 Effective on the 7th of August가 있지만 이 날짜가 과거인지 미래인지 알 수 없으므로 미래 시제인 will oversee, 과거완료진행형인 had been overseeing, 현재 시제인 oversees 모두 문법적으로는 오류가 없다.

Step 2_ 앞뒤 문맥과 문서가 작성된 날짜를 확인하라.

앞뒤 문맥을 확인해도 정확한 시점을 확인할 수 없다. 하지만 헤드 부분에 날짜가 July 30인 것으로 보아 이메일의 작성 시점(7월 30일)에서 8월 7일은 미래의 시간이므로 Ms. Puzzo가 8월 7일부로 관리 감독할 것이라는 (B) will oversee가 정답이 된다.

출제유형
1. 문서의 초반부에서 특정 행사나 일에 대한 소개, 공지, 광고를 할 때
2. 문서의 중반부에서 새로운 직원이 해야 할 일이나 역할 등을 설명할 때
3. 문서의 마지막에서 기대나 계획을 표현할 때

Exercises

제한시간 3분(문제당 30초)

Test 1: Questions 01-03 refer to the following letter.

Dear Mr. Anthony,

As we discussed before, we are to meet on April 30 to inspect the Internet connection speed of your office computers. It will be important to keep track of whether the connection system has been ------- in general. If there is a problem with the current connection, we could change the

01 (A) effectively
   (B) effective
   (C) effectiveness
   (D) effect

entire connection system.

-------, we can replace the current connection with wireless options, which would provide faster

02 (A) Rather
   (B) Even so
   (C) For instance
   (D) Unless

speed and less hassle to connect for employees.

Before inspecting the connections, we will have a brief discussion about your computer performances. The meeting for this discussion ------- on the second floor of your building.

03 (A) were held
   (B) have been held
   (C) to hold
   (D) will be held

If you have any concerns regarding the date, please give me a call in advance and I will be more than happy to reschedule the date to a better day.

Test 2: Questions 04-06 refer to the following letter.

Dear Ms. Cullen,

On behalf of the committees of the New Cure Association, we would like to ------- you to present

04 (A) assist   (B) invite
   (C) extend   (D) remind

an opening speech at our ceremony that will be held in Yamada Hotel on June 25.

On June 25, we will be celebrating our accomplishments and then present some of our future plans. This will be a meaningful ceremony to be a part of. We expect that you will be giving your speech in front of 300 -------.

05 (A) venues   (B) registrations
   (C) programs   (D) members

As the head of your department, we believe that your presence itself will be a delight for our ceremony. If you are interested, please inform us of a good time to reach you. One of our secretaries ------- you on your preferred time and discuss this matter further.

06 (A) was called   (B) am calling
   (C) will call   (D) would have called

I look forward to hearing from you.

Sincerely yours,

Darren Tucker

▶ 정답 및 해설 p.137~138

LESSON 3 비즈니스 문서상의 현재(진행)형 동사 표현

Point

현재 시제는 현재에 발생한다는 의미가 아니다. 지금 발생하는 것은 현재진행형 시제를 써야 한다. 현재 시제란 주로 주기적이거나 일상적인 일, 또는 정해진 사실이나 진리, 상식, 상태, 감정 동사 등에 사용하며, 시간이나 조건 부사절에서 미래 시제를 대신해서 쓰기도 한다.

❶ 빈칸을 포함한 문장에 시간을 알 수 있는 시점 부사를 확인한다.
❷ 앞뒤 문장의 동사 시제를 통해서 일이나 사건 발생의 시점을 확인한다.
❸ 문서상에서 시점의 전후를 파악하는 기준이 되는 작성일 등의 정보를 이용하라.

A 비즈니스 문서상에 현재 시제를 쓰는 경우

(1) 계약서, 품질 보증서 등 강제성을 가진 사항이나 규정을 설명하는 경우('과거-현재-미래'에 항상 적용되기 때문에)
(2) '과거-현재-미래'에 걸친 일상적인 업무 내용이나 주기적으로 지속되거나 반복되는 일 또는 행동을 설명하는 경우
(3) 제품이나 서비스, 문서 등의 사실, 상태, 특징 등을 설명하는 경우(이미 문서에 적혀 있는 내용은 바뀔 수 없는 사실이므로)
(4) 계약서의 내용이나 확정된 미래의 사실 등

This magazine **contains** a variety of information about the regional markets.
이 잡지는 지역 시장에 대한 다양한 정보를 담고 있다.

Your contract **expires** on December 31st. 귀하의 계약은 12월 31일에 만료됩니다.

He **works** for Standard Sacks Inc. in the UK. 그는 영국에 있는 Standard Sacks사에서 일한다.

B 현재진행형: be + -ing

현재 특정한 일이나 행위가 진행되고 있음을 나타내는 경우 (☆ 현재진행형은 곧 있을 미래를 의미하기도 한다.)

We **are seeking** entry level fashion designers for our branch office.
우리는 (현재) 지사에서 일할 신입 패션 디자이너를 모집하고 있습니다.

Ustar 출제포인트 시험에는 이렇게 나온다!

 예제 다음은 광고(advertisement)의 도입 부분이다.

Hainan Island Tour	Hainan 섬 투어
Crimson Dragon Tour guides tourists to experience the best Hainan Island has to offer. Each of our tour packages ------- a tour guide, (A) will be included (B) used to include (C) included (D) includes free breakfast and lunch, and entrance fees. All our tours are scheduled to leave at 11 A.M. and end at 6 P.M.	Crimson Dragon Tour는 관광객들에게 Hainan 섬이 제공하는 가장 멋진 것들을 경험하도록 안내합니다. 저희 여행 패키지들에는 관광 가이드, 무료 조식과 중식, 그리고 입장료를 포함하고 있습니다. 모든 투어는 오전 11시에 출발해 오후 6시에 끝납니다. ▶ guide 안내, 안내하다 include 포함하다 used to + 동사원형 예전에는 ~했다 entrance 입장 be scheduled to + 동사원형 ~하기로 일정이 잡혀 있다, 예정되어 있다

Step 1_ 문장의 구조와 동사의 수, 태, 시제를 확인하라.

빈칸은 단수주어 Each (of our tour packages)를 받는 단수동사가 들어갈 자리이다. 보기는 모두 단수주어를 받을 수 있는 동사들이지만, 뒤에 목적어를 받을 수 없는 수동형 will be included는 답이 될 수 없다. 과거의 습관을 의미하는 (B) used to include(예전에는 ~이 포함되어 있었다)와 과거 사실을 말하는 (C) included(~을 포함했다), 그리고 현재의 상황이나 상태를 말하는 현재 시제 (D) includes(포함하고 있다)는 모두 정답 후보가 될 수 있다.

Step 2_ 앞뒤 문맥을 확인하라.

앞뒤 문장의 동사들이 모두 현재 시제(guides, are scheduled to ~)로 되어 있으며, 여행의 패키지 상품이 어떠한지를 설명하고 있으므로, 이미 고정되어 있는 여행 상품의 성질이나 특성을 설명하는 데에는 현재 시제인 (D) includes가 적절하다.

출제유형
1. 계약서나 품질 보증서 또는 정해진 계획의 일정을 말할 때 → 현재형
2. 문서의 초반부에서 업체를 소개할 때나 업체가 하는 일들을 설명할 때 → 현재형
3. 제공되거나 광고되고 있는 제품, 서비스의 특징 및 내용을 설명할 때 → 현재형
4. 구인 광고, 이메일 등의 전반부에서 현재 진행되고 있는 사항을 말할 때 → 현재진행형

Exercises

제한시간 3분(문제당 30초)

Test 1: Questions 01-03 refer to the following advertisement.

Learn Swimming for Free?

Join former gold medal swimmer, Michael Whelps on an exciting journey to the world of swimming. Michael ------- a variety of swimming styles from breast strokes to butterfly strokes. This ongoing

01 (A) taught
   (B) teaches
   (C) to teach
   (D) will be taught

two-week program will be a great opportunity for everyone to learn and enjoy swimming at the same time!

The program will run for two ------- weeks from 5:00 P.M. to 6:30 P.M., including Sundays as well.

02 (A) consecutive
   (B) following
   (C) repeated
   (D) collective

If you want to sign up for this opportunity, visit our homepage at www.WhelpsoverPhelps.com. This program is open to children and parents -------, so feel free to bring your whole family!

03 (A) ahead
   (B) around
   (C) alike
   (D) along

Test 2: Questions 04-06 refer to the following information.

Dear Residents,

Lately, there has been some confusion in how to correctly sort out trash according to their materials. To meet the recycling standards, trash must be disposed of -------.

04 (A) properly
   (B) barely
   (C) positively
   (D) confidently

Please do not simply throw away your garbage into the trash container.
To address such -------, we recently added two more containers in the back field. The brown

05 (A) costs
   (B) objectives
   (C) conflicts
   (D) issues

container is for aluminium and glass, and the blue container is where you put paper-based wastes.

If you have any further questions on discarding trash, please contact us or ask any community that ------- in recycling programs. Thank you for your cooperation.

06 (A) participating
   (B) participated
   (C) participates
   (D) participation

▶ 정답 및 해설 p.138~139

LESSON 4 의무, 제안, 요구, 요청을 의미하는 동사 표현

Point

비즈니스 문서는 보내는 사람과 받는 사람들의 커뮤니케이션 수단이다.
❶ 일방적으로 공지하거나 알리거나 무엇을 어떻게 하라고 조언[제안]을 하거나 특정 정보, 행위 등을 요청[요구]하기도 한다.
❷ 이렇게 제안, 요구의 동사는 주로 현재 시제를 쓰며, 해당 내용은 to부정사로 나타내거나, 또는 that절 안에 '~을 해야 한다'는 의미의 should가 생략된 동사원형을 쓴다.

A 의무, 명령, 제안, 요구, 요청의 동사: ~해야 한다, ~하시기 바랍니다

(1) ask, suggest, advise, recommend, require, invite 등과 같이 제안이나 조언을 하는 동사의 능동태
(2) 〈주어 + be + asked, required, advised, recommended, invited + to 동사원형〉과 같은 수동태 문장

We **suggest** you finish this on time. 이것을 제시간에 끝내셔야 합니다.
You **are advised to** attend the weekly meeting. 당신은 주간회의에 참석하셔야 합니다.

B 제안, 요청의 〈조동사 + 동사원형〉과 조건절(if) 표현: ~하면 …하시기 바랍니다

(1) If ~, please …(~하면, …해주세요) 형태의 조건절 구문
(2) must, should, can 등의 조동사를 이용하여 상대에게 제안하는 구문

If you have any questions, **please** contact one of our representatives in the center.
질문이 있으시면 센터에 있는 직원에게 연락해주시면 됩니다.

Ustar 출제포인트 시험에는 이렇게 나온다!

 다음은 공지(notice)의 마지막 부분이다.

Since most of our clients prefer meetings during the late afternoon or early evening, the sales staff members will come to work by 11 A.M. Lastly, for Saturdays, all staff members are to come by 1 P.M.

If you have any concerns or if you think you won't be able to follow these changes, you ------- the human resources department before

(A) have notified
(B) were notifying
(C) must notify
(D) must be notified

the end of next week.

Thank you and let's have another great year!

저희 고객들은 대부분 늦은 오후나 저녁에 만나는 것을 선호하기 때문에 영업사원들은 오전 11시까지 출근할 것입니다. 끝으로 토요일에는 전 직원들이 오후 1시까지 출근하게 되어 있습니다.

사정이 있거나 이러한 변경 사항들을 따를 수 없다면 다음 주말 전에 인사부서에 알려주셔야 합니다.

감사하고 또 한 번 멋진 한 해를 만들어봅시다!

▶ prefer 선호하다 come to work 출근하다 concern 우려 사항 follow 따르다 notify 알리다

Step 1_ 문장의 구조와 동사의 수, 태, 시제를 확인하라.
빈칸은 if절의 주절로 주어 you 뒤에는 동사가 들어가야 한다. 우선 동사의 수는 문제가 되지 않는다. 하지만 뒤에 목적어를 받아야 하므로 수동태인 (D) must be notified는 답이 될 수 없다. 미래를 나타내는 시간부사 before the end of next week가 있기 때문에 현재완료형인 (A)와 과거(진행)형인 (B)도 답이 될 수 없다.

Step 2_ 앞뒤 문맥을 확인하라.
종속절인 if절의 내용을 참조하면 '변경된 사항을 따를 수 없다면, ~을 알려야 한다'는 의미가 되어야 문맥이 자연스럽게 연결되므로 (C) must notify가 정답이다.

---

1. 공지(notice), 회람(memo) 등에서 지시 사항을 전달할 때
2. 문서의 후반부에서 상대에게 특정 정보를 요구하거나 방법들을 제시할 때
3. 문서의 후반부에서 조건절(If)을 이용해 '~하면 ~하세요[해야 합니다]'라는 제안을 할 때

Exercises

제한시간 3분(문제당 30초)

Test 1: Questions 01-03 refer to the following letter.

To artists,

I am writing in regards to the ------- Cincinnati Art Exhibition in Cincinnati. I hope you will be able

01 (A) upcoming
    (B) first
    (C) canceled
    (D) recent

to attend this wonderful exhibition once again this year. This ------- begins on Monday, September

02 (A) committee
    (B) event
    (C) organization
    (D) investigation

19 and ends on Friday, September 23. I assure all of you that you will enjoy your stay during the course of these five days.

We will be providing free express bus service so that you would not have to worry about transportation fees. We will book the tickets and send the printable copies to your e-mail accounts. Therefore, I ------- all of you to provide us with your name, phone number, e-mail address, and

03 (A) was asking
    (B) asking
    (C) were asked
    (D) ask

your desired time of travel via e-mail.

If you have any additional questions in regards to the exhibition, my phone number is 734-657-8337. Please feel free to contact me any time!

Thank you for your interest as always.

Elizabeth

Test 2: Questions 04-06 refer to the following letter.

Dear Ms. Sanchez,

Thank you for becoming a proud member of White Cross Volunteer Association. In the envelope, please ------- the enclosed catalogue and read about your new goals and responsibilities as a

04 (A) look   (B) find
    (C) review   (D) provide

volunteer.

------- a member of our volunteering association, you will be satisfied whenever you are aiding

05 (A) For   (B) As
    (C) Still   (D) But

people in need. Until then, we will teach you and lead you to become accustomed to performing tasks as a volunteer.

Before you visit our office, please make sure to visit a hospital for a general health check-up. Your health condition ------- and the records must be sent at least by the end of next week. If you

06 (A) has checked   (B) was checked
    (C) should be checked   (D) would have checked

have any questions, contact us at 212-943-0808.

Thank you for your kindness. We look forward to seeing you soon.

Best regards

▶ 정답 및 해설 p.139~140

Ustar
TOEIC
Reading
✡

Chapter 2
문맥의 상관관계를 완성하는 연결어

Part 6에서는 접속사, 접속부사, 부사, 전치사(구) 등의 연결어가 출제된다. 이러한 연결어들은 문서를 작성하면서 앞뒤 문장이나 문맥을 논리적으로 전개하고자 하거나 부연 설명을 하기 위한 일종의 장치인 셈이다. 연결어 문제들은 앞뒤 문장의 내용 연관성을 고려하여 자연스러운 문맥을 만들 수 있는지를 확인하는 유형이다.

★ 연결어, 시험엔 이렇게 나온다
1. 문두에서 앞 문장과 의미상 상관관계를 설명할 수 있는 (접속)부사나 전치사구 관용표현을 찾는 문제
2. 한 문장 안에 두 개의 절을 연결하는 접속사와 (접속)부사 구별 문제

★ 이렇게 풀어라! 문제풀이 전략
1. (접속)부사, 접속사, 전치사 중에 어떤 것이 들어갈 자리인지 구조를 파악하는 것이 첫 번째 과제이다.
2. 전체 문맥에서 말하고자 하는 의도와 함께 앞의 문장과 뒤에 나온 문장의 상관관계를 이해하고 풀어야 한다.
3. 접속부사는 부사라는 것을 명심하라. 앞뒤 문장을 의미상으로 연결할 순 있지만 문법적으로 실제 두 문장을 연결하는 접속사로는 쓸 수 없다.

You mentioned that the tour was led by an inexperienced guide. -------, my experience with New Bally Travel was very impressive.
(A) In addition
(B) However
(C) Consequently
(D) Although

Rohan, my Bally tour guide, was knowledgeable and friendly, and answered questions in detail.

귀하의 여행을 미숙한 가이드가 이끌었다고 언급하셨습니다만, New Bally 여행사와 함께 한 저의 경험은 매우 인상적이었습니다. Bally에서 제 여행 가이드였던 Rohan은 매우 박식하고 친절했으며, 질문들에 자세하게 답변주었습니다.

▶ mention 언급하다 inexperienced 경험이 부족한, 미숙한 impressive 인상적인 knowledgeable 똑똑한, 지식이 많은 in detail 자세하게

Step 1_ 먼저 빈칸이 제시된 해당 문장만으로 푼다.
① 보기가 접속사, 접속부사, 부사, 〈전치사+명사〉로 이루어져 있다.
➡ 빈칸이 문장의 맨 앞에 있으므로 앞뒤 문맥상의 논리를 확인해서 풀어야 하는 Part 6의 전형적인 문제이다. 빈칸 앞에 마침표가 있기 때문에 접속사인 (D) Although는 답이 될 수 없다.

Step 2_ 앞뒤 문장의 문맥을 확인하라.
② 앞 문장은 경험이 없는 가이드가 여행을 이끌었다는 부정적인 내용이지만, 뒤 문장은 very impressive(매우 인상적)라는 대조적인 내용이 나오고 있음을 알 수 있다.
③ (A) In addition은 앞에 언급한 내용에 추가로 말을 덧붙일 때 사용되며, (C) Consequently는 인과관계로 앞에는 이유, 뒤에는 결과가 나와야 한다.
④ 따라서 앞에서 예상했던 것과 반대의 내용을 이끄는 접속부사 (B) However가 답이 된다.

★ 꼭 알아두어야 하는 연결어의 위치

- 주어 + 동사 ~ . (접속)부사(,) + 주어 + 동사 ~.
- 주어 + 동사 ~ ; (접속)부사(,) + 주어 + 동사 ~.
- 주어 + 동사 ~ . 전치사구 + 주어 + 동사 ~.
- 주어 + 동사 ~ + 접속사 + 주어 + 동사 ~.
- 주어 + 동사 ~ + (,)접속사 + (접속)부사(,) + 주어 + 동사 ~.
- 주어 + 동사 ~ + 접속사 + 분사(-ing/-ed) ~.

LESSON 1 기대치의 반대나 반전, 대조되는 상황을 나타내는 연결어

Point

앞 문장에서 언급했던 내용에 대해 반대되거나 대조되는 상황, 혹은 놀랍거나 전혀 다른 사실이나 상황을 설명하는지 확인하라.
① 문장의 구조 파악을 통해 접속사가 들어갈 자리인지 (접속)부사가 들어갈 자리인지 확인하라.
② 보기의 연결어들의 의미를 확인하라.
③ 앞뒤 문맥을 확인해서 역접이나 대조, 또는 양보의 상황인지를 확인하라.

A (접속)부사

(1) however(그러나, 하지만), by the way(그건 그렇고): 앞에서 언급한 말과 전혀 다른 내용이나 놀라운 사실을 덧붙일 때 쓴다.
(2) nevertheless, nonetheless(그럼에도 불구하고): 앞에서 언급한 사항에도 불구하고 다른 일을 언급할 때 쓴다.
(3) notwithstanding(~임에도 불구하고): 부사나 전치사로 사용한다.
It is a cheap and simple system. **However**, there are some risks. 이것은 저렴하고 쉬운 시스템이다. 하지만 약간의 위험이 있다.

B 접속사

(1) but(그러나): 앞에서 언급한 내용에 대해 놀랍거나 전혀 다른 상반된 상황을 설명할 때 사용한다. 등위접속사는 문두에 나올 수 없다.
(2) although, even though(~에도 불구하고, 비록 ~지만): 주절에서 언급한 사항에도 불구하고 다른 일이 있다고 할 때 쓴다.
Even though the deadline is tomorrow, we have yet to receive the documents needed.
마감일이 내일인데도 불구하고 우리는 아직 필요한 서류를 받지 못했다.

C 전치사(구)

(1) on the contrary(그와는 반대로): 앞에 나온 내용에 대해 반대되는 내용의 문맥을 이끈다.
(2) on the other hand(반면에): 대조되거나 다른 고려 사항을 추가로 언급할 때 사용한다.
(3) in spite of, despite(~임에도 불구하고): 전치사로 뒤에 명사상당어구가 온다.
In spite of rainy weather, the reception was attended by a lot of staff members.
비가 오는 궂은 날씨에도 불구하고 환영회는 많은 스텝들이 참석했다.

Ustar 출제포인트 시험에는 이렇게 나온다!

 다음은 가게의 신장개업을 알리는 공지(notice)의 마지막 부분이다.

Our old shop was somewhat disorganized and small. -------, now we
(A) In fact   (B) Similarly
(C) However   (D) For example
are confident that we will be able to provide you a comfortable shopping experience while you are in our shop. Please come and visit the all-new Golden River Souvenirs.

저희 예전 매장은 다소 혼잡하고 작았습니다. 하지만 지금은 고객 여러분이 저희 매장에 있는 동안 편안한 쇼핑을 제공할 수 있으리라 자신합니다. 완전히 새로워진 Golden River Souvenirs를 방문해주시기 바랍니다.

▶ somewhat 다소 disorganized 혼란스러운 confident 자신이 있는, 확신하는 experience 경험, 체험

Step 1_ 문장의 구조와 연결어들의 의미를 파악하라.
앞 문장이 끝난 후에 빈칸과 콤마(,)로 연결되고 뒤에 완전한 문장이 나오고 있으므로 앞뒤 문맥을 연결할 수 있는 (접속)부사의 자리이다.
(A) In fact는 '사실상'이라는 의미로 앞서 언급한 내용에 대해 부연 설명을 덧붙이면서 앞의 내용을 강조할 때 쓴다. (B) Similarly는 부사로, 유사한 상황을 언급할 때. (C) However는 대조되는 상황에. (D) For example은 앞의 내용과 관련된 예를 들 때 사용된다.

Step 2_ 앞뒤 문맥이 상반되거나 대조되는지 확인하라.
예전 매장이 조직적으로 정돈되어 있지 않고 작았다는 것과 지금은 편안한 쇼핑을 제공할 거라는 내용은 서로 대조된다. 따라서 앞의 내용과 대조되는 상황을 나타내는 연결어인 (C) However가 정답이다.

1. 단점이나 문제점으로 제시되었던 것이 이제는 개선되었다는 문맥
2. 예전에는 명성이 있었지만 지금은 문제가 많다는 문맥
3. 처음에는 제약이 있었지만 현재는 자유롭고 편하게 이용할 수 있다는 문맥
4. 예전에는 이런 것들만 다루었지만 이번에는 다른 것들도 다룰 것이라는 문맥
5. 누구나 지원할 수 있지만 경력자들도 지원할 수 있다는 문맥

Exercises

제한시간 3분(문제당 30초)

Test 1: Questions 01-03 refer to the following email.

To whom it may concern:

On July 2, I ------- an international flight from Taiwan to Lisbon using Pacific Airlines. I had a

01 (A) took
   (B) take
   (C) will take
   (D) have taken

pleasant flight the whole way. -------, I was very disappointed when I realized my luggage was

02 (A) In fact
   (B) As a matter of fact
   (C) However
   (D) Instead

missing. I learned that your crew members forgot to put my luggage on the boarding plane. Consequently, I did not receive it in Lisbon. Then, I spent my whole week in Lisbon without any luggage, and I still have not received my personal belongings.

Please call me at any time. My number is 201-363-9029 or you can reach me through giveittome@gotmail.com. I hope to hear from you ------- a few days.

03 (A) within
   (B) near
   (C) since
   (D) from

Thank you for your consideration.

Sincerely,

Eduardo Ronaldo

Test 2: Questions 04-06 refer to the following email.

To: All who are interested
From: Manuel Roberto
Date: July 9
Subject: Opening Day Wine Party at Olio

To celebrate its opening day, Olio Restaurant & Bar is hosting a small wine party for a limited group of people. Anyone who is interested is eligible to -------. We will accept guests from 7 P.M. and we

04 (A) compete   (B) attend
   (C) submit   (D) vote

will escort them to the grand hall on the second floor.

------- there is no entrance fee, you must sign up in advance to join the list. There is a limited

05 (A) If   (B) Until
   (C) Unless   (D) Although

capacity of 70, so please hurry! Let us enjoy this ------- event and taste some of the great wine

06 (A) remarkable   (B) remark
   (C) remarkably   (D) remarks

with good people.

Sincerely,

Manuel Roberto
Owner

▶ 정답 및 해설 p.140~141

LESSON 2 시간의 흐름이나 일의 순서를 설명하는 연결어

Point

앞뒤 문맥에서 사건이나 일, 업무 등이 발생하는 순서나 처리 절차에 따른 순서 등을 설명하는지 확인하라.
❶ 문장의 구조 파악을 통해 접속사가 들어갈 자리인지 (접속)부사가 들어갈 자리인지 확인하라.
❷ 보기의 연결어들의 의미를 확인하라.
❸ 앞뒤 문맥을 통해 동사들의 형태와 상황 전개의 시점을 확인하라.

A (접속)부사

(1) afterward(s), thereafter, after that(그 후에): 앞서 언급한 사건, 사실 이후를 나타내며 문두나 문미에 온다.
(2) (and) then(그러고 나서, 그리고): 일의 발생 순서나 절차를 설명할 때 쓴다.
(3) initially(처음에, 초기에) (4) later(나중에): 현재 혹은 언급한 특정 시점 이후에
(5) simultaneously(동시에), at once, at one time(한번에): 어떤 사건, 일이 동시에 또는 한번에 일어날 때
(6) up until now(지금까지) (7) since then(그 이래로): 앞에서 언급한 그때 이후로 계속해서

Afterwards, I was asked to report the results as soon as possible. 그 후에 나는 가능한 빨리 결과를 보고하도록 요청받았다.

B 접속사

(1) when(~할 때): 대표적인 시간 접속사 (2) since(~이래로 계속): 주절에 완료 시제와 함께 나오며 전치사로도 쓴다.
(3) after(~후에), before(~전에): 접속사뿐만 아니라 전치사로도 쓴다.
(4) until(~까지): 특정 기간까지 지속적으로 발생할 때
(5) while(~하는 동안에, ~하면서): 동시 동작 (6) once(일단 ~하면)

I haven't played tennis **since** I left university. 대학교를 졸업한 이래로 나는 테니스를 치지 않았다.

C 전치사(구)

(1) at the same time(동시에): 어떤 일이나 사건이 한번에 동시에 발생할 때 쓴다.
(2) starting/beginning/effective + 시간부사, + 주절(변경, 안내, 공지 등)
(3) 그 밖의 전치사(구): prior to(~전에), following(다음에, ~후에), during(~하는 동안)

Starting next Monday, a new menu will be offered in the staff cafeteria.
다음 주 월요일부터 직원 식당에 새로운 메뉴가 제공될 것이다.

Ustar 출제포인트 시험에는 이렇게 나온다!

 다음은 공지(announcement)의 전반부이다.

Students at RF Musical Academy will start the evening with three different pieces of fusion jazz taken from contemporary works. -------,
    (A) Since then   (B) Usually
    (C) Therefore   (D) Afterward
staff members will perform a classical piece of jazz music entitled *The Spring*, which was written by the president of the academy, Jasmine.

> RF Musical Academy 학생들이 3곡의 현대 퓨전 재즈 음악을 연주하며 (행사의) 밤을 열 것입니다. 그 후에 교직원들이 학원장인 Jasmine이 작곡한 〈The Spring〉이라는 제목의 고전 재즈 음악을 연주할 것입니다.
>
> ▶ piece 곡 contemporary 현대(의) entitle 제목을 붙이다, 자격을 주다

Step 1_ 문장의 구조와 연결어들의 의미를 파악하라.
앞 문장이 완전하게 끝난 후에 빈칸과 콤마(,)로 연결되고 뒤에 완전한 문장이 나오고 있으므로, 빈칸에는 앞뒤 문맥을 연결할 수 있는 (접속)부사가 들어가야 한다. (A) Since then은 '그때 이후로 (계속해서)', (B) Usually는 '보통, 일반적으로', (C) Therefore는 '그러므로', (D) Afterward는 '(앞에서 언급한 사건이나 일) 후에'라는 의미이다.

Step 2_ 앞뒤 문맥이 시간의 흐름에 따라 발생하는지 확인하라.
앞 문장에서 학생들이 오프닝 연주를 한다고 했고, 빈칸 뒤에는 교직원들이 연주할 거라는 내용이 나왔으므로 시간의 흐름에 따라 순서대로 진행됨을 의미하는 (D) Afterward가 정답이 된다.

출제유형 빈칸 위아래를 읽고 무엇이 먼저 발생하는지 나중에 발생하는지를 확인해서 발생 순서에 따라 답을 선택하면 되는 문제가 빈출한다.

Exercises

Test 1: Questions 01-03 refer to the following advertisement.

New Masuda RX-9 now available!

We are happy to announce the release of the brand new Masuda RX-9 which all of you have been anticipating for. RX-9 ------- the best driving comfort to all drivers.

01 (A) had provided
   (B) provides
   (C) was providing
   (D) provided

Equipped with its new 300 horsepower turbo charged engine, you can feel the power of true speed. The base price of RX-9 starts from $32,000. If you sign for a two-year -------, you may

02 (A) lease
   (B) budget
   (C) subscription
   (D) license

receive a 7% discount on your monthly rate. So what are you waiting for?

If you are interested, please call us to arrange a time for a test drive ------- your dream car

03 (A) prior
   (B) earlier
   (C) before
   (D) ahead

becomes your reality!

Test 2: Questions 04-06 refer to the following article.

Armani Autos Industry showed a sizable ------- in its first quarter after the release of its new sports

04 (A) decline
   (B) hold
   (C) interest
   (D) rise

sedan, the EVO. The all-new designed EVO has performed very well in sales, selling over ten thousand units ------- its first month in car dealerships.

05 (A) after
   (B) since
   (C) during
   (D) before

Giorgio Armani, president of Armani Autos Industry said, "The implementation of our new engine seems to be the key factor contributing to EVO's incredible success." Mr. Armani also mentioned that other than the EVO, the overall sales of Armani Autos Industry's lineups also ------- in

06 (A) grew
   (B) grow
   (C) will grow
   (D) would grow

the past few months.

As long as their sales hold continues to steadily increase, Armani Autos Industry is expected to become one of the main competitors in the automobile industry within two years.

LESSON 3 원인과 결과를 나타내는 연결어

Point

앞에서 이유나 원인에 대해 설명하고 그 결과를 서술하는 방식은 매우 자주 사용하는 패턴이다. 반대로 결과를 먼저 기술하고 뒤에 그에 대한 이유나 원인을 설명하는 수도 있으므로 주의해야 한다.

❶ 문장의 구조 파악을 통해 접속사가 들어갈 자리인지 (접속)부사가 들어갈 자리인지 확인하라.
❷ 보기의 연결어들의 의미를 확인하라.
❸ 앞뒤 문맥이 원인[이유]과 결과의 내용으로 연결되는 문맥인지 확인하라.

A (접속)부사

(1) therefore, thus(그래서, 그러므로), as a result, consequently(결과적으로): 앞 문장에 이유나 원인이, 뒤에는 결과가 나온다.
(2) so(그래서): 뒤에 결과의 내용을 이끌고 부사 외에 접속사로도 쓸 수 있다.
(3) then(그러면): 뒤에 결과의 내용을 이끌지만 '그러면 ~하게 될 것이다'라는 예상의 의미를 함께 담고 있다.
The car is bigger and **therefore** more comfortable. 그 차량은 더 큰데 그래서 더 편안하다.

B 접속사

(1) and(그래서): 결과에 해당하는 내용을 이끌 때
(2) so that ~, with the result that ~(그래서 ~하다): that 이하의 절에는 결과가 나온다.
(3) because, since(~때문에): 뒤에 이유나 원인이 나오며, 특히 since는 어떤 일을 결정하게 된 원인을 설명할 때 쓰인다.
Mr. Cohen has been asked to edit the annual report quickly, **since** the deadline is tomorrow.
내일이 마감일이기 때문에 Mr. Cohen은 연례보고서를 빨리 편집하라는 요청을 받았다.

C 전치사(구)

(1) because of, as a result of, on account of(~ 때문에): 뒤에 이유, 원인을 뜻하는 명사 상당어구를 받는다.
(2) due to, owing to(~ 때문에): 문제점을 유발한 원인을 말할 때 쓴다.
(3) thanks to(덕분에): 주로 좋은 일에 쓰인다.
(4) for this reason(이러한 이유로 ~하다): 뒤에 결과의 내용을 받는다.
Thanks to careful planning, the construction will cause very little inconvenience.
세심한 기획 덕분에 공사는 거의 불편을 초래하지 않았다.

Ustar 출제포인트 시험에는 이렇게 나온다!

 다음은 편지(letter)의 중반부이다.

We have decided that we would like to postpone the departure date because the town we are going to visit is having a special festival next month, and we would rather wait until then.

-------, we would like to cancel our current tour package.
(A) As a result   (B) On the other hand
(C) On account of   (D) In spite of

우리가 방문하려는 도시에서 다음 달에 특별한 페스티벌을 열기 때문에 그때까지 기다리는 게 나을 것 같아서 출발 날짜를 연기하기로 결정했습니다. 따라서 우리는 현재 우리의 여행 패키지를 취소하고 싶습니다.

▶ postpone 연기하다 departure date 출발 일자 cancel 취소하다

Step 1_ 문장의 구조와 연결어들의 의미를 파악하라.
앞 문장이 완전하게 끝난 후에 빈칸과 콤마(,)로 연결되고 뒤에 완전한 문장이 나오므로 앞뒤 문맥을 연결할 수 있는 (접속)부사가 들어갈 자리이다. (C) On account of와 (D) In spite of는 전치사로 답이 될 수 없다. (A) As a result는 앞에 원인이나 이유가 나오고 뒤에 결과의 내용이 나와야 한다. (B) On the other hand(반면에)는 앞뒤 내용이 상반되거나 대조되는 내용이 나와야 한다.

Step 2_ 앞뒤 문맥이 원인과 결과를 말하는 문맥인지 확인하라.
앞 문장에서 방문하고자 하는 도시의 페스티벌을 기다렸다가 가기 위해 출발 날짜를 연기하겠다는 내용이 나오고, 이어 현재 투어 패키지를 취소하겠다는 내용이 나오므로 원인과 결과를 연결하는 (A) As a result가 정답이다.

---

1. 더 이상 생산을 하지 않기 때문에 제품이 없다는 문맥
2. 연설이 좋아서 다음 행사에 다시 초대하고 싶다는 문맥
3. 지원자들이 많아서 몇몇 괜찮은 지원자들을 만났다는 문맥

Exercises

제한시간 3분(문제당 30초)

Test 1: Questions 01-03 refer to the following letter.

To: Pierre Pascal
From: Abbey Lee
Subject: Regards to your works

We examined the outline and the blueprint you and your team had created last week, and we came to the conclusion that your works are very impressive. We were ------- to see that you were able to

01 (A) preoccupied (B) concerned
   (C) pleased (D) considerate

come out with such great and practical designs. Not only were we satisfied with the design, but we were also impressed with the accurate measurements and details you ------- in the blueprint,

02 (A) were included (B) have included
   (C) to include (D) will be included

allowing the construction workers to work more efficiently during the building process. ------- your

03 (A) If only (B) In spite of
   (C) According to (D) Because of

practical applications, we decided to fully support the implementation of your design onto the Travis Tower Building, which is scheduled for construction on April 4. If you want to make any further changes on your already perfect design, please call any of our staff members at 917-432-9209. We appreciate having the opportunity to work with you.

Sincerely,

Abbey Lee
General Manager, Hone Construction Company

Test 2: Questions 04-06 refer to the following email.

To: jjordan@viamail.com
From: jknight@bluepueblo.com
Date: January 12
Subject: Exclusive offer just for you!

Dear Mr. Jordan,

This year is Blue Pueblo Tour Agency's tenth year in business. We would like to thank you for being one of our most important customers for all these years and we would like to give you something in return. -------, we will be giving you a special offer!

04 (A) Therefore (B) However
   (C) Similarly (D) In contrast

To help you ------- your travel experience more conveniently and economically, we will give you a

05 (A) contribute (B) broaden
   (C) participate (D) approve

25% discount on five international flights of your choice and wait, there's more! We will also give you a 50% discount on any hotels you stay in for this entire year. Remember, these incredible deals are ------- exclusively to you.

06 (A) offer (B) to offer
   (C) offering (D) offered

If you have any questions, feel free to contact me at any time of your convenience.
Thank you very much for being our best customer!

Sincerely,

Jonathan Knight
Membership Coordinator
Blue Pueblo Tour Agency

▶ 정답 및 해설 p.142~144

LESSON 4 조건이나 가정, 반대 상황 등을 제시하는 연결어

Point

특정 행위, 업무를 진행함에 있어서 조건이나 단서 조항을 제시하고 '그런 조건이 충족되면 ~하겠다'라는 패턴의 문장이 출제된다.
1. 문장의 구조 파악을 통해 접속사가 들어갈 자리인지 (접속)부사가 들어갈 자리인지 확인하라.
2. 보기의 연결어들의 의미를 확인하라.
3. 앞뒤 문맥을 통해 조건을 제시하고 있는 상황인지 파악하라.

A (접속)부사

(1) if not(그렇지 않으면), if so(그렇다면), if only(오직 ~할 때만), if necessary(만약 필요하다면), if possible(만약 가능하다면): if절 축약형
(2) otherwise(만약 그렇지 않으면, 만약 그렇지 않았더라면 ~ 했을 텐데): 주로 안 좋은 일이 발생할 거라는 내용이 나온다.
(3) failing that/this(그것을 실패한다면): 뒤이어 '시도할 다른 것이 있다'는 맥락의 내용이 이어진다.

Commuters should avoid the road **if possible**. 출퇴근하는 사람들은 가능하면 그 도로를 피해가시기 바랍니다.

B 접속사

(1) (only) if: 조건절 및 가정문에서 자주 쓰이는 접속사   (2) proving/provided (that) (만약 ~라면): if의 의미를 갖는 접속사
(3) in case (that), in the event (that) (~한 경우에), given that, considering that(~을 고려한다면, ~을 생각했을 때): given, considering은 단독으로 전치사로도 사용된다.
(4) unless, or (else) (그렇지 않다면 ~): unless ~이하의 상황이 바뀌지 않는다는 조건이나 가정으로 if not과 유사한 의미이다. or (else)는 '앞에서 언급했던 내용이 발생하지 않으면 ~할 것이다'라는 경고의 의미로 사용된다.

All accounts are debited automatically **unless** a customer requests a different billing date.
고객이 청구일 변경을 하지 않는다면 모든 계좌에서 자동으로 인출될 것이다.

C 전치사

(1) in case of, in the event of(~한 경우에는): in case (that), in the event (that)의 전치사 표현이다.
(2) barring(~이 발생하지 않는다면), without(~이 없었다면)

Ustar 출제포인트 시험에는 이렇게 나온다!

 예제   다음은 이메일(email)의 전반부이다.

Please note that on August 20, JK Store will implement a policy guaranteeing our customers a full refund for unused items purchased at our stores. As of that date, items may be returned within a month of purchase, ------- it shows no signs of wear and tear.

(A) whereas
(B) once
(C) provided
(D) however

8월 20일에 JK Store는 고객들에게 저희 매장에서 구매했으나 사용하지 않는 제품에 대해서 전액 환불을 보장하는 정책을 실시할 예정입니다. 그날부터 사용하거나 파손된 흔적이 보이지 않는다면 구매 후 한 달 이내에 반품이 가능합니다.

▶ implement 실시하다   full refund 전액 환불   as of + 날짜 ~일부로   wear and tear (오래) 사용하여 낡았거나 파손됨

Step 1_ 문장의 구조와 연결어들의 의미를 파악하라.
빈칸은 콤마(,)뒤에서 앞에 있는 문장과 뒤에 있는 문장을 연결할 수 있는 접속사가 들어갈 자리이다. 보기 중에 (D) however는 접속부사로 정답이 될 수 없으며, (A) whereas는 '반면에', (B) once는 '일단 ~하면[할 때]'이란 뜻이며, (C) provided는 형태는 과거분사이지만 that이 생략되어 if의 의미를 갖는 접속사이다.

Step 2_ 앞뒤 문맥이 조건이나 단서 조항을 나타내는지 확인하라.
콤마(,) 앞에는 그 날짜부터 반품이 가능하다는 문장이 나오고 콤마 뒤에는 '사용해서 낡거나 파손된 흔적이 없다면'이라는 의미가 되어야 적절하므로 조건을 의미하는 접속사 (C) provided가 정답이다.

1. 어떤 일이나 사물, 서비스 등에 관심이 있다면 연락하라는 문맥
2. 사용하지 않았을 때 교환, 환불 등이 가능하다는 문맥
3. 귀하의 노력이나 헌신이 없었다면 이러한 성공은 없었을 것이라는 문맥
4. 규칙이나 정책 등을 지키지 않는다면 벌금이 부과될 것이라는 문맥

Exercises

제한시간 3분(문제당 30초)

Test 1: Questions 01-03 refer to the following information.

Speeding Ticket Cost

The amount payable for speeding tickets depends on how fast the driver was going and the number of kilometers he or she went over the speed limit. ------- a driver gets caught doing

01 (A) Yet
   (B) Now that
   (C) If
   (D) Even

over 20 kilometers for example, that person will probably have to pay about $200 for the fine.

If one fails to pay the fine by the date shown on the ticket, a late fee charge ------- by the police

02 (A) are calculating
   (B) were calculated
   (C) calculates
   (D) should be calculated

department on the basis of the due date.

Also, if one does not pay for the ticket within six months, his or her driver's license will get a temporary -------. In order to cancel this, one can simply pay for the ticket and the records on

03 (A) suspension
   (B) suspends
   (C) suspended
   (D) suspend

one's license will be clean once again.

Test 2: Questions 04-06 refer to the following memo.

Date: September 15
Attention: All Employees

This is a ------- to employees who drive to work. Starting on September 22, the entire underground

04 (A) request
   (B) possibility
   (C) reminder
   (D) proposal

parking lot will be under reconstruction and it is expected to be completed in a week.

The locations for parking ------- daily. So please check the bulletin board each day before you

05 (A) changed
   (B) was changed
   (C) is changing
   (D) will change

leave the office as we will be posting the location of the next day's parking areas.

------- you usually drive to work, since parking availability will be very limited we advise you to

06 (A) If
   (B) Even
   (C) In spite of
   (D) Rather than

use public transportation. We apologize for such an inconvenience. Thank you for your understanding.

▶ 정답 및 해설 p.144~145

LESSON 5 대안을 제시하거나 선택을 강조하는 내용을 이끄는 연결어

Point

제품, 서비스, 시간 등에 대한 대안이나 대신할 수 있는 것이 제시되는 문장이 등장한다. 또, 특정 상황이나 사실, 사물 등을 부연 설명을 통해 강조하는 문맥의 글이 시험에 특히 자주 출제된다.
① 문장의 구조 파악을 통해 접속사가 들어갈 자리인지 (접속)부사가 들어갈 자리인지 확인하라.
② 보기의 연결어들의 의미를 확인하라.
③ 앞의 문장을 통해 뒤의 내용이 대안으로 제시되는 것인지, 강조하고자 하는지 파악하라.

A 대신할 무엇 또는 대안을 제시할 때 쓰는 연결어

(1) **instead, alternatively**(대신에): 이미 앞에서 언급했던 시간, 사물, 일, 사람들을 대신해서 다른 것을 선택하는 경우에 자주 사용하는 (접속)부사이다. (★ or는 '또는'이라는 의미로, 대등한 선택안을 제시할 때 쓰는 접속사이다.)

(2) **instead of, in place of**(~ 대신에): rather than은 '차라리 ~ 대신에'라는 의미이지만, 특히 앞에서 언급했던 것보다 더 나아 보인다는 의미를 나타내는 전치사구이다.

The reception will be held in the main banquet hall **instead of** the garden. 환영회는 정원 대신 주연회장에서 열릴 것이다.

B 강조하고자 할 때 쓰는 연결어

(1) **indeed, particularly**(=in particular), **especially**(정말, 특히, 특별히): 특정 어떤 것을 강조할 때 쓰는 부사이다.

(2) **in fact**(사실): 앞에서 언급했던 사실을 강조하기 위해 의외라고 느껴질 만하거나 놀랄 만한 사실을 추가로 언급해줄 때 쓴다. 또한, 앞에서 언급했던 상황이 자신의 생각과 반대라는 것을 강조할 때도 사용한다.

I didn't mind at all. **Indeed**, I was pleased. 나는 전혀 신경 쓰지 않았다. 사실은 정말 기뻤다.

Ustar 출제포인트 시험에는 이렇게 나온다!

 다음은 기사(article)의 중반부이다.

President Jennifer Lee commented that people will continue to buy home appliances from KM Electric, though she does not believe profits will increase indefinitely. -------, she expects its profits to

(A) If not
(B) However
(C) In fact
(D) Even so

decrease in the next quarter.

Jennifer Lee 사장은 수익이 무한적으로 올라갈 것이라고 생각하진 않지만, 사람들은 계속해서 KM Electric사의 가전제품을 구매할 것이라고 말했다. 사실 그녀는 다음 분기에는 수익이 떨어질 것으로 예상하고 있다.

▶ comment 말하다, 언급하다 continue to + 동사원형 계속해서 ~하다 home appliances 가전제품 profit 수익 indefinitely 무한정으로, 무기한으로

Step 1_ 문장의 구조와 연결어들의 의미를 파악하라.
앞 문장이 완전하게 끝난 후에 빈칸과 콤마(,)로 연결되고 뒤에 완전한 문장이 나오고 있으므로 앞뒤 문맥을 연결할 수 있는 (접속)부사가 들어갈 자리이다. 하지만 보기가 모두 (접속)부사로 구성되어 있다. (A) If not은 '그렇지 않으면'이란 의미이고, (B) However는 반대되는 상황을 연결하는 역접의 의미로 '그러나, 하지만'이란 뜻이다. (C) In fact는 '사실상, 사실은'이란 의미이고, (D) Even so는 '그렇다 하더라도'란 양보의 의미를 갖는다.

Step 2_ 앞뒤 문맥이 실제 사실을 말하며 강조하는지 확인하라.
앞 문맥에서 수익이 무한정 올라갈 것으로 생각하지 않는다고 했고, 다음 분기에는 수익이 오히려 떨어질 것을 예상하고 있다고 말하고 있다. 따라서 의외의 사실을 덧붙여 강조하기 위해 사용하는 (C) In fact가 정답이 된다.

---

 instead, alternatively는 대안을 제시하는 문맥에서, indeed, particularly, in fact 등은 구체적인 설명이나 예시 등을 강조하는 문맥에서 쓰인다.

Exercises

제한시간 3분(문제당 30초)

Test 1: Questions 01-03 refer to the following notice.

Attention: All Employees
Posted: July 18

As Mr. Gordon announced last week, the walls on the lobby and the second floor will be painted this week. Furthermore, some parts of the lobby floor ------- repaired as well. The painting work is

01 (A) having to be
   (B) have had to be
   (C) have to have been
   (D) have to be

scheduled to begin tomorrow from 7 A.M. We expect the facilities on the two floors to be fully ------- after 4 P.M.

02 (A) eligible
   (B) ended
   (C) operational
   (D) obtained

Until the work is complete, no one will be able to use the main elevator in the center of the hallways. -------, you must use the stairs near the back entrance.

03 (A) Instead
   (B) Otherwise
   (C) For example
   (D) However

We are sorry for the inconvenience. Once again, thank you very much for your cooperation.

Sincerely,

Keith Greene
Building Manager

Test 2: Questions 04-06 refer to the following email.

To: Adrian Balboa
From: Antonio Tarver
Date: March 27
Subject: Reservation at Red Sun Hotel

Dear Ms. Balboa,

Thank you for choosing Red Sun Hotel. We have just received your e-mail with the updated travel plans. In accordance with your plan, we ------- the dates of your reservation with us. As for ground

04 (A) modified   (B) followed
   (C) revised   (D) asked

transportation, you may choose from two of the following; We offer a free shuttle bus service. -------, we also have a taxi service, but it will cost you $25.

05 (A) For example   (B) Alternatively
   (C) Since then   (D) Accordingly

If you have any questions regarding your reservation or transportation service, please call us at anytime. We hope you ------- your stay with us.

06 (A) enjoyed   (B) have enjoyed
   (C) are enjoying (D) enjoy

Best regards,

Antonio Tarver
Manger, Red Sun Hotel

▶ 정답 및 해설 p.145~146

LESSON 6 또 다른 사항이나 사물을 추가하는 연결어

Point

앞서 이야기한 내용과 관련된 추가 정보를 언급하는 문장이 등장한다. 특히 '추가로 단서를 덧붙일 때' 쓰이는 otherwise는 고난이도 문제로 자주 출제되므로, 이 자리에서 좀더 자세히 짚어두도록 한다.

❶ 문장의 구조 파악을 통해 접속사가 들어갈 자리인지 (접속)부사가 들어갈 자리인지 확인하라.
❷ 보기의 연결어들의 의미를 확인하라.
❸ 앞의 문맥을 통해 뒤에 제시되는 것이 동종의 사물이나 유사한 일들인지 확인하라.

A 앞에서 언급한 것 외에 또 다른 사항을 추가하는 연결어

(1) besides(게다가), also(또한), too(역시), as well(뿐만 아니라 ~도): 주로 어떤 일이나 사물, 행동 등에 대해 또 다른 것을 추가 할 때 사용하며, besides는 부사와 전치사로 사용할 수 있다.
(2) moreover, furthermore(더욱이, 게다가): 더 많은 정보를 주어서 설득할 때 자주 쓰인다.
(3) and(그리고): 등위접속사로 동일한 종류를 추가해서 나열할 때 쓰인다.
(4) in addition (to) (게다가, (~에) 추가로): 내용을 추가해서 이야기할 때 쓴다.

This drug has many side effects. **Moreover**, it can be addictive. 이 약은 많은 부작용을 가지고 있다. 게다가 중독될 수 있다.

B 빈출 부사 otherwise

(1) 일반부사: 그 밖에 달리[다르게], 다른 방법으로, 그것을 제외하면

Unless **otherwise** stated, all contents are the exclusive property of JEIL Company.
그 밖에 달리 언급되지 않는다면, 모든 컨텐츠는 JEIL사의 고유 재산이다.

I was very tired but I **otherwise** felt fine. 나는 매우 피곤했지만 그것만 제외하면 괜찮았다.

(2) 접속부사: '만약 그렇지 않으면 ~하게 될 것이다'라는 의미로 주로 안 좋은 일이 발생할 것이라는 내용이 나오게 된다. 또한 '만약 그렇지 않았더라면 ~ 했을 텐데'라는 의미로도 쓰인다.

You should leave now, **otherwise** you'll miss your train. 당신은 지금 떠나셔야 합니다. 그렇지 않으면 기차를 놓칠 겁니다.

Ustar 출제포인트 시험에는 이렇게 나온다!

예제 다음은 공지(notice)의 전반부이다.

As a member of Cranos Wild Park, you will also receive monthly issues of the official newsletters at no cost. ------, enjoy a 10 percent
(A) However
(B) Therefore
(C) Otherwise
(D) In addition
discount on any items purchased in the souvenir shops and receive invitations to our annual wild animal festival.

Cranos Wild Park의 회원인 귀하는 매월 발행되는 공식 소식지를 무료로 받게 될 것입니다. (또한) 추가로, 기념품 가게에서 구매한 제품에 대해 10퍼센트 할인을 받고 매년 열리는 야생 동물 페스티벌의 초대장을 받을 수 있습니다.

▶ issue (신문·잡지 등의) 호, 발행물 at no cost 무료로 purchase 구매하다 souvenir 기념품 invitation 초대장

Step 1_ 문장의 구조와 연결어들의 의미를 파악하라.
앞 문장이 완전하게 끝난 후에 빈칸과 콤마(,)로 연결되고 뒤에 완전한 문장이 나오고 있으므로 앞뒤 문맥을 연결할 수 있는 (접속)부사가 들어갈 자리이다. (A) However는 '그러나, 하지만'의 역접을 의미하며, (B) Therefore는 '그러므로'란 뜻이다. (C) Otherwise는 '달리, 그밖에 다른 방법으로', 또는 '그렇지 않으면'이라는 의미이다. (D) In addition은 '추가로'라는 뜻이다.

Step 2_ 앞뒤 문맥을 확인하라.
앞의 문맥에서 무료로 소식지를 받는다고 했고, 뒤에서 10퍼센트 할인과 초대장을 받는다는 내용이 등장하므로, 혜택이 추가되고 있음을 알 수 있다. 따라서 정답은 (D) In addition이다.

출제유형
1. also는 문장 중간에도 쓸 수 있지만, altogether, too, as well, besides 등은 문두나 문장 끝에만 위치한다.
2. in addition은 부사이고, in addition to는 전치사이다.
3. besides는 전치사와 (접속)부사 기능을 모두 한다.

Exercises

Test 1: Questions 01-03 refer to the following email.

Dear team members,

I'm writing to ------- you that I will be on a business trip next week. In my previous email, I said I

01 (A) require
(B) interest
(C) remind
(D) teach

will be attending the Publishing for Profit Conference in Sydney from April 8 to 15. I ------- the

02 (A) include
(B) included
(C) including
(D) will include

itinerary in that email.

While I'm away, I will not be able to check my emails frequently. I will leave my ongoing project documents with Linda. You can reach her at extension 155. Should you need access to any of them, please contact her. -------, if you have any issues requiring my immediate attention, you can

03 (A) Instead
(B) On account of
(C) As a result
(D) Also

reach me at the hotel noted in my itinerary.

Have a nice week!

Tanioka Keiz

Test 2: Questions 04-06 refer to the following email.

Dear Mr. Dawson,

This is Dwight Thompson of the Human Resources Department. I have recently ------- your

04 (A) reviewed (B) submitted
(C) acknowledged (D) published

resume, and frankly, I was very impressed with your past work experience. I believe your five year of experience as a manager in your previous company makes you a suitable fit for the position of general manager with Keywest Bank.

We would like to schedule an interview with you sometime next week. As of now, I think it would be great if you could visit our office on Thursday at 11 A.M. ------- this time is not good for you,

05 (A) When (B) If
(C) Since (D) At

please contact either me or Ms. White to reschedule your interview into another date of your preference. For this interview, you will be meeting with a small group of directors ------- our

06 (A) but rather (B) as well as
(C) even though (D) if only

company's vice president, so please prepare for your interview accordingly.

Sincerely,

Dwight Thompson
Director of Human Resources
Keywest Bank

▶ 정답 및 해설 p.146~147

LESSON 7 예시를 들 때 쓰는 연결어

Point

전달하고자 하는 내용의 이해를 돕기 위해 예를 들어 설명하는 경우에 쓸 수 있는 연결어이다. 주로 물건이나 서비스, 실제 있었던 사실 등을 덧붙여 부연 설명을 하고 있는지 확인해야 한다.

❶ 문장의 구조 파악을 통해 접속사가 들어갈 자리인지 (접속)부사가 들어갈 자리인지 확인하라.
❷ 보기의 연결어들의 의미를 확인하라.
❸ 앞의 문맥을 통해 뒤에 나오는 내용이 예시나 사례인지 확인하라.

A 예시를 들 때 쓰는 연결어

(1) **for instance, for example**(예를 들어): 전달하고자 하는 내용에 좀 더 설득력을 더하기 위해 구체적인 예를 열거할 때 사용하는 부사구이다.

(2) **like, such as**(~와 같이, ~처럼): 예시를 들 때 쓰는 전치사로 전형적인 예나 사례 등을 제시할 때는 like를 쓰며, '~와 같지 않게, ~와 달리'라는 의미인 unlike도 자주 출제되고 있다.

For example, charging the battery when it is under 10% volume. 예를 들어 배터리가 10% 미만일 때, 배터리를 충전하는 것.

We sell all office supplies **like** printer paper, folders, staples.
우리는 프린터 용지, 파일 폴더, 스테이플러 알 등과 같은 사무용품을 모두 판매하고 있습니다.

B 기타 빈출 연결어

(1) **accordingly**(그에 따라서): according to와 같은 의미로, 특정한 상황 또는 누군가의 말이나 행동에 맞게 어떤 것을 할 때 쓴다. 또는 therefore와 유사한 의미로 '그 결과에 따라'라는 의미로도 사용할 수 있다.

(2) **as always**(늘 그렇듯이): 보통, 관례적으로 그렇다는 의미와 기대를 나타낼 때 쓴다.

(3) **likewise**(유사하게, 비슷하게, 마찬가지로)

This system took effective last Sunday. **Accordingly**, it is expected to reduce the number of cars crossing the bridge by approximately 23%.
이 시스템은 지난 일요일부터 실시되었다. 그에 따라 대략 23%까지 다리를 건너는 차량의 수가 줄어들 것으로 예상되고 있다.

As always, Daniel was the last to leave. 늘 그렇듯이 Daniel이 마지막으로 퇴근했다.

Ustar 출제포인트 시험에는 이렇게 나온다!

 다음은 공지(announcement)의 전반부이다.

Under Mr. Tanaka's leadership, the Central Motors sales team has offered outstanding service while surpassing sales targets. ------, his
(A) In that case
(B) On the contrary
(C) For instance
(D) If so
team exceeded their targeted goal by 25 percent.

> Mr. Tanaka가 이끄는 Central Motor사의 영업팀은 뛰어난 서비스를 제공하면서도 영업 목표를 능가했습니다. 예를 들어, 그의 팀은 목표를 25퍼센트 초과했습니다.
> ▶ under ~하에 offer 제공하다
>   outstanding 뛰어난, 매우 좋은
>   surpass 능가하다, 뛰어넘다 exceed
>   초과하다, 넘어서다 target 목표로 삼다

Step 1_ 문장의 구조와 연결어들의 의미를 파악하라.
앞 문장이 완전하게 끝난 후에 빈칸과 콤마(,)로 연결되고 뒤에 완전한 문장이 나오고 있으므로 앞뒤 문맥을 연결할 수 있는 (접속)부사가 들어갈 자리이다. (A) In that case는 '~한 경우에는'란 뜻이고, (B) On the contrary는 '그와 반대로'란 의미이며, (C) For instance는 '예를 들어'란 뜻이다. (D) If so는 '만약에 그렇다면'이라는 의미로 모두 부사구이어서 빈칸에 들어갈 수 있다.

Step 2_ 앞뒤 문맥이 설명과 예시를 들고 있는지 확인하라.
앞 문장에서 영업 목표를 넘겼다고 했고, 뒤에서 구체적으로 25퍼센트를 초과했다는 내용이 등장하므로, 구체적인 예시를 들 때 사용하는 (C) For instance가 정답이다.

출제유형 전체를 대표하는 명사는 다음과 같은 형태로 쓰인다.
1. 〈such as + 구체적인 실례〉 Hotels such as Hyatt, Hilton, ...
2. 〈구체적인 실례들 + and other + 대표명사〉 Hyatt, Hilton ... and other hotels ~

Exercises

제한시간 3분(문제당 30초)

Test 1: Questions 01-03 refer to the following notice.

To: Fairview Plaza Mall Employees
From: Managing Department
Date: March 29
Re: Change in Store Hours

This is to notify our employees that Fairview Plaza Mall's store hours will change permanently. In the past, our stores ------- a ten-hour operating system from Mondays to Saturdays. However, we

01 (A) relied on
(B) stated that
(C) informed of
(D) directed by

recently hired more part-time workers to fill in the morning hours. Therefore, ------- this week, the

02 (A) beginning
(B) the beginning
(C) having begun
(D) to begin

mall will open from 9 A.M. instead of 11 A.M. -------, the closing time of the mall will remain the

03 (A) So that
(B) Even though
(C) As always
(D) In that case

same, which is 9 P.M.

If you have any further questions, please contact Tammy in the managing department.

Thank you.

Barbara Barca
Managing Department

Test 2: Questions 04-06 refer to the following notice.

To all new students,

This notice is to let you know that the three-day student orientation ------- place on June 1 in the

04 (A) took   (B) will take
(C) taking   (D) will have taken

central campus. All prospective students are ------- to attend the orientation because you will have

05 (A) required   (B) favored
(C) included   (D) reported

to sign up for classes on the last day of orientation. The orientation will also address topics -------

06 (A) nevertheless   (B) as long as
(C) likewise   (D) such as

school events, main buildings, and class application procedures.

This will be a great opportunity for all students to get a general idea of college life. If you have any questions about directions, please call the admission's office at 734-201-7228.

Sincerely,

Malcolm Daniels
Admission Department

▶ 정답 및 해설 p.147~148

Ustar
TOEIC
Reading
✡

Chapter 3
특정 대상을 지시하는 대명사와 지시형용사

Part 6의 대명사 문제는 단순히 대명사의 종류나 격, 수를 물어보는 문제를 포함해, 앞 문장 등 지문 내에서 언급되었던 내용이나 대상을 정확하게 파악하고 있는지를 묻는 문제가 출제된다.

★ 대명사 및 지시형용사 관련 표현, 시험엔 이렇게 나온다!
1. 앞에서 등장한 대상을 지칭할 수 있는 대명사의 종류를 선택하는 문제
2. 명사 앞에 올 수 있는 지시형용사 등 한정사를 선택하는 문제
3. 지시형용사나 한정사 뒤에 오는 명사 어휘를 선택하는 문제

★ 이렇게 풀어라! 문제풀이 전략
1. 대명사란 앞에서 언급된 명사를 지칭하는 것이다. 따라서 대명사를 선택할 때는 빈칸이 앞의 문장들의 어떤 명사를 지칭하는지 확인한다.
2. 구조 분석을 통해서 빈칸에 필요한 격을 확인한다. 예를 들어, 명사 앞은 소유격이다.
3. 뒤의 동사를 확인하여 수일치를 따져봐야 한다.
4. 지시형용사 또는 한정사를 선택할 때는 수식을 받는 뒤의 명사가 가산인지 불가산인지, 단수인지 복수인지를 확인한다.
5. 지시형용사 뒤에 나온 명사 어휘를 선택할 때는 앞에서 언급한 명사들과의 연관이 있는 대표 명사를 선택한다.

This section is under the supervision of Ms. Jennings. Please direct any questions you may have about the guidelines to -------.
(A) these
(B) her
(C) them
(D) which

이 부서는 Ms. Jennings의 감독 하에 있습니다. 지침과 관련하여 의문 사항이 있다면 어떤 것이든 그녀에게 보내주시기 바랍니다.

▶ section 부서, 부문, 구획
supervision 감독, 통제, 관리
direct ~에게 보내다, 지휘하다, 지시하다
guideline 지침

Step 1_ 먼저 빈칸이 제시된 해당 문장만으로 푼다.
① 빈칸은 전치사 to 뒤에서 전치사의 목적어 역할을 할 수 있는 명사나 대명사 자리이다.
② (D) which는 관계대명사로, 뒤에 불완전한 절이 추가되어야 하기 때문에 답이 될 수 없다.

Step 2_ 앞뒤 문장의 문맥을 확인하라.
③ 나머지 보기는 모두 대명사로 구성되어 있다. 앞 문장에서 대명사가 가리키는 대상이 무엇인지를 확인해야 한다.
④ direct A to B는 'A를 B에게 보내다'라는 의미이므로, 빈칸은 앞 문장 This section is under the supervision of Ms. Jennings가 답의 키워드가 된다.
⑤ Ms. Jennings의 감독 하에 있고, 질문 사항 역시 Ms. Jennings에게 보내져야 하는 것이므로 Ms. Jennings를 대신 받을 수 있는 목적격 대명사로 (B) her가 정답이다.

LESSON 1 앞 문맥에서 언급된 명사들을 대신하는 대명사

Point

> Part 5에서처럼 단순히 대명사의 격을 확인해서 푸는 문제 외에도 앞 문장의 문맥을 파악해서 어떤 명사를 대신하는 대명사인지를 찾아야 한다. 또한 대신하는 명사가 가산인지 불가산인지를 확인해서 대명사의 복수와 단수를 구별해서 써야 한다.
> ❶ 빈칸 안에 들어갈 대명사의 격, 수일치를 확인하라.
> ❷ 앞 문장에서 언급한 대상이 무엇인지를 확인하라.

A 사람을 받는 인칭대명사 ▶ Part 5 대명사편(p. 84) 참조

(1) I, you, he, she, they: 주어 자리에 들어갈 수 있는 주격 대명사
(2) me, you, his, her, them: 목적어 자리에 들어갈 수 있는 목적격 대명사
(3) my, your, his, her, their: 명사 앞에서 명사를 수식할 수 있는 한정사로 대명사의 소유격
(4) mine, yours, his, hers, theirs: 소유대명사는 〈소유격 + 앞에서 언급한 명사〉를 받는 대명사
(5) myself, yourself, himself, herself, themselves: 인칭대명사의 재귀대명사

His assistant is able to answer routine inquiries.   그의 비서는 일상적인 문의에는 답변을 할 수 있다.

B 부정대명사와 지시대명사

(1) 가산명사를 받는 부정대명사: one, another, the other, the others, some, most, many, any, all, each, both, either, neither, several, each other, few, a few
(2) 불가산명사를 받는 부정대명사: some, much, any, all, little, a little
(3) 지시대명사: it, this, that은 앞에서 언급한 것을 받을 수 있는 대명사로, 복수형은 각각 they, these, those이다.

Only **some** of his colleagues will attend the annual conference.   그의 동료들 중에 일부만 연례 회의에 참석할 것이다.

Ustar 출제포인트 시험에는 이렇게 나온다!

예제 다음은 편지(letter)의 도입 부분이다.

Given that Mr. Woods has a vast knowledge in the world of broadcasting, I have been able to learn skills necessary to become a producer. This four week experience has been a great time for -------
                                             (A) her
                                             (B) him
                                             (C) me
                                             (D) you
 	
 to learn and meet great people as a temporary employee at YFC.
	Mr. Woods가 방송업계에서 해박한 지식을 소유한 사람임을 고려한다면, 저는 제작자가 되기 위한 필요한 기술들을 배울 수 있었습니다. 제가 YFC에서 임시직원으로 4주 동안 일했던 경험은 일을 배우고, 좋은 사람들을 만났던 매우 유용한 시간이었습니다.
	
	 ▶ vast 광대한, 방대한 knowledge 지식
	    necessary 필요한 temporary 임시의

Step 1_ 문장의 구조와 대명사의 격, 수일치를 확인하라.

전치사 for와 to부정사인 to learn and meet ~사이의 빈칸은 to부정사의 의미상 주어가 들어갈 자리. 이곳에 들어갈 적절한 대명사를 찾는 문제이다. 전치사 for 뒤에는 대명사의 목적격이 와야 하는데, 주어진 보기는 모두 이를 만족한다.

Step 2_ 앞에서 언급된 어떤 대상을 지칭하는지 확인하라.

앞부분에서 글쓴이는 일하면서 겪었던 경험들에서 많은 것들을 얻었다는 내용을 제시하고 있다. 이를 통해, 문맥상 임시직원으로 일을 배우고, 훌륭한 사람들을 만날 수 있었던 4주간의 경험들의 주체가 글쓴이 자신(I)임을 알 수 있다. 따라서 글쓴이를 의미하는 대명사 (C) me가 정답이다.

---

1. 앞에서 여러 사람을 등장시키고 남자인지, 여자인지를 묻는 경우
2. 앞에서 사람이나 사물 등을 제시하고 단수인지 복수인지를 확인해야 하는 경우

Exercises

제한시간 3분(문제당 30초)

Test 1: Questions 01-03 refer to the following memo.

To: All Employees
From: Lionel Richardson, Manager
Date: June 25
Subject: Building Renovation

This notice is to remind all employees that the eastern side of our office building will be going under -------. Starting on the first week of July, staff members who work in room numbers that end on 1

01 (A) inquiry
   (B) payment
   (C) renovation
   (D) appraisal

and 2 must use the entrance on the western side of the building. This ------- all floors from the

02 (A) include
   (B) includes
   (C) was to include
   (D) to include

second to the fifth floor.

During the renovation period, Mr. Benny Wallace will supervise all safety issues. So please direct any questions about the renovation to -------.

03 (A) these
   (B) him
   (C) them
   (D) which

Test 2: Questions 04-06 refer to the following email.

To: Engine Development Team
Date: Saturday, April 16
Re: Modifications

Development Team,

As the head engineer of this team, I know that you all are working very hard to build the engine that will be installed in our new sport sedan, Sieg T1.

The agenda for next Monday's meeting -------. I have included the agenda in this e-mail as an

04 (A) will be updated
   (B) be updating
   (C) has been updated
   (D) will update

attachment. I recently discussed the engine development with the CEO. The CEO specifically requested that ------- must focus more on stability rather than performance. The previous engine

05 (A) we
   (B) us
   (C) they
   (D) themselves

had some problems on its durability, and the CEO wants to improve on this issue. He also mentioned developing a ------- system so that it could be easily compatible with other models other than Sieg T1.

06 (A) cheaper
   (B) simpler
   (C) more involved
   (D) more recent

▶ 정답 및 해설 p.148~149

LESSON 2 수량형용사와 지시형용사가 가리키는 것

Point

지시형용사와 수량형용사는 늘 뒤에 있는 명사를 수식한다. 그렇기 때문에 지시형용사가 들어갈 자리나 지시형용사의 수식을 받는 명사 자리는 반드시 앞의 문맥을 통해 지시형용사가 가리키는 것이 무엇인지를 파악하고, 수일치를 시키는 것이 필수이다.

❶ 수량/지시형용사를 선택할 때는 뒤에 나온 명사의 수일치를 먼저 확인하라.
❷ 앞의 문맥에서 수량/지시형용사의 대상과 수식을 받는 명사가 어떤 종류인지 파악하라.

A 수나 양을 의미하는 수량형용사

(1) 한정사 + 가산명사의 단수: one, another, the other, every, each, any, either, neither
  (※ every, another의 뒤에 수사가 올 경우에는 그 뒤에 복수가 올 수 있다. *ex.* another two weeks)
(2) 한정사 + 가산명사의 복수: all, some, most, (a) few, any, other, the other, both
(3) 한정사 + 불가산명사: other, some, much, any, all, (a) little

Some companies are making more attempts to reduce employee stress.
일부 회사들은 직원들의 스트레스를 줄이려고 더욱 더 여러 가지로 시도하고 있다.

The new system requires that **every user** has a four-digit access code.
새로운 시스템에서는 모든 사용자들은 4개의 숫자로 구성된 접속코드를 가지고 있어야 한다.

B 지시형용사

(1) this, that: 뒤에 단수명사와 불가산명사를 받을 수 있다. 복수형은 these, those이다.
(2) such: 앞에서 언급한 '그러한' 무엇이라는 의미를 가진다.

New staff members must meet individually with the HR director, Mr. Kim, who arranges **these appointments** by e-mail.
새로운 직원들은 인사부 이사인 Mr. Kim을 개별적으로 만나야 한다. Mr. Kim은 이러한 약속들을 이메일을 통해서 잡는다.

Ustar 출제포인트 *시험에는 이렇게 나온다!*

 다음은 기사(article)의 도입 부분이다.

Starting next month, Norman Corporation will apply the new policy relating to working hours for all employees. However, ------- rules
  (A) every
  (B) some
  (C) each
  (D) both
have not changed. First, all staff members except for the sales department will come to the office by 9 A.M.

다음 달부터 Norman사는 전 직원들에게 근무시간과 관련된 새로운 규정을 적용할 것이다. 하지만 일부 규정은 바뀌지 않을 것이다. 먼저 영업부 직원들을 제외한 모든 직원들은 사무실에 9시까지 출근해야 할 것이다.

▶ starting ~부터 (시작되다) apply 적용하다 policy 정책, 방침 relating to ~와 관련한 except for ~를 제외하고

Step 1_ 문장의 구조와 수식 관계를 확인하라.
빈칸은 뒤에 나온 복수명사 rules를 수식하는 형용사 자리이다. 보기에는 형용사의 역할을 할 수 있는 한정사들이 등장하고 있다. (A) every는 일반적으로 수사를 동반하지 않으면 복수명사를 수식할 수 없으므로 정답이 될 수 없다. (C) each 역시 뒤에 단수명사를 받으므로 답이 될 수 없다. (B) some은 불특정 다수를 받을 수 있고, (D) both는 '둘 다'라는 의미로 복수명사를 받을 수 있다.

Step 2_ 앞에서 언급된 어떤 대상을 지칭하는지를 확인하라.
앞의 문맥에서 새로운 정책이 시행될 것이라는 의미가 제시되어 있으므로 그 중의 '일부'라는 의미인 (B) some이 정답이 된다. (D) both는 '둘 다'라는 의미로 앞에서 언급된 대상이 두 개일 경우 답이 될 수 있다.

1. 앞에서 언급한 (개별) 명사들을 받는 지시형용사 뒤에 그러한 '무엇'이라는 의미로 앞에 언급한 명사들을 대표할 수 있는 명사를 묻는다.
2. 지시형용사와 뒤에 나온 명사가 잘 어울리는지 또는 앞에 있는 어떤 대상을 받는지를 묻는다.

Exercises

제한시간 3분(문제당 30초)

Test 1: Questions 01-03 refer to the following letter.

Dear Mr. Reagan,

We would like to give our appreciation to you for purchasing a 32-inch monitor, Kinza Optical Mouse, and Bosa 80-Watts Speaker from our store. As previously mentioned, these ------- are

01 (A) items (B) details
   (C) portions (D) additions

expected to be shipped tomorrow at 9:00 A.M.

Along with your purchases, we will also be including a free mouse pad. The color of the mouse pad will be chosen randomly. A printed receipt and the invoice ------- along with the packages you

02 (A) are being sent (B) was sent
   (C) will be sent (D) is sending

will be receiving. Your shipment is currently scheduled to arrive between the 27th and the 28th of May. If ------- is present at home during the time of delivery, the delivery man will contact you via

03 (A) not (B) no one
   (C) nothing (D) neither

mobile phone.

Once again, thank you very much for your purchase.

Sincerely,

Tony McBride
Delivery Manager

Test 2: Questions 04-06 refer to the following email.

Dear Ms. Hatcher,

Your request for relocation has been -------. Starting next month, you will be working at the

04 (A) canceled (B) interrupted
   (C) appreciated (D) approved

Secaucus branch in the sales department. I hope you are satisfied with our decision.

In Secaucus, your main task is to gather as many clients as possible. Also, you ------- to

05 (A) will report (B) reporting
   (C) were reported (D) reported

your supervisor, Ms. Janet Gable. If you have any specific questions regarding your tasks, come by the human resources department anytime of the day.

In addition, since we have hired a non-experienced employee for your position, please train this ------- before you leave to Secaucus.

06 (A) recipient (B) occupant
   (C) replacement (D) attendant

All staff members will dearly miss you. We wish you the very best of luck.

Regards,

William Anthony

▶ 정답 및 해설 p.149~150

Ustar
TOEIC
Reading
✡

Chapter 4

비즈니스 문서상의 관용표현과 어휘

Part 6의 가장 큰 특징이 문서를 제대로 이해하고 있는지를 묻는 것이기 때문에 고득점을 위해서는 시험에 자주 등장하는 문서의 문맥을 쉽게 파악할 수 있어야 한다. 그러기 위해서 문서의 전개 방식과 함께 도입부와 마지막 부분에서 등장하는 빈출 관용표현과 어휘를 잘 알고 있어야 한다.

★ 관용표현과 어휘, 시험엔 이렇게 나온다!

기본적인 비즈니스 문서는 도입부에서는 글을 쓰게 된 목적과 이유나 원인 등의 배경을 설명하고, 문서의 마지막 부분에서는 앞의 내용을 정리하거나 제안, 요청, 부탁과 함께 마무리 인사를 하게 된다.

비즈니스 문서상의 관용표현과 함께 시험에 나오는 문제들은
1. 문서의 도입부에서 일이나 사건의 발생 시점을 파악할 수 있는 동사의 시제
2. 문서의 도입부에서 의도나 목적 등의 상황을 파악할 수 있는 어휘 문제
3. 문서의 중반부에서 상황 전개를 이해하고 있는지를 묻는 어휘 문제
4. 문서의 후반부에서 목적하는 바에 대한 결론이나 제안, 요구, 요청 사항들에 대한 어휘 문제

★ 이렇게 풀어라! 문제풀이 전략

------- is a service questionnaire. Any comments would be greatly
(A) Enclose
(B) Enclosing
(C) Enclosed
(D) Encloses
appreciated and will be considered in assisting us with improving our company.

서비스에 대한 설문지가 동봉되어 있습니다. 어떤 말씀이든 감사히 받아들여 당사의 발전에 도움이 되도록 반영하겠습니다.

▶ enclose 동봉하다 questionnaire 설문지, 질의서 comment 언급, 논평 appreciate 감사하게 생각하다 assist 돕다 improve 개선시키다

➔ 토익에서 자주 등장하는 도치 문장으로, 편지나 문서와 함께 동봉하는 내용이 있음을 알릴 때 자주 쓰는 표현이다. 여기서는 A service questionnaire is enclosed.가 도치된 형태이다. 정답은 (C) Enclosed.

Thank you ------- Air Now Travel Services, the most affordable
(A) for choice
(B) for choosing
(C) to choose
(D) choose
way to travel in and around Europe.

유럽 전역을 여행하는 가장 경제적인 수단인 Air Now Travel Services를 선택해주셔서 감사합니다.

▶ affordable 가격 등이 알맞은, 감당할 수 있는

➔ 〈for + 동명사(Ving)〉는 이미 과거에 이뤄진 행위를 의미하고, to부정사(to V)는 앞으로 할 일을 의미한다. 감사하다는 것은 상대방이 이미 선택을 했기 때문이기에 과거의 의미인 〈for + 동명사〉가 와야 한다. 구조 분석은 항상 중요하다. 또한 빈칸 뒤에 목적어인 명사가 있기 때문에 빈칸은 명사가 아닌 동명사가 와야 한다.

LESSON 1 도입부에서 목적이나 배경을 나타내는 표현

Point

문서의 도입부에서는 앞서 다루었던 시제를 묻는 문제 외에도 문서를 작성하게 된 원인, 배경 그리고 목적이나 의도를 묻는 어휘 문제가 자주 등장하게 된다.

❶ 비즈니스 문서의 도입부에 공식처럼 등장하는 기본 문장 표현과 문맥의 의도를 확인하라.
❷ 문서의 제목이나 앞뒤 문장 또는 문맥을 통해 정확한 의도를 파악하라.

A 문서의 주제나 목적을 먼저 설명하는 경우

(1) I'm writing to + 동사원형 ~하기 위해서 이렇게 편지/이메일을 씁니다
(2) This is a reminder that ~ 이것은 ~을 상기시켜주기 위한 것입니다
(3) This (letter/email) is to + 동사원형 이것으로 ~하고자 합니다, ~하기 위해 이렇게 편지/이메일을 보냅니다
(4) We are pleased to announce (that) ~ ~을 알리게 되어 기쁩니다
(5) It is my pleasure to inform ~ ~을 알리게 되어서 기쁩니다

This is to inform you that your contract expires on 30th of August.
귀하의 계약이 8월 30일에 만료가 된다는 것을 알려드리고자 합니다.

B 문서를 작성하게 된 배경을 먼저 알리는 경우

(1) Thank you for -ing/your ~ ~해주셔서 감사합니다
(2) We[Our company] received ~ 우리[당사]는 ~ 받았습니다

Thank you for giving me an opportunity to work as an intern in your company.
귀사에서 인턴으로 일을 할 기회를 주셔서 감사합니다.

Ustar 출제포인트 시험에는 이렇게 나온다!

 다음은 편지(letter)의 도입 부분이다.

To: Donna Mara
From: Scott Miller
Date: December 2
Subject: Response to your online inquiry

Thank you for your online ------- of a Vintage 1 Record Player.

(A) return
(B) purchase
(C) consideration
(D) guarantee

We received your e-mail mentioning that the item you ordered is not reading the records properly.

수신: Donna Mara
발신: Scott Miller
날짜: 12월 2일
제목: 온라인 문의에 대한 답변

Vintage 1 Record Player를 온라인으로 구매해주셔서 감사합니다. 귀하께서 주문하신 제품이 기록된 것을 제대로 읽지 못한다는 이메일을 받았습니다.

▶ **response to** ~에 대한 답변, 회신 **mention** 언급하다 **properly** 제대로

Step 1_ 기본적인 문장의 구조와 문서의 의도를 확인하라.
전치사 for 뒤에 있는 빈칸은 your online의 수식을 받을 수 있는 명사 자리이다. 도입 부분에 있는 Thank you for your ~로 보아, 과거의 일에 대한 감사의 의미를 전하는 문장임을 알 수 있겠다. 따라서 무엇에 대해 감사하는지를 확인해야 한다. (A) return(반환), (B) purchase(구매), (C) consideration(고려, 심사숙고, 배려), (D) guarantee(보증) 중에서 적당한 답을 골라야 한다.

Step 2_ 제목과 앞뒤 문장에서 글을 쓴 의도와 관련된 대상, 행위, 사실, 발생 시점 등의 사항을 확인하라.
뒤 문장에는 '주문한 제품이 제대로 작동하지 않는다는 내용이 담긴 이메일을 받았다'는 말이 이어진다. 그러므로 문서의 처음에는 일단 제품 구매에 대한 감사의 인사를 먼저 한 것으로 보는 것이 문맥상 자연스럽다. 따라서 정답은 (B) purchase이다.

1. '이 문서는 ~하기 위해서 작성하는 것'이라고 주제나 목적을 말하면서 시작하는 경우
2. 특정 물건의 구매나 서비스 등을 이용해주셔서 감사하다는 인사로 시작하는 경우
3. 특정한 일이 있었다고 문서를 작성하게 된 배경을 먼저 알리는 경우

Exercises

Test 1: Questions 01-03 refer to the following letter.

James Dumar
300 Banes Street
Farmers Town Cl, 70423

Dear Mr. Dumar:

This letter is to ------- your reservation for a single suite room for two nights from the 10th to

01 (A) confirm
(B) cancel
(C) reschedule
(D) recall

the 12th of April. The check-in time is at 4 P.M. and your check-out time will be at 1 P.M. Upon your request, we can extend your check-out time to 3 P.M. Free lunch will be provided in the lobby ------- 11 A.M. and 2 P.M.

02 (A) beside
(B) regarding
(C) across
(D) between

If you have any questions, please check our homepage at www.rockieshotel.com for more information. Our homepage also introduces some of the popular ------- near the Rocky Mountains,

03 (A) attract
(B) attractions
(C) attractiveness
(D) attractive

so we would recommend you to take a look.

Thank you very much and we hope to see you soon.

Sincerely,

Johnny Carson
Manager, Rockies Hotel

Test 2: Questions 04-06 refer to the following memo.

To all employees,

It is my pleasure to ------- all of you that we will be welcoming Jasmine Harper as our new realtor

04 (A) inform (B) informing
(C) be informed (D) be informative

next Monday. For the past five years, Ms. Harper has worked as a realtor in Florida. She is very ------- in real estate and has been awarded many times. If you are planning on purchasing

05 (A) represented (B) probable
(C) perceived (D) knowledgeable

-------, Ms. Harper will be more than happy to help you starting next Monday.

06 (A) material (B) equipment
(C) property (D) replacements

Tim Collins
Regional Director

LESSON 2 후반부에서 감사 인사 또는 제안, 요청을 나타내는 표현

Point

주로 문서의 마지막에서 전체 내용에 대한 맺음말이나 전달하고자 하는 목적에 따른 제안이나 요청 사항에 대해서 언급한다. 앞 문맥에서 언급한 내용과 목적을 확인하고 앞뒤 문장 간의 관계를 정확하게 확인해야 풀 수 있는 어휘 문제들이 자주 등장한다.

❶ 비즈니스 문서의 후반부에서 공식처럼 등장하는 기본 문장 표현과 문맥의 의도를 확인하라.
❷ 문서의 제목이나 앞뒤 문장 또는 문맥을 통해 정확한 의도를 파악하라.

A 문서의 후반부에 공식처럼 등장하는 감사의 말과 마지막 인사말 표현

(1) Thank you for your ~ 귀하의 ~에 감사드립니다
(2) I look forward to + -ing ~하기를 기대합니다
(3) I hope (that) ~ / We would be happy to + 동사원형 ~하기를 희망합니다 / ~하면 기쁘겠습니다
(4) We apologize/appreciate for ~ ~에 대해 사과/감사드립니다

I **look forward to** seeing you at our office soon. 저희 사무실에서 곧 뵙기를 기대합니다.

We apologize for any inconvenience and thank you for your understanding.
불편을 드려서 죄송하고 이해해주셔서 감사합니다.

B 문서의 목적에 따라 재차 확인하거나 제안, 요청을 하는 표현

(1) If you ~ , please ... ~하면 …하시기 바랍니다
(2) (In order) To + 동사원형, you should/must ... ~하기 위해서는 …하시는 게 좋습니다/하셔야 합니다
(3) For more information, please ~ 더 자세한 정보를 알고 싶으시면, ~ 하시기 바랍니다

For your safety, **please** observe all the restrictions. 귀하의 안전을 위해서 모든 규정을 준수하시기 바랍니다.

Ustar 출제포인트 시험에는 이렇게 나온다!

 다음은 편지(letter)의 마지막 부분이다.

Global Business Leader offers monthly and annual subscriptions. The annual option gives readers access to all the articles and market trends updated daily on its web site(www.gbl-magazine.com).

To obtain a free -------, call our service center at (080) 238-4895.
      (A) ticket
      (B) right
      (C) issue
      (D) entry

《Global Business Leader》는 월간 및 연간 구독 서비스를 제공합니다. 연간 구독을 하시면 웹사이트에 매일 업데이트되는 기사와 시장 경향을 이용할 수 있습니다.
한 권을 무료로 받고자 하시면 저희 서비스 센터 (080) 238-4895로 전화주시기 바랍니다.

▶ monthly 월 단위의 annual 연 단위의 subscription 구독 trend 경향 update 업데이트하다. 갱신하다

Step 1_ 기본적인 문장의 구조와 문서의 의도를 확인하라.
빈칸은 to부정사인 To obtain의 목적어로, free의 수식을 받을 수 있는 명사가 들어갈 자리이다. '1개의 무엇을 무료로 얻기 위해 연락하라'는 의미이기 때문에, 무료/유료로 얻을 수 있는 범주의 내용이 아닌 (B) right(권리)는 답으로 적절하지 않다. (A) ticket은 '표', (C) issue는 신문. 잡지 등의 '발간물'. (D) entry는 '출품/응모(작)'이라는 의미이다.

Step 2_ 문서의 전반적인 내용과 앞뒤 문맥에서 어떤 내용인지를 확인하라.
앞에서 monthly and annual subscriptions(월간 및 연간 구독 서비스)를 제공한다는 것과 사이트 이름이 gbl-magazine인 것으로 보아, 결국 '잡지 한 권을 무료로 얻기 위해 연락하라'는 의미임을 알 수 있겠다. 따라서 (C) issue가 정답.

 부탁의 편지에서 글 마지막에 쓰이는 표현 중 Thanks for your consideration in advance라는 구문이 빈출 포인트이다. 이때 '미리' 감사한다는 말이 우리에게 어색하기 때문에 in advance라는 표현을 미리 알아두어야 한다.

Exercises

제한시간 3분(문제당 30초)

Test 1: Questions 01-03 refer to the following letter.

Dear Human Resources Manager:

Through Uneedjob.com, I have found that your company is currently searching for a secretary.

I have ------- three years of working experience as a secretary at a paper company and I have

    01 (A) across
          (B) more than
          (C) onto
          (D) above

learned ways to deal with incoming calls -------. In addition, I have great communication skills.

    02 (A) effect
          (B) effecting
          (C) effectively
          (D) effective

I have enclosed my resume for you to review. If you have any questions, I will be more than happy to answer them. I look forward to hearing from you.

Thank you for your -------.

    03 (A) payment
          (B) consideration
          (C) inquiry
          (D) schedule

Test 2: Questions 04-06 refer to the following email.

Dear Ms. Waterloo,

We would like to give thanks for your recent purchases. On the receipt, we ------- the item number

    04 (A) have indicated
          (B) would indicate
          (C) are indicated
          (D) will indicate

and the delivery number of your shipped item.

For more than two years, we have not received any complaints from our customers in regards to late arrivals. However, in the event of a delay, we will contact you in ------- and tell you the

    05 (A) approach
          (B) progress
          (C) reply
          (D) advance

new date of arrival. Once you receive the package, make sure you ------- the receipt for your records.

    06 (A) sustain
          (B) assign
          (C) retain
          (D) apply

If you have any inquiries about our delivery service, feel free to call our customer service department and one of our representatives will be more than happy to help you.

▶ 정답 및 해설 p.152~153

Ustar
TOEIC
Reading

Chapter 5

Part 6 빈출지문 및 어휘

Part 6에서는 구조와 문법 문제 외에도 문맥을 통해 정답을 선택하는 문제가 출제되는 것이 특징이다. 단순히 한두 문장을 이해하는 것도 중요하지만, 문서의 전체적인 흐름에 익숙해져야 쉽게 문제를 풀 수 있다.

★ Part 6의 빈출지문 유형, 시험엔 이렇게 나온다!

기업이나 상점 등에서 발생할 수 있는 업무(business)의 기본적인 거래 관계와 인사, 출장(여행), 부동산, 행사, 공연 등과 같은 주제와 관련해서 발생하는 일련의 업무나 사건 등이 공지, 알림, 편지, 팩스, 이메일, 기사, 광고, 신청서 등의 문서 형식으로 등장하게 된다.

연설이나 특정 업무를 맡아달라는 〈제안(요청)의 문서 → 제안을 수락하는 문서 → 연설이나 업무를 해준 것에 대한 감사 인사〉의 단계별로 서신이 등장할 수도 있다.

★ 이렇게 풀어라! 문제풀이 전략

Part 6를 좀 더 쉽게 풀기 위해서는
1. 빈출 비즈니스 문서 유형과 주제에 익숙해져야 한다.
2. 문서의 흐름에 따른 표현과 어휘에 익숙해져야 한다.

For more ------- regarding our newest product launch, please check

    (A) view
    (B) details
    (C) limits
    (D) issues

out our homepage at www.hillbrothers.com.

저희 최신 제품들의 출시에 관한 더 자세한 정보는 저희 홈페이지 www.hillbrothers.com에서 확인하세요.

▶ regarding ~에 대해서   launch 출시
   details 세부 사항, 정보

➔ '더 많은 정보가 알고 싶거나 궁금한 것이 있는 경우에는 어디를 참조하거나 누구에게 물어보라'는 내용의 문서 마지막에 흔히 등장하는 문장 패턴이다. 뒷부분 please check ~ 이하의 '웹사이트를 확인하라'는 내용으로 미루어, 앞부분은 '보다 상세한 사항을 원한다면'이란 내용이 되어야 함을 알 수 있다. 따라서 빈칸에는 '상세한 내용, 세부 사항이나 정보'를 의미하는 (B) details가 적절하다. For more details/information(보다 상세한 사항[정보]을 얻으려면)의 형태로 덩어리째 외워두도록 한다.

Also, if you have any matters requiring my immediate -------, please

    (A) effect
    (B) reference
    (C) future
    (D) attention

ring me on my cell phone, which is 010-4839-1930.

또한, 제가 즉시 신경을 써야 하는 문제가 있다면 제 핸드폰 010-4839-1930으로 전화주시기 바랍니다.

▶ matter 문제   immediate 즉각적인, 즉시, 바로   effect 효과   reference 참조

➔ 문서의 후반부에서 부탁이나 당부의 말을 할 때 자주 쓰이는 표현이다. '긴급하거나 즉각적으로 주의'를 기울여야 한다고 할 때 my immediate attention이라는 표현을 자주 쓴다. 특히 require, need와 같은 동사와 자주 어울려 쓰이는 것을 볼 수 있다. 정답은 (D) attention.

LESSON 1 제품 및 서비스 광고

Point

토익에서 등장하는 광고는 구인에서부터 부동산, 일반 제품이나 서비스 광고까지 다양하게 등장하고 있다. 광고에서 자주 쓰이는 표현과 해당 주제와 관련한 어휘들을 알아두면 문맥, 상황 전개를 쉽게 이해할 수 있을 것이다.

❶ 도입부: 광고의 대상이나 목적을 언급한다.
❷ 중반부: 광고하는 대상이나 서비스의 특징이나 장점 등이 언급된다.
❸ 후반부: 구매나 신청, 지원, 문의를 위한 방법을 제시한다.

토익 기출어휘 표현정리

A 아파트나 사무실 등을 임대하는 부동산 광고

Apartment complex **provides** the best ocean view 아파트 단지에서는 아름다운 바다가 아주 잘 보입니다
sign **a year-long lease** 1년 기간의 임대 계약을 체결합니다
a discount on your monthly rate 월세에 대한 할인
Rent **includes** water, electricity and heating 임대료에는 수도, 전기, 난방 비용이 포함되어 있습니다
an inviting property 매력적인 장소(부지, 건물 등)

B 여행사 또는 회사의 확장에 따른 구인 광고

look for temporary help for the holiday season (크리스마스) 연휴 시즌에 일할 임시 직원을 구하다
We **are seeking** consultants **to** + 동사원형 ~ ~을 할 컨설턴트를 찾고 있습니다
a leading provider of ~ ~을 제공하는 선두업체
expand into ~ ~로 확장하다
rapidly expanding company 빠르게 성장하고 있는 회사
We **welcome applications** from ~ ~로부터의 지원서를 환영합니다
the ideal candidate must **be proficient in** -ing (당사에서) 이상적으로 생각하는 지원자는 ~에 능숙해야 합니다
spoken and written communication skills 구두 및 문서상의 의사소통 능력
apply for the position 그 일자리에 지원하다
choose from a variety of workshops 다양한 워크샵 중에서 선택하다

C 유무형의 서비스나 상품 광고 및 업체 광고

the most trusted name 가장 믿을 만한 이름
establish a record of superb customer service 최상의 고객 서비스 전통을 가지고 있습니다
earn the recognition 인정을 받다
offer personal attention to customers 고객들에게 개인적인 관심을 쏟습니다
treat customers **as/like** ~ ~와 같이 고객을 대합니다
develop a solid reputation 확고한 명성을 쌓았습니다
outstanding quality and reliability 뛰어난 품질과 신뢰성
be open to the public 일반 사람들에게 개방되어 있습니다
the goal has been **attained** 목표가 달성되었습니다
assist customers **with** ~ ~과 관련하여 고객님을 돕습니다

D 기타 할인 광고 및 서비스 갱신 제안

renew the **subscription to** the magazine 잡지 구독을 갱신하다
sign the contract 계약서에 서명을 하다
enjoy a 20 percent **discount off** 20% 할인을 누리세요
offer complimentary breakfast 무료 아침식사를 제공합니다
be voted "Best Customer Service" of the company 최고의 고객 서비스 회사로 뽑혔습니다

Exercises

Test 1: Questions 01-03 refer to the following advertisement.

Attention all subscribers!

We would like to offer you a 15% discount if you renew your subscription for one year by no later than the end of this month. Upon renewal, you ------- one issue of *Winner Sports* for free. Also, if

01 (A) received
    (B) are receiving
    (C) will receive
    (D) have received

you decide on paying in a single payment, you will get an ------- 25% discount on your

02 (A) adding
    (B) additional
    (C) addition
    (D) adds

resubscription.
Please send the enclosed form to renew your cable service. -------, you can also extend your

03 (A) However
    (B) Unless
    (C) When
    (D) After

service by calling us at 201-567-1234.

Test 2: Questions 04-06 refer to the following advertisement.

Santa Bay Airlines ------- the best service among the distinguished airlines for the past 20 years.

04 (A) have been provided
    (B) had provided
    (C) will provide
    (D) has been providing

To maintain its outstanding reputation of service, a three-month training program is a -------

05 (A) requirements
    (B) required
    (C) require
    (D) requirement

prerequisite for our flight attendants to provide high levels of comfort and satisfaction to all passengers at all times.

Santa Bay Airlines is also renowned for not causing any delays during the time of travel and most importantly, tickets are comparably cheaper than most other airlines.

If you wish to learn more about Santa Bay Airlines, you may read the previously published ------- of

06 (A) tickets
    (B) rights
    (C) issues
    (D) entries

our free catalogues.

LESSON 2 고객의 구매, 주문, 신청 또는 예약에 관한 서신

Point

제품이나 각종 서비스를 이용하기 위해 구매, 주문, 신청 또는 예약을 하거나 이에 대한 감사의 회신이나 답신 편지 등이 자주 등장한다. 구매, 주문, 신청, 예약 등과 관련된 빈출어휘와 표현을 통해 쉽게 문맥을 이해할 수 있어야 한다.

❶ 도입부: 문서를 작성한 목적을 언급하거나, 회신 편지에는 감사하다는 내용과 더불어 고객의 주문, 신청, 예약 등의 상황을 확인할 수 있다.
❷ 중반부: 구매 또는 주문, 예약한 구체적인 내용이 전개된다.
❸ 후반부: 요청 또는 제안, 당부의 내용을 언급하게 된다.

토익 기출어휘 표현정리

A 호텔 등의 시설 이용에 대한 예약 서신

confirm a reservation for a room 방 예약을 확인하다
Enclosed you will find vouchers for ~ ~을 위한 쿠폰을 동봉했습니다
complimentary meals 무료 식사
a list of popular **attractions** in the downtown area 시내에서 유명한 관광명소 목록
Thank you for choosing ~ ~을 선택(이용)해주셔서 감사합니다

B 제품이나 서비스 구매 또는 주문 관련

These items **are scheduled to be delivered** 이 제품들이 배송될 예정입니다
the invoice will be sent electronically 청구서(송장)는 온라인으로 발송될 것입니다
charge $10 for orders cancelled 주문을 취소하시면 (위약금으로) 10달러를 부과합니다
accept the delivery 배송을 받다
contact the customer service center **in advance** 고객 서비스 센터에 미리 연락주세요
confirm receipt of your order 주문을 받았음을 확인합니다
the order was processed 주문이 처리되었습니다
at your earliest convenience 가능한 빨리 고객님이 편한 때에

C 주문한 상품이나 물건의 배송과 관련된 문의

our records indicate that ~ 우리의 기록에는 ~라고 나타나 있습니다
the **remainder** of the amount **is to be paid** 잔금은 지불되어야 합니다
upon delivery 배송이 되자마자
a representative will **need to be present** 직원이 반드시 있어야 합니다
if this is **acceptable** 만약에 이것을 받아들일 수 있다면
correspond with us 우리와 연락하다
In light of ~ ~을 고려하여, 감안하여
have no trouble receiving my **shipment** 물건을 받는 데 어려움이 없습니다

D 은행 대출 등의 신청이나 서비스 등록에 대한 결과나 변경 사항을 통보하는 편지

your application has been approved 귀하의 신청이 승인되었습니다
arrange an interview 인터뷰를 잡다
sign the **appropriate documents** 해당 서류에 서명을 하다
provide you **with** excellent service 탁월한 서비스를 제공합니다
review the specific terms of the loan 대출의 세부 조항을 검토하다
notify you **of** a change 변경 사항을 알려드립니다
the new contract term will **commence on May 8** 새로운 계약 조건은 5월 8일부터 시작될 것입니다
low enrollment 저조한 등록

Exercises

제한시간 3분(문제당 30초)

Test 1: Questions 01-03 refer to the following letter.

Mr. Tyler Swain
430 Coldstone Ave.
Riverdale UT, 70003

Dear Mr. Swain,

This letter is to confirm your reservation for Tristar Hotel, your number one hotel of Long Beach. With the world's largest swimming pool on the top floor, you can be ------- that you will have an

01 (A) assuredly
   (B) assure
   (C) assured
   (D) assuring

unforgettable time here at Tristar Hotel. Since this is your first stay with us, we ensure that you will be receiving a high quality of service incomparable with other hotels near Long Beach. To prove this, we offer you room service breakfast with absolutely no ------- fee.

02 (A) original
   (B) authentic
   (C) extra
   (D) eligible

Our receptionists ------- on call at all times to answer any questions you may have.

03 (A) will be
   (B) to be
   (C) will have been
   (D) was

We hope to see you soon! Thank you for staying with Tristar Hotel.

Sincerely,

Norah Jones
Manager, Tristar Hotel

Test 2: Questions 04-06 refer to the following letter.

Dear Mr. Farha:

This letter is to confirm that you have retrieved your ------- user password to access your bank

04 (A) forgetting   (B) forgotten
   (C) forgetful   (D) forgettable

account online. We, at White Lion Bank, ------- customers like yourself via letter whenever one has

05 (A) contact   (B) prevent
   (C) reward   (D) submit

lost his or her user password. I would recommend you to change your password into a simpler one so that you wouldn't forget it in the future.

To ------- enjoying our online banking service safely, please do not share your ID and password

06 (A) continue   (B) propose
   (C) offer   (D) start

with anyone at all times. If you encounter similar problems in the future, please do not hesitate on calling us. We are always ready to assist you.

Sincerely,

Justin Garret
Customer Service Representative

▶ 정답 및 해설 p.154~155

LESSON 3 제품에 대한 불만 또는 만족 사항과 이에 대한 회신

Point

토익에는 제품이나 서비스를 구매하거나 이용한 후 칭찬이나 불만, 오류 등에 대해 고객과 회사 간의 문의, 요청이나 이에 대한 회신 문서가 자주 등장한다.

❶ 도입부: 편지를 쓰게 된 배경에 대해 설명하고 주제나 목적을 언급한다.
❷ 중반부: 제품이나 서비스에 대한 구체적인 문제, 문의 사항 또는 조치 사항들이 제시된다.
❸ 후반부: 마지막으로 부탁이나 당부, 제안 또는 감사나 사과의 인사를 하게 된다.

토익 기출어휘 표현정리

A 고객의 구매에 대한 감사 및 특별할인 제안 서신

Thank you for your recent purchase of ~ 최근에 ~을 구매해주셔서 감사합니다
You are eligible for + (동)명사 귀하는 ~을 받을 수 있는 자격이 있습니다
be look forward to **your continued patronage** 계속해서 애용해주시기를 기대합니다
express our gratitude and **appreciation** 고마움과 감사를 표시하다
extend a special offer 특별할인을 해드립니다
make another purchase 또 구매하다
be protected by an extended warranty option 연장된 보증 옵션으로 보호됩니다

B 주문 또는 문의에 대한 회신

in response to your letter 귀하의 편지에 대한 답장으로
acknowledge the receipt of the order 주문을 받았다는 것을 확인해드립니다
offer you **a comparable item to** ~ ~에 상당하는 제품을 제공해드립니다
at your earliest convenience 고객님께서 편한 때에 최대한 빨리
strive to **meet the highest standard** of quality 최상의 품질 기준을 맞추기 위해 고군분투하다
Your item **is still protected** by the warranty 귀하의 제품은 보증서에 의해 여전히 보증받을 수 있습니다

C 제품 구매 후 생긴 문제에 대한 이의 제기

at the time of purchase 구매한 시점에
work fine 작동이 잘 됩니다
experience **difficulties** 어려움을 겪다
there is an **annoying buzzing noise** 웅웅거리는 짜증나는 소리가 납니다
not operate properly 제대로 작동하지 않습니다
defective items 불량품

D 불만이나 이의 제기에 대한 회신

give some **information on how to repair** 수리 방법에 대한 정보를 드리겠습니다
solve the problem 문제를 해결하다
be happy to replace any defective items 어떤 불량 제품도 기꺼이 교환해드립니다
send it along with the items 그 제품과 함께 보내주세요
send the replacements 교환품을 보내드립니다
alert us **to** the errors 우리에게 에러를 알려주십시오
accept our apology 사과를 받아주십시오
have not yet corrected this problem 아직 이 문제를 해결하지 못했습니다
regret any inconvenience this may cause you 이로 인해 발생하게 될 불편 사항에 대해 죄송하게 생각합니다
correct the situation as **quickly** as possible 가능한 빨리 상황[문제]을 바로잡다
take **a copy of your receipt** with you 영수증을 소지하다

Exercises

제한시간 3분(문제당 30초)

Test 1: Questions 01-03 refer to the following letter.

Dear Mr. Bogues,

This letter is in response to your e-mail regarding the Billson Laser Printer you purchased a year ago. Your item is still protected by the three-year warranty option you chose ------- the time of

01   (A) in   (B) with
       (C) on   (D) at

purchase.

Unfortunately, we are reluctant to tell you that the Billson Laser Printer is no longer available in stock anymore. The production of this model ended six months ago, and for this reason, we are ------- to send you the same product. Instead, we would like to offer you an alternative item

02   (A) close   (B) unable
       (C) willing   (D) happy

comparable to your old printer. It's a fairly newer model which pretty much includes all of the same features the Billson Laser Printer has. If this is acceptable, please fill in the appropriate box on the enclosed form ------- your choice and then send it back to us.

03   (A) indicating   (B) indicated
       (C) will indicate   (D) indicates

You are our valued customer and we hope to maintain your satisfaction.
Thank you very much.

Sincerely,

Sean Cliffs
Sales Manager

Test 2: Questions 04-06 refer to the following email.

To: Elizabeth Lohan
From: Jeremy Cowen
Date: Thursday, July 7, 11:15 A.M.
Subject: Order Status

Dear Ms. Lohan,

In response to your e-mail inquiry, I ------- the manager of the distribution department, Mr.

04   (A) contact   (B) will contact
       (C) am contacting   (D) have contacted

Kenwood, to find out about your order status. Mr. Kenwood told me that your order was ------- on

05   (A) processed   (B) clarified
       (C) evaluated   (D) qualified

July 5, as scheduled.

According to the shipping database, you should be able to receive the package before the 10th of July. If your order does not arrive by then, please let us know and we will immediately make further inquiries to rectify the problem. We hope that you will be ------- with your purchase, and we hope

06   (A) agreed   (B) satisfied
       (C) acquainted   (D) interested

to have more chances to serve you in the future.

Sincerely,

Jeremy Cowen
Manager of Customer Service

▶ 정답 및 해설 p.155~156

LESSON 4 제품이나 서비스, 시설 등의 사용/이용 설명서

Point

다양한 유무형의 상품 및 서비스에 대한 설명이나 사용 방법, 주의 사항 등이 주로 등장한다. 이 같은 문서들에서 나오는 빈출 표현과 전반적인 어조, 서술 방식을 확인하면 쉽게 문맥을 이해하고 문제를 풀 수 있을 것이다.

❶ 도입부: 문서의 제목이나 첫 줄을 통해 대상과 목적을 확인할 수 있다.
❷ 중반부: 지시 사항들이 순차적으로 등장하는 것을 확인할 수 있다.
❸ 후반부: 주로 요청하거나 제안, 당부의 내용과 감사의 인사로 마무리한다.

토익 기출어휘 표현정리

A 출장이나 여행에 있어서의 주의 사항

(sometimes) **encounter** problems (가끔) 문제에 부딪힙니다
We would like to **remind** you **of** ~ 귀하에게 ~을 다시 한 번 알려드리겠습니다
avoid an unpleasant situation 불쾌한 상황을 피하다
It is essential that ~ ~하는 것은 중요합니다
purchase trip insurance against ~ ~에 대해 여행자 보험에 가입하다

B 공공시설의 이용 방법에 대한 설명

be dissatisfied with the service provided by ~ ~에 의해 제공되는 서비스에 불만족스럽다
put your complaint **in writing** 불만 사항을 서면으로 작성하다
resolve the matter promptly 즉시 문제를 해결하다
It is best to use A **rather than** B B보다 A를 사용하는 것이 제일 좋습니다
notify all parties **in advance** 당사자에게 모두 사전에 통보합니다
room 201 **is reserved** 201호실이 예약되었습니다
do not use it **for any other purpose** 다른 용도로 사용하지 마시기 바랍니다
no less than 24 hours **prior to** the scheduled event 적어도 예정된 행사 24시간 전에

C 제품에 대한 이용 방법

on behalf of our company 저희 회사를 대표해서
simply insert the item 제품을 그냥 넣기만 하세요
It should be properly cleaned 깨끗하게 청소해야 합니다
easily accommodate objects 물건을 쉽게 보관할 수 있습니다
all products **come with** a warranty 제품은 모두 보증서가 딸려나옵니다
should **be discarded** promptly 즉시 버려야 합니다
these **basic measurements** will prevent ~ 이러한 기본 조치는 ~을 방지할 것입니다
please **note that** ~ ~을 알아두시기 바랍니다
must **be disposed of** properly 적절한 방법으로 폐기돼야 합니다
address these **issues** 이러한 문제들을 해결하다
be designed to + 동사원형 ~하기 위해 만들어지다
present several safety concerns 여러 안전상의 문제를 일으킨다
consider these questions 이러한 질문들을 고려해보시기 바랍니다
properly and securely fit 제대로 꽉 잘 맞다
seek **nominations for** ~ ~의 후보를 찾다
For your safety 고객님의 안전을 위해
read the following precautions 다음의 주의 사항을 읽어보시기 바랍니다
the **fee** must **be prepaid in full** 요금은 전액 미리 지불되어야 합니다
a tentative schedule 임시 일정(표)
prescribe the following additional **steps** 다음의 추가적인 조치를 취할 수 있도록 지시하다

Exercises

제한시간 3분(문제당 30초)

Test 1: Questions 01-03 refer to the following instruction.

The new Titans G watch made by Switch Corp is considered to be the safest watch among all watches. It is both heat ------- water resistant.

    01 (A) with
          (B) by
          (C) and
          (D) so

In fact, even when it is fully ------- in any form of liquid, the Titans G is fully operational.

    02 (A) to immerse
          (B) immersed
          (C) immerse
          (D) immersion

Also, the Titans G is resistant for depth of up to 300 meters. However, the Titans G is susceptible to oil. Therefore, if you accidently spill oil onto it, the oil must be ------- immediately. After the oil is

    03 (A) stored
          (B) cleaned
          (C) held
          (D) observed

removed, make sure you clean it once more with water.

Test 2: Questions 04-06 refer to the following instruction.

Before the First Use
Precautions

Thank you for purchasing Master's Kitchen's Digital Grinder. For your own safety, please read the manual before operating our grinder. -------, also read the following precautions listed on paged 15.

    04 (A) On the other hand
          (B) In addition
          (C) As a result
          (D) In comparison

1 Do not touch the blades. 1
2 Make sure the lid is fully closed at all times.
3 Never ------- the grinder in water or other forms of liquids.

    05 (A) dry
          (B) drain
          (C) spray
          (D) soak

4 Never open the lid when the grinder is in use.
5 Do not use the grinder when the cord seems -------.

    06 (A) to damage
          (B) damaged
          (C) damaging
          (D) damages

6 When the grinder is not in use, please put it somewhere children cannot reach.

▶ 정답 및 해설 p.156~157

LESSON 5 연설 또는 강연 초대 및 행사 참석에 대한 서신

Point

토익에서 다루는 주제 중에는 컨퍼런스, 세미나, 기타 행사와 관련하여 행사 참석이나 연설 또는 강연을 제안하는 내용으로 주고받는 서신들이 자주 등장한다.

❶ 도입부: 행사에 대한 기본적인 개요와 편지를 쓰게 된 목적이나 배경을 설명한다.
❷ 중반부: 구체적인 행사 내용을 설명하거나 강연에 대한 소감 등을 언급한다.
❸ 후반부: 구체적인 세부 사항에 대한 요청이나 감사의 인사말이 등장한다.

토익 기출어휘 표현정리

A 연설이나 강연, 워크샵, 세미나 등의 행사에 참석을 요청하는 편지

on behalf of our company 우리 회사를 대신[대표]해서
would like to invite you **to be** a keynote speaker 귀하를 기조 연설자로 초대하고자 합니다
be honored if you would agree 귀하가 동의하신다면 영광입니다
provide further information 추가 정보를 제공합니다
with regard to the **upcoming conference** 다가올 회의에 대해
This event will begin on ~ **and conclude** on ~ 이 행사는 ~ 시작되어 ~ 끝납니다
It is the best **opportunity to learn** ~ ~을 배울 가장 좋은 기회입니다
make travel **arrangements** 여행 준비를 하겠습니다
suit your **needs** 귀하의 욕구에 부합하다
make this event **the most popular** ever 이 행사를 가장 유명하게 하다
please **accept** the enclosed **certificate** for ~ ~에 대해 동봉된 수료증을 받으시기 바랍니다
recognize your **commitment to** ~ 귀하의 ~에 대한 노고를 인정합니다
Seating **is limited to** 100 participants per workshop 좌석은 워크샵당 100명으로 한정되어 있습니다
place your name **on** a waiting list 대기 목록에 이름을 올리다
registration **is now available** 등록은 지금 가능합니다

B 연설이나 강연에 대한 피드백을 주거나 감사의 말을 전달하는 편지

review the conference schedule 회의 일정을 검토하다
coordinate our activities 행사를 준비하겠습니다
Thank you for your participation in ~ ~에 참석해주셔서 감사합니다
Your presentation was very informative 귀하의 발표는 매우 유용했습니다
provide attendees with many ideas 참석자들에게 아이디어를 많이 주다
apply their strategies 전략를 적용하다
be in the early stage of **planning the next conference** 다음 회의를 준비하는 초기 단계입니다
based on the response to the presentation 발표의 반응을 근거로
the purpose of this seminar **is to** + 동사원형 이번 세미나의 목적은 ~하는 것입니다
it will be important to **determine whether** ~ ~인지 아닌지 알아내는 것이 중요할 것입니다
modify the system 시스템을 수정하다

C 연설이나 강연, 행사 등의 초대를 수락하는 서신이나 그에 대한 답신

accept your invitation 귀하의 초대를 수락하다
participate in the event 행사에 참석하다
if you find any **inaccurate details** 정확하지 않은 사항을 찾으시면
you **are encouraged to** attend the reception 환영회에 참석하시기 바랍니다
Enclosed you will find the brochure 브로셔가 동봉되어 있습니다
exceed the **turnout of** 100 members 회원이 100명 넘게 참석하다
We would **be honored if you** ~ 귀하가 ~하면 영광이겠습니다

Exercises

Test 1: Questions 01-03 refer to the following letter.

October 22

Samuel Jackson
Jackson Advertising Company
4337 Mason Rd.
San Diego, CA 90019

Dear Mr. Jackson,

We first would like to thank you for the great presentation you gave at the seminar last week. We were all very impressed by your strategies and some of us are already trying to ------- them to

01 (A) deliver (B) apply
   (C) select   (D) sell

our goals. Since we would like more staff members from our company to attend your seminar, we were wondering if you would consider doing one more presentation -------. Based on the

02 (A) such as (B) upon
   (C) instead (D) once again

previous ------- to your presentation, we are confident that you would be able to inspire our staff

03 (A) response   (B) communication
   (C) operation   (D) answer

members to think more creatively and efficiently.

We look forward to hearing from you. Thank you very much for your time.

Sincerely,

Megan Cox
Director of Public Relations
Corona Advertising Company

Test 2: Questions 04-06 refer to the following memo.

Dear Colleagues,

On July 10, Gilmore Corporation will be inviting professors ------- their knowledge and listen to

04 (A) to share   (B) have shared
   (C) will share (D) are sharing

their advice to improve our marketing methods. All marketing staff members are advised to attend the three-hour seminar that will start from 1 P.M. The professors will present ------- related to

05 (A) arguments (B) questions
   (C) materials (D) topics

marketing for discussions or debates. Although three hours might seem a little short, I am sure that we will be able to learn ------- information to create better marketing strategies in the future. The

06 (A) valuing   (B) valuable
   (C) value   (D) to value

profiles of the professors are going to be posted on the walls for your information.

Best regards,

Dwight Barkley, Marketing Director
Gilmore Corporation

▶ 정답 및 해설 p.157~158

LESSON 6 새로운 정책이나 변경된 사항을 알리는 글

Point

새롭게 바뀌는 정책이나 변경된 사항을 알린다는 말과 함께 구체적인 내용을 기술하고, 바뀐 내용에 대해 궁금하거나 문의할 것이 있으면 연락하라는 내용으로 마무리된다. 또한 새롭게 변경된 정책 등에 대한 내용으로 그에 대한 진행 상황을 말하기도 한다.

❶ 도입부: 변경된 시스템이나 새로운 정책에 대한 소개와 도입 배경에 대한 설명을 한다.
❷ 중반부: 구체적인 변경 사항과 그에 따른 조치들이 전개된다.
❸ 후반부: 주의 사항이나 당부, 요청 사항들을 언급하며 협조의 인사말로 마무리를 한다.

토익 기출어휘 표현정리

A 사내의 신규 정책에 대한 소개

update the company **policy** 사내 정책을 (새로운 내용으로) 바꾸다
from now on 지금부터
existing rules 기존의 규정
written permission must **be obtained from** ~ 서면 동의는 ~로부터 받아야만 합니다
in observance of ~을 준수하여
turn in their time sheets 근무 시간표를 제출하다
This will **apply to** all employees 이것은 전 직원에게 적용될 것입니다
contract employee 계약직원
consult your supervisor 귀하의 상사와 논의하세요
regular payroll processing will **resume** 정상적인 급여 지급이 다시 시작될 것입니다
You can **reach** me at ~ 저에게 ~로 연락하시면 됩니다

B 서비스 이용 변경 안내

fill out the form 서류를 작성하세요
fines for all overdue materials 대출 기한이 지난 자료에 대한 벌금
fines will be assessed/charged 벌금이 부과될 것입니다
facilitate banking business 은행 서비스를 활성화시킵니다
conduct transactions 거래를 실행합니다
satisfy customers 고객을 만족시킵니다
drop by one of our branch offices 저희 지점들 중의 한 곳에 들르세요

C 시스템 변경 및 사무실 이전 안내

be currently **in process of** updating 현재 업데이트 중에 있습니다
be in the process of updating the second issue 두 번째 호를 업데이트하는 중입니다
as one of the measures 조치 중의 하나로서
shift over to these new systems 이러한 새 시스템으로 변경합니다
direct any problem **to** the security office 어떠한 문제라도 경비실로 알려주십시오
relocation of our operation 업무 장소의 이전
the website **remains unchanged** 웹사이트는 변경이 없습니다
assure you that ~ 귀하에게 ~임을 보장합니다
upgrade our monitoring system 우리의 감시 시스템을 개선하다
all employees **are obliged to** + 동사원형 모든 직원들은 ~을 해야 합니다
make changes 바꾸다, 변경하다
keep the directory **up to date** 목록을 최신 것으로 유지하다
without written permission 서면 동의 없이

Exercises

제한시간 3분(문제당 30초)

Test 1: Questions 01-03 refer to the following memo.

To: All Employees of Nicholson Corp.
From: Carmen Pennington
Date: July 2
Subject: Submitting Holiday Time Sheets

From July 4, in observance of the public holiday, Nicholson Corporation will be closing until July 7. Because of this, all employees are obliged to submit their time sheets by July 3, which is one day ------- than the usual date. This sudden change of submittance date applies to all departments in

01 (A) faster
   (B) earlier
   (C) previous
   (D) advanced

all branches throughout the country. If you have any concerns on how this scheduled ------- could

02 (A) payment
   (B) increase
   (C) training
   (D) closure

affect you, please contact the human resources department. If, for any reason, you are unable ------- your time sheet and turn it in by the scheduled date, you should let the payroll office know

03 (A) to fill out
   (B) filling out
   (C) to be filled out
   (D) being filled out

so that they can make alternative arrangements for you.

Thank you for your cooperation.

Test 2: Questions 04-06 refer to the following article.

To decrease the severe traffic congestion near Lincoln Bridge, Mayor Milan ------- charging a

04 (A) is approving
   (B) will approve
   (C) has approved
   (D) would approve

reduced fee of $5 for people who take ferries to cross Bella River. This system took effective last Sunday. -------, it is expected to reduce the number of cars crossing the bridge by approximately

05 (A) Accordingly
   (B) Similarly
   (C) Before
   (D) Instead

23%.
Since the system's only been in use for only about a week, it is rather -------. However, Mayor

06 (A) unstable
   (B) inefficient
   (C) insufficient
   (D) unpopular

Milan believes that more people will eventually make good use of ferries due to its cheap cost.

▶ 정답 및 해설 p.158~159

LESSON 7 승진, 발령, 구인, 구직 등과 관련된 서신이나 기사

Point

토익에서 빠질 수 없는 주제는 인사와 취업에 관련된 것이다. 신입사원 모집 공지나 광고부터 경력직 직원의 채용, 인사이동과 관련한 공지, 기사 등이 등장한다.

❶ 도입부: 인사이동, 지원 동기, 일자리 제안(job offer) 등의 문서의 목적과 의도를 밝힌다.
❷ 중반부: 해당 주제에 대해 구체적인 설명이 등장한다.
❸ 후반부: 지원 방법이나 전달 사항 또는 당부, 요청 사항 등과 함께 마지막 인사로 마무리한다.

토익 기출어휘 표현정리

A 일자리 제안, 추천장 및 자기 소개서(cover letter)

please consider this my official acceptance of ~ 이것을 ~에 대한 저의 공식적인 수락으로 생각해주세요
I recommend him/her **without hesitation**. 저는 망설임 없이 그 사람을 추천합니다.
work individually 개별적으로 일하다
perform duties 업무를 수행하다
take the opportunity for professional advancement 업무적인 발전을 위한 기회로 삼다
will be a wonderful **asset to** your company 귀사에 훌륭한 자산이 될 것입니다
As mentioned in the job description 직무 기술서에 언급된 것과 같이
be pleased to **offer you the position** 귀하에게 이 일을 제안하게 돼서 기쁩니다
your responsibility will be to + 동사원형 귀하의 업무는 ~해야 하는 것입니다
be hired **on a permanent basis** 정규직으로 고용되다
evaluate your performance 귀하의 업무 성과를 평가합니다
familiarize you **with** our project 우리의 프로젝트에 당신이 익숙해지도록 하다

B 승진, 발령에 대한 공지나 기사, 서신

praise sb **as** a role model 귀감으로 ~를 칭찬하다
From the very beginning of his time here, 여기에서 처음 시작(근무)할 때부터
have sb **in the position of** assistant ~를 비서로 앉히다
appoint James vice president James를 부사장으로 임명합니다
make our product **successful** 우리의 제품을 성공시키다
your request for relocation has been **approved** 귀하의 이전 발령에 대한 요청이 승인되었습니다
you will report to the plant manager 귀하는 공장 매니저에게 보고하게 될 것입니다
an official description of your new responsibilities 새로운 업무에 대한 공식적인 직무 기술서
make the additional **contributions to** the company 회사에 추가적인 기여를 하다
announce the promotion of James Carter James Carter의 승진을 알립니다
begin duties as vice president of marketing 마케팅 담당 부사장으로 업무를 시작합니다
served as director **for** the last two years 지난 2년 동안 디렉터로 근무했습니다
oversee the production 생산을 관리합니다
join the company 회사에 입사하다
prove himself to be one of the most valued members 가치 있는 직원들 중의 한 명임을 입증하다
demonstrate a keen understanding of our service 우리의 서비스에 대해 날카롭게 이해하고 있음을 보여주다
much-deserved promotion 응당한 승진

C 인사 관련 기타 공지

focus on the international marketing 해외 마케팅에 초점을 맞추다
introduce our brand in Asia 아시아에 우리 브랜드를 소개하다[출시하다]
assume responsibility 책임을 맡다
all recently hired staff 최근에 고용된 직원들 전부

Exercises

제한시간 3분(문제당 30초)

Test 1: Questions 01-03 refer to the following article.

On Tuesday, Torch Industry announced its decision to hire Mr. Alves, who had been the general manager of Brunsun Corporation, as its new managing director. As general manager at Brunsun, Mr. Alves ------- sales and marketing. When he takes the new position starting on July, he will

01 (A) oversaw
   (B) will oversee
   (C) is overseeing
   (D) oversees

focus on coordinating the three branches in Massachusetts. "There was high ------- in this position

02 (A) originality
   (B) interest
   (C) knowledge
   (D) talent

among applicants. Mr. Alves had been most passionate about the position," said Mr. Creed, the chief executive officer. "We believe his experience from Brunsun Corporation will be ------- as

03 (A) unconditional
   (B) invaluable
   (C) negotiable
   (D) inceptive

Torch Industry plans to extend our presence beyond Massachusetts."

Test 2: Questions 04-06 refer to the following letter.

July 2

Ms. Susan Wang
Lone Star Corporation
650 Bean St.
Dearborn, MI, 47004

Dear Ms. Wang,

First of all, I would like to give thanks for your ------- of the position of sales manager at Lone Star

04 (A) offer
   (B) acceptance
   (C) return
   (D) admission

Corporation. After ------- consideration of your proposal, I decided to accept an offer from a

05 (A) cared
   (B) care
   (C) carefully
   (D) careful

different firm.

This was a very hard decision for me to make, and I am sorry if this decision caused you any problems. Thank you for showing your interest and it was great talking with you. I hope that we have the opportunity to work ------- in the future.

06 (A) nearly
   (B) certainly
   (C) together
   (D) unless

Best regards,

Hiroaki Ito

▶ 정답 및 해설 p.159~160

LESSON 앞으로 있을 행사나 공사 일정 등에 관한 알림

Point

주로 회의, 은퇴 파티, 박람회 등의 행사 또는 내외부 시설 공사 등이 예정되어 있다는 내용과 이에 따른 주의 사항이나 요청, 당부 사항들을 언급한 문서들이 등장한다.
① 도입부: 간단한 인사말과 더불어 행사나 공사에 대한 소개를 한다.
② 중반부: 구체적인 일정이나 계획 등에 대해 설명한다.
③ 후반부: 행사의 참석 요청과 구체적인 방법들을 제시하거나 주의 사항 등을 전달하고 마지막 인사말을 하게 된다.

토익 기출어휘 표현정리

A 전시회 및 자선행사 알림 공지

feature paintings by contemporary artists 현대 미술가들의 작품으로 구성됩니다
will **be on display** ~이 전시될 것입니다
be part of an exhibition **titled** ~ ~로 불리는 전시회의 일부입니다
will **be located in** ~ ~에 위치하게 될 것입니다
a limited number of tickets 제한된 수량의 티켓
be available to employees 직원들이 사용할 수 있습니다
workshops **take place** at ~ 워크샵이 ~에서 열립니다
this activity is open to the public 이 행사는 일반시민들에게 개방되어 있습니다
present a concert 음악회를 보여주다
raise public awareness of ~ ~에 대한 대중적인 인지도를 올리다
tickets have been selling so briskly 표가 아주 빠르게 판매되고 있습니다
proceeds will go to ~ 수입금은 ~로 갈 것입니다
be dedicated to preserving the environment 환경을 보존하는 데 헌신하다
This is to **describe a welcoming reception** 이것은 환영 만찬을 설명해드리기 위한 것입니다

B 사무실 공사 일정 안내 및 주의 사항 전달

Starting/Beginning on next Friday, ~ 다음 주 금요일부터 시작해서
This is to let you know that ~ 이것은 ~을 알려드리기 위한 것입니다
It is a reminder that ~ 이것은 ~을 상기시켜주기 위한 것입니다
unplug all the electric devices **before you leave** 퇴근 전에 전기기구의 플러그를 모두 뽑기 바랍니다
should **take three hours** 3시간이 걸릴 것입니다
do not expect any problem 어떠한 문제도 예상하지 않습니다
cafeteria will be close 구내식당이 문을 닫게 될 것입니다
provide some items **for purchase** 구매를 위해 일부 제품을 제공합니다
make this service available between 9 to 5 9시부터 5시까지 이 서비스를 받을 수 있도록 하겠습니다
the upgrades to our cafeteria 구내식당의 업그레이드
be well worth the temporary inconvenience 일시적으로 불편한 것을 감수할 만한 가치가 있습니다
thank you for **your cooperation** 협조해주셔서 감사합니다
perform **maintenance on** ~ ~에 대해서 유지관리 작업을 하다
for approximately four hours 약 4시간 동안
make improvements 개선되다
make improvement to the old warehouse 오래된 창고를 개선시키다
employees will **be prompted to** + 동사원형 직원들은 지체없이 ~할 것입니다
~ must be **routed** to … ~은 …로 운행해야 한다
under supervision of sb ~의 감독 하에
please **direct** any questions to sb 질문은 ~에게 하세요
due to **schedule conflicts** 일정이 겹쳤기 때문에
take an **alternative route** 다른 길로 가시기 바랍니다

Exercises

제한시간 3분(문제당 30초)

Test 1: Questions 01-03 refer to the following article.

On Tuesday, Torch Industry announced its decision to hire Mr. Alves, who had been the general manager of Brunsun Corporation, as its new managing director. As general manager at Brunsun, Mr. Alves ------- sales and marketing. When he takes the new position starting on July, he will

01 (A) oversaw
   (B) will oversee
   (C) is overseeing
   (D) oversees

focus on coordinating the three branches in Massachusetts. "There was high ------- in this position

02 (A) originality
   (B) interest
   (C) knowledge
   (D) talent

among applicants. Mr. Alves had been most passionate about the position," said Mr. Creed, the chief executive officer. "We believe his experience from Brunsun Corporation will be ------- as

03 (A) unconditional
   (B) invaluable
   (C) negotiable
   (D) inceptive

Torch Industry plans to extend our presence beyond Massachusetts."

Test 2: Questions 04-06 refer to the following letter.

July 2

Ms. Susan Wang
Lone Star Corporation
650 Bean St.
Dearborn, MI, 47004

Dear Ms. Wang,

First of all, I would like to give thanks for your ------- of the position of sales manager at Lone Star

04 (A) offer
   (B) acceptance
   (C) return
   (D) admission

Corporation. After ------- consideration of your proposal, I decided to accept an offer from a

05 (A) cared
   (B) care
   (C) carefully
   (D) careful

different firm.

This was a very hard decision for me to make, and I am sorry if this decision caused you any problems. Thank you for showing your interest and it was great talking with you. I hope that we have the opportunity to work ------- in the future.

06 (A) nearly
   (B) certainly
   (C) together
   (D) unless

Best regards,

Hiroaki Ito

▶ 정답 및 해설 p.159~160

LESSON 8 앞으로 있을 행사나 공사 일정 등에 관한 알림

Point

주로 회의, 은퇴 파티, 박람회 등의 행사 또는 내외부 시설 공사 등이 예정되어 있다는 내용과 이에 따른 주의 사항이나 요청, 당부 사항들을 언급한 문서들이 등장한다.
- ❶ 도입부: 간단한 인사말과 더불어 행사나 공사에 대한 소개를 한다.
- ❷ 중반부: 구체적인 일정이나 계획 등에 대해 설명한다.
- ❸ 후반부: 행사의 참석 요청과 구체적인 방법들을 제시하거나 주의 사항 등을 전달하고 마지막 인사말을 하게 된다.

토익 기출어휘 표현정리

A 전시회 및 자선행사 알림 공지

feature paintings by contemporary artists 현대 미술가들의 작품으로 구성됩니다
will **be on display** ~이 전시될 것입니다
be part of an exhibition **titled** ~ ~로 불리는 전시회의 일부입니다
will **be located in** ~ ~에 위치하게 될 것입니다
a limited number of tickets 제한된 수량의 티켓
be available to employees 직원들이 사용할 수 있습니다
workshops **take place** at ~ 워크샵이 ~에서 열립니다
this activity is open to the public 이 행사는 일반시민들에게 개방되어 있습니다
present a concert 음악회를 보여주다
raise public awareness of ~ ~에 대한 대중적인 인지도를 올리다
tickets have been selling so briskly 표가 아주 빠르게 판매되고 있습니다
proceeds will go to ~ 수입금은 ~로 갈 것입니다
be dedicated to preserving the environment 환경을 보존하는 데 헌신하다
This is to **describe a welcoming reception** 이것은 환영 만찬을 설명해드리기 위한 것입니다

B 사무실 공사 일정 안내 및 주의 사항 전달

Starting/Beginning on next Friday, ~ 다음 주 금요일부터 시작해서
This is to let you know that ~ 이것은 ~을 알려드리기 위한 것입니다
It is a reminder that ~ 이것은 ~을 상기시켜주기 위한 것입니다
unplug all the electric devices **before you leave** 퇴근 전에 전기기구의 플러그를 모두 뽑기 바랍니다
should **take three hours** 3시간이 걸릴 것입니다
do not expect any problem 어떠한 문제도 예상하지 않습니다
cafeteria will be close 구내식당이 문을 닫게 될 것입니다
provide some items **for purchase** 구매를 위해 일부 제품을 제공합니다
make this service available between 9 to 5 9시부터 5시까지 이 서비스를 받을 수 있도록 하겠습니다
the upgrades to our cafeteria 구내식당의 업그레이드
be well worth the temporary inconvenience 일시적으로 불편한 것을 감수할 만한 가치가 있습니다
thank you for **your cooperation** 협조해주셔서 감사합니다
perform **maintenance on** ~ ~에 대해서 유지관리 작업을 하다
for approximately four hours 약 4시간 동안
make improvements 개선되다
make improvement to the old warehouse 오래된 창고를 개선시키다
employees will **be prompted to** + 동사원형 직원들은 지체없이 ~할 것입니다
~ must be **routed** to ... ~은 …로 운행해야 한다
under supervision of sb ~의 감독 하에
please **direct** any questions to sb 질문은 ~에게 하세요
due to schedule conflicts 일정이 겹쳤기 때문에
take an **alternative route** 다른 길로 가시기 바랍니다

350

Exercises

제한시간 3분(문제당 30초)

Test 1: Questions 01-03 refer to the following email.

To: All Students of Williamson College
From: Ann Folly
Date: February 16
Re: Professor Stevenson's Seminar

A seminar led by Professor Stevenson ------- on Thursday, February 26, from 1:30 P.M. to 4:30 P.M.

01 (A) will be held
   (B) is held
   (C) had been held
   (D) was held

at St. Paterson Building.

As a renowned professor, Dr. Stevenson has taught political science at the University of Brooklyn and has led numerous seminars ------- the years.

02 (A) since
   (B) around
   (C) past
   (D) over

If you are interested in listening to and discussing current political issues, this will be a great opportunity to do so. Please contact Ms. Cohen by 5 P.M. on Tuesday, February 24, to let us know ------- you will be able to attend.

03 (A) that
   (B) whether
   (C) whose
   (D) whenever

Test 2: Questions 04-06 refer to the following notice.

Cityville Job Fair

The Cityville Job Fair is going to be held at Tillman Auditorium in Saxton University from June 11 to June 14. Numerous employers from ------- greater the Cityville area will be doing interviews on site.

04 (A) among
   (B) between
   (C) around
   (D) into

This event is free for all applicants and employers.

Job Seekers: This could be a great opportunity to all of you. Be sure to dress ------- and don't

05 (A) profession
   (B) professional
   (C) professionals
   (D) professionally

forget to bring multiple copies of your resume.

Employers: The Cityville Job Fair has built its reputation for connecting local companies with quality candidates. Many of these ------- who attend this event are very experienced

06 (A) students
   (B) applicants
   (C) consumers
   (D) clients

and passionate to becoming valued employees. We are sure that all of the applicants are very enthusiastic on finding the right jobs for themselves. Do not miss this wonderful chance to find some of the finest individuals in our town.

▶ 정답 및 해설 p.160~161

LESSON 9 사업의 확장과 성과에 관한 보고 및 기사

Point

회사나 가게 등의 성공 과정이나 전략을 소개하거나, 업무 성과 또는 지점이나 공장을 인수한다는 등의 사업 성과나 방향 등을 제시하는 보고서 형태의 공지나 기사들이 주로 등장한다.

❶ 도입부: 주로 어떤 성과나 진행 과정 등을 소개하게 된다.
❷ 중반부: 구체적인 사업, 전략이나 성과를 부연 설명한다.
❸ 후반부: 앞으로의 전략이나 시장 상황을 예상한다.

토익 기출어휘 표현정리

A 신제품의 출시를 알리는 내용

- **release** a new product 신제품을 출시하다
- a brand new product **will be sold only at ~** 신제품은 오직 ~에서만 판매될 것입니다
- it **is expected to** be a popular item 인기 제품이 될 것으로 예상됩니다
- **over the first half of this year** 올해 상반기 동안에
- see **its profit increase** 수익이 상승했습니다

B 회사의 실적 보고 및 전체 시장의 경향을 예상하는 기사

- **will likely face** additional competition 더욱 치열한 경쟁에 직면할 것입니다
- **speculation among** industry analysts 업계 분석가들 사이에서의 추측
- **point out ~** ~을 지적해서 언급하다
- attempt to **enter the Asian market** 아시아 시장에 들어가려는 시도
- **increase in profit** 수익의 증가
- **during the equivalent three month period last year** 지난해 동일한 3개월 동안
- The achievement **is attributed to** sales of ~ 이러한 성과는 ~의 판매에 기인합니다
- **two companies will merge** 두 회사가 합병할 것입니다
- **open** a factory 공장을 열다

C 업무 성과에 따른 포상을 알리는 공지 및 이메일

- this **remarkable achievement** 이러한 뛰어난 성과
- **congratulate the recipient of the award** 수상자를 축하하다
- **under** his **leadership** 그의 지휘 하에
- provide **outstanding service** 훌륭한 서비스를 제공합니다
- **exceed/surpass** the goal 목표를 초과하다
- **please find** the final version **attached to ~** ~에 첨부된 최종 버전을 보시기 바랍니다
- **transfer ~ from A to B** ~을 A에서 B로 전출시키다
- **authorize** this **transfer** 이번 전출을 승인하다

D 사업 성과 또는 업무상의 보고

- **Based on** the inspection 조사를 근거로 하여
- **determine** that ~ ~를 알아내다
- **the estimated cost is ~** 예상 비용은 ~이다
- **cost an estimated of** + 금액 비용이 어림잡아 ~들다
- This **covers** both materials and installation. 이것(비용)은 자재와 설치비를 포함하고 있습니다.
- **meet** your **needs** 당신의 요구를 만족시키다
- **expire on** August 27 8월 27일에 만료가 됩니다
- **enroll in** the program 프로그램에 등록하다
- **plan to expand to** the Asian Market 아시아 시장으로 (사업을) 확장하는 계획

Exercises

제한시간 3분(문제당 30초)

Test 1: Questions 01-03 refer to the following article.

April 1: The sales of jeans and skirts by 9 Jeans for All Humans have skyrocketed in parts of Europe. In response to this drastic -------, 9 Jeans for All Humans will be opening factories and

01 (A) difficult
   (B) increase
   (C) contact
   (D) declaration

exclusive shops in Paris, London, and Rome by the end of this year. The Madrid branch currently ------- five shops and is also expected to add two more shops near Barcelona by the end of

02 (A) serves
   (B) functions
   (C) operates
   (D) evaluates

this month.

"We have never expected such a success of our brand in the competitive fashion market of Europe. It still feels like a dream." said Michael Glass, founder and main designer of 9 Jeans for All Humans. "The creation of shops and factories ------- the hassle for customers who have been

03 (A) will eliminate
   (B) has eliminated
   (C) eliminate
   (D) eliminated

ordering outside their countries, causing them to pay extra for shipping fees."

Test 2: Questions 04-06 refer to the following article.

One of the largest Japanese car makers, Yamaguchi Automobiles, announced that they will -------

04 (A) build
   (B) renovate
   (C) sell
   (D) relocate

the first car factory outside Japan. Once the construction of this new factory is completed, it will be considered as the biggest car factory in South America. The ------- is expected to cost an

05 (A) prediction
   (B) appeal
   (C) merge
   (D) venture

estimated four million dollars.

According to Makoto Yamaguchi, the CEO of Yamaguchi Automobiles, the factory will become ------- in six months. Mr. Yamaguchi said, "Many countries in South America have imported

06 (A) operate
   (B) operating
   (C) operational
   (D) operation

large numbers of our cars and trucks for the past two years. We believe this will be a great opportunity to produce vehicles for a more affordable price for people in South America."

▶ 정답 및 해설 p.161~162

LESSON 10 기타 업무상의 서신

Point

업무상에 있을 수 있는 제안을 하거나 협조를 요청하는 문서 또는 일정이나 계획에 대한 변경 등을 알리는 내용의 문서들이 자주 등장한다.

❶ 도입부: 문서를 작성하게 된 배경이나 목적을 설명한다.
❷ 중반부: 해당 업무와 관련된 진행 상황 등 구체적인 내용들을 언급한다.
❸ 후반부: 세부적인 사항에 대한 요청이나 제안의 내용과 함께 문서를 마무리한다.

토익 기출어휘 표현정리

A 업무에 불편을 주어서 미안하다는 사과의 내용과 함께 가이드라인을 제시하는 편지

- **be unable to find** the installation guidelines 설치 가이드라인을 찾을 수 없습니다
- **enclose the required application** for the permit 허가를 위해 필요한 신청서를 동봉합니다
- **check** all the information **carefully** 정보를 모두 꼼꼼히 확인하다
- **during the planning stage** 기획 단계에서[동안에]
- **prevent** future delays and inconvenience (일의) 지연과 불편함을 막다
- **in an effort to** + 동사원형 ~ ~하는 노력의 일환으로

B 행사나 특정한 그룹에 참석이나 가입을 종용하는 편지

- **encourage you to consider** attending 참석하실 것을 고려해 보시기 바랍니다
- **allow attendees many opportunities** 참석자들에게 기회를 많이 줄 것입니다
- **upon receipt of** your message 귀하의 메시지를 받자마자
- **modify the date** 날짜를 변경합니다
- **ground transportation** 육상 교통
- **Enjoy your stay with us** 우리는 귀하와 함께 있는 것을 좋아합니다

C 미팅 후 업무에 대한 피드백과 협조해준 것에 대한 감사의 편지

- **observe operations** 운영되는 것을 관찰하다
- **improve our performance** 우리의 업무 성과를 개선시키다
- please **relay my gratitude to** your staff 귀하의 직원들에게 고마움을 전해주세요
- **organize** the busy agenda (많아서) 복잡한 안건들을 정리하다
- **lead a discussion** 토론을 이끌다
- **register for** this year's sales conference 올해의 판매 회의에 등록하다
- **report on** the success of our company 우리 회사의 성공에 대해 보고하다
- **accommodate your needs** 귀하의 요구 사항을 받아들이겠습니다
- **be adequate for** our purpose 우리의 목적에 적합합니다
- **book a venue** 장소를 예약하다
- **your suggestion** to take John to dinner John을 저녁식사에 데려가시는 귀하의 제안
- **show/express our appreciation** 감사를 표합니다

D 기타 업무 관련 표현

- **remind** you **of** a few policies 몇 가지 정책들을 상기시키다
- **reimburse the full amount** 전액 상환해주다
- **knowledgeable** about ~ ~에 대해서 많이 아는
- **enter you in a drawing** 당신을 추첨에 넣다
- **costly unexpected breakdown** 갑작스럽게 비용이 많이 들 수 있는 고장
- **In gratitude for** ~ ~에 대한 감사로

Exercises

제한시간 3분(문제당 30초)

Test 1: Questions 01-03 refer to the following email.

To: Sue Leonard
From: Pat Murphy

Dear Ms. Leonard,

I just read the survey report you wrote moments ago, and I must say it really gave me a lot of insight into ------- marketing trends.

01 (A) lately
   (B) now
   (C) able
   (D) recent

The ------- you have collected for writing this report will benefit us when we explore new ways to

02 (A) data
   (B) funds
   (C) time
   (D) offer

market our upcoming products. However, I still have some questions related to the report. Would you mind ------- with me in person sometime this week? Give me a call when you are free.

03 (A) meet
   (B) to meet
   (C) meeting
   (D) having met

Pat Murphy

Test 2: Questions 04-06 refer to the following letter.

La Vie En Rose Apartment
891 Flencia St., Morristown

Dear Mr. Glenfield,

Congratulations on your recent ------- to rent an apartment at La Vie En Rose Apartment. This is a

04 (A) decide   (B) decision
   (C) deciding   (D) decisive

confirmation letter to prove that your contract has been received and signed. La Vie En Rose guarantees a peaceful living in this busy city of Morristown. There are many stores ------- walking

05 (A) among   (B) within
   (C) beside   (D) onto

distance, so living in this apartment will be very convenient in many ways.

Aside from rent fees, you will be responsible for utilities. However, we will provide you with free Internet access. If you want wireless service, you will only have to pay an additional cost of $5 per month. If you own a car, please let us know by this week so that we can arrange a designated spot for you.

You have definitely made the right choice. Thank you for ------- at La Vie En Rose.

06 (A) visiting   (B) applying
   (C) occupying   (D) renting

Best wishes,

James Flurry
Building Manager

▶ 정답 및 해설 p.162~163

Part 6 Final Test

Part 6

Directions: Read the texts that follow. A word or phrase is missing in some of the sentences. Four answer choices are given below each of the sentences. Select the best answer to complete the text. Then mark the letter (A), (B), (C), or (D) on the answer sheet.

Questions 141-143 refer to the following notice.

As you may have realized, your membership will expire on August 19. Please fill in the attached form ------- your membership and continue to use the best equipment and

141 (A) renews
    (B) renewed
    (C) renew
    (D) to renew

machines Max Total Fitness provides to make your body healthy and beautiful. To ensure that your service continues without any -------, we recommend you to register

142 (A) division
    (B) function
    (C) interruption
    (D) attraction

for our automatic billing program. Once you are registered, you won't have to ever experience the inconvenience of renewing your membership again in the future.

Also, we are currently offering a free one month trial of "Jenna's Burning Yoga'. If you ------- in this program, you will be able to receive a yoga mat absolutely free! For more

143 (A) enroll
    (B) succeed
    (C) invest
    (D) train

information, please visit our website at www.maxfitness.com.

Questions 144-146 refer to the following letter.

Dear Mr. Karlson,

I am writing at the suggestion of Michelle Arnt, a colleague of ------- at Jay

144 (A) myself
(B) mine
(C) my
(D) me

Communication Inc.

At the end of this month, I am relocating to Colorado and am currently looking for -------

145 (A) a room
(B) an assistant
(C) employment
(D) registration

in the area.

Coincidentally, Ms. Arnt has informed me that your company has a position for an experienced marketing planner. I believe that the six years I have been working in the PR department at Jay Communication qualify me to be considered for this opportunity.

Could you please send me an application form and let me know what materials I must ------- to your office to be considered for the position?

146 (A) to submit
(B) submitting
(C) submitted
(D) submit

Thank you for your consideration.

Sincerely,

Jennifer Cohen

Questions 147-149 refer to the following e-mail.

To: Swati Kumar <swati@columbiauniv.com>
From: Jasmine Leonard <lovealaddin@columbiauniv.com>
Subject: Expense Report
Date: July 24

Dear Ms. Kumar,

Thank you for sending your expense report for the business trip you went on last month. However, I am afraid that I have to inform you about a few ------- that you must follow

147 (A) charges
(B) propositions
(C) contradictions
(D) policies

when you write an expense report. First, if you sign your own expense report, it would be considered legally ineffective. --------, your manager should sign the report in order for

148 (A) Instead
(B) Likewise
(C) Unless
(D) Whereas

the approval of reimbursement to be processed. Also, if you wish to receive the -------

149 (A) full
(B) fuller
(C) fills
(D) filling

amount of reimbursement, please make sure to include the receipts to prove the actual amount you've claimed during your business travels. We ask you to please resubmit the report after you have made the necessary changes. Thank you.

Sincerely,

Jasmine Leonard

Questions 150-152 refer to the following letter.

Dear Dr. James,

I would like to let you know how pleased I am with the way I was ------- recently by your

150 (A) treating
(B) treated
(C) to have treated
(D) to treat

staff at James Medical Clinics.

I have visited your office several times over the past three years, and have seen firsthand how ------- courtesy and professionalism are displayed at your practice.

151 (A) successively
(B) narrowly
(C) consistently
(D) selectively

On May 10, your receptionist. Catherine Zeta exceeded my expectations by arranging for me to get a last-minute appointment with Dr. James. The ------- that Ms. Zeta provided

152 (A) service
(B) policy
(C) preparation
(D) training

that day was truly excellent.

Truly,

Adam Smith

Ustar TOEIC Reading

→→→→→→ Part

Reading Comprehension

Part 7 개요 및 공략법

1. Part 7 시험에 대한 이해

문제 유형: 독해 지문과 관련된 질문의 답을 고르는 문제로, 단일 지문(Single Passage)과 복수 지문(Double Passage)으로 구성
문제 개수: 총 48문제가 출제됨 (단일 지문 9지문, 28문제, 복수 지문 4세트, 20문제)
풀이 시간: 45~50분 (문제당 1분 이내에 풀어야 함)(단일 지문: 9지문, 지문당 2분 30초~3분, 복수 지문 4세트, 세트당 5~6분)

2. Part 7은 실제 업무 문서상의 정보를 정확하게 이해할 수 있는지를 묻는 파트이다.

우리가 그동안 공부했던 지문들은 거의 대부분 학문적인(academic) 영어였으며 주로 번역을 통해 지문의 내용을 이해하는 것이 그 목적이었다. 따라서 수능 독해에서는 영어로 지식을 습득하는 것을 목적으로, 전체 지문을 이해하고 번역하는 능력을 키웠다. 그러나 토익은 영어로 업무를 처리하는 능력을 테스트하는 시험이다. 따라서 토익에서는 전체 지문을 이해하거나 번역하는 것보다는 업무에 필요한 정보를 빠르고 효율적으로 파악해 처리하는 능력을 키우는 것이 그 목적이다.

3. Part 7 문제 샘플

Questions 153-154 refer to the following excerpt from a schedule.

> Tuesday:
> Buses leave from Williamsburg at 9:00 A.M. The group will meet outside of the Hillstate Building lobby after breakfast. It will take about one hour to Towerville from Williamsburg. Once we arrive, we are going to visit Towerville's famous outdoor market. You have one hour to walk around the market. There are many great shops to visit. We will meet at the east entrance of the market at 11 A.M. which is located on Burlington Street. We will have a guided tour of the city, including the Towerville City Hall, which was built in 1827. We are going to have lunch at the Country Time at 12:30 P.M.

153 What is being announced?
(A) A meeting of a professional group
(B) The opening of a new shopping area
(C) A schedule for a tour
(D) The program for a conference

> 153번은 안내되고 있는 것이 무엇인지 묻는 질문이다. 다시 말해 지문의 주제를 묻는 문제이다.
> 첫 번째 줄에서 버스가 몇 시에 떠나고, 사람들이 어디서 만나는지, 그리고 이후의 스케줄을 말하고 있으므로 정답은 보기 중의 (C) A schedule for a tour이다.

154 What is NOT mentioned in the excerpt?
(A) The time that breakfast will begin
(B) The estimated travel time
(C) The location of the market entrance
(D) The name of the restaurant that will serve lunch

> 154번은 지문에서 언급되지 않은 것을 보기에서 골라내는 문제이다.
> (A) 첫 번째 줄에서 아침식사 후에 밖에서 만날 것이라는 말은 나오지만 아침식사가 시작되는 구체적인 시간은 언급하고 있지 않으므로 정답이다. (B) 매 일정마다 소요 시간을 언급하고 있다. (C) 시장 입구의 위치는 밑에서 2번째 줄 which is located ~를 통해서 알 수 있다. (D) 점심은 Country Time에서 먹는다는 내용이 마지막에 나온다.

4. Part 7은 한 지문 당 2~5개의 문제가 등장한다.

단일 지문(Single Passage) 문제

2문제 유형 지문 3개 3문제 유형 지문 3개 4문제 유형 지문 2개 5문제 유형 지문 1개	Part 7 문제의 흐름은 초반에 2~3문제짜리 지문이 등장하고, 후반에 4~5문제짜리 지문이 등장하기 때문에 초반에 비교적 쉬운 문제들을 상대하게 된다.	28문제

복수 지문(Double Passage) 문제

5문제 유형 지문 1개	두 개의 지문으로 풀어야 하는 5문제짜리가 4세트나 등장한다. 다소 어렵게 느껴질 수 있지만 단일 지문 문제를 체계적으로 공부해둔다면 복수 지문 문제 또한 크게 어렵지 않을 것이다.	20문제

5. 지문의 양식에 따라서 정답의 위치를 쉽게 파악하여 문제를 해결할 수 있다.

Part 7에서는 실제 업무상에서 볼 수 있는 모든 상황의 문서가 등장한다.

주로 편지(Letter), 이메일(E-mail), 기사(Article & Report), 광고(Advertisement), 양식(Form), 안내문(Information), 공고(Notice & Announcement), 회람(Memo) 등 여러 형태의 지문이 출제된다. 이러한 문서들은 각기 고유의 전개방식이나 양식이 있기 때문에 전개방식이나 양식만 알아도 쉽게 정답의 위치를 확인할 수 있다.

질문 유형	질문 내용	지문에서의 위치
❶ 기본적인 정보를 묻는 문제	등장한 문서와 관련된 기본적인 정보를 묻는 문제들이다. 주로 주제, 목적, 수신/발신인 등에 대한 질문이다.	글의 의도와 목적, 소개 등의 내용은 주로 전반부에 등장한다.
❷ 구체적인 정보를 묻는 문제	언제, 어디서, 누가, 무엇을, 왜 등 육하원칙과 관련된 구체적인 사항을 묻는 질문으로, 질문의 내용은 지문의 유형에 따라서 전형적으로 등장한다.	지문의 유형에 따라 전형적으로 등장하는 질문들은 해당 위치를 1차적으로 확인할 수 있다. 그리고 전반부에서 후반부까지 찾아낸 키워드를 중심으로 앞뒤에 등장한다.
❸ 추론 문제 + Not-Question	구체적인 사항을 묻는 문제 중 최근 가장 비중 있게 출제되는 유형이다. 질문에 하나의 키워드를 주고 보기의 내용들을 일일이 확인해야 하기 때문에 난이도가 높다. 키워드나 지문의 형식적인 특징을 이용해 답을 빨리 찾아낼 수 있도록 훈련해야 한다. 주로 Not-mentioned, Not-true about ~ 등의 형태로도 자주 출제되고 있다.	주로 질문의 키워드를 중심으로 앞뒤 내용에서 확인할 수 있다. 그러나 보기에서 오답을 하나씩 제거해야 정답을 찾을 수 있는 경우가 많으므로, 각 보기의 키워드 내용이 지문의 어디쯤 위치해 있는지도 파악해야 한다.
❹ 미래 상황 또는 제안, 요청, 방법 등을 묻는 문제	어떻게 해야 하는지 앞으로의 대응 방법이나 미래에 있을 정보 등과 관련한 내용으로 주로 문서의 후반부에서 등장하는 내용을 묻게 된다.	후반부에서 키워드와 함께 요구, 요청 사항이나 확인 사항 또는 언제까지, 어떻게, 누구에게 무엇을 하라는 방법 등을 쉽게 찾을 수 있다.
❺ 유사 어휘 문제	지문에 언급된 특정 어휘와 가장 가까운 의미(closest meaning)를 묻는 문제	해당 문장에서 특정 어휘가 어떤 의미로 쓰였는지를 파악해야 한다.

6. 최근 경향은 보기에서 오답을 제거하는 전략적인 문제풀이 접근법이 필요하다.

최근에는 위치 파악과 단순한 키워드 검색만으로 해결되지 않고, 정답이 되지 않는 결정적인 단서를 확인하여 각 보기를 하나씩 소거해야 정답을 찾을 수 있는 문제들이 다수 등장하고 있기 때문에, 문제 해결을 위해서는 전략적인 문제풀이 접근이 필요하다.

※ 전략적 문제풀이 접근법

Step 1_ 질문을 분석하여 답의 위치를 찾는다.
Step 2_ 질문의 키워드와 보기 (A)~(D)의 키워드를 정리한다.
Step 3_ 지문에서 해당 키워드들을 스키밍(Skimming)으로 검색한다.
Step 4_ 마지막으로 지문에서 검색한 내용과 문제의 (A)~(D)를 대조하여 정답을 찾는다.
☆ 최근 토익의 추세는 언뜻 보아서는 (A)~(D) 모두 답이 되는 것 같지만, 한 단어 때문에 오답이 되는 경우가 많으므로 신속하면서도 꼼꼼하게 확인하면서 풀어야 한다.

Ustar
TOEIC
Reading
★

Chapter 1

Part 7 고득점 비법

최근 Part 7은 전체 지문의 내용을 확인하거나 문맥을 정확하게 이해하고 있어야만 풀 수 있는 문제들로 출제되어 기존의 단순한 독해 문제보다 훨씬 어려워졌다. 다시 말해, 최근 Part 7의 경향은 단순한 독해 수준에서 벗어나 문서상의 정보를 관리하는 능력을 묻는 것이다. 문서의 기본적인 의도를 파악하고, 보기 (A)~(D)의 정보들을 문서상에 대조하여 오류를 제거하는 과정을 통해 정보를 정확하게 관리할 수 있는 능력을 테스트하는 것이라고 볼 수 있다.

이러한 최신 경향에 맞춰 Part 7에서 고득점을 받기 위하여 꼭 필요한 것들은 다음과 같다.

★ 고득점을 위해 꼭 필요한 4가지

1. 지문 속에서 질문의 키워드 위치를 파악하는 능력

업무에서 사용되는 기본적인 문서의 유형에 따라 정해진 작성 순서와 방법이 있다. 유형별 문서의 작성 순서를 이해하고 있으면, 질문과 보기의 키워드가 지문의 어디에 있는지 쉽게 찾을 수 있다.

2. 키워드를 빠르게 검색하는 Skimming & Scanning

질문과 보기의 키워드 내용을 스키밍(Skimming)과 스캐닝(Scanning)을 이용해서 빠르게 검색하는 스킬이다. 이때 앞서 언급한 첫 번째 스킬을 기반으로 스키밍과 스캐닝을 하게 되면 좀더 빠르게 키워드를 찾아낼 수 있다. 이때 스키밍(Skimming)이란 전체 지문을 모두 읽고 이해하는 것이 아니라 한 지문을 20~30초 정도에 훑어내리는 것으로 평균 한 줄에 하나의 키워드를 빠르게 체크하여 주요 정보들을 미리 확보해두는 것이다.

3. 보기의 오답을 소거하는 능력

최근 토익 경향은 단순히 유형별 문서의 작성 순서에 대한 이해와 키워드 내용만으로는 풀 수 없는 문제들이 많이 등장한다. 따라서 오답을 소거하는 능력은 보기와 전체 지문을 파악해야 풀 수 있는 **추론 문제뿐만 아니라 일반적인 문제들**에서도 답을 고를 때 필요한 스킬이다.

여기서 주의해야 할 것은 보기 중에 키워드가 등장하긴 하지만 동시에 오답을 결정하는 단어도 함께 숨어 있어서 보기의 내용을 꼼꼼하게 지문에서 확인해야 실수를 피할 수 있다.

이런 유형의 문제는 단순한 위치 파악이나 키워드로 해결되는 문제보다 시간이 많이 걸리기 때문에 스키밍(Skimming)과 스캐닝(Scanning)을 이용한 연습이 많이 필요하다.

4. 유사 어휘 문제 해결 능력

단순히 단어의 일반적인 의미만을 묻는 것이 아니라 문장에서의 정확한 쓰임을 묻는 문제이다. 따라서 **Part 5와 6에서 업무와 관련된 빈출 어휘들의 쓰임을 충분히 익히고, 문장과 문맥에 대한 정확한 이해력을 키워야** 한다.

LESSON 1 정답 위치와 키워드 정보 검색 능력

A 비즈니스 문서들은 모두 정해진 양식이 있다.

토익은 영어로 업무를 처리하는 능력을 테스트하는 시험이다. 그렇기 때문에 Part 7에서는 실제 업무상에서 볼 수 있는 모든 상황의 문서가 등장한다. 주로 편지(Letter), 이메일(E-mail), 기사(Article & Report), 광고(Advertisement), 양식(Form), 안내문(Information), 공고(Notice & Announcement), 회람(Memo) 등 여러 형태의 지문이 출제된다. 이러한 문서들은 각기 고유의 전개방식이나 양식이 있기 때문에 전개방식이나 양식만 알아도 쉽게 정답의 위치를 확인할 수 있다.

일반적인 편지(letter)나 개인적인(private) 문서들은 자유 양식을 취할 수 있는 반면, 업무용 서류들은 모두 정해진 양식을 따른다.

예를 들어 비즈니스 레터(biz letter)의 순서를 보면 바로 옆과 같다.
토익 시험에서 이러한 정보의 위치는 해당 문제의 답의 위치이기도 하다.
따라서 사전에 빈출 지문들의 양식을 공부해두는 것이 필수이다.

> (1) Letterhead (발신인 정보)
> (2) 수신인 정보
> (3) 상황 배경 설명 및 목적
> (4) 세부 내용 및 첨부 내용
> (5) 문의, 요구, 제안 그리고 예외 사항
> (6) 미래의 일정, 연락 방법
> (7) 발신인 서명

B 꼭 필요한 정보만 찾아서 소거할 수 있는 Skimming과 Scanning

TOEIC 고득점을 위해서는 높은 수준의 독해력이 필요하므로 반드시 Skimming과 Scanning의 방법을 숙달하고 적용해야 할 것이다.

스키밍(Skimming)

> Skimming이란 독해 지문을 '빠른 속도로 훑어 읽어 내려가는 것'으로 글의 주제를 파악할 때 꼭 필요한 스킬이다. 일반적으로 주제를 찾을 때는 항상 첫 문장이 주제를 제시할 가능성을 염두에 두고 각 문단의 첫 문장을 읽은 뒤 역접을 의미하는 접속사(however, but, on the other hand 등)가 있는지를 빠른 속도로 훑어야 한다.

스캐닝(Scanning)

> Scanning이란 '필요한 정보를 찾는 데 집중하면서 지문을 읽어 내려가는 것'을 말한다. 신문을 읽는 것에 비유하면, 전체적으로 어떤 기사가 있는지를 훑어보는 것을 Skimming, 특정 기사 안에서 원하는 정보를 찾기 위해 읽는 것을 Scanning이라 할 수 있다.

1. 모든 질문과 보기들은 정보가 된다.

모든 질문에는 키워드가 있는데 이것이 문제를 해결하는 가장 중요한 요소가 된다.
토익 독해에서는 질문의 키워드와 보기 (A)~(D)의 키워드들을 지문에서 얼마나 빠르게 검색하고 정확하게 이해하느냐가 관건이다.

2. Skimming과 Scanning 요령

한 문장 안에 2~3단어 정도만 빠르게 표시하면서 훑어 내려간다. 이때 2~3단어란 특정 명사와 동사, 그리고 문서상의 주요 표현들이다.
주요 표현들은 주로 (1) 역접을 의미하는 but, however (2) 목적을 의미하는 I am writing to ~ (3) 순서를 의미하는 first, last (4) 요구 사항을 의미하는 please, we recommend (5) 첨부 문서를 보여주는 attached, included, enclosed 다음에 등장한다.

C Skimming 샘플

다음 지문을 확인하고 스키밍(Skimming)을 통해 재빨리 내용을 파악해 보세요.

→ 지문을 처음부터 끝까지 다 읽으려 하는 것보다 다음과 같이 굵게 표시된 부분들만 빠르게 훑어서 읽어 내려가면 시간을 절반으로 단축시킬 수 있다.

Goodman Department Store is **looking for temporary help** for the **holiday season**.

If you enjoy **working with people** and have at least some **experience** working in retail sales, then we want you to join our team. Knowledge of **computers** is preferred, but we provide all the **training** you need. Applicants must be available to work during all of the **shifts** listed below. **Students** are encouraged to apply.

The working hours are **Mondays**, **Tuesdays** and **Wednesdays** from 5 P.M. to 10 P.M. ; **Saturdays** from 10 A.M. to 3 P.M.; and Sundays from 12 P.M. to 4 P.M.

We offer competitive **wages** and opportunities to earn **bonuses**. If you are a successful employee, there is the **chance for permanent employment** after the holiday rush.

Applicants should **contact Wilma Thornton**, our manager, at 412-555-1234 to set up a time for an interview. The **deadline** is Friday, November 15th. Interviews will be conducted during the week of November 18th.

■ 스키밍(Skimming)

임시직 직원(temporary help) / 연휴 기간(holiday season) / 경력(experience) / 컴퓨터(computers) /
교육 훈련(training) / (교대)근무(shifts) / 학생(Students)

→ 제목과 첫 번째 단락은 연휴 기간 동안 일을 할 임시직을 구하고 있으며, 경력사항이나 자격요건 등에 대한 내용임을 알 수 있다.

근무시간(The working hours) / ~을 제공하다(offer) / 월급(wages) / 보너스(bonuses) /
정규직의 기회(chance for permanent employment)

→ 2~3번째 단락은 근무시간(working hours)과 요일을 통해 근무시간 등의 조건이나 혜택이 언급되고 있음을 알 수 있다.

지원자(Applicants) / 연락하다(contact) / Wilma Thornton / 마감일(deadline)

→ 마지막 단락은 지원자가 어떻게, 누구에게 연락해야 하는지, 언제까지인지를 알리는 내용이 나오고 있다.

■ 해석

Goodman 백화점에서 (크리스마스) 연휴 기간 동안 일할 임시직을 구합니다.

사람들과 일하기를 좋아하고, 적어도 소매상점에서 일한 경험이 있는 분이라면, 우리 팀에서 함께 일하기를 바랍니다. 컴퓨터 지식이 있는 분을 선호하긴 하지만, 저희는 필요한 교육은 모두 제공해드립니다. 지원자는 아래에 제시된 근무시간에 모두 일할 수 있어야 합니다. 학생들의 지원을 바랍니다.

근무시간은 월요일, 화요일 그리고 수요일 오후 5시부터 오후 10시까지, 토요일은 오전 10시부터 오후 3시까지이며, 일요일은 오후 12시부터 오후 4시까지입니다.

저희는 경쟁력 있는 급여와 보너스의 기회를 제공합니다. 유능한 직원이라면, 연휴 성수기가 지난 후 정직원이 될 수 있는 기회가 있습니다.

지원자들은 매니저인 Wilma Thormton에게 412-555-1234로 연락해 인터뷰 시간을 잡기 바랍니다. 마감일은 11월 15일 금요일이며, 인터뷰는 11월 18일 주간 동안에 진행될 예정입니다.

Ustar 출제포인트 시험에는 이렇게 나온다!

 Questions 01-02 refer to the following letter.

> Dear Mr. Colin:
>
> This letter is being written to you to provide you with information regarding your order. Your confirmation number is DM-4382. Please do not lose this number. You will be asked to provide it in order to discuss your order.
>
> The book titles you requested are in stock and will be shipped to you within a week. However, the audio tape you requested is on backorder at the moment. We cannot guarantee an arrival date, but we estimate that you will receive the tape within 7-8 weeks. If you still have not received all of the materials after 10 weeks, please contact us so that we can take care of the matter quickly.
>
> To make this process more clear, our company has established an online tracking map that allows customers to see the current location of their orders. You can log on to view your order, using your confirmation number, at www.Fantasy4you.com.
>
> To contact us directly you can call our toll free number at 7-245-453-7245 to speak with a customer service representative any day from Monday to Friday, 9-6 p.m. Western time.

01 What is the purpose of this letter?
  (A) To confirm the order for books and an audio tape
  (B) To inform the client that the book is out of stock
  (C) To provide information regarding a customer order
  (D) To request confirmation of the order

02 When will the audio tape be shipped to the customer?
  (A) In 1-2 weeks
  (B) In 9 weeks
  (C) In 7-8 weeks
  (D) Within a week

■ 문제풀이 전략

Step 1_ 문제의 의도를 정확하게 파악하라.
   목적은 지문의 전반부를 확인하라.
   키워드와 함께 질문의 내용이 어디쯤에서 등장할 것인지를 예상하라.

Step 2_ 키워드를 확인하라.
   질문의 키워드와 지문 중의 키워드를 매칭시켜라.
   보기의 키워드를 꼼꼼하게 확인하라.

Step 3_ 꼭 알아둬야 할 빈출 표현들은 암기하라.
   provide sb with sth ~에게 …을 제공하다   regarding ~에 대하여   lose 잃어버리다   in order to + 동사원형 ~하기 위해   be in stock 재고가 있다   ship 배송하다   within a week 일주일 이내에   backorder 재고가 없어서 뒤로 미룬 주문, 이월 주문   at the moment 지금   estimate 예상하다, 추정(추산)하다   take care of ~을 처리하다   establish 만들다, 설립하다   directly 직접   representative 담당직원

Step 4_ 각 보기에서 오답을 유도하는 단어를 꼼꼼히 찾아라.
   최근의 유형은 보기 (A)~(D)의 내용들이 언뜻 보았을 때는 모두 맞는 것처럼 보인다. 따라서 문제를 해결할 때는 각 보기에서 정확히 오답이 되는 한 단어를 찾아 오답을 먼저 제거하고 정답을 남기는 방법을 써야 한다. 한 단어로 오답이 되기 때문에 문장을 끝까지 꼼꼼히 읽고 오답을 제거하는 것이 중요하다.

Ustar 문제풀이 고득점자는 이렇게 푼다!

Questions 01-02 refer to the following letter.

Dear Mr. Colin: ← 편지의 목적은 초반부에 등장하고 있다.

01 **This letter** is being written to you **to provide** you with **information regarding your order**. Your confirmation number is DM-4382. Please do not lose this number. You will be asked to provide it in order to discuss your order.

The book titles you requested are in stock and **will be shipped** to you within a week. 02 **However, the audio tape** you requested is on backorder at the moment. We cannot guarantee an arrival date, but we estimate that **you will receive** the tape within 7-8 weeks. If you still have not received all of the materials after 10 weeks, please contact us so that we can take care of the matter quickly.

키워드인 audio tape을 중심으로 앞뒤 문장에서 정답을 확인할 수 있다.

To make this process more clear, our company has established **an online tracking map** that allows customers to see the current location of their orders. **You can log on** to view your order, using your confirmation number, at www.Fantasy4you.com.

To contact us directly **you can call** our toll free number at 7-245-453-7245 to speak with a customer service representative any day from Monday to Friday, 9-6 p.m. Western time.

문제 01-02는 다음 편지를 참조하세요.

Mr. Colin씨께,

01 고객님의 주문과 관련된 정보를 드리기 위해서 이렇게 편지를 씁니다. 고객님의 (주문)확인번호는 DM-4382입니다. 분실하지 마시기 바랍니다. 고객님의 주문에 대해 문의하기 위해서는 이 확인번호가 필요합니다.

고객님께서 주문하신 책은 재고가 있어서 1주일 이내에 배송이 될 것입니다. 02 하지만 요청하신 오디오 테입은 재고가 없어서 지금 주문이 들어갔습니다. 저희는 배송 도착일을 보증할 순 없지만, 7-8주 이내에 테입을 받으시게 될 것입니다. 만일 10주 후에도 주문하신 물품을 모두 받지 못하셨다면 저희에게 연락해 주시기 바랍니다. 그래야 저희가 문제를 빠르게 처리해드릴 수 있습니다.

이 절차를 좀 더 명확하게 하기 위해, 당사는 고객님 배송품의 현재 위치를 확인할 수 있는 온라인 위치 추적도를 갖추고 있습니다. www.Fantasy4you.com에서 로그인해 고객님의 (주문)확인번호를 이용하여 주문한 물건의 위치를 확인하실 수 있습니다.

저희에게 직접 연락하시려면 무료전화 7-245-453-7245로 전화주세요. 월요일에서 금요일까지 서부 시간 오전 9시에서 오후 6시까지 언제든 고객서비스 직원과 통화하실 수 있습니다.

01 What is the **purpose** of this **letter**?
(A) To ~~confirm~~ the **order** for books and an audio tape
(B) To inform the client that the ~~book~~ is ~~out of stock~~
(C) To **provide information** regarding a customer **order**
(D) To ~~request~~ **confirmation** of the order

이 편지의 목적은 무엇인가?
(A) 책과 오디오 테입에 대한 주문을 확인하기 위해
(B) 책이 재고가 없다는 것을 고객에게 알리기 위해
(C) 고객의 주문에 대한 정보를 제공하기 위해
(D) 주문 확인을 요청하기 위해

02 When will the **audio tape** be **shipped** to the customer?
(A) In ~~1-2~~ weeks
(B) In ~~9~~ weeks
(C) In **7-8** weeks
(D) Within ~~a week~~

오디오 테입은 언제 고객에게 배송이 될것인가?
(A) 1~2주 후에
(B) 9주 후에
(C) 7-8주 후에
(D) 1주일 이내에

Step 1_ 문서의 기본적인 정보인 편지의 목적을 묻는 문제이다.
목적은 지문 초반부에서 언급된다. This letter is ~로 글을 시작하는 것으로 보아, 이 편지의 주제나 목적을 말하고 있음을 알 수 있다.

Step 2_ 보기의 키워드를 꼼꼼하게 확인해야 한다.
(A)는 books와 audio tape의 주문(order)에 대한 편지는 맞지만 주문(order)을 확인(confirm)하려는 것이 아니다.
(B)는 어떤 정보를 알려주는 것은 맞지만 책의 품절(out of stock)이 아니라 audio tape이 품절(out of stock)되었음을 알려주는 것이므로 오답이다.
(C)는 첫 번째 줄에서 주문 정보를 제공하고자 한다는 내용이 있으므로 정답이 된다.
(D)는 confirmation number를 알려주고 있는 것이지 주문 확인을 요청(request)하는 것이 아니므로 오답이 된다.

Step 1_구체적인 내용을 묻는 문제이다.
When, audio tape, shipped를 키워드로 잡고 지문에서 스키밍(Skimming)과 스캐닝(Scanning)을 하여 정답을 찾아낸다.

Step 2_두 번째 단락에서 However 이후에 audio tape을 찾았고 앞뒤 문맥에서 배송(ship)되는 날짜를 확인해야 한다.
다음 문장에서 you will receive the tape within 7-8 weeks를 통해 배송은 7~8주 후임을 알 수 있다. (D) within a week이라는 표현은 두 번째 단락 첫 번째 줄에 나왔지만 이것은 책이 도착하는 시기이므로 정답이 될 수 없다.

LESSON 2 오답 소거를 이용한 추론 문제 정복

Point

(NOT) indicate, imply, suggest, mention, true 등과 같은 단어를 끼고 나오는 질문으로, 이런 문제는 지문 전체에서 각 보기와 매칭되는 내용을 전부 확인해야 하므로 Part 7에서 가장 까다롭고 시간이 가장 많이 소비되는 유형이다. 따라서 문제 유형을 잘 숙지하고, 다음의 추론 방법을 적용하여 정답을 찾아내도록 하자.

A 추론 문제의 빈출 질문

What is **NOT** suggested **in the letter**? 편지에서 언급되지 않은 것은 무엇인가?
What does the letter **imply**? 편지에서 알 수 있는 것[암시하는 바]은 무엇인가?
What is **indicated** about the **service**? 서비스에 대해서 나타내고 있는 것은 무엇인가?

B 추론 유형 실전 전략

1. 지문의 주제와 흐름을 파악하는 데 주력한다.

문장 단위가 아니라 문단 단위로 빠르게 글을 Skimming하다.

2. 질문에서 해당되는 키워드를 파악한다.

suggested that, indicated that의 형태로 that을 동반하는 경우에는 that 이하의 내용이 질문의 키워드가 된다. 전치사 about, from, on 등을 동반하는 경우에는 전치사 뒤의 명사가 질문의 키워드임을 기억하자. What can be inferred about ~?, What is suggested about ~? 등의 문제는 전치사 뒤의 명사를 단서로 지문에서 해당 내용을 빠르게 Scanning하여 정답을 찾는다. 뒤의 명사가 ① 수신인, 발신인, 문서 전체인 경우 지문 전체를 보고 파악하며 ② 특정 키워드, 제3자인 경우 일부를 보고 파악한다.

3. 질문의 키워드와 보기를 정리하여 지문에서 검색하라.

문제를 분석할 때는 우선 질문의 키워드와 보기 (A)~(D)를 정리하여 지문에서 검색하도록 한다. 분석이 끝난 후에는 지문에서 찾아놓은 정보들과 보기의 (A)~(D)를 비교해서 정답을 추려내야 한다. 보기의 내용이 어느 정도 지문과 일치한다 해도 보기 중 한 단어 때문에 오답이 되는 경우도 많으므로 주의해야 한다.

Ustar 출제포인트 시험에는 이렇게 나온다!

 Question 01 refers to the following e-mail.

Dear Mr. Slater,

This is to let you know that your request to attend the Moscow Technology Conference in June has been approved by your division manager, Cindy Noel. You should find a copy of the travel-approval letter attached to this e-mail. Please review the Highwind Technology business travel policy, especially the following points.

- I'm sure you have already discussed this point with your division manager that you have to be ready to present conference highlights and answer questions people may ask about the conference at the next division meeting.

- You must give a certificate of attendance to the Human Resources department so that your professional development activities can be updated on our records.

You must submit all your receipts during your travel, including meals, etc. to the Payroll along with a copy of the travel-approval letter when you comeback from your trip. It is important that you submit them as soon as possible, so that the reimbursement can be made in the June payroll.

01 What is mentioned about Highwind Technology?
 (A) It is sending many of its employees to the technology conference.
 (B) It keeps records of employees' professional development activities.
 (C) It will put new business travel policies into effect in June.
 (D) Its employees must send reimbursement requests to their division manager.

Ustar 문제풀이 고득점자는 이렇게 푼다!

Question 01 refers to the following e-mail.

> Dear Mr. Slater,
>
> This is to let you know that **your request to attend the Moscow Technology Conference in June** has been approved by your division manager, Cindy Noel. You should find a copy of the travel-approval letter attached to this e-mail. Please review **the Highwind Technology business travel policy**, especially the following points.
>
> - I'm sure you have already discussed this point with your division manager that you have to be ready to present conference highlights and answer questions people may ask about the conference at the next division meeting.
> - (B) You must give a certificate of attendance to the Human Resources department so that **your professional development activities can be updated on our records**.
>
> **You must submit all your receipts during your travel, including meals, etc. to the Payroll** along with a copy of the travel-approval letter when you comeback from your trip. It is important that you submit them as soon as possible, so that **the reimbursement can be made in the June** payroll.

문제 01은 다음 이메일을 참조하세요.

> Mr. Slater씨께,
>
> 귀하께서 요청하신 6월 Moscow Technology Conference의 참석이 귀하의 부서장인, Cindy Noel에 의해 승인되었음을 알려드리고자 이 메일을 보냅니다. 첨부된 출장 승인 사본을 확인해 주시기 바랍니다. 귀하는 Highwind Technology 출장 정책을 검토하셔야 합니다. 특히 다음의 사항들이 중요합니다.
>
> - 저는 귀하가 컨퍼런스의 핵심 사안을 발표하고, 다음 부서 회의에서 이 컨퍼런스에 대해 사람들이 물어볼지 모르는 질문에 답변할 준비가 되어 있어야 한다는 점에 대해서 귀하의 부서장과 이미 얘기가 돼 있을 것이라고 확신합니다.
> - (B) 출석증을 인사부로 제출하셔야, 귀하의 전문성 개발 활동 내용들이 기록될 수 있습니다.
>
> 출장에서 돌아오시면 식사비용 등과 같은 출장 경비에 대한 영수증을 모두 출장 승인 사본과 함께 급여지급 부서에 제출하셔야 합니다. 가능한 빨리 제출하셔야 6월 급여 때 비용이 상환될 수 있습니다.

01 What is mentioned about Highwind Technology?
 (A) It is sending many of its employees to the technology conference.
 (B) It keeps records of employees' professional development activities.
 (C) It will put new business travel policies into effect in June.
 (D) Its employees must send reimbursement requests to their division manager.

Highwind Technology에 관해 언급된 것은 무엇인가?
 (A) 많은 직원들을 기술 회의에 보내고 있다.
 (B) 직원들의 전문적인 자기 개발 활동에 대한 기록을 보관한다.
 (C) 6월부터 신규 출장 정책이 시행된다.
 (D) 직원들은 비용 환급 요청서를 자신들의 부서장에게 보내야 한다.

Step 1_ Highwind Technology에 대해 바르게 언급하고 있는 것을 찾는 추론 유형의 문제이다.
지문의 첫 번째 단락 마지막 문장에서 Highwind Technology를 찾을 수 있으며, 지문의 맨 마지막에서 발신인 역시 같은 회사임을 확인할 수 있다. 그러므로 보기 (A)~(D)의 내용들을 하나씩 확인해가며 정답을 찾아야 한다.

Step 2_ 각 보기의 키워드를 확인하고 위치를 검색하여 사실 여부를 확인하라.
 (A) It is sending many of its employees to the technology conference.
  technology conference는 첫 번째 단락의 첫 번째 줄에서 찾을 수 있다. 하지만 이 메일을 받는 사람인 you(Mr. Slater)에게 참석을 승인하겠다고 하는 내용으로, 회사가 다른 직원들도 많이 보내고 있는지는 이 이메일의 내용만으로는 알 수 없으므로 오답이다.
 (B) It keeps records of employees' professional development activities.
  출장 시 숙지해두어야 할 사항 중 두 번째에서 professional development activities를 확인할 수 있고, 해당 문장에서 그러한 활동들이 우리(회사) 기록에 업데이트 될 것(can be updated on our records)이라는 말로 보아, 이 회사는 직원들의 자기 개발 활동을 기록 보관(keep records)한다는 사실을 알 수 있다.
 (C) It will put new business travel policies into effect in June.
  첫 번째 단락의 마지막 문장에서 the Highwind Technology business travel policy는 확인했지만, 이것이 새로운(new) 출장 정책이라는 말인지 기존의 출장 정책인지는 알 수 없으며, 더구나 6월(June)이라는 키워드는 지문의 첫 번째 줄을 보면 conference가 있는 달이므로 오답이다.
 (D) Its employees must send reimbursement requests to their division manager.
  직원이 해야 하는 일은 주로 후반부에 등장한다. 마지막 단락에서 키워드인 must send, reimbursement 역시 서류를 제출해야 하는 것은 맞지만 급여지급 부서(the payroll)에 제출하라고 하므로, 역시 오답이다.

371

LESSON 3 유사 어휘 문제

Point

Part 7의 유사 어휘 문제는 지문에 언급된 특정 어휘와 가장 가까운 의미(closest meaning)를 묻는 문제로, 한 달에 평균 2문제 정도 출제된다. 문장이나 문맥 속에서 어떤 의미로 쓰였는지를 묻는 어휘 문제이다. 기본적으로 영어 단어는 둘 이상의 뜻이 있기 때문에 단순히 의미상의 동의어를 찾는 것이 아니라, 지문 속에서 사용된 것과 같은 의미로 쓰인 단어를 찾는 것이 핵심이다.

A 유사 어휘 문제의 빈출 질문

In the letter, the word "**astounded**" in paragraph 1, line 3, is closest in meaning to

The word "**located**" in paragraph 3, line 2, is closest in meaning to

B 빈출 유사 표현

In order to **expedite** the check-in process when you arrive 도착했을 때, 체크인 수속을 빠르게 하기 위해서	→ speed up
According to the **terms** that follow 다음의 조건[조항]들에 따라서	→ conditions
Our executive team worked tirelessly to **secure** an extension of the agreement. 우리 전담팀은 계약 연장을 따내기 위해 쉬지 않고 일했습니다.	→ obtain
Based on the **reaction** from people who attended this Friday's event 이번 금요일 행사에 참석했던 사람들로부터의 반응에 기초하여	→ response
I would like to know if any changes in room assignment are **warranted**. 방 배정에 있어서 변경이 가능한지[보장되는지] 알고 싶습니다.	→ guaranteed
Mr. Sato will **assume** responsibility for the company's marketing. Mr. Sato는 회사의 마케팅 업무를 맡게 될 것입니다.	→ undertake
We **maintain** all of our equipment in ready-to-use condition. 우리는 장비를 모두 바로 사용할 수 있도록 유지합니다.	→ keep

C 유사 어휘 문제 실전 전략

1. 절대 해당 어휘만 보고 정답을 선택하지 말라.
2. 문장과 문맥을 충분히 고려한 후 정답을 선택해야 한다.

Ustar 출제포인트 시험에는 이렇게 나온다!

 Question 01 refers to the following notice.

Attention all passengers!

Thank you for riding with us today. In order to serve you better, the Central Park Station will undergo an upgrade. The construction will last from July 10 through August 12. During this period, some platforms may be closed. When this is the case, trains that normally stop at those platforms will stop elsewhere. Please listen to station announcements for your platforms or check the electronic schedule boards. Train arrival and departure times will remain the same.

Some self-ticketing machines and several exit gates will be closed as well. All stores and restaurants in the station will operate their regular hours. You can read about this renovation in the Metro Newsletter, which is available at the ticket office.

We apologize in advance for any inconvenience this construction will cause you.

Central Park Station Management

01 The word "case" in paragraph 1, line 3, is closest in meaning to
(A) situation
(B) expectation
(C) a container
(D) reason

Ustar 문제풀이 고득점자는 이렇게 푼다!

Question 01 refers to the following notice.

Attention all passengers!

Thank you for riding with us today. In order to serve you better, the Central Park Station will undergo an upgrade. The construction will last from July 10 through August 12. During this period, some platforms may be closed. 01 When this is the **case**, trains that normally stop at those platforms will stop elsewhere. Please listen to station announcements for your platforms or check the electronic schedule boards. Train arrival and departure times will remain the same.

Some self-ticketing machines and several exit gates will be closed as well. All stores and restaurants in the station will operate their regular hours. You can read about this renovation in the Metro Newsletter, which is available at the ticket office.

We apologize in advance for any inconvenience this construction will cause you.

Central Park Station Management

문제 01은 다음 공지를 참조하세요.

모든 승객들은 주목하세요!

오늘도 저희 역을 이용해주셔서 감사합니다. 더 나은 서비스를 제공하기 위해, Central Park역은 시설 개선 공사에 착수할 것입니다. 이 공사는 7월 10일부터 8월 12일까지 진행될 것입니다. 이 기간 동안, 일부 플랫폼은 폐쇄될 것입니다. 01 이런 경우, 평상시 그 승강장들에 정차하던 열차들은 다른 곳에서 정차할 것입니다. 승강장에 관해서 역내 안내방송에 귀를 기울여주시거나 전광판의 일정표를 확인해주세요. 열차 도착과 출발 시간은 동일하게 유지될 것입니다.

일부 티켓 자동 발급기와 출구들도 또한 폐쇄될 것입니다. 역내에 있는 모든 상점과 음식점은 정규 영업시간에 운영이 될 것입니다. 매표소에서 이용 가능한 Metro Newsletter에서 이 보수 공사에 관해서 확인하실 수 있습니다.

이 공사가 여러분에게 끼칠 불편사항에 대해 미리 사과의 말씀을 드립니다.

Central Park 역사 관리소

---

01 The word "case" in paragraph 1, line 3, is closest in meaning to
   (A) situation   (B) expectation
   (C) a container   (D) reason

첫 번째 단락, 세 번째 줄의 'case'와 의미가 가장 가까운 단어는?
(A) 상황   (B) 기대
(C) 용기(박스)   (D) 이유

Step 1_ 유사 어휘 문제 유형이다. 질문의 키워드인 case와 가장 유사한 어휘를 찾는 문제로, 일반적으로 case는
   ① example과 유사한 의미로 쓰여 '사례, 예' 등을 나타낼 수 있다.
   ② situation과 유사한 의미로 '~하는 상황'의 의미를 갖는다.
   ③ 범죄나 법 등에서 '사건'의 의미로 쓰이기도 한다.
   ④ box, container의 의미로 '물건을 담을 수 있는 용기나 사물'을 의미한다.

Step 2_ 질문의 키워드인 case가 들어간 문장을 찾아 앞뒤 문맥을 확인하여 유사 의미로 쓰일 수 있는 어휘를 고른다.
   ⑤ case가 들어 있는 When this is the case, trains that normally stop at those platforms will stop elsewhere.(이런 경우, 정상적으로는 그 승강장들에서 정차하는 열차들은 다른 곳에서 정차할 것입니다.)라는 문장을 찾는다.
   ⑥ 해당 문장만 해석하려 들지 말고 전후 문맥을 살핀다.
   앞 문장 During this period, some platforms may be closed.(이 기간 동안, 일부 승강장들은 폐쇄될 것입니다.)를 통해 공사 기간 동안 일부 승강장이 폐쇄될 경우 그 승강장들에 정차하던 열차들이 다른 곳에 정차할 거라는 사실을 알 수 있다. 따라서 이때의 case는 일부 승강장이 폐쇄되는 '상황'을 의미하는 것이므로 (A) situation이 정답이 된다.

Single Passage
이메일/편지

Chapter 2
이메일(E-mail)/편지(Letter)

토익에 등장하는 이메일/편지는 일상 업무에서 발생할 수 있는 사건들을 주제로 다루며, 주로 회사와 특정 개인이나 고객, 또는 회사와 회사 간의 서신이 주를 이룬다. Part 7에서 가장 많이 등장하는 지문 중의 하나로 Part 7의 기준이 되는 문제들이라고 볼 수 있다.

★ 꼭 등장하는 6가지 질문

1. 글을 쓴 목적을 묻는 질문
2. 발신/수신인과 관련된 정보를 묻는 질문
3. 구체적인 정보(키워드)를 묻는 질문
4. 요청, 제안, 수단, 방법을 묻는 질문
5. 미래 상황을 묻는 질문
6. 전체 지문의 정보를 묻는 질문 (Not-Question)

☆ 최신 경향
최근에는 지문에서 질문의 키워드와 관련된 내용만 찾으면 풀 수 있는 단순한 유형 외에도, 보기 (A)~(D)의 키워드 내용이 지문의 어디쯤에서 나올지를 예상해 찾아내는 정보 검색 능력이 필요한 문제들이 출제되고 있다.

주의_ Memo는 이런 것이다!
메모는 형태나 용도 면에서 이메일/편지와 유사하다. memo/memorandum은 '메모'나 '회람'이란 뜻으로 Part 7에서는 보통 사내에서 업무상 주고받는 업무 연락 또는 사내 통신문의 유형으로 나온다. 회사에서 전 사원들을 대상으로 업무와 관련된 내용을 전달하기 위해 작성된 문서이기 때문에 편지/이메일에 비해 일방적인 경우가 많다.

★ 꼭 등장하는 이메일/편지 지문 유형

1. 요청 및 초대의 서신
  [행사 참여 요청] 행사 참여, 연설 요청
  [기부 요청] 특정 목적의 기금 마련을 위한 행사에 기부를 요청하는 편지
  [첨부 문서 검토 요청] 검토할 문서의 사본을 첨부한다는 내용의 팩스
  [검토 요청] 거래처에 서류상의 수정 사항 검토를 요청하는 팩스
  [회의 참석 요청] 컨퍼런스 참석을 요청하는 이메일
  [강연 초대] 특정 단체나 그룹에서 회원들을 강의나 모임에 초대하는 초대장

2. 고객에 관한 판매 촉진 서신
  [판매 조건 제안] 대량 주문에 따른 가격 할인을 요청, 제안하는 편지
  [홍보용] 독자들에게 새로 추가되는 부분에 대한 홍보성 편지
  [구매 할인 제공 안내] 서비스의 이용이 뜸한 고객에게 보내는 할인 혜택 제공
  [고객 관리용] 회사에서 고객에게 보내는 고객 관리 이메일(기존 거래 유지 및 신규 거래 요청)

3. 항의 및 환불, 사과의 서신
  [부당 요금 항의] 고객이 잘못 청구된 요금에 대한 항의 및 수정 요청 편지
  [환불 요청] 구매 제품의 하자로 인한 환불을 요청하는 고객의 편지
  [업무 지연 사과] 배송 지연에 따른 사과 내용의 이메일

LESSON 1 글을 쓴 목적을 묻는 질문

Point

편지나 이메일을 쓰거나 보내는 목적(purpose)을 묻는 유형으로, 출제 빈도가 높은 질문 유형이다. 초반 단락의 전체를 이해해야 정답을 찾을 수 있는 지문이 종종 등장하기도 하지만, 일반적으로 지문의 처음 3줄에서 해당 문제의 단서가 제공된다는 것을 기억하자.

단순하게 편지의 **목적**을 묻는 형태의 질문도 있지만, 발신인이 수신인에게 편지를 쓰는 **이유**나 **희망 사항**들을 묻는 경우도 있다. 편지를 쓰는 목적은 대부분 **전반부에 답이 등장**하며, 편지를 쓰게 된 배경과 함께 등장하는 경우가 있으므로 정확히 확인해야 한다.

A

시험에 그대로 나온다! 주제나 목적을 묻는 질문 유형

□ 일반 유형
What is the (main) purpose of this letter?
What is the main reason for the fax? | Why was the letter written?

□ 키워드 유형
What does Ms. Samson want to do?
What is the reason Geri contacted Roger?
Why is Mr. Thumyint writing to Mr. Dewitt?

이메일/편지의 전개 순서
(1) Letterhead (발신인 정보)
(2) 수신인 정보
(3) 배경 및 주제, 목적 √
(4) 세부 내용
(5) 문의, 제안 및 감사의 인사
(6) 발신인 서명

B

주제나 목적을 나타내는 지문 속 빈출 표현 유형

주로 지문의 초반부 3~4줄에서 주제와 목적을 말할 때 자주 쓰는 표현들이다. 꼭 알아두자!

I'm writing to ~ ~하기 위해서 글을 씁니다	This letter/email is to ~ ~하고자 이렇게 편지/이메일 드립니다
in response to ~ ~에 대한 회신으로	Per your request, I'm sending ~ 귀하의 요청에 따라 ~을 보냅니다
Thank you for ~ ~해주셔서 감사합니다	I've heard that ~ 저는 ~라는 얘기를 들었습니다
I'm/My name is ~ and we're interested in ~ 저는 ~이고, ~에 대해 관심이 있습니다	
I'm pleased to let you know that ~ ~을 알려드리게 되어 기쁩니다	

Ustar 출제포인트 시험에는 이렇게 나온다!

주제나 목적은 초반부 3~4줄을 확인하라. 업무 편지는 주로 두괄식 구조이므로, 글의 목적은 초반부 3~4줄 이내에 위치한다. 보통 I am writing to let you know ~ / I received ~ / Thank you for ~ / Please be aware ~ 등의 문장이 자주 등장한다. 최근에는 주제어와 관련한 추론 형태의 문제가 첫 번째로 등장하는 경우도 많아지고 있다. 이때 보기 (A)~(D)의 키워드 내용이 목적이나 주제를 말할 경우에는 전반부를 참조하여 소거하면서 풀어야 한다.

질문 What is the **purpose** of the letter/email? → 편지/이메일의 목적을 묻는 질문

본문 Greenboro Shipbuilding International is pleased to **offer you a position** as a senior engineer.
Greenboro 국제 조선소는 당신에게 수석 엔지니어의 자리를 제공하게 되어 기쁘게 생각합니다.

정답 To **offer a position** 일자리를 제안하기 위해
☆ 회사가 be pleased to ~(~하게 되어서 기쁘다)한 것은 offer a position때문이다.

본문 Thank you for **your monetary contribution** to Buketown Historical Society.
Buketown 역사학회에 보내주신 기부금에 감사드립니다.

정답 To **acknowledge a donation** 기부금을 받았다는 사실을 말하기 위해
☆ '귀하의 금전적인 기여(your monetary contribution)에 대해 감사하다'라는 인사말은 기부금(donation)을 받았다는 사실을 확인해주는(acknowledge) 말이기도 하다.

본문 We would like to **inform** all our valued customers **about some development**.
저희의 소중한 고객님들께 당사의 발전된 사항에 대해 몇 가지 알려드리고자 합니다.

정답 To **provide information on improvements** 개선된 사항에 대한 정보를 제공하기 위해
☆ 고객에게 발전된 무엇(development)인가를 알려주고자(inform)한다는 내용을 provide와 improvement로 표현하였다.

본문 I'm writing to inform you to resign as assistance.
비서를 그만두겠다는 것을 알려드리고자 글을 씁니다.

정답 To **advise him of a decision** 결심[결정]한 것을 그에게 알려주기 위해
☆ inform을 advise로 바꿔 말하고 어시스턴트 자리를 사임하겠다는 말을 결심(a decision)으로 표현하였다.

Exercises

Test 1: Question 01 refers to the following letter.

> June 22, 2002
> Ms. Kris Ward
> 856 Waverly Road
> Lyon, France
>
> Dear Ms. Ward:
>
> I am writing to request further assistance from you concerning a legal matter related to my business. I would like to know whether or not I have legal grounds to terminate the contract of one of my employees.
>
> Previously you drew up a contract for me concerning the hiring of a Ms. Georgette Kostanza, whom I appointed as head salesperson. She appeared to be qualified when I interviewed her, but lately her work has been severely lacking in quality. She has failed to meet her sales quotas for five months and is often absent from work.

01 Why was the letter written?
(A) To notify Ms. Ward about an interview date
(B) To announce a job opening
(C) To obtain legal advice
(D) To recommend a former employee

Test 2: Question 02 refers to the following email.

> From: Maria Petrovsky <mariapetro@onlineshop.com>
> To: Customer service staff <undisclosed recipients>
> Subject: Handling customer emails
> Date: January 7
>
> Many of our customers are sending e-mails rather than corresponding by phone these days. So we are going to standardize a format for replying to customer e-mails. You must remember the following guidelines:
>
> ■ Don't forget the subject line. You should put the summarization of the message here. Also, you must put your customer service ID number. It will help us to identify our customers.
>
> ■ Before you send the e-mail, please check for spelling mistakes.
>
> ■ There should be our company logo in the beginning our the e-mail. If you don't know how to attach the logo, ask your supervisor.
>
> Maria Petrovsky
> Customer Service Supervisor

02 What is the purpose of the e-mail?
(A) To request customer addresses
(B) To inquire about employee e-mail use
(C) To describe ideal customer service calls
(D) To provide guidelines for responding

▶ 정답 및 해설 p.168

LESSON 2 발신/수신인과 관련된 정보를 묻는 질문

Point

편지/이메일을 보내거나 받는 사람과 관련된 문제이다. 직접적으로 직업이나 업종을 묻기도 하지만, 주로 **사람이나 회사 이름을 키워드**로 하여 직위, 회사의 업종, 부서, 직업 등을 묻는다. 키워드를 찾아 형식상의 내용만으로도 쉽게 정답을 찾을 수 있는 문제로, 키워드로 사람 이름이 나오면 수신인과 발신인에 대한 정보를 묻는 경우가 많다는 점에 유의하자.

A. 시험에 그대로 나온다! 발신/수신인 또는 특정인을 묻는 질문 유형

□ 일반 유형
Who is this notice **from**?
What type of company produced this flyer?

□ 키워드 유형
To whom did Ms. Shinzu previously **send a document**?
Who most likely is Ms. Kang? | **What** most likely is D&D Enterprises?
What kind of business is Happy Call?
Who is Ms. Brady's **employer**?

□ 추론 유형
What is **indicated** about Coffee Time café?

이메일/편지의 전개 순서
(1) Letterhead (발신인 정보) √
(2) 수신인 정보 √
(3) 배경 및 주제, 목적 √
(4) 세부 내용
(5) 문의, 제안 및 감사의 인사
(6) 발신인 서명 √

B. 수신자와 발신자에 대한 정보를 나타내는 지문 속 빈출 표현 유형

From: Ken Nakata, **Marketing & PR**, JK **Consulting Group** 발신: JK컨설팅 그룹 마케팅 홍보 부서, Ken Nakata
We strive to provide ~ ~(서비스, 제품 등)을 제공하고자 노력합니다 | **We are specializing in** ~ 우리는 ~을 전문적으로 합니다
Our headquarter is located ~ 본사는 ~에 있습니다
As a subscriber to *GBL Magazine*, ~ GBL 잡지의 구독자로서
I've purchased a coffeemaker **at one of your stores in** ~ 저는 ~에 있는 귀사 매장 한 군데서 커피 메이커를 구매했습니다
Next Friday, the **heating system will be repaired** 다음 금요일에 난방 시스템이 수리될 예정입니다

Ustar 출제포인트 시험에는 이렇게 나온다!

특정 서식에서 등장하는 수신인, 발신인에 대한 정보를 확인하거나, 키워드로 등장한 사람의 이름을 찾는 것이 관건이다.

❶ 질문의 키워드로 등장한 사람의 이름을 먼저 지문에서 확인하고 앞뒤 문맥을 확인하라.
❷ 수신인을 알 수 있는 〈Dear/To + 사람〉은 You(상대방)로 생각하고, 발신인을 알 수 있는 '서명'과 〈From + 사람〉을 I(자신)라고 생각한다. 또한 지문에서 제 3자가 언급이 되면 he, she, they로 나온다는 것을 명심하자.
❸ 전체적인 글의 분위기를 통해 글의 대상이나 글을 쓴 사람의 정보를 알 수 있다.

질문	**For whom** is the letter intended? → 편지의 대상 즉, 수신인이 누구인지를 묻는 질문
본문	**To:** Personnel in Research and Development 수신: 연구개발팀 직원
정답	**Employees from a specific department** 특정 부서의 직원들

☆ 편지 수신인란의 Research and Development 직원(personnel)들이 특정 부서의 직원(employees)으로 표현되었다.

질문	What is true about **Ms. Montoya**? → 특정인을 키워드로 하여 해당인에 대한 정보를 묻는 질문
본문	We feel that **your teaching experiences** will be a valuable addition to our school. 당신의 교육 경력이 우리 학교에 소중한 가치가 있을 것으로 생각합니다.
정답	**She has a lot of teaching experience.** 그녀는 가르친 경험이 많다.

☆ 편지의 수신인인 Ms. Montoya를 you로 표현하여 Ms. Montoya의 가르친 경험(teaching experience)을 그대로 언급하였다.

질문	Who most likely is **Mr. Kang**? → 특정인이 누구인지 직업을 묻는 질문
본문	**He has made a number of changes** to the **manufacturing processes**. 그는 제조공정을 여러 가지로 변화시켰습니다.
정답	**A manufacturing consultant** 제조 관련 컨설턴트

☆ 특정인 키워드를 중심으로 문맥상 Mr. Kang을 He로 받아 그가 제조(manufacturing) 관련 일을 하는 사람임을 알아낼 수 있다.

Exercises

제한시간 2분(문제당 1분)

Test 1: Question 01 refers to the following email.

> From: Mary <marymara@tulanefinance.com>
> To: Janice <janicemoon@tulanefinance.com>, Derrick <derrick@tulanefinance.com>
>
> Since all of you are participating in Saturday's Information Fair, I wanted to remind you of your respective duties.
>
> Janice: You are responsible for greeting each provider and making sure they get a nametag. Don't forget to smile!
>
> Derrick: You are in charge of handing everyone a brochure at the information booth.
>
> We will meet on Friday to go over the details. Don't worry, you'll do fine.

01 What is Janice's responsibility?
(A) To set up the booth
(B) To monitor the fair
(C) To organize brochures
(D) To give providers nametags

Test 2: Question 02 refers to the following notice.

> Upon entry to Indonesia, each adult is allowed to bring in, tax-free, a maximum of one liter of alcoholic beverages and either 200 cigarettes, 50 cigars, or 100 grams of leaf tobacco. Cameras, video cameras, portable radios, cassette recorders, binoculars and sport equipment are admitted provided they are taken out of the country upon departure. They must be declared. Prohibited are firearms, narcotics, pornography, Chinese printing and medicines, transceivers and cordless telephones. Films, pre-recorded video tapes, and laser disks must be screened by the Censor Board. There is no restriction on the movement of foreign currencies or travelers checks in and out of the country. However, the import and export of Indonesian hard currency exceeding Rp. 5 million is prohibited.

02 Who is this notice intended for?
(A) Tourists
(B) Government officials
(C) Security personnel
(D) Airport screeners

▶ 정답 및 해설 p.168~169

LESSON 3 구체적인 정보(키워드)를 묻는 질문

Point

Part 7에서 자주 등장하는 문제 유형으로 '언제, 어디서, 무엇을, 왜' 등 구체적인 사항을 묻는다. 문서에서 해당 내용을 제대로 파악할 수 있는지 물어보는 문제이다. 다른 유형의 문제들과 달리 키워드의 내용이 지문 전반에 걸쳐서 등장한다. 따라서 질문의 키워드를 찾아 내용 전개상 지문의 어느 부분에서 나올 만한 내용인지를 먼저 확인한 다음 문제를 풀어야 한다.

A

시험에 그대로 나온다! 구체적인 행위, 방법, 시간 등의 정보를 묻는 질문 유형

□ 키워드 유형

What does Mr. Brainerd say about computers?
When was the seminar originally scheduled to be held?
Why is Mr. Martin able to get a discount for his order?
What item does the customer want to return?
For what has Green Mart received awards?
How was information gathered for this article?
How long did James Dean work at SamJun Inc.?

이메일/편지의 전개 순서
(1) Letterhead (발신인 정보)
(2) 수신인 정보 ✓
(3) 배경 및 주제, 목적 ✓
(4) 세부 내용 ✓
(5) 문의, 제안 및 감사의 인사 ✓
(6) 발신인 서명

B

구체적인 사실이나 정보를 나타내는 지문 속 빈출 표현 유형

We **should resume** normal operation **on the following day**. (언제) 그 다음날에 정상 근무개[영업이/운행이] 재개될 것입니다.
Please note that **signatures are required** on all of the above form **except (1) and (3)**.
(어떤 서류) 1번과 3번 서류를 제외한 상기의 모든 서류에 서명이 필요하오니 주의하시기 바랍니다.
Room assignments will be **based on expected attendance**.
(나중에 제공되는 정보) 방 배정은 참석 예정 인원에 근거할 것입니다.

Ustar 출제포인트 시험에는 이렇게 나온다!

❶ 질문의 키워드를 파악하고 어디서 나올 만한 내용인지 확인하라.
❷ 키워드와 동일한 어휘가 등장하기보다는 보통 패러프레이징하여 등장하므로, 키워드와 유사한 의미 또는 같은 맥락의 표현을 찾아야 한다.
사람을 키워드로 하는 경우에는 수신인과 발신인의 관계를 확실하게 파악하고 나서 정답에 해당하는 부분을 찾아야 하고, 시간이나 날짜를 물어보는 질문들의 답은 시간을 나타내는 부사구를 언급하는 것이 보통이다. 따라서 다른 문제보다 수월하게 정답을 고를 수 있으나 보통 지문에 두 개 이상의 시간이나 날짜가 언급되므로 주의가 필요하다.

질문	What is being **sent with** Ms. Mareska's **letter**? → 편지의 함께 보내진 것이 무엇인지 구체적인 사실을 묻는 질문
본문	I'm **enclosing** a **brochure with photos** of 50 our most popular designs. 당사의 가장 인기 있는 디자인 50가지에 대한 사진이 실려 있는 소책자를 첨부해 드립니다.
정답	**An illustrated booklet** 그림이 있는 책자 ☆ 사진이 있는 브로슈어(a brochure with photos)를 그림이 있는 책자(illustrated booklet)로 바꿔 표현하였다.
질문	What is stated about the **store**? → 가게에 대해서 언급하고 있는 것은 무엇인지 구체적인 사실을 묻는 질문
본문	**Our online store** will remain operational during this time. 저희의 온라인 상점은 이 기간 동안에 계속 운영됩니다.
정답	It has **products avaliable online**. 온라인으로 판매하는 제품이 있다. ☆ 추론 형태의 키워드 문제로, 본문의 online store를 통해 제품을 온라인 판매(product available online)하고 있음을 알 수 있다.
질문	Where is NIT most likely **located**? → NIT가 어디에 위치해 있는지 구체적인 사실을 묻는 질문
본문	**Whenever** you are **in Canada** again, **you will pay us a visit**. 언제든 캐나다에 또 오시면, 저희를 방문해주세요.
정답	**In Canada** 캐나다에 ☆ NIT 회사가 '우리(us)'라고 하면, Canada에 있으면 우리를 방문하라는 문맥에서 NIT가 캐나다에 있음을 알 수 있다.

Exercises

Test 1: Question 01 refers to the following email.

From: Elena Ahn <elenaahn@digitalservice.com>
To: Isaac Burke <isaacb@serviceaid.com>
Subject: Regarding your order
Date: January 17

In the meantime, we have credited your account for the appropriate amount. We hope that this will be sufficient to correct the error and address any inconvenience this may have caused you.

01 What has Ms. Ahn already arranged?
(A) The rescheduling of a delivery
(B) The delivery of an additional item
(C) A refund of some money
(D) A replacement for a broken item

Test 2: Question 02 refers to the following notice.

Daily Tech
The Most Reliable Tech News Source

Dear Subscribers,

Today, we have an exciting announcement! Beginning next week, you will find "Eureka!" a brand new insert, in your newspaper every Monday. This new section will have unique and fun features and useful information previously found in other sections – puzzles, technology news, CEO interviews, and much more. Besides, you can see our popular technology column by Carlos Gutierrez and product reviews by Frederick Mann, whom you have selected as the Best Reviewer for 2 years in a row. You will also find our new advice column by the state's leading business consultant, Michael Alushin.

"Eureka!" will also appear on the Tech and Net website next week. Eureka! on the Web™ will also feature a new user-access area where you will be able to post comments, community announcements, and even photographs online. Check out http://www.dailytech.com/eureka next Monday, March 13.

Respectfully yours,

Paul Borelli
Vice President

02 Who just started writing the column?
(A) Carlos Gutierrez
(B) Frederick Mann
(C) Michael Alushin
(D) Paul Borelli

LESSON 4 요청, 제안, 수단, 방법을 묻는 질문

Point 업무에 관련된 문서를 읽고 어떻게 대처할 것인가를 묻는 문제로, 주로 맨 마지막에 등장한다. 특정 조건이나 가정 하에 제안이나 요청 또는 무엇을 하기 위한 수단이나 방법을 물어보는 내용으로, 앞으로 어떤 일이 발생할지 미래 사실을 묻는 문제이기도 하다.

A 시험에 그대로 나온다! 요청, 제안하거나 수단, 방법을 묻는 질문 유형

□ 키워드 유형

What does Mr. Long **suggest** that Ms. Kim **do**?
How should an application be **submitted**?
When must applicants set up an **interview**?
How can a customer **receive** a **free** closet **organizer**?
What will the company do if Mr. Walker's **claim is approved**?
Who should contact staff members **if they want to attend**?

이메일/편지의 전개 순서
(1) Letterhead (발신인 정보)
(2) 수신인 정보
(3) 배경 및 주제, 목적
(4) 세부 내용
(5) 문의, 제안 및 감사의 인사 √
(6) 발신인 서명

B 요청, 부탁, 당부, 제안의 지문 속 빈출 표현 유형

Please let me know ~ ~를 알려주세요
You **should, must, have to** + 동사원형 ~ ~하셔야 합니다
You are **asked / requested / instructed / invited to** + 동사원형 ~ ~을 해야 합니다
Rearrange his personal finances. (명령) 그 사람의 개인 자산을 재조정하세요.
Why don't you ~? (제안) ~하지 않으시겠어요?
We **want / recommend / suggest / ask / require** you **to** + 동사원형 ~ 우리는 당신이 ~하실 것을 권합니다/요청합니다
If you have any questions ~ ~하는 데 궁금한 게 있으시면
If you are interested in ~ ~하는 데 관심이 있으시면

Ustar 출제포인트 시험에는 이렇게 나온다!

❶ 지문의 후반부에서 '~을 해야 한다', '~을 하시기 바랍니다' 등의 표현을 놓치지 마라.
❷ 패러프레이징되어 나올 수 있는 표현들을 확인하라.

편지를 읽는 이에게 요청하거나 특정한 조건(if 이하가 키워드가 된다)에 대한 제안 사항을 묻는 질문들은 주로 후반부에 위치하게 된다는 것을 기억하고 지문에 접근하자. 중반부보다는 지문의 마지막 부분에 위치하는 것이 보통이며, ask, require, suggest, need 등의 동사를 사용해서 상대방에게 요청을 하는 것이 일반적이다.

질문 If Mr. Ishda **is interested** in Ms. Song's application, **how will** he probably **respond**?
→ 특정인 지원서에 관심이 있으면 어떻게 회신을 할 것인지 수단이나 방법을 묻는 질문

본문 **Please permit** me to **introduce myself** and **explain my qualifications**.
저를 소개하고 제 자질에 대해 설명할 수 있도록 허락해주십시오.

정답 By **requesting an interview** with her 그녀와의 인터뷰를 요청함으로써
☆ 지원자가 자신을 소개하고 자질을 설명할 수 있게 해달라(Please permit ~)고 부탁하는 내용은 바꿔 말하면 지원서를 받은 사람이 관심이 있으면 지원자에게 인터뷰를 요청할 것이라는 내용이 된다.

질문 What is Mr. Dewitt **instructed** to do **if** he is **unable** to attend at the **designated time**?
→ 정해진 시간에 참석을 못하면 어떻게 해야 하는지 구체적인 방법을 묻는 질문

본문 **You should call me immediately if there are any changes**.
변경 사항이 있으시면, 저에게 신속하게 연락해주시기 바랍니다.

정답 **Let** Mr. Thumyint **know in time** to change the schedules. Mr. Thumyint에게 즉시 일정 변경을 알리다.
☆ 변경이 생기면(if there are any changes) 즉시 전화를 달라는(please call me) 말은 let ~ know로 표현했다.

질문 What is Mr. Sun **asked to do**? → Mr. Sun이 무엇을 하도록 요청받고 있는지를 묻는 질문
본문 **Sign** and date **the attached contract**. 동봉된 계약서에 날짜를 기입하고 서명을 해주시기 바랍니다.
정답 **Sign a contract**. 계약서에 서명하기
☆ 첨부된 계약서에 날짜와 서명을 하라는 명령문의 형태인 제안의 내용으로 본문의 표현이 그대로 사용되었다.

Exercises

Test 1: Question 01 refers to the following email.

From: Nolan Ryan
To: Lance Armstrong
Subject: Order

[서론 + 본문 중략]

I have made an arrangement to pick up the extra items from your office at 2 P.M. on Thursday. Someone has to be there to sign a form, so please have someone available.

Sincerely,

Nolan Ryan
Shipping Department

---

01 What does Mr. Ryan ask Mr. Armstrong to do on Thursday?
    (A) Make sure someone is available to sign the form
    (B) Return a sent email
    (C) Staff members should return their form at 3
    (D) Send an extra item to the office

Test 2: Question 02 refers to the following email.

To: All Employees
From: Julian Amador
Subject: Farewell Banquet
Date: August 2, 2007

Dear Colleagues:

As you all know, Chirstopher Booth will be retiring from Km & G Inc. at the end of September. Chirstopher has been with Km & G for about 40 years. He started out in marketing in 1966, and 15 years later he moved to the sales department, where he worked for the next 20 years. His last 5 years as vice-president of the company have shown how much he will be missed.

We will be holding a formal farewell banquet at Figaro restaurant on October 15. Please contact me if you are able to attend. If you would like to contribute money towards a present for Chirstopher, please contact Don Johnson or Susan Boyles in the sales department.

Julian Amador

---

02 Who should staff members contact if they want to attend?
    (A) Julian Amador
    (B) Karen Short
    (C) Don Johnson
    (D) Susan Boyles

LESSON 5 미래 상황을 묻는 질문

Point 미래 상황을 묻는 문제는 **구체적인 시간 정보를 가진 키워드**와 함께 **등장**하며, 주로 문서 내용에 비춰 **다음 행동을 제시**하면서 '어떻게 할지' 묻는 문제이다. 정답의 단서는 키워드에 따라나오거나 보통 문서의 후반부에 등장하며, **구체적인 정보를 묻는 유형**과 요구, 요청, 제안의 유형이 혼합된 형태라고 볼 수 있다.

A 시험에 그대로 나온다! 미래에 벌어질 일을 묻는 질문 유형

□ 일반 유형
What will Sandeep Patel **do**?

□ 키워드 유형
What will happen on **August 4**?
In which month will the **banquet** occur?
What will Mr. Martin **pay** for an **extra fee** for?
Who will meet in **room 85** after lunch?

□ 추론 유형
What will Paulson Ltd. **NOT pay** for **in advance**?

이메일/편지의 전개 순서
(1) Letterhead (발신인 정보)
(2) 수신인 정보
(3) 배경 및 목적
(4) 세부 내용 √
(5) 문의, 제안 및 감사의 인사 √
(6) 발신인 서명

B 미래 시점에 할 일이나 발생할 사항들을 나타내는 지문 속 빈출 표현 유형

Next is ~ 다음은 ~이다   **We will/are going to** ~ 우리는 ~할 것이다   **Let's** ~ ~을 합시다
Contact the customer service manager by phone. 고객서비스 직원에게 전화로 연락하세요.
Send an e-mail **to** ~ ~로 이메일을 보내주세요   Furniture **will be delivered on** ~ 가구는 (언제) 배송될 예정입니다
The renovation **will take place** between **Monday and Friday**. 보수공사는 월요일에서 금요일까지 있을 것입니다.
be scheduled/planning/expected to + 동사원형 ~ ~할 계획이다

Ustar 출제포인트 시험에는 이렇게 나온다!

❶ 미래의 일정에 대한 정보는 지문의 하단부에 위치한다는 것을 꼭 알아두자.
❷ 특정 날짜나 고유명사를 같이 질문하는 경우에는 키워드 검색도 같이 해주어야 한다.

질문 What will the Sun Breeze Hotel offer its clients? → 호텔이 손님들에게 무엇을 제공할 것인가를 묻는 질문
본문 You are invited to sample a free buffet. 귀하를 무료 뷔페 시식에 초대합니다.
정답 A free buffet 무료 뷔페
☆ 고객(clients)인 당신을 무료 뷔페에 시식하라고 초대하는 내용에서 무료 뷔페(a free buffet)임을 알 수 있다.

질문 What will happen next Monday? → 다음주 월요일에 무슨 일이 있을 것인지를 묻는 질문
본문 The office will be closed on Monday of next week. 다음 주 월요일에 사무실은 문을 닫을 것입니다.
정답 Employees will have the day off from work. 직원들은 하루 쉴 것이다.
☆ next Monday를 키워드로 사무실이 문을 닫는(office will be closed) 것을 알 수 있고 이를 통해 직원이 쉴 것임을 유추할 수 있다.

질문 By when will the new server be delivered? → 언제까지 새로운 서버가 배달될 것인지를 묻는 질문
본문 The replacement server should arrive by August 12. 대체 서버는 8월 12일까지 도착할 것입니다.
정답 August 12 8월 12일
☆ 새로운 서버(new server)를 교체되는 서버(the replacement server)로 표현했다. 8월 12일까지 도착함을 알 수 있다.

질문 What will Mr. Skala have the opportunity to do in Prague?
→ 프라하에서 어떤 일을 할 기회가 있는지를 묻는 질문
본문 I will be traveling to Prague, so that you could inspect our collection in person.
저는 프라하로 출장갈 것이므로, 귀하는 저희의 컬렉션을 직접 확인하실 수 있습니다.
정답 Look at some ties 넥타이를 보다
☆ inspect our collection을 통해 우리의 제품인 넥타이를 보게 될 것(look at some ties)임을 알 수 있다.

Exercises

제한시간 2분(문제당 1분)

Test 1: Question 01 refers to the following email.

> Inaugurating a new tradition this year, the awards ceremony will be the main event at a gala to be held at the Dynasty Hotel on May 8. The event includes a five-course meal, an auction, and the presentation of the awards. Proceeds from the auction will be used to fund a new building and educational projects that will support our youth and our community.

01 For what will money raised from the auction be used?
   (A) Community enhancement programs
   (B) The expenses of the gala
   (C) The association's administrative costs
   (D) Local business initiatives

Test 2: Question 02 refers to the following fax.

> **FAX**
>
> Recipient: Bent Bolstad (040-249-2561)
> Sender: Fred Campbell (040-584-9578)
> Remarks: Rental Agreement
>
> Message:
> I am sending you the full text of your rental agreement, as you requested.
> Remember, this document is only a copy of your contract.
> The original draft is at our office and you must sign it within the next 10 business days.
> If it is not signed in that time, the condominium cannot be occupied on July 20,
> the day you requested.
>
> Thank you,
>
> Fred Campbell

02 What does Mr. Bolstad plan to do on July 20?
   (A) Sign the contract
   (B) Locate Mr. Campbell office
   (C) Move into the condo
   (D) Give confirmation of the receipt by fax

▶ 정답 및 해설 p.171

LESSON 6 전체 지문의 정보를 묻는 질문 (Not Question)

Point

Part 7에서 가장 어려운 난이도의 문제인 추론 형태의 문제이다. 문서상에 나와 있는 세부적인 항목들을 빠짐없이 확인할 수 있는지 묻는다. 주로 (NOT) true/suggested/mentioned/indicated about[in] 형태로 about이나 in 뒤에 키워드 또는 지문의 종류가 나온다. 이런 유형의 문제는 보기의 전체 내용을 다 확인해야 하기 때문에 얼마만큼 시간을 단축하느냐가 관건이다. 최근 출제 빈도가 높아지고 있기 때문에 출제자의 의도를 정확하게 이해하고 풀어야 한다.

A 시험에 그대로 나온다! 전체 지문에서 정보를 검색해야 하는 질문 유형

□ 키워드 유형
What was **NOT** sent to Ms. Flores?
What method of response is **NOT** suggested?
What is **NOT** mentioned as a part of the trip?

□ 추론 유형
What is **NOT** suggested in the letter?
What does the letter imply?
What is implied about the service?
What is **NOT** stated about Folcat Café Night?

이메일/편지의 전개 순서
(1) Letterhead (발신인 정보) √
(2) 수신인 정보 √
(3) 배경 및 목적 √
(4) 세부 내용 √
(5) 문의, 제안 및 감사의 인사 √
(6) 발신인 서명 √

B 특정 사실이나 사항을 언급하는 지문 속 빈출 표현 유형

The storage needs will be even greater **since the installation** of the new database.
새로운 데이터베이스를 설치했기 때문에 저장 장치의 수요는 더 커질 것이다.

Most of our sales and marketing team **will be receiving new computers** on Monday.
영업 및 마케팅 팀 직원들은 대부분 월요일에 새로운 컴퓨터를 받게 될 것입니다.

We decided to **hire helicopters** to transfer the materials. 자재를 수송하기 위해 헬리콥터를 임대하기로 했습니다.

Other **advantages** of the RX-3000 included: Flexibility, Time saved, Expenses reduced, etc.
RX-3000에 포함된 다른 장점들: 유연성, 시간 절약, 비용 감소 등

Ustar 출제포인트 시험에는 이렇게 나온다!

❶ 일반적인 키워드 문제는 먼저 질문에 나온 키워드를 지문 속에서 찾아야 한다. 그 다음, 보기의 내용들을 하나씩 확인하여 소거해가면서 풀어야 한다.

❷ 질문의 키워드가 주제어에 해당하거나 전체 지문 속에서 언급되고 있는 경우에는 보기 (A)~(D)의 키워드가 어떤 것인지 파악하고 지문에서 그에 해당하는 정보를 빠르게 찾아 하나씩 소거해가면서 풀어야 한다.

| 질문 | What will **NOT** be on display? → 전시되지 않을 것이 무엇인지를 묻는 Not-Question 유형의 질문 |
| 본문 | **Visitors can see** everything from letters, diaries, and photo albums to old refrigerators, vintage radios, and personal computers.
방문객들은 편지, 일기, 사진앨범부터 오래된 냉장고, 라디오, 개인용 컴퓨터까지 모두 볼 수 있습니다. |
| 정답 | **Some clothing** 의류
☆ 본문에서 전시가 되어 방문객들이 볼 수 있는 것을 나열하고 있다. 보기에 언급되어 있는 것을 소거하여 답을 찾을 수 있다. |

| 질문 | What is implied about the Community Center? → 커뮤니티 센터에 대해 알 수 있는 것이 무엇인지를 묻는 질문 |
| 본문 | **We** have **several interesting events coming up**. 우리는 앞으로 재미있는 행사가 많이 있습니다. |
| 정답 | **It frequently hosts events.** 커뮤니티 센터는 자주 행사를 개최한다.
☆ Community Center를 We로 하여 several events를 개최한다는 내용을 행사를 자주(frequently) 연다는 말로 표현했다. |

| 질문 | What does the letter **NOT** indicate that Lomer will pay for?
→ 돈을 지불해야 할 것으로 언급되지 않은 것을 묻는 질문 |
| 본문 | ~ your **moving expenses**. The **flights** and **hotel** associated with this trip **will be paid for by Lomer**.
~ 이사 비용. 이 여행과 관련된 항공료와 호텔 숙박비는 Lomer에서 지급될 것입니다 |
| 정답 | **Language courses.** 어학 코스
☆ 회사가 지불할 비용으로 언급하고 있는 내용 중에서 언급되지 않은 것을 소거하여 답을 찾을 수 있다. |

Exercises

Test 1: Question 01 refers to the following email.

> August 12
>
> Dear family, friends, and colleagues:
>
> I am writing to inform you of a unique chance to help a worthwhile cause. I am participating in the 15th Annual Charity Run on Saturday, September 10th sponsored by the National Cross Country Association. In preparation for the event, I am jogging 17 kilometers three or four times a week.
>
> The National Cross Country Association is a non-profit organization which helps runners develop safe and healthy exercise and dietary habits as well as train for endurance events. We seek monetary and other donations and direct them to worthy causes all over the globe. My local chapter is currently raising money to pay for vaccinations for children in impoverished regions.

01. Which is NOT an activity supported by the National Cross Country Association?
    (A) Training joggers
    (B) Producing health videos
    (C) Sponsoring charity events
    (D) Immunizing children

Test 2: Question 02 refers to the following email.

> From: Martin Wagner <mwagner@vargaps.com>
> To: All customer service representatives
> Subject: Replying to customers by email
> Date: August 12
>
> As you all know, customers are making inquiries by email more than by telephone nowadays. Therefore, we've decided to set a standard format for all e-mails going out to our customers. When you reply to customers, please remember the following:
>
> - Do not forget to write the subject. The subject must be a summarization of the content of the message. Please also include your customer service ID number. This helps us in identifying your clients.
> - Please check for spelling mistakes before you send any e-mails. Spelling mistakes make us look unprofessional.
> - Our company logo should be in the beginning of the e-mail. Your supervisor can help you with inserting the logo onto your e-mail.
>
> If you have any questions about this standard format or suggestions, you can reach me on extension 242.
>
> Martin Wagner
> Customer Service Manager

02. What is NOT mentioned as something that should be included in e-mails to customers?
    (A) A subject
    (B) The company logo
    (C) The supervisor's name
    (D) A customer service ID number

Single Passage
기사

Chapter 3

기사 (Article)

토익에 등장하는 기사(article)들에는 지역 신문, 경영 관련 잡지, 회사의 사보 등에 실리는 기사들이 주로 등장하는데, 홍보성 기사, 사실 및 정보 전달 또는 전망 기사 등이 주 내용을 이룬다.

★ 꼭 등장하는 3가지 질문
기사의 기본적인 기승전결에 따라 위치만 확인해도 쉽게 풀 수 있는 문제는 약 20~30% 정도가 되며 전체 본문을 검색하면서 풀어야 하는 문제들의 비중은 약 70~80%나 된다.

1. 작성자의 정보와 주제 및 글의 의도를 묻는 질문	☆ 최신 경향 최근에는 보기 (A)~(D)의 키워드 내용이 지문의 어디쯤에서 나올지를 예상해 재빨리 원하는 정보를 찾아내는 검색 능력뿐만 아니라, 기사를 작성한 주체를 확인하고 작성자의 의도나 결론을 유추해야 하는 문제들도 등장한다.
2. 구체적인 사례나 일과 관련된 사실 여부를 확인하는 질문	
3. 미래 상황에 대한 전망이나 계획 및 제안에 관한 질문	

★ 자주 등장하는 기사 유형
1. 관련 산업이나 전반적인 기업, 직업 등에 대한 사회성 기사
    [산업 전망] 소비 및 이용 증가에 따른 업계 전망 기사
    [업무 환경 및 조건에 관한 기사] 재택근무에 관한 기사
    [구직자 경향] 고위 직종에 있는 사람들의 구직 경향과 관련된 기사
    [건물 인수] 한 회사가 특정 상업용 건물을 인수하는 내용의 기사
    [외부 인물 영입] 신임 부사장을 영입한 회사에 대한 기사
2. 신제품(books, entertainment, products) 등의 소개
    [신제품 정보] 새로운 제품에 대한 정보를 주는 기사
    [자동차 소개] 자동차 회사에서 새로 제작한 모델의 소개
    [책 소개] 특정 작가의 출판물에 대한 출간 정보와 책 소개
3. 찬반론의 기사
    [정책에 대한 찬반] 새로운 정책(교통 규제, 건설 등)에 관한 찬반 기사
    [특정 계획에 따른 한쪽의 입장] 농업, 상업 분야 등에서의 가용 자원을 감소시키는 시의 계획에 대한 업계의 입장을 반영한 기사 등
4. 공지 및 홍보성 기사
    [공사 정보] 새 터널 공사 등에 대한 기사
    [홍보성 기사] contest 및 event를 알리는 기사
    [영화 기사] 소설을 영화화한다는 등의 기사
5. 성공 사례(person, company) 등의 인터뷰 기사
    [성공 사례 인터뷰 기사] 특정 체인업체의 성공을 인터뷰한 잡지 기사
    [특정 사업 성장 기사] chain store의 성장
    [성공 사례 과정] 특정 기업의 설립 과정에 대한 설립자와의 인터뷰

LESSON 1 기사의 주제를 묻는 질문

Point

신문이나 잡지, 사보 등에 등장할 만한 기사 내용이 주가 된다. 특히 사회의 전반적인 이슈가 되는 경제, 건강, 에너지 등을 다루고 있어 다양한 어휘가 등장하기 때문에 독해력에 있어서 어휘가 얼마나 중요한지 알 수 있다. 기본적인 내용의 전개는 **주제를 먼저 언급하는 두괄식**이 주를 이루며, 과거의 사실로부터 미래의 전망 등의 순으로 **기승전결의 구조**를 이루게 된다는 사실을 염두에 두고 문제를 풀어야 한다.

A 시험에 그대로 나온다! 기사의 주제를 묻는 질문 유형

□ 일반 유형

What is the (main) purpose/subject of this article?
What is the topic of the article?
What does the article mainly discuss?
What does the article discuss?
Why was this article written?

기사의 전개 순서

(1) 전반부 ✓
사건의 발생 사실, 회사나 행사 등의 소개 및 개요를 통해 주제나 목적을 알 수 있다.

(2) 중반부
구체적인 사례나 사건의 전개 등이 주로 시간 순서대로 등장한다.

(3) 후반부
결론이나, 미래에 대한 전망, 계획, 또는 제안이나 요구, 요청 사항이 등장한다.

B 기사의 주제나 목적을 나타내는 지문 속 빈출 표현 유형

Area residents got **a chance on Friday to learn modern arts** ~ 지역 주민들은 금요일에 현대미술에 대해 배울 기회를 가졌다
announced **the completion of a $100 million project to** + 동사원형 ~하는 1억 달러의 프로젝트를 완수했다고 발표했다
Next month, Kala Art Center here in Tokyo will **be hosting a Jazz Concert**.
다음 달에 도쿄에 있는 Kala Art Center에서 재즈 콘서트가 개최될 예정이다.
A new Italian Restaurant has opened in the heart of Sydney. 시드니 중심부에 새로운 이태리 식당이 오픈했다.
According to the survey, residents are quite satisfied with the food served ~.
여론조사에 따르면 지역 주민들은 ~에서 제공되는 음식에 상당히 만족한다고 한다.

Ustar 출제포인트 시험에는 이렇게 나온다!

❶ 기사의 주제나 목적은 첫 부분에서 언급이 된다. announce that/state that/report that/receive/release 등의 어구로 주제를 밝히는 것이 특징이다.
❷ 최근에는 기사의 주제어와 관련한 추론 형태의 문제가 등장하는 경우도 많아지고 있다. 보기 (A)~(D)의 키워드 내용이 어디에서 나오는지, 위치를 먼저 예상하고 하나씩 찾아 소거하면서 풀어야 한다.
※ 기사와 관련한 가장 기본 정보를 묻는 주제 문제 외에도 기사, 리포트를 작성한 사람이나 출처, 섹션을 묻는 질문도 종종 등장한다.

질문	What does the **article mainly discuss**? ➜ 기사가 주로 말하고 있는 것은 무엇인지 주제를 묻는 질문
본문	**The repairs** which were started to begin in two weeks, **have been delayed** because of a lack of construction materials. 2주 후에 시작하기로 했던 공사는 자재 부족으로 지연되었다.
정답	The **rescheduling** of a highway-**repair project** 고속도로 보수공사 프로젝트의 일정 재조정

☆ 보수공사가 지연되었다(repairs have been delayed)는 본문 내용을 통해 repair project가 rescheduling되었음을 알 수 있다.

질문	What is the main **purpose of the article**? ➜ 기사의 주된 목적을 묻는 질문
본문	**Sales figures** for this year are **four times higher than last year**, according to a recent ABC Footwear press release. 최근에 ABC Footwear의 보도자료에 따르면, 올해의 영업 매출액은 지난해의 4배나 된다.
정답	To explain why **the sales** for a line of shoes **increased** 신발의 매출이 왜 상승했는지를 설명하기 위해

☆ 기사의 첫 줄에서 작년에 비해 매출이 4배나 올랐다는 말로 시작하여 매출 상승에 대한 이야기를 할 것임을 알 수 있다.

질문	**In which section** of a newspaper does the **article** most likely **appear**? ➜ 신문의 어느 섹션에 나올지를 묻는 주제 관련 질문
본문	Historical Museum **in downtown** explores **personal stories**. 시내에 있는 역사 박물관은 (사람들의) 개인사를 다루고 있다.
정답	**Local** news 지역 소식란

☆ 시내에(in downtown) 있는 박물관에 관련한 이야기이므로 특정 지역에 대한 소식을 전하는 지역 소식란이 될 수 있다.

Exercises

Test 1: Question 01 refers to the following article.

Be Excited in Beekeeping in The Commonbelt Region
By Albert Forbes

COMMONBELT, July 12- Last Saturday, people in Commonbelt had an opportunity to see what beekeeping is like in the first of a series of five workshops being held at the Open Valley Farm on Golden Street. At the farm, participants learned how to build a home for bees. [중략]

---

01 What is the purpose of the article?
   (A) To analyze the types of plants that grow best in the area
   (B) To explain why harvests have been poor in recent years
   (C) To describe a service offered by a local business
   (D) To identify stores in the area that sell honey

Test 2: Question 02 refers to the following report.

Maintenance Technology of City Water Mains

Eastern Waterworks Company is employing the most up-to-date maintenance technology to identify problems in the water distribution system. Ultrasound videography is being utilized to unveil potential defects and to reduce expensive repairs to water mains and interrelated apparatus.

For the past three years, the company's maintenance division has performed ultrasound scanning of all of the area's water mains, feeders, pumps, valves, and related equipment. Carried out by a local subcontractor, the procedure utilizes a portable ultrasound camera to detect "hotspots" that could ultimately result in water outages, seepage, or bursting.

---

02 What is the purpose of the inspection?
   (A) To expose defects in the water system
   (B) To check the quickness of repair crews
   (C) To examine the ability of the most up-to-date technology
   (D) To find new equipment for fixing lines

▶ 정답 및 해설 p.172~173

LESSON 2 구체적인 사례나 일과 관련된 사실 여부 확인 질문

Point 주로 초반부에서 주제에 대한 언급이 끝나고 나면, 언급하고 있는 **일이나 사건의 구체적인 배경이나 원인, 진행 상황** 또는 **사례** 등과 관련하여 지문과 일치하는지, 사실 여부를 확인하는 문제가 자주 등장한다. 이러한 유형의 문제는 **질문이나 보기 (A)~(D) 키워드의 위치**를 빠르게 찾는 것이 관건이다.

A 시험에 그대로 나온다! 사실 여부를 확인하는 질문 유형

□ 키워드 유형

What does the article **imply/say** about **typical scientists**?
What do most **residents** think about the **two proposals**?
Why does Mr. McGavin **object** to the **board's decision**?
How was **information gathered** for this article?

□ 추론 유형

What can be inferred from this article?
What is **NOT** featured on Zhong Wu's **Web Site**?

기사의 전개 순서
(1) 전반부 √
 사건의 발생 사실 또는 회사나 행사 등의 소개 및 개요를 통해 주제나 목적을 알 수 있다.
(2) 중반부 √
 구체적인 사례나 사건의 전개 등이 주로 시간 순서대로 등장한다.
(3) 후반부 √
 결론이나, 미래에 대한 전망, 계획, 또는 제안이나 요구, 요청 사항이 등장한다.

B 특정 사실이나 사항을 언급하는 지문 속 빈출 표현 유형

Find out which vaccinations you need for your destination and make sure you get them **in order to avoid serious illnesses**. 귀하의 (여행) 목적지에 필요한 백신이 어떤 것인지 알아보고 심각한 질병을 막기 위해 백신을 맞으시기 바랍니다.

New technological features **provide reviews of items they have purchased in the past** and **suggest items to their friends**. 새로운 기술의 특징은 예전에 구입했던 제품에 리뷰를 제공하고 친구들에게 제품을 추천하는 것이다.

Half of the wing will be taken up by **a new conference hall** and the rest will be devoted to **meeting spaces** and **a cafeteria**. 건물의 절반은 새로운 컨퍼런스홀로 사용될 것이고 나머지는 만남의 장소와 구내식당으로 사용될 것이다.

Ustar 출제포인트 시험에는 이렇게 나온다!

❶ 질문에서 키워드를 잡고 지문의 어디쯤에서 나올 만한 내용인지 확인하라.
❷ 키워드와 동일하게 등장하기보다는 패러프레이징을 이용해서 등장하는 경우가 종종 있으므로, 키워드와 유사한 의미의 단어를 찾아, 보기를 하나씩 소거해 가면서 풀어야 한다.

※ 초반부 2~3번째 줄 이후로는 주제에 대한 상세한 설명이 등장하며 지문과 일치하지 않는 내용을 물어보는 질문들이 많이 나온다. 특히, 기사는 작성자와 기사 속 행위의 주체가 다르기 때문에 주제어와 관련된 사실 여부 확인 문제는 전체 지문을 꼼꼼하게 확인해야 한다.

질문 According to the article, **what** is **Seokhee Kim**'s area of **expertise**?
 ➔ 특정인의 전문 분야가 무엇인지 묻는 질문

본문 **Ms. Kim**, who **holds a university degree** in **environment** engineering,
 환경공학 분야에 학사 학위를 가지고 있는 Ms. Kim

정답 Environmental science 환경공학
 ☆키워드인 Ms. Kim을 본문에서 확인하고 환경 관련 학위를 가지고 있는 것으로 보아 Environmental science임을 알 수 있다.

질문 What is NOT featured on Zhong Wu's Web Site? ➔ 웹사이트에 나와 있지 않은 것을 묻는 Not-Question 유형

본문 **On the site** are **photos and information about new buildings**, **proposals** for new buildings, **and opinions about the designs** of various buildings.
 사이트에는 새로운 건물에 대한 사진과 정보, 신축 건물을 위한 제안, 그리고 다양한 건물 디자인에 대한 의견이 있다.

정답 Price lists of photographs for sale 판매되는 사진의 가격 리스트
 ☆주로 웹사이트에서 제공되는 정보는 후반부에서 확인할 수 있으며, 보기에 언급된 것을 하나씩 소거하면서 풀어야 한다.

질문 Where is Nortec's main office? ➔ 특정 회사의 본사가 어디에 있는지 구체적인 사실을 묻는 질문

본문 **Headquartered** in **Minneapolis**, **Nortec** is an international telecommunication company.
 미네아폴리스에 본사가 있는 Nortec은 국제적인 통신회사이다.

정답 In Minneapolis 미네아폴리스
 ☆질문의 main office(본사)를 headquarter라는 표현을 이용해 나타내고 있다. 따라서 본사가 Minneapolis에 있음을 알 수 있다.

Exercises

제한시간 2분(문제당 1분)

Test 1: Question 01 refers to the following article.

> (CALGARY) - Communications firm Reading Enterprises signed an agreement yesterday to purchase North Star Inc., an international supplier of mobile phones. Reading will pay $55.2 million to buy North Star. The merger is expected to elevate Reading's reputation as the premiere provider of voice services. Currently, North Star holds 85 percent of the mobile phone market in central Canada.
>
> "The merger of our two companies is an important step in becoming a real player in the industry," said Reading CEO Cindy Andrews. "Together, Reading and North Star will lead communications in the 21st century. We are ready to expand even further."

01 Which company did Reading Enterprises merge with?
    (A) North Star, Inc.
    (B) Canada Associated
    (C) Raleigh Enterprises
    (D) Calgary Financial Group

Test 2: Question 02 refers to the following article.

> ### Geordie Bailey Jr. named CEO of Bailey Homes Ltd.
>
> Sydney-based Bailey Homes announced this morning that it has hired the son of the former CEO, Geordie Bailey to take over as CEO of Bailey Homes Ltd.
>
> Bailey Homes Ltd. spokesperson Carol Taylor said that the controversial move was due not to nepotism, but rather the incredible success of the younger Bailey's own company, Montana Farms. Ms. Taylor said the appointment was made in a democratic and transparent manner and that the board reached this decision on their own, independent of the Bailey family which still owns 51 percent of all outstanding shares.
>
> "Mr. Bailey learned from his father to be sure," Ms. Taylor was quoted as saying, "but Montana Farms was his own company. He built it from scratch into one of the biggest real estate companies in the country, so I don't think I need to stand here and defend our decision to have him try to lead us out of the situation we're in."
>
> Investors decidedly did not share Ms. Taylor's optimism and continued to dump Bailey Homes Ltd. stock in record numbers. One broker, tongue firmly in cheek, was quoted as saying: "We're creating glorious buying opportunities in the near future if half of what Carol says is true."

02 According to Ms. Taylor, why was Geordie Bailey Jr. hired as CEO?
    (A) Because of his vast experience in the industry
    (B) Because he is the son of the founding CEO
    (C) Because he has led his own company to success
    (D) Because his family owns more than half the stock

▶ 정답 및 해설 p.173~174

LESSON 3 미래 상황에 대한 전망이나 계획 및 제안에 관한 질문

Point

기사에 등장하는 일이나 사건에 대한 **미래 상황을 예측, 전망**하거나 이후 **계획이나 일정** 등에 관해 묻는 질문, 또는 어떻게 할 수 있는지 방향이나 방법 등을 제시/제안하는 내용을 묻는 질문들이다. 이같은 내용들은 주로 지문의 후반부에 등장하기 때문에 문제의 키워드나 보기의 내용들을 확인할 때 반드시 후반부에서 키워드를 찾아야 한다.

A 시험에 그대로 나온다! 미래 상황의 전망, 계획 및 제안에 관한 질문 유형

□ 키워드 유형

What will Ms. Gardiner **continue** to do?
What will Beauchamp do **after** he **retires**?
How can people **find out** more about the **product**?
How does KM Researches intend to **improve job performance**?
In which city will the next Fashion 11 store **open**?

기사의 전개 순서

(1) 전반부
사건의 발생 사실 또는 회사나 행사 등의 소개 및 개요를 통해 주제나 목적을 알 수 있다.

(2) 중반부
구체적인 사례나 사건의 전개 등이 주로 시간 순서대로 등장한다.

(3) 후반부 √
결론, 미래에 대한 전망, 계획, 제안이나 요구, 요청사항이 등장한다.

B 미래에 대한 전망, 계획 및 제안, 요청 사항을 나타내는 지문 속 빈출 표현

To learn more about upcoming workshops, **contact** JK Industries at ~
다가오는 워크샵에 대해 좀더 알고자 하시면 JK산업 ~로 연락주시기 바랍니다

Start-up costs for the venture **are estimated** at $200 million. 그 사업의 초기 비용은 약 2억 달러로 추산된다.

The company **offers** products in dozen of categories. **Visit www.akit.com for details.**
그 회사는 많은 종류의 제품들을 제공하고 있습니다. 자세한 사항은 www.akit.com을 방문하세요.

Ustar 출제포인트 시험에는 이렇게 나온다!

주로 미래에 대한 예측 또는 전망, 제안과 관련한 질문이나 보기의 키워드는 지문의 후반부에서 찾아라.
❶ 구체적인 시간이나 시기를 담고 있는 시간 부사구에서 정답을 찾을 수 있는 유형이 많다. (in 2011. Monday. last year. after 등)
❷ 미래의 의미를 담고 있는 동사 표현을 확인하라. (be planning/scheduled/expected to + 동사원형 등)
❸ 목적이나 제안의 표현들을 확인하라.

질문 What does the article imply will happen **in the next decade**? → 향후 10년 후에 일어날 일을 묻는 질문

본문 Many foresee that **renewable energy production will jump to 20 percent** of the global total **in the next ten years.** 많은 사람들이 재생 가능한 에너지의 생산이 향후 10년 후에는 전 세계적으로 20% 상승할 것이라고 예상하고 있다.

정답 Global **creation of energy from renewable resources** will increase.
재생 가능한 자원으로부터 (추출한) 에너지 생산이 세계적으로 늘 것이다.
☆ 향후 10년이라는 키워드와 함께 본문에서 세계적으로 재생 에너지(renewable energy) 생산이 늘 것(jump)이라는 내용으로 보아, 재생 자원에서 추출하는 에너지(energy from renewable resources)의 생산이 증가할 것(increase)임을 예측할 수 있다.

질문 How does KM Researches **intend to improve job performance**? → 향후 업무 성과 개선의 방법을 묻는 질문

본문 Keeping its employees abreast of **the latest developments and techniques will** ultimately result in **improved job performances.** 직원들이 첨단 개발 기술에 뒤떨어지지 않게 하면 궁극적으로 업무 성과가 개선될 것이다.

정답 by **updating skills and knowledge** to workers 직원들에게 (새로운) 기술과 지식을 알려줌으로써
☆ 본문에서 최근 개발 사항과 기술을 알게 하는(keep sb abreast) 것이 더 나은 일의 결과를 초래하게 할 것이라는 내용으로 보아 직원에게 기술과 지식을 update해준다는 것이 정답임을 알 수 있다.

질문 What is implied about the **construction** in downtown Starvile? → 곧 있을 시내 공사에 대한 질문

본문 **Construction** on the wing, along with **a much-needed community parking garage**, will begin on **April 10.** 지역에 꼭 필요한 주차장과 함께 건물의 공사는 4월 10일에 시작될 것이다.

정답 There are **not enough parking spaces** available. 이용 가능한 주차 공간이 충분하지 않다.
☆ 질문의 키워드인 construction을 본문에서 찾아보니, much-needed parking garage를 포함해서 건물 공사가 언제 시작될 것이라는 내용의 문장이 나온다. 따라서 not enough parking space가 정답이 됨을 알 수 있다.

Exercises

제한시간 2분(문제당 1분)

Test 1: Question 01 refers to the following article.

> Paula Dorsey, a regular customer, shops at Just for Women religiously. She said "The salespeople are so knowledgeable and they know exactly what I'm looking for." The beautiful dress Dorsey was wearing was designed by Diana Dalton, a 26-year-old designer who recently graduated from San Marcos College of Fashion.
>
> The first Just for Women store opened in New York last year and a second store opened in Boston in February. The Wheatland store opened this week. Another store will be opened in Memphis at the end of this month.

01 In what city will the next Just for Women store open?
 (A) New York
 (B) Boston
 (C) Memphis
 (D) Wheatland

Test 2: Question 02 refers to the following article.

> **Bon voyage!**
>
> If you've ever been asked to work abroad you'll know it's not just a matter of throwing a few essentials into a suitcase and canceling your newspaper subscription. Depending on your destination, it will need careful consideration and preparation. Sensible planning is essential.
>
> One area you should pay particular attention to is your health. Before you go abroad, make sure your travel insurance is up-to-date for the duration of your stay, and is valid for working. Any potential risks to your health will vary according to your destination, the length of your stay overseas, your pre-existing health status and your occupation. If you're working for a large organization, you should contact their occupational health department as early as possible for appropriate travel advice. If there's no occupational health service, then seek advice from your doctor at least six to eight weeks before you go. Find out which vaccinations you need for your destination and make sure you get them in order to avoid serious illnesses. You may also need to discuss malaria prevention and any precautions you may need to take for pre-existing medical conditions, as these may be affected by overseas travel.

02 When does the article recommend talking to your doctor?
 (A) As soon as you arrive in the new country
 (B) At least six weeks before you leave
 (C) As soon as you return home
 (D) It doesn't matter when

▶ 정답 및 해설 p.174~175

Single Passage
광고

광고 (Advertisement)

Chapter 4

토익에 등장하는 광고에는 크게 ❶ 구인 광고: 사람을 구하는 광고 ❷ 일반 광고: 일반 상품이나 서비스 또는 회사를 홍보하는 광고 ❸ 할인 광고: 특별한 목적을 가지고 일정 기간 동안 해당 품목이나 서비스를 할인한다는 광고가 주로 등장한다.

★ 꼭 등장하는 3가지 질문

1. 광고의 목적과 광고 대상 또는 회사를 묻는 질문	☆ **최신 경향** 광고의 대상이나 회사 또는 자격 요건이나 장점들의 내용을 보기에 언급하여 (A)~(D)의 각 키워드 내용을 하나씩 찾아 소거해야 하는 문제들이 자주 등장한다.
2. 대상의 특징 또는 조건이나 자격, 혜택과 관련된 질문	
3. 구매/지원 방법이나 수단 및 제안과 관련된 질문	

★ 자주 등장하는 광고 유형

1. 구인 광고
- [연구원] 특정 목적의 연구와 관련된 연구원 구인 광고
- [경력직] 특정 업계의 근무 경력이 있는 경력직 구인 광고
- [파트타임 및 임시직] 파트타임 종업원 구인 광고, 크리스마스 연휴 기간 동안 일할 임시직 구인 광고
- [식당 매니저] 레스토랑(restaurant) 매니저 구인 광고
- [항공기 승무원] 항공기 승무원 모집 광고
- [신규 회원 모집] 헬스클럽이나 기타 여가활동(activity, program)에서 신규 회원을 모집하는 광고
- [교수 모집] 대학의 특정 과목을 가르칠 수 있는 교수 모집 광고
- [진행자 모집] TV 프로그램의 진행자 구인 광고

2. 일반 광고(제품, 서비스 및 업체 광고)
- [숙박 시설 광고] 호텔이나 리조트 등의 이용에 관한 광고
- [숙박 시설 오픈 광고] 호텔(hotel), 인(inn) 등 숙박 시설 오픈 광고
- [제품 광고] 업무용 컴퓨터 소프트웨어나 사무실용 가구 등의 광고
- [온라인 서비스 광고] 은행, 증권사 등의 온라인 서비스 광고

3. 할인 광고(제품, 서비스)
- [회원 혜택 광고] 각종 점포의 회원 가입과 혜택 광고
- [점포 이전 할인] 점포 이전으로 일부 또는 전 품목에 대해 특정 기간 동안 할인 행사를 한다는 광고
- [재고 정리 할인] 신상품 입고로 인한 기존 상품 재고 정리 세일 광고
- [기념일 할인] 특별한 날이나 판촉을 위해 일정 기간만 할인 혜택을 제공한다는 광고

LESSON 1 광고의 목적과 대상 또는 회사를 묻는 질문

Point

해당 지문이 무슨 광고인지 무엇을 하고자 하는지 확인하는 문제 유형으로 **주로 도입부에서 확인할 수 있는 내용**이다.
❶ 광고가 되고 있는 제품, 서비스, 회사의 업종 등을 묻거나 ❷ 구인 광고에서는 주로 구인하는 직위나 직업을 묻는 경우가 많으며,
❸ 할인 광고에서는 할인 목적과 기간 및 품목 등을 묻는다. ❹ 서비스를 광고할 경우에는 누구를 대상으로 하는 광고인지 묻는다.

A 시험에 그대로 나온다! 광고의 목적과 대상 또는 업체를 묻는 질문 유형

▫ 구인 광고
Who is **advertising** the position?
Where will the **new manager work**?
For how long has **this company** been **in business**?
What kind of work does **Kim & Chang** do?

▫ 일반 광고 및 할인 광고
What is the **purpose** of the advertisement?
What is being **advertised**?
For what group is this book **targeted**?
Who most likely would **respond** to the **advertisement**?

광고의 전개 순서
(1) 문제점 제기 √
(2) 광고의 목적 및 대상 √
(3) 제품/회사 소개 √
(4) 제품 특징/업무 설명/취업 혜택
(5) 구매, 할인 조건/자격 요건 제시
(6) 제안 및 요구, 요청 사항
(7) 구매 방법 및 연락 정보

B 광고의 목적이나 대상을 알 수 있는 지문 속 빈출 표현 유형

We have immediate openings for part-time entry-level positions 우리는 신입 수준의 시간제 직원을 급히 구합니다
Applications are currently being accepted to fill positions in the following fields.
현재 다음의 분야에서 사람을 뽑기 위해 지원서를 받고 있습니다.
To celebrate the 10th anniversary, we are **offering a special promotion**.
10주년을 축하하기 위해 특별 판촉 행사를 열고 있습니다.
Enjoy a relaxing stay in the heart of downtown Sydney. 시드니 시내 중심부에서 편안하게 머무세요.

Ustar 출제포인트 시험에는 이렇게 나온다!

❶ 목적, 대상, 업종 등과 관련된 광고의 기본적인 정보는 주로 광고의 제목과 도입부의 처음 1~3줄을 확인하라.
주로 문제점이나 해결책(대안)을 제시하면서 제품을 소개할 때, 광고가 되고 있는 제품이나 서비스 그리고 누구를 대상으로 하는지 쉽게 확인할 수 있다. 또한 광고가 게재될 만한 장소나 출처를 묻는 문제 역시 쉽게 확인할 수 있다.

❷ 최근에는 회사나 제품 등에 대한 사실 여부를 확인하는 문제가 자주 등장하고 있다. 보기의 내용이 어떤 것인지 지문에서 위치를 예상하고 해당 키워드를 찾아서 소거하면서 풀어야 한다.

질문	**Why** is **Best Office Supply** having **a sale**? → 세일 이유에 관한 질문으로 광고의 목적을 묻는 질문
본문	**Best Office Supply, Moving** Sale. Best Office Supply의 이전 세일
정답	It is **relocating** its store. 가게를 이전하려고 한다. ☆ 본문의 제목에서 Moving Sale을 통해 가게를 이전(relocating)하기 때문임을 알 수 있다.

질문	**What** is being **advertised**? → 무엇이 광고가 되고 있는지 광고의 대상을 묻는 질문
본문	Creating **a computerized database** is challenging, time-consuming work. 데이터베이스를 전산화시키는 것은 도전적이고 시간이 오래 걸리는 일입니다.
정답	A **data-management** service 데이터 관리 서비스 ☆ 본문의 시작 부분에서 전산화된 데이터베이스를 만드는 것이 어렵다는 문제점을 제시함으로써 데이터 관리와 관련된 서비스나 업체 광고임을 알 수 있다.

질문	**What type of business** in **Blanco's**? → Blanco라는 업체의 업종을 묻는 질문
본문	Purchase from **our** extensive line of **winter coats, jackets, sweaters,** and **scarves**. 우리의 다양한 겨울 코트, 재킷, 스웨터 그리고 스카프 중에서 구매하세요.
정답	A **clothing** store 의류점 ☆ 광고에서 업체에 대한 정보를 알 수 있는 것 중의 하나로, 판매(광고)되고 있는 제품을 통해 의류업체임을 알 수 있다.

Exercises

제한시간 2분(문제당 1분)

Test 1: Question 01 refers to the following advertisement.

Attention *Global Business Era* subscribers!

You can register now to receive our new customized e-mail every week with the latest news in business, finance, politics and more. You will get the same in-depth coverage you have come to expect from *Global Business Era* magazine every month, but you don't have to wait for 30 days now. [중략]

---

01 What is being promoted by the advertisement?
   (A) A consultation with a financial expert
   (B) A way to pay bills online
   (C) A weekly electronic newsletter
   (D) A course in corporate finance

Test 2: Question 02 refers to the following job notice.

YMCA

The Winnipeg chapter of the YMCA, an association dedicated to improving the lives of young people through education in leadership skills, and personal growth, is seeking a generous and dedicated person to round out our team.

DIRECTOR OF FUNDRAISING

The successful applicant will enjoy working under challenging deadlines and will have the ability to find innovative solutions to inevitable contingencies. Also, he or she will have over ten years of related experience in either fundraising or some other facet of the not-for-profit sector, as well an aptitude for strong leadership and motivation.

To apply, please forward a resume to the Winnipeg chapter of the YMCA as soon as possible as we are looking to fill this position immediately. The YMCA certainly respects all the candidates who apply, however in the interest of time, we will only be contacting qualified applicants. Please, no telephone inquiries.

---

02 What kind of service does this organization provide?
   (A) Education for women
   (B) Education for international students
   (C) Education for senior citizens
   (D) Education for the younger generation

▶ 정답 및 해설 p.175~176

LESSON 2 광고 대상의 특징 또는 조건이나 자격, 혜택과 관련된 질문

Point

광고에서 구체적인 정보나 사실을 묻는 유형으로, 해당 광고와 관련한 구체적인 특징, 장점, 기간 또는 구인 광고에서의 자격 요건이나 혜택 등과 관련된 질문이다. 이러한 유형들은 주로 광고의 중반에서 답을 찾을 수 있다.

단순히 위치를 검색하여 내용을 확인하는 것도 중요하지만 나열되고 있는 특징이나 요건들을 꼼꼼하게 확인해야 한다.

A 시험에 그대로 나온다! 광고에서 구체적인 사실을 묻는 질문 유형

□ **구인 광고**

What is one of the **duties of the job**?
What is mentioned as a **requirement** for the **position**?
What is NOT a **benefit of working** at Goodman?

□ **일반 광고 및 할인 광고**

What **special service** do they **offer**?
What is the **competitiveness** of this product?
What is the **last day of the sales**?
What **activity** is **included** in each course?

광고의 전개 순서
(1) 문제점 제기
(2) 광고의 목적, 대상
(3) 제품/회사 소개
(4) 제품 특징/업무 설명/취업 혜택 √
(5) 구매, 할인 조건/자격 요건 제시 √
(6) 제안 및 요구, 요청 사항
(7) 구매 방법 및 연락 정보

B 특징이나 장점 또는 자격, 혜택을 나타내는 지문 속 빈출 표현 유형

Take advantage of these special promotions: Every Monday take 10% off the price of all items
특별 판촉 행사의 혜택을 챙기세요: 매주 월요일은 전 품목 10% 할인

Qualifications: Two years of experience in customer-relations 자격 요건: 고객 관리 경력 2년

All of our tool kits come with ~ 우리의 연장 키트는 모두 ~과 함께 제공됩니다

Ustar 출제포인트 시험에는 이렇게 나온다!

문제의 키워드를 중심으로 앞뒤의 문맥을 확인하라. 광고의 특성상 시각적으로 쉽게 구분할 수 있는 문제들도 등장한다. 특히 features, benefits, including 등과 구체적인 명사 키워드를 이용해서 답을 찾으면 제품에 대한 구체적인 정보와 기능에 대한 자세한 설명이 나온다는 것을 기억하자.

❶ 일반 광고: 특징이나 장점은 광고의 중반부에서 해당 키워드를 확인하라. 광고가 되는 제품이나 서비스를 소개하고 나면 특징(feature)이나 장점(advantage) 등을 설명하는 것이 광고의 기본적인 절차이다.

❷ 구인 광고: 자격 요건 등을 말할 때는 제안이나 의무 등의 의미를 갖는 표현들을 확인하라. 사람을 구한다는 내용이나 회사 소개가 끝나면 바로 취업 혜택과 자격 요건이 나온다는 것을 잊지 마라.

질문 <u>On what day</u> is the Star Travels **office closed**? → 여행사가 영업을 하지 않는 날이 언제인지를 묻는 질문
본문 **Monday-Friday**: 8 AM - 8 PM/**Saturday**: 10 AM - 5 PM
월요일–금요일: 오전 8시 – 오후 8시/일요일: 오전 10시 –오후 5시
정답 **Sunday** 일요일
☆ 본문에서 여행사의 영업시간을 통해 누락된 요일인 일요일에 영업을 하지 않는 것을 알 수 있다.

질문 What is a **requirement** for the **warehouse manager** position?
→ 특정한 직위에 지원하는 데 필요한 자격 요건을 묻는 질문
본문 **Warehouse Manager:** Must also possess a basic knowledge of computers and finance.
창고 관리자: 컴퓨터와 재무에 대한 기본 지식도 가지고 있어야 합니다.
정답 Some **knowledge of finance** 재무에 관한 지식
☆ 여러 직위(position) 중에 키워드인 warehouse manager 부분을 찾아보면, 컴퓨터 및 재무 관련 기본 지식이 있어야 함을 알 수 있다.

질문 What is **available** for an **additional charge**? → 추가적으로 돈을 내면 무엇을 할 수 있는지를 묻는 질문
본문 **For a small fee**, guests can also enjoy our fitness center.
약간의 비용을 내시면 손님들은 피트니스 센터를 이용할 수 있습니다.
정답 Use of the **exercise facility** 운동 시설의 이용
☆ 질문의 additional charge가 본문에서 For a small fee로, 본문의 enjoy fitness center가 정답에선 다른 말로 표현되었다.

Exercises

Test 1: Question 01 refers to the following advertisement.

> We at Zenith H&D would like to announce that a management position is now vacant at our Pocono plant. We are looking for a dedicated and experienced manager following the retirement of Peter Swagger, our long-time Assistant Senior Supervisor. The assistant senior supervisor is in charge of the day-to-day management of the plant and reports to the facility's senior supervisor during bi-weekly progress meetings. Candidates must hold a Bachelor's degree, and we will only interview qualified candidates who have a background in utilities management and at least two years of supervising experience. Please submit your resume and contact information by the 3rd of April. Short-listed candidates will be contacted by April 10th.

01 What is a stated qualification of a successful candidate?
    (A) A graduate degree
    (B) Two years of supervisory experience
    (C) Recently graduated from university
    (D) Reside in Pocono

Test 2: Question 02 refers to the following advertisement.

> ### Anderson Rent-a-Car
>
> $25 off a weekly auto rental
>
> Rental Information:
>
> Advance notice is required. This coupon may be void during certain blackout periods or at certain locations, especially during holidays when rentals are in particularly high demand. With this promotion, the basic compact car rate will get you a mid-sized model at no extra charge.
>
> All rentals are subject to state and federal taxes, and fuel and insurance must be covered by the renter. Please return rentals with a full tank of gas to avoid extra charges. This coupon may be used at any Anderson outlet.
>
> Please phone our customer service hotline for more information about our many services.

02 Which rental period does the coupon apply to?
    (A) Hourly
    (B) Daily
    (C) Weekly
    (D) Monthly

▶ 정답 및 해설 p.176~177

LESSON 3 구매/지원 방법이나 수단 및 제안과 관련된 질문

Point

광고의 목적이나 대상 그리고 세부 사항(특징, 혜택, 조건, 기간)에 대한 질문이 끝나면 광고의 후반부에서 등장하는 내용을 묻는 문제가 출제된다. 주로 제품이나 서비스의 구매/신청/지원을 독려하기 위해 광고주가 고객들에게 특별한 제안을 하는 내용이나 구매 방법, 지원 방법, 찾아오는 길 등을 묻는다.

A 시험에 그대로 나온다! 광고에서 방법, 수단을 제시하거나 제안 사항을 묻는 질문 유형

□ 구인 광고
How should an **application** be **submitted**?
What does the AD say **students will** be **asked** to do?
When must applicants set up an **interview**?
By what date must an applicant **submit** an **application**?

□ 일반 광고 및 할인 광고
How should guests **arrange** for **transportation to the airport**?
How can a **customer** receive a **free closet organizer**?
How can all of these properties be **rented**?

광고의 전개 순서
(1) 문제점 제기
(2) 광고의 목적, 대상
(3) 제품/회사 소개
(4) 제품 특징/업무 설명/취업 혜택
(5) 구매, 할인 조건/자격 요건 제시 √
(6) 제안 및 요구, 요청 사항 √
(7) 구매 방법 및 연락 정보 √

B 제안이나 특정 행위를 위한 수단, 방법 등을 제시하는 지문 속 빈출 표현 유형

You are invited to sample some of Chef Khak's specialities **at a free buffet**.
무료 뷔페에서 요리사 곽의 특별 요리를 시식할 수 있습니다.

To apply for this position, please **send** your resume **to Hae Lim Cho** at ~
이 자리에 지원하시려면 조해림 씨에게로 이력서를 보내주시기 바랍니다

For catering orders, **contact Jerry Mcdonald** at 080-457-2599.
출장 요리를 주문하시려면 Jerry Mcdonald에게 080-457-2599로 전화주세요.

Candidates selected for an interview will be required to forward **contact information for three references**. 면접에 선발된 후보자들은 세 군데의 추천인 연락 정보를 보내주셔야 합니다.

This sale **ends November 30**. So don't delay! **Visit us at 21 Star Road** in ~
이 세일은 11월 30일에 끝납니다. 그러니 미루지 마세요! ~에 있는 Star Road 21번지로 오시기 바랍니다

Ustar 출제포인트 시험에는 이렇게 나온다!

❶ 제안, 요구, 요청, 수단, 방법 등의 문제는 지문의 후반부에서 키워드를 확인하라.
❷ 광고의 후반부에서 《(if) ~, please ~/명령문/제안/요구, 요청》의 표현을 확인하라.
※ 수단이나 방법을 묻는 문제는 주로 전화, 방문, 웹사이트 등의 수단을 제시하는데, 특히 웹사이트에서 제공되고 있는 서비스를 확인하는 문제가 자주 등장한다.

질문	**How** can we **get directions** to the Oak Hill Center? → 특정 장소(Oak Hill Center)로 가는 방법을 묻는 질문
본문	Additional **information about the OHC, including directions** to the facility, is **available on our Web Site**. 시설에 대한 약도를 포함해서 OHC에 대한 추가 정보는 사이트에서 확인 가능합니다.
정답	By **visiting the Web Site** 웹사이트 방문을 통해서

☆본문의 후반부에서 키워드 directions(가는 방법)가 있는 문장을 보면, 웹사이트에서 확인 가능하다는 것을 알 수 있다.

질문	**How** will candidates **apply for** the positions? → 해당 직책에 지원 방법을 묻는 질문
본문	**Mail** to Human Resources, KM Financial Group. No phone calls or e-mails, please. 우편으로 KM Financial Group의 인사부로 보내주세요. 전화와 이메일은 사절합니다.
정답	By **mail** 우편으로

☆지원 방법은 주로 후반부에서 등장하며, 명령문의 형태로 '~에게 우편으로 보내라(Mail ~)'는 내용에서 확인할 수 있다.

질문	**How** can people arrange to **receive the service**? → 서비스 혜택을 받기 위한 방법을 묻는 질문
본문	**For** free mailing **service**, simply **visit www.comon.co.kr** and click **register** for ~. 무료 메일 서비스를 원하시면, comon.co.kr로 방문하셔서 ~ 등록을 클릭하세요.
정답	By **registering on a Web Site** 웹사이트에 등록을 함으로써

☆키워드인 service를 찾고 문장의 뒤에서 visit www. ~ and click register for ~를 통해 웹사이트에서 등록해야 함을 알 수 있다.

Exercises

제한시간 2분(문제당 1분)

Test 1: Question 01 refers to the following advertisement.

Even Bigger Savings
With Our Valued Shopper Card!

We work around the clock to keep quality high and prices low. Now we are excited to announce our Valued Shopper Card program, with which we will provide our dedicated customers with the chance to save even more. Members will be eligible to receive a gift card worth up to $150. Be aware, however, that purchases of electronics and electronic accessories do not count towards this program.

---

01 What will members of the program receive?
 (A) Concert tickets
 (B) Furniture
 (C) Gift cards
 (D) Credit cards

Test 2: Question 02 refers to the following advertisement.

BUSINESS SPACES FOR RENT!
Utah Rental Properties, inc.

We are currently seeking business owners that are looking for the opportunity to rent spacious storefront property in convenient downtown locations. We guarantee that your business will get a lot of customer traffic at one of our prime rental locations! We have recently invested a lot of money into our rental spaces to make them even more spacious.

Here are the kinds of businesses that would be ideal in one of our spaces;
*Convenience Store *Family Restaurant *Auto Repair Shop
*Retail Shops *And much more!

Interested business owners must have a small amount of capital and a rental deposit to apply for a space. For more information on our properties, please call Karen Black at 784-0278-9441.

---

02 What must interested business owners do to rent a space?
 (A) Ask for permission.
 (B) Go to the state capital.
 (C) Make a deposit and have some capital.
 (D) Open an account and make a deposit.

▶ 정답 및 해설 p.177

Single Passage
안내/공지

Chapter 5
안내(Information)/공지(Notice)

토익에 등장하는 안내나 공지의 경우, 주로 사내 게시판이나 공공시설 또는 잡지나 신문 지상에서 접할 수 있는 공지나 안내문이다. 사내 모임(gathering)이나 행사(event), 회사의 규정(regulations) 및 방침(policy), 일정 변경(modification, alteration) 등을 공지하는 것뿐만 아니라 일상생활의 주의사항(precaution, direction) 등을 알리는 내용들이 등장한다.

★ 꼭 등장하는 3가지 질문

1. 주제/목적 또는 출처, 발신/수신인을 묻는 질문	☆ 최신 경향
2. 공지 및 전달 사항과 관련한 구체적인 정보를 묻는 질문	단순하게 내용의 위치와 키워드로만 정답을 찾을 수 있는 문제 외에도, 최근에는 보기 (A)~(D)의 키워드 내용이 지문의 어디쯤에서 나올지를 예상해 재빨리 해당 부분을 찾아 확인할 수 있는 검색 능력이 필요하다.
3. 추가적인 요청이나 당부 또는 제안 사항을 묻는 질문	

※ 보통, 회람이나 공지에서는 전달하고자 하는 내용이 정확하므로, 전달하고자 하는 주제나 목적은 주로 제목이나 큰 글씨로 쓰게 된다. 또한 받는 사람 등을 드러내지 않고 특정/불특정 다수에게 보내는 경우가 많다.

★ 자주 등장하는 안내/공지 유형

1. 사내 안내 공지
    [사용법에 대한 정보] 장비나 기구의 올바른 사용법에 관한 공지
    [사내 공지] 옷차림, 사무용품의 절약, 장비 사용 등의 회사 내 정책이나 수칙
    [회사 내 전출입 공지] 사보 등에서 등장하는 인사발령 공지
    [자원봉사자 모집] 특정 행사에 지원을 나가거나 자원봉사에 참여할 사람들을 모집하는 공지

2. 관광 및 여행, 레저와 관련된 시설 이용 안내
    [숙박 시설 이용 안내] 호텔이나 숙박 시설 이용 안내
    [숙박 시설 안내] 리조트나 호텔 등의 이용 가능한 시설 및 주의사항 등을 안내
    [관광 및 여행에 관한 공지] 박물관이나 미술관에서의 일정이나 주의사항 등을 알리는 공지
    [안전 수칙 공지] 수영장 등 공공 시설의 이용자나 관리자들에게 전달하는 안전 수칙

3. 기타 공지 내용
    [대회 공고] 영화 및 연극 등의 contest 공고
    [교통수단을 이용하는 고객에 대한 공지] 버스나 열차, 항공기 승객들에 대한 공지
    [설문조사 공지] 제품이나 서비스 구매 후 고객들에게 설문조사에 응해줄 것을 부탁하는 공지

LESSON 1 주제/목적 또는 출처, 발신/수신인을 묻는 질문

Point

공지나 안내 또는 전달 사항에서 가장 기본이 되는 정보를 묻는 유형이다. 주로 목적과 주제를 묻는 문제뿐만 아니라, 해당 안내문이나 공지문이 어디에서 볼 수 있는 것인지 출처나 장소 등 발신인과 관련된 정보와 수신 대상이 누구인지를 묻는 문제가 등장한다.

A 시험에 그대로 나온다! 주제/목적 또는 출처, 발신/수신을 묻는 질문

▫ 목적이나 주제
What is the **purpose** of this notice? | What is being **announced**?
What does this notice **concern**? | What is this notice **regarding**?

▫ 수신/발신인 또는 출처
Who will read this notice? | **Who** is **responsible** for this public notice?
Where would the **information** most likely **be found**?
Who is **organizing** the program in the announcement?

안내/공지의 전개 순서
(1) 수신인 정보 및 제목 ✓
(2) 배경과 주제, 목적 소개 ✓
(3) 세부 사항 및 내용 설명
(4) 추가 요청 및 제안
     (발신인 정보)

B 공지의 첫 부분에서 주제나 목적 또는 수신/발신처(출처)를 나타내는 빈출 표현 유형

Attention All Train **Commuters**: KNT will be conducting **repairs on tracks** from this Friday ~.
모든 열차 이용객 여러분께: KNT는 이번 금요일부터 철로를 보수할 예정입니다.

Congratulations on **your purchase** of ~   ~을 구매해주셔서 감사합니다
Here are a few simple **suggestions for reducing your electricity bills**.
여기 귀하의 전기요금을 줄일 수 있는 몇 가지 간단한 방법이 있습니다.

Ustar 출제포인트 시험에는 이렇게 나온다!

❶ 제목과 보내는 이, 받는 이를 확인하라. 제목이나 일정 양식을 통해서도 쉽게 문서의 목적과 의도 그리고 출처를 파악할 수 있다.
❷ 목적이나 주제는 첫 문단에 위치한다. 그렇기 때문에 지문의 초반 3~4문장을 꼼꼼하게 읽어 내려가야 한다.
※ 안내문의 경우, 해당 안내문을 접할 수 있는 장소를 물어보는 질문이 나오는데, 지문에 액면 그대로 드러나는 내용이 아니기 때문에 지문을 통해서 유추해 정답을 찾아야 한다.

질문 What is the **purpose** of the **notice**? → 이 공지의 목적이 무엇인지를 묻는 질문
본문 **Enjoy the year-round benefits** when you become a member of the association.
협회의 회원이 되면 일 년 내내 혜택을 즐기실 수 있습니다.
정답 To describe **the advantage of a membership**   멤버쉽의 장점(혜택)을 설명하기 위해
☆ 회원이 되면 1년 동안 혜택을 누릴 수 있다는 내용에서 회원의 혜택에 대한 내용을 알리는 것이 목적임을 알 수 있다.

질문 **Where** would the **notice** most likely **be found**? → 이 공지가 어디에서 발견될 수 있는지 출처를 묻는 질문
본문 **An article** about the renovation in the Community Center is **published** in our **May 1st edition**.
지역 주민 센터의 개조 공사에 대한 기사가 5월 1일자 판에 실려 있습니다.
정답 In a local **newspaper**   지역 신문에서
☆ 특정일에 우리의 신문(May 1st edition)에 실린 기사를 언급하고 있으므로 이 공지는 신문에서 나온 것임을 알 수 있다.

질문 **For whom** is the notice **intended**? → 누구를 대상으로 하는 공지인지 묻는 질문
본문 **All Sun Tech employees are invited to** attend a bookfair on ~.
~에 대한 도서 전시회에 Sun Tech 전 직원을 초대합니다.
정답 **Sun Tech Employees**   Sun Tech의 직원들
☆ 초반부에 Sun Tech 직원들을 어디에 초대한다는 내용으로 보아 Sun Tech 직원들을 대상으로 하는 공지임을 알 수 있다.

질문 What is the **Harbour's Edge**? → Harbour's Edge가 무엇인지 공지를 낸 주체가 누구인지를 묻는 질문
본문 The **Harbour's Edge**—the management wishes you **a comfortable and pleasant stay with us**.
저희 Harbour's Edge의 경영진들은 고객님께서 편안하고 기분 좋게 머무시기를 바랍니다.
정답 A **hotel**   호텔
☆ Habour's Edge의 경영진이 고객(you)에게 편안하고 기분 좋게 머무르기(stay)를 바란다는 내용에서 호텔임을 알 수 있다.

Exercises

제한시간 2분(문제당 1분)

Test 1: Question 01 refers to the following notice.

> Lately there has been a problem with employees losing important files, some of which have been rendered unrecoverable. Employees are encouraged to backup all important files on the main server. As well, the system manager recommends the following tips for recovering lost files from the computer system.

01 What is this notice regarding?
    (A) Recovering lost computers
    (B) Recovering computer viruses
    (C) Recovering lost drives
    (D) Recovering lost data

Test 2: Question 02 refers to the following notice.

> **Employees Must Wash Hands**
> Please wash your hands before you prepare food or as often as needed.
>
> Wash after you:
> - use the toilet
> - touch uncooked meat, poultry, fish or eggs or other potentially hazardous foods
> - interrupt working with food (such as answering the phone, opening a door or drawer)
> - touch soiled plates, utensils, or equipment
> - take out trash
> - touch your nose, mouth, or any part of your body
> - sneeze or cough
>
> Do not touch ready-to-eat foods with your bare hands.
> - Use gloves, tongs, deli tissues or other serving utensils.
> - Remove all jewelry, nail polish or false nails unless you wear gloves.

02 For whom is this notice probably intended?
    (A) Food workers
    (B) Warehouse employees
    (C) Medical professionals
    (D) Children's day-care workers

▶ 정답 및 해설 p.177~178

LESSON 2 공지 및 전달 사항과 관련한 구체적인 정보를 묻는 질문

Point

주로 시간이나 날짜, 사람 이름, 과목 또는 필요로 하는 항목 등을 키워드로 하여 등장하는 문제 유형이다. 질문의 키워드를 중심으로 관련 내용을 찾아야 하며, 종종 스케줄 등의 표(table)로 등장하여 의외로 간단히 풀리는 경우도 있다.

A 시험에 그대로 나온다! 공지 및 전달 사항의 구체적인 정보를 묻는 질문 유형

□ 키워드 유형
What **event** will be **held** on **Thursday**?
What will probably happen **after 6 PM on Friday**?
What is suggested **as a way** to make equipment **last longer**?
When will the Landwood **close for renovation**?

□ 추론 유형
What **information** is provided by **the notice**?
What is **indicated** about **the event**?
What is **NOT covered** in **the registration fee**?

안내/공지의 전개 순서
(1) 수신인 정보 및 제목
(2) 배경과 주제, 목적 소개
(3) 세부 사항 및 내용 설명 √
(4) 추가 요청 및 제안
  (발신인 정보)

B 구체적인 사실이나 내용 등의 정보를 전달하는 지문 속 빈출 표현 유형

While the repair work is taking place, **passengers should take the temporary shuttle bus**.
보수공사가 진행되는 동안 승객들은 임시 셔틀버스를 이용하시기 바랍니다.

First-place winner to receive $1,000 and a new bicycle. **Second-place winner to receive** ~.
1등은 1,000달러와 자전거를 받고, 2등은 ~을 받습니다.

The **award categories** include works in school, public benefit programs and health-related services.
시상 범위에는 학교 성적과 사회봉사 및 건강 관련 봉사가 포함됩니다.

The fee **includes a listing of your company name, logo and the contact information** in ~.
그 비용에는 귀사의 명칭과 로고 및 연락 정보 수록을 포함합니다.

Ustar 출제포인트 시험에는 이렇게 나온다!

❶ 고유명사가 질문에 있으면 그 고유명사를 지문에서 찾고, 해당 키워드나 유사 단어를 찾아야 한다.
❷ 보기에 특정 날짜나 요일 등에 대한 정보가 나오는 질문은 먼저 지문에서 요일과 날짜를 확인하라.
※ 최근에는 전체 지문에서 보기의 항목들을 하나씩 확인하여 소거해야 하는 유형의 추론 문제도 자주 등장한다. 따라서 지문에서 보기 (A)~(D)의 각 키워드와 관련된 내용의 위치를 파악하며 맨 앞과 뒤 단락도 꼭 확인하면서 문제를 풀어야 한다.

질문	What is indicated about **flower show tickets**? → 꽃 전시회의 티켓에 대한 구체적인 사실 확인을 묻는 질문
본문	Become a member before March 1 to **receive two free flower show tickets**. 꽃 전시회 티켓을 무료로 두 장 받으시려면 3월 1일 이전에 회원 가입을 하세요.
정답	**They are offered free** to people who join before March. 3월 이전에 가입하는 사람들에게 티켓이 무료로 제공된다. ☆ 키워드인 tickets를 찾아 3월 1일 이전에 가입하면 두 장의 무료 티켓을 받는다는 내용에서 3월 전에는 무료임을 알 수 있다.

질문	What is stated about the **Kensington Printer Plus**? → Kensington Printer Plus에 대해 언급한 사실을 묻는 질문
본문	You now have the ability to print documents, and transmit **faxes**. 이제 당신은 문서 프린트 및 팩스 전송도 하실 수 있습니다.
정답	It can be used to send **faxes**. 팩스를 보낼 때도 사용될 수 있다. ☆ 본문 전체가 질문의 키워드인 Kensington Printer Plus에 대한 내용이므로 먼저 보기의 키워드를 찾아야 하는 형태의 문제이다. 보기의 키워드인 faxes를 찾아 fax를 보낼 수 있다는 내용을 확인할 수 있다.

질문	What does the notice state about the **computer station**? → 컴퓨터 스테이션에 대한 사실이나 정보를 묻는 질문
본문	**Computer stations** are located throughout Terminal B for your convenience and are **marked by blue signs**. 승객 여러분의 편의를 위해 컴퓨터 사용이 가능한 곳은 터미널 B 전역에 위치하고 있으며 파란색으로 표시되어 있습니다.
정답	It is indicated **with a blue sign**. 파란색으로 표시되어 있다. ☆ 본문에서 키워드인 computer station을 찾아 보기의 키워드인 blue sign과 관련된 내용을 확인하면 정답을 찾을 수 있다.

Exercises

제한시간 2분(문제당 1분)

Test 1: Question 01 refers to the following notice.

> As well, the system manager recommends the following tips for recovering lost files from the computer system.
>
> • First double-check that the file has been moved to the recycle bin by double-clicking on the recycle bin icon and viewing the contents.
> • If the file is unavailable, check the Temp folder on the computer's C drive. If it is there, doubleclick on the file icon and save it one more time in another drive on the computer.
> • If it appears that the file is not available on the network, open System Administration on the C drive and click on File Recovery. This is a preexisting program that is free to use at any time.

01 What should employees do when they think they have lost a file?
(A) Search the D drive
(B) Check the recycle bin
(C) Click on the folder icon
(D) Ask the system administrator

Test 2: Question 02 refers to the following notice.

> ### Pay Period and Time Sheet Policies
>
> All checks will be posted by the 22nd of next month for the pay period ending on the 15th of this month. For pay periods that end on the 23rd of this month, checks will be sent next month on the 30th.
> Exceptions will be made for pay periods that end on a holiday or over the long weekend. In these cases, checks will be issued the day before.
> All full-time employees are required to register for direct deposit prior to the end of the pay period.
>
> **Time Sheets**
> The following due dates have been set for all time sheets:
> salaried monthly - last workday of each month
> salaried biweekly - the 13th and 30th
>
> **Important!**
> Any employee who does not submit his/her time sheet by the deadline or who does not register for direct deposit will face a pay rollover. There will be no exceptions to this policy.

02 What can be assumed from the notice?
(A) Part-time workers do not require time sheets.
(B) Checks will be delivered by couriers.
(C) Early submission of time sheets is prohibited.
(D) Employees must register for direct deposit.

▶ 정답 및 해설 p.178~179

LESSON 3 추가적인 요청이나 당부 또는 제안 사항을 묻는 질문

Point

주로 공지나 안내문의 마지막에 언급되는 당부 사항이나 요청, 또는 미래에 대한 제안 사항과 관련된 문제들이다. 질문에 '~을 하면', '~했을 때는'의 조건이나 '~을 하기 위해서', '~하려면'이라는 목적의 내용과 관련된 키워드들이 등장한다. 최근에는 질문의 키워드가 일반 사람이나 시간, 장소, 날짜 등을 언급하여 지문의 후반부에 나오는 연락 대상이나 연락/신청/이용 방법 등을 묻는데, 특히 웹사이트 상에서 정보를 이용하라는 내용에서 소거법으로 풀어야 하는 질문들이 자주 등장한다.

A 시험에 그대로 나온다! 요청이나 당부, 제안을 묻는 질문 유형

□ 키워드 유형

What will Mr. Melder most likely do **when he receives the message**?
How can interested individuals **enroll** the **program**?
How can the **residents respond** to the request?
What is most likely **David's job**?

□ 추론 유형

What information is **NOT available** on the **web site**?
What is **NOT currently being offered** to customers?

안내/공지의 전개 순서
(1) 수신인 정보 및 제목
(2) 배경과 주제, 목적 소개
(3) 세부 사항 및 내용 설명
(4) 추가 요청 및 제안 ✓
    (발신인 정보)

B 공지의 후반부에서 부가적인 사항에 대한 제안이나 요청 사항을 나타내는 빈출 표현 유형

Please remember to **use your membership number** on ~
~에 대해서는 귀하의 회원번호를 이용하셔야 한다는 점을 명심하세요

If you wish to extend the warranty period for our product, **you may purchase** ~
저희 제품에 대해 보증 기간을 연장하고 싶으시면, ~을 구매하실 수 있습니다

Proposals should be **submitted by 5 pm on June 10**. 제안서는 6월 10일 오후 5시까지 보내주시기 바랍니다.

Descriptions of the member's **benefits and annual plans** are **available at all of our branches**.
회원 혜택에 관한 설명서와 연간 일정은 당사 전 지점에서 가져가실 수 있습니다.

Ustar 출제포인트 시험에는 이렇게 나온다!

❶ 추가적인 요청, 당부 사항 또는 수단이나 방법에 대한 제안의 내용은 본문의 중후반부에서 찾아라.
❷ 당부나 요청 사항을 말하는 제안의 표현을 확인하라.
※ 주로 지문의 마지막에 등장하는 제안 사항으로, 웹사이트 관련 정보를 확인하여 질문과 관계없는 내용을 소거하면서 풀어야 하는 문제들도 자주 등장한다.

질문 What is NOT currently being offered to customers?
   ➜ 고객에게 현재 제공되고 있지 않은 것을 묻는 Not-Question 유형
본문 Starting next month, we will be offering courses on how to safely use our equipment.
   다음 달부터 장비를 안전하게 사용하는 법에 대한 강좌를 제공할 예정입니다.
정답 Safety training for users 사용자를 위한 안전 교육
   ☆ 단순하게 제공하는 것을 나열한 것을 찾기보단 지금은 아니지만 앞으로 제공할 것이 무엇인지를 확인해야 하는 난이도 높은 문제이다. 본문의 후반부에서 Starting next month로 보아 지금은 제공하지 않는 서비스임을 알 수 있다.

질문 How can interested individuals enroll in the program? ➜ 어떻게 프로그램에 등록할 수 있는지 방법을 묻는 질문
본문 To participate in the program, please visit our web site www.westcultures.com.
   이 프로그램에 참여하고자 하시면 저희 웹사이트 www.westcultures.com을 방문해주시기 바랍니다.
정답 By visiting a web site 웹사이트를 방문해서
   ☆ 질문의 enroll in이란 표현이 participate in이라고 표현된 부분을 본문에서 확인해보면 쉽게 답을 찾을 수 있다.

질문 How can the residents respond to the request? ➜ 요청 사항에 대한 주민들의 회신 방법을 묻는 질문
본문 Nomination forms and guidelines are available at the City Hall or KMJ web site.
   후보자 등록 신청서와 가이드라인은 시청이나 KMJ 웹사이트에서 받으실 수 있습니다.
정답 By filling out a form 서류를 작성하므로써
   ☆ 본문의 후반부에서 회신 방법을 제시할 것이라는 것을 알아야 한다. 서류(Nomination forms)를 받을 수 있다는 내용에서 서류 작성(filling out a form)을 통하는 것이 정답임을 알 수 있다.

Exercises

Test 1: Question 01 refers to the following notice.

Please make all of these modifications to your establishment before midnight December 12th. Once everything on the list is completed, please contact Marge Steiner at the Town of Tulsa for a follow-up appointment with the health inspector. Be prepared to show this report to the inspector as well as evidence of all required modifications. The inspector will verify that all modifications have been made according to the above list.

If you fail to meet these requirements, your restaurant may be shut down by the Restaurant Inspection Division.

---

01 What happens if the owner does not make the required modifications?
(A) The Restaurant Inspection Division can close the establishment.
(B) The owner has one month to make the required modifications.
(C) An inspector will visit the restaurant again in one week.
(D) The owner will be allowed to make the repairs him/herself.

Test 2: Question 02 refers to the following notice.

Attention: All recreation managers

This notice is a reminder about the necessity to maintain proper pool safety at our facility. You are responsible for informing current staff as well as all new arrivals about our pool safety regulations. All regulations are important, and they must be followed at all times without exception.

(1) All lifeguards must keep a staff radio on their person in order to be in contact with other safety personnel.
(2) Lifeguards are required to be certified in First Aid, to be available at all times while on active duty, and to know the emergency phone number and the location of the first aid kit, in case of an accident.
(3) Lifeguards are not to leave their posts unattended (except in the event of an emergency), and the use of earphones (CD players, MP3 players, etc.) is prohibited.
(4) Staff members are not allowed to smoke or drink because they need to set an example about saftey.
(5) The facility must be kept clean and in order by the cleaning crews.

Because it has been difficult to keep our large facility clean, we will begin next month by having three cleaning shifts instead of two. Please let your staff know of this change. That is all. We at Head Office are confident in your ability to follow these guidelines. Thank you.

---

02 What are lifeguards NOT expected to have available while on duty?
(A) A staff radio
(B) The emergency phone number
(C) MP3 players
(D) Access to the first aid kit

▶ 정답 및 해설 p.179~180

Single Passage
기타 양식

기타 양식(Tables & Other Forms)

Chapter 6

토익에 등장하는 주요 지문 외에 가장 많이 등장하는 것은 각종 신청서(application)와 영수증(receipt) 또는 송장(invoice)이다. 그밖에 일정을 담고 있는 스케줄(schedule)이나 여행일정(itinerary) 및 전화 메시지(message), 그리고 각종 리스트(list) 외에 쿠폰(coupon, voucher), 명함(business card), 표지판(sign) 등이 등장하기도 한다.

★ 꼭 등장하는 3가지 유형의 질문

1. 목적 또는 수신/발신인, 출처 등을 묻는 질문	☆ 최신 경향 표나 굵은 글씨들의 내용에서 키워드만 찾으면 풀 수 있는 단편적인 문제뿐만 아니라, 앞뒤의 짧은 문구 등에서도 보기의 내용들을 확인해야 하는 문제들도 자주 등장한다. 따라서 작은 부분이라도 소홀히 하지 말고 꼼꼼하게 살펴봐야 한다.
2. 일정, 날짜, 금액, 수량 등의 구체적인 내용을 묻는 질문	
3. 예외/부가 사항이나 수단/방법, 제안을 묻는 질문	

※ 글보다는 그림이나 표 등이 주를 이루고 있으며, 특별한 내용의 흐름보다는 각각의 도표와 그림 등에 기재되어 있는 내용과 제목이나 간단한 서술형 지문들로 구성되어 있어 다소 쉬운 난이도의 지문에 해당하지만, 수치나 구분 항목 등을 정확히 확인해야 실수가 없다.

★ 자주 등장하는 비즈니스 양식 유형

[application form] 입사 또는 입학, 가입, 지원 신청서 등의 양식
[survey form] 제품 또는 서비스 구매 후 고객의 만족도를 조사하는 설문 양식
[schedule] 주로 항공편이나, 연수 일정, 행사 일정 등 시간대/요일/월별 등의 일정표
[bill, receipt] 전화 요금 등 각종 청구서나 구매 후의 영수증
[invoice] 상업 송장 및 주문서
[compliant form] 제품이나 서비스 구매 후 불만 사항을 기록하는 양식
[warranty] 제품이나 서비스에 대한 보증서
[contract] 장비나 건물들의 임대 계약서나 특정 서비스 관련 계약서
[reimbursement form] 선 지출 또는 초과 지출한 출장 경비 등의 환급 신청서
[coupon] 구매 및 서비스 이용에 관한 할인 쿠폰이나 무료 쿠폰
[price list] 서비스나 제품 등의 가격 목록
[business card] 명함
[telephone message] 전화 메시지 메모
[sign] 표지판
[agenda] 안건 목록

LESSON 1 목적 또는 수신/발신인, 출처 등을 묻는 질문

Point

주로 신청서, 전화 메시지 메모, 일정 등에서 맨 처음 묻는 문제들로 주로 다음과 같은 사항을 묻는다.
❶ 문서가 작성된 이유, 목적, 용도 ❷ 수신자와 발신자의 정체(회사의 업종) ❸ 해당 문서 양식을 어디에서 확인할 수 있는지 출처
이 같은 유형은 주로 문서의 제목이나 주요 표(table), 또는 내용상 쉽게 구분할 수 있는 문제이다.

A 시험에 그대로 나온다! 목적이나 용도 및 수신/발신자의 업종을 묻는 질문 유형

□ 목적이나 용도
What is the **purpose** of the **sign**?
What can the voucher be **used for**?
Why did Mr. Markham **call/contact** Ms. Lopez?
Why will Ms. Joanna **submit** the **form**?

□ 수신/발신자의 업종
Where is Mr. Bench most likely **employed**?
What is Dalton?
What is indicated about Kim's Café?

일정 양식의 전개 순서
(1) 문서의 제목 √
주로 업체명이나 문서의 목적, 용도를 알 수 있다.
(2) 부가 설명 √
주소 등 수신자 및 발신자의 업체에 대한 기본적인 정보를 알 수 있다.
(3) 구체적인 사항 √
세부 항목이나 일정, 날짜, 시간, 수량, 품목 등의 내용이 표와 같이 구분하기 쉬운 형태로 기록되어 있다.
(4) 예외/부가, 수단/방법, 제안
마지막에 주의해야 할 사항이나 부가적인 공지나 제안 사항 등이 간단히 언급된다.

B 문서의 목적이나 용도 및 작성자의 업종을 알 수 있는 지문 속 빈출 표현 유형

Mr. Markham needs **to reschedule his meeting** with you. Mr. Markham씨가 당신과의 회의를 재조정하기를 원합니다.
If you are **requesting a parking access card**, please **fill out the information** below and **return it** to the security office by June 1st. 주차 허가 카드를 신청하시려면, 아래의 정보를 기입하시고 6월 1일까지 관리 사무소로 제출해주시기 바랍니다.
Voucher **good for one free admission** to Colorado **Museum** 콜로라도 박물관 1회 무료 입장 쿠폰

Ustar 출제포인트 시험에는 이렇게 나온다!

❶ 양식을 작성한 목적이나 등장하는 문서의 용도는 주로 지문의 굵고 큰 제목 부분이나 초반부의 글을 확인한다.
❷ 영수증(receipt)이나 송장(invoice) 등에 등장하는 품목을 통해 어떤 업체인지를 확인할 수 있다.

질문	What is indicated about Kim's Café? → 키워드인 Kim's Cafe에 대해 언급한 것이 무엇인지를 묻는 질문
본문	**Family owned** and operated (카페 이름 바로 하단에서 카페의 특색을 설명) 가족이 소유하고 운영하는
정답	It is **owned by a family**. 카페는 가족(일가)이 소유하고 있다.

☆ 질문의 키워드가 본문의 제목에 나와 있는 형태의 문제로, 보기의 키워드까지 확인해야 하는 문제 유형이다. 하지만 보기의 키워드인 owned by a family와 일맥상통하는 정보(Family owned and operated)가 제목 하단부에 바로 등장하기 때문에 금세 답을 확인할 수 있는 문제이다.

질문	Where is Mr. Bench most likely **employed**? → Mr. Bench가 어디에 고용되어 있는지 특정인의 직업, 직종을 묻는 질문
본문	Tuesday 10 AM–**Present** project-management **software** at Kimberly law firm. 화요일 오전 10시 – Kimberly 법률회사에서 프로젝트 관리 소프트웨어에 대한 발표를 하다.
정답	At a **software** company 소프트웨어 회사에

☆ 특정한 수신자와 발신자가 표기되어 있는 일정표에 수신자인 Mr. Bench의 일정에서 발표 내용을 확인하면 된다.

질문	What is Kalton? → 키워드인 Kalton의 업종을 묻는 질문
본문	Hammer / Nails / Sandpaper 망치 / 못 / 사포 (계산서 또는 송장에서의 품목명)
정답	A **hardware** store 철물점

☆ 송장이나 계산서에서 언급된 작성자(Kalton)의 업종은 목록에 나와 있는 품목인 망치, 못 등을 통해 철물점임을 알 수 있다.

Exercises

제한시간 2분(문제당 1분)

Test 1: Question 01 refers to the following invoice.

ORDER INVOICE

Brighton
4330 Nordstrom Rd.
Pheonix, NV, 89503
U.S.A.

Telephone: 417 715 3214
Fax: 417 715 3215
E-mail: orders@brightonstationers.com
Website: www.brightonstationers.ie

SHIPPING INFORMATION

Keith Michaels
710A Chips Tower
Las Vegas, NV, 89110
U.S.A.

Order Number: NV4456B83
Order Date: March 11
Invoice Date: March 15
Shipping Date: March 15

In This Shipment:

Product No.	Description	QTY	Total Cost	Ship Date
172	1300 Note Cards – 50 pack	2	$20	March 15
179	Golden Fish Greeting Cards – 50 pack	5	$50	March 15
351	Stars Writing Pad	3	$90	March 15
772	Zebra Ballpoint Pens	3	$18	March 15

01 What is Brighton?
(A) A computer software company
(B) A publishing company
(C) An office supplier
(D) A jewelry store

Test 2: Question 02 refers to the following survey form.

Dear Martin Wagner,

We here at DigiTech electronics would like to congratulate you on your recent purchase. We hope that you'll enjoy all the convenient features that all of our awards-winning products have to offer. To provide all of our customers with the best quality electronics, we would like to ask you to take a few moments to fill out the following survey. We greatly appreciate your efforts in helping us to improve our products and services.

Please take the time to fill out the following questions:
1. **Are you satisfied with the product?** unsatisfied ☐   satisfied ☑   very satisfied ☐
2. **How did you find out about our store?**
    television commercial ☐   printed ad ☐   word of mouth ☑
3. **Where did you buy the product?** store ☐   online ☑   catalog order ☐

As a token of our appreciation, we would like to offer a 10% discount on your next purchase here at DigiTech Electronics! We thank you and hope you'll have a wonderful day!

02 Why did Mr. Wagner complete the form?
(A) To apply for a position at the company
(B) To complete his purchase
(C) To provide the company with information
(D) To receive information about the company

▶ 정답 및 해설 p.180~181

LESSON 2 일정, 날짜, 금액, 수량 등의 구체적인 내용을 묻는 질문

Point

기타 문서에서 가장 많이 나오는 문제 유형으로 구체적인 대상(사람)이나 날짜, 일(행위), 금액, 수량, 장소 등을 묻는 문제이다. 이같은 유형은 주로 수신자와 발신자를 정확하게 확인한 다음, 문제와 관련된 수치나 날짜, 시간 등을 정확하게 파악해야 실수를 하지 않고 풀 수 있다.

A 시험에 그대로 나온다! 구체적인 수치나 정보를 묻는 질문 유형

□ 키워드 유형

When will Mr. Lee probably begin a telephone call?
How much will Mr. Gomez pay for?
For what seminar is Mr. Parkers registering?

□ 추론 유형

What is indicated about Ms. Siha?
What is NOT indicated by the receipt?
What activity is Not allowed?
What information does NOT appear on the 3?

일정 양식의 전개 순서

(1) 문서의 제목 ✓
주로 업체명이나 문서의 목적, 용도를 알 수 있다.
(2) 부가 설명 ✓
주소 등 수신자 및 발신자의 업체에 대한 기본적인 정보를 알 수 있다.
(3) 구체적인 사항 ✓
세부 항목이나 일정, 날짜, 시간, 수량, 품목 등의 내용이 표와 같이 구분하기 쉬운 형태로 기록되어 있다.
(4) 예외/부가, 수단/방법, 제안 ✓
마지막에 주의해야 할 사항이나 부가적인 공지나 제안 사항 등이 간단히 언급된다.

B 일정, 날짜, 금액, 수량, 행위 등의 구체적인 사항을 나타내는 지문 속 빈출 표현 유형

Thursday 4:00 PM – Interview McGuiness for sales consultant position
목요일 오후 4시 – 영업컨설턴트직에 McGuiness 면접

Queens Park arrival: 12:30 **layover:** 15 minutes **departure:** 12:45 퀸즈공원 도착: 12시 30분 경유: 15분 출발: 12시 45분

Do not disturb or collect plants or rocks. 식물이나 바위를 건드리거나 가져가지 마시기 바랍니다.

Ustar 출제포인트 시험에는 이렇게 나온다!

❶ 구체적인 수치나 날짜 등과 관련된 문제들은 키워드의 내용이 지문 전반에 걸쳐서 등장한다. 따라서 질문의 키워드를 바탕으로, 내용의 전개 상 지문의 어느 부분에서 문제를 풀 수 있는 단서가 나오겠는지를 예측 확인해 풀어야 한다.
❷ 추론 유형의 문제들은 보기의 키워드 내용이 어느 곳에 나올지를 예상하고 하나씩 확인해가면서 소거하라.

질문	Who will give a report on the number of visitors to the museum?
	→ 방문객 수와 관련된 리포트를 누가 제출할 것인지를 묻는 질문
본문	Speaker: Greta Langell 연설자: Greta Langell Topic: attendance figures 주제: 참석자 수
정답	Greta Langell 그레타 랭겔

☆ 질문의 the number of visitors를 본문에서는 attendance figures로 표현했다는 사실만 간파하면 쉽게 정답을 찾을 수 있다.

질문	What is suggested about the seminar? → 세미나에 대해 언급하고 있는 것을 묻는 추론 형태의 질문
본문	4:00-5:00 Completion of customer-satisfaction surveys 4시-5시 고객만족 조사 마무리
정답	Participants will be asked to evaluate the sessions. 참석자들은 교육을 평가하도록 요청을 받을 것이다.

☆ 세미나와 관련된 일정표에서 보기의 키워드 내용을 하나씩 확인해야 한다. 고객만족 조사가 있을 것이라는 일정에서 참석자들이 교육에 대한 평가를 할 것임을 알 수 있다.

질문	How much did the cold drink cost? → 차가운 음료는 얼마인가?
본문	1 iced tea $1.50 아이스티 한 잔 1달러 50센트 (영수증상의 수량과 품목, 가격)
정답	$1.50 1달러 50센트

☆ 질문의 키워드인 cold가 영수증상에 iced로 등장하여 가격을 쉽게 확인할 수 있다.

Exercises

Test 1: Question 01 refers to the following survey form.

> To ensure that we continue to live up to our promises, we ask you to give us your opinions in this simple survey. Your answers to the questionnaire will remain confidential and we will use the information to improve our ability to offer you good deals in the future.
>
> Please briefly respond to the following questions:
>
> 1. What product have you just purchased?
>   Dining room set ☐ Bed ■ Sofa or chair ☐ Table or desk ☐
>
> 2. How would you describe your satisfaction with the product?
>   very satisfied ■ satisfied ☐ unsatisfied ☐ very unsatisfied ☐
>
> Name: Joy Springs

01 What does Joy indicate about her new bed?
(A) She is very unsatisfied with it.
(B) She bought it through the web site.
(C) She shopped at the store with a friend.
(D) She is happy with her purchase.

Test 2: Question 02 refers to the following form.

Office-Depot

Bill to: Friendly Stationery
Attn: Samantha Cook
982 Marine Drive, Parksville, U.S.A.
Tel: 555-515-3425

Description	Amount ordered	Amount shipped	Cost/Box	Cost
desktop stapler-box of 2	15	15	6.00	90.00
medium ball point pen-box of 10	10	10	2.30	23.00
HB pencil-box of 12	10	10	1.80	18.00
B pencil-box of 12	50	0	1.80	0.00
Nathan diary refills	30	30	8.32	249.60
			Subtotal	$380.60
			Tax Rate	7%
			Shipping Charge	5.00
			Total	$412.24

02 What could not be delivered?
(A) HB pencil
(B) desktop staplers
(C) Nathan diary refills
(D) B pencils

LESSON 3 예외/부가 사항이나 수단/방법, 제안을 묻는 질문

Point

예외 사항이나 부가적으로 꼭 알아야 하는 주의 사항 또는 수단이나 방법 등을 제시하거나 정책 또는 의무 사항 등과 관련된 내용을 묻는 질문이다. 이러한 내용들은 보통 문서 제목 바로 뒤 또는 문서에서 가장 크게 차지하는 표 등의 부분이 끝나고 마지막에 note, remarks 등의 간단한 메모 형식으로 등장한다.

A 시험에 그대로 나온다! 예외/부가 사항이나 수단/방법, 제안을 묻는 질문 유형

□ 키워드 유형

What **restriction** is placed on the **coupon**?
What **should** Ms. Dunham **do if she wants to attend the event**?
What does the committee **recommend** that E&M do?
What **suggestion** is made **to employees** on the **second floor**?

□ 추론 유형

What is indicated about **the special offer**?
What is **NOT** mentioned **as a way to purchase** train tickets?

일정 양식의 전개 순서
(1) 문서의 제목
　주로 업체명이나 문서의 목적, 용도를 알 수 있다.
(2) 부가 설명
　주소 등 수신자 및 발신자의 업체에 대한 기본적인 정보를 알 수 있다.
(3) 구체적인 사항 √
　세부 항목이나 일정, 날짜, 시간, 수량, 품목 등의 내용이 표와 같이 구분하기 쉬운 형태로 기록되어 있다.
(4) 예외/부가, 수단/방법, 제안 √
　마지막에 주의해야 할 사항이나 부가적인 공지나 제안 사항 등이 간단히 언급된다.

B 예외 또는 부가 사항을 말하는 지문 속 빈출 표현 유형

Optional **contact information** (by providing this information, **you can receive special offers**)
연락 정보는 선택 사항 (이 정보를 제공하면, 특별 할인을 받으시게 됩니다.)
Full payment is due **within 30 days of shipment date**. 배송(일) 후 30일 이내에 전액을 지불하셔야 합니다.
Tickets can be purchased and printed **by accessing railway's web site and from vending machines** on station platforms. 티켓은 철도 웹사이트에 접속하여 구매하고 프린트할 수 있으며 역 플랫폼의 티켓 발권기에서도 구매할 수 있습니다.
Extra Special Offer: **If you call to schedule** a special summer cleaning **before June 30, we'll give you a coupon** ~. 추가 특별 할인: 6월 30일 이전에 특별 여름 청소를 전화예약하시는 분께는 쿠폰을 드립니다.

Ustar 출제포인트 시험에는 이렇게 나온다!

❶ 지문 하단에 제시된, 앞서 일정이나 표에서 예외가 되거나 꼭 알아야 하는 정책 사항들을 통해 질문의 키워드를 확인하라.
❷ 제안이나 정책적인 말들을 확인하라. 특히 if ~ 이하의 조건절이나 명령문 또는 please 형태의 문장 또는 you can/should/must 등의 상대에게 제안하는 표현을 확인하라.

질문	What does Mr. Park **ask** Ms. Warters **to do**? → Ms. Warters에게 요청하는 것이 무엇인지를 묻는 질문
본문	He wants to remind **you to fax the floor plan and measurements of your office** to him. 그는 당신이 평면도와 사무실의 수치를 그에게 팩스로 보내줄 것을 상기시켜드리고자 합니다.
정답	**Give** him **information about the size of her office**. ☆ Mr. Park(=He)이 measurements(측정치)를 보내달라고 하는 내용을 통해 사무실의 크기(size)에 대한 정보를 요청하고 있음을 알 수 있다.

질문	What does the committee **recommend** that E&M do? → E&M사가 무엇을 하도록 권유를 받았는지를 묻는 질문
본문	We **recommend** an increase in **funding for the development of our new and innovative products**. 저희의 혁신적인 신제품 개발에 대한 자금을 늘려주실 것을 제안합니다.
정답	**Invest in new product development** 신제품 개발에 투자하는 것 ☆ the committee(=We)가 수신자인 E&M사에게 권유(recommend)하는 내용으로, 신제품(new product)의 개발(development)을 위해 투자를 하라는 것(funding=Invest)을 확인할 수 있다.

질문	What is indicated about **the employees who have offices upstairs**? → 특정직원들에 관한 추론 유형의 질문
본문	**Employees** in these offices are **being asked to relocate for a few days** as the work progresses. 작업(공사)이 진행되는 관계로, 이 층 사무실 직원들은 며칠간 근무 장소를 옮겨야 할 것입니다.
정답	They **need to use other work areas** for a few days. ☆ 다른 공간에서 일을 해야 한다(need to ~)는 보기의 내용을 본문 후반부 are being asked가 포함된 문장을 통해 확인한다.

Exercises

제한시간 2분(문제당 1분)

Test 1: Question 01 refers to the following invoice.

On Back Order:

Product No.	Description	QTY	Total Cost	Shipping Date
507	Dalton & Co. Personalized Stationery-100 sheets	5	$200	April 23
508	Dalton & Co. Monogrammed Envelopes-100 count	5	$120	April 23

We guarantee 100% satisfaction with all of our products. If you are not pleased with our products, simply return the item with the enclosed form (we cannot take back personalized items). If you receive a damaged item, your return postage will be reimbursed. We have enclosed a copy of our latest product listings to help you choose products for your next order. You will notice that Stars Writing Pads (Item 351) are no longer available, because they have been discontinued.

01 What type of items cannot be returned?
   (A) Discontinued items
   (B) Personalized items
   (C) Opened items
   (D) Damaged items

Test 2: Question 02 refers to the following bill.

Past Due Balance	Customer No.	Service Dates	Notice Issued	Payment Required
$52.35	JK-20110742	4/1-4/25	4/30	5/15

The amount indicated as 'Past Due Balance' is currently four weeks overdue. To ensure continuing service, please forward the required amount by the required date. If payment is not received, a 10% penalty will be added to the overdue amount and service will be stopped.

Please disregard this reminder if full payment has already been made. Inquiries should be directed to Customer Service at 398-9021, Monday - Friday, 9 a.m.-6 p.m.

02 How should the customer respond if they already paid the bill?
   (A) Fax the information to customer service
   (B) Return the notice to the company
   (C) Telephone for a refund
   (D) Ignore the reminder

▶ 정답 및 해설 p.181~182

Additional Training
추론 유형 문제

추론문제와 Not 질문들은 토익 독해에서 가장 많은 부분을 차지하며 난이도가 높기 때문에 따로 연습을 해두어야 한다.

★ 추론 유형 실전 전략

1. 지문의 주제와 흐름을 파악하는 데 주력한다.

한 줄씩 번역하여 전체 지문을 이해하는 것이 아니라 한 줄마다 키워드만 잡아서 문단 단위로 빠르게 글을 Skimming한다.

2. 질문의 키워드를 파악한다.

suggested that, indicated that의 형태로 that을 동반하는 경우에는 that 이하의 내용이 질문의 키워드가 된다. 전치사 about, from, on 등을 동반하는 경우에는 전치사 뒤의 명사가 질문의 키워드임을 기억하자. 또한 지문 일부를 보고 정답을 찾을 수 있는 문제는 What can be inferred about ~?, What is suggested about ~? 등으로 전치사 뒤의 명사를 단서로 지문에서 해당 내용을 빠르게 Scanning하여 정답을 찾는다.

3. 질문의 키워드와 보기를 정리하여 지문에서 검색하라.

문제를 분석할 때는 우선 문제의 키워드와 보기 (A)~(D)를 정리하여 지문에서 검색하도록 한다. 분석이 끝난 후에는 지문에서 찾아놓은 정보들과 보기 (A)~(D)를 비교해 정답을 추려내야 한다. 보기의 내용이 어느 정도 지문의 내용과 일치한다 해도 보기 중 한 단어 때문에 오답이 되는 경우도 많으므로 주의해야 한다.

Ustar 출제포인트 시험에는 이렇게 나온다!

 Question 01 refers to the following memo.

Avant Engineering

To: Technical Staff
From: Darren Reese, President
Date: May 13
Subject: AE & BRS Collaboration

Dear Technical Staff,

I'm sure many of you remember the contract we signed with the Bureau of Road Safety (BRS) a year ago. Under the contract, we have provided consulting work on all of BRS's road construction projects. The contract expires at the end of May. So our management worked hard to secure the new contract with them. On April 16, our executive team had a meeting with BRS officials, and gave a great presentation with our new proposal, including a budget summary to reduce costs.

I am happy to tell you that on April 21, BRS has decided to make a new contract with us. We will be consulting BRS on five major projects they are planning on implementing for the next two years. On May 18, I will go over the overview of these projects with all of you. The meeting will be held in our conference room at 1 P.M. This is going to be a very important meeting, so everyone must attend the meeting.

Thank you for your hard work, especially for the past 12 months. During the last year, our clients almost doubled from fifteen to twenty-eight companies. Let's keep it up.

Darren Reese

---

01 What is indicated about Avant Engineering?
(A) Its president was recently hired.
(B) Its business has expanded.
(C) It works exclusively with BRS.
(D) It has offices in five major cities.

Ustar 문제풀이 고득점자는 이렇게 푼다!

문제 01은 다음 회람을 참조하세요.

Avant Engineering

수신: 기술직 직원들
발신: 사장 Darren Reese (A)
날짜: 5월 13일
제목: AE와 BRS와의 협력 건

친애하는 기술직 직원 여러분,

여러분들 중 많은 분들이 1년 전에 BRS와 체결했던 계약을 기억하실 거라 믿습니다. 계약서에 따라 우리는 BRS의 도로 공사 프로젝트에 대해 컨설팅을 제공해왔습니다. 이 계약은 5월 말일에 만료됩니다. 그래서 우리 경영진은 BRS와 새롭게 계약을 체결하기 위해 열심히 노력했습니다. 4월 16일에 우리 임원진은 BRS의 담당직원들과 회의를 하였고, 비용 절감 예산을 포함하는 새 제안서에 관한 프레젠테이션을 훌륭히 해냈습니다.

4월 21일에 BRS는 우리와 새 계약을 체결하기로 결정했다는 소식을 알리게 되어 기쁩니다. 우리는 향후 2년 동안 (C) BRS가 시행하려고 계획 중인 (D) 5개 주요 프로젝트에 대해 컨설팅을 하게 될 것입니다. 5월 18일에 저는 여러분 모두와 함께 이 프로젝트들의 전반적인 내용에 관해 검토할 것입니다. 오후 1시 컨퍼런스 룸에서 회의를 열 예정입니다. 이는 매우 중요한 회의가 될 것이므로, 빠짐없이 모두 참석하셔야 합니다.

열심히 일해 주셔서 감사드립니다. 특히 지난 12개월 동안 말이죠. (B) 지난 해 우리 고객은 15개사에서 28개사로 거의 두 배 가까이 증가하였습니다. 계속해서 열심히 해봅시다.

Darren Reese

---

01 Avant Engineering사에 대한 사실을 나타내고 있는 것은?
 (A) 이 회사의 사장이 최근에 임명되었다.
 (B) 이 회사의 사업이 확장되었다.
 (C) 이 회사는 BRS와만 일을 한다.
 (D) 이 회사는 5개 주요 도시에 사무실을 가지고 있다.

Step 1_질문의 키워드를 파악한다.

추론 유형의 문제로 질문의 키워드는 Avant Engineering이다. 하지만 Avant Engineering은 이 회람의 헤드 부분으로 회사명이다. 즉, 구체적인 행위나 대상에 대한 키워드가 아니기 때문에 전체 지문에서 보기의 내용을 하나씩 정확하게 확인해가면서 풀어야 하는 문제이다.

Step 2_보기를 정리하여 지문에서 검색하라.

(A) Its president was recently hired. ➡ 키워드는 president와 recently hired이다.
본문에서 president를 찾아 최근에 고용되거나 임명이 되었는지를 확인해야 한다. 지문 첫 부분에 이 회람을 보낸 사람이 사장임을 알 수 있지만 새로 고용되거나 임명받았다는 내용은 찾아볼 수 없다. 만약 이러한 내용이 정답이 되려면, 새로운 사장의 취임을 알리는 내용이 제목(Subject)으로 나왔을 것이다.

(B) Its business has expanded. ➡ 키워드는 business와 expanded이다.
마지막 단락에서 직원들에게 감사의 인사를 하면서 고객이 두 배로 늘었다(During the last year, our clients almost doubled ~)는 내용이 등장한다. 이를 통해 사업이 확장되어가고 있음을 알 수 있다.

(C) It works exclusively with BRS. ➡ 키워드는 exclusively와 BRS이다.
실제 AE사는 BRS와 계약이 만료되고 다시 2년 동안의 새로운 계약을 체결한 것은 맞지만 마지막 단락에서 지난 해 동안 clients가 15개사에서 28개사로 늘었다(our clients almost doubled from fifteen to twenty-eight companies)는 내용으로 보아 BRS와만 일을 하는 것(works exclusively)은 아니라는 것을 알 수 있다.

(D) It has offices in five major cities. ➡ 키워드는 offices와 five major cities이다.
두 번째 단락의 five major라는 표현만 보고, 섣불리 정답으로 선택해선 안 된다. 지문에서는 5개의 주요 프로젝트들(five major projects)에 관해 말하는 것이지, 5개 주요 도시에 사무실을 가지고 있다는 내용에 관한 언급은 없다.

Exercises

Question 01 refers to the following advertisement.

Attention Corporate World subscribers!

You can register your email address and get the latest financial news every Tuesday morning. You will receive the best information in the financial world you've been getting from Corporate World magazine each month, but you don't have to wait 30 days. Choose five topics you are interested in the most, and you will receive excellent articles on those topics through your email every week. This service is only available to Corporate World subscribers.

It is very easy to register. First, visit www.corporateworld.com. Click Register for E-mail service, fill out the information, and choose your five favorite topics. You can change those topics at any time. You can view and update your information on this Web site.

Corporate World

01 What is indicated about the advertised service?
(A) It is intended for subscribers of a magazine.
(B) It will become available in 30 days.
(C) It is already very popular among business professionals.
(D) It is the first in a series of new services being offered.

Questions 02-03 refer to the following information.

Thank you for purchasing Beta II Air Printer. With this printer, you can print documents, send faxes, and scan pictures. In the box, you will find a user's manual, a CD, an instruction guide, a printer cable, and two ink cartridges. You may order ink cartridges through our online store.

When you register your product online at www.beta2.com, you can receive updates, get online help, and receive discount coupons for ink cartridges.

Notes: The Beta II Air Printer comes with a one-year warranty. If you have any questions or problems using this product, call our technical support team or you can visit our Web site and make an appointment. One of our trained technicians will go out to your location and fix the product at no cost. If you would like to extend the warranty of your product, you may purchase one additional year of coverage. For more information, please visit our Web site or call us at 800-574-2646.

02 What is stated about the Beta II Air Printer?
    (A) It can be used to send faxes.
    (B) It is available in a variety of colors.
    (C) It is lighter than other Beta II printers.
    (D) It has a five-year warranty.

03 What is NOT mentioned as a reason to visit the Beta II Web site?
    (A) To order an ink cartridge
    (B) To schedule an appointment
    (C) To request an updated user guide
    (D) To register a recent purchase

Question 04 refers to the following advertisement.

Got music, Jersey?

Starting on November 3rd, tune in for DJ Vibe, the new host for our beloved music program, Hot Tracks. From 7 to 9 PM, DJ Vibe will be playing the latest hits every day for everyone in New Jersey who enjoys listening to music while driving. Other than pop music, DJ Vibe will also introduce various genres of music that most people are not familiar with. He is confident that he will widen the range of music your ears can handle! As a close friend of famous music composer Quincy Ingram, he will present remix versions of old songs that they will be working on as time progresses. Also, please don't forget that Channel MRS-FM switched from 97.1 to 100.3. So crank up your volume for DJ Vibe and experience what true music is all about!

For more information about the program, please log into www.chmrs.com/hottracks.

04 What is indicated about Quincy Ingram?
(A) He lives in New Jersey.
(B) He was the former program host.
(C) He is a songwriter.
(D) He owns Channel MRS-FM.

Questions 05-07 refer to the following e-mail.

From	Anna Lim
To	Ben Wallace
Subject	Peterstown Information
Date	June 16

Dear Mr. Wallace,

For everyone who will be attending Newman's Solar Energy Conference, we have made a list of places worthy of visit in Peterstown. Below are some of the locations we recommend you to pay a visit.

• Near the bronze statue in the center of Petersburg, there is small road where the some historical buildings still stand. Of these old buildings, there is an old pub called Brown Jugs. This pub has a two-hundred-year long tradition, serving some of the exotic flavored beer. Also, they serve one of the best hot dogs and burgers in town, so keep that in mind as well.

• If the weather's good, you must check out Edwin Greens Park. All you have to do is take a short bus ride from the hotel. This large park accommodates exciting events such as festivals and carnivals during evenings, so you wouldn't want to miss them while you are here in Petersburg.

• Stop by Orange Beach and take a walk on the boardwalk. There are many shops that sell unique items along the boardwalk, so you may want to try a few shops whenever you feel a little tired.

If you want to find out more about Peterstown, our tourist information center is only a few steps away from Open Valley Hotel of where you are staying, so please stop by when you are free. Thank you.

Anna Lim

Town Promotor

05 What is indicated about Mr. Wallace?
(A) He and Ms. Lim are good friends.
(B) He plans to move to Peterstown.
(C) He works in a travel agency.
(D) He is scheduled to go to a conference.

06 What is indicated about Edwin Greens Park?
(A) It is a shopping center.
(B) It is the site of the bus station.
(C) It is closed on rainy days.
(D) It is close to the hotel.

07 What is NOT mentioned in the e-mail?
(A) Information about an eatery
(B) Advice about finding accomodations
(C) Directions to place of historic interest
(D) Suggestions about good places to shop

▶ 정답 및 해설 p.182~184

Single Passage Practice Test

Part 7

Directions: In this part, you will read a selection of texts, such as magazine and newspaper articles, letters, and advertisements. Each text is followed by several questions. Select the best answer for each question and mark the letter (A), (B), (C), or (D) on your answer sheet.

Questions 153-154 refer to the following e-mail.

From	Nancy Myers<nmyers@acstats.com>
To	Gary Elmer<gelmer@precision.com>
Subject	Customer Survey
Date	February 9th

Dear Mr. Elmer,

Our team has just completed compiling the data from Precision customer surveys. I have attached the raw data and our analysts' interpretation of the data. Briefly, the survey shows that your valuable customers like the accuracy and design of your watches. Many respondents commented that their watches always showed the correct time, and some of them owned it for more than several years. However, some customers were not pleased with your website. They had a hard time finding the information they were looking for. You will find our analysts' recommendations very helpful. I'll be more than happy to answer any of your questions. You are welcome to call me at any time.

Sincerely,

Nancy Myers, President
A. C. Statistics

153 What is the purpose of the e-mail?
 (A) To announce a discount on watch prices
 (B) To summarize a set of data
 (C) To promote a new type of watch
 (D) To apologize for giving the wrong information

154 According to the e-mail, why do customers like Precision watches?
 (A) They are reliable.
 (B) They are waterproof.
 (C) They are inexpensive.
 (D) They are handmade.

Questions 155-156 refer to the following postcard.

Bright Future Visions

Address: 552 Lawrence Ave.   876 Markham Rd.
Jackson, NM 48384   St. Clair, NM 48295
Call: 857-268-9275   857-268-7264

This is a reminder that your last eye exam was 12 months ago today.

We recommend that you have your eyes checked at least once a year for good eye health.

We have four qualified doctors to take care of your eyes. Give us a call to set up your next appointment.

We look forward to seeing you soon!

Mr. Adam Rogers
54 Turnbull Road
St. Clair, NM 48197

155 What is Mr. Adam Rogers being asked to do?
(A) Make an appointment
(B) Visit the office
(C) Try a new product
(D) Reschedule an eye exam

156 What is indicated about Bright Future Visions?
(A) It sells eyeglasses.
(B) It offers early-morning appointments.
(C) It has been open for only one year.
(D) It has more than one location.

Questions 157-158 refer to the following e-mail.

From	hr@goldenbooks.com
To	staff@goldenbooks.com
Subject	Annual Dinner Party
Date	October 5th

All staff members,

We've mailed an invitation to our annual dinner party this morning. This year's event is going to be at Oakville Community Center on October 18th at 7 p.m. Many of you are excited to attend the party, and have had some questions already, so let me clarify a few details.

— Awards will be given to employees of the year at the party.

— Shuttle bus transportation will leave from the parking lot of this building to the community center. The bus will depart at 6:30 p.m. The shuttle bus will make a return trip leaving at 10:00 p.m.

— If you are driving, please find the attached directions to the community center.

Have a nice day!

April Conners
Human Resources

157 What is the purpose of the e-mail?
(A) To announce the award winners
(B) To explain information about an event
(C) To define the requirements for employee awards
(D) To explain changes to the shuttle bus schedule

158 Where will the shuttle bus drop off employees after the event?
(A) At the transportation office
(B) At a community center
(C) In downtown Oakville
(D) In a parking lot

Questions 159-161 refer to the following agenda.

Ryerson Art Gallery Executive Board
Summer Meeting Agenda, August 11th

Location: Ryerson Hotel, Conference Room A
Lunch: 12:00 P.M. - 1:00 P.M. Ryerson Hotel's Sunset Dining Room

TIME	SPEAKER	TOPIC
1:00 - 1:30 P.M.	David London, Chief Financial Officer	Budget status
1:30 - 2:00 P.M.	Nate Mercado, Marketing Manager	Midyear attendance figures
2:00 - 2:30 P.M.	Nora Brown, Exhibitions Manager	Introducing upcoming exhibits
2:30 - 3:00 P.M.	Lacy Norton, Education Programs Manager	Proposals for expanding school outreach programs
3:00 - 3:15 P.M.	Ian Paisley, Museum President	Nominating candidates for next year's board chairperson position

159 What is stated about the meeting?
(A) The new chairperson will oversee it.
(B) A meal will be available to those who attend it.
(C) It will be held in the gallery's conference room.
(D) It will be open to all gallery employees.

160 Who will give a report on the number of visitors to the museum?
(A) David London
(B) Nate Mercado
(C) Nora Brown
(D) Ian Paisley

161 What is implied about the gallery?
(A) Its income has exceeded expenses so far this year.
(B) It is seeking more funding for new exhibits.
(C) It provides educational programs for students.
(D) Its president will resign in the near future.

Questions 162-164 refer to the following e-mail.

From	<service@capitalone.com>
To	<abaker@presario.com>
Subject	Capital One New Account Notification
Date	June 21st

Dear Mr. Baker,

We are happy to inform you that your Capital One account application and your deposit of $6,000 have been processed. You will receive $50 as an account-opening bonus for customers who make initial deposit of more than $5,000. It will be deposited to your account on the last day of this month.

In the attached file, you will find your temporary password to access your account online. You can check your account balance, make payments, and transfer funds from our website. In order to log in to our website, you must activate your password first. You can do that by calling our customer service at 472-574-5342 from your residential phone. You must activate your temporary password within ten days upon receipt. If not, the temporary password will no longer be valid, and you must get a new temporary password by visiting one of our offices. Once you activate your password, and log into our website, you are required to make a new password by simply following three easy steps.

We sincerely thank you for opening an account with us. If you have any questions, please don't hesitate to call our customer service. Our customer service representatives will be happy to answer your questions.

Capital One Customer Service

162. What is the purpose of the e-mail?
 (A) To explain an error in an account
 (B) To provide details about credit applications
 (C) To inform a client of the status of an account
 (D) To announce a change in the deposit process

163. What is the requirement for receiving a bonus?
 (A) Calling the customer service department from a residential phone
 (B) Opening an account with a specified minimum deposit
 (C) Keeping a new account open for an agreed-upon length of time
 (D) Setting up two or more accounts at the same time

164. What is Mr. Baker instructed to do?
 (A) Activate a password
 (B) Transfer funds to an account
 (C) Respond to the e-mail
 (D) Make payments online

Questions 165-168 refer to the following notice.

Rexdale Company
Spring Training Seminars are just around the corner!

Every year our human resources department puts together great training seminars. The goal of these seminars are to help our employees excel in what they do. All employees who started working on or after February 1st must attend at least three sessions. The rest must attend at least one session. Please be reminded that all employees must attend the April 19th session. Seminars, scheduled to take place in the Johnson Hall, are as follows:

Seminar 1: New Company Rules
Lance Davids, Presenter - Human Resources
Monday, April 19: from 10:00 A.M. to 12:00 P.M.

Seminar 2: Customer Surveys
Christy Lee, Presenter - Marketing
Tuesday, April 20: from 10:00 A.M. to 11:30 A.M.

Seminar 3: Global Trends
Carrie Windsor, Presenter - International Sales
Wednesday, April 21: from 1:30 P.M. - 3:00 P.M.

Seminar 4: Effective Communications
Roy Sandell, Presenter - Customer Service
Thursday, April 22: from 3:00 P.M. - 4:30 P.M.

You will be asked to fill out a short survey after each seminar. Your feedback will help the human resources department in planning future seminars.

Note: You must register at least seven days before the seminar date. Visit our Web site to read sign-up instructions and training sessions for the summer by clicking the event calendar. You can also view relevant resumes of the presenters and what you can expect from those seminars. If you have any questions regarding the upcoming seminars, please contact the human resources department.

165. What is the purpose of the notice?
    (A) To introduce new division directors
    (B) To survey employees on training quality
    (C) To reserve meeting rooms in the Johnson Hall
    (D) To inform staff about upcoming events

166. What is stated about registration?
    (A) It must be submitted at least a week in advance.
    (B) It must be completed by February 1.
    (C) It will be held in the Johnson Hall.
    (D) It has to be approved by presenters.

167. Who most likely is an expert on doing business with foreign companies?
    (A) Lance Davids
    (B) Christy Lee
    (C) Carrie Windsor
    (D) Royy Sandell

168. What information is NOT available on the Web site?
    (A) Registration for sessions
    (B) Department goals
    (C) Career profiles
    (D) Future staff training opportunities

Questions 169-172 refer to the following article.

What's Happening This Week?

Saturday, September 15th, 2:00 P.M. - 4:00 P.M. Adler's Bookstore, 472 Tension Road, Wimber, will invite writer John Casey for a reading and book signing. Mr. Casey is going to read from his latest novel *Autumn Leaves*. After the reading, he will take questions from the audience. He will sign copies of his books from the booth next to the information desk where his books are on display. Adler's Bookstore has been inviting local authors in the Greater Wimber area for lectures, writing workshops, readings and other events. Mr. Casey is a graduate of the University of Wimber, where he majored in English Literature. This is Mr. Casey's first public appearance in Wimber.

169 What most likely is Mr. Casey's profession?
(A) Journalist
(B) Bookstore manager
(C) Novelist
(D) Professor

170 What is NOT mentioned as part of the event on September 15?
(A) A book reading
(B) A question-and-answer session
(C) A book signing
(D) A writing workshop

171 According to the article, what is located next to the information desk?
(A) Books written by Mr. Casey
(B) A list of newly published novels
(C) Photographs of the Greater Wimber area
(D) Copies of the bookstore's event schedule

172 What is indicated as a reason for Mr. Casey's bookstore appearance?
(A) He specializes in Wimber history.
(B) He attended university in Wimber.
(C) He is an acclaimed speaker.
(D) He has led programs at the bookstore before.

Questions 173-175 refer to the following letter.

Office Depot

April 24th
Scott Taylor
Procurement Department
H&K Production Co.

Dear Mr. Taylor,

We have enclosed the items for H&K Productions's order of office supplies for this month.

The order includes:
- 25 cases of printing paper with company logo
- 300 5x7 envelopes with company logo
- 25 three-ring binder with company logo

The quantity of the order was based on the contract you agreed in March. You will continue to receive the same quantity of items shown above by the twenty-fifth day of every month until the end of the calendar year. If you would like to renew the agreement with us for the next year, please let us know in December.

Your next order will be delivered by May 25th. If you want to change the items or quantity of your orders, call our customer service at (425) 518-5723. Let us remind you that we offer special discount rates when you increase your order quantity. Once the order has been placed to the printer on the 14th day of the month, changes cannot be made, and refunds will not be issued.

Thank you for your business.

Sincerely,

Matthew A. Weir

173 What is the purpose of the letter?
(A) To request payment for an order
(B) To confirm the contents of a delivery
(C) To change the terms of an agreement with a customer
(D) To propose a new design for a company logo

174 What is indicated about H&K Production's April order?
(A) It arrived late due to a printing problem.
(B) Mr. Taylor received a discount for placing it in March.
(C) It contains items that Mr. Taylor added to the order by telephone.
(D) The quantity of items has not changed from the previous month.

175 According to the letter, what is offered by Office Depot?
(A) A refund for any unused product that is returned
(B) Delivery of Mr. Taylor's next order by the fourteenth day of the month
(C) A discount on items that are ordered in larger quantities
(D) Automatic renewal of Mr. Taylor's agreement with the company when the year ends

Questions 176-180 refer to the following advertisement.

You are invited to the grand opening of Cloverland Apartment this Friday, Saturday, and Sunday—September 23, 24, and 25—to have a tour of one of the best residential complexes in town!

There will be guided tours of the complex on Friday from 5 P.M. to 7:30 P.M. and on Saturday and Sunday from 9 A.M. to 4 P.M. Plus, there will be a celebration for our Grand Opening on Saturday from 11 A.M. to 2 P.M. with refreshments, live bands, and door prizes.

So, come and have a good time as you walk around this beautiful apartment complex located on top of the hill overlooking Deep Creek Lake. There are several walking paths that take you to a lake where you can have a picnic, and there is a clubhouse right at the water's edge. The complex is so quiet that you will feel like you are out in the countryside, but you can go shopping, visit museums and enjoy city life in Motgomery's downtown within a few stops by train.

There are two, three, and four-bedroom apartments to choose from. All apartments contain with spacious gourmet kitchens with top of the line kitchen appliances. All floors are made of hardwood, and a storage room is optional. When you want to eat out, you can enjoy fine dining at Martin's, Cloverland's on-site restaurant. Martin's is open 24 hours a day, seven days a week.

You have an option of leasing these beautiful apartments for either one or two years. When you lease before September 30th, you will receive $250!

If you are interested in Cloverland, and want more information, please visit our Web site at www.cloverland.org.

176 What is being advertised?
   (A) The expansion of a city park
   (B) A tour of a gallery
   (C) A new apartment complex
   (D) A kitchen supply store

177 When will the party be held?
   (A) On September 23
   (B) On September 24
   (C) On September 25
   (D) On September 30

178 The word "right" in paragraph 3, line 3, is closest in meaning to
   (A) exactly
   (B) correctly
   (C) on one side
   (D) without delay

179 What is NOT listed as a feature of Cloverland?
   (A) Places to walk
   (B) Large Kitchens
   (C) A swimming pool
   (D) A restaurant

180 What is offered to individuals who sign an agreement before September 30?
   (A) A discounted meal at Martin's
   (B) An invitation to a picnic
   (C) A ticket to a museum
   (D) A cash reward

Double Passage
복수 지문

Chapter 7

복수 지문(Double Passage)

★ **복수 지문은 상호 연관 키워드를 찾아라!**

독해 파트에서는 맨 마지막에 5문제씩 한 세트로 두 개의 지문이 동시에 등장한다. 첫 번째 등장한 지문이 주(主)가 되어 두 번째 지문이 따라오는 형태이다. 먼저 단일 지문 문제와 동일하게 풀되 두 개의 지문을 봐야 할 경우에는 서로 연관된 키워드를 찾아가면서 푸는 것이 중요하다.

★ **복수 지문 문제의 2가지 유형**

1. 단일 지문(single passage) 문제 유형	두 개의 지문이 등장하더라도 단일 지문과 같이 하나의 지문만으로 풀 수 있는 유형 1이 3~4문제가 등장하고 두 개의 지문에서 연관 키워드를 검색해야 풀 수 있는 유형 2는 1~2문제 정도 출제된다.
2. 두 개의 지문에서 연관 키워드를 검색해야 하는 문제	

≫ 두개의 지문에서 연관 키워드를 검색하는 문제는 주로
(1) 날짜, 수치, 색, 사람의 이름 등 시각적으로도 쉽게 확인할 수 있는 단어를 연관 키워드로 하여 정답을 골라낼 수 있는 유형
(2) 질문의 키워드를 중심으로 첫 번째 지문에서 연관 키워드를 잡고 나머지 지문에서 연관 키워드를 찾아 정답을 골라내는 유형
(3) 키워드를 중심으로 보기 (A)~(D)의 내용들을 두 개의 지문에서 하나씩 꼼꼼하게 확인해야 하는 유형

★ **두 개의 지문 관계**

유형 1	유형 2	유형 3
지문 1. 편지/이메일 주문, 지원, 문의, 요청, 초청 등에서 특정 상대방의 회답을 요구하는 유형의 지문이 주로 등장한다.	**지문 1. 광고(구인, 상품, 여행), 기사, 평가서, 리포트** 수신인이 불특정 다수를 대상으로 하는 지문으로 주로 신문, 게시판 등에서 볼 수 있는 광고나 공지들이 등장한다.	**지문 1. 편지/이메일** 주문, 지원, 문의, 요청, 초청, 통보, 확인 등의 서신이 등장한다.
지문 2. 회신 편지/이메일 첫 번째 지문에 대한 회답으로 수락, 동의, 거절, 감사, 평가 등의 내용이 등장한다.	**지문 2. 응답 편지/이메일** 공지나 광고를 보고 개인 또는 불특정인(단체)으로부터의 문의, 요청, 신청, 지원 등의 회신이 등장한다.	**지문 2. 첨부 문서** 첫 번째 지문에 대한 좀 더 세부적인 사항들을 언급한 첨부 서류로, 주로 견적서, 일정, 송장, 기타 신청서 양식 등이 등장한다.

★ **복수 지문 유형 문제의 기본 전략**

전략 1. 두 지문의 유형과 상황을 파악하라.
　　지문간의 발신자와 수신자 혹은 주제와 목적을 통해 두 지문과 관련된 상황을 인지하면 문제를 푸는 데 많은 도움이 된다.

전략 2. 두 개의 지문 중에 어떤 지문을 봐야 할지를 확인하라.
　　질문에서 행위의 주체로 등장하는 사람 이름이나 회사 이름이 나오게 되면 행위의 주체자가 작성한 지문을 먼저 확인하라.

전략 3. 단일 지문만으로도 풀 수 있는 문제를 먼저 풀어라!
　　단일 지문으로 해결할 수 있는 문제는 5문제 중에 3~4문제가 출제된다. 시간을 절약하기 위해서는 단일 지문만으로 풀 수 있는 문제를 먼저 푸는 것이 유리하다.

전략 4. 해당 키워드와 함께 두 개의 지문을 연결시킬 수 있는 연관 키워드를 찾아라.
　　두 개의 지문을 다 보고 풀어야 하는 문제는 보통 1~2문제 정도이다. 질문에 나와 있는 키워드가 하나의 지문에서만 확인이 되는 반면, 보기의 정답이 될 수 있는 내용은 다른 지문에 등장하는 경우가 많다. 첫 번째 지문에서 내용을 정확히 확인하여 두 번째 지문과 연관된 또 다른 키워드를 찾아내는 것이 관건이다.

LESSON 1 단일 지문만으로도 풀 수 있는 유형

Point

단일 지문 유형의 문제는 5문제 중에 3~4문제가 등장한다. 지문이 두 개씩이나 나온다고 해서 지레 겁먹지 말고 한 문제씩 차분하게 풀어가면 된다. 무엇보다도 질문에서 제시된 키워드를 중심으로 정답의 위치를 확인한다. ❶ 질문에서 언급된 특정 지문 또는 ❷ 질문에 등장하는 회사나 사람 이름이 발신자로 나온 문서를 먼저 확인하여 키워드의 내용을 파악한다.

A

시험에 그대로 나온다! 단일 지문만으로도 풀 수 있는 질문 유형

□ 주제나 목적
What is the **purpose** of the note?
Why did Mr. Thomson **contact** Mr. Denver?

□ 구체적인 키워드 유형
When can museum **visitors** see an **exhibit** items of clothing?
What is **suggested** about **Ms. Perez**?
What is **NOT** included on **the schedule**?

□ 제안, 요구, 요청, 수단, 방법
What does Ms. Amie **ask** Mr. Melder?
How will Ms. Cohen most likely **respond to** Ms. Chevelet's inquiry?

단일 지문 문제 유형의 특징
(1) 문서의 주제나 목적을 묻는 문제 √
  등장하는 문서의 유형별로 주제나 목적은 문서의 제목이나 초반부에서 쉽게 확인할 수 있다.
(2) 구체적인 사항 √
  세부적인 항목이나 일정, 날짜, 시간, 또는 제3자나 특성 행위와 관련된 키워드 내용을 확인하는 문제 유형이다.
(3) 미래 상황 또는 문의, 제안, 수단, 방법, 요구, 요청 √
  주로 문서의 후반부에서 제안이나 조건 등의 표현으로 등장한다.

Ustar 출제포인트 *시험에는 이렇게 나온다!*

❶ 단일 지문만으로 풀 수 있는 문제는 질문에서 해당 지문을 언급해준다. 질문에서 특정 지문을 언급하여 확인할 수 있으며, 질문에 등장하는 회사나 사람의 이름이 발신자로 나온 문서를 먼저 확인하고 키워드의 내용을 파악한다.
❷ 해당 문제의 유형에 따라 키워드를 중심으로 정답의 위치를 확인하라.

질문	**What** is the subject of the **advertisement**? → 광고의 대상을 묻는 질문: 광고 지문 상단부
본문	**Noranda center in Perth offers a unique and inviting atmosphere for all type of events from business meetings to social gatherings.** Perth에 있는 Noranda center는 업무 회의부터 친목 모임까지 모든 형태의 행사를 위해 독특하고 매력 있는 환경을 제공합니다.
정답	**A rental facility** 임대 시설 ☆ 두 개의 지문 중에 광고 지문만을 확인한다. 광고의 목적이나 대상은 본문의 초반부 '모든 종류의 행사를 위한 독특하고 매력 있는 분위기, 환경을 제공한다'는 내용에서 모임 공간이나 시설을 임대해주는 것임을 알 수 있다.
질문	**Why** was the **memo sent**? → 회람을 보낸 목적을 묻는 질문: 회람 지문 상단부
본문	**Below** are **dates for the annual safety seminars**, which will be facilitated again this year. 아래는 연례 안전 세미나 일자들입니다. 올해 다시 가능한 날짜입니다.
정답	**To provide a safety-seminar schedule.** 안전 세미나 일정을 전달하기 위해 ☆ 두 지문 중에 회람을 확인한다. 회람을 보낸 목적은 초반부에서 안전 세미나의 날짜를 제시하고 있으므로 세미나에 대한 일정을 알려주기 위함임을 알 수 있다.
질문	**What** will **happen** on **February 20**? → 2월 20일에 어떤 일이 있을지를 묻는 질문: 미래/지문 하단부
본문	Tuesday / **February 20** 10:00 AM - 12:00 PM **Administrative support** 2월 20일 화요일 오전 10시-오후12시 행정지원팀
정답	**The administrative support** team will receive **training**. 행정지원팀이 교육을 받을 것이다. ☆ 두 지문 중에 날짜와 함께 등장한 트레이닝 일정을 확인한다. 2월 20일에 트레이닝이 계획되어 있으므로 행정지원 (administrative support) 팀과 관련된 내용이 정답임을 알 수 있다.
질문	**What are employees asked** to do **before leaving** work on **Friday**? → 직원들이 금요일 퇴근 전에 해야 하는 일을 묻는 요청 사항 관련 질문: 요구/지문 하단부
본문	Therefore, **please do not shut down** your **computer** when going home on **Friday**. 그렇기 때문에, 금요일에 귀가하실 때는 컴퓨터를 끄지 마시기 바랍니다.
정답	**Leave their computer on.** 컴퓨터를 켠 채로 놔두시오. ☆ 두 지문 중에 직원들에게 보내는 공지를 확인해야 한다. 해당 지문의 후반부에서 please ~ 등의 표현을 통해 컴퓨터를 끄지 말라(not shut down)는 요구 사항을 확인할 수 있다.

Exercises

제한시간 2분(문제당 1분)

Test: Questions 01-02 refer to the following article and email.

FOR IMMEDIATE RELEASE

LBST Names New President

Contact: Freddie Kidd
Telephone: (02) 4589-0909
e-mail: fredkidd@smi.com

Sydney, 15 July - Lucas Business Support Team (LBST), a leading maker of adhesive products, today announced the promotion of Celina Knowles to the position of president of the company. Effective on September 9, Celina Knowles will assume responsibilities for ensuring that all lines of business within the company are running efficiently and within the budget.

"This news is not a surprise to all of us at LBST. Ever since she joined our company, we knew she was going to be a valuable asset," said Ernest Langley, CEO of LBST. He also added that she has been one of the key members in helping the company expand into new areas of business. "She has received many awards from the company since she joined LBST 6 years ago. Those awards prove the dedication she has for this company," Mr. Langley added. Celina Knowles will be succeeding Lionel Jackson who will be retiring at the end of July.

Ms. Knowles began her business career twenty seven years ago at Bison Innovative Tech. Before joining LBST, she was a sales manager at Sendo Electronics. She received her MBA from Kellogg School of Business. In her spare time, she enjoys playing golf, going to concerts, and gardening.

From: Melissa Buckner <melissabuckner@sendoelec.com>
To: Celina Knowles <celinaknowles@lbst.com>
Subject: Moving on up
Date: July 29

Dear Celina,

I was so pleased to read about your most recent professional milestone. For someone who has seen your skills and the knowledge of the field, it was really no surprise for many of us. It was just a matter of time, and now is the right time.

I will attend a week-long trade workshop in Wellington, and as soon as it's over, I'm flying to Perth on the invitation of my daughter. The day I arrive in Perth is the day you start your new position. I know you are going to be very busy getting used to your new role. I'll be in town for at least ten days, so I'm sure we can find a time to do lunch or dinner. I remember our weekly lunch meetings at Kenny's Diner. I still go there once in a while.

On behalf of everyone here at Sendo Electronic's Shanghai office, we wish you luck for your continued success. We know you are going to do great in your new position as you always have throughout your career, especially with your years with us at Sendo Electronics.

Melissa Buckner
Director of Human Resources
Sendo Electronics

---

01 Why did Ms. Buckner write to Ms. Knowles?
(A) To inform her about recent events at Sendo Electronics
(B) To ask her to participate in a professional gathering
(C) To congratulate her on her new appointment
(D) To request her assistance in solving a problem

질문에서 언급된 사람 이름이 가장 중요한 키워드이다. 질문에 사람 이름이 나오는 경우에는 그 사람이 서명한 문서에 답이 있다. 따라서 답은 두 번째 지문에 있는데, why/purpose 문제는 보통 지문 도입부에 답이 나온다.

02 What is suggested about Lucas Business Support Team in the article?
(A) LBST is a leading maker of adhesive products.
(B) They announced the promotion of Lionel Jackson to the position of president.
(C) The company expands into the Asian market.
(D) LBST was established 6 years ago.

추론 문제(suggest, imply, indicate, true 등)는 (A)~(D)를 본문 중에서 하나씩 찾아 확인하고 오류를 제거하여 정답을 남겨야 한다. (B) Lionel Jackson, (C) Asian market, (D) established 등의 오류를 제거하는 것이 관건이다.

▶ 정답 및 해설 p.191~192

LESSON 2 단일 지문만으로 해결되는 난이도 유형 문제

Ustar 출제포인트 시험에는 이렇게 나온다!

Questions 01-02 refer to the following menu and restaurant review.

Joe's restaurant
Lunch Menu
Served Tuesday – Friday
11:00 A.M. – 3:30 P.M.

Main Dish
(Served with a side of fried sweet potatoes.)
Joe's egg salad ························· $20.00
KIMBERLY'S pimento cheese ··········· $16.50
The Lexington ························· $17.50
The hill country ························ $13.00
Chicago country-fried steak ············ $14.00
The Pa'boy ···························· $16.50

Side Dishes
Fried green tomatoes ·················· $5.50
Creamed corn ························· $4.00
Steamed leafy vegetables ·············· $5.00
Black-eyed peas ······················· $6.00

Desserts
Pie of the day ························· $5.00
Ice cream ····························· $3.00

Beverages
Coke ·································· $2.00
Coffee ································ $1.50

Joe's restaurant, 26 Green Avenue, northwest, Noranda

This city boasts many restaurants. Joe's is the newest. Given the high quality of its food, it is also one of the most reasonably priced, with the most expensive menu item costing only $20.00.

　Owner and chef Joe, Kimberly was previously the head chef at the exclusive French restaurant on Oxford Street. A Texas native, Kimberly has returned to her roots and is now serving traditional dishes originating from the southern United States.

　The side dishes in particular are authentic and prepared well. An array of dishes are offered at Joe's restaurant and the meat sandwiches best represent Kimberly's approach. On each one, the meat is well cooked, seasoned to perfection, and served on fresh bread still warm from the oven. The tomato-based sauce complementing it is sweet and spicy in just the right measure.

　The only disappointment is their dessert. The fruit and custard pies, though baked perfectly, are served in portions much smaller than most diners would like. Of course, this is not a big problem when the menu succeeds in every other respect.

　In short, go to Joe's restaurant on your next lunch break.

01　What is suggested about Joe's restaurant in the review?
　(A) Its business hours are limited.
　(B) Its menu features French dishes.
　(C) It opened recently.
　(D) It was previously located on Oxford Street.

02　In the review, the word "reasonably" in paragraph 1 in line 3 is colsest in the meaning to
　(A) moderately
　(B) carefully
　(C) professionally
　(D) logically

질문에서 review라는 단어가 있기 때문에 답은 두 번째 지문에 있다. 보기의 내용들이 패러프레이징이 되어 있어 각 내용을 찾아봐야 하는 어려운 문제이다. (A) business hours는 검색이 되지 않고, (B), (D)는 Joe가 예전에 일했던 식당의 특징에 해당한다. 이렇게 보기를 일일이 찾아 오류를 제거하고 나면 (C)가 남는다.

(A)~(D)가 이미 동의어가 될 가능성이 있다. 따라서 본문에서 가장 비슷하게 해석될 수 있는 단어를 찾는 것이 관건이다. 기출 문제 중에 right의 동의어 찾기가 가장 난이도가 높은데, right은 ① '오른쪽'이라는 의미와 ② '옳은'이라는 의미, 그리고 ③ '바로 근처' ④ '직후, 직전' 등의 시간의 의미가 있다. 예전 토익에서 right here의 동의어는 exactly라는 강조의 의미로 출제된 바 있다.

Ustar 문제풀이 고득점자는 이렇게 푼다!

문제 01-02는 다음 메뉴와 음식점 리뷰를 참조하세요.

Joe's restaurant
점심 메뉴
화요일에서 금요일까지 제공
오전 11시 ~ 오후 3시 30분

메인 메뉴
(고구마 튀김 제공)
조우의 달걀 샐러드	20달러
킴벌리의 피멘토 치즈	16달러 50센트
렉싱턴	17달러 50센트
힐 컨트리	13센트
시카고 컨트리 프라이드 스테이크	14센트
파보이	16달러 50센트

사이드 메뉴
튀긴 초록색 토마토	5달러 50센트
크림콘	4달러
삶은 엽채류	5달러
검은콩	5달러

디저트
오늘의 파이	5달러
아이스크림	3달러

음료
콜라	2달러
커피	1달러 50센트

Noranda시 북서부의 Green Avenue가 26번지 Joe's restaurant

우리 도시에 음식점들이 많다. 01 그중에서 Joe's 레스토랑은 가장 최근에 문을 열었다. 고급스러운 음식을 감안한다면, 02 가장 합리적인 가격으로 음식을 제공하는 이 식당의 가장 비싼 음식이 겨우 20달러이다.

식당의 주인이자 요리사인 Kimberly Joe는 이전에 Oxford Street에 있는 고급 프랑스 음식점에서 주방장으로 일했다. Texas 출신인 Kimberly는 자신의 근거지로 돌아와서 지금은 미국 남부의 전통적인 음식을 제공하고 있다.

특히 사이드 메뉴들은 진짜 남부식으로 잘 조리가 된 음식이다. Joe's 레스토랑에서는 여러 가지 요리가 나오는데, 고기 샌드위치는 Kimberly의 특색이 가장 잘 드러나는 요리이다. 완벽하게 양념을 한 고기를 잘 구워서 오븐에서 막 구워 따끈한 빵긋에 얹어 내온다. 토마토 소스는 바로 이때 달콤하고 향긋한 감칠맛으로 고기 맛을 보완해준다.

유일하게 디저트 메뉴가 가장 아쉬웠다. 비록 완벽하게 구워졌지만, 과일과 커스터드 파이는 대부분의 고객들이 바라는 양에 미치지 않았다. 물론, 다른 모든 측면에서 메뉴들이 성공적이라 이는 큰 문제가 되지 않는다.

다시 말해서, 다음 점심시간에는 Joe's 레스토랑으로 가시는 것을 추천한다.

▶ main 주된, 주요한 pimento 피멘토(작고 빨간, 맛이 순한 고추) steamed 찐 boast 자랑하다. 떠벌리다 reasonably priced 합리적으로 가격이 책정된 previously 전에 exclusive 고급의 in particular 특히 authentic 진짜의 season 간을 맞추다, 조미하다 complement 보충하다, 보완하다 in every other respect 다른 모든 점에서 in short 줄여 말하면 lunch break 점심시간

---

01 리뷰에서 Joe's 레스토랑에 관하여 언급한 것은 무엇인가?
(A) 음식점 영업시간이 제한된다.
(B) 메뉴는 프랑스 음식을 특징으로 한다.
(C) 최근에 문을 열었다.
(D) 이전에 Oxford Street에 위치했었다.

두 번째 지문인 리뷰에서 키워드인 Joe's 레스토랑에 대해 언급한 것을 묻는 문제이다. 리뷰의 주제가 Joe's 레스토랑이므로 문제보다는 보기의 키워드 내용을 찾아야 한다.
(A) 키워드인 식당의 영업시간(business hours)은 주로 후반부에 등장을 하게 된다. 후반부를 중심으로 빠르게 검색을 해도 영업시간과 관련된 내용은 언급되지 않았다. (B) 두 번째 단락의 두 번째 줄에서 French가 검색되었지만 이전에 일했던 식당으로 Joe's 레스토랑에 대한 이야기는 아니다. (C) 키워드로 opened를 잡고 최근에 오픈을 했다는 내용을 찾아야 한다. 첫 번째 단락의 Joe's is the newest에서 가장 최근에 생긴 식당임을 알 수 있다. (D) 고유명사인 Oxford Street를 찾아야 한다. 두 번째 단락에서 Oxford가 등장하지만 (B)와 마찬가지로 Joe's 레스토랑이 아닌 이전에 일했던 식당의 위치를 말하는 것임을 알 수 있다.

02 리뷰에서, 첫 번째 문단 세 번째 줄의 단어 "reasonably"와 가장 가까운 의미는?
(A) 적당하게
(B) 주의 깊게
(C) 직업적으로
(D) 논리적으로

두 번째 지문인 리뷰에서 reasonably와 가장 유사한 의미를 가진 단어를 찾아야 한다. 첫 번째 단락의 세 번째 줄 the most reasonably priced는 가장 합리적이고 저렴하다는 의미로 보기 중에서는 '적당하다'는 의미를 가진 moderately가 정답이다.
(B) carefully는 '조심스럽게, 주의 깊게', (C) professionally는 '전문적으로' (D) logically는 '논리적'이라는 의미이다. moderate의 의미는 양이나 크기, 정도, 가격 등에 있어서 '과하거나 적지 않은'이다.

Questions 03-05 refer to the following article and letter.

Instrument crafters quarterly winter issue

Artist Spotlight

If you ask classical pianists who today's finest piano maker is, a likely response is Timon Jacob. Jacob's instruments are prized for their beauty and expressive sound. His construction techniques are innovative; others have attempted with little success to replicate the sound resonance qualities his instruments produce.

Timon Jacob was born in Merida, Spain and he started his career as a sculptor, creating large, elaborate pieces in wood. He was a fan of folk pianist , Marcello William, whom he met many years ago at a concert in Madrid. William suggested that Jacob try his hand at making stringed instruments, which would allow him to combine his love of wood working with his interest in classical music. He loved the idea and became an apprentice In the workshop of Kevin Ted. Within a few years, he had acquired the skills of his new found trade, eventually becoming a master artisan himself.

Because of the costs, his pianos do not appeal to the mass market, but they are highly valued by those few who aspire to own one. Jacob will be honored with the Spanish traditional artisan at an event in Valline in the spring. Later in the year, he is scheduled to receive a Lifetime Achievement Award at the International piano Festival in Liverpool.

Thomsa Perolta
5342 dolphins Ave.

January 18

Dear Editor,

I was pleased to see your article on Timon Jacob. I am surprised that his life has not been profiled in your publication previously. None of his contemporaries can rival his piano-making abilities, and he serves as an inspiration to those of us who are novices in the business. I would like to inform your readers that the sculptor John Peron has been commissioned to create a statue of Mr. Jacob, which the regional arts society plans to place in Pine Park, near the main plaza of his birthplace.

Sincerely

Nicolas Henry

---

03 What was Mr. Jacob's original profession?
   (A) Architect
   (B) Musician
   (C) Artist
   (D) Teacher

04 What is suggested about Mr. Jacob's pianos?
   (A) They are made according to Mr. William's specifications.
   (B) They are skillfully mass-produced.
   (C) They are copied from older, traditional pianos.
   (D) They are purchased in limited quantities.

05 What is indicated about Mr. Henry?
   (A) He owns a piano made by Mr. Jacob.
   (B) He is learning a new skill.
   (C) He has recently hired a sculptor.
   (D) He is planning a ceremony in Pine Park.

Ustar 문제풀이 고득점자는 이렇게 푼다!

문제 03~05는 다음 기사와 편지글을 참조하세요.

계간지 Instrument crafters quarterly의 겨울호
Artist Spotlight

만약 고전 음악 피아노 연주자에게 이 시대의 뛰어난 피아노 제작자가 누구냐고 묻는다면, Timon Jacob이라는 대답을 듣게 될 것이다. Jacob의 악기들은 아름답고 표현이 풍부한 음질로 사랑을 받고 있다. 그의 악기를 만드는 기법은 혁신적이어서 다른 사람들이 그의 악기에서 나는 공명을 모방할 수가 없다.

03 Timon Jacob은 스페인의 Merida에서 태어났는데, 그는 처음에는 나무를 이용해 크고 정교한 조각을 만드는 조각가로 출발했다. 그는 오래 전에 Madrid에서 열린 콘서트에서 만난 Marcello William이라는 포크 피아니스트의 팬이었다. William은 Jacob에게 현악기를 만들어 보라고 제안을 했다. 그것은 그의 목재 조각가로서의 열정과 클래식 음악에 대한 관심을 하나로 만들 수 있도록 한 것이다. 그는 그 아이디어가 마음에 들었고, Kevin Ted 작업장에서 견습생이 되었다. 몇 년 이내에, 그는 새로운 분야에서 기술을 습득하였고, 결국 장인이 되었다.

04 가격 때문에, 그의 피아노는 대중 시장에서 인기는 없었지만, 그의 피아노를 소유하고 싶어 하는 소수의 사람들에게는 큰 가치가 있었다. Jacob은 이번 봄에 Valline에서 열리는 행사에서 스페인의 전통을 계승하는 장인으로 영예를 받을 것이다. 올해 후반부에 그는 Liverpool에서 열리는 국제 피아노 축제에서 평생 공로상을 받기로 되어 있다.

Thomsa Perolta
5342 dolphins Ave.

1월 18일

편집장님께,

Timon Jacob에 관한 기사를 보게 되어 참 만족스러웠습니다. 저는 그의 삶에 대해서 이전 귀사의 출판물에서 다루어지지 않은 것에 대해 놀랐습니다. 동시대의 다른 피아노 제작자들 중 그 어느 누구도 그의 기술을 따라갈 수가 없습니다. 그리고 그는 업계에서 05 우리와 같은 초심자들에게 자극을 주고 있습니다. 귀사의 구독자들에게 지역 예술 단체가 그가 태어난 곳의 광장 근처에 있는 Pine Park에 Mr. Jacob의 동상을 세우려고 조각가 John Peron에게 의뢰하였다는 것을 알려드리고 싶습니다.

진심으로,
Nicolas Henry

▶ replicate 모사하다, 복제하다 resonance 울림, 공명 elaborate 정교한 stringed instrument 현악기 apprentice 견습생, 도제 new found 새롭게 얻은[발견한, 성취한] artisan 장인 mass market 대량으로 생산되는 물품이 유통되는 시장 aspire 열망하다 profile 프로필[개요]을 알려주다[작성하다] novice 초보자 contemporary 동년배, 동시대인 commission 의뢰하다, 주문하다 rival 경쟁자, ~에 필적하다

---

03 Mr. Jacob의 원래 직업은 무엇이었는가?
(A) 건축가
(B) 음악가
(C) 예술가
(D) 교사

두 지문 모두 Jacob의 이야기를 언급하고 있으며, 특히 첫 번째 지문에서 Jacob의 이력을 자세히 언급하고 있다. 두 번째 단락의 첫 번째 줄에서 그가 sculptor(조각가)로서 일을 시작했다는 내용으로 보아 보기 중에 가장 어울릴 수 있는 직업은 Artist이다.

04 Mr. Jacob의 피아노에 대해서 언급되어 있는 것은 무엇인가?
(A) Mr. William의 지시사항에 따라 만들어졌다.
(B) 기술적으로 대량 생산된다.
(C) 오래되고 전통적인 피아노들을 모방해서 만들어졌다
(D) 판매량이 제한되어 있다.

키워드는 Mr. Jacob's pianos이다. 첫 번째 지문과 두 번째 지문이 모두 그의 피아노에 대해 언급하고 있으므로 각 보기 중에 키워드 내용을 하나씩 확인해야 한다.
(A) 키워드는 Mr. William이다. 기사의 두 번째 단락 두 번째 줄을 보면 William은 단지 악기를 만들어보라고 제안을 했을 뿐이다.
(B) 기사의 마지막 단락에서 키워드인 mass(대량의)를 찾을 수 있다. 해당 문장에서 가격이 비싸기 때문에 그의 피아노는 대량 생산에 맞지 않는다고 하므로 오답.
(C) 키워드인 traditional은 기사의 마지막 단락에서 언급은 되지만 전통적인 것을 흉내냈다는 내용을 찾아 볼 수 없다.
(D) 첫 번째 지문의 마지막 단락 첫 줄에 valued by those few who ~에서, 대량으로 판매되는 것이 아니라, 그의 피아노를 소장하고자 하는 소수의 사람들에게 가치가 있다는 내용이 등장하고 있다. 따라서 (D)가 정답이다.

05 Mr. Henry에 대해 언급된 것은 무엇인가?
(A) 그는 Jacob이 만든 피아노를 소유하고 있다.
(B) 그는 새로운 기술을 배우고 있다.
(C) 그는 최근에 조각가를 고용했다.
(D) 그는 Pine Park에서 행사를 계획하고 있다.

키워드인 Mr. Henry를 찾아야 한다. Henry가 언급된 지문은 두 번째 지문이다. 두 번째 지문에서 보기의 키워드 내용들을 하나씩 소거해가면서 풀어야 한다. 중간 부분에서 novices(업계 초보자, 새로운 일을 배우거나 하는 사람)라는 어휘를 통해 새로운 기술을 배우고 있다는 것을 알 수 있다.

LESSON 3 두 개의 지문에서 연관 키워드를 검색해야 하는 문제

Point

Part 7의 복수 지문을 최대한 활용한 문제이다. 이러한 문제는 보통 5개의 문제 중에 1~2문제 정도가 출제되고 있다.
이같은 형태의 문제는 먼저 어떤 지문에서 문제를 풀기 시작할 것인지를 결정하고 해당 키워드와 함께 두 개의 지문을 연결할 수 있는 연관 키워드를 찾아내는 것이 관건이다.

A

시험에 그대로 나온다! 두 개의 지문에서 연관 키워드를 검색해야 하는 질문 유형

□ 구체적인 정보

How much money will be credited to Mr. Collier's account in September?
What color will Ms. Robinson probably order?
What features from all of the advertised properties would likely be attractive to Ms. Cohen?
According to the email, when will the participants learn about writing skill?

두 개 지문 연관 키워드 문제의 특징

(1) 두 개의 지문 중에 최소 하나는 수치나, 날짜, 일정, 장소, 사람 이름 등을 쉽게 확인할 수 있는 표나 일정 등을 알 수 있는 지문이 등장한다.

(2) 보기 (A)~(D)의 내용이 주로 수치나 날짜, 품명, 수량, 가격, 시간, 사람 이름, 일정, 장소 등으로 구성되어 있다. 질문의 키워드가 있는 지문에는 보기의 내용들이 쉽게 확인되지 않는다.

Ustar 출제포인트 *시험에는 이렇게 나온다!*

❶ 질문의 키워드를 통해 어떤 지문에서부터 문제를 풀 것인지를 결정하라. 질문에 등장한 회사나 사람 이름 등의 키워드를 통해서 이들이 작성자인 지문에서 키워드의 위치를 확인한다.

❷ 2차 연관 키워드는 남은 지문에서 주로 보기 (A)~(D)의 내용이 있는 곳에 있다. 그러므로 남은 지문에서 보기에 나온 수치나 날짜, 시간, 일정, 사람 이름 등이 있는 곳을 확인해 연관 키워드와 정답을 확인할 수 있다.

질문 How much money will be credited to Mr. Collier's account in September?
→ 특정인의 계좌에 9월에 얼마에 해당되는 금액이 입금될 것인지를 묻는 질문

본문 [Letter 1] I was **overcharged** by **$20.00**. 제 앞으로 20달러가 더 부과되었습니다.
[Letter 2] We have corrected **the error** and **the amount will appear** as a credit on your bill **for the month of September**. 오류를 정정했고 9월에 고객님의 청구서에 해당 액수만큼의 금액을 확인하실 수 있습니다.

정답 $20.00 20달러 ☆ [Letter 2 → 1] 두 번째 편지에서 September를 확인하고 연관 키워드 the error(오류)를 수정했다는 말로 첫 번째 지문에서 금액과 함께 제시된 overcharge를 통해 그 오류가 금액이 더 부과된 것임을 확인하여 그만큼의 금액이 입금됨을 알 수 있다.

질문 What item is Mr. Hayes asking about in his e-mail?
→ 특정인의 이메일에서 문의하고 있는 물건에 대한 질문

본문 [Invoice] **Item 2758J** - Japanese Book (**Hardcover Book**), $ 32.95
제품 2758J – 일본책(양장본), 32달러 95센트
[Email] I was told that item #2758J was in my order. 제 주문에 #2758J가 있었다고 들었습니다.

정답 A hardcover book 양장본 1권 ☆ [Email → Invoice] Mr. Hayes가 보낸 이메일에서 언급된 물건은 제품의 번호(연관 키워드)가 나와 있다. 또 다른 지문(송장)에서 해당 제품의 번호를 확인하여 Hardcover로 된 책임을 확인할 수 있다.

질문 What color will Ms. Robinson probably order? → 특정인이 어떤 색을 주문할 것인가를 묻는 질문
본문 [Email 1] Our vendors now offer phones in **black**, **brown**, and **gray**.
우리 공급업자는 검정, 갈색, 회색의 전화기를 제공하고 있습니다.
[Email 2] Also, **I don't really like the colors** – **brown** or **black**. So, anything else will be fine.
또한, 저는 갈색이나 검정은 싫고 다른 색은 괜찮습니다.

정답 Gray. 회색 ☆ [Email 2 → 1] Ms. Robinson이 보낸 두 번째 이메일에서 싫어하는 색(연관 키워드)을 확인한 후, 다른 이메일에서 제공 가능한 색상을 언급하고 있어서 싫어하는 색상을 빼고 나면 gray가 남게 되므로, 정답이 됨을 알 수 있다.

질문 What does Mr. Perez enclose with his letter? → Mr. Perez가 편지와 함께 동봉한 것이 무엇인지를 묻는 질문
본문 [Letter 1] JP printer offers 30-day money **back guarantee**. JP프린터는 30일 이내의 환불을 보장합니다.
[Letter 2] As you can see from **the enclosure**, we are honoring **our guarantee**.
동봉된 것을 보시면, 저희는 저희가 보증했던 것을 지킵니다.

정답 A refund 환불 ☆ [Letter 2 → 1] 두 번째 Mr. Perez가 쓴 편지에서 질문의 키워드(enclose)와 동일한 부분인 enclosure를 찾아, 동봉한 것에는 보증 사항(연관 키워드)을 지킨다는 내용이 있음을 확인한다. 그런 다음, 그 보증 사항이란 30일 이내 환불 보증임을 첫 번째 편지를 통해 확인할 수 있다.

Exercises

제한시간 2분(문제당 1분)

Test: Question 01 refers to the following e-mails.

From: Powers, Aaron <aronpowers@geico.com>
To: Warfield, Jenny <jennywf@geico.com>
Subject: Request
Date: Wednesday, January 12

Hi Jenny,

I'd appreciate it if you would give me the latest enrollment figures for the January 24 career development seminars. I made room reservations based on the number of participants from the last seminars. I need to know if any room changes are warranted at this time. We might have to change rooms if we have more people for certain seminars. All rooms are in the Rogan Center.

Room 201: How to Negotiate Better (Katrina Riviera)
Room 204: Working Individually and Working as a Team (Hiroki Daketa)
Room 305: Oral Communication Skills (Marvin Cha)
Room 306: Business Writing (Emilia Finch)

Regards,
Aaron
Coordinator

From: Warfield, Jenny <jennywf@geico.com>
To: Powers, Aaron <aronpowers@geico.com>
Subject: Re: Request
Date: Wednesday, January 12

Hi Aaron,

It looks like we are going to need a larger room in the Rogan Center for Ms. Riviera's seminar. 42 people have registered for that seminar so far, and that's two more people than room 201 can take. People are still registering for the seminars because the deadline for the registration has been extended until Friday. So I'm sure there will be over 50 people for that seminar.

For the other seminars, registration numbers are very similar to the last seminars in September. So the rooms you reserved for them should be fine. If the numbers change significantly before the deadline, I will let you know. As soon as the registration ends, I will tally up the numbers and send them to you.

Sincerely,
Jenny
Registration Assistant

---

01 What is suggested about the How to Negotiate Better seminar?
(A) It has attracted more participants than expected.
(B) It must be moved to a room in a different building.
(C) It was held for the first time in September.
(D) It will be rescheduled for a later date.

02 Whom Jenny asked to change the room arrangement?
(A) Registration assistant
(B) Coordinator
(C) Genera manager
(D) Seminar tutor

▶ 정답 및 해설 p.192~193

Negotiate Better seminar라는 단어는 첫 번째 지문에 있지만 (A)~(D)의 내용은 두 번째 문서에서 찾아야 한다. 첫 번째 지문에서 Negotiate Better seminar는 201호이기 때문에 두 번째 연관 키워드는 201호가 된다. 두 번째 지문에서 201호에 대한 내용을 찾으면 답이 나온다.

두 번째 이메일에서 받는 사람을 확인하고 (Aaron) 다시 첫 번째 이메일에서 Aaron의 서명 밑에 있는 직위를 확인한다.

445

LESSON 4 수치와 관련된 연관 키워드 문제

Point

> 두 지문의 연관 관계를 확인하라. 보기가 모두 금액으로 되어 있다. 전략 포인트는 금액에 관련된 연관 키워드를 파악하는 것이 중요하다. 지문 중 하나는 교육 강좌와 관련된 공지(announcement)이고 또 다른 하나는 교육 신청서(Registration Form)이다.

Ustar 출제포인트 시험에는 이렇게 나온다!

Question 01 refers to the following announcement and registration form.

The Powell Institute of Business Presents
Improvement on Your Speech Skills
Course #909

Have you ever felt so nervous and eventually stuttered while you made a speech in the past? If so, you are in good hands. For those who want to learn and enhance their speech skills, Powell Institute of Business opens a one-day Intensive program called Improvement on Your Speech Skills, which has already helped numerous businessmen to build confidence while delivering a speech.

This four-hour lecture will be led by Dr. Oscar Wilkins, former professor of business communications at Bergen University, author of *Roads to Effective and Persuasive Business Communication* (Penguin Publication, $45). Dr. Wilkins will spend an hour introducing some of the key elements and strategies to successful speech and then focus the rest of the time on coaching each individual and help them revise and adjust their written speeches.

This lecture is limited to 15 people, so register early and do not miss this opportunity!

WHEN: Thursday, May 25, 9:00 A.M. to 1:00 P.M.
WHERE: Powell Institute, 909 Course Dr. Wilkins, Room #310
COST: $50 for Powell Institute members, $70 for nonmembers

Note: There will be $10 for cancellation fee. If you have any questions, call (070) 645-1009

Powell Institute of Business (PIB)
Registration Form

Course Number: _909_   Course name: _Improvement on Your Speech Skills_
Name: _Wayne Mol_   Occupation: _Assistant Manager_
Company: _Danes Telecommunications_   Tel: _(04) 765-8627_
Address: _234 Keaton Ave._   City: _Whichita_   State: _RI_   Zip: _02108_
E-mail: _waynem@dtelecomm.com_   ___ PIB Member   ✓ Nonmember

Payment
Enclosed: ___ Cash   ___ Personal Check
Please bill: ✓ My credit card: _2544 9909 4287 5389_   ___ My company
Are you currently seeking Leadership Management certification? ✓ Yes   ___ No

For office use only: Payment processed on _May 7_ by _Jade Greens_

---

01 How much has Mr. Mol paid to participate in the event?
   (A) $10.00
   (B) $45.00
   (C) $50.00
   (D) $70.00

Ustar 문제풀이 고득점자는 이렇게 푼다!

문제 01은 다음 안내문과 등록 양식을 참조하세요.

Powell Institute of Business에서 다음과 같은 강좌를 개설합니다

스피치 기술 향상
강좌번호: 909

과거에 연설을 하면서 너무 불안해서 결국 말을 더듬었던 경험이 있으신가요? 만약 그렇다면, 안심하셔도 됩니다. 말하기 기술을 배우고, 향상시키고 싶은 사람들을 위해 Powell 비즈니스 교육기관에서 이미 많은 비즈니스맨들이 연설을 할 때 자신감을 갖도록 하는 데 도움이 된,〈스피치 기술 향상〉이라고 부르는 하루 집중 교육 프로그램을 개설합니다.

이번 4시간 강연은 Bergen 대학 비즈니스 커뮤니케이션 학과의 전 교수이자, '효율적이고 설득력 있는 비즈니스 커뮤니케이션'(Penguin 출판사, 45달러)의 저자이신 Dr. Oscar Wilkins에 의해 진행될 것입니다. Dr. Wilkins는 한 시간 정도 성공적인 말하기를 위한 핵심 요소들과 전략들을 소개하는 시간을 갖고 나서, 그 나머지 시간은 개인별로 지도해주고, 그들의 연설 원고를 교정하고 수정하는 것을 돕는 데 집중할 것입니다.

이 강연은 15명으로 제한되었으니, 빨리 등록해서 이 기회를 놓치지 마시기 바랍니다!

시기: 5월 25일 목요일 오전 9시에서 오후 1시까지
장소: Powell Institute, 909 강좌 Dr. Wilkins, 310호
비용: Powell Institute 회원인 경우에는 50달러, **01** 비회원인 경우에는 70달러

주의: 취소할 경우에는 위약금 10달러를 부과합니다. 더 궁금하신 사항이 있으신다면, (070) 645-1009로 전화주세요.

Powell Institute of Business (PIB)
등록 신청서

강좌번호: _909_   강좌명: _스피치 기술 향상_
이름: _Wayne Mol_   직책: _사장_
회사: _Danes Telecommunications_   전화번호: _(04) 765-8627_
주소: _234 Keaton Ave._   도시: _Whichita_   주: _RI_   우편번호: _02108_
이메일: _waynem@dtelecomm.com_   ___ PIB 회원   **01** _√_ 비회원

지불 방식
동봉: ___ 현금   ___ 개인 수표
청구하세요: _√_ 개인 신용카드: _2544 9909 4287 5389_   ___ 회사
현재 리더십 관리 자격증이 필요하신가요?   _√_ Yes   ___ No

사무실에서 쓰는 사항: 결제 금액은 _Jade Greens_ 가 _5월 7일_ 까지 처리합니다.

---

01 Mr. Mol은 이 강의를 들으려고 얼마나 지불했는가?
(A) 10달러   (B) 45달러
(C) 50달러   (D) 70달러

Step 1_어떤 지문을 먼저 봐야 하는지 확인하라.

How much has Mr. Mol paid to participate in the event?는 Mr. Mol이 지불해야 할 돈이 얼마인지를 묻는 질문이다. 두 개의 지문 중에 Mr. Mol이 작성한 두 번째 Registration Form에서 정답을 확인해야 한다. 하지만 Payment 부분에도 금액이 나와 있지 않다.

→ 그렇다면 첫 번째 지문(announcement)에서 금액이 나와 있는 곳을 확인하고 금액과 함께 등장하는 연관 키워드를 두 번째 지문(Registration Form)에서 찾으면 되겠다.

Step 2_첫 번째 지문(announcement)에서 금액이 나온 부분을 확인하라.

첫 번째 안내문(announcement)의 후반부에 있는 COST란에서 Powell Institute 회원은 50달러, 비회원은 70달러라는 것을 확인할 수 있다. 그렇다면 금액과 함께 나온 회원(member)의 여부가 연관 키워드가 된다.

Step 3_두 번째 지문(Registration Form)에서 Mr. Mol이 회원인지 확인하라.

두 번째 Registration Form에 PIB member인지를 확인하는 난에 회원이 아니라고 표기되어 있다. 그러므로 Mr. Mol이 지불한 금액은 70달러가 된다.

LESSON 5 내용을 파악해야 하는 연관 키워드 문제

Point: 두 지문의 연관 관계를 확인하라. 첫 번째 지문은 출장요리 업체의 메뉴이고, 두 번째 지문은 그 업체에 주문을 하는 이메일이다

Ustar 출제포인트 *시험에는 이렇게 나온다!*

Question 01 refers to the following menu and e-mail.

Ricola Catering Menu

Prices available upon request. Contact Ricola Rivera, ricola@ricolacatering.com.

Appetizers
* French onion soup (serves 30)
* Soft Nachos with melted cheese with guacamole topped with sour cream (serves 50)
* Ceasar salad, with choices of French or balsamic dressing (serves 30)

Main courses
* Carried vegetable stew (vegetarian dish)
* Steamed vegetables with olive sauce and fresh asparagus as side dish (vegetarian dish)
* Sea bass fillet with tartar sauce and baked potatoes
* New York Strip Steak with one of the following
    option 1: French fries
    option 2: Mashed potatoes with gravy
    option 3: Baked potatoes with chopped bacon

Salad and beverages are included in the price for the main courses. All of them will be served with the meal. We do put an extra charge for additional beverages served before or after the meal is served. Desserts are also charged for extra as well. Please refer to the dessert menu to gain more information. Main courses served to thirty people or less will be plated and served at the table. For a party of more than thirty, the meal will be served in buffet tables. As for a buffet, we recommend selecting two or three main courses, and choosing at least one vegetarian menu. For orders for groups of fifty or more, it is required to give at least a two-day notice prior to the event.

Dear Mr. Rivera,

I would like to place an order for my company's End of the Year Party. This party is scheduled to be held on New Year's Eve in the lobby of our headquarters. We expect that about 50 people will join this party.

From the appetizers menu, we would like to take one Soft Nachos and three orders of canapes. And yes, we will need to prepare for beverages from the beginning to the end of the event, so please include this option as well. As for the main courses, we will take the steak with the first option and steamed vegetables.

We've already prepared tiramisu cakes for dessert, so we would like to ask you whether your catering staffs could slice them and place them after the meal is served. Please let us know if this will be possible. Thank you in advance.

Sincerely,

Danny Tillman
Detroit Bank

---

01 For what will Mr. Tillman probably be billed extra?
    (A) Placing his order without enough advance notice
    (B) Ordering an item that is not on the menu
    (C) Requesting that drinks be offered before the meal
    (D) Selecting more than two main courses

Ustar 문제풀이 고득점자는 이렇게 푼다!

문제 01은 다음 메뉴와 이메일을 참조하세요.

Ricola Catering 메뉴
요청하시면 가격을 알려드립니다. Ricola Rivera(ricola@ricolacatering.com)에게 연락주세요.

전채 요리
* 프렌치 양파 스프 (30인분)
* 사워크림을 얹은 아보카도와 녹인 치즈의 부드러운 나쵸 (50인분)
* 프렌치 또는 발사믹 드레싱 중 택일할 수 있는 시저 샐러드 (30인분)

메인 코스 요리
* 야채 스튜 제공 (채식)
* 곁들이는 요리로 올리브 소스와 신선한 아스파라거스가 함께 나오는 찐 야채 (채식)
* 타르타르 소스와 구운 감자가 곁들어진 농어 필레
* 다음 선택 사항 중 하나가 곁들여진 뉴욕 스트립 스테이크
　　　선택 사항 1: 감자튀김
　　　선택 사항 2: 고기 국물이 곁들여진 으깬 감자
　　　선택 사항 3: 다진 베이컨과 구운 감자

샐러드와 음료는 메인 요리에 대한 가격에 포함되어 있습니다. 이것들은 모두 식사와 함께 제공됩니다. 01 저희는 음식이 제공되기 전후에 추가로 제공된 음료에 대해서는 비용을 별도로 부과합니다. 후식도 또한 추가로 비용을 부과합니다. 더욱 상세한 사항은 후식 메뉴를 참조해주세요. 참석하시는 분이 30명 이하일 경우에는 메인 코스 요리는 테이블에 차려드릴 것입니다. 30명이 넘는 경우, 식사는 뷔페 테이블에서 제공될 것입니다. 뷔페에 대하여, 우리는 두세 가지 메인 코스와 적어도 한 가지 채식 메뉴를 선택하시도록 추천합니다. 50명 이상의 모임에 대한 주문은, 행사 최소 이틀 전에 알려주실 것을 요청드립니다.

Mr. Rivera씨께,

저희 회사의 송년회 파티를 위해 주문을 하고 싶습니다. 이번 파티는 저희 본사 로비에서 섣달 그믐날에 열 계획입니다. 약 50명 정도가 이번 파티에 참석할 것으로 예상됩니다.

전채 요리에서, 저희는 부드러운 나쵸 하나와 카나페 셋을 주문하고 싶습니다. 그리고 당연히, 01 파티 초반부터 끝까지 음료 준비도 필요할 것이기에, 또한 이 사항도 포함시켜주시기 바랍니다. 메인 코스 요리로는, 첫 번째 선택 사항을 곁들인 스테이크와 찐 야채를 주문하고 싶습니다.

저희는 이미 후식으로 티라미스 케이크를 준비하였기에, 귀사의 출장요리 직원들이 식사 제공 후에 케이크를 잘라서 놓아줄 수 있는지에 관하여 알고 싶습니다. 이것이 가능하다면 저희에게 알려주시길 부탁드립니다. 사전에 미리 감사를 드립니다.

진심으로,

Danny Tillman
Detroit 은행

---

01 Mr. Tillman은 아마도 무엇에 대해 추가 비용을 지불해야 할 것인가?
(A) 시간 여유를 충분히 두지 않고 주문하는 것
(B) 메뉴에 없는 음식을 주문하는 것
(C) 식사 전에 음료를 제공해 달라는 것
(D) 메인 코스 요리를 두 가지 넘게 선택하는 것

● **Step 1_어떤 지문을 먼저 봐야 하는지 확인하라.**
　　Mr. Tillman이 무엇에 대해서 추가로(extra) 청구를 받게 될 것(be billed)인지에 대해 묻고 있다. 두 개의 지문 중에서 Mr. Tillman이 작성한 두 번째 지문(email)에서 키워드의 내용을 확인해야 한다. 하지만, 두 번째 지문에는 주문을 하고 싶다는 내용과 주문과 관련된 문의와 요청 사항만이 있고 키워드인 금액 청구(be billed)와 관련하여 추가로(extra) 지불해야 할 것에 대한 언급이 없다.
　　→ 그렇다면 첫 번째 지문(Menu)에서 추가로 지불해야 한다는 품목을 확인하고 해당 관련 품목이나 주문 내용을 연관 키워드로 하여 두 번째 지문에서 확인하여야 한다.

● **Step 2_첫 번째 지문(Menu)에서 키워드(be billed, extra)를 확인하라.**
　　첫 번째 지문의 품목란에는 추가 비용(extra cost)에 대한 언급이 없다. 마지막 단락의 두 번째 줄에서 키워드 extra charge for ~를 확인할 수 있다. 이제 앞뒤 문맥을 통해서 extra charge가 적용되는 항목을 확인하고 Mr. Tillman이 보낸 이메일에서 해당 내용만 확인하면 된다. 해당 문장에서 extra charge가 적용되는 것은 (1) 식사가 제공되기 전후에 추가되는 음료와 (2) 디저트임을 확인할 수 있다.

● **Step 3_Mr. Tillman이 작성한 두 번째 지문에서 어떤 항목을 추가로 요청하는지 확인하라.**
　　이메일에서 주문하는 내용의 구체적인 사항은 중반부에서 언급될 것이므로 두 번째 단락부터 확인해본다. 두 번째 줄의 행사의 처음부터 끝까지 음료를 준비해야 될 것이라는 내용에서 추가 비용이 발생할 것임을 알 수 있다.

LESSON 6 추론 유형의 연관 키워드 문제

Point

두 지문의 연관 관계를 확인하라. 첫 번째 편지는 Jacy Rose(발신자)가 Brenda White(수신자)에게 구직 지원을 하는 편지이고, 두 번째 편지는 Brenda White(발신자)가 추천인인 Vincent Walker(수신자)에게 보내는 이메일이다.

Ustar 출제포인트

Question 01 refers to the following letter and e-mail.

Dear Ms. White,

I have recently made contact with Vincent Walker, who is currently an employee of Hardy Publishing. About three years ago, we worked together on an art publication called American Arts, which is situated in Colorado. Mr. Walker and I were involved in editing a series of articles on America's innovative art exhibitions. For your reference, I have enclosed a copy of one of these articles along with the letter. Since I will be moving to Edgewater later next month, Mr. Walker thought the new position at Hardy Publishing will be a good opportunity for me.

I have more than five years of experience working as an editor for various publications and have dealt with contents, such as fashion, education, business, and entertainment. I believe I can positively handle the tasks that Hardy Publications requires on the new job. I have also enclosed my resume for you to look at. I would be more than happy to answer any questions you may have. Thank you.

Sincerely,

Jacy Rose
Enclosure

Hi Vincent,

I am happy to let you know that we've decided to hire Ms. Rose as our new assistant editor. Thank you for recommending such a talented individual. Anyway, she will be starting from July 29. As her first assignment, she will be working on a short-term project regarding to one of our company's entertainment publications. And from late August, when she is expected to complete the project, I am considering of assigning Ms. Rose to your editorial team of the Edgewater Local & Intl. As I mentioned earlier, I would like to include a feature in Edgewater Local & Intl. that deals with similar contents you and Ms. Rose worked on for American Arts. As her resume indicates, I think she will become a valuable asset to your staff especially when she will be working on a familiar project.

It would be great if such task for the Edgewater Local & Intl. could be completed by the end of this year. I think this would be a good time to set up a meeting to discuss specific plans before Ms. Rose finishes her first project. Please give me a call sometime this week.

Sincerely,

Brenda White

---

01 What is suggested about the Edgewater Local & Intl.?
   (A) It will be published by two different companies next year.
   (B) Its articles mainly focus on the arts.
   (C) Its head of editorial department is being replaced.
   (D) It will probably feature a series on innovative art exhibitions.

Ustar 문제풀이 고득점자는 이렇게 푼다!

문제 01은 다음 편지와 이메일을 참조하세요.

Ms. White씨께,

저는 현재 Hardy 출판사에서 근무하고 있는 Vincent Walker씨와 최근에 연락을 했습니다. 01 저희는 3년 전쯤 Colorado에 있는 American Arts라는 미술 관련 출판사에서 함께 일했었는데, 저희 업무는 미국의 혁신적인 미술 전시회에 관련된 기사 시리즈를 편집하는 것이었습니다. 귀하가 참고하시도록 편지와 함께 제가 편집했던 기사들 중에서 하나를 동봉하였습니다. 저는 다음달에 Edgewater로 이사를 가기 때문에 Mr. Walker는 제가 Hardy에서 일하는 것이 저에게 좋은 기회가 될 것 같다고 하셨습니다.

저는 여러 출판사에서 편집자로 5년 넘게 근무한 경험이 있으며 패션, 교육, 경제, 연예 등의 여러 주제를 다루어 왔습니다. 저는 Hardy 출판사가 요구하는 업무를 모두 다룰 수 있다고 생각합니다. 이력서도 함께 첨부하오니 살펴봐주시기 바랍니다. 궁금하신 점이 있으시다면 기꺼이 답변드리도록 하겠습니다. 감사합니다.

충심으로,

Jacy Rose
동봉한 것이 있음

안녕하세요. Vincent씨.

저희는 Ms. Rose를 새로운 편집부 차장으로 고용하기로 결정했다는 것을 알려드리게 되어 기쁘게 생각합니다. 재능 있는 인재를 추천해주신 것에 대해서 감사드립니다. 어쨌든, 그녀는 7월 29일부터 근무를 하기 시작할 것입니다. 그녀의 첫 번째 과제는 우리 회사의 연예 관련 출판물 중 하나로 단기 프로젝트가 될 것입니다. 01 그리고 그 프로젝트가 끝날 것으로 예상되는 8월 말에 Ms. Rose를 Edgewater Local & Intl.의 편집팀으로 배치하는 것을 고려하고 있습니다. 예전에 제가 언급했듯이, 귀하와 Ms. Rose가 American Arts에서 했던 것과 유사한 내용을 다루는 기사를 Edgewater Local & Intl.에 포함시키고 싶습니다. 그녀의 이력서에 제시되어 있듯이, 저는 특히 그녀가 경험이 있는 프로젝트를 진행하게 되어 귀하의 팀에 귀중한 자산이 될 것이라고 생각합니다.

Edgewater Local & Intl.의 그러한 업무를 올해 말까지 마무리한다면 바람직하겠습니다. Ms. Rose가 그녀의 첫 번째 프로젝트를 끝마치기 전에 세부 계획들에 대해서 이야기해 볼 수 있는 회의를 가졌으면 좋겠습니다. 이번 주 중에 전화를 주시기 바랍니다.

충심으로,

Brenda White

---

01 Edgewater Local & Intl.에 대해서 무엇을 알 수 있는가?
(A) 내년에 서로 다른 두 회사가 출판할 것이다.
(B) 이 잡지의 기사들은 주로 미술을 다룬다.
(C) 편집장이 교체될 것이다.
(D) 혁신적인 미술 전시회에 관한 연재를 게재할 것이다.

Step 1_ 어떤 지문을 먼저 봐야 하는지 확인하라.

What is suggested about the Edgewater Local & Intl.?이라는 질문에서 고유명사 Edgewater Local & Intl.을 키워드로 하는 추론 유형의 문제라는 것을 알 수 있다. 두 번째 이메일에서 Edgewater Local & Intl.이 언급되어 있다.

→ 두 번째 지문(email)과 첫 번째 지문(letter)의 연관 관계를 잘 살펴서 보기를 하나씩 소거해야 한다.

Step 2_ 보기 (A)~(D)의 키워드에 해당하는 정보를 찾아라.

(A) It will be published ~~by two different companies~~ next year.
→ 두 번째 이메일의 두 번째 단락에서 Edgewater Local & Intl.에 대한 일이 올해 연말에 끝난다는 내용을 통해 내년에 출간될 수 있는 가능성은 있지만 정확하게 내년에 다른 두 출판사(two different company)에서 출간될 것이라는 내용은 언급되고 있지 않다.

(B) Its articles ~~mainly focus on the arts~~.
→ 두 번째 이메일의 첫 번째 단락의 후반부에서 Edgewater Local & Intl.에 예전에 American Arts에서 Jacy Rose와 Vincent Walker가 함께 일을 했던 내용과 유사한 기사(feature)를 넣고 싶다는 내용이 나오지만, 그렇다고 해서 Edgewater Local & Intl.이 미술(art)과 관련한 기사를 주로 다룬다고 속단할 수는 없다.

(C) Its ~~head of editorial department is being replaced~~.
→ 두 번째 편지에서 Jacy Rose가 assistant editor로 편집팀에 합류를 하는 것이지 편집장(head of editorial department)이 교체된다는 내용은 언급되어 있지 않다.

(D) It will probably feature a series on innovative art exhibitions.
→ 첫 번째 단락의 후반부에서 기사(feature)를 포함시키고 싶다는 내용이 확인이 되지만 innovative art exhibitions가 확인이 안 된다. 하지만 기사가 Rose와 Walker씨가 함께 작업했던 내용(contents)이라는 것을 통해 첫 번째 편지의 첫 번째 단락에서 두 사람이 함께 작업했던 것이 a series of articles on America's innovative art exhibitions이므로 그런 기사가 포함될 것임을 알 수 있다.

LESSON 7 난이도 추론 유형의 연관 키워드 문제

Ustar 출제포인트 시험에는 이렇게 나온다!

Questions 01-02 refer to the following email and flyer.

From: Angela Andrews <aandrews@gmdesign.com>
To: Anna Barreira <abarreira@gmdesign.com>

I'd glad you got the Goodlife flyer I left on your desk. I thought you might want to know more about the class before you register.

From my experience, Campbell was great. Although I haven't taken his new class, I will add it to my regular workout routine. I need to strengthen my arm muscles because I want to be competitive in the tennis tournament this year. For you, though, it might be better to put off any classes that use weights until you have been exercising at the club for several months.

I'm sorry you can't do mornings before work. I wanted to take the cycling class, but I'd rather work out with you.

P.S. As a GM Design employees you can pay the corporate membership fee that is 15% lower. Just show your ID card to John the membership coordinator at the next meeting tomorrow. Don't forget to mention that I recommended the gym to you, so we both get the free training suits.

Starting October 1 at Goodlife Fitness Club

Class	Details
New class Beginner cycling	Description: this mornings class will get you moving! Go at your own pace during this simulated ride on stationary bicycle. Instructor: Tony Day/time: Wednesdays and Fridays 5:30 A.M. Studio 1
By members request Latin Dance	Description: back by popular demand! This class teaches you many of the basic steps of the salsa and mambo. No partner necessary. Instructor: Carlos and Campbell Day/time: Tuesdays 6:00 P.M. Studio 2
New teacher Combination workout	Description: This combines intervals of aerobic exercises and weight lifting. Space is limited. So please sign up at the front desk 30 minutes before class each week if you plan to participate. Instructor: Demetri Day/time: Wednesdays 6:30 P.M. Studio 2
New day Upper-body toning	Description: handheld weights. You can strengthen the muscles in your arms, shoulders and chest. Instructor: Campbell Day/time: Tuesdays and Thursdays 7:00 P.M. Studio 1

01 What is NOT suggested about Andrews?
(A) She is a member of Goodlife fitness Center.
(B) She pays a discounted monthly fee.
(C) She has taken a cycling class in the past.
(D) She will receive a prize for introducing a friend to the gym.

02 What class would Andrews most likely suggest to Barreira?
(A) Beginner cycling
(B) Latin dance
(C) Combination workout
(D) Upper body toning

Ustar 문제풀이 고득점자는 이렇게 푼다!

문제 01-02는 다음 이메일과 광고 전단지를 참조하세요.

> 보내는 사람: Angela Andrews <aandrews@gmdesign.com>
> 받는 사람: Anna Barreira <abarreira@gmdesign.com>
>
> 당신 책상에 놓아둔 Goodlife 전단지를 보신 것을 기쁘게 생각합니다. 등록 전에 수업과 관련하여 더 많은 정보를 원할 것이라고 생각했습니다.
>
> 제 경험에 따르면 Campbell의 강좌는 매우 좋았습니다. 비록 제가 그의 새로운 수업에 참가해보지 않았지만, 저는 제 운동 스케줄에 그의 수업을 추가할 생각입니다. 올해 저는 테니스 시합에서 경쟁력을 갖추기 위해서, 제 팔 근육을 좀 단련해야 해요. 하지만 당신은 몇 달 동안 헬스클럽에서 운동을 할 때까지 근력을 사용하는 강좌는 미루는 것이 좋을 것 같습니다.
>
> 01 출근 전에 당신이 아침마다 운동을 할 수 없게 된 것은 유감이에요. 저는 사이클링 강좌를 듣고 싶었거든요. 하지만 전 당신과 함께 하고 싶어요.
>
> P.S. GM Design사의 직원이기 때문에 15% 저렴한 기업 회원가로 등록하실 수 있습니다. 내일 다시 만날 때 회원 관리 담당자인 John에게 당신의 신분증을 보여주세요. 제가 당신을 추천했다는 말을 헬스클럽에서 잊지 말고 말하세요. 그러면 우리 둘 다 운동복을 무료로 받을 거예요.

10월 1일부터 시작되는 Goodlife 헬스클럽 프로그램

수업	강좌 설명
신규 강좌 초급 사이클링	강좌 설명: 이 아침 수업은 당신이 운동하는 만큼 효과가 있을 것입니다! 자전거 운동기구에서 자전거를 타는 동안 자신의 페이스대로 달리세요. 강사: Tony 요일/시간: 수요일과 금요일 오전 5:30 스튜디오 1
02 회원들의 요청으로 다시 개설한 라틴 댄스 수업	강좌 설명: 여러분의 요청으로 다시 돌아왔습니다! 이 수업은 살사 댄스와 맘보 댄스 등의 다양한 댄스의 기본 스텝을 가르칩니다! 파트너는 필요하지 않습니다. 강사: Carlos와 02 Campbell 요일/시간: 화요일 오후 6:00 스튜디오 2
새로운 강사와 함께 하는 복합 트레이닝	강좌 설명: 이 수업은 에어로빅 운동과 근력 운동을 종합적으로 다루는 프로그램입니다. 자리가 한정되어 있기에 프로그램에 참여를 원하신다면, 매주 수업 30분 전에 안내 데스크에서 신청해주시기 바랍니다. 강사: Demetri 요일/시간: 수요일 오후 6:30 스튜디오 2
새로이 시작하는 상체 근육 강화 훈련	강좌 설명: 손에 기구를 쥐고 하는 근력 운동. 팔, 어깨, 가슴 근육을 단련시킬 수 있습니다. 강사: Campbell 요일/시간: 화요일과 목요일 저녁 7:00 스튜디오 1

▶ take a class 수업을 듣다   workout 운동   strengthen 강화하다   put off 연기하다   coordinator 조정자, 코디네이터   training suit 운동복   description 설명   at one's own pace 자기 페이스로   stationary bicycle 정지 자전거 운동기구   sign up 등록하다

01 Andrews에 관해 언급되지 않은 것은?
(A) 그녀는 Goodlife 헬스클럽의 회원이다.
(B) 그녀는 매달 할인 요금을 지불한다.
(C) 그녀는 과거에 사이클링 강좌를 들은 적이 있다.
(D) 그녀는 친구를 헬스클럽에 소개시켜 준 것에 대해 보상을 받게 될 것이다.

Step 1_어떤 지문을 먼저 봐야 하는지 확인하라.
Andrews에 대해서 언급하지 않은 것은 무엇인가? → 키워드인 Andrews를 확인해야 한다. 첫 번째 이메일의 발신자가 Andrews이므로 첫 번째 지문에서 보기의 내용들을 하나씩 확인해야 한다.
Step 2_보기 (A)~(D)에 해당하는 키워드를 지문 속에서 찾아서 확인하라.
(A) 첫 번째 줄에서 키워드인 Goodlife라는 fitness center를 확인한다. 두 번째 문장의 From my experience ~에서 이미 회원으로 등록되어 운동을 하고 있음을 알 수 있다.
(B) 키워드인 discounted fee를 찾아야 한다. 지문의 마지막 단락에 보면 회사 멤버쉽으로 15% 더 저렴하게 강습료를 지불하고 있음을 알 수 있다.
(C) 키워드인 cycling class를 예전에 수강했음을 확인해야 하는데, 세 번째 단락 마지막에서 cycling class를 찾을 수 있다. 하지만 과거에 수강을 했는지는 알 수 없다. 그러므로 정답은 (C)가 된다.
(D) 키워드인 a prize for introducing a friend는 첫 번째 지문의 마지막 단락 마지막 줄에서 '내가 당신에게 추천했다고 하면 training suits를 받을 수 있다'는 내용에서 확인할 수 있다.

02 Andrews는 어떤 강좌를 Barreira에게 추천해줄 것인가?
(A) 초보 사이클링 수업
(B) 라틴 댄스 수업
(C) 복합 운동 수업
(D) 상체 근력 강화 수업

Step 1_질문을 먼저 확인하라.
이메일의 발신자인 Andrews가 수신자인 Barreira에게 추천하는 내용이므로 첫 번째 이메일을 확인해야 한다. 두 번째 단락에서 Campbell이 괜찮다는 얘기와 함께 For you, though, ~에서 weights는 당분간 하지 말라는 내용은 확인할 수 있지만 구체적인 class의 이름은 언급되지 않고 있다. 그렇기 때문에 두 번째 지문에서 연관 키워드인 Campbell과 weights는 하지 말라는 내용을 중심으로 class를 확인해야 한다.
Step 2_해당 위치에 답이 없다면 또 다른 연관 키워드를 이용해야 한다.
Campbell이 강사(instructor)로 있는 강좌는 Latin Dance와 Upper-body toning이다. 이 두 개의 강좌 중에 weights를 포함하고 있는 Upper-body toning을 제외하고 나면 정답은 (B) Latin Dance가 된다.

Questions 03-04 refer to the following article and email.

Watsonville (October 27) - Construction began this week on the Holt Square Shopping Mall on Simpson Road. Mears Department Store, Future Electronic Shop, and Food Nation will be the major tenants. A spokesperson for Holt Square said that leases for retail space in the Mall have also been signed with a donut shop and a jewelry store. Negotiations are currently under way with a restaurant chain, a coffee chain, a bookstore, a cinema and many more.

The Holt Square project will provide one-stop shopping for local residents. People have been complaining for a long time about the lack of shopping venues in the area. The closest shopping mall is in Pickens which takes about 30 minutes by car. The shopping center will be within walking distance from the Watsonville Express Bus Terminal and will have ample parking available as well. While there is no bus service to the site, Skytrain station is about five minutes from the mall.

Robert Fisher, who will be the general manager of Mears at its new Watsonville location, said the company is planning a grand opening on November 24 of this year. It will also coincide with the forty-fifth anniversary of the opening of the first Mears department store. "We're very excited about coming to Watsonville", Fisher said. "We've been planning to come to this area for a long time, and we are finally going to be here. We knew there was a lot of local demand for a retail business like ours. I'm confident that Mears will exceed everyone's expectations."

To: Robert Fisher <rfisher@mears.com>
From: Clara Larson <Clarson@mears.com>
Date: November 17
Subject: Mears in Holt Square
Attachment: Valid at Holt Square Only

Dear Robert,

I just wanted to let you know that everything is pretty much all set for tomorrow's grand opening celebration at Holt Square. They are finishing up with the displays right now.

I think it was the right call to change the date to coincide with the opening of Three Stars Steakhouse. It's one of the most popular restaurant chains, and it will bring in lots of people. To encourage the public to attend this event, we'll be mailing coupons that offer discounts at the restaurant and Mears (see attachment). I hope you like the way the coupon looks.

Edgar Whitehead at the Watsonville News told me that he will be there to cover the event, which is exactly what we had hoped for!

03 What is the purpose of the e-mail?
　　(A) To provide an update
　　(B) To report a problem
　　(C) To ask for a decision
　　(D) To request additional staff

04 What is indicated about the opening celebration?
　　(A) It will take place sooner than originally planned.
　　(B) Job applications can be submitted at the event.
　　(C) There is a problem with the displays.
　　(D) Publicity has cost more than expected.

Ustar 문제풀이 고득점자는 이렇게 푼다!

문제 03-04는 다음 기사와 이메일을 참조하세요.

Watsonville (10월 27일) – Simpson가에 있는 Holt Square 쇼핑몰 공사가 이번 주에 시작되었다. Mears 백화점, Future Electronic Shop, Food Nation이 입점하게 될 것이다. Holt Square의 대변인은 도넛 가게와 보석 가게도 또한 쇼핑몰과 임대 계약을 맺었다고 말했다. 현재 식당과 커피숍, 서점, 극장, 그리고 더 많은 체인점들과 협상이 진행되고 있다.

Holt Square 사업은 지역 주민들에게 원스톱 쇼핑을 제공해 줄 것이다. 이 지역에 쇼핑 장소가 부족하여 오랜 기간 동안 사람들이 불만을 가지고 있었다. Pickens에 있는 가장 가까운 쇼핑몰은 자동차로 약 30분 정도 걸린다. Holt Square 쇼핑몰은 Watsonville 고속버스 터미널로부터 걸을 수 있는 거리에 위치해 있고, 충분한 주차 공간 또한 확보하고 있다. Holt Square 쇼핑몰행 버스는 없지만 Skytrain역이 쇼핑몰로부터 5분 거리에 위치해 있다.

02 Holt Square 쇼핑몰의 Mears 백화점의 총관리자가 될 Robert Fisher는 올해 11월 24일에 개점식을 거행할 것이라고 말했다. 이 개점식은 Mears 백화점의 45주년 기념식과 일치한다. "저희는 Watsonville에 오게 돼서 매우 기쁩니다."라고 Fisher는 말했다. "저희는 오랜 기간 동안 이곳에 오기를 계획해 왔습니다. 그리고 마침내 이곳에 오게 되었습니다. 저희와 같은 소매상들에 대한 많은 수요가 있었다는 것을 알고 있습니다. Mears가 여러분들의 기대를 뛰어넘을 것이라고 저는 확신하는 바입니다."

수신: Robert Fisher 〈rfisher@mears.com〉
발신: Clara Larson 〈Clarson@mears.com〉
날짜: 11월 17일 02
제목: Holt Square 쇼핑몰에 입점할 Mears 백화점
첨부: Holt Square에서만 사용하실 수 있습니다.

Robert씨께,

02 저는 내일 Holt Square에서 열리는 개점식에 대해 모든 준비가 다 완료되었다는 것을 알려드리고자 합니다. 디스플레이 작업은 지금 마무리 중입니다.

Three Stars Steakhouse의 개점식과 날짜가 일치했기에 개점식의 날짜를 변경한 것은 잘 한 일이었다고 생각합니다. Three Stars Steakhouse는 가장 인기 있는 레스토랑 체인 중의 하나이기에 많은 사람들을 불러 모을 것입니다. 개점식에 사람들의 참석을 독려하기 위해 저희는 Three Stars Steakhouse와 Mears에서 이용할 수 있는 할인 쿠폰을 발송할 것입니다. (첨부된 파일을 참조하세요). 쿠폰의 디자인이 마음에 들기를 바랍니다.

Watsonville 뉴스의 Edgar Whitehead는 저희가 원하던 대로 이번 행사를 보도할 것이라고 하였습니다!

▶ tenant 세입자　spokesperson 대변인　lease 임대차　retail space 소매점　under way 진행 중인　one-stop shopping 원스톱 쇼핑(한 건물 안에서 각종 상품을 다 살 수 있는)　venue 장소　ample 충분한　coincide with ~와 부합하다, 일치하다　demand (for) ~에 대한 요구, 수요　grand opening 개장, 개점

---

03 이 이메일의 목적은 무엇인가?
(A) 업데이트를 제공하기 위해
(B) 문제점을 보고하기 위해
(C) 결정사항을 묻기 위해
(D) 추가적인 직원을 요청하기 위해

Step 1_어떤 지문을 먼저 봐야 하는지 확인하라.
이메일의 목적을 묻는 질문(What is the purpose of the e-mail?)이므로 우선 두 번째 지문(email)의 도입부를 확인한다. Holt Square에서 열리는 개점식에 대해 준비가 모두 완료되었다는 것을 알리는 이메일이다. 그러나 이 내용만으로 직간접적으로 이메일의 목적과 관련이 있어 보이는 보기를 찾기가 곤란하다.

Step 2_두 번째 지문의 전반적인 내용을 확인하라.
① I just wanted to let you know that ~ ② I think it was the right call to ~ ③ Edgar Whitehead at the Watsonville News told me ~ 등을 통해 백화점 개점식 준비의 전체적인 진행 상황을 보여준다는 것을 알 수 있다.

Step 3_이메일의 목적은 백화점 개점식에 관한 진행 상황을 알려주는 것이다.
토익의 빈출 정답 중에 하나는 update라는 단어이다. update란 새로운 정보를 계속 알려주는 것이므로, 이 메일의 목적은 (A) To provide an update이다.

04 개점식에 대해 언급된 것은 무엇인가?
(A) 원래 계획됐던 것보다 더 빨리 열릴 것이다.
(B) 행사장에서 이력서를 제출할 수 있다.
(C) 디스플레이에 문제가 있다.
(D) 홍보비용이 예상했던 것보다 더 나왔다.

Step 1_어떤 지문을 먼저 봐야 하는지 확인하라.
질문의 키워드는 opening celebration이다. 첫 번째 지문의 하단부에서 opening celebration을 검색하면 November 24라는 것을 알 수 있다. 그러나 보기에는 날짜가 언급되어 있지 않다.

Step 2_이렇게 해당 위치에 답이 없다면 또 다른 연관 키워드를 이용해야 한다.
연관 키워드를 남은 지문에서 다시 검색하면 두 번째 지문 상단부에서 tomorrow's grand opening celebration을 찾을 수 있다. 그러나 이 또한 보기에는 나와 있지 않다. 이 경우는 tomorrow라는 단어가 다시 키워드가 된다.

Step 3_tomorrow, yesterday, a week later 등은 문서가 작성된 날짜와 관련이 있다.
두 번째 지문의 이메일이 작성된 날짜를 확인하면 November 17이라는 것을 알 수 있고 tomorrow는 18일이 된다. 즉, 예정인 24일보다 빨리 열린다는 것이다.

Double Passage Practice Test

Questions 181-185 refer to the following advertisement and e-mail.

Hyderabadi
Restaurant & Catering
Delicious & Authentic Hyderabadi Food
6402 9th Avenue
Woodside NY 11037
(718) 767-6832

In March, Hyderabadi is offering a 25% discount on catering orders. Orders can be delivered to your business or home.

Listed below are some of our popular dishes from our catering menu (A 25% discount has been applied to the prices shown.)

- French Fish Appetizer Platter — $2.99 per person
- Chicken Pakoda Platter — $2.99 per person
- Hyderabadi Mutton Biryani Platter — $4.50 per person
- Assorted Cookies and Danishes Platter — $3.50 per person

☐ Delivery fee is included in the above prices.
☐ Minimum order is for 8 people.
☐ Payment must be made three days prior to delivery date.
☐ Pictures of our menu can be viewed at www.hyderabadi.com.
☐ For more information, please call us at 718-767-6832 and ask for Jack Finan or e-mail at cuisine@hyderabadi.com.

* We also have a dining facility that can seat up to 150 people.

To: Jack Finan <cuisine@hyderabadi.com>
From: Andrew Young <ayoung@h-trading.com>
Date: February 27, 6:42 P.M.
Subject: Catering Requestment

Hello Mr. Finan,

Our office is planning a luncheon for our employees in three weeks, and we would like to use your catering service. Before we order, there are some questions we'd like to ask. For the assorted cookies platter, is it possible to request that all cookies be fruit flavored? Can we also hire a sever from your restaurant for serving during the luncheon? The event is going to last about two hours. One last question, can we have everything delivered by 11 A.M.? Please give me a call as soon as possible, so we can place an order.

Regards,

Andrew Young
Office Supervisor
Hamilton Trading Co.
(458) 472-1002 ext. 21

181. What is being advertised?
    (A) New items on a restaurant's menu
    (B) Reduced prices on catering
    (C) An expanded dining facility
    (D) The new location

182. What is indicated about delivery?
    (A) No additional fees will be charged.
    (B) It must be scheduled two days in advance.
    (C) Some menu items are not available.
    (D) It is only available before noon.

183. What does Mr. Young NOT inquire about?
    (A) Service staff
    (B) A special request for an item
    (C) Delivery options
    (D) The size of a platter

184. In the e-mail, the word "place" in paragraph 1, line 6, is closest in meaning to
    (A) submit
    (B) set down
    (C) locate
    (D) register for

185. What is implied about the event Mr. Young is organizing?
    (A) It will not end until late in the evening.
    (B) It will require several months of planning.
    (C) It will be attended by at least eight people.
    (D) It is being held to honor new employees.

Questions 186-190 refer to the following e-mails.

From	David Allen <davallen@marketingtoday.com>
To	Chen Xiao Hui <chenxh@marketingtoday.com>
Date	April 21
Subject	Schedule of marketing seminar

Hello Xiao Hui,

I've sent you an initial draft of the schedule for the marketing seminar in July. I'd appreciate it if you and other committee members would go over it. I'm very grateful to all in Hong Kong who are involved in preparing this seminar. I'm so thankful to you for offering to reserve the place at Royal Palace Hotel.

David

Day 1	10:30 A.M.	Keynote address and introductions in Diamond Hall, 3rd floor
	12:00 P.M.	Lunch outside in the hotel's Skylark Terrace Restaurant
	2:00 P.M.	Group meetings in seminar rooms 3-9, 3rd floor
Day 2	10:00 A.M.	Group meetings in seminar rooms 3-9, 3rd floor
	12:15 P.M.	Lunch in the hotel's Stove Restaurant, 2nd floor
	2:30 P.M.	Group meetings in seminar rooms 3-9, 3rd floor
Day 3	10:30 A.M.	Presentation rehearsals in Kinsey Hall C and D, 3rd floor
	12:00 P.M.	Lunch outside in the hotel's Secret Garden
	3:00 P.M.	Group presentations in Diamond Hall, 3rd floor

From:	Chen Xiao Hui <chenxh@marketingtoday.com>
To:	David Allen <davallen@marketingtoday.com>
Date:	July 9
Subject:	Weather during seminar

Dear David,

We have a small problem. I went to the Web site of the National Weather Center, and checked the forecast for the days of the seminar. As you can see below, the weather might be a problem. It would be best if I tell the hotel to switch the lunch venues for last two days. It's a good thing that the schedule won't go to the printer until July 13.

Have a nice day,
Xiao Hui

Weather Forecast for Hong Kong		
Tuesday, July 15	Wednesday, July 16	Thurday, July 17
32°C Sunny	31°C Sunny, with a breeze	27°C Cloudy, 85% chance of shower

458

186 What is suggested about the seminar schedule in the first e-mail?
(A) It was created by the committee in Hong Kong.
(B) It is similar to last year's seminar schedule.
(C) It has been sent to the attendees.
(D) It is still being developed.

187 What facility is NOT on the third floor of the hotel?
(A) Kinsey Hall
(B) The Diamond Hall
(C) The Stove Restaurant
(D) Seminar room 7

188 What is indicated about Ms. Chen?
(A) She is helping to organize the seminar.
(B) She will deliver the keynote address.
(C) She spoke with a weather forecaster in Hong Kong.
(D) She works at the Royal Palace Hotel.

189 According to the second e-mail, where should lunch be served on Wednesday?
(A) In the Diamond Hall
(B) In the Secret Garden
(C) In the Stove Restaurant
(D) In the Skylark Terrace Restaurant

190 When is the conference scheduled to begin?
(A) On July 9
(B) On July 13
(C) On July 15
(D) On July 16

Questions 191-195 refer to the following e-mail and reference form.

From: Mary Parker <mp80@mrhomeapp.net.ph>
To: Neal Smith <nsmith@dzn.com.ph>
Subject: Congratulations on your award!
Date: February 7
Attachment: @Standard MSI Reference Form

Hi Neal,

I'd like to congratulate you for the award you received for your hard work. I was so happy to read about it on the DZN homepage. The award reflects how hard you work, so you deserve it more than anyone else.

We are doing very well since I've decided to quit my job at DZN, and move to Illinois with my husband. He's getting used to his new job here, and we are getting used to the new apartment we moved in recently. I am currently working at Mr. Appliance. It's a home appliance manufacturing company. The office is only ten-minute away from the apartment by car. It's a good company, but the work is not that exciting or financially rewarding.

So I've been looking around for other opportunities and I have found a position at a pharmaceutical company, and I applied for it last week. I would appreciate it if you would assist me by filling out the form I attached with this email. You know me well enough to write about my abilities, my work ethics, and my personality.

Thanks a lot, and please say hello to everyone for me at the office.

Mary

Abbott Laboratories
120 Abbott Park Road, Abbott Park, Illinois 70034-4700

Professional Reference Form

Applicant's name: Mary Parker   Address: 1130 S. Michigan Ave., Chicago, Illinois

THE REMAINDER OF THIS FORM TO BE COMPLETED BY RESPONDENT

Name: *Neal Smith*   Employer: *DZN Graphic Design Rockford*
Years with the company: *8*   Position: *Chief Financial Officer*

How long have you known the applicant and in what capacity?
I was Mary's supervisor at DZN for four years, and worked with her for six years.

How do you rate the quality of this applicant's work?
She was an excellent bookkeeper. She was very professional, worked hard, and got along very well with other workers in the office.

Are you aware of any potential problems with this applicant?
We did not have any problem with her while she worked at DZN.

May we contact you for further information? (Yes) / No
(If so, please give us a phone number)   *96 77 900 123 extension 21*

Please fax completed reference to John Adams, Human Resources, at 217 7891 3696.

191. What is the purpose of the e-mail?
    (A) To publicize an award
    (B) To offer an apartment for rent
    (C) To request help with a job application
    (D) To provide instructions on completing a form

192. In the e-mail, the word "reflect" in paragraph 1, line 2, is closest in meaning to
    (A) shows
    (B) contemplates
    (C) invites
    (D) shines

193. What does Ms. Parker say about her current job?
    (A) It involves international travel.
    (B) It is close to her home.
    (C) It is well paid.
    (D) It is interesting.

194. What is suggested about Abbott Laboratories?
    (A) It is a machine manufacturing company.
    (B) It is a pharmaceutical company.
    (C) It is a graphic-design agency.
    (D) It is a financial institution.

195. What is indicated about Mr. Smith?
    (A) He is an acquaintance of John Adams.
    (B) He was hired by DZN five years ago.
    (C) He works in a human resources office.
    (D) He holds a leadership position at DZN.

Questions 196-200 refer to the following e-mails.

From	Nancy Wilson <nancywilson@stmod.com>
To	Steve Brown <stbrown@stmod.com>
Subject	Copier trouble
Date	Tuesday, April 9, 10:32 A.M.

Hi, Steve,

I know you returned my call yesterday regarding the copier which is not working properly In room 306. I'm sorry I wasn't able to take your call. I was out of my office for meetings I had to attend. So I got your message this morning.

The problem is that the copier only prints one side of the page. I tried to make double-sided copies of our employee training manual yesterday, but I couldn't. I've made double-sided copies before, so I know how to do it. I even checked the instructions to make sure I was pushing the right buttons, but I could only print on one side. So I copied odd-number pages on one page first, and then copied even-number pages on the other side of the paper. I don't have to tell you how time consuming it was.

I have to print one hundred copies of this month's report by next Wednesday, April 17, and the report is over forty pages. When do you think the machine will be fixed? Do you think it will be in proper working order by Wednesday? If not, I have to find another copier that has a double-sided printing feature. Please let me know.

Nancy Wilson

Marketing Department

From	Steve Brown <stbrown@stmod.com>
To	Nancy Wilson <nancywilson@stmod.com>
Subject	RE: Copier trouble
Date	Tuesday, April 9, 12:07 P.M.

Hi Nancy,

Thank you for letting me know about the problem. The copier you mentioned is the third machine that is having the same problem in the building. I've called the manufacturer, and talked with a technician, and he said an internal sensor is probably causing the problem. So it looks like we have to replace that part.

I've placed an order today, so the parts should be here by Friday. I think I can repair the copier in room 306 two days before you have to make copies of the report. If the sensor can't be replace in time, I will let you know. Even if there is a delay, I will make sure that there will be a copier available for you to use.

Regards,

Steve Brown

Machine Maintenance

196. To whom did Ms. Wilson send her e-mail?
   (A) A photocopier salesperson
   (B) A training consultant
   (C) A customer of her company
   (D) A colleague at work

197. What will Ms. Wilson need to do on April 17?
   (A) Print a report
   (B) Create a manual
   (C) Attend a training session
   (D) Purchase some equipment

198. What does Mr. Brown suggest in the second e-mail?
   (A) He will be out of the office until Monday.
   (B) The manufacturing company has not yet returned his phone call.
   (C) Ms. Wilson is one of several people who have told him about the problem.
   (D) He is preparing to replace several copy machines.

199. According to Mr. Brown, what probably caused a problem with the photocopier?
   (A) Some paper was not loaded properly.
   (B) A part was not working correctly.
   (C) The photocopier had not been cleaned recently.
   (D) Some liquid was spilled on the photocopier.

200. On what day does Mr. Brown think the problem will be fixed?
   (A) Monday
   (B) Tuesday
   (C) Wednesday
   (D) Thursday

▶ 정답 및 해설 p.193~198

Part 7 Final Test

Part 7

Directions: In this part, you will read a selection of texts, such as magazine and newspaper articles, letters, and advertisements. Each text is followed by several questions. Select the best answer for each question and mark the letter (A), (B), (C), or (D) on your answer sheet.

Questions 153-154 refer to the following article.

Rise of On-Time Flights

June 17 - All airlines of America achieved one of their highest on-time records in May, according to the report presented last week by the Department of Air Transportation. The study, which in relations to the nations' six largest airlines, shows that the airlines combined had an on-time arrival rate of 90 percent the previous month, up from 86 percent in April. The study has also shown that the highest arrival rate of last year was only 83 percent in October, while the average on-time rate for all of last year was 78 percent.

153 What is the article about?
(A) A government policy
(B) An airport contract
(C) An airline study
(D) A travel plan

154 What was the airlines' on-time arrival rate for May?
(A) 83%
(B) 78%
(C) 86%
(D) 90%

Questions 155-156 refer to the following e-mail.

To	Christina Ito
From	Manuel Nunez
Date	May 16
Subject	June Meeting

Dear Ms. Ito,

Our international marketing team is pleased with your progress on promoting our electronics in Malaysia. I look forward to personally seeing how they are being distributed in department stores when I arrive at Kuala Lumpur next month to meet you and your staff. My assistant and I are still planning to arrive in Malaysia late on June 2, and we expect to depart on June 5. If possible, I hope we can move our initial scheduled meeting one day earlier. On June 4, I will have to meet with Mr. James Wright instead, who will be in Kuala Lumpur for just one day before returning to Lisbon. I hope this will not be inconvenient for you. I will call you in few days to confirm the changes of our agenda.

Sincerely,

Manuel Nunez
Director of International Marketing

155 According to the e-mail, what does Mr. Nunez want to do?
(A) Change the location of an event
(B) Reschedule a meeting with Mr. Wright
(C) Purchase plane tickets to Lisbon
(D) Visit department stores in Kuala Lumpur

156 When were Ms. Ito and her staff originally scheduled to meet with Mr. Nunez?
(A) On June 2
(B) On June 3
(C) On June 4
(D) On June 5

Questions 157-158 refer to the following warranty card.

Thor Tools Corp.
Warranty card

Thor Tools Corporation will repair any Thor products that are defective absolutely free of cost. Our warranty extends to the purchaser of the products and is valid for two years from the date of purchase. If, for any reason, we are not capable of repairing your items, we will replace them with new or comparable ones.

Our warranty does not cover part failures caused by accidental occasions. In addition, we do not insure parts that are damaged when someone other than a Thor employee attempts to fix Thor Tools products.

In order to request for product repair or replacement, make sure to include your name, street address, and a valid telephone number along with the package to aid with return shipping. Although it is not required, we recommended you to include a note that describes the problem you had with the item.

In general, the items you have sent will be repaired or replaced within 5 to 7 business days, but it may vary depending on the extent of the repair.

If you have additional questions about our warranty coverage and repairing procedures, call our Warranty Information Office at 1-800-577-0199.

Revised on February 19

157. What information is included on the warranty card?
(A) Names of dealers that provide replacement parts
(B) A list of the tools that are covered
(C) Costs of specific types of repairs
(D) An estimation of the time needed to complete repairs

158. According to the warranty card, what must be included with a request for repair service?
(A) A copy of the warranty
(B) A store receipt
(C) Shipping information
(D) A note explaining the problem

Questions 159-161 refer to the following advertisement.

Opening Celebration

Scirocco Outlets
1503 Grand State Complex (Next to Jenna Jewelry & Accessories)
Tenafly, NJ, 07301

FREE polaroid camera with any purchase of $50 or more
(Grand State Complex only)

Specials:
20% off all underwears and socks
25% off shoes (sport wears only)
35% off any fashion accessories

Offer Valid from August 1 to August 30
Store Hours 9:00 AM to 9:00 PM

Sign up and receive our membership card that gives an additional
10% discount on any purchase for just $50 per year.
Apply for the card either at Grand State Complex or Pine Hill Plaza.
You may also receive the membership card online!

Visit our homepage (www.sciroccooutlets.com)
For this week only, you will receive 50% off of any necklaces you buy only from
our homepage

159. What type of merchandise does Scirocco Outlets probably specialize in?
(A) Electronics
(B) Clothes
(C) Books
(D) Furniture

160. What is indicated about Scirocco Outlets?
(A) Its special offers will last for one week.
(B) It will stay open until 10:00 P.M. on August 1.
(C) Its salespeople are highly trained.
(D) It has more than one store location.

161. For which item will customers receive a discount when they purchase it online?
(A) A membership card
(B) A camera
(C) A necklace
(D) A shoe

Questions 162-164 refer to the following article.

Miami, Florida (April 2) - Joe Montana, director of Miami Tour Committee, was pleased to hear the news that World Studios, often considered as one of the fastest growing film-production companies is making its new home in Miami.

Mr. Montana expects the relocation of World Studios from Las Vegas to Miami will increase the frequency of film-making activities in the center of Miami. Since crews and celebrities will be making frequent visits to restaurants and hotels in and around the city, the city is expecting to produce additional revenues. Mr. Montana stated, "We could also hope for an increased number of tourists who want to see movie stars on site. This would be a great opportunity to increase sales among local businesses in Miami."

There will be a conference on Friday, May 11. The president of World Studios, Gerald Mancuso will be announcing the company's future plans to become the most prominent film industry. Along with Mr. Mancuso, producer of the recent documentary film, Steven Hamburg and famous scriptwriter Joanne Olsen will also give a speech during the conference.

Everyone is free to attend this event at any time during the conference. You many find further information at www.miamifilms.com.

162. What is the purpose of the article?
 (A) To profile a local celebrity
 (B) To explain changes in a city's budget
 (C) To announce the opening of a new restaurant
 (D) To report the relocation of a business

163. What is indicated about Mr. Montana?
 (A) He owns a business in the city.
 (B) He promotes travel to Miami.
 (C) He belongs to a local film crew.
 (D) He advertises films playing in Miami.

164. What is indicated about the May 11 event?
 (A) Several speakers will be addressing the audience.
 (B) Attendance is by invitation only.
 (C) A new film studio president will be appointed.
 (D) A documentary about Ottawa will be shown.

Questions 165-167 refer to the following flyer.

The Asian Business Organization of Ann Arbor
invites you to a community event.

Visions for Growth: Improving Asian American Businesses in the Suburbs of Ann Arbor

Panel Members:

Dr. Bakhanee Mandalou
Director of the Central Michigan Business Bureau

Ms. Diao Chan
President of the Asian Business Organization
Owner of Dynasty Incorporated
Founding Member of the Asian Business Organization of Ann Arbor

Dr. Makoto Tanaka
Professor of Business Psychology at Michigan State University, Ypsilanti, Michigan
Author of Small Business of America Today

This community event introduces to all Asians in the midwest region the basic principles of business strategies. It will be a great opportunity to learn about how to open your own business and help you find the right type of business that suits you. The panel members will willingly share this valuable information with you.

Date: Friday, November 2
Time: 5:30 P.M. to 8:30 P.M.
Cost: $25 ($10 for students who reside in Ann Arbor)
Location: Mosher Jordan Hall
           1316 Geddes Ave.
           Ann Arbor MI, 48104

Dinner will be complimentary to all who wish to attend this event. Call us at 734-657-8617 or visit www.abocommunity.com to register.

---

165 What event is being promoted?
   (A) A book signing
   (B) A product demonstration
   (C) A panel discussion
   (D) An academic lecture

166 Where will the event take place?
   (A) At the Asian Business Organization
   (B) At Mosher Jordan Hall
   (C) At the Central Michigan Business Bereau
   (D) At Michigan State University

167 What is stated about Dr. Tanaka?
   (A) He teaches business at a university in Michigan.
   (B) He plans to speaks about Asian history.
   (C) He owns a small business in Michigan.
   (D) He is a member of the Asian Business Organization.

Questions 168-171 refer to the following article.

World Business Report

Kaiser Steel Corporation

Based in the center of Boston, Massachusetts, Kaiser Steel Corporation is one of the internationally well-known steel suppliers which has numerous clients worldwide. Their main source of production is sheet metal, which is used for railroad constructions in all parts of the globe. Kaiser Steel owns 35% of Delinger&Brothers Corp., a steel manufacturer. Located in Sao Paulo, Brazil, Delinger&Brothers focus on Asian markets.

In an effort to develop the most durable steel products, Kaiser Steel is collaboratively developing a method to combine steel and titanium materials with Le Blanc Steels of Cannes, Paris. Project researchers from both industries are gathered in the newly built laboratories situated in Cannes.

Kaiser Steel is consisted of 5,000 employees and operates approximately 300 factories in twelve different countries. Its current president, Mr. Kevin Spikes has been leading Kaiser Steel for more than fifteen years.

168 What is the purpose of the article?
(A) To critique construction materials
(B) To announce the appointment of a company president
(C) To summarize a company's quarterly earnings
(D) To describe a company's global activities

169 Where is Kaiser Steel Corporation's main office?
(A) In Cannes
(B) In Boston
(C) In Sao Paulo
(D) In Chicago

170 What is suggested about Delinger&Brother Corp.?
(A) It is a new company.
(B) It has about 5,000 employees.
(C) It is a research center.
(D) It is a regional supplier.

171 According to the article, what is the relationship between Le Blanc and Kaiser?
(A) Le Blanc recycles Kaiser's sheet metal.
(B) Le Blanc is owned by Kaiser.
(C) Le Blanc and Kaiser are project partners.
(D) Le Blanc and Kaiser are planning to merge.

Questions 172-176 refer to the following notice.

The 7th Annual German Architectural Association Convention

9 A.M. to 6 P.M., Friday, July 2
11 A.M. to 5 P.M., Saturday, July 3
Fairrview Convention Center
780 General City St.
Chelsea, MA, 02150

Call for Proposal

Each year, the German Architectural Assocation (GAA) hosts a convention for two days to gather professors, builders, architect, and publishers of monthly magazines to encourage discussions of the most updated developments in the field of architecture. Each day will focus on different themes in relation to architecture.

The themes for the Friday event will be dealing with Architecture in the Regional Perspective, Urban Transformation, and Demands for Rehabilitations. As for Saturday, we will be discussing Changes in Architectural Trends and Tourism.

On Friday, we will be receiving proposals for a 45-minute presentation. For Saturday sessions, you are to bring proposals for 30-minute presentations. A short 5-minute question and answer period will follow after each presentation. All proposals should be related to the themes of each day.

Participants are advised to submit four proposals, but it is not mandatory. However, you are required to send the following information via e-mail: your name, your contact information (cellular number, e-mail account), and your GAA membership number. You must also include a 10-page presentation in powerpoint and a short 100-word summary for the program book. If you need any extra equipment such as a slide projector, please indicate them specifically.

All proposals must be submitted by 6 P.M. on June 7. We will sent a notification of acceptance by June 17.

Proposals should be forwarded to the conference manager, Andy McCain.
(amccain@gaa.com)
Do not send your proposals by mail or by fax.
For more information, call us at 301-567-0920.

172. What is the purpose of the meeting?
    (A) To encourage participants to become architects
    (B) To resolve a dispute between architects and builders
    (C) To allow association members to exchange ideas and information
    (D) To decide on themes of an annual conference

173. What is indicated about the presentation on Saturday?
    (A) They will include information about renovating old buildings.
    (B) They will examine the relationship between architecture and tourism.
    (C) They will be open to the public for a small fee.
    (D) They will be given by panels of experts.

174. According to the notice, how long should a presentation about transforming cities last?
    (A) 5 minutes
    (B) 15 minutes
    (C) 30 minutes
    (D) 45 minutes

175. What is NOT required for inclusion in a submission?
    (A) Proof of association membership
    (B) Four copies of the proposal
    (C) A list of needed equipment
    (D) Two descriptions of the topic

176. How will the 100-word summaries be used?
    (A) They will be printed on the conference program.
    (B) They will be featured in an architectural magazine.
    (C) They will be distributed to regional associations.
    (D) They will be part of a slide present.

Questions 177-180 refer to the following announcement.

JM Announces Grant Recipients

The Jose Martinez Foundation has announced the recipients of this year's Well-being Program grants. On July 2, three groups were chosen from more than 70 applicants. The three groups will make use of this money to promote a more healthy lifestyle for their communities.

The largest portion of the grant was given to Gainsville City Community Center. They were given an amount of $50,000 to launch the Hot Yoga Program. This program will encourage neighbors to participate in effective yoga moves which help them to stay fit and healthy. In order to successfully launch this program, they will have to improve the quality of the facilities by bringing in new equipments such as gym balls and yoga mats. Experienced yoga instructors will be available to lead the classes. Residents must sign up online for this program, which will start from August 23.

The other grants were awarded to Say-NO-to Anorexia Group and to Whitewater Nutritional Clinic. Say-No-to Anorexia Group was awarded $20,000 to host lectures to educate people about healthy diet and the bad effects caused by anorexia. Professors and local chefs will demonstrate some of the effective ways of food preparation. As for Whitewater Nutritional Clinic, they have set up an educational program after receiving $15,000 from the foundation. In this program, nutrition experts will give detailed information on food categories that they recommend depending on age.

World baseball star, Jose Martinez established this foundation fifteen years ago. He always hoped that all communities could enjoy a healthy life without the negative influence of diseases. His annual foundation has already helped a lot of people across the nation. Application forms and directions for next year's grants are available at www.baseballjose.com

177. What is implied about the Jose Martinez Foundation?
(A) It operates a chain of fitness centers.
(B) It is based in Gainsville City.
(C) It gives grants to organizations in only one city.
(D) It awards grants every year.

178. What is suggested about the Gainsville City Community Center?
(A) It submitted 70 grant applications.
(B) It is hiring new yoga instructors.
(C) Its fitness facility will get new equipment.
(D) It posts exercise plans on its Web site.

179. What is a service that will be funded by one of the smaller grants?
(A) Demonstrations of how to prepare food
(B) Discounts for buying food at local markets
(C) Special classes held every day for families
(D) Unlimited use of yoga facilities

180. What is indicated about Mr. Martinez?
(A) He selected the grant recipients himself.
(B) He is a famous athlete.
(C) He has been playing baseball for fifteen years.
(D) He is a licensed nutritionist.

Questions 181-185 refer to the following schedule and e-mail.

[FIRST DRAFT COPY - July 7]

Cromwell Papers Inc.

7:30 A.M. - 8:30 A.M.	Breakfast and opening statement by company president
8:30 A.M. - 10:30 A.M.	Workshop 1: Analysis of Current Trend in Paper Supplies
10:30 A.M. - 12:30 P.M.	Workshop 2: Overview of Cromwell products
12:30 P.M. - 1:30 P.M.	Lunch
1:30 P.M. - 3:30 P.M.	Workshop 3: Learning the basics of writing proposals
3:30 P.M. - 4:00 P.M.	Break
4:00 P.M. - 6:00 P.M.	Workshop 4: Giving presentations

From	Ryan McCarthy <rmaccarthy@cromwellpp.com>
To	Buela Cooper <buela@cromwellpp.com>
Date	July 14
Subject	Updates

Dear Ms. Cooper,

This e-mail is to notify you that there have been a few changes on the upcoming training program for the new sales staff. Firstly, Mr. Jameson will be in a meeting until 8:30 A.M, so I am afraid he won't be able to give the opening statement during breakfast. Rather than finding a replacement for Mr. Jameson, we decided to turn the breakfast into an orientation where new staff could introduce themselves to each other.

In addition to the change mentioned above, we decided to switch the times for the last two workshops because Ms. Ramsey, the supervisor for the training program, has some conflicts with her schedule.

I am sorry to say that I too won't be able to come to the training program, but I am sure that you will be able to send the messages clearly to everyone. Therefore, I would like to ask you to update and distribute the changed schedule. After, please call me for confirmation.

Ryan McCarthy

181 What will the sales representatives do from 10:30 A.M. to 12:30 P.M.?
(A) Meet the sales trainers
(B) Introduce themselves to each other
(C) Learn about the company's products
(D) Tour the production facilities

182 Who is the president of Cromwell Papers?
(A) Mr. Jameson
(B) Mr. McCarthy
(C) Ms. Cooper
(D) Ms. Ramsey

183 In the e-mail, the word "turn" in paragraph 1, line 4, is closest in meaning to
(A) rotate
(B) transform
(C) bring
(D) consider

184 According to the e-mail, when will the participants learn about writing proposals?
(A) From 7:30 A.M. to 8:30 A.M.
(B) From 8:30 A.M. to 10:30 A.M.
(C) From 1:30 P.M. to 3:30 P.M.
(D) From 4:00 P.M. to 6:00 P.M.

185 In the e-mail, what does Mr. McCarthy ask Ms. Cooper to do?
(A) Attend a seminar
(B) Give a presentation
(C) Record changes to a schedule
(D) Hire some new sales representatives

Questions 186-190 refer to the following e-mails.

From	Jared Leto <jleto@wac.com>
To	Jacy Beckinsale <jbeckinsale@navi.com>
Subject	Woodchuck Music Festival
Date	May 15

Dear Ms. Beckinsale,

My name is Jared and I am the event planner of Woodchuck Art Center. I recently had a chance to hear you and your band's performance at the Vigilant Hall. As a fan of jazz, I believe your band had given an outstanding live performance. Your exceptional saxophone solo was most impressive.

It would be a great honor to have you for our upcoming music festival at our facility, which will be on Friday, July 18. So, I was wondering whether you will be willing to perform for this wonderful event from 6:30 P.M to 8:30 P.M. Please let me know if you are interested at your earliest convenience. We can discuss pay rates and other details in the future. If, for any reason you can't join this event, is there another jazz performer you would like to recommend? Thanks in advance.

Sincerely,

Jared Leto

From	Jacy Beckinsale <jbeckinsale@navi.com>
To	Jared Leto <jleto@wac.org>
Subject	Re: Woodchuck Music Festival
Date	May 18

Dear Mr. Leto,

Thank you for your warm compliments regarding our performance at the Vigilant Hall and your invitation to Woodchuck Music Festival. However, due to my initially scheduled performance for a wedding ceremony on the same day, I am afraid that I have to decline your offer.

However, I believe my close friend, Samantha Clay is available. Though we do not share the same style of music, we share the same passion for the same instrument. As a matter of fact, we actually performed together at the Palermo Jazz Night last December.

Samantha is truly an exceptional jazz artist. You can hear some of the samples of her music at her homepage (www.samanthajazz.com). Her homepage also contains her contact information, so if you want to contact her, feel free to mention me. I hope you do a great job hosting the festival. Please let me know if there is an event such as Woodchuck Music Festival in the future. I will be more than happy to become a part of it.

Jacy Beckinsale

186. Why did Mr. Leto contact Ms. Beckinsale?
    (A) To hire her for an upcoming event
    (B) To apply for a position as an event planner
    (C) To inquire about the fee that her band charges for a performance
    (D) To share his impressions about Vigilante Hall

187. What is NOT indicated about Mr. Leto?
    (A) He enjoys listening to jazz.
    (B) He knows Ms. Beckinsale well.
    (C) He attended a show recently.
    (D) He works at the Woodchuck Art Center.

188. In the first e-mail, the word "facility" in paragraph 2, line 1, is closest in meaning to
    (A) ease
    (B) capacity
    (C) concern
    (D) establishment

189. What is implied about Ms. Clay?
    (A) She used to perform regularly at the Vigilante Hall.
    (B) She met Ms. Beckinsale for the first time in December.
    (C) She is a saxophone player.
    (D) She recently updated her homepage.

190. What does Ms. Beckinsale ask that Mr. Leto do?
    (A) Purchase tickets for the Palermo Jazz Night Festival
    (B) Invite her to the next arts celebration
    (C) Attend her band's performance at the wedding ceremony
    (D) Send her his contact information

Questions 191-195 refer to the following advertisement and e-mail.

Homes for Rent in Ray City
Properties Represented by Jade Solomon

99 Carnegie Court _____ **$270 per week**
3 mid-sized bedrooms, 1 bath condominium in the center of downtown with beautiful shore view from this 7th floor unit. Easy access to parking area and bus stop within walking distance.

27 Steward Street _____ **$340 per week**
Single-level home with a veranda, 3 bedrooms, 2 bathrooms, 1 garage. Takes approximately 10 minutes to drive to downtown. Available for a maximum lease of one year

790 Chamberlain Avenue _____ **$370 per week**
Large 5 bedrooms, 3 bathrooms, surrounded by peaceful environment in the suburbs. Just 25 minutes by train to downtown. 1 spacious garage.

33 Sandsville Parkway _____ **$370 per week**
Modern 4 bedrooms, 2 baths home with fence-surrounded yard and 1-car garage in suburban area close to the beach. Just 10 minutes by car to reach downtown.

SOLOMON & ASSOCIATES
2200 Montclair Driveway, Ray City 59016
567 321 2146
www.solomonestate.com
Your number ONE choice for choosing the right NEST!

To	Jade Solomon <info@solomonestate.com>
From	Lila Lupe <llopez@vivamail.com>
Date	July 5
Subject	Homes for rent

Dear Ms. Solomon,

A friend of mine suggested I contact you. My husband and I will be looking for a rent starting next month. We plan to live for at least two years. We would like to have at least three bedrooms and a yard to enjoy gardening, which is our favorite hobby. We both work in downtown, so we don't mind driving up there as long as the time doesn't exceed fifteen minutes.

It will be great if we can start looking for rentals by next weekend. You may reach me anytime during regular business hours through 02-542-1213, but I will surely be available if you can call me in the evenings while I am at home (02-679-1213). I hope we can talk about this as soon as possible.

Sincerely,

Lila Lupe

191. What feature of all of the advertised properties would likely be attractive to the Lupes?
    (A) The size of the garage
    (B) A location near public transportation
    (C) The view of the surrounding area
    (D) The number of bedrooms

192. What is suggested about Ms. Solomon?
    (A) She shares an office with other real estate agents.
    (B) She lives in the center of town.
    (C) She specializes in commercial rentals.
    (D) She is unable to meet clients on weekends.

193. What is NOT mentioned about the Lupes in the e-mail?
    (A) The length of time they would like to rent
    (B) The weekly rate they can afford to pay
    (C) A preferred mode of traveling to work
    (D) An outdoor activity they enjoy

194. What property in the advertisement meets all of the Lupes' requirements?
    (A) 99 Carnegie Court
    (B) 27 Steward Street
    (C) 790 Chamberlain Avenue
    (D) 33 Sandsville Parkway

195. How will Ms. Solomon most likely respond to Ms. Lupe's inquiry?
    (A) By visiting her downtown office
    (B) By mailing a schedule of appointments to Ms. Lupe
    (C) By calling Ms. Lupe on a weekday evening
    (D) By forwarding information through a friend

Questions 196-200 refer to the following e-mails.

To	Susan Tourgeon <stourgeon@globalmail.net>
From	Tyler Black <tblack@blacklandscape.com>
Date	September 7
Subject	Landscaping for 1316 Wilshire St.

Dear Ms. Tourgeon,

I enjoyed spending time with you last Saturday to discuss landscape options for your new house. Now that I have taken measurements of the property, I have come up with some ways to create more natural looking boundaries between you and your neighbor's yard. The shrubs that I have listed below vary in form and texture, but they are all durable enough to withstand the cold weather and will retain at least some of their leaves year round. The chart below lists some of the shrubs I would recommend:

Shrub type	Average height	Features
Barberry	3 meters	Short leaves, blossom flowers in spring time
Butterfly Bush	2 metes	Large leaves, produces flowers in summer
Holly	6 meters	Light green leaves in summer, orange in fall, but does not produce flowers
Smokebush	4.5 meters	Colorful leaves year around, does not produces flowers

I remember that you mentioned before that you are not familiar with plants, but if you describe to me some of the features you prefer from the selections above, I can get started with the planting process of the particular shrubs you've selected immediately. Then, while I am there, let us begin to develop a sound plan of properly decorating your backyard. This will be a little more challenging because many trees there reflect much of the sunlight. However, I'll bring some samples to show you of the plants that I believe will survive in such conditions.

Sincerely,

Tyler Black
Black Landscapes

To	Tyler Black <tblack@blacklandscape.com>
From	Susan Tourgeon <stourgeon@eirrusglobe.net>
Date	September 8
Subject	RE: Landscaping for 1316 Wilshire St,

Dear Mr. Black,

Thank you for your quick reply. As I mentioned before, you come highly recommended, and I trust your expertise in choosing which shrubs will work best. Based on the choices you left me in your letter, I think I would prefer shrubs that are tall, which will be able to make a distinct border between my yard and my neighbor's yard. Also, I don't want shrubs that produce flowers for this particular area. If possible, I'd like to start this planting job on either Wednesday or Thursday of next week; a construction crew will be working on the driveway during the earlier part of the week, and some parts of the yard will be inaccessible until they complete construction on Tuesday.

Thank you for everything.

Susan Tourgeon

196. What is indicated about Mr. Black?
    (A) He measured the yard at 1316 Wilshire St.
    (B) He has been hired to work for Ms. Tourgeon before.
    (C) He is one of Ms. Tourgeon's neighbors.
    (D) He has recently moved into a new home.

197. According to the e-mail, what is true about all of the shrubs recommended by Mr. Black?
    (A) They produce flowers in spring.
    (B) They can surviving in cold weather.
    (C) They are at least four meters tall.
    (D) They change colors in fall.

198. What is mentioned about the property at 1316 Wilshire St.?
    (A) It is enclosed on all sides by a fence.
    (B) There are no trees on it.
    (C) It is next to a park.
    (D) One part of it gets very little sunlight.

199. What type of shrub will Mr. Black likely choose for Ms. Tourgeon?
    (A) Barberry
    (B) Butterfly Bush
    (C) Holly
    (D) Smokebush

200. What does Ms. Tourgeon ask Mr. Black?
    (A) To make sure that all of the shrubs are planted next week
    (B) To avoid planting the shrubs until she has contacted her neighbor
    (C) To wait until spring to start planting any shrubs
    (D) To plant the shrubs only after some construction work has been completed

Ustar TOEIC Reading

→→→→→→ **Part 5, 6, 7**

Actual Test

Actual Test 1

READING TEST

In the Reading test, you will read a variety of texts and answer several different types of reading comprehension questions. The entire Reading test will last 75 minutes. There are three parts, and directions are given for each part. You are encouraged to answer as many questions as possible within the time allowed.

You must mark your answers on the separate answer sheet. Do not write your answers in the test book.

Part 5

Directions: A word or phrase is missing in each of the sentences below. Four answer choices are given below each sentence. Select the best answer to complete the sentence. Then mark the letter (A), (B), (C), or (D) on your answer sheet.

101. Mier's Market opened a new ------- in the suburban area last Friday.
    (A) furniture
    (B) notice
    (C) store
    (D) design

102. Mr. Palmer must ------- the final copy of the product design to his supervisor by the end of this month.
    (A) send
    (B) sent
    (C) sending
    (D) to send

103. Mr. Kinsley will return from the business trip in two days, but the board of directors will not meet with ------- until later this week.
    (A) himself
    (B) him
    (C) his
    (D) he

104. All new staff of the accounting department ------- to the orientation on Tuesday to learn about our company policy.
    (A) typed
    (B) began
    (C) decided
    (D) went

105. The position advertised on the website includes attractive ------- such as reduced working hours and extra vacation days.
    (A) benefit
    (B) benefits
    (C) beneficial
    (D) beneficially

106. Dr. Khan asked two of his assistants to ------- the engineers on a tour of the entire laboratory.
    (A) take
    (B) form
    (C) tell
    (D) read

107 Pikel Autos has many ------- engineers in its engine-development department.
(A) experienced
(B) experiencing
(C) experience
(D) experiences

108 Newly hired employees are invited to the reception ------- the vice president on November 2.
(A) off
(B) throughout
(C) with
(D) among

109 The shipment will be delivered a few days ------- the opening ceremony is scheduled to be held in the headquarters.
(A) about
(B) from
(C) before
(D) during

110 Of the colors listed below, customers can choose which one ------- prefer.
(A) theirs
(B) themselves
(C) them
(D) they

111 The meeting lasted ------- three hours, but the manager still couldn't answer every question.
(A) variously
(B) nearly
(C) finely
(D) openly

112 The entire staff gave respect to Mr. Makoto's ------- contribution to the company's improvement.
(A) creative
(B) create
(C) creatively
(D) creativeness

113 Far East Bank only charges a 5 percent fee ------- out-of-state money transfers.
(A) in
(B) around
(C) outside
(D) for

114 Ricardo's Auto Tuning Shop, ------- specializes in enhancing engine performance, recently opened its second store in the center of Los Angeles.
(A) whom
(B) which
(C) what
(D) where

115 Most college students and young adults expect that Lucas Packer will win the presidential election, ------- some political experts think otherwise.
(A) but
(B) why
(C) like
(D) once

116 The result of the surveys ------- indicates a strong demand of the product among customers.
(A) clarify
(B) clearly
(C) clear
(D) clarity

GO ON TO THE NEXT PAGE

117 Famous for their products' reliability, Tunney Company is one of the ------- manufacturers of home appliances.
(A) deliberate
(B) leading
(C) festive
(D) relieved

118 In order to improve productivity among the employees, the Human Resources department has been working on ------- a new management program.
(A) develop
(B) developed
(C) developing
(D) development

119 When hiring new employees, Pocono Inc. prefers candidates with an advanced degree in -------.
(A) accountant
(B) accounted
(C) accountable
(D) accounting

120 Although the item was originally scheduled to arrive in three days, it has ------- been received by the secretary earlier today.
(A) later
(B) already
(C) eventually
(D) soon

121 To encourage harmony among workers, Robins Finance has recently ------- a policy which is expected to eliminate all forms of racism within the company.
(A) implemented
(B) estimated
(C) collected
(D) separated

122 The new manager wants all daily reports of the sales staff sent ------- to his secretary every single day.
(A) directive
(B) directing
(C) directly
(D) direction

123 In order to receive an international license, you must ------- your driver's license to a public official before completing the necessary forms.
(A) place
(B) inspect
(C) present
(D) state

124 Many students from Deckard University search for employment at a famous online job search-engine ------- after graduating.
(A) immediately
(B) extremely
(C) numerously
(D) previously

125 All applicants should be ------- to give a sample speech on one current issue on the second day of the interview.
(A) prepare
(B) preparation
(C) prepared
(D) prepares

126 The new coffee maker developed by Neo Works has the ------- to make hot or cold coffee in a matter of a few seconds.
(A) decision
(B) ability
(C) amount
(D) faculty

127. To ensure driving safety, Top Motor's engineers ------- test their cars' airbag systems.
(A) period
(B) periodic
(C) periodical
(D) periodically

128. Sign up for Blair Wireless by this Friday to get the world's fastest online access ------- a wireless connection for only $5 a month.
(A) in addition
(B) whichever
(C) plus
(D) whenever

129. For those of you who are invited to Mr. Klein's wedding, please indicate your meal ------- on the attached letter and send it back to Ms. Summer via e-mail.
(A) preference
(B) discretion
(C) advantage
(D) recognition

130. ------- the sudden rise of popularity of its pens among college students, Scholar Realm's total sales went up dramatically last week.
(A) According to
(B) Similarly
(C) Unless
(D) Due to

131. The staff of Jeenaway's marketing department in Toronto ------- the effect of television advertisements during prime time.
(A) to research
(B) has researched
(C) researching
(D) will be researched

132. Mr. Chapman, the sales manager at the Indiana branch, has noticed a significant increase in productivity among employees ------- all computers were installed with upgraded computer software.
(A) despite
(B) since
(C) even
(D) besides

133. Designers from Pink Fanatics and Panucci Italia have agreed to work ------- one another on the new shoe design.
(A) jointly
(B) collaborating
(C) together
(D) alongside

134. The spokesperson of HKM Autos stated that electricity can be used as a ------- for other types of fuels.
(A) substitute
(B) desirability
(C) shortage
(D) dedication

135. The emission level of the newly built factory was 7% more ------- that allowed by the environmental standards.
(A) than
(B) onto
(C) within
(D) there

136. Cornell Resort is located in a ------- mountain region, famous for unspoiled nature and rich wildlife.
(A) multiple
(B) momentary
(C) concerned
(D) picturesque

GO ON TO THE NEXT PAGE

137 If an order is placed after the 11th of each month, the ------- will appear on the billing statement of the following month.
(A) lateness
(B) disturbance
(C) transaction
(D) registration

138 The new business policy released by the city council is intended ------- the development of commercial services.
(A) facilitating
(B) facilitation
(C) to facilitate
(D) to be facilitated

139 Due to the several ------- decisions made by Mr. Wallace, the economy is expected to regain its stability shortly.
(A) reflected
(B) strategic
(C) unanimous
(D) contented

140 Carmen Matthews is considered as the best singer, so the incredible success of her second album ------- no surprise to her fans.
(A) comes as
(B) makes of
(C) reaches for
(D) speaks of

NO TEST MATERIAL ON THIS PAGE

Part 6

Directions: Read the texts that follow. A word or phrase is missing in some of the sentences. Four answer choices are given below each of the sentences. Select the best answer to complete the text. Then mark the letter (A), (B), (C), or (D) on the answer sheet.

Questions 141-143 refer to the following e-mail.

From: Jacob Lincoln, General Manager, Purdue Trucks & Tranportation
To: All Truck Drivers
Subject: Free Racing Tickets
Date: Tuesday, September 19

Thanks to Truman Oil Company, which owns Retro Racing Team and is one of our most important -------, we have been provided with free tickets to see the exciting Pascar

141 (A) performances
    (B) guests
    (C) clients
    (D) patterns

Racing Tournament at Daytona Beach.

We have received thirty tickets from them. Since each ticket is valued at over a hundred dollars, they ------- on a first-come, first-served basis. In order to obtain a ticket, you

142 (A) have been distributed
    (B) are distributing
    (C) will be distributed
    (D) to distribute

must first come down to the human resources department.

------- you have any questions regarding the tickets, contact Ms. Cole for more

143 (A) Whether
    (B) Although
    (C) Unless
    (D) If

information. Once again, tickets are distributed on a first-come, first-served basis, so please act accordingly. Thank you.

Questions 144-146 refer to the following letter.

November 11

Ms. Clara Redfield
Sunset Valley Ristorante
574 A Conerstone Pkwy.
Hoboken NJ, 07125

Dear Ms. Redfield,

We would like to give you thanks for your ------- purchase of our kitchen appliances. We

    144 (A) recent
           (B) first
           (C) apparent
           (D) near

hope you are satisfied with the pans, stoves, and grills you've purchased this time and for the items you had ordered a few months ago.

Since you've been one of our greatest customers for the last five years, we would like to ------- an exclusive offer just for you. On your next purchase, no matter when it will be,

145 (A) request
      (B) accept
      (C) extend
      (D) exchange

we will send you five sets of cutting boards, stainless knives, spatulas, and whisks completely free of charge.

It is always our pleasure to serve a customer like yourself.
We wish you the best of luck for the continued ------- of your restaurant.

    146 (A) successfully
           (B) successful
           (C) succeeds
           (D) success

Sincerely,

Jimmy Harts
Harts Kitchen Appliances

GO ON TO THE NEXT PAGE

Questions 147-149 refer to the following article.

Launching of "J"
by Timothy Brides

CBN's most famous anchorwoman, Joo Y. Kim will be releasing a new perfume called J this coming summer. Ms. Kim, who claims herself to be fan of perfumes describes its ------- as attractive and long-lasting.

147 (A) autograph
    (B) costume
    (C) picture
    (D) fragrance

This year, J will be available ------- at Garden State department stores, but it will be sold in

148 (A) ever
    (B) only
    (C) since
    (D) almost

all shops starting next year.

Depending on how quickly J gains popularity, Ms. Kim ------- to release another perfume

149 (A) expected
    (B) is expecting
    (C) is expected
    (D) was expected

in the near future. The launch date of J will be on June 12.

Questions 150-152 refer to the following letter.

July 27

Dr. Juan Martinez
79 Saddles Street
York City, NC, 10459

Dr. Martinez,

We are pleased to invite you to National Pharmacy Group. As you may have already known, this group has recently expanded its influence ------- the eastern states and is

150 (A) except
(B) beside
(C) among
(D) beyond

trying to further reach its main goals of becoming an internationally recognized group in the pharmaceutical field. As president of this group, I would like you to be a part of this group.

If you become a member, we ------- you to access all updated information there that we

151 (A) would have allowed
(B) will allow
(C) to allow
(D) allowed

have available on the world of medicines.

I am looking forward to hearing from you soon and hope that our ------- will be long lasting.

152 (A) affiliation
(B) competition
(C) alteration
(D) determination

Sincerely,

Dr. Penelope Albano
National Pharmacy Group

GO ON TO THE NEXT PAGE

Part 7

Directions: In this part you will read a selection of texts, such as magazine and newspaper articles, letters, and advertisements. Each text is followed by several questions. Select the best answer for each question and mark the letter (A), (B), (C), or (D) on your answer sheet.

Questions 153-154 refer to the following message.

WHILE YOU WERE AWAY

FOR: Kelly Smalls

DATE: Tuesday, March 21 **TIME:** 2:00 P.M.
FROM: Steven Marcus **OF:** Marketing

_X_ Telephoned __ Came into the office __ Returned your call __ Please call __ Will call back __ Urgent

MESSAGE:
Mr. Marcus will have to postpone tomorrow's meeting at 10:00 A.M. He has a very important meeting with a client in Paris. He will be taking a flight today and he is scheduled to return on Friday in the morning. As long as it's fine with you, he would like to reschedule the meeting for Friday at 4:00 P.M. Though it's not an emergency, he would like to discuss next year's advertising campaign strategies as soon as possible.

Taken By: Sarah

---

153 For what time was Mr. Marcus's meeting with Ms. Smalls originally scheduled?
(A) 10:00
(B) 1:00
(C) 2:00
(D) 4:00

154 What will Ms. Smalls most likely do when she receives the message?
(A) She will attend an emergency meeting.
(B) She will prepare an advertising campaign.
(C) She will check Friday's work schedule.
(D) She will make a flight reservation.

Questions 155-157 refer to the following form.

FIDDLER CORPORATION SECURITY CENTER

On April 3, new security gates will be installed at the entrance of the parking lot. Those who park their cars on the parking lot must contact the security center to obtain access permits. Permits will allow entry to one parking area. If you wish to access additional areas, you need the approval of your manager.

To request a parking permit, please fill out the information below and send this form to the security center by April 1. If you have any troubles, contact Javier Lima at extension 30 for assistance.

Cut here and return the portion below

Employee Information

Name: _Christie Panama_   Employee Identification Number: _3462_
Department: _Technical Department_   Office: _207_   Parking Area: _2A_
Additional Access Needed? (Yes) No   Parking Area: _3C_

Vehicle Information
Approval Authorized By: _Louis Costa_   Date: _March 28_
Brand: _Wolkswagon_   Model: _Gulf_   Color: _Black_
License Plate: _L8C53U_

---

155. Why will Ms. Panama submit the form?
 (A) To request an identification badge
 (B) To sign up for a research seminar
 (C) To correct her employee information
 (D) To receive parking-area access

156. What is the deadline for returning the form?
 (A) March 28
 (B) March 30
 (C) April 1
 (D) April 3

157. What was indicated about Mr. Costa?
 (A) He is Ms. Panama's manager.
 (B) He occasionally drives to the office.
 (C) He uses more than one parking area.
 (D) He works in the security center.

Questions 158-159 refer to the following information.

Easy Ways to Reduce Office Expenses

We have come up with some brilliant ways to cut your electricity bills for your office.

Environment: Try to get more exposure to sunlight by opening blinds every morning to early afternoon. On a side note, light-colored walls helps reflect light better in the office.

Lighting: Fluorescent light bulbs are always your number one choice to reduce electricity costs. Even without changing light fixtures, fluorescent bulbs give about the same amount of light with less energy compared to incandescent ones. If your office uses incandescent bulbs, make sure you replace them. It is also recommended to install motion sensors on non-work areas where constant lighting is not required. (*ex*: closets, bathrooms) Similarly, an automatic timer can be very effective, since they turn off lights by themselves almost instantly when the office is vacant.

Office Equipment: Though it may be a little inconvenient, try to make it a habit of turning off printers and copiers when they are not in use. By using a power stripe, you can turn off several electronic devices at once with a simple flip of a switch. Some people assume that screen savers can save energy, but they apparently do not have such functions. Please make sure to turn off computer monitors when you are not using your computer.

If you like to learn more, please visit www.conserveenergy.com.

158 According to the information, how can light at the workplace be maximized?
(A) By relocating light fixtures
(B) By allowing daylight to enter through windows
(C) By using brighter lightbulbs
(D) By using motion sensors in work areas

159 What is NOT mentioned as a way to limit energy consumption?
(A) Replacing printers and copiers with more efficient ones
(B) Turning off monitors instead of using screen savers
(C) Using power stripes to turn off multiple devices
(D) Installing automatic timers on lighting

Questions 160-161 refer to the following notice.

Due to the increase of casual coffee drinkers on the first floor, we decided that all staff should be in charge of coffee duties. Tasks will include making coffee and stocking trays with whip cream and sugar packs. Lastly, they will have to clean the coffeepots at the end of each day. However, since cleaning cups is an individual responsibility, staff who are in charge of coffee for that day would not have to worry about washing them.

A calendar displaying a rotation routine will be posted on the wall near the snack room. All employees who drink coffee frequently are to be randomly selected by the manager and become part of the rotation. The company will provide coffee, milk, and paper cups while employees will be responsible for buying cream and sugar.

160 What does the notice ask employees to do?
(A) Clean the coffeepots twice each day
(B) Take turns preparing the coffee
(C) Bring empty trays back to the kitchen
(D) Contribute money to provide coffee

161 What information is provided by the notice?
(A) The date of schedule office maintenance
(B) The results of a recent questionnaire
(C) The location to check one's rotation
(D) The instructions for a coffee machine

Questions 162-164 refer to the following article.

Kyoto, Japan December 17 – Miyake Collection Corporation, one of the most popular department store chains in Japan, created an updated version of its online shopping site.

"Our upgraded web site has become very simple and easy to follow to ensure online shopper's full satisfaction," said Mr. Goro Yamamoto, the company's CEO. He added, "The new layout of our website allows you to check your order history, and you can write personal reviews of the items you have purchased. Since there has been a lot of incidents of online theft, our website utilizes a very advanced anti-virus software to protect your personal information."

More than four million shoppers registered on the website and an average of 100,000 orders are being made each day. The site offers products in various categories, ranging from electronics to fashion apparels. Miyake Collection will be adding more categories earlier next year. Visit www.shopmiyake.com.

162. What is the purpose of the article?
(A) To announce the retirement of the CEO of a company
(B) To advertise the largest sale in the history of the company
(C) To review the quality of products sold through a popular website
(D) To publicize improvements made to a website

163. What does Mr. Yamamoto imply about Miyake Collection Corporation?
(A) It has just filled six million orders on its web site.
(B) It ships its online orders within one day of purchase.
(C) Its management cares about customers' privacy.
(D) It is the largest cosmetics company in Japan.

164. According to the article, what does Miyake Collection Corporation plan to do in the near future?
(A) Launch a new advertising campaign
(B) Expand its product categories
(C) Add new payment options for its online customers
(D) Stop selling electronics and fashion apparels

Questions 165-167 refer to the following letter.

Lighthouse Green Ltd.
1649 Bristol Ave.
Anaheim, CA

March 10

Marek Hamsik
Van der Sar Sports Equipment Company
Arkelsedijk 43, Postbus 22, 420 B
Putten, Netherlands

Dear Mr. Hamsik,

I am writing this letter to recommend Troy Freeman for the payroll management position at Van der Sar Sports Equipment Company. As the director of the payroll department at Lighthouse Green Ltd in Anaheim, California, I have been Mr. Freeman's supervisor for about three years.

Mr. Freeman first started his career at Lighthouse Green six years ago as payroll assistant in the Miami branch. After three years of employment at our firm, he became the assistant payroll manager. Of the many brilliant accomplishments he had achieved, Mr. Freeman's implementation of a new system of obtaining and tracking payroll information was most impressive. This system is often considered the simplest, yet the most accurate and efficient system of all payroll processing programs. Along with his new system, he had also suggested various ways to facilitate payroll procedures. Last year, he also had a chance to train interns at the payroll department in our Detroit branch. Due to his exceptional performance over many years, Mr. Freeman was awarded Best Employee of High Professionalism.

As you see, Mr. Freeman has been one of our greatest employees, and I am confident that he will become an asset to your company as well.

Sincerely,
Tim Robbins

165 What is true about Mr. Robbins?
(A) He used to work at Van der Sar Sports Equipment Company.
(B) He works in Lighthouse Green's Anaheim branch.
(C) He has been recognized with an award for his professional accomplishments.
(D) He is planning to add more staff to his department.

166 Where does Mr. Freeman probably hope to work?
(A) In Miami
(B) In Anaheim
(C) In Putten
(D) In Detroit

167 Why does Mr. Robbins mention Lighthouse Green's new payroll system?
(A) To give an example of a successful project organized by Mr. Freeman
(B) To suggest that Mr. Hamsik's company should use the system
(C) To describe how Mr. Freeman solved a problem in Lighthouse Green's Miami branch
(D) To show that Mr. Freeman is familiar with different payroll systems

GO ON TO THE NEXT PAGE

Questions 168-171 refer to the following advertisement.

World Job Search

For Employers

World Job Search (WJS) is an online-based recruitment website that exclusively focuses on filling senior executive positions. As a client company, employers are matched with an employment counselor specifically trained to search for candidates with the most experience and high levels of education of whom fit your particular industry. These counselors analyze more than 30,000 resumes to distinguish suitable matches among the list. Then, they conduct pre-interviews with these candidates to form a more detailed profile. Afterwards, employers receive a list of candidate profiles with an addition of recommendations on which candidates are regarded to be the best match to your company.

For Job Seekers

World Job Search (WJS) provides employees with lists of prominent jobs and connects these offers from exceptional companies to them. As a paying member of WJS, you get to access our online search engine and are able to browse qualified job positions in more than 35 countries. We post job positions daily that offer yearly salaries of at least $100,000 or more. For members, we will also send you our exclusive business magazine, *World Business Times* monthly. This magazine contains some of the rare information which you can hardly find in other businss magazines.

Feel free to join us anytime at www.wjsjobs.com.

---

168. What is the goal of WJS?
    (A) To help executive job seekers improve their resumes
    (B) To connect highly skilled job seekers with top employers
    (C) To help companies retain their executives
    (D) To train executives to work in new industries

169. According to the information, what is NOT provided to client companies?
    (A) A list of job seekers
    (B) A specialist with whom to work
    (C) Direct access to 30,000 resumes
    (D) Suggestions on whom to consider for hiring

170. What is indicated about job seekers who use WJS?
    (A) They speak several languages.
    (B) They have taught university courses.
    (C) They wish to earn up to $100,000 a year.
    (D) They have paid a membership fee.

171. What is indicated about the majority of WJS client companies?
    (A) They post executive job openings on only web site.
    (B) They specialize in personnel management.
    (C) They use WJS to help recruit all their employees.
    (D) They have a long-standing relationship with WJS.

Questions 172-175 refer to the following e-mail.

To:	Janet Weaver <jweaver@regicomplex.com>
From:	Philip Rice <phrice@prconstruction.com>
Date:	Wednesday, July 17
Subject:	Regarding Paint Job

Hello Ms. Weaver,

I have received your phone message.

First, I would like to thank you for extending the deadline for the painting job to next Friday. Due to inclement weather, I had to postpone some of the painting works you had requested before. In addition, my crew is currently understaffed due to the fever that has been widespread recently. To make matters worse, there was a delivery error with the customized windows you requested. They were scheduled to arrive two weeks ago, but they only just arrived yesterday.

However, you don't have to worry about any extra costs. Such a delay won't affect the price of the work. I personally guarantee that the figure we initially gave will not change. Also, in spite of such delays we have suffered, I am confident that the store will be completely constructed on the date we initially agreed upon.

To answer your question you left on my answering machine, you are more than welcome to come by the property whenever it's convenient for you. However, for your safety, please wear the protective gear we provide, and then our construction manager, Pedro Mourinho, will escort you to the construction site.

If you have any further questions, please feel free to call me at any time of your convenience. Once again, thank you for your patience.

Sincerely,

Philip Rice

172. What is NOT given as a reason for the delay?
(A) Poor weather conditions
(B) A late delivery
(C) Employee absences
(D) Faulty equipment

173. What does Mr. Rice promise Ms. Weaver?
(A) That he will personally oversee the windows installation
(B) That she will not be charged for any increase in project costs
(C) That the store's opening will not be delayed by more than one
(D) That she will receive a discount as compensation for the inconvenience

174. What did Ms. Weaver probably ask in her phone message?
(A) If she is allowed to visit the construction site
(B) What safety equipment the crew requires
(C) How long the painting job will take
(D) When Mr. Rice will send her the bill

175. Who is Pedro Mourinho?
(A) A store manager
(B) A building-safety inspector
(C) One of Mr. Rice's employees
(D) One of Ms. Weaver's business partners

Questions 176-180 refer to the following article.

New AHC Qualifications Announced

Sussex, July 22 – The American Hotel Committee (AHC) announced that the Seymore Hotel received the highest rating and received the AHC certification. Only two hotels in America have received this certification so far.

"We are glad to receive this honor and I would like to congratulate all of our staff," said Seymore Hotel owner, John Seymore. "This hotel has been the property of the Seymore family for four generations. Seymore Hotel, which is one of the largest hotels in Chicago was once a small motel which was only able to hold up to eight groups of guests. Our hotel overlooks the Larson Bay. The view is even more spectacular from our main dining room, where you can enjoy our best meal service."

Peter Thomas, the hotel's manager, believes that the publicity from the AHC certification will bring attention not only to Seymore Hotel, but to the entire region. "Due to the annual Yacht Festival, hotels and other accomodations in this area have always experienced robust business during the summer seasons. Thanks to our achievement of AHC certification, we are positive in bringing in more tourists during both this and other seasons as well."

In order to acquire AHC certification, hotels are evaluated on the following criteria: service quality, amenities, cleanliness, and customer satisfaction. According to James Ingram, AHC's main evaluator, such travel ratings should be more widespread. "People from all around the world deserve to know which hotels best suit their personal interests. Therefore, what we do can be a very useful tool for tourists who plan to travel abroad."

By Julie Pope

176. Why was the article written?
    (A) To outline a rating process
    (B) To review a new tourist service
    (C) To recognize a special achievement
    (D) To report on an annual event

177. What is indicated about Seymore Hotel?
    (A) It has recently been renovated.
    (B) It no longer serves dinner to guests.
    (C) It was built by the Seymore family.
    (D) It overlooks Larson Bay.

178. When does the region have the most visitors?
    (A) In winter
    (B) In spring
    (C) In summer
    (D) In autumn

179. Who coordinates AHC hotel evaluations?
    (A) Julie Pope
    (B) James Ingram
    (C) Peter Thomas
    (D) John Seymore

180. According to the article, how are AHC certifications unique?
    (A) They are not limited to luxury hotels.
    (B) They involve a lengthy application process.
    (C) They guarantee an increase in visitors.
    (D) They are awarded only once a year.

GO ON TO THE NEXT PAGE

Questions 181-185 refer to the following brochure and e-mail.

Peppercity Gardens has been one of the most popular attractions for visitors from all over the world for more than twenty years. And this year, there are even more reasons to love this amazing place! This summer, Peppercity Gardens will offer several new events such as a tree-planting festival, a field trip to the arboretum, and a guided tour through Dawson Woods. On Saturday, there will be a concert in the evening. As with last year, our rose tours will exhibit some of the most exotic roses. Starting in July, we will open classes for those who are interested in home gardening. Our group of experienced instructors will show you how to plant and grow flowers and eatable vegetables.

Seasonal Hours (June 21 - October 8):

Monday - Tuesday:	8:00 A.M. - 7:00 P.M.
Wednesday - Friday:	8:00 A.M. - 10:00 P.M.
Saturday:	8:00 A.M. - 8:00 P.M.
Sunday:	8:00 A.M. - 6:00 P.M.

To purchase tickets for Saturdays' concert, please visit our website at www.peppercitygardens.com

---

To:	Isabelle Dakota
From:	Edwin Wigan
Date:	July 22 6:00 P.M.
Subject:	Peppercity Gardens Trip

I had such a wonderful time at Peppercity Gardens with my family last Saturday! Thank you very much for showing me the brochure.

The weather was fantastic. Electra and the children took part in the tree-planting festival while I went on a rose tour. The flowers were gorgeous, and our guide was very knowledgeable. That was my favorite part of the day, without a doubt. Your recommendation was definitely worth following. I never imagined that such a nice place existed so close to my home.

We stayed until the end of the concert. It's a pity that you couldn't join us.

Next time, we will surely go together.

Thank you again for introducing the garden.

Sincerely,

Edwin Wigan

181. What is the purpose of the brochure?
    (A) To update a conference schedule
    (B) To request a donation to a charity
    (C) To provide information about a tourist attraction
    (D) To advertise a flower shop

182. What is indicated about the evening concert?
    (A) Tickets are offered at a reduced price.
    (B) It starts at the same time as the tree-planting festival.
    (C) It happens every day of the week.
    (D) Tickets can be ordered in advance.

183. According to the e-mail, what did Mr. Wigan do at Peppercity Gardens?
    (A) He went to a company-sponsored event.
    (B) He attended a class.
    (C) He hiked in the woods.
    (D) He took a guided tour.

184. What is suggested about Ms. Dakota?
    (A) She has purchased an annual membership to Peppercity Gardens.
    (B) She has visited Peppercity Gardens in the past.
    (C) She has received tickets to Peppercity Gardens.
    (D) She has written an article about Peppercity Gardens.

185. When did Mr. Wigan leave Peppercity Gardens?
    (A) At 6:00 P.M.
    (B) At 7:00 P.M.
    (C) At 8:00 P.M.
    (D) At 10:00 P.M.

GO ON TO THE NEXT PAGE

Questions 186-190 refer to the following advertisement and e-mail.

The Brownstone Hall in Kansas City offers a perfect atmosphere for any events. Whether it is a conference, a banquet, or an outdoor party, Brownstone is large enough to accommodate most groups. Through its restaurants, we can even offer catering service to guests. We have well-trained staff at your service to assist you for your ultimate satisfaction.

Reservations for Brownstone fill up very quickly, so if you are planning a big event, please call at least three weeks in advance. Send us an e-mail at rico@brownstone.com for reservations and give us the following information:

- Your name, organization, and contact information
- The type of event
- The date and time of your event
- The number of guests
- The preferred time to reach you

Remember, members of Brownstone Hall never have to pay the full amount! If you wish to become a member, visit our website at www.brownstonehall.net. Reduced rates are also available for educational institutions and nonprofit groups.

To:	Donald Rico <rico@brownstone.com>
From:	Michael Hidalgo <MichHidalgo@colemanart.com>
Subject:	Room Reservations
Date:	August 15

Dear Mr. Rico,

Hi, my name is Michael Hidalgo, and I am an events administrator at the Coleman Art Center. We're planning on renting one of your facilities for our annual banquet on September 17 at 7 PM in the evening.

Before making our reservation, I would like to be given a brief tour of some of the rooms that are available on that night. Also, I would like to know whether it is allowed to use an outside catering service for the banquet.

The best time to reach me is between 5 P.M. to 8 P.M. on all business days. My number is 417-888-7878.

Thanks in advance.

Sincerely,

Michael Hidalgo

186 What is the subject of the advertisement?
(A) A new restaurant
(B) A rental facility
(C) A business conference
(D) An art exhibit

187 What group is NOT offered a discount?
(A) Nonprofit organizations
(B) Members of the Brownstone Hall
(C) Relatives of Brownstone Hall employees
(D) Educational institutions

188 What type of event is Mr. Hidalgo planning?
(A) A company dinner
(B) A training session
(C) An awards breakfast
(D) A sale of artwork

189 What detail requested in the advertisement does Mr. Hidalgo NOT include in his e-mail?
(A) The date of the planned event
(B) A time when he can be reached
(C) Contact information
(D) The number of expected guests

190 What does Mr. Hidalgo ask Mr. Rico?
(A) Whether he can arrange for his own caterer
(B) Whether it is possible to reserve multiple rooms
(C) Whether audiovisual equipment is available
(D) Whether he will receive a discount

Questions 191-195 refer to the following announcement and e-mail.

Max Hotel International
Announces Job Openings

Max Hotel International has publicized its recently vacated positions exclusively to our members. If you wish to find more information for any of these positions, contact Brian Noir at briann@maxhotel.com.

Event Director: Supervises annual conventions. Must be able to effectively lead staff and comply to established cost estimates. A degree in business administration and three years of experience as an event planner are required.

Junior Accountant: Processes and reconciles various accounting files and follows specific orders from the senior accountant. A degree in accounting is required for applying for this position.

Assistant Publicist: Focuses on promoting interests of the organization to the public and manages the process of newsletter publication. Adequate writing and verbal skills are required. Applicants are required to possess a college degree in communication studies or marketing.

Web Designer: Develops and supervises the entire website. Individuals with creativeness and a positive attitude are preferred. Past experience relevant to this job is necessary.

Date:	February 8
To:	Noir, Brian <briann@maxhotel.com>
From:	Nadar, Nenad <nnadar@dakstour.com>
Subject:	Max Hotel International Positions

Dear Mr. Noir,

Every month, I have been reading Max Hotel International Members newsletter in search for a position where I can become more involved in the organization. I was pleased to find a job opening that seems to fit my interests. Attached is my resume for the event planning position.

I am currently coordinating a team of fifteen staff at Daks Tours.

For the past five years, we have arranged many important meetings and conferences in order to attract tourists into the Daks region. Also, I have recently started publication of newsletters for travel agencies interested in some of the popular areas in Daks. And most importantly, I have always met tight deadlines and kept my projects under our budget limit.

Since I also reside in Nashville, it would be easy for me to visit your office and hopefully meet you in person. I am looking forward to seeing you in the near future.

Nenad Nadar

191. For whom is the announcement most likely intended?
    (A) People attending an event
    (B) Recruiters from employment agencies
    (C) Students seeking internships
    (D) Members of a professional group

192. What position may be open to people without specialized education?
    (A) Event director
    (B) Junior accountant
    (C) Assistant publicist
    (D) Web manager

193. What is indicated about Max Hotel International?
    (A) It distributes a monthly publication.
    (B) It hosts a conference in Nashville.
    (C) It is revising its annual budget.
    (D) It is creating four new positions.

194. What experience does Mr. Nadar mention that is NOT relevant to the position he is seeking?
    (A) Organizing conferences
    (B) Observing budgets
    (C) Publishing a newsletter
    (D) Managing a team

195. What is suggested about Mr. Nadar?
    (A) He is applying for a membership.
    (B) He lives near Mr. Noir's office.
    (C) He is expecting to attend a job fair.
    (D) He works as a real estate agent.

GO ON TO THE NEXT PAGE

Questions 196-200 refer to the following email and report.

From:	Sandy Lamberts <sandy@lcasamiofurniture.com>
To:	Robert Vidic <rovidic@casamiofurniture.com>
Date:	August 14
Subject:	Inventory control
Attachment:	August report

Hi Robert,

To meet your request, I have sent a copy of the latest inventory report for you to review. Please take a look at the items marked "D" listed in the Supplier column; it indicates that we have received discounts for ordering a particular product and we will no longer order them in the future. These products are either not popular or never were known to customers. You probably remember what happened three years ago when we had some troubles restocking such products fast enough. Then, sales were decreasing, and in October, we eventually had to reduce the price drastically in order to hope for any rise in interests among customers.

I placed orders for our August deliveries last Monday. These orders, from what we learned in the past, reflect our decision to discontinue selling certain products. Except for Rotana, which will continue its delivery until August 21, all the other suppliers have assured us that we will be able to receive their products by August 18. The remodeling of our warehouse and our plan on redesigning the furniture showroom will definitely help us improve our customer satisfaction levels with Casamio Furnitures.

A sales representative from Della Robbia recently informed me that as of September 1, due to the overall increase of production costs, they will end their production of all bedroom furniture, including the dining table we ordered from them. This implies that we will have to soon search for a more financially stable furniture supplier as a replacement.

Let me know if you have any questions.

Sandy

Casamio Furnitures
Inventory-control Report

Date: August 14	**Entered by**: Lena DiPietro	**Approved by**: Sandy Lamberts	
Item code	**Product**	**Supplier**	**In Stock**
007239	Bed	Berkline (D)	2
111147	Bookcase	Abbyson	9
137289	Computer desk	Saloom	5
197822	Dining table	Della Robbia	11
219294	Bar stools	Mallin	2
252011	Cabinet	Sallom (D)	3
277911	Mirror	Lorts	5
376229	Nightstand	Mallin	6
424410	Sofa	Rotana	4
500121	Swivel chair	Abbyson (D)	6

196 What is the purpose of the e-mail?
 (A) To discuss the results of a survey about customer satisfaction
 (B) To make plans for hiring a new inventory-control specialist
 (C) To describe changes that have taken place with the ordering of products
 (D) To request more information about why production costs are increasing

197 What is scheduled to happen on August 18?
 (A) A manufacturer will discontinue one of its product lines.
 (B) The remodeling of Casamio Furnitures's showroom will begin.
 (C) A sales representative from Della Robbia will visit Casamio Furnitures.
 (D) Casamio Furnitures will receive products from several manufacturers.

198 What is stated about Casamio Furnitures?
 (A) It will need to find a new supplier to replace Della Robbia.
 (B) It has begun losing customers recently.
 (C) It first opened for business three years ago.
 (D) It currently gets all of its bedroom furniture from Saloom.

199 What product did Casamio Furnitures sell at a discounted price in October?
 (A) A bed
 (B) A bookcase
 (C) A dining table
 (D) A sofa

200 What is indicated about the chair manufactured by Abbyson?
 (A) Casamio Furnitures sold six of them on August 14.
 (B) It has been unpopular with Casamio Furnitures customers.
 (C) Casamio Furnitures plans to offer it at a discount in September.
 (D) It is available at the same price as a bookcase from Abbyson.

▶ 정답 및 해설 p.214~231

Actual Test 2

READING TEST

In the Reading test, you will read a variety of texts and answer several different types of reading comprehension questions. The entire Reading test will last 75 minutes. There are three parts, and directions are given for each part. You are encouraged to answer as many questions as possible within the time allowed.

You must mark your answers on the separate answer sheet. Do not write your answers in the test book.

Part 5

Directions: A word or phrase is missing in each of the sentences below. Four answer choices are given below each sentence. Select the best answer to complete the sentence. Then mark the letter (A), (B), (C), or (D) on your answer sheet.

101. The recently upgraded system significantly ------- the number of errors in processing multiple tasks.
 (A) having reduced
 (B) reduce
 (C) reducing
 (D) reduced

102. After the unexpected success of ------- first film, the director is making plans for a sequel.
 (A) his
 (B) he
 (C) him
 (D) himself

103. Avion Bookstore will be the second business to open in the new commercial complex ------- Leeds University.
 (A) among
 (B) between
 (C) near
 (D) onto

104. We are looking for individuals who are willing to work the afternoon ------- until 9:00 or 10:00 p.m.
 (A) order
 (B) entry
 (C) permit
 (D) shift

105. Detroit-based HD Motor has ------- a good relationship with the local community.
 (A) led to
 (B) developed
 (C) practiced
 (D) reserved

106. Once the old car factory has been -------, we expect a dramatic increase in productivity.
 (A) renovation
 (B) renovating
 (C) renovate
 (D) renovated

107. Although he has been recently appointed as sales staff of Lili Cosmetics, Mr. Tanaka is ------- an essential contributor to his department.
(A) already
(B) later
(C) once
(D) further

108. Mr. Moya received an e-mail invitation ------- the opening party of Gene's Fashion & Apparels.
(A) to attend
(B) attend
(C) attended
(D) is attending

109. If you still are not a member of our church retreats group, you should ------- sign up today, or remind Pastor Dave to put up your name on the list.
(A) neither
(B) either
(C) yet
(D) nor

110. If you wish to schedule your next ------- with Dr. Morris, please call Ms. Jasmine and check time availability.
(A) appointed
(B) appoint
(C) appointment
(D) appoints

111. Thanks to the recently introduced transportation legislation, business travel to other countries is now easily -------.
(A) manages
(B) managing
(C) manageable
(D) manageability

112. Because so many contractors visit the office offering proposals, the director is not always able to meet with ------- herself.
(A) they
(B) their
(C) theirs
(D) them

113. In response to customer -------, the new office automation equipment will be available for both lease and purchase.
(A) convenient
(B) demand
(C) payments
(D) designs

114. Mr. Cohen, as chief financial officer for Hyunsung Co., ------- responsibility for budgeting and accounting next year.
(A) assuming
(B) to assume
(C) will assume
(D) assume

115. The ------- pace of stock prices has surprised many journalists who had expected an economic recession.
(A) short
(B) poor
(C) virtual
(D) steady

116. The factory is awaiting a ------- of chips and other materials from Yaan Supplies to meet the demand for the currently popular laser printer, Cube 05-XYZ.
(A) release
(B) delivery
(C) transportation
(D) resources

GO ON TO THE NEXT PAGE

117. The Human Resources Department will decide in three days ------- to hire Rebecca Valentine as the managing assistant.
(A) whether
(B) after
(C) that
(D) about

118. Mr. Bennet ------- the assistance from Two Step Designs after carefully reviewing all of the conditions in the contract.
(A) accepted
(B) helped
(C) produced
(D) entered

119. Although Rego Auto is a small car manufacturing company, it is a ------- competitive company that specializes in high fuel efficiency and safety.
(A) closely
(B) relatively
(C) normally
(D) jointly

120. Mr. Masters was invited to an interview with Zone Media for coordinating an ------- conference on sales and marketing tools.
(A) informative
(B) informing
(C) informed
(D) informally

121. The merger of two global monitor manufacturers will create the largest ------- of display panels in the world.
(A) produce
(B) producer
(C) productive
(D) product

122. At this year's national convention, Mr. Kobayashi ------- announced the new sales methods he has developed since 2002.
(A) formally
(B) customarily
(C) externally
(D) observantly

123. ------- Elizabeth has been writing articles for five years, she has only been working as a journalist for a short time.
(A) Although
(B) Despite
(C) When
(D) For

124. Both academic and business programs have advantages, so applicants should consider each program carefully against -------.
(A) other
(B) the other
(C) another's
(D) the one

125. After the meeting with the marketing team, Mr. Kaz found the revised plan ------- more detailed than the original one.
(A) considerable
(B) considering
(C) considerably
(D) consider

126. We will have an advantage the next time we negotiate with Luna Investments ------- we show them the true value of our company.
(A) instead
(B) after
(C) during
(D) beyond

127. Hume Auto needs an alternative ------- of steel and iron because its vendor has run out of business.
(A) supplies
(B) supplying
(C) supplier
(D) supplied

128. Since the main architect found a flaw on the new building design, the design team must discard all ------- blueprints of the building.
(A) cautious
(B) supportive
(C) previous
(D) deliberate

129. In the upcoming auto show in Detroit, Ruks Wing Automobiles will spend 70% of its budget to ------- its most anticipated product line.
(A) obligate
(B) afford
(C) participate
(D) promote

130. Yuri Labs ------- develops organic skincare items to minimize the damage which most commercial products may cause to skin.
(A) continuing
(B) continually
(C) continued
(D) continual

131. Working as a director needs ------- in the face of obstacles and a willingness to take on unforseen responsibilities and challenges.
(A) frequency
(B) attendance
(C) abundance
(D) persistence

132. To maximize profits, our consultant suggests long-term investments that are ------- against the uncertainty of the economy.
(A) secure
(B) secureness
(C) secures
(D) securing

133. The survey conducted by Nelson Research indicates that the government did not ------- address severe traffic issues.
(A) adequately
(B) objectionably
(C) approximately
(D) mutually

134. Expanding the Jackson Factory should result in a 30-percent ------- in its productivity.
(A) increased
(B) to increase
(C) increasingly
(D) increase

135. The director of the Carlson Investment Institute made sure that the recent downturn would not ------- affect the company's overall profit.
(A) adversary
(B) adverse
(C) adversely
(D) adversity

136. Lehman Computers, ------- clients are currently dissatisfied with their poor records, has decided to change and develop their entire marketing plans.
(A) whatever
(B) whose
(C) which
(D) who

GO ON TO THE NEXT PAGE

137. The main engineer has ------- that all changes which needs to be made from the previous model must be carefully carried out.
(A) employed
(B) distinguished
(C) connected
(D) specified

138. James Sire, who is the head of the party committee, will ------- cater three end-of-year celebrations just like the way he did last year.
(A) by far
(B) very much
(C) once again
(D) for long

139. Mr. Braves is confident that his new-born company will be able to compete with ------- the most successful companies in the music industry.
(A) so much as
(B) now that
(C) even
(D) whereas

140. The salespeople of Vermont Farm Supplies believe that the number of customer reviews is an important ------- of the popularity of their products.
(A) indicator
(B) receptor
(C) operator
(D) contractor

NO TEST MATERIAL ON THIS PAGE

Part 6

Directions: Read the texts that follow. A word or phrase is missing in some of the sentences. Four answer choices are given below each of the sentences. Select the best answer to complete the text. Then mark the letter (A), (B), (C), or (D) on the answer sheet.

Questions 141-143 refer to the following notice.

Brown College Math Department Calculus Seminar

During spring break, Brown College is offering a free seminar where you may gain valuable insights ------- the various methods used in solving some of the hardest calculus

    141 (A) after
          (B) with
          (C) between
          (D) into

problems.

This spring break seminar will cover similar materials as those discussed during the seminar on last Thanksgiving. -------, the spring break seminar will be led by Professor

    142 (A) Likewise
          (B) As a result
          (C) However
          (D) For example

Hoffman instead of Professor Pierce.

A warm thank-you to all who ------- to making this seminar possible.

    143 (A) contributed
          (B) contributes
          (C) will contribute
          (D) is contributing

To register, visit www.browncollege.edu/seminars.

Questions 144-146 refer to the following memo.

From: Moses Kruger
Subject: Promotion
Date: March 2

Dear Ms. Wilson,

This letter is to inform you that your request for promotion has been ------- by the Human

144 (A) notified
(B) applied
(C) approved
(D) cited

Resources Department.

As of tomorrow, you will be working as general sales manger in the Manhattan branch. You will have your own office room on the third floor. Along with the terms and conditions written on the second page, I have also included an official description of the new -------

145 (A) examples
(B) responsibilities
(C) foundation
(D) knowledges

you will have as a general sales manager.

Feel free to call me if you have any questions relating to your promotion. We are confident that your ------- will improve the success of our organization.

146 (A) contributions
(B) contributors
(C) contributed
(D) contributes

Sincerely,

Moses Kruger
Manager, Human Resources Department

Questions 147-149 refer to the following e-mail.

To: Elijah Cane <iamnotfrodo@maillord.com>
From: Omar Miller <OMiller@plystore.net>
Subject: Returning package
Date: September 14

Dear Mr. Cane,

We received your e-mail in regards to returning the Helm Vacuum Cleaner. We are sorry that the ------- was not as reliable as you expected.

147. (A) product
(B) information
(C) amount
(D) reply

You may return it ------- you have the receipt. To return the vacuum cleaner, put it back in

148. (A) provided
(B) but for
(C) whether
(D) whereas

its original packaging and make sure ------- the invoice as well before you send it back to us.

149. (A) including
(B) to include
(C) to be included
(D) having included

Once we receive the item, we will send you a confirmation e-mail and then process a refund.

Sorry for the troubles you have gone through. We hope you continue shopping at Plymouth Online Store in the future.

Questions 150-152 refer to the following email.

To: Donna Mara
From: Scott Miller
Date: December 2
Subject: Respond to your online inquiry

We thank you for your online ------- of the Vintage 1 Record Player. We received your

150 (A) return
(B) purchase
(C) consideration
(D) guarantee

e-mail mentioning that the item you ordered is not reading the records properly. We greatly apologize for this and want to solve this problem promptly. Since record players must be handled carefully, we will have one of our staff go to your house and check the -------

151 (A) defective
(B) confidential
(C) missing
(D) additional

item. If possible, he will be able to fix the player with a little luck.

We hope you ------- with this solution we came up with.

152 (A) will please
(B) have pleased
(C) will be pleased
(D) had been pleased

Sincerely,

Scott Miller
Vintage Music Products

Part 7

Directions: In this part you will read a selection of texts, such as magazine and newspaper articles, letters, and advertisements. Each text is followed by several questions. Select the best answer for each question and mark the letter (A), (B), (C), or (D) on your answer sheet.

Questions 153-154 refer to the following notice.

**Fifth Annual
Paramount Book Festival
Green Square Park**

August 20-21, 11 A.M. to 6 P.M.

Come and join the fifth annual Paramount Book Festival being held at Green Square Park. This event is for people of all ages who are avid readers. The festival is composed of poetry readings, workshops, and book signings. Some authors and storytellers are also invited as well. Special guests for this year include:

- Elaine Findlay, author of Mr. Apple's Trip to The Banana World
- Pete Columbus, author of Battle of the Natives of the mid-1700s
- Miriam Cullen, radio DJ and author of Ways of Enjoying the Media
- Kevin Wentworth, author of the musical Mother Nature to Thee

The Paramount Book Festival is open to the public for free. To receive our full lineup of events, please visit www.paramountfestival.com.

---

153 What is indicated about the book festival?
(A) It is offered three times a year.
(B) It is held at the Paramount Public Library.
(C) It is available by invitation only.
(D) It is intended for both children and adults.

154 Who most likely will discuss a historical topic?
(A) Elaine Findlay
(B) Pete Columbus
(C) Miriam Cullen
(D) Kevin Wentworth

Questions 155-156 refer to the following e-mail.

To:	Izumi Company Employees
From:	Dorothy Mansen
Date:	July 9
Subject:	New Employees Training

Dear Employees,

This is to notify you that the training session for new employees initially set for tomorrow has been postponed due to a slight schedule change. We came up with two alternate days for the training session: one at 10:00 A.M. on Wednesday (August 1), and one at 11:00 A.M. on Friday (August 3). Please choose one of the dates that is most convenient for you. After deciding on the dates, give me a call (extension # 021) for confirmation. Room arrangements will depend on the number of attendees.

I am sorry for any inconvenience this may have caused you. Thank you for your understanding.

Dorothy Mansen
Training Supervisor

155 For what date was the training session originally scheduled?
(A) July 9
(B) July 10
(C) August 1
(D) August 3

156 According to the e-mail, what information will be provided later?
(A) The name of the trainer
(B) The cost to attend the training session
(C) The location of each session
(D) The time each session will end

Questions 157-158 refer to the following article.

BINGHAMTON, September 21 – Starting next week, The Zone Echo Museum in the center of Binghamton will be holding an evening concert series presenting some of Binghamton's most talented music artists. Janice Ward, the director of Zone Echo Museum stated, "This will be a great opportunity for our museum to gather more people to enjoy the concert as well as the museum itself. Once they are impressed with the artworks in our museum, we believe more people will come to see them in the future." The evening concerts will start at 6:30 P.M. and end at 9:00 P.M. The museum entrance fee will be $10 per person. Concerts are free for everyone who pays this entrance fee.

* The museum entrance fee will be free of charge after 8:00 P.M. The museum stays open till 11:00 P.M. The concert series will begin on October 2 and end on December 3. If you wish to find out more information about the concert, check out www.binghamtonmuseum.com.

157 What is the main reason that the concert series is being held?
(A) To celebrate the museum's relocation to a new space
(B) To thank people who made donations to a museum
(C) To attract a greater number of visitors to the museum
(D) To raise money to buy new works of art

158 What is mentioned about the concerts?
(A) They will be held in an auditorium inside the museum.
(B) They will be performed by local musicians.
(C) The first one will take place in December.
(D) There will be an admission fee of $10.

Questions 159-161 refer to the following article.

SHANGHAI, 19 May – Racing Cars, the sequel of a popular racing game by developers SEKA Games, was launched early this afternoon. Thousands of anticipated fans lined up in front of game stores early morning to purchase the game before it gets sold out.

The advertising strategy planned by SEKA Games itself turned out to be a success. It soon became a hot topic of discussion on the Internet, with fans eagerly awaiting its release. The new version of Racing Cars is not too different from the old version, but presents updated versions of the vehicles as was often requested by users. Many believed that Racing Cars would have trouble getting the spotlight, because most game brands rely on outside firms that focus on creating effective video game advertisements. In contrast, SEKA Games used its own marketing team who employed professional racers to appear on TV and online ads. Some of these celebrities also showed up at some of the stores to appeal game users and racing fans.

159 According to the article, why were people waiting for hours?
(A) To order a new computer model
(B) To meet celebrities
(C) To attend a car race
(D) To buy a computer game

160 What is indicated about the advertising campaign?
(A) It was developed by SEKA Games.
(B) It was aimed at children.
(C) It featured famous musicians.
(D) It included placing ads in popular magazines.

161 What is suggested about SEKA Games?
(A) Its headquarters is located in Shanghai.
(B) It recently merged with another company.
(C) Its products are more expensive than those of its competitors.
(D) It pays attention to comments from its customers.

Questions 162-165 refer to the following e-mail.

To:	question@thearchitecttrend.com
From:	rflenderson@wisc.edu
Subject:	Posting on April 25
Date:	May 5

Dear Editor,

Every day after class, I usually log onto www.thearchitecttrend.com to read Danny Northman's column. He is clearly one of the most clever journalists with a lot of knowledge in architecture. As a student who is majoring in architectural design, I always consider his articles worth reading.

However, I must say I was somewhat disappointed when I read his last Monday's posting titled "Even Monkeys Fall Down from Trees." Of the three buildings Alfredo Roman built in Wisconsin, Northman stated that the Tuscan Tower located on Rich Street was the least attractive one and that Wisconsin residents are not so impressed with this building. However, I disagree with his statement. The Tuscan Tower is visually stunning, and I strongly believe it could one day be considered as an iconic symbol of Wisconsin.

If I were to add a little more, I do not believe our community in Wisconsin thinks the building is unimpressive. I am positive that the residents like this phenomenal-looking structure. With its large space for shops and restaurants, it will be able to help increase more commercial activities in Wisconsin. The residents of Wisconsin have wished for a new building such as the Tuscan Tower ever since Rich Street's the old Aerostar Tower was demolished roughly seven years ago. They believed that Wisconsin needs a building that could attract people to this place, and I am also sure that the Tuscan Tower can live up to their expectations.

Regina Flenderson

162 Why was the e-mail written?
(A) To correct an error in a news article
(B) To provide more information about an architect's career
(C) To comment on opinions expressed in a posting
(D) To criticize plans for demolishing a building

163 What is true about Regina Flenderson?
(A) She is a journalism student.
(B) She visited www.thearchitecttrend.com for the first time in April.
(C) She moved to Wisconsin recently.
(D) She generally admires the work of Danny Northman.

164 What does Regina Flenderson predict?
(A) Commercial activity on Rich Street will decrease.
(B) Wisconsin residents will be proud of the Tuscan Tower.
(C) Alfredo Roman will be asked to design another building on Rich Street.
(D) The Tuscan Tower will win awards for its innovative design.

165 What is Not indicated about the Tuscan Tower?
(A) It has taken seven years to construct.
(B) It includes space for shops and places to eat.
(C) It is one of three buildings designed by Alfredo Roman in the region.
(D) It is located on the same street that the Aerostar Tower was on.

Questions 166-168 refer to the following article.

Quai-Lai

Customers are rushing into Quai-Lai, the new Chinese restaurant that has opened in the town of Springfield. Quai-Lai serves you the best General Tso's Chicken and Shrimp with Lobster Sauce you have ever tasted.

While Quai-Lai includes typical menus of Chinese dishes that are also available in other Chinese restaurants in Springfield, they also serve fusion dishes inspired by other cultures as their daily specials. Of all the specialities, Moo Goo Gai Pan is by far their best dish. It comes with stir-fried chicken and cooked vegetables with Italian tomatoes and hot sauce. Aside from this dish, their Tofu Pancakes served with olive sauce is also very popular among customers.

If you miss their dessert, you might regret for the rest of your life! Their most popular dessert is Taang Hoo Rou. It's a rice ball with red beans inside.

Quai-Lai serves their meals in less than ten minutes. Due to their fast cooking methods, Quai-Lai has become an ideal place for a quick business lunch. Quai-Lai offers food for every budget, with most of their dishes costing around $8.99.

166 Where would the article most likely be published?
(A) In a business magazine
(B) In a cooking-school newsletter
(C) In a magazine about home cooking
(D) In a newspaper's dining section

167 What is suggested about Quai-Lai?
(A) It is a restaurant that serves General Tso's Chicken.
(B) Its desserts do not include General Tso's Chicken.
(C) It is a vegetarian restaurant.
(D) It may move to a location in Springfield.

168 What is stated about the daily specials?
(A) They contain seasonal vegetables.
(B) They cost slightly more than regular menu items.
(C) They reflect food of various cultures.
(D) They are topped with a lobster sauce.

GO ON TO THE NEXT PAGE

Questions 169-172 refer to the following survey.

Tommy's Car Rental Agency

First of all, thank you for renting a car from us! Please fill in the information below to complete our customer-satisfaction survey. Once you've finished the survey, please return it to us in the prepaid envelope. If you have any additional comments regarding our service, please call us at 1-800-435-2093. Thank you very much!

1. Where did you find information about Tommy's Car Rental Agency?
   _ Personal Recommendation   X Newspaper advertisement
   _ Internet   _ Advertisements in Car magazines

2. How would you rate our service?
   Staff efficiency: (Excellent)   Good   Fair   Poor
   Car availability: Excellent   (Good)   Fair   Poor

Comments:
Originally, I had reserved a rental car for myself and two of my coworkers to attend a business presentation, but at the last minute, three other people from my office were also asked to join my group. The cars that were available at that location could not fit six people. One of the agents quickly arranged for a larger van to be sent over from another Tommy's Car Rental shop.

3. How would you score the condition and performance of the vehicle you rented?
   Performance: (Excellent)   Good   Fair   Poor
   Condition: Excellent   Good   (Fair)   Poor

Comments:
In all, the van seemed to be quite reliable. It ensured a comfortable ride even when I was driving it on bumpy roads. However, the interior light was too dim that I found it hard to read the map while I was driving. Also it was difficult to adjust the seats.

4. Which Tommy's Car Rental shop did you visit?
   1235 Marlene Ave.   (4795 South River Road)   88 Pine Tree St.

Comments:
The sign of the shop was very easy to spot, so I had no trouble finding it.

5. Would you rent from Tommy's Car Rentals in the future?
   _X_ Yes   ___ No   ___ Maybe

Comments:
I was simply impressed by the high quality of service that I received last time. Without a doubt, I would most certainly return to your shop next time I need a rental car.

Contact Information (optional)
Name: _Pablo Gary Olsen_
Telephone number: _212-978-4989_
E-mail address: _iampablo@gmail.com_

169. What is true about Mr. Olsen?
    (A) He rented a car to use while on vacation.
    (B) He saw Tommy's advertised in print.
    (C) He originally requested a car to seat two people.
    (D) He took a taxi to Tommy's car rental office.

170. What complaint does Mr. Olsen make about the car he rented?
    (A) The light inside it was insufficient.
    (B) It was uncomfortable to ride in while traveling on rough roads.
    (C) The interior had not been cleaned.
    (D) It took a long time for the rental agent to provide it.

171. According to Mr. Olsen, why will he rent from Tommy's in the future?
    (A) He has been offered a discounted rate on his next rental.
    (B) Its rental office is closer to his place of business than any other agency's.
    (C) He is pleased with the level of customer service he received.
    (D) It has a better selection of larger cars than other car-rental agencies.

172. What information is NOT asked in the survey?
    (A) How the customer can be contacted
    (B) Which rental office the customer visited
    (C) How the rental car performed
    (D) How many days the customer used the rental car for

Questions 173-175 refer to the following letter.

Blue Wave Hotel
317 Clayer Road, Atlanta, Georgia

Ms. Fiona Wilkins
Becks Consulting
254 Bono Road
Barleyfields, CL, 75903

23 February

Dear Ms. Wilkins:

This letter is to recognize the receipt of your $430 deposit and thank you for choosing Blue Wave Hotel's main hall for your event. Your confirmation number is 44607. Please refer to this number when you make inquiries upon your reservation.

Date and time:	19 April, 3:00 pm to 6:30 pm
Organization:	Becks Consulting
Food services:	Coffee, tea, and snacks for 150; water decanters and glasses on tables
Banner:	promotional banner next to the entrance to the meeting hall reading "Becks Technology Career Fair"
Room set-up:	15 tables with 4 chairs per table for group interviews. 30 additional chairs for waitings; 3 whiteboards
Audiovisual equipment:	a screen at least 30 inches or wider

If anything occurs, we must be notified of the changes to the arrangements for catering and room preparations by the 31st of March. Please don't forget to bring your payment along with the enclosed invoice on the date of the event. Your deposit is fully refundable only if you cancel your reservation before April 5. Please contact me if you have any questions about your reservation.

Sincerely,

Simon Hershey
Event Organizer

173 For what type of event has Ms. Wilkins reserved the hall?
(A) A celebration for Becks Consulting staff
(B) A seminar on technology research
(C) A hospitality industry conference
(D) A fair for job seekers

174 What is NOT scheduled to be provided for the event?
(A) Beverages
(B) Whiteboards
(C) Lunch
(D) Audiovisual equipment

175 What is Ms. Wilkins asked to do by the end of March?
(A) Request any changes that are needed for the event
(B) Pay the balance of the amount due for renting the hall
(C) Confirm the estimated number of attendees
(D) Indicate how many promotional banners are required

Questions 176-180 refer to the following e-mail.

From:	Rachel Carter, Park's Director <rcarter@kalamazoo.com>
To:	Boris Becker <bbecker@kalamazoo.com> Alex Kim <alexkim@kalamazoo.com>
Subject:	Plans for June 16
Date:	June 7

This week, four groups of hikers are scheduled to participate in an all-day hiking activity in Kalamazoo. You will be meeting with these groups when they arrive on Sunday morning and introduce them to the facilities near the mountain. Remember that two of the four groups will be staying overnight at the campsite, so you must give them a thorough explanation about the policies and regulations in relation to issues such as forest fires, food storage, and proper disposal of garbage. Lastly, before all groups leave from the visitor's center to start on the trail, make sure that all of them have checked out the updated information on our new website.

Thanks to our technical-support team, the park's website is easy for everyone to navigate. If you haven't visited the site yet, please do so to familiarize yourself with the new layout, especially with the section which hikers might find useful. Some of these include links to local weather forecasts and our new travel plans and printing service. These features will help hikers create their own hiking maps based on their fitness level and the amount of time they want to spend on hiking. These maps can then be printed and can act as a guide to hikers while they are on the trail. Please mention that while the printed maps are free of charge, donations are always happily accepted to maintain a good care of the park facilities.

176 What is the purpose of the e-mail?
(A) To announce new hiking trails
(B) To provide directions to the visitors' center
(C) To show local weather forecasts
(D) To point out improvements to a website

177 What will Boris Becker and Alex Kim most likely do on Sunday morning?
(A) Meet with the park's director
(B) Make reservations at the campsite
(C) Provide policy information to visitors
(D) Lead hikers through park trails

178 Where are all the hikers scheduled to meet?
(A) At the visitors' center
(B) At the food storage area
(C) At the technical-support office
(D) At a campsite

179 The word "charge" In paragraph 2, line 7, is closest in meaning to:
(A) Account
(B) Responsibility
(C) Expense
(D) Amendment

180 According to the e-mail, what can hikers print for their own use?
(A) Meeting schedules
(B) Trail maps
(C) Park regulations
(D) Cabin reservations

GO ON TO THE NEXT PAGE

Questions 181-185 refer to the following e-mails.

From:	Luna Cho <lunacho@wda.org>
To:	Ingrid Taylor <igtaylor@dentalser.com>
Date:	March 5
Subject:	LPD series

Dear Dr. Taylor,

It was an honor to meet you at last week's conference in San Diego. I was very impressed with your presentation and learnt about your company's new LPD series of dental instruments.

I will be out of state for the next week or so, but will be returning by March 14th at the latest. I was wondering whether you are interested in coming to our San Francisco office to give a more detailed presentation. March 17 would be an ideal date for us since all dental staff including personnel who regularly work in the San Marco office have been asked to come to San Francisco on that particular day for a monthly staff meeting.

I look forward to hearing from you.

Luna Cho, DDS
Westcoast Dental Associates

From:	Ingrid Taylor <igtaylor@dentalser.com>
To:	Luna Cho <lunacho@wda.org>
Date:	March 6
Subject:	Re: LPD series
Attachment:	LPD series

Dr. Cho,

Thank you for your e-mail. Unfortunately, I am afraid I won't be available on the specific date you mentioned because I have to attend the Dental Design Forum in Los Angeles on the very same day. However, I will be near your town for a conference in Long Beach on March 20, so I should be free either the day before or after the 20th.

I am happy to hear that you are interested in the LPD series, so I have included a file that shows the dimensions of the instruments as an attachment. I look forward to presenting these instruments to you and to your colleagues. Please e-mail me and let's set the date.

Sincerely,

Ingrid Taylor, DDS

181. What is indicated about Westcoast Dental Associates?
    (A) It has offices in more than one location.
    (B) One of its dentists is a designer of medical instruments.
    (C) Its dentists organized a conference in Orlando recently.
    (D) Its staff meetings occur once a quarter.

182. Where is Dr. Taylor scheduled to be on March 17?
    (A) In San Francisco
    (B) In San Marco
    (C) In Los Angeles
    (D) In Long Beach

183. What has been included with the second e-mail?
    (A) A list of Dr. Taylor's professional accomplishments
    (B) A document showing the size of dental instruments
    (C) A draft of an agenda for an upcoming forum
    (D) A recording of a presentation given by Dr. Taylor

184. Why was the first e-mail written?
    (A) To place an order for new equipment
    (B) To promote a doctor's services
    (C) To publicize a professional conference
    (D) To propose an informational meeting

185. How did Dr. Cho first learn about the LPD series?
    (A) By visiting a dental practice in another state
    (B) By hearing about it from a colleague at her dental practice
    (C) By attending a presentation by Dr. Taylor
    (D) By participating in a survey for dentists

GO ON TO THE NEXT PAGE

Questions 186-190 refer to the following invoice and e-mails.

GRAINGER INDUSTRIAL SUPPLIES
752 MOUNT. PACKERS DRIVE, PONDERT, LOUSIANA
303-143-1561
INVOICE

Date of shipment: July 1
Shipped to: Crown Electronics

Customer Number: 1455951
Order Number: 45931

Product Number	Quantity	Unit Price($)	Amount($)
AMC67	400	6.50	2600.00
AMC48	1300	4.50	5850.00
AFC30	200	9.50	1900.00
AGC01	350	2.00	700.00

Balance Due: $ 11050.00

Total payment is due within 30 days of shipment date.
Thank you for your business.

To:	James Panero <jpanero@graingersup.com>
From:	Christine Shumer <chshumer@crownelectronics.com>
Date:	July 11
Subject:	Order #45931

We have received your order, #45931 and the corresponding invoice of July 1 today. We have always been appreciative with the quality of the products we receive from Grainger Industrial Supplies; however, there is some confusion regarding the order we have recently received.

The invoice shows that we are being billed for 1,300 power cords, but our records show that we only ordered 300 power cords, and that was the exact number of the cords we received. Also, though we ordered 400 cooling fans (product number AFK86), none of them were delivered nor included on the invoice. As I recall from our conversation eight days ago, you told me that you had cooling fans in stock, so I assume there has been a mistake.

We are going to need these cooling fans to begin our product assembly which is scheduled to be completed by September. Since I will be away for the next few days, I have told my assistant, Omar Laden to take care of this matter. Given that the mistake seems to have originated with Grainger, I demand that Grainger cover the associated shipping costs of the fans. We will submit full payment for the order once we receive the remaining products and the corrected invoice.

Thank you,

Christine Shumer, Purchasing Supervisor
Crown Electronics

186. What is true about the invoice?
    (A) The balance indicated on it will be due in July.
    (B) It describes how customers can make partial payments.
    (C) The date on which the customer placed the order is specified on it.
    (D) It shows that Crown Electronics is eligible for a discount.

187. For what product was Crown Electronics probably billed incorrectly?
    (A) AMC67
    (B) AMC48
    (C) AFC30
    (D) AGC01

188. What does Ms. Shumer mention about the products that she ordered?
    (A) She talked to Mr. Panero last week about their availability.
    (B) She made a mistake in determining the quantity her company needed.
    (C) She has agreed to pay extra for the cost of shipping them.
    (D) She is dissatisfied with the quality of some of them.

189. What will Mr. Laden and Mr. Panero most likely discuss?
    (A) Crown Electronics November product-assembly schedule
    (B) How many additional power cords Crown Electronics should order
    (C) Arrangements for cooling fans to be shipped
    (D) Why product AFK86 is no longer available from Grainger

190. In the e-mail, the word "cover" in paragraph 3, line 4, is closest in meaning to
    (A) hide
    (B) defend
    (C) report
    (D) pay

Questions 191-195 refer to the following advertisement and letter.

Job Position: Manager, T.G. Stanley, retail store

Store Location (opening mid-May): 2390 Starksville Avenue, Youngstown

Tasks: Managing the sales staff, ensuring that all customers are receiving high qualities of service and meeting the store's sales goals. Should be able to work a minimum of two closing shifts per week.

Qualifications: Basic knowledge of retails and good organizational skills. Must have the ability to train and motivate employees. Should be familiar with cooking equipment. Recommend individuals who have some background working in a culinary industry. A bachelor's degree in marketing and three years of experience as a manager are required. The selected candidate must be able for training by May 7.

Company Introduction: Composed of 31 stores offering kitchen tools from a variety of famous kitchen suppliers, T.G. Stanley is the leading retailer in culinary equipment.

How to Apply: Send a copy of your resume, a cover letter, and a completed employment application to:

Claire danish, Director of Personnel Department
T.G. Stanley, 2370 Buckeyes St., College Town, OH 42865
or to claire@dtg_stanley.com by February 15.

You can download the employment application forms on our company website at www.tg_stanley.com

---

Ivan Coleman, 41-B Sioux Road, Gordon City, OH 47513

January 29
Claire Danish
Director of Personnel Department
T.G. Stanley.
2370 Buckeyes St.
College Town OH, 42865

Dear Ms. Danish,

I would like to apply for the manager's position advertised in the Ohio Daily. As you can see from my resume, I graduated from Ohio State University with a degree in marketing. I have worked as a sales manager for Goodprice for the last five years. While working at Goodprice, I have trained 17 new staff, and have been awarded three times for exemplary customer service shown by my sales staff.

Despite my lack of experience with the type of merchandise T.G. Stanley sells, I have some basic knowledge of this particular industry, as I spent a year as a manager at Gourmet Caterings Corp. Furthermore, my employment with Goodprice ends roughly a month before the opening of the store, so I should be able to take the training session before May 7, as mentioned in the advertisement.

Thank you for your consideration.

Sincerely,
Ivan Coleman

191. What is NOT a stated duty of the advertised position?
    (A) Finding new suppliers of merchandise to be sold
    (B) Maintaining a high level of customer service
    (C) Making sure that sales goals are reached
    (D) Working some closing shifts

192. By what date should applications be sent?
    (A) January 29
    (B) February 15
    (C) March 17
    (D) May 7

193. Where is Mr. Coleman currently employed?
    (A) T.G. Stanley
    (B) Ohio State University
    (C) Goodprice
    (D) Gourmet Caterings Corp.

194. Why might Ms. Danish not consider Mr. Coleman an ideal candidate for the position?
    (A) He has not yet obtained the required academic degree.
    (B) He has too few years of managerial experience.
    (C) He is unfamiliar with cooking equipment.
    (D) He has never been responsible for training employees.

195. What does Mr. Coleman expect to happen in April?
    (A) His sales staff will be expanded by fourteen people.
    (B) He will relocate to College Town.
    (C) He will receive an award for customer service.
    (D) His contract with his current employer will end.

Questions 196-200 refer to the following e-mail and schedule.

From:	Vinny Fermat <vfermat@secservice.com>
To:	Mary Vitter <maryvitter@secservice.com>
Subject:	Holmes & Jarrett Company
Date:	Tuesday, September 7, 4:15 P.M.

Hi Mary,

I have just finished scheduling a meeting with representatives of Holmes & Jarrett Company between 3:00 P.M. to 5:00 P.M. on Wednesday, September 15. We should take this opportunity seriously and properly introduce the strength of our security service to one of the leading construction companies in the nation. We will talk in the morning about how we are going to prepare for the first meeting with H&J.

I asked Antonio to check the appropriate train schedule to Metro City and reminded him to fax a copy to your office. One question. Are you going to be here in the Englewood office on September 15? If yes, I will ask Antonio to reserve two tickets to leave from Englewood to Metro City. If not, call Antonio to see whether there are tickets available leaving from Bronsun.

H&J will arrange a taxi to pick us up from the Metro City station at 2:30 P.M. They have also invited us to a dinner along with some H&J staff in a restaurant in Metro City called Havana Delight, from 6:00 to 8:00 P.M. The restaurant is about 15 minutes away from the station, so I assume we could take the train back to Englewood around at 8:15 P.M.

Vinny

RAIL CONNECT   Shedule Information, September-October
                                                              Scotchtown-Mayton Line

TRAIN NO.	1922(WD)	1023(WE)	7849(HD)	2007(EX)
Englewood	11:18 A.M.	11:21 A.M.	11:37 A.M.	1:41 P.M.
Bronsun	11:59 A.M.	12:02 P.M.	-	-
Crystal Lake	12:42 P.M.	12:45 P.M.	-	-
Horseville	1:23 P.M.	1:26 P.M.	12:53 P.M.	-
Metro City	2:15 P.M.	2:18 P.M.	-	-
San Marino	2:47 P.M.	2:50 P.M.	1:26 P.M.	3:18 P.M.

EX-Express service does not make any stops.
WE-Service operates only on the weekends.
WD-Service operates only on Mondays to Fridays.
HD-Holiday schedule; does not make all stops, effective on September 12 and October 3.

The railway's automated telephone service provides train information 24 hour a day: call 002–3355

Tickets

To purchase with a credit card:
Tickets can be purchased and printed by logging onto the web site, www.railconnect.com/tickets, or from the ticket booth at the station entrance.

To purchase with cash:
Tickets can be purchased at either Lexington's newsstand near the waiting area, the ticket booth, or on board. Note that there is an extra charge of $5 if you purchase tickets on board.

- -

196. Where is Ms. Fermat's office probably located?
 (A) In Scotchtown
 (B) In Englewood
 (C) In Bronsun
 (D) In Mayton

197. What is indicated about Holmes & Jarrett?
 (A) Its office is located 30 minutes from the closest train station.
 (B) It has been a partner of Security Advisors for many years.
 (C) Its latest project is to construct a new building for Havana Delight.
 (D) It is handling a part of Ms. Fermat and Ms. Vitter's travel arrangements.

198. Why might Ms. Fermat and Ms. Vitter start their return journey after 8:00 P.M.?
 (A) They may attend a dinner with prospective business clients.
 (B) They want to wait until an express train is available.
 (C) They have arranged to take a tour of Metro City after their meeting.
 (D) They are traveling on a holiday and the choice of departure times is limited.

199. What train will Ms. Fermat most likely take in order to attend the meeting?
 (A) Train number 7849
 (B) Train number 1922
 (C) Train number 1023
 (D) Train number 2007

200. What is NOT mentioned as a way to purchase train tickets?
 (A) Paying cash on board the train
 (B) Using the railway's automated telephone system
 (C) Going to a Lexington's newsstand
 (D) Visiting Rail Connect's Web site

ANSWER SHEET

Ustart TOEIC Actual Test 01

READING (Part 5 ~7)

NO.	ANSWER				NO.	ANSWER				NO.	ANSWER				NO.	ANSWER				NO.	ANSWER			
	A	B	C	D		A	B	C	D		A	B	C	D		A	B	C	D		A	B	C	D
101	a	b	c	d	121	a	b	c	d	141	a	b	c	d	161	a	b	c	d	181	a	b	c	d
102	a	b	c	d	122	a	b	c	d	142	a	b	c	d	162	a	b	c	d	182	a	b	c	d
103	a	b	c	d	123	a	b	c	d	143	a	b	c	d	163	a	b	c	d	183	a	b	c	d
104	a	b	c	d	124	a	b	c	d	144	a	b	c	d	164	a	b	c	d	184	a	b	c	d
105	a	b	c	d	125	a	b	c	d	145	a	b	c	d	165	a	b	c	d	185	a	b	c	d
106	a	b	c	d	126	a	b	c	d	146	a	b	c	d	166	a	b	c	d	186	a	b	c	d
107	a	b	c	d	127	a	b	c	d	147	a	b	c	d	167	a	b	c	d	187	a	b	c	d
108	a	b	c	d	128	a	b	c	d	148	a	b	c	d	168	a	b	c	d	188	a	b	c	d
109	a	b	c	d	129	a	b	c	d	149	a	b	c	d	169	a	b	c	d	189	a	b	c	d
110	a	b	c	d	130	a	b	c	d	150	a	b	c	d	170	a	b	c	d	190	a	b	c	d
111	a	b	c	d	131	a	b	c	d	151	a	b	c	d	171	a	b	c	d	191	a	b	c	d
112	a	b	c	d	132	a	b	c	d	152	a	b	c	d	172	a	b	c	d	192	a	b	c	d
113	a	b	c	d	133	a	b	c	d	153	a	b	c	d	173	a	b	c	d	193	a	b	c	d
114	a	b	c	d	134	a	b	c	d	154	a	b	c	d	174	a	b	c	d	194	a	b	c	d
115	a	b	c	d	135	a	b	c	d	155	a	b	c	d	175	a	b	c	d	195	a	b	c	d
116	a	b	c	d	136	a	b	c	d	156	a	b	c	d	176	a	b	c	d	196	a	b	c	d
117	a	b	c	d	137	a	b	c	d	157	a	b	c	d	177	a	b	c	d	197	a	b	c	d
118	a	b	c	d	138	a	b	c	d	158	a	b	c	d	178	a	b	c	d	198	a	b	c	d
119	a	b	c	d	139	a	b	c	d	159	a	b	c	d	179	a	b	c	d	199	a	b	c	d
120	a	b	c	d	140	a	b	c	d	160	a	b	c	d	180	a	b	c	d	200	a	b	c	d

ANSWER SHEET

Ustart TOEIC Actual Test 02

READING (Part 5 ~7)

NO.	ANSWER				NO.	ANSWER				NO.	ANSWER				NO.	ANSWER				NO.	ANSWER			
	A	B	C	D		A	B	C	D		A	B	C	D		A	B	C	D		A	B	C	D
101	a	b	c	d	121	a	b	c	d	141	a	b	c	d	161	a	b	c	d	181	a	b	c	d
102	a	b	c	d	122	a	b	c	d	142	a	b	c	d	162	a	b	c	d	182	a	b	c	d
103	a	b	c	d	123	a	b	c	d	143	a	b	c	d	163	a	b	c	d	183	a	b	c	d
104	a	b	c	d	124	a	b	c	d	144	a	b	c	d	164	a	b	c	d	184	a	b	c	d
105	a	b	c	d	125	a	b	c	d	145	a	b	c	d	165	a	b	c	d	185	a	b	c	d
106	a	b	c	d	126	a	b	c	d	146	a	b	c	d	166	a	b	c	d	186	a	b	c	d
107	a	b	c	d	127	a	b	c	d	147	a	b	c	d	167	a	b	c	d	187	a	b	c	d
108	a	b	c	d	128	a	b	c	d	148	a	b	c	d	168	a	b	c	d	188	a	b	c	d
109	a	b	c	d	129	a	b	c	d	149	a	b	c	d	169	a	b	c	d	189	a	b	c	d
110	a	b	c	d	130	a	b	c	d	150	a	b	c	d	170	a	b	c	d	190	a	b	c	d
111	a	b	c	d	131	a	b	c	d	151	a	b	c	d	171	a	b	c	d	191	a	b	c	d
112	a	b	c	d	132	a	b	c	d	152	a	b	c	d	172	a	b	c	d	192	a	b	c	d
113	a	b	c	d	133	a	b	c	d	153	a	b	c	d	173	a	b	c	d	193	a	b	c	d
114	a	b	c	d	134	a	b	c	d	154	a	b	c	d	174	a	b	c	d	194	a	b	c	d
115	a	b	c	d	135	a	b	c	d	155	a	b	c	d	175	a	b	c	d	195	a	b	c	d
116	a	b	c	d	136	a	b	c	d	156	a	b	c	d	176	a	b	c	d	196	a	b	c	d
117	a	b	c	d	137	a	b	c	d	157	a	b	c	d	177	a	b	c	d	197	a	b	c	d
118	a	b	c	d	138	a	b	c	d	158	a	b	c	d	178	a	b	c	d	198	a	b	c	d
119	a	b	c	d	139	a	b	c	d	159	a	b	c	d	179	a	b	c	d	199	a	b	c	d
120	a	b	c	d	140	a	b	c	d	160	a	b	c	d	180	a	b	c	d	200	a	b	c	d

실전에서 고득점이 가능한 토익 바이블《유스타 토익》

기본기는 있는데 고득점이 안 나오는 분들께 강력 추천!

수험생들이 헷갈려하는 내용 위주로 정리되어 있어 매번 기초부터 다시 공부하는 시간 낭비를 할 필요가 없어 좋았습니다. 기본기가 어느 정도 있는 분이라면 하루하루 점수가 급상승하는 것을 느낄 수 있을 겁니다. 저도 이 책 덕분에 토익 점수를 많이 올릴 수 있었습니다. _ID yakantoxx (22세, 대학생)

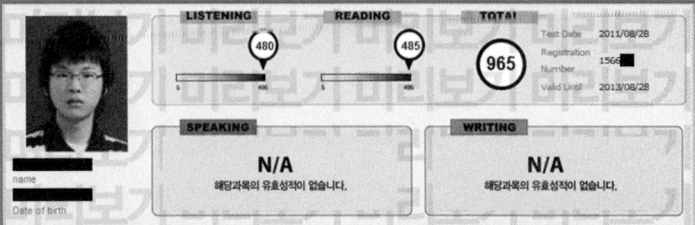

토씨 하나 버릴 게 없는 완소 토익 바이블!

유수연샘 수업 딱 한 달 듣고 925점이 나와서 900점 후반을 목표로 했어요. 하지만 시중에 나와 있는 책으로는 목표점수를 달성하기에 어딘지 부족하더군요. 《유스타 토익》은 저처럼 고득점을 목표로 하는 사람이 원하는 1%를 정확히 짚어주는 책이네요! 한 땀 한 땀 토익 장인의 손길이 느껴진달까요. 강의실에 앉아 유수연샘 강의를 듣는 것처럼 토씨 하나 버릴 것이 없습니다.
_ ID lacetxx (30세, 로스쿨 진학준비중)

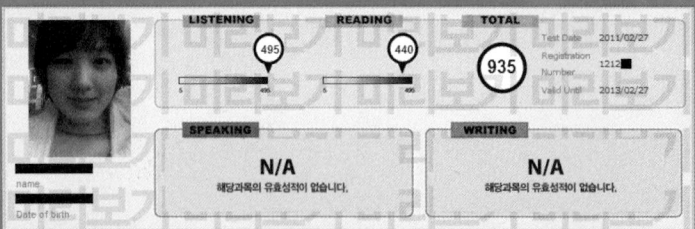

다른 책에서 볼 수 없는 기출 자료와 고득점 비법이 가득해요!

평소 RC가 취약한 저에게는 가뭄의 단비처럼 고마운 책입니다! 유수연샘이 점 하나까지 직접 쓰셨다더니 전치사 챕터 마지막에 정리된 전치사표가 예전 수업시간에 정리해주신 내용과 그림까지 일치하더군요! 선생님 머릿속에 있는 모든 것을 끄집어낸 것이 아닌가 싶을 정도로 다른 어떤 책에서도 볼 수 없는 기출 자료와 고득점 비법들이 가득합니다. 예제와 문제도 전부 기출 문제 변형과 어휘로 만들어져 정말 유용합니다. _ ID osy210xx (29세, 대학원 진학 준비중)

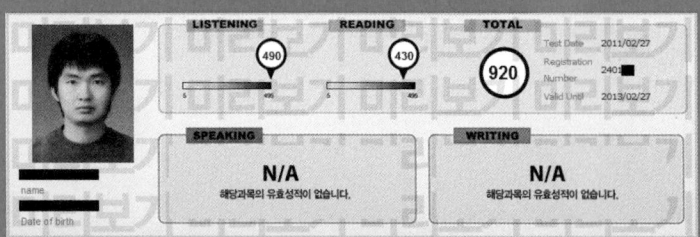

실전에서 고득점이 가능한 토익 바이블 《유스타 토익》

기본기는 있는데 고득점이 안 나오는 분들께 강력 추천!

수험생들이 헷갈려하는 내용 위주로 정리되어 있어 매번 기초부터 다시 공부하는 시간 낭비를 할 필요가 없어 좋았습니다. 기본기가 어느 정도 있는 분이라면 하루하루 점수가 급상승하는 것을 느낄 수 있을 겁니다. 저도 이 책 덕분에 토익 점수를 많이 올릴 수 있었습니다. _ID yakantoxx (22세, 대학생)

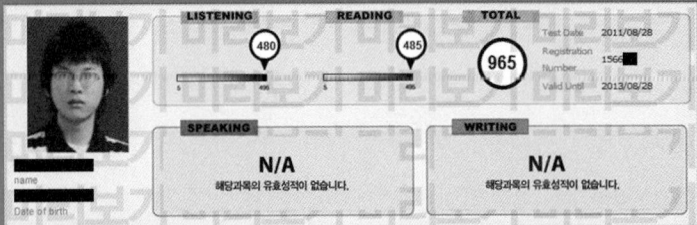

토씨 하나 버릴 게 없는 완소 토익 바이블!

유수연샘 수업 딱 한 달 듣고 925점이 나와서 900점 후반을 목표로 했어요. 하지만 시중에 나와 있는 책으로는 목표점수를 달성하기에 어딘지 부족하더군요. 《유스타 토익》은 저처럼 고득점을 목표로 하는 사람이 원하는 1%를 정확히 짚어주는 책이네요! 한 땀 한 땀 토익 장인의 손길이 느껴진달까요. 강의실에 앉아 유수연샘 강의를 듣는 것처럼 토씨 하나 버릴 것이 없습니다. _ ID lacetxx (30세, 로스쿨 진학준비중)

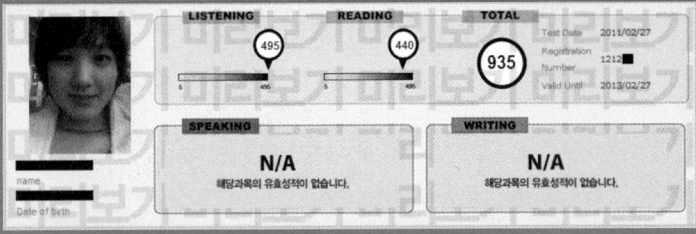

다른 책에서 볼 수 없는 기출 자료와 고득점 비법이 가득해요!

평소 RC가 취약한 저에게는 가뭄의 단비처럼 고마운 책입니다! 유수연샘이 점 하나까지 직접 쓰셨다더니 전치사 챕터 마지막에 정리된 전치사표가 예전 수업시간에 정리해주신 내용과 그림까지 일치하더군요! 선생님 머릿속에 있는 모든 것을 끄집어낸 것이 아닌가 싶을 정도로 다른 어떤 책에서도 볼 수 없는 기출 자료와 고득점 비법들이 가득합니다. 예제와 문제도 전부 기출 문제 변형과 어휘로 만들어져 정말 유용합니다. _ ID osy210xx (29세, 대학원 진학 준비중)

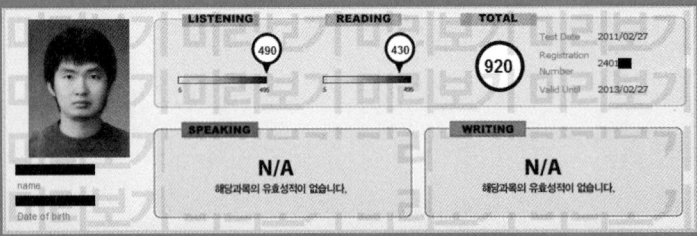

유수연 선생님의 수업을 그대로 옮겨놓은 듯 합니다.

시중에 나온 어떤 토익책을 살펴봐도 이렇게 이론과 문제가 완벽하게 연계된 책은 《유스타 토익》밖에 없었습니다. 수험생들이 헷갈리는 사항, 오답률이 높은 문제를 빠짐없이 다루고 있고 주제별 토익 출제포인트도 완벽하게 정리해줍니다. 기출 토익을 변형한 문제로 이론을 설명하고 있어 한번 쭉 읽어만 봐도 그대로 실력이 쌓입니다. 유수연 선생님이 옆에서 가르쳐주는 것처럼 꼼꼼히 정리되어 있어 혼자 공부하는 데도 무리가 없네요. 충실한 이론, 풍부한 실전 연습문제, 토익멘토 유수연의 고득점 비법까지! 이 책 한 권만 반복해서 봐도 토익 만점, 더 이상 꿈이 아닙니다! _ID hyun26xx, (27세, 대학생)

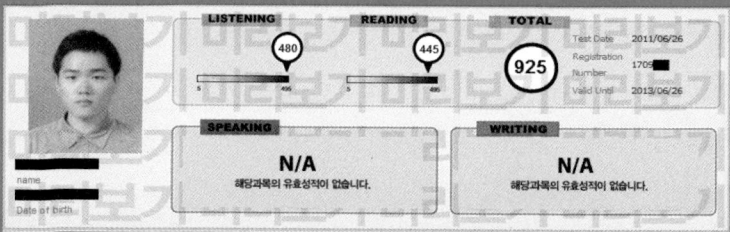

격이 다른 토익책, 《유스타 토익》

LEET(법학적성시험) 수험생입니다. 단기간 토익 고득점이 필요했지만 토익이란 시험이 영 생소하기만 하더군요. 그런데 《유스타 토익》을 만나고 나서 이제 토익에 대한 자신감이 생겼습니다. 책의 곳곳에서 느껴지는 저자의 열정, 실전 토익계의 전설만이 줄 수 있는 방대한 기출자료와 문제들은 '더 이상의 토익 기본서는 없다'라는 확신을 심어 주기에 충분했습니다. 타수업과 격이 다른 유수연 선생님의 강의처럼 《유스타 토익》 역시 다른 토익책과 격이 다릅니다! _ID junyoung-jouxx (29세, LEET 준비생)

얄팍한 비법이 아닌 문제를 보는 안목을 길러줘요!

토익은 그저 문제만 많이 풀면 되는 줄 알았는데 《유스타 토익》을 만나 패턴별로 정리된 이론과 문제를 풀면서 내가 부족한 부분을 정확히 체크하고, 토익이라는 시험을 전략적으로 준비할 수 있게 되었습니다. 왜 이것이 답이 되고 나머지는 오답인지 조목조목 정리해주니까 중구난방으로 흩어져 있던 개념들이 머릿속에 하나로 꿰가 꿰어지면서 문제를 보는 눈이 생기네요. 아무리 많은 문제를 풀어도 늘 제자리걸음이던 제 점수가 이제 달라지고 있습니다. _ ID ssong11xx (26세, 대학생)

유수연 선생님의 10여년의 토익 노하우가 고스란히 담겨 있어요!

대학원 입시로 급하게 영어성적이 필요한 시점에 《유스타 토익》을 접하게 되었습니다. 유수연 선생님의 지난 10여년의 토익 노하우가 이 책 한 권에 고스란히 담겨 있다는 책의 문구가 결코 과장이 아니더군요. 지금까지 본 그 어떤 토익책보다 수험생에게 필요한 정보를 빠짐없이, 가장 잘 소화할 수 있는 형태로 전달하고 있습니다. 초보자에서 고득점자까지 토익을 공부하는 사람이라면 꼭 봐야하는 책이라고 생각합니다. 다음 달 토익점수가 기대됩니다. _ID sungmo-wwxx (24세, 대학원생)

Ustar TOEIC
당신을 토익스타로 만들 위대한 첫 걸음
Reading

★ **Difference**
700점과 900점의 차이는 《유스타 토익》을 만난 것과 만나지 않은 것의 차이이다.

★ **Who?**
50만 독자와 온·오프라인 30만 수강생이 선택한 대한민국 최고의 토익멘토 유수연!

★ **What?**
실전에 강하다! 실전 토익반 10년 이상의 노하우가 완벽 집대성된 토익 전략서!

★ **How?**
토익의 A부터 Z까지! 내가 뭘 모르는지 나보다 더 잘 알고 있는 토익 종합가이드!

★ **When?**
강남과 종로의 토익 실전반 자료 그대로, 최신 출제 경향과 유형에 가장 근접한 책!

★ **Why?**
생각의 순서를 바로잡아 토익형 두뇌로! 답을 고르는 속도가 놀랄 만큼 빨라진다.

★ **Where?**
일본, 중국 등 세계에서도 인정받는 유수연의 토익 노하우 전격 공개!

ISBN 978-89-6086-478-8
13740
값 18,900원

Ustar
TOEIC
Reading
정답·해설집

차례

→→ Part **5** Answers _ 5

→→ Part **6** Answers _ 135

→→ Part **7** Answers _ 167

→→ **Actual Test** Answers _ 213

Ustar TOEIC Reading

→→→→→→ Part

5

Answers

Chapter 1 접속사

Lesson 1 접속사의 이해

Step 1 Warm-up Test   p.31

01 (A) Although
- 해설: 문장에 동사가 was expected와 gave 두 개이므로 빈칸은 접속사 한 개가 필요한 자리이다. Despite(~에도 불구하고)는 전치사이므로 부사절 접속사 Although가 정답이다.
- 해석: Gillian Moore가 감독한 새 영화가 흥행에 성공하리라고 예상했지만 비평가들은 대부분 그 영화에 낮은 점수를 주었다.
- 어휘: direct 감독하다   hit the box office 흥행에 성공하다   critic 비평가   rating 등급, 평가

02 (B) If
- 해설: 문장에 동사가 두 개(are planning, can help) 있으므로 빈칸에는 접속사 한 개가 와야 한다. That은 명사절 접속사이므로 문두에 오면 주어 역할을 해야 한다. 이 문장에서는 절 사이에 쉼표가 있는 것으로 보아 부사절을 이끄는 접속사가 필요하다. 따라서 부사절 접속사인 If가 정답이다.
- 해석: 만약 당신이 자동차 보험을 들 계획이라면 Mr. O'neil씨가 당신에게 적당한 보험을 찾을 수 있게 도와줄 수 있다.
- 어휘: car insurance 자동차 보험   appropriate 알맞은

03 (B) Even though
- 해설: 주어, 동사를 갖춘 두 개의 완전한 절을 연결할 접속사가 필요하다. In spite of는 전치사구이므로 적절하지 않다. '~에도 불구하고'라는 양보절을 이끄는 Even though가 정답이다.
- 해석: 모든 항공사들 중 Unicorn Airlines가 최상의 서비스를 제공하긴 하지만 또한 가장 비싼 교통수단 중 하나이기도 하다.
- 어휘: provide 제공하다   expensive 비싼   transportation 수송, 운송

04 (A) or
- 해설: 빈칸 앞의 either와 짝으로 쓰이는, 접속사는 or밖에 없다. either A or B는 'A와 B 둘 중 하나'의 의미로 '비누나 아이크림 둘 중 하나'라는 뜻이다. and는 both A and B(A, B 다)로 쓰인다.
- 해석: 우리가 귀하의 주문품과 같이 보내줄 증정품은 세수 비누나 아이크림이 되겠습니다.
- 어휘: include 포함하다   along with ~함께, 같이, 더불어   either A or B A나 B 둘 중 하나

05 (A) and
- 해설: 빈칸 앞뒤로 명사들이 나열되어 있는 것으로 보아 빈칸에는 단어를 연결할 수 있는 등위접속사 and가 필요하다. 단어와 단어, 구와 구, 절과 절을 모두 연결할 수 있는 것은 등위접속사이다.
- 해석: 성공적인 CEO가 되기 위해서는 사회성이 좋아야 하고, 자신감이 있어야 하며, 리더십이 뛰어나야 한다.
- 어휘: sociability 사회성   confidence 자신감

06 (B) though
- 해설: 빈칸 앞뒤로 동사가 두 개(is, has been increasing) 나왔으므로 빈칸에는 두 절을 잇는 접속사가 필요하다. in spite of는 전치사이므로 적절하지 않다. 따라서 '~에도 불구하고'라는 의미인 부사절 접속사 though가 정답이다.
- 해석: 휘발유 가격이 꾸준히 오르고 있지만 자동차 수요는 여전히 높다.
- 어휘: demand 수요   steadily 꾸준히

Step 2 실전 TOEIC Test   p.31

01 (B) when
- 해설: 빈칸 앞뒤의 완전한 문장을 연결할 수 있는 접속사를 골라야 하므로 불완전한 절을 이끄는 관계사 (A) which는 제외된다. 나머지 보기 중에서 의미상 두 절을 자연스럽게 연결짓는 접속사를 골라야 하는데, '도움이 필요하다'와 '파란색 버튼을 눌러라'를 자연스럽게 이어줄 접속사는 '~할 때'의 (B) when이 적절하다. (C) in case는 '~에 대비하여', '~인 경우'의 뜻으로 주절에는 어떤 경우에 대비해서 '미리' 어떤 조치를 취해야 한다는 의미가 와야 한다. 그런데 (C)가 답이라면 '도움이 필요한 경우에 대비해 미리 버튼을 눌러라'는 것이 되므로 자연스럽지 않다. 목적의 내용을 이끄는 (D) in order that(~하기 위해) 또한 의미상 적절하지 않다.
- 해석: 승무원의 도움이 필요할 때는 파란색 버튼을 눌러주세요.
- 어휘: assistance 도움, 지원   flight attendant 항공기 승무원

02 (A) and
- 해설: 빈칸은 상관접속사 both A and B 형태이므로, and로 명사 phone과 the Internet을 연결시켜야 한다. 따라서 답은 (A) and이다. (B) but은 (C) also와 함께 not only A but also B(A뿐 아니라 B도)의 상관접속사를 만들 수 있고, (D) either은 either A or B로 쓰여 'A, B 둘 중 하나'의 의미인 상관접속사를 만든다.
- 해석: 회원 가입 신청은 전화와 인터넷 둘 다 가능합니다.
- 어휘: membership 회원 자격   both A and B A와 B 둘 다

03 (B) Since
- 해설: 빈칸에는 접속사인 (D) Unless와 (B) Since는 들어갈 수 있지만, 빈칸 뒤에 주어, 동사가 연결되어 있으므로 전치사인 (C) Despite는 답이 될 수 없다. 신문 광고가 높은 판매율과 연관성이 있기 때문에 구독자들을 끌어들이기 위해 광고를 게재하려고 한다는 뜻이기 때문에 이유를 나타내는 접속사가 필요하다. 따라서 (B) Since가 답이 된다.
- 해석: 신문 광고가 높은 판매율과 긍정적 상관관계가 있다는 것을 보여주는 조사 결과가 있기 때문에 매일 신문을 읽는 구독자를 끌어들이려고 광고를 게재하려는 기업들이 많다.
- 어휘: correlate 연관성이[상관관계가] 있다   attract 유혹하다, 끌어오다

04 (D) or
- 해설: 빈칸에는 두 동사(use, send)를 연결해주는 등위접속사가 필요하다. 신용카드를 사용하거나 개인수표를 보낼 수 있다는 뜻이므로 선택 여부를 나타내는 (D) or가 정답이다. 부사인 (A) also와 (B) besides는 접속사의 기능이 없고, (C) when 뒤에는 주어, 동사를 모두 갖춘 완전한 문장이 와야 한다.
- 해석: 온라인으로 주문하는 고객들은 신용카드를 사용하거나 개인수표를 보내서 Allyouneed.com에서 물품을 구매할 수 있다.
- 어휘: customer 고객   credit card 신용카드   personal check 개인수표   purchase 구매하다

05 (B) Although

해설 문장에 본동사가 두 개(is, suffers) 있으므로 빈칸에는 앞 문장을 이끌어 뒷 문장에 연결하는 접속사가 필요하다. (C) But은 등위접속사이므로 문두에 쓰일 수 없고, (D) Meanwhile은 절을 이끌 수 없는 접속부사이므로 제외된다. 문제는 '새 컨버터블은 견고하다'와 '기능 장애가 있다'라는 대조적인 문장을 연결하는 접속사를 묻고 있다. 따라서 '만약 ~가 아니라면'의 의미인 (A) Unless는 답이 될 수 없다. '~에도 불구하고'란 양보의 의미를 가진 (B) Although가 답이다.

해석 Vulvo에서 새로 나온 컨버터블 자동차는 견고하다고 알려졌지만, 내부 컴퓨터에 장애가 발생하는 경우가 많다.

어휘 be known for ~로 알려지다 sturdiness 견고함 suffer from ~을 겪다 internal 내부의 malfunction 기능 장애, 고장

06 (C) Although

해설 문장에 본동사인 is가 두 개 있으므로, 빈칸에는 접속사가 필요하다. (A) Despite는 전치사이므로 제외되고, (B) However는 접속부사로 문두에 나올 수 없으며, 〈however + 형용사/부사 + 주어 + be동사〉나 접속사(방법–아무리 ~해도)로도 쓸 수 없다. (D) Whether(~인지 아닌지)는 의미상 적절하지 않다. (C) Although는 '~에도 불구하고, (비록) ~이지만'의 의미를 가진 부사절을 이끄는 접속사이므로 정답이다.

해석 Borgata는 Atlantic City에서 가장 오래된 카지노에 속하지만 보안과 감시 체제는 최고 수준이다.

어휘 be equipped with ~을 갖추다 security 보안 surveillance 감시 system 체제, 시스템

Lesson 2 등위접속사

Step 1 Warm-up Test   p.33

01 (A) and

해설 빈칸 앞뒤로 동사가 두 개(will be sold, will be) 나와 있으므로 빈칸에는 이 두 문장을 이어줄 접속사가 필요하다. 앞뒤를 대등하게 이어주는 등위접속사는 and이다.

해석 표는 부스에서 팔 것이고, 스낵은 매점에서 이용 가능할 것이다.

어휘 available 이용 가능한 concession stand 매점

02 (B) but

해설 문장에 본동사가 두 개(have received, can't process)이므로 빈칸에는 이 둘을 이어주는 접속사가 들어가야 한다. 문맥상 '요청은 받았지만 처리할 수 없다'라고 하는 것이 가장 자연스럽다. 따라서 답은 but이다.

해석 우리는 환불에 대한 귀하의 요청을 받았지만 귀하가 온라인 영수증을 보내주기 전까지는 처리할 수 없습니다.

어휘 refund 환불 process 처리하다 receipt 영수증

03 (B) or

해설 빈칸은 조동사 may 뒤에 나오는 동사 explore와 take를 대등하게 연결할 수 있는 등위접속사가 들어갈 자리이다. 하지만 등위접속사 so는 두 개의 문장을 연결할 때 동일한 문장 성분(요소)을 생략할 수 없고 〈주어 + 동사〉의 문장이 바로 이어져야 하므로 정답이 될 수 없다. 문맥상 차량으로 여행을 하거나 낙타를 타고 여행을 할 수 있다는 의미로 등위접속사 or가 정답이다.

해석 방문객들은 차량으로 Santana Resort 근방에 있는 사막을 여행하거나 낙타를 타고 가이드와 함께 여행을 할 수 있다.

어휘 explore 탐험(여행)하다 around 근방에 vehicle 차량 guided tour 가이드의 설명을 들으면서 하는 여행(견학)

04 (B) so

해설 주어와 동사를 갖춘 콤마 앞뒤의 두 절을 이어주는 접속사가 없으므로 빈칸에는 접속사가 위치해야 한다. 'Dr. Freeman이 이번 주 내내 휴가를 가서 우리는 다음 주에 스케줄을 잡아야 할 것 같다'라는 문맥이므로 빈칸에는 결과를 나타내는 접속사 so가 위치하는 것이 적절하다. if는 '만약 ~라면'의 의미이기 때문에 문맥상 적합하지 않다.

해석 Dr. Freeman이 가족과 이번 주 내내 휴가를 가서 아무래도 우리는 고객님의 진료 예약을 다음 주 중으로 다시 잡아야 할 것 같습니다.

어휘 entire 전체의 appointment (병원, 미용실 등의) 예약

05 (A) or

해설 빈칸 앞뒤에 one과 two를 연결할 수 있는 등위접속사가 필요하다. 1시간이나 2시간 후에 고객에게 다시 전화를 한다는 의미이므로 or가 정답이다. nor는 neither와 함께 쓰이거나 부정문에서 쓰이므로 답이 될 수 없다.

해석 JR 모터스의 고객서비스 담당자들은 보통 고객의 (의뢰)전화에 한두 시간 내로 다시 전화를 할 수 있는 능력을 갖추고 있다.

어휘 representative 직원, 담당자 usually 보통, 대개

06 (A) or else

해설 문장에 동사가 is와 might be 두 개이므로 빈칸은 이를 연결 접속사가 필요하다. either는 or와 함께 상관접속사(either A or B)로 쓰이는 표현이기 때문에 이 문장의 구조에 알맞지 않다. 문장의 구조나 의미 맥락상 빈칸에는 접속사 or else(그렇지 않으면)가 적절하다.

해석 항상 비행기가 출발하기 2시간 전에 공항에 도착하는 것이 안전한데 그렇지 않으면 비행기를 놓칠 수도 있다.

어휘 safe 안전한 chance 가능성

Step 2 실전 TOEIC Test   p.33

01 (D) or

해설 빈칸 앞뒤에서 병렬구조로 되어 있는 this year와 (even) next year를 연결할 수 있는 접속사는 등위접속사이다. 보기 중 등위접속사는 or이다. 여기서 or는 and not의 의미로 쓰인 것이다.

해석 현재의 경제위기로 인해, Ace 세단의 다음 버전은 올해도 나오지 않고 심지어 내년에도 나오지 않을 것이다.

어휘 due to ~ 때문에 crisis 위기 introduce 소개하다, 도입하다

02 (B) but

해설 문장에 동사가 두 개(did, came) 있으므로 빈칸에는 접속사가 필요하다. 등위접속사를 쓸 경우에는 주어가 동일하면 생략이 가능하다. 빈칸 뒤에 주어 없이 동사 came을 바로 받을 수 있는 접속사는 등위접속사밖에 없다. 따라서 관계사인 (C) which와 한정사 겸 대명사인 (D) both는 제외된다. 그런데 빈칸 앞에 not이 있는 것으로 보아 뒤에는 (B) but이 와서 not A but B(A가 아니라 B이다)라는 의미를 형성해야 한다.

해석 실험 결과는 Dixon 교수에게서 나온 것이 아니라 동료들에게서 나왔다.

어휘 conclusion 결론 experiment 실험 come from ~에서 나오다 colleague 동료

03   (B) and

해설 동사 must show의 목적어로 a good display를 수식하는 of 이하에서 명사 decisiveness(결단력)와 courage(용기)를 연결할 수 있는 접속사로 등위접속사인 and가 정답이 된다. (A) otherwise와 (C) meanwhile은 접속부사로 동일한 문장성분이나 품사를 연결할 수 없으며, (D) even though는 부사절의 접속사로 뒤에 반드시 절이 나와야 하므로 정답이 될 수 없다.

해석 오래가는 리더는 어떠한 어려움에도 도전하는 용기와 단호함을 보여주어야만 한다.

어휘 lasting 지속되는   decisiveness 결단력   obstacle 장애물

04   (D) or

해설 상관접속사 either A or B(A, B 둘 중 하나)를 묻는 문제이다. 앞에 either가 있으므로 빈칸에는 (D) or가 와서 절과 절을 연결해주어야 한다.

해석 평가가 좋은 차는 연비가 좋거나 기본적인 성능이 뛰어나다.

어휘 rating 평가   fuel 연료   efficiency 효율성   feature 특성

05   (B) or

해설 빈칸 앞에 either가 있기 때문에 빈칸에는 짝으로 쓰이는 (B) or가 와서 either A or B의 상관접속사를 완성해야 한다. 따라서 정답은 (B) or이다. (A) but은 not A but B의 상관접속사, (C) and는 both A and B. (D) neither는 neither A nor B의 상관접속사를 만든다.

해석 유감스럽게도 현재 경제적 위기 때문에 우리는 세일즈에 있는 Matthew Blanks나 비서인 Brenda Bowden을 해고해야만 한다.

어휘 unfortunately 유감스럽게도, 불행하게도   crisis 위기

06   (C) but

해설 앞 문장에는 수익이 떨어질 것이라고 예상했다는 내용이 나오고, 뒤에는 실제로 올랐다는 내용이 나오므로, 상반되거나 대조되는 내용을 연결할 수 있는 등위접속사인 but이 정답이다.

해석 이번 분기의 수익이 떨어질 것이라고 분석한 사람들이 있었지만, 사실 수익은 10퍼센트 올랐다.

어휘 analyst 분석가   quarter 분기

Lesson 3 등위접속사 & 상관접속사

Step 1 Warm-up Test   p.35

01   (B) as well as

해설 문장에 동사가 must 하나이므로 빈칸에 절을 이끄는 접속사는 들어갈 수 없다. 따라서 부사절 접속사 even though는 오답이다. 앞뒤로 같은 문장 성분인 명사구 the current market trend와 명사구 the business news를 이어주는 상관접속사 as well as가 정답이다.

해석 모든 직원들은 비즈니스 뉴스뿐만 아니라 현재 시장 추이에도 초점을 맞춰야만 한다.

어휘 focus on ~에 초점을 맞추다   A as well as B B뿐만 아니라 A도

02   (B) and

해설 상관접속사 both A and B(A, B 둘 다)를 묻는 문제로, 빈칸 앞에 both가 있으므로 빈칸에는 접속사 and가 나와야 한다. or는 상관접속사로 쓰일 때 either와 짝을 이뤄 either A or B(A, B 둘 중 하나)의 형태로 쓰인다.

해석 TFF Bank에서는 같은 날 계정을 만들고 사용하는 것이 둘 다 가능합니다.

어휘 activate 작동시키다, 활성화하다   account 계정

03   (B) either

해설 보기가 neither와 either로 되어 있다. 먼저 neither ~ nor와 either ~ or의 상관접속사의 짝을 찾아야 한다. 빈칸 뒤의 or로 보아 정답은 either가 된다.

해석 방침상 모든 후보자들은 여권이나 신분증 사본을 가져와야 합니다.

어휘 policy 정책, 방침   require 요구하다   candidate 후보   passport 여권   identification card 신분증

04   (B) so

해설 전체 문장에 동사는 is와 advised로 두 개인데 이 둘을 잇는 접속사가 없으므로 빈칸에는 절을 이끄는 접속사가 들어가야 한다. nor는 절을 이끌 수 없으므로 정답으로 적절하지 않다. 문맥상 '도로가 차단되어 있어서 경찰은 운전자들에게 다른 도로를 이용하라고 권고했다'라는 의미이다. 따라서 정답은 결과를 나타내는 접속사 so이다.

해석 Maple Avenue의 도로가 차단되어 있어서 경찰은 운전자들에게 대신 Peacewood Street를 이용하도록 권고했다.

어휘 roadblock 도로 차단, 바리케이드   advise 권하다   instead 대신에

05   (A) not only

해설 상관접속사 not only A but also B(A뿐만 아니라 B도)를 아는지 묻는 문제이다. 콤마 뒤에 but also가 있으므로 빈칸에는 not only가 와서 '급여뿐만 아니라 근무 환경도'란 의미가 된다.

해석 당신에게 맞는 직업을 선택할 때 급여뿐만 아니라 근무 환경도 고려해야만 한다.

어휘 consider 고려하다   salary 급여, 봉급   environment 환경

06   (A) neither

해설 뒤의 nor로 보아 neither A nor B라는 상관접속사를 묻는 문제이다. 따라서 빈칸엔 neither가 들어간다. if는 절과 절을 잇는 부사절 접속사이다.

해석 Joey Electronics사가 광고에 돈을 더 쓰는 것은 효율적이지도 현명하지도 않다.

어휘 efficient 효율적인   wise 현명한   advertise 광고하다

Step 2 실전 TOEIC Test   p.35

01   (B) much less

해설 문장에 동사는 is, may not be, want, purchase 4개이다. 접속사는 that 하나뿐이다. 하지만 product와 they want 사이에는 목적격 관계대명사가 생략된 형태로 접속사가 2개라고 볼 수 있다. 결국 빈칸은 접속사가 들어갈 자리이다. much less는 주로 부정문 뒤에서 '하물며[더구나] ~은 아니다'라는 의미를 갖는 접속사로 볼 수 있다. 문맥상 '고객들은 그들이 원하는 제품을 찾을 수 없을 뿐만 아니라 하물며 구입할 수도 없다'는 내용이 되어야 자연스러우므로 정답은 much less이다.

해석 그 웹사이트는 너무 정리가 되어 있지 않아서 고객들이 원하는 제품을 찾을 수 없을 뿐만 아니라 하물며 그것들을 구매할 수도 없을 것이다.

어휘 disorganized 정리가 되어 있지 않은   no less than 자그마치   more or less 거의, 대략

02 (B) and

해설 상관접속사일 경우 between이 보이면 A와 B사이에 들어갈 수 있는 단어는 and밖에 없다. 빈칸 앞에 between이 있으므로 빈칸에는 접속사 and가 들어가야 한다.

해석 점심시간은 월요일부터 금요일까지 1시에서 2시 사이입니다.

어휘 between A and B A와 B 사이 from A to B A부터 B까지

03 (D) so

해설 빈칸 앞뒤로 동사를 갖춘 완전한 문장이 있으므로 빈칸에는 접속사가 들어가야 한다. 급여수표를 제대로 처리할 수 있도록 계좌 정보를 내일까지 보내달라는 내용이므로, 접속사 앞 문장은 원인, 뒤 문장은 결과를 나타낸다. (A) even과 (B) also는 부사이므로 답이 될 수 없다. (C) yet은 역접의 의미를 나타내는 등위접속사이므로 역시 적절치 않다. 정답은 결과를 나타내는 접속사 (D) so이다.

해석 반드시 내일까지 귀하의 계좌 정보를 보내서 우리가 귀하의 급여수표를 제대로 처리할 수 있게 해주세요.

어휘 process 처리하다 paycheck 급여수표 accordingly 부응해서, 그에 맞춰

04 (B) either

해설 빈칸 뒤에 or가 있으므로 상관접속사로서 or와 짝을 이루는 (B) either가 답이다. either A or B에서 A와 B는 동일한 범주의 문장 성분이 와야 하는데 문제에서는 명사와 명사가 연결되어 있는 것을 볼 수 있다. (A) and는 (C) both와 함께 쓰여 both A and B(A, B 둘 다)라는 상관접속사를 완성한다.

해석 Mr. Dockers는 다음 물품 공급자로 도매 창고나 독자적인 유통업자를 찾고 있다.

어휘 process 과정 wholesale 도매 warehouse 창고 independent 독자적인 distributor 유통업자 source 원천, 근원

05 (D) but

해설 등위접속사는 앞뒤 문장의 같은 성분을 생략하고 절을 이끌 수 있다. 빈칸 뒤에는 주어와 동사가 생략되고 목적어만 나와 있는 상태이다. 원문은 The coupon doesn't include the main entree인데 공통 주어와 동사는 생략되고 부정어 not과 목적어만 남긴 것이다. 따라서 빈칸에는 등위접속사가 들어가야 하는데, 그중에서도 문맥상 역접의 의미를 가진 (D) but이 적절하다.

해석 쿠폰을 사용하면 샐러드 바와 음료는 무료로 이용할 수 있지만, 주요리는 아니다.

어휘 access to ~에 대한 접근[이용] 권한 beverage 음료 main entree 주요리

06 (D) nor

해설 문장에 동사가 두 개(take, hold) 있는데 접속사가 없으므로 빈칸에는 접속사가 들어가야 한다. 빈칸 뒤에는 주어와 동사가 도치되어 있으므로 빈칸에는 부정어가 들어가야 한다. 보기 중 부정의 의미를 가진 접속사는 (D) nor이다. nor는 앞 절의 부정어 not과 짝을 이뤄 not ~ nor ...(~도 또한 ...하지 않다)의 의미를 만든다.

해석 Great Garden Restaurant는 로비를 완전히 수리하기 전에는 예약을 받거나 고객을 대기자 명단에 올리지 않을 것이다.

어휘 reservation 예약 completely 완전히 renovate 개조하다, 수리하다

Lesson 4 명사절 접속사의 이해

Step 1 Warm-up Test p.37

01 (B) that

해설 동사를 하나씩 갖춘 절이 두 개 있는데 이 두 절을 잇는 접속사가 없으므로 빈칸에는 접속사가 위치해야 한다. 빈칸이 이끄는 절은 announced의 목적어가 되므로 명사절을 이끄는 that이 정답이다.

해석 Wholeprice사는 이달의 직원으로 Justin Cooper가 선정되었다는 기쁜 소식을 발표했다.

어휘 announce 발표하다, 알리다 name 지명하다

02 (B) What

해설 문장의 본동사는 두 번째 is로, ------ is so memorable about the trip to Egypt를 주어로 받고 있다. 따라서 빈칸에는 명사절을 이끄는 접속사가 위치해야 한다. 빈칸 뒤에 주어가 없이 동사 is가 바로 나와 있으므로 불완전한 절을 이끄는 접속사가 위치해야 하므로 정답은 what이다. that은 완전한 절을 이끈다.

해석 이집트 여행에서 정말 기억에 남는 것은 피라미드의 불가사의함과 위대함이다.

어휘 memorable 기억에 남는 mysteriousness 불가사의함

03 (A) who

해설 문장에 동사가 are와 will be chosen 두 개이므로 빈칸은 접속사가 들어갈 자리이다. sure 뒤에 명사절을 이끄는 접속사가 들어가야 하는데, 빈칸 뒤의 주어가 없는 불완전한 문장을 이끌 수 있는 것은 '누가 선택될 것인지 확실하지 않다'는 의미를 이루는 who가 적절하다. whether는 '~인지 아닌지'의 선택의 의미를 나타낸다.

해석 SSN의 직원들은 모두 누가 새로운 CEO로 선택될지 모른다.

어휘 employee 직원 sure 확실한

04 (A) that

해설 It이 가주어, that 이하가 진주어인 구문이다. 따라서 빈칸에는 that이 들어가야 한다. 〈It is + (이성, 판단의) 형용사 + that + 주어 + (should) + 동사원형〉의 구문은 이처럼 접속사 that의 자리를 비워두거나 혹은 that절의 동사 자리를 비워둔 문제가 시험에 자주 등장하므로 구문 자체를 공식처럼 외워두자.

해석 관리자들은 전 영업사원에게 고객들에게 위험 사항에 대해 알려야 한다는 점을 반드시 숙지하도록 하는 것이 중요합니다.

어휘 crucial 중요한 make sure (that) S + V 반드시[확실히] ~하도록 하다 inform (정보 등을) 알리다 regarding ~에 대해

05 (B) How

해설 먼저 문장 구조를 분석해 보면, 〈주어(------ she kept that company together after all of the infighting) + 동사(is) + 보어(quite an amazing story of dogged perseverance)〉로 되어 있다. 주어 부분은 〈주어(she) + 동사(kept) + 목적어(that company) + 목적 보어(together ~ infighting)〉로 완전한 문장이다. what이 이끄는 절은 주어나 목적어가 빠진 불완전한 문장이어야 하므로 답이 될 수 없다. 따라서 명사절을 이끌며 완전한 문장을 동반하는 how가 빈칸에 적절하다.

해석 그렇게 내분이 있은 후에도 그 여자가 어떻게 회사를 유지했는

지는 끈질긴 인내심을 발휘한 참으로 놀라운 일이 아닐 수 없다.

어휘 infighting 내분, 파벌싸움 dogged 단호한, 완강한, 끈질긴
perseverance 인내(력), 참을성

06 (A) so that

해설 동사가 두 개(decided, could avoid)인데 접속사는 없으므로 빈칸에는 접속사가 들어가야 한다. 문맥상 '일찍 방을 예약하기로 결정해서 대기자 명단에 올리는 것을 피할 수 있었다'라는 의미이므로 결과의 부사절을 이끄는 so that이 적절하다

해석 Mr. Firelli는 Leo Condominium에 일찍 방을 예약하기로 결정해서 대기자 명단에 올라가는 것을 피할 수 있었다.

어휘 avoid 피하다 waitlisted 대기자 명단에 오르는

Step 2 실전 TOEIC Test   p.37

01 (D) what

해설 문장에 동사는 두 개(shows, will be learning)인데 이 둘을 연결하는 접속사가 없으므로 빈칸에는 접속사가 들어가야 한다. 또한 빈칸은 동사 shows의 목적어절을 이끄는 명사절 접속사의 자리이다. 보기의 의문사들은 모두 명사절을 이끌 수 있는 의문사이다. 그런데 빈칸 뒤의 절은 learning의 목적어가 없는 불완전한 절이므로 의문대명사 (A) which와 (D) what 둘 중에서 하나가 답이 된다. 문맥상 '무엇을 배울지 보여준다'가 자연스러우므로 답은 (D) what이다.

해석 이 수업 계획을 보면 '강좌번호 415 대중매체와 정부'에서 무엇을 배우게 될지 알 수 있다.

어휘 mass media 대중매체

02 (A) who

해설 문맥상 '누가 전반적인 권한을 가지고 있는지가 불확실해서'라는 의미이므로 '누구'의 의미를 갖는 의문사 (A) who가 정답이 된다.

해석 누가 전반적인 권한을 가지고 있는지가 불확실해서 커미션에 대한 논쟁이 일어나 새로운 컴퓨터 게임의 출시가 지연됐다.

어휘 commission 수수료 dispute 논쟁 unclear 명백하지 않은
overall 전반적인 authority 권한

03 (C) that

해설 빈칸은 문장의 본동사 indicates의 목적어절을 이끄는 접속사가 들어가야 할 자리이다. 따라서 지시대명사 또는 지시형용사인 (D) those는 제외된다. 빈칸 뒤의 절을 보니 주어 the public demand와 동사 has been rising을 갖춘 완벽한 절이므로, 불완전한 절을 이끄는 관계사 (A) which와 (B) what 도 답이 될 수 없다. 답은 완전한 명사절을 이끄는 (C) that이다.

해석 조사해 본 결과 대중의 수요가 지난 2개월에 걸쳐 증가하고 있다는 것을 알았다.

어휘 survey 조사 indicate 나타내다, 시사하다 demand 수요

04 (A) that

해설 빈칸에는 앞의 동사 understand의 목적어 역할을 하는 명사절 접속사 that이 와야 한다. so that은 목적이나 결과를 나타내는 부사절 접속사이고, in that은 '~라는 점에서, ~때문에'라는 뜻이므로 답이 될 수 없다.

해석 기업들은 자신들의 시장 입지(지위)가 결코 안전하지 않고 쉽게 무너질 수 있다는 걸 인식하는 것이 중요하다.

어휘 secure 안전한, 튼튼한 fall 떨어지다, 붕괴하다, 몰락하다

05 (C) whether

해설 빈칸은 동사 tell의 목적어절을 이끄는 접속사가 와야 하는 자리이다. (A) than은 부사이고 접속사로 쓰일 땐 no sooner라는 다른 단어가 필요하므로 답이 아니다. (B) whereas는 부사절을 이끄는 접속사이고 (D) such는 한정사이거나 대명사이므로 제외된다. 따라서 답은 명사절을 이끄는 접속사 (C) whether이다. whether A or B는 'A인지 B인지'의 의미이다.

해석 일단 개인 정보를 적고 나서 계산을 현금으로 할 건지 아니면 신용카드로 할 건지 저희에게 말씀해주세요.

어휘 write down 적다 personal information 개인 정보 pay cash 현금으로 내다

06 (D) how

해설 전치사 about 뒤에 명사상당어구가 나와야 하는데, 빈칸 뒤에 부사 well과 〈주어 + 동사〉의 문장이 나오고 있으므로 명사절의 접속사가 들어가야 한다. 보기 중에 접속사로 쓸 수 있는 것은 how뿐이다. only(오직, 단지), there(거기에)는 부사이며, most는 부사(최상급) 또는 한정사, 대명사로 쓸 수 있다.

해석 게임개발업계의 직원들은 새로운 게임들을 즐기는 사람들에게 그것(게임)이 얼마나 잘 맞는지에 대해서 자주 이야기를 나눈다.

어휘 suit ~에게 맞다, 적합하다 experiment 실험하다, 해보다

Lesson 5 명사절을 이끄는 접속사

Step 1 Warm-up Test   p.39

01 (A) how

해설 전치사 regarding(~에 대해, 관한) 뒤에는 명사상당어구가 나와야 한다. 빈칸 뒤가 문장 형태인 것으로 보아 명사절의 접속사가 나와야 하는데, 빈칸 뒤에 much가 있으므로 how가 정답이다. 〈how + 형용사/부사 + 주어 + 동사〉의 구조이다.

해석 MMT Tech는 우리가 얼마나 (돈을) 지불해야 하는지에 대해 전화를 해줄 것이다.

어휘 give + 사람 + a call ~에게 전화해주다 have to + 동사원형 ~해야 한다

02 (A) which

해설 빈칸은 뒤에 candidate will be chosen 이하의 문장을 이끌 수 있는 접속사가 들어갈 자리이다. 하지만 빈칸 뒤에는 candidate라는 가산명사의 단수 형태가 관사 없이 바로 왔다. 따라서 빈칸에는 접속사와 한정사의 역할을 할 수 있는 의문형용사 which가 와야 적절하다.

해석 SSN의 모든 직원들은 그들의 CEO로 어떤 후보자가 뽑힐지 모른다.

어휘 candidate 후보자

03 (A) that

해설 빈칸 뒤에 주어와 동사가 있는 완전한 문장이 나오기 때문에 목적어절을 이끌 수 있는 명사절 접속사가 필요하다. what과 that 둘 다 명사절 접속사지만 what 뒤에는 불완전한 문장이 와야 하므로 that이 정답이다.

해석 회의를 하는 동안 방에서 나가지 말기를 요청드립니다.

어휘 conference 회의 take place 열다, 개최하다

04 (A) whether

해설 see if/whether는 '~인지 아닌지를 보다'라는 의미로, 뒤에 있

는 접속사 or와 어울릴 수 있는 것은 whether이다.
- **해석** 건물 전체의 난방 시스템을 정말로 수리하면 될지 아니면 교체해야 될지는 두고봐야 한다.
- **어휘** it remains to be seen 두고봐야 안다   fix 고치다   replace 교체하다

05 (A) that
- **해석** It은 가주어, that은 진주어인 구문이다. 따라서 명사절을 이끄는 접속사 that이 정답이다. it is important to이면 뒤에는 동사원형이 나와야 한다.
- **해석** 스쿠버 다이버들은 바다에 뛰어들기 전에 간단한 손짓이나 사인을 배우는 것이 중요하다.
- **어휘** dive into 다이빙하다

06 (B) how
- **해설** 전치사 in 뒤에 명사상당어구가 와야 하기 때문에 바로 way를 선택해서 오답률이 높았던 문제이다. '방법'이란 의미로 쓰이는 way는 가산명사로, 관사나 소유격 등의 한정사 없이 쓰려면 복수형으로 사용해야 한다. how는 명사절을 받는 접속사로 뒤에 to부정사와 함께 쓰여 '~하는 방법'이라는 의미로 쓰인다.
- **해석** Star Park에 최근에 고용된 직원들은 어린아이들을 다루는 방법에 대해 특별 교육을 받는다.
- **어휘** newly 최근에 새로   special training 특수[특별] 교육   deal with 다루다

Step 2 실전 TOEIC Test p.39

01 (A) whether
- **해설** 빈칸 뒤 or not이 문제를 푸는 힌트가 된다. ~ or not과 호응하여 사용되는 접속사는 whether로, whether or not(~인지 아닌지)의 형태로 사용된다. 문맥상 '현재 파일을 저장하고 닫을 것인지 아닌지 선택해달라'는 의미이기 때문에 정답은 (A) whether가 된다. (B) neither는 neither A nor B(A도 B도 아닌), (C) either는 either A or B(A, B 둘 중 하나)의 형태로 쓰이고, (D) unless(~가 아닌, ~하지 않으면)는 그 자체에 not의 의미가 있기 때문에 not이 들어간 문장과 함께 쓰지 않는다.
- **해석** 현재 문서를 저장하고 닫을 것인지 말 것인지를 선택하시오.
- **어휘** save 저장하다   document 문서, 서류

02 (A) which
- **해설** help의 목적보어인 determine의 목적어절을 이끄는 접속사 자리가 비어있다. 따라서 빈칸에는 명사절을 이끄는 접속사가 들어가야 한다. 보기는 모두 명사절을 이끌 수 있지만, 문맥상 '어떤 인테리어 특징이 당신에게 가장 좋을지 결정하도록 돕는다'는 의미가 되어야 하므로 선택의 의미를 가진 의문사 (A) which가 가장 적절하다.
- **해석** 판매원과 상담하시고 나면 그는 어떤 인테리어 특징이 고객님께 가장 좋을지 결정하실 수 있도록 도와드릴 것입니다.
- **어휘** consult with ~와 상담하다   features 특징, 특색

03 (C) how
- **해설** 빈칸은 동사 reveal의 목적어절을 이끄는 접속사가 들어가야 할 자리이다. 보기 중에 접속사는 (C) how와 (D) whom이다. (D) whom은 목적격 대명사로, 목적어가 없는 불완전한 문장을 받는데, they create such an incredible taste는 주어, 동사, 목적어가 갖추어진 완벽한 문장이다. 따라서 정답은 완전한 절을 받는 (C) how이다.

- **해석** Guru Cola는 그들이 어떻게 그렇게 대단한 맛을 창조해내는지를 밝히지 않을 것이다.
- **어휘** reveal 밝히다   incredible 대단한   taste 맛

04 (C) how
- **해설** to부정사 to see의 목적어가 나와야 하는데, 빈칸 뒤에 〈주어 + 동사〉의 문장이 나오고 있다. 뒤의 문장이 목적어 역할을 할 수 있도록 명사절의 접속사가 필요하다. (A) during과 (B) about은 전치사로 답이 될 수 없으며, (D) whom은 명사절 접속사로 쓸 수는 있지만 목적어가 없는 불완전한 문장을 이끈다. 명사절 접속사로 완전한 문장을 받을 수 있는 것은 (C) how이다.
- **해석** 방문객들은 우리의 제품이 어떻게 만들어지는지를 볼 수 있도록 Liverpool Warehouse를 견학하도록 하고 있다.
- **어휘** be invited to + 동사원형 ~하도록 이끌다. 초대 받다

05 (B) whether
- **해설** 빈칸 이후의 〈주어 + 동사〉와 or를 잘 봐야 한다. or와 어울려서 명사절을 이끄는 whether ~ or(~인지 아닌지)를 기억하자. (A) both는 both A and B의 형태로 쓰고, (C) than은 비교급과 같이 쓰인다. (D) after는 시간의 부사절을 이끄는 접속사로 동명사 understanding의 목적어 역할을 할 수 없다.
- **해석** 마케팅 담당자들은 사람들이 제품의 원산지 국가에 대해서 잘 모르는 것인지 단지 신경을 쓰지 않는 것인지를 이해하는 데 어려움을 겪고 있다.
- **어휘** have trouble -ing ~하는 데 어려움을 겪다   care about 중요하다고 생각하다, 신경을 쓰다, 걱정하다   origin 기원

06 (D) why
- **해설** 빈칸은 동사의 목적어로 뒤에 완전한 절(문장)을 이끌 수 있는 명사절 접속사가 나와야 한다. while은 부사절 접속사이고 what은 뒤에 불완전한 문장을 이끌기 때문에 정답이 될 수 없다. 경제가 왜 그렇게 되고 있는지를 모른다는 의미이니까, 이유를 나타내며 명사절을 이끌 수 있는 의문사 why가 정답이다.
- **해석** 경제 혼란의 시기에는, 종종 경제가 왜 이 모양으로 돌아가고 있는지 아무도 모르므로, 이를 예상하거나 통제하기란 어렵다.
- **어휘** in times of ~의 시기에는   turmoil (불가산) 소란, 혼란   behave 행동하다, 가동하다, 움직이다

Lesson 6 형용사절을 이끄는 관계대명사

Step 1 Warm-up Test p.41

01 (A) who
- **해설** 문장의 동사는 자동사인 responded to와 purchase 두 개다. 그러므로 문장에는 접속사가 필요하다. 보기 중에 접속사로 쓸 수 있는 것은 who이다. 콤마(,) 앞의 삽입절에서 people을 사람 선행사로 하여 뒤에 주어가 없는 불완전한 문장(responded to the survey)을 받을 수 있는 것은 who이기 때문이다.
- **해석** 설문조사에 답변한 모든 사람들 중에서 60%는 정기적으로 그 물건을 구매한다.
- **어휘** respond to ~에 답변하다   survey (설문)조사   regularly 정기적으로

02 (A) that
- **해설** 빈칸 앞에 선행사인 conditions가 있고 뒤에는 주어 없이 동사 were included가 바로 이어지므로 빈칸엔 주격 관계대명사가

들어간다. why는 관계부사이기 때문에 뒤에 완전한 문장이 나와야 하므로 답이 될 수 없다. 따라서 사물이나 사람 선행사를 대신할 수 있는 that이 정답이다.

해석 계약서에 포함된 다음 조항을 모두 검토해 보세요.

어휘 review 검토하다 condition 조항 include 포함하다 contract 계약서

03 (B) who

해설 문장의 주어인 선행사 Applicants와 동사인 want를 연결시켜 줄 수 있는 주격 관계대명사가 필요하다. what은 선행사와 함께 사용할 수 없다. 따라서 사람 선행사를 받는 주격 관계대명사 who가 정답이다.

해석 인터뷰 스케줄을 잡기 원하는 지원자들은 3월 11일까지 이력서를 제출해야 한다.

어휘 applicant 지원자 submit 제출하다

04 (A) which

해설 문장 안에 두 개의 동사 will be reimbursed와 is가 있으므로 빈칸에는 접속사의 역할을 할 수 있는 단어가 와야 한다. 앞에 완전한 문장이 나왔으므로 뒤에 있는 문장은 형용사절이나 부사절이 되어야 한다. what은 문장의 주어, 목적어, 보어가 될 수 있는 명사절을 이끄는 접속사의 역할을 하기에 답이 될 수 없다. 앞 문장을 모두 받을 수 있는 관계대명사 which가 정답이다.

해석 직원들은 모두 출장비용을 환급받게 될 것인데, 이는 우리 회사의 기본적인 방침이다.

어휘 reimburse ~을 환급해주다 standard practice 표준 관례 in accordance with ~에 따라

05 (B) whose

해설 teams를 선행사로 받으면서 〈주어 + 동사〉의 완전한 문장을 이끌 수 있는 것은 소유격 관계대명사인 whose이다. which는 불완전한 문장으로 이어져야 하기 때문에 답이 될 수 없다.

해석 기한을 맞추지 못하는 팀 멤버들은 금요일에 주야근무로 일해야만 할 것이다.

어휘 double shifts 주야근무

06 (B) who

해설 주어인 Employees를 수식하는 관계대명사를 선택하는 문제이다. who는 뒤에 주어가 없는 불완전한 문장을 받으며, whose는 뒤에 무관사 명사를 받으므로 정답은 who가 된다.

해석 휴식중인 직원들이 음식이나 다과를 먹기 위해서는 일하는 자리를 떠나서 2층으로 가야만 한다.

어휘 on break 휴식중인 leave 떠나다 refreshment 다과

Step 2 실전 TOEIC Test p.41

01 (D) that

해설 '귀하가 주문한 특수 배달품을 수령해가라'라는 의미로, 형용사절을 이끄는 관계대명사가 정답이다. (C) when은 완전한 문장으로 이어져야 하므로 답이 될 수 없고 (A) then은 부사로 답이 아니다. (B) what은 선행사를 포함한 관계대명사로 special delivery라는 선행사가 따로 있기 때문에 함께 쓸 수 없다. 따라서 (D) that이 정답이다.

해석 우체국에 오후 3시까지 오셔서 귀하가 주문한 특수 배달품을 수령해가세요.

어휘 post office 우체국 special delivery 특수 배달품

02 (C) whose

해설 문장 안에 동사가 두 개(should be addressed, is)이므로 빈칸에는 두 문장을 이어줄 접속사가 들어가야 한다. 그러므로 her와 this는 답이 되지 않으며, what은 명사절을 이끄는 접속사로 정답이 될 수 없다. 따라서 접속사의 역할도 하고 빈칸 뒤의 무관사 명사를 받을 수 있는 소유격 관계대명사인 whose가 나와야 한다. whose 뒤에는 무관사 명사가 나온다는 것을 기억해두자.

해석 커버레터는 해당 직책에 여러분을 채용하는 일을 하는 사람인 인사부서의 Mr. Hodges에게 보내야 한다.

어휘 address ~을 보내다 hire 고용하다

03 (B) whose

해설 앞에 있는 명사(Lenoir Computers)를 선행사로 하고 완전한 문장을 이끌 수 있는 접속사인 관계대명사의 소유격 whose가 들어가야 하는 자리이다.

해석 형편없는 과거의 전력에 현재 고객들이 불만족해하고 있는 Lenoir Computers사는 전체 마케팅 계획을 수정 변경하기로 결정했다.

어휘 client 고객 currently 현재 record 기록, (과거의) 성과 modify 수정하다 entire 전체의

04 (A) that

해설 동사가 두 개(picks, rise) 보이므로 빈칸에는 접속사가 와야 한다. 빈칸은 선행사 stocks를 받으면서 rise의 주어 역할을 하는 주격 관계대명사 자리이므로 선행사가 필요 없는 (C) what은 답이 될 수 없다. (D) when은 완전한 문장을 받는 관계부사로 주어 자리에 위치할 수 없다. 따라서 사람과 사물 둘 다 선행사로 받을 수 있는 (A) that이 정답이다.

해석 유명한 브로커, William Klein은 항상 꾸준하고 안전하게 오르는 정확한 주식을 고른다.

어휘 renowned 유명한, 명성 있는 broker 브로커, 중개인 stock 주식

05 (B) who

해설 빈칸이 선행사와, 동사로 시작하는 불완전한 문장 사이에 있으므로 주격 관계대명사가 답이 된다. (A) whose는 소유격이므로 답이 될 수 없고, (C) where와 (D) when은 관계부사로 뒤에 완전한 문장을 요구하므로 또한 답이 될 수 없다. 따라서 사람 선행사인 passengers와 동사 required를 연결할 수 있는 (B) who가 정답이다.

해석 Ms. Federov는 추가 조사를 위해 보안실로 데려갈 필요가 있는 승객 리스트를 확보했다.

어휘 acquire 획득하다 passenger 승객 require 필요로 하다, 요구하다 security 보안 investigation 조사

06 (B) who

해설 선행사 John Ferdinand 뒤의 빈칸은 동사 is로 연결되므로 빈칸엔 주격 관계대명사가 들어가야 한다. 선행사가 사람이므로 (B) who가 정답이다. (D) whose는 소유격이므로 동사가 아닌 명사로 이어져야 한다. 인칭대명사인 (A) he와 (C) his는 접속사의 기능이 없기 때문에 ~ and he is one of world's famous entrepreneurs 식으로 접속사와 같이 써야만 답이 될 수 있다.

해석 Mr. Ramos는 방금 John Ferdinand와 협상을 성공시켰는데, 이 사람은 세계적으로 유명한 사업가이다.

어휘 negotiation 협상 entrepreneur 기업가

Lesson 7 종속접속사가 이끄는 부사절

Step 1 Warm-up Test   p.43

01   **(A) Although**

해설 빈칸에는 앞 문장을 이끌어 뒤 문장과 의미를 자연스럽게 연결해주는 부사절(종속)접속사가 들어가야 한다. Despite는 전치사이므로 부적절하다. 답은 양보의 부사절을 이끄는 접속사 Although이다.

해석 우리는 모든 직원들이 자원봉사 프로그램에 참여하도록 장려하지만, 그것이 의무적이지는 않다.

어휘 encourage 고무하다, 장려하다   participate in ~에 참가하다   volunteering 자원봉사의   mandatory 의무적인

02   **(A) Since**

해설 attracts를 동사로 가지고 있는 주절과 연결할 부사절을 이끄는 접속사를 고르는 문제이다. Due to는 전치사이므로 절을 이끌 수 없다. 문맥상 '기념품점이 박물관 옆에 위치해 있어서 많은 관광객을 끌어들인다'라는 의미이므로 이유를 나타내는 접속사 Since가 정답이다.

해석 기념품점이 박물관 옆에 위치해 있어서 많은 관광객을 끌어들인다.

어휘 souvenir 기념품   be located 위치하다   attract 끌어들이다

03   **(A) because**

해설 앞 문장에는 고용되었다는 내용이 나오고 뒤에는 가장 자격요건을 갖춘 지원자였다는 내용이 등장하므로 앞 문장이 결과, 뒤 문장이 이유가 된다. 따라서 이유의 접속사인 because가 정답이다. so that은 뒤에 결과의 내용이 나와야 한다.

해석 Angela Andrews는 새로운 편집자로 고용이 되었는데, 왜냐하면 그녀가 가장 자격요건을 갖춘 지원자였기 때문이다.

어휘 as ~로서   qualified 자격요건을 갖춘   applicant 지원자

04   **(B) Now that**

해설 빈칸에는 주어와 동사를 갖춘 두 개의 절을 잇는 접속사가 와야 한다. 전치사인 Because of는 전치사이므로 부적절하다. 따라서 답은 '~이니까'의 이유를 나타내는 접속사 Now that이다.

해석 공장이 다시 가동되었으므로 근로자들은 모두 다시 한 번 부지런하게 일할 의욕으로 충만하다.

어휘 be back in business 다시 가동되다   be motivated 동기가 부여되다   diligently 부지런하게

05   **(B) so that**

해설 빈칸 뒤는 주어, 동사를 각 하나씩 갖춘 완전한 문장이므로 빈칸에는 접속사가 들어가야 한다. 따라서 전치사 in order to는 부적절하다. '에세이 두 개를 쓰게 하기 위해 교과과정을 새로 만든다'라는 의미이므로 목적을 나타내는 접속사가 필요하다. 따라서 접속사 so that이 정답이다.

해석 학생들이 에세이를 하나 대신 두 개를 쓰도록 하기 위해 교수는 교과과정을 다시 만드는 것을 고려하고 있다.

어휘 rebuild 다시 세우다, 다시 만들다   instead of ~대신

06   **(A) while**

해설 문맥상 주거 지역에 주차를 하고 있는 동안은 모든 차량이 주차 허가증이 있어야 한다는 의미이기 때문에, 빈칸 부분은 〈접속사 + 분사〉 구문이 되어야 한다. nearby(근처의, 근처에)는 형용사나 부사이며, 부사는 분사를 수식할 순 있지만 그렇게 되면 앞에 있는 명사를 수식하는 관계대명사가 생략된 분사구문이 되므로 창문이 주차를 하고 있다는 의미가 되므로 어색해진다.

해석 모든 차량들은 주거 지역에 주차를 하고 있는 동안은 앞 유리창에 주차 허가증이 붙어 있어야 한다.

어휘 permit 허가증   front 앞의(에)   residential 주거의

Step 2 실전 TOEIC Test   p.43

01   **(D) Since**

해설 문장에 동사가 두 개(began, has been)인데 접속사가 없으므로 빈칸에는 접속사가 들어가야 한다. 보기 모두가 접속사이므로 문맥을 따져 정답을 결정해야 한다. 문맥상 '일을 시작한 이래로 Ms. Gretzky는 항상 훌륭한 매니저였다'는 뜻이므로 답은 (D) Since이다. '~이래로'의 뜻을 가진 접속사 since는 과거동사를 받고 주절에는 완료 시제를 써준다. 따라서 주절에 has been(현재완료)이 온 것만 보아도 답을 유추할 수 있는 문제이다.

해석 Margot Financial에서 일을 시작한 이래로 Ms. Gretzky는 항상 훌륭한 매니저였다.

02   **(D) Now that**

해설 문장에 동사가 두 개(have been repaired, will ~ complain)이므로 빈칸에는 두 문장을 이어줄 접속사가 필요하다. (A) Regarding은 전치사. (B) Usually는 문장을 이어줄 수 없는 부사. (C) Instead of는 전치사이므로 제외된다. 따라서 정답은 '이제 ~이니까'의 의미를 가진 접속사 (D) Now that이다.

해석 이제 하수관이 수리되어서 Linden가의 주민들은 더 이상 악취로 인해 불평하지 않을 것이다.

어휘 now that 이제 ~이니까   sewer pipe 하수관   repair 수리하다   resident 거주자   stench 악취

03   **(A) Because**

해설 빈칸은 두 개의 절을 연결하는 접속사 자리이다. (B) Nevertheless는 접속부사이고 (C) Rather는 부사이므로 제외된다. (D) Whether는 주어나 목적어절을 이끄는 명사절 접속사이므로 답이 될 수 없다. 빈칸은 완전한 문장인 부사절을 이끌고 있으므로 (A) Because가 정답이다.

해석 Ms. Williams는 당장 그 소포를 받아야 했기 때문에 그녀는 가장 빠른 배달 옵션을 선택했다.

어휘 right away 당장   delivery 배달   option 선택 사항

04   **(B) As**

해설 문장에 동사가 세 개(has shown, expect, will recover)인데 접속사가 that 하나이므로 빈칸에는 접속사가 들어가야 한다. (C) Besides는 전치사, 부사로 쓰이므로 답이 될 수 없다. (D) Due to 역시 전치사라서 제외된다. (A) So that은 '~을 하기 위해서'라는 의미의 접속사이나 문두에서 사용되지 않는다. 따라서 답은 이유를 나타내는 부사절 접속사 (B) As이다.

해석 최근 경제가 상승하는 추세를 보여주고 있어서 전문가들은 올해 말쯤에는 경기가 회복될 것이라고 예상한다.

어휘 upward 위의   trend 추세, 경향   recover 회복하다

05   **(A) so that**

해설 문장에 동사가 installed, could report 두 개이므로 빈칸은 완전한 두 개의 문장을 연결할 수 있는 접속사가 들어갈 자리이다. due to는 전치사, which는 형용사절 접속사(관계대명사)

13

로 불완전한 문장을 이끌어야 하므로 정답이 될 수 없다. 의미상 새로운 시스템을 설치해서 더 편리하게 업무 보고를 하게 되었다는 의미로 뒤에 결과의 의미를 받을 수 있는 부사절 접속사인 so that이 정답이다.

해석 Kamp Tech사는 새로운 커뮤니케이션 시스템을 설치해서 직원들이 진행 중인 일들을 좀 더 편리하게 보고할 수 있게 되었다.

어휘 install 설치하다 ongoing 진행 중인 conveniently 편리하게

06 (C) Since

해설 문장에 동사가 joined, has been working 두 개이므로 빈칸은 완전한 두 문장을 연결할 수 있는 접속사가 들어갈 자리이다. meanwhile는 (접속)부사, accordingly도 부사이다. 접속사가 들어가는 종속절의 시제가 과거이고 주절이 현재완료 진행형이기 때문에 과거에 '~했던 이래로 여태까지 ~해오고 있다'라는 의미를 이끌 수 있는 접속사 since가 정답이다.

해석 Mr. Kang이 7월에 우리 팀에 합류한 이래로 그는 아시아 시장에서 Logisys의 인지도를 높이는 일을 해오고 있다.

어휘 join 합류하다, 입사하다 increase 증가시키다 awareness 인지도, 인식

Lesson 8 시간부사절을 이끄는 접속사

Step 1 Warm-up Test   p.45

01 (B) while

해설 빈칸 뒤에 〈주어 + 동사〉인 완전한 문장이 왔으므로 빈칸엔 접속사가 있어야 한다. 보기 중에서 접속사는 while이다. during은 전치사이므로 답이 될 수 없다.

해석 새로운 기계가 설치되는 동안에도 노동자들은 오전 10시부터 오후 5시까지 일할 것으로 예상된다.

어휘 laborer 노동자 expect 예상하다 install 설치하다

02 (A) As soon as

해설 문장에 동사가 두 개(find, will inform)인데 이 둘을 잇는 접속사가 없다. 따라서 빈칸에는 접속사가 들어가야 한다. 문맥상 '~하자마자'라는 의미의 접속사 As soon as가 적절하다.

해석 그 문제의 원인을 알아내는 대로 즉시 알려드리겠습니다.

어휘 as soon as ~하자마자 find out 찾아내다, 알아내다 cause 원인 inform 알리다 immediately 즉시, 바로

03 (A) when

해설 빈칸은 두 개의 완전한 문장을 연결할 수 있는 부사절 접속사가 필요한 자리이다. 문맥상 '~했을 때 그의 끈기가 좋은 결과를 내었다'는 의미가 되는 when이 정답이다. as if는 '마치 ~처럼'이라는 의미로 문맥이 어색하다.

해석 Mr. Andrew는 인내심을 가지고 수없이 취업면접을 본 결과 국제 무역회사에서 그에게 기회를 주었다.

어휘 countless 셀 수 없는, 무수히 많은 persistence 끈기, 인내심 pay off 좋은 결과를 낳다

04 (A) once

해설 문장에 동사가 두 개(will be notified, arrives) 있는데 이 둘을 잇는 접속사가 없으므로 빈칸에는 접속사가 와야 한다. 문맥상 '비행기가 도착하면 승객들에게 ~하라고 알릴 것이다'라는 의미이므로 '일단 ~하면'의 뜻을 가진 접속사 once가 정답으로 가

장 적절하다. while은 '~하는 동안'의 의미를 가진 접속사이다.

해석 일단 네덜란드에서 비행기가 도착하면 Luxor 공항의 승객들은 34번 탑승구로 가라는 통보를 받을 것이다.

어휘 notify 알리다, 통고(통지)하다

05 (B) Before

해설 문맥상 빈칸에는 두 개의 문장을 연결할 수 있는 접속사가 들어갈 자리이므로 전치사인 Prior to는 부적절하다. 따라서 Before(~전에)가 정답이다.

해석 예산을 확정하기 전에 기획위원회는 운영비용을 낮추기 위한 여러 제안들을 검토했었다.

어휘 budget 예산 confirm 확인하다 planning committee 기획위원회 operating cost 운영비용

06 (B) until

해설 빈칸 앞뒤로 각각 동사를 하나씩 갖추고 있는 절이 있는데 이 둘을 잇는 접속사가 빠져 있으므로 빈칸에는 접속사가 들어가야 한다. except는 전치사이므로 문장을 이을 수 없다. 따라서 답은 '~까지'의 의미를 가진 접속사 until이다.

해석 직원들은 모두 컴퓨터를 다 끈 다음에 건물을 나가야 합니다.

어휘 not A until B B할 때까지 A하지 않다, B하고 나서 A하다 turn off (기계의 전원을) 끄다

Step 2 실전 TOEIC Test   p.45

01 (A) as soon as

해설 문장에 동사가 두 개(can initiate, receive)이므로 빈칸에는 절 둘을 이어줄 접속사가 와야 한다. right away와 promptly는 모두 '즉시'라는 뜻을 가지고 있어서 답으로 헷갈릴 수 있으나, 부사이므로 절을 이끌 수 없다. (D) in time for는 전치사이므로 제외된다. 따라서 '~하자마자 (바로)'의 뜻을 가진 (A) as soon as가 정답이다.

해석 우리는 기술 부장의 허가를 받으면 곧 이것을 작동시킬 수 있다.

어휘 initiate 착수시키다 operation 운영, 작전, 조작 approval 허가 technical 기술적인

02 (B) while

해설 빈칸 앞뒤로 동사가 하나씩 있으나 두 문장을 연결하는 접속사가 없다. 따라서 빈칸에는 접속사가 들어가야 한다. 전치사인 (A) during과 (D) along은 답이 될 수 없다. 문맥상 '건물이 보수되는 동안 극장은 문을 닫을 것이다'라는 뜻이 되어야 하므로, (C) after 또한 답이 될 수 없다. 정답은 (B) while이다.

해석 건물 전체를 보수하는 동안 누구도 극장에 들어갈 수 없다.

어휘 renovate 개조하다, 보수하다

03 (B) once

해설 빈칸 앞뒤로 동사가 각 하나씩(decreased, have been disclosed) 나와 있는데 이를 연결하는 접속사가 없다. 따라서 빈칸에는 접속사가 위치해야 한다. (A) due to와 (D) within은 전치사이므로 답이 될 수 없다. 접속사 (C) so as와 (B) once가 답이 될 수 있지만 문맥상 '기사에서 취급한 소문이 라디오에서 방송되자 구독자 수가 감소했다'라는 내용이므로 답은 '일단 ~하자'라는 의미의 (B) once이다.

해석 어젯밤 라디오에서 Allsports Inc.지에서 부정확한 정보에 관한 소문을 기사로 취급한 것을 다루자, 구독자 수가 5% 감소했다.

어휘 subscriber 구독자 decrease 감소하다 rumor 소문 inaccurate 부정확한 provide 제공하다

04 (C) When

해설 빈칸 뒤는 주어가 생략된 분사구문이다. 문맥상 '관리자들이 물품을 새로 주문할 때'라는 의미를 나타내므로 (C) When이 정답이 된다.

해석 물품을 새로 주문할 때 관리자들은 월별 예산 내에서 구입하도록 해야 한다.

어휘 supplies 물품 monthly 매월의 budget 예산

05 (B) When

해설 문장에 동사가 두 개(is, are expected) 있는데 접속사가 없으므로 빈칸에는 접속사가 들어가야 한다. 문맥상 '회의가 끝나면 리포트를 제출하라'는 내용이므로 시간을 나타내는 접속사가 필요하다. 따라서 (B) When이 답이 된다. (A) Who와 (D) Which는 불완전한 절을 이끌므로 답이 될 수 없고, (C) Why는 문맥상 부적절하다.

해석 회의가 끝나면 회계부서의 모든 직원들은 오늘까지 모두 보고서를 제출하기로 되어 있다.

어휘 accounting department 회계부서 be expected to + 동사원형 ~하기로 되어 있다 submit 제출하다

06 (B) after

해설 앞뒤에 완전한 두 개의 문장을 연결할 수 있는 접속사를 고르는 문제이다. instead(대신에)는 부사, during은 전치사, beyond 역시 전치사로, 접속사로 쓸 수 있는 것은 after뿐이다.

해석 Star 항공사가 내년에 직항기를 제공하기 시작하면 시드니에서 열리는 연례 컨벤션에 참석하기는 더욱 쉬워질 것이다.

어휘 attend 참석하다 offer 제공하다, 제안하다

Lesson 9 조건/양보 부사절을 이끄는 종속접속사

Step 1 Warm-up Test p.47

01 (B) even though

해설 빈칸 앞뒤가 주어와 동사를 갖춘 완전한 문장이므로 전치사와 부사는 답이 될 수 없다. 따라서 접속부사인 however는 빈칸에 적절치 않다. '지난달에 이익이 현저하게 떨어졌어도 현재의 계획을 밀고나가고 있다'라는 상반되는 내용이므로 양보 접속사인 even though가 적절한 답이다.

해석 Summit사는 이윤이 지난달에 대폭 감소했음에도 불구하고 현재의 계획을 밀고나가고 있다.

어휘 carry on 진행하다, 이어가다 drastically 대폭적으로

02 (B) Although

해설 문장에서 동사가 세 개(expected, would shrink, has been prospering)이므로 접속사는 2개가 필요한데, 중간에 접속사 that이 있으므로 빈칸에는 나머지 한 개의 접속사가 와야 한다. 두 문장은 대조되는 내용을 이루는데 So that은 결과를 나타내는 부사절을 이끄는 접속사이므로 의미상 부적절하다. 따라서 답은 '~에도 불구하고, ~이지만'의 뜻을 가진 Although다.

해석 대부분의 분석가들은 홍콩 시장이 위축될 것이라고 예상했지만 홍콩 시장은 최근 계속 번성하고 있다.

어휘 analyst 분석가 shrink 줄어들다, 수축하다 prosper 번영하다, 번성하다 lately 최근

03 (B) unless

해설 빈칸 뒤에 주어(Smith Construction Company)와 동사(raises)를 갖춘 절을 이끄는 접속사가 없으므로 빈칸에는 접속사가 위치해야 한다. 문맥상 '노동자들은 ~가 ~하지 않는다면 일을 중단할 것이다'라는 의미이므로 '만약 ~하지 않는다면'이란 뜻의 unless가 정답이다. whereas는 '반면에'의 의미로 문맥에 어울리지 않는다.

해석 Smith Construction사가 시급을 30달러에서 35달러로 올려주지 않는다면 공사장의 노동자들은 일하지 않겠다고 말했다.

어휘 laborer 노동자 construction site 공사장 raise 올려주다, 올리다 hourly pay 시급

04 (B) whereas

해설 문장에 동사가 두 개(can accommodate, has)이므로 빈칸은 두 개의 완전한 문장을 연결할 수 있는 접속사가 들어갈 자리이다. 하지만 what은 뒤에 주어나 목적어 또는 보어가 없는 불완전한 문장을 맞는 명사절 접속사로 답이 될 수 없다. 정답은 부사절 접속사 whereas(반면에)이다.

해석 Royal Hotel은 300명이 넘는 손님들을 수용할 수 있는 반면에 GK Hotel은 최대 100명밖에는 수용할 수 없다.

어휘 accommodate 수용하다 occupancy 수용 능력

05 (A) Although

해설 두 개의 완전한 문장을 연결할 수 있는 접속사인 Although와 Whenever는 문법적으로는 둘 다 들어갈 수 있다. 하지만 Whenever가 들어가면 '만족할 때마다, 만족하면 언제나' 교환한다는 의미가 되므로 논리적으로 말이 안 된다. 그러므로 양보의 의미를 가진 Although가 정답이다.

해석 비록 고객들이 처음에 구매한 물건에 만족할 순 있지만 고객들이 구매한 물건을 다른 모델로 교환하는 일은 종종 발생한다.

어휘 be happy with ~에 만족하다 initially 초기에, 처음에 usual 일반적인 exchange 교환하다

06 (A) Even though

해설 두 개의 문장을 연결할 수 있는 접속사가 들어갈 자리이다. 둘 다 양보(비록 ~이지만, ~이더라도)의 의미를 가지지만 Despite는 전치사로 답이 될 수 없기 때문에 Even though가 정답이다.

해석 Ms. Cohen이 도쿄에서 아직 돌아오지 않았지만 그녀는 신입사원들을 교육하기 위해 시간에 맞춰 돌아올 것이다.

어휘 return from ~로부터 (되)돌아오다 in time 제시간에

Step 2 실전 TOEIC Test p.47

01 (D) Even though

해설 빈칸에는 각각 동사를 하나씩 갖춘 두 개의 절을 연결하는 부사절 접속사가 와야 한다. 문맥상 'Mr. Hillman은 이번 주에 돌아오지 않지만 그 거래에 관해 우리에게 이메일을 보낼 것이다'라는 의미이다. 따라서 대조되는 내용을 이어주는 양보접속사인 (D) Even though가 정답이다. (A) Whenever는 '언제든지', (B) In order that은 '~하기 위해서', (C) Once는 '~하면'의 의미를 가진 부사절 접속사이다.

해석 Mr. Hillman은 이번 주에 돌아오지 않지만 그 거래에 관해 우리에게 이메일을 보낼 것이다.

어휘 regarding ~에 관해 deal 거래

02 (C) or

해설 올바른 상관접속사의 짝을 찾는 문제이다. 문두에 있는 양보의 접속사 Whether와 함께 사용될 수 있는 접속사는 (C) or이다. whether A or B는 'A이든 B이든 간에'의 뜻이다.

해석 당신이 연구실험팀이거나 Dr. Simmons의 동료이든 간에 빌딩을 떠나기 전에 임시 허가증을 반납해야 합니다.

어휘 experimental 실험적인 colleague 동료 temporary 임시의 permit 허가증

03 (C) Although

해설 문장에 동사가 두 개(didn't seem, were) 있는 것으로 보아, 빈칸에는 절을 이끄는 접속사가 와야 한다. (A) Nevertheless와 (B) Still은 접속부사로 절을 이끌 수 없다. (D) However가 접속사로 쓰일 때는 〈however + 형용사/부사 + 주어 + 동사〉의 어순을 따르므로 역시 오답이다. (C) Although는 '~에도 불구하고'의 양보의 의미를 가진 부사절 접속사로, 두 문장을 자연스럽게 이어준다.

해석 고객은 쉽게 조종당할 것처럼 보이지 않았지만 우리는 그래도 우리 쪽에 유익하게 거래를 끝낼 수 있었다.

어휘 manipulate 조종하다 favorable 유리한

04 (B) whether

해설 '------ experienced or not'은 문장 중간에 삽입된 절로, 빈칸에는 접속사가 필요하다. or not이 있는 것으로 보아, 빈칸에는 or not을 자주 동반하면서 명사절을 이끄는 접속사 (B) whether가 오는 것이 가장 적절하다. 부사 (A) neither는 등위접속사 nor와 함께 쓰이고 (C) unless는 부사절을 이끄는 접속사. (D) besides는 접속부사로 절을 이끌 수 없다.

해석 경력이 있든 없든, 관심이 있는 사람들은 언제나 우리 회사의 비서직에 지원할 수 있다.

어휘 candidate 지원자 interested 흥미 있는, 관심 있는 apply for ~에 지원하다 secretary position 비서직

05 (D) Although

해설 주어와 동사를 갖춘 절이 세 개인데 접속사는 as 하나밖에 없다. 따라서 빈칸에는 접속사가 와야 한다. 선택지 모두 절과 절을 연결하는 부사절 접속사이므로 문맥에 맞게 답을 선택해야 한다. '전기 엔진은 차에 적용된다'와 '비행기와 기차는 전기 엔진을 환영한다'란 내용이 자연스럽게 연결되기 위해선 양보의 의미를 가진 접속사 (D) Although가 적절하다. (A) Until은 '~할 때까지', (B) Once는 '일단 ~하면', (C) Unless는 '만약 ~가 아니라면'의 뜻을 가진 부사절 접속사이다.

해석 현재 전기 엔진은 자동차에만 사용되지만 기술이 진보하면서 비행기와 기차에도 전기 엔진을 달게 될 것이다.

어휘 electric 전기의 technology 기술 advance 진보하다

06 (C) While

해설 문장에 동사가 두 개(is, accept)이므로, 두 개의 완전한 문장을 연결할 수 있는 접속사를 고르는 문제이다. Despite, Except는 전치사, Equally는 부사이므로 접속사인 While(반면에, ~일지라도)이 정답이다.

해석 비록 재즈 콘서트의 입장은 무료이지만 금액에 상관없이 우리는 기부금을 받습니다.

어휘 admission 입장 accept ~을 받다 donation 기부(금)

Lesson 10 양보부사절을 이끄는 복합관계사

Step 1 Warm-up Test p.49

01 (A) whenever

해설 복합관계사를 선택하는 문제이다. whenever는 '~할 때마다, 언제나, 언제든지'라는 의미로 뒤에 완전한 문장을 받는 복합관계부사이다. whatever는 뒤에 불완전한 문장을 받는 복합관계대명사이다. 빈칸 뒤에 others are fearful이라는 완전한 문장이 왔으므로 정답은 whenever이다.

해석 신입 주식 중개인들은 다른 사람들이 두려워할 때 항상 욕심을 내라는 충고를 받는다.

어휘 be advised to + 동사원형 ~하라고 충고받다, 조언을 듣다 greedy 욕심 많은 fearful 공포스러운, 두려운

02 (A) when

해설 빈칸은 앞뒤의 완전한 두 개의 문장을 연결할 수 있는 접속사를 선택하는 문제이다. when은 시간의 의미를 갖는 부사절 접속사로 뒤에 완전한 문장을 받으며, whenever 역시 시간의 의미를 갖지만 복합관계부사로 양보절(~할 때면 언제라도, 언제든지)의 의미를 갖는다. 하지만 빈칸 앞의 only와 함께 문맥상 '적어도 얼마 이상 구매했을 때만 무료 배송이 가능하다'라는 의미가 되려면 when이 정답이다.

해석 Goods International사는 구매자가 적어도 50달러 이상 물건을 구매했을 때만 무료로 물건을 배송해 줄 수 있다.

어휘 deliver 배송하다 for free 무료로

03 (A) however

해설 두 개의 문장을 연결하는 접속사가 들어갈 자리이다. 문맥상 '날씨가 아무리 안 좋더라도 정시에 도착해야 한다'는 의미가 되어야 하므로 양보의 의미를 나타내는 복합관계부사 however가 빈칸에 적절하다. 〈however + 형용사/부사 + 주어 + be동사〉의 형태는 시험에 자주 등장하는 패턴이므로 꼭 알아두자.

해석 학생들은 모두 날씨가 아무리 안 좋더라도 정시에 도착해야 한다.

어휘 on time 정각에, 정시에

04 (B) wherever

해설 보기는 모두 복합관계사이다. 빈칸 뒤에는 완전한 문장이 나오므로 불완전한 문장을 이끄는 복합관계대명사 whatever는 답이 될 수 없다. 복합관계부사 wherever가 빈칸에 적합하다.

해석 남은 박스들은 사무실에 어디든 남는 공간을 찾을 수 있다면 그곳에 놔두어야 한다.

어휘 rest 나머지 place 두다 extra 여분의

05 (B) Whichever

해설 두 개의 문장을 연결할 수 있는 접속사가 들어갈 자리이다. Which는 뒤에서 불완전한 문장을 받게 되면 앞의 선행사를 받는 관계대명사로 쓰이거나 명사절의 접속사로 쓸 수 있으며, 복합관계대명사 Whichever 역시 뒤에서 명사절이나 불완전한 문장을 받아 양보절의 의미로 쓸 수 있다. 상기 문장은 선행사도 없고, 빈칸 뒤의 절은 주어나 목적어, 보어의 역할을 하는 게 아니라 부사의 역할을 하기 때문에 양보의 부사절의 접속사인 Whichever가 정답이다.

해석 당신이 어떤 것을 제안하든지 간에 총 비용에는 영향을 미치지 않을 것이다.

어휘 offer 제안[제공]하다 affect 영향을 미치다

06 (A) Wherever

해설 문장에 동사가 두 개(want, will help) 있으므로 빈칸은 접속사가 들어갈 자리이다. 문맥상 '어디를 가고 싶든지 간에 Hana Tour가 도와줄 것'이라는 양보의 의미이기 때문에 접속사의 역할을 할 수 있는 복합관계부사 Wherever가 정답이다.

해석 당신이 가고 싶은 곳이 어디든 Hana Tour는 당신의 다음 휴가를 계획하는 것을 도와드릴 것입니다.

어휘 help + 사람 + 동사원형 ~가 …하는 것을 돕다

Step 2 실전 TOEIC Test　　　　p.49

01 (A) No matter

해설 문장에서 콤마(,) 앞쪽에 what time they visit us라는 절을 받아 부사절로 쓸 수 있어야 한다. 그러므로 〈what time + 절〉과 함께 쓸 수 있는 것은 no matter what ~의 형태가 되어 양보의 의미를 갖는 (A) No matter이다. (B) Despite는 전치사로 명사절을 받을 수 있지만 문맥이 어색하다. (C) Although는 접속사로 이미 접속사의 역할을 하는 what이 있기 때문에 접속사는 답이 될 수 없다. (D) Yet 역시 시험에는 부사로 등장하여 뒤에 what 이하의 절을 받을 수 없다.

해석 그들이 우리를 방문할 때면 언제든 재정전문가팀을 데려온다.

어휘 bring 데려오다　financial 금융의, 재정적인

02 (C) Whatever

해설 빈칸 뒤에 〈주어 + 동사〉의 문장이 있으며 동사가 타동사(decide)라는 것을 파악해야 한다. (B) Either와 (D) Both는 품사가 부사이므로 〈주어 + 동사〉의 문장을 이끌 수 없다. (A) Before는 접속사로서 절을 이끌 수 있으나 빈칸에 Before가 올 경우 동사 decide의 목적어가 없는 문장이 되므로 답이 될 수 없다. (C) Whatever는 복합관계대명사로 〈주어 + 동사〉의 절을 이끌면서 동사의 목적어가 될 수 있으므로 답이 된다.

해석 당신이 어떤 결정을 하든지, 가장 중요한 것은 당신이 직원들의 최선의 이익을 신중히 고려해야 한다는 점이다.

어휘 interest 이익　take ~ into consideration ~을 고려하다, 참작하다

03 (C) wherever

해설 빈칸 뒤에는 〈주어 + 동사〉의 절이 있는데, 뒤에서 완전한 문장을 받을 수 있는 품사는 접속사와 관계부사이다. 의미상 시설을 이전하는 것이므로 장소를 나타내는 (C) wherever가 적절하다. (A) whatever는 관계형용사 혹은 목적어를 포함하는 관계대명사로 사용되므로 오답이며 (D) whom은 목적격 관계대명사로 뒤에 불완전한 문장이 나와야 하므로 답에서 제외된다.

해석 회사가 제조 시설들을 어디로 이전하든지 경제적인 측면뿐 아니라 직원들의 관계 또한 고려되어야 한다.

어휘 economics 경제학, 경제적 측면　relocate 재배치하다, 이전하다

04 (A) no matter how

해설 빈칸 뒤에 far는 부사, 형용사로 쓸 수 있다. 문맥상 목적지가 얼마나 멀리 떨어져 있든지 간에 무료로 배송한다는 의미로 (A) no matter how가 정답이다. (B) insofar as는 '~하는 한에 있어서', (C) nevertheless는 '그럼에도 불구하고'라는 의미의 부사이다. (D) in order that은 '~하기 위하여'라는 의미를 나타낸다.

해석 소포의 무게가 2킬로그램이 넘지 않는 한 목적지(배송지)가 얼마나 멀든지 간에 모든 물건을 무료로 배송한다.

어휘 as long as ~하는 한　weight 무게　exceed 초과하다　ship 배송하다　destination 목적지

05 (A) who

해설 빈칸 이하는 타동사 know의 목적어에 해당한다. 따라서 명사절을 이끄는 접속사가 필요하고 주어 자리가 비어 있으므로 접속사와 주어의 역할을 할 수 있는 의문사가 필요하다. 보기 중 적절한 것은 (B) whoever와 (A) who이다. 그러나 whoever는 복합관계대명사일 때는 '아무나'라는 의미이고 복합관계부사일 때는 '누가 ~하더라도'라는 의미이다. 따라서 '누가 ~인가'라는 의미의 명사절을 이끄는 의문사인 who가 답이 된다.

해석 Axstar's의 CEO인 Ms. Sampson씨는 누가 고객 회의와 전화 회의를 조정하는지를 알고 싶어 한다.

어휘 be responsible for ~을 맡다, 책임지다　coordinate 조정하다　conference call 전화 회의

06 (A) who

해설 빈칸 앞에 those라는 대명사와 어울려 뒤에 불완전한 문장을 받을 수 있는 접속사로 관계대명사 who가 가장 적절하다. those who는 '~한 사람들'이라는 관용적인 표현으로 자주 사용되므로 꼭 알아두자.

해석 우리는 세금인상을 반대했던 사람들로부터 많은 불만사항을 받았다.

어휘 complaint 불평, 불만　oppose 반대하다

Lesson 11 접속사 뒤에 주어가 없을 때

Step 1 Warm-up Test　　　　p.51

01 (B) before

해설 빈칸 뒤에 주어가 없고 현재분사가 온 것으로 보아 빈칸에는 절과 절을 연결하는 접속사가 들어가야 한다. 그런데 빈칸 이하는 부사절이므로 정답은 부사절을 이끄는 접속사 before이다.

해석 우리 지원 담당직원과 상담하기 전에 주의 깊게 지시사항을 읽어보세요.

어휘 carefully 주의 깊게　instruction 지시사항　consult 상담하다

02 (B) When

해설 문장은 종속절과 주절의 같은 주어(you)가 생략되면서 동사가 분사 형태로 바뀐 것이다. 따라서 빈칸에는 접속사가 들어가야 하므로 전치사인 During은 부적절하다. 문맥상 '도움을 얻고자 은행 담당 직원에게 연락할 때는 귀하의 계좌번호를 준비해두고 있으세요'라는 의미이므로 '~할 때'의 뜻의 When이 정답이다.

해석 도움을 얻고자 은행 담당직원에게 연락할 경우에는 반드시 귀하의 계좌번호를 준비해두고 있으세요.

어휘 contact 연락하다　representative 담당직원　assistance 도움, 원조　be sure to + 동사원형 반드시 ~하다　account number 계좌번호

03 (B) whether

해설 보기가 모두 접속사이고 빈칸 뒤에는 to부정사인 to work이 나오고 있다. 〈의문사 + to부정사 ~ + or ~〉의 구조로 선택의 의미를 가질 수 있는 whether가 정답이다.

해석 내년부터 Tara Software는 직원들에게 사무실에서 일할지 집에서 일할지 유연하게 선택할 수 있게 해주기로 했다.

어휘 decide to + 동사원형 ~하기로 결정하다　flexibility 융통성, 유연성

17

04
(B) until

해설 빈칸 뒤에 과거분사 형태가 나온 것으로 보아 전치사는 답이 될 수 없다. 따라서 전치사인 without은 부적절하고, 부사절을 이끄는 접속사 until이 정답이다. 부사절 접속사 뒤에 주어가 없으면 동사는 분사 형태로 바뀐다. 따라서 문제에서도 접속사 until 다음에 주어 없이 동사가 과거분사인 signed로 바뀐 것이다.

해석 자동차 보증은 판매자와 구매자가 서명하기 전까지는 합법적이지 않다.

어휘 endorsement 보증   legitimate 합법적인   until ~때까지

05
(B) After

해설 종속절의 주어와 주절의 주어가 같아서, 빈칸 뒤에는 주어 Ms. Miller가 생략되고 동사가 분사 형태로 바뀐 것이다. 따라서 빈칸에는 두 절을 잇는 접속사가 자리해야 한다. 문맥상 '리포트를 제출한 후 미팅이 5분 후에 있는 것을 알았다'라는 의미이므로 시간접속사로 두 절을 연결시킬 필요가 있다. 시간부사절은 After이다.

해석 Ms. Miller는 일일 보고서를 제출하고 나서야 5분 후에 회의에 참석해야 된다는 것을 깨달았다.

어휘 submit 제출하다   attend 참석하다

06
(A) and

해설 문장의 본동사가 두 개(was released, is ranked)이므로 빈칸에는 접속사가 와야 한다. '그리고'의 and와 '또는'의 or 중 문맥을 따져서 골라야 한다. '영화가 어제 개봉되었다'와 '1위에 랭크되었다'를 자연스럽게 이어줄 접속사는 and이다.

해석 Jimmy Fox의 새 영화가 어제 개봉되었는데, 벌써 박스오피스 1위에 랭크되었다.

어휘 release (제품을) 출시하다, (영화를) 개봉하다   rank 순위를 매기다

Step 2 실전 TOEIC Test   p.51

01
(D) when

해설 문맥상 '광산에 들어갈 때'라고 하는 것이 가장 자연스러우므로 접속사 (D) when이 들어가야 한다. 부사절에서 주어가 생략이 되면 동사는 분사 형태가 된다. 이 문장도 when 다음에 주어가 생략되고 동사 enter가 현재분사가 된 형태이다. 전치사 (A) with는 문법적으로 동명사를 받을 수 있지만 그렇다 쳐도 문맥상 어울리지 않는다. (B) since도 부사절 접속사이지만 문맥에 맞지 않아 오답이다. (C) or는 등위접속사로 앞뒤로 같은 성분을 이어준다. 하지만 이어주는 대상이 없으므로 오답이다.

해석 광산에 들어갈 때는 헬멧을 쓰고 손전등을 가지고 가야 한다.

어휘 carry 휴대하다   mine 광산

02
(A) whether

해설 문장 구조상 빈칸 이하는 동사 decide의 목적어 자리이다. 따라서 빈칸에는 to부정사를 이끌 수 있는 명사절 접속사가 와야겠다. (D) about은 전치사이므로 정답에서 제외되고, (B) after와 (C) that은 to부정사를 바로 뒤에 받을 수 없으므로 역시 답에서 제외된다. to부정사를 바로 뒤에 받아서 '~할지 (안 할지)'라는 의미를 나타내는 (A) whether가 정답이다.

해석 이사회는 Ilsys Industries사의 최고경영자로 Ms. Perez를 지명할지 내일 결정할 것이다.

어휘 board of directors 이사회   appoint 지명하다

03
(D) Though

해설 접속사 다음에 주어가 없다면 동사는 분사 형태로 바뀐다. 따라서 빈칸은 분사구문인 not required를 이끌 수 있는 접속사가 필요하다. (A) Despite는 전치사이므로 제외한다. 문맥상 '요구되지 않는다'와 '신청하도록 권한다'의 대조되는 내용을 이어줄 접속사는 양보의 절을 이끄는 (D) Though밖에 없다. (B) Unless는 '만약 ~가 아니라면', (C) Since는 '~이기 때문에'라는 뜻의 접속사이다.

해석 필수는 아니지만, 여행사에서는 모든 여행자들에게 여행가기 전에 국제 운전면허증을 신청하도록 권고한다.

어휘 advise 권고하다. 충고하다   driver's license 운전면허증

04
(B) while

해설 빈칸 뒤는 〈전치사 + 명사〉의 구조이다. 보기 중에 during은 전치사로 답이 될 수 없으며, 부사인 still 역시 어색하다. 접속사인 while과 after만 남는데, 〈접속사 + be동사(being)〉에서 being이 생략된 분사구문으로, 문맥상 근무 중에는 '무료로 주차를 할 수 있다'는 의미이니까 while이 정답이다.

해석 자원봉사자들은 근무 중일 때는 Lakeside Park에 무료로 주차할 수 있는 권리가 있다.

어휘 volunteer 자원봉사자   be entitled to ~을 받을 자격이 있다

05
(C) or

해설 문장 내에 동사가 두 개 있으므로 빈칸은 접속사 자리이다. 빈칸과 뒤의 동사 사이에 주어가 없는 것으로 볼 때 동일구조를 생략 가능한 등위접속사가 들어가야 한다. 일단 보기 중 부사인 neither는 탈락. 남은 세 개의 등위접속사 중 문맥의 의미와 맞는 것을 고르면 된다. 문장 맨 마지막에 whichever is preferred (어떤 것이 선호되든 상관없이)라는 선택의 의미를 나타내고 있으므로 선택 사항을 나열하는 등위접속사 or가 답이 된다.

해석 Kelly Furniture는 고객들에게 어떤 것이든 선호하는 것으로 전액 환불 또는 다른 품목으로 교체를 해준다.

어휘 full refund 전액 환불   replace 교체, 교환

06
(B) what

해설 빈칸은 동사 determine의 목적어로서 불완전한 문장을 이끌 수 있는 접속사가 들어갈 자리이다. those는 대명사, there는 부사이므로 소거하고, whether는 완전한 문장을 받으므로 정답이 될 수 없다. what은 불완전한 문장을 받는 명사절 접속사이므로 정답이 된다.

해석 시의회는 새로 짓는 쇼핑센터에 충분한 주차장을 제공하기 위해 무엇을 할 수 있는지 찾기 위해 그 계획을 검토(평가)하고 있다.

어휘 evaluate 평가하다   determine 알아내다. 결정하다   sufficient 충분한

Lesson 12 접속부사와 접속사

Step 1 Warm-up Test   p.53

01
(B) otherwise

해설 둘 다 if ~ not의 의미를 가지고 있지만, unless는 접속사로 뒤에 오는 절을 이끌기 때문에 빈칸에 unless가 들어가면 '네가 처벌을 받지 않게 되면(if you will not be punished), 제때 세금을 내야 할 것이다'라는 앞뒤 말이 안 되는 문장이 되어버린다. 반면 접속부사인 otherwise(그렇지 않으면)는 앞에 나온 절을 받기 때문에 빈칸에 otherwise를 넣으면 '제때 세금을 내야 할 거다. 그렇지 않으면(if you will not pay), 처벌받게 될 것이

다'라는 제대로 의미가 통하는 문장이 된다.
- **해석** 세금을 제때 납부해야 합니다. 그렇지 않으면 처벌받게 됩니다.
- **어휘** pay 지불[납부]하다 on time 제때에, 제시간에 punish 처벌하다

02 (B) nevertheless
- **해설** be동사와 현재분사 사이에 들어갈 수 있는 것은 부사이다. so는 접속사뿐 아니라 부사로도 쓸 수 있는데, 주로 형용사나 부사의 원급을 수식하는 강조 부사로 쓰이기 때문에 빈칸에 so를 넣으면 의미가 어색해진다. 문맥상 앞에서 언급되었던 사실에도 불구하고 진전이 생기고 있다는 의미가 되어야 자연스러우므로 '그럼에도 불구하고'란 의미의 부사 nevertheless가 정답이다.
- **해석** 영토 문제가 양국 모두의 감정을 상하게 했지만, 그럼에도 불구하고 다른 분야에서는 진전이 생기고 있다.
- **어휘** issue 문제 sore point 아픈 곳, 급소, 약점 progress 진전, 발전 occur 발생하다, 생기다

03 (A) However
- **해설** 주로 Part 6에서 자주 등장하는 형태의 문제이다. 빈칸 앞에 마침표로 끝난 문장이 있다. 그리고 빈칸 뒤에 콤마로 되어 있으므로 빈칸에는 부사어구가 들어가야 한다. for example은 예를 들어 설명할 때 사용되며, however는 서로 상반된 내용이나 놀라운 사실을 추가로 언급할 때 쓰게 된다. 문맥상 '젊고 잠재력 있는 과학자들도 많이 참석하지만, 우리는 현대과학에 관심 있는 사람들을 만나고 있다'는 뉘앙스의 의미이므로 빈칸에는 (A) However가 더 적절하다.
- **해석** 이 박람회는 젊고 잠재력 있는 과학자들을 많이 불러 모을 것이라고 기대하고 있다. 하지만 우리는 현대과학에 관심이 있는 사람들을 만나는 것을 고대하고 있다.
- **어휘** be expected to + 동사원형 ~할 것으로 예상되다, 기대하다 look forward to -ing ~하기를 고대하다

04 (A) otherwise
- **해설** 접속사 unless noted의 분사구문에서 의미상으로 앞에서 언급한 내용 외에 다른 사항이 나와 있지 않다면 앞에서 언급한 내용대로 해야 한다는 문맥이다. 따라서 '그밖에, 별도로'라는 의미의 부사 otherwise가 정답이 된다. 부사 otherwise는 주로 접속사 unless와 짝을 이룬다는 것을 명심하자.
- **해석** 별도의 언급이 없다면, 쇼핑객들은 패키지의 내용물을 차갑고 건조한 곳에 보관해야 합니다.
- **어휘** store 보관하다, 저장하다 note 유의해야 할 사항을 언급하다

05 (A) Instead
- **해설** 주로 Part 6에서 등장하는 형태의 문제이다. 마침표로 끝난 앞의 문장과 뒤 문장을 자연스럽게 연결할 수 있는 것은 (접속)부사이다. instead는 '대신에', otherwise는 '그렇지 않으면'이라는 의미로, 문맥상 자신의 차량을 이용할 수 없으므로 대신 무료 택시 서비스를 제공받을 것이라는 자연스런 의미를 만들어주는 Instead가 정답이다.
- **해석** 공사가 끝날 때까지 귀하의 차량이나 다른 차량을 이용할 수 없음을 양해해 주시기 바랍니다. 대신 7일 동안 무료 택시 서비스가 제공될 것입니다.
- **어휘** vehicle 차량 construction 공사 be provided with ~가 제공되다 free 무료의

06 (A) accordingly
- **해설** 동사 implement는 원래 타동사이다. 하지만 빈칸 뒤에 이미 목적어(them)가 나와 있고 보기가 모두 부사로 이루어져 있다. accordingly는 '(앞에서 언급된 것)에 따라서'라는 의미이고 for example은 '예를 들어서' 얘기할 때 쓰는 표현이다. 문맥상 앞에서 자세한 전략을 만들고 그 전략에 따라 실행한다는 의미로 accordingly가 답이 된다.
- **해석** 우리는 좀더 자세한 전략을 개발하고 그에 따라 실행해야 한다.
- **어휘** develop 개발하다 strategy 전략 implement 실시하다, 실행하다 accordingly 그에 따라 for example 예를 들어

Step 2 실전 TOEIC Test p.53

01 (B) however
- **해설** 빈칸 앞에 세미콜론(;)을 기준으로 앞뒤에 두 개의 문장이 연결되고 있다. 세미콜론과 더불어 접속사의 역할을 할 수 있는 (접속)부사가 나와야 한다. 문맥상으로 원가는 올라갔지만 제품 안전의 필요성에 대한 인식이 커졌다는 상반된 내용이 연결되고 있으므로 정답은 however가 된다.
- **해석** 이례적으로 소송이 급증하자 (제품) 원가가 상당히 증가하는 결과를 초래했다. 하지만, 보다 안전한 제품을 개발해야 한다는 인식 또한 보다 커지는 결과를 낳기도 했다.
- **어휘** exceptional 이례적인, 특출한 surge 급증 litigation 소송 substantially 상당히 result in ~한 결과를 초래하다 awareness 인식, 인지

02 (A) However
- **해설** 빈칸은 마침표로 끝난 앞 문장과 뒤 문장을 연결할 수 있는 (접속)부사가 들어갈 자리이다. 의미상 '~에게는 3달러이지만 ~에게는 5달러이다'는 서로 상반되는 내용을 연결할 수 있는 (접속)부사가 필요하다. 따라서 '하지만, 그렇지만'이란 의미의 However가 적절하다.
- **해석** 뉴욕 주 거주민에게는 버스요금이 3달러이다. 하지만 뉴저지 주 거주민에게는 5달러가 부과된다.
- **어휘** fare 요금 charge (요금을) 부과하다, 청구하다 likewise 이와 같이 indeed 사실상, 정말로 since ~때문에, ~이후로

03 (C) instead
- **해설** 두 개의 문장을 연결할 수 있는 부사로, '차창을 통해서 보지 말고 우리 여행사와 함께 직접 걸어보면서 느끼라'는 의미가 되어야 문맥상 적절하다. 따라서 빈칸에는 'A 말고 대신 B'라는 의미를 나타낼 때 쓰이는 부사 instead가 들어가야 한다.
- **해석** 멋진 전경을 차창을 통해서 보는 데 시간을 쓰지 말고, 대신 Lotte Touring사와 함께 걸어다니며 둘러보세요.
- **어휘** amazing 놀라운, 멋진 take a tour 여행을 하다, 둘러보다

04 (A) Although
- **해설** 문장 중간에 콤마(,)를 중심으로 두 개의 문장을 연결할 수 있는 접속사가 들어갈 자리이다. (B) Despite는 전치사이기 때문에 뒤에 〈주어 + 동사〉를 동반하지 못하고, (C) However는 접속부사이기 때문에 문두에 나올 수 없으며, (D) But은 등위접속사로 앞에 아무런 언급도 없는데 무턱대고 문두에 나올 수는 없다.
- **해석** Elizabeth는 5년째 기사를 쓰고 있지만, 기자로 일한 기간은 얼마 되지 않는다.
- **어휘** article 기사 journalist 기자, 언론인

05 (B) or
- **해설** 두 문장을 연결할 적합한 접속사를 고르는 문제이다. 보기가 모두 접속사이지만 else와 함께 쓰여 '그렇지 않으면'이란 의미로 쓰이는 or가 문맥상 적절하다. (A) either는 상관접속사로 주로

either A or B의 형태로 쓰인다.

해석 구매자는 이번 달 24일 전에 세금과 수수료를 모두 납부해야 합니다. 그렇지 않으면 거래가 마무리되지 않습니다.

어휘 transaction 거래 finalize 마무리하다, 끝내다

06 (A) When

해석 since는 종속절에 과거가, 주절에 현재완료가 오는 구조이므로 빈칸에 적절치 않다. except는 전치사이기 때문에, afterward는 부사이기 때문에 역시 답이 될 수 없다. 빈칸에는 문장을 이끄는 접속사가 와야 하며, 문맥상 자료 수집을 마치는 시점을 나타내는 시간접속사 when이 적절하다. 참고로 시간부사절에서는 미래의 일도 현재 또는 현재완료 시제로 나타내기 때문에 will을 쓸 수 없다. 이 문장 역시 의미상으로는 아직 데이터 수집이 끝난 것이 아니라 '앞으로 끝났을 때'란 미래의 얘기를 하고 있지만 when절의 시제는 현재완료로 썼으다.

해석 Trinity가 관련 자료들의 수집을 모두 마치면 저희가 그 결과를 바로 보고드리겠습니다.

어휘 finish -ing ~하는 것을 끝내다 collect 수집하다 related 관련된 report 보고하다 immediately 즉시, 바로

Chapter 2 명사

Lesson 1 명사의 역할

Step 1 Warm-up Test p.57

01 (A) authorization

해설 빈칸은 동사 receive의 목적어 자리이다. 따라서 명사(상당어구)가 들어가야 한다. 보기에서 authoritative는 형용사이고, -tion으로 끝난 authorization은 명사이므로 authorization이 답이다.

해석 빌딩 입장 허가를 받으려면 당신은 보안 담당 직원과 연락해야 한다.

어휘 access 접근(권), 입장, 접촉 security 안전, 보안, 경비 representative 담당 직원 authoritative 권위적인, 권위 있는 authorization 허가, 인가

02 (B) accomplishments

해설 소유격인 Mr. Zimmerman's 뒤에 올 수 있는 품사는 명사밖에 없다. 따라서 답은 명사인 accomplishments(업적)이다. accomplishes는 동사이므로 답이 될 수 없다.

해석 그의 이력서에 언급된 Mr. Zimmerman의 모든 업적을 보면서, 나는 그가 우리 회사의 훌륭한 자산이 될 것이라고 당신에게 장담한다.

어휘 mention 언급하다 assure 장담[확언]하다 asset 자산 accomplishment 업적

03 (A) conclusion

해설 빈칸 앞에 관사가 있는 것으로 보아 빈칸에는 명사가 들어가야 한다. 따라서 보기 중의 명사인 conclusion이 정답이다. 일반적으로 동명사 역시 명사상당어구로 명사 자리에 들어가지만 동명사는 앞에 관사를 붙일 수 없기 때문에 concluding은 답이 될 수 없다.

해석 우리가 현재 시장의 트렌드에 대해 내린 결론은 정말 맞아떨어졌다.

어휘 conclusion 결론 come up with 제시[제안]하다, 생각해내다 regarding ~에 대해 indeed 참으로, 정말 correct 올바른, 맞는

04 (A) intention

해설 빈칸은 소유격 my의 수식을 받는 명사가 들어갈 자리이다. 따라서 답은 명사인 intention이다.

해석 어떤 상황에서든 모든 고객들에게 최고의 서비스를 제공하는 것을 주장하는 것이 내 의도이다.

어휘 insist 주장하다 provide 제공하다 customer 고객 circumstance 상황 intention 의도, 목적 intentional 의도적인, 고의의

05 (B) operation

해설 전치사의 뒷자리에는 무조건 명사(상당어구)가 와야 한다. 전치사 in 다음이므로 명사 operation이 들어가야 한다. operate는 동사이므로 답이 될 수 없다.

해석 2년 동안 운영한 후에 Detroit의 철강 산업은 직원들 간의 사기(동기부여) 저하로 인해 문을 닫았다.

어휘 steel industry 철강 산업 close down 닫다, 폐쇄하다 due to ~ 때문에 level 수준 motivation 동기(화) operation 운영

06 (B) loyalty

해설 to부정사 to form의 목적어로 복합명사인 customer loyalty(고객 충성도)가 들어가야 한다. 여기서 주의해야 할 것은 customer라는 목적어가 있어 완전한 문장으로 오인해서 부사인 loyally를 선택하지 않도록 해야 한다. customer는 가산명사로 앞에 관사나 한정사가 붙거나 또는 복수 형태로 써야 한다. 그러므로 명사형인 loyalty가 나와 복합명사 customer loyalty가 to form의 목적어가 되어야 한다.

해석 고객 충성도를 구축하기 위해 Alpha Motors사는 자사 자동차에 대한 8년간 보증서를 제공한다.

어휘 warranty 품질보증서 automobile 자동차 loyalty 충성, 충성심

Step 2 실전 TOEIC Test p.57

01 (B) communication

해설 that절의 주어로 서로 같은 문장 성분을 잇는 등위접속사 and가 연결하는 것은 명사인 encouragement이므로 빈칸에도 명사가 와야 한다. 따라서 답은 명사인 (B) communication이다. (A) communicate와 (C) communicated는 동사, (D) communicatively는 부사이므로 답이 될 수 없다.

해석 인사부의 Mr. Stuart는 격려와 의사소통이 직원들 간의 신뢰를 쌓는 데 필요하다고 말한다.

어휘 encouragement 격려 necessary 필요한 build trust 신뢰를 구축하다

02 (C) Reservations

해설 빈칸 뒤의 전치사구인 for the annual conference room을 받아 전체 문장의 주어가 될 수 있는 것은 명사이다. 보기 중에

명사의 형태를 취하고 있는 것은 (C) Reservations이다.

해석 연례 회의실의 예약은 7월 14일 월요일 전에 이루어져야 한다.

어휘 no later than 늦어도 ~까지 reservation 예약

03 (D) selection

해설 빈칸은 전치사 with의 목적어 자리에 a large의 수식을 받는 명사가 들어갈 자리이다. 따라서 선택지 중 유일한 명사 형태인 (D) selection이 정답이 된다. a large selection of는 '~의 다양한 종류'란 의미의 관용표현으로 암기해두자.

해석 Saks Sixth Avenue는 현재 Salvatore Ferracamo와 같은 다양한 이태리 브랜드의 구두를 선보입니다.

어휘 present 선보이다

04 (B) qualifications

해설 빈칸 앞에 동일한 문장 성분을 병렬 연결하는 등위접속사 and를 확인할 수 있다. and 앞에 동사 provide의 목적어로 명사 your education background가 있으므로 뒤에도 명사 qualifications가 와야 한다. 만약 동사 provide를 병렬 연결하고 있다면 타동사 qualify가 나오게 되는데, 뒤에 목적어가 없으므로 답이 될 수 없다. 뒤에 나온 you have acquired in your resume는 앞의 명사를 선행사로 하는 목적격 관계대명사가 생략된 문장이다.

해석 커버레터와 함께 이력서에 귀하의 학력과 취득한 자격증을 기재해 주십시오.

어휘 along with ~와 함께 cover letter 자기소개서 education background 학력 acquire 획득하다 qualification 자격 요건

05 (A) appreciation

해설 문장은 expressing 앞에 접속사와 주어가 생략된 분사구문이다. 현재분사 expressing의 목적어 자리이므로 명사가 들어가야 한다. 보기 중의 명사는 (A) appreciation이다. 동명사인 (C) appreciating도 명사상당어구로 목적어가 될 수 있지만 타동사의 동명사이므로 빈칸 뒤에 목적어가 있어야 한다.

해석 Mr. Popovich는 자신의 헌신적인 비서들에게 고마움을 표현하기 위해 초콜릿을 보냈다.

어휘 express 표현하다 appreciation 감사, 고마움 dedication 전념, 헌신

06 (B) challenges

해설 빈칸은 동사 will experience의 목적어로, new and exciting의 수식을 받는 명사 자리이다. 보기 중의 명사는 (A) challenge와 (B) challenges인데 일반적으로 challenge는 가산명사로 쓰이기 때문에 앞에 관사나 한정사가 있거나 복수형으로 써야 하므로 정답은 복수명사인 (B) challenges이다.

해석 Mr. Northman은 20년 동안 일했지만 Texas주에 있는 새로운 임원실에서 새롭고 신나는 일을 경험할 것이다.

어휘 executive 임원 department 부서

Lesson 2 명사의 종류와 수

Step 1 Warm-up Test   p.59

01 (A) responsibility

해설 빈칸은 동사 have의 목적어로 부정관사 a를 받을 수 있는 명사 자리이다. 보기 중에서 단수 형태의 명사형은 responsibility이다. responsibilities는 명사의 복수형이므로 답이 될 수 없다.

해석 Placid Mobiles사의 모든 직원들은 양질의 서비스를 제공하고 모든 고객의 욕구를 만족시킬 책임을 지고 있다.

어휘 responsibility 책임

02 (A) Competition

해설 빈칸은 뒤에 있는 전치사구 in the music industry의 수식을 받는 문장의 주어 자리이다. 보기 둘 다 명사로 주어가 될 수 있다. 여기서 먼저 가산인지 불가산명사인지를 따지기 전에 동사의 수를 확인해봐야 한다. 동사는 is expected to ~로 단수(is)이므로 Competition이 정답이 된다.

해석 비록 mp3의 불법 다운로드로 인해 전체 판매량이 감소했음에도 불구하고 음악 산업의 경쟁은 증가될 것으로 예상된다.

어휘 competition 경쟁 even though 비록 ~일지라도, 설사 ~하더라도 overall 전체의 illegal 불법의

03 (A) reservation

해설 빈칸 앞의 관사 a와 뒤의 전치사 for 사이에 올 수 있는 품사는 명사밖에 없다. 따라서 답은 '예약'의 의미인 reservation이다. make a reservation은 '예약하다'의 의미로 관용구처럼 쓰이는 표현이다. 동명사인 reserving은 앞에 부정관사 a를 받을 수 없다.

해석 Christina Turner의 새로운 앨범을 첫 번째로 예약하는 사람은 무료 포스터와 그녀가 출연하는 영화인 Unleash the Bandits의 프로모션용 CD를 받게 될 것이다.

어휘 make a reservation 예약하다 promotional 홍보(판촉)의 contain ~이 들어 있다 teaser 티저, 예고 광고 upcoming 다가오는, 곧 있을

04 (B) increases

해설 문장에는 이미 are guaranteed라는 본동사가 있으므로 보기의 increase는 동사가 아니라 명사로 보아야 한다. 동사가 복수(are)이므로 주어 역시 복수명사가 와야 하므로 정답은 increases가 된다.

해석 만약 당신이 우리의 새 비즈니스 경영 전략을 따른다면 수익 증가는 보장된다.

어휘 profit 수익 increase 증가 guarantee 보장하다 follow 따르다 manage 경영하다 strategy 전략

05 (A) prospect

해설 빈칸은 전치사구 of enormous growth 이하의 수식을 받는 주어로, 명사 자리이다. 정관사 the 뒤에는 단수명사, 복수명사 모두 가능하다. 하지만 동사가 awaits이기 때문에 주어는 단수명사가 되어야 하므로 정답은 prospect가 된다.

해석 개발의 새로운 단계가 시작되면서 엄청난 성장의 전망이 우리를 기다리고 있다.

어휘 stage 단계 enormous 엄청난, 거대한 await ~를 기다리다

06 (B) statement

해설 빈칸이 포함된 전치사구에서 부정관사 a 뒤에 나올 수 있는 것은 단수명사이므로 statement가 정답이다. 빈칸 뒤에 issued yesterday는 a statement를 수식한다.

해석 어제 발표된 성명서에서 Classic Labels사의 수석 매니저는 3%의 수익이 발생했다고 보고했다.

어휘 statement 진술(서), 성명서 issue 발행하다, 발표하다 report 보고하다 profit 수익

Step 2 실전 TOEIC Test   p.59

01   (A) contract

해설 문장의 본동사 signed의 뒤에 단수명사 앞에 붙는 관사 a가 있다. 따라서 signed의 목적어로 seven-year의 수식을 받는 단수명사가 와야 함을 알 수 있다. 그러므로 (A) contract가 가장 적절하다. (B) contracts는 복수명사. (C) contracted는 동사의 과거. (D) contracting은 동명사이다. 동명사는 명사의 역할을 할 수 있지만 관사를 동반하지 않는다.

해석 어제 축구계의 전설 Diego Messi는 FC Jeju와 7년간의 계약에 서명했다.

어휘 legend 전설 contract 계약

02   (B) profits

해설 빈칸은 문장의 주어 자리로, Stardom Cosmetic's annual의 수식을 받는 명사가 와야 한다. 그런데 본동사가 have been 인 것으로 보아 주어는 복수가 되어야 한다. 따라서 복수명사인 (B) profits가 답이다.

해석 가장 최근에 나온 Lipstick Star 1의 성공으로 인해 Stardom Cosmetic사의 연수익이 상당히 올랐다.

어휘 annual 연간의 profit 수익 significantly 상당히, 크게

03   (D) responsibilities

해설 빈칸이 관사 the 다음이므로 명사가 들어가야 한다. 선택지 중 명사는 (C) responsibility. (D) responsibilities이다. 그런데 빈칸 앞에 one of the가 있다. one of the는 뒤에 꼭 셀 수 있는 복수명사가 와야 한다. 그러므로 정답은 복수명사인 (D) responsibilities가 된다.

해석 매니저로서 당신의 책임 중 하나는 각 직원의 개인적인 장점을 파악해서 그것들을 수용해 주는 것이다.

어휘 recognize 인식하다 embrace 포옹하다, 수용하다

04   (A) Invitations

해설 문장의 본동사(have been sent)는 있는데 주어가 빠져 있다. 따라서 빈칸에는 전치사구인 to ~ Hotel의 수식을 받는 주어가 자리해야 하므로 명사가 들어가야 한다. 보기에서 명사는 (A) invitations와 (B) invitation이 있는데 동사가 복수동사(have)이므로 답은 복수명사인 (A) invitations이다.

해석 Royal Palace 호텔에서 열리는 연례 파티 초대장을 전 직원들에게 보냈다.

어휘 invitation 초대장 annual 1년에 한 번 열리는

05   (D) acquaintances

해설 '아는 사람'이라는 의미의 acquaintance는 가산명사이므로 관사가 있거나 복수형으로 써야 한다. 빈칸 앞에 his의 수식을 받아 복수명사 friends와 병렬 구조로 연결되어 있으므로 뒤에도 복수명사가 위치해야 한다. 따라서 복수형인 (D) acquaintances가 정답이다.

해석 그의 친구와 지인들의 도움으로 Mr. Issac은 Gala Hall에서 개인 미술 전시회를 순조롭게 열 수 있었다.

어휘 launch 시작하다, 착수하다 acquaintance 지인

06   (C) intention

해설 빈칸은 of 이하의 전치사구의 수식을 받는 주어 자리로, 정관사 (the)를 받는 명사가 들어가야 한다. 그런데 동사가 단수형인 is 이므로 단수명사인 (C) intention이 정답이다.

해석 현재 우리에게 원자재를 공급하는 곳을 바꾸려는 것은 생산비를 줄여보려는 의도에서 나온 것이다.

어휘 current 현재의, 지금의 supplier 공급회사(자) reduce 줄이다, 축소하다 production cost 생산비 intention 의도, 의사, 목적

Lesson 3 명사의 앞에서 수식하는 한정사

Step 1 Warm-up Test   p.61

01   (B) consideration

해설 타동사 show 뒤에 있는 빈칸 앞에 한정사 no가 있는 것으로 보아 빈칸은 show의 목적어인 명사가 들어와야 하는 자리이다. 따라서 명사형인 consideration이 정답이 된다.

해석 홍콩에서 온 고객들은 우리 회사의 상황과 목표에 대해 전혀 고려하지 않았다.

어휘 consideration 숙고, 고려(사항)

02   (A) proposal

해설 빈칸은 sent의 목적어인데, 앞에 지시형용사 this가 있는 것으로 보아 단수명사인 proposal이 정답이다. this는 단수명사 또는 불가산명사를 수식한다.

해석 Brooke사는 최근 두 회사를 합병하기 위해 이 제안서를 보냈다.

어휘 recently 최근에 merge 합병하다 proposal 제안서

03   (B) accomplishments

해설 빈칸은 주어 자리로, 뒤의 listed ~는 주어를 수식하고 있다. 그런데 앞에 있는 수량형용사 many의 수식을 받을 수 있는 것은 복수명사이므로 정답은 accomplishments이다.

해석 Mr. Lopez의 이력서에 언급된 많은 성과들은 그가 우리 회사의 훌륭한 일원이 될 것이라는 것을 보여주고 있다.

어휘 listed 나열된 suggest 말하다, 언급하다, 제안하다 valuable 가치 있는 addition to ~에 추가되는 사람, 사물

04   (B) supplies

해설 동사 provide의 목적어로, other 뒤에 들어갈 적절한 명사의 형태를 묻는 문제이다. other 뒤에 들어갈 수 있는 것은 복수명사와 불가산명사이다. supply는 가산명사와 불가산명사 둘 다 쓰이지만, 앞에서 언급한 프린터, 컴퓨터 등 그 외의 다른 물품들이라는 의미이기 때문에 복수명사인 supplies가 정답이다.

해석 Horizon사는 프린터 및 컴퓨터 그리고 사무용품들을 제공하는 가장 큰 제조회사 중 하나이다.

어휘 manufacturing firm 제조회사

05   (A) precaution

해설 빈칸은 동사 take의 목적어로, every의 수식을 받는 명사 자리이다. 한정사 every는 가산명사의 단수명사를 수식하므로 정답은 precaution이다.

해석 실험실 사고를 경험한 후 Dr. Noguchi는 위험을 피하기 위해 모든 예방조치를 취하고 있다.

어휘 experience 경험하다 lab 실험실 accident 사고 take a precaution 예방하다, 조심하다 avoid 피하다 hazard 위험

06   (A) choice

해설 가주어인 It의 주격 보어로 소유격인 your의 수식을 받을 수 있는 명사가 들어갈 자리이다. 주어가 단수이므로 명사인 주격 보

어의 수 역시 단수가 되어야 한다.

해석 이 제안을 받아들일 것인지 받아들이지 않을 것인지는 당신의 선택이다.

Step 2 실전 TOEIC Test   p.61

01   (A) number

해설 부정관사 a와 전치사 앞에 있는 빈칸에는 단수명사인 (A) number가 들어가야 한다. 참고로 〈a number of + 복수명사〉는 '많은 수의 ~들'이라는 의미이다.

해석 Explore Innovation은 미국의 여러 대도시에 지점을 가지고 있는, Los Angeles의 유명한 과학박물관이다.

어휘 science museum 과학박물관 branch 분관, 지점 major 주요한

02   (A) cooperation

해설 빈칸은 a lot of의 수식을 받는 명사가 들어갈 자리이다. 보기 중에서 명사는 cooperation뿐이다. a lot of는 '많은'이라는 의미로 가산복수명사 또는 불가산명사를 수식한다.

해석 이 전략을 성공적으로 개발하기 위해서 모든 직원들이 서로 협조를 많이 해야 할 것이다.

어휘 strategy 전략 cooperation 협력, 합동

03   (A) reliance

해설 빈칸은 형용사인 heavy의 수식을 받는 명사가 나올 자리이다. 보기 중에서 명사는 reliance뿐이다. reliant는 형용사이다.

해석 의사들은 사람들에게 수면제 과다 복용을 피할 것을 경고하는데, 이것은 지나친 수면제 의존증으로 인해 종종 발생한다.

어휘 avoid 피하다 sleeping pill 수면제 overdose 과다 복용 reliance 의존, 의지 reliant 의존하는

04   (C) changes

해설 빈칸은 한정사이자 형용사인 A few의 수식을 받는 명사가 와야 할 자리이다. 그런데 동사가 복수형인 were이므로 정답은 복수명사인 (C) changes이다. (A) changing은 동명사, (B) change는 동사이자 단수명사이므로 답이 될 수 없다.

해석 관리자는 인터넷 연결이 느리고 휴대전화 신호가 약하다고 불평하던 직원들의 의견을 참작하여 사무실의 몇 가지를 변화시켰다.

어휘 in favor of ~에 찬성하여 complain 불평하다 connection 연결 signal 신호

05   (C) all

해설 빈칸은 복수명사 accessories를 수식할 수 있는 형용사 자리이다. (A) each와 (D) every는 단수명사와 쓰이기 때문에 제외한다. (B) any of는 뒤에 the가 붙어서 〈any of the + 복수명사〉로 쓰이므로 답이 될 수 없다. 따라서 정답은 복수명사와 불가산명사 앞에서 쓰이는 (C) all이다.

해석 The Mulberry Outlet에서는 이번 주에만 모든 액세서리에 대해 추가로 25% 세일을 실시하고 있다.

어휘 extra 추가적인 accessory 액세서리

06   (B) requests

해설 빈칸은 all의 수식을 받으면서 문장의 주어 역할을 하는 명사 자리이다. all은 가산명사일 경우에 복수명사만 받으므로 답은 복수명사인 (B) requests이다.

해석 테스트 샘플에 대한 요청은 모두 우리 웹사이트를 통해 온라인으로 신청해야만 한다.

어휘 request 요청 register 신청하다, 등록하다

Lesson 4 가산명사와 불가산명사의 구분

Step 1 Warm-up Test   p.63

01   (A) work

해설 전치사 to 뒤에 명사가 들어갈 자리이다. work은 불가산명사로 일반적인 일이나 일하는 장소(직장, 일터)를 나타내며 가산명사로 쓰게 되면 책이나 작품 등을 의미하게 된다. 그러므로 '직장에 가기 위해'라는 의미가 되기 위해서는 빈칸에 work가 들어가야 된다. '~에 도착하다, 가다'의 의미인 〈get to + 장소〉를 숙어로 따로 암기해두자.

해석 도시인들은 대부분 직장과 학교에 가기 위해 대중교통 수단을 이용한다.

어휘 use 이용하다 get to + 장소 ~에 도착하다

02   (A) details

해설 전치사 for 다음의 명사 자리이다. detail은 일반적으로 정보 (information)를 의미할 때는 가산명사로 쓰여 앞에 관사나 한정사가 나오거나 복수형으로 써야 한다. detail이 불가산명사인 경우는 토익에서 in detail(자세히, 상세히)이라는 숙어표현으로 자주 등장한다.

해석 우리 새 제품에 대해서 더 자세한 사항을 알고 싶으시면 1번을 눌러주세요. 우리 서비스 담당자가 곧 도와 줄 것입니다.

어휘 press 누르다 representative 담당자 assist 돕다, 원조하다 shortly 곧, 얼마 안 되어

03   (B) information

해설 빈칸 앞의 〈관사(the) + 분사(requested)〉의 수식을 받으면서 전치사 about 앞에 자리할 수 있는 품사는 명사이다. 따라서 답은 명사인 information이다.

해석 마라톤 신청을 하려면 이 신청서에 귀하에 관한 정보를 써주세요.

어휘 marathon 마라톤 request 요구하다 application form 신청서

04   (A) deposit

해설 빈칸에 들어올 명사는 동사 made의 목적어를 완성시켜주는 명사이다. 힌트는 into his own account(그의 계좌에)에 있다. 정답은 deposit으로, '돈, 적립금'을 의미하는 가산명사이다. 또한 made a money deposit(예금하다)이라는 관용어구도 함께 외워두자. finance는 '재정'을 의미하며 불가산명사이므로 부정관사 a와 함께 쓸 수 없다.

해석 Mr. Jones는 금방 그의 계좌에 돈을 예금했는데 바로 그 돈은 송금되었다.

어휘 make a deposit 예금하다 instantly 즉각, 즉시

05   (A) service

해설 빈칸 앞뒤는 '회사에 30년간 근무한 후'라는 의미로, 전치사 of 뒤에는 명사가 와야 한다. serving은 명사로 쓰였을 때 '1인분'이란 뜻이며, 동명사 형태라면 뒤에 목적어가 있어야 하는데 없으므로 오답이다. 따라서 답은 service인데, 이 단어가 '근무, 일'의 뜻을 가질 땐 불가산명사로 쓰인다는 것도 알아두자.

해석 Black & White Paintings사의 부사장은 그 회사에 30년

동안 근무한 후 내년에 은퇴할 것이다.

어휘 retire 은퇴하다　service 근무, 이바지, 업무

06　　　　　　　　　　　　　　　　(B) conditions

해설 빈칸 부분은 Depending on이 이끄는 전치사구로, 빈칸에는 weather와 어울리는 명사가 위치하여 복합명사를 만들어야 한다. condition은 날씨 등의 상황을 의미할 때는 복수명사를 쓴다는 것을 명심하자. 시험에 자주 나오는 condition 관련 복합명사로 working/living/weather conditions는 꼭 알아두어야 한다.

해설 LA의 날씨 상태에 따라 당신의 비행편은 다른 날로 바뀔 수도 있을 것이다.

어휘 depending on ~에 따라

Step 2 실전 TOEIC Test　　　　　　　　p.63

01　　　　　　　　　　　　　　　　(B) papers

해설 to부정사인 to read의 목적어로, 형용사인 recent의 수식을 받을 수 있는 명사가 들어가야 한다. 하지만 (C) a paper와 (D) the paper는 관사 앞에 형용사가 나올 수 없기 때문에 정답이 될 수 없다. paper는 '종이'란 의미로 쓰일 때 불가산명사이고, 그밖에 문서나 논문, 자료 등을 의미할 때는 가산명사로 쓰이기 때문에 관사를 붙이거나 복수형으로 써야 한다. 따라서 남은 보기 중 복수형인 (B) papers가 정답이다.

해설 관리자들은 모두 자신의 분야에 대한 최근 자료들을 읽어봐야 한다.

어휘 be asked to + 동사원형 ~하도록 요청받다, ~해야 한다

02　　　　　　　　　　　　　　　　(D) condition

해설 빈칸은 형용사 good의 수식을 받을 수 있는 적절한 명사가 들어갈 자리이다. condition은 어떠한 상황(situation)을 의미할 때는 가산명사, 상태(state)를 의미할 때는 불가산명사로 쓰이므로 좋은 상태에 있는 중고라는 문맥에 맞는 것은 condition이다. (A) term은 조건(condition)의 의미로 쓰일 때는 주로 복수형태로 쓰게 된다(under the terms of the agreement 합의서의 조건(항)에 따라). situation, basis는 가산명사로 적절하지 않다. 그러므로 정답은 (D) condition이 된다.

해설 새로운 자판기를 사는 것 대신 매니저는 상태가 좋은 중고품을 1년 동안 임대를 하기로 결정했다.

어휘 instead of ~ 대신에　lease 임대하다　used 중고의

03　　　　　　　　　　　　　　　　(D) delivery

해설 빈칸 앞에 동사구 start with(~을 시작하다)가 있으므로 이 동사의 목적어 역할을 할 수 있는 명사가 필요하다. 선택지 중 명사는 (B) deliverer, (D) delivery인데, 뒤에 of dinner가 있는 것으로 보아, '저녁 배달을 시작했다'라는 의미가 되는 불가산명사 delivery가 정답이다. 또한 deliverer의 -er은 사람을 의미하는 접미어로 사람명사는 가산명사이므로 앞에 관사나 한정사를 쓰거나 복수형으로 써야 한다.

해설 Lance Diner는 6월부터 저녁식사 배달을 시작했는데, 고객들은 이러한 특별한 서비스에 만족한다.

어휘 be satisfied with ~에 만족하다　delivery 배달

04　　　　　　　　　　　　　　　　(A) choice

해설 대명사의 소유격인 your 뒤에 올 수 있는 품사는 명사이다. 보기에서 명사는 (A) choice와 (C) choices이다. choice는 일반적으로 가산명사로 많이 쓰이고 있지만, 이 문장에서는 '선택'

한 사물'이란 의미인 something of your choice라는 관용적인 표현을 알고 있어야 풀 수 있는 문제이다. 정답은 choice이다.

해설 우리 온라인 쇼핑 사이트의 레이아웃을 새로 했기 때문에 재빨리 미리보기를 보고 선택하고자 하는 아이템에 대해 상세한 설명을 볼 수 있습니다.

어휘 layout 배치, 레이아웃　preview 미리보기, 예고　specification 설명서, 사양

05　　　　　　　　　　　　　　　　(B) details

해설 접속사 that이 이끄는 절에 동사 would be는 있는데 주어가 없다. 따라서 빈칸은 주어인 명사가 와야 하는 자리이다. detail은 정보의 개념으로 쓰이면 가산명사이므로 복수형인 details가 정답이다. 동명사 형태로 쓰인 (D) detailing은 타동사의 동명사형으로 뒤에 목적어를 받아야 한다.

해설 Mr. Grant는 상사에게 협상 계획의 세부사항이 수정될 것이라고 보고했다.

어휘 report 보고하다　superior 상사　detail 세부사항　negotiation 협상　revise 수정하다

06　　　　　　　　　　　　　　　　(D) description

해설 동사 provide와 명사 proposal에 답에 대한 힌트가 있다. 제안(proposal)과 관련된 정보를 제공한다(provide)는 의미가 되어야 한다. 보기 중에 정보의 의미를 가질 수 있는 것은 (B) information과 (D) description이다. 하지만 information은 불가산명사로, 앞에 부정관사를 동반할 수 없다. 정보의 구체적인 하부 개념으로 쓸 수 있는 description은 가산명사로 쓸 수 있다. 그리고 mistake는 형용사 thorough(빈틈없는)와 반대되는 의미로 함께 쓰일 수 없으며, attention은 전치사 to를 동반하고 다닌다는 것도 알아두자.

해설 우리가 매니저에게 허가를 받으려면 우리 제안에 대해 철저하게 설명할 필요가 있습니다.

어휘 thorough 빈틈없는, 철두철미한　approval 허가　description 서술, 묘사

Lesson 5　사람명사 vs 사물명사

Step 1 Warm-up Test　　　　　　　　p.65

01　　　　　　　　　　　　　　　　(B) assistance

해설 빈칸은 전치사 for의 목적어 자리가 된다. 따라서 명사 자리이다. 보기 중의 assistant는 사람을 의미하는 가산명사이므로 관사나 한정사 또는 복수형으로 써야 하므로 답이 될 수 없다. 따라서 정답은 assistance이다. assistance는 '지원, 협조, 원조'의 의미를 갖는 불가산명사이다.

해설 계속해서 무선 연결이 잘 되지 않아서 우리는 기술팀에게 지원을 요청했다.

어휘 constant 끊임없는, 거듭되는　malfunction 고장, 기능 불량

02　　　　　　　　　　　　　　　　(B) photographers

해설 빈칸을 포함한 명사구에 정관사 the가 있는 것으로 보아 문법적으로는 photographers나 photographs 둘 다 가능하다. 하지만 앞에 형용사 skilled는 사람이 기술이 있다는 의미로 사람명사가 와야 하므로 정답은 photographers가 된다.

해설 Mr. Bure는 7월에 있는 자신의 결혼식을 촬영하려고 이태리에서 가장 실력 있는 사진작가들을 고용했다.

어휘 hire 고용하다

03 (A) applicants

해설 빈칸은 동사 are expected to arrive의 주어 자리이므로 복수동사를 받을 수 있는 복수명사 applicants가 와야 한다. 의미상으로도 사람들이 도착할 것이라는 의미가 되어야 하므로 사람명사인 applicants가 정답이 된다.

해석 지원자들 모두 10분 전에 본사에 도착할 것이다.

어휘 applicant 지원자   expect 예상하다   arrive at ~에 도착하다   earlier 일찍

04 (B) support

해설 동사 may receive의 목적어이면서 형용사 technical의 수식을 받을 수 있는 품사는 명사밖에 없다. supporter(응원하는 사람)와 support(지원, 지지) 둘 다 명사인데, 빈칸 앞에 관사가 없는 것으로 보아 가산명사인 supporter는 답이 될 수 없다. 따라서 추상명사인 support가 정답이다.

해석 당신의 품질 보증서가 유효한 한 기술 지원을 무료로 받을 수 있을 것이다.

어휘 as long as ~하는 한   warranty 품질 보증서   valid 유효한, 타당한   technical support 기술 지원   for free 무료로

05 (A) contribution

해설 빈칸 앞에 전치사 without과 정관사 the가 있으므로 빈칸에는 명사가 와야 한다. of his commitment의 수식을 받아 '그가 약속한 것을 이행하지 않는다면'이라는 의미가 되는 사물명사인 contribution이 더 적절하다.

해석 그 사람이 약속한 대로 힘을 쓰지 않는다면 예상처럼 우리 제품이 성공을 거두지는 못할 것 같다.

어휘 contribution 공헌, 기여, 기부(금)   commitment 공약, 확약, 약속, 헌신   as much as ~만큼   expectation 기대, 예상

06 (A) developers

해설 문장의 동사는 복수명사를 받는 are이므로 주어 자리인 빈칸에는 복수명사가 와야 한다. 또한 '~로 간주되다'라는 의미의 be regarded as 뒤에 주격 보어로 experts가 나오므로 주어 역시 사람명사가 되어야 한다. 그러므로 보기 중에서 복수명사이면서 사람명사인 developers가 정답이 된다.

해석 JKL Computer Technology의 프로그램 개발자들은 IT 산업에 가장 재능 있는 전문가로 간주된다.

어휘 developer 개발자   regard A as B A를 B로 간주하다   expert 전문가, 숙련가

Step 2 실전 TOEIC Test p.65

01 (C) reforms

해설 동사 will 앞에 빈칸이 있으므로 the education과 함께 주어 역할을 하는 명사가 와야 한다. 보기 중 명사는 (B) reformer(개선하는 사람)와 (C) reforms(제도 등의 개선, 개혁), (D) reformatory(소년원)가 있다. 이 중에서 문맥상 '교육의 개혁'을 의미하는 (B) reforms가 정답이다.

해석 위원회에서 승인을 하고 나면 교육 개혁은 곧 효력을 발휘하게 될 것이다.

어휘 be in effect 효력이 있다   board 이사회, 위원회   reform 개혁, 개조   reformatory 소년원

02 (B) journalist

해설 부정관사 an 뒤에 있는 빈칸은 형용사 aggressive의 수식을 받는 명사 자리이다. 보기 중 명사는 (A) journal, (B) journalist, (C) journalism이 있는데, 쉼표 뒤의 an aggressive ------는 Ms. Petrovsy와 동격이므로, (A)나 (C)가 들어간다면 문맥이 부자연스럽다. 따라서 (B) journalist가 정답이 되어 'Ms. Petrovsy라는 공격적인 언론인'이란 동격의 의미가 되어야 한다.

해석 Ms. Petrovsy라는 Motherland Daily지의 공격적 기자가 Garcon Group의 부패에 대한 재판에서 증언했다.

어휘 aggressive 공격적인   corruption 부패, 타락, 오염

03 (B) growth

해설 빈칸 앞의 동사 expected의 목적어가 없으므로 빈칸에는 목적어로 쓰일 수 있는 명사가 와야 한다. 보기에서 명사는 (B) growth(성장)와 (D) grower(재배하는 사람)가 있는데, 문맥상 '판매에서의 엄청난 성장'을 의미해야 하므로 (B) growth가 답이다. (A) grows는 동사이므로 관사 an과 쓰일 수 없다.

해석 Dr. Mullen에 의해 개발된 핸드폰의 첨단 기술 덕분에 Midas Wireless사는 막대한 판매 성장을 기대했다.

어휘 thanks to ~덕분에, 때문에   advanced 선진의, 첨단의   enormous 거대한, 막대한

04 (D) attendance

해설 동사는 tripled인데, 주어가 없다. 따라서 빈칸은 주어 자리로, 명사가 필요하다. 보기에서 명사는 과거동사인 (B) attended를 제외한 (A) attendant(종업원), (C) attendee(참석자), (D) attendance(참석자 수)가 있다. 그런데 빈칸 앞에는 관사가 없다. 따라서 가산명사이자 사람명사인 (A) attendant와 (C) attendee는 복수가 아닌 이상 답이 될 수 없다. 정답은 불가산 명사로 쓰일 수 있는 (D) attendance이다.

해석 Novak 교수의 유용한 정보를 주는 프레젠테이션 때문에 첫 강의 후, 두 번째 강의의 참석자 수는 거의 세 배가 되었다.

어휘 nearly 거의   triple 3배가 되다   due to ~로 인해, ~ 때문에   informative 유용한 정보를 주는, 유익한   attendance 출석, 참석자 수

05 (C) manufacturer

해설 빈칸은 동사 contact의 목적어인 명사가 와야 하는 자리이다. 관사 the만 봐도 명사가 와야 한다는 것을 알 수 있다. 보기에서 명사는 manufacturer와 manufacturing인데, manufacturing은 명사로 쓰일 때는 '제조', '제조과정'이라는 의미로 불가산명사로 쓰여서 '연락하는' 대상이 될 수 없다. 따라서 연락할 수 있는 대상이 될 수 있는 사람을 가리키는 (C) manufacturer(제조업체, 제조자)가 정답이다.

해석 만약 자동차 엔진을 교체해야 한다면, 제조업체에 연락해서 업체가 무엇을 해줄 수 있는지 알아내야 한다.

어휘 replace 교체하다   contact 연락하다   manufacturer 제조업자   find out 알아내다

06 (D) delegation

해설 빈칸 뒤에 of teachers라는 사람명사가 왔고 동사가 is invited to(초대되다)인 것으로 보아, 빈칸에는 초대될 수 있는 대상인 사람명사가 와야 함을 알 수 있다. 보기 중 사람명사는 '대표단'의 뜻을 가진 (D) delegation밖에 없다.

해석 영국에서 온 교사 대표단은 International Education의 토론회의 참석자로 초대 받게 된다.

어휘 nomination 지명, 추천, 임명 revision 수정 description 설명(서) delegation 대표단

Lesson 6 헷갈리기 쉬운 가산명사

Step 1 Warm-up Test   p.67

01   (A) certification

해설 빈칸은 to부정사의 동사 obtain의 목적어 자리이므로 명사가 와야 한다. 보기의 certification과 certificate는 둘 다 명사이다. certification은 불가산명사로 쓰일 때는 자격을 주는 '인증'을 의미하고 certificate는 가산명사로 '증명서'나 '확인서'를 의미한다. 빈칸 앞에 관사가 없는 것으로 보아 빈칸에는 불가산명사나 복수명사가 와야 한다. 따라서 답은 불가산명사로도 쓰이는 certification이다.

해석 건축가가 되기 위한 자격을 획득하려면 전문대학에서 최소 2년간의 교육이 필요하다.

어휘 obtain 획득하다, 얻다   architect 건축가   at least 최소   community college 전문대   certification 인증

02   (B) compliments

해설 빈칸은 전치사 by 다음에 있는 동명사 receiving의 목적어 자리로 명사상당어구가 와야 하는 자리이다. 따라서 명사가 와야 하는데, 보기의 compliment와 compliments는 둘 다 명사이다. '칭찬'이란 뜻의 compliment는 가산명사이므로 compliment가 답이 될 경우 관사가 필요하다. 그런데 빈칸 앞에 관사가 없으므로 답은 복수명사인 compliments가 되어야 한다.

해석 20세기 최고의 기타 연주자에 속하는 Johnny Page는 지역 주민과 이웃들의 찬사를 받자 기타 연주자의 길을 걷기 시작했다.

어휘 compliment 칭찬, 찬사

03   (B) complaints

해설 빈칸은 동사 received의 목적어 자리로, that절과 동격을 이루는 명사가 와야 한다. 따라서 '방 온도가 40도까지 올랐다는 불평을 받았다'라는 의미를 만드는 complaints가 정답이다.

해석 방 온도가 40도까지 올랐다는 불평을 받은 후 매니저는 에어컨을 10대 설치했다.

어휘 install 설치하다   air conditioner 에어컨   temperature 온도, 기온   rise 오르다   degree 도   complaint 불평

04   (B) instructions

해설 전치사구 of 이하에서 detailed의 수식을 받을 수 있는 명사가 들어가야 한다. 하지만 instruction은 가산명사로 단수로 쓰게 되면 앞에 관사나 한정사가 나와야 하는데, 빈칸 앞에는 아무것도 없다. 그러므로 정답은 복수형인 instructions가 되어야 한다.

해석 내 사무실 파일 캐비닛 안에 자세하게 나와 있는 설명서가 있다.

어휘 detailed 상세한, 구체적인   instruction 설명서

05   (B) attempts

해설 빈칸은 are making의 목적어 자리로 명사가 들어가야 한다. attempt는 얼핏 보면 불가산명사 같아서 단수명사인 attempt를 쓰는 경우가 있는데, attempt는 가산명사이므로 복수형인 attempts가 정답이다.

해석 생산성을 올리기 위해 어떤 회사들은 직원들의 복리후생을 개선시키려고 보다 많은 시도를 하고 있다.

어휘 increase ~을 올리다   productivity 생산성   benefit 혜택, 복리후생

06   (A) Research

해설 전치사구 on vaccines 이하의 수식을 받으면서 동사 continues의 주어가 되는 명사가 빈칸에 와야 한다. 동사가 단수형이므로 단수명사인 Research가 정답이다.

해석 보통 감기에 대한 백신 연구가 계속되고 있지만 전문가들은 대부분 성공적인 결과가 나오는 것은 아직 멀었다는 것에 동의한다.

어휘 vaccine 백신   result 결과   a long way off (시간, 거리 등이) 먼

Step 2 실전 TOEIC Test   p.67

01   (B) discounts

해설 빈칸은 동사 give의 목적어 자리로 명사가 와야 한다. 빈칸 앞에 관사가 없는 것으로 보아 빈칸에는 복수명사나 불가산명사가 자리할 수 있다. 따라서 정답은 복수명사인 (B) discounts이다.

해석 이번 주말에 한해, Trenton Outlet Store의 모든 제품을 70%까지 할인해 드립니다.

02   (D) requests

해설 전치사 for 앞에 나온 동명사 fulfilling은 타동사이므로 빈칸에는 목적어인 명사가 들어가야 한다. 그런데 빈칸에 관사가 없는 것으로 보아 불가산명사이거나 복수명사가 들어가야 하므로 답은 가산명사 request의 복수 형태인 (D) requests이다. (A) request는 명사의 단수형이고 (B) requesting은 동명사, (C) requested는 동사의 과거형이므로 오답이다.

해석 우리 회사에서 나를 포함한 다섯 명의 담당자가 고객 지원과 기술 지원을 책임지고 있다.

어휘 representative 담당 직원   be responsible for ~의 책임을 맡다   fulfill 만족시키다, 수행하다   request 요청   customer assistance 고객 지원   technical support 기술 지원

03   (B) surveys

해설 빈칸은 전치사 from의 목적어 역할을 하면서 분사의 수식을 받는 명사가 필요한 자리이다. 보기에서 명사는 (A) survey와 (B) surveys가 있는데, 명사 survey는 가산명사이므로 복수형인 (B) surveys가 적절하다.

해석 뉴욕에서 시행된 설문조사의 모든 데이터를 습득한 후, 우리는 20대 여자는 여름옷보다 겨울옷에 더 많은 돈을 쓴다는 것을 알게 되었다.

어휘 acquire 습득[획득]하다   conduct 시행하다   survey 설문조사

04   (A) estimate

해설 빈칸은 동사 gave의 목적어이면서 부정관사 an을 받는 가산명사의 단수 형태가 와야 하는 자리이다. 따라서 답은 단수명사인 (A) estimate이다. estimate는 동사로도, 명사로도 쓰이는 단어이다.

해석 프레젠테이션을 하면서 Ms. Liu는 빈곤과 기아로 죽어가는 아이들의 추정치를 밝혔다.

어휘 poverty 가난   starvation 기아   estimate 추정치, 추정하다

05   (B) approaches

해설 to부정사 consider의 목적어 자리가 비어있다. 따라서 빈칸에는 형용사 different의 수식을 받는 명사가 들어가야 한다.

(A) approach는 동사로도, 명사로도 쓰여서 단수형인 (A) approach와 복수형인 (A) approaches 둘 중의 하나가 답이다. 그런데 빈칸 앞에 관사가 없으므로 복수명사가 와야 한다.

해석 회사는 수입이 줄어들고 있었기 때문에 책임자는 다른 접근 방안을 고려하기로 결정했다.

어휘 loss 손실   revenue 수입   director 책임자   approach 접근 (방법)

06 (B) recommendation

해설 동사 made와 어울려 쓸 수 있는 적절한 명사를 선택하는 문제로, make a recommendation for는 '~를 추천하다'라는 의미의 관용어이다. 따라서 정답은 (B) recommendation(추천)이다. (A) participation(참여)은 전치사 in과 쓰이고, (C) development(발달, 성장)는 문맥에 알맞지 않으며, (D) progression(진행)은 전치사 to나 from과 쓰인다.

해석 Professor Adams는 Dupont Laboratories의 실험팀에 James Kimble을 추천했다.

어휘 make a recommendation 추천하다   experiment 실험

Lesson 7 -ing형의 가산명사와 불가산명사

Step 1 Warm-up Test   p.69

01 (B) funding

해설 전치사 for 뒤의 목적어 자리가 비어 있으므로 명사가 와야 한다. fund는 '자금, 돈'을 의미하는 가산명사이고, funding은 '자금'을 의미하는 불가산명사이다. 빈칸 앞에 관사가 없으므로 복수명사나 불가산명사가 와야 하므로 답은 funding이다.

해석 Pete네 부부는 척박한 땅에 나무를 심으려고 하는 사람들로 구성된 자원봉사 그룹을 위한 자금을 신청했다.

어휘 apply for ~을 신청하다   voluntary 자원봉사의   plant (나무를) 심다   barren 척박한   funding 자금, 재정 지원, 모금

02 (B) planning

해설 전치사 Thanks to 뒤에서 형용사 careful의 수식을 받을 수 있는 명사가 들어가야 할 자리이다. 가산명사인 plan은 관사나 한정사를 동반해야 하므로 정답은 불가산명사인 planning이 된다.

해석 꼼꼼한 기획 덕분에 새로운 쇼핑센터의 건설은 보행자들에게 거의 불편을 초래하지 않았다.

어휘 cause ~을 초래하다   inconvenience 불편   pedestrian 보행자

03 (B) building

해설 빈칸이 정관사 the와 형용사 old 다음에 있으므로 old의 수식을 받는 명사가 와야 할 자리이다. 문맥상 '~이 개조될 것이다'란 의미이므로 사람명사인 builder(건축가)와 일반명사 building(건물) 중에서 사람명사는 올 수 없다.

해석 Teaneck가에 있는 그 오래된 빌딩은 3월 2일부터 개조 공사를 시작하여 신발 가게가 될 것이다.

어휘 renovate 개조하다

04 (B) housing

해설 형용사 affordable의 수식을 받을 수 있는 명사가 들어갈 자리이다. house는 가산명사로 앞에 관사나 한정사가 있어야 하므로 답이 될 수 없으므로, 불가산명사인 housing이 정답이다. housing은 주로 불가산명사로 쓰이며, '주택, 주거 상태, 주택

공급'이란 의미이다.

해석 재정적인 문제 때문에 도시에 가격이 저렴한 주택 공급을 확대하지 못하고 있다.

어휘 concern 문제, 걱정   prevent ~을 못하게 막다, 금지하다   expansion 확대, 확장   affordable 구매 가능한, (가격이) 알맞은

05 (A) shipping

해설 빈칸은 뒤에 있는 charges와 함께 주어로 들어갈 자리이다. ship은 명사로 '배, 선박'을 의미하고 shipping은 -ing 형태의 명사로 '배송'을 의미하는 불가산명사이다. shipping charge(배송비)라는 복합명사가 될 수 있는 shipping이 정답이다.

해석 제품의 비용은 전액 환불 가능하더라도 배송비는 아니다.

어휘 entirely 전체의   refundable 환불 가능한

06 (A) programming

해설 빈칸은 of 뒤에 들어갈 명사 자리이다. program은 가산명사로 항상 관사나 한정사를 써주거나 복수형으로 써야 한다. programming은 프로그램을 만드는 행위를 의미하는 불가산명사이기 때문에 정답이 된다.

해석 프로그래밍에 대한 약간의 지식은 도움이 될 것이지만 이 강좌에 반드시 필요한 것은 아니다.

어휘 advantage 도움, 이점   prerequisite 전제 조건

Step 2 실전 TOEIC Test   p.69

01 (D) spending

해설 본동사 mentioned의 목적어로 that절이 나와 있다. that절의 동사는 is이고 주어가 없는 것으로 보아 빈칸은 our의 수식을 받는 명사가 와야 하는 자리이다. 보기 중 명사는 (A) spenders(돈을 쓰는 사람들)와 동명사인 (D) spending이 있다. 하지만 문맥상 '지출'을 의미하는 spending이 정답이다.

해석 수석 회계사는 필수 품목의 가격 인상 때문에 지출이 증가하고 있다고 언급했다.

어휘 accountant 회계사   mention 언급하다   spending 지출

02 (A) cleaning

해설 빈칸은 형용사 free의 수식을 받으면서 동사 offers의 목적어 역할을 하는 명사의 자리이다. 보기 중에 명사로 쓸 수 있는 것은 cleaning과 clean이다. (A) cleaning은 불가산명사로 '청소'의 의미이고, (D) clean은 가산명사로 '청결'의 의미이다. 형용사 free 앞에 관사나 한정사가 없으므로 가산명사인 clean은 쓸 수 없으므로, 불가산명사인 (A) cleaning이 정답이다.

해석 Bright Clean Car Wash는 프로모션용 차 왁스나 가죽 세정제를 구매하는 고객들에게 무료로 세차해준다.

어휘 purchase 구매하다   promotional 홍보용의, 프로모션용의   leather 가죽   cleaning 청소

03 (D) training

해설 that절의 동사 앞에 빈칸이 있는 것으로 보아 빈칸에 동사는 올 수 없다. 따라서 (A) train과 (B) trains는 제외된다. 과거분사 (C) trained가 올 경우 '훈련된 인턴 과정이 시작한다'란 부자연스러운 문맥이 되므로 오답이다. 따라서 답은 '인턴 교육 과정'이란 복합명사를 만들어주는 (D) training이다. train은 명사로 쓰게 되면 가산명사인 '기차'를 의미하므로 문맥이 어색해진다.

해석 인턴 교육 과정은 9월 11일부터 시작할 것이라는 것을 모든 인

턴들에게 공지해주세요.

어휘 notify 알리다 commence 시작하다[되다]

04 (A) recommendation

해설 빈칸 앞에 소유격이 나와 있고 뒤에 for가 이끄는 전치사구가 있는 것으로 보아, 빈칸에는 소유격의 수식을 받으면서 문장의 주어 역할을 하는 명사 자리임을 알 수 있다. 보기 중 명사는 (A) recommendation이다. 동명사 형태인 (C) recommending도 명사상당어구로 쓸 수 있지만, 타동사이므로 뒤에 목적어가 있어야 하기 때문에 정답이 될 수 없다.

해설 광고 대행사를 하나 더 이용하자는 Mr. Bruger의 제안은 임원들에 의해 승인되었다.

어휘 approve 승인하다 executive 임원, 관리자, 중역

05 (B) capacities

해설 빈칸 뒤의 명사 seating(좌석배정)과 어울리는 명사를 찾는 문제이다. seating과 어울리면서 수량 표현 more than fifty thousand와 어울리는 것은 '수용력, 최대 수용 능력'의 (B) capacities이다. (A) intensities는 '강도'의 뜻이므로 수량의 표현과 어울리지 않는다. (C) preparations(준비)와 (D) aptitudes(소질, 적성)도 역시 수량의 표현과 쓰일 수 없는 추상명사이므로 답이 될 수 없다.

해설 수용 능력이 5만 명이 넘는 York Stadium은 유럽에서 단연 가장 큰 축구 경기장이다.

어휘 by far 단연, 훨씬 capacity 수용 능력

06 (B) modification

해설 빈칸은 전치사 for의 목적어로 building과 함께 어울릴 수 있는 복합명사 자리이다. 보기 중에서 명사인 modification이 정답이다.

해설 Ypsilanti Public School은 어제 Michigan 건축위원회에 건물 (구조) 변경 신청서를 보냈다.

어휘 request 요구, 요청(서) building modification 건물 (구조) 변경

Lesson 8 토익 빈출 복합명사

Step 1 Warm-up Test p.71

01 (B) registration

해설 빈칸 부분은 and에 의해 병렬 구조로 연결된 주어 자리이다. 빈칸 뒤에 명사 instructions를 수식할 수 있는 것은 형용사, 분사, 명사 순으로 확인을 해야 한다. register가 명사로 쓰이게 되면 '기록부, 명부, 금전등록기'라는 의미가 된다. registration은 불가산명사로 등록하는 행위를 의미하기 때문에 registration instructions는 '등록 방법'이라는 복합명사가 된다.

해설 다음 세미나를 위한 전체 일정과 등록 방법이 동봉되어 있습니다.

어휘 complete 완벽한, 완전한 schedule 일정 enclose 동봉하다

02 (A) application

해설 빈칸은 명사인 process를 수식하는 형용사 자리이다. 하지만 보기에 형용사는 없고 분사인 applied와 명사인 application이 있다. applied가 들어가게 되면 '적용된'의 의미로 문맥이 어색해진다. application이 들어가 '지원 절차'라는 의미인 application process라는 복합명사가 되어야 한다.

해설 마케팅 보직을 위한 지원 처리 절차에는 그룹 토론이 포함되어 있다.

어휘 include ~을 포함하다 discussion 토론

03 (A) descriptions

해설 빈칸은 앞에 있는 product와 함께 어울려서 전치사 in의 목적어로 쓸 수 있는 복합명사 자리로 product descriptions(제품 설명서)가 되어야 한다.

해설 JK 화장품의 일부 고객들은 웹사이트에 있는 제품에 대한 설명이 자세하지 않다고 언급했다.

어휘 mention 언급하다, 말하다 provide 제공하다 enough 충분한 describable 묘사[기술]할 수 있는

04 (B) preference

해설 빈칸은 to부정사인 indicate의 목적어 자리이다. 그런데 앞의 명사 meal과 어울리는 품사는 형용사, 분사, 명사이다. 그러므로 동사인 prefers는 답이 될 수 없다. 그런데 '음식 선호도'라는 표현은 복합명사 meal preference이다. 따라서 답은 preference이다.

해설 Solid Private Jet사는 승객들에게 출발하기 이틀 전에 식사 선호도를 표시해주기를 요청한다.

어휘 require 요청하다 passenger 승객 indicate 나타내다, 보여주다 preference 선호도

05 (B) ceremony

해설 begin의 주어로 쓰일 적절한 명사를 선택하는 문제로, 빈칸 앞의 명사 the opening과 함께 복합명사를 이루어야 한다. 가장 적절한 정답은 '행사, 식'이란 의미의 ceremony로, the opening ceremony는 '개회식'이란 복합명사이다.

해설 McQueen Fashion Festival의 개회식은 야외 런웨이에서 오후 6시에 시작할 것이다.

어휘 opening ceremony 개회식 outdoor 야외의 runway 런웨이 invention 발명

06 (B) productivity

해설 Celera International사가 직원들에게 하루 수차례의 휴식을 제공하는 이유는 '직원 생산성을 증가시키기 위함'이므로 정답은 productivity(생산성)가 된다.

해설 직원들의 생산성을 높이기 위해 Celera International사는 직원들에게 하루에 여러 번의 적절한 휴식을 제공한다.

어휘 productivity 생산성 adequate 적절한

Step 2 실전 TOEIC Test p.71

01 (D) representatives

해설 〈전치사(for) + 한정사(all) + 명사(sales)〉 뒤에 빈칸이 있다. 결국 전치사의 목적어 자리이므로 sales와 함께 쓰일 복합명사를 묻는 문제이다. 보기 중 명사는 '담당 직원'의 의미인 (D) representatives이다.

해설 더 많은 고객을 끌어들이기 위한 방법을 논의하기 위해 모든 영업사원이 참석하는 간단한 미팅이 있을 것이다.

어휘 brief 간략한 attract 끌어들이다, 마음을 끌다

02 (B) satisfaction

해설 guarantee(보장하다)란 타동사 뒤에는 목적어인 명사가 와야 한다. 따라서 customer satisfaction, 즉 '고객 만족'이라

는 복합명사가 나와야 가장 적절하다. (A) satisfy는 동사, (D) satisfactorily는 부사이다. (C) satisfactory는 형용사로 명사 customer과 함께 쓰일 수 있지만 반드시 명사 앞에 쓰여야 하므로 오답이다.

해석 고객 만족을 보장하기 위해, Noa United사는 항상 고객의 반응을 주의 깊게 살핀다.

어휘 guarantee 보장하다 take a close look at ~을 주의 깊게 살피다 feedback 피드백, 반응

03 (D) safety

해설 빈칸 앞뒤에 the와 regulations가 있으므로 형용사가 올 자리로 판단하고 (B) safe를 고르지 않도록 주의해야 한다. safe regulations는 '안전한 규칙'이라는 의미로 규칙이 안전하다는 의미가 되므로 문맥이 어색해진다. safety regulations라고 하면 앞의 명사가 뒤에 있는 명사의 종류를 설명하여 '안전규칙'이라는 의미의 복합명사가 된다. (C) safeties도 명사의 복수형이지만 safety는 불가산명사이기도 하고 복합명사의 복수형을 쓸 때 마지막 명사에 s를 붙이는 것이 원칙이므로 답이 될 수 없다. (A) safely는 명사를 꾸밀 수 없는 부사이므로 답이 될 수 없다.

해석 모든 실험실 인턴들은 실험 과정을 관찰하는 동안 안전규칙을 따라야 한다.

어휘 be obliged to + 동사원형 의무적으로 ~해야 한다 observe 관찰하다

04 (D) expenses

해설 명사 travel과 어울려서 문맥을 완성하는 명사를 찾는 문제이다. 정답은 (D) expenses(비용)인데, legal, medical, living, travel 등과 함께 쓰인다. 이때 expense의 의미는 '어떤 목적을 위하여 쓰는 비용'이다. (A) budgets는 공식적인 비용인 '예산'을 의미하고, (B) prices는 제품과 관련된 '가격', (C) credits는 '예금'을 의미한다.

해석 Berlin으로 출장을 가는 회원은 모두 출장비용을 환급 받을 것이다.

어휘 reimbursement 환급, 변제 expense 비용

05 (C) savings

해설 빈칸 뒤의 명사 plans 앞에 올 수 있는 것은 명사를 수식하는 형용사나 plans와 함께 복합명사를 이룰 또 다른 명사이다. (D) safely는 부사이므로 명사를 수식할 수 없다. 동사 save는 '~를 구하다, 절약하다'의 의미로 (B) saved처럼 과거분사가 되면 '절약된 계획'의 의미가 되므로 부적절하다. 따라서 답은 '저축'을 의미하는 (C) savings이다.

해석 Delta Bank는 다른 곳의 저축 계좌와 비교해서 금리가 낮기 때문에 사람들은 대부분 그곳에서 계좌를 열지 않는다.

어휘 open an account 계좌를 열다 interest rate 이율 savings plan 저축 계좌 제도

06 (A) development

해설 전치사 on 뒤에 목적어로 명사 housing이 왔으므로, 뒤에 (A) development를 붙여 '주택 개발'이라는 복합명사가 되어야 한다.

해석 Boston School Board 위원들은 주택 개발에 대한 회의에 참석했다.

어휘 conference 회의 development 개발

Lesson 9 토익 빈출 〈명사 + 전치사〉 표현

Step 1 Warm-up Test p.73

01 (A) effort

해설 빈칸은 〈관사 + 형용사 + ------〉의 구조이므로 형용사의 수식을 받을 수 있는 명사 자리이다. 선택지가 모두 명사로 나와 있으므로, 전체 문맥을 고려하여야 한다. 빈칸에는 뒤에서 to부정사(to expand)의 수식을 받는 명사 effort가 정답이 된다. 또한, ability, effort, way, right, plan, authority, opportunity, chance 등의 명사는 to부정사의 수식을 받는 형태로 종종 출제됨을 기억하자. growth는 주로 of나 in과 함께 쓰인다.

해석 사업을 계속 확장하고 있는 Jason 호텔은 스포츠 단지를 새로 건설하는 것에 흥미를 보이고 있다.

어휘 ongoing 계속 진행 중인 sports complex 스포츠 단지 growth 성장

02 (B) commitment

해설 빈칸 뒤의 전치사 to와 어울려 쓰이는 명사를 선택하는 문제이다. 정답은 commitment(헌신, 전념)로, 이 단어는 전치사 to와 함께 쓰인다. assessment(평가)는 전치사 of와 자주 쓰인다.

해석 Prime Productions에서 15년간 일한 수석 프로듀서 Catherine Jeon은 TV 프로그램에 대한 그녀의 전적인 헌신을 보여주었다.

어휘 commitment 전념, 헌신

03 (B) access

해설 빈칸 뒤의 장소를 의미하는 전치사구 to one of the beautiful swimming pools와 어울리는 적절한 명사를 선택하는 문제이다. 정답은 access로, access to는 '~ 장소로의 입장, 이용'을 의미한다. availability는 '이용도'의 의미로 전치사 of와 쓰이며, 형용사 available은 〈to + 사람〉이나 〈for + 대상〉으로 자주 쓰인다.

해석 Paradigm Apartment Complex의 모든 거주자들과 방문자들은 아름다운 수영장 중 하나를 이용할 수 있다.

어휘 resident 거주자 availability 유효성, 유용성 access 이용, 접근

04 (A) discount

해설 '서점이 헌 책과 잡지들에 대해 (상당히) 많은 ~을 제공한다'에서 빈칸 뒤에 전치사 on과 함께 쓰일 수 있는 것은 discount(할인)이다. renewal(재개, 갱신)은 보통 전치사 of와 함께 쓰이므로 답이 될 수 없다.

해석 Maize 서점은 지난해부터 헌 책과 잡지에 대해 상당히 할인해 주고 있다.

어휘 offer 제공하다 discount 할인

05 (A) compliance

해설 빈칸 뒤의 명사 law와 빈칸 앞뒤에 있는 전치사 in과 with가 힌트다. in compliance with는 '(법, 규율 등을) 지켜서, 준수하여'라는 의미이다. competence(능숙도)는 전치사 in와 자주 쓰인다.

해석 상법을 준수하는 Das Munich사는 어떤 형태의 불법적인 일에도 연관되지 않았다.

어휘 be associated 관련[연관]되다 illegal 불법적인 compliance 준수, 따름

06　(A) series

해설 빈칸 뒤의 전치사구 of seminars와 어울려 쓰이는 명사를 선택하는 문제이다. 답은 series로, 〈a series of(일련의) + 복수명사〉의 문형을 따른다. progression은 '다음 단계로의 진행'을 뜻하며 전치사 from이나 to와 함께 쓰이므로 정답이 될 수 없다.

해석 젊은 사업가들을 위해 Englewood Community College는 교수들이 진행하는 일련의 세미나를 개최하게 될 것이다.

Step 2 실전 TOEIC Test　　　　p.73

01　(B) opportunity

해설 타동사로 쓰인 get의 목적어로 쓰일 수 있는 명사를 찾는 문제이다. 빈칸 뒤에 해외에 가게를 오픈할 수 있는 '~을 가질 것'이라는 의미가 되어야 하는데, 빈칸 뒤 to부정사의 수식을 받을 수 있는 명사는 '기회'를 뜻하는 opportunity이다. juncture는 '시점, 단계'를 의미하고, progress(진전, 진보)는 전치사 of, toward, on, through 등을 받는다.

해석 Brookline Coffee가 탁월한 커피 맛을 유지하는 한, 그들은 해외에 상점을 낼 수 있는 기회를 가지게 될 것이다.

어휘 as loon as ~하는 한　maintain 유지하다　quality 우수한　launch 개시하다　internationally 세계적으로

02　(B) presentation

해설 빈칸 앞의 동사와 관사인 made a(n)가 힌트이다. make a presentation on/about(~에 대해 발표하다)의 구문을 알고 있으면 쉽게 풀리는 문제이다. 따라서 답은 (B) presentation이다. (C) arrangements는 동사 make와 함께 쓰이지만 보통 전치사 for와 함께 쓰이고 또한 복수명사이므로 부정관사(an) 다음에 올 수 없다. (A) administration은 '행정 관리', (D) profession은 '직업'이란 뜻으로 동사 make보다는 enter나 practice와 쓰인다.

해석 인사부의 Christopher Benson은 신입사원들에게 Hotel Rama의 윤리에 대해 프레젠테이션을 했다.

어휘 ethics 윤리, 도덕

03　(B) array

해설 빈칸은 동명사 placing의 목적어이면서 뒤의 전치사 of와 어울려 쓰이는 적절한 명사 자리이다. 정답은 (B) array로, 명사 array는 전치사 of와 함께 쓰여 '~의 집합체, 모음'의 의미이다. (A) alleviation은 '경감, 완화'의 의미로 문맥에 맞지 않고, (C) extension은 '확대, 확장'의 의미로 전치사 of와 쓰이나 세력이나 영향력과 관련된 명사와 쓰이므로 정답이 될 수 없다. (D) original은 '원본'의 의미로 전치사 다음에 문서와 같은 명사와 쓰이므로 정답으로 적절하지 않다.

해석 Betty's Flower Shop은 진열대에 아름다운 화분들을 배열함으로써 쇼핑객들을 끌어들인다.

어휘 attract 끌어들이다　array 집합체, 모음, 무리, 배열　flower pot 화분　display 진열, 전시

04　(C) investigations

해설 동사 start의 목적어 역할을 하면서 빈칸 뒤 전치사 into와 어울려 쓰이는 적절한 명사를 선택하는 문제이다. 정답은 '수사, 조사'의 (C) investigations로, 전치사 into와 함께 쓰인다. 나머지 선택지들 (A) configurations(배열, 배치), (B) substitutions(대리, 대용품), (D) modifications(수정, 변경)는 동사 start와 쓰이기에는 어색하다. 또한 (D) modifications는 전치사 of, in, to와 함께 쓰인다.

해석 마케팅 부서는 21세에서 30세의 젊은 층의 쇼핑 습관을 조사하기로 했다.

어휘 habit 습관　investigation 수사, 조사　configuration 배열, 배치　substitution 대리, 대용　modification 수정, 변경

05　(B) point

해설 straight to the point는 '핵심을 집은, 정곡을 찌른'이라는 의미의 숙어표현이다. 따라서 답은 (B) point이다. (D) spot은 '특정한 장소'를 의미하는 명사로, point와 비슷한 의미를 가지고 있기는 하지만, to the spot이라는 표현은 없다.

해석 Richard Garnett의 프레젠테이션은 아주 깔끔하며 핵심을 찌르는 내용이었다.

06　(A) expansion

해설 문맥은 '유럽시장에서의 성공에 이어 아시아 시장에 ~할 계획을 세우는 것'이므로 빈칸 뒤에 into와 가장 어울리는 단어는 '확장'의 뜻인 (A) expansion이다. 원래 유럽 시장에서 성공을 거뒀는데, 새로운 시장인 아시아로 진출하는 것이라는 문맥을 잘 이해하자. (B) process(절차), (C) creation(창조, 창작), (D) action(조치)은 아시아 시장 '안으로'의 의미인 into the Asian market의 전치사 into(~안으로)와 어울리지 않는다.

해석 유럽 시장에서의 성공에 이어 Quickie Fast Burgers사는 아시아 시장으로도 확장할 계획이다.

어휘 following the success 성공에 이어　expansion 확장

Lesson 10 형태는 비슷하지만 의미가 다른 명사들

Step 1 Warm-up Test　　　　p.75

01　(B) cleanliness

해설 빈칸은 동사 encourages의 목적어로 쓰일 수 있는 명사가 와야 하는 자리이다. clean은 주로 형용사로 쓰이며, 명사(청결)로 쓰일 때는 가산명사이므로 답이 될 수 없다. 따라서 답은 불가산명사로 쓸 수 있는 cleanliness이다.

해석 Ms. Luisa는 전에 호텔에서 일했기 때문에 항상 방과 데스크의 청결을 장려한다.

어휘 encourage 용기를 북돋우다, 장려하다　cleanliness 청결

02　(B) characteristic

해설 빈칸 앞에 부정관사 a가 있고 뒤에는 전치사 among이 있으므로 빈칸에는 단수명사가 와야 한다. character는 특정 사람이나 사물이 가진 고유의 성격이나 성향을 의미하며, characteristic은 형태상 형용사로도 쓰이지만 (가산)명사로 특정 대상들에게서 나타나는 공통적인 특성이나 특징을 의미한다. 그러므로 특정 상황에 대한 특성을 의미하는 characteristic이 정답이다.

해석 높은 경쟁률은 수요가 많은 직업에 지원한 후보자들 사이에서 널리 나타나는 특징으로 여겨진다.

어휘 competition 경쟁　be regarded as ~으로 여겨지다　characteristic 특징

03　(A) supplies

해설 문맥상 '저렴한 가격으로 ~을 제공하다'라는 의미로, 동명사 providing 다음에는 목적어로 쓸 수 있는 명사가 와야 한다. 빈칸 앞의 명사 office와 어울려 '사무용품'이라는 의미로 쓸 수 있

는 것은 가산명사 supply의 복수 형태인 supplies이다.

해석 Best Plus사는 저렴한 가격에 사무용품을 제공하는 것으로 소매상들 간에 유명하다.

어휘 retailer 소매상 reasonable 합리적인

04 (B) expertise

해설 who 이하의 관계사절은 RPG 게임 개발 분야에서(in developing RPG games) 폭넓은(extensive) 훈련(training)과 '전문지식'을 가졌다는 의미가 되어야 한다. 따라서 빈칸에는 '전문지식'이라는 의미의 불가산명사 expertise가 가장 적절하다. expert는 '전문가'라는 의미의 가산명사이다.

해석 KM Software사는 RPG 게임 개발 분야에서 폭넓은 교육과 전문지식을 가진 뛰어난 프로그래머들을 보유하고 있다.

어휘 extensive 광범위한 expert 전문가

05 (B) motivation

해설 빈칸 앞에 소유격이 왔으므로 뒤에는 명사가 와야 한다. 그런데 동사가 has crumbled로 단수동사인 것으로 보아 답은 단수인 motivation이다. motive는 형용사로 쓰이기도 하지만 가산명사로 '동기, 이유'라는 의미이다. 여기서 motivation은 '자극, 사기, 동기유발'이라는 의미의 불가산명사로 쓰인 것이다.

해석 Cliffside 지사의 직원들은 New Jersey 지사 두 군데가 문을 닫았다는 소식을 듣자 사기가 더 떨어졌다.

어휘 close down (문을) 닫다 crumble 무너지다, 바스러지다 further 더

06 (A) success

해설 빈칸 앞에 관사 an과 형용사 incomparable이 나왔으므로 빈칸에는 명사가 와야 한다. 보기 중 명사는 success이다. successfulness는 -ness 때문에 명사로 오해하기 쉽지만 어떤 동사나 형용사의 명사형이 따로 있는 경우 -ness를 붙여 굳이 명사형을 만들지 않으므로 오답이다.

해석 어떤 사람들은 Dr. Creed에게 믿을 수 없을 정도로 상당한 급여를 주는 것이 낭비라고 생각할 수도 있지만, 그의 공헌은 Purity Central사를 비할 데 없는 성공으로 이끌 것이다.

어휘 incredible 믿을 수 없는, 믿기 힘든 waste 낭비 contribution 공헌, 기부(금), 성금 incomparable 비교할 수 없는, 비할 데 없는

Step 2 실전 TOEIC Test   p.75

01 (C) professionals

해설 빈칸에는 advertisement와 함께 전치사의 목적어가 될 복합명사가 들어가야 한다. 보기 중에 명사로 쓸 수 있는 것은 profession(가산명사, 직업)과 professional(s)이다. professional은 일반적으로 형용사로 많이 쓰이지만 가산명사로 '전문가'라는 의미로 쓰이기도 한다. 그러므로 앞에 관사나 한정사가 없기 때문에 가산명사의 복수형인 professionals가 정답이 된다. 문맥상으로도 광고 전문가들로부터 도움을 요청했다는 의미가 되므로 적절하다.

해석 신문 커버에 회사 로고를 넣기 전에 Mr. Bright는 Leadway Company와 제휴한 광고 전문가들의 도움을 요청했다.

어휘 post 게시하다 professional 전문가, 프로 affiliate 제휴[연계]하다

02 (A) alternative

해설 부정관사 an 뒤에 빈칸이 있고 그 뒤에 전치사 to가 있으므로 정답은 명사인 (A) alternative(대안)가 된다. (D) alternativeness 역시 명사이지만 '대체 가능성'이라는 의미로 부적절하며 (C) alternatives는 복수이므로 역시 답이 될 수 없다. alternative는 형태상으로 형용사이지만 가산명사로도 사용된다는 것을 잊지 말자.

해석 건축 프로젝트에 대한 수정 계획이 현재의 계획을 대신하는 대안으로 제안되었다.

어휘 propose 제안하다 current 현재의 alternative 대안

03 (D) question

해설 빈칸 앞에 전치사가 있으므로 빈칸은 명사 자리임을 알 수 있다. 따라서 (B)와 (D)중에서 선택해야 하는데, (B)는 사람명사이므로 가산명사이다. 따라서 관사가 있거나 복수로 쓰여야 하므로 탈락된다. 정답은 (D) question(질문)이다. in question은 '~이 문제시[논의]되고 있는'이라는 의미의 관용적인 표현이므로 암기해두자.

해석 문제의 그 연구는 3년 전에 Pickering Medical 리서치센터에서 마무리가 되었고 그 결과는 London Journal of Medecine지에 발표되었다.

어휘 conduct 수행하다 questionably 의심스러운, 미심쩍은

04 (D) increase

해설 문맥상 전치사 with 뒤에 명사가 나와야 하는데, 명사는 (A) increases와 (D) increase가 있다. 앞에 관사 a가 있는 것으로 보아 복수가 아닌 단수 형태의 (D) increase가 가장 적절하다. increase는 동사로 쓰게 되면 자동사, 타동사 둘 다 사용되며, 명사로 사용될 경우에도 가산, 불가산으로 쓰이게 되는데 시험에는 주로 가산명사로 등장한다는 것도 알아두자.

해석 지난 3년간 수입이 상당히 증가해서 사장은 그 나라의 서부 지역에 걸쳐 지사를 확장하는 것에 대해 고려 중이다.

어휘 noticeable 주목할 만한 revenue 수입, 세입 region 지역

05 (A) respect

해설 빈칸은 타동사 show의 목적어 자리로 명사가 와야 한다. 보기 중에 명사로 쓸 수 있는 것은 (A) respect뿐이다. respect는 주로 '~을 존경하다'라는 의미의 타동사로 자주 등장하지만 명사로 쓰게 되면 불가산명사로 '존경, 존중'의 의미를 가진다. 가산명사로 쓰이게 되면 인사말로 복수형(respects)을 쓰게 된다. 동명사 (C) respecting도 명사상당어구로 쓰일 수 있으나 타동사이므로 뒤에 목적어가 나와야 한다.

해석 Cherry Hills Medical Center의 자원봉사자로서 환자를 존중해주고 그들을 진심으로 대하세요.

어휘 sincerity 성실, 정직

06 (C) delays

해설 빈칸은 동사 cause의 목적어 자리이기 때문에 명사 형태가 와야 한다. 보기 중에 명사로 쓸 수 있는 것은 (C) delays이다. delay는 명사로 '지연, 연기'의 의미로 쓰이며, 동사로는 '연기시키다'라는 의미로 쓰인다.

해석 활주로에 덮인 눈 때문에 국내 및 해외 비행편 둘 다 지연될 것이다.

어휘 runway 활주로 domestic 국내의, 가정의

Lesson 11 명사 문제풀이 순서

Step 1 Warm-up Test   p.77

01 (B) results

해설 where절에서 survey와 함께 복합명사를 이룰 명사 자리이다.

보기가 모두 명사로 구성되어 있다. 먼저 동사와의 수일치를 확인해야 하는데 동사가 were로 복수형이므로 주어 역시 복수가 되어야 한다.

[해석] 우리 여론조사의 결과가 모두 실려 있는 Business World 8월호를 참조하세요.

[어휘] refer + 목적어 + to ~에게 …을 참조시키다 in full 완전히, 모두

02 (A) contract

[해설] 빈칸은 동사 has renewed의 목적어로 명사가 들어갈 자리이다. 목적어에 해당하는 명사구 앞에 부정관사 a가 있기 때문에 정답은 단수명사인 contract가 된다.

[해석] Newbridge Travel사는 Creative Luster와 수년간의 마케팅 계약을 갱신했다.

[어휘] renew 갱신하다 multi-year 수년의, 여러 해의

03 (A) space

[해설] 빈칸은 much unusable의 수식을 받을 수 있는 명사가 들어갈 자리이다. 하지만 much는 불가산명사를 수식하기 때문에 복수 형태가 아닌 space가 정답이 된다. space는 가산명사로 쓰게 되면 특정 용도로 사용되는 공간을 의미한다. 예를 들어 the parking spaces로 쓸 수 있다. 불가산명사로 쓰게 되면 막연한 '공간'의 개념이 된다.

[해석] 당신이 제출한 청사진을 근거로 하면 사무실에는 사용할 수 없는 공간이 너무 많다.

[어휘] blueprint 청사진

04 (A) precautions

[해설] 부정관사의 여부와 동사와의 수일치를 통해 주어를 고를 수 있는 문제이다. 이 문장의 주어로 safety precautions와 safety rules 모두 쓸 수 있다. 하지만 뒤에 나온 동사 take를 확인해야 한다. take a precaution(예방조치를 취하다)이라는 숙어표현은 복수형을 써서 take precautions라고도 할 수 있다. 〈take + action/a measure/a settlement/a step/a precaution〉이란 표현을 반드시 암기해두도록 하자.

[해석] 압연기에서 일하는 동안 모든 조립라인 근무자들은 안전 예방조치를 취해야 한다.

[어휘] precaution 예방책 assembly line 조립라인 roller 압연기

05 (B) aims

[해설] 빈칸은 전치사구인 of the annual board meeting의 수식을 받는 명사 자리이다. 〈one of the + (가산)복수명사〉는 '~들 중의 하나'라는 의미로 뒤에는 가산명사의 복수명사가 와야 한다. 따라서 정답은 aims이다.

[해석] 연례 이사회의 목적들 중의 하나는 그해의 성과를 검토하는 것이다.

[어휘] review 검토하다 performance 성과.

06 (A) inspectors

[해설] of 다음의 빈칸은 teams와 관련된 명사 자리이다. 보기의 두 단어가 모두 가능할 것 같지만 팀을 구성하는 단위는 사람이므로 정답은 inspectors가 된다. 만약 inspection을 쓰려면, inspection team이 되어야 한다.

[해석] 조사원들로 구성된 팀은 어떠한 통지도 없이 우리의 컴퓨터를 조사하기 시작했다.

[어휘] inspector 조사원 inspection 점검, 검사 notice 통보

Step 2 실전 TOEIC Test p.77

01 (C) work

[해설] 빈칸은 동사 finishes의 목적어로 명사가 들어갈 자리이다. 보기 중에 명사로 쓸 수 있는 것은 (A) working, (B) worker, (C) work이다. 끝낼 수 있는 대상은 사람이 아니라 일이므로 정답은 work이다. 여기서 working은 명사로 '운영, 작동'이란 의미이며, work는 불가산명사로 일반적인 일이나 일하는 장소를 나타낸다. 가산명사로 쓰게 되면 책이나 작품 등을 의미한다.

[해석] Ms. Hyde는 자신에게 주어진 일을 실수 없이 끝내는 뛰어난 직원이다.

[어휘] exceptional 뛰어난, 예외적인 employee 직원 finish 끝내다 assigned 주어진, 할당된 flaw 결점, 흠

02 (B) founder

[해설] 빈칸은 전치사 of 뒤에 있으므로 명사가 들어가야 하는 자리이다. 따라서 (A) foundation(토대, 기반)과 (B) founder(설립자) 둘 중 하나가 답인데 빈칸 뒤에 콤마(,)로 삽입된 Mr. Bonds Sr.와 동격으로 사람명사인 (B) founder(설립자)가 적절하다.

[해석] 창립자인 Mr. Bonds Sr.의 지도하에 Bonds & Barry사는 경쟁 시장에서 살아남을 수 있었다.

[어휘] guidance 지도, 안내 competitive 경쟁적인

03 (D) visit

[해설] 빈칸은 동사 made의 목적어 자리이고 부정관사 a가 있으므로 명사가 위치해야 한다. 선택지 중 명사는 사람명사인 (C) visitor(방문자)와 일반 명사인 (D) visit(방문)이 있다. 하지만 문맥상, 'Director가 ~를 방문했다'는 의미이므로 사물명사인 (D) visit이 정답이다.

[해석] Thomas Chrysler 이사는 직원들을 격려하기 위해 공장을 방문했다.

[어휘] encourage 격려하다 visit 방문하다, 방문

04 (D) distribution

[해설] 전치사 for 다음에 목적어로 올 수 있는 품사는 명사(상당어구)밖에 없다. 보기에서 명사는 (B) distributor(배급업자)와 (D) distribution(배급)이 있는데 '영화들이 배급될 준비가 돼 있는' 것이므로 사물명사인 (D) distribution이 답이다.

[해석] 아마추어 감독, Steven Conner의 다큐멘터리 영화는 Ann Arbor Film School의 모든 영화 수업들에서 무료로 배급될 준비가 되어 있다.

[어휘] amateur 아마추어, 비전문가 documentary film 기록 영화 be ready for ~할 준비가 되다 for free 무상으로, 무료로 distribution 분배, 배급, 유통

05 (C) correspondence

[해설] 빈칸은 전치사 of의 목적어의 자리로, 형용사 private(개인적인)의 수식을 받는 명사가 들어갈 자리이다. 보기 중에서 명사는 (A) correspondent(통신원), (C) correspondence (통신, 연락)이다. 사람명사인 correspondent는 가산명사이므로 앞에 관사가 붙거나 복수형으로 써야 하므로 정답은 (C) correspondence가 된다.

[해석] 우리 사무실에서는 업무시간에 온라인 채팅과 같은 사적인 통신을 하는 것을 허락하지 않는다.

[어휘] allow 허락하다 private 개인의 business hour 업무시간 correspondence 통신, 서신

06 (B) delivery

해설 빈칸은 to부정사인 confirm의 목적어 자리이므로 명사가 와야 한다. 따라서 보기 중 동사인 (A) deliver와 형용사인 (D) deliverable은 제외된다. 동명사인 (C) delivering은 명사로 쓰이지만 뒤에 목적어를 동반해야 한다. 그런데 빈칸 뒤에는 목적어가 없으므로 답이 아니다. 따라서 정답은 (B) delivery이다.

해석 소포를 받은 후 배달 확인을 위해 저에게 이메일 보내는 것을 잊지 마세요.

어휘 confirm 확인하다 delivery 배달

Chapter 3 대명사

Lesson 1 대명사의 이해

Step 1 Warm-up Test p.85

01 (A) our

해설 대명사의 격을 결정하는 문제이다. 빈칸 다음에 office가 있다. 기본적으로 명사를 수식하는 것은 형용사인데, 대명사 중에서는 소유격이 이 역할을 한다. 따라서 답은 our이다. ours는 소유대명사이므로 명사를 수식할 수 없다.

해석 사무실의 전력 부족으로, 우리는 컴퓨터를 3시간밖에 쓰지 못하도록 제한을 받을 것이다.

어휘 power shortage 전력 부족

02 (B) his

해설 명사를 수식할 수 있는 대명사는 한정사의 역할을 하는 소유격 대명사다. 문제에서 명사 sales goal 앞에 올 대명사의 격을 물어보고 있으므로 소유격인 his가 답이 된다. he는 주어로 쓰이는 주격대명사로 답으로 적절하지 않다.

해석 Mr. Baldwin은 그가 6개월도 채 안 되서 자신의 판매 목표를 이뤄낸 것을 알고 감격했다.

어휘 be impressed 감명을 받다 less than ~보다 적은

03 (B) their

해설 동사 bring의 목적어인 명사 presentation을 수식할 수 있는 대명사의 격은 소유격이다. 따라서 답은 their이다. them은 목적격으로 빈칸 앞의 bring만 보고 them을 선택해서는 안 된다.

해석 Mr. Haas를 비롯한 그의 팀은 내일 회의에 할 프레젠테이션을 완성해서 가져오라는 지시를 받았다.

어휘 conference 회의 be told to + 동사원형 ~을 하라는 지시를 받다

04 (A) her

해설 문맥상 'Ms. Portman에게 보고하라는 지시를 내렸다'이므로 Ms. Portman을 지칭하는 대명사가 필요하다. 또한 전치사 to 다음에는 목적어가 필요하므로 목적격 대명사인 her가 정답이다.

해석 Ms. Portman은 모든 마케팅 보조자들에게 5시간 내에 옥외 여론조사를 수행하고 그녀에게 다시 보고할 것을 지시했다.

어휘 outdoor 옥외[야외]의 report back 다시 보고하다

05 (B) hers

해설 빈칸은 to부정사 take의 목적어가 필요한 자리이다. 문맥상 티켓이 환불이 불가능하므로 Ms. Duke가 Mr. Duran에게 '자신의 티켓'을 제공했다는 의미이다. 따라서 '그녀의 티켓'을 지칭하는 소유대명사 hers가 적절하다. her가 답이 되려면 뒤에 ticket이라는 명사가 와야 한다.

해석 Conspiracy Comedy 티켓은 환불이 불가능하기 때문에 Ms. Duke는 Mr. Duran에게 자신의 티켓을 주었다.

어휘 non-refundable 환불이 불가능한 offer 제안하다, 제공하다

06 (B) himself

해설 by oneself는 '혼자서'란 의미인 숙어표현이다. 빈칸에는 재귀대명사인 (C) himself가 와서 by himself, 즉 'Mr. Wellington 혼자서'란 의미가 되어야 한다.

해석 야간 근무조에는 기술자가 Mr. Wellington밖에 없기 때문에 그는 혼자서 복도의 전등을 고쳐야 한다.

어휘 technician 기술자 shift 교대조 corridor 복도 by oneself 혼자서, 스스로

Step 2 실전 TOEIC Test p.85

01 (D) his

해설 빈칸에는 명사 laundromat을 수식하는 소유격 대명사가 들어가야 한다. (A) himself는 재귀대명사, (B) him은 목적격, (C) he는 주격대명사이므로 오답이다.

해석 Mr. Chin은 관리자를 고용할 필요는 없지만, 빨래방에 감시 카메라를 설치할 필요는 있다.

어휘 surveillance camera 감시 카메라 laundromat 빨래방

02 (C) I

해설 빈칸 뒤에 sent라는 동사가 있으니까 주어가 될 수 있는 대명사를 골라야 한다. 그러므로 정답은 주격인 (C) I가 된다. the e-mail 다음에 목적격 관계대명사가 생략된 구문이다.

해석 어제 당신이 받은 익명의 이메일은 제가 당신에게 보낸 이메일이었어요.

어휘 anonymous 익명으로 된

03 (C) them

해설 동사 join 다음은 목적어 자리이므로 목적격 (C) them과 재귀대명사 (D) themselves가 가능하다. 하지만 여기서 목적어 자리인 빈칸이 받는 것은 Mr. Foreman이 아닌 the members이기 때문에 재귀대명사를 사용할 수 없다. 따라서 the members를 받는 대명사 (C) them이 정답이다. (A) they는 주격이므로 문미에 쓰일 수 없고, (B) their는 소유격이므로 뒤에 명사를 동반해야 한다.

해석 그들 그룹 멤버가 모두 선출되었지만 Mr. Foreman이 합류할 수도 있다.

어휘 select 선출하다 join 합류하다, 가담하다

04 (A) your

해설 자주 등장하는 If ~, please ... 구문이다. refer to는 '~를 참

고하다'의 의미로 다음에 명사를 받는다. 따라서 명사 owner's manual 앞에는 대명사의 소유격인 (A) your가 와야 한다. 소유대명사인 (D) yours는 자체에 이미 명사가 포함되어 있는 것으로, 만약 빈칸 뒤에 명사가 없었다면 정답일 수 있다. (B) yourselves는 재귀대명사. (C) you는 주격과 목적격으로 쓸 수 있는데, 전치사 뒤에 목적어인 owner's manual이 있으므로 올 수 없다.

해석 중앙 제어판의 버튼 기능이 궁금하다면 매뉴얼을 참고하세요.

어휘 function 기능 console 제어판 refer to ~을 참고하다 manual 사용설명서

05 (B) their

해설 동사 have unveiled의 목적어 new prototype 앞에 올 수 있는 한정사를 고르는 문제이다. 소유격 대명사와 지시형용사는 한정사로 쓰일 수 있으므로 소유격 대명사 (B) their와 지시형용사 (D) those가 정답이 될 수 있다. 하지만 (D) those는 복수명사를 받으므로 답이 될 수 없다. 따라서 답은 (B) their이다.

해석 Eagle Motorcycles의 엔지니어들은 새로운 시제품인 Inferno Pro를 발표했다.

어휘 unveil 발표하다 prototype 시제품, 원형

06 (D) it

해설 빈칸 앞에 동사 review가 있고 뒤에 형용사나 명사가 없기 때문에 목적격 대명사나 재귀대명사가 들어갈 수 있다. 따라서 보기가 모두 답이 될 수 있지만, 받아야 하는 명사가 단수명사인 booklet이기 때문에 (A) themselves와 (B) them은 답이 될 수 없으며 주어가 you이기 때문에 재귀대명사인 (C) itself 또한 답이 아니다. 따라서 정답은 (D) it이다.

해석 당신은 내일까지 소책자를 받아서 완전히 검토해야 한다.

어휘 booklet 소책자 thoroughly 완전히

Lesson 2 인칭대명사 주격/목적격/소유격

Step 1 Warm-up Test p.87

01 (A) you

해설 동사 need는 있지만 주어가 없는 것으로 보아 빈칸에는 주어가 들어가야 한다. 따라서 주격대명사인 you가 답이다. 소유대명사 yours(당신의 것)는 명사 역할을 하기 때문에 주어로 쓰일 수는 있지만 여기에서는 지칭하는 대상이 없기 때문에 오답이다.

해석 세일즈맨으로서 당신은 더 많은 고객과 상대하고 그들의 욕구를 더 잘 이해할 필요가 있다.

어휘 deal with 거래하다, 상대하다 client 고객

02 (B) us

해설 enable은 '~을 할 수 있게 하다'라는 의미로 주로 〈enable + 목적격 대명사 + to + 동사원형〉으로 활용된다. enables 뒤의 빈칸에는 목적격 대명사가 위치해야 한다. 따라서 답은 us이다.

해석 하루에 다양한 경매에 들어가는 것이 더 효율적인데, 온라인 경매에 대한 새로운 법이 그렇게 하는 것을 가능하게 한다.

어휘 efficient 효율적인 multiple 많은, 다양한 auction 경매

03 (A) he

해설 문맥상 가장 적절한 대명사의 격을 찾는 문제로, 접속사 before와 빈칸 뒤의 동사 requests로 보아 주어가 빠져 있는 것을 알 수 있다. 따라서 주격대명사 he가 들어가야 한다.

해석 Ms. Beans는 Mr. Philips가 임금 인상을 요청하기 전에 그의 현재 세일즈 기록 결과를 자신에게 보여 달라고 말했다.

어휘 the result of ~의 결과 record 기록 request 요청하다 raise (임금) 인상

04 (B) their

해설 빈칸 뒤에 명사 new services가 보이므로, 빈칸은 명사를 수식하는 형용사 역할을 할 수 있는 대명사가 와야겠다. 따라서 대명사의 소유격인 their가 적절하다.

해석 우리는 하청업자들에게 다음 회의 때 새로운 서비스에 대해서 개략적으로 발표해 달라고 요청했다.

어휘 contractor 하청업자 outline 개요

05 (A) them

해설 전치사 for 뒤의 빈칸에는 목적어 역할을 하는 명사가 들어가야 한다. themselves는 재귀대명사이므로 주어와 동일한지를 확인해야 한다. 하지만 ready for의 주어는 the sound system으로 해당 문장의 의미상 주어와 일치하지 않으므로 정답이 될 수 없다. 정답은 목적격인 them(= professors)이 된다.

해석 교수님들에게 사운드 시스템이 준비되었으니 강의를 시작할 수 있다고 꼭 알려드려라.

어휘 make sure 확실히 하다 notify 알리다 commence 시작하다

06 (B) their own

해설 '혼자서'라는 의미의 숙어 on one's own를 묻는 문제로 답은 their own이다. 목적격인 them도 올 수 있지만 의미상 맞지 않는다.

해석 교육을 일주일 동안 시킨 후에 A팀에게는 독자적으로 새로운 제품에 대한 설문조사를 하라고 지시할 것이다.

어휘 require 요구하다 conduct a survey 설문조사를 하다

Step 2 실전 TOEIC Test p.87

01 (B) her

해설 빈칸이 전치사 for와 명사 presentation 사이에 있기 때문에 명사 presentation을 수식할 수 있는 소유격 대명사인 (B) her가 정답이다.

해석 Miss Zhang은 그녀의 발표를 준비하기 위해 기술 지원팀으로부터 도움을 요청했다.

어휘 assistance 도움 technical support 기술 지원

02 (A) she

해설 문장에 동사가 네 개(write, need, ask, made)가 있어 접속사는 세 개가 필요한데, 문장에선 접속사가 두 개(before, and) 있는 것으로 보아 빈칸 앞에는 목적격 관계대명사가 생략되어 있음을 알 수 있다. 목적격 관계대명사 뒤에는 〈주어 + 동사〉가 오므로 주격대명사인 (A) she가 정답이다. (B) that이 정답이면 뒤에 made의 목적어나 주어가 필요하므로 오답이고, (D) until 뒤에는 완전한 문장이 와야 하므로 오답이다.

해석 우리가 최종 원고를 작성하기 전에 Erin Elliot 교수에게 이메일을 보내서 수정을 한 것에 대해 물어봐야 한다.

어휘 draft 원고, 초안 correction 정정, 수정

03 (B) her

해설 빈칸은 동사 made의 목적어 자리이다. 따라서 목적격 대명사인 (B) her가 정답이다. 재귀대명사인 (D) herself도 목적격으

로 쓰일 수 있지만 주어와 목적어가 같을 때에만 해당된다. 문장의 주어는 Ms. Bird's impression이고 흥미를 느낀 대상은, 즉 made의 목적어는 she이므로 재귀대명사는 답이 될 수 없다. 또한 (A) she는 주어로 쓰이는 주격대명사, (C) hers는 소유격 대명사와 명사가 합쳐진 소유대명사이므로 역시 답이 될 수 없다.

해석 Ms. Bird는 과거에 본 발레 공연에 깊은 감명을 받아서 관심이 생겨 발레 안무가가 되었다.

어휘 performance 공연 choreographer 안무가

04 (C) their own

해설 문장은 '그들 자신의 회계 법인을 시작했다'라는 의미이다. 문법상이나 의미상 목적격 (A) them이 들어갈 수도 있지만 자신의 소유를 강조하기 위해 ⟨of + 소유격 대명사 + own⟩의 표현을 쓴다. 따라서 (C) their own이 가장 적절하다. (D) themselves는 of themselves로 쓰이면 '제 스스로 알아서'의 의미를 가지고 있다.

해석 Creed Brothers는 직장을 그만두고 그들 자신의 회계 법인을 시작했다.

어휘 quit 그만두다 accounting firm 회계 법인

05 (B) they

해설 적합한 대명사의 격을 찾는 문제로, 빈칸 앞에 관계사가 생략되어 있음을 파악하자. 즉, ⟨the hours (that) + 주어 + have worked(동사)⟩의 구조로, 빈칸에는 관계절의 주어 역할을 할 수 있는 대명사의 주격이 위치하는 것이 적합하다.

해석 공장에서 근무하는 모든 직원들은 그들이 일한 시간을 기록하는 것은 회사의 방침이다.

어휘 policy 정책, 방침 employee 직원

06 (A) her

해설 '금요일까지 ~에게 …을 팩스로 보내다'라는 문맥에서 전치사 to(~에게)의 목적어로 쓰일 수 있는 대명사를 선택하는 문제이다. 보기는 모두 목적어로 쓰일 수 있으나 문맥상 전치사 to 다음에는 사람 목적어가 와야 하므로 사물을 지칭하는 소유대명사 (C) hers는 정답이 될 수 없다. (D) his 또한 한정사의 역할을 하는 소유격 또는 사물을 지칭하는 소유대명사로 쓰이므로 to 뒤에는 적합하지 않다. 문맥상 팩스는 Mr. Bana(he)가 Ms. Henny(she)에게 보내라는 의미이므로 빈칸에는 she의 목적격 대명사인 (A) her가 들어가야 한다.

해석 Ms. Henney는 Mr. Bana에게 모든 직원들의 수행능력 평가서를 금요일까지 그녀에게 팩스로 보내라고 말했다.

어휘 performance 수행능력, 업무성과 evaluation form 평가서

Lesson 3 재귀대명사

Step 1 Warm-up Test p.89

01 (B) themselves

해설 전치사 by 뒤에 빈칸이 있는 것으로 보아 목적격이 필요한 자리이므로 by themselves라는 표현을 써서 '혼자서'라는 의미가 되어야 한다. by oneself는 자주 출제되는 관용어구임을 알아두자.

해석 Mr. Sanders와 Mrs. Kwak의 월말 업무량은 그들이 혼자서 끝내기에 너무 많았다.

어휘 workload 업무량, 작업량 finish 끝내다

02 (B) themselves

해설 전치사 for 다음에 올 수 있는 대명사의 격을 묻는 문제이다. 전치사 다음엔 목적어가 나와야 하므로 목적격으로 쓰일 수 있는 대명사가 나와야 한다. 소유대명사인 theirs와 재귀대명사 themselves 모두 문법적으로 가능하다. 하지만 theirs는 ⟨their + 명사⟩를 받는 말로, 앞의 classes를 받는다 치더라도 의미가 어색해지기 때문에 적절치 않다. start a business의 의미상 주어인 people을 받을 수 있는 themselves가 들어가야 자연스러운 의미의 문장이 완성된다.

해석 Dr. Malone이 한 저녁 수업은 자신의 사업을 시작하려고 계획하는 사람들에게 적합하다.

어휘 suitable 적합한 start a business 사업을 시작하다

03 (B) himself

해설 접속사 because 앞뒤로 주어, 동사, 목적어, 보어가 모두 갖춰진 완벽한 문장이 온 것으로 보아 빈칸에는 부사가 필요하다. 부사 역할을 할 수 있는 대명사는 재귀대명사이므로 답은 himself가 된다.

해석 Dr. Newton은 다른 환자들과 상담하느라 너무 바쁘기 때문에 자신이 직접 약속 스케줄을 잡는 일은 드물다.

어휘 appointment 약속 rarely 드물게, 거의 ~않는

04 (B) itself

해설 이 문장에서 won은 '~을 얻었다'라는 의미로 쓰인 것에 주의하자. (ex. I won many votes.) theirs는 ⟨their + 명사⟩(그들의 것)로 뒤에 many fans가 있기 때문에 중복해서 쓸 수 없다. 'Drone E 자체가 많은 팬을 확보했다'는 의미로 (D) itself가 정답이다.

해석 Nu Computers의 마스코트, Drone E는 그 사랑스러운 외모로 노트북 사용자들 사이에 많은 팬을 얻었다.

어휘 win + 사람 + 사물 ~에게 …을 얻도록 하다 laptop 노트북 adorable 사랑스러운 appearance 모습, 외모

05 (A) our

해설 동사 offer가 4형식 동사로 쓰였으므로 빈칸은 간접목적어인 customers를 수식하는 자리이다. 그러므로 정답은 소유격인 our가 된다.

해석 재고정리 세일을 하는 동안 우리 고객들에게 어떤 가게에서든 75%까지 할인을 제공한다.

어휘 clearance sale 창고정리 할인 판매 up to ~까지

06 (A) herself

해설 빈칸 앞에는 주어(Ms. Hernandez)와 동사(worked)가 갖춰진 완전한 문장이므로 by와 함께 부사적으로 사용할 수 있는 대명사를 찾아야 한다. (B) her는 목적격 대명사로 전치사 by 뒤에 위치할 수 있지만 지칭하는 대상도 애매하고 부자연스럽다. 그런데 by herself는 '혼자서'라는 부사적 용법으로 쓰이므로 답은 herself이다.

해석 Mr. Cummings가 고객과 미팅하는 동안 Ms. Hernandez는 혼자서 그 프로젝트에 매진했다.

어휘 work on ~에 대해 일하다, 매진하다

Step 2 실전 TOEIC Test p.89

01 (C) herself

해설 동사 has shown의 목적어로 들어갈 적절한 대명사를 찾아야

한다. 먼저 (A) she는 주격이므로 답이 될 수 없다. 빈칸 뒤의 to be a valuable asset은 목적격 보어로 '그녀는 그녀 자신이 회사에 가치 있는 자산(사람)이라는 것을 보여주었다'의 의미이므로 주어와 동일한 재귀대명사인 herself가 정답이다.

해석 Mrs. Robin의 뛰어난 업무 성과를 통해 그녀는 자신이 우리 회사에서 가치 있는 사람이라는 것을 보여주었다.

어휘 outstanding 뛰어난 performance 성과 asset 자산

02 (B) themselves

해설 동사 help의 목적어로 적절한 대명사를 선택하는 문제로, 주격 대명사인 (A) they와 명사 앞에서 쓰이는 소유격 대명사 (D) their는 정답이 될 수 없다. 소유대명사인 (C) theirs는 목적어로 쓰일 수 있으나 문장에서 지칭하는 대상이 불분명하므로 정답으로 적절하지 않다. 따라서 정답은 재귀대명사인 (B) themselves가 가장 적절한데, help oneself to는 '마음대로 먹다'라는 의미의 관용어구이다.

해석 직원들에 대한 감사를 표시하는 저녁파티에 Ms. Finlay는 직원들이 마음대로 다양한 음식을 먹을 수 있도록 뷔페 테이블을 준비했다.

어휘 appreciation 감사 set up 준비하다, 설치하다 help oneself to ~을 마음대로 먹다 variety 다양성 dish 음식

03 (C) herself

해설 콤마 뒤의 주어와 동사를 갖춘 완전한 문장 뒤에 빈칸이 있으므로 선택지 중 유일하게 정답이 될 수 있는 것은 재귀대명사인 (C) herself이다. 재귀대명사는 주어, 목적어, 보어를 강조할 때 생략이 되어도 문장에 지장을 주지 않는다. 'Ms. Ramos는 혼자 그 클립을 보아야만 했다'라는 의미로, 주어를 강조해 주고 있다.

해석 홍보용 클립을 보기로 되어 있었던 다른 스태프들은 모두 다른 업무에 여념이 없어서 Ms. Ramos는 혼자 그 클립을 보아야만 했다.

어휘 be supposed to + 동사원형 ~하기로 되어 있다 promotional 홍보용의 be occupied with ~을 하느라 바쁘다, 여념이 없다 clip 영상

04 (D) themselves

해설 보기가 모두 재귀대명사로 구성되어 있다. 어떤 명사를 지칭하는지 대상을 확인해야 하는 문제이다. 동사 allow의 목적어인 the new employees가 '~하는 것을 허락하지 않는다'라는 의미이기 때문에 the new employees를 받을 수 있는 themselves가 정답이다.

해석 공장 견학을 이끌 때, 매니저는 신입사원들이 자기들끼리 돌아다니지 못하도록 해야 한다.

어휘 conduct 진행하다, 실시하다 allow + 사람 + to + 동사원형 ~가 …하는 것을 허락하다

05 (C) himself

해설 콤마 뒤의 문맥은 '그는 혼자 ~에서 밤을 보내야만 했다'라는 의미이므로 전치사 by와 함께 쓰여 '혼자서'라는 의미의 관용어구를 완성하는 재귀대명사 (C) himself가 답으로 가장 적절하다. by oneself는 '혼자서'라는 의미의 관용어이다. (A) he는 주격대명사로 전치사 다음에 쓰일 수 없고, (B) him은 목적격 대명사로 전치사와 쓰일 수 있으나 문맥에 맞지 않는다. (D) his own은 on one's own(자기 스스로)의 문형을 따르므로 정답이 될 수 없다.

해석 Mr. Sapp은 동료들보다 하루 일찍 터키에서 도착했기에 그는 혼자서 Santa Maria Hotel에서 밤을 보내야만 했다.

어휘 co-worker 동료

06 (D) yourself

해설 빈칸은 away from의 목적어가 필요한 자리이므로 명사로 쓰일 수 있는 대명사가 필요하다. (A) your와 (C) your own은 단독으로 쓰일 수 없고, 뒤에 명사가 동반되어야 한다. 명사로 쓰일 수 있는 대명사의 격은 소유대명사인 (B) yours와 재귀대명사인 (D) yourself이다. 그런데 (B) yours가 지칭하는 대상이 없기 때문에 정답이 될 수 없고, 주어 you를 받는 재귀대명사 (D) yourself가 적절하다.

해석 지시사항이 보여주듯이 이 모델에 대한 일을 할 때는 다른 불필요한 도구들은 당신에게서 멀리 두어라.

어휘 instruction 지시사항 unnecessary 불필요한

Lesson 4 지시대명사

Step 1 Warm-up Test p.91

01 (B) those

해설 빈칸 뒤의 복수명사인 reports를 수식할 수 있는 지시형용사인 those가 정답이다.

해석 당신은 그 보고서들을 정오까지 제출해야 합니다.

어휘 be supposed to + 동사원형 ~하기로 되어 있다 submit 제출하다

02 (B) it

해설 타동사 found의 목적어 자리에 오는 적절한 대명사를 찾는 문제이다. 형용사 entertaining이 설명해주는 것은 to attend 이하를 진목적어로 하는 가목적어 it이다. 재귀대명사 himself의 경우 entertaining이 보어가 될 수 없고 to attend와도 의미가 통하지 않으므로 사용할 수 없다.

해석 그는 그 모임에 참가하는 것이 흥겹다는 것을 알았다.

어휘 find ~을 알게 되다 attend 참석하다 gathering 모임

03 (A) Those

해설 문장에는 본동사가 두 개(are planning, need)이고 이 둘을 잇는 접속사(관계대명사)인 who가 있다. 보기 중에서 관계대명사 who의 수식을 받아 '~하는 사람들'이라는 의미로 쓸 수 있는 것은 those이다.

해석 휴가를 떠나려고 계획하시는 분들은 특별 할인 상품을 볼 필요가 있습니다.

어휘 those who ~하는 사람들 take a look at ~을 보다

04 (A) It

해설 빈칸은 that절 이하의 내용을 받을 수 있는 가주어 자리이다. 그러므로 정답은 It이 된다.

해석 업무를 그만 미루는 직원들이 모두 보다 생산적으로 되는 것은 당연하다.

어휘 procrastinate 미루다, 연기하다 productive 생산적인

05 (A) its

해설 빈칸 뒤의 명사 constant malfunctions를 수식할 수 있는 대명사를 고르는 문제이다. 명사를 수식할 수 있는 것은 소유격으로 대명사 it(= the computer system)의 소유격인 its가 정답이다. theirs는 소유대명사이기 때문에 정답이 될 수 없다.

해석 그 컴퓨터 시스템은 간단한 것으로 유명하지만 일부 고객들은 지속적으로 발생하는 고장에 대해 불만을 제기하고 있다.

어휘 simplicity 간단함, 간소함 complain 불평하다 constant 지속적인 malfunction 고장, 기능 장애

06 (A) that

해설 빈칸은 of 이하의 수식을 받는 대명사가 들어갈 자리이다. 앞에서 언급한 단수명사 performance를 받을 수 있는 대명사로 보기 중 단수대명사로 쓸 수 있는 that(그것)이 정답이다.

해석 Mr. John의 실적은 그의 동료들의 것(실적)보다 훨씬 낫다.

어휘 performance 성과, 실적 associate 동료

Step 2 실전 TOEIC Test   p.91

01 (A) its

해설 전치사 of 뒤의 명사 generation과 함께 쓰일 수 있는 대명사의 격을 묻는 문제로, 명사 앞에는 한정사처럼 소유격 대명사가 쓰인다. 보기는 모두 소유격 대명사이므로 문맥상 대명사가 원래 받는 명사를 찾아야 한다. 즉 XT-L 600를 적절히 받는 대명사를 찾아야 한다. 따라서 3인칭 단수명사를 받는 (A) its가 가장 적절하다.

해석 XT Autos사의 XT-L 600은 이 시대의 가장 빠른 고급 세단이라고 주장한다.

어휘 claim 주장하다 generation 세대, 시대

02 (D) those

해설 동사 could의 주어가 필요한 자리이다. 문장에 동사가 하나밖에 없으므로 접속사 역할을 하는 관계사 (B) which와 (C) whose는 제외된다. 빈칸 뒤에 전치사 with가 나왔는데, 전치사 앞에 쓸 수 있는 대명사는 that과 those밖에 없다. 따라서 답은 (D) those가 정답이다. (A) this는 지시대명사일 땐 뒤에 동사를, 지시형용사일 땐 뒤에 명사를 동반해야 하므로 답이 될 수 없다.

해석 CEO로부터 승인을 받은 사람들만 본부의 관리직에 지원할 수 있다.

어휘 approval 인정, 승인 managerial position 관리직 headquarters 본사, 본부

03 (D) it

해설 문장의 주어 자리에 들어갈 적절한 대명사를 골라야 한다. 뒤의 that ~을 통해 가주어(it)과 진주어(that ~)로 이루어진 구문임을 알 수 있다. 따라서 정답은 it이 된다.

해석 요즘에는 수익률이 문제점을 설명하는 데 충분하다는 것은 잘 알려져 있다.

어휘 be well known 잘 알려져 있다 ratio 비율 sufficient 충분한 describe 설명하다

04 (A) it

해설 that절의 동사 offers의 주어로 들어갈 대명사를 골라야 한다. 문맥상 Perth라는 회사를 받으며, 단수동사 offers를 취할 수 있는 대명사는 it이다.

해석 Perth의 빠른 성장한 이유는 Perth가 관광에 적합한 뛰어난 자원을 갖고 있다는 것이다.

어휘 rapid 빠른 offer 제공하다 outstanding 뛰어난, 탁월한

05 (A) those

해설 빈칸은 전치사 for의 목적어 역할을 하며 전치사구 with an Ohio driver's license의 수식을 받을 수 있는 지시대명사가 들어갈 자리이므로 (A) those가 정답이다. 복수 지시대명사인 those는 관계대명사나 전치사 등의 수식을 받으면 '~한 사람들'의 의미로 쓰인다.

해석 우리는 Ohio주 운전면허증을 가진 사람들에게만 우리 렌터카를 10% 할인해서 제공한다.

어휘 provide 제공하다 discount 할인 driver's license 운전면허증

06 (A) those

해설 빈칸은 전치사구 of ~의 수식을 받는 대명사로, 앞에서 언급한 sales figures를 받을 수 있는 복수대명사가 나와야 한다. 그러므로 정답은 those가 된다. them은 앞에서 언급한 그것 즉, this year's sales figures를 받게 되므로 정답이 될 수 없다.

해석 가구산업의 올해 판매량은 지난 2년의 판매량과 유사하다.

어휘 sales figure 판매량, 판매 수치 be similar to ~과 유사하다 preceding 이전의, 앞선

Lesson 5 부분대명사 〈수량형용사+-of+특정 명사〉

Step 1 Warm-up Test   p.93

01 (B) Each

해설 문장의 주어로 〈of the + 복수명사〉의 수식을 받을 수 있는 대명사를 고르는 문제이다. 보기의 most와 each 모두 들어갈 수 있지만 문장의 동사가 has received로 단수동사가 왔으므로 단수주어로 쓸 수 있는 대명사가 와야 한다. 그러므로 정답은 each가 된다.

해석 각각의 신입직원들은 시설을 돌아보기 전에 읽어야 할 지침서를 받았다.

어휘 most 대부분 each 각각, 각자 facility 시설

02 (B) one

해설 빈칸 뒤의 전치사 of 이하의 수식을 받을 수 있는 명사가 와야 한다. 주어가 단수인 Mr. Kenndy이므로 단수로 쓸 수 있는 one이 정답이다. some은 가산명사를 받아 복수 취급을 하거나 불가산명사를 받아 단수 취급할 수 있다.

해석 약 6년간 상담가로 일한 후 Mr. Kennedy는 북미 대륙의 컨설팅 회사에서 가장 중요한 인물 중 하나가 되었다.

어휘 prominent 중요한 figure 인물

03 (A) one

해설 '~중의 한 명'이라는 표현은 〈one of the + 복수명사〉이므로 빈칸에는 one이 와야 한다. someone은 막연한 대상(사람)을 의미하므로 특정인들 중의 하나라는 의미에 부합하지 않으며 of의 수식을 받지 않는다.

해석 Keith Jordan은 15살의 나이에 Karl Institute of Technology에 다녔던, 가장 총명한 과학자들 중 하나이다.

어휘 attend 참석하다, 다니다

04 (A) all

해설 동명사 reviewing의 목적어로, 빈칸 뒤의 of the contract amendments의 수식을 받을 수 있는 대명사를 선택하는 문제이다. 하지만 보기 중에 대명사로 쓸 수 있는 것은 all뿐이다. every는 '모든'의 의미를 갖는 한정사로 뒤에 단수명사를 받는

다는 것도 알아두자.

해석 당신은 계약서의 최종본을 제출하기 전에 계약서의 모든 수정사항들을 검토해야 한다.

어휘 review 검토하다   amendment 수정   submit 제출하다

05 (A) most

해설 동명사 preparing의 목적어로, of 이하의 수식을 받을 수 있는 대명사는 most이다. any는 주로 부정문이나 의문문에 쓰이므로 답이 될 수 없다.

해석 건축가 보조들은 회사의 프로젝트를 위한 대부분의 설계도를 준비하는 일을 담당하고 있다.

어휘 be responsible for ~을 담당하다, 책임지고 있다   drawing 설계도

06 (A) Many

해설 of the cities의 수식을 받는 대명사로 Many와 One 둘 다 쓸 수 있지만 동사가 rely on으로 복수동사이므로 수어 역시 복수 주어가 되어야 한다. 따라서 대명사 Many가 정답이다.

해석 그 나라의 많은 도시들은 중요한 수입원으로 제조업에 의지를 하고 있다.

어휘 rely on ~에 의지[의존]하다   manufacturing 제조(업)   source 출처   revenue 수입, 세입

Step 2 실전 TOEIC Test   p.93

01 (C) each

해설 문장의 본동사 ensure의 목적절인 that절 이하의 주어가 비어 있다. that절의 동사가 단수동사인 is인 것으로 보아 복수로 취급하는 (B) all은 제외된다. (A) every는 대명사가 아닌 한정사로 뒤에 〈단수명사 + 단수동사〉를 받아야 한다. (D) much는 수가 아닌 양을 받는 대명사로 쓰이므로 적절하지 않다. 따라서 정답은 〈of the + 복수명사〉를 받아 '각각의'의 의미를 가진 (C) each이다.

해석 출발하기 전 역의 직원들은 각각의 티켓을 승객으로부터 받는 것을 확실히 해야만 한다.

어휘 departure 출발   ensure 확실히 하다, 반드시 ~이게 하다   collect 수집하다   passenger 승객

02 (A) several

해설 〈전치사 + 관계대명사〉의 부분 관계대명사의 수식을 받을 수 있는 대명사가 들어갈 자리이다. 우선 (B) another는 단수로 취급하기 때문에 동사 are를 받을 수 없으며, 또한 of의 수식을 받지 않는다. (C) nothing은 전체 부정을 의미하며 단수로 취급하기 때문에 역시 are가 올 수 없다. (D) who는 대명사의 역할을 하기도 하지만 동시에 접속사의 역할도 하기 때문에 답이 될 수 없다. (A) several은 일반적으로 (수량)형용사로 알고 있는데, 대명사로도 쓰일 수 있다는 것을 꼭 알아두자.

해석 우리 가게에 진열되어 있는 많은 주전자들 중에서 몇몇은 중국으로부터 직접 수입된 것들이다.

어휘 numerous 많은   display 진열하다   directly 직접   import 수입하다

03 (D) some

해설 전치사 of와 of 사이에 들어갈 수 있는 것은 명사상당어구이다. 보기 중에 (C) ones와 (D) some이 대명사로 들어갈 수 있는데, (C) ones는 동종의 불특정한 다른 것을 의미하는 부정대명사로 of와 함께 쓰이지 않는다. 의미상 '가장 최신의 자동차와 오토바이에 대한 비평을 몇몇 찾는다'이므로 정답은 (D) some이다.

해석 가장 최근에 출시된 자동차와 오토바이들에 대한 비평을 읽으려면 Motor and Life를 보면 된다.

어휘 automobile 자동차   motorcycle 오토바이

04 (A) any

해설 동사 have의 목적어이면서 of the equipment의 수식을 받을 수 있는 대명사로, 불가산명사를 받고 부정문에서 어울려 쓸 수 있는 것은 any뿐이다. another, one, many 모두 가산명사의 일부를 나타내는 부분대명사로 정답이 될 수 없다.

해석 귀하께서 주문하신 장비는 현재 재고가 없어서 유감입니다.

어휘 equipment 장비   at the moment 현재

05 (B) few

해설 one of the 뒤에는 명사상당어구가 들어가야 한다. (A) some은 the 힘께 쓰일 수 없으므로 제외된다. (C) most는 〈most (of) + 가산복수명사〉로 쓰이므로 오답이다. (D) little은 a little of ~의 형태로 쓰이므로 제외된다. (B) few는 한정사이자 대명사로 가산명사와 쓰이고, 〈the few + 복수명사〉라고 쓰게 되면 적은 수의 어떤 것이라는 의미로 쓰일 수 있다. 따라서 답은 (B) few이다. 여기서 few가 가리키는 것은 가산복수명사 flower companies이다.

해석 대부분의 꽃 회사들이 사업을 접고 있지만 Classic Flowers는 현재 위기에서 살아남은 얼마 안 되는 꽃 업체 중 하나이다.

어휘 go out of business 폐업하다   few 많지 않은, 적은   survive 살아남다   crisis 위기

06 (A) either

해설 동사 hasn't finished의 목적어이면서 of the two projects의 수식을 받는 대명사가 들어갈 자리이다. (C) much는 양을 의미하므로 of 이하의 수식을 받을 수 없으며, (D) none 역시 앞에 부정어인 not이 있으므로 답이 될 수 없다. (B) neither 역시 부정의 의미를 가지므로 답이 될 수 없다. 문맥상으로 둘 중의 어느 것도 끝낼 수 없기 때문에 걱정한다는 의미이므로 either가 정답이다.

해석 경영진은 개발팀이 팀에 할당된 2개의 프로젝트 중 어느 것도 끝내지 못했기 때문에 걱정하고 있다.

어휘 be concerned 염려하다, 걱정하다   assign 할당하다

Lesson 6 부정대명사 one/another

Step 1 Warm-up Test   p.95

01 (B) one

해설 문맥상 불특정한 우산 하나를 의미할 수 있는 부정대명사 one이 가장 적절하다. it은 앞에서 언급한 특정한 것(명사)를 받는 대명사로 답이 될 수 없다.

해석 우산이 없는 손님들은 프론트 데스크에서 우산을 빌릴 수 있다.

어휘 rent 빌리다   front desk 프론트 데스크, 안내 데스크

02 (B) it

해설 동사 replace는 replace A with B(A를 B로 교체하다)의 문형을 따른다. 따라서 빈칸은 목적어의 자리로 적절한 대명사가 위치해야 한다. 'Mr. Palmer의 폰 배터리의 짧은 지속성 때문에 그것을 새로운 배터리로 교체하기로 했다'라는 의미로, 앞에

서 지칭한 Mr. Palmer의 폰 배터리를 받을 수 있는 대명사로 정답은 it이 되어야 한다. one은 지칭하는 대상이 불분명할 때 쓰이므로 답으로 적절하지 않다.

해석 Mr. Palmer의 전화기 배터리는 수명이 짧아서 그는 결국 새로운 배터리로 교체하기로 결정했다.

어휘 durability 내구성, 지속성 finally 마침내, 결국 decide 결정하다 replace 교체하다

03 (B) None

해석 빈칸에는 of the managers의 수식을 받으면서 주어가 될 수 있는 대명사가 올 자리이다. No는 한정사(형용사)이므로 답이 될 수 없다.

해석 그 매니저들 중 누구도 까다로운 고객들을 적절히 다룰 수 없다.

어휘 adequately 적절하게 deal with 다루다 demanding 까다로운

04 (A) the other

해석 세 가지를 예로 든 다음 두 가지에 대해서 언급했기 때문에 나머지 하나는 the other로 지칭해야 한다. others는 불특정한 나머지 것들을 의미할 때 쓰기 때문에 답이 될 수 없다.

해석 제공된 세 가지 선택사항 중에서 둘은 우리가 이용할 수 없는 것인 반면, 나머지 하나는 우리 예산 내에서 수용이 가능하다.

어휘 option 선택사항 available 이용 가능한, 구매 가능한 acceptable 수용할 수 있는, 받아들일 수 있는

05 (B) others

해석 동사가 are로 복수이다. 따라서 앞에서 언급한 하나를 제외한 불특정한 나머지 것들을 의미하는 others가 적절하다. other는 명사 앞에서 형용사로 쓰여 '다른'의 의미를 가진다.

해석 NJ transit는 통근자에게 가장 경제적인 교통수단이지만 다른 것들도 효율적이다.

어휘 transit 수송 transportation 교통수단 commuter 통근자

06 (A) one another

해석 문맥상 '서로 관계를 공고하게 다진다'라는 의미이므로 '서로'의 의미를 지닌 one another가 적절하다. the other는 한정된 수에서 '나머지 하나'를 의미할 때 쓰므로 답이 될 수 없다.

해석 매달 열리는 '볼링 나잇 아웃'은 직원들의 스트레스를 덜어주고 관계를 공고하게 다지는 데에 도움을 주는 생산적인 방법이다.

어휘 bowling 볼링 productive 생산적인 relieve 덜어주다, 완화하다

Step 2 실전 TOEIC Test p.95

01 (C) another

해석 빈칸에는 전치사 뒤에 올 수 있는 명사가 자리해야 한다. replace A with B는 'A를 B로 교체하다'라는 의미이기 때문에 B에 해당되는 빈칸은 불특정한 다른 것 하나를 의미하는 another가 되어야 한다. (A) all other와 (B) other는 명사를 수식하는 한정사이며, (D) each other는 대명사로 쓰이지만 '서로 서로'를 의미하므로 문맥상 어색하다.

해석 만약 기술자가 고장의 원인을 찾지 못한다면 귀하의 TV를 다른 것으로 바꿔주거나 아니면 전액 환불해 드리겠습니다.

어휘 malfunction 기능 부전, 고장 replace A with B A를 B로 교체하다 refund 환불

02 (B) another

해석 빈칸 앞에서 one이라고 지칭했기 때문에 뒤에서는 '또 다른 하

나'를 나타낼 수 있는 another가 와야 한다.

해석 우리는 Louisiana주에서 하나, 그리고 North Carolina주에서 또 하나를 검토하고 있기 때문에 어느 공장을 구입할지 확실치 않다.

어휘 facility 시설 look at 검토하다

03 (C) others

해석 빈칸은 주절의 주어로 within 이하의 전치사구의 수식을 받는 대명사가 들어갈 자리이다. 주절의 동사는 are이므로 복수형이 와야 한다. 보기 중에 복수 취급을 할 수 있는 것은 (C) others 뿐이다.

해석 Kass Manufacturing은 규모를 축소하고 있지만, 동종 산업의 다른 기업들은 향후 성장에 대한 기대감으로 사업을 확장하고 있다.

어휘 downsize (인원 감축 등을 통해) 규모를 줄이다 expand 확장하다 anticipation 예측

04 (B) the other

해석 전치사 against 뒤에 나올 대명사를 선택하는 문제이다. 각각의 하나를 나머지 하나와 비교한다는 의미로 남은 하나를 의미할 때 쓰는 대명사 the other가 정답이다.

해석 정규직과 시간제직 근무조건이 모두 좋은 점이 있기 때문에 지원자들은 각각에 대해 꼼꼼하게 비교를 해봐야 한다.

어휘 working conditions 근무조건 advantage 장점, 좋은 점 weigh 비교하다, 무게를 재다

05 (B) another

해석 한 이메일 계정에서 다른 하나의 이메일 계정으로 복사한다는 의미로 one과 함께 어울릴 수 있는 것은 another이다.

해석 신규 사용자용 설명서에는 한 이메일 계정에서 다른 이메일 계정으로 메일을 복사하는 방법이 나와 있다.

어휘 manual 설명서 account 계정

06 (B) ones

해석 빈칸에 들어갈 대명사가 받는 명사는 복수형인 ink catridges이므로 앞에 나온 같은 종류의 다른 개체를 의미하는 부정대명사 one의 복수형인 ones가 와야 한다.

해석 잉크 카트리지들을 교체해야 한다면 새로운 잉크 카트리지들에 15% 할인을 해주는 이 쿠폰을 이용하세요.

Lesson 7 부정대명사 all/both/some/any/each

Step 1 Warm-up Test p.97

01 (B) Anyone

해석 관계대명사 앞에서 선행사의 역할을 할 수 있는 대명사는 those와 -one, -body뿐이다. 따라서 정답은 Anyone이다.

해석 이 행사에 관심 있는 사람들은 다음 금요일까지 Mr. Melder에게 연락하시기 바랍니다.

어휘 event 행사, 이벤트 contact 연락하다

02 (A) Each

해석 빈칸은 문장의 주어이면서 of 이하의 수식을 받는 명사 자리이다. 보기 중에서 명사상당어구로 쓸 수 있는 것은 대명사 Each

이다. Every는 한정사(형용사)이므로 답이 될 수 없다.

해석 그들 모두는 목요일 본사에서 있는 회의에 반드시 참석해야 한다.

어휘 attend 참석하다 main office 본사

03 (B) all

해설 빈칸 앞의 부사 almost의 수식을 받으면서 뒤의 of the people의 수식도 받을 수 있는 대명사는 all이다. most는 이미 앞에서 나온 almost와 유사한 의미로 almost 뒤에 쓰이지 않는다.

해석 인터뷰를 했던 거의 모든 사람들은 더 큰 집이 필요 없다고 생각했다.

04 (B) fewer

해설 any는 부정문이나 의문문에 쓰이므로 답이 될 수 없으며, (수가) 더 적다는 의미의 fewer가 정답이다.

해석 작년과 비교해서 올해에는 Saint Memorial Hospital에 있는 환자들을 도와주는 자원봉사자들이 더 적다.

어휘 compared to ~와 비교해서 volunteer 자원(봉사)하다 help out 돕다

05 (A) each

해설 빈칸 뒤의 명사 candidate을 수식할 수 있는 한정사로, 단수 명사를 수식할 수 있는 each가 정답이다. single은 형용사로 '단 하나의, 유일한(only one)'의 의미로 a single tree 또는 every single person(한 사람 한 사람 모두)과 같이 쓰이며, 하나하나 각각을 강조하는 느낌이 강하다.

해석 점심식사 후, 각각의 후보자는 알파벳 순서에 따라 호명되어 면접을 보게 될 것이다.

어휘 candidate 후보자 call out 호명하다 alphabetical order 알파벳 순서

06 (B) all

해설 빈칸 앞뒤로 at, times가 있는 것으로 보아 at all times가 되어야 한다는 것을 알 수 있다. at all times는 always와 같은 뜻으로 '항상, 언제나'라는 의미의 숙어 표현이다.

해석 주지사의 연설 동안 소방관과 경찰은 모두 어떤 일이 발생하든 항상 대처할 준비가 되어 있어야 한다.

어휘 governor 주지사 incident 일, 사건 at all times 언제나, 항상

Step 2 실전 TOEIC Test p.97

01 (C) any

해설 동사 have의 목적어로 알맞은 대명사를 선택하는 문제이다. 앞에서 포장지(wrapping paper)의 재고가 없는 것 같다는 말이 있으므로 '만약 그것이 있다면'이라는 의미의 조건문에서 wrapping paper를 받을 수 있는 대명사는 any뿐이다.

해석 포장지의 재고가 없는 것 같은데 만약 당신이 가지고 있다면 Amanda에게 알려주세요.

어휘 be in stock 재고가 있다

02 (C) every

해설 빈칸은 뒤의 two weeks를 수식할 수 있는 형용사나 한정사가 들어갈 자리이다. some, several, most는 모두 two와 같이 수나 양을 의미하는 한정사로 two와 나란히 사용할 수 없다. 문맥상 '매 ~마다'라는 의미의 every가 적절하다. 완전한 문장에서 every two weeks는 '2주마다'라는 의미로 부사로 쓰인 것이다.

해석 성공적인 협상가인 Victor Henderson은 2주마다 출장을 간다.

어휘 negotiator 협상가 go on a business trip 출장가다

03 (D) everyone

해설 빈칸은 동사 encourages(격려하다, 고무시키다)의 목적어 자리로, 적절한 대명사 어휘를 선택해야 한다. 문맥은 '~에게 힘을 합쳐 일하도록 격려한다'의 의미이므로 가장 적절한 정답은 '모두'를 뜻하는 (D) everyone이다. (A) no one은 '아무도 ~않다'의 의미로 문맥상 알맞지 않고 (B) someone은 누군가 모르는 '어떤 사람'이므로 역시 문맥에 맞지 않다. (C) one another는 '서로'의 상호관계의 의미가 내포된 대명사로 역시 문맥에 맞지 않다.

해석 Ms. Benet은 경쟁사들보다 세일즈를 더 잘하기 위해서 모두에게 힘을 합쳐 일하도록 격려한다.

어휘 encourage 격려하다, 고무시키다 perform 수행하다 competitor 경쟁자, 경쟁사

04 (C) most of

해설 빈칸과 them이 합쳐서 but절의 주어가 되어야 한다. 최상급 형태인 the most는 대명사를 수식할 수 없고, 부사 almost(거의)와 mostly(대개)도 대명사 them 앞에 위치할 수 없다. them(the board members)을 전체 명사로 삼으면서 이들 중 대부분을 의미하는 부정대명사의 형태 most of가 들어가야 주어의 기능이 가능하다.

해석 이 회사의 이사들은 나이가 점점 들어가지만 그들 대부분은 매우 예리한 비즈니스 마인드를 가지고 있다.

어휘 board 이사회 get on in age 나이를 먹다 possess 소유하다

05 (D) some

해설 빈칸 뒤의 복수명사 weeks를 수식할 수 있는 한정사는 some 뿐이다. every나 another가 복수명사를 받기 위해서는 〈수사 + 단위명사〉가 나와야 한다. 예를 들어 another two weeks(추가로 2주), every two months(두 달마다)로 쓸 수 있다.

해석 Chalotte 은행은 몇 주 전에 금리를 기록적으로 낮게 책정했다.

어휘 lower 낮추다

06 (D) Anyone

해설 관계대명사 who가 이끄는 절의 수식을 받으며 동사 must fill out의 주어가 되는 부정대명사를 묻는 문제이다. who 다음의 동사가 단수명사를 받는 is인 것으로 보아 복수인 (A) Others와 (B) They는 제외된다. 재귀대명사인 (C) Herself는 주어로 쓰이지 않으므로 역시 제외된다. 답은 단수로 취급하는 (D) Anyone(누구라도, 누구든지)이다.

해석 자원봉사 프로그램에 합류하고자 하는 사람은 이 서류를 작성해야만 한다.

어휘 volunteering program 자원봉사 프로그램 fill out the form 양식을 작성하다

Chapter 4 동사

Lesson 1 접속사 + 관계사 + 1 = 동사의 개수

Step 1 Warm-up Test   p.101

01   (A) are
해설 문장의 접속사(unless)가 하나고 동사(have been signed)도 하나이므로 빈칸에는 동사가 들어가야 한다. 그러므로 분사 형태인 being은 답이 될 수 없다. 정답은 are이다.
해석 이 추천서들은 당신의 직속상관의 서명이 없으면 승인 받지 못한다.
어휘 letter of recommendation 추천서   approve 승인하다   unless ~하지 않는 한, ~하지 않는다면

02   (B) recommended
해설 문장에 본동사가 없으므로 빈칸에는 동사가 와야 한다. 따라서 to부정사인 to recommend는 정답이 될 수 없다. 정답은 recommended이다.
해석 James Reading은 임원인 자기 후임으로 Martha Focker를 추천했다.
어휘 recommend 추천하다   replace 대체하다

03   (B) rings
해설 문장에 동사가 한 개(received) 있고 접속사도 한 개(since) 있으므로 빈칸에는 동사가 와야 한다. 주어가 단수이므로 rings가 정답이다.
해석 Ms. Ayanami의 사무실 전화는 그녀가 최근에 3 Japanese in Las Vegas라는 소설을 출간해서 주목을 받은 이래 매일 끊임없이 울린다.
어휘 constantly 계속해서, 끊임없이   spotlight 스포트라이트, 주목   publish 출판하다

04   (A) answers
해설 빈칸 뒤에 있는 all incoming calls를 목적어로 받는 적절한 타동사를 선택하는 문제이다. 의미상으로는 유사하지만 responds는 자동사로, 뒤에 전치사 to를 동반해야 하므로 정답은 타동사인 answers이다.
해석 우리 비서, Christine Murray는 오전 9시부터 오후 6시까지 오는 전화를 모두 받는다.
어휘 secretary 비서   incoming call 걸려오는 전화   respond 대답하다

05   (B) have been nominated
해설 문장의 동사는 is 하나이고 관계대명사 who가 있으므로 빈칸은 동사가 들어갈 자리이다. 보기 둘 다 본동사로 쓸 수 있지만 동사의 수가 다르다. 관계대명사절의 동사의 수는 선행사에 일치시키는데, 선행사는 employees로 복수이다. 그러므로 복수 동사인 have been nominated가 정답이다.
해석 이사회가 혁신상 수상 후보자로 지명한 직원들의 명단이 첨부되어 있습니다.
어휘 attach 첨부하다   innovative 혁신적인

06   (B) found
해설 빈칸은 be동사의 뒷자리이고, 뒤에 목적어가 없는 것으로 보아 be동사와 함께 수동태를 이루는 과거분사가 오는 자리이다. 따라서 답은 found이다.
해석 잃어버렸던 서류가 발견되자 확인하기 위해 관리자에게 바로 보고됐다.
어휘 document 서류   report 보고하다   confirmation 확인

Step 2 실전 TOEIC Test   p.101

01   (A) accept
해설 조동사 will 다음에 올 수 있는 동사의 형태를 묻는 문제이다. 조동사 다음에는 동사원형밖에 올 수 없다. 따라서 답은 (A) accept이다. (B) accepts는 3인칭 단수를 받는 동사 형태이고 (C)는 동명사, (D) accepted는 동사의 과거형이므로 조동사 다음에 올 수 없다.
해석 온라인에 구인 광고를 낸 후에는 Kaan Brothers사는 이번 주말까지 지원자를 받을 것이다.
어휘 job position 직위   post 게시하다   accept 받아들이다, 수용하다   applicant 지원자

02   (C) was
해설 문장에 접속사(but)가 하나 있고 동사(caused)도 하나 있으므로 빈칸에는 동사가 와야 한다. 단수인 주어 the shipment와 수일치를 고려하고 caused와 시제를 맞춘 동사는 (C) was이다. 또한 yesterday가 있으므로 과거로 써야 한다는 것을 알 수 있다. (A) is는 수일치는 맞지만 시제가 맞지 않고 (B) are는 시제와 수일치 둘 다 맞지 않다. (D) were는 시제는 맞지만 단수주어를 받을 수 없는 복수동사이므로 답이 아니다.
해석 선적품이 어제 브라질에서 멕시코로 도착하기로 되어 있었지만 혹독한 날씨로 인해 지연되었다.
어휘 shipment 선적품   harsh 혹독한, 가혹한   delay 지연, 지체

03   (D) will be
해설 '정전이 있었다'와 '공장이 문을 닫는다'의 두 사건에서 '정전이 있은 후에 공장이 문을 닫는' 순서가 맞다. 정전이 있었다는 시제는 현재완료(has been)로 쓰이고 있으므로 현재완료보다 이후인 시제가 필요하다. 따라서 미래 시제인 (D) will be가 정답이다.
해석 지하에 정전 사태가 발생했으므로 오늘 하루종일 공장 전체가 문을 닫을 것이다.
어휘 power outage 정전   basement 지하층   entire 전체의

04   (C) has seen
해설 접속사 and로 두 절이 연결되어 있는 문장이다. and의 앞 절에서 동사가 없는 것으로 보아 빈칸은 동사가 들어가야 하는 자리이다. 주어는 3인칭 단수이므로 보기 중 적절한 동사는 (C) has seen밖에 없다. (A) see는 복수명사를 받으므로 답이 될 수 없고 (B) seen은 과거분사이므로 동사의 역할을 할 수 없다. (D) seeing도 마찬가지로 동사의 역할을 할 수 없는 동명사이므로 답이 될 수 없다.
해석 Mr. Mir는 그의 회사의 새로운 TV 광고를 보고 무척 흡족해한다.
어휘 be pleased with ~에 만족하다   quality 우수함, 고급, 양질

05   (A) convened
해설 문장에 동사가 없으므로 빈칸에는 동사가 자리해야 한다. 따라

서 동명사인 (C) convening은 제외되고 주어가 복수이므로 단수동사인 (B) convenes도 제외된다. 문장에 Yesterday가 있는 것으로 보아 과거 시제가 와야 하므로 정답은 (A) convened이다.
- 해석 어제 정부 관리들과 재계 지도자들이 비즈니스 규칙과 규제에 대해 논의하기 위해 Hotel Primo에서 회의했다.
- 어휘 convene (회의 등을) 소집하다, 회합하다 regulation 규율

06 (B) extends
- 해설 빈칸은 주격 관계대명사 that 뒤의 동사가 올 자리이다. 그런데 선행사가 plan으로 단수이므로 단수동사 형태인 (B) extends가 정답이 된다. 과거동사인 extended는 문장의 본동사인 qualify와 시제가 일치하지 않으므로 답이 될 수 없다.
- 해석 데스크탑 컴퓨터를 구매하는 고객들은 보증기간을 2년 동안 추가로 연장해주는 특별한 서비스를 받을 수 있다.
- 어휘 purchase 구매 extend 연장하다 warranty 보증 additional 추가의

Lesson 2 1형식 동사 vs 2형식 동사

Step 1 Warm-up Test p.103

01 (A) announce
- 해설 빈칸 뒤에 목적어가 위치하고 있으므로 빈칸에는 목적어를 받을 수 있는 타동사가 들어가야 한다. agree는 자동사로 전치사 with나 to와 함께 쓰이기 때문에 오답이다. announce는 타동사로 뒤에 목적어를 받을 수 있고 문맥상 '새로운 계획을 발표하다'라는 의미가 되므로 정답이다.
- 해석 교육위원회는 Bay County에 있는 공립학교들을 관리하기 위한 새로운 계획을 발표하기로 했다.
- 어휘 education board 교육위원회 manage 경영하다, 관리하다

02 (A) emerged
- 해설 관계사 that의 선행사 the virus가 힌트이다. 부정적 어휘인 the virus를 주어로 쓸 수 있는 동사를 선택해야 한다. 따라서 답은 '문제 등이 발생한, 생긴, 나타난'의 의미를 가진 emerged가 가장 적절하다. (A) emerged는 자동사이므로 that 다음에 또 다른 명사절이 아닌 when이 이끄는 부사절이 왔다는 것에 주의하자. reveal은 '이전에 비밀이었거나 알려지지 않은 것을 알리다'의 의미이고, 뒤에 목적어를 받는 타동사이기 때문에 답이 될 수 없다.
- 해석 기술팀은 새로운 웹디자인 프로그램을 설치할 때 생긴 바이러스를 고칠 수 있었다.
- 어휘 technician 기술자 fix 고치다 emerge 나오다, 모습을 드러내다

03 (A) participate
- 해설 조동사 may 다음은 동사원형 자리이다. 보기의 동사 participate와 attend는 동사원형이므로 모두 정답이 될 가능성이 있는데 participate는 자동사이고 attend는 목적어를 수반하는 타동사이다. 빈칸 뒤에 전치사 in이 위치하고 있으므로 정답은 전치사 in과 함께 어울리는 participate가 된다.
- 해석 보드게임에 흥미가 있는 사람은 누구나 Frieze Building 지하에서 보드게임과 관련된 모든 활동에 참여할 수 있다.
- 어휘 participate in ~에 참여하다 related 관련된 activity 활동 basement 지하

04 (A) become
- 해설 문장에 접속사(since)가 한 개, 동사(are spending)도 한 개 있으므로 빈칸은 동사 자리이다. become은 자동사이므로 목적어를 가질 수 없기에 수동태로는 쓰이지 않는다. 그러므로 are become은 오답이다. 정답은 become이다.
- 해석 컴퓨터는 빠르게 구형이 되기 때문에 많은 사용자들은 업그레이드하는 데 많은 돈을 쓰고 있다.
- 어휘 out of date 구식이 된, 유효 기간이 지난 rapidly 빠르게

05 (B) remains
- 해설 적절한 동사 어휘를 고르는 문제이다. elect는 '~을 선출하다'라는 타동사이고 remain은 자동사이다. 하지만 뒤에 명사인 a top area라는 명사를 목적어로 인식하고 elects를 선택하지 않도록 하자. 자동사인 remain은 목적어를 받지 않지만 (주격)보어로 명사를 받을 수 있다는 것을 명심하자. 중국(China)은 투자하기에 좋은 곳이라는 의미로, 주어인 China와 a top area가 동일시되어 뒤에 나온 명사는 주격보어가 되므로 정답은 remains가 된다.
- 해석 Global Finances지에 따르면 중국은 아직도 아시아에서 투자하기에 최고로 좋은 지역이다.
- 어휘 according to ~에 따르면 remain ~으로 남아 있다 apparently 분명히 investment 투자

06 (B) reach
- 해설 빈칸 뒤의 목적어 goal과 어울리는 동사는 reach로, reach a goal은 '목표에 도달하다'라는 의미를 가진다. arrive는 자동사로 뒤에 목적어를 취하지 않는다.
- 해석 Best Gym의 개인 트레이너들은 그들의 고객들의 피트니스 목표를 달성하는 데 도움을 주는 특별한 기술을 가지고 있다.
- 어휘 client 고객 reach ~에 도달하다

Step 2 실전 TOEIC Test p.103

01 (A) fallen
- 해설 주어 Sales와 부사 drastically가 힌트이다. 뒤에 목적어를 받지 않는 자동사로 '급격하게 판매가 ------됐다'의 문맥에 가장 자연스러운 것은 '가격, 수준, 양 등이 떨어지다, 하락하다'의 의미인 (A) fallen으로, 선택지 중에서 사물 명사를 주어로 받을 수 있는 유일한 동사이다.
- 해석 우리 디지털 카메라의 판매가 급격하게 떨어져서 이제는 더 많은 기능을 추가하거나 새로운 모델을 만들어 낼 때이다.
- 어휘 drastically 대폭으로, 급격하게 it is about time to + 동사원형 ~을 할 때이다 feature 특징, 기능

02 (B) became
- 해설 빈칸은 문장의 본동사의 자리로 주어와 목적어의 관계를 잘 파악하여 적절한 동사 어휘를 선택해야 한다. 문맥상 '지난 10년 동안 Juventus Bank에서 일한 후에 Alessandro Del Toro는 드디어 지점장이 되었다'라는 의미이므로 가장 적절한 동사는 '~이 되었다'의 (B) became이다. 자동사는 뒤에 목적어를 받지 않지만 보어로 명사를 받을 수 있다는 것을 명심하자.
- 해석 Juventus Bank에서 지난 10년 간 일한 후에 Alessandro Del Toro는 마침내 지점장이 되었다.
- 어휘 branch manager 지점장 compete 경쟁하다

03 (B) have remained

해설 문장에 접속사(Although) 하나와 동사(has doubled) 하나가 있으므로 빈칸에는 동사가 들어가야 한다. 따라서 (C) to remain은 제외된다. 주절의 주어 the salaries가 복수이므로 (A) is remaining도 제외한다. (D) were remained는 자동사 remain은 수동태가 될 수 없음으로 답이 될 수 없다. 따라서 정답은 (B) have remained이다.

해석 Leaders Realm사는 작년에 비해 수익이 두 배로 늘었지만 영업 직원의 급여는 변하지 않았다.

어휘 double 두 배로 늘리다   profit 수익   compared to ~에 비해   salary 급여   remain 계속 ~이다

04 (C) register

해설 빈칸은 뒤의 전치사 for와 어울려 의미가 성립하는 동사 자리이다. 정답은 (C) register로, register for는 '~에 등록하다'의 의미이다. (A) approve는 주로 타동사로 쓰이지만 자동사로 쓰일 경우 전치사 of와 쓰인다. (B) express(표현하다)와 (D) record(기록하다)는 타동사로, 전치사 없이 바로 목적어를 취한다.

해석 Gulliver 여행사의 신입 직원들은 모두 2주간의 사내 연수에 등록해야 한다.

어휘 require 요구하다, 필요하다   training session 교육   register 등록하다

05 (B) held

해설 빈칸은 be동사의 뒷자리이고, 뒤에 목적어가 없는 것으로 보아 be동사와 함께 수동태를 이루는 과거분사의 자리이다. remain은 자동사이므로 수동태 형태로 쓰일 수 없기에 (A)와 (C)는 오답이고, '회의가 열리다'라는 표현은 be held이므로 정답은 과거분사인 (B) held이다.

해석 일곱 번째 열리는 연례 국제 경제 회의가 오스트리아 비엔나에서 2020년, 11월 21~25일 동안 열린다.

어휘 be held (회의 등이) 열리다, 개최되다   annual 매년의, 연례의

06 (D) compliant with

해설 빈칸은 be동사와 수식어인 부사의 다음 자리로, be동사 뒤에 오는 적절한 보어를 묻고 있다. 문맥상 '단지 세 곳만이 환경에 관한 규제를 완벽하게 준수하고 있었다'라는 의미를 나타낸다. be compliant with는 '~을 따르다, ~을 준수하다'라는 의미를 나타내므로 정답은 (D) compliant with이다. 동사 comply는 자동사로, 전치사 with와 함께 다닌다는 것을 꼭 알아두자.

해석 10개의 유명한 자동차 제조회사 중에서, 단지 세 곳만이 환경에 관한 규제를 완벽하게 따르고 있었다.

어휘 environmental regulation 환경에 관한 규제

Lesson 3 3형식 동사

Step 1 Warm-up Test   p.105

01 (A) attend

해설 빈칸에 올 동사의 목적어인 the conference에서 답을 유추 할 수 있다. 즉 '모임 등에 참석하다'의 의미를 가진 attend가 자연스럽게 어울릴 수 있다. arrive는 at이나 in같은 전치사를 동반해야 한다.

해석 담당 직원들에게 모두 전화해서 4시간 후에 시작될 회의에 참석하라고 하시기 바랍니다.

어휘 attend 참석하다   conference 회의

02 (B) leave

해설 접속사 before 뒤에 동사가 없는 것으로 보아 빈칸에는 동사가 들어가야 한다. 문맥상 '그들이 사무실을 나가기 전에'라는 의미이고, 또한 빈칸 뒤에 있는 목적어를 받을 수 있는 동사가 와야 하므로 정답은 leave가 된다. come은 자동사로 뒤에 목적어가 오지 못한다.

해석 Mr. Kim의 비서들에게 사무실을 나가기 전에 컴퓨터를 모두 꺼줄 것을 요청했다.

어휘 turn off 끄다   assistant 비서, 조수

03 (A) enroll

해설 전치사 in을 받는 적절한 자동사 어휘를 선택하는 문제이다. 보기 중 자동사는 enroll로, enroll in은 '~에 등록하다'라는 의미를 갖는다. attend는 타동사이기에 뒤에 목적어가 와야 하므로 오답이 된다.

해석 다음 주부터 Tula Inc.의 모든 직원들은 할인된 가격으로 요가 수업에 등록할 수 있다.

어휘 eligible ~할 수 있는   enroll in ~에 등록하다

04 (B) monitors

해설 빈칸은 관계대명사 that절의 동사 자리이며, 이 동사의 주어는 앞에 있는 선행사 surveillance camera(감시 카메라)이다. excites는 '흥분시키다'라는 의미의 감정타동사로, 목적어는 사람명사를 취한다. 문맥상 '우리의 가장 가치 있는 보물을 감시하는 감시 카메라'라는 의미가 되어야 적절하므로 정답은 '감시하다'라는 의미인 monitors이다.

해석 우리는 박물관 중앙 전시관 천장에 가장 가치 있는 보물만 감시하는 감시 카메라를 설치해 놓고 있다.

어휘 surveillance 감시   ceiling 천장   museum 박물관   solely 오로지, 단독으로   valuable 가치 있는   treasure 보물   excite 흥분시키다, 들뜨게 만들다   monitor 감시하다

05 (B) forwarded

해설 문맥상 'Mr. Boikins는 첨부 파일을 내려 받아서 그것을 Ms. Benedict에게 ------했다'라는 의미의 문장에 들어가는 알맞은 동사를 선택하는 문제이다. 정답은 '전달했다'의 의미를 가진 동사 forwarded이다. proceeded는 전치사 with와 함께 쓰이는 자동사로, '진행됐다'의 뜻을 가지고 있으므로 정답이 될 수 없다.

해석 Mr. Boikins는 Mr. Beckham으로부터 첨부된 파일을 내려 받고는 그것을 Ms. Benedict에게 전달했다.

어휘 download 내려 받다   attached 첨부된

06 (B) pardon

해설 빈칸 뒤에 있는 명사를 받을 수 있는 동사를 찾는 문제이다. 문맥상 '바닥 공사가 진행되는 동안에 소음과 먼지가 있더라도 양해해 주십시오'라는 의미가 되어야 한다. 그러므로 빈칸에는 '너그러이 봐 주다'라는 의미의 동사인 pardon이 들어가야 한다. satisfy는 타동사로, '~을 만족시키다, 충족시키다'라는 의미로 문맥상 어색하다.

해석 바닥 공사가 진행되는 동안에 소음과 먼지가 있더라도 이해해 주시고, 이 공사 지역을 지나갈 때는 조심해 주시길 바랍니다.

어휘 dust 먼지   repair 수리하다   take caution 조심하다

Step 2 실전 TOEIC Test   p.105

01   (C) face

해설 빈칸은 조동사 may 다음에 오는 동사원형 자리이다. 뒤에 목적어인 bankruptcy가 있으므로 타동사인 (C) face가 정답이다. (A), (B)와 (D)는 모두 자동사이므로 목적어를 받을 수 없기에 오답이다.

해석 회사가 파산에 직면할지도 모른다는 소문이 돌기 시작한 이래 직원들은 대부분 일할 의욕을 상실했다.

어휘 bankruptcy 파산   motivation 동기부여

02   (B) address

해설 문맥상 '엔지니어들은 문제점을 해결할 것으로 기대된다'라는 의미를 나타내므로 정답은 '해결하다'라는 의미를 갖는 (B) address가 된다. (D) become은 자동사로 목적어를 취할 수 없으며, (C) satisfy는 '~을 만족시키다, 충족시키다'라는 의미이므로 부적절하다.

해석 엔지니어들은 새로 개발된 소프트웨어의 기능 장애를 완전히 그리고 결함이 없이 해결할 것으로 예상된다.

어휘 address (문제나 요청, 요구 조건들을) 해결하기 시작하다   malfunction 고장, 기능 장애   developed 개발된   completely 완전히

03   (B) creates

해설 빈칸에는 뒤에 목적어를 받을 수 있는 타동사가 와야 하는데 (A)와 (D)는 자동사이므로 제외된다. 타동사 (B)와 (C) 중에서 문맥상 '새로운 일자리를 만든다'란 의미를 나타내야 하므로 정답은 (B) creates가 된다. (C) interests는 사람을 목적어로 취하는 감정타동사이다.

해석 일부는 자신이 사는 도시에 화학공장을 세우는 것에 반대하지만 그 공장 때문에 일자리가 새로 만들어진다는 이유 때문에 찬성하는 사람들이 많다.

어휘 be against -ing ~을 하는 데 반대하다   chemical factory 화학공장   be for ~에 찬성하다

04   (D) transferred

해설 빈칸은 has 다음에 오는 적절한 과거분사의 형태를 묻는 문제로, 의미상 적합한 동사 어휘를 찾아야 한다. 콤마 앞에서 'Western Australia 은행의 최근에 바뀐 정책에 만족하지 못했다'라는 내용이 있으므로, 문장의 논리상 'funds(자금, 돈)를 Perth 투자은행으로 이체했다'라고 하는 것이 적절하다. 따라서 정답은 (D) transferred이다.

해석 Ms. Emile는 최근 Western Australia 은행의 정책 변화에 만족하지 않았기 때문에 자신의 돈을 Perth 투자은행으로 이체했다.

어휘 be pleased with ~에 만족하다   recent 최근의   policy 정책   transfer 이체하다

05   (A) look

해설 빈칸 뒤에 부사 around가 있으므로 빈칸에는 자동사가 들어가야 한다. 선택지 중 around와 어울려서 사용할 수 있는 자동사는 look뿐이다. 나머지 see, watch, view는 모두 타동사이다.

해석 저녁에 창고를 마지막으로 떠나는 사람은 시간을 내서 바닥에 아무것도 없다는 것을 꼭 확인해야 한다.

어휘 storage room 창고   take some time 시간을 내다   look around 둘러보다   make sure 확인하다

06   (B) confirm

해설 빈칸 뒤에 her flight schedule을 목적어로 받을 수 있는 동사를 고르는 문제이다. 그녀의 비행 일정(her flight schedule)이라는 목적어를 받을 수 있는 동사는 '확인하다'라는 의미인 (B) confirm이다.

해석 Mrs. Reynolds는 금요일 오후 7시에 떠나는 비행기 일정을 확인하기 위해 KFC 항공사에 전화를 걸었다.

어휘 comply 따르다   confirm 확인하다   remind 상기시키다   flight schedule 비행기 시간

Lesson 4 4형식 동사

Step 1 Warm-up Test   p.107

01   (A) welcoming

해설 전치사 for 뒤에서 명사 our staff을 목적어로 받을 수 있는 동명사 어휘를 고르는 문제이다. 동사 give는 4형식동사로 쓰여 두 개의 목적어(사람 목적어 + 사물 목적어)를 받게 되므로, our staff 하나만을 목적어로 받는 타동사인 welcoming이 정답이다. 동사 give도 3형식으로 쓸 수 있지만 '~을 주다'라는 의미이기 때문에 our staff을 받기에는 어색하다.

해석 저희는 오늘밤 연회에서 우리 직원들을 반갑게 맞이해주는 것에 대해 감사드립니다.

어휘 welcome 환영하다   banquet 연회

02   (B) escort

해설 빈칸은 to부정사의 동사 어휘를 선택하는 문제로, 목적어와 전치사 to를 취하는 동사를 선택해야 한다. 정답은 escort로, escort A to B(A를 B로 안내하다)의 문형을 따른다. give는 의미상으로도 적절하지 않지만, 수여동사이기 때문에 뒤에 전치사와 함께 올 때는 〈give + 사물 목적어 + 전치사 + 사람 목적어〉로 쓰이므로 답이 될 수 없다.

해석 오페라가 시작되기 전 혼잡을 피하기 위해 좌석 안내원은 지정된 좌석에 손님을 안내해야 한다.

어휘 confusion 혼란, 혼동   usher 좌석 안내원   essential 필수적인   escort 안내하다, 에스코트하다

03   (A) allows

해설 문맥상 적절한 동사 어휘를 선택하는 문제로, 뒤의 to부정사 to enter가 힌트다. to부정사와 함께 쓰이는 동사는 allows로, allow A to B는 'A에게 B하도록 허락하다'라는 의미이다. gives는 give A to B(B에게 A를 주다)로 쓰이는데, 여기서 to는 전치사 to로, 뒤에 명사를 받으므로 정답이 아니다.

해석 새로운 레이저 키는 실험실 직원들이 출입문으로 출입할 수 있게 해주고 동시에 그들이 출입한 시간을 기록한다.

어휘 allow ~을 가능하게 하다, 허락하다   laboratory 실험실   entry 출입, 입장   simultaneously 동시에

04   (B) authorized

해설 the law를 주어로 하는 현재완료 시제 문장에서 적절한 동사 어휘를 선택하는 문제로, 주어(the law)와 가장 잘 어울리는 동사는 '인가하다, 권한을 부여하다'의 authorize다. remind는 remind A of B(A에게 B를 생각나게 하다)의 문형을 따르므로 답으로 적절하지 않다.

해석 주거 침입 범죄율이 높아져서 Oklahoma주에서는 총기 소유가 합법화되었다.

어휘 invasion 침입   authorize 인가하다, 권한을 부여하다   possession 보유   firearm 총기

05 (A) offers

해설 문맥상 'One Cup사는 모든 상점에서 무료 WiFi(무선인터넷)를 제공한다'라는 의미이므로 정답은 offers이다. 동사 suggest는 타동사로, 주로 의견이나 생각들을 말하거나 제안할 때 쓰인다.

해석 One Cup은 이제 모든 매장에서 무료 와이파이를 제공하고 여름까지는 전국적으로 서비스를 제공할 계획이다.

어휘 nationwide 전국적으로   offer 제공하다

06 (B) locate

해설 〈동사 help + 목적어 + 동사원형〉의 구문에서 동사원형 자리에 들어갈 알맞은 의미의 동사를 찾는 문제이다. 빈칸에는 nearby stores or local attractions를 받아 '근처 상점이나 지역 관광소의 위치를 알아낸다[찾아낸다]'란 의미가 될 수 있도록 locate가 들어가는 것이 적절하다.

해석 저희 데스크 직원들은 손님들이 근처 상점이나 지역 관광소를 찾는 데 도움을 주도록 교육을 받습니다.

어휘 help + 사람 + 동사원형 ~가 …하는 것을 돕다   attraction 관광명소   remind 상기시키다   locate ~의 위치를 알아내다[찾아내다]

Step 2 실전 TOEIC Test p.107

01 (B) advised

해설 빈칸 뒤의 목적어인 사람명사를 받고 문맥상 어떤 방법에 대해서 우리에게 조언해주었다는 의미로 쓰일 수 있는 것은 advise 뿐이다. design은 '고안하다, 만들어내다'라는 의미로 사물명사를 주로 목적어로 받고 suggest와 propose의 경우에는 전치사 for를 받게 된다.

해석 우리의 변호사인 Ms. Douglas는 우리 사건에 적용되는 연방 식약품 및 화장품 법률의 조항에 대해 우리에게 조언을 해주었다.

어휘 counsel 변호사   provision 조항   apply 적용되다   case 사건

02 (A) offered

해설 he를 주어로 하는 문장의 적절한 동사 어휘를 선택하는 문제이다. 빈칸 뒤의 사람목적어인 one of his closest colleagues와 또 다른 목적어인 the position 두 개를 모두 취할 수 있는 4형식 동사를 선택해야 한다. 따라서 정답은 (A) offered로, 〈offer + 사람 + 사물〉은 '~에게 …을 제공하다'의 의미로 쓰인다. (B) hired는 '빌리다, 고용하다'의 의미로 목적어 하나만을 취하므로 정답이 될 수 없고 (C) relocated는 relocate A to B(A를 B로 이전하다)의 문형을 취한다. (D) asked는 ask A about B(A에게 B에 대해 묻다)의 문형을 취하므로 역시 정답이 될 수 없다.

해석 Mr. Farmer가 JD Motors에서 나오기로 결심하기 전에 그는 제일 가까운 동료에게 그 자리를 제안했다.

어휘 decide 결심하다   move out 나오다   colleague 동료

03 (B) notify

해설 Mr. Noble이라는 사람목적어와 뒤의 that절 이하를 이끌 수 있는 동사는 '~에게 …을 통지하다'의 (B) notify뿐이다. (A) accept(받아들이다)는 목적어를 받는 타동사이지만 그 뒤에 that절을 받지 않는다. (C) deliver는 목적어 다음에 to나 on 같은 전치사를 쓰므로 답이 될 수 없다. (D) present도 목적어 다음에 전치사를 동반한다.

해석 Mr. Noble에게 현재 음악 산업에서 소비자 관심이 바뀌고 있는 것에 관한 프레젠테이션을 준비해야 한다고 꼭 알려주세요.

어휘 make sure 확실히 하다   prepare 준비하다   consumer 소비자   industry 산업

04 (B) respond

해설 to부정사의 적절한 동사 어휘를 선택하는 문제이다. 빈칸 다음에 전치사 to와 어울릴 수 있는 자동사로 '~에 응답하다, 반응하다'라는 의미의 (B) respond가 정답이다. (A) promise는 promise A to B(A를 B에게 약속하다)의 문형을 따르므로 답이 될 수 없다. (C) advise 다음에 사람이 올 때는 전치사가 필요 없으므로 답이 아니며, (D) explain은 explain A to B(B에게 A를 설명하다)의 문형을 따르므로 답이 될 수 없다.

해석 우리는 지난주에 Mr. Colombo에게 요청을 많이 했지만 그는 우리에게 답장을 보내지 않았다.

어휘 numerous 수많은   request 요청   fail to + 동사원형 ~하는 데 실패하다, ~하지 않다   respond 응답하다, 답장을 보내다

05 (D) offers

해설 빈칸 뒤의 명사 a 25% discount를 목적어로 취하는 적절한 동사를 선택하는 문제이다. 정답은 (D) offer로, offer A to B(A를 B에게 제공하다)의 문형을 따른다. (A) tells은 tell A to B(A를 B에게 말하다)의 문형을 따르지만 목적어로 정보나 사실에 관련된 명사들이 쓰이므로 답으로 적절하지 않다. (B) buys는 buy A for B(A를 B를 위해 사다)의 문형을 따르므로 답이 될 수 없고, (C) travels는 '여행하다'의 뜻으로 문맥에 어울리지 않는다.

해석 Tetra Magazines는 모든 1년 구독자들에게 25%의 할인을 제공한다.

어휘 offer 제공하다   discount 할인   one-year 1년간의   subscriber 구독자

06 (A) attract

해설 빈칸 앞의 to와 함께 to부정사를 이룰 수 있는, 문맥상 알맞은 동사 어휘를 찾는 문제이다. 빈칸 뒤에 as ~ as …가 보인다. 앞의 as와 뒤의 as 이하를 빼고 문장을 살펴보면 빈칸은 many people(사람)을 목적어로 받을 수 있는 타동사가 들어갈 자리임을 알 수 있다. (B) participate는 자동사로 전치사 in을 동반하고 뒤에 장소나 행사 등의 명사가 나와야 하므로 답이 될 수 없다. 문맥상 '많은 사람들을 끌어 모아 오게 한다'는 의미로 사람을 목적어로 받을 수 있는 타동사는 (A) attract이다.

해석 Walkathon 자선행사의 자원봉사자들은 거리에서 전단지를 배포해 그들이 할 수 있는 한 최대한 사람들을 많이 오게 할 것이다.

어휘 volunteer 자원봉사자   give out 나눠주다, 배포하다   flyer 전단지

Lesson 5 5형식 동사

Step 1 Warm-up Test p.109

01 (A) required

해설 All marketing staff를 주어로 하는 수동형 문장의 알맞은 동사 어휘를 선택하는 문제이다. 빈칸 뒤의 to부정사와 쓰일 수 있는 동사 어휘를 선택해야 한다. require는 to부정사를 목적보어로 취하는 동사이다. 수동태 형태인 〈be required to + 동사원

형)으로 자주 등장한다. appeal는 '항소하다, 매력을 끌다'의 자동사이므로 수동태로 쓰일 수 없다.
- 해석 모든 마케팅 직원은 월요일까지 설문조사를 끝내야 한다.
- 어휘 require 요구하다 finish 끝내다 complete 완성하다 survey 설문조사

02 (A) be painted
- 해설 조동사 뒤에는 동사원형이 나와야 한다. 하지만 보기가 모두 동사원형으로 시작하고 있다. 동사 paint는 5형식 동사로 원래는 paint the walls yellow and white(벽을 노란색과 흰색으로 칠하다)의 문장에서 목적어인 the walls가 주어 자리로 가면서 the walls will be painted가 되면서 뒤에 목적 보어인 yellow and white가 나온 형태의 문장이다.
- 해석 벽은 노란색과 흰색으로 칠해지게 될 것이다.
- 어휘 wall 벽 paint 페인트칠을 하다

03 (A) advised
- 해설 be동사와 to부정사 사이에 들어갈 동사로, 목적 보어를 to부정사로 받을 수 있는 것은 advise이다. 원래 문장은 advise all staff members to leave ~이고, 이것이 수동태가 되어 are advised to leave ~가 된 형태이다.
- 해석 정기 유지보수 점검으로 인해 직원들은 모두 오늘 오후 6시 전에 퇴근하셔야 합니다.
- 어휘 regular 정기적인 maintenance 유지보수 leave the office 퇴근하다

04 (B) regarded
- 해설 빈칸 앞의 부사 widely를 제하고 나면 be동사 뒤에 들어갈 과거분사를 고르는 문제이다. 전치사 as와 함께 어울려 '미래가 가장 촉망되는 리더로 간주되다'란 의미를 만들 수 있는 regarded가 정답. regard는 5형식 동사로 regard A as B(A를 B로 간주하다, 여기다)의 형태로 쓰이는데, 이것이 수동태로 바뀌면 A is regarded as B가 된다.
- 해석 그녀는 미래가 가장 촉망되는 리더로 널리 알려져 있다.
- 어휘 widely 널리 promising 미래가 촉망되는 serve 근무하다, (서비스 등을) 제공하다

05 (A) invites
- 해설 등위접속사 and 뒤에 반복되는 주어(Liberty Investment Club)가 생략되었다. 빈칸에는 〈목적어 + to부정사〉를 동반할 수 있는 invites가 와야 한다. 동사 suggest 역시 사람을 목적어로 받지만 〈suggest + 사람 + for + 사물〉의 구조로 쓰인다.
- 해석 Liberty Investment Club은 귀하의 관심에 대해 감사를 드리며 또한 이를 환영합니다. 그리고 부동산 투자에 관련된 다른 분들과 함께 하시도록 초대합니다.
- 어휘 be involved in ~에 관련되다 estate investment 부동산 투자

06 (A) advised
- 해설 be동사와 함께 수동태를 만드는 동사를 찾는 문제이다. 문맥상 '참가자들은 사진이 부착된 신분증을 보여줘야 한다'라는 의미이므로 정답은 advised이다. 〈advise + 목적어 + to부정사(~가 ~을 하도록 권유하다)〉가 수동형이 되면 목적어가 주어로 나오고 〈be동사 + advised + to부정사〉의 형태가 되는 것이다.
- 해석 참가자들은 여론조사를 하기 전에 사진이 부착된 신분증을 보여줘야 한다.
- 어휘 participant 참가자 photo identification card 사진이 부착되어 있는 신분증 survey 여론조사

Step 2 실전 TOEIC Test p.109

01 (B) made
- 해설 the clients 다음에 동사원형인 consider가 나왔으므로 〈make + 목적어 + 동사원형〉의 구조라는 것을 알 수 있다. 따라서 정답은 (B) made이다.
- 해석 오늘 아침 프레젠테이션에 참석한 고객들은 제약 분야에 대한 투자를 고려해보게 되었다.
- 어휘 invest 투자하다 pharmaceuticals 제약

02 (C) keep
- 해설 빈칸 앞의 to와 to부정사를 이루어 목적어(the state's economy)와 형용사 목적보어(productive)를 받을 수 있는 5형식 동사가 필요하다. 따라서 (C) keep이 정답이다.
- 해석 기업가이자 혁신가로서 소기업의 오너들은 다양한 하나의 그룹을 대표하며, 지속적으로 해당 주(州)의 경제를 생산적으로 유지하고 있다.
- 어휘 entrepreneur 기업가 represent 대표하다 diverse 다양한 productive 생산적인

03 (B) allows
- 해설 빈칸 뒤의 employees to take를 받을 수 있는 동사 어휘를 찾는 문제이다. 직원들이 4시 이후에 30분간의 휴식을 취하게 한다는 의미이므로 allows가 가장 적절하다. 동사 speak는 자동사로, 뒤에 목적어를 바로 받을 수 없으며, offer는 사물을 목적어로 받아 '~을 제안[제공]하다'라는 의미로 쓰인다.
- 해석 우리의 직속상사인 Mr. Spiegel은 4시 이후에 직원들이 30분간 휴식을 가지도록 하고 있다.
- 어휘 supervisor 직속상사 break (짧은) 휴식

04 (B) flourish
- 해설 문장에 본동사가 say, will help 두 개이고 접속사 that이 있으므로 빈칸에는 본동사가 아닌 준동사가 들어가야 한다. 빈칸 앞에 help가 있는 것으로 보아 〈help + 목적어 + 동사원형〉의 구조이므로 정답은 flourish이다.
- 해석 환경전문가들은 올해 알맞은 봄 날씨 때문에 작물들이 잘 자랄 수 있도록 도움을 받을 것이라고 말하고 있다.
- 어휘 environmental 환경의 favorable 적합한, 호의적인 plant 작물, 식물 flourish 잘 자라다, 번창하다

05 (D) allow
- 해설 문맥상 적합한 동사 어휘를 찾는 문제이다. 목적어로 사람과 to부정사를 동반하는 allow가 정답이다. avoid는 3형식, provide는 〈provide + 사람 + with + 사물〉의 구조로 사용되며, show는 4형식으로 목적어를 두 개 받는다.
- 해석 Lehman Brothers사의 법률 프로그램을 사용하면 많은 복잡한 일을 자동적으로 처리할 수 있을 것이다.
- 어휘 complicated 복잡한

06 (A) won
- 해설 빈칸 뒤의 목적어 themselves와 또 다른 목적어인 plenty of patrons(많은 단골고객)를 받을 수 있는 4형식 동사는 보기 중에서 won이 가장 적절하다. 동사 win은 일반적으로 3형식 동사로 쓰이지만, 여기서처럼 '~에게 …을 얻게 하다, 이기게 하다'라는 의미로 4형식 동사로도 쓰인다.

해설 우리 회사는 지난 몇 년에 걸쳐 단골고객들을 많이 만들었다.
어휘 plenty of ~ 많은 ~   patron 단골고객

Lesson 6 현재 시제

Step 1 Warm-up Test   p.111

01   (B) requires
해설 주어가 단수인 Timely completion of ~이므로 동사도 단수형인 requires가 와야 한다.
해설 내년의 영업계획을 시간에 맞춰 끝내려면 관리자와 지역 영업사원들 간에 명확한 의사소통이 있어야 한다.
어휘 timely 시간에 맞는   communication 의사소통   regional 지역의, 현지의

02   (A) grow
해설 전체 문장의 주어는 all of the trees이며 planted in front of the office building는 주어를 수식하는 분사구문이다. 빈칸에는 복수주어를 받을 수 있는 동사가 와야 하기 때문에 grow가 정답이다.
해설 사무실 건물 앞에 심은 나무들은 모두 그늘에서 잘 자라는 것들이다.
어휘 plant 심다   in front of ~앞에   shaded area 그늘

03   (A) considering
해설 관계대명사 who절의 be동사 뒤에 나올 수 있는 동사의 형태를 묻고 있다. 문법적으로 be동사 뒤에는 현재분사(-ing)와 과거분사(-ed) 둘 다 올 수 있다. 하지만 빈칸 뒤의 relocating이라는 동명사를 목적어로 받을 수 있는 considering이 정답이다.
해설 다른 지점으로 옮기는 것을 고려하고 있는 직원들은 인사부 책임자와 개인적으로 일정을 잡아야 한다.
어휘 relocation 전근, 이전, 이사   appointment 약속

04   (A) approves
해설 as long as가 이끄는 부사절의 동사가 들어갈 자리이다. 주절의 시제가 미래이므로 종속절도 시제를 일치시켜 주어야 하지만 시간부사절에서는 미래 시제 대신 현재 시제를 써야 하므로 정답은 approves가 된다.
해설 Mr. Graham이 우리의 요청을 받아들이기만 하면, 우리는 금요일과 토요일에 더 적은 시간을 일하게 될 수 있을 것 이다.
어휘 as long as ~하는 한, ~하기만 하면   request 요청, 요구

05   (B) accompanies
해설 선행사 the Safety and Comfort Guide를 수식하는 관계대명사 that절의 동사를 고르는 문제이다. 단수명사를 선행사로 하기 때문에 동사 역시 단수형인 accompanies가 되어야 한다.
해설 컴퓨터 사용자들은 제품과 함께 나오는 안전 및 이용 가이드를 읽으시는 것이 좋다는 것을 특히 강조하는 바입니다.
어휘 be encouraged to + 동사원형 ~하는 것을 권장[장려]하다

06   (A) restricts
해설 전체 문장의 동사가 보이지 않으므로 빈칸은 본동사 자리이며, 빈칸 뒤에 목적어(employees)가 나와 있으므로 수동태는 정답이 될 수 없다. 따라서 will be restricted는 오답이다. 정답은 능동태 현재 시제인 restricts이다.

해설 새로운 회사의 정책에 따라 직원은 근무시간에 컴퓨터를 개인적인 용도로 사용할 수 없다.
어휘 policy 정책, 방침   personal reason 개인적인 사유, 용도

Step 2 실전 TOEIC Test   p.111

01   (A) goes
해설 시간과 조건의 부사절에선 현재가 미래를 대신한다. 따라서 미래를 나타내는 시간 부사구 next month가 있어도 미래 조동사인 will을 쓰지 않고 현재 시제를 쓴다. 따라서 답은 현재 시제인 (A) goes이다. (C) was going은 과거 시제이므로 미래를 나타내지 못한다. (D) going은 앞에 be동사가 있다면 답이 될 수 있으나 단독으로는 동사의 역할을 하지 못하므로 답이 될 수 없다.
해설 다음 달에 Mr. Nelson은 홍콩으로 가서, 공장을 둘러본 다음 가격을 협상할 것이다.
어휘 take a tour of ~를 둘러보다   negotiate 협상하다

02   (C) orders
해설 주절에 동사가 없으므로 빈칸에는 동사가 들어가야 한다. 따라서 to부정사인 (D) to order는 제외된다. 주어가 단수이므로 복수동사인 (A) order도 제외된다. 주절과 종속절의 시제는 일치해야 한다. 접속사 so가 이끄는 종속절의 시제가 현재이므로 주절에는 과거 시제가 올 수 없다. 따라서 답은 반복적으로 발생하는 일을 말할 수 있는 현재 시제인 (C) orders이다.
해설 Dr. Lam은 매월 말에 실험실 도구를 주문하기 때문에 내일까지 필요한 장비들을 그에게 말하는 것을 잊지 마세요.
어휘 order 주문하다   lab 실험실(= laboratory)   equipment 장비

03   (C) would like
해설 Ms. Simmons을 주어로 하는 문장에서 동사가 빠진 것으로 보아 동사가 들어가야 할 자리이다. 〈would like to + 동사원형〉은 '~하고 싶어 하다'라는 의미로 문맥상 (C) would like가 가장 적절하다. 그러나 would는 생략이 가능해서 like to로 쓸 수도 있지만 (A) like는 주어와 수일치가 되지 않아 오답이다. (D) is liking과 (B) was liking의 경우 like는 상태동사이기 때문에 진행형이 불가능하다.
해설 Mr. Salerno의 제안과는 달리, Ms. Simmons는 한 명 대신 두 명의 비서를 고용하길 원한다.
어휘 in opposition to ~와 반대로   suggestion 제안   instead ~대신에

04   (B) possess
해설 조동사 must 뒤에 빈칸이 있으므로 동사원형이 들어가야 한다. 따라서 (B) possess가 정답이다.
해설 지원자 중에서 뛰어난 대인관계 능력과 지도자적 자질이 우수한 사람을 선발할 것이다.
어휘 candidate 지원자   interpersonal skill 대인관계 능력

05   (C) applies
해설 문장에 동사가 없으므로 빈칸에는 동사가 들어가야 한다. 선택지 중 동사는 (A), (C)인데, 주어가 discount로 단수이므로 빈칸에는 단수동사인 applies가 들어가야 한다.
해설 온라인으로 상품을 구매하는 고객들에게만 20%의 할인이 적용된다.
어휘 apply 적용되다   application 지원(서)

06　(B) produces

해설 After ~ testing은 전명구로 수식어 기능을 하고 있다. 콤마 이하를 보면, 주어가 3인칭 단수(model)이므로 주어와의 수일치에 따라 동사 형태 역시 단수 형태로 나오는 것이 적합하다. 따라서 선택지 중 단수동사 형태인 (B) produces가 정답이다.

해석 수개월간의 개발과 테스트를 거친 후 JBC의 새로운 모델은 경쟁사들의 모델보다 더 확실한 이미지를 만들어내고 있다.

어휘 clear 분명한　competitor 경쟁자

Lesson 7　과거 시제 vs 현재완료

Step 1 Warm-up Test　p.113

01　(B) gained

해설 문장에 접속사 after 하나이고 동사도 participated 하나이므로 빈칸에는 동사가 들어가야 한다. after절의 동사가 과거이기 때문에 주절에는 미래형이 올 수 없으므로 will gain은 제외된다. 따라서 과거 시제인 (C) gained가 정답이다.

해석 인턴들은 페루의 리마에서 호텔 개발 프로젝트에 참여한 후 의미 있는 경험을 했다.

어휘 meaningful 의미 있는, 중요한　participate in ~에 참여하다

02　(A) had begun

해설 문장에 접속사 before 하나가 있고 동사도 entered 하나이므로 빈칸에는 동사가 들어가야 한다. before절의 시제가 과거이므로 그 이전의 사실을 말할 수 있는 과거나 과거완료 시제가 와야 하므로 정답은 과거완료 시제인 had begun이다.

해석 발표는 Mrs. Anderson이 방에 들어가기 10분 전에 시작되었다.

어휘 presentation 발표　enter 들어가다, 입장하다

03　(A) was having

해설 문장의 동사가 finished 하나이고 접속사도 while 하나인 것으로 보아 빈칸은 동사의 자리이다. 주절의 시제가 과거이므로 종속절의 시제도 과거여야 한다. 따라서 답은 was having이다. while은 '~하는 동안'이란 뜻의 접속사로 보통 뒤에 진행형 동사를 받는다.

해석 Dr. Tokioka는 실험실에서 저녁식사를 하고 있는 동안 그의 연구를 끝냈다.

어휘 finish 끝내다　research 연구, 조사　lab 실험실

04　(A) announced

해설 빈칸은 전체 문장의 동사 자리이다. 빈칸 뒤에 나온 last week(지난주)와 호응할 수 있는 과거 시제인 announced가 정답이다.

해석 지난주에 Conoco Phillips사는 내년에 상당한 수입 증가를 예상하고 있다고 발표했다.

어휘 predict 예상하다　revenue 수입, 세입

05　(B) attributed

해설 적합한 형태의 동사 시제를 찾는 문제. 빈칸 앞에 나온 At first(처음에는)가 문제의 힌트가 된다. 시간 배열의 논리상, At first와 어울리는 것은 과거 시제이다.

해석 처음에 Dr. Banks는 실험의 결과가 기계의 오작동이 있었다고 했지만 비슷한 결과가 나온 것을 보면 다른 것에 원인이 있는 것 같다.

어휘 attribute A to B A는 B에 기인한다고 말하다　malfunction 오작동

06　(B) has been corrected

해설 빈칸에 뒤에 목적어가 없기 때문에 수동태 동사가 나와야 하며, now라는 현재 시간부사를 통해 현재완료 시제인 has been corrected가 적절하다는 것을 알 수 있다.

해석 World Stock의 웹개발팀은 처음에는 등록 시스템에 문제가 생겨 고전했지만, 지금은 모든 것이 수정되었다.

어휘 initially 처음에는　experience 겪다

Step 2 실전 TOEIC Test　p.113

01　(C) joined

해설 문장에 접속사 since와 and 두 개가 있고 동사는 has been과 is 두 개밖에 없기 때문에 빈칸에는 동사가 와야 한다. 따라서 to부정사인 (D) to join은 제외된다. 주어가 3인칭 단수 Ms. McDaniel이므로 복수동사인 (A) join도 제외된다. 문맥상 'Ms. McDaniel가 Lauren Sports에 합류한 이래 3개월이 된 것'이라는 뜻이므로 합류한 것은 주절보다 먼저 일어난 것이다. 따라서 동사의 시제는 과거가 되어야 하므로 답은 과거 시제 (C) joined이다.

해석 Ms. McDaniel이 Lauren Sports에 합류한 것은 3개월 전이지만, 그녀는 이미 남다른 업적을 이뤄가고 있다.

어휘 outstanding 뛰어난, 훌륭한

02　(C) wrote

해설 주어 Vladmir Ivanovic 뒤에 들어갈 본동사를 찾는 문제이다. 주어가 단수명사이므로 단수동사가 들어가야 한다. (D) written은 과거분사로 본동사가 될 수 없고 (B) write은 복수형 또는 동사원형이므로 답이 될 수 없다. 현재 시제와 과거 시제 둘 중에 하나를 선택해야 하는데, which 이하의 종속절(관계대명사절)의 시제가 과거이므로 과거 시제로 시제를 일치시켜주어야 하며, 문맥상으로도 칼럼을 썼다는 것은 그 칼럼이 논란을 야기시켰다는 것보다 앞설 수 없으므로 정답은 과거 시제인 (C) wrote이다.

해석 러시아 과학자, Vladmir Ivanovic은 한 과학 잡지에 칼럼을 썼는데, 그것은 처음에는 논란을 야기시켰다.

어휘 controversy 논란

03　(D) had disappeared

해설 by the time(~할 때까지) 이하에 등장하는 사건이 발생하기 전까지 주절의 사건이 발생한 것이므로 by the time절의 시제보다 한 시제 뒤쳐져야 한다. 문제에서 by the time절의 시제는 과거이다. 따라서 답은 과거완료인 (D) had disappeared이다. (A) are disappearing은 현재진행형, (B) will have disappeared는 미래완료, (C) disappear는 동사원형이므로 모두 시제가 맞지 않아 답이 될 수 없다.

해석 경찰이 범죄 현장에 도착했을 때에는 은행 강도들은 이미 200만 달러 정도의 현금을 가지고 사라졌다.

어휘 crime 범죄　bank robber 은행 강도　disappear 사라지다

04　(A) has received

해설 문장에 동사가 빠져있으므로 빈칸에는 동사가 들어가야 한다. '~이래로'의 뜻을 가진 전치사 since는 과거 시점 명사어구와 같이 쓰이고 동사는 현재완료 시제를 쓴다. 따라서 답은 (A) has received이다.

해설 3부작인 Lord of the Necklace는 6년 전에 첫 번째 에피소드가 개봉한 이후 최우수 대본상을 3번 탔다.

어휘 trilogy 3부작 award 상 script 대본, 원고 release 개봉, 출시

05   (C) has caused

해설 문장에 동사(are)가 하나 있고 접속사(and)도 하나 있기 때문에 빈칸에는 동사가 들어가야 한다. 따라서 동명사 (A) causing은 제외된다. 빈칸 뒤에 목적어 a great drop이 있으므로 수동태인 (D) is caused도 제외된다. 문맥상 지난 분기에 가격이 다운된 후 결과적으로 고객들이 행복해 하는 것이므로 과거에 시작해서 현재에 끝났음을 알려주는 시제인 현재완료 (C) has caused가 정답이다.

해설 지난 분기에 경쟁이 심해져서 가격이 크게 하락했기에 소비자들은 행복해 하고 있다.

어휘 competition 경쟁

06   (D) has been

해설 주격 관계대명사인 접속사 who가 있고 동사는 will be 하나가 있는 것으로 보아 빈칸은 주격관계대명사가 이끄는 절의 동사가 필요한 자리이다. 뒤에 for the past thirty years라는 시간부사구로 미루어 볼 때 과거에서 시작된 일이 현재까지 이어지고 있다는 의미의 현재완료가 가장 적절하다. 따라서 답은 (D) has been이다. (A) will은 뒤에 동사원형을 동반해야 하고 (B) is와 (C) was는 시제가 맞지 않아 오답이다.

해설 지난 30년 동안 마케팅계에서 영감을 주었던 유명 인사인 Mr. Paul Newman은 Bruinswick 대학교의 초청 강사가 될 것이다.

어휘 inspirational 영감을 주는 figure (유명) 인사

Lesson 8 미래 시제

Step 1 Warm-up Test   p.115

01   (A) will relocate

해설 분사구문으로 시작하는 문장으로, 빈칸에는 동사가 빠져있다. 적절한 시제를 찾는 문제로, 문장 끝에 미래 시제를 나타내는 시간부사구 next month가 나와 있으므로 빈칸에는 미래 시제가 들어가야 한다. 따라서 답은 will relocate이다.

해설 유지비 문제를 고려해서 Ridgewood에 있는 사무실은 다음 달 Lodi로 이전될 것이다.

어휘 maintenance cost 유지비 relocate 이전하다

02   (A) will begin

해설 The Las Vegas Auto Show가 주어인 문장의 동사가 필요하다. next Monday라는 미래 시간부사구가 있으므로 미래 시제인 will begin이 정답이다. 시제를 결정할 때에는 먼저 문장 내의 시간을 나타내는 부사구를 보고 적절한 시제를 결정하는 것을 잊지 말자.

해설 Las Vegas Auto Show는 다음 주 월요일에 시작해서 이번 달 말까지 계속될 것이다.

어휘 begin 시작하다 last 지속되다, 계속되다

03   (A) would not be attending

해설 빈칸은 that절의 동사 자리이다. 그런데 주절의 동사가 과거형인 told이므로 that절 이하 역시 과거 시제가 나와야 한다. 따라서 정답은 will의 과거형인 would not be attending이 된다.

해설 Mr. Juma는 비서에게 자신은 다음 달 베니스에 있는 과학 컨퍼런스에 참석하지 않을 것이라고 말했다.

어휘 attend ~에 참석하다

04   (B) will have published

해설 주절의 적절한 동사를 넣는 문제이다. By the time(~까지)이 이끄는 시간부사절이 현재 시제인 sends이므로 주절의 시제는 미래가 되어야 한다. 따라서 정답은 will have published이다. 시간부사절에는 미래 시제를 대신해서 현재 시제를 쓴다는 것을 명심하자.

해설 Mr. Harvey가 신규 주문을 보낼 때에는 이미 Best Office Supplies사에서는 새로운 가격표를 발표할 것이다.

어휘 send 보내다 order 주문 publish 출판하다, 발표하다, 내다

05   (A) is coming

해설 문장에 동사가 보이지 않으므로 빈칸은 동사 자리이다. next Thursday라는 미래 시간부사를 확인할 수 있으므로 과거 시제인 came은 답이 될 수 없다. 따라서 정답은 is coming이다. 여기서 가까운 미래를 나타낼 때는 현재진행형을 사용할 수 있음을 알아두자.

해설 그 운송회사는 계약조건에 대해 논의하기 위해 다음 주 목요일에 올 것이다.

어휘 trucking company 운송회사 term 조건, 조항

06   (B) will hold

해설 once 이하의 시간부사절의 동사가 현재완료 시제인 has been made이다. 시간부사절에서는 미래 시제 대신 현재 시제를 쓰는 것이므로 주절에는 미래 시제인 will hold가 와야 한다.

해설 Mid Central Air사와 합병에 대해 결정이 내려지면 Trans Airline사의 대변인이 기자회견을 열 것이다.

어휘 spokesperson 대변인 press conference 기자회견 decision 결정 merger 합병

Step 2 실전 TOEIC Test   p.115

01   (D) will be

해설 동사의 시제는 시간부사(절)로 판단할 수 있다. next holiday season(다음 크리스마스 휴가철)이 있으므로 빈칸에는 미래 시제가 와야 한다. 따라서 정답은 미래조동사인 (D) will be이다. (A) was는 과거동사이고, (B) are는 현재 시제이면서 복수명사를 받는 동사이다. (C) has been은 수일치는 맞지만 시제가 맞지 않아 답이 될 수 없다.

해설 다음 크리스마스 시즌 동안에, 도서관은 5일간 오후 4시에 닫을 것이다.

어휘 holiday season 크리스마스 시즌 library 도서관

02   (A) will choose

해설 접속사(after)가 하나 있고 동사(is)도 하나가 있으므로 빈칸에는 동사가 들어가야 한다. after절의 사건은 주절보다 먼저 일어난 것이다. 따라서 시간의 부사절인 after의 동사의 시제가 현재인 것을 감안하여 시제를 일치시키려면 미래밖에 쓸 수 없으므로 (A) will choose가 답이 된다. 결국 문제의 포인트는 시간의 부사절에서는 미래 대신 현재를 쓴다는 것이다.

해설 연구실의 데이터가 모두 모이면 Dr. Noguchi는 가장 실용적인 디자인을 고를 것이다.

어휘 practical 현실적인, 실용적인

03 (B) will enclose

해설 빈칸에는 that절의 동사가 들어가야 한다. 단수주어를 받는 단수동사이자 빈칸 뒤의 목적어인 Noranda Park을 받을 수 있는 능동태 동사가 되어야 한다. 전체 문장의 동사가 will be constructed이므로 미래시제인 will enclose가 가장 적절하다.

해석 Noranda Park을 둘러쌀 나무 담장은 전통적인 방법을 이용해 만들어질 것이다.

어휘 wooden 나무로 만들어진 construct 짓다, 건설하다 traditional 전통적인

04 (A) will be

해설 문맥상 '월요일까지 (줄곧) 자리에 없을 것이다'라는 의미이므로 단순미래인 will be가 와야 한다. 전치사 until은 미래완료시제와 함께 쓸 수 없으므로 will have been을 쓰기 위해서는 전치사 by를 써야 한다.

해석 이사는 월요일까지 출장을 갈 것이지만 비서가 통상적인 질문에 대해서는 답을 할 수 있다.

어휘 be out of town (출장 등으로) 도시를 떠나 있는 routine 일반적인, 통상적인 inquiry 문의

05 (A) will have been

해설 빈칸은 문장의 동사가 들어갈 자리이다. As of next Monday(다음 주 월요일부로)라는 미래시간 부사가 있으므로 '다음 주 월요일이 되면 Martha Aldana는 마케팅 이사가 된 지 3개월이 될 것'이라는 의미가 된다. 따라서 미래의 특정 시점까지를 의미하는 미래완료 시제인 will have been이 정답이다.

해석 Martha Aldana은 다음 주 월요일부로 마케팅 이사가 된 지 3개월이 된다.

어휘 as of ~부로

06 (D) closing

해설 be동사 뒤에 들어갈 적절한 동사의 형태를 골라야 한다. (A) close를 동사원형으로 보면 be동사 뒤에 나올 수 없으며, 형용사라면 '가까운'의 의미가 되므로 맞지 않다. (B), (C) 역시 be동사 뒤에 나올 수 없으므로, be -ing 형태가 되어 미래의 일을 나타낼 수 있는 closing이 정답이다.

해석 악천후가 예상되어 Marks & johnson사는 직원들이 무사히 귀가할 수 있도록 일찍 (영업을) 마칠 것이다.

어휘 allow + 목적어 + to + 동사원형 ~가 …하도록 허락하다

Lesson 9 수동태

Step 1 Warm-up Test p.117

01 (B) revised

해설 타동사 revise의 알맞은 형태를 묻는 문제로, 빈칸 앞에 be동사가 있고 뒤에 목적어가 없는 것으로 보아 수동태라는 것을 알 수 있다. 따라서 정답은 과거분사인 revised이다.

해석 청사진의 첫 번째 시안은 보조 건축가가 수정했다.

어휘 draft 원고, 초안 blueprint 청사진 revise 수정하다

02 (A) determine

해설 문장에 동사(have)가 하나 있고 접속사인 관계대명사(that)도 하나 있기 때문에 빈칸에는 동사가 들어가야 한다. 빈칸 뒤의 목적어 the amount of a fine을 받을 수 있는 능동태 동사인 determine이 나와야 한다.

해석 도시들은 대부분 음주운전의 벌금액을 결정짓는 비슷한 규칙을 가지고 있다.

어휘 similar 비슷한 rule 규칙, 규율 amount 금액 fine 벌금

03 (A) considering

해설 빈칸 앞의 be동사 뒤에 나올 수 있는 동사의 형태를 묻는 문제이다. 빈칸 뒤의 whether로 시작하는 명사절(~인지 아닌지를)을 목적어로 취할 수 있는 능동태 동사인 considering이 정답이다.

해석 이틀이 지났지만, Mr. Quinn은 여전히 우리 지사를 캘리포니아로 확장할지 미시간으로 확장할지 고민하고 있다.

어휘 pass 지나다 branch 지사 whether ~인지 아닌지 expand 확장하다

04 (B) is being repaired

해설 while은 접속사이므로 주어인 the front door 뒤에는 동사가 나와야 한다. 여기서 repair(수리하다)는 타동사이지만 뒤에 목적어가 없으므로 수동태형인 is being repaired가 정답이다.

해석 앞문을 수리하는 동안에는 모두 뒷문을 통해 건물로 들어와야 한다.

어휘 use 이용하다 back door 뒷문 front door 앞문

05 (B) have been installed

해설 접속사 Until이 이끄는 절에 동사가 들어가야 한다. 하지만 빈칸 뒤에 목적어가 보이지 않는다. 그렇다면 타동사인 install(~을 설치하다)은 수동태 형태가 되어야 하므로 정답은 have been installed이다.

해석 컴퓨터에 새로운 프로그램이 모두 설치될 때까지 컴퓨터를 끄지 마시기 바랍니다.

어휘 turn off 끄다

06 (A) are held

해설 빈칸 뒤에 목적어가 없으므로 동사의 형태는 수동태가 되어야 한다. 〈hold + 사람 + accountable for〉(~에게 …에 대한 책임을 지우다)의 수동태 문장인 be held accountable for가 되어야 하므로 정답은 are held이다.

해석 영업시간 동안에는 가게에 있는 모든 직원들이 재고 손실에 대한 책임을 져야 한다.

어휘 business hours 영업시간 stock 재고 loss 손실

Step 2 실전 TOEIC Test p.117

01 (B) expected

해설 동사 is 뒤의 빈칸이므로 본동사의 형태를 갖추고 있는 (C) expects와 (D) expect는 올 수 없다. 또한 빈칸 뒤에 목적어가 없으므로 목적어를 동반하는 (A) expecting은 답이 될 수 없다. 따라서 빈칸에는 is와 함께 수동태를 만드는 과거분사 (B) expected가 와야 한다.

해석 우리의 새로운 mp3 플레이어의 판매 수량이 예전 모델의 판매 수량을 능가할 것으로 예상된다.

어휘 sales 판매 exceed 초과하다, ~를 능가하다 previous 이전의

02 (B) published

해설 빈칸 앞에 be동사가 있고 뒤에 목적어가 없는 것으로 보아 수동태를 만들어야 하는 문제이다. 수동태는 〈be동사 + 과거분사〉

로 이루어지므로 답은 과거분사인 (B) published이다.

해설 Sun Times 신문은 중립성을 장려해서 어떤 편파적 기사도 싣지 않을 것이다.

어휘 encourage 장려(고무)하다 impartiality 공평, 중립성 biased 편향된, 편파적 article 기사, 글 publish 발행하다

03 (C) are required

해설 문장에 동사가 빠져 있으므로 빈칸에는 동사가 들어가야 한다. 주어 Applicants는 복수이므로 단수 동사인 (B) requires와 (D) has required는 제외된다. require는 타동사로만 쓰이는 동사인데 사람이 주어인 경우에는 수동태인 ⟨be required to + 동사원형⟩이라고 쓴다. 따라서 답은 (A) require가 아닌 (C) are required이다.

해설 공장의 일자리를 지원하는 사람들은 적어도 근로 허가증을 소유해야 한다.

어휘 possess 소유하다. 가지다 labor certificate 근로 허가증

04 (D) suffered

해설 동사(came)가 하나고 접속사(when)도 하나이기 때문에 빈칸에는 동사가 들어가야 한다. 빈칸 뒤에 last month라는 과거를 알려주는 시간부사가 있기 때문에 시제는 과거가 되어야 한다. 따라서 답은 (D) suffered이다.

해설 O'Gulp사가 새로운 캔 디자인을 내놓자 Pop Soda사의 판매는 지난달 타격을 입었다.

어휘 suffer 고통을 받다 come up with 내놓다. 찾아내다 design 디자인

05 (D) was sent

해설 동사(will be working)가 하나이고, 관계사(who)도 하나이므로 빈칸에는 one volunteer를 주어로 하는 본동사를 선택해야 한다. 빈칸 뒤에 목적어 a letter가 있으므로 능동태를 먼저 생각하게 되는데, 여기서 조심해야 할 것은 4형식동사의 수동태이다. 4형식동사의 수동태에서 간접목적어(사람)가 주어로 가게 되더라도 직접목적어가 동사 뒤에 남게 된다. 과거를 나타내는 yesterday가 나와 있으므로 미래시제인 (C) will be sent는 제외된다. 빈칸 뒤에 목적어가 있지만 문맥상 '토요일에 일할 자원봉사자는 어제 편지를 받았다'는 의미이므로 4형식동사의 수동 형태인 (D) was sent가 정답이다.

해설 토요일에 일하게 될 자원봉사자는 어제 병원에서 보낸 편지를 받았는데 거기에는 그의 책임들에 대한 정보가 담겨 있었다.

어휘 volunteer 자원봉사자 responsibility 책임. 책무

06 (D) will be implemented

해설 빈칸 뒤에 목적어가 없다. 따라서 타동사인 implement는 수동태가 되어야 하므로 보기 중에서 (D) will be implemented가 정답이다.

해설 이사회에 의해 승인된 프로젝트 제안들은 올해 말에 시행될 것이다.

어휘 approve 승인하다 implement 시행하다

Lesson 10 조동사(Modals)

Step 1 Warm-up Test   p.119

01 (A) induce

해설 조동사(may) 뒤에는 동사원형이 와야 하므로 답은 induce이다.

요즘 진행된 연구 결과에 의하면 비타민을 지나치게 많이 복용하면 구토가 일어날 수 있다고 한다.

어휘 current 현재의 research 연구. 조사 overdose 과다 복용. 과용 induce 야기하다. 일으키다 vomit 구토하다

02 (A) wash

해설 문장에 동사는 will clean 하나이고 등위접속사 and가 있다. 단어나 구, 문장(절)을 병렬구조로 연결하고 있는 대상을 확인해야 한다. and 다음에도 will이 반복되어 있으므로 동사원형인 wash가 정답이다.

해설 John은 그의 방을 청소하고 Michelle은 설거지를 할 것이다.

어휘 clean 청소하다 wash the dishes 설거지를 하다

03 (A) used to

해설 빈칸 뒤에 동사 sell이 나오고 있다. 보기에 나와 있는 used to는 '(과거에) ~하곤 했다'라는 의미의 조동사로서 뒤에는 동사원형이 나온다. is used to는 '~에 익숙하다'라는 의미이다. 그리고 to는 전치사이기 때문에 명사나 동명사가 나와야 한다. 문제에서는 동사원형인 sell이 있으므로 정답은 used to이다.

해설 Carlson Store는 20종이 넘는 다양한 음료를 팔곤 했다.

어휘 sell 팔다 variety 다양(함)

04 (A) would rather

해설 빈칸은 동사원형인 spend를 받을 수 있는 조동사를 선택하는 문제이다. would be 뒤에 나올 수 있는 동사 형태는 -ing 또는 과거분사 형태이므로 정답은 조동사인 would rather이다.

해설 사람들은 대부분 영화를 못 보는 것 보다는 차라리 티켓을 구매하기 위해 암표상에게 돈을 더 줄 것이다.

어휘 spend (시간, 돈)을 쓰다. 소비하다 miss 놓치다

05 (A) rest

해설 that절의 주어가 Mr. Scott 3인칭 단수이므로 rests를 고르지 않도록 해야 한다. that절 앞의 동사가 명령. 요구, 제안, 충고의 동사일 경우 that절의 should가 생략되면 동사원형이 나와야 하므로 정답은 rest가 된다.

해설 의사는 Mr. Scott에게 며칠 쉬어야 한다고 권유했다.

어휘 recommend 권유하다. 추천하다 rest 쉬다

06 (A) boost

해설 조동사 뒤에 나오는 품사는 동사원형이다. 빈칸 앞의 necessarily는 문장의 구조에 영향을 주지 않으므로 정답은 boost이다.

해설 자격증은 여러분들의 개인적인 경력에 도움은 되지만 연봉을 올리는데 꼭 필요한 것은 아니다.

어휘 certification 자격증. 증명서 boost (밀어) 올리다

Step 2 실전 TOEIC Test   p.119

01 (D) be purchased

해설 우선 빈칸 앞 문장 구조를 보면, 조동사(can) 뒤에는 동사의 원형이 나와야 하는데 선택지 중 동사원형으로 제시된 형태는 (D)가 유일하다. 또한, ticket은 구입되어지는 것이므로 수동태 형태로 나오는 것이 적합하다.

해설 공연 당일 날에는 Golden Bay Hall에서 있는 뮤지컬 티켓은 매표소에서만 구매할 수 있다.

어휘 performance 공연, (업무) 성과 purchase 구매하다

02 (C) be received

해설 조동사 must 다음에는 동사원형밖에 올 수 없으므로 동사로 쓰일 수 없는 to부정사인 (A) to receive와 과거동사인 (B) received는 제외된다. 따라서 답은 (C) be received와 (D) receive 둘 중의 하나이다. (D) receive는 목적어를 가지는 타동사인데, 빈칸 뒤에 목적어가 없으므로 목적어를 동반하지 않는 수동태가 와야 한다. 따라서 정답은 (C) be received이다.

해설 World's Hot Dog Contest에 참가하기 위해 작성해야 하는 서류들은 금요일까지 제출해야 한다.

어휘 fill out 작성하다 participate in ~에 참가하다

03 (A) be

해설 〈주어 + 명령/요구/제안/주장의 동사 + that + 주어 + (should) + 동사원형〉의 구문에서 that절의 조동사 should는 일반적으로 생략되므로 답은 동사원형인 be가 되어야 한다.

해설 사장은 자신의 권고 사항을 포함하도록 제안서를 수정할 것을 요구했다.

어휘 request 요청하다 proposal 제안서 revise 수정하다 recommendation 충고, 권고

04 (B) would be

해설 문장의 본동사를 고르는 문제로, 주어가 복수이므로 (D) is being은 제외된다. 문맥상 '당신을 (기꺼이) 도와줄 것'이라는 의미이므로 (B) would be가 가장 적절하다.

해설 Leonard Air사 승무원은 어떤 상황에서든 당신을 돕는 것을 기뻐할 것입니다.

어휘 flight attendant 승무원 assist 돕다, 원조하다 situation 상황

05 (B) started

해설 문장에 동사가 없으므로 빈칸은 동사가 들어갈 자리이다. 과거의 시간부사구인 two years ago가 나와 있으므로 과거시제가 정답이 된다. 따라서 정답은 (B) started이다.

해설 Ms. Rachel은 덴마크에서 공부할 때인 2년 전에 자기 회사를 운영하기 시작했다.

어휘 own 자신의 start a company 회사의 운영을 시작하다

06 (C) should familiarize

해설 문맥상 '신입사원들은 회사의 정책에 익숙해져야 한다'라는 의미이기 때문에 familiarize A with B(A를 B에 익숙하게 하다)라는 문형이 되어야 한다. 따라서 정답은 (C) should familiarize가 된다.

해설 신입직원들은 다음 주에 일을 시작하기 전에 회사 정책에 대해 익숙해져야 한다.

어휘 familiarize A with B A를 B에 익숙해지게 하다, 잘 알게 하다 policy 정책, 방침

Lesson 11 동사 출제유형 정리

Step 1 Warm-up Test p.121

01 (A) welcomed

해설 문장에 과거를 나타내는 표현인 last week가 나와 있으므로, 빈칸은 과거 시제가 와야 한다. 따라서 정답은 과거 시제인 welcomed이다. 현재완료 시제도 과거를 의미할 순 있지만 명백하게 과거 시간부사가 있는 경우에는 과거 시제를 고르도록 하자.

해설 전 직원들은 저번 주에 새로운 공동 경영자인 Mr. Baron을 환영했다.

어휘 whole 전체, 모든

02 (B) was invited

해설 동사 invite는 타동사로, 목적어를 받고 그 뒤에 to부정사를 받는다. 그런데 빈칸 뒤에 목적어(대상)가 없으므로 정답은 수동태인 was invited이다.

해설 Ms. Flower는 시청에서 있는 월례 경영자 오찬에서 연설을 하도록 초대를 받았는데, 사람들은 값진 시간을 보냈다.

어휘 invite + 사람 + to + 동사원형 ~를 …하도록 초대하다 luncheon 오찬

03 (B) address

해설 조동사 will 뒤에 나올 수 있는 것은 동사원형이다. 뿐만 아니라 뒤에 목적어인 in-depth ~ training을 받고 있으므로 능동태인 address가 정답이다.

해설 온라인 마케팅 워크샵은 심층적인 소셜 미디어와 컨텐츠 마케팅 교육을 다루게 될 것이다.

어휘 in-depth 심층적인 training 훈련, 교육

04 (A) formatted

해설 빈칸 뒤에 목적어가 없으므로 타동사 format은 수동태형인 formatted가 되어야 한다. format은 책, 컴퓨터상에서 페이지나 정보 등을 디자인에 맞게 배열, 배치한다는 의미이다.

해설 Mr. Thomas가 쓴 기사는 잡지에 실리기 전에 상태에 맞게 배열되어야 한다.

어휘 article 기사 accordingly (특정) 상황에 맞게 publish ~을 출간(판)하다

05 (B) will assume

해설 빈칸은 문장의 본동사가 들어갈 자리이며 주어가 Mr. Cohen이므로 복수동사인 assume은 답이 될 수 없고 복수단수 상관없이 받을 수 있는 will assume이 정답이다.

해설 Mr. Cohen은 Hyunsug사의 최고 재무 책임자로서 내년부터 예산과 회계를 맡아 일을 시작하게 될 것이다.

어휘 assume (일, 업무)~을 맡아서 시작하다, 가정하다 responsibility 책임, 임무, 일

06 (B) had worked

해설 문장에 접속사(before)가 하나이고 동사(was promoted)도 하나이므로 빈칸은 주절의 동사가 들어가야 할 자리이다. 동사 work은 자동사로 수동태가 불가하므로 정답은 had worked가 된다. 여기서 알아 둘 것은 before절의 시제가 과거이면 주절은 그 이전의 일을 나타내므로 대과거인 과거완료시제가 나와야 한다는 점이다.

해설 Mr. Banks는 작년에 지역 관리자로 승진되기 전, Philadelphia 지점에서 4년 넘게 일했다.

어휘 promote 승진시키다 regional manager 지역 관리자 branch 지점

Step 2 실전 TOEIC Test p.121

01 (D) is being held

해설 동사 hold는 '~을 열다, 개최하다'란 뜻의 타동사이다. 그런데

빈칸 뒤에 목적어가 없다는 것은 hold가 수동태로 쓰여야 함을 알려준다. 따라서 답은 수동태 현재진행인 (D) is being held 이다.

해석 Dr. Jenning의 세미나는 오늘과 내일 오후 101호에서 열릴 예정이다.

어휘 seminar 세미나 be held 열리다

02 (C) enroll

해설 빈칸 뒤에 목적어에 해당하는 명사가 없는 것으로 보아 타동사인 (A) attend(참석하다)와 (D) expect(예상하다)는 답에서 제외된다. 빈칸 뒤 전치사 in과 어울려 쓰이는 자동사를 선택해야 하므로 '~에 등록하다'의 (C) enroll이 정답으로 가장 적절하다. (B) apply(~에 지원하다)는 전치사 to나 for와 함께 쓰이므로 정답이 될 수 없다.

해석 Tanaka Sportwear는 모든 직원들에게 복리를 위해 검도 수업에 등록하기를 장려한다.

어휘 kendo 검도 enroll in ~에 등록하다 well-being 행복, 복리, 웰빙

03 (D) insisted

해설 문장에 동사(built)가 하나이고 접속사(that)도 하나이기 때문에 빈칸에는 동사가 들어가야 한다. 따라서 동명사인 (B) insisting과 형용사 (C) insistent는 제외된다. that은 관계대명사로 restaurant를 선행사로 받는 주격 관계대명사이다. 주절의 시제가 과거이므로 관계사절의 시제도 과거로 맞추어야 한다. 따라서 답은 (D) insisted이다.

해석 Mama Jones는 메뉴에 신선한 고기와 현지의 재료만 사용하는, 믿을 수 있는 레스토랑으로 평판을 쌓았다.

어휘 build a reputation 평판을 쌓다 reliable 신뢰할 만한, 믿을 만한 insist on 고집(요구)하다 ingredient 재료

04 (B) predicted

해설 문장에 동사(drop)가 하나이고 접속사(that)도 하나이므로 빈칸에는 that 이하를 목적어로 받는 타동사가 와야 한다. (A) prediction은 명사, (C) predictable은 형용사, (D) are predicted는 수동형이므로 답이 될 수 없다. 따라서 정답은 (B) predicted이다.

해석 경제학자들은 대부분 아시아 남부부 지역에 일어난 자연재해 때문에 아시아의 통화 가치가 떨어질 것이라고 예견했다.

어휘 economist 경제학자 predict 예견하다 natural disaster 자연재해 region 지역 drop 떨어뜨리다 currency value 통화 가치

05 (B) was overseen

해설 문장에 주어는 있지만 동사가 없으므로 빈칸에는 동사가 들어가야 한다. 따라서 be동사의 원형이 포함된 (D) be overseeing은 제외된다. 동사 oversee는 '~을 관리하다, 감독하다'라는 의미의 타동사인데 빈칸 뒤에 목적어가 없으므로 '~에 의해 관리가 되는'이라는 의미를 가질 수 있는 수동태인 (B) was overseen이 와야 한다.

해석 지난 2주 동안, TJ의 40인치 평면 모니터의 모든 개발 과정은 기술 감독관인 Mr. Gates가 관리했다.

어휘 development 개발 process 과정

06 (C) acquires

해설 When이 이끄는 절의 동사 어휘를 묻는 문제로, 목적어 APC Computers를 바로 받고 문맥상 어울리는 동사를 선택해야 한다. 가장 적절한 정답은 재산이나 권리 등을 목적어로 해서 '취득하다, 인수하다'의 의미로 쓰이는 (C) acquires이다. (A) merges는 with와 함께 '~와 합병하다'라는 의미로 쓰이는 자동사이며, 타동사로 쓰일 경우에는 merge A into B(A를 B와 결합시키다)로 쓰인다.

해석 Guru Com Ltd.사가 APC Computers를 인수하면 그들은 해외로 지사를 확장하기 시작할 것이다.

어휘 acquire 인수하다 expand 확장하다 internationally 국제적으로, 해외로

Chapter 5 관계사

Lesson 1 관계사의 이해

Step 1 Warm-up Test p.129

01 (B) who

해설 문장에 동사가 were와 participated 2개이므로 접속사가 필요하다. 빈칸 뒤에 주어가 없는 불완전한 문장이 나오고 있으므로 앞에 있는 대명사 several을 선행사로 하는 주격 관계대명사인 who가 정답이다. where는 관계부사로 뒤에 완전한 문장이 나오게 된다. several은 일반적으로 형용사로 사용되지만, 이 문장에서는 some of the scientists의 주격보어의 역할을 하는, 사람을 받는 대명사로 쓰인 것이다.

해석 B Concept Corp.사에서 일하는 몇 명의 과학자들은 Beau Cosmetics사의 노화 방지 세럼 개발에 참여한 사람들이었다.

어휘 participate in ~에 참여하다 develop 개발하다 anti-aging 노화 방지의

02 (B) that

해설 빈칸 뒤에 완전한 문장인 〈having employees access the information electronically(주어부) + is(동사) + a much more efficient ~(보어)〉가 연결되어 있으므로 빈칸에는 동사 decided의 목적어의 역할을 하는 명사절 접속사 that이 들어가야 한다. that은 관계대명사(형용사절 접속사)와 명사절의 접속사로 쓰이기 때문에 뒤의 문장이 완전한지, 앞에 선행사가 있는지를 꼭 따져봐야 한다.

해석 이사회는 직원들이 컴퓨터로 정보를 이용할 수 있게 하는 것이 훨씬 더 효율적이고 소식을 전달하는 환경 친화적인 방법이라고 결정했다.

어휘 access ~에 접근하다 electronically 전자적으로, 컴퓨터를 이용하여 environmentally 환경적으로 disseminate 소식을 전파하다

03 (A) technician

해설 빈칸 다음에 사람을 선행사로 받는 관계대명사 who가 있으므로 빈칸에는 사람명사인 technician(전문가, 기술자)이 필요하다.

[해석] 우리 서버는 간헐적으로 발생하는 오류를 수차례 감지할 경우, 고객이 문제를 발견하기도 전에 고객이 있는 곳에 갈 수 있는 기술자를 자동 호출합니다.

[어휘] detect 감지하다 intermittent 단속적인, 간헐적인 call in ~를 불러들이다 show up 나타나다 technology 기술

04 (B) which

[해설] 문장에서 본동사인 possesses(소유하다)와 will be를 연결하면서, will be의 주어의 역할을 할 수 있는 것은 extensive knowledge of target market을 선행사로 받는 관계대명사 which이다. 관계대명사 who는 사람을 선행사로 받기 때문에 부적절하다.

[해석] Mr. Smith는 아시아 시장의 마케팅 매니저로서 장점이 될 수 있는, 목표 시장에 대한 폭넓은 지식을 가지고 있다.

[어휘] extensive 광범위한, 광대한, 넓은 advantage 이점, 이익

05 (B) whose

[해설] employees를 선행사로 받고, 본동사인 is와 must report를 잇는 접속사의 역할을 할 수 있는 품사는 관계대명사이다. 뒤의 무관사명사와 함께 완전한 문장을 받을 수 있는 관계대명사는 소유격인 whose이다. who는 불완전한 문장을 받는 관계대명사라는 점에 주의하자.

[해석] 무료 헬스클럽의 회원 자격이 만기가 되는 직원들은 1년 더 회원 자격을 얻으려면 곧 인사부에 연락해서 필요한 서류를 작성해야 한다.

[어휘] be due to + 동사원형 ~하기로 되어 있다 expire 만기가 되다

06 (B) who

[해설] 문장의 본동사가 두 개(has entered, has agreed)이므로 빈칸은 접속사가 필요한 자리이다. 콤마 앞에 선행사가 사람인 Mr. Caulfield이므로 주격 관계대명사 who가 정답이다.

[해석] 회사는 Mr. Caulfield와 고용 계약을 맺었는데, 이 사람은 컨설팅 매니저로 일하기로 동의했다.

[어휘] enter into an agreement 계약을 체결하다 perform 수행하다

Step 2 실전 TOEIC Test p.129

01 (B) who

[해설] 문장에 동사가 has made와 is 두 개이므로 접속사가 들어가야 한다. 선행사 John Ferdinand 뒤의 빈칸은 동사 is로 연결되므로 빈칸엔 주격 관계대명사가 들어간다. 선행사가 사람이므로 (B) who가 정답이다. (D) whose는 소유격이므로 동사가 아닌 명사로 이어져야 한다. 인칭대명사인 (A) he는 접속사의 기능이 없기 때문에 ~ and he is one of world's most famous entrepreneurs처럼 접속사와 같이 써야지만 답이 될 수 있다.

[해석] Mr. Ramos는 방금 John Ferdinand와 성공적인 협상을 했는데, John Ferdinand는 세계에서 가장 유명한 사업가에 속한다.

[어휘] negotiation 협상 entrepreneur 사업가

02 (A) which

[해설] 문장의 동사가 빈칸 앞쪽의 is와 뒤의 should press와 need 3개이므로 접속사는 2개가 필요하겠다. 그런데 when 하나만 나와 있으므로 빈칸은 접속사가 들어가야 할 자리임을 알 수 있다. 빈칸 앞에 있는 명사 the blue button을 수식하면서 동사 press의 목적어가 없는 불완전한 문장을 받을 수 있는 것은 목적격 관계대명사이다. 보기 중 사물(the blue button)을 선행사로 받을 수 있는 관계대명사는 which뿐이다.

[해석] 승객 여러분의 좌석 옆에, 승무원의 도움이 필요할 때 누르면 되는 파란색 버튼이 있습니다.

[어휘] press 누르다 assistance 도움, 지원 flight attendant 비행기 승무원

03 (C) who

[해설] 문장의 본동사는 should call이고 빈칸 뒤에 동사 wish가 하나 더 있는 것으로 보아 빈칸에는 접속사 역할을 하는 품사가 와야 한다. 따라서 대명사인 (A) they와 (D) themselves는 제외된다. 빈칸 뒤에 주어 없이 동사가 바로 와 있는 것으로 보아 빈칸에는 주격 관계대명사가 와야 한다. 따라서 정답은 (C) who이다.

[해석] Geneva Nursing Home에 있는 어린이들을 돕기 바라는 지원봉사자들은 우리 사무실로 전화하거나 직접 방문해야만 한다.

[어휘] volunteer 자원봉사자 in person 직접

04 (C) whose

[해설] 빈칸 앞에 선행사가 있고 뒤에는 무관사 명사(age)를 포함한 완전한 문장이 있기 때문에 소유격 관계대명사인 (C) whose가 필요하다. (A) that 다음에는 불완전한 문장이 오므로 답이 아니고 (B) than은 비교급이기 때문에 답이 될 수 없다. (D) what은 선행사가 필요 없으므로 오답이다.

[해석] 새로운 지역에 대한 설문조사를 할 때 시장 조사원들은 16~25세 사이의 사람들을 인터뷰하는 것을 선호한다.

[어휘] conduct 수행하다 region 지역 researcher 조사원 prefer to + 동사원형 ~하는 것을 선호하다 interview 인터뷰하다

05 (D) who

[해설] 빈칸 앞의 명사 people을 수식하고, 뒤의 주어가 없는 불완전한 문장을 이끌 수 있는 것은 사람명사를 선행사로 취하는 주격 관계대명사 who이다.

[해석] 고객 서비스 분야에서 일을 하는 사람들은 운영체계 관리에 대한 기본적인 지식을 가지고 있어야 한다.

[어휘] essential 핵심의, 꼭 필요한 understanding 이해 operation 운영, 작동, 가동

06 (D) whose

[해설] 빈칸은 앞의 an award-winning romantic-fiction writer를 선행사로 하고, 뒤의 work has been ~ 이하의 완전한 문장을 이끌 수 있는 관계대명사여야 한다. 따라서 소유격인 whose가 정답이다.

[해석] Ms. Robins는 그의 작품이 4개 국어로 번역된, 수상 경력이 있는 로맨틱 소설 작가이다.

[어휘] award-winning 수상을 한 translate 번역하다

Lesson 2 관계사의 격과 종류

Step 1 Warm-up Test p.131

01 (A) who

[해설] 문장에 동사가 are involved와 are 두 개이므로 빈칸에는 접속사가 들어가야 한다. 빈칸 앞의 선행사가 사람이고 주어가 없이, 바로 동사가 나오므로 주격 관계대명사 who가 적절하다.

해설 연구 및 개발에 참여하고 있는 전문가들은 우리 회사의 훌륭한 자산이다.

어휘 be involved in ~에 연관되어 있다

02 (B) that

해설 빈칸 앞의 사물명사인 orders를 선행사로 받을 수 있는 관계대명사는 that이다. 보기에는 없지만 which도 사용 가능하다. 하지만, who는 사람명사를 선행사로 받는다.

해설 우리 회사의 정책은 주문이 완료된 것만 고객들에게 배송을 하는 것이다.

어휘 policy 정책, 방침 ship 배송하다

03 (A) which

해설 쉼표(,) 뒤에 주어가 없는 불완전한 문장이 왔다. 따라서 빈칸은 앞의 the acquisition of Springfield를 받는 주격 관계대명사가 올 자리이다. 보기 중에서 사물 선행사를 받을 수 있는 주격 관계대명사는 which이다. what은 선행사가 포함된 관계대명사이다.

해설 Star Electronics사는 Springfield사를 합병했다고 발표했는데, 이로 인해 Star Electronics사는 세계에서 가장 큰 이동전화 제조업체가 될 것이다.

어휘 announce 발표하다 acquisition 인수, 합병

04 (A) which

해설 빈칸은 앞의 our sales figures를 선행사로 하는 주격 관계대명사가 들어갈 자리이므로 정답은 which가 된다. when은 명사절 또는 부사절을 이끄는 접속사로 쓰이며 뒤에 완전한 문장이 온다.

해설 Ms. Kelly는 우리의 판매 수치에 대해서 얘기를 해야 한다고 했는데, 우리 판매 수치는 3월 이후로 17%나 하락했다.

어휘 suggest 제안하다 talk about ~에 대해 이야기하다 sales figure 판매량(수치) drop 하락하다, 떨어지다

05 (B) Those

해설 전체 문장의 주어로, 빈칸 뒤의 주격 관계대명사 who의 수식을 받을 수 있는 것은 Those이다. Them은 목적격 대명사로 관계대명사의 수식을 받을 수 없다.

해설 리더십뿐만 아니라 팀으로 협력해서 일할 수 있는 능력을 보여주는 사람들이 승진될 것이다.

어휘 demonstrate 보여주다 collaboratively 협력해서 promote 승진시키다, 홍보하다

06 (A) which

해설 콤마 뒤 빈칸을 포함한 절은 앞의 This training booklets를 선행사로 하는 주어가 없는 관계대명사절이다. 보기 중에 주격 관계대명사로 쓸 수 있는 것은 which이다. whose는 관계대명사의 소유격으로 뒤에 무관사 명사가 나와야 한다.

해설 회사의 정책들을 다루고 있는 이 교육책자는 신입사원 오리엔테이션을 보충하는 역할을 한다.

어휘 booklet (소)책자 cover 다루다 serve 제공하다 supplement 보충하다

Step 2 실전 TOEIC Test p.131

01 (A) who

해설 빈칸 앞의 Applicants라는 사람 선행사를 받으면서 주어가 없는 불완전한 문장을 이끌 수 있는 주격 관계대명사가 필요하다. (B) whom은 목적격 관계대명사이고 (D) whose는 소유격 관계대명사이므로 답이 될 수 없고, (C) whomever는 목적격 복합관계대명사이므로 주어 자리에 들어갈 수 없다. 따라서 답은 보기 중 유일한 주격 관계대명사인 (A) who이다.

해설 온라인으로 신청한 지원자들은 금요일까지 답신 전화가 갈 것으로 알면 된다.

어휘 a return call 답신 전화

02 (B) who

해설 본동사가 filed인 문장에서 빈칸 앞에 사람명사 the road workers가 있고 뒤에 또 다른 동사 were가 있으므로 빈칸에는 선행사를 수식하는 절을 이끄는 관계사가 와야 한다. 빈칸 뒤는 주어가 없는 불완전한 문장이므로 완전한 문장을 취하는 소유격 관계대명사 (D) whose는 정답이 될 수 없다. 선행사가 the road workers라는 사람명사이므로 사물을 선행사로 하는 (A) which 역시 답이 될 수 없으며, (C) what은 선행사를 취하지 않고 명사절을 이끌므로 답이 될 수 없다. 따라서 가장 적절한 정답은 사람 선행사를 받으면서 관계절에서 주어의 역할을 하는 주격 관계대명사 (B) who이다.

해설 자신들의 위험한 작업 환경에 대해 걱정한 일부 도로 공사인부들은 금요일에 불만 사항을 신고했다.

어휘 be concerned about ~에 대해 걱정하다 dangerous 위험한 working environment 작업 환경 file complaints 신고하다, 고소하다

03 (B) which

해설 문장에 동사가 will be building과 will enable 두 개가 있으므로 빈칸에는 이 둘을 잇는 관계사가 와야 한다. 따라서 부사인 (A) there와 (D) then은 제외된다. 관계대명사 (C) what은 불완전한 문장을 이끌지만 콤마와 쓰일 수 없기 때문에 정답이 될 수 없다. 따라서 정답은 콤마와 함께 쓰여 계속적 관계대명사절을 만드는 (B) which이다.

해설 Drew Industry사는 Detroit시에 공장을 하나 더 지어 제조 과정을 더 신속하게 처리하게 될 것이다.

어휘 enable ~을 할 수 있게 하다, 가능하게 하다 expedite 더 신속하게 처리하다 process 과정 manufacturing 제조

04 (C) purchases

해설 who는 주격 관계대명사이다. 주격 관계대명사 뒤에는 동사가 와야 하므로 명사인 (B) purchaser와 동명사인 (D) purchasing은 제외된다. 주격 관계대명사 뒤의 동사는 선행사와 맞춰야 한다. 선행사가 anyone이란 단수명사이므로 답은 (C) purchases가 된다.

해설 우리는 50달러 이상의 물품을 구매하는 사람에게 30% 할인 쿠폰을 제공한다.

어휘 discount 할인 purchase 구매하다 worth ~의 가치가 있는

05 (A) who

해설 빈칸 앞에는 주어이며 선행사인 scientist가 있고, 뒤에는 invented라는 동사가 있으므로 주격 관계대명사가 필요하다. 보기 중 유일한 주격 관계대명사인 who가 정답이다.

해설 올해에 가장 주목할 만한 발견을 한 과학자가 노벨 평화상을 수상했다.

어휘 notable 주목할 만한 discovery 발견 be awarded 수상하다 Nobel Peace Prize 노벨 평화상

06 (C) which

해설 문맥상 '이달 말에 개장하기로 되어있는 새로운 쇼핑센터'라는 의미를 나타내고, 사물 선행사(shopping center)를 받아 관계대명사 계속적 용법에서 알맞게 쓰일 수 있는 (C) which가 정답이 된다.

해석 이달 말에 개장하기로 한 새로운 쇼핑센터는 시내에서 그리 멀지 않다.

어휘 be scheduled to + 동사원형 ~하기로 예정되어 있다

Lesson 3 관계대명사 vs 의문사/의문형용사/관계형용사

Step 1 Warm-up Test   p.133

01 (B) whose

해설 콤마로 삽입된 문장은 앞에 있는 선행사 the company를 수식하는 관계사절로 완전한 문장이 연결되고 있다. 관계대명사 중에서 뒤에 무관사 명사를 포함하여 완전한 문장을 받을 수 있는 것은 whose이다. whose는 사람뿐만 아니라 사물의 소유격으로도 쓸 수 있다. which는 뒤에 불완전한 문장이 와야 하기 때문에 정답이 될 수 없다.

해석 미국을 가장 큰 시장으로 가지고 있는 그 회사는 하락세에 있는 달러에 대한 손실을 줄이는 계약으로 부분적으로 보호를 받고 있다.

어휘 partly 부분적으로   hedge (특히 금전적인) 손실을 줄이다, 막다   declining 하락하는

02 (B) who

해설 빈칸 뒤에 주어 없이 동사가 연결되어 있으므로 빈칸은 주격 관계대명사가 들어가야 할 자리이다. 따라서 who가 정답이다.

해석 매년 있는 회사 야유회에 참석하고자 하는 분들은 메인 홀에서 오늘 정오 12시까지 등록해야 합니다.

어휘 attend 참석하다   register 등록하다.

03 (B) what

해설 문장의 동사는 세 개(explains, will experience, land)인데, 접속사는 once 하나이다. 따라서 빈칸에는 접속사의 역할을 하면서 explains의 목적어 역할을 하는 명사절 접속사가 나와야 한다. 빈칸 뒤의 동사 experience의 목적어가 없는 불완전한 문장을 이끌면서 명사절의 역할을 할 수 있는 접속사는 what이다.

해석 안내서에는 일단 필리핀의 아름다운 섬에 발을 디디면 무엇을 경험할 건지에 대해 자세한 설명이 나와 있다.

어휘 explain 설명하다   island 섬

04 (A) that

해설 빈칸은 동사 have borrowed의 목적어가 되면서 the library books를 선행사로 취하는 목적격 관계대명사가 필요한 자리이다. 보기 중에서 목적격 관계대명사로 쓸 수 있는 것은 that이다. because는 부사절의 접속사로 뒤에 완전한 문장을 이끌므로 답이 될 수 없다.

해석 고객들이 빌려간 도서관의 책들을 언제 되돌려 주어야 하는지 알려주기 위해 모든 고객들에게 이메일을 보낼 것이다.

어휘 in order to + 동사원형 ~을 하기 위해   remind ~을 상기시키다   borrow 빌리다

05 (B) which

해설 빈칸 뒤에 주어가 없는 불완전한 절(annually ~ cars)이 있으므로 빈칸에는 불완전한 절을 이끌 수 있는 관계대명사가 와야 한다. 따라서 주격 관계대명사 which가 정답이다. where는 관계부사로 뒤에 완전한 문장이 와야 한다.

해석 매년 최신 개념의 자동차를 보여주는 모터쇼는 만 명이 넘는 사람들을 끌어 모았다.

어휘 demonstrate 보여주다, 시연하다   draw 끌어 모으다

06 (B) that

해설 빈칸 앞의 the information (from the seminar)를 선행사로 하고 목적어가 없는 불완전한 문장을 이끌 수 있는 것은 that뿐이다. what 역시 불완전한 문장을 이끌지만, 선행사 없이 문장에서 명사의 역할 즉, 주어, 목적어, 보어의 역할을 해야 한다.

해석 귀하가 받은 이메일에서 귀하가 요청한 세미나의 정보를 찾아보시기 바랍니다.

어휘 find 찾다   request 요청하다

Step 2 실전 TOEIC Test   p.133

01 (B) who

해설 빈칸이 선행사와 불완전한 문장 사이에 있으므로 주격 관계대명사가 답이 된다. (A) whose는 소유격이므로 답이 될 수 없고, (C) where와 (D) when은 관계부사로 뒤에 완전한 문장을 요구하므로 또한 답이 될 수 없다. 따라서 사람 선행사인 passengers와 동사 required를 연결할 수 있는 (B) who가 정답이다.

해석 Ms. Federov는 추가적 조사를 위해 보안실로 돌아가야 되는 승객 리스트를 획득했다.

어휘 acquire 획득하다   passenger 승객   security 보안   investigation 조사

02 (C) which

해설 빈칸 뒤의 절은 주어가 없는 불완전한 절이므로 완전한 절을 이끄는 관계부사 (B) where는 제외된다. 또 관계대명사 what 앞에는 콤마가 올 수 없으므로 (D) what 역시 정답에서 제외된다. 선행사가 one car로 사물인 것으로 보아 사람을 선행사로 하는 주격 관계대명사 (A) who는 정답이 될 수 없고 사물을 선행사로 하는 관계대명사 (C) which가 정답이다.

해석 Gary Oldman이 현지의 Makoto Car 판매점에 갔을 때, 쇼윈도우 앞에 전시되어 있는 빨간색 쿠페가 그의 시선을 끌었다.

어휘 display 전시하다   attention 주목

03 (B) whose

해설 빈칸 앞엔 선행사가 있으며 뒤에는 careers are considered ~라는 완전한 문장이 있으므로 소유격 관계대명사인 (B) whose가 답이 된다. (A) who는 주격 관계대명사로 뒤에 불완전한 문장이 와야 하며, (C) their는 소유격이지만 접속사 기능이 없기 때문에 답이 될 수 없다.

해석 아이러니컬하게도 그들의 커리어가 재계 최고라고 여겨지는 Bob Doyle과 Alex Palese 두 거물은 둘 다 대학 중퇴들이다.

어휘 ironically 반어적으로   tycoon 거물   business world 재계, 업계   dropout 중퇴자

04 (D) whose

해설 빈칸 뒤의 절은 주어, 동사를 갖춘 완벽한 문장이다. 이렇게 완벽한 문장을 이끄는 관계대명사는 소유격 관계대명사밖에 없다. 따라서 답은 (D) whose이다. (A) whatever는 복합 관계부사, (B) whom은 목적격 관계대명사, (C) what은 의문사이거나 관계대명사로 모두 불완전한 절을 이끈다.

해석 지난주에 최신 요리를 선보인 명성 있는 요리사 Francisco Zanetti는 World's Fabulous Chef Tournament에서 경쟁할 것이다.

어휘 renowned 명성 있는, 유명한 chef 요리사 launch 출시하다 compete 경쟁하다

05 (D) whose

해설 빈칸에는 동사 determine의 목적어이면서 뒤의 완전한 문장을 이끄는 접속사가 와야 한다. 뒤에 무관사명사인 artwork을 받을 수 있는 것은 의문형용사나 소유격이 나와야 한다. 그러므로 보기 중에서 정답은 (D) whose가 된다.

해석 하루 동안 논의 후에 Noa Museum of Art의 회원들은 누구의 작품이 2층에 전시될 것인지를 결정할 것이다.

어휘 determine 결정하다, 알아내다 display 전시하다

06 (D) whose

해설 빈칸은 앞의 사람명사 the three applicants(세 명의 지원자들)를 선행사로 하는 관계대명사가 위치해야 한다. 빈칸 뒤의 절이 주어, 동사, 보어를 모두 갖춘 완전한 구조이므로 완전한 절을 이끄는 소유격 관계대명사 (D) whose가 정답이다. (A) what은 불완전한 절을 이끄는 관계대명사이고 (B) who는 주격 관계대명사, (C) which는 사물을 선행사로 받으며 불완전한 절과 쓰이는 관계대명사이다.

해석 Ms. Dockers는 보험업계에서 10년이 넘는 경험이 있는 세 명의 지원자 중 하나이다.

어휘 applicant 지원자 insurance 보험

Lesson 4 that vs what

Step 1 Warm-up Test p.135

01 (A) which

해설 빈칸 뒤에 주어 없이 동사(are used)가 연결되어 있기 때문에 빈칸은 주격 관계대명사가 들어가야 할 자리이다. 선행사가 sports drinks이므로 사물명사를 받는 관계대명사 which가 답이 된다. what 역시 불완전한 문장을 이끌지만 선행사를 받지 않고 문장에서 주어, 목적어, 보어의 역할을 하는 명사절을 이끈다.

해석 에너지 레벨을 보충하는 데 사용되는 스포츠 음료는 운동선수들에게 큰 도움이 된다.

어휘 replenish 보충하다 athlete 운동선수

02 (A) which

해설 사물명사인 division을 선행사로 받을 수 있는 관계사는 which와 that이다. 선행사와 관계대명사 사이에 콤마가 위치하는 계속 용법의 경우 관계사 that은 사용할 수 없으므로 정답은 which가 된다.

해석 관리부서에서는 여러 지원자를 찾고 있는데, 이 부서는 애완동물을 기르지 않은 사람들에게 적합할 것이다.

어휘 look for ~을 찾다 administrative 관리상의, 행정상의 suitable for ~에 적합한

03 (A) what

해설 문장 안에는 동사가 두 개(asked, were) 있다. 따라서 빈칸에는 접속사의 역할을 하며, know의 목적어 역할을 하면서 뒤의 문장을 명사절로 이끌 수 있는 접속사가 필요하다. that은 명사절의 접속사로 완전한 문장을 이끌며, what은 불완전한 문장을 이끌므로 정답은 what이 된다. 일반적으로 know that~의 형태로 자주 나오기 때문에 실수하지 않도록 하자.

해석 Mrs. Park은 나에게 그 직책의 업무가 무엇인지 자세히 알려달라고 요청했다.

어휘 in detail 자세히, 상세히 responsibility 책임, 임무

04 (A) emerged

해설 a problem을 선행사로 받는 관계사 that절의 동사 어휘를 찾는 문제이다. 빈칸 앞뒤로 주어나 목적어가 없기 때문에 that은 주격 관계대명사이며, 빈칸에는 목적어를 받지 않아도 되는 자동사가 와야 한다. a problem을 주어로 받는 적절한 자동사 어휘는 보기 중 '부상했다, 떠올랐다'의 emerged이다.

해석 환경오염에 대한 우려가 커지자 마케팅 부서에서 발생했던 문제 때문에 새로운 조직의 출범이 취소되었다.

어휘 composition 구성, 합성 call off 중지하다, 취소하다 reveal 드러내다, 밝히다 pollution 오염

05 (A) which

해설 빈칸 뒤에 복수명사가 왔으므로 빈칸에 that이 올 수는 없다. 문맥상 어떤 특징이 있는 실내장식이 가장 좋은지 결정한다는 의미이므로 선택을 뜻하는 (A) which가 정답이다.

해석 그는 우리 판매원과 상의한 후에 어떤 특징을 가진 실내장식이 당신에게 가장 좋은지 결정을 내릴 수 있게 도와줄 겁니다.

어휘 consult with ~와 상의하다

06 (B) that

해설 〈It(가주어) is critical + that(진주어) ~〉의 구문이다. 따라서 빈칸에는 that이 들어가야 한다. 여기서 that은 명사절의 역할을 하며 뒤의 문장을 이끌게 된다.

해석 직원들은 모두 회사의 규정을 숙지하는 것이 아주 중요하다.

어휘 critical 아주 중요한 bylaw 규정

Step 2 실전 TOEIC Test p.135

01 (A) that

해설 동사가 picks와 rise이므로 빈칸은 접속사가 들어갈 자리이다. 빈칸은 선행사 stocks를 받으면서 rise의 주어 역할을 하는 주격 관계대명사이므로 선행사를 받지 않는 (C) what은 답이 될 수 없다. (D) when은 부사절에만 들어갈 수 있는 관계부사로 주어 자리에 올 수 없다. 따라서 답은 사람과 사물 둘 다 선행사로 받을 수 있는 (A) that이다.

해석 유명한 브로커, William Klein은 항상 꾸준하고 안전하게 오르는 정확한 주식을 고른다.

어휘 renowned 유명한, 명성 있는 broker 브로커, 중개인 stock 주식

02 (A) that

해설 빈칸이 받는 선행사가 사물인 the contract이고 뒤에 바로 동사 was가 있으므로 주어 역할을 하는 동시에 사물 선행사를 받을 수 있는 관계대명사가 빈칸에 와야 한다. (C) who는 사람

선행사를 받아야 하므로 제외된다. (B) what은 선행사를 포함하는 관계사인데 앞에 선행사가 있으므로 제외된다. (D) there는 유도부사로서 절과 절을 연결할 수 없다. 따라서 사람과 사물을 선행사로 받으며 문장의 주격, 목적격을 이끌 수 있는 관계대명사 (A) that이 정답이다.

해석 이전에 협상했던 계약서에 대해 우리는 Blake & Brothers사와 합의를 보아야만 한다.

어휘 come to an agreement 합의를 보다　regarding ~에 대해　contract 계약서　previously 이전에　negotiate 협상하다

03 (A) which

해설 빈칸 뒤에 주어 없이 동사 is가 있고 앞에는 명사 marketing strategy가 있으므로 marketing strategy를 선행사로 취하는 주격 관계대명사를 선택해야 한다. 빈칸 뒤의 절은 주어가 없는 불완전한 문장이므로 완전한 문장을 이끄는 관계부사 (D) when은 제외된다. 또 앞의 콤마와 쓰일 수 없는 관계대명사 (B) that도 정답이 될 수 없다. 선행사가 사물이므로 사람을 선행사로 하는 관계대명사 (C) who는 정답이 될 수 없다. 사물 선행사와 쓰이면서 콤마와 함께 쓸 수 있는 관계대명사 (A) which가 정답이다.

해석 Mr. Righter가 오늘 프리젠테이션에서 다루게 될 것은 마케팅 전략에 대한 것인데, 이 마케팅 전략은 마케팅 스태프 이외에도 모든 우리 직원들에게 필요한 것이다.

어휘 strategy 전략

04 (D) that

해설 문맥상 '당신이 주문한 특별 우편물을 수령해 가라'라는 의미로, 빈칸은 형용사절을 이끄는 관계대명사가 들어갈 자리이다. (C) when은 완전한 문장으로 이어져야 하므로 답이 될 수 없고 (A) then은 부사로 답이 아니다. (B) what은 선행사가 포함된 관계사이므로 답이 될 수 없다. 따라서 답은 (D) that이다.

해석 우체국에 오후 3시까지 오셔서 당신이 주문한 특별 우편물을 수령해가세요.

어휘 post office 우체국　special delivery 특별 우편물

05 (D) what

해설 타동사 shows의 목적어 역할을 하는 명사 상당어구가 나와야 하는데, 빈칸 뒤의 구조가 타동사 do의 목적어가 없는 불완전한 구조이므로 답은 불완전한 절을 이끄는 명사절 접속사인 (D) what이다. (B) where와 (C) how는 완전한 문장을 받기 때문에 답이 될 수 없으며, which는 관계대명사로 불완전한 문장을 받을 수 있지만 앞에 선행사가 없기 때문에 정답이 될 수 없다.

해석 설명서에는 비상 착륙시에 승객들이 취해야만 하는 요령들이 나와 있다.

어휘 instruction 명령, 지시　brochure 팸플릿　passenger 승객　emergency landing 비상 착륙

06 (C) what

해설 문장의 동사가 indicate와 should be modified로 두 개다. 또한 타동사 indicate 뒤에는 목적어가 필요하다. 따라서 빈칸에는 목적절(명사절)을 이끌면서 접속사의 역할을 할 수 있는 문장 성분이 필요하다. 일반적으로 indicate that ~의 형태를 많이 쓰긴 하지만, 접속사 that이 올 경우엔 뒤에 완전한 문장이 나와야 한다. 그런데 빈칸 뒤의 문장 주어라고 볼 수 있는 condition이 계약서의 '조건, 조항'을 의미할 때는 가산명사이기 때문에 관사 또는 소유격 등의 한정사와 함께 쓰거나 복수형으로 써야 온전한 주어 역할을 할 수 있다. 따라서 빈칸 뒤는 불

완전한 문장이므로 접속사 that은 어울리지 않는다. 빈칸에는 무관사 명사를 받을 수 있는 명사절 접속사로, 의문형용사의 역할을 할 수 있는 what이 들어가야 'what condition(어떤 조항)이 수정되어야 할지를 표시해달라'는 의미의 온전한 문장이 완성된다. whose 역시 뒤에 무관사 명사를 받을 수 있지만, 앞에 반드시 선행사가 있어야 하므로 답이 될 수 없다.

해석 계약서의 어떤 조항이 수정되어야 할지 표시해주기 바랍니다.

어휘 indicate 표시하다, 나타내다　modify 수정하다　condition (계약서 등의) 조건, 조항　contract 계약서

Lesson 5 전치사 + 관계대명사 = 관계부사

Step 1 Warm-up Test p.137

01 (B) when

해설 문장이 본동사(are, is)가 두 개이므로 빈칸에는 이를 연결할 접속사가 필요하다. 구조상 the buses ~ on schedule이 완전한 문장의 주절이고 there is 이하의 절이 또 하나의 완전한 문장이므로 불완전한 문장을 받는 which는 답이 될 수 없다. 그러므로 앞뒤의 완전한 문장을 이끄는 부사절 접속사인 when이 정답이다.

해석 시외지역을 도는 버스들은 안개나 폭우와 같은 궂은 날씨에는 좀처럼 일정대로 운행하지 않는다.

어휘 suburban 교외의, 근교의　hardly ever 좀처럼 ~않는　inclement 날씨가 궂은

02 (B) which

해설 빈칸은 전치사 from의 목적어 역할을 하는 동시에 뒤의 절을 이끄는 접속사가 나올 자리이다. 전치사 from과 함께 앞의 선행사 the account를 받을 수 있는 것은 which이다. from which(전치사 + 관계대명사 which)는 관계부사 where로 바꿔 쓸 수 있다.

해석 그 고객은 대출을 받은 계좌로 돈을 이체하도록 요청했다.

어휘 remit 송금하다　loan 대출금　draw (은행계좌에서 돈을) 인출하다

03 (A) where

해설 빈칸 이하의 문장이 완벽한 절을 이루고 있으므로, 빈칸은 장소를 나타내는 Customer Service office를 선행사로 받는 관계부사가 들어가야 할 자리이다.

해석 반환된 제품들은 귀하의 요청을 도와줄 수 있는 담당 직원이 있는 고객서비스 센터로 가져오셔야 합니다.

어휘 returned item 반환 물품　representative 대표자, 담당자

04 (A) to which

해설 빈칸에는 앞의 this handbook을 선행사로 받는 관계대명사가 들어가야 한다. 빈칸 뒤의 동사 refer는 자동사이므로 뒤에 전치사 to가 나와야 하는데, 전치사가 없다. 그러므로 전치사와 함께 to which가 되어야 한다.

해석 내가 지금 언급하고 있는 이 핸드북은 회사의 정책들에 관한 것이다.

어휘 refer to 언급하다

05 (B) which

해설 빈칸 앞의 전치사와 함께 쓰일 수 있는 관계대명사는 which이다. in which는 관계부사 where로 바꿔 쓸 수 있다.

해석 다국적 기업은 그들의 잠재고객의 마음을 상하지 않도록 하기

위해 제품을 판매하는 각국의 문화에 대한 가치를 조심스럽게 대해야 한다.

어휘 multinational 여러 국가와 관련된, 다국적인 so as to + 동사원형 ~하기 위해 potential 잠재의

06 (A) When

해설 빈칸은 뒤의 완전한 문장을 받을 수 있는 부사절 접속사가 들어갈 자리이다. 의미상 회의가 끝나면 리포트를 제출하라는 내용이므로 시간접속사 When이 정답이다.

해석 회의가 끝나면 회계 부서의 직원들은 모두 오늘까지 리포트를 제출하기로 되어 있다.

어휘 accounting 회계 department 부서 submit 제출하다

Step 2 실전 TOEIC Test p.137

01 (B) where

해설 문장에 동사가 두 개(will, are) 있는데 이 둘을 잇는 접속사가 없다. 따라서 빈칸에는 접속사가 들어가야 하는데, (A) upon은 뒤에 명사를 받는 전치사이기 때문에 답이 될 수 없다. 접속사인 (C) in that은 문법적으로 문제가 없지만 '이유'를 나타내는 접속사이므로 문맥상 부자연스러워 답이 될 수 없다. (D) in it은 전치사와 명사가 합쳐진 형태로 문장을 이끌 수 없다. 따라서 답은 (B) where이다. where는 관계부사로, 뒤의 완전한 절을 이끌며 앞의 장소명사인 the health center를 수식해 준다.

해석 우리는 원주민들이 치료받고 있는 의료 센터에 가기 위해 이 지점부터 도보로 가야만 할 것이다.

어휘 on foot 도보로 native 원주민, 토종의

02 (B) where

해설 빈칸은 완전한 두 개의 문장을 연결할 수 있는 접속사가 들어갈 자리이다. 먼저 보기 중에서 부사절 접속사인 while이 가능하고, 콤마 앞의 장소를 의미하는 the UK를 선행사로 받는 관계부사인 where가 가능하다. 의미상 시간부사절인 while은 그녀가 연설을 하는 동안(과거 시제), 우리는 ~을 기대하고 있다(현재 시제)로 문맥이 통하지 않으므로 the UK를 선행사로 하는 관계부사 where가 정답이 된다.

해석 우리는 메니저가 영국에서 돌아오는 것을 기다리고 있는데, 그녀는 그곳에서 열린 워크샵에서 비용효율에 대한 연설을 했다.

어휘 expect 기대하다, 기다리다 make a speech 연설을 하다 efficiency 효율성

03 (C) what

해설 문장에는 동사가 conducted, work, are 3개이며, 접속사는 who 하나이다. 따라서 빈칸은 접속사가 들어갈 자리이다. 빈칸 뒤의 불완전한 문장을 받아 동사 express의 목적어 역할을 할 수 있는 명사절 접속사가 필요하다. 그러므로 보기 중에서 what이 정답이다.

해석 Wonder 출판사는 저임금 산업에서 일하는 수 천 명의 직원들에게 그들의 가장 큰 관심사가 무엇인지를 밝히기 위해 설문조사를 실시했다.

어휘 survey 설문조사 concern 관심사

04 (B) where

해설 문장의 동사(will be held, is equipped)가 두 개이므로 빈칸은 접속사 자리가 되어야 한다. 전체 문장의 주어인 the conference room을 수식할 수 있는 것은 where뿐이다.

해석 프레젠테이션이 열릴 회의장은 마이크와 사운드 시스템, LCD 프로젝터가 갖추어져 있다.

어휘 be held 개최되다 be equipped with ~이 갖추어져 있다

05 (A) which

해설 빈칸 앞 선행사는 parliament building(의회 건물)이고 뒤는 동사 found의 목적어가 빠진 불완전한 구조이므로 관계대명사 which가 답이 된다. 문장은 빈칸 앞에 콤마가 있는 계속적 용법이므로 제한적 용법(콤마가 없는)에서만 사용 가능한 that은 답이 될 수 없고, in which, where는 관계부사이므로 완전한 문장을 이끈다.

해석 우리를 차에 태워 멋진 도시의 관광지를 보여주셔서 정말 감사합니다. 특히 재건축한 의회 건물은 정말 멋진 건축물이었습니다.

어휘 sight 명소 impressive 인상 깊은 indeed 정말로

06 (B) where

해설 앞뒤의 완전한 문장을 이끌 수 있는 부사절 접속사나 콤마 앞의 명사를 선행사로 받을 수 있는 관계부사가 들어갈 자리이다. 일단 뒤의 불완전한 문장을 받은 관계대명사 (C), (D)는 답에서 제외된다. 선행사가 장소인 bridge이므로 when은 답이 될 수 없다. 그러므로 정답은 where가 된다.

해석 여러분들은 역사적인 Wakitaka Suspension Bridge에 있는 번지 점프대로 이동할 것입니다. 그곳에서 여러분은 다리 아래 물 쪽으로 50미터 직강하하는 짜릿한 낙하를 즐길 수 있습니다.

어휘 transport ~을 이동하다, 나르다 plunge 낙하

Lesson 6 관계대명사의 생략

Step 1 Warm-up Test p.139

01 (A) maintaining

해설 빈칸에 알맞은 동사 형태를 고르는 문제이다. will maintain은 본동사의 형태를 띠고 있어 접속사 있어야 하는데, 이미 동사는 assures, is 두 개인데, 접속사 that이 있다. 그러므로 will maintain은 답이 될 수 없다. 그러므로 분사형태인 maintaining이 정답이다. 빈칸은 앞의 명사 integration을 선행사로 하는 관계대명사가 생략된 분사구문이다. 원래 문장은 integration that will maintain~에서 that will이 생략되고 maintain이 maintaining으로 바뀐 것이다.

해석 Caremark Rx사는 고객들을 위해 훌륭한 서비스 품질을 유지하게 할 수 있는 자연스럽고 효율적인 통합 작업이 이루어 질 수 있도록 최선을 다할 것을 약속드립니다.

어휘 assure 확신하다 be committed to -ing ~하는 데 헌신하다 exceptional 뛰어난, 예외적인

02 (A) regulate

해설 빈칸에 적절한 동사의 형태를 넣는 문제이다. 문장에는 접속사가 없고 본동사도 없다. 그러므로 본동사인 regulate가 정답이다. 관계대명사나 부사절의 접속사가 생략된 분사 형태가 보기 중에 들어있을 때는 반드시 전체 문장의 접속사와 동사의 개수를 확인해야 한다.

해석 최근에 변경된 이동통신사들에 관한 연방법은 마케팅 목적으로 고객들의 개인정보를 사용하는 것을 규제하고 있다.

어휘 concerning ~에 관한 personal information 개인정보

03　(B) suggested

해설 빈칸에 알맞은 단어의 형태를 골라야 한다. 만약 suggestion이 동사 has의 목적어이고, 빈칸 뒤에는 목적격 관계대명사가 생략되었다면 뒤에는 불완전한 문장이 나와야 하는데 완전한 문장이 나오고 있으므로 답이 될 수 없다. 또한 suggestion은 주로 가산명사로 쓰인다. 따라서 정답은 suggested이다.

해석 Robert Laurie 박사는 견과류를 정기적으로 섭취하면 심장병의 발생 위험을 줄일 수 있을 것이라고 했다.

어휘 consumption 소비　reduce 줄이다　risk 위험

04　(A) affecting

해설 문장의 본동사는 gives인데 관계대명사나 접속사가 없기 때문에 빈칸에 본동사가 나올 수는 없다. 그러므로 주격 관계대명사가 생략된 형태의 분사인 affecting이 정답이다. 문장에서 established in 1988 역시 앞의 명사를 수식하는, 관계대명사가 생략된 분사구문이다.

해석 1988년에 설립된 The Ford Report는 100여개가 넘는 여러 나라의 독자들에게 접객산업에 영향을 미치는 경영관리, 마케팅에 대한 최근 소식을 여러분들께 전해드립니다.

어휘 establish 설립하다　hospitality industry 접객산업

05　(A) open

해설 동사는 두 개(offers, is)이며 접속사는 although 하나이다. 보기의 open은 주로 동사와 형용사로 쓸 수 있다. 동사로 쓰게 된다면 문장에 접속사가 하나 더 있어야 하는데 그렇지 않으므로 open은 형용사이다.

해석 Redding 대학교는 특별한 재능을 가진 학생들에게 아주 제한적인 수의 장학금을 제공하는데, 보통 경쟁이 아주 심하다.

어휘 offer 제안하다. 주다　scholarship 장학금　candidate 후보자　merit 재능. 장점

06　(B) made

해설 문장의 동사는 utilizes 하나이고 접속사는 없다. 그러므로 빈칸은 본동사가 아닌 분사 형태가 되어야 하기 때문에 분사 형태로 쓸 수 있는 made가 정답이다. made는 빈칸 앞의 명사 a unique plunger system을 수식하는, 주격 관계대명사와 be동사가 생략된 분사이다.

해석 가죽으로 만들어진 대부분의 핸드 펌프들과는 다르게 Emergency Pump System은 순수하게 플라스틱으로 만들어진 독특한 피스톤 공이를 사용하고 있다.

어휘 leather 가죽　utilize 활용하다

Step 2 실전 TOEIC Test　　p.139

01　(B) they

해설 빈칸에 알맞은 대명사의 형태를 고르는 문제이다. 뒤에 있는 work을 명사로 보고 their를 선택하지 않도록 해야 한다. 문맥상 '그들이 일한 시간'이라는 의미로 빈칸 앞의 명사 the hours를 수식하는 관계대명사가 생략된 관계사절로 보아야 한다.

해석 공장에서 근무하는 직원들은 모두 자신이 일한 시간을 기록하는 것이 회사의 방침이다.

어휘 policy 방침. 정책　keep a record 기록하다

02　(A) save

해설 문장의 주어인 the amount의 본동사는 depends이다. amount와 you 사이에는 the amount를 선행사로 받는 목적격 관계대명사가 생략된 것이므로 빈칸에는 주어인 you와 어울리는 동사가 와야 한다. 따라서 (C) saving. (D) to save는 답이 될 수 없고, 전반적인 시제가 현재이므로 과거시제인 (B) saved 역시 부적절하다.

해석 귀하가 절약하게 될 금액은 당신이 어떤 상품을 선택하느냐에 따라 다릅니다.

어휘 amount 양. 금액　depend on ~에 따라 다르다　plan (저축, 연금, 보험 등의) 상품

03　(B) enclose

해설 알맞은 동사 어휘를 넣는 문제이다. the copy of the order와 we 사이에는 목적격 관계대명사가 생략되었다. 문맥상 동봉하는 주문서에 빠진 제품들이 표시되어 있다는 의미이므로 동사 enclose가 정답이다. place는 '주문을 하다'라는 의미로, place an order로 자주 사용된다. the order를 선행사로 생각하여 place를 선택하지 않도록 조심해야 한다.

해석 내용을 확인할 수 있도록 하기 위해 빠진 제품들은 동봉하는 주문서에 표시되어 있습니다.

어휘 item 제품　indicate 나타내다. 표시하다　order 주문　detach 떼어내다

04　(A) which

해설 빈칸 다음의 we feel은 일종의 삽입절이므로, 빈칸에는 동사 may have been omitted의 주어 역할을 하면서, 선행사인 missing portion을 받을 수 있는 주격 관계대명사인 (A) which가 필요하다. (D) that 역시 사물을 선행사로 받고 주어 자리에 위치할 수 있는 관계대명사이지만, 콤마 다음에 위치할 수 없으므로 답이 될 수 없다.

해석 귀하께서 주문에서 빠진 부분을 다시 보내주시면 감사하겠습니다. 그것은 처음 주문을 처리할 때 누락된 것으로 생각됩니다.

어휘 appreciate 감사하다　omit 생략하다. 누락하다

05　(A) programmed

해설 빈칸에 알맞은 동사의 형태를 고르는 문제이다. 문장의 동사는 will be delivered이다 그러므로 본동사 형태인 (C) is programmed와 (D) is programming은 정답이 될 수 없다. 명사의 형태로도 볼 수 있는 program가 들어가게 되면 앞에 있는 명사 machines와 복합명사를 이루게 되는데, 복합명사는 앞의 명사에 복수형을 쓰지 않는다. 그러므로 정답은 주격 관계대명사와 be동사가 생략된 분사의 형태인 (A) programmed가 된다.

해석 빠르게 변화하는 패션의 수요에 대응하는 각기 다른 디자인을 만들 수 있도록 프로그램된 장비가 다음 주에 공장으로 배송이 될 것이다.

어휘 rapidly changing 빠르게 변화하는　demand 수요

06　(D) created

해설 동사 create의 적절한 형태를 찾는 문제이다. 문장의 본동사는 두 개이고 접속사는 하나이므로 본동사인 creates는 답이 될 수 없다. 행위의 주체를 나타내는 by 이하와 어울려야 하므로 수동의 의미를 가진 과거분사 created가 정답이 된다. 선행사인 a joint venture를 수식하는 주격 관계대명사와 be동사가 생략된 분사구문이다.

해석 Financial News Network사는 오늘 Dow Jones사와 Westinghouse Broadcasting사가 만든 합작회사에 매각된다고 발표했다.

어휘 create 만들어내다. 창출하다　joint venture 합작회사

Lesson 7 부정대명사 + of whom/which & 유사관계대명사

Step 1 Warm-up Test   p.141

01   **(B) whom**

해설 문장에 동사가 has interviewed, were 두 개이므로 접속사나 관계사가 들어갈 자리이다. 빈칸 앞의 some of ~로 보아 부분관계대명사가 들어가야 하는데, 앞의 선행사가 사람인 20 candidates이므로 whom이 정답이다.

해석 회사는 20명의 지원자를 면접했는데 그 중의 일부는 한국 출신이다.

어휘 interview 면접하다

02   **(A) as**

해설 빈칸 앞에 as famous가 있으므로 빈칸에는 전치사 as가 와서 as ... as ~ (~만큼 …한)의 비교구문을 완성시켜야 한다.

해석 캘리포니아 산 와인은 아시아와 동유럽에서는 칠레 와인만큼 유명하다.

어휘 famous 유명한

03   **(A) which**

해설 동사가 두 개(saved, will be reinvested) 있으므로 절을 연결해주는 접속사가 필요하다. 접속사의 역할을 하면서 most of 이하의 주어 자리에 올 수 있는 것은 관계대명사뿐이다. 그런데 앞에 콤마가 있으므로 관계대명사의 계속적 용법에 쓰이는 which가 정답이다.

해석 Soft Technology Institute사는 지난 해 상당히 많은 돈을 비축했는데, 이 돈은 대부분 연구 및 개발에 재투자될 것이다.

어휘 a significant sum of money 상당한 액수의 돈   reinvest 재투자하다

04   **(B) which**

해설 문장의 동사가 두 개(have to decide, is)이므로 빈칸은 접속사나 관계사가 들어갈 자리이다. 그런데 빈칸 앞에 none of 가 있기 때문에 관계대명사가 들어가야 한다. 그러므로 선행사가 무엇인지를 파악해야 하는데, 여기에서 선행사는 several courses of action이므로 which를 써야 한다. whom은 사람을 선행사로 받는다.

해석 관리자들은 몇 가지 행동 방침 중에서 결정해야만 하는 때가 많은데, 그것들 중에서 어떤 것도 완벽하게 정당하거나 잘못된 것은 없다.

어휘 decide 결정하다   action 조치, 대책, 방침   completely 완전히, 완벽하게

05   **(A) them**

해설 보기가 대명사와 접속사(whom)로 구성되어 있다. 먼저 문장에는 접속사(although)가 한 개, 동사(don't like, have found)가 두 개이므로 접속사나 관계사는 필요 없다. 그러므로 전치사 of 뒤에는 대명사의 목적격인 them이 들어가야 한다.

해석 비록 많은 한국인 직원들은 영국인 상사 밑에서 일하는 걸 좋아하지 않는다고 해도, 그들 중 일부는 그가 꽤 괜찮다는 걸 알게 되었다.

어휘 employee 직원   boss 상사   find ~을 알게 되다

06   **(B) most**

해설 빈칸은 of ~이하의 수식을 받을 수 있는 대명사가 들어갈 자리이다. 빈칸 뒤에 of whom이 있는 것으로 보아 부분 관계대명사임을 알 수 있고 뒤에 나온 동사가 복수형인 are이기 때문에 주어도 복수가 되어야 한다. 그러므로 정답은 most가 된다. one은 단수 동사를 받는다.

해석 우리는 최근에 지역 경제전문가들을 몇 명 뽑았는데 그들 대부분은 이 지역 태생이다

어휘 recently 최근에   hire 고용하다   native to ~에서 태어난

Step 2 실전 TOEIC Test   p.141

01   **(D) whom**

해설 전치사 다음이므로 목적격이 들어갈 자리이다. 하지만 전체 문장에서 보면 동사(tries, have, are)는 세 개이지만 접속사(but)는 한 개 이므로 빈칸은 접속사의 역할을 할 수 있어야 한다. 접속사와 목적격으로 쓸 수 있는 것은 which와 whom인데, 앞의 선행사(teachers)가 사람이므로 whom이 정답이다.

해석 그 학교는 다양한 배경을 가진 직원들을 채용하려 하지만, 교사들은 열 명밖에 없고 모두 남자다.

어휘 hire 고용하다, 채용하다   diverse 다양한

02   **(B) which**

해설 문장에는 두 개의 동사(sells, are)가 있으므로 접속사나 관계사가 있어야 한다. 하지만 빈칸 뒤의 문장이 불완전하므로 관계대명사가 들어가야 하는데, 빈칸 앞의 half of와 어울릴 수 있는 관계대명사로는 which와 whom이 있다. 선행사는 사물인 output device units이기 때문에 사물을 받는 목적격 관계대명사 which가 정답이다.

해석 프린스타는 1년에 3,000만 달러 상당의 출력장치를 판매하는데, 그 중 절반은 중국에서 팔린다.

어휘 output device 출력장치

03   **(B) whom**

해설 동사(interviewed, would make)가 두 개이므로 접속사나 관계사가 필요하다. 빈칸 앞에 anyone of 가 있는 것으로 보아 앞의 명사(ten candidates)를 선행사로 하는 관계대명사가 와야 하는데, of 다음이므로 목적격이 나와야 한다. 그러므로 정답은 whom이다.

해석 우리는 10명의 후보자를 인터뷰했는데, 그들 중 누가 오더라도 우리 부서에 큰 도움이 될 것이다.

어휘 candidate 후보자   addition 추가(물, 사람)

04   **(B) earlier**

해설 빈칸 뒤에 '~보다'의 비교의 의미를 가진 접속사 than이 있으므로 빈칸에는 비교급 표현이 위치해야 한다. 따라서 가장 적절한 정답은 부사 early의 비교급 형태인 (B) earlier이다. (C) earliest는 최상급 표현으로 관사 the와 함께 쓰여야 하고 (D) earliness는 명사이므로 정답이 될 수 없다.

해석 판매직 사원의 인터뷰가 오전 8시 정각에 시작됐기 때문에 Ms. Jameson은 평소보다 빨리 출근해야만 했다.

어휘 promptly 정확히 제 시간에   usual 평소에

05   **(D) which**

해설 문장의 동사(has developed, were considered)가 두 개이므로 빈칸은 접속사이면서 of의 목적어 자리에 들어올 수 있어

야 한다. 선행사(some new designs)인 사물을 받고, 콤마 뒤에 오는 계속적 용법으로 쓰일 수 있는 것은 which이다.

해석 우리의 연구개발팀은 새로운 디자인을 몇 개 개발했는데, 그것들 중의 두 개는 지난해 혁신상 후보에 올랐다.

어휘 develop 개발하다 consider ~으로 간주하다. 여기다. 고려하다 innovative 혁신적인

06   (A) many

해설 of 이하의 수식을 받는 대명사가 들어갈 자리이다. 관계대명사 which가 가리키는 것은 가산명사인 items이기 때문에 little은 답이 될 수 없다. 문맥상 금지된 물건들의 많은 수량이 유효 기간이 지워졌다는 의미이니까 many가 정답이다. none이나 few를 쓰면 유효 기간이 제거된 제품이 없다는 의미가 되기 때문에 문맥에 맞지 않는다.

해석 Pest County Animal Health and Food Control Station은 판매 기간이 지난 물건들을 홍보하는 것을 금지시켰는데, 그 물건들 중 다수는 원래의 유효 기간이 삭제되어 있었다.

어휘 ban 금지하다 past-date-of-sale item 판매 기간이 지난 제품 expiration date 유효 기간 remove 제거하다

Lesson 8 복합관계사의 이해

Step 1 Warm-up Test   p.143

01   (A) who

해설 빈칸 뒤의 주어가 없는 불완전한 문장을 이끌면서 전체 문장의 주어인 new employees를 수식할 수 있는 주격 관계대명사인 who가 정답이다. whoever는 anyone who의 의미로, 선행사를 취하지 않고 명사절이나 부사절의 역할을 한다.

해석 다른 회사에서 6개월 넘게 근무한 신규직원들은 견습 기간의 단축이나 면제를 신청할 수 있다.

어휘 apply 신청하다 probation 견습 shorten 짧게 하다. 단축시키다 waive 적용하지 않다. 면제시키다

02   (B) whom

해설 the clients라는 사람명사를 선행사로 받으면서 전치사 to 다음에 위치할 수 있는 관계대명사는 whom이다. the monthly interest income will be transferred to the clients에서 the clients가 선행사로 빠지고 to가 관계대명사 앞으로 나온 형태이다.

해석 만약 월 금리 수입이 입금될 고객들이 예금 입출금 카드가 없다면 Hebros 은행은 무료로 예금 입출금 카드를 발급할 것이다.

어휘 transfer 송금하다 issue 발급하다

03   (B) whichever

해설 빈칸은 that절 이하에서 will bring의 주어로 쓸 수 있는 명사절의 접속사가 필요한 자리이다. 접속사로 쓸 수 있는 것은 whichever뿐이다. whichever는 복합관계대명사로 명사절 또는 (양보의) 부사절로 사용되는데, 여기서는 '당신이 선택한 것은 어느 것이라도'라는 의미이다.

해석 이 두 개의 카페트는 굉장히 세심하게 디자인된 것이라서 우리는 당신이 어떤 것을 선택하든지 그것은 몇 년 동안 당신을 만족시킬 것이라고 확신합니다.

어휘 design 디자인하다 assure 확신시키다 bring 초래하다

04   (A) whenever

해설 문장에 동사(informed, could come, is)가 3개이고 접속사(that)는 1개이다. 따라서 빈칸은 접속사 또는 관계사가 들어갈 자리이다. 뒤에 완전한 문장을 이끌 수 있는 것은 보기 중에서 whenever라는 관계부사이다. whichever는 뒤의 불완전한 문장을 이끌어 명사절이나 양보의 부사절로 쓸 수 있다.

해석 Mr. Cohen은 언제든 편할 때 인터뷰하러 올 수 있다고 인사부서에 알려주었다.

어휘 inform 말하다, 알리다 human resources department 인사부서 convenient 편한

05   (A) everyone

해설 문장에 접속사(If)가 1개, 동사(are completed, will receive)가 2개 있으므로 빈칸은 두 번째 동사의 주어 자리이다. 문맥상 주어는 사람이므로 everyone이 정답이다. whoever는 복합 관계대명사로 접속사의 역할을 하므로 답이 될 수 없다.

해석 만약 일이 제시간에 끝나면 부서의 모든 사람들은 보너스를 추가로 받게 될 것이다.

어휘 assignment 일, 업무, 할당량 additional 추가의

06   (A) someone

해설 빈칸 뒤쪽으로 더 이상 동사가 없기 때문에 seek의 목적어가 와야 한다. 관계사는 더 이상 나올 수가 없기 때문에 대명사인 someone이 답이 된다.

해석 Mr. Mark가 홍보부에서 퇴직하면 기획 분야에서 그를 대신해서 그만큼의 전문 지식과 숙련도를 가지고 있는 사람을 찾기는 아주 힘들 것이다.

어휘 retire 은퇴하다 arduous 고된, 힘드는 comparable 상응할 만한 proficiency 숙련(도) expertise 전문 지식 replace 교체하다

Step 2 실전 TOEIC Test   p.143

01   (B) wherever

해설 문장에 동사(should be, is located)가 두 개 있으므로 빈칸에는 접속사 역할을 할 수 있는 관계사가 들어가야 한다. 빈칸 뒤는 주어와 동사가 있는 완전한 문장이므로 복합 관계대명사인 whoever, whatever, whichever는 답이 될 수 없다. 따라서 답은 복합 관계부사인 wherever이다.

해석 사람이 어디에 있든 비상 도로 서비스는 가능해야만 한다.

어휘 emergency 비상 available 가능한 wherever 어디에 있든

02   (D) whatever

해설 문장에 동사(booked, are allowed, want)가 세 개 있다. 그러나 접속사는 who 한 개다. 따라서 빈칸에는 또 다른 접속사가 들어가야 한다. 또한 빈칸은 타동사 bring의 목적어 역할을 하는 명사절을 이끌 수 있어야 한다. 빈칸 뒤 타동사 want의 목적어가 없는 것으로 보아 빈칸은 목적격 복합관계사 자리이기 때문에 '~하는 것은 무엇이든(anything that)'으로 해석되는 (D) whatever가 정답이다.

해석 일등석을 예약한 승객들은 가연성 물질을 제외하고는 그들이 원하는 것이면 무엇이든 가져오도록 허용된다.

어휘 passenger 승객 book 예약하다 first class 일등석 be allowed to + 동사원형 ~을 하는 것이 허용되다 except for ~을 제외하고 flammable 가연성 물질

03 (A) that
- 해설 문장의 동사(must meet, has borrowed)가 두 개이므로 빈칸은 접속사나 관계사 자리이다. 빈칸 뒤의 목적어가 없는 불완전한 문장을 이끄는 목적격 관계대명사인 that이 정답이다. 선행사는 all of the Avan paintings이다.
- 해석 National Art Gallery는 7월 마감일까지 임대한 Avan의 모든 그림들을 되돌려주어야 한다.
- 어휘 meet the deadline 마감일을 지키다 borrow 빌리다, 임대하다

04 (C) which
- 해설 no matter와 함께 어울려 절과 절을 이끌 수 있는 적절한 접속사를 찾는 문제이다. 보기 중 why는 no matter와 어울릴 수 없으므로 탈락. 동사 choose의 목적어가 ------ method이므로 형용사적으로 사용되는 which가 정답이다.
- 해석 어떤 방법을 선택할지라도 우리에게 여러분의 여행 계획을 알려주시는 것이 중요합니다.
- 어휘 method 방법 arrangement 준비

05 (B) Whichever
- 해설 문맥상 '이기는 어느 팀이든지~'라는 양보적 의미이므로 복합관계사가 필요하다. 주어 team 앞에 관사가 없는 것으로 보아 이 명사를 수식, 한정할 수 있는 복합 관계형용사가 나와야 하므로 관계부사 whenever는 어울리지 않는다. which는 앞에 선행사가 있어야 한다. when은 명사절의 접속사로 쓸 수 있지만 문맥상 시간(when)이 갈 수 있는 것은 아니므로 적절하지 않다. 따라서 정답은 Whichever이다.
- 해석 어떤 팀이든 이 시합의 최종 승리팀은 미국에서 열리는 결승전에 진출할 것이다.
- 어휘 tournament 경기, 시합 go to the championship game 결승전에 진출하다

06 (B) Anyone
- 해설 문장의 본동사(is asked)는 하나이므로 접속사의 역할을 하는 Whoever(누구든지)는 부적절하다. Some은 '어떤 사람'이라는 의미로 사용할 수 있으나 문맥상 어색하므로 정답이 될 수 없다. Something은 wish(바라다)의 주체가 될 수 없으므로 부적절하다. 따라서 정답은 긍정문에 쓰여 '어떤 사람이든지, 누구든지'라는 의미로 불특정을 강조하는 Anyone이다.
- 해석 이 직책에 지원하고자 하는 사람은 추천서를 세 장 제출해야 한다.
- 어휘 apply for 지원하다 submit 제출하다 recommendation letter 추천장

Lesson 9 복합관계부사

Step 1 Warm-up Test p.145

01 (A) Although
- 해설 빈칸은 종속 접속사 자리인데 선택지 중 종속접속사는 Although뿐이다. However가 복합 관계부사로 쓰이게 되면, 〈However + 형용사/부사 + 주어 + 동사〉의 형태로 '아무리 ~하더라도' 또는 '어떤 방식으로라도'라는 의미가 된다. 참고로 However는 '그러나'의 의미인 접속부사로 시험에 더 자주 나온다는 것도 알아두자.
- 해석 Sanya Elcetronic의 TV는 항상 소비자에 의해 나쁜 평가를 받지만 특이한 디자인 때문에 그들의 TV를 어쨌든 많은 사람들이 여전히 산다.
- 어휘 somehow 어떻게든

02 (A) Whatever
- 해설 콤마 앞의 구문은 부사절로, 빈칸에는 불완전한 문장을 받을 수 있는 복합관계대명사 Whatever가 들어가야 한다. However는 복합관계부사로 뒤에 완전한 문장, 또는 형용사나 부사 등을 받는다.
- 해석 무엇을 선택하든, 저희 호텔에 머무시면 분명 기억에 남을 만큼 좋을 것입니다.
- 어휘 choose 선택하다 memorable 기억에 남을 만한, (기억에 남을 만큼) 좋은, 뜻 깊은, 즐거운 stay 머무름, 투숙

03 (B) However
- 해설 선택지로 보아 적절한 복합 관계사를 고르는 문제이다. 문맥상 앞뒤의 절은 서로 대조 관계에 있고 빈칸 뒤에는 firmly라는 부사가 나온다. 따라서 양보의 의미를 지니는 동시에, 뒤에 오는 형용사나 부사를 수식할 수 있는 복합 관계부사 However(아무리 ~하더라도)가 정답이다. Whatever는 뒤에 불완전한 문장이 온다.
- 해석 이사들이 애초의 계획에 얼마나 굳게 동의하더라도 우리는 대안들을 준비해야만 한다.
- 어휘 firmly (바뀌지 않고) 확실하게, 단호하게 prepare for ~을 준비하다 alternative plan 대안

04 (B) wherever
- 해설 동사 transfer(전달하다)의 의미상 빈칸에는 장소를 나타내는 복합 관계부사 wherever가 와야 한다. wherever you may be는 '귀하가 어디에 있든지'라는 의미이다.
- 해석 귀하가 어디에 있든지 간에 새로운 음성메일 시스템은 귀하의 전화를 받아 당신에게 전달할 것이다.
- 어휘 answer someone's call (전화를) 받다 transfer A to B A를 B에게 전달하다

05 (B) Whenever
- 해설 문맥상 '언제 구매 여부를 결정하든 상관없이'라는 의미가 되어야 하므로 Whenever(언제~하든 상관없이)가 와야 한다. 참고로 Whatever는 불완전한 문장을 받아야 하므로 답이 될 수 없다.
- 해석 특정 주식을 구매할지 안 할지 결정을 언제하든지 간에 우리의 전문가에게 상담을 할 것을 권유해드립니다.
- 어휘 decide 결정하다 advisable 권할 만한

06 (B) However
- 해설 이 문제의 핵심은 often에 있다. 보기 중에서 뒤에 바로 형용사나 부사를 취할 수 있는 복합 관계사는 However이다. However often~은 '아무리 자주 ~하더라도'라는 뜻이다.
- 해석 고객들이 얼마나 자주 서비스에 대해 안 좋은 경험을 하든 간에 고객들은 돈을 아낄 수 있기 때문에 계속해서 그것을 이용한다.
- 어휘 often 종종, 자주 experience 경험하다 save 아끼다, 절약하다

Step 2 실전 TOEIC Test p.145

01 (B) Wherever
- 해설 콤마 뒤의 문장이 완전하므로, 빈칸부터 콤마까지는 이 문장의 부사절이다. 따라서 빈칸에는 부사절을 이끌 수 있는 복합관계부사가 들어가야 한다. 하지만 (D) Whoever를 제외한 모두가 복합관계부사이다. 그렇다면 의미상 적절한 복합관계부사를 골

라야겠다. 문맥상 '퇴근 후 어디를 가든지'라는 의미가 되어야 자연스러우므로 빈칸에는 '어디를 가든지간에'라는 의미의 복합관계부사 Wherever가 알맞다.

해석 퇴근 후 어디를 가든 당신은 시내에서 동료를 만나게 될 것이다.
어휘 after work 퇴근 후　colleague 동료

02　　　　　　　　　　　　　　　　　　　　(B) whoever

해설 문장의 동사는 asks, is, refrain이며 접속사는 that 하나이다. 그러므로 빈칸에는 접속사나 관계사가 들어갈 자리이다. 그러므로 대명사인 everyone은 답이 될 수 없으며, everywhere 역시 부사로 답이 될 수 없다. whoever와 whomever는 주격과 목적격인데 빈칸은 is의 주어 자리이므로 주격인 whoever가 정답이다.

해석 Ms. Evans는 참석한 사람 누구라도 성명서를 다 읽을 때까지 의견이나 질문을 하지 말아 달라고 요청하고 있다.
어휘 refrain from ~을 삼가다　statement 성명서

03　　　　　　　　　　　　　　　　　　　　(A) wherever

해설 동사가 두 개(should receive, assigned) 있으므로 빈칸은 접속사의 역할을 할 수 있는 것이 들어가야 한다. 하지만 보기가 모두 접속사의 역할을 할 수 있는 복합관계들이다. 문맥상 '어디에 배치되든지 간에 첫 해에는 ~을 해야 한다'는 의미가 되어야 자연스러우므로 빈칸에는 장소를 나타내는 wherever가 적절하다.

해석 그 인턴들은 (입사) 첫 해 동안에 어디에 배정이 되든지 간에 창의적인 제품을 개발하기 위해 교육을 받아야만 한다.
어휘 creative 창의적인　assign 배정하다. 배치하다

04　　　　　　　　　　　　　　　　　　　　(C) Whatever

해설 빈칸 뒤의 불완전한 문장을 받아 부사절의 역할을 할 수 있는 접속사를 찾아야 한다. 먼저 (D) Both는 상관접속사로 보통 and와 함께 쓰이므로 답이 될 수 없다. (A) However와 (B) Whenever는 복합관계부사로 뒤에 완전한 문장을 받아야 하므로 역시 답이 될 수 없다. 정답은 (C) Whatever가 된다. 참고로, whatever는 명사절로 사용될 수 있다는 것도 알아두자.

해석 당신이 어떤 결정을 하든지 간에 가장 중요한 것은 직원들이 가장 관심 있어 하는 것들을 신중하게 고려해야 한다는 것이다.
어휘 take ~ into consideration (결정을 하기 전에) ~을 고려하다. 심사숙고하다

05　　　　　　　　　　　　　　　　　　　　(C) how

해설 〈no matter + 의문사〉는 복합 관계사의 또 다른 형태이다. 뒤에 형용사 expensive가 있으므로 빈칸에는 (C) how가 와서 복합 관계 부사(양보절)로 no matter how expensive it is가 되어 '그것이 얼마나 비싸든지 간에'라는 의미가 되어야 가장 적절하다. no matter how는 however와 같은 뜻이다. (A) if와 (D) so는 no matter와 함께 쓰일 수 없어 답이 될 수 없고, (B) where는 함께 쓰일 수 있지만 뒤에 〈주어 + 동사〉가 와야 하므로 답이 될 수 없다.

해석 새로운 헤어드라이어의 수요가 높아져서 사람들은 얼마나 비싸든지 상관없이 살 의향이 있다.
어휘 demand 수요　no matter how 얼마나 ~하든지 간에　expensive 비싼

06　　　　　　　　　　　　　　　　　　　　(A) whatever

해설 빈칸에는 동사 have의 목적어로, 복합 관계사절을 이끌 수 있는 복합관계사가 와야 한다. 목적어가 없는 불완전한 문장을 이끌 수 있는 복합 관계대명사는 whatever와 whoever이다. whoever는 주격이므로 답이 될 수 없으며, 의미상으로도 어색하므로 정답은 whatever가 된다. whenever와 wherever는 관계부사로, 완전한 문장을 받아야 하므로 답이 될 수 없다.

해석 아버지는 Lynn에게 크리스마스 선물로 원하는 것은 무엇이든지 가질 수 있다고 말했다.

Chapter 6 분사

Lesson 1 분사의 이해

Step 1 Warm-up Test　　　　　　　p.149

01　　　　　　　　　　　　　　　　　　　　(B) remaining

해설 전체 문장에 주어는 Employees이고 동사는 are advised이다. 보기 중에서 동사 형태의 과거형인 remained가 들어가려면 접속사가 있어야 하므로 문장의 주어인 Employees를 수식하는 분사인 remaining이 정답이다. remained도 과거분사로 볼 수도 있지만 remain은 자동사이므로 수동의 과거분사는 쓸 수 없다.

해석 5시 이후에도 사무실에 남아 있는 직원들은 상사에게 알려야 한다.
어휘 be advised to + 동사원형 ~을 하도록 하다　supervisor 상사, 감독관

02　　　　　　　　　　　　　　　　　　　　(B) using

해설 문장에 동사(complain, need)는 둘이고 접속사(that)는 하나이다. 그러므로 본동사는 들어갈 수 없으며, 앞에 있는 명사 Travelers를 수식할 수 있는 분사가 들어가야 한다. 타동사인 use는 뒤에 목적어가 필요하므로 능동태 분사인 using이 정답이다.

해석 현지 호텔들을 이용하는 여행객들은 주차 공간이 더 필요하다고 불평을 제기한다.
어휘 complain 불평하다　parking space 주차 공간

03　　　　　　　　　　　　　　　　　　　　(A) knows

해설 문장에 동사(need)도 하나이고 관계사(who)도 하나 있다. 그러므로 빈칸에 들어갈 동사의 형태는 본동사가 되어야 한다. 따라서 정답은 knows이다. 분사구문을 만들 때 부사절의 접속사는 뒤에 분사를 받을 수 있지만 관계대명사는 바로 뒤에 분사를 받을 수 없다는 것을 알아두자.

해석 우리는 그것들을 어떻게 정리하는지 아는 자원봉사자가 필요하다.
어휘 volunteer 자원봉사자, 자원자　arrange 배치[배열]하다, 정리하다

04　　　　　　　　　　　　　　　　　　　　(B) specializing

해설 문장에는 동사(advised)는 하나인데 접속사나 관계사는 없다. 그러므로 본동사 형태인 specializes는 답이 될 수 없으

며 문장의 주어인 M&M Inc.를 수식하는 분사 형태인 specializing이 정답이다. 동사 specialize는 자동사로 전치사 in을 동반하며, 형용사 형태인 specialized도 자주 시험에 등장하므로 꼭 알아두어야 한다.

해석 경영 컨설팅을 전문으로 하는 M&M사는 우리에게 연구개발에 더 많은 투자를 하라고 조언했다.

어휘 consulting 상담, 컨설팅   invest in ~에 투자하다

05 (A) returns

해설 빈칸 앞의 등위접속사 and와 앞뒤의 문장 구조를 확인해야 한다. 동일 주어인 Our director가 생략되어 있으므로 빈칸에는 동사 returns가 나와야 한다.

해석 우리 이사는 매일 출근을 해서 오후 6시 전에 퇴근한다.

Step 2 실전 TOEIC Test   p.149

01 (C) working

해설 빈칸 앞의 Those employees가 주어이고 동사는 must wear이다. 그러므로 본동사 형태를 갖추고 있는 (A) are working, (B) have worked는 답이 될 수 없으며, (D) worked는 과거분사로 본다 하더라도 자동사이기 때문에 과거분사로 쓸 수 없다. 그러므로 those employees를 선행사로 하는 주격 관계대명사가 생략된 능동 분사 형태인 (C) working이 정답이다.

해석 공장에서 일하는 직원들은 항상 보호 장구를 착용해야만 한다.

어휘 factory 공장   wear 입다, 착용하다   protective 보호의, 보호하는   at all times 항상

02 (B) proposed

해설 빈칸은 정관사와 명사 distribution center 사이에 있으므로 형용사가 들어갈 자리이다. 하지만 보기에 형용사로 쓸 수 있는 것이 없으므로 형용사를 대신할 수 있는 분사를 골라야 한다. 분사 형태의 형용사는 (B) proposed뿐이다. (D) proposal은 형태상 형용사인 것 같지만 가산명사로 '제안(서)'를 의미한다.

해석 Kensington사는 제안된 유통센터를 위한 가능성 있는 부지를 찾기 위해 현지 부동산 회사를 고용했다.

어휘 hire 고용하다, 채용하다   property 부동산, 자산   site 부지, 장소

03 (B) identifying

해설 한정사인 other와 명사 details 사이에 들어갈 수 있는 것은 형용사이다. 보기 중에 형용사로 쓸 수 있는 것은 분사 형태를 띠고 있는 (B) identifying뿐이다.

해석 Wellington시의 애완동물 등록서에는 애완동물의 주인에게 동물 표시와 다른 식별할 수 있는 자세한 정보를 기록하도록 하고 있다.

어휘 registration form 등록서   owner 주인   marking 표시   identifying 식별할 수 있는, 확인할 수 있는

04 (B) polluted

해설 빈칸은 that절의 주어인 air를 수식할 수 있는 형용사가 들어갈 자리이다. 보기 중에서 형용사로 쓸 수 있는 것은 분사 형태를 띠고 있는 polluted로, polluted air는 '오염된 공기'를 의미한다.

해석 비정부기구들은 산업체에서 발생되는 오염된 공기가 지구 온난화의 주된 요인이라는 것을 증명하기 위해 매년 수많은 연구를 실시한다.

어휘 conduct 실시하다   source 출처   global warming 지구 온난화

05 (D) seeking

해설 빈칸 앞의 employees가 주어이며 동사는 need to이다. 그러므로 본동사 형태인 (A) seek, (B) seeks, (C) will seek는 모두 정답이 될 수 없다. employees를 선행사로 하는 관계대명사가 생략된 분사 형태인 seeking이 정답이다.

해석 출장에 대한 경비 상환을 원하는 직원들은 Mr. Jason에게 신청서를 제출해야 한다.

어휘 reimbursement 상환   business trip 출장   submit 제출하다

06 (A) serving

해설 주어 The Whitfield Charity Foundation과 동사 is가 갖추어진 완벽한 문장이다. 따라서 빈칸에는 동사가 올 수 없으므로 (D) serves는 제외한다. (C) server는 명사로 답이 될 수 없으며, (B) served는 과거분사이기 때문에 빈칸 뒤의 the homeless를 목적어로 취할 수 없으므로 답이 될 수 없다. 결국 빈칸은 목적어를 취하면서 주어인 명사를 꾸미는 능동의 현재분사 (A) serving이 들어갈 자리이다.

해석 중앙아메리카에서 노숙자들을 도와주는 The Whitfield Charity Foundation은 창립 10주년이 되었다는 것을 자부심을 가지고 발표하는 바입니다.

어휘 the homeless 노숙자들   announce 발표하다, 알리다   tenth 10번째의   anniversary 창립기념일   serve 도와주다

Lesson 2 분사의 생성 원리

Step 1 Warm-up Test   p.151

01 (B) being

해설 부사절접속사이자 전치사인 after 뒤에는 〈주어 + 동사〉의 완전한 절이나 분사구 또는 명사상당어구가 와야 한다. 그러므로 본동사 형태의 were는 답이 될 수 없으며, 분사 형태인 being이 정답이다.

해석 자료 보안 문제를 해결하는 수많은 요청을 받은 후 Northen Softech사는 Data Secureware를 만들어냈다.

어휘 solve 해결하다   produce 생산하다, 만들다

02 (B) staying

해설 문장의 동사는 offers로, 또 다른 본동사가 들어가려면 접속사나 관계사가 있어야 한다. 하지만 문장 내에는 접속사나 관계사는 없다. 그러므로 빈칸 앞에 있는 all guests를 수식하는, 주격 관계대명사가 생략되어 분사 형태로 바뀐 staying이 들어가야 한다.

해석 The Southern Island Inn은 이틀 넘게 머무르는 손님들에게는 모두 무료 주차 서비스를 제공한다.

어휘 offer 제공하다   parking 주차   stay 머무르다

03 (B) monitoring

해설 동사 install의 목적어로 more advanced ------ cameras가 왔으므로 빈칸에는 명사 cameras를 꾸며주는 형용사인 monitoring이 자리해야 한다.

해석 감시 시스템이 오래됐기 때문에 우리는 가게에 더 고급 감시 카메라를 설치할 필요가 있다.

어휘 surveillance 감시   outdated 구식의   advanced 고급   monitor 감시하다

04 (B) mailing
해설 부사절의 접속사인 When 뒤에는 〈주어 + 동사〉의 완전한 문장이 나오거나 분사가 나와야 하므로 본동사 형태의 mails는 답이 될 수 없다.

해석 지원서를 우편으로 보낼 때는 3장의 추천장을 꼭 함께 보내시기 바랍니다.

어휘 application 지원서　recommendation letter 추천장

05 (B) appointed
해설 빈칸은 명사 앞에서 명사를 수식할 수 있는 형용사가 들어갈 자리이다. 과거분사는 형용사의 역할을 하므로 답은 appointed 이다. 현재분사 appointing이 답이 되려면 수식을 받는 명사와 능동의 관계가 되어야 하는데, 문맥상 '임명된' 매니저라는 수동의 의미가 되어야 하므로 현재분사는 답이 되지 않는 것이다.

해석 Austin 지사에 최근 임명된 관리자인 Juan Martinez는 10년의 성공적인 커리어 기록을 가지고 있다.

어휘 successful 성공적인　career 커리어　record 기록　appointed 임명된

06 (A) expected
해설 빈칸은 관사 an과 명사 consequence 사이에서 명사를 수식하는 형용사가 위치해야 하는 자리이다. 보기에서 형용사 역할을 하는 것은 분사로 '예상되는 결과'라는 수동의 의미가 되어야 하므로 과거분사인 expected가 답이다. expect는 본동사 형태로 명사를 수식할 수 없다.

해석 Urban Gold의 터무니없는 확장이 얼마나 그들에게 아무런 도움이 되지 않았는지를 두고 봤을 때 그들의 실패는 예상된 결과였다.

어휘 impractical 터무니없는, 비현실적인　expansion 확장　in any way 아무런, 아무렇게도　failure 실패　expected 예상된　consequence 결과

Step 2 실전 TOEIC Test p.151

01 (B) joining
해설 이미 문장에 동사는 has가 있고, 접속사나 관계사가 없으므로 더 이상 본동사는 들어갈 수 없다. 그러므로 (A) joins, (B) will join, (D) will be joining은 답이 될 수 없다. 정답은 the new designer 뒤에 주격 관계대명사가 생략된 타동사 분사로 뒤의 목적어를 받을 수 있는 현재분사인 (B) joining이다.

해석 다음 주에 우리 부서에 합류할 새로운 디자이너는 훌륭한 이력과 풍부한 경험을 가지고 있다.

어휘 excellent 뛰어난, 훌륭한　background 이력, 배경　experience 경력, 경험

02 (D) discussed
해설 빈칸 앞뒤는 문맥상 '어제 전화로 논의했듯이'란 의미이므로, As는 접속사이다. 그런데 〈주어 + 동사〉의 절을 받지 않고 있어 분사 형태가 되어야 한다. 타동사인 discuss의 분사 형태이나 빈칸 뒤에 목적어가 없으므로 수동태 분사인 (D) discussed가 정답이 된다.

해석 어제 전화에서 논의했듯이 Ms. Cohen은 목요일 오후 4시에 세미나에 참석할 것입니다.

어휘 attend 참석하다

03 (C) increased
해설 동사 achieve의 목적어로 명사 sales가 왔다. 그 중간에 있는 빈칸은 명사를 꾸며주는 형용사의 자리이다. (A)와 (B)는 본동사 형태로 답이 될 수 없으며, 복합명사라고 해도 문법적으로 increases라는 복수는 답이 될 수 없다. 의미상으로 increase sales 역시 어색해진다. 보기에서 형용사 역할을 할 수 있는 것은 과거분사인 (C) increased이다.

해석 증가된 판매량을 달성하기 위해 Dr. Wiseman은 신입직원에게 모두 협상과 설득 기술에 대한 그의 안내서를 읽어보길 추천한다.

어휘 achieve 달성하다　recommend 추천하다　handbook 안내서　negotiation 협상　persuasion 설득

04 (B) made
해설 동사 want는 5형식으로 쓰일 땐 〈want + 목적어 + 목적보어〉의 형식을 따른다. 문장에서 목적어는 his delivery인데, 선택지에 to부정사가 없는 것으로 보아 빈칸에는 분사인 (B) made와 (C) making 둘 중의 하나가 자리할 수 있다. 그런데 빈칸 뒤에 make의 목적어가 없는 것으로 보아 현재분사가 아닌 과거분사가 위치해야 함을 알 수 있다. 따라서 답은 (B) made이다.

해석 Mr. Ali는 기밀 파일이 들어 있기 때문에 자신이 직접 배달하기 원한다.

어휘 in person 자신이 직접　contain ~이 들어 있다, 함유되어 있다　confidential 비밀의, 기밀의

05 (D) revised
해설 the 다음에 와서 명사 admission requirements를 수식할 수 있는 것은 형용사이다. 보기 중에서 분사 형태인 (A) revising과 (D) revised가 형용사 역할을 할 수 있다. admission requirements(입학 허가)는 수정되는 대상이므로 과거분사인 (D) revised가 적절하다.

해석 Johnny Cage가 오늘 오후 늦게 변경된 입학 허가 조건에 관해 상세하게 설명해줄 것이다.

어휘 detailed 상세한　explanation 설명　revise 수정하다　admission 입학 허가　requirement 필요 조건

06 (C) scheduled
해설 빈칸 뒤에 명사 appointments가 있으므로 이를 수식할 수 있는 형용사, 혹은 분사를 빈칸에 넣어야 한다. 선택지 중 분사는 (A) scheduling, (C) scheduled인데, 명사 appointments는 스스로 예정하는 것이 아니라 예정되는 것이다. 그러므로 빈칸에는 '예정된'이라는 의미의 분사인 (C) scheduled가 들어가야 한다.

해석 Dr. Shrute는 토요일 오전에는 다른 환자들과 예정된 약속이 없기 때문에 시간이 있을 것이다.

어휘 available 시간이 있는　appointment 약속　patient 환자

Lesson 3 관계대명사 생략 분사

Step 1 Warm-up Test p.153

01 (A) conducted
해설 빈칸은 현재분사 citing의 목적어인 a survey를 수식하는, 주격 관계대명사가 생략된 분사가 들어갈 자리이다. 동사 conduct는 타동사이므로 뒤에 목적어의 유무를 확인해야 한

다. 빈칸 뒤에는 목적어가 없이 by의 전치사구가 등장하므로 수동태 분사인 과거분사 conducted가 정답이다.

해석 한 여론조사 회사에 의해 실시된 조사를 언급하면서 Daily Times는 45%의 주민들이 새로운 쇼핑센터의 건축을 반대하고 있다고 보도했다.

어휘 report 보도하다 resident 주민, 거주자 be opposed to ~에 대해 반대하다

02   (A) given

해설 전치사 among의 목적어인 명사 those workers를 수식할 수 있는 것은 given으로, 앞에 관계대명사가 생략된 형태이다. were given은 본동사 형태로, 문장에 접속사나 관계사가 있어야 들어갈 수 있다.

해석 특별 보너스를 받은 직원들은 생산성이 향상되었다.

어휘 productivity 생산성 improve 향상되다

03   (B) scheduled

해설 문장에 동사(am, have to find)는 두 개이고 접속사(that)는 한 개이므로 빈칸에는 동사가 올 수 없다. 따라서 has been scheduled는 답이 될 수 없다. 빈칸 앞에 있는 명사 the meeting을 수식해주는 과거분사인 scheduled가 정답이다.

해석 우리는 원래 2월 11일로 예정된 회의 날짜를 다시 잡아야 될 것 같아요.

어휘 initially 원래, 처음에는 schedule 일정을 잡다

04   (B) caused

해설 빈칸 앞의 명사 any inconvenience를 수식하는, 주격 관계대명사가 생략된 분사가 들어가야 하는데, 빈칸 뒤에 타동사 cause(~을 초래하다)의 목적어가 없으므로 수동태 과거분사인 caused가 정답이다.

해석 Central Trains는 역에 진행 중인 보수공사로 인해 생긴 불편함에 대해 사과하고 있다.

어휘 apologize 사과하다 ongoing 진행 중인 renovation 보수공사

05   (B) known

해설 문장의 동사는 콤마 뒤에 있는 has이므로 빈칸에는 동사가 들어갈 수 없으며, 앞에 있는 Cooper United를 수식하는 분사를 골라야 한다. 하지만 빈칸 뒤에 타동사인 know의 목적어가 없는 것으로 보아 수동태 분사인 known이 정답이다.

해석 예전에 Cooper Corp.로 알려진 Cooper United사는 지사를 California주와 Arizona주로 확장했다.

어휘 formerly 예전에는 expand 확장하다

06   (B) remaining

해설 문장에는 이미 본동사로 was being calculated가 있으므로 빈칸 앞의 명사 staff를 수식하는 분사가 빈칸에 들어가야 한다. remain은 자동사이므로 수동태 분사인 과거분사구문을 쓸 수 없다. 그러므로 정답은 remaining이다.

해석 건물에 남아있는 직원들의 수를 파악하고 있는 중이었다.

어휘 the number of ~의 숫자 calculate 계산하다

Step 2 실전 TOEIC Test   p.153

01   (B) involved

해설 문장엔 이미 동사 is advised가 있으므로 접속사나 관계사가 없는 한 동사가 또 들어갈 수 없다. 그러므로 본동사 형태인 (C) involve와 (D) involves는 답이 될 수 없다. 결국 분사를 선택해야 하는데, 빈칸 뒤에는 타동사인 involve의 목적어가 없으므로 수동태 과거분사인 involved가 정답이다.

해석 법률 사건에 연루되어 있는 사람은 우리 법률 컨설턴트와 상담을 해보시기 바랍니다.

어휘 individual 개인 be advised to + 동사원형 ~하도록 조언받다, 권유받다

02   (B) supervising

해설 Because of의 목적어인 his experience를 수식하면서 빈칸 뒤의 목적어를 받을 수 있는 것은 능동의 현재분사인 (B) supervising이다. (A) supervisor는 (사람)명사로 답이 될 수 없으며, 동사 (C) supervise는 이미 문장에 동사 has been appointed가 있기 때문에 오답이다.

해석 조립라인에서 근로자들을 감독했던 경험 때문에 Mr. Lopez는 운용을 관리하는 자리에 지명됐다.

어휘 assembly line 조립라인 appoint 지명하다, 임명하다 operation 운용, 운영

03   (D) suggested

해설 문장의 동사는 has been well received뿐이다. 빈칸에 본동사가 들어가려면 문장에 접속사나 관계사가 있어야 하는데, 보이지 않는다. 따라서 본동사가 아닌 분사가 들어가야 하는데, 빈칸 뒤에 타동사인 suggest의 목적어가 없으므로 정답은 수동태 분사인 과거분사 (D) suggested이다.

해석 역에서 불필요한 요금을 줄이기 위해 우리 직원들 중의 한 명에 의해 제안된 아이디어는 많은 호응을 받았다.

어휘 representative 직원, 담당자 unnecessary 불필요한 be well received 많은 사람들이 좋아하다

04   (B) accompanied

해설 문장에는 접속사나 관계사가 없고 이미 본동사 are expected가 있으므로 본동사 형태를 갖춘 (A) will accompany는 답이 될 수 없다. 빈칸에는 Heavy snowfalls를 수식하는, 주격 관계대명사가 생략된 분사가 와야 하는데, 빈칸 뒤에 타동사인 accompany의 목적어가 될 수 있는 게 없으므로 정답은 수동태 분사인 accompanied이다.

해석 강한 바람을 동반한 폭설이 내일쯤이면 남부 지방에 도달할 것으로 예상된다.

어휘 be expected to + 동사원형 ~할 것으로 예상되다 accompany 동반하다

05   (C) originating

해설 주어 all shipments와 동사 will take가 있는 완벽한 문장이다. 접속사가 나와 있지 않으므로 빈칸에 또 다른 동사가 올 수는 없다. 따라서 주어인 all shipments를 수식해 줄 수 있는 현재분사가 오는 것이 적절하므로 정답은 originating이다.

해석 컴퓨터 고장으로 Texas주에서 오는 모든 선적물은 처리되는 데 이틀이 더 걸릴 것이다.

어휘 breakdown 고장 originate 비롯되다, 유래하다 process 처리하다

06   (D) selling

해설 문장 안에 is라는 본동사가 있다. 따라서 접속사가 없이 동사가 들어가려면 준동사의 형태여야 한다. 보기 중에서 준동사의 형태는 (C) sold(과거분사)와 (D) selling(현재분사)이다. 뒤의 a variety of hand-made burgers를 목적어로 받을 수 있는

분사는 현재분사인 (D) selling이다.

해석 Out-n-In Fast Food는 서부에서 다양한 수제 햄버거를 판매하는 햄버거 체인 레스토랑으로 유명하다.

어휘 a variety of 다양한   hand-made 손으로 만든, 수제의

Lesson 4 현재분사 vs 과거분사

Step 1 Warm-up Test   p.155

01   (B) dedicated

해설 전치사 by의 목적어인 representatives를 수식하는 형용사가 들어갈 자리이다. 형용사를 대신할 수 있는 분사는 '~에 헌신하는, 열정적인'의 의미를 갖는 과거분사형인 dedicated이다. dedicated는 주로 사람을 수식하는 과거분사형 형용사이다.

해석 서비스 센터는 우리 회사의 제품에 대해 폭넓은 지식을 가진 헌신적인 직원들로 구성되어 있다.

어휘 staff 직원들을 배치하다   thorough 폭넓은, 철저한   knowledge 지식

02   (A) enclosed

해설 빈칸은 뒤의 명사 envelop(봉투)을 수식하는 형용사 자리로, 동봉된 봉투라는 의미가 되도록 수동의 뜻인 enclosed가 와야 한다.

해석 귀하의 지원서를 동봉된 봉투에 넣어서 Carlson Energy로 6월 10일까지 우편으로 보내주시기 바랍니다.

어휘 place 놓다, 넣다   mail 우편으로 보내다

03   (B) leading

해설 관사 the와 명사 magazines 사이의 빈칸에는 형용사가 자리해서 명사를 꾸며주어야 한다. 현재분사형인 leading은 '선두적인'이란 의미를 가지고 있으므로 정답이다. 현재분사인 leading은 완전히 형용사화되어 leading company와 같이 〈leading + 명사〉로 자주 등장한다.

해석 Home Fashion지는 가정용 비품 및 가구의 요즘 트렌드를 찾을 수 있는 선두적인 잡지 중 하나이다.

어휘 trend 트렌드, 추이, 추세   furnishing 비품   furniture 가구   leading 선두적인

04   (A) specialized

해설 전치사 with와 명사 skills 사이에 있는 빈칸에는 skills를 수식할 수 있는 형용사가 들어갈 자리이다. '전문화된'이란 의미의 형용사인 specialized가 정답이다. specialize는 in과 함께 쓰이는 자동사이기 때문에 specializing은 정답이 될 수 없다.

해석 Lexington Industry는 전문화된 기술을 가진 영업사원을 적극적으로 찾고 있다.

어휘 aggressively 공격적으로, 적극적으로   seek 찾다, 구하다

05   (A) Growing

해설 문장의 주어인 traffic을 수식하는 형용사 자리이다. 문맥상 '늘어나는 통행량'이란 의미가 되어야 하므로 '성장하는, 커지는'이란 뜻인 Growing이 정답이다.

해석 화물과 승객들의 늘어나는 통행량 때문에 기차역을 확장하도록 했다.

어휘 traffic 통행, 왕래, 교통   cargo 화물   lead to ~로 이끌다, 초래하다   expansion 확장

06   (B) assigned

해설 문장에는 이미 동사 must wear가 있기 때문에 접속사 없이 문장에 본동사로 쓸 수 있는 are assigned는 답이 될 수 없다. assigned 역시 본동사의 과거형도 되지만, 과거분사로도 쓰이므로 뒤에서 명사 Employees를 수식할 수 있다.

해석 공장에 배치된 직원들은 보호 안경을 착용해야만 합니다.

어휘 assign ~를 배치시키다   protective goggles 보호 안경

Step 2 실전 TOEIC Test   p.155

01   (C) motivated

해설 빈칸은 부사 most의 수식을 받으면서 명사 workers를 수식할 수 있는 형용사가 들어가야 한다. 보기에서 형용사는 분사 형용사인 (C) motivated밖에 없다. (A) motivate는 동사, (B) motivator와 (D) motivation은 명사이다.

해석 Prime Industry는 업계에서 가장 의욕을 가진 직원들 중 한 명을 가졌음을 자랑으로 여긴다.

어휘 be proud to + 동사원형 ~을 하게 된 것을 자랑으로 여기다   motivated 자극받은, 의욕을 가진

02   (C) reduced

해설 빈칸은 명사 hours를 수식해주는 형용사 자리로, 보기 중 형용사로 쓰일 수 있는 것은 분사 형태의 (C) reduced와 (D) reducing이다. 이때 수식받는 명사와의 능/수동 관계를 고려하여 정답을 결정한다. 능동의 관계이면 현재분사를, 수동의 관계이면 과거분사를 써준다. 시간은 감소의 대상 즉, 감소되는 것이므로 과거분사 (C) reduced가 정답이다.

해석 Sarah와 Timothy는 지난 3일 동안 자진해서 초과근무를 했기 때문에 그들은 이번 목요일과 금요일 단축근무를 할 수 있다.

어휘 be eligible to + 동사원형 ~할 자격이 있다   work overtime 초과근무하다, 야근하다   reduced 축소된, 감소된

03   (A) deteriorating

해설 빈칸은 condition을 수식하는 형용사 자리이다. 보기 중에서 형용사로 쓸 수 있는 것은 '악화되다'라는 자동사 deteriorate의 현재분사형인 deteriorating이다.

해석 많은 전통적인 건물들의 상태가 악화되고 있어서 수리가 필요하다.

어휘 a number of 많은   condition 상태, 상황   repair 수리하다

04   (D) demanding

해설 빈칸 앞에 등위접속사 and로 보아 빈칸은 병렬구조로 연결된 것임을 먼저 확인해야 한다. will be 뒤는 〈형용사 + and + 형용사〉의 구조가 되어야 한다. 보기 중에서 형용사로 쓸 수 있는 것은 분사 형태인 (C) demanded와 (D) demanding이다. demanding은 -ing 형태의 형용사로 '노력, 기술, 능력 등이 요구되는', '까다로운'의 의미로 쓰인다. 문맥상 '다음 단계는 매우 흥미진진하지만 동시에 많은 노력이 필요할 것'이라는 의미이므로 demanding이 정답이다.

해석 우리 회사 성장의 다음 단계는 매우 흥분되는 동시에 많은 노력이 필요할 것이다.

어휘 stage 단계, 무대   growth 성장   simultaneously 동시에

05   (B) experienced

해설 빈칸은 colleagues를 수식하는 형용사 자리이다. 보기 중에 형용사로 쓸 수 있는 것은 분사인데, 문맥상 '경험이 있는'의 의미

를 가진 experienced가 정답이다. experienced는 주로 사람명사를 수식한다는 것도 알아두자.

해석 Jay Manufacturing의 신입사원들은 경험을 갖춘 동료들의 면밀한 감독을 받을 것이다.

어휘 receive supervision 감독을 받다   close 근접한, 면밀한

06 (C) revised

해설 부정관사 A와 명사 schedule 사이에 있는 빈칸은 명사를 수식하는 형용사 자리이다. 문맥상 '수정된 일정'이라는 의미이므로 타동사 revise의 수동태형인 과거분사 revised가 정답이다.

해석 수정된 일정이 현재 시행되고 있는 일정의 대안으로 제안되었다.

어휘 propose 제안하다, 상정하다   alternative 대안   in place 시행되고 있는

Lesson 5 감정동사의 분사 형용사

Step 1 Warm-up Test   p.157

01 (B) worrying

해설 빈칸은 동사 have의 목적어인 consequences를 수식하는 형용사 자리이다. 보기의 과거분사와 현재분사는 모두 형용사의 역할을 할 수 있다. 하지만 동사 worry는 감정동사로 사물을 수식할 경우 현재분사인 worrying을 써야 한다.

해석 관광업의 감소는 지역 경제에 안 좋은 결과를 낳게 될 수도 있다.

어휘 decrease 감소   tourism 관광업   consequence 결과   local 지역의, 현지의

02 (A) amazing

해설 빈칸은 뒤의 명사 recovery를 수식하는 형용사 자리이다. amazement는 명사이기 때문에 답이 될 수 없다. 형용사로 쓸 수 있는 것은 분사 amazing이다. amaze는 감정동사로 사물을 수식할 때는 현재분사 -ing가 되며, 사람을 수식할 때는 과거분사형을 쓴다.

해석 마케팅팀은 할당된 업무를 늦게 시작했지만, 놀라운 능력으로 만회를 해서 끝냈다.

어휘 recovery 회복, 복구   complete 끝내다   assignment (할당된) 과제, 임무, 업무

03 (B) satisfied

해설 빈칸은 5형식 동사 keep의 목적 보어가 들어갈 자리로, 명사 또는 형용사가 들어갈 수 있다. 목적 보어로 명사 satisfaction (만족)이 들어가면 목적어인 customers와 동격이 되어야 하며, 동사 keep을 3형식 동사로 보아 목적어가 복합명사라고 한다 하더라도 복합명사의 앞 명사에는 -s를 붙이지 않으므로 정답이 될 수 없다. 그러므로 목적어의 상태를 나타내는 형용사 보어가 들어가야 하므로 정답은 satisfied가 된다. 동사 satisfy는 감정동사로 사람을 받게 되면 과거분사(-ed)가 되며 사물을 받게 되면 현재분사(-ing)가 된다.

해석 사장은 고객을 계속해서 만족시켜야 한다고 말했다.

어휘 state 말하다, 언급하다   customer 고객

04 (A) pleased

해설 동사 please는 감정동사로 be동사 앞의 주어가 사람일 경우에는 과거분사, 사물일 경우에는 현재분사를 쓰게 된다. 하지만 Orange Outfitters라는 회사명은 행위의 주체가 될 수 있는 사람으로 취급할 수 있으므로 과거분사인 pleased가 답이 된다. 참고로 〈be pleased to + 동사원형〉은 주어가 '~을 하게 되어서 기쁘다'라는 표현이므로 암기해두자.

해석 Orange Outfitters는 가장 존경을 받는 브랜드와 합병하게 된 것을 발표하게 되어 기쁩니다.

어휘 be pleased to + 동사원형 ~하게 되어 기쁘다   announce 발표하다, (방송으로) 알리다   merger 합병

05 (B) impressed

해설 빈칸 앞에 be동사 were가 보인다. be동사 뒤에는 형용사도 과거분사도 나올 수 있지만, impress는 감정동사로 사람을 주어로 받게 되면 과거분사를 쓰게 된다. 주어인 most critics(대부분의 비평가들)는 사람이므로 impressed가 정답이다. 하지만 사물주어인 경우에는 impressing을 쓰지 않고 형용사 impressive를 쓴다는 것도 반드시 알아두자.

해석 그 영화는 매우 인기가 많았지만 비평가들은 대부분 감동을 받지 못했다.

어휘 popular 인기 있는, 대중적인   critic 비평가

06 (A) interested

해설 동사 is seeking의 목적어인 individuals(개인들)를 수식할 수 있는 형용사로 쓸 수 있는 것은 interested이다. 동사 interest는 감정동사로 사람을 수식할 경우 과거분사인 interested가 되며 사물을 수식하는 경우에는 현재분사 interesting이 된다.

해석 Kingstone Park에서는 여가 활동에 대한 여론조사에 참여할 관심 있는 사람들을 찾고 있다.

어휘 seek 구하다, 찾다   participate in ~에 참여하다

Step 2 실전 TOEIC Test   p.157

01 (D) distracting

해설 빈칸은 be동사 뒤에 들어갈 주격 보어 자리로 명사와 형용사가 들어갈 수 있다. 그러므로 (A) distract와 (C) distractedly는 답이 될 수 없다. 먼저 주어인 they가 받는 것이 무엇인지를 확인해야 한다. they는 앞에서 언급한 some of the images인데, 이것들이 너무 산만하다는 의미이다. 그러므로 형용사의 역할을 할 수 있는 distracting이 정답이다. distract 역시 감정동사로 사물주어를 받을 경우 be동사 뒤에서 현재분사의 형태가 되어야 하는 것도 알아두자.

해석 Mr. Adams는 그의 3D 그래픽에 넣으려고 했던 몇 가지 이미지가 너무 산만하다고 생각되어서 삭제하기로 결정했다.

어휘 delete 삭제하다   distracting 주의를 산란하게 하는

02 (C) excited

해설 이 문장에서 make는 5형식 동사로 쓰여서 〈make + 목적어 + 목적 보어〉의 문형을 따르고 있다. 목적 보어에는 형용사가 들어가는데, (B) exciting, (C) excited 중에서 excite는 '~을 흥분시키다'란 의미의 감정동사라는 점에 비추어 볼 때 목적어가 행위의 주체가 될 수 있는 동물(dogs)이므로 과거분사 (C) excited가 정답이다.

해석 안전을 보장하는 우리의 새로운 Woof Ball은 당신의 모든 강아지들이 다시 한 번 뒤뜰에서 신나는 시간을 보낼 수 있도록 보장해 줄 것입니다.

어휘 safety-assured 안정을 보장받는   guarantee 보장하다   excited 신이 난   backyard 뒷마당, 뒤뜰

03 (A) pleased

해설 보기의 동사는 감정동사이다. 감정동사는 사람이 주어일 경우 과거분사를 쓰고 사물이 주어일 경우엔 현재분사를 쓴다. 문장의 주어가 사람이므로 과거분사 (A) pleased가 정답이다.

해석 Mr. Downing은 그의 경쟁 회사의 몰락을 알리는 뉴스에 매우 기뻤다.

어휘 announce 알리다 fall 몰락 rival 경쟁하는 please 기쁘게 하다

04 (D) disappointing

해설 보기들은 동사 disappoint의 변형이다. disappoint는 감정동사이다. 감정동사는 사람이 주어일 경우 과거분사를 쓰고, 사물이 주어일 경우엔 현재분사를 쓴다. 문제에서 주어는 its sales라는 사물이므로 현재분사를 써야 한다. 따라서 (D) disappointing이 정답이다.

해석 Joe Cole의 새 부츠가 대부분의 패션 매거진에서 좋은 평을 받았음에도 불구하고 판매는 좀 실망스러웠다.

어휘 review 비평 disappointing 실망스러운

05 (A) confusing

해설 빈칸은 2형식 동사 seem의 보어 자리로, 명사나 형용사가 들어갈 수 있다. 주어가 사물인 The subway lines이므로 confuse의 현재분사인 confusing이 정답이다.

해석 이 도시의 지하철은 시스템에 익숙하지 않은 여행자들에게는 혼란스러운 경우가 있다.

어휘 sometimes 가끔, 때때로 unfamiliar 익숙하지 않은 confuse 혼란스럽게 하다

06 (A) exhausting

해설 빈칸은 5형식 동사 find의 목적 보어 자리이므로 형용사나 명사가 들어가야 한다. 목적어인 the long waiting time이 사물이므로 감정동사인 exhaust는 현재분사 exhausting이 되어야 한다. 명사인 exhaustion이 들어가면 목적어와 동격이 되어야 하는데 시간(time)과 동격이 될 수 없으므로 답이 될 수 없다.

해석 여론조사에 따르면 승객들의 35%가 터미널에서 오래 기다리는 시간을 너무 힘들어 했다.

어휘 show 보여주다 find 알게 되다 exhausting 지치게 하는

Lesson 6 종속접속사 뒤에 오는 분사

Step 1 Warm-up Test p.159

01 (B) faced

해설 부사절 접속사 when 뒤에는 완전한 문장이 나오거나 분사구문이 나와야 한다. 하지만 보기는 모두 분사이므로 빈칸 뒤에 목적어가 있는지 확인해야 한다. 빈칸 뒤에는 타동사 face의 목적어로 볼 수 있는 명사가 없으므로 수동태 분사인 과거분사 faced가 정답이다.

해석 Mrs. Cohen은 그녀가 어려움에 직면했을 때 더 잘한다는 것을 반복적으로 보여주었다.

어휘 demonstrate 보여주다 repeatedly 반복적으로 excel (남들보다) 잘하다 challenge 어려움

02 (A) noted

해설 부사절 접속사 as가 쓰였고, 빈칸 뒤에 목적어가 없는 것으로 보아, 주어와 be동사가 생략된 〈접속사 + 분사구문〉의 형태라는 것을 알 수 있다. 따라서 수동형인 noted가 정답이다. 원문은 As it is noted in the posting, ~이다.

해석 공고에 기재되었듯이 현재 야간 근무조 직원들은 이번 주말에는 보너스를 받을 것이다.

어휘 note 기재하다 posting 공고 shift 교대(조)

03 (A) Located

해설 빈칸 뒤에 타동사 locate의 목적어가 없으므로 정답은 수동태 분사인 과거분사 located이다.

해석 시내에 위치한 관광안내소는 현대 문화의 지속성과 이해를 증진시키고 있다.

어휘 locate ~에 위치시키다 promote 홍보하다 understanding 이해 continuity 지속성, 연속성 contemporary 현대의

04 (A) withdrawing

해설 부사절 접속사 when 뒤에 나올 수 있는 분사는 빈칸 뒤의 cash라는 명사를 목적어로 받을 수 있는 현재분사인 withdrawing이다.

해석 ATM에서 현금을 인출할 때, 갑작스럽고 예상치 못한 공격을 막기 위해 주변을 살피기 바랍니다.

어휘 ATM 자동현금 입출금기(automated teller machine) be aware of ~을 인지[의식]하다 surroundings 주변 환경 assault 공격

05 (B) honoring

해설 콤마 앞에 주어와 동사를 갖춘 완벽한 절이 있고, 빈칸 뒤에는 주어가 없고 honor의 목적어인 명사 the best gold medalist가 있다. 결국 동사 honor의 적절한 형태를 고르는 문제로, 접속사와 주어 없이 두 절을 이으려면 동사는 분사 형태가 되어야 한다. 하지만 뒤에 목적어 the best gold medalist가 있으므로 답은 현재분사인 honoring이다.

해석 시장은 역대 최고의 금메달리스트인 Rocky Howie를 기리려고 새 거리를 Howie Road로 명명하기로 했다.

어휘 honor 명예를 주다 of all time 역대의

06 (A) allowing

해설 동사는 has been reconstructed뿐이다. 빈칸에 동사 allows가 들어가려면 접속사나 관계사가 있어야 하므로 답이 될 수 없다. 따라서 빈칸에는 분사인 allowing이 들어가야 한다. 이 문장은 접속사와 종속절의 주어가 생략된 형태이다.

해석 Royal bridge는 사람들이 차량으로 섬으로 들어갈 수 있도록 하기 위해 다시 만들어졌다.

어휘 reconstruct 다시 만들다 travel 여행하다

Step 2 실전 TOEIC Test p.159

01 (A) Compared

해설 빈칸에는 전치사 to와 함께 어울려 문장의 부사어구의 역할을 하는 동사의 형태가 나와야 한다. 문맥상 '지난 분기의 실망스러운 수익과 비교해서 이번 달은 고무적이다'라는 의미이므로 부사절의 접속사가 생략된 분사구문이 나와야 한다. 타동사인 compare의 목적어가 없으므로 수동태 분사인 과거분사 (A) compared가 정답이다.

해석 지난 분기의 실망스러운 수익과 비교했을 때 이번 달 수치는 고무적인 경향을 보여주고 있다.

어휘 disappointing 실망스러운 figure 수치 encouraging 고무적인

02 (C) Being

해설 콤마 뒤에 주어와 동사가 갖추어진 완벽한 문장이 왔고 보기에 be동사의 변형들이 나온 것으로 보아 접속사와 주어가 생략된 분사구문을 묻는 문제임을 알 수 있다. 분사구문은 접속사를 생략하고 주절과 동일한 주어도 생략한 후 동사를 분사 형태로 바꾼 구문이다. 따라서 빈칸에는 (C) Being이 가장 적절하다.

해석 보안팀의 수장으로서 Mr. Tunney는 누구의 허가 없이도 직원들 프로필에 접근할 수 있는 권한을 가지고 있다.

어휘 security 보안, 안보 access 접근 권한 approval 허락, 허가

03 (D) exiting

해설 접속사 when 뒤에 주어가 없으므로 동사는 분사 형태가 되어야 한다. 따라서 동사인 (A) exit와 (B) exits는 정답이 될 수 없다. 동사를 분사 형태로 바꿀 땐 주어와 동사의 관계가 능동이면 현재분사를, 수동이면 과거분사를 쓴다. 생략된 주어는 사람인 The audience이므로 동사 exit(나가다)와의 관계는 능동이다. 따라서 정답은 현재분사 (D) exiting이다.

해석 극장의 관객들은 서로 부딪히는 것을 피하기 위해 정문을 빠져나갈 때 한 줄로 서서 나갔다.

어휘 audience 관객 theater 극장 straight line 직선 avoid 피하다 bump into 부딪히다 each other 서로 exit (출구로) 나가다

04 (C) reconfirming

해설 콤마(,) 앞에는 완전한 문장이 있고, 뒤에는 명사상당어구가 있는 것으로 보아, 부사절 접속사가 생략된 분사구문이라는 것을 알 수 있다. its position을 목적어로 받을 수 있는 능동태 분사인 현재분사 reconfirming이 정답이다.

해석 Martin Creative사는 세계에서 가장 큰 광고 회사로서의 입지를 재확인하면서 수익이 6억 달러로 올랐다.

어휘 profit 이익, 수익 rise 오르다 position 입지, 위치, 지위

05 (A) continuing

해설 문장에 동사는 rose, attribute이고 목적격 관계대명사 that이 있다. 추가적으로 접속사나 관계사가 없는 한 본동사는 들어갈 수 없으므로 (B) continues는 답이 될 수 없으며, 형용사와 부사 역시 들어갈 수 없다. 접속사가 생략된 분사구문으로 빈칸 뒤에 있는 명사인 yesterday's trend를 목적어로 받을 수 있는 분사는 (A) continuing이다.

해석 전문가들이 새로운 경제정책 때문이라고 진단한 어제의 추세가 계속되어 주식시장은 오늘 다시 올랐다.

어휘 stock market 주식시장 expert 전문가 attribute A to B A는 B 때문이라고 말하다

06 (A) merging

해설 접속사 Once 뒤에는 완전한 문장이 나와야 하는데, 주어가 보이지 않는다. 따라서 분사구문이 나와야 한다. '인수하다'는 의미의 acquire는 타동사이므로 전치사 with를 받을 수 없기 때문에 (C) acquiring과 (D) acquired는 답이 될 수 없다. 또한 동사 merge는 자동사로 전치사 with를 받아 '~와 합병하다'라는 의미이므로 수동태 과거분사는 쓸 수 없다. 그러므로 능동태 분사인 merging이 정답이다.

해석 Cornell 대학교의 연구팀과 합병을 하면 Ballac 연구센터는 바로 문을 닫을 것이다.

어휘 immediately 즉시, 바로 merge 합병하다, 합치다 acquire 인수하다

Lesson 7 분사구문의 위치와 시제

Step 1 Warm-up Test p.161

01 (A) Having

해설 빈칸에 Have가 오게 되면 Have heard로 본동사의 형태를 취하게 된다. 그러므로 문장에는 접속사와 주어 또는 선행사가 관계사가 있어야 하는데 보이질 않는다. 따라서 부사절의 접속사가 생략된 구문임을 알 수 있겠다. 접속사가 생략되면서 동사는 분사 형태를 취하게 되므로 빈칸에는 Having이 들어가야 알맞다. 〈having + 과거분사〉는 분사의 완료 시제로 주절의 시제보다 한 시제 앞서서 발생한 사실을 의미한다.

해석 계약의 조건을 듣고 나자 이사회는 더 이상 그 제안을 고려할 수 없었다.

어휘 conditions (계약 등의) 조건 the board of directors 이사회 no longer 더 이상 ~ 하지 않다

02 (A) known

해설 빈칸이 포함된 구문을 빼고 보면 'Shapiro 학부 도서관은 미시건 대학의 중앙 캠퍼스에서 가장 큰 도서관이다'라는 의미의 완전한 문장이 된다. 또한 주어진 보기가 모두 분사이므로, 빈칸이 포함된 구문은 주어를 수식하는 분사구문임을 짐작할 수 있겠다. 빈칸 뒤에는 타동사 know의 목적어가 없으므로 능동의 의미를 띠는 현재분사는 올 수 없다. 문맥상으로도 'UGLI로 또한 알려진'이란 의미가 되어야 자연스러우므로 빈칸에는 수동의 의미를 띠는 과거분사 known이 와야 한다. be known as ~를 아예 숙어 표현으로 묶어서 외워두면 이것저것 따질 것 없이 바로 답이 나오는 문제이다.

해석 UGLI로 또한 알려진 Shapiro 학부 도서관은 미시건 대학 중앙 캠퍼스에서 가장 큰 도서관이다.

어휘 be known as ~로서 알려져 있다

03 (B) Enclosed

해설 편지에 관련 서류 등을 동봉하면서 흔히 덧붙이는 말이 우리말로는 '~을 동봉합니다'인데, 이것을 영어로는 Enclosed you will find ~ 혹은 Enclosed please find ~라고 표현한다. 비즈니스 서신에서 자주 볼 수 있는 관용적인 분사구문이므로 반드시 통째 입에 배게 익혀두도록 한다.

해석 당사의 표준 기밀 계약서 한 부를 동봉합니다.

어휘 standard 기본, 표준 confidentiality 기밀

04 (B) given

해설 문장의 동사가 두 개(should note, can be)이고, 접속사 that이 있으므로 빈칸에는 더 이상 동사가 위치할 수 없다. 따라서 (A) was given은 정답에서 제외되고, 명사 information을 뒤에서 수식하는 과거분사 given이 정답이 된다.

해석 신청자들은 이 대출 신청서에 기재된 어떠한 허위 정보나 잘못된 정보에 대해서도 법적 조치를 받을 수 있다는 점에 주의해주시기 바랍니다.

어휘 note 주의하다 loan application 대출 신청서 be subject to ~하기 쉽다, ~을 받기 쉽다 legal action 법적 대응[조치]

05 (B) indicated

해설 빈칸 앞의 접속사 as 뒤에 나올 수 있는 분사 형태를 찾는 문제이다. indicate는 타동사인데, 뒤에 목적어가 없는 것으로 보아 수동형인 과거분사 indicated가 정답이다.

해설 아래 도표에 명시된 것처럼, 시장의 추세는 소비자 지출의 감소를 보여주고 있다

어휘 pattern 형, 양식, 패턴 drop 감소, 하락 consumer spending 소비자 지출 indicate 보여주다, 지적하다

06 (B) customized

해설 '고객의 욕구에 부응하도록 ------한 직원 충원 솔루션을 제공한다'는 것으로 staffing solutions를 수식할 수 있는 알맞은 형태의 분사를 찾는 문제이다. customize는 '~을 고객의 요구에 맞춰 만들다'는 의미의 타동사로, 문맥상 빈칸에는 고객의 욕구에 부응하도록 '맞춰진'이란 의미가 되어야 적절하다. 따라서 빈칸에는 수동의 의미를 띠는 과거분사 customized가 들어가야 한다. 〈customized + 제품/서비스〉는 '맞춤형 제품/서비스'란 의미로 자주 쓰이는 표현이므로 기억해두도록 한다. 또한 staffing solutions는 '직원 충원 솔루션', 즉 '직원 알선 서비스'를 의미하는 복합명사라는 것도 함께 기억해두자.

해설 저희는 고객님의 회사 운영과 구조적인 욕구에 맞는 맞춤형 직원 알선 서비스를 제공하는 것을 전문으로 하고 있습니다.

어휘 staffing 직원 구성, 직원 제공 meet ~에 부응하다 needs 욕구

Step 2 실전 TOEIC Test   p.161

01 (C) Having reviewed

해설 빈칸은 콤마까지 이끄는 부사구로, 부사절의 접속사가 생략된 분사구문이다. 먼저 빈칸 뒤에 명사 all the proposals를 목적어로 취할 수 있는 능동태 형태가 되어야 하며, 주절의 동사가 과거인 chose이다. 그러므로 문맥상 '검토를 하고 나서 선택을 한 것'을 의미하므로 완료분사 형태인 (C) Having reviewed가 정답이다.

해설 공사에 대한 모든 제안서를 검토한 후에 우리는 개인회사 대신 정부 기관을 선택했다.

어휘 proposal 제안(서) construction 공사 choose 선택하다 government agency 정부 기관

02 (C) confirming

해설 주어와 동사, 목적어를 갖춘 절이 빈칸 앞에서 끝났으므로 빈칸 이하는 모두 부사구로 처리해야 한다. 선택지 중 부사구를 만들 수 있는 것은 분사인 (B) confirmed, (C) confirming인데, 과거분사로 시작하는 분사구문은 뒤에 목적어를 쓸 수 없고, 현재분사로 시작하는 분사구문은 뒤에 목적어가 필요하다. 이 문제의 경우, 빈칸 뒤에 목적어 역할을 하는 명사절인 that 이하가 있으므로 현재분사인 (C) confirming이 정답이다.

해설 우리는 귀사의 주문이 제대로 처리됐다는 것을 확인한 후에 인쇄가 가능한 영수증을 포함한 이메일을 보낼 것입니다.

어휘 include 포함하다 printable 인쇄가 가능한 receipt 영수증 confirm 확인하다

03 (A) informed

해설 5형식 동사인 keep은 〈keep + 목적어 + 목적 보어〉의 패턴으로 쓰이는 경우가 많은데, 목적어가 사람이면 목적 보어는 과거분사가 와야 한다. 목적어와 목적 보어와의 관계가 수동적이기 때문이다.

해설 이런 종류의 문제를 막기 위해서 우리는 모든 영업직원들에게 고객들로부터의 반응을 바로바로 알려야 한다.

어휘 avoid 피하다, ~하는 것을 막다 immediately 즉시 inform sb of sth ~에게 …을 알리다

04 (A) screened

해설 빈칸 앞의 부사 carefully는 문장 구조에 영향을 주지 않기 때문에 앞의 available to의 전치사를 확인하면 빈칸에는 명사 상당어구가 나와야 하는 것을 알 수 있다. 하지만 빈칸 뒤에 companies라는 명사가 있으므로 명사를 수식하는 형용사, 동명사 또는 복합명사를 이룰 수 있는 명사가 나올 수 있다. 문맥상 '조심스럽게 걸러진 회사'라는 의미이므로, 수동태 분사로 companies를 수식하는 screened가 정답이다.

해설 이따금 우리는 고객 리스트를 (좋은 회사인지 아닌지) 꼼꼼하게 가려낸 회사들에게 제공한다. 이러한 회사들은 고객들이 관심을 가질 만한 제품을 만드는 회사들이다.

어휘 occasionally 이따금 available to ~에게 이용 가능한

05 (B) Improved

해설 전체 문장의 주어는 복합명사로 쓰인 forecasting techniques이다. 빈칸은 이를 수식할 수 있는 형용사가 들어갈 자리이다. 형용사를 대신해서 쓸 수 있는 것은 보기 중 과거분사 형태를 띠고 있는 improved이다. 명사 improvement는 뒤에 전치사 in/on/to 등이 따라나와야 한다.

해설 예보 기술이 개선되면 재정적인 절감과 환경 파괴를 줄이는 결과를 낳는다.

어휘 lead to ~로 이끌다, ~라는 결과를 초래하다 savings 절감 reduction 감소

06 (C) those

해설 빈칸은 앞의 to부정사인 to hire의 목적어 자리이다. 또한 뒤에 있는 관계대명사 who절의 수식을 받을 수 있는 대명사가 들어가야 한다. 먼저 (A) whoever는 접속사로 답이 될 수 없으며, (D) they는 대명사이긴 하지만 주격으로 목적어 자리에 들어갈 수 없다. 대명사인 (B) anyone은 목적어 자리에도 들어갈 수 있으며 who ~이하의 수식을 받을 수도 있지만 단수 취급을 하므로 관계대명사 who 이하의 복수동사 are를 받을 수 없으므로 정답은 (C) those가 된다.

해설 어떠한 회사도 신체적으로 장애가 있는 사람을 고용하는 것을 거부해서는 안 된다.

어휘 refuse to + 동사원형 ~하는 것을 거부하다, 거절하다 physically 신체적으로 handicapped 장애가 있는

Lesson 8 보어 역할을 하는 분사 형용사

Step 1 Warm-up Test   p.163

01 (A) attractive

해설 빈칸은 동사 find의 목적 보어 자리에 들어갈 형용사를 묻는 문제이다. 동사 fascinate는 감정동사로 사물(new forms of online advertising)을 받게 되면 현재분사 형태인 fascinating이 되어야 하므로 fascinated는 답이 될 수 없다. 그러므로 정답은 '매력적인'이란 뜻의 형용사 attractive가 된다.

해설 많은 사람들이 새로운 온라인 광고의 형태가 매력적이라는 것을 알고 있다.

어휘 find 알다, 찾다 attractive 매력적인 fascinate 매혹시키다

02 (B) given

해설 빈칸 뒤의 목적어를 보고 능동태로 답을 고르지 않도록 한다. 4형식과 5형식 문장이 수동태가 되었을 때는 뒤에 명사가 남아

해설 올해에 가장 높은 판매율을 기록한 지점은 Tika Mountains로 경비를 다 대주는 휴가를 받게 될 것이다.

어휘 sales figure 판매량 all-expense-paid 경비를 다 대주는

03 (B) considered

해설 that절 이하는 선행사 advertisements를 수식하는 관계대명사절이다. 빈칸 앞에 are가 있으므로 현재분사 또는 과거분사 둘 다 들어갈 수 있다. 하지만 빈칸 뒤에 형용사가 목적 보어로 남아 있기 때문에 수동태 분사인 considered가 정답이다.

해설 출판사는 불쾌한 것으로 여겨지는 광고를 거부할 권리를 갖고 있다.

어휘 reserve (이익·권리 등을) 유보하다, 보유하다 objectionable 못마땅한, 불쾌한

04 (B) refunded

해설 주절의 동사 have는 '~을 가지다'라는 의미의 3형식 동사가 아닌 사역동사로 쓰인 것이다. 목적어(his money) 뒤의 목적 보어와 목적어와의 관계를 확인해야 한다. 목적어인 money가 환불이 되는 것(수동)을 의미하므로 수동태 분사인 과거분사 refunded가 정답이다.

해설 Ms. Perez가 빌린 차량에 기계적인 결함으로 인해 그는 돈을 환불받고자 한다.

어휘 mechanical 기계적인 rent 빌리다, 임대하다

05 (A) committed

해설 빈칸은 자동사인 remains 뒤에 나올 보어 자리이다. be committed to -ing(~하는 데 헌신하다, 노력하다)의 숙어표현을 알고 있으면 쉽게 풀 수 있는 문제이다. committed는 과거분사 형태로 굳어진 형용사로 전치사 to 뒤에 동명사를 받는다는 것도 꼭 알아두자.

해설 Fadax Service는 정기적으로 보안 조치를 검토하고 수정하는 데에 최선을 다하고 있다.

어휘 remain ~(상태)로 남아 있다 review 검토하다 modify 수정하다 measure 조치, 대책

Step 2 실전 TOEIC Test p.163

01 (B) interested

해설 be동사 뒤에 들어갈 감정동사 interest의 형태를 묻는 문제이다. 감정동사가 사람(you)을 수식하는 주격 보어로 쓰이게 되면 과거분사 형태인 interested가 되어야 한다.

해설 만약에 당신이 다음 달 첫 주에 야간 교대조에서 일하고 싶다면 관리자에게 얘기하시기 바랍니다.

어휘 inform 알리다 shift (교대)근무

02 (C) inspired

해설 5형식 동사 keep의 목적 보어 자리이다. 목적어가 their employees로 사람이므로 감정동사 inspire는 과거분사인 inspired가 되어야 한다.

해설 경영진은 직장에서 직원들이 최선을 다하도록 하기 위해 직원들을 계속적으로 고무시킬 수 있는 새로운 방법을 논의했다.

어휘 inspire ~를 고무시키다, 영감을 주다 workplace 직장

03 (C) dealt

해설 be동사 뒤에서 전치사 with와 함께 쓸 수 있는 과거분사 형태인 dealt가 정답이다. deal은 일반적으로 자동사로 쓰이지만 deal with(~을 다루다)라는 숙어 표현으로도 쓰인다는 것을 꼭 알아두자. (A) handled 역시 deal with와 같은 의미이지만 타동사이므로 수동태가 되더라도 전치사 with와 함께 쓰지는 않으므로 답이 될 수 없다.

해설 우리는 회사에서 직원들의 성과를 검토하고 있는데, 이것은 바로 처리되어야 할 중요한 사안이다.

어휘 review 검토하다 matter 사안, 문제 promptly 즉시

04 (C) contracted

해설 빈칸은 be 동사의 보어 자리이다. (A)와 (D)를 '계약, 약정'이라는 명사로 보았을 경우, 이것이 빈칸에 들어가면 the designer = contract(s)라는 동격의 관계가 성립하므로 정답이 될 수 없다. 문맥상 '그 디자이너가 프로그램을 개발하기로 계약되어 있다'라는 의미가 되어야 자연스러우므로 빈칸에는 과거분사 (C) contracted가 들어가 수동태 구문이 만들어져야 한다. '계약하다'라는 뜻의 타동사 contract가 현재분사 형태가 되려면 뒤에 목적어가 위치해야 하므로 (B)는 정답이 될 수 없다.

해설 그 디자이너는 최소한 2년간 그 회사를 위해 모든 관련 프로그램을 개발하기로 계약되어 있다.

어휘 develop 개발하다, 발달시키다 a minimum of 최소한

05 (D) encouraging

해설 빈칸 앞뒤로 as, as를 확인할 수 있다. 일반적으로 as, as는 수식어구로 문장 구조에 영향을 주지 않으므로 as와 as 이하를 없다고 생각해야 한다. 그러면 빈칸은 be동사인 was (not) 뒤에 나올 수 있는 주격 보어 자리이다. encourage의 주어는 사물인 the feedback이므로 현재분사인 encouraging이 정답이다.

해설 신제품에 대한 의견은 회사가 희망하거나 기대했던 것만큼 고무적이지 못했다.

어휘 feedback 의견, 비평 regarding ~에 대해 expect 기대하다

06 (A) report

해설 문장의 동사가 두 개(had, work)이고 접속사의 역할을 하는 관계대명사 who가 보인다. 따라서 빈칸에는 본동사 형태의 동사가 들어갈 수 없으므로 뒤의 전치사 to와 함께 어울릴 수 있는 준동사 형태가 나와야 한다. 하지만 앞의 동사가 사역동사 have의 과거형인 had이므로 〈사역동사 + 사람 목적어 + 동사원형(목적어)〉(~에게 …하도록 시키다, 지시하다)의 용법에 따라 빈칸에는 (A) report가 들어가야 한다. 물론 have의 목적어로 -ing를 받기도 하지만 그 순간에 행하고 있는 직접적인 명령이나 지시의 개념이 아니라 일반적으로 하는 지시 사항이므로 이 문장에서는 동사원형이 더 적절하다.

해설 우리는 재택 근무자들에게 매일 이메일로 상사에게 보고하도록 했다.

어휘 employee 직원 work from home 재택근무하다 supervisor 직속상사

Lesson 9 일반 형용사와 분사 형용사

Step 1 Warm-up Test p.165

01 (B) customized

해설 등위접속사 and는 명사 folders와 products를 연결하고 있

으므로 빈칸에는 printed products를 수식하는 형용사가 필요하다. 동사가 형용사로 쓰이는 경우는 분사이고 customize는 '~을 주문에 따라 만들다'라는 의미의 타동사이므로 현재분사가 되면 products(제품)가 customizing(주문에 따라 만드는)의 주체가 되므로 의미가 통하지 않는다. 따라서 정답은 수동의 의미를 갖는 customized(맞춤화된)이다.

해석 그 회사는 파일 폴더와 주문 인쇄 제품을 포함해서 사무용품을 팔고 있다.

어휘 office supplies 사무용품 including ~을 포함하여

02   (A) lowering

해설 전치사 by 뒤에는 명사상당어구가 와야 한다. 하지만 빈칸 뒤에 이미 명사 consumption이 있다. 그러므로 명사를 수식하는 형용사 또는 명사를 목적어로 받는 동명사가 올 수 있다. 문맥상 '콜레스테롤이 많은 음식의 섭취를 줄임으로써 심장병을 피할 수 있다'는 의미가 되어야 하므로 정답은 동명사인 lowering이다.

해석 콜레스테롤이 풍부한 식품 소비를 줄임으로써 심장병의 징후를 피할 수 있다.

어휘 consumption 소비 symptom 징후 lower 낮추다

03   (B) attached

해설 빈칸은 관사 the와 명사 paper 사이에 있으므로 명사 paper를 수식하는 형용사가 들어갈 자리이다. 종이는 첨부되어 있거나 붙어 있는 것이므로, 타동사인 attach가 분사 형용사로 들어가기 위해서는 수동의 의미를 가지는 과거분사인 attached가 되어야 한다.

해석 소포 박스를 버리기 전에 반드시 집 주소가 적혀 있는 부착된 종이를 떼어내세요.

어휘 throw out 버리다 tear 뜯어내다 attached 부착된

04   (B) predictable

해설 and 다음에는 동사인 found가 생략되어 있다. 따라서 the plot은 found의 목적어이며 빈칸은 목적 보어이다. 문맥상 '줄거리를 예측할 수 있었다'란 의미이므로 '예측할 수 있는'이란 의미의 predictable이 보어 자리에 와야 한다.

해석 우리는 그 연극 속의 인물들이 상당히 진부하고 줄거리도 또한 예측 가능하다는 것을 알았다.

어휘 stereotypical 판에 박은. 진부한 predictable 예상 가능한. 뻔한

05   (A) preferred

해설 정관사 뒤의 빈칸은 명사를 수식하는 형용사 자리이다. 그런데 auto bikes는 사람들에 의해 '선호되는' 교통수단이므로 과거분사 형태인 preferred가 정답이다.

해석 오토 바이크는 이 도시에서 거주하는 많은 사람들이 선호하는 교통수단이다.

어휘 preferred means 선호하는 수단[방법] transportation 교통 수단 local 지역의, 현지의 resident 주민

06   (A) attractive

해설 전치사 of 뒤의 소유격 대명사 their와 명사 사이에 빈칸이 있다. 한정사와 명사 사이에는 형용사가 와야 한다. 따라서 답은 (A) attractive이다. 과거분사 attracted(끌린)도 형용사의 기능이 있지만 문맥상 맞지 않으므로 오답이다.

해석 Jimmy Johns는 매력적인 복지 혜택 때문에 중소기업의 제안을 받아들이기로 결심했다.

어휘 accept 받다 mid-size 중간 사이즈의 attractive 매력적인 benefits kit 복지 혜택

Step 2 실전 TOEIC Test   p.165

01   (C) extensive

해설 동명사인 providing의 목적어로 명사 financial support(재정지원)를 수식할 수 있는 품사는 형용사이다. 보기 중 형용사는 (C) extensive(광범위한, 폭넓은)이다. (D) extending 역시 형용사를 대신해서 쓸 수 있지만 '늘어나는, 연장되는'의 의미이기 때문에 문맥이 어색해진다.

해석 여러 자선단체에 폭넓은 재정지원을 해주는 것뿐만 아니라 우리는 다양한 자원봉사 프로그램을 통해서 직원들이 지역사회에 무언가를 환원할 수 있도록 장려하고 있다.

어휘 charity 자선 a variety of 다양한 extend 연장하다 extent 정도. 범위

02   (D) returning

해설 전치사 before 다음에 올 수 있는 것은 (동)명사이다. 동사 return은 자동사이므로 보기 중 가능한 것은 동명사인 returning과 명사인 returns이다. 문맥상 '작업장으로 돌아오기 이전에'라는 의미이므로 정답은 동명사인 (D) returning이다.

해석 회사의 건강 및 안전 수칙에는 콜센터 직원들은 자리로 돌아오기 전에 충분한 휴식을 취하도록 되어 있다.

어휘 procedure 과정. 절차 return to ~로 돌아오다

03   (D) comparable

해설 명사 proficiency(능숙, 숙달)를 수식할 수 있는 품사는 형용사이다. 보기 중 형용사는 '비교되는, 필적하는'의 comparable이다. compared나 comparing도 분사로서 형용사의 역할을 할 수 있지만, '자기 품사 우선의 원칙'에 의해 원래 형용사인 comparable이 적절하다는 점에 주의하자.

해석 Mr. Mark씨가 홍보부에서 퇴직한 이후에 그를 대신해서 그만큼의 숙련도와 전문지식을 가지고 있는 사람을 찾기는 매우 힘들 것이다.

어휘 retire 은퇴하다 arduous 힘든, 곤란한 expertise 전문지식

04   (C) promoting

해설 the association을 목적어로 받으며 전치사 for 다음에 올 수 있는 것은 동명사 promoting이다.

해석 Cathie Rubins는 마케팅 책임자여서 회원들을 늘리기 위해 다양한 사람들에게 협회를 홍보하는 것을 담당하고 있다.

어휘 promote ~을 촉진하다. 판촉하다 diverse 다양한 expand 확장하다. 넓히다

05   (C) competitive

해설 2형식 자동사인 remain의 보어 자리에 올 수 있는 것은 명사나 형용사이다. 명사 보어가 되려면 주어와 동격이 되어야 하는데 industries와 competition은 동격이 될 수 없다. 그러므로 형용사인 competitive(경쟁력 있는)가 정답이다. 분사인 competed나 competing도 형용사로 볼 수 있지만, 자기 품사 우선의 원칙에 따라 본래 형용사인 competitive가 본래는 동사인 compete에 우선하게 된다는 점을 알아두자.

해석 그 나라의 첨단기술산업은 세계시장에서 경쟁력을 유지하기 위해 점점 더 기업들에게 의존하고 있다.

어휘 increasingly 점점 더 depend on ~에 의지하다 compete 경쟁하다 marketplace 시장

06 (A) rising

해설 빈칸은 maintenance costs(유지비)를 수식할 적절한 형용사 자리이다. 따라서 동사 (B) rose와 (D) rise는 제외된다. (C) arisen은 '문제나 일 등이 일어나다'의 뜻이므로 maintenance costs(유지비)와 어울려 쓸 수 있는 형용사가 아니다. 따라서 답은 자동사 rise의 분사 형용사 형태인 (A) rising(오르는, 오르고 있는)이다.

해석 유지비 상승으로 인해 더 많은 사람들이 교외에서 집을 구하기 위해 도시로부터 멀어지고 있다.

어휘 due to ~로 인해 maintenance cost 유지비 move away 멀어지다 seek for 찾다, 구하다 suburb 교외

Chapter 7 준동사

Lesson 1 준동사에 대한 이해와 to부정사

Step 1 Warm-up Test p.169

01 (A) to improve

해설 〈명사 + to부정사〉의 표현을 알아두자. 빈칸은 본동사 자리가 아니다. 명사 effort는 to부정사의 수식을 받을 수 있으므로 정답은 to improve이다. 〈in an effort to + 동사원형〉(~하기 위한 노력의 일환으로)은 시험에 자주 나오는 숙어 표현이므로 잘 알아두자.

해석 매출액을 향상시키기 위한 노력의 일환으로, 제조업자들은 건강에 대한 증가하는 고객의 관심을 이용하여 자연적인 식품을 함유한 신제품에 투자하기 시작했다.

어휘 growing 증가하는 capitalize on ~을 이용하다

02 (A) failed

해설 빈칸에 들어갈 적절한 동사 어휘를 선택하는 문제이다. 동사 consider는 뒤에 동명사를 받아 '~하는 것을 고려하다'라는 의미이고, fail은 뒤에 to부정사를 받아 '~하지 못하다'라는 의미이다. 따라서 빈칸 뒤의 to부정사인 to find out을 받을 수 있는 failed가 정답이다.

해석 우리는 기술적인 문제에 대한 해결책을 찾는 데 실패했다.

어휘 find out 찾다 solution 해결책

03 (A) for us

해설 〈it is + 형용사 + 의미상의 주어 + to부정사〉 구문에서 빈칸은 to부정사 앞에 들어갈 의미상의 주어 자리이다. to부정사의 의미상의 주어에는 전치사 for를 쓴다는 것을 알아두자.

해석 우리가 학기가 끝나기 전에 리포트를 끝내는 것이 중요하다.

어휘 important 중요한 complete 끝내다

04 (B) reduce

해설 want는 to부정사를 목적어로 취하는 동사이므로 to 뒤에는 동사원형인 reduce가 와야 한다. 빈칸 뒤에 명사가 있기 때문에 또 명사가 나올 수는 없다.

해석 Van Youth사는 10대들이 살 수 있는 새로운 제품군을 만들어서 위험을 감소시키기 원한다.

어휘 reduce 감소시키다 risk 위험 affordable (가격이 적절해서) 살 수 있는 teenager 십대

05 (A) to honor

해설 동사 choose는 뒤에 to부정사를 받는 동사이다. 빈칸 뒤의 명사를 목적어로 받을 수 있는 to부정사의 능동태 형태인 to honor가 정답이다.

해석 위원회는 뛰어난 근무 실적을 보인 Fisherman Jay를 시상하기로 했다.

어휘 choose 선택하다 outstanding 뛰어난

06 (A) In order to

해설 전치사인 In regard to는 명사를 취하는데, 빈칸 뒤에 바로 동사원형이 왔다. 따라서 정답은 목적을 나타내는 to부정사구 In order to이다.

해석 사무실을 깨끗이 유지하기 위해서 Mr. Cena는 직원들에게 쏟기 쉬운 음식을 가져오지 말라고 충고했다.

어휘 maintain 유지하다 clean 깨끗한 advise 충고하다 spill 쏟다

Step 2 실전 TOEIC Test p.169

01 (B) establish

해설 wish to 뒤에는 동사원형이 와야 하므로 정답은 establish(설립하다, 만들다)이다.

해석 우리는 시장에서 우리의 존재를 강력하게 부각시키기 바라지만, 우리만의 뚜렷한 제품이 부족해서 시장에서 영향력을 발휘하는 것이 어렵다.

어휘 establish 설립하다, 제정하다 presence 존재, 영향력 hamper ~하는 것을 어렵게 하다, 방해하다

02 (C) to approve

해설 빈칸 앞에 본동사 gather가 있기 때문에 본동사 형태인 approved나 have approved는 들어갈 수 없다. to부정사와 동명사 형태가 남게 되는데, 의미상으로 목적을 의미하는 to부정사가 나와 '~을 하기 위해 모일 것'이라는 문맥이 되어야 하므로 (C) to approve가 정답이다.

해석 목요일 오후에 47개국의 관료들이 새로운 환경 규약을 승인하기 위해 모일 것이다.

어휘 official 관료 gather 모이다 guideline 규약

03 (A) expand

해설 opportunity를 뒤에서 꾸며줄 때는, 동사는 to부정사의 형태를 쓰며, 명사는 〈for + 명사〉의 형태를 취한다. 따라서 위의 문장에서 주어진 to는 to부정사의 to라는 것을 알아야 한다. 따라서 정답은 동사원형인 (A) expand이다.

해석 최근의 경기 후퇴로 인하여, 많은 제조업체들은 해외시장으로 확장할 기회를 잡았다.

어휘 recession 후퇴 seize 잡다, 붙잡다 overseas 해외의

04　(C) to refuse

해설 명사 right을 수식하는 어휘가 와야 하는데, '~할 권리'라는 의미는 〈right + to부정사〉의 형태를 취한다. 의미상 '입장을 거절할 권리'가 적절하므로 to refuse가 정답이다.

해석 이 레스토랑은 넥타이와 재킷을 착용하지 않거나 부적절한 복장을 하고 있는 고객에 대해 입장을 거절할 수 있는 권리를 갖고 있다.

어휘 reserve the right to + 동사원형 ~할 권리를 가지고 있다　entrance 입장　prospective customer 예상 고객　attire 복장을 입히다

05　(A) to commute

해설 앞에 분사구문과 뒤에 주절이 나온 형태의 문장이다. 문장에 접속사나 관계사가 없기 때문에 본동사 형태는 답이 될 수 없다. 그러므로 뉴욕시와 뉴저지주 사이를 출퇴근을 하는 데 가장 좋은 교통수단이라는 의미가 될 수 있는 (A) to commute가 정답이다.

해석 Manhattan에서 10년 넘게 근무한 William Lee는 지금도 뉴욕시와 뉴저지주 사이를 출퇴근하는 데에는 버스가 가장 좋은 교통수단이라고 생각하고 있다.

어휘 still 여전히　believe 믿다, 생각하다　transportation 교통수단　commute 통근하다

06　(A) to invite

해설 '총장이 Mr. Flynn을 졸업식에 연사로 초대하고 싶어 한다'는 의미로, 〈would like to + 동사원형〉(~하고 싶다)의 구문이 사용된 문장이다. 정답은 to부정사인 to invite가 된다.

해석 University of New Orleans의 총장은 졸업 연설을 위해 Tron Electronics의 창업자인 Mr. Flynn을 초대하고 싶어 한다.

어휘 invite 초대하다　founder 창업자　graduation speech 졸업 연설

Lesson 2　to부정사 패턴

Step 1 Warm-up Test　　　　　p.171

01　(A) to access

해설 빈칸 앞의 동사 allow는 뒤에 〈목적어 + to부정사〉를 받는 대표적인 동사이다. 따라서 정답은 to access이다.

해석 모든 임원진들은 기밀자료를 찾아볼 수 있도록 개인 ID를 제공받는다.

어휘 provide 제공하다　allow ~할 수 있게 하다　access (컴퓨터상의 정보 등)에 접근하다

02　(A) to announce

해설 빈칸 앞에 is supposed가 있는 것으로 보아 〈be supposed to + 동사원형〉(~할 예정이다)의 구문이다. 따라서 to부정사인 to announce가 정답이다.

해석 Tyron Motor사는 다음달에 12,000개의 일자리를 없애고 제조공장 4곳을 폐쇄할 계획을 발표할 예정이다.

어휘 be supposed to + 동사원형 ~할 예정이다, ~하기로 되어 있다　eliminate 없애다　shut down 문을 닫다

03　(B) to recover

해설 it takes 앞에 the time을 선행사로 하는 목적격 관계대명사가 생략된 형태의 문장이다. 그러므로 원래 문장 형태로 보게 된다면 〈it takes the time to + 동사원형 ~〉의 문장이 되어야 하므로 정답은 to recover가 된다.

해석 회계사는 Teller사가 재정적 불균형을 회복하는 시간을 줄이기 위해 적어도 6명의 주요 스태프를 해고해야만 한다고 말했다.

어휘 fire 해고하다　at least 적어도　lessen 덜다, 줄이다　recover 회복하다　financial unbalance 재정적인 불균형

04　(A) to adhere

해설 문맥상 '모든 다이버들은 규칙을 고수해야 한다'는 의미이므로 〈be required to + 동사원형〉(~을 해야 한다)의 표현이 와야 한다. 따라서 to adhere가 정답이다.

해석 모든 다이버들은 장비를 빌리기 전에 동의서에 언급된 안전 규칙들을 충실히 지키는 것이 필요하다.

어휘 require 필요로 하다　adhere to ~을 고수하다, 충실히 지키다　safety 안전　regulation 규칙, 규율　state 언급하다

05　(B) to repair

해설 전체 문장의 동사로 〈be able to + 동사원형〉이 쓰인 문장이다. 따라서 정답은 to repair이다.

해석 기술자는 메인 CPU 칩과 처리장치를 교체하여 내 노트북 컴퓨터를 고칠 수 있었다.

어휘 technician 기술자　repair 수리하다　laptop 노트북 컴퓨터　processor 처리장치

06　(A) To celebrate

해설 '~은퇴를 축하하기 위해'라는 의미가 되려면 부사적 용법으로 쓰인 to부정사가 와야 되기 때문에 To celebrate가 정답이다.

해석 Ronald Deer의 은퇴를 축하하기 위해 매니저는 Charlie's Italian Bistro에 다섯 테이블을 예약했다.

어휘 celebrate 축하하다　retirement 은퇴　reserve 예약하다

Step 2 실전 TOEIC Test　　　　　p.171

01　(C) to perform

해설 schedule은 타동사이기 때문에 '~하기로 예정되어 있다'라는 뜻일 경우 주로 수동형인 〈be scheduled to + 동사원형〉의 형태로 쓴다. 그러므로 빈칸에는 〈to + 동사원형〉이 와야 하므로 (C) to perform이 정답이다. (D) performance는 〈be scheduled for + 명사〉의 형태일 경우 가능하다.

해석 City Chorus는 새로운 도서관 건물의 개관식에서 공연할 예정이다.

어휘 dedication 헌정, 개관식　perform 공연하다

02　(A) allow

해설 빈칸에 알맞은 동사 어휘를 선택하는 문제이다. 보기 중에서 동사 allow는 '허용해주다, 허가하다'를 뜻하며, 〈allow + 목적어 + to부정사〉의 패턴을 취한다. 동사 make, let은 사역동사로 쓰이며, 〈make/let + 목적어 + 동사원형〉의 패턴을 취하며, prohibit은 〈prohibit + 목적어 + from + (동)명사〉 패턴을 취한다. 따라서 정답은 (A) allow이다.

해석 Macy 백화점은 직원들이 특별 휴가를 가질 수 있도록 하기 위해 내일 문을 닫을 것이다.

어휘 close 문을 닫다　take a day off 하루 쉬다

03　(D) exercising

해설 문미에 들어갈 단어의 형태를 묻는 문제이다. 먼저 문장에 동사 advises가 있으므로 본동사는 들어갈 수 없으며, 중간에 to부정사 형태의 to spend를 통해 〈spend + 목적어 + -ing〉가 나와야 된다는 것을 알 수 있다. 따라서 정답은 (D) exercising이다.

해석 Dr. Joseph Greenberg는 환자들에게 하루에 최소 20분 동안 운동을 하라고 조언한다.

어휘 advise 조언하다, 충고하다　patient 환자

04　(D) to succeed

해설 빈칸은 앞에 있는 the next person을 수식할 수 있는 형용사적 용법의 to부정사가 들어갈 자리이다. 따라서 정답은 to succeed이다.

해석 반대가 없는 한 William Flint를 승계할 차기 최고 경영자는 Sam Flint가 될 것이다.

어휘 as long as ~하는 한　objection 반대　succeed 승계하다

05　(A) clarify

해설 빈칸은 to 이하에 연결될 알맞은 동사가 들어가야 하는 자리이다. 〈be meant + to부정사〉는 '~하기 위해 의도되다'라는 뜻이므로 빈칸에는 동사원형이 필요하다는 것을 알 수 있다. 또한 명사구(Mr. Johnson's case)를 목적어로 삼을 수 있는 능동형의 동사가 필요하다. 따라서 정답은 (A) clarify가 된다.

해석 고객들의 증언은 존슨 씨 사건의 경위를 명확히 밝히기 위한 것이다.

어휘 client 고객　testimony 증언, 증명　clarify ~를 명확히 하다　clarification 해명　case 사건

06　(D) to begin

해설 빈칸 앞의 동사 is ready(준비된)와 어울려 쓰이는 동사의 형태를 고르는 문제로, 〈be ready to + 동사원형〉은 '~할 준비가 되어 있다'의 의미이다. 따라서 정답은 (D) to begin이다.

해석 York Enterprise의 마케팅 직원인 Ms. Salgado는 모두 회의실 안으로 들어오면 프레젠테이션을 시작할 준비가 되었다.

어휘 representative 담당자, 직원　conference room 회의실

Lesson 3　동명사

Step 1 Warm-up Test　p.173

01　(B) developing

해설 문장의 본동사 recommend는 동명사를 목적어로 받는 동사이다. 문맥상 '엔지니어가 강철 프레임을 개발하는 것을 권고했다'라는 의미이므로 동명사인 developing이 와야 한다. 문장에 동사 recommended가 있기 때문에 동사인 develop은 답이 될 수 없다.

해석 우리의 수석 엔지니어는 더 견고한 자동차를 만들기 위해 강철 프레임을 개발할 것을 권고했다.

어휘 recommend 추천하다, 권고하다　develop 개발하다　steel frame 강철 프레임　sturdy 튼튼한, 견고한　automobile 자동차

02　(A) trying

해설 동명사 관용표현인 it is no use -ing는 '~해도 아무런 소용이 없다'는 의미이다. 따라서 정답은 trying이다.

해석 이것은 해봐야 더 이상 소용이 없다.

어휘 no use 소용이 없는　anymore 더 이상

03　(A) calculating

해설 빈칸은 동사 finish 뒤의 목적어 자리이다. 하지만 빈칸 뒤의 명사 the data를 목적어로 받을 수 있는 준동사 형태를 골라야 한다. finish는 동명사를 목적어로 취하는 동사이므로 정답은 calculating이다.

해석 회의가 수요일 오후인데도 우리는 아직도 조사자들이 수집한 자료들을 계산하지도 못했다.

어휘 have yet to + 동사원형 아직 ~하지 못했다　gather 모으다

04　(B) being appointed

해설 전치사 of 뒤에는 명사가 들어가야 한다. 그런데 보기는 모두 명사를 대신할 수 있는 동명사 형태이다. 빈칸 뒤에 목적어가 없으므로 수동태 동명사인 being appointed가 정답이다.

해석 그는 홍보부서의 이사로 지명될 가능성이 있다.

어휘 a chance of ~할 가능성, 기회　public relations 홍보(PR)부서

05　(B) considering

해설 동명사 buying 앞에 빈칸이 있으므로 동명사를 목적어로 취할 수 있으면서 의미가 통하는 단어를 찾으면 된다. 따라서 considering(고려하다)이 정답이다. think는 think of -ing의 구문으로 쓰이기 때문에 오답이다.

해석 만약에 패키지 제품을 구매하려고 생각한다면 그 패키지가 현재 시스템에 호환되는지 확인하시기 바랍니다.

어휘 make sure 확인하다　be comparable with ~와 호환되다　current 현재(의)

06　(B) closing

해설 동사 has suggested 뒤에 나올 수 있는 동사의 형태를 고르는 문제이다. 동사 suggest는 동명사를 목적어로 받는다는 것을 알아두자. 따라서 정답은 closing이다.

해석 지난해 크리스마스 시즌 동안의 판매량을 넘어서기 위해 Altamonte Mall의 경영진은 주중에 더 늦게 문을 닫는 것을 제안했다.

어휘 surpass 초과하다, 넘어서다　suggest 제안하다

Step 2 실전 TOEIC Test　p.173

01　(A) persuading

해설 '~에 능숙하다, 잘하다'라는 의미의 숙어적인 표현인 be good at 뒤에는 명사상당어구가 오게 된다. 빈칸 뒤에는 바로 명사 customers가 오므로 보기 중에서 customers라는 목적어를 취할 수 있는 동명사 persuading이 정답이다.

해석 유능한 판매원들은 제품에 대한 반감을 없애고 고객들에게 제품의 필요성을 인식하도록 함으로써 고객들이 제품을 구매할 수 있도록 설득하는 것에 능숙하다.

어휘 be good at ~을 잘하다　objection 반대, 이의　recognize 인정하다, 인식하다　persuade 설득하다　persuasive 설득력 있는

02　(C) working

해설 빈칸 앞의 동사 mind 뒤에 목적어가 필요하다. 목적어로 쓸 수 있는 것은 보기 중에서 명사 work와 동명사 working이다. 하지만 mind는 동명사를 목적어로 취하는 대표적인 동사이다. 그러므로 동명사 working이 정답이다. consider, suggest, recommend, avoid, discontinue 등은 동명사를 목적어로 취하는 동사로 시험에 출제된 바 있다. 이밖에 mind, stop, enjoy 등도 출제 가능성이 높은 동사다.

해석 다음 달부터 조립라인에서 일요일마다 작업을 하는 것은 괜찮다고 Todd Porter는 직속상관에게 말했다.

어휘 immediate supervisor 직속상관   mind 염려하다, 신경 쓰다   assembly line 조립라인

03 (C) choosing

해설 빈칸 앞에 have difficulty가 있으므로 have difficulty -ing(~하는 데 어려움을 겪다)라는 동명사 관용표현을 묻는 문제임을 확인할 수 있다. 따라서 정답은 동명사인 choosing이다.

해석 진로 상담사들은 취업 진로를 결정하는 데 어려움을 겪는 졸업생들에게 도움이 될 수 있는 소책자를 만들 필요가 있다는 것을 느끼고 있다.

어휘 create 만들다, 생성하다   assist 돕다   path 길, 진로

04 (C) Your notifying

해설 문장에 helps라는 동사는 있지만 주어가 없다. 보기 중에서 (A), (B), (D)에는 모두 본동사가 포함되어 있어 답이 될 수 없다. 빈칸 뒤의 목적격 대명사 us를 받으려면 주어는 동명사가 되어야 한다. 보기 중에서 동명사 형태로 볼 수 있는 것은 (C) Your notifying뿐이다. 앞에 있는 Your는 동명사의 의미상 주어로 소유격이 나온 형태이다

해석 당신이 우리에게 여행 일정을 알려주면 휴가 동안 필요한 것에 대해 대비할 수 있습니다.

어휘 notify sb of sth ~에게 …을 알려주다   travel schedule 여행이나 출장 일정   prepare 준비하다, 대비하다

05 (A) discourage

해설 빈칸 뒤의 명사 workers를 목적어로 취하고 뒤에서 from -ing를 받을 수 있는 동사는 보기 중에서 (A) discourage(~을 하지 못하게 하다)이다. ask, require는 모두 (사람) 목적어를 취하고 뒤에 to부정사를 취하기 때문에 정답이 될 수 없다. inform은 사람 목적어를 받고 뒤에 전치사 about이나 of를 취하거나 that절을 받기 때문에 답이 될 수 없다.

해석 Business Week의 최근 기사에 따르면, 대부분의 회사들은 직원들이 노동조합에 가입하는 것을 꺼리는 경향이 있다.

어휘 according to ~에 따르면   tend to + 동사원형 ~하는 경향이 있다   join 가입하다

06 (D) agreeing

해설 빈칸은 전치사 before의 목적어 자리이다. 전치사의 목적어 자리에는 명사나 동명사가 와야 함으로 선택지 중 동명사 형태인 (D) agreeing이 정답이다.

해석 Mr. Bridges는 계약서의 조항들에 동의하기도 전에 이미 Silverman and Sachs사에서 일하기로 결심했다.

어휘 agree 동의하다   terms and conditions 조항   contract 계약서

Lesson 4 명사와 동명사의 선택

Step 1 Warm-up Test   p.175

01 (A) approval

해설 동사 has receive의 목적어로 빈칸 앞 형용사의 수식을 받을 수 있는 것은 명사이다. 보기는 모두 목적어로 쓸 수 있는 명사 상당어구지만 형용사의 수식을 받을 수 있는 것은 명사뿐이다. 동명사는 부사의 수식을 받는다.

해석 Howell Petroleum사는 토지관리국으로부터 공사를 시작할 수 있는 최종 승인을 받았다.

어휘 approval 승인   bureau 국, 부서

02 (B) using

해설 문장에는 이미 본동사 have been complaining이 있으므로 주어인 customers를 수식하는 준동사가 들어가야 한다. to부정사인 to use가 들어가게 되면 능동이지만 목적(미래)을 의미하는데, 동사인 have been complaining은 현재완료 진행형이므로 과거에서 지금까지 주차장을 사용해온 고객이라는 것을 알 수 있다 따라서 미래의 의미를 가지고 있는 to부정사는 적절하지 않고 customers who use the parking structure에서 관계대명사가 생략된 분사 형태인 using이 정답이다.

해석 Dillard's 옆에 있는 주차장을 이용한 고객들은 주차 공간이 넓지 않다고 불만을 토로해오고 있다.

어휘 parking space 주차 공간   wide 넓은

03 (B) to confirm

해설 문장은 명령문으로, 본동사는 contact이다. 빈칸은 동사를 부사처럼 사용할 수 있는 경우를 생각해야 한다. 분사구문의 형태인 confirming과 to confirm 중에서 문맥상 '이 문제가 조사되고 있다는 것을 확인하기 위해서 전화 ~로 연락하시기 바랍니다'라는 의미가 되어야 하므로 정답은 목적을 나타내는 to부정사의 부사적 용법인 to confirm이다.

해석 현재 이 사안이 조사되고 있는지를 확인하려면 가능한 빨리 0800-343-3434로 저에게 연락해주시기 바랍니다.

어휘 contact 연락하다   look into ~을 조사하다

04 (A) connecting

해설 make sure 뒤에 명사절 that이 생략된 구문이다. 〈there be + 명사〉의 완전한 구조에서, 빈칸 앞의 명사 an operator를 수식하면서 뒤의 명사 your call을 목적어로 받을 수 있는 것은 능동형인 현재분사 connecting이다.

해석 영업부에 얘기하기 전에 당신의 전화를 연결하는 교환원이 있는지 확인하시기 바랍니다.

어휘 prior to ~전에

05 (B) planning

해설 전치사구 Due to(~로 인해, ~ 때문에)의 뒤에는 명사 및 명사 상당어구가 와야 한다. 그런데 보기 (A)도 명사이고, 보기 (B)도 명사상당어구인 동명사이다. 그렇다면 문맥의 내용을 통해 알맞은 표현을 찾아가겠다. plan은 단순히 '계획' 자체를 말하는 것이지만, planning은 어떤 일을 해내기 위해 구체적으로 '계획하는 과정과 그 진행 내용'을 모두 포함하는 말이다. 문맥상 사무실 빌딩 신축 공사가 신중하게 계획해서 진행되고 있기 때문에 예상보다 더 빨리 완공될 것이라는 의미이므로 빈칸에는 (B) planning이 적절하다.

해석 신중한 기획으로 인해 Scranton의 새 사무실 빌딩 건축이 예상보다 더 빨리 완공될 것입니다.

어휘 careful 신중한   construction 건축 공사   비교급 + than expected 예상보다 더 ~한

06 (A) to attend

해설 이미 문장에 동사 received가 있다. 그러므로 동사 attend를

쓰기 위해서는 접속사나 관계사가 있어야 하기 때문에 정답이 될 수 없다. 그래서 빈칸 앞의 명사 invitation을 수식할 수 있는 to부정사 to attend가 정답이다. 명사 invitation 이외에도 opportunity, right, way, ability 등도 to부정사의 수식을 받는다는 것을 알아두자.

해석 Mr. Moya는 Gene's Fashion & apparels의 개업파티에 참석해달라는 이메일 초대장을 받았다.

어휘 receive 받다 opening 개업

Step 2 실전 TOEIC Test   p.175

01   (B) receiving

해설 전치사 뒤에는 명사가 나와야 하지만 빈칸 뒤에 또 다른 명사가 있기 때문에 명사(reception)를 선택할 수 없다. 빈칸은 '전치사의 목적어(명사) 기능'과 '뒤의 명사를 목적어로 취하는 동사의 기능'을 모두 가지고 있는 동명사가 되어야 한다. 따라서 정답은 receiving이다.

해석 청구 요금은 이 명세서를 받은 14일 이내로 납부하여야 하며 그렇지 않으면 법적인 조치가 취해질 것입니다.

어휘 bill 청구서 pay 지불(급)하다 statement 명세서 take legal action 법적 조치를 취하다

02   (C) Researching

해설 주절과 as ~이하의 이유 부사절로 구성된 문장이다. 빈칸은 주절의 동사 is를 받을 수 있는 주어가 들어갈 자리이다. 빈칸 뒤의 the effects of ~이하의 명사상당어구를 받아 주어가 될 수 있는 것은 동명사로 정답은 (C) researching이다.

해석 작업장에서의 기술 혁신의 효과는 가시적이거나 즉각적이지 않기 때문에 그 효과를 조사하는 것은 쉬운 일이 아니다.

어휘 research ~을 연구하다, 조사하다 effect 영향, 효과, 결과 innovation 진보, 혁신 workplace 작업장 far from ~와는 거리가 먼, 조금도 ~ 않은

03   (D) changes

해설 빈칸 앞의 지시형용사 these로 보아 뒤에는 명사가 들어가야 한다. 명사는 (B) change와 (D) changes이다. 하지만 지시형용사가 복수형이므로 뒤의 명사 역시 복수형이 되어야 하므로 정답은 (D) changes이다. 동명사인 (A) changing 역시 명사의 역할을 할 수 있지만 복수형이 될 수 없으므로 동명사는 답이 될 수 없다.

해석 이사회가 특별 규정을 발표했지만 직원들은 조만간 이러한 변화들에 익숙해질 것이다.

어휘 provision 조항, 법안, 규정 be accustomed to + (동)명사 ~에 익숙해지다 sooner or later 조만간

04   (D) recharging

해설 be동사 is 뒤의 주격 보어 자리에 명사절을 이끄는 that이 나와 있다. 빈칸은 that절의 주어가 들어갈 자리로 them을 목적어로 받을 수 있는 형태가 되어야 한다. 그러므로 명사인 recharger는 들어갈 수 없으며 동명사 recharging이 정답이다.

해석 우리가 기대했던 것만큼 Fortilfax 저장 배터리가 인기가 없는 주요 이유는 그 배터리를 충전하는 데 8시간이나 걸리기 때문이다.

어휘 recharge ~을 충전하다 a good eight hours 적어도 8시간

05   (B) locating

해설 전치사 in의 뒤이므로 명사나 동명사와 같은 명사구가 와야 한다. 하지만 빈칸 뒤의 명사 information을 받을 수 있는 것은 동명사이므로 정답은 locating이다. 동사 assist는 보통 목적어를 바로 취하지만 목적어로 사람이 오게 될 경우 〈assist + 사람 + in -ing〉나 〈assist + 사람 + to부정사〉의 형태로 쓰여, '~가 …하는 것을 돕다'라는 의미로 사용된다.

해석 많은 인터넷 사이트들은 현존하는 회사들과 그 회사들의 투자 관련 정보를 찾는 데 도움을 줄 수 있다.

어휘 locate 알아내다, 발견하다 existing 현존하는, 존재하는 IR(Investor Relations) 투자 정보

06   (D) deciding

해설 빈칸에는 전치사의 목적어 역할을 할 수 있는 명사상당어구가 와야 한다. 명사 형태인 (B)는 구조적으로는 가능하나 decision은 '결정'이라는 의미로 쓰일 때는 가산명사이므로 관사나 한정사 없이 단수 형태로 쓸 수 없다. 그러므로 동명사 형태를 갖춘 deciding이 정답이다. 동사 decide는 자동사, 타동사 둘 다 가능하기 때문에 빈칸 뒤에 목적어가 오지 않아도 된다.

해석 어떤 옷감으로 된 카디건을 살지 결정한 후에 색을 고르세요.

어휘 textile 섬유, 옷감

Lesson 5 전치사 to와 to부정사

Step 1 Warm-up Test   p.177

01   (B) sharing

해설 빈칸 앞의 to가 전치사이면 동명사 sharing이 정답이고, to부정사의 to이면 동사원형인 share가 정답이다. to 앞에 and가 있으므로 앞의 무엇과 병렬구조로 연결되어 있는지 확인해야 한다. 문장의 동사가 look forward to -ing이기 때문에 to는 전치사라는 것을 알 수 있으므로 정답은 sharing이다.

해석 우리 영업사원들은 새로운 광고전략 컨퍼런스에 참석해서 다른 참석자들과 아이디어를 공유하기를 고대하고 있다.

어휘 look forward to -ing 하기를 고대[기대]하다 attendee 참석자

02   (B) adapting

해설 〈be accustomed to + (동)명사〉는 '~하는 데 익숙해지다'라는 의미의 관용표현이므로 빈칸에는 동명사가 와야 한다. 그런데 '적응하다'라는 의미인 adapt는 자동사이기 때문에 adapting이 정답이다.

해석 그녀는 새로운 표준과 정책에 빠르게 적응하고 있다.

어휘 quickly 빠르게 standard 표준, 기준 adapt 적응하다

03   (B) catching

해설 〈be dedicated to + (동)명사〉는 '~하는 데 헌신하다, 노력하다'라는 의미를 가진 관용표현이다. 따라서 to 뒤에는 동명사인 catching이 와야 한다.

해석 우리는 범죄자를 잡는 데 헌신하고 있습니다. 긴장감을 늦추지 말고 안전하게 생활하시기 바랍니다.

어휘 perpetrator 범죄자

04   (A) to treat

해설 빈칸에는 뒤의 명사구를 목적어로 취급할 수 있는, 부사적 용법으로 쓰인 to부정사가 와야 한다. 따라서 답은 to treat이다.

해석 새로운 레이저 광선 치료법은 여드름 치료와 피부 색깔을 되살리는 데 널리 사용되어왔다.

어휘 laser-light 레이저 광선의 therapy 치료(법) treat 치료하다 acne 여드름 revitalize 새로운 활력을 주다

05 (A) arranging

해설 be committed to의 to는 전치사이므로 to 다음에는 행위를 표현하는 동명사가 들어가야 한다. 따라서 arranging이 정답이다.

해석 Bella Courtesy Center는 모든 사람들에게 자원봉사를 할 수 있는 기회를 주선하는 데 헌신하는 직원으로 구성되어 있다.

어휘 be consisted of ~로 구성되어 있다 be committed to ~에 헌신하다 arrange 마련하다, 주선하다

06 (A) purchase

해설 plan은 뒤의 목적어로 to부정사를 받는다. 이 경우 to 뒤에 있는 빈칸에는 동사원형이 와야 하므로 정답은 purchase이다.

해석 금의 가치는 다음 달에 오를 예정이므로 세계의 은행은 되도록이면 많은 금을 구매할 계획이다.

어휘 value 가치 expect 예상하다 rise 오르다 international 세계적인 purchase 구매하다 as + 형용사/부사 + as possible 가능한 ~한/하게

Step 2 실전 TOEIC Test   p.177

01 (B) only to

해설 앞의 완전한 문장을 find와 연결하기 위해서는 find가 준동사가 되어야 한다. so as, even though, in order that은 동사원형으로 이어질 수 없기 때문에 정답은 only to이다

해석 James Rivers는 고객 모두에게 전화했는데, 결국 고객 대부분이 다른 투자자들과 계약했다는 것을 알게 되었다.

어휘 only to + 동사원형 결국 ~하게 되다 contract 계약(서)

02 (B) to treat

해설 빈칸 앞의 동사 has been used는 동사 use(사용하다)가 수동태로 사용된 것이다. 빈칸 뒤의 목적어 virus와 diseases를 받을 수 있는 준동사인 to treat가 정답이다.

해석 신약은 끈질긴 독감 바이러스와 호흡기 질환을 치료하는 데 사용되고 있다.

어휘 medication 약 persistent 끈질긴, 집요한 respiratory 호흡기의

03 (B) going

해설 ⟨as opposed to + (동)명사⟩는 '~과는 반대로'라는 의미의 관용표현이다. 따라서 to는 전치사이다. 그러므로 빈칸에는 명사 상당어구가 들어가야 하는데, 보기 중에서 명사로 쓸 수 있는 것은 동명사인 going이다.

해석 많은 편집자들에게 있어서 이메일은 사무실로 출근하는 것과는 반대로 집에서 일할 수 있게 해주는 것을 뜻한다.

어휘 editor 편집자

04 (B) to negotiate

해설 Retail leases are tricky는 ⟨주어 + be동사 + 보어⟩ 형태의 완전한 문장이다. 따라서 빈칸에는 부사(구)가 들어가야 알맞다. 보기 중 부사의 역할을 할 수 있는 것은 (B) to negotiate와 (C) for negotiating인데, 문맥상 '~은 협상하기에 까다롭다'는 의미가 되어야 자연스럽다. '~하기에 어떠하다는 뜻을 나타낼 수 있는 것은 to부정사. 따라서 (B) to negotiate가 빈칸에 적절하다. 참고로 negotiate는 타동사이기 때문에 for negotiating으로 쓰려면 뒤에 목적어가 와야 한다. 반면 이 문장에서처럼 to부정사가 '~하기에'라는 정도의 의미로 쓰이는 경우, 문장의 주어(여기서는 Retail leases)가 곧 타동사 negotiate의 목적어와 동일하므로 to negotiate 뒤에 목적어를 따로 써주지 않는다.

해석 소매 임대차 계약은 협상하기가 까다로우므로 소규모 사업자들은 이 일을 처리할 노련한 비즈니스 컨설턴트 고용을 고려해야 한다.

어휘 retail 소매 lease 임대차 계약 tricky 까다로운 experienced 숙련된, 노련한 handle 다루다, 처리하다

05 (B) entering

해설 빈칸 앞의 전치사 prior to 뒤에 들어갈 동명사이면서 뒤의 the factory를 목적어로 받을 수 있는 것은 entering이다. 들어가다는 의미로 쓸 수 있는 step은 자동사로 목적어를 받을 수 없기 때문에 답이 될 수 없으며, 타동사인 produce은 의미상 어울리지 않는다.

해석 모든 방문자들은 공장에 들어가기 전에 안전 장비를 착용해야만 한다.

어휘 protective 안전의, 보호의

06 (C) respond

해설 빈칸 앞의 willing to를 보고 바로 ⟨be willing to + 동사원형⟩(기꺼이 ~하려고 하다)이라는 숙어표현임을 알 수 있다. 따라서 빈칸에는 동사원형인 respond가 들어가야 한다.

해석 Lauren사의 사장은 기자들의 모든 질문에 답하려고 했다.

어휘 respond 답하다 reporter 기자

Lesson 6 to부정사와 동명사를 모두 목적어로 취하는 동사

Step 1 Warm-up Test   p.179

01 (A) to sign

해설 빈칸 앞의 동사 remember는 동명사와 to부정사 모두를 목적어로 취할 수 있다. 동명사 signing을 취할 경우 과거의 의미로 등록했던 것을 기억하라는 의미가 된다. '회원이 되려면, 등록하는 것을 잊지 말아야 한다'는 미래의 의미를 가지려면 to부정사인 to sign이 와야 한다.

해석 만약에 회원이 되고자 한다면, 등록하는 것을 잊지 마시기 바랍니다.

어휘 member 회원 remember 기억하다 sign up 등록하다

02 (A) to alter

해설 '~할 계획'이라는 뜻으로 plan이 명사일 때에는 뒤에 for나 to부정사를 동반하며 plan이 동사일 때에는 뒤에 to부정사를 동반한다. 그러므로 문장의 주어인 people을 수식하는 분사인 planning 뒤에는 to부정사가 나와야 한다.

해석 여행일정을 변경할 사람들은 11월 9일 이전에 여행사 직원에게 알려야 한다.

어휘 alter 변경하다, 바꾸다 inform ~에게 알리다 travel agent 여행사 직원

03 (B) to be

해설 문장에는 이미 동사 put이 있기 때문에 (본)동사 형태인 are는 답이 될 수 없다. 빈칸 앞의 명사 the document를 수식하는

해설 to부정사의 수동형이 되도록 to be가 와야 한다.
해석 정리할 서류는 Mr. Wong의 사무실 구석에 있는 파일 캐비닛 위에 올려놓기 바랍니다.
어휘 file 서류 등을 (찾기) 쉽게 정리해서 보관하다 corner 구석

04 (A) to inform
해설 빈칸 앞의 is의 주격 보어로 동명사가 나오게 되면 this memo 와 동격이 되므로 의미가 어색해진다. to부정사가 나와 '~하기 위한 것'이라는 목적을 의미해야 한다.
해석 이 메모는 당신의 주문이 처리되었고 대금은 영업일 2일 이내에 송금되어야 한다는 것을 알리기 위한 것입니다.
어휘 order 주문   process 처리하다   payment 지불해야 하는 돈   wire transfer 은행 이체

05 (B) attracting
해설 빈칸에는 명사 customers를 수식하는 형용사나 customers 를 목적어로 받을 수 있는 동명사가 나올 수 있다. 하지만 문 맥상 '고객을 ~하는 방법으로서'라는 의미로 보아 동명사인 attracting이 나와야 적절하다.
해석 소비자들을 끌어들이기 위한 수단으로 Jay's Liquor and Wine은 만약 20달러가 넘는 와인 한 병을 사면 와인잔 두 개 를 무료로 주기로 했다.
어휘 as a means of ~의 수단으로   bottle 병

06 (A) to improve
해설 문장에 동사 has changed가 있으므로 빈칸에는 동사가 올 수 없다. 또한 빈칸 뒤에 목적어에 해당하는 명사 the quality가 있으므로 수동태 분사 being improved는 답이 될 수 없다. 따 라서 정답은 목적의 의미를 가진 to부정사 to improve이다.
해석 Florence Flower Delivery는 담당자들의 서비스의 질을 향 상시키기 위해서 그 전화 서비스 시스템을 바꿨다.
어휘 improve 향상시키다   quality 질   representative 담당자

Step 2 실전 TOEIC Test p.179

01 (A) dining
해설 문장의 주어는 The only experience이고, 동사는 뒤에 있는 was이다. 따라서 빈칸에는 본동사 형태의 dine은 올 수 없으 며, 명사 diner 역시 The only experience라는 주어와 동격 이 될 수 없으므로 답이 아니다. 문맥상 과거의 경험을 말하는 것이므로 미래의 의미를 갖는 to부정사는 올 수 없다. 그러므로 정답은 동명사 dining이다.
해석 나의 기대에 못 미쳤다고 솔직히 말할 수 있는 유일한 경험은 기 차에서의 식사였다.
어휘 be up to ~까지 다다르다   expectation 기대

02 (B) to honor
해설 문장에 본동사 gathered가 있으므로 빈칸에는 동사가 위치 할 수 없다. 따라서 (A) will honor와 (C) would honor는 제 외된다. 문맥상 '많은 군중들이 ~를 축하해주기 위해 모였다'라 는 의미이므로 목적을 의미하는 to부정사 (B) to honor가 정 답이다. 군중들이 축하해주는 주체이므로 수동형인 (D) to be honored는 답이 될 수 없다.
해석 많은 군중들이 2008년 올림픽에 출전한 모든 운동선수들을 축 하해 주기 위해 El Maestro Airport에 모였다.
어휘 crowd 군중   gather 모이다   honor 명예[예의]를 주다   compete 경쟁하다

03 (C) to improve
해설 빈칸 앞의 명사 a new procedure를 수식하고 뒤의 명사 the quality of ~를 목적어로 받을 수 있는 동사를 찾아야 한 다. 문장에는 이미 (본)동사 is implementing이 있으므로 improved, have improved는 답이 될 수 없다. 뿐만 아니라 분사 형태를 띠고 있는 being improved는 수동태 분사로 뒤 에 목적어를 받을 수 없으므로 답이 될 수 없다. 따라서 정답은 to improve이다.
해석 General Food는 그들의 공장에서 생산된 식료품들의 질을 높이기 위한 새로운 공정을 실시할 것이다.
어휘 implement 실시[실행]하다   procedure 공정, 절차   facility 시설

04 (A) to attend
해설 문장의 본동사는 came이고 다른 접속사는 없으므로 빈칸에 동 사가 위치할 수 없다. 따라서 (B) attend는 정답에서 제외된다. 빈칸 뒤에 명사가 있으므로 목적어를 취할 수 없는 과거분사 (C) attended도 정답이 될 수 없다. 문맥상 '~에 참여하기 위해 인 도에서 왔다'라는 의미이므로 목적의 의미를 가지는 to부정사 (A) to attend가 정답이다. 동명사 attending은 준동사로 쓰 이긴 하지만 문장에서 주어나 목적어, 보어의 역할을 해야 하기 때문에 이 문장에는 적절하지 않다.
해석 많은 학생들이 University of Montana의 예외적인 수학 교 육과정에 참석하기 위해 인도에서 왔다.
어휘 exceptional 예외적인   mathematics 수학   curriculum 교육과 정   attend 참석하다

05 (D) to have
해설 빈칸 앞의 동사 remember는 to부정사와 동명사를 둘 다 목 적어로 취하지만 문맥상 바쁜 시즌이어서 조사해야 한다는 것을 기억하지 못했다는 의미이기 때문에 (D) to have가 적절하다. 동명사가 될 경우에는 이미 했던 것을 기억하지 못한다는 의미 로 문맥상 적절하지 못하다.
해석 이 건물이 임대가 많은 시즌이었기 때문에 매니저는 적절한 조 사를 해야 하는 것은 기억하지 못했다.
어휘 complex 복합 건물   remember 기억하다   proper 적절한   inspection 조사

06 (B) to
해설 빈칸을 중심으로 앞뒤에 동사가 두 개(asked, find out) 보인 다. 한 문장에 동사가 온전히 두 개 올 수는 없으므로 빈칸에는 뒤의 find out ~과 함께 쓰여 부사구나 부사절을 만들 수 있는 to부정사의 to나 〈접속사 + 주어〉가 와야 한다. 보기 중 이에 해 당되는 것은 (B) to밖에 없다. 여기서 to부정사는 목적을 의미 하는 부사적 용법으로 쓰인 경우.
해석 그 관리자는 현 프로젝트의 진척 사항을 알기 위해 수석 엔지니 어에게 자기 사무실로 오라고 했다.
어휘 supervisor 직속상사, 직속관리자   progress 진행, 진척

Chapter 8 형용사

Lesson 1 형용사의 역할

Step 1 Warm-up Test   p.183

01 (B) various

해설 전치사 from과 명사 laboratories 사이에서 명사를 꾸며줄 수 있는 품사는 형용사이다. 따라서 답은 various이다. 명사인 variety는 뒤에 명사를 받을 때는 of와 함께 쓰이기에 정답이 될 수 없다.

해석 다양한 연구실에서 온 과학자들이 모여서 지구 온난화를 막기 위한 방법을 찾을 것이다.

어휘 laboratory 실험실 prevent 예방하다, 막다 global warming 지구 온난화

02 (A) suitable

해설 be동사 뒤에 있는 빈칸은 주격 보어 자리이기 때문에 명사나 형용사가 나올 수 있다. 명사는 주어와 동격이 되어야 하는데, 명사 suitability(적합성)는 film과 동격이 될 수 없다. 그러므로 '영화는 ~에 적합하다'는 의미가 될 수 있게 형용사 suitable이 와야 한다.

해석 Jacob Simpson은 폭력이 난무하는 영화를 제작하는 것으로 유명한 감독이지만 그의 영화는 어린이들이 보기에 적합하다.

어휘 director 감독 violence 폭력 suitable 적절한

03 (A) extensive

해설 빈칸에는 knowledge를 꾸며줄 형용사가 와야 한다. 보기 중 extent(크기)는 명사이므로 답이 될 수 없다. 따라서 형용사인 extensive가 정답이다.

해석 만약 당신이 성공적인 건축가가 되고자 한다면 기본적인 건축 구조에 대해 잘 알아야 할 뿐만 아니라 시각적인 예술에 대한 방대한 지식도 가지고 있어야 한다.

어휘 architect 건축가 possess 보유하다 as well 또한 extensive 아주 많은, 방대한 extent (크기, 중요성의) 정도, 크기

04 (A) comparable

해설 전치사 among과 명사 사이에 빈칸이 있는 것으로 보아 빈칸에는 명사를 꾸며주는 형용사가 필요하다. 보기 중 형용사는 comparable이다. comparatively는 '비교적으로'란 의미인 부사이므로 정답이 될 수 없다.

해석 Ladies Beauty지는 유사한 입술 보습제에 대해 자세하게 설명한 기사를 실었다.

어휘 comparable 견줄 만한, 비슷한 comparatively 비교적으로

05 (B) deliberate

해설 동사 be attribute to 다음에는 명사나 동명사가 온다. 따라서 빈칸 뒤의 명사 efforts가 전치사 to의 목적어로 쓰인 것이다. 그러므로 빈칸에는 efforts를 꾸며주는 형용사 deliberate(신중한)가 와야 된다. deliberate는 형용사뿐만 아니라 '심사숙고 하다'라는 의미의 동사로도 쓰인다는 것을 알아두자.

해석 Toure Electronics의 매출이 상당히 증가한 것은 우리 상사인 Dwight Howard의 신중한 노력 덕분이다.

어휘 significant 상당한 be attributed to ~에 기인하다

06 (B) lengthy

해설 빈칸은 관사 a와 명사 process 사이에서 명사를 꾸며주는 형용사가 필요한 자리이다. 따라서 답은 형용사인 lengthy이다. lengthen(길게 만들다)는 동사이므로 빈칸에 적합하지 않다.

해석 엔지니어들은 차와 오토바이에 둘 다 호환이 되는 새로운 종류의 엔진을 발명하는 것은 긴 과정이 걸리지만 그만큼 분명히 가치 있다고 한다.

어휘 compatible 호환이 되는 motorcycle 오토바이 lengthy 긴 process 과정 definitely 분명히 worthwhile 가치 있는

Step 2 실전 TOEIC Test   p.183

01 (A) persuasive

해설 빈칸 앞에 최상급 표현인 the most가 있으므로 빈칸에는 부사나 형용사가 자리해야 한다. 그런데 because절의 동사가 was이므로 빈칸에는 be동사의 보어가 되는 형용사 (A) persuasive가 자리해서 '가장 설득력 있는'이라는 의미가 되어야 한다.

해석 Brown Wholesales사의 직원들이 가장 설득력이 있었기 때문에 Newcastle사의 사장은 그 회사에서 물품을 받기로 했다.

어휘 president 사장 persuasive 설득력 있는 persuasion 설득(력)

02 (D) initial

해설 관사 the와 명사 outlay의 사이에 빈칸이 있으므로 명사를 수식할 수 있는 형용사가 필요하다. 따라서 답은 형용사인 (D) initial이다. 명사와 명사가 합쳐진 복합명사를 묻는 문제로 착각해서 (C) initiation을 선택할 수도 있는데, '초기 지불'이란 의미로 initiation outlay라는 말은 쓰지 않으므로 답이 될 수 없다. (A) initially는 부사, (B) initiate는 동사이므로 오답이다.

해석 초기 광고비를 지출한 후에 회사는 5일 이내에 빚을 갚았다.

어휘 outlay 지출, 경비 pay 지불하다 debt 빚, 부채 initial 처음의, 초기의

03 (C) familiar

해설 빈칸 앞에 become이 있는 것으로 보아 빈칸은 become의 보어 자리이다. 따라서 명사나 형용사가 올 수 있는데 명사 (A) familiarity가 오면 '직원들이 익숙함이 되었다'라는 의미가 되어 문맥에 맞지 않는다. (B) familiarly는 '친숙하게'라는 의미의 부사이므로 오답이다. 따라서 형용사 (C) familiar가 정답이다. become familiar with는 '~에 익숙해지다, 잘 알게 되다'라는 뜻이다.

해석 3개월의 교육이 끝나자 신입직원들은 그 회사 정책에 대해 잘 알게 되었다.

어휘 familiar with ~에 대해 잘 아는 policy 정책

04 (B) significant

해설 동명사 taking의 목적어로 명사 measures가 왔다. 따라서 빈칸은 명사를 수식하는 형용사 자리이므로 답은 (B) significant이다. (A) signify는 동사, (C) significantly는 부사, (D) significance는 명사이므로 답이 될 수 없다.

해석 경찰서는 Queens 지구의 범죄율을 낮추기 위해 중대한 조치를 취하고 있다.

어휘 take measures 조치를 취하다　criminal rate 범죄율　signify 의미하다, 뜻하다　significant 중요한, 의미 있는, 커다란　significantly 상당하게　significance 중요성, 의미

05　(A) affordable

해설 빈칸은 be동사의 뒷자리이므로 동사가 올 수 없다. 따라서 3인칭 단수동사인 (C) affords와 동사원형인 (D) afford는 제외된다. afford는 타동사인데 빈칸 뒤에 목적어가 없는 것으로 보아 목적어가 있어야 하는 동명사 (B) affording은 오답이다. 따라서 형용사인 (A) affordable이 오는 것이 적절하다.

해석 Crax Welcome이 개발한 새로운 수면제는 현재 가격을 낮춰서 공급하고 있기 때문에 모든 사람들이 구해 쓸 수 있게 될 것이다.

어휘 sleeping pill 수면제　develop 개발하다　affordable 가격이 적당해서 살 만한　afford ~할 여유가 있다

06　(A) this

해설 빈칸은 명사(morning)를 수식하는 지시형용사를 찾는 문제이다. 주절이 과거 시제이므로 '오늘 오전에 발표하였다'라는 의미가 자연스러우므로, 빈칸에 적합한 형용사는 (A) this이다. (B) those는 that의 복수형으로 '저것들'을 의미하며, (C) which는 관계대명사이고, (D) whose는 소유격 관계사로 사람이나 사물을 수식하는 형용사절을 이끄는 데 사용되므로 답으로 적절하지 못하다.

해석 예치치 못한 오류로 인해 관리자는 오늘 오전 일찍 우리 프로젝트가 수요일로 연기될 것이라고 말했다.

어휘 unexpected error 예기치 못한 오류　postpone 연기하다

Lesson 2　형용사의 어순과 명사 앞 전치 수식

Step 1　Warm-up Test　p.185

01　(B) promotional

해설 동사 is planning의 목적어 events 앞에 빈칸이 있는 것으로 보아 형용사가 자리해서 events를 꾸며줘야 한다. 따라서 답은 형용사인 promotional이다. 보기 중 명사인 promotion이 events와 함께 쓰여 복합명사가 된다고 생각할 수도 있으나 promotion events라는 복합명사는 존재하지 않는다.

해석 Kelly Price사는 새로운 화장품 브랜드인 Las Chicas Bonitas의 판촉 이벤트를 계획하고 있다.

어휘 cosmetic 화장품의　promotional 판촉의

02　(B) third

해설 빈칸 앞에 정관사 the가 있다. 첫째, 둘째 등 순서를 나타내는 서수는 앞에 관사 the를 붙인다. 따라서 빈칸은 busiest train station을 꾸며주는 서수인 third(세 번째)가 와야 한다. 보기의 three는 하나, 둘 등 수를 표시하는 기수이다. 기수가 순서를 나타내기 위해 명사를 수식할 경우에는 정관사 the를 붙이지 않은 채, exit three(3번 출구: 명사 + 기수)로 표현된다는 것도 참고로 알아두자.

해석 Calgary역은 캐나다에서 세 번째로 가장 바쁜 기차역이다.

어휘 train station 기차역

03　(A) impressive

해설 한정사 its와 명사 lineup의 중간에서 명사 lineup을 수식해 줄 수 있는 품사는 형용사이므로 답은 impressive이다. impressively는 부사이므로 한정사와 명사 사이에 올 수 없으므로 오답이다.

해석 유럽에서 최고의 자동차 브랜드가 되려고 굳게 결심한 Northman Auto사는 쿠페와 컨버터블의 인상적인 제품군을 선보였다.

어휘 determination 결심　lineup 라인업, 제품군　coupe 쿠페형 자동차(문이 두 개이고 보통 뒷부분이 비스듬함)　convertible 컨버터블(접이식 지붕이 있는 승용차)　impressive 인상적인

04　(B) personal

해설 〈소유격 + ------ + 명사〉 구조로, 형용사 자리를 묻는 전형적인 문제이다. 소유격과 명사 사이에서 뒤의 명사를 수식할 수 있는 형용사를 고르면 된다. 보기 중 형용사는 (B) personal! 자칫 소유격만 보고 명사형인 personality를 선택하지 않도록 하자.

해석 모든 손님들은 건물을 나설 때 자신의 개인 소지품 챙기는 것을 잊지 말라는 얘기를 다시금 듣는다.

어휘 remind 상기시키다　personal belongings 개인 소지품　leave 떠나다, 나서다

05　(A) commercial

해설 전치사 from, 한정사 his, 명사 contacts로 이루어진 전치사구에서 한정사와 명사 사이에 빈칸이 있다는 것은 명사를 꾸며주는 형용사가 필요하다는 의미이다. 따라서 빈칸에는 형용사인 commercial이 들어가는 것이 적절하다. commercially는 부사이므로 정답이 될 수 없다.

해석 Mr. Quinn은 자영업을 이제 막 시작했지만 그는 사업적으로 아는 사람들로부터 도움을 받을 것이라는 자신감이 있다.

어휘 confident 자신 있는　assurance 보증, 도움　commercial 사업적인　commercially 사업적으로　contact 인맥

06　(B) possible

해설 빈칸 뒤에 명사 형태인 outcome이 제시되어 있다. 따라서 빈칸에는 앞의 형용사(one)와 더불어 뒤의 명사를 수식해 줄 수 있는 형용사가 나오는 것이 적합하다. 따라서 정답은 possible이다. possibility(가능성)는 명사이기에 정답이 될 수 없다.

해석 두 회사의 CEO가 만나면 그 결과로 두 회사가 합병할 수도 있다.

어휘 merge 합병하다　outcome 결과, 성과

Step 2　실전 TOEIC Test　p.185

01　(A) economic

해설 형용사와 명사 사이에 빈칸이 있으므로 명사를 꾸며주는 또 다른 형용사가 위치해야 한다. 보통 '경제 발전'은 economic progress라고 한다. 따라서 답은 economic이다. 명사 (D) economy(경제)와 명사 progress가 합쳐져 복합명사로 쓸 수 있다고 헷갈리기 쉬우니 주의하자. 앞의 형용사 steady는 economic progress 전체를 꾸며주고 있다.

해석 영업부장 Gregory Gallas는 항상 기꺼이 위험을 감수하지만 꾸준한 경제 성장을 유지하는 현명한 사람이다.

어휘 individual 사람, 개인　be willing to + 동사원형 기꺼이 ~을 하다　take a risk 모험을 하다　maintain 유지하다　steady 꾸준한　economic 경제적인, 경제의　progress 진보, 발전

02　(B) weeklong

해설 명사 앞에 빈칸이 있기 때문에 형용사인 (C) weekly를 선택

하기 쉽다. 하지만 빈칸 앞에 this year's라는 연간을 나타내는 표현이 있기 때문에 weekly는 부적합하다. 정답은 (B) weeklong(일주일에 걸친)이다. weeklong conference는 '일주일간 열리는 회의'라는 의미가 된다.

해석 수천 명의 사람들이 Singapore의 Metro Convention Center에서 올해 일주일간 열리는 회의에 갈 것이다.

어휘 conference 회의, 협의 convention 집회, 대표자 회의

03 (B) competitive

해설 최상급을 나타내는 부사 the most가 있으므로 빈칸은 형용사나 부사가 들어갈 자리이다. 그런데 앞에 동사 is가 나왔기 때문에 빈칸은 보어 역할을 하는 형용사가 들어가야 한다. 따라서 형용사인 (B) competitive(경쟁력 있는)가 정답이다. (A) competitor(경쟁자)와 (D) competition(경쟁)은 명사. (C) competitively(경쟁적으로)는 부사이기에 오답이다.

해석 Hansol KP-600 휴대폰은 다른 휴대폰에 비해 더 많은 기능을 가지고 있기 때문에 요즘 시장에서 가장 경쟁력 있는 모델이다.

어휘 these days 요즘에 function 기능

04 (A) vacant

해설 빈칸 앞에는 정관사 the가 있고, 뒤에는 명사인 factory가 있다. 빈칸은 명사 factory를 꾸며주는 형용사가 들어갈 자리이다. 따라서 보기 중에 형용사인 (B) vacant(비어 있는)가 정답이다. (B) vacantly는 부사. (C) vacate는 동사. (D) vacancy는 명사이기에 오답이다.

해석 Keller 가구 회사는 시의 승인이 나면 Church Street가에 있는, 현재 비어 있는 공장을 개조할 계획이다.

어휘 renovate ~를 새롭게 개조하다 pending ~이 발생하면 vacant 비어 있는 vacate 사퇴시키다, 공석으로 하다 vacancy 공석

05 (C) additional

해설 〈전치사(with) + 한정사(no) + ------ + 명사(charge)〉의 구조이다. 한정사와 명사 사이에 위치해서 명사를 꾸며주는 품사는 형용사이므로 답은 (C) additional이다. 명사 addition이 빈칸에 자리해서 복합명사가 된다고 생각하는 사람이 있을지도 모르지만 addition charge라는 복합명사는 존재하지 않으므로 (A) addition은 답이 될 수 없다.

해석 개업 기념으로 Dana's Diner는 처음 온 손님 스무 그룹에게는 돈을 더 받지 않고 디저트를 내놓을 것이다.

어휘 celebrate 축하하다 dessert 디저트 additional 추가적인

06 (C) frequent

해설 전치사구인 in response to 뒤에는 명사가 나와야 한다. 하지만 빈칸 뒤에 이미 명사 visits가 나와 있으므로 빈칸은 visits를 수식할 수 있는 형용사 자리가 되겠다. 보기 중에 형용사는 (C) frequent뿐. 분사 역시 형용사의 역할을 하지만 형용사가 있을 경우 형용사가 우선한다는 것도 알아두자(자기 품사 우선의 법칙). 한편 frequent는 '~에 자주 가다'는 타동사로도 쓰이는데, 이 경우 목적어 자리에는 '특정 장소를 나타내는 명사'가 와야 하므로, 동명사형인 frequenting의 목적어로 visits를 받을 수는 없다. 따라서 (B) frequenting을 동명사로 본다고 해도 역시 답이 될 수는 없다.

해석 관광객들의 잦은 방문으로 인해 Rommel Hotel은 공항에서 호텔까지 무료 운행 서비스를 제공할 것이다.

어휘 in response to ~에 대한 반응으로 frequent a. 잦은, 빈번한 vt. ~에 자주 가다, 방문하다

Lesson 3 명사 뒤 후치 수식 용법 & 동사 뒤 서술적 용법

Step 1 Warm-up Test   p.187

01 (A) worth

해설 형용사 worth와 worthy를 구별하는 문제. 뒤에 수치를 바로 받아 '~만큼의 가치가 있는'이란 의미로 쓸 수 있는 것은 worth이다. worthy는 전치사 of를 동반해야 한다. worth는 be동사의 주격 보어로 사용되는 형용사로, 바로 뒤에 수치나 동명사 등이 붙는다는 것이 여타의 형용사들과는 다른 특이한 점이다. 〈be worth + 수치/-ing〉, 〈be worthy of + 수치/-ing〉 형태로 익혀두도록 하자.

해석 World Automobile Magazine에 따르면 우리의 신개념 자동차는 약 10억 달러의 가치가 있다.

어휘 concept 컨셉, 개념 around 대략 billion 10억 according to ~에 따르면

02 (B) uncertain

해설 be동사 is의 보어이면서 전치사 about과 쓰일 수 있는 형용사를 묻는 문제이다. 따라서 보기 중 형용사인 uncertain(확실하지 않은)이 정답이 된다. 형용사 uncertain은 be uncertain about(~에 관해 확신을 갖지 않는다)이라는 형태로 쓰인다는 것을 알아두자. 다른 보기인 uncertainly(불확실하게)는 부사이므로 오답이다.

해석 자격조건이 되는 지원자들이 너무 많아서 Mr. Moyez는 판매 직원으로 누구를 고용할지 아직도 결정하지 못하고 있다.

어휘 qualified 자격이 되는 applicant 지원자 sales staff member 판매사원

03 (A) energetic

해설 2형식 동사 seem 뒤에 빈칸이 있으므로 주격 보어 역할을 할 수 있는 형용사나 명사가 필요하다. 따라서 부사 energetically는 답이 될 수 없다. 빈칸에는 형용사 energetic이 와서 주어의 상태를 설명해주는 것이 가장 적절하다.

해석 대부분의 인턴들은 처음에는 열의가 넘쳐 보이지만 한번 그 일이 자신의 능력을 넘어선다는 것을 깨닫게 되면 쉽게 자신감을 상실한다.

어휘 seem ~인 것처럼 보이다, ~인 것 같다 at first 처음에는 intimidated 자신감이 결여된, 위축된 realize 깨닫다, 알게 되다 beyond one's ability ~의 능력을 넘어서는 energetic 힘이 넘치는, 에너지가 있는

04 (B) specific

해설 빈칸은 동사 consider의 목적어로 명사 features를 꾸며주는 형용사가 들어갈 자리이다. 따라서 형용사 specific이 정답. specifications는 명사이므로 빈칸에 적절치 않다.

해석 언론에 호텔 목록을 배포하기 전에 마케팅 전문가들은 규모, 이용률 그리고 가치와 같은 세부적인 특징들을 고려한다.

어휘 distribute 배포하다 feature 특징, 특색, 특성 occupancy 사용, 점유 specification 명세, 설명(서) specific 구체적인, 독특한

05 (B) exempt

해설 be동사와 전치사 from 사이에 들어갈 보어를 찾는 문제로, 보기의 단어는 형용사 역할을 하는 현재분사형 exempting과 형용사 exempt이기에 모두 보어로 들어갈 수 있다. 그러므로

84

해석을 통하여 적합한 어휘를 찾아야 하는데, '오늘 물건을 구매하는 고객들은 파손에 관한 서비스 요금 지불이 면제될 것이다'라는 의미가 자연스럽기 때문에 자기 품사 우선의 법칙에 따라 형용사 exempt가 정답이다. exempt from은 '~이 면제되는'이란 의미이다.

해석 오늘 물건을 구매하는 고객들은 파손된 것에 대한 서비스 요금 지불을 하지 않아도 됩니다.

어휘 service charge 서비스 요금 damage 파손

06 (A) complete

해설 빈칸은 be동사의 보어 역할을 하는 형용사가 들어갈 자리이다. 따라서 형용사인 complete가 정답이다. 다른 보기인 completion은 명사이므로 오답이다.

해석 주문이 완료되면 온라인 영수증이 즉시 귀하의 이메일로 보내질 것입니다.

어휘 order 주문 receipt 영수증 through ~을 통하여 e-mail account 이메일 계정 instantly 즉시

Step 2 실전 TOEIC Test   p.187

01 (B) appropriate

해설 〈it(가주어) + is + ------ + to부정사(진주어)〉의 구문으로, 빈칸은 to부정사와 잘 어울리는 형용사 보어가 들어갈 자리이다. 따라서 형용사인 (B) appropriate가 정답이다. (A) appropriateness는 명사, (C) appropriately는 부사이며, (D) most appropriately는 부사의 최상급 형태이므로 빈칸에 적절하지 못하다.

해석 Mr. Dixon은 저녁식사 자리에서 종교에 관해 말하는 것은 적절하지 않다고 나에게 조언했다.

어휘 religion 종교 appropriate 알맞은, 적절한

02 (A) aware

해설 be동사 뒤에 형용사가 나올 자리이며 뒤에 전치사 of와 어울릴 수 있는 것은 (A) aware뿐이다. be aware of는 '~을 인지하다'란 뜻의 숙어 표현이다.

해석 모든 영업사원은 다른 나라들의 각기 다른 문화적 장벽들을 인지하고 있어야만 한다.

어휘 sales representative 영업사원 be aware of ~을 인지[인식]하다 cultural 문화의 barrier 장벽

03 (C) ready

해설 빈칸은 be동사 다음에 들어갈 보어 자리이기 때문에 형용사나 명사가 들어갈 수 있다. 그런데, 명사가 보어가 되려면 주어와 격이 일치해야 하는데, 주어인 preparations for the presentation(발표 준비)과 명사 readiness(준비)는 동격이 될 수 없다. 따라서 정답은 형용사인 (C) ready이다. (A) readily는 부사, (D) readier는 형용사의 비교급이므로 오답이다.

해석 프레젠테이션에 대한 준비는 청중이 들어오기 적어도 30분 전에는 되어 있어야 한다.

어휘 preparation 준비 audience 청중, 관객

04 (D) brief

해설 관사 a 다음의 빈칸은 명사 introduction을 꾸며주는 형용사를 넣는 문제이다. 보기를 살펴보면 과거분사 형태인 (A) briefed, 현재분사 형태인 (B) briefing, 형용사인 (D) brief가 모두 형용사 역할로 명사를 꾸며줄 수 있다. brief가 동사로 사용될 때에는 '~을 알려주다'라는 의미가 되므로, 과거분사형인 briefed는 '알게 된'이라는 의미, 현재분사형인 briefing은 '알리는'이란 의미로 문맥상 부적절하다. 또한 자기 품사 우선의 원칙에 의거하여, 형용사 brief(요약된, 간략한)가 정답이 된다. (C) briefly(짧게, 간단히)는 부사이므로 오답이 된다.

해석 관리직의 실제(본) 인터뷰를 시작하기 전에 당신의 간략한 소개를 해주시기 바랍니다.

어휘 actual 실제의 managerial position 관리직

05 (D) understandable

해설 등위접속사 and는 앞뒤로 같은 범주의 품사를 이어준다. and 앞에 be동사의 보어로 쓰인 형용사 clear가 있으므로 뒤에도 같은 품사인 형용사 (D) understandable이 와야 한다. (A) understand는 동사. (B) understanding은 형용사로 쓰이긴 하지만 '이해심이 많은'이란 의미이기 때문에 문맥상 어울리지 않는다. 물론 명사로 '지식'이란 의미로도 쓰인다. (C) understandably는 부사이므로 오답이 된다.

해석 프레젠테이션에서 보여준 신제품 디자인 개발 과정은 명쾌하고 이해하기 쉬웠다.

어휘 understandable 이해하기 쉬운

06 (C) dependent

해설 be동사 다음이므로 형용사나 명사가 올 수 있다. 따라서 부사인 (B) dependently와 동사 (D) depend는 제외된다. 문맥상 '~에게 의지하는 것을 좋아하지 않는다'라는 의미이므로 빈칸에는 형용사인 dependent가 와서 be dependent on이란 숙어 표현을 구성해야 한다.

해석 Mr. Strong은 동료들에게 의존하는 것을 좋아하지 않기 때문에 자기 사업을 시작하기로 했다.

어휘 dependent 의존하는, 의지하는 colleague 동료

Lesson 4 2, 5형식 문장의 서술적 용법

Step 1 Warm-up Test   p.189

01 (B) critical

해설 빈칸 앞의 extremely라는 부사는 문장 구조에 영향을 주지 않기 때문에 빼놓고 보면, was 뒤에 들어갈 적절한 보어를 찾는 문제이다. be동사의 보어에는 형용사나 명사가 올 수 있는데, 명사 보어는 주어와 동격이 되어야 한다. 그런데 주어인 the report(그 보도)와 명사 critic(비평가)은 동격이 될 수 없으므로 정답은 형용사인 critical이 된다.

해석 그 보도는 호수 옆에 공장을 짓겠다는 우리의 결정에 대해 매우 비판적이었다.

어휘 extremely 극도로 critical 비판적인, 비난하는

02 (B) beneficial

해설 빈칸 다음의 전치사 to에 잘 어울리는 be동사의 보어를 찾는 문제이다. 과거분사형인 benefited와 형용사인 beneficial은 모두 형용사 역할을 할 수 있다. 그런데 과거분사인 benefited는 전치사 from과 함께 be benefited from이 되어 '~로부터 이득을 얻다'의 의미로 쓰인다. 또한 기본 품사 우선의 법칙에 따라 형용사 beneficial이 정답이 된다.

해석 Coffee Kings사와 Caffeine Addiction사의 합병은 서울에 있는 다른 개인 커피숍에 안 좋은 영향을 끼칠 것이다.

어휘 merger 합병 be beneficial to + 사람 ~에게 도움이 되다 privately 개인적으로

03 (B) necessary

해설 〈주어 + consider + 가목적어(it) + ------ + 진목적어(to delay)〉의 구문이다. 따라서 빈칸은 가목적어의 목적 보어가 들어갈 자리이다. 목적 보어로 형용사와 명사 둘 다 가능하지만, 문장에서 진목적어인 to부정사구가 '모든 비행들을 연기시키는 것(to delay all planes)'이기 때문에, 목적어의 상태를 설명해주는 형용사 necessary가 보어로 적절하다. 명사인 necessity는 목적어와 동격 관계가 될 수 없으므로 오답이다.

해석 Lincoln-Morgan 공항 책임자는 안개가 걷힐 때까지 모든 비행을 연기시켜야 한다고 생각한다.

어휘 consider 생각하다, 고려하다 delay 연기시키다 clear up 걷히다, 사라지다

04 (B) affordable

해설 전치사 for 이하를 받으면서 부사 more의 꾸밈을 받는 형용사를 찾는 문제이다. 보기 중 형용사인 affordable(알맞은, 가격이 저렴한)이 정답이다. afford(~할 여유가 있다)는 동사이므로 오답이다.

해석 성수기가 끝나고 나면 숙박시설 및 모텔 가격은 장거리 자동차 여행을 하는 사람들을 위해 더 저렴해질 것이다.

어휘 peak season 성수기 lodging 숙박시설 road trip 장거리 자동차 여행 affordable 가격이 저렴한

05 (A) productive

해설 빈칸은 2형식 동사 remain의 보어가 들어갈 자리이다. 보어에는 형용사나 명사가 올 수 있는데, 명사가 오려면 주어와 명사 보어가 동격의 관계가 되어야 한다. 그런데 주어는 employees 인데, 보기 중 명사는 production(생산품)으로 사람 주어와 동격의 관계가 성립될 수 없다. 따라서 정답은 형용사인 productive(생산적인)이다.

해석 직원들이 생산적인 한 우리는 매달 우리 목표를 성취할 수 있을 것이다.

어휘 as long as ~하는 한 should be able to + 동사원형 ~할 수 있을 것이다 achieve 성취하다

06 (B) valid

해설 빈칸 부분은 앞의 명사 your driver's license를 수식하는 to부정사구이기 때문에 be동사 뒤에 적절한 보어를 넣어야 한다. 빈칸 뒤의 abroad(해외에서)라는 부사가 빈칸을 수식해주고 있으므로 부사의 수식을 받는 형용사가 들어가야 한다는 것을 알 수 있다 따라서 '면허증이 해외에서 유효하게 하기 위해서는'이라는 의미를 만들어주는 형용사 valid가 빈칸에 적절하다.

해석 당신의 운전면허증이 해외에서 유효하려면 간단한 필기시험을 보고 60점 이상의 점수를 얻어야만 한다.

어휘 driver's license 운전면허증 take an exam 시험을 보다 validity 정당성, 타당성 valid 유용한, 정당한, 타당한

Step 2 실전 TOEIC Test p.189

01 (A) hesitant

해설 동사 seem은 2형식으로 쓰이기 때문에 뒤에 형용사나 명사를 받는다. 따라서 동사인 (B) hesitate와 부사 (C) hesitantly 는 제외된다. 명사 hesitation이 들어가면 주어와 동격이 이루어지지 않으므로 부적절하다. 따라서 빈칸에는 형용사인 (B) hesitant가 들어가서 '그는 망설이는 것처럼 보인다'라는 의미가 되어야 자연스럽다.

해석 Mr. Tesla는 최근 세계적으로 유수한 은행에서 일자리를 주겠다는 제안을 받았지만, 무슨 이유에선지 망설이는 것처럼 보인다.

어휘 leading 선두적인 reason 이유 hesitant 망설이는

02 (A) impossible

해설 동사 consider는 뒤에 명사를 목적어로 취하고 명사나 형용사 등을 목적 보어로 취하는 5형식 동사이다. 목적 보어가 명사일 경우 목적어와 동격이 되고, 형용사일 경우엔 목적 보어의 상태를 설명해준다. 빈칸에 목적 보어로서 명사 (B) impossibility(불가능성)나 (D) impossibleness(불가능함)가 들어간다면 목적어인 the plan과 동격이 되어야 하는데, 이것은 부자연스럽다. 따라서 형용사인 (A) impossible(불가능한)을 넣어 '계획이 불가능하다고 여기다'라는 의미가 되어야 한다.

해석 많은 전문가들이 그 계획은 불가능하다고 여겼지만 Litzman이 시행한 마케팅 전략은 상당히 성공적이었다고 판명되었다.

어휘 implement 시행하다 highly 매우 impossible 불가능한

03 (B) instrumental

해설 be동사 다음의 보어 자리에는 형용사나 명사가 올 수 있다. 명사인 instrumentation이 was의 보어가 되려면 주어와 동격이 되어야 하는데, mayor of the city(시장) ≠ instrumentation(기계 사용)이기 때문에 오답이다. 따라서 보기 중 형용사인 (B) instrumental이 정답이다. 참고로 〈be동사 + 부사 + 전명구〉의 구조가 정답이 되는 경우가 있기 때문에 부사를 선택할 수 있는데, 빈칸이 부사 자리였다면 빈칸이 없어도 문맥상 문장이 성립해야 한다.

해석 Richmond시의 시장인 Mr. Cooper는 두 지역 공원 설립을 위한 정부 기금을 획득하는 데에 도움이 되었다.

어휘 funds 기금, 자금 instrumental in ~에 도움이 되는, 수단이 되는

04 (D) identifiable

해설 빈칸은 be동사의 뒷자리이므로 보어로 명사나 형용사가 올 수 있다. 따라서 동사인 (A) identify와 (B) identifies는 제외된다. 명사 (C) identity가 들어가면 '과학자들은 신원'이라는 부자연스러운 문맥이 되므로 오답이다. 따라서 형용사 (D) identifiable이 자리하여 '과학자들은 명찰로 신원을 확인할 수 있다'의 의미가 되는 것이 자연스럽다.

해석 Lomax Laboratories의 연구실 과학자들은 은빛 금속 명찰로 신원을 확인할 수 있다.

어휘 lab (= laboratory) 실험실 metallic 금속의 name card 이름표

05 (D) persuasive

해설 전치사 with 뒤에는 명사상당어구가 나와야 하는데, 명사절을 이끄는 접속사인 how가 있다. how가 이끄는 문장이 완전할 경우에는 how 뒤에 부사가, 불완전한 문장일 경우에는 형용사가 들어간다. 문제에서는 how 이하에 주격 보어가 없는 불완전한 문장이 왔으므로 형용사인 persuasive가 정답이다.

해석 마케팅 부장인 James Lehman은 Mr. Johnson의 발표가 상당히 설득력 있어서 감명을 받았다고 말했다.

어휘 impress ~에게 감명을 주다 presentation 발표, 프레젠테이션

06 (C) attentive

해설 be동사의 보어 역할을 하면서 전치사 to를 받는 적절한 형용사

를 찾는 문제이다. 〈be attentive to + 명사〉의 구조를 알고 있다면 쉽게 형용사인 (D) attentive가 답이라는 것을 알 수 있다. 보통 보기의 명사 (A) attention(주의)과 (B) attentiveness(주의 깊음)처럼 뜻은 다르지만 품사가 같은 경우는 답이 될 가능성이 적다는 것도 참고하자.

해석 Pacific Cruise선의 선원들은 모든 고객들의 욕구에 주의를 기울이는 것으로 높이 평가되고 있다.

어휘 crew 선원 highly 높이, 매우 be regarded 여겨지다 needs 욕구 attentive 배려하는, 주의를 기울이는

Lesson 5 주요 형용사 구문

Step 1 Warm-up Test   p.191

01   (A) confident

해설 Ms. Moore를 주어로 하는 문장에서 be동사의 뒤에 올 수 있는 적절한 형용사 어휘를 선택하는 문제이다. (B) obvious는 '분명한, 확실한'의 의미로 that절과 쓰이기는 하나 보통 사람주어가 아닌 it is obvious that ~으로 자주 쓰인다. 따라서 정답은 confident로, that절과 함께 쓰이며 '자신감 있는, 확신하는'의 의미를 가진다.

해석 셀 수 없이 많은 실패를 경험한 후 Ms. Moore는 마침내 그녀의 창작물이 이번 세기에서 가장 주목할 만한 발명품으로 여겨질 것이라는 자신감이 들었다.

어휘 uncountable 셀 수 없는 failure 실패 notable 주목할 만한 invention 발명품

02   (A) impressive

해설 빈칸에는 전치사 for 뒤에서 명사인 performance를 수식하는 형용사가 와야 한다. impressive는 형용사이고, impressed는 분사 형용사인데, 수식을 받는 대상이 사물이므로 impressive가 되어야 한다. impressed는 사람을 수식하는, 감정동사의 분사형용사이다.

해석 Dover's Ballet Squad의 수석 댄서인, Sonya Sharapova는 2010년에 있은 인상적인 공연으로 잘 알려진, 가장 성공적인 댄서들 중 한 명이다.

어휘 impressive 인상적인 performance 공연

03   (A) fascinating

해설 빈칸은 명사 experiences를 수식하는 적절한 형용사가 들어갈 자리이다. 현재분사 fascinating과 과거분사 fascinated 모두 형용사를 대신해서 들어갈 수 있지만, '흥미로운, 매력적인'의 뜻으로 사물을 수식하는 분사는 현재분사인 fascinating이다. 과거분사 fascinated는 사람과 함께 쓰인다.

해석 Mr. Thompson은 종종 흥미진진한 과거의 경험을 얘기하기 때문에 그의 연설을 듣는 것은 항상 기쁘다.

어휘 pleasure 기쁨 fascinating 대단히 흥미로운, 매력적인 frequently 종종, 자주 describe 설명하다, 묘사하다 experience 경험

04   (B) pleased

해설 was 뒤에 형용사를 넣는 문제이다. 우선 뒤에 to부정사가 있으므로 to부정사와 어울릴 수 있는 형용사 어휘를 선택해야 한다. convenient는 to부정사와 쓰여서 '~하기에 편리하다'의 의미가 되지만, '~라는 것을 들어서 …하다'의 문맥에는 어울리지 않는다. 따라서 가장 적절한 정답은 pleased로, 〈be pleased to + 동사원형〉은 '~해서 기쁘다'의 뜻이다.

해석 우리 이사는 Dr. Grey가 새로운 에너지 자원을 공동으로 개발하기 위해 우리 회사에 왔다는 얘기를 듣고 기뻐했다.

어휘 executive 임원의 co-develop 공동으로 개발하다 source 자원

05   (B) reliable

해설 빈칸에는 명사 cars를 적절하게 수식하는 형용사가 와야 한다. skilled(숙련된, 능숙한)는 주로 사람에게만 쓰이고, reliable(믿을 만한)은 사람을 수식할 뿐만 아니라 data(자료), information(정보), result(결과), measure(수단, 방법) 등을 수식하기도 한다. 그러므로 정답은 reliable이다.

해석 Valdes Autos는 큰 고장 없이 믿을 만한 차를 지속적으로 생산하는 몇 안 되는 자동차 회사 중 하나이다.

어휘 automobile 자동차 constantly 지속적으로 produce 생산하다 breakdown 고장

06   (A) excellent

해설 빈칸 뒤의 work는 동사와 명사로 사용될 수 있다. 여기서는 소유격(their) 다음에 work가 있으므로 명사이다. 따라서 빈칸에는 work를 수식할 수 있는 적합한 형용사가 들어가야 한다. 문맥상, '이사회는 뛰어난(excellent) 업무를 칭찬했다'는 의미이므로 정답은 excellent가 된다. interested는 감정동사의 분사 형용사로, 사람을 수식한다.

해석 이사회는 이번 분기에 영업사원들이 했던 훌륭한 일에 대해 칭찬했다.

어휘 compliment 칭찬하다 sales representative 판매 담당 직원 excellent 우수한

Step 2 실전 TOEIC Test   p.191

01   (C) necessary

해설 빈칸은 be동사의 보어 자리이므로 명사나 형용사가 위치할 수 있다. 따라서 정답은 형용사인 (C) necessary(필요한)이다. (A) necessities는 명사이나 동사가 단수동사인 was이므로 정답이 될 수 없고, (B) necessarily는 부사, (D) necessitate은 동사이므로 정답이 될 수 없다.

해석 누군가가 우리 데이터베이스를 해킹했다는 것을 알게 됐으므로, 기술진들이 이 문제를 심각하게 고려할 필요가 있게 됐다.

어휘 hack into ~을 해킹하다 database 데이터베이스 seriously 심각하게

02   (B) vital

해설 It is ~ that 구문에 들어갈 수 있는 형용사 어휘를 고르는 문제이다. (A) prone은 〈be prone to + 동사원형〉(~하기 쉽다)으로 쓰이고, (C) poised는 〈be poised to + 동사원형〉(~하기 위해 준비하다)의 문형을 따르므로 오답이다. (D) ready는 '준비된'이란 의미로 전치사 for, with, to부정사와 함께 쓰이므로 오답이다. 따라서 정답은 (B) vital로, 'that 이하는 반드시 해야 된다'라는 의미이다.

해석 모든 관리자들은 이사회 회의를 준비하기 위해 반드시 이번 주 금요일까지 보고서를 끝내야 한다.

어휘 complete 끝내다 prepare for ~에 대해 준비하다

03   (B) additional

해설 접속사 since가 이끄는 절의 주어 blood donations를 수식하는 형용사 어휘를 선택하는 문제이다. 따라서 정답은 선택지 중 유일한 형용사인 (B) additional(추가적인)이다. (A)

addition과 (C) additions는 명사이고 (D) additionally는 부사이다.

해석 지진 피해자들에게 수혈할 피가 더 필요하기 때문에 우리는 귀사 직원들의 협조를 부탁드리고 싶습니다.

어휘 additional 부가적인, 추가적인 blood donation 헌혈 earthquake 지진 victim 피해자 cooperation 협력

04   (A) advisable

해석 빈칸에는 be동사의 보어인 형용사가 와야 한다. (C) advisedly(심사숙고하여)는 부사이고 (D) advise(충고하다)는 동사이므로 제외된다. 형용사는 (A) advisable(권할 만한, 바람직한)과 (B) advisory(자문의)인데, (B) advisory는 명사 앞에서만 쓰이므로 답이 될 수 없다. 따라서 정답은 (A) advisable이다.

해석 그리스 관광을 할 때는 귀중품은 가지고 다니시기 바랍니다.

어휘 belongings 소지품 in one's possession 가지고 있는

05   (D) useful

해석 주어 The ideas와 어울려 쓰일 수 있는 형용사 어휘를 선택하는 문제이다. (A) interested(흥미 있는)는 사람을 주어로 하며, 사물이 주어일 땐 현재분사 형태인 interesting이 되어야 한다. (B) expectant는 '좋거나 신나는 일을 기대하는'의 뜻으로, 보통 명사 앞에서 수식한다. (C) confirmed(확인된)도 역시 명사 앞에서만 쓰이므로 답으로 적절하지 않다. 따라서 정답은 (D) useful로, 물건, 정보, 지식 등이 '유용한'의 의미이다.

해석 인턴에게서 나온 생각이 꽤 쓸모 있다고 판명되어서 우리 프로젝트에 적용되었다.

어휘 be proven 증명되다, 판명되다 apply 적용하다

06   (A) pleasant

해석 주어인 명사 atmosphere(분위기)와 적절히 쓰이는 형용사 어휘를 결정하는 문제이다. (B) tender는 음식이나 태도 관련 명사를 꾸며주어 '부드러운'의 뜻을 가지고 있고, (C) confident는 주로 사람에게 쓰여 '자신이 있는'이란 의미의 형용사이므로 답이 될 수 없다. '깨지기 쉬운, 상처받기 쉬운'의 (D) fragile도 물건이나 사람에게 쓰이는 형용사이므로 답에서 제외된다. 따라서 정답은 (A) pleasant(즐거운)로 주로 environment(환경), experience(경험), atmosphere(분위기) 등의 명사를 수식한다.

해석 Tapas 식당의 음식 맛은 그렇게 뛰어나지는 않지만 즐겁고 유쾌한 분위기 때문에 시내에서 가장 인기 있는 레스토랑에 속한다.

어휘 pleasant 유쾌하고 즐거운 atmosphere 분위기 popular 인기 있는

Lesson 6 형용사를 대신할 수 있는 어구

Step 1 Warm-up Test   p.193

01   (A) related

해석 빈칸에는 subjects를 수식할 수 있는 형용사가 들어가야 한다. 보기 둘 다 분사의 형태로, 형용사의 역할을 할 수 있지만 '~와 관련된'의 의미로 형용사로 굳어진 related가 정답이다.

해석 인종차별을 비롯한 관련된 다른 주제들에 대해 많은 논쟁과 논의가 있었다.

어휘 controversy 논쟁 debate 논의, 토론 racism 인종차별

02   (A) his

해석 동명사 writing의 목적어인 upcoming novel 앞에 쓰일 수 있는 대명사를 선택하는 문제이다. 소유격 대명사는 한정사의 역할을 하여 앞에서 명사를 수식한다.

해석 그 소설가는 다음 작품인 The Brave Old World의 원고를 드디어 끝냈다.

어휘 novelist 소설가 finally 마침내 complete 완성하다

03   (B) interested

해석 문장에 동사(updated)는 하나가 있지만 접속사는 없으므로 빈칸에 동사가 올 수는 없다. 따라서 interest는 오답이다. 정답은 be interested in(~에 관심 있다)의 문형을 취하는 과거분사 interested이다.

해석 여름 시즌을 맞아 Rebecca Shoes & Sneakers사는 샌들 구매에 관심 있는 쇼핑객들을 끌어들이기 위해 홈페이지를 업데이트했다.

어휘 season 기간 attract 유혹하다, 끌어오다 shopper 쇼핑객, 구매자 interested in ~에 관심 있는

04   (B) registration

해석 빈칸은 관사(a)와 명사(fee) 사이에 들어갈 형용사 자리이다. 하지만 보기 중에 형용사는 없고 형용사를 대신할 수 있는 과거분사와 복합명사를 이룰 수 있는 명사가 있다. 과거분사 registered가 들어가게 되면, '등록된 수수료'라는 의미가 되고 명사 registration이 들어가면 '등록 수수료'가 된다. 문맥상으로 내년에 있을 모든 컨퍼런스와 워크샵에는 등록비가 있게 될 것이라는 의미로 복합명사를 이룰 수 있는 registration이 정답이다.

해석 내년에 있을 컨퍼런스와 워크샵에는 모두 등록비가 있을 것이다.

어휘 registration fee 등록비

05   (B) restricted

해석 보기 중에서 명사 access를 수식할 수 있는 것은 형용사를 대신할 수 있는 restricted뿐이다. restrictedly는 부사이다.

해석 경영진은 직원들의 개인정보에 오직 제한된 접근만 허용하고 있다.

어휘 allow 허용하다, 허가하다 personal information 개인정보 restrict 제한하다

06   (A) preceding

해석 문맥상 '지난해에 비해 2% 상승했다'란 의미이니까, '지난, 이전의'란 뜻을 가진 preceding이 정답이다.

해석 협회의 연례보고서에 따르면 중국으로부터의 수입량이 지난해에 비해 2% 증가하였다.

어휘 according to ~에 따르면 association 협회

Step 2 실전 TOEIC Test   p.193

01   (A) responsible

해석 빈칸 이하는 앞의 명사 the most reputable companies를 꾸미는 수식어구로, 주격 관계대명사와 be동사가 생략되어 형용사구가 명사를 뒤에서 수식하고 있는 구조이다. 보기 중에서 형용사 responsible이 정답이다.

해설 HSK는 다양한 광고 캠페인을 해주는 것으로 제일 평판이 좋은 회사이다.
어휘 reputable 명성이 있는 responsible for ~을 담당하는

02 (B) application

해설 빈칸에는 문장의 주어인 process를 수식할 수 있는 품사가 들어가야 한다. 보기 중에 형용사는 보이지 않는다. 과거분사인 applied는 '적용된 절차'라는 의미가 되어 어색하다. 복합명사를 이룰 수 있는 applicator와 application 중에서 application을 넣으면, application process가 되어 '지원 절차'라는, 문맥에 적절한 의미가 된다.

해설 현재 모집하고 있는 모든 신입사원 지원 절차에는 그룹 토론도 포함되어 있다.

어휘 process 절차 entry 처음 들어가는 include 포함하다

03 (C) unexpected

해설 빈칸에는 late arrival(늦은 도착)을 수식하는 형용사가 와야 한다. 문맥상 '예상치 못하게 늦게 도착한 것 때문에 전체 프로젝트의 일정이 다시 잡히게 될 것이다'라는 의미이므로 정답은 unexpected이다.

해설 Mr. Randall이 예상치 못하게 늦게 도착해서 전체 개발 프로젝트가 금요일로 연기되게 될 것이다.

어휘 arrival 도착 reschedule 일정을 다시 잡다 hesitant 망설이다 urgent 긴급한, 중요한 apprehensive 걱정되는, 불안한

04 (C) our

해설 명사 use 앞에 오는 대명사의 격을 묻는 문제이다. 대명사의 소유격은 명사를 수식하는 한정사 역할을 한다. 따라서 정답은 (C) our이다. (A) us는 목적격 대명사, (B) ours는 소유격과 명사가 합쳐진 소유대명사, (D) ourselves는 목적어 역할을 하는 재귀대명사이므로 정답으로 적절하지 않다.

해설 일주일간의 평가를 마친 후에 위원회는 마침내 우리의 실험용 화학 약품 사용을 인가했다.

어휘 approve 인가하다 chemical 화학 약품 experiment 실험실

05 (D) series

해설 전치사구 of traffic accidents와 어울려 쓰일 수 있는 적절한 명사 어휘를 선택하는 문제이다. 정답은 '연쇄'의 (D) series로, 전치사 of 다음에 복수명사를 받는다. (A) theater는 '극장'의 의미이고, (B) procession은 '행진, 사람의 줄'의 의미로 보통 특별한 행사나 사람명사와 쓰이므로 적절하지 않다. (C) orchestra는 '관현악단'이라 문맥에 맞지 않는다.

해설 이번 주에는 악천후 때문에 일련의 교통사고가 있었다.

어휘 series 연속, 연쇄, 시리즈 procession 행진, 행렬

06 (B) exciting

해설 빈칸은 명사 role(역할)을 수식하는 분사 형용사를 선택하는 문제이다. 따라서 동사인 (A) excite와 부사 (D) excitably는 제외된다. 과거분사인 (C) excited는 사람에게 쓰인다. 따라서 정답은 현재분사 (B) exciting이다.

해설 이미 성공한 뮤직 아티스트, Robin Raymond는 액션 영화의 흥미진진한 역할에 캐스팅되어 현재 연기를 배우고 있다.

어휘 accomplished 성공한, 업적을 이룬 currently 현재 cast 출연자 exciting 흥미진진한

Lesson 7 (부정) 수량형용사

Step 1 Warm-up Test p.195

01 (B) fewer

해설 복수명사인 people을 수식하는 적절한 형용사를 선택하는 문제이다. any는 주로 의문, 부정, 조건, 가정에서 쓰이며, 긍정문에서 쓰게 되면 주로 단수명사와 함께 쓰여 '어느, 어떤'의 의미를 가진다. 따라서 정답은 '수가 더 적은'의 의미인 fewer이다.

해설 작년과 비교하면 올해에는 우리 병원에서 환자들을 도와주는 자원봉사자들이 적었다.

어휘 compare 비교하다 volunteer 자원봉사 활동을 하다

02 (A) many

해설 빈칸 뒤의 복수명사 staff members를 수식할 수 있는 형용사는 many이다. much는 셀 수 없는 명사를 수식하므로 가산 복수명사인 members를 수식할 수 없다.

해설 프레젠테이션이 끝난 후 회의실을 보수하는 데 동의하는 표를 던진 직원들이 많았다.

어휘 in favor of ~에 대해 찬성하는, 동의하는 renovate 보수하다

03 (A) a few

해설 복수명사 minor errors를 수식할 수 있는 형용사는 a few이다. a little은 셀 수 없는 명사를 수식하므로 가산명사의 복수를 수식할 수 없다.

해설 고객이 스스로 정보를 넣고 편집하기 때문에 사소한 실수가 발생할 수 있다

어휘 occur 발생하다 provide 제공하다 edit 편집하다

04 (A) single

해설 the와 largest 사이에서 최상급을 강조하는 형용사를 선택하는 문제이다. 〈the single + 최상급〉은 '단독으로 가장 ~한'의 의미로 쓰이는 관용구이다. 따라서 정답은 single이다. some은 가산명사가 올 땐 복수명사여야 하므로 정답이 될 수 없다.

해설 최근 세 회사를 인수한 Drysler Motors사는 자동차업계에서 가장 큰 단일 업체가 되었다.

어휘 acquire 인수하다 recently 최근에 employer 고용주, 경영자

05 (B) wide

해설 빈칸은 selection을 수식할 수 있는 형용사가 들어갈 자리이다. 먼저 selection이 '제품군'이란 뜻이라는 것을 알고 있으면 좀 더 쉽게 풀 수 있는 문제이다. 보기 중에서 '폭넓은, 다양한'의 의미를 갖는 wide가 정답이다. widen은 '넓게 하다'라는 의미의 동사이다.

해설 Lambda Cosmetics사는 여러 피부 타입에 맞는 다양한 페이스로션 제품군을 제공하고 있다.

어휘 offer 제공하다 various 다양한

06 (A) Every

해설 빈칸은 information packet이라는 가산 단수명사를 수식할 수 있는 형용사가 들어갈 자리이다. 보기 중에 가산 단수명사를 수식할 수 있는 것은 Every이다. few는 '거의 없는'이란 부정적인 의미를 갖고 있지만, 가산명사의 복수명사를 수식한다는 것을 꼭 알아두자.

해설 인포메이션 패킷에는 모두 우리 지점들의 목록뿐만 아니라 우리 회사에 대한 소개도 포함되어 있다.

89

어휘 introduction 소개   list 목록, 명단

Step 2 실전 TOEIC Test   p.195

01 (C) all

해설 수량형용사의 문제로, 빈칸 뒤에 나온 복수명사 applicants와 어울리는 (C) all이 정답이다. (D) some of는 some of the applicants처럼 뒤에 관사 the를 붙여야 복수명사와 함께 사용할 수 있다. (A) each와 (B) every 뒤에는 단수명사가 와야 한다.

해석 오늘 면접을 하기로 예정된 지원자는 모두 내일 오전에 또 면접이 있으니 준비해야 합니다.

어휘 note 주의하다   additional 추가적인

02 (B) all

해설 명사 times를 수식하는 적절한 형용사를 선택하는 문제이다. (A) every는 단수명사를 수식하므로 정답이 될 수 없고, (C) much는 불가산명사를 수식하므로 정답이 될 수 없다. (D) any는 가산명사와 쓰여 '얼마간의'의 의미를 가지며 at any times는 '어느 때나 상관없이'의 뜻이지만 문맥에 맞지 않으므로 정답이 될 수 없다. 따라서 정답은 (B) all로 at all times는 '항상'의 의미이다.

해석 주지사의 연설 동안 소방관과 경찰은 항상 어떤 사건에도 준비되어야만 한다.

어휘 governor 주지사   speech 연설   incident 일, 사건   at all times 언제나, 항상

03 (A) All

해설 명사 staff members를 수식할 수 있는 한정사 선택 문제로, each와 every는 단수명사를 수식하므로 제외된다. whichever는 복합 관계부사로 접속사 역할을 하는데, 문장에서는 주어와 동사가 하나씩이므로 접속사가 필요 없다. 따라서 답은 복수명사나 불가산명사 앞에 오는 (A) All이다.

해석 직원들은 모두 비서에게 계좌에 관한 정보를 제출해야 된다는 것을 다시 한 번 말씀드립니다.

어휘 remind 상기시키다, 다시 한 번 생각나게 하다   submit 제출하다   secretary 비서

04 (A) other

해설 명사 printing stores를 수식할 수 있는 형용사 어휘를 찾는 문제이다. 문맥상 대부분의 다른 인쇄소보다 훨씬 오랫동안 사업을 하고 있다는 의미이므로 빈칸에는 other가 와야 한다. other는 뒤에 가산명사의 복수형과 불가산명사가 올 수 있는 형용사라는 것도 꼭 알아두자.

해석 Sanger에 있는 Premium Printing사는 그 지역에 있는 대부분의 다른 인쇄소들보다 훨씬 더 오랫동안 사업을 하고 있다.

어휘 be in business 사업을 하다   area 지역

05 (A) few

해설 빈칸은 콤마 뒤의 문장의 주어가 들어갈 자리이다. 보기 중에서 대명사로 쓸 수 있는 것은 few와 both이다. 문맥상 '450명의 지원자들 중에서 Villarreal보다 자격증이 더 많은 사람은 별로 없었다'라는 의미이므로 빈칸에는 (A) few가 와야 한다. (B) both도 대명사로 쓸 수 있지만 둘이 언급되어야 한다.

해석 이번 달에 지원한 450명 중에서 Villarreal보다 자격증이 더 많은 사람은 별로 없었다.

어휘 applicant 지원자   credential 자격을 갖춤, 자격증

06 (D) a few

해설 복수명사 assistants 앞에 올 수 있는 적절한 한정사를 고르는 문제이다. 문맥상 '보조자를 몇 명 더 보내라'는 의미이므로, 보통 복수명사 함께 쓰여 '약간의, 적은'의 뜻을 가지는 한정사 a few가 적절하다.

해석 연구를 시작하려면 인원이 더 필요하기 때문에 우리 상관에게 보조자를 몇 명 더 보내달라고 요청해야 할 것입니다.

어휘 personnel 인원, 직원들   commence with ~을 시작하다   supervisor 상사

Lesson 8 수량형용사의 주요 표현들

Step 1 Warm-up Test   p.197

01 (A) other

해설 빈칸에는 명사 discounts를 수식하는 형용사 상당어구가 나와야 한다. 보기 중에서 복수명사인 discounts를 받을 수 있는 것은 형용사 (A) other이다. another는 가산명사의 단수와 쓰인다.

해석 선두적인 온라인 상점 중의 하나인 Mona는 온라인 소비자들에게 다른 할인 대신 쿠폰만 제공한다.

어휘 leading 선두적인   instead of ~대신

02 (B) all

해설 동사 share의 목적어로 복수명사인 your concerns and inner pains가 왔다. 따라서 빈칸에는 명사를 꾸며주는 형용사가 자리해야 한다. each는 가산명사의 단수를 꾸며주고, all은 뒤에 가산명사의 복수 또는 불가산명사를 취하는 수량형용사이므로 all이 답이다.

해석 Dr. Kako와 대화를 나누는 동안 당신의 모든 걱정과 내적 고통을 나누어 주세요.

어휘 share 나누다   inner 내적인   have a conversation with ~와 대화를 나누다

03 (A) each

해설 단수명사 candidate's name을 수식하는 적절한 형용사를 선택하는 문제이다. 따라서 복수명사를 꾸미는 several(여럿의)은 답이 될 수 없다. 정답은 '각각의'의 의미로 단수명사를 수식하는 형용사 each이다.

해석 점심식사 후, 알파벳 순서대로 지원자의 이름을 한 명씩 불러서 면접을 보게 될 것입니다.

어휘 candidate 지원자, 후보자   call out 호명하다   alphabetical order 알파벳 순서

04 (A) no

해설 명사 extra cost의 앞에 오는 알맞은 부정어를 선택하는 문제이다. 부사인 not은 명사를 수식할 수 없지만, no는 한정사로 '어떤 ~도 없는'의 의미이므로 명사 앞에 쓰일 수 있다.

해석 공연 일주일 전에 티켓을 취소하면 우리는 조금도 비용을 청구하지 않고 티켓 비용을 전액 환불해 드립니다.

어휘 cancel 취소하다   performance 공연   refund 환불하다   with no extra cost 추가 비용 없이

05 (B) Most

해설 빈칸은 복수명사 museum members를 꾸며줄 수 있는 수식어가 들어갈 자리이므로 전치사 At은 답이 될 수 없다. 보기 중

가산명사의 복수형 또는 불가산명사를 수식할 수 있는 Most가 정답이다.

해설 박물관 회원들은 대부분 특별 전시회에 대해 50% 할인을 받는다.

어휘 exhibition 전시회

06 (A) any

해설 가산명사의 단수형인 situation을 수식할 수 있는 것은 any뿐이다. some은 가산명사의 복수형 또는 불가산명사를 수식할 때 쓸 수 있다.

해설 어떠한 상황에서든 사전 승인이 필요할 것이다.

어휘 prior 사전의, 미리 approval 승인 require 요구하다

Step 2 실전 TOEIC Test p.197

01 (C) any other

해설 빈칸 뒤의 복수명사 forms를 수식할 수 있는 한정사(형용사)는 (C) any other이다. (A) others는 대명사이고, (B) another는 대명사로도 쓰이고 한정사로도 쓰이지만 단수명사만 받는다. '서로서로'의 의미인 (D) one another는 대명사로, each other와 뜻이 같다.

해설 만약 눈보라를 비롯해 악천후가 발생한다면 공항은 승객들에게 모두 무료 버스 서비스를 제공할 것이다.

어휘 snowstorm 눈보라 inclement weather 악천후 passenger 승객

02 (D) every

해설 빈칸 뒤의 명사를 받으며, 문맥상 '매주 일요일 오전'이라는 부사어구를 형성할 수 있는 부정형용사 (D) every가 정답이다. (A) while은 접속사로 주어와 동사의 구조가 뒤에 나와야 하고, (C) quite와 (B) still은 부사로서 구조상 적합하지 않다.

해설 Bloomingdale Medical Center는 일요일 오전마다 입원 환자 모두에게 꽃을 배달하고 있다.

어휘 hospitalize 입원시키다 patient 환자

03 (C) all

해설 빈칸은 복수명사 accessories를 수식하는 형용사 자리이다. (A) each와 (D) every는 단수명사와 쓰이기 때문에 제외된다. (B) any of는 뒤에 the가 붙어서 〈any of the + 복수명사〉로 쓰이므로 답이 될 수 없다. 따라서 복수명사와 불가산명사 앞에서 쓰이는 (C) all이 답이다.

해설 The Mulberry Outlet에서는 이번 주에만 모든 액세서리에 대해서 추가로 25% 할인을 실시할 것이다.

어휘 extra 추가의 accessory 액세서리

04 (A) no

해설 빈칸에는 명사 rooms를 수식하는 형용사가 와야 하므로 (A) no가 정답이다. (B) not과 (D) never는 부사이고 (C) none은 대명사이기 때문에 명사를 수식할 수 없다.

해설 Hotel Zeta에는 방이 없지만 Hotel Omega에는 아직 방이 좀 있다.

어휘 available 이용 가능한

05 (B) Any

해설 단수명사 employee를 꾸미는 수식어를 찾는 문제다. (A) Both와 (C) Few는 뒤에 복수명사가 와야 하고, (D) All은 복수

명사 또는 불가산명사가 와야 하기 때문에 답이 될 수 없다. 따라서 정답은 (B) Any이다.

해설 이번 주 교육에 참가하고자 하는 직원은 내선 1543번으로 Mr. Perez에게 연락해야 한다.

어휘 participate in ~에 참석[참가]하다 contact 연락하다 extension 내선번호

06 (A) several

해설 빈칸에는 뒤에 있는 of which(전치사 + 관계대명사)의 수식을 받을 수 있는 대명사가 필요하다. which 뒤에 동사가 복수(are)이므로 복수동사를 취할 수 있는 대명사가 들어가야겠다. 문맥상 빈칸 이하는 '그것들(우리 가게에 진열되어 있는 많은 화분들) 중 몇 가지는 중국으로부터 수입된 것이다'라는 의미가 되어야 자연스러우므로 빈칸에는 (A) several이 적절하다. 여기서 조심해야 할 것은 several은 주로 형용사로 사용되지만 대명사로도 사용될 수 있다는 점이다.

해설 많은 화분들이 우리 가게에 진열되어 있으며 그것들중에 일부는 중국에서 직접 수입된 것이다.

어휘 numerous 많은 display 전시하다 directly 직접

Lesson 9 따로 암기해야 하는 형용사들

Step 1 Warm-up Test p.199

01 (B) complicated

해설 등위접속사 but은 같은 성분을 이어주기 때문에 앞에 형용사가 있으므로 뒤에도 형용사가 와야 한다. 따라서 답은 분사 형태의 형용사 complicated이다.

해설 그 건축가는 Funnel Building의 인테리어 디자인이 정말로 아름답지만 동시에 너무 복잡하다고 생각한다.

어휘 architect 건축가 simply 그저, 그야말로, 정말로 complicated 복잡한 at the same time 동시에

02 (B) entertaining

해설 명사 choreographies(안무, 연출)를 수식하는 적절한 형용사 어휘를 선택하는 문제이다. 정답은 entertaining(재미있는)이다. amazed는 '대단히 놀란'의 의미로, 사람명사 이외에는 같이 쓰이지 않으므로 정답이 될 수 없다.

해설 뮤지컬 Ricky Terror Show는 즐거움을 주는 연출로 인해 비교적 젊은 관객들로 항상 가득 차 있다.

어휘 relatively 비교적 audience 관객 entertaining 즐거움을 주는 choreography 안무, 연출

03 (B) orderly

해설 '차례차례로(질서정연하게)'라는 의미의 관용어구 in an orderly manner를 묻는 문제로 정답은 orderly이다. orderly는 -ly로 끝나지만 부사가 아니라 형용사로, '가지런히 정리되어 있는'이란 의미이다.

해설 우리는 공연 시작 전에 사람들로 붐빌 것이라고 예상하기 때문에 손님들은 모두 줄을 서서 질서 있게 입장하시기 바랍니다.

어휘 expect 예상하다 overcrowding 붐비는 상태 stand in line 일렬로 나란히 서다 orderly 질서 있는 manner (어떤 일을 하는) 방식, 방법

04 (B) noticeable

해설 빈칸 앞뒤에 관사 a와 명사 rise가 있다. 따라서 빈칸은 명

사를 수식하는 형용사 자리이므로 정답은 noticeable이다. noticing은 현재분사로 '인지하는'이란 의미를 갖고 있으므로 답이 될 수 없다.

해석 금융 전문가들은 1월부터 4월까지 Tomino Health Insurance사의 주가가 현저하게 상승한 것에 대해 언급했다.

어휘 financial analyst 금융 전문가 indicate 나타내다, 보여주다 noticeable 뚜렷한, 현저한, 분명한 stock price 주가

05 (B) qualified

해설 빈칸에는 명사구인 Emergency First Aide Responder를 꾸며줄 수 있는 수식어가 와야 한다. 보기 중에서 형용사의 역할을 할 수 있는 qualified가 정답이다.

해석 John Williams는 등록된 등산 가이드일 뿐만 아니라 자격을 갖춘 응급구조원이다.

어휘 as well as ~뿐만 아니라 registered (단체 등에) 등록된, 가입된

06 (B) sealed

해설 빈칸 뒤에 있는 envelop과 어울려 쓰이는 형용사 어휘를 찾아야 한다. in a sealed envelop은 '봉인된 봉투에 넣어'라는 의미를 갖는다. 따라서 정답은 sealed(봉인을 한)이다. trained는 주로 사람을 수식하여 '훈련된'이라는 의미로 쓰인다.

해석 직원들은 모두 R-3 세무 양식을 비롯해 관련 서류를 봉인된 봉투에 담아 제출해야 한다.

어휘 submit 제출하다 paperwork 문서 envelop 봉투

Step 2 실전 TOEIC Test   p.199

01 (B) reduced

해설 전치사 through와 명사 costs 사이에 있는 빈칸은 명사를 수식하는 형용사 어휘의 자리이다. 따라서 정답은 형용사 역할을 하는 분사 (B) reduced이다. (A) reduce와 (C) reduces는 동사이고, (D) reduction은 명사이므로 정답이 될 수 없다.

해석 비용 삭감을 통해 수익이 올라갈 수 있지만 그렇게 하기 위해서는 회사가 건실한 전략을 내놓아야만 한다.

어휘 increased 증가된 profit 이윤 achieve 달성하다 reduce 감소시키다 come out with ~을 내놓다 sound 좋은, 건전한 strategy 전략

02 (C) likely

해설 be동사의 보어 역할을 하는 형용사를 선택하는 문제로, 뒤에 to부정사를 취하는 것을 선택해야 한다. <be likely to + 동사원형>은 '~할 것 같다'의 의미이기 때문에 (C) likely가 정답이다. (A) like는 동사이므로 be동사 바로 뒤에 쓰일 수 없고, (B) likable은 '호감이 가는'의 의미로 명사를 수식한다. (D) likeness는 '유사성, 닮음'의 의미로 명사가 be동사의 보어로 쓰일 땐 주어와 동격을 이루므로 문맥상 어색하다.

해석 내일 이사가 우리 사무실을 방문할 때 직원들을 모두 만날 것 같으니까 직원들에게 정장을 입으라고 말해 주세요.

어휘 formal attire 정장

03 (A) leading

해설 빈칸은 명사를 꾸며주는 형용사 자리이다. 보통 관사와 명사 사이에 빈칸이 있으면 형용사가 답이 된다. 선택지에서 형용사 역할을 하는 것은 현재분사인 (A) leading(선두의)밖에 없다.

해석 Starks사는 미국의 남부와 서부지역 주들에 가전제품을 공급하는 선두적인 유통업체이다.

어휘 leading 선두적인, 가장 중요한 distributor 유통업자 home appliance 가전제품 southern 남부의 western 서부의

04 (A) authorized

해설 동사 visit의 목적어로 any of our ------ retailers가 나왔다. 빈칸 앞의 소유격대명사의 수식을 받으면서, 뒤의 명사를 꾸며 줄 수 있는 품사는 형용사이다. 보기 중 형용사 역할을 할 수 있는 것은 분사인 (A) authorized이다. 과거분사이므로 수동의 의미를 지녀서 '권한을 부여 받은 소매점'이라는 의미가 된다.

해석 만약 당신이 최근 구매한 카메라에 문제가 있다면 당신 근처에 있는 우리의 공식 대리점을 방문하세요.

어휘 authorized 인정받은, 공인된

05 (C) timely

해설 관사의 수식을 받으며 뒤의 명사를 수식해 줄 수 있는 형용사 형태인 (C) timely가 정답이 된다. -ly로 끝났다고 부사라고 오해하지 말자. 명사 뒤에 -ly가 붙으면 주로 형용사가 된다는 것도 알아두자.

해석 계약과 관련한 이메일을 받으면 일정에 맞춰 바로 답변을 해주시기 바랍니다.

어휘 once 일단 ~하면 regarding ~에 대해 reply 답변하다 in a timely manner 시기적절하게

06 (C) ongoing

해설 명사인 problem을 수식하는 형용사 어휘를 골라야 한다. (A) dissolved는 '녹은, 끝난'의 의미로 보통 고체로 된 물질명사나 결혼, 사업 등의 명사와 쓰이므로 정답으로 적절하지 않다. (B) restrained는 '자제하는, 차분한'의 의미로 사람과 관련된 명사와 쓰이고 (D) considerate는 '사려 깊은'의 뜻으로 사람의 성격을 묘사하는 형용사이므로 정답이 될 수 없다. 따라서 정답은 '계속 진행되는'의 의미인 (C) ongoing이다.

해석 남미 대부분 나라의 형편없는 근로 환경은 아직 해결되지 않은 계속 진행 중인 문제이다.

어휘 condition 환경, 상태 ongoing 계속 진행 중인 dissolved 해결된 restrained 절제된 considerate 사려 깊은, 배려하는

Lesson 10 고난도 형용사의 용법들   p.201

Q1 (C) the same as

해설 일반형용사가 소유대명사를 직접 수식할 수 없다. 따라서 전치사가 나와야 하며, 이때 same이 as를 동반하면 앞에 관사를 두어야 한다. 따라서 답은 (C) the same as이다.

해석 당신 컴퓨터는 제 것과 똑같네요.

어휘 computer 컴퓨터 same 같은

Q2 (B) complete

해설 빈칸은 명사 satisfaction을 꾸며주는 수식어구가 나올 자리이다. 명사 앞에는 부사가 나올 수 없으므로 (A)와 (D)는 답이 될 수 없다. (C) all은 뒤의 명사를 모두 더한 총합을 뜻한다. 여기서는 소비자들의 만족을 모두 더한다는 의미가 아니라 각각의 소비자가 100% 만족한다는 뜻이므로 답은 (B) complete이다.

해석 어제 총회에서, 사장님께서는 완전한 고객 만족이 우리의 최우선 과제라고 강조했다.

어휘 general meeting 총회 emphasize 강조하다 satisfaction 만족 priority 상위, 우선(권) wholly 전적으로, 완전히, 오로지

totally 전적으로, 아주

Q3 (A) artistic

해설 빈칸 앞뒤로 소유격과 명사가 나와 있으므로 빈칸은 명사를 수식하는 형용사가 들어갈 자리이다. 보기에서 형용사로 쓸 수 있는 것은 (A) artistic(예술적인)뿐이다. 일반적으로 명사 앞에서 명사를 수식해주는 것은 형용사이지만, 《동)명사 + 명사》의 형태로 복합명사를 이루는 경우도 있기 때문에, 이런 유형의 문제를 거침없이 풀려면 《(동)명사 + 명사》 형태의 복합명사를 따로 외워두는 것이 좋다.

해석 우리 총괄 매니저인 Mr. Price의 예술적 재능과 끈기는 El Mano Advertising에 근무한 첫날부터 그에게 도움이 되었다.

어휘 chief 우두머리   talent 재능   tenacity 끈기

Q4 (A) able

해설 우선 no longer는 부사로 문장 구조에 영향을 주지 않으므로 제외하고 보자. 빈칸은 be동사 뒤에 들어갈 형용사 자리이다. '정책 변경으로 제조업체가 시장의 수요를 맞출 수 없다'라는 의미로, 특정 주체가 일을 해낼 수 있는 '능력'을 언급하고 있다. 따라서 (A) able이 정답이다. (C) capable은 be capable of -ing의 형태로 쓰이므로 답이 될 수 없다. (B) eligible(자격이 있는)과 (D) probable(있음직한)은 의미가 어울리지 않으므로 답이 될 수 없다.

해석 최근 정부의 정책 변경으로 그 제조회사는 더 이상 현 시장의 수요를 맞출 수 없다.

어휘 due to ~ 때문에   recent 최근의   be no longer + 형용사 더 이상 ~가 아니다   cope with ~을 잘 처리하다

Q5 (B) mainly

해설 be동사 뒤의 through 이하는 방법을 보여주는 전치사구이다. 문장 구조상 빈칸은 없어도 의미를 전달하는 데 전혀 영향을 미치지 않는다. 따라서 빈칸은 〈be동사 + 전치구〉 사이에 들어가는 부사 자리이다. 보기 중에서 부사는 (B) mainly밖에 없다.

해석 파트너십은 주로 자원과 능력, 그리고 회사들 사이의 협동 수립을 통해서 이루어지는 것이므로 매우 조심스러운 비즈니스 과정이다.

어휘 partnership 제휴, 연합   precautious 신중한, 주의하는   combine 결합시키다, 연합하다   capability 능력, 수완   establish 설립하다, 확립하다   collaboration 협력, 협동   mainly 주로, 대부분의   major 주요한

Q6 (D) economically

해설 and 앞뒤로 형용사가 연결되어 있으므로, 빈칸은 형용사 profitable을 수식하는 부사 자리이다. 보기 중에서 부사는 (D) economically뿐이다.

해석 Jameson Kenton 박사와 Itaguchi Nogero 박사를 비롯해 많은 과학자들이 효과적이고 안전하며 경제적 수익성도 있는 새로운 에너지원을 개발하려고 노력하고 있다.

어휘 including ~을 포함하여   energy source 에너지원   profitable 수익이 되는   economic 경제학적인, 경제의   economical 경제적인, 절약이 되는   economically 경제적으로

Q7 (C) enough

해설 동사 will manufacture의 목적어인 명사 products를 수식하기에 적합한 형용사를 찾는 문제이다. '올 여름 수요를 충족시키기 위해 충분한(enough) 제품을 만들 것이다'라는 의미로 (C) enough가 정답이다. (A) full은 '가득 찬'이고, (B) quick은 '빠른'으로, products를 수식하기에는 적절치 않다. 완전한 문장이므로 부사인 (D) quickly를 선택할 수 있지만 타동사와 목적어 사이에는 부사를 쓰지 않는다는 것을 잊지 말자.

해석 현재의 생산속도를 유지하면 Prime Tech사는 이번 여름까지 수요를 맞추기에 충분한 제품을 제조할 것이다.

어휘 production 생산, 제조   manufacture 제조하다   meet the demand 수요를 충족시키다

Q8 (B) nearby

해설 빈칸 뒤의 장소명사 shore를 수식하는 적절한 형용사 어휘를 고르는 문제이다. '멀지 않은'의 의미를 가진 형용사 (B) nearby가 가장 적절하다. nearby는 명사 앞에서만 수식하는 형용사라는 것도 알아두자. (A) next도 '옆의'의 의미로 장소명사와 쓰이지만 부정관사 a가 아닌 정관사 the와 쓰이므로 정답으로 적절하지 않다. (C) closest는 '가장 가까이의'란 뜻의 최상급 표현으로 역시 정관사 the와 쓰여야 한다. (D) brief는 '짧은, 간결한'의 의미로 시간이나 말, 글과 관련된 명사와 쓰인다.

해석 버스 투어를 하고 돌아와서 당신은 로비에서 저녁을 먹을 수도 있고 가까운 해변에서 몇 시간을 보낼 수도 있다.

어휘 come back 돌아오다   spend (시간, 돈)을 쓰다, 소비하다   shore (강, 바다 등) 물가

Q9 (A) efficient

해설 빈칸 앞뒤로 as ~ as가 보인다. as ~ as는 원급 비교구문으로 문장에 영향을 주지 않기 때문에 없다고 생각해야 한다. 또한 5형식 동사로 쓰인 consider의 구조를 알고 있어야 한다. 〈consider + 목적어 + 목적 보어〉가 수동태가 되어 〈be considered + 목적 보어〉의 형태로 나온 것이다. 그러므로 빈칸에는 목적 보어에 알맞은 품사를 골라야 한다. 보어로 쓸 수 있는 것은 명사와 형용사로, 주어 this new machine의 상태를 설명해줄 수 있는 efficient가 정답이다. 명사(efficiency)는 주어(this new machine)와 동격이 되어야 하는데 보통명사는 추상명사가 될 수 없다.

해석 이 새로운 기계는 예전의 것만큼 효율적이라고 생각한다.

어휘 consider ~을 고려하다, ~으로 간주하다   efficiency 효율성

Lesson 11 의미상으로 혼동하기 쉬운 형용사

Step 1 Warm-up Test   p.205

01 (A) initial

해설 빈칸은 although절의 주어인 results를 수식하는 형용사로, 문맥상 처음에는 증명을 하지 못했지만 나중에는 증명을 했다는 의미이므로 initial이 정답이다. forward는 주로 부사로 많이 쓰이며, 형용사로 쓰이더라도 물리적으로 바로 앞에 있다는 의미로 사용되므로 시간의 순서 개념으로 쓰이지는 않는다.

해석 비록 처음 나온 결과는 박테리아가 특정 환경 하에서는 활동하지 않는다는 가설을 증명할 수 없었지만 나중에 나온 결과는 그것을 증명했다.

어휘 hypothesis 가설, 추정, 추측   initial 처음의, 초기의   under certain circumstances 특정 환경 하에

02 (B) following

해설 관사 the와 명사 day 사이에 위치하는 품사는 형용사로, day를 수식하는 적절한 형용사 어휘를 선택해야 한다. 문맥상 '주문

을 받으면 그 다음날 보낸다"는 의미이므로 '다음의'란 뜻을 가진 following이 정답이다. upcoming도 '다가오는, 곧 있을'의 의미이지만 아직 일어나지 않은 미래의 내용과 써야 하기 때문에 답으로 적절하지 못하다.

해석 일단 우리가 귀하의 주문을 받으면 귀하가 구매한 아이템은 그 다음날 선적될 것입니다.

어휘 receive 받다 purchase 구매하다 ship 보내다 following 다음의, 따라오는 upcoming 다가오는

03 (A) frequent

해설 빈칸 뒤의 명사 visitor를 수식하는, 의미상 적절한 형용사를 선택해야 한다. 보기의 형용사는 모두 자주 반복된다는 의미를 가지고 있지만 repetitious(반복되는)는 사람명사를 수식하지 않는다. 사람명사를 수식할 수 있는 것은 frequent(자주)로, 보통 a frequent visitor(단골손님)가 한 단어처럼 쓰인다.

해석 Ms. Lindro는 최근에 공상 과학 소설을 읽는 데 흥미가 생겨서 James & Nobles Bookstore의 단골손님이 되었다.

어휘 science fiction 공상 과학 (소설) frequent 잦은, 빈번한

04 (B) current

해설 빈칸은 명사 product line 앞에 있으므로 형용사가 위치해야 하는 자리이다. now와 current는 의미가 비슷하지만 now는 부사이고 current는 형용사이다. 그러므로 정답은 current가 된다.

해석 모든 프린터 모델의 성공에 뒤이어 Hewitt-Park은 현재 생산 라인에 카메라와 다른 디지털 전자제품들을 추가하기로 결정했다.

어휘 followed by 뒤이어, 잇따라 decide 결정하다 add 추가하다 appliance 전자 제품 current 현재의

05 (A) idle

해설 빈칸 뒤의 사람명사 carpenters(목수)를 수식하는 가장 적절한 형용사 어휘를 선택하는 문제이다. null(아무가치 없는)은 사람명사와 쓰일 수 없다. idle은 사람, 사물에 쓰여 가동되지 않거나 일을 하지 않는 상태를 의미하는 형용사이다. 따라서 정답은 (A) idle이다.

해석 California에 있는 대부분의 사람들은 요즘 벽돌집을 선호하기 때문에 일이 없어진 목수들이 많이 직장을 잃었다.

어휘 prefer 선호하다 brick house 벽돌집 idle 가동되지 않는 carpenter 목수

06 (A) same

해설 빈칸은 the 뒤에 들어갈 명사 자리이다. same과 equal 모두 형용사이지만 same은 대명사로도 쓸 수 있다는 것을 알아두자. 특히, the same as는 '~와 같은 것'이라는 의미의 관용구로도 자주 쓰인다. equal도 명사로 사용되긴 하지만 뒤에 전치사 in이나 of 등을 받는다.

해석 새로운 모델에서 쓰인 부품은 이전 모델을 만들기 위해 사용되었던 것과 똑같다.

어휘 component 요소, 부품 previous 이전의

Step 2 실전 TOEIC Test p.205

01 (A) latest

해설 빈칸은 명사 technology를 적절히 수식해 줄 수 있는 형용사가 올 자리이다. 정답은 '최신 기술'의 의미를 만들어 주는 '최신의'의 뜻을 가진 (A) latest이다. (B) immediate은 '즉각적인, 즉시의'의 뜻으로, result(결과)나 action(조치)과 관련된 어휘들과 쓰인다. (C) shortest는 거리상으로 '가장 짧은'의 의미를 가지고 있고, (D) constant(연속적인, 끊임없는)는 attention(주목)이나 winds(바람)처럼 무언가 연속되는 과정을 포함하는 명사 어휘들을 수식하므로 답으로 적절하지 않다.

해석 Global Computer사의 수석 엔지니어는 첨단 기술이 내재되어 있는 세상에서 가장 민감한 마우스를 선보이는 것을 자랑스러워한다.

어휘 chief 최고의 present 내놓다, 선보이다 sensitive 민감한 equipped ~의 장비를 갖춘 latest 최근의 technology 기술

02 (A) previous

해설 '많은 사람들이 ~를 좋아해서 이전 디자인의 플랫폼은 바뀌지 않을 것'이라는 의미로 형용사 (A) previous(이전의)가 가장 적절하다. previous는 시간의 개념에서 이전이라는 의미를 가지지만 (C) forward는 물리적인 개념으로 '~의 앞에'의 뜻을 가져 문맥에 적절하지 않다. (B) away(~와 떨어지는)는 전치사 from과 쓰이는 부사이고, (D) precise는 '정확한'의 의미로 문맥에 어울리지 않는다.

해석 너무 많은 사람들이 Phoenix V6의 매력적인 외부를 좋아해서 이전 디자인의 메인 플랫폼은 바꾸지 않을 것이다.

어휘 attractive 매력적인 exterior 외부의 previous 이전의 remain 남다 unchanged 변화 없이

03 (A) later

해설 빈칸 뒤의 시간명사 date와 쓰일 수 있는 적절한 형용사 어휘를 선택하는 문제이다. 문맥상 미팅 시간이 더 늦어졌다는 의미가 내포되어야 하므로 가장 적절한 정답은 '늦은, 더 뒤의'의 의미인 (A) later로, 기간이나 시간을 의미하는 명사 앞에서 쓰인다. (B) recent는 '최근의'의 의미로 시간명사 앞에서 쓰일 땐 date(특정한 날짜)와 같은 시점보다는 years, days와 같이 복수 형태인 기간을 의미하는 명사 앞에서 쓰이므로 정답이 될 수 없다. '더 ~'의 의미를 가진 (C) further와 '그 다음의'란 의미인 (D) following은 date(날짜)와 쓰일 수 있으나 더 늦어진다는 의미는 내포되어 있지 않는 형용사 어휘들이므로 문맥에 알맞지 않다.

해석 오늘 고객이 우리와 미팅을 할 수 없어서 미팅 시간은 다른 날로 바뀔 것이다.

어휘 later 더 늦은, 더 뒤

04 (A) following

해설 문맥상 '5시 이후에 주문된 제품들은 다음 영업일에 선적될 것입니다'라는 내용이 되므로 정답은 (D) following(다음의)이다. updated는 '향상된, 개선된, 새로운'의 의미이며, interested는 사람명사를 수식하며, remaining은 '남아 있는'의 의미로 문맥상 적절하지 않다.

해석 오후 5시 이후에 한 주문은 다음 영업일에나 배송될 것이다.

어휘 place an order 주문하다 ship 선적하다, 배송하다

05 (A) accurate

해설 빈칸 뒤의 명사 evaluation(평가)을 수식할 수 있는 형용사 어휘를 고르는 문제이다. (B) evident는 눈에 잘 띈다는 의미로 문맥에 적절하지 않고, (C) stable은 '안정된, 차분한'의 의미로 역시 명사 evaluation(평가)과 쓰기엔 어색하다. (D) sheer는 크기나, 양, 정도를 강조하는 형용사로 '순전한'의 의미를 가지고 있으므로 역시 답으로 적절하지 않다. 따라서 정답은 '정확한'의 의미인 (A) accurate로, '~에 대한 정확한 평가'라는 자연스러

운 문맥을 완성한다.
- **해설** 총책임자는 비서에게 Mr. Scofield의 업무 능력에 대해서 정확하게 평가하라고 지시했다.
- **어휘** accurate 정확한 evident 명백한 stable 안정된 sheer 순수한, 얇은, 완전한 evaluation 평가 performance 업무 능력

06 (D) subsequent
- **해설** 빈칸에 들어갈 형용사 어휘는 빈칸 뒤의 명사 years가 알려주고 있다. 답은 '그 다음의, 이어지는'의 뜻을 가진 (D) subsequent로, 앞으로 몇 년 동안 계속의 의미를 나타낸다. (A) next도 시간적으로 '다음에'란 뜻이 있지만 보통 단수명사를 받아 next year/week/month 등으로 다음해/다음주/다음달로 쓰인다. (B) followed는 현재분사 following로 바꾸어 쓰면 '시간상으로 그 다음의'란 의미를 가지므로 답이 될 수 있다. (C) late는 '늦은'의 의미이므로 답이 될 수 없다.
- **해설** 작년에 첨단 기술 센서로 좋은 평가를 받았기에 Olympia의 카메라들은 차후 모델들에도 같은 센서가 장착될 것이다.
- **어휘** due to ~로 인해 technology 기술 install 설치하다 subsequent 그 뒤의, 차후의

Lesson 12 토익 빈출 형용사 표현

Step 1 Warm-up Test p.207

01 (A) reluctant
- **해설** be동사와 뒤의 to부정사를 연결할 수 있는 형용사를 선택해야 한다. 보기 중에서 〈be + 빈칸 + to부정사〉의 형태로 쓸 수 있는 것은 reluctant로 '~하기를 꺼리다'라는 의미이다.
- **해설** Jackson Elec사 고객들 중의 일부는 작동하기 어려워 보여서 새로운 JE 2011 모델을 구매하기 꺼려 한다고 말한다.
- **어휘** be reluctant to + 동사원형 ~하기 꺼리다 difficult 어려운 handle 취급하다, 다루다

02 (A) eager
- **해설** be동사와 to부정사와 어울려 쓰이는 형용사 어휘를 선택하는 문제이다. 가장 적절한 정답은 eager로, 〈be eager to + 동사원형〉은 '~을 갈망하다'의 의미이다. relative는 relative to(~와 관련 있는)로 쓰이지만 여기서는 to는 명사를 동반한 전치사이다.
- **해설** 신입직원들은 빨리 승진하려고 자신들이 가지고 있는 자질을 보여주기에 열심이기에 이러한 사람들에게는 경쟁력이 필요하다.
- **어휘** rapid 급격한 promotion 승진 competitiveness 경쟁력 necessary 필요한 individual 사람

03 (B) dependent
- **해설** 빈칸은 be동사 뒷자리이므로 주어의 상태를 보충할 수 있는 형용사 어휘를 선택해야 한다. dependable은 '의지할 수 있는'의 뜻으로 형용사이지만 빈칸 뒤에 나와 있는 전치사 on과는 쓰이지 않는다. dependent는 '~에 의존하는, ~에 좌우되는'이라는 뜻이며, 전치사 on과 함께 쓰인다. 따라서 dependent가 정답이다.
- **해설** 개발 과정의 매끄러운 진행은 우리 상사인 Mr. Kluger의 경험과 지식에 달려 있다.
- **어휘** smooth 매끄러운 running 운영, 경영 experience 경험 knowledge 지식 dependent on ~에 의존하는, ~에 좌우되는

04 (B) indicative
- **해설** 빈칸은 be동사 뒤에 들어갈 형용사 자리이다. 둘 다 형용사 자리에 들어갈 수 있지만 빈칸 뒤의 전치사 of를 받을 수 있는 것은 indicative이다. be indicative of는 '~을 보여주다, 시사하다'라는 의미이다.
- **해설** 여름에 음료 판매가 증가했다고 해서 그것으로 언제나 그 이후의 구매 경향을 알 수 있는 것은 아니다.
- **어휘** increased 증가된 purchasing trend 구매 경향

05 (A) responsible
- **해설** 빈칸에는 be동사 뒤에 위치하면서 전치사 for를 동반하는 형용사가 위치해야 한다. 정답은 responsible로, be responsible for는 '~에 책임이 있다'라는 의미이다. powerful(영향력 있는)도 사람을 주어로 쓸 수 있지만 문맥상 어울리지 않으므로 정답이 될 수 없다.
- **해설** Ms. Ferdinand는 팀을 운영하는 책임을 맡고 있었던 반면 Mr. Baldwin은 고객들에게 연락하는 책임을 지고 있었다.
- **어휘** in charge of ~의 책임을 맡은 organize 조직하다, 운영하다 responsible for ~에 책임이 있는

06 (B) optimistic
- **해설** 빈칸은 be동사와 전치사 about 사이에 있으므로 형용사가 올 자리이다. 성공에 대해서 Mr. Marshall이 취할 수 있는 태도는 '낙관적인' 것이다. 따라서 정답은 optimistic이다. willing은 to부정사와 쓰여 '기꺼이 ~하다'의 의미를 가진다.
- **해설** 최근에 디자인한 제품의 판매가 지속적으로 떨어지고 있지만 Mr. Marshall은 아직도 제품의 궁극적 성공에 대해 낙관적이다.
- **어휘** drop 떨어지다 steadily 꾸준히, 지속적으로 optimistic 낙관적인 product 제품 eventual 궁극[최종]적인

Step 2 실전 TOEIC Test p.207

01 (C) subject
- **해설** 빈칸은 be동사의 보어로 쓰이면서, 전치사 to와 어울리는 형용사가 올 자리이다. 정답은 (C) subject로, be subject to(~의 영향을 받는다)의 문형을 따른다. 나머지 선택지들 (A) plain(분명한), (B) public(일반대중의), (D) general(보통의)은 보통 명사 앞에서만 쓰이는 형용사들이므로 답으로 적절하지 않다.
- **해설** 전기 열선으로 열을 내는 코트를 만들어낸 것은 Mr. Jobs의 천부적인 재능과 헌신 때문이다.
- **어휘** gifted 천부적 재능이 있는 dedication 전념, 헌신

02 (B) appreciative
- **해설** 빈칸은 be동사의 보어로 쓰이면서, 전치사 of와 함께 쓰이는 형용사가 올 자리이다. 정답은 (B) appreciative로, appreciative of는 '~에 대해 고마워하는'의 의미이다. (A) willing은 to부정사와 쓰여 '~을 꺼리지 않는'의 의미를, (C) fulfilled는 의무, 계획 등이 '실행된'의 의미이므로 사람을 주어로 할 수 없다. (D) decisive는 be decisive of로 쓰이지만 '~을 결정짓다'의 의미이므로 문맥에 맞지 않다.
- **해설** 전무이사는 아주 중요한 고객인 Mr. Fuyusuki와의 회의에서 내가 보인 노력에 고마워했다.
- **어휘** managing director 전무이사 appreciative 고마워하는 decisive 결정적인

03 (A) economical

해설 빈칸은 앞의 소유격을 받으며, 뒤의 명사 use를 수식해주는 형용사 자리이다. 따라서 명사인 (B) economy(경제, 경제학)와 동사인 (D) economize(경제적으로 쓰다)는 오답. 문맥상 Peter & Pecker's ------ use of space는 '공간을 경제적으로 사용한다'는 맥락의 의미가 되어야 하므로 '경제의, 경제와 관련된'이란 의미의 (C) economic도 적절치 못하다. 빈칸에는 '경제적인, 절약이 되는, 알뜰한'이란 의미의 형용사 (D) economical이 들어가야 한다. 유사 어휘 형용사 economic과 economical의 의미를 제대로 구별해 알고 있어야 풀 수 있는 문제이다.

해석 Peter & Pecker's는 공간을 경제적으로 활용했기 때문에 유지비 및 기타 비용을 줄이는 데 도움이 됐다.

어휘 space 공간   reduce 축소하다, 감소하다   maintenance cost 유지비   expense 비용

04 (B) beneficial

해설 빈칸 뒤의 전치사 to와 함께 쓰일 수 있는 적절한 형용사를 찾는 문제이다. 정답은 (B) beneficial로, beneficial to는 '~에게 유익한'의 뜻을 가지고 있다. (A) legible은 문서 따위의 명사와 쓰여 '읽기 쉬운'의 의미를 가지고 있으므로 답이 될 수 없다. (C) abundant는 양과 관련된 어휘와 쓰여 '양이 풍부한'의 뜻을 가지고 있고 (D) accessible은 '접근 가능한'의 의미이므로 문맥상 적절치 않다.

해석 의사들은 일주일에 두 번 와인을 한 잔 마시는 것이 사실상 우리 건강에 유익하다고 말한다.

어휘 actually 사실상   beneficial 유익한   health 건강

05 (B) accustomed

해설 be동사와 전치사 to -ing 사이에 들어갈 문맥상 알맞은 의미의 형용사를 고르는 문제이다. 따라서 동사 (C) need는 정답 선상에서 제외시키자. (A) familiar는 〈be familiar with + 사물〉, 〈be familiar to + 사람〉(~에 익숙하다, 낯이 익다)의 형태로 쓰이기 때문에 이 문장에는 어울리지 않는다. (D) aware는 be aware of(~를 인식하다, 알다)의 형태로 쓰이므로 역시 적절치 못하다. 문맥상 빈칸이 포함된 절은 '고객들이 주문한 물건을 일주일 이내에 받는 데에 익숙하다면'이란 의미가 되어야 하므로 〈be accustomed to -ing〉의 형태로 쓰여 '~하는 데 익숙하다'란 의미를 나타내는 (B) accustomed가 정답이다.

해석 귀사의 고객들이 주문한 물건을 일주일 이내에 받는 데에 익숙하다면, 귀사는 신뢰할 만한 운송 회사를 선택하는 것이 필수입니다.

어휘 order 주문, 주문품   essential 필수적인, 중요한   reliable 믿을 만한

06 (C) accessible

해설 make의 목적 보어가 들어갈 자리이다. make는 목적어와 목적 보어를 취하여 '목적어를 ~하게 만든다'라는 뜻을 가지고 있다. 목적 보어에는 형용사나 명사가 들어갈 수 있다. 따라서 선택지 중 형용사인 (C) accessible이 답이다.

해석 패스트푸드 식당인 McGrady's는 소비자들이 좀 더 쉽게 주문할 수 있는 셀프 서비스 시스템을 도입했다.

어휘 introduce 도입하다   kiosk 가판대, 신문 매점, 키오스크   accessible 접근[이용] 가능한

Chapter 9 부사

Lesson 1 부사의 수식과 위치

Step 1 Warm-up Test   p.211

01 (B) importantly

해설 콤마 앞의 비교급 more와 함께 전체 문장을 수식하는 수식구가 들어갈 자리이다. 문장에 영향을 주지 않는 부사 importantly가 들어가 '더 중요하게'라는 의미가 된다.

해석 더 중요한 것은 출판시장에서 우리를 한참 앞지르고 있는 경쟁사들을 따라잡아야 하는 것이다.

어휘 catch up with 따라잡다   have a big lead over ~에 대해 멀리 앞서 있다

02 (A) steadily

해설 동사 is proceeding 뒤에 나올 품사를 선택해야 한다. 자칫 동사 뒤의 목적어가 나올 자리로 생각해서 명사 steadiness를 넣지 않도록 하자. 동사 proceed는 자동사로 뒤에 목적어를 취하지 않기 때문에 정답은 부사인 steadily가 된다.

해석 Sterns사의 Mr. Sterns의 생생한 연설은 지금까지 어떤 방해 없이 견실하게 진행되고 있다.

어휘 proceed 진행하다, 진행되다   steadily 견실하게, 착실하게, 꾸준히   interference 간섭, 참견, 개입, 방해   so far 지금까지

03 (A) inevitably

해설 빈칸을 중심으로 조동사와 동사 사이에 들어갈 수 있는 품사는 부사이다. 정답은 inevitably이다.

해석 Redsun Electronics사가 제품의 질을 개선하는 데 실패한다면 그들 고객을 다른 회사에 잃는 것이 불가피할 것이다.

어휘 improve 개선시키다   inevitably 불가피하게, 필연적으로

04 (A) astonishingly

해설 전치사 due to의 목적어인 innovative design 앞에서 형용사를 수식할 수 있는 품사는 부사 astonishingly이다.

해석 Kissan Motor사가 새로 출시한 쿠페는 놀랄 정도로 혁신적인 디자인으로 인해 그 판매가 모든 나이 대의 운전자들 사이에서 치솟고 있다.

어휘 astonishingly 놀랄 정도로   innovative 혁신적인   skyrocket 폭등하다, 치솟다

05 (B) exactly

해설 일반적으로 타동사와 목적어 사이에 동사를 수식하는 부사는 올 수 없다. 하지만 뒤에 나오는 수치인 300을 수식할 수 있는 품사는 부사로, exactly는 '정확하게 300파운드'라는 의미가 된다.

해석 트럭에 와인 통을 싣기 전에 각 통의 무게가 정확히 300 파운드인 것을 확인해라.

어휘 load 짐을 싣다   barrel 통, 한 통의 양   weigh 무게가 나가다

06 (A) historically

해설 동사의 완료 시제인 〈have/has + 과거분사〉 사이에 들어갈 수 있는 품사는 부사로, 정답은 historically가 된다.

해석 허브 향신료는 역사적으로 인도 음식에서 중요한 역할을 해왔다.

어휘 herbal 허브의 spice 향신료 essential 필수적인, 중요한 cuisine 요리법, 요리

Step 2 실전 TOEIC Test p.211

01 (B) conveniently

해설 수동태 동사에서 〈be + 과거분사〉 사이에 들어갈 수 있는 품사는 부사뿐이다. 보기 중의 부사는 conveniently(편리하게)이다.

해석 Hotel Renaissance는 편리하게 Santamo Beach 근처에 위치해 있어서 바다의 장관이 한 눈에 보인다.

어휘 locate 위치시키다 spectacular 장관을 이루는, 극적인

02 (D) automatically

해설 조동사와 동사(원형) 사이에 들어갈 수 있는 품사는 부사. 보기 중에서 부사는 automatically이다.

해석 당신이 구매한 금요일에 있을 뮤지컬 티켓을 취소하고 나면 환불은 자동적으로 당신의 계좌에 영업일로 따져서 이틀 안에 처리될 것이다.

어휘 cancel 취소하다 purchase 구매하다 refund 환불 automatically 자동적으로 transact 거래하다 account 계좌

03 (B) persistently

해설 문장의 주어(Mr. Hitchcock)과 동사(requested) 사이에 들어갈 수 있는 품사는 부사인 persistently(끈질기게)이다.

해석 Mr. Hitchcock은 한 달간 끈덕지게 임금 인상을 요구했는데 결국 해고됐다.

어휘 persistently 끈덕지게, 고집스레 cost one one's job 직업을 잃다

04 (A) directly

해설 빈칸 뒤의 전치사구는 문장에 영향을 주지 않는다. 콤마 이후의 주어와 동사 그리고 목적어의 완전한 문장의 끝에 쓸 수 있는 것은 부사로, 보기 중의 directly(직접)가 정답이다.

해석 불필요한 비용을 줄이기 위해 Mr. Rossi는 그 회사의 재고품을 직접 구매한다.

어휘 avoid 방지하다, 막다, 모면하다 unnecessary 불필요한 purchase 구매하다 stock 재고품 directly 직접적으로

05 (C) regularly

해설 빈칸 뒤의 부사절인 so that ~ 이하를 제외하고 보자. to부정사인 read와 목적어인 magazines가 나왔으므로 완전한 문장임을 확인할 수 있다. 완전한 문장에 들어갈 수 있는 품사는 부사로, 보기 중의 regularly(정기적으로)가 정답이다.

해석 현 시장 추세 변화에 대한 보편적인 아이디어를 얻을 수 있어서 모든 광고 회사들이 정기적으로 사업 관련 잡지를 읽는 것은 중요하다

어휘 important 중요한 advertising firm 광고 회사 business-related 사업과 관련된 general 보편적인 current market trend 현 시장 추세

06 (C) frequently

해설 콤마 뒤에 주어, 동사, 목적어의 완전한 문장이 이어지고 있다. 빈칸에 들어갈 수 있는 것은 부사인 frequently뿐이다.

해석 지난 달 당뇨병으로 고통 받은 후 Mr. Stone는 종합 검진을 받기 위해 그의 의사를 자주 방문한다.

어휘 suffer from ~로 고통 받다 diabetes 당뇨병 physician 의사 frequently 자주

Lesson 2 부사의 형태

Step 1 Warm-up Test p.213

01 (B) closely

해설 완전한 문장의 be동사와 과거분사 사이에 들어갈 수 있는 품사는 부사로, closely가 정답이다. closely는 monitored, examined, checked, watched, involved, related, associated 등의 동사들과 자주 등장한다는 것을 알아두어야 한다. close는 주로 동사나 형용사로 쓰이며 come close의 경우는 부사로, 거리가 '가까운'이라는 의미이다.

해석 교육 당국자들은 KLE 시험은 부정행위를 막기 위해 엄중히 감시(감독) 될 것이라고 말한다.

어휘 official 공무원, 당국자 monitor 감시하다 prevent 막다 cheating 속임(수)

02 (B) highly

해설 be동사와 형용사 사이에 들어갈 수 있는 품사는 부사이다. 보기 중에서 부사로 쓸 수 있는 것은 highly이다.

해석 가장 최고의 업무능력을 갖춘 직원들에게 매달 보너스를 주는 것은 직원들의 성과를 향상시키는 데 매우 큰 영향을 미칠 것이다.

어휘 performance 업무 능력, 성과 effective 효과적인 enhance 향상시키다

03 (A) electronically

해설 등위접속사 and 앞의 문장은 수동태 문장으로 완전하다. 따라서 빈칸에 들어갈 수 있는 품사는 부사이며, 정답은 electronically(전자적으로)가 된다.

해석 당신의 구매 영수증은 컴퓨터 이메일로 보내 줄 것이고 패키지는 지금 바로 선적할 것이다.

어휘 receipt 영수증 electronically 전자적으로, 컴퓨터로 right away 지금 당장

04 (B) purposely

해설 문장의 주어와 동사 사이에 들어갈 수 있는 품사는 부사로, 정답은 purposely(고의로, 일부러)가 된다.

해석 아마추어 영화감독이 시청자의 반응을 알아보기 위해 온라인상에 독립영화를 일부러 게재했다.

어휘 post 게시하다 independent 독립의 online 온라인으로 response 반응, 회신 purposely 고의로, 일부러

05 (A) readily

해설 be동사와 형용사(available) 사이에 들어갈 수 있는 품사는 부사로, 정답은 readily(즉시, 손쉽게)가 된다.

해석 극상품 와인 셀렉션의 명확한 묘사는 손쉽게 온라인에서 확인 가능하다.

어휘 description 묘사 readily 즉시, 손쉽게 available 가능한

06 (B) noticeably

해설 콤마 뒤의 주어와 자동사 increase 뒤에 나올 수 있는 품사는 부사이다.

[해석] 리얼리티 TV쇼인 Kitchen Survivor의 인기 순위는 첫 시즌 이후 두드러지게 올랐다.
[어휘] rating (인기, 중요성의) 평가, 순위   noticeably 두드러지게, 현저히

Step 2 실전 TOEIC Test   p.213

01   (A) everywhere

[해설] 보기의 단어들은 부사와 전치사로 이루어져 있다. 빈칸 앞에는 주어와 동사(has expanded)가 나와 있다. expand는 자동사와 타동사 둘 다 쓰이는데, 보기와 빈칸 뒤의 어구가 목적어가 될 수 없음으로 자동사의 완전한 문장이 된다. 의미상으로 인도의 도시들을 제외하고 아시아에 전 지역을 의미하기 때문에 부사인 everywhere가 가장 적절하다. alongside는 부사와 전치사로 쓰이며, '측면에'라는 의미로 쓰인다. together는 '함께', forward는 '앞으로'라는 의미로 적절하지 않다.

[해석] General Tao's Chinese Restaurant는 인도에 있는 도시들만 제외하고 아시아 모든 지역 곳곳으로 확장되었다

[어휘] expand 확장[확대]하다   everywhere 어디나, 모든 곳   except for ~을 제외하고

02   (C) easily

[해설] 빈칸 앞에 수동태의 완전한 문장이 나오고 있다. 완전한 문장에 들어갈 수 있는 품사는 부사로 정답은 easily가 된다.

[해석] 새로운 분류 소프트웨어 덕분에, 모든 온라인 지원서들이 쉽게 처리되었다.

[어휘] sort 분류하다   application 지원서

03   (C) highly

[해설] 문맥상 '가장 진보된'의 의미를 갖는 the most advanced 사이에 형용사를 수식할 수 있는 강조부사로 highly가 들어가야 한다. 토익에서 highly의 수식을 받는 형용사나 분사 표현으로는 recommended, skilled, regarded, successful 등이 있다는 것도 알아두자.

[해석] 매그넘 시스템은 세상에서 가장 발달되고 고객의 요구에 맞춤이 가능한 피드백 시스템이다.

[어휘] advanced 진보된   customizable 고객의 요구에 맞출 수 있는   on the planet 세상에서

04   (A) highly

[해설] 빈칸 뒤에 (분사)형용사인 qualified를 수식할 수 있는 부사가 필요하다. 문맥상 해외에서 자질이 높은 선생님을 고용한다는 의미로 highly가 정답이다. hopefully는 '희망적으로', probably는 '아마도', rarely는 '거의 ~않다'라는 의미로 문맥에 적합하지 않다.

[해석] Iowa 지역 공립학교의 교육 수준을 향상시키기 위해 주지사는 자질이 높은 교사를 해외에서 고용하려고 결심했다.

[어휘] improve 향상시키다   governor 주지사

05   (C) universally

[해설] be동사와 형용사(compatible) 사이에 들어갈 수 있는 것은 부사로, 정답은 universally(일반적으로, 누구나, 보편적으로)이다.

[해석] Greene Computer Accessories는 어떠한 DVD포맷과도 일반적으로 호환이 되는 DVD 버너를 개발했다.

[어휘] develop 개발하다   burner 굽는 장치   compatible 호환이 되는, 양립할 수 있는

06   (D) considerably

[해설] 빈칸 앞의 동사 grow는 자동사로, 빈칸 뒤의 주격보어인 형용사(비교급) stronger를 받고 있다. 형용사를 수식할 수 있는 품사는 부사로, 정답은 '상당히, 꽤 (많이)'란 의미의 considerably가 된다.

[해석] Nagata 출판사와 Makoto 서점 간의 연계가 상당히 강해져서 지역사회 서점들이 사업하는 데 어려움을 겪고 있다.

[어휘] bond 연계   considerably 상당히   trouble 어려움

Lesson 3 동사 수식 부사 vs 형용사 수식 부사

Step 1 Warm-up Test   p.215

01   (A) consistently

[해설] 완료 시제의 has와 과거분사 사이에 들어갈 수 있는 품사는 부사이다. consistently는 '일관성 있게', enormously는 '엄청나게, 막대하게'라는 의미로, 문맥상 언제 이후로 '꾸준히 좋은 제품을 만들었다.'는 내용이기 때문에 정답은 consistently가 된다. consistently는 행위나 상태등이 일관적인 것을 의미하며 enormously는 수나 양, 정도를 강조하는 부사이다.

[해석] Dana & While사는 2002이래 꾸준히 최고 품질의 다리미를 생산해오고 있다.

[어휘] produce 생산하다   iron 다리미

02   (B) quite

[해설] be동사와 감정동사의 분사형인 satisfied 사이에 들어갈 수 있는 부사를 찾는 문제이다. '많은 사람들이 효과에 ------하게 만족했다'는 의미로, 빈칸에는 '상당히, 꽤, 매우'를 뜻하는 quite가 적절하다. well은 '(만족스럽게) 잘, 좋게, 철저하게'라는 의미로 방법적인 의미로 쓰이거나 '큰 정도' 또는 '많이(a lot)'의 의미를 가진다.

[해석] 대부분의 사람들이 Burnout Health Equipment의 새로운 러닝머신에 많은 기대를 안 했지만 사실상 많은 사람들은 그 기구의 효과에 만족했다.

[어휘] expect 기대하다   treadmill 러닝머신   in fact 사실상   be satisfied with ~에 만족하다   effect 영향

03   (A) very

[해설] be동사와 형용사 사이에서 형용사 unpredictable을 수식할 수 있는 부사를 찾는 문제이다. 빈칸에는 '날씨가 매우 예측하기 어려웠다'는 의미를 만들어주는 강조부사 very가 알맞다.

[해석] 날씨가 지난 며칠 동안 예측하기가 아주 어려워서 요즘에는 어느 누구도 일기예보를 신뢰하지 않는다.

[어휘] unpredictable 예상할 수 없는   rely on 신뢰하다   weather forecast 일기예보   recently 최근에는

04   (A) highly

[해설] is와 regarded 사이에 들어갈 수 있는 품사 구분 문제로, 동사를 수식하는 품사는 부사이다.

[해석] Mr. Summers는 매년 200대가 넘는 자동차를 팔아서 자동차 세일즈맨 중에서 높이 평가되고 있다.

[어휘] automobile 자동차   highly 높이   regard 여기다

05   (A) environmentally

[해설] 빈칸 뒤의 형용사 friendly를 수식할 수 있는 품사는 부사로, 보기 중에서 environmentally가 정답이다.

98

해설 Makato Automobiles의 새로운 하이브리드는 자동차 전문가에 의해 친환경적이라고 분류되었다.

어휘 classify A as B A(목적어)를 B(목적보어)로 구분하다, 분류하다

06 (B) completely

해설 숙어 free of charge(무료로)를 수식하기에 적절한 부사 어휘를 찾는 문제이다. '완전히, 전적으로(to the greatest degree possible)'의 상태를 나타내는 completely가 정답이다. extremely는 '극도로, 매우'의 정도를 강조하는 부사로 이 문장에는 적절하지 못하다.

해설 만약 이번 주 안에 주문을 한다면 완전 무료로 티셔츠를 추가로 받을 것이다.

어휘 extra 추가적인 free of charge 무료로

Step 2 실전 TOEIC Test p.215

01 (A) approximately

해설 숫자인 10 minutes 앞에 올 수 있는 부사를 찾는 문제이다. 수치 앞에는 주로 '대략, 약'이라는 의미의 approximately를 쓴다.

해설 우리는 오늘 연구실에서 할 실험을 준비하기 위해 대략 10분이 필요할 것이다.

어휘 approximately 대략 briefly 간단하게 rapidly 빠르게 unpredictably 예상할 수 없게

02 (C) dramatically

해설 자원봉사자들의 수가 올라갔다는 의미로, 자동사 grew를 수식할 수 있는 적절한 부사 어휘는 보기 중 '급격하게, 극적으로'의 dramatically이다.

해설 뉴스에서 Iceland의 지진으로 인한 피해가 보도된 후 자원봉사자의 수는 급격하게 많아졌다.

어휘 volunteer 자원봉사자 damage 손상, 피해 earthquake 지진 accidentally 우연히 expressively 표현적으로, 의미심장하게 dramatically 급격하게, 극적으로 eagerly 열망하여

03 (D) significantly

해설 be동사와 형용사 good의 비교급 better 사이에 들어갈 수 있는 품사는 부사이다. 보기 중의 부사는 significantly(상당히)이다.

해설 전기 엔진에 기본을 둔 새로운 하이브리드의 연비는 디젤 엔진을 사용하는 예전 모델보다 훨씬 더 좋다.

어휘 fuel efficiency 연비 electric 전기의 previous 예전의 significantly 상당히, 크게, 중요하게

04 (A) quickly

해설 동사 is moving을 수식할 수 있는 부사는 '빠르게 움직이고 있다'는 의미를 전달할 수 있는 quickly가 적절하다. still은 '여전히', rarely는 '거의 ~하지 않다', highly는 '매우'로 의미상 적절하지 않다.

해설 얼음이 녹아서 아침의 교통과 비교해서 Hudson Highway의 차량은 빨리 움직이고 있다.

어휘 melt 녹다 compare 비교하다

05 (A) Nearly

해설 30 percent(수사)를 수식할 수 있는 부사는 '거의(특정 수치에 가까운)'의 의미를 가지는 nearly가 가장 적절하다. 참고로 뒤에 수치를 받는 부사인 almost, approximately, about 등도 함께 알아두자. mostly는 사람, 그룹, 사물 등과 함께 쓰여 mainly의 의미로 사용된다. justly는 '정확하게, 공정하게' fluently는 '유창하게'라는 의미이다.

해설 전국의 대학 신입생들의 거의 30%는 특정 과목의 대학 수준 학업에 대한 준비가 되어 있지 않기 때문에 보충과목을 적어도 하나는 들어야 한다.

어휘 freshmen 신입생들 nationwide 전국에, 전국의 enroll (in/for/on) 등록하다 remedial course 보충과목

06 (D) about

해설 빈칸 뒤의 20km를 수식할 수 있는 부사로 '대략, 약 (얼마 정도)'의 의미를 갖는 about이 가장 적절하다. 일반적으로 전치사로 많이 알고 있지만 지금과 같이 수치를 수식할 땐 부사로 쓰이며, roughly, approximately의 의미를 갖는다.

해설 약 20km 정도 Shuto 고속도로를 타다가 Hamamatsucho 출구로 나가세요.

어휘 expressway 고속도로 exit 출구 besides (전치사, 부사) 게다가 along 따라서

Lesson 4 시간부사

Step 1 Warm-up Test p.217

01 (A) once

해설 완료 시제의 have와 과거분사 사이는 부사가 들어갈 자리이다. 하지만 보기는 모두 부사로 사용할 수 있으며, 둘 다 경험을 의미하여 완료 시제와 자주 사용된다. 하지만 ever는 주로 부정문, 의문, 비교/최상급, 조건 등의 문장에서 쓰이므로 답이 될 수 없으므로 정답은 once가 된다. once는 시간부사절의 접속사로 많이 사용되지만 최근에는 부사로 자주 출제되고 있다는 것을 알아두자.

해설 우리는 그 (제품) 모델을 생산한 적이 있다.

어휘 produce 생산하다

02 (B) yet

해설 문장 마지막에 들어갈 부사를 선택해야 한다. 둘 다 '아직'이라는 의미로 사용되지만 부정문에서 문미에 쓸 수 있는 것은 yet뿐이다. still은 부정문에서 still not으로 부정어 앞에 위치하게 된다.

해설 새 프린터는 어제 도착했지만, 아직 컴퓨터에 연결되지 않았다.

어휘 arrive 도착하다 connect 연결하다

03 (A) already

해설 완료 시제의 have와 과거분사 사이에 들어갈 부사를 찾는 문제이다. 문맥상 벌써 시작했다는 의미로, 정답은 already이다. still은 이전에 계속되고 있는 상태나 동작을 의미하여 '여전히'라는 의미로 사용된다.

해설 디자인 팀은 어제 이미 그 차의 기본 스케치를 그리기 시작했다.

어휘 design 디자인 start -ing ~하기 시작하다 draw 그리다

04 (A) yet

해설 〈have yet to + 동사원형〉(아직 ~하지 못하다)의 숙어 표현을 묻는 문제이다. 정답은 yet이다.

해설 우리 회사는 직원들에게 좋은 근무 환경을 제공해주는 것의 중요성을 아직 깨닫지 못하고 있다.

어휘 importance 중요성   working environment 근무환경

05 (B) nearly
해설 be동사와 과거분사 사이에 들어갈 부사로 '거의' 끝났다는 의미가 될 수 있도록 nearly가 와야 한다. nearly는 수치를 받아 '거의, 대략'의 의미로도 쓰이지만 행위나 상태가 거의 완료됨을 나타낼 때도 쓰인다는 것을 알아두자. 또한 nearly와 유사하게 쓸 수 있는 부사인 almost도 함께 기억해두자.

해석 Mrs. Malone은 조사가 거의 끝나서 그녀는 오늘까지 데이터를 당신에게 보내줄 수 있을 것이다.

어휘 nearly 거의   finish 끝내다   by the end of today 오늘까지

06 (B) regularly
해설 전치사 at 뒤의 scheduled appointments에서 (분사)형용사인 scheduled를 수식할 수 있는 부사가 와야 한다. '정기적으로' 예정된 약속이라는 의미가 되는 regularly가 정답이다.

해석 번거롭겠지만 거의 3개월 동안 규칙적으로 예정된 약속시간에 정형외과를 방문해야만 한다.

어휘 definitely 분명히, 틀림없이, 절대   hassle 싸움. 언쟁. 귀찮은[번거로운] 상황   orthopedics 정형외과   necessarily 반드시

Step 2 실전 TOEIC Test   p.217

01 (A) soon
해설 의미상 직원들이 곧 출장 중에 손쉽게 빨리 회사의 파일에 접근할 수 있다는 의미가 되도록 동사 be able to ~를 수식하는 부사는 (A) soon이 가장 적절하다. (B) yet은 부사로, 긍정문에서 '여전히'라는 의미로 사용되지만 still을 더 많이 사용한다. (C) ever는 경험을 나타내므로 부적절하다. (D) once는 부사로 '이전에, 한때'라는 의미이므로 부적절하다.

해석 자동화 시스템의 실행으로, 직원들은 곧 출장 중에 회사 파일에 접속할 수 있을 것이다.

어휘 yet (부정) 아직. (의문) 벌써. (긍정) 여전히   implementation 이행. 실행   access 접근하다. 이용하다

02 (B) seldom
해설 완료 시제의 have/has와 과거분사 사이에 들어갈 부사를 찾는 문제이다. 문맥상 그렇게 타고난 재능을 본 적이 없다는 뜻이기 때문에 부정의 의미를 가진 부정부사인 seldom이 정답이다. 부정부사는 자체적으로 부정의 의미를 가지고 있기 때문에 부정어를 쓰지 않는다. 시험에 자주 등장하는 부정부사에는 seldom 외에 rarely, scarcely, hardly 등이 있다.

해석 Professor Wiseman은 어린 소녀에게서 그러한 타고난 예술적 재능을 보지 못했기에 그는 Jina에게 무료로 예술의 기본을 가르쳐 주기로 결심했다.

어휘 seldom 거의 ~하지 않다   inborn 타고난   artistic 예술적인   fundamental 기본   for free 무료로

03 (A) yet
해설 〈be yet to + 동사원형〉의 관용표현을 묻는 문제이다. 문장에 부정어는 없지만 '아직 발표되지 않은 결과'라는 의미이다.

해석 대중은 아직 발표나지 않은 대통령 선거 투표 결과를 고대하고 있다.

어휘 anticipatingly 고대하는   result 결과   presidential vote 대통령 선거 투표   announce 발표하다

04 (A) still
해설 의미상 적절한 부사 어휘를 찾는 문제. '아직 적어도 300명의 응답이 더 필요하다'는 문맥에 어울리는 부사는 '여전히'란 의미의 still이다. always는 '항상', usually는 '보통, 대개', yet은 주로 not ~ yet의 형태로 '아직 ~않는'이란 의미로 쓰인다.

해석 더 정확한 분석을 하기 위해 우리는 아직 적어도 고객 300명의 답변이 더 필요하다.

어휘 accurate 정확한   analysis 분석   at least 적어도   response 응답. 답변

05 (A) well
해설 과거분사를 수식하는 적절한 부사 어휘를 찾는 문제. many/some은 형용사이므로 제외된다. 숙어적인 표현인 be well attended by/with는 '참석재[출석자]가 많다'는 의미이다. 따라서 정답은 well이다. 참고로, 참석자가 적다는 의미로 사용하게 되면, 부사는 well이 아니라 poorly를 쓴다. quite(꽤. 상당히) 역시 동사를 수식할 수 있지만, attended와는 어울리지 않으므로 부적절하다.

해석 예상했던 대로 Paris에서 열리는 2011 Fall Fashion Show는 세계 최상급의 디자이너들과 모델 그리고 언론 관계자들이 많이 참석했다.

어휘 expect 예상하다   world-class 세계 최상급의

06 (A) once
해설 빈칸 이하부터 in the 1980s까지는 주어인 고유명사와 동격관계를 이루는 구문이 된다. in the 1980s의 과거 시점이 있으므로 이와 어울리는 부사로는 과거의 의미를 갖는 '전에'의 once가 된다. soon은 미래 시제와, now는 현재 시제와 함께 쓰임을 알아두자.

해석 1980년대의 유명한 뮤직 아티스트 Arnold Van Dutch는 현재 M-International로 불리는 성공적 레코드 레이블을 경영한다.

어휘 once 전에   popular 인기 있는   manage 경영하다   called 불리는

Lesson 5 준동사 수식 부사 & 구절 수식 부사

Step 1 Warm-up Test   p.219

01 (B) immediately
해설 빈칸 앞에 to부정사와 부사 so가 나와 완전한 문장을 이루고 있다. 빈칸부터 문장 끝까지는 부사어구로, 점심시간 후 바로 직후를 말할 수 있는 immediately가 정답이다. precisely는 수치 등이 정확하다는 의미이기 때문에 문맥이 어색해진다. 시험에 자주 나오는 표현으로 shortly/soon/immediately + after/before도 함께 알아두자.

해석 어제 건강 검진을 받지 않은 신입직원들은 점심시간 직후에 받으라는 통지를 받았다.

어휘 health examination 건강 검진   be informed 통지를 받다   immediately 즉시   precisely 정확하게

02 (B) promptly
해설 at 10 A.M.을 수식하는 부사로, '정확하게, 정각에'라는 의미의 promptly가 빈칸에 적절하다.

해석 고객 서비스를 하는 데 있어 몇 가지 효과적인 방법을 소개시켜줄 프레젠테이션은 오전 10시 정각에 시작할 것이다.

| 어휘 | introduce 소개하다   effective 효과적인   method 방법
promptly 정각에   inwardly 마음속으로, 내심, 은밀히

03 (A) hardly

| 해설 | 빈칸 뒤의 any와 함께 '거의 어떠한 결함도 찾을 수 없었다.'라는 의미인 hardly가 정답이다. hardly는 부정부사로 단독으로도 사용할 수 있으며 hardly any ~의 형태도 자주 쓰인다. hard는 형용사와 부사 모두 쓸 수 있으며 부사로 쓰게 되면 '열심히'라는 의미가 된다.

| 해석 | 유감스럽게도 엔지니어들은 반품된 차량에서 거의 어떤 결함도 발견하지 못했다.

| 어휘 | unfortunately 유감스럽게도   hardly 거의 ~가 아니다[없다]
defect 결함   vehicle 차량

04 (A) least

| 해설 | 빈칸 앞에 전치사 at과 함께 쓸 수 있는 관용표현인 at least는 '적어도'란 의미이다.

| 해석 | 만약 치아 교정 치료로 위해 치과를 방문한다면 당신은 약속시간 최소 10분 전에 와야만 한다.

| 어휘 | orthodontic 치아 교정의   treatment 치료   appointment 약속

05 (A) sharply

| 해설 | 빈칸을 제외해도 〈주어 + 자동사 + 전치사구〉의 완전한 문장에 들어갈 수 있는 것은 부사 sharply(급격히)이다.

| 해석 | 루피의 가치는 뉴델리를 강타한 지진으로 인한 쓰나미 이후로 급격히 떨어졌다.

| 어휘 | decline (수, 가치, 품질 등이) 감소하다   sharply 급격히

06 (A) usually

| 해설 | be동사와 과거분사 사이에 들어갈 부사를 찾는 문제이다. 문맥상 대개는 건물 앞에 주차를 하지만 오늘은 뒤에서 봤다는 의미이므로 부사 usually가 정답이다. relatively는 비교적이라는 의미로 주로 형용사를 수식한다.

| 해설 | Mr. Lockwood는 차를 보통 우리 오피스 빌딩 앞에 주차하지만 오늘은 그의 차가 뒤쪽에 있는 것을 보았다.

| 어휘 | usually 대개, 보통   park 주차하다

Step 2 실전 TOEIC Test   p.219

01 (B) easily

| 해설 | 비교급 more 뒤에 올 수 있는 품사를 선택하는 문제이다. 비교급의 수식을 받을 수 있는 것은 부사와 형용사이다. 문장이 완전한 경우에는 부사가 와야 한다. 상기 문장은 완전한 문장이므로 빈칸에는 부사가 들어간다.

| 해석 | 우리는 우리의 새로운 서비스가 타켓 시장에 보다 쉽게 다가가기 위해 우리는 더 나은 마케팅 전략을 개발하여야 한다.

| 어휘 | strategy 전략   reach 도달하다

02 (D) even

| 해설 | '문제가 없어 보일지라도 항상 확인해야 한다'는 문맥이기 때문에 양보의 의미를 나타내는 even if가 되어야 한다. nonetheless(그럼에도 불구하고)는 접속부사이며, regardless는 of와 함께 쓰여 '그럼에도 불구하고, ~에도 상관없이'란 의미로 쓰인다.

| 해석 | 당신이 중고차를 사기 전에 전혀 결함이 없어 보일지라도 엔진과 다른 부속품을 점검하는 것은 항상 중요하다.

| 어휘 | component 부속품   even if ~일지라도   defect 결함

03 (B) well

| 해설 | 전문가들은 올해는 어려울 것이라고 예상했지만 여태까지는 잘 해왔다는 의미이다. 부사 remarkably의 수식을 받을 수 있는 부사는 well이다.

| 해석 | 대부분의 전문가들은 Sax International Trade사가 올해는 힘겨운 시간을 보낼 것이라고 예상했지만 지금까지는 매우 잘 해내고 있다.

| 어휘 | go through 겪다   perform 수행하다   remarkably 몹시, 매우
partly 부분적으로   so far 지금까지, 어느 정도까지

04 (A) At first

| 해설 | 등위접속사 but을 중심으로 앞뒤에 완전한 문장이 나오고 있다. 그러므로 빈칸에는 부사가 들어가야 한다. 보기 중에 부사로 쓸 수 있는 것은 At first(처음에)이다. In light of(~라는 점에서는) 전치사. Although는 접속사. Despite는 전치사이다.

| 해석 | 처음에 Mr. Brown은 회의가 현재 시장 추세를 논의할 것으로 예상했지만 우리 새 제품을 디자인하는 과정에 더 중점을 두었다.

| 어휘 | expect 예상하다   trend 추세   process 과정   design 디자인하다

05 (A) in advance

| 해설 | 의미상 3시간 전에 미리 상기를 시키라는 문맥이므로 부사 in advance가 정답이다. initially는 '초기에는'이라는 의미이고 behind는 전치사이며 ago는 과거 시제를 나타내는 시제와 쓰인다.

| 해석 | 한국에서 온 그녀의 고객을 맞이하도록 공항에 갈 필요가 있음을 Ms. Evans에게 3시간 전에 미리 상기시켜 주세요.

| 어휘 | remind 상기시키다   in advance 미리   greet 맞이하다

06 (A) carefully

| 해설 | 빈칸에는 현재분사 interviewing을 수식할 수 있는 품사가 들어가야 한다. 분사를 수식하는 것은 부사이므로 정답은 carefully이다.

| 해석 | 모든 지원자들의 프로필을 주의 깊게 검토한 후 인사부는 4명의 지원자를 인터뷰하기로 스케줄을 잡았다.

| 어휘 | carefully 주의 깊게   review 검토하다   applicant 지원자
profile 프로필   applicant 지원자

Lesson 6 장소와 방향의 부사 & 방법과 강조 부사

Step 1 Warm-up Test   p.221

01 (B) increasingly

| 해설 | 빈칸 뒤의 형용사인 large를 수식할 수 있는 품사는 부사이기 때문에 increasingly(점점, 더욱더)가 정답이다.

| 해석 | Dr. Ricci가 검은콩이 암투병에 도움이 된다고 말한 이후 점점 더 많은 양의 검은콩이 전 세계에서 수입된다.

| 어휘 | quantity 수량   import 수입하다

02 (B) finally

| 해설 | After나 Although 다음에 어려움을 겪은 과정이 문두에 나오고 주절의 본동사에 finally나 eventually 등이 함께 나와 '~한

해설 후에/비록 ~했지만 결국 …하게 되다'라는 의미로 자주 출제되는 구조이다. 정답은 finally이다.

해석 오랜 기간 동안 적자에 시달린 후에 Monkey Candy사는 마침내 지난 달 이윤을 내기 시작했다.

어휘 **deficit** 적자, 부족액, 결손 **profit** 이윤

03 (A) completely

해설 whenever는 관계부사이기 때문에 문장에 동사가 추가되어야 한다. 이 문장은 접속사가 두 개(after, and)이고, 동사가 세 개(ran, destroyed, were)이다. 따라서 더 이상 접속사나 관계부사는 올 수 없으므로 부사인 completely(완전히)가 정답이다.

해석 물(홍수)이 창고들에 넘쳐서 안에 있던 상품들과 함께 창고들이 완전히 파괴되었고 고치는 것은 불가능하게 되었다.

어휘 **warehouse** 창고 **destroy** 파괴되다 **fix** 고치다

04 (A) remarkably

해설 there be ~의 비인칭 주어 구문에서 명사어구인 high levels 앞에 올 수 있는 품사는 형용사 high를 수식할 수 있는 부사로, remarkably가 정답이다.

해석 놀랍게도 고아원 지원 프로그램에 나이 드신 분들의 참여도가 현저하게 높다.

어휘 **remarkably** 두드러지게, 현저하게 **the elderly** 어르신들

05 (B) primarily

해설 자동사 focus와 전치사 on 사이에 들어갈 부사로, '주로 ~에 중점을 두고 있다'는 의미인 primarily가 정답이다. numerically는 '숫자상으로'라는 의미이다.

해석 지난 3년간 Dr. Hogan과 그의 팀은 대안 연료를 찾는 것에 주로 집중하고 있다.

어휘 **focus on** ~에 대해 중점을 두다 **alternate** 대체적인, 대안의 **source** 원천 **fuel** 연료

06 (A) since

해설 문맥상 '그 이후로 그 기술이 적용되었고 테스트 준비도 완료되었다'는 의미이다. 앞에서 언급한 특정한 시점 이후에 그 기술을 적용했다는 뜻이기 때문에 부사 since가 가장 적절하다.

해석 에어컨 시스템에 대한 그 기술이 적용되었으며 테스트 준비도 완료되었다.

어휘 **implement** 이행[수행]하다 **preparation** 준비 과정 **complete** 완료된

Step 2 실전 TOEIC Test p.221

01 (D) so

해설 빈칸 뒤의 접속사 that을 통해 so ~ that … 구문(너무 ~해서 …하다)임을 알 수 있다. 따라서 보기 중의 so가 정답이다.

해석 Ms. Theron는 그녀의 프레젠테이션을 아주 빨리 준비해서 그녀는 2시간 안에 끝낼 수 있었다.

어휘 **prepare** 준비하다 **quickly** 빨리

02 (B) so much

해설 so much는 부사로서 일반적으로 문미에서 쓰이며 '꽤, 매우, 많이' 등의 의미로 사용된다. 구문을 보면, '고객들이 그것을 매우 좋아하기 때문에~'의 형태이기 때문에 so much가 정답이 된다.

해석 매달 고객들의 90% 정도는 매달 Jina Nam이 만든 보석을 미리 주문한다. 왜냐하면 보석의 고유한 스타일 때문에 그것들은 너무 좋아하기 때문이다.

어휘 **preorder** 선주문하다 **extraordinary** 놀라운, 기이한, 드문

03 (B) especially

해설 빈칸은 be동사 뒤에서 형용사인 effective를 수식할 수 있는 부사를 선택하는 문제이다. 보기 중에 some과 particular는 형용사로 답이 될 수 없으며, '특히' 민감한 피부에 효과가 있다는 의미로 especially가 정답이다. so much는 강조부사로 주로 문미에 자주 쓰인다.

해석 Skin Therapy가 새로 개발한 로션은 특별히 예민한 피부에 효과적일 것이다.

어휘 **develop** 개발하다 **especially** 특별히 **effective** 효과적인 **sensitive** 예민한, 민감한

04 (C) once

해설 that절 이하의 완전한 문장 뒤에 들어갈 수 있는 것은 부사로, 완료시제와 함께 어울려서 '그는 스위스에 한 번 가서 계약 협상을 성공적으로 할 수 있었다'는 의미가 될 수 있는 once(한 번)가 정답이다. once는 부사로 '한 번, 한 때'의 의미로도 쓰이지만 시간부사절의 접속사로도 쓰인다는 것을 명심하자.

해석 Mr. Choi는 그가 Switzerland에 한 번 방문해서 유명한 두 시계 제조사들과 성공적으로 계약을 협상할 수 있었다고 말했다.

어휘 **prominent** 중요한, 유명한, 눈에 띄는

05 (B) Only

해설 문맥상 '오직 캐나다 시민권을 가진 사람들'이라는 의미가 되어야 하므로 Only가 정답이다.

해석 캐나다 시민권을 가진 사람들에게만 우리 극장 파트타임 일에 지원하는 것이 가능하다.

어휘 **eligible** ~을 할 수 있는 **be eligible to + 동사원형** ~할 자격이 있다 **theater** 극장

06 (B) only

해설 신발 광택제는 가죽에만 쓸 수 있다는 의미로, 부사 only가 정답이다. doubly는 '이중으로', nearly는 '거의', exactly '정확하게'의 의미이다.

해석 Kenneth Coleman의 새로운 신발 광택제는 가죽에만 바를 수 있다.

어휘 **polisher** 닦아서 윤내는 광택제 **leather** 가죽

Lesson 7 접속부사 & 비교급 수식 부사

Step 1 Warm-up Test p.223

01 (A) too

해설 빈칸 뒤의 한정사 many를 수식할 수 있는 부사를 고르는 문제이다. much는 양을 수식하는 형용사로 many와 나란히 쓸 수 없다. too는 강조부사로 형용사나 부사의 원급을 수식한다.

해석 숫자의 간단한 오독으로 인해 Star Supplies는 너무 많은 생산품을 만들어서 그것들 반은 거의 창고에 넣어두어야만 했다.

어휘 **misinterpretation** 오해, 오역, 오독 **storage** 창고

02　(A) accordingly

해설 완전한 문장의 동사 place를 수식하는 부사로, '제품들을 알맞게 진열한다'는 의미가 되는 accordingly가 정답이다. accordingly는 상황이나 방법, 규칙 등에 '맞게' 하다는 의미이다. considerably는 '상당히 많은'의 의미를 가진다.

해석 매일 아침 Moose Mart의 사장, Mr. Kumar은 상품을 알맞게 진열한다.

어휘 owner 주인　place 놓다

03　(A) far

해설 were와 more exciting 사이는 형용사의 비교급인 more exciting을 수식하는 비교급 강조부사가 들어가야 할 자리이다. very는 원급수식 부사이고 비교급 수식 강조부사는 far이다.

해석 올해 회사리그 축구 결승전은 작년보다 훨씬 더 흥미진진했다.

어휘 final 결승　exciting 흥미진진한(감정동사의 현재분사는 사물 주어와 어울림)

04　(B) previously

해설 expected를 수식해 줄 수 있는 부사를 선택하는 문제이다. '이전에 예상했던 것보다'의 의미를 완성시키는 previously(이전에)가 정답이다. completely는 '완전히'라는 의미로 적절하지 않다.

해석 갑작스런 폭풍으로 인해 Bermuda로 가는 비행기는 이전에 예상했던 것 보다 몇 시간 늦게 도착했다.

어휘 sudden 갑작스런　storm 폭풍　arrive 도착하다　expected 예정된

05　(B) efficiently

해설 동사 receive를 수식하는 부사로, '좀 더 효율적으로 의견을 받기 위해'라는 의미가 되는 efficiently가 정답이다. extremely는 very와 같은 의미의 단어로 주로 형용사를 수식한다.

해석 Italiano Furniture의 광고부서는 웹 사이트에서 더 효율적으로 고객의 피드백을 받기 위한 방법을 찾기 위해 노력하고 있다.

어휘 figure out 알아내다, 파악하다, 생각해내다　efficiently 효율적으로

06　(B) productively

해설 비교급 more 뒤에 나올 수 있는 품사는 형용사와 부사이다. 하지만 콤마 앞의 부사어구에 부족한 문장 성분이 없으므로 부사인 productively가 들어가 '공장을 좀더 생산적으로 운영하기 위해'라는 의미가 된다.

해석 공장을 좀더 생산적으로 운영하기 위해 기계(설비)부서의 Ms. Kafelnikov는 각 공장에 3개의 기계를 더 설치해줄 것을 요청했다.

어휘 operate 운영하다　mechanical 기계의　propose 제안하다　request 요청　install 설치하다　machine 기계

Step 2 실전 TOEIC Test　p.223

01　(C) all the more

해설 be동사와 형용사 remarkable 사이에 들어갈 수 있는 부사를 찾는 문제이다. most of는 뒤에 〈한정사 + 명사〉가 나오며, too much는 불가산명사를, many more는 복수명사를 받기 때문에 답이 될 수 없으며, all the more는 강조부사로 '그 운하는 정말 주목할 만하다'라는 문맥이 된다.

해석 두 강을 잇는 운하가 5년 만에 완공되었다는 것을 안다면 (그 운하가) 더욱더 주목할 만할 것이다.

어휘 canal 운하, 수로　connect 연결하다　river 강　remarkable 주목할 만한　complete 완성하다

02　(B) more

해설 빈칸 뒤의 형용사(원급) efficient를 비교급으로 만드는 more가 정답이다.

해석 우리는 보다 효율적이고, 청결하며, 궁극적으로 더 고갈됨이 없이 사용할 수 있는 형태의 에너지를 지향하는 것에 초점을 맞춰야 한다.

어휘 focus on ~에 초점을 맞추다　move towards ~을 지향하다, ~에 가까워지다　ultimately 궁극적으로, 결국은　sustainable 유지할 수 있는, 자연환경의 파괴 없이 무한정 유지되는, 고갈됨 없이 사용할 수 있는

03　(B) then

해설 앞에 first가 있는 것으로 보아 '먼저' ~을 하고 '그리고 나서'라는 의미가 되는 and then으로 연결되어야 하므로 정답은 (B) then이 된다.

해석 빌딩 모형을 만들기 전에 먼저 밑그림을 그리고 그런 다음 정확한 치수를 재세요.

어휘 miniature 축소된, 소형의　rough sketch 약도, 밑그림　precise measurement 정확한 치수

04　(D) ever

해설 비교급 문장에서 more than 뒤에 쓸 수 있는 부사는 '어느 때보다 더' 증가했다는 의미가 될 수 있는 ever이다. 부사 ever는 주로 부정문, 의문문, 비교/최상급, 조건문에서 사용된다는 것을 꼭 알아두자.

해석 최근 새로운 카메라 디자인이 성공한 이후로 Nixon Camera의 인기가 더욱더 많아졌다.

어휘 popularity 인기　increase 증가하다　more than ever 더욱더, 점점 더

05　(D) even

해설 보기가 모두 부사로 이루어져 있다. 빈칸 뒤의 비교급 larger를 수식할 수 있는 강조부사인 even이 가장 적절하다. 토익에서 자주 등장하는 비교급 수식부사는 even, far, still, much, a lot 등이 있다. too, so는 원급을 강조하는 부사이다.

해석 Grand Gas는 Blue Oil을 인수하고 나서 심지어는 국내에서 가장 유명한 석유업체 중 하나인 PB Oil Company보다 더 커졌다.

어휘 acquire 인수하다　prominent 두드러지는, 눈에 띄는　domestically 국내에서

06　(B) equally

해설 빈칸 앞뒤로 as ~ as를 확인할 수 있다. 빈칸 뒤의 형용사 detrimental을 수식할 수 있는 것은 부사로, 보기 중의 equally가 정답이다.

해석 연구원들은 새로운 전자 담배가 보통 담배만큼 사람의 건강에 해롭다는 것을 발견했다.

어휘 electric 전기의　cigarette 담배　indeed 참으로　detrimental 해로운　normal 보통의　health 건강

Chapter 10 비교급과 최상급

Lesson 1 비교 구문의 이해

Step 1 Warm-up Test   p.233

01 (B) preventable
해설 빈칸 앞의 비교급의 수식을 받을 수 있는 것은 형용사와 부사이다. 보기 중에 preventing은 분사로 be동사와 함께 쓰면 동사의 현재진행형이 되므로 답이 될 수 없다. 정답은 형용사인 preventable이다.
해석 국제선 지연은 국내선 지연보다 종종 더 예방하기 쉽고 덜 흔하다.
어휘 international flight 국제선 delay 지연 preventable 예방할 수 있는 common 흔한 domestic flight 국내선

02 (B) reliable
해설 as ~ as의 원급 비교 형태로 사용이 가능한 것은 형용사이다. 형용사인 reliant(의지하는)와 reliable(믿을 만한, 신뢰할 만한) 중에서 monitor와 어울리는 것은 '믿을만한, 신뢰할 만한'의 reliable이다. reliant는 주로 전치사 on/upon과 쓰인다.
해석 의료기구지원팀은 그들의 심장 테스트 모니터가 시중에 나와 있는 다른 최고의 모델 만큼이나 믿을 만하다고 위원회에 말했다.
어휘 assure ~에게 보증하다, 책임지다

03 (B) cautiously
해설 빈칸 앞뒤로 as와 as possible이 있으므로 원급 표현을 묻는 문제임을 알 수 있다 〈as + 원급 + as possible〉 형태에서 원급 자리에 들어갈 수 있는 것은 형용사나 부사인데, 문맥상 '가능한 한 신중하게'란 뜻이 되어야 하므로 부사의 원급이 들어가야 한다. 따라서 정답은 cautiously이다.
해석 주식 가격이 갑작스럽게 하락하여서 소비자들은 가능한 조심스럽게 주식을 팔아야 한다.
어휘 stock market 주식 시장

04 (A) favorable
해설 빈칸 앞의 비교급의 수식을 받을 수 있는 것은 형용사와 부사이다. 하지만 빈칸 뒤의 명사 circumstances를 앞에서 수식해 줄 수 있어야 하므로 형용사가 들어가야 한다. 따라서 정답은 favorable이 된다.
해석 좀 더 유리한 조건하에서 새롭게 소개된 제품들은 그해 후반에 성공적이었다.
어휘 circumstance 상황 newly 새롭게 introduced 소개된, 도입된

05 (A) as
해설 '5개월의 나이만큼 어린 아이들'이라는 의미로 as ~ as의 원급 비교 구문이 쓰였다. 따라서 빈칸에는 (A) as가 들어가야 한다.
해석 연구자들은 5개월 정도의 어린아이들이 음악을 감상할 수 있다는 사실을 알아냈다.
어휘 researcher 연구자 be capable of -ing ~할 수 있다 appreciate 감상하다, 감사하다

06 (B) earlier
해설 빈칸은 동사 leave를 수식하는 부사가 들어갈 자리이다. 하지만 빈칸 뒤에 비교급과 함께 쓰는 than으로 보아 정답은 earlier가 된다.
해석 공식적인 퇴근시간보다 더 일찍 회사에서 나와야 하는 직원들은 상사의 허가를 받아야만 한다.
어휘 leave 떠나다 dismissal time 퇴근시간 approval 승인

Step 2 실전 TOEIC Test   p.233

01 (B) predicted
해설 비교급 관용표현인 〈비교급 + than predicted〉는 '예측했던 것보다 더 ~한'이라는 의미로 정답은 predicted이다.
해석 놀랍게도 주식 시장은 예전에 예측했던 것보다 30% 더 높게 올랐다.
어휘 surprisingly 뜻밖에, 의외로 stock market 주식 시장 previously 예전에 predict 예측[예견]하다

02 (A) as
해설 빈칸 앞에 as famous가 있으므로 빈칸에는 전치사 as가 와서 as ... as ~(~만큼 …한)의 비교 구문을 완성시켜야 한다. (B) of는 관계나 속함을 의미하는 전치사이고 (C) either는 부정문에서 '~도 그렇다'의 의미로 쓰이는 부사이고 (D) like는 '~와 같이'의 전치사이다.
해석 캘리포니아산 와인은 아시아와 동부 유럽에서는 칠레 와인만큼 유명하다.
어휘 famous 유명한

03 (B) efficient
해설 빈칸은 be동사 is의 보어 자리로 명사나 형용사가 위치할 수 있다. 또한 빈칸 앞의 비교급 more로 보아 형용사나 부사가 나와야 한다. 그러므로 두 가지 조건을 만족 시킬 수 있는 품사는 형용사로 efficient가 정답이 된다.
해석 운동 트레이너들은 매달 운동 습관을 바꾸는 것이 더 효율적이라고 자주 권고한다.
어휘 advise 권하다, 충고하다 physical 신체의, 육체의 efficient 효율적인 exercise 운동 routine 습관

04 (A) same
해설 빈칸은 be동사의 보어 자리로, 명사나 형용사가 위치할 수 있다. 보어가 명사일 경우 주어와 동격이 되기 때문에 '반복'의 의미인 (C) repeat이 정답이 되기에는 어색하다. 남은 선택지들은 모두 형용사로, 정관사 the 뒤의 전치사 as와 쓰일 수 있는 적절한 형용사 어휘를 선택해야 한다. 정답은 (A) same으로, the same as는 '~와 같은'의 의미를 갖는 관용어이다. (B) equal(~와 같은)은 전치사 to와 쓰이고 (D) fewest는 '가장 적은'의 최상급 표현의 형용사로 뒤에 수식하는 명사가 있어야 한다.
해석 새로운 모델에서 쓰인 부품은 이전 모델을 만들기 위해 사용되었던 것과 똑같다.
어휘 component 요소, 부품 previous 이전의

05 (C) accessible
해설 빈칸 앞의 more를 통해 형용사나 부사가 와야 함을 알 수 있다. 또한 앞의 동사 make는 5형식 동사로, 목적어 order의 목적보어로 형용사나 명사가 나와야 한다. 그러므로 두 가지 조건을 만족시킬 수 있는 것은 형용사인 accessible이 정답이다.

해설 패스트푸드 식당인 McGrady's는 소비자들에게 좀 더 접근 용이한 셀프 서비스 가판대 시스템을 도입했다.

어휘 introduce 도입하다 kiosk 가판대, 신문 매점, 키오스크 accessible 접근[이용] 가능한

06 (B) affordable

해설 빈칸 앞에 비교급 more의 수식을 받을 수 있는 품사로, vehicles를 꾸밀 수 있는 품사인 형용사 (B) affordable이 정답이다.

해설 요즘 더 많은 대학교 학생들이 차를 몰기 때문에, Frankfrut Auto사는 훨씬 저렴한 차를 대량 생산하고 있다.

어휘 mass-produce 대량 생산하다 affordable 저렴한

Lesson 2 비교급/최상급의 형태

Step 1 Warm-up Test p.235

01 (A) more efficient

해설 보기가 형용사와 부사의 비교급과 최상급으로 되어 있다. 빈칸 뒤의 than과 어울리는 것은 비교급이므로 정답은 형용사의 비교급 형태인 more efficient가 된다.

해설 지난 8월 발간된 회사의 분기별 보고서에서 On2 테크놀로지사는 고객이 속도가 느린 접속망을 통해 내용물을 보내는 경우 경쟁사의 것보다 자사의 데이터 압축 소프트웨어가 더 효율적이라고 밝혔다.

어휘 efficient 효율적인 issue 발행하다 stream 흘리다, 유출시키다 compression 압축, 응축

02 (A) further

해설 명사 information을 수식해 줄 수 있는 형용사를 고른다. 'more, additional'의 의미를 갖는 further(그 이상의)가 정답이다. further information/details(더 많은 정보/세부사항), until further notice(추후 통보가 있을 때까지) 등의 표현을 기억해두자. farthest는 far의 최상급으로 '가장 먼, 최대한의'의 의미를 갖는다.

해설 전시회에 대해서 더 자세한 정보를 알고 싶다면 www.globalconvention.com으로 방문하시기 바랍니다.

어휘 exhibition 전시회

03 (B) less

해설 energy는 불가산명사이고, 뒤에 than이 있으므로 little의 비교급인 less를 써야 한다. fewer는 복수 가산명사 앞에 쓰인다.

해설 새 컴퓨터는 이전에 생산된 컴퓨터 보다 전기를 약 50% 정도 덜 소비한다.

어휘 consume 소비하다 previously 이전에

04 (A) more quickly

해설 빈칸 뒤에 than이 나오므로 비교급이 와야 한다. 또한 빈칸에 필요한 품사가 형용사인지 부사인지 확인해야 한다. 빈칸 앞쪽의 동사 learn을 수식할 수 있는 품사는 부사이기 때문에 more quickly가 정답이 된다.

해설 오늘날 계속해서 변하고 있는 비즈니스 환경 때문에 우리는 예전보다 더 빨리 새로운 기술을 배워야만 한다.

어휘 business environment 비즈니스 환경 require ~을 요구하다

05 (B) less

해설 빈칸 뒤에 than이 쓰인 것으로 미루어 이와 짝을 이루는 비교급을 골라야 하는데, lesser는 little의 비교급 형태이나 '중요성, 가치 면에서 더 적은, 떨어지는'을 의미하므로 문맥에 어울리지 않는다. 따라서 less가 나와 덜 비싸다는 의미가 되어야 한다.

해설 EllynCom International의 새로운 핸드폰의 요금 제도는 경쟁사보다 덜 비싸다.

어휘 expensive 비싼 competing 경쟁하는

06 (A) further

해설 명사 penalty를 적절히 수식해 줄 수 있는 한정사[형용사]를 골라야 한다. '그 이상의 벌금이 필요하지 않았다'는 문맥이기 때문에 further가 정답이다. longer는 길이가 더 길다는 의미로, 적절하지 않다.

해설 회사가 오염된 강을 청소하는 데 비용을 지불하겠다고 합의한 후 정부는 더 이상의 벌금이 필요하지 않을 것이라고 결정했다.

어휘 cleanup 대청소, 재고정리 penalty 벌금

Step 2 실전 TOEIC Test p.235

01 (C) than

해설 빈칸 앞에 more client를 통해 비교급의 than이 들어가야 함을 알 수 있다.

해설 Business Daily지에 따르면, Newman & Marcos사는 다른 투자회사보다 더 많은 고객을 보유하고 있다.

어휘 client 고객, 클라이언트 investment company 투자회사

02 (B) faster

해설 빈칸 뒤에 비교급의 than이 있으므로 비교급의 표현인 faster가 정답이다. 여기서 faster는 부사 fast의 비교급으로 쓰인 것이다.

해설 Mr. Crouch는 다른 동료들보다 더 빠르게 거래를 마무리한다.

어휘 deal 거래, 합의, 일 co-worker 직장동료

03 (C) well

해설 as ------ as 사이에 들어가 명사 spas와 hotels 등을 연결할 수 있는 적절한 것은 '게다가, ~또한'의 뜻을 가지는 as well as의 well이다.

해설 이 월간지는 호텔과 여행, 올해의 40개 유명 음식점의 특집기사 뿐만 아니라 음식과 온천을 기사로 다룬다.

어휘 publication 출판(물) feature ~을 특색으로 하다 prestigious 고급의, 일류의, 유명한 compilation 편집, 편찬(물)

04 (C) than

해설 〈비교급 + than〉의 구문에 주의하자. 이때 than은 일종의 등위 접속사로서 절/단어/구를 연결할 수 있으므로 구조상으로도 보기 중 어울리는 것은 than뿐이다. as는 전치사로서 명사를 받을 수 있으나 '~로서'의 역할/자격의 명사를 받아야 하므로 부적절하고, 나머지 while(~동안)과 whether(~인지 아닌지)는 접속사이므로 명사만을 받을 수 없다.

해설 소유와 운영이 독립적인 항공사인 Skywest는 United Airlines를 제외한 다른 항공사들보다 많은 항공편을 운영하고 있다.

어휘 independently 독립적으로 operate 운영하다 with the exception of ~을 제외하고

05 (C) more difficult

해설 than 앞에는 비교급의 형태가 위치한다. 보기 중 비교급은 more difficult뿐이다.

해석 MacLellan은 컨설팅 회사를 시작하기 위해 다니던 회사를 그만두었다. 하지만 단기 임대 업무용 사무실을 찾는 것은 생각보다 더 어려웠다.

어휘 difficulty 어려움, 곤란   expect 기대하다, 예상하다

06 (C) than

해설 빈칸 앞의 more expensive와 함께 쓸 수 있는 것은 than이다. than은 뒤에 비교하는 대상이 나오며 문장 또는 구, 단어 등 모두 나올 수 있다.

해석 강철로 자동차의 골격을 구성하는 것은 알루미늄 합금을 사용하는 것보다 더 안전하지만 비쌀 것이다.

어휘 frame 뼈대를 형성하다   steel 강철

Lesson 3 비교급을 강조하는 부사 / the + 비교급

Step 1 Warm-up Test   p.237

01 (B) frequent

해설 becoming more가 빈칸 앞에 있으므로 '점점 더 ~해진다'는 의미가 되어야 한다. 따라서 빈칸엔 보어로 형용사가 들어간다. 정답은 '잦아지는'이라는 의미를 가진 형용사, frequent이다.

해석 I-Mobile의 새로운 전화 요금 제도에 대한 대중의 관심이 크게 증가했기 때문에 모든 주요 TV 채널에 광고가 더 자주 나온다.

어휘 the public 일반 대중   scale 규모, 스케일   replay 반복 상영   commercial TV 광고   frequent 빈번한

02 (B) easier

해설 빈칸 앞의 정관사 the로 인해 최상급을 고르지 않도록 해야 한다. HT's proposal과 TP's proposal을 비교하여 그 둘 중에서 HT's proposal이 실행하기가 더 쉽다는 의미이기 때문에 비교급이 나와야 한다. 이 문제는 비교급 앞에 the를 쓰는 경우를 묻는 문제이다. 보통 of the two things와 같이 나오는 경우 둘 중의 하나가 더 낫다는 의미로 비교급 앞에 the를 쓴다. 하지만 이와 같이 of the two ~가 없어도 의미상 비교 대상이 둘이 나오므로 〈the + 비교급〉을 쓸 수 있다.

해석 어제 회의에서 Dayton 컨설팅사의 이사는 TP사의 제안보다 HT사의 제안 쪽으로 결정했는데, 그 이유는 실행하기가 더 쉽기 때문이다.

어휘 decide 결정하다   implement 실행하다, 실시하다

03 (B) impressed

해설 〈the + 비교급, the + 비교급〉 구문에서 형용사나 부사를 답으로 선택하는 문제는 전체 문장 구조를 반드시 살펴보아야 한다. 문장 뒷부분의 형용사나 부사가 앞으로 도치된 구문이기 때문이다. 뒷문장의 일부가 앞으로 나와서 도치가 되었다면 뒷문장에서 비어 있는 부분을 찾아야 한다. they are ------ by her skills에서 적절한 형용사를 선택하는 것이 관건이다. 주어가 사람이기 때문에 감정동사 과거분사인 impressed가 답이 되어야 한다. 〈사람 + is impressed / 사물 + is impressive〉임에 유의하자.

해석 그녀와 일을 하면 할수록 그들은 그녀의 뛰어난 기획(정리) 능력에 더 놀란다.

어휘 organizing skill 정리[기획]하는 능력

04 (A) stronger

해설 make는 5형식 동사로 뒤에 목적격 보어인 형용사가 나와야 한다. 보기 중에 형용사로 쓸 수 있는 것은 비교급의 형태를 취하고 있는 stronger이다.

해석 더 나은 팀워크를 장려하기 위해 Mr. Costa는 항상 직원들 간의 유대 관계를 더 강하게 할 방법을 생각한다.

어휘 encourage 장려하다   bond 유대 관계

05 (B) healthier

해설 〈the + 비교급(the richer) ~, the + 비교급 ...〉(더 ~할수록, 더 ...하다) 구문으로 비교급 healthier가 정답이다.

해석 과일이나 채소의 빛깔이 풍부하면 할수록 건강에 더 좋다.

어휘 vegetable 채소

06 (B) especially

해설 형용사 helpful(유용한, 도움이 되는)를 수식하는 적절한 품사는 부사이다. so much는 부사로 쓰면 동사를 수식하므로(ex. Thank you so much.)이 문장에서는 부적절하다. 정답은 especially. 그러나 so much에서 형용사 much에 초점을 두면 〈so much + 불가산명사〉(매우 많은 ~) 구문으로 사용이 가능함에 주의하자.

해석 지방정부(에서 개최하는) 워크숍에 정기적으로 참석하는 것은 (우리의) 전체 프로젝트를 감독하게 될 기획자에게 특히 도움이 될 것이다.

어휘 oversee 감독하다   on a regular basis 정기적으로

Step 2 실전 TOEIC Test   p.237

01 (C) more difficult

해설 빈칸은 be동사 뒤에서 보어의 역할을 하는 자리인데, 빈칸 다음에 than이 있는 것으로 봐서 비교급이 나와야 한다. 따라서 more difficult가 적절하다.

해석 이미 성공적인 프린터에 기능을 더 추가하는 것은 그들이 예상했던 것보다 더 어려웠다.

어휘 add 더하다   feature 특징, 기능   successful 성공적인, 완성된

02 (A) more efficient

해설 efficient의 적절한 형태를 결정하는 문제이다. 빈칸 다음에 비교급에 사용되는 than이 있으므로, 비교급이 들어 가야하고, be동사 다음에는 보어(명사, 형용사)가 나와야함으로 more efficient가 적절하다.

해석 Yama Autos사에서 개발한 새로운 하이브리드 해치백 자동차는 타사에 비해 더 효율적이라고 판명되었다.

어휘 hybrid hatchback 하이브리드 해치백(차체 뒤쪽에 위로 들어 올려 열 수 있는 문이 있는 자동차)   efficient 효율적인, 능률적인

03 (C) more recently

해설 빈칸 뒤에 than이 있으므로 일단 최상급인 most recent와 most recently는 답에서 제외된다. recently는 단순 부사이기 때문에 비교 대상이 있을 경우 단독으로 사용할 수 없다. 따라서 답은 more recently이다.

해석 대부분의 스태프들은 인터넷 연결이 너무 느린 것에 대해 불평했기 때문에 컴퓨터보다 연결선을 더 최근에 바꿨다.

어휘 complain 불평하다   Internet connection 인터넷 접속

replace 교체하다, 대신하다

04 (D) higher
해설 관사 a와 함께 명사 standard를 수식할 수 있는 형용사 어휘를 선택하는 문제이다. 따라서 정관사 the와 함께 쓰여야 하는 최상급 표현 (A) highest는 제외된다. 또한 명사를 꾸밀 수 없는 부사 (C) highly도 정답이 될 수 없다. 문맥은 작년에 탁월한 실적을 올렸지만 올해는 더 높은 기준을 세운다는 의미이므로 '높은'의 일반 형용사 (B) high보다는 비교급 표현인 (D) higher가 적절하다.

해석 Brooks & Burke사는 이미 작년에 탁월한 실적을 올렸지만 올해는 그들 스스로 더 높은 기준을 세웠다.

어휘 outstanding 눈에 띄는 standard 기준

05 (D) fewer
해설 복수명사인 주어 people을 수식하는 적절한 형용사를 선택하는 문제이다. (A) least는 크기, 양, 정도 등이 '제일 적은'의 의미로 보통 정관사 the와 함께 쓰인다. (B) any는 '어느, 어떤'으로 단수명사를 수식하고 (C) smaller는 '크기가 더 작은'의 의미로 사람명사 people과 쓰기에는 어색하다. 따라서 정답은 '수가 더 적은'의 의미인 (D) fewer가 적절하다.

해석 작년과 비교해서 올해는 Saint Memorial Hospital에 있는 환자들을 도와주는 자원봉사자들이 적었다.

06 (B) valuable
해설 빈칸은 부사 very의 수식을 받으면서 명사 employee를 수식해 줄 수 있는 형용사가 위치하여야 한다.

해석 우리의 새로운 컨설턴트 Robert Stern는 Haverford 졸업생인데, 우리는 그가 아주 귀중한 직원이 될 것으로 예상한다.

어휘 consultant 컨설턴트 valuable 가치 있는

Lesson 4 비교급 관용표현

Step 1 Warm-up Test   p.239

01 (A) no
해설 빈칸은 명사 more rooms를 수식할 수 있는 형용사가 들어갈 자리이다. 보기의 부정어 중에서 형용사는 no이고 not은 부사이다. 그러므로 정답은 no가 된다.

해석 호텔 Zeta에는 이용할 수 있는 방이 없지만 Hotel Omega에는 아직 방이 몇 개가 있다.

어휘 available 이용할 수 있는

02 (B) no longer
해설 be동사와 현재분사 using 사이에 들어갈 부사를 찾는 문제이다. no longer는 '더 이상 ~하지 않는'이라는 의미이고 anymore 역시 '더 이상 (~하지 않다)'는 의미로 부정문이나 의문문 뒤에 쓰이므로 anymore가 답이 되기 위해서는 our company is not using your agency for future travel arrangements anymore.와 같이 써야 한다. 정답은 no longer가 된다.

해석 우리 회사는 앞으로의 출장에 귀하의 에이전시(여행사)를 더 이상 이용하지 않을 것입니다.

어휘 travel 여행, 출장 arrangement 일정, 준비

03 (B) less than
해설 수사인 four weeks를 수식하는 적절한 부사 어휘를 찾는 문제이다. 수사와 함께 하여 '~보다 적은'의 의미를 나타내는 less than이 정답이다. individually는 '개인적으로'라는 의미로 어색하다.

해석 크리스마스 파티까지 4주도 채 남지 않았기 때문에 우리는 고아들을 위한 기금을 모으는데 더 노력을 해야 한다.

어휘 raise (돈을) 모금하다 orphan 고아

04 (B) later
해설 편지를 2007년 3월 24일 이전에 보내라는 내용으로 시간관계를 설명할 수 있는 것은 later이다. no/not later than은 '~보다 늦지 않게, ~ 이전에'의 의미를 갖는 관용표현이다. more는 no more than의 형태로 '단지, 겨우'의 의미를 갖는다.

해석 이 편지에 서명하시고 날짜를 기입하셔서 늦어도 2007년 3월 24일까지 저희 사무실로 보내주시기 바랍니다.

어휘 sign 서명하다 send 보내다

05 (B) more than
해설 형용사 welcome을 수식할 수 있는 품사는 부사이다. 보기 중 부사는 '~ 이상'의 more than이다. enough는 부사로 사용할 수 있지만, 〈형/부 + enough〉의 구조를 취하므로 부적절하다.

해석 기금조성 제안이 필요하면 건물 관리자에게 연락하셔도 좋습니다.

어휘 fundraising 기금조성 welcome 환영받는

06 (B) fewer
해설 than이 오면 비교급이 필요하게 되고 비교의 기준이 되는 대상이 12 ~ destinations의 복수이므로 이와 어울릴 수 있는 것은 복수를 나타내는 fewer이다. lesser는 불가산명사와 어울리므로 정답이 될 수 없다.

해석 Caribbean으로 가는 이틀간의 호화로운 유람 여행에 이어 12곳이나 되는 유해한 Caribbean 기항지에 들른 다음 천국 같은 섬인 Barbados에서 하루 저녁 정박하고는 비행기로 집으로 가게 됩니다.

어휘 no fewer than ~만큼이나 delightful 유해한, 즐거운 lead up to ~로 통하다, ~로 향하다

Step 2 실전 TOEIC Test   p.239

01 (A) more
해설 than이 있으므로 quickly를 수식하는 비교급 (A) more가 와야 한다. (B) most는 최상급이므로 than과 함께 쓸 수 없다. (C) much는 much more처럼 비교급을 강조하는 기능을 한다.

해석 수사하는 동안 단서들이 예상했던 것보다 빨리 발견되었다.

어휘 investigation 조사, 수사 clue 단서 surface 겉으로 드러나다, 발견되다

02 (C) more than
해설 전치사 뒤의 명사 12 hours를 수식하는 부사를 찾는 문제이다. '12시간 이상'이라는 의미로 more than이 정답이다. not that은 이유나 원인을 말하는 접속사이고 within인 기간명사나 장소명사를 받는다.

해석 Ms. Kumar은 그녀의 비행기가 12시간 보다 더 지연되었기 때문에 Anchorage에서 밤을 보내기로 결정했다.

어휘 delay 지연시키다 more than ~보다 더

03 (A) more

해설 to부정사인 to invest와 전치사 in 사이에 들어갈 강조부사를 찾는 문제이다. 문맥상 '더 많이 투자한다'는 의미가 되어야 적절하므로, many와 much의 비교급인 more가 정답이다.

해석 올해 판매 성장으로 인하여 EMK International사는 장비에 더 투자할 수 있게 될 것이다.

어휘 growth 성장 allow + 사람 + to + 동사원형 ~에게 …할 수 있게 해주다

04 (A) sooner

해설 빈칸 뒤의 than을 통해 비교급이 들어가야 함을 알 수 있다. 빈칸 앞쪽으로 완전한 문장이 이어지고 있으므로 부사의 비교급이 들어가야 한다. 보기 중에서 부사의 비교급인 sooner가 들어가 예상했던 것 보다 더 빨리 왔다는 의미가 되어야 한다.

해석 뇌우는 일기예보보다 더 빨리 말레이시아를 강타할 것이라 예상된다.

어휘 thunderstorm 뇌우 hit 강타하다 weather forecast 일기예보 anticipate 예상하다

05 (A) more

해설 빈칸 뒤의 분사형형용사 advanced를 수식하는 적절한 어휘를 선택하는 문제이다. (B) ever는 부정문, 의문문 또는 if절에서 쓰이고 또는 비교급이나 최상급을 강조하는 부사 어휘이므로 정답이 될 수 없다. (C) almost는 '거의'의 뜻으로 동사와 목적어 사이에로 쓰일 수 없다. (D) since는 '~이래로'의 접속사이거나 전치사이므로 역시 정답으로 적절하지 않다. 따라서 가장 적절한 정답은 비교급의 부사인 (A) more(더)이다.

해석 컴퓨터의 효율성을 최상으로 끌어올리기 위해서는 하드 드라이브에 첨단 소프트웨어를 설치할 필요가 있다.

어휘 maximize 최상으로 끌어올리다 efficiency 효율성 install 설치하다 advanced 고급의, 최상의

06 (B) soon

해설 주어와 동사를 각 하나씩 갖춘 두 개일 절을 잇는 접속사를 만들어야 한다. 따라서 정답은 '~하자마자'의 as soon as를 이루는 (B) soon이 적절하다. as close as는 '~만큼 가까운'의 뜻으로 비교 대상이 있어야 하므로 (A) close는 정답이 될 수 없다. (C) next(다음의)는 뒤에 수식하는 명사와 앞에 관사가 쓰여야 하므로 정답이 될 수 없다. (D) nearly는 '거의'의 뜻의 부사로 as ... as ~(~만큼 ~한)의 문형과 쓰이기에는 비교 대상도 없고 수식하는 대상도 없으므로 정답이 될 수 없다.

해석 Orwell 부부가 참석하는 대로 연례 감사 행사를 시작할 것이다.

어휘 as soon as ~하자마자 annual 연중의, 연례의 appreciation 감사 ceremony 행사, 의식

Lesson 5 최상급의 이해

Step 1 Warm-up Test   p.241

01 (A) persuasive

해설 빈칸 앞에 최상급의 most가 보인다. be동사 뒤에 들어갈 보어를 선택해야 하는데, persuasively는 부사로 들어갈 수 없다. 그러므로 정답은 형용사인 persuasive가 된다.

해석 Newcastle사의 사장은 다른 회사들 중 Browns Wholesales의 담당자들이 가장 설득력 있기 때문에 그 회사에서 공급받기로 결심했다.

어휘 president 사장 persuasive 설득력 있는

02 (B) innovative

해설 빈칸 앞의 최상급을 받으며, 뒤의 명사 means(수단, 방법)를 수식할 수 있는 형용사가 들어가야 한다. 보기 중에서 형용사는 innovative이다.

해석 휴대폰으로 채팅하고 파일을 보내는 것은 10년에 걸쳐 가장 혁신적인 의사소통 수단이라고 여겨질 것이다.

어휘 chat 채팅하다 mobile phone 휴대폰 regard as ~로 여기다 innovative 혁신적인 communication 의사소통 means 수단 decade 10년

03 (B) Of

해설 빈칸 뒤의 all the advices를 받을 수 있는 전치사를 선택해야 한다. 문맥상 콤마 이하의 문장에서 '(~중에서) 가장 …한 것이다'라는 내용이므로 '여러 제안 중에서'라는 의미로 쓸 수 있는 것은 Of이다. 최상급 표현은 반드시 기준이 되는 범위 등이 있어야 하는데, 그 범위를 of(~중에)라는 표현으로 할 수 있다.

해석 Mr. Moyes가 그의 결혼식에 관해 받은 모든 충고들 중 그는 포도원이 야외 웨딩을 위해 가장 이상적인 장소라고 믿는다.

어휘 advice 의견, 충고 receive 받다 regarding ~에 관해 vineyard 포도원 ideal 이상적인 outdoor 야외의

04 (B) most

해설 선택지를 먼저 보면, 최상급과 비교급 중에서 선택하는 문제임을 쉽게 알 수 있다. 관용적으로 쓰이는 몇 가지 경우(Lesson 4 참조)를 제외하곤 정관사 the 뒤에 올 수 있는 것은 최상급이다.

해석 BL 산업에서 개발 중인 알츠하이머의 치료약은 내년 말쯤이면 가장 광범위하게 사용되는 치료법이 될 것이다.

어휘 Alzheimer (disease) 노인성 치매 medication 치료약물 treatment 치료법

05 (B) in

해설 기간명사인 ten years와 어울리는 적절한 전치사를 찾는 문제. among은 '~중에서, ~사이에'란 의미로, 사람이나 사물의 그룹들 사이를 의미하므로 기간명사와 어울리지 않는다. the first time ------ ten years는 문맥상 '~만에 처음 있는 일'이란 의미가 되어야 하므로 기간명사와 함께 쓰여 '~만에'란 의미로 쓰이는 in이 정답이다. 전치사 in은 '~만에' 혹은 '~후에'란 의미로 쓰이는데, 여기서처럼 〈the + 서수/최상급 + in + 기간〉의 구문으로 쓰일 경우 '~만에 처음으로/가장 ~한'이란 의미가 된다.

해석 만약 우리 판매량이 이 수준을 유지한다면, 연매출이 총비용을 넘어선 것은 10년 만에 처음 있는 일이 될 것이다.

어휘 remain ~인 상태이다 surpass (양, 정도 등이) ~을 능가하다, 뛰어넘다

06 (B) largest

해설 빈칸 뒤의 명사 indoor pool을 수식하는 형용사를 찾는 문제. 앞의 the world's로 보아 '세계에서 가장 큰 실내 수영장'이라는 의미가 되어야 적절하겠다. 따라서 최상급인 (B) largest가 정답이다. 비교급 larger는 비교 대상이 있어야 하므로 빈칸에 적절치 않다.

해석 저희 호텔 Han Nuri는 200명까지 수용할 수 있는 세계에서 가장 큰 실내 수영장을 가지고 있습니다.

어휘 indoor 실내의 accommodate 수용하다

Step 2 실전 TOEIC Test   p.241

01 (B) impressed

해설 be동사 다음에는 보어(명사, 형용사)가 나와야 한다. 빈칸 바로 앞에 오는 most는 형용사의 최상급을 표현해 주기에 빈칸에는 형용사가 와야 한다. 또한 사람이 감명을 받는 것을 의미함으로 수동태 표현인 impressed가 정답이다.

해석 내가 지금껏 들었던 모든 연설 중 Dr. Grant가 했던 뛰어난 연설이 가장 인상적이었다.

어휘 outstanding 뛰어난 be impressed by ~에 감동받다, 인상 깊다

02 (C) highest

해설 빈칸 앞의 정관사 the와 함께 뒤에 있는 명사 quality를 수식할 수 있는 형용사가 들어갈 자리이다. highly는 부사로 답이 될 수 없으며, higher는 비교급이므로 비교의 대상이 나와야 한다. 문두에서 현지(지역)의 모든 은행들과 비교해서 그중에 최고 질의 서비스를 제공한다는 의미이므로 최상급 형태인 highest가 정답이다.

해석 Livonia 현지에 있는 모든 은행들을 비해, TFC Bank는 가장 질 높은 고객 서비스를 제공하기로 유명하다.

어휘 compared to ~와 비교하여, ~에 비해 be known for (something) 어떤 특정 업적이나 특징으로 유명하다 provide 제공하다 quality (양)질, 우수함 customer service 고객 서비스

03 (C) hardest

해설 모든 자재들 중에 가장 단단하다는 의미이므로 최상급인 hardest가 가장 적절하다.

해석 Cruiser T-300에서 사용된 프레임은 자동차에 사용된 모든 금속 중에서 가장 견고한 것이다.

어휘 frame 골격 metal 금속 hard 견고한 automobile 자동차

04 (A) extensive

해설 빈칸은 최상급의 표현인 부사 the most와 함께 최상급을 만들어 명사 knowledge를 꾸미는 적절한 형용사가 위치해야 한다. 따라서 정답은 형용사인 (A) extensive(광범위한)가 가장 적절하다. (B) extent는 명사이고 (C) extensively는 부사, 그리고 (D) extension는 명사이다.

해석 Dr. White는 아동심리학에 대해 가장 광범위한 지식을 가진 사람이다.

어휘 extensive 광범위한 knowledge 지식 psychology 심리학

05 (A) distinctive

해설 빈칸에는 최상급의 표현인 the most와 함께 명사 workers를 수식하는 형용사가 들어가야 한다. 따라서 정답은 선택지 중 유일한 형용사인 (A) distinctive(독특한)이다. (B) distinction과 (D) distinctiveness는 명사이고 (C) distinctively는 부사이므로 명사를 수식할 수 없다.

해석 인정받은 스태프 중에서 Mr. Haywood는 전체 오피스 환경에서 긍정적 영향을 주는 가장 탁월한 직원들 중 하나이다.

어휘 recognized 인정된, 알려진 distinctive 독특한, 탁월한 vibe 분위기, 낌새, 영향을 주다, 발산시키다

06 (B) impressive

해설 빈칸은 최상급을 만드는 the most 뒤에 있으므로 형용사나 부사가 위치할 수 있다. 여기서 빈칸 뒤의 명사를 수식할 수 있는 형용사가 와야 한다. 따라서 형용사인 impressive가 정답이 된다.

해석 모든 지원자들 중 Kevin Lomax는 가장 인상적인 교육 배경과 경력을 가지고 있다.

어휘 applicant 지원자 impressive 인상적인 educational 교육의 background 배경

Lesson 6 최상급과 같이 쓰이는 부사와 형용사

Step 1 Warm-up Test   p.243

01 (A) very

해설 the best는 최상급 형용사인데 the와 best 사이에 올 수 있는 부사를 찾는 문제이다. 보기 중에 very는 the very best 구문으로 최상급을 강조할 수 있는 부사이므로 정답이다.

해석 그들은 새로운 특허를 지키기 위해 시장에서 가장 좋은 보험을 가입하기 위해서는 약간의 추가비용을 들일 만한 가치가 있다고 판단했다.

어휘 worth ~의 가치가 있는 so as to + 동사원형 ~하기 위하여

02 (B) highest

해설 뒤에 that is가 생략된 possible이 나오고 있는데 이것은 '가능한 모든 것'을 전제로 하고 있으므로 그 중에서도 '가장 ~한'이라는 의미의 최상급 구문이 되어야 한다.

해석 Samsung 자동차는 자회사에게 가능한 높은 자치권을 허락하고 있다.

어휘 subsidiary 자회사 autonomy 자치, 자치권

03 (B) higher

해설 of 뒤의 명사 quality를 수식하고 뒤의 than과 함께 쓸 수 있는 것은 비교급으로 higher가 정답이다.

해석 우리는 다른 제조사들의 시스템보다 더 좋은 질의 새로운 시스템을 만듦으로써 시장의 요구에 빠르게 반응해야 한다.

어휘 responsive 반응하는, 대처하는 manufacturer 제조사, 제조업체

04 (A) by far

해설 최상급을 강조하는 부사를 찾는 문제이다. 빈칸 뒤의 최상급 표현(the best selling magazine)을 강조해줄 수 있는 부사는 (A) by far이다. so는 원급을 수식하는 강조부사이다.

해석 The Sweet 16 Magazine은 10대 소녀들 사이에서 단연 가장 잘 팔리는 잡지이다.

05 (B) Of

해설 콤마(,) 뒤에 최상급 문장이 이어지고 있다. 최상급 표현은 반드시 경험이나 기간, 무리 등의 범위가 주어져야 한다. 그러므로 'Magicsoft가 판매하고 있는 PC게임들 중'에라는 의미로 전치사 Of가 들어가야 한다.

해석 Magicsoft가 판매하고 있는 PC게임들 중에 Misty Island가 고객들에게 가장 인기가 있다.

어휘 popular 인기 있는, 대중적인

06 (B) in

해설 빈칸 뒤의 a recent poll이라는 명사를 받을 수 있는 전치사를 찾는 문제. 앞에 최상급이 나오고 있다. 최근의 '여론조사에서' 가장 존경받는 5개 회사들 중의 하나라는 의미가 되어야 하므로 빈칸에는 전치사 in이 적절하다.

해석 Planet Technologies는 World Business에 실린 여론조사에서 가장 존경받는 5개 회사들 중의 하나로 이름이 올랐다.

어휘 name 호명하다　admire 존경하다　poll 여론 조사　publish 출간하다

Step 2 실전 TOEIC Test　　　　　p.243

01　　　　　　　　　　　　　　　　　　(C) latest

해설 빈칸 뒤의 명사 documentary film을 수식할 수 있는 형용사를 찾는 문제. 문맥상 '최근에 만든 영화'라는 의미로 latest가 정답이다. (A) late는 '늦은', (B) lately는 '최근에'의 시간부사이고 (D) lateness는 '늦음, 지각'의 명사이므로 정답이 될 수 없다.

해석 Chris Weaving 감독의 최근 다큐멘터리 영화는 BNC 채널에서 독점적으로 방영될 것이다.

어휘 exclusively 독점적으로

02　　　　　　　　　　　　　　　　　　(A) any

해설 'A는 (비교 대상) 못지않게 ~하다'는 의미의 〈A + 동사 + as ~ as any + 명사(비교 대상)〉 구문이다. 이 문제에서는 명사 자리에 managers가 왔고 그 앞자리가 비어 있으므로 빈칸에는 any를 넣어주면 되겠다.

해석 Turner 교수는 다른 어떤 관리자들 못지않게 잠재력을 최대한으로 끌어낼 수 있는 매우 유명한 멘토이다.

어휘 well-renowned 잘 알려진, 매우 저명한　mentor 조언자, 조력자　potential 잠재력

03　　　　　　　　　　　　　　　　　　(B) brightest

해설 빈칸은 뒤에 명사 street을 수식하는 형용사가 들어갈 자리이다. 하지만 뒤의 to date와 lights를 함께 어울려 '현재까지 가장 밝은'의 의미를 가질 수 있는 최상급 형태인 brightest가 정답이다.

해석 Vreeland Ave.의 안전을 강화하기 위해 시장은 가장 밝은 가로등을 거리에 설치하기로 했다.

어휘 ensure 반드시 ~하게 하다　mayor 시장　street light 가로등

04　　　　　　　　　　　　　　　　　　(C) single

해설 보기 중 최상급과 어울리는 적절한 형용사는 '단 하나의, 단일한'의 single뿐이다.

해석 광고비용이 회사에 차지하는 단일 비용으로는 가장 크기 때문에 최근에 소비자 지출의 감소한 이후로 대부분의 회사들은 마케팅 전략을 재고해야 했다.

어휘 be forced to + 동사원형 ~하도록 강요되다　spending 지출, 소비　alone 혼자서　separate 따로따로, 개별적인　desperate 필사적인, 절박한

05　　　　　　　　　　　　　　　　　　(C) latest

해설 빈칸 뒤에 명사 items를 수식할 수 있는 형용사 자리로 (D) lateness는 명사로 답이 될 수 없으며, (A)는 '늦은'이라는 의미로 어색하다. 빈칸 앞에 the very와 문맥상 시장에서 구매할 수 있는 가장 최신 제품이라는 의미로 최상급 latest가 나와야 한다.

해석 우리는 우리의 제품이 오늘날 시장에서 구매할 수 있는 가장 최신 제품이라고 생각한다.

어휘 believe 생각하다, 믿다　item 물건, 제품　available 구매[이용]가능한　market 시장

06　　　　　　　　　　　　　　　　　　(C) finest

해설 보통 one of the 뒤에는 복수명사가 나와야 한다. 하지만 보기에는 명사가 없고 뒤에 available in the market이라는 최상급을 유도하는 어구가 있다. 따라서 빈칸에는 형용사의 최상급인 finest가 적절하다. one of the finest products가 완전한 형태이지만 반복을 피하기 위해 앞에 나온 products는 생략되었다.

해석 우리는 저렴한 가격의 다양한 컴퓨터 장치를 판매하고 우리 제품들은 시장에서 구매할 수 있는 가장 좋은 제품들 중의 하나이다.

어휘 various 다양한　available 이용할 수 있는

Lesson 7 최상급 관용표현

Step 1 Warm-up Test　　　　　p.245

01　　　　　　　　　　　　　　　　　　(A) second

해설 최상급 표현으로 정관사 the와 최상급인 biggest 사이에 들어갈 알맞은 숫자 표현을 찾는 문제. 문맥상 '두 번째로 큰 도시'라는 의미가 되어야 자연스러우므로 서수인 second가 적절하다.

해석 Birmingham은 영국에서 두 번째로 큰 도시이다.

어휘 the second + 최상급 두 번째로 가장 ~한

02　　　　　　　　　　　　　　　　　　(B) longer

해설 take는 '시간, 노력 등이 걸리다, 소요하다'라는 의미로도 사용된다. 문맥상 '신축 공사가 예상보다 더 오래 걸렸다'라는 의미이므로 '시간'과 관련이 있는 longer가 정답이다.

해석 신규 건설 프로젝트는 예상보다 시간이 대략 3배나 더 걸렸다.

어휘 construction 건축　approximately 대략, 거의　anticipate 예상하다, 예견하다

03　　　　　　　　　　　　　　　　　　(B) easiest

해설 올바른 형태의 최상급을 찾는 문제이다. be동사 is 뒤에는 주격 보어가 와야 하므로, 부사 최상급은 올 수 없다. 따라서 형용사 easy의 최상급인 (B) easiest가 정답이다. '~하기 쉽다'는 〈be easy to + 동사원형〉의 표현에서 easy 자리에 최상급이 들어간 경우이다.

해석 관리자는 이런 종류의 부정행위는 연관된 확실한 증거 때문에 잡아내기가 가장 쉽다고 말했다.

어휘 administrator 관리자, 행정관　cheating 사기　hard evidence 확실한 증거

04　　　　　　　　　　　　　　　　　　(A) fullest

해설 빈칸 뒤의 명사 extent(정도)를 수식할 수 있는 형용사를 찾는 문제. 빈칸 앞의 정관사 the와 함께 쓸 수 있는 것은 보기 중에서 형용사의 최상급의 형태를 띠고 있는 fullest이다.

해석 Allentown Daily의 컬럼니스트들은 자신들의 기사에 있는 내용들이 모두 사실인지를 확인하라는 지시를 받고 있다.

어휘 check the fact 내용을 확인하다

05　　　　　　　　　　　　　　　　　　(A) among

해설 빈칸 뒤의 명사 local residents를 받을 수 있는 전치사로 앞에 최상급과 어울려 '현지인들 사이에서 가장 인기가 있다'는 의미가 되어야 자연스럽다. 따라서 '~사이에서'란 의미의 (A) among이 정답이다.

해석 표가 3주전에 다 팔렸다는 사실은 Mr. Bean이 현지인들 사이에서 가장 인기가 있다는 것을 말해주고 있다.

어휘 sell out 매진되다　suggest 시사하다　local 현지의　resident 주민

06 (A) other

해설 빈칸 앞의 〈비교급 + any ~〉로 보아 비교급을 이용한 최상급 구문이다. '다른 어떤 전략보다 더'라는 의미가 될 수 있도록 other가 와야 한다.

해석 우리의 새로운 온라인 판촉은 다른 어떤 전략보다도 더 빠르게 수익을 증가시킬 것이다.

어휘 boost 올리다 fast 빠르게

Step 2 실전 TOEIC Test p.245

01 (B) highest

해설 동사 earned의 목적어로 빈칸 뒤의 명사 ratings를 수식하는 형용사 자리이다. 빈칸 앞의 정관사 the와 문미에 올해의 여론 조사라는 범위가 나오고 있으므로 최상급인 highest가 정답이다.

해석 KTX Industries사는 올해의 최고 기업 여론조사에서 고객만 족도에서 가장 높은 등급을 받았다.

어휘 earn 얻다 customer satisfaction 고객만족

02 (B) earlier

해설 빈칸 뒤에 '~보다'의 비교의 의미를 가진 접속사 than이 있으므로 빈칸에는 비교급 표현이 위치해야 한다. 따라서 가장 적절한 정답은 부사 early의 비교급 형태인 (B) earlier이다. (C) earliest는 최상급 표현이고, (D) earliness는 명사이므로 정답이 될 수 없다.

해석 판매직의 인터뷰가 정확하게 오전 8시에 시작됐기 때문에 Ms. Jameson은 평소보다 일찍 출근해야만 했다

어휘 promptly 정시에 usual 평소에

03 (B) than

해설 비교급인 better와 비교 대상인 any other ~를 이어줄 수 있는 것은 '~보다'란 의미의 than이다. 〈비교급 + than any other + 복수명사〉는 '~보다 더 …한', 즉 '가장 ~한'이란 뜻의 최상급 의미를 지니는 표현이다.

해석 Elecrica 150 T의 연비는 다른 어떤 전기 자동차가 보다 낫다.

어휘 fuel efficiency 연비(연료 효율성) vehicle 차량

04 (C) prior

해설 빈칸 뒤의 전치사 to와 함께 '계좌를 개설하기 전에'라는 의미를 가질 수 있는 것은 보기 중에 prior 뿐이다. conducive 역시 전치사 to를 동반하지만 '~하기에 좋은[쉬운]'이라는 의미이다.

해석 우리 은행에서 당좌 예금 계좌를 열기 전에 신청서를 작성해야만 한다.

어휘 fill out 작성하다 application form 신청서 checking account 당좌 예금 계좌

05 (B) second

해설 최상급에서 사용할 수 있는 수의 형태는 서수뿐이다. 정답은 second로 '캐리비안에서 두 번째로 가장 큰 유람선'이라는 의미이다.

해석 우리 선박 중 가장 최신의 배이자 Caribbean에서 두 번째로 큰 유람선인 Maid of the Caribbean호를 타고 편안한 여행을 하시기 바랍니다.

어휘 in comfort 편안하게, 안락하게 fleet 선단, 함대 secondly 두 번째로(주로 문장을 수식하는 부사) second-hand 중고의

06 (A) superior

해설 빈칸 뒤에 any others라는 비교 대상이 있으므로, 빈칸에는 비교급이면서 전치사 to를 가지는 라틴계 비교급 (A) superior가 들어가야 한다.

해석 우리 제품들의 품질은 전국에서 있는 다른 어떤 것(제품)보다 가장 우수하다는 것을 확실하게 아시게 될 겁니다.

어휘 assure 확신시키다, 보장하다 quality 품질 nation 전국, 국가

Chapter 11 전치사

Lesson 1 전치사와 접속사의 구분

Step 1 Warm-up Test p.249

01 (B) within

해설 전치사와 접속사를 구분하는 문제로, 문장에 동사가 하나밖에 없고 빈칸 다음에 명사 the speed limit(제한속도)가 있는 것으로 보아 정답은 전치사인 within(~이내에)이다. while은 접속사로 답이 될 수 없다.

해석 외국에서 운전하게 되는 경우에는 당신 자신을 위해 제한속도 내에서 운전하세요.

어휘 for your own good 당신 자신을(자신의 이익을) 위해, 당신에게 좋도록 foreign 외국의 speed limit 제한속도

02 (B) Instead of

해설 빈칸 다음에 taking이 나와 있다. 따라서 빈칸은 접속사 또는 전치사가 들어가야 한다. However는 (접속)부사이므로 답이 될 수 없다. 따라서 동명사 taking을 받을 수 있는 것은 Instead of(~대신에)이다.

해석 호텔로 고객을 데리고 오는 대신에 Ms. Becker는 전통적인 독일식 레스토랑으로 그를 초대했다.

어휘 instead of ~대신에 traditional 전통적인 German 독일의

03 (A) during

해설 빈칸 다음에 시간명사 rush hours가 있다. 명사 앞이므로 전치사의 자리이다. 따라서 접속사인 when은 탈락된다. during(~하는 동안)은 기간명사와 어울리는 기간 전치사이므로 정답이 된다.

해석 만약 당신이 차를 몰고 시내로 올 예정이라면 러시아워 동안은 Hudson Parkway를 타지 마세요.

어휘 rush hours 혼잡시간, 러시아워

04 (A) Despite

해설 빈칸 다음에 명사 the financial issues가 있고, 그 다음에 콤

마와 함께 주어와 동사가 나오면서 문장이 이어 지고 있다. 결국 전치사를 넣어서 전치사구가 부사 역할을 하도록 하는 구조이다. Unless는 접속사이므로 제외된다. 따라서 '금융 이슈에도 불구하고, 새로운 디자인 개발에 착수하기로 했다'는 대조적인 문맥 이므로, 정답은 전치사 Despite이다.

해석 재정적인 문제에도 불구하고 Mr. Walton은 새로운 렌즈 디자인 개발에 착수하기로 결정했다.

어휘 financial 재정적인 commence 착수하다, 시작하다 development 개발

05 (B) to

해설 힌트는 빈칸 앞 committed에 있다. commit은 전치사 to와 함께 be committed to(~에 헌신하다)라는 숙어 표현으로 쓰인다. 따라서 답은 to이다.

해석 Margaret Tunney는 Victor & Tunney사를 세계적 기업으로 발전시키려고 끊임없이 헌신해온 이례적일 정도로 우수한 사람이다.

어휘 exceptional 이례적일 정도로 우수한 individual 사람 relentlessly 끊임없이, 가차 없이, 용서 없이

06 (B) before

해설 빈칸 뒤의 동명사 구를 이끄는 적절한 전치사를 선택하는 문제이다. 따라서 결과를 의미하는 접속사 so that은 답이 될 수 없다. 문맥상 '실험 시작 전에 모든 장비를 점검하는 것은 중요하다'의 의미이므로 '~이전에'의 전치사 before가 정답이다.

해석 실험을 시작하기 전에 모든 장비가 제대로 기능을 하는지 안하는지 점검하는 것은 중요하다.

어휘 equipment 장비 function 기능을 하다 properly 제대로 experiment 실험

Step 2 실전 TOEIC Test   p.249

01 (A) within

해설 빈칸 뒤 thirty days라는 기간 명사와 어울리는 전치사를 찾는 문제이다. (C) still은 부사. (D) even은 부사와 형용사로 사용되므로 답이 아니다. (B) behind는 전치사이기는 하나, '~의 뒤에'라는 뜻으로 기간을 나타내지 않는다. 따라서 선택지 중에서 유일한 기간 전치사인 (A) within이 정답이다.

해석 만약 전액 환불을 받기를 원한다면 구매한지 30일 안에 원래 패키지 형태대로 돌려주세요.

어휘 receive 받다 full refund 전액 환불 original 원래의 return 돌려주다

02 (D) During

해설 빈칸 뒤에 명사가 위치해 있으므로 빈칸에는 전치사가 와야 한다. 따라서 부사인 (B) Even(~조차)과 접속사 (C) When(~할 때)은 정답에서 제외한다. 문맥은 '프레젠테이션하는 동안 명확한 예를 들었다'의 의미이므로 적절한 정답은 '~하는 동안'이라는 기간의 의미를 지닌 전치사 (D) During이다. (A) Of는 '~의'의 뜻으로 속함을 의미하거나 관계를 의미하는 전치사이다.

해석 프레젠테이션동안 Mr. Malcovich는 얼마나 그의 새로운 마케팅 전략이 효과가 있었는지 설명하기 위해 매우 분명한 예를 들었다.

어휘 clear 분명한 example 예시 describe 설명하다, 묘사하다

03 (D) except for

해설 명사구 앞에 빈칸이 있으므로 빈칸에는 전치사가 위치해야 한다. 따라서 접속사인 (A) even though(비록 ~일지라도)와 (B)

unless(만약 ~이 아니라면)는 제외된다. (C) opposing은 '서로 겨루는'의 형용사이다. 동사 oppose(동의하지 않다.)의 분사로 본 다해도 의미상으로 어색하다. 따라서 가장 적절한 답은 '~을 제외하고'의 (D) except for이다.

해석 회계 부서의 몇몇 스태프만 제외하고 각 부서의 모든 스태프들은 연회 만찬에 참석했다.

어휘 except for ~을 제외하고 banquet 연회(만찬, 성찬) accounting 회계

04 (D) up to

해설 빈칸 뒤의 수를 나타내는 명사 80,000 people과 어울려 쓸 수 있는 전치사를 선택하는 문제이다. (A) such that은 결과를 의미하는 접속사이므로 정답이 될 수 없고 (B) in which는 뒤에 완전한 절과 함께 쓰이는 관계대명사로 역시 정답이 될 수 없다. (C) out of는 '~중에서'의 전치사로 문맥상 맞지 않다. 따라서 정답은 '~까지'의 의미인 (D) up to로, 수나 정도를 의미하는 명사와 쓰이는 전치사이다.

해석 현재 공사 중에 있는 Maine Lobsters의 새로운 미식축구 경기장은 8만 명까지 수용할 것이다.

어휘 under construction 공사 중에 있는

05 (B) Because of

해설 빈칸 뒤에 명사어구가 나와 있으므로 빈칸에는 전치사가 위치해야 한다. 따라서 접속부사인 (A) Consequently(결과적으로)와 부사인 (D) Thus(이와 같이)는 제외된다. 문맥은 '그녀의 취향 때문에 ~는 항상 높은 판매를 기록했다'의 인과관계를 가지고 있으므로 정답은 '~때문에'의 (B) Because of가 가장 적절하다. (C) According to는 '~에 따르면'의 의미를 가진 전치사이다.

해석 디자인에서 그녀의 놀라운 취향으로 인해 Ms. Miyake의 패션 액세서리는 항상 여자들 사이에서 높은 판매를 기록했다.

어휘 sensational 세상을 놀라게 하는, 돌풍을 일으키는

06 (D) as a result of

해설 빈칸 뒤의 명사 a success를 받을 수 있는 전치사가 들어갈 자리이다. 보기 중의 (A) only if는 접속사, (B) provided that(~한다면) 역시 접속사이다. (C) in order to는 뒤에 동사원형이 나와야 한다. 그러므로 정답은 전치사인 (D) as a result of (~의 결과로서)이다.

해석 Version Computers사와의 협상이 성공적으로 끝나서 Laser Square Software사의 판매는 지난 해부터 두 배가 되었다.

어휘 double 두 배가 되다 negotiate 협상하다

Lesson 2 기본 전치사 at/in/on

Step 1 Warm-up Test   p.251

01 (B) at

해설 빈칸 뒤의 구체적인 시간명사인 three o'clock을 받을 수 있는 전치사는 at이다. at은 시간을 나타낼 때 기준이 될 수 있는 특정 시점을 받는 기준 전치사이다. 하지만 전치사 in은 시간을 나타낼 때는 연도, 월을 의미하거나 기간을 나타내는 시간명사를 받는 기간 전치사로 답이 될 수 없다.

해석 Mr. Cohen의 발표는 오늘 오후 3시에 시작하기로 되어 있다.

어휘 be scheduled to + 동사원형 ~할 예정이다

02 (B) on
해설 빈칸 뒤의 August 12라는 날짜를 받을 수 있는 것은 전치사 on이다. on은 날짜나 요일을 받는 전치사이다.

해석 고객들은 마케팅 이사를 만나기 위해 8월 12일에 사무실로 올 것이다.

어휘 client 고객

03 (B) in
해설 빈칸 뒤의 장소명사인 the main lobby를 받을 수 있는 전치사는 in이다. on은 장소 전치사로 쓰이긴 하지만 표면상에 붙어있다는 의미로 쓰이므로 답이 될 수 없다.

해석 다과는 Mr. Park의 연설이 끝난 후 메인로비에서 드실 수 있습니다.

어휘 refreshments 다과 available 이용 가능한

04 (A) in
해설 빈칸 뒤 과거의 기간을 나타내는 명사 the last five years를 받을 수 있는 전치사를 선택하는 문제이다. 전치사 in은 뒤에 기간명사를 받아 '~후에'라는 의미를 갖기도 하지만 the last/past ~ 등과 함께 나오는 기간명사를 받아 '~사이에'라는 의미를 갖는다.

해석 Z-1200 컴퓨터의 판매는 지난 5년 사이에 두 배가 되었다.

어휘 sales 판매

05 (A) on
해설 '핸드폰을 테이블 위에서 찾았다'는 문맥이 가장 자연스러우므로 '~위에'의 전치사 on이 답으로 가장 적절하다. to는 '~에'의 의미로 방향을 나타내므로 문맥에 알맞지 않다.

해석 Mr. Kirkwood는 Ms. Courtney의 핸드폰을 스낵 룸에 있는 테이블 위에서 찾았지만 그녀는 이미 퇴근했다.

어휘 find 찾다 already 벌써, 이미

06 (B) in
해설 빈칸 뒤의 색깔을 의미하는 명사 white와 쓰일 수 있는 전치사 어휘를 선택하는 문제이다. 정답은 in으로 색을 나타내는 명사 앞에서 쓰여 '특정 색으로 된(만들어진)'의 의미로 쓰인다. at은 장소를 의미하는 전치사로 답이 될 수 없다.

해석 Sleep Mate의 새로운 베개 세트는 흰색, 아이보리, 파란색과 검정색이 가능하다

어휘 pillow 베개

Step 2 실전 TOEIC Test p.251

01 (D) in
해설 빈칸 뒤의 기간명사 three months를 받을 수 있는 전치사가 들어가야 한다. 여론조사 결과가 언제 나올 것이라는 미래 시제와 함께 어울려 '3달 후에'라는 미래 시점을 알 수 있는 전치사로 in이 가장 적절하다.

해석 고객 여론조사 결과는 3달 후에 발표될 것이다.

어휘 release 알리다, 발표하다, 출시하다

02 (A) at
해설 빈칸 뒤의 목적어 the conclusion과 어울려 적절한 의미를 형성할 수 있는 전치사를 찾는 문제이다. at the conclusion of는 '~가 끝날 때'의 의미를 가진 관용어구이다. 따라서 가장 적절한 답은 (A) at이다. (B) in은 in conclusion으로 쓰이기도 하지만 '끝으로, 결론으로서'의 뜻으로 문맥에 어울리지 않는다. (C) since는 과거 시점명사와 쓰여 '~이래로'의 뜻을 가진 전치사이므로 정답으로 적절하지 않고 (D) except는 전치사 for와 쓰여 '~을 제외하고'의 뜻을 가지므로 역시 정답이 될 수 없다.

해석 오늘 세미나가 끝나면 리셉션에 명찰을 반납해주시기 바랍니다.

어휘 leave sth with sb ~을 …에(게) 주다

03 (B) At
해설 빈칸 뒤의 회사명을 나타내는 Kale Consulting Inc.을 받을 수 있는 장소의 전치사 at이 정답이다.

해석 Kale Consulting사에서 우리는 팀웍을 중요하게 생각하고 협조적인 근무환경을 조성한다.

어휘 value 중요하게 생각하다 foster 조성하다, 발전시키다 cooperative 협조적인, 협력적인 working environment 근무환경[조건]

04 (A) on
해설 빈칸 뒤의 명사 your right와 어울려 쓰이는 전치사를 선택하는 문제로 '~의 오른편에, 오른쪽에'의 구문에는 전치사 on과 함께 on your right가 쓰인다. 따라서 정답은 (A) on이다. (B) at은 장소명사나 시간명사와 함께 쓰이고 (C) for는 목적의 의미를 가지고 있거나 기간명사와 함께 쓰인다. (D) with는 '~와 함께'라는 뜻으로 관계를 의미하는 전치사이다.

해석 일단 Kingko's Diner를 지나서 5분 동안 걸으면 오른쪽에 China Gate를 찾을 수 있을 것입니다.

05 (A) in
해설 빈칸 뒤의 기간명사인 fifteen years를 받을 수 있는 전치사는 in뿐이다.

해석 그 스케이트 선수가 성공한다면, 유럽인이 이 경기에서 우승하는 것은 15년 만에 처음 있는 일이 될 것이다.

어휘 win a prize 우승하다, 상(금)을 받다

06 (D) on
해설 빈칸 뒤의 명사 online newspapers를 받을 수 있는 전치사를 선택하는 문제이다. 정답은 (D) on이다. 전치사 on은 TV, radio, Internet 등의 방송매체 앞에서 쓰이는 전치사이다. (A) of(~의)는 서로 속해있는 관계이거나 관련이 있는 명사들을 이어주고 (B) up(~위로)는 방향을 의미하는 전치사, (C) as(~로서)는 자격을 의미하는 전치사이므로 답으로 적절하지 않다.

해석 전문가는 인터넷 사용자들이 온라인 신문의 광고가 (그들을) 짜증나게 하고 귀찮게 하는 것을 알기 때문에 온라인 광고는 매우 비효과적이라고 말한다.

어휘 ineffective 비효과적인 disturbing 짜증나게 하는 annoying 귀찮은

Lesson 3 기간 전치사와 기준 전치사

Step 1 Warm-up Test p.253

01 (A) prior
해설 빈칸 뒤 전치사 to가 힌트이다. 전치사 to와 함께 쓸 수 있고 문맥에 어울리는 전치사를 찾아야 한다. 의미상 '계좌를 열기에 앞서 신청서를 작성해야 한다'라는 문맥이 가장 자연스럽다. 따라서 답은 prior이다. prior는 to와 함께 '~전에'라는 시간의 순서를 나타내는 전치사로 사용된다. forward는 look forward to

N/-ing(~를 기대하다)의 문형으로 자주 쓰이므로 답이 될 수 없다.

해석 우리 은행에서 당좌 예금 계좌를 만들기 전에 신청서를 작성해야만 한다.

어휘 fill out 작성하다 application form 신청서 open an account 계좌를 만들다

02 (B) by

해석 빈칸 뒤에 시점을 나타내는 시간명사 the end of today가 있으므로 빈칸에는 시간과 함께 쓰이는 전치사가 와야 한다. on은 요일과 날짜 앞에 쓰이는 전치사이다. 문맥상 '오늘까지 제출하다'라는 의미를 완성시키는 시간의 전치사 by가 정답이다.

해석 모든 직원들은 오늘 퇴근 전까지 일일보고서를 제출하라는 연락을 받았다.

어휘 be informed 통지받다 submit 제출하다 daily 매일의

03 (B) for

해석 빈칸 뒤에 기간명사 (over) fifteen years가 있으므로 빈칸은 기간을 나타내는 전치사가 들어가야 한다. 전치사 for는 '~하는 동안에'라는 기간의 의미를 가지며, in은 기간명사와 쓰이면 '~에' 또는 '~후에'의 의미를 가진다. 하지만 문맥상 동사가 완료 시제이므로 과거부터 해왔다는 내용이 되어야 하므로 전치사 for가 정답이 된다.

해석 우리 매니저 Mr. Hillman은 Sioux Manufacturer사에서 15년 넘게 근무해 오고 있다.

어휘 work for 근무하다

04 (B) since

해석 빈칸 뒤의 Friday라는 시간명사가 나와 있으므로 빈칸에는 시간을 나타내는 전치사가 들어가야 한다. until은 '~까지'의 의미를 지니고 있고 since는 '~이래로'의 뜻을 가지고 있는데, 문장의 시제가 완료 시제이므로 답은 since이다. since는 시간명사를 동반하고 동사는 완료 시제를 만들어주는 전치사이다..

해석 Ross Building의 엘리베이터는 금요일 이후로 제대로 작동되지 않고 있다.

어휘 operate 작동하다 properly 제대로

05 (A) by

해석 빈칸 앞 be over는 '끝나다'라는 의미이므로 빈칸에는 8시까지라는 완료의 의미를 만들어 주는 전치사 by가 들어가야 적절하다. on은 요일이나 날짜 앞에 쓰이는 전치사로 적절하지 않다.

해석 많은 참가자들이 악천후로 인해 기념식에 참석할 수 없었기에 식은 저녁 8시면 끝날 것으로 예상된다.

어휘 attendant 참가자들 ceremony 기념식

06 (B) before

해석 빈칸 뒤 기간을 나타내는 명사 July 7가 있으므로 시간, 기간과 관련된 전치사를 찾아야 한다. 보기 중 within은 기간의 명사를 받지만 '특정 기간 내에'라는 뜻이 있으므로 문맥상 어울리지 않는다. before는 '7월 7일전에 그의 일을 못 끝낼 것 같다고 상사에게 말했다'라는 자연스러운 문맥을 만들어 주므로 답으로 적절하다.

해석 업무 과부하로 Mr. Young은 그의 처음 마감일인 7월 7일 전에 그의 일을 못 끝낼 것 같다고 상사에게 말했다.

어휘 overload 과부하 supervisor 직속상사 initial 시초의, 처음의 due date 마감일

Step 2 실전 TOEIC Test p.253

01 (A) by

해석 빈칸 뒤의 시간명사 Monday와 어울려 쓰이는 전치사를 선택하는 문제이다. 정답은 '~까지'의 시간의 의미를 가진 전치사 (A) by이다. (B) in은 기간명사와 쓰여 '~이후에'라는 의미를 가지고 있으므로 정답이 될 수 없다. (C) at은 '~에'의 뜻으로 시간명사와 쓰이지만 요일과는 쓰일 수 없다. (D) to는 '~에게, ~에'라는 방향의 의미를 가진 전치사이다.

해석 당신이 소포를 월요일까지 반납하는 한 당신은 전액 환불을 받을 것이다.

어휘 as long as ~하는 한 return 반납하다 full refund 전액 환불

02 (B) Since

해석 뒤에 과거 시점의 명사 1933이 나와 있고, 주절의 시제가 현재완료이므로 (B) Since(~이래로)가 가장 적절하다. since는 과거 시점을 나타내는 명사를 동반하고, 주절의 시제는 완료 시제를 써 준다. since는 문제를 풀 때 주절의 시제에 주목하면 쉽게 풀린다. (A) Before는 문맥상 주절에 과거나 과거완료와 함께 나와야 하며, (C) On은 연도 앞에는 쓰이지 않는다. 완료를 의미하는 전치사 (D) By가 오면 주절의 시제는 과거완료가 되어야 한다.

해석 1933년 이래로 Orlando Brando는 남성만을 위한 고급 예복용 구두를 만듦으로써 명성을 쌓아왔다.

어휘 reputation 명성 high quality 고급의 dress shoe 예복용 구두 exclusively 독점적으로

03 (D) until

해석 빈칸 뒤의 명사구가 시간을 나타내고 있으므로 시간의 의미를 가진 전치사를 선택해야 한다. 따라서 접속사인 when(~할 때)는 제외시킨다. (A) during은 '~동안에'의 의미로 기간을 의미하기 때문에 빈칸 앞의 동사 will be postponed(연기될 것이다)와 같이 쓰이기에 어색하므로 정답이 될 수 없고 (C) since는 과거 시점 명사를 동반하므로 역시 정답으로 적절하지 않다. 정답은 '~까지'의 시간의 의미를 가진 (D) until이다.

해석 우리는 최고 재정 관리자가 경미한 차 사고가 나서 회의가 오늘 늦은 오후로 연기될 것이라고 금방 연락을 받았다.

어휘 minor 경미한 postpone 연기하다

04 (C) during

해석 빈칸 뒤의 명사 Mr. Tanak's presentation을 받을 수 있는 전치사를 골라야 한다. (A) between은 둘 사이를 의미하여 복수명사와 쓰이거나 등위접속사 and를 동반해야 한다. (B) concerning은 about의 의미로 가능하지만 문맥상 앞의 the seminar room을 수식할 수 없다. (D) inside 역시 '~안에'라는 의미로 앞의 명사를 수식하는 전치사구로 어울리지 않는다. (C) during은 '발표를 하는 동안에' 세미나실에 들어갈 수 없다는 의미로 정답이 된다.

해석 Mr. Tanaka의 프레젠테이션 동안에는 아무도 세미나실에 들어갈 수 없다.

어휘 enter 들어가다

05 (B) Following

해석 빈칸 뒤에 나온 weeks of uncertainty를 수식할 수 있는 전치사는 시간의 전후관계를 나타낼 수 있는 (B) following이다. following 외에도 전치사 after를 쓸 수 있으며 이 같은 전치사와 더불어 finally라는 부사가 자주 쓰인다는 것도 알아두자.

해설 불확실한 몇 주가 지난 후에 이사회는 결국 KMC사와의 합병을 발표했다.

어휘 uncertainty 불확실성 finally 결국, 마침내 merger 합병

06 (D) throughout

해설 뒤의 시간명사 the day를 받을 수 있는 전치사로 '기술 지원은 하루 중에 언제라도 가능하다'라는 의미를 만들어주는 throughout이 빈칸에 들어가야 한다. (A) from은 시점명사를 받아야 하므로 답이 될 수 없으며, (D) between 역시 복수명사를 받거나 and를 수반해야 하므로 답이 될 수 없다.

해설 설치 과정에 어려움을 겪으신다면, 하루 중 언제든 기술 지원이 가능합니다.

어휘 difficulty 어려움 installation 설치 process 과정, 절차 support 지원

Lesson 4 기본 전치사 for/about/with/within

Step 1 Warm-up Test   p.255

01 (A) with

해설 편지에 '~을 동봉하다'고 할 때는 동사 enclose와 함께 전치사 with를 쓴다. along은 '~을 따라'의 뜻으로 보통 장소명사와 함께 쓰이기 때문에 답이 될 수 없다.

해설 결혼식 초대 서신에는 호텔 길 안내가 동봉되어 있다.

어휘 enclose 동봉하다 directions 길 안내

02 (B) about

해설 빈칸 앞의 명사 information과 어울리는 전치사를 찾는 문제이다. information은 전치사 about/on/over과 어울려서 '~에 대한 정보'라는 의미로 쓰인다. 따라서 정답은 about이다. in은 공간이나 시간명사와 함께 쓰이기 때문에 답이 될 수 없다.

해설 만약 Rally T-250의 특징(기능)에 관해 더 많은 정보를 알아내기 원한다면 우리 영업 담당자들 중 한 분에게 전화하세요.

어휘 find out 알아내다, 발견하다 feature 특징, 기능

03 (B) for

해설 빈칸은 명사 3%와 명사 every litter 사이에 있으므로 전치사가 들어갈 자리이다. in(~안으로, ~에)은 시간이나 공간과 관련된 명사와 쓰이며 for는 '어떤 것의 획득이나 추구를 위한'의 목적 대상의 의미를 가지고 있다. 그러므로 정답은 for가 된다.

해설 만약 당신이 Loister Oil을 사용한다면 당신의 차량에 넣는 휘발유 매 리터당 3%까지 절약할 수 있다.

어휘 save 절약하다 up to ~까지 gasoline 휘발유 vehicle 차량

04 (B) within

해설 빈칸 뒤에 장소명사인 our company가 있으므로 빈칸에는 이와 어울리는 전치사가 위치해야 한다. as for(~에 대해서 말하자면은 주로 문두에 쓰이는 전치사이므로 제외한다. within은 뒤의 장소명사와 함께 쓰여 '~의 내부에'라는 뜻으로 쓰이기도 하므로 정답으로 가장 적절하다.

해설 우리 회사안의 세일즈 부서 중에서 Leonia 지사의 세일즈 팀은 최고의 기록을 보여주었다.

어휘 record 기록

05 (A) about

해설 전치사의 기본 용도를 물어보는 문제로, 동사 asked가 힌트이다. '~에 대해 물어보았다'가 가장 자연스러우므로, about(~에 대해서)이 정답이다. along(~을 따라서)은 장소명사와 쓰이므로 답이 될 수 없다.

해설 Mr. Bridges는 회사에서 출시될 소프트웨어에 대한 실질적인 마케팅 전략을 마케팅 스태프에게 물었다.

어휘 practical 실질적인 strategy 전략 upcoming 다가오는

06 (B) for

해설 빈칸 뒤의 명사구를 받쳐주는 적절한 전치사를 선택하는 문제이다. 정답은 목적의 의미를 가진 전치사 for(~을 위해)가 가장 문맥에 맞다. to는 '~에, 에게'의 뜻으로 방향을 나타내는 전치사이므로 정답이 될 수 없다.

해설 금속을 녹이는 새로운 방법이 더 강한 합금 개발에 시행되었다.

어휘 method 방법 melt 녹다 metal 금속 implement 시행하다 development 개발 alloy 합금

Step 2 실전 TOEIC Test   p.255

01 (C) with

해설 뒤에 명사구가 나와 있는 것으로 보아 빈칸에는 전치사가 들어가야 한다. 보기 중 (C) with를 제외한 나머지는 전치사가 아니다. 또한 '나머지 직원들(the rest of the crew)과 함께 여행할 것이다'의 의미가 되어야 하므로 빈칸에 들어갈 적절한 전치사는 동반을 의미하는 전치사 with가 가장 적절하다.

해설 Stephen Zuckerberg 감독은 원주민 삶에 대한 다큐멘터리를 찍기 위해 나머지 직원과 함께 호주로 여행갈 것이다

어휘 native 원주민, 토민

02 (B) within

해설 범위를 나타내는 명사구 a ten-mile radius(10마일 반경)와 함께 쓰이는 전치사를 선택하는 문제이다. 정답은 '~이내의'의 의미인 전치사 (B) within이다. (A) across는 '가로질러, 건너편에'의 뜻으로 보통 장소명사와 자주 쓰이고 (C) in front of는 '~의 앞에'의 위치를 나타내는 전치사이다. (D) nearby는 '인근의'의 의미를 가진 형용사이다.

해설 Berlin 국제공항의 10마일 반경 내에 호텔이 7개 가량 있다.

어휘 radius 반경, 범위

03 (B) regarding

해설 빈칸 뒤의 명사 the presentation과 앞의 명사 questions를 적절히 이어주는 전치사를 선택하는 문제이다. 정답은 '프레젠테이션에 대한 질문'이라는 문맥으로 (B) regarding이 가장 적절하다. (A) between은 '~사이에'의 의미로 뒤에 접속사 and와 함께 쓰이므로 정답이 될 수 없다. (C) onto는 '~로, ~쪽으로'의 뜻으로 방향을 의미하는 전치사이고 (D) next는 '바로 옆에'의 의미로 위치의 전치사이므로 정답으로 적절하지 않다.

해설 Ms. Serafica는 몇 시간 전에 한 프레젠테이션에 대해 몇 가지 질문이 있다.

어휘 regarding ~에 대해

04 (D) for

해설 빈칸 뒤에 명사 short meetings이 있으므로 빈칸은 전치사의 자리이다. 힌트는 앞의 동사 be late에 있다. be late for는 '~에 늦다'라는 의미이다. 따라서 정답은 (D) for이다. (A) in은 '~안에'의 뜻으로 지역이나 공간과 관련된 어휘와 함께 쓰인다. (B) as는 '~로서'의 의미로 자격의 의미를 가지며 (C) at(~에)는 시간이나 장소관련 명사와 함께 쓰인다.

해설 Mr. Wilde는 모든 스태프들에게 매 월요일 아침에 있는 짧은 미팅에서 절대 늦지 않도록 항상 상기시킨다.

어휘 remind 상기시키다

05 (B) as to

해설 접속사 whether 이하의 명사절을 받을 수 있는 전치사를 선택하는 문제이다. '~인지 아닌지에 대해 ~ 둘 다 우유부단하다. 결정을 내리지 못하고 있다'는 의미이므로 정답은 '~에 대해'의 의미를 가진 전치사 (B) as to이다. (A) out of는 '범위나 범주를 벗어난'의 의미이며 (C) up to는 뒤에 수를 받아 '~까지'라는 의미를 갖는다. (D) because of는 '왜냐하면'의 뜻으로 문맥에 맞지 않다.

해설 국제 무역 매니저로 Mr. Kumar을 고용하는 것이 올바른 결정인지 아닌지에 대해 Mr. Simon과 Ms. Barry 둘 다 결정을 내리지 못하고 있다.

어휘 indecisive 우유부단한, 막연한 hire 고용하다 sound 잘 판단한, 올바른

06 (D) with

해설 힌트는 makes regular appointments에 있다. 약속을 만드는 것은 누군가와 '함께'하는 것이므로 '함께'를 의미하는 전치사 (D) with가 정답이다. make an appointment with(~와 약속하다)라는 표현을 알아두자. (A) until은 시간을 나타내는 전치사, (B) around(약, 대략)는 돈이나 수치와 관련된 전치사, (C) above(~보다 위로)는 위치나 수, 나이, 품질과 함께 쓰인다.

해설 Mr. Gray는 고혈압으로 인해 그의 의사와 정기적인 약속을 잡는다.

어휘 regular 정기적인 appointment 약속 high blood pressure 고혈압

Lesson 5 기본 전치사 of/by/under

Step 1 Warm-up Test p.257

01 (A) By

해설 동명사 volunteering을 받는 적절한 전치사 어휘를 찾는 문제이다. 따라서 접속사인 Because는 답이 될 수 없다. 정답은 '~함으로써'의 수단을 나타내는 전치사 By이다.

해설 Bolivia에 있는 고아원에서 자원봉사를 함으로써 Stephanie Taylor는 인류애에 대한 중요성을 배울 수 있었다.

어휘 orphanage 고아원 importance 중요성 principles 원칙 humanity 인류애

02 (A) of

해설 빈칸 앞의 명사 lack과 어울리는 전치사를 선택하는 문제이다. lack은 전치사 of와 함께 쓰여 '~의 결함, 부족'을 뜻한다. 따라서 정답은 of이다. with는 '~와 함께'의 관계를 의미하는 전치사이다.

해설 직원들 사이에서 사기가 떨어져 전체 공장의 생산 과정이 지연됐다.

어휘 lack 부족 motivation 동기(화), 동기부여 slow down 늦추다 production 생산 process 과정 whole 전체의

03 (B) by

해설 빈칸 뒤에 명사구가 있으므로 전치사가 들어가야 한다. 빈칸 앞의 동사가 will be affected인데, 동사 affect는 주로 수동형으로 쓰이고 전치사 by를 동반한다. 즉 be affected by(~에 의해 영향을 받다)로 쓰인다. 따라서 답은 by이다. toward는 방향을 나타내는 전치사이다.

해설 인사부는 판매의 갑작스런 감소로 직원들의 사기에 부정적인 영향이 미칠 것이라고 확신한다.

어휘 certain 확실한 motivation 사기, 동기부여 negatively 부정적으로 affect 영향을 미치다 drop 감소

04 (A) of

해설 명사 the slight addition과 a special ingredient 사이에 올 적절한 전치사를 선택하는 문제이다. at은 시간이나 장소명사 앞에 쓰인다. 전치사 of가 들어가면 '특별한 재료의 첨가'라는 의미가 된다.

해설 특별한 재료를 약간 첨가한 것이 Chef Yoon을 National Cooking Contest 결승전에서 승자가 되도록 만든 열쇠이다.

어휘 slight 약간의, 조금의, 살짝 addition 첨가 ingredient 재료 victor 승자

05 (A) by

해설 빈칸 뒤에 동명사구가 있으므로 빈칸에는 문맥에 맞는 전치사가 위치해야 한다. '~에 회원 신청을 함으로써 ~을 받을 것이다'의 문맥이므로 가장 적절한 답은 수단의 의미가 있는 전치사 by이다. in은 장소, 시간명사 등과 쓰이는 전치사로 정답에 적절하지 않다.

해설 당신은 온라인이나 우리의 어느 가게에서든 회원 신청을 함으로써 25%의 할인 쿠폰을 받을 것이다.

어휘 apply 신청하다 membership 회원 either A or B A 혹은 B

06 (A) under

해설 빈칸 뒤의 명사 warranty를 받을 수 있는 전치사를 찾는 문제이다. '구매한지 10일 이내에 반품된 불량 제품은 보증 기간 내에 해당되므로 교환할 수 있다'는 의미로 under warranty가 되어야 한다. as는 자격을 나타내는 전치사로 be considered as ~로 쓰이면 as이하는 주어와 동격인 보어가 되어야 하므로 정답이 될 수 없다.

해설 구매한지 10일 이내에 반환된 불량 제품은 (품질)보증이 되어 무료로 (다른 제품으로) 교환할 수 있다.

어휘 defective 불량의, 하자가 있는 purchase 구매 replace 교환하다.

Step 2 실전 TOEIC Test p.257

01 (A) by

해설 빈칸 뒤의 명사 the marketing director를 받을 수 있는 전치사를 찾는 문제. 앞에 수동태 동사로 will be provided가 나와 있기 때문에 '~에 의하여 제공되었다'는 의미로 수동의 by가 정답이다. 자칫 동사 provide가 전치사 with를 동반한다고 판단해서 with를 선택하지 않도록 하자. provide sb with sth(~에게 …을 제공하다)의 구문은 sb가 주어로 갔을 경우 수동태에서 with가 답이 될 수 있다. 하지만 여기서는 단순한 3형식동사로 수동태의 주어가 details인 사물임을 명심하자.

해설 올해의 광고캠페인에 대한 자세한 사항은 마케팅 이사에 의해 제공될 것입니다.

어휘 details 세부사항 provide 제공하다

02 (B) of

해설 A high level ------ satisfaction은 문맥상 '만족의 수준이

최고'라는 뜻이 되어야 하므로 빈칸에는 '~의'란 의미의 전치사 of가 와야 한다.

해석 우리 제품을 사시면 어떤 것이든 최고로 만족하시게 될 것을 보장해 드립니다.

어휘 satisfaction 만족   guarantee 보장하다

03 (D) of

해설 빈칸 앞뒤에 명사 상당어구가 나와 있으므로 빈칸에는 전치사가 들어가야 한다. 정답은 '~의'의 뜻으로 관계를 나타내는 전치사 (D) of가 가장 적절하다. (A) to는 '~에'의 뜻으로 방향을 나타내는 전치사. (B) with는 관계를 의미하지만 '~와 함께'의 의미이므로 정답이 될 수 없다.

해석 우리는 우리의 프로그램이 전체 판매 증가라는 귀사의 목표에 도움이 될 것이라고 확신합니다.

어휘 meet 부응하다

04 (C) By

해설 빈칸 뒤의 명사구 앞에 위치할 수 있는 적절한 전치사를 선택하는 문제이다. '~를 고용함으로써 혁신적인 변화를 바라고 있다'의 문맥이므로 수단이나 방법을 의미하는 (C) by가 가장 적절하다. (A) Up은 '~위로'의 방향을 의미하는 전치사이고 (C) About은 '~에 대하여'의 의미를 가진 전치사이므로 답으로 적절하지 않다. (D) To는 '~쪽으로'의 방향이나 위치를 의미하는 전치사이므로 역시 답으로 적절하지 않다.

해석 Paramount Electronic사는 새로운 제품 디자인을 위해 새로운 디자이너들을 고용함으로써 그들의 모든 TV와 전축의 혁신적인 변화를 바라고 있다.

어휘 revolutionary 혁신적인   change 변화

05 (C) of

해설 빈칸 앞뒤의 명사들을 이어주는 적절한 전치사를 선택하는 문제이다. (A) along은 '~를 따라'의 의미로 보통 장소명사와 쓰이고 (B) during은 기간 전치사로 '~동안에'의 의미를 가지고 있다. (D) into는 '~으로'의 방향을 나타내는 전치사이다. 그런데 빈칸 뒤의 명사가 장소나 기간, 방향을 나타내는 명사가 아닌 일반 사물명사이므로 모두 정답으로 적절하지 않다. 따라서 정답은 '~의'의 의미를 가진 (C) of로, 서로 관련이 있는 명사들을 이어주는 전치사이다.

해석 총괄감독은 Dr. Zhang가 신제품의 시연을 보여주기를 원했다.

어휘 demonstration 시연

06 (B) under

해설 빈칸 앞의 부사 currently는 문장 구조에 영향을 주지 않으므로 be동사 뒤에서 명사 construction과 어울릴 수 있는 전치사를 선택하는 문제이다. 현재 공사 중이기 때문이라는 의미이므로 (B) under가 정답이다.

해석 St. George가는 현재 공사 중이기 때문에 5번 도로가 우회길로 이용되고 있다.

어휘 currently 현재   detour 우회(로)

Lesson 6 기본 전치사 from/to/without/because of/despite

Step 1 Warm-up Test p.259

01 (B) from

해설 빈칸 뒤의 명사 the research group와 함께 전치사구를 이루어 앞에 있는 명사 messages를 수식할 수 있는 전치사를 선택해야 한다. '도쿄에 있는 연구조사 그룹으로부터 받은 메시지를 ~로 전달해달라'는 의미로, from이 들어가야 한다.

해석 도쿄에 있는 연구조사 그룹으로부터 받은 메시지를 Mr. Sander의 사무실로 직접 전달해주시기 바랍니다.

어휘 forward sth to sb ~을 …에게 전달하다, 보내다   directly 직접

02 (A) without

해설 빈칸 뒤의 명사 an invitation card(초대장)와 어울리는 전치사를 선택하는 문제이다. along는 '~를 따라'의 의미로 장소명사와 쓰이므로 답이 될 수 없다. 초대장이 없이는 들어갈 수 없다는 의미이므로 without이 정답이다.

해석 당신은 초대장 없이는 Exclusive Bellanova Fashion Show에 들어갈 수도 없다.

어휘 invitation card 초대장

03 (B) to

해설 문맥의 의미는 Mr. Martin에게 e-mail이 가는 것이다. 따라서 빈칸에는 방향을 나타내는 전치사 to가 들어간다. upon은 위치나 장소를 나타내는 전치사이다.

해석 우리가 계약서에 조건을 검토한 후 이 메일을 Mr. Martin에게 보낼 것이다.

어휘 review 검토하다   condition 조건   contract 계약(서)

04 (A) due to

해설 빈칸 뒤의 명사 a toxic waste leakage을 문장과 연결할 수 있는 전치사를 고르는 문제이다. 문맥을 보면 '근로자들이 대피했다'와 '유독성 폐기물'을 적절히 연결시켜야 하는데, 가장 자연스러운 것은 이유나 원인 등의 인과관계를 나타내는 전치사 due to이다. for는 '~를 위한'이란 목적의 의미를 가지므로 답이 될 수 없다.

해석 발전소의 모든 공장 근로자들은 유독성 폐기물의 누수로 인해 건물에서 대피해야만 했다.

어휘 power plant 발전소   evacuate ~에서 대피하다, 떠나다   toxic waste 유독성 폐기물   leakage 누수

05 (B) In spite of

해설 빈칸 뒤에 동사가 없이 바로 명사(her outstanding education background)가 있으므로 접속사와 부사로 쓰이는 yet은 답이 될 수 없다. '뛰어난 배경'과 '고용되지 못했다'라는 대조되는 내용이므로 양보의 뜻을 가지고 있는 in spite of가 정답이다.

해석 그녀의 뛰어난 교육 배경에도 불구하고 Ms. Twain은 아트 큐레이터로서의 경험 부족으로 인해 고용되지 못했다.

어휘 in spite of ~에도 불구하고   outstanding 뛰어난   education background 교육 배경   lack of ~의 결핍, 모자람, 부족

06 (B) Because of

해설 빈칸 뒤에 명사구가 있으므로 빈칸에는 전치사가 위치해야 한다. 문장은 '~의 공격으로 인해 모든 비행편은 위험을 막기 위해 취소되었다'는 내용이다. 따라서 정답은 이유를 나타내는 전치사 Because of이다. According to는 '~에 따르면'의 의미이므로 문맥상 부적절하다.

해설 최근 Mexico City공항에서의 테러범들의 공격으로 인해 출발하고 도착하는 모든 비행편은 더한 위험을 막기 위해 취소되었다.

어휘 recent 최근의   attack 공격   departing 출발   arrival 도착   cancel 취소하다   prevent 막다   risk 위험

Step 2 실전 TOEIC Test   p.259

01 (A) without

해설 빈칸 앞뒤의 명사어구를 연결시켜 주기에 적절한 전치사를 선택하는 문제이다. 문맥상 '마감일이 다가와서 보고서의 문법오류를 검사하지 않고 서둘러 끝냈다'는 의미이므로 '~없이'의 의미를 가진 전치사 (A) without이 가장 적절하다. (B) afterwards(나중에)와 (C) then(그때는) 부사이므로 명사를 이어주지 못하고 (D) besides는 '~외에'의 뜻을 가진 전치사로 문맥에 어울리지 않는다.

해설 마감일이 다가왔기에 Ms. Chambers는 보고서의 문법오류를 검사하지 않고 서둘러서 끝냈다.

어휘 deadline 마감   approach 다가오다   hurriedly 서둘러서

02 (D) from

해설 문맥상 알맞은 전치사를 찾는 문제로, 빈칸 뒤쪽의 전치사구 to downtown이 힌트이다. from ~ to ...는 '~에서 …까지'라는 의미로 쓰인다. 따라서 빈칸에는 전치사 from이 위치해야 한다.

해설 버스와 지하철만이 Monte Negro에 있는 호텔에서 시내까지 가는 이용 가능한 교통수단이다.

어휘 means 수단   transportation 교통

03 (D) Despite

해설 빈칸 뒤의 명사구를 적절히 받을 수 있는 전치사를 선택하는 문제이다. 문맥은 '심한 두통에도 불구하고 ~는 ~를 끝내기 전까지 사무실을 떠나지 않기로 결심했다'의 대조의 의미를 이루고 있으므로 빈칸에 위치할 적절한 전치사는 '~에도 불구하고'의 (D) Despite이다. (A) Regarding은 '~에 대해서', (B) Except는 '~를 제외하고', (C) About은 '~에 대하여'의 뜻이므로 문맥에 맞지 않다.

해설 심한 두통에도 불구하고 Mr. Wilkins는 내일 있을 프레젠테이션을 만드는 것을 끝내기 전까지 퇴근하지 않기로 결심했다.

어휘 despite ~에도 불구하고   headache 두통   finish 끝내다

04 (D) to

해설 빈칸 뒤의 명사 your credit card를 받을 수 있는 전치사를 찾는 문제. 앞쪽의 동사 charge를 통해 charge A to B(A를 B에 청구하게 하다)의 구조라는 것을 알 수 있으므로 전치사 to가 정답이다.

해설 만약에 이 주문을 당신의 신용카드로 결제하시려면 카드번호와 유효기간의 날짜(만료일)를 (알려)주시기 바랍니다.

어휘 charge 청구(하게)하다   provide 제공하다   account number 계정번호, 계좌번호

05 (A) up to

해설 빈칸 뒤의 수치명사와 어울려 쓰이는 적절한 전치사 어휘를 선택하는 문제로, 정답은 수나 정도와 관련된 명사와 쓰여 '~까지'의 의미를 지닌 전치사 (A) up to이다. (B) except for는 '~을 제외하고'의 의미를, (C) off of는 '~에서, ~중에서'의 의미를 가지고 있어 문맥에 맞지 않고 (D) as far as는 '~까지'의 의미로 수치명사보다는 범위나 거리와 관련된 명사와 쓰이므로

정답으로 적절하지 않다.

해설 만약 이번 달 말까지 Jerome Wireless에 가입한다면 고속인터넷과 케이블TV 서비스료를 35%까지 절약할 수 있다.

어휘 subscribe (잡지 등을) 정기구독하다, (케이블 방송, 인터넷 등의 서비스에) 가입하다

06 (D) Because of

해설 빈칸 뒤에 명사로만 이루어진 명사구가 나와 있으므로 빈칸에는 전치사가 위치해야 한다. 따라서 접속사인 (A) Now that(이제 ~이니까)와 부사인 (B) In fact(사실은)는 제외된다. 문장은 '악천후 때문에 출발하는 모든 비행편은 지연될 것이다'의 의미이므로 가장 적절한 전치사는 이유를 나타내는 (D) Because of(왜냐하면)이다. (C) In case of는 '~의 경우에'의 뜻을 가진 전치사이므로 문맥에 어울리지 않는다.

해설 악천후로 출발하는 모든 비행편이 3시간 동안 지연될 것이다.

어휘 severe 심각한   condition 사정, 상태   departing 출발하는   delay 지연시키다

Lesson 7 장소/위치/방향의 전치사 등

Step 1 Warm-up Test   p.261

01 (A) of

해설 빈칸이 명사 the event와 emergency 사이에 있으므로 전치사가 위치해야 하는 자리이다. 정답은 관련된 두 명사를 연결하는 전치사 of로, in the event of(~한 경우에는)는 관용어구로 쓰인다.

해설 응급사태가 발생한 경우에는 911로 전화해서 구급차가 현장에 도착할 때까지 환자 가까이에 있으세요.

어휘 in the event of ~한 경우에   emergency 응급   ambulance 구급차   on site 현장에

02 (B) near

해설 빈칸 뒤에 the fountain(분수)이라는 장소명사가 있으므로 장소명사를 받는 적절한 전치사를 선택해야 한다. into는 장소명사와 쓰이지만 '~안으로'의 방향성을 내포한 전치사로 문맥에 어울리지 않는다. 따라서 정답은 '~가까이'의 near이다.

해설 저희 가게 주위에 주차할 곳이 없다면 센트럴 파크에 위치한 분수대 근처에 차를 주차하시면 됩니다.

어휘 parking spot 주차할 곳   fountain 분수   located in ~에 위치한

03 (B) instead of

해설 '전체 빌딩을 개조하는 것 대신에 로비와 메인 오피스를 수리하기로 했다'는 문맥에서 가장 적절한 전치사를 선택하는 문제이다. '대신에'의 의미인 instead of이다. except for는 '~을 제외하고'라는 전치사로 문맥이 어색해진다.

해설 Mr. Yang은 전체 빌딩을 개조하는 것 대신에 로비와 메인 오피스를 수리하기로 결정했다.

어휘 repair 수리하다   whole 전체의

04 (B) along

해설 장소인 N. Anderson Street와 어울리는 전치사를 찾는 문제이다. 답은 '길을 따라서'라는 의미가 될 수 있는, 장소를 나타내는 전치사 along이다. without는 '~을 제외하고'라는 뜻으로 답으로 쓰이기엔 부적절하다.

해석 N. Anderson Street를 따라서 이미 레스토랑 3곳이 있어서 우리는 다른 곳에 레스토랑을 열 계획을 세워야만 한다.

어휘 open up 개시하다, 열다 elsewhere 딴 데

05 (B) plus

해설 빈칸 뒤의 명사 a wireless connection을 받을 수 있는 품사는 전치사로, 보기 중에서 전치사로 쓸 수 있는 것은 추가의 의미를 갖는 plus이다. in addition 역시 추가의 의미로 쓰이지만 부사로, 주로 문두에서 쓰인다.

해설 세계에서 가장 빠른 온라인 접속뿐만 아니라 무선 인터넷 연결을 더해서 이용하시려면 금요일까지 Blair Wireless에 가입하시기 바랍니다.

어휘 sign up 서명하다, 계약하다 connection 연결, 접속

06 (B) out

해설 '(프린트물)을 출력하다'라는 의미로, 관용적으로 print out이 쓰인다. print out이란 관용구를 몰라도, '출력하다'라는 의미는 결과물이 '밖으로 나오는 것'을 말하므로 '밖으로'라는 개념을 나타내는 out을 쓰면 된다는 것을 알 수 있다.

해설 일단 초고를 끝내고 나면 2층으로 가서 5부의 사본을 프린트하세요.

어휘 draft 원고

Step 2 실전 TOEIC Test p.261

01 (D) throughout

해설 장소명사인 the country와 어울려 쓸 수 있는 전치사 어휘를 선택하는 문제이다. 문맥상 '도처에, ~전역으로' 빠르게 퍼졌다는 의미이므로 장소명사와 쓰이는 전치사 (D) throughout이 정답이다. (A) opposite은 '건너편에'의 의미로 장소명사와 쓰이나 좁은 의미의 범위나 장소와 쓰이므로 정답으로 적절하지 않고 (B) except는 '~를 제외하고'의 의미로 문맥상 적절하지 않다. (C) into는 '~안으로, ~으로'의 방향을 나타내는 전치사이다.

해설 NDC Prime Time News지가 Sears Financial의 CEO, Peter Kingston의 은퇴를 알리자 그 소식은 재빨리 전국에 퍼졌다.

어휘 announce 알리다 retirement 은퇴 spread 퍼지다

02 (C) including

해설 빈칸과 빈칸 뒤의 명사 ------- all interns는 주어 everyone과 동사 will 사이에 삽입된 구이다. 따라서 빈칸 뒤의 명사를 이끌어 주는 적절한 전치사를 선택해야 한다. (B) together(함께)는 부사이고 (D) because(왜냐하면)은 접속사이므로 제외된다. (A) among은 '~중에서'의 의미이고 (C) including은 '~을 포함해서'의 의미를 가진 전치사이다. 문맥은 '모든 인턴을 포함한 사람들은 ~'이므로 정답은 (C) including이다.

해설 모든 인턴을 포함한 이 사무실의 모든 사람들은 오늘 Mr. Hansen이 준비한 프리젠테이션에 참석해야만 할 것이다.

어휘 include 포함하다 attend 참석하다 prepare 준비하다

03 (C) under

해설 빈칸 뒤의 명사 basement floor를 받고 앞의 명사 old water pipes를 수식할 수 있는 전치사를 찾는 문제. 지하실 '아래에 있는' 파이프라는 의미이므로 정답은 (C) under가 된다. (A) there은 장소 부사로 장소 명사와 사용하지 않으므로

로 소거. (B) open은 형용사로 관사의 뒤에 나와야 하므로 답이 될 수 없다.

해설 지하실 아래에 있는 오래 된 수도관은 결국 파손되어 즉각적인 수리가 필요하다.

어휘 water pipe 수도관 break 파손되다 immediate 즉각적인 repair 수리

04 (C) as

해설 빈칸 뒤 명사 proof(증거)를 받을 수 있는 적절한 품사는 전치사이므로 접속사인 (D) though(비록 ~일지라도)는 제외된다. 문맥상 '시민권자의 증거로서 사회보장번호를 들고 다니세요'라는 의미가 되어야 적절하므로 정답은 '~로서'의 자격/역할을 나타내는 전치사 (C) as가 된다. (A) off는 공간, 시간상으로 '멀리'를 뜻하고 (B) except는 '~을 제외하고'를 뜻한다.

해설 당신이 해외로 여행 다닐 때 시민권자임을 증명하기 위해 여권과 사회보장 번호를 항상 들고 다니세요.

어휘 hold 갖고 있다 social security number 사회보장 번호 as proof of ~의 증거로서 citizenship 시민권 abroad 해외로

05 (A) toward

해설 빈칸 뒤의 명사어구를 이끌기에 적절한 전치사를 묻는 문제로, the end of this week와 같이 시점을 나타내는 명사와 어울리는 전치사를 선택해야 한다. toward는 위치나 방향을 나타내어 '~가까이에, ~쪽으로, 근처에'의 의미로도 쓰이지만 시점명사를 취하여 '~직전에, ~무렵에, ~경에'를 뜻하기도 한다. 따라서 답은 (A) toward이다. (B) regarding은 '~에 관하여'의 뜻이고, (C) against는 '~에 반대하여', (D) above는 위치를 나타내는 전치사로 '~보다 위로'의 뜻이다.

해설 City Outfitters의 새로운 재킷은 이번 주 말쯤에 모든 백화점에서 만나볼 수 있을 것이다.

어휘 department store 백화점 toward 쪽으로, 향하여

06 (C) beside

해설 빈칸 뒤에 장소를 의미하는 명사 the museum entrance가 있으므로 이와 어울리는 전치사를 선택하는 문제이다. 정답은 '~옆에'라는 의미인 전치사 (C) bedside이다. (A) from(~로부터)은 시작점을 의미하여 장소명사를 받을 수 있지만 앞에 동사 posted와 어울리지 않는다. (B) of(~의)는 관계를 나타내므로 서로 관련이 있는 명사를 이어준다. (D) with(~와 함께)도 역시 관계를 나타내는 전치사로 정답으로 적절하지 않다.

해설 모든 방문객들은 박물관 입구 옆에 게시되어 있는 안내사항을 읽고 준수해야 한다.

어휘 be required to + 동사원형 ~을 해야 한다 observe 준수하다, 지키다 instruction 안내, 지시

Lesson 8 헷갈리기 쉬운 전치사

Step 1 Warm-up Test p.265

01 (A) For

해설 빈칸 뒤에 기간을 의미하는 명사어구가 나오고 주절의 시제가 현재완료인 것으로 보아 빈칸에는 특정 기간을 의미하는 전치사가 나와야 한다. for는 뒤에 수치와 단위명사가 함께 나와 기간을 의미하므로 정답이 된다. during은 뒤에 주로 정관사 the를 동반하거나 한정사를 동반한 기간명사를 받으므로 답이 될 수 없다.

해석 10년이 넘도록 The Balance가 만든 테니스 신발은 프로 테니스 선수들에 의해 매우 높이 평가되어 왔다.

어휘 be highly regarded 높이 평가되다 professional 프로인

02 (A) until

해설 빈칸 뒤의 명사구(later this afternoon)가 시간을 나타내고 있으므로 시간의 의미를 가진 전치사를 선택해야 한다. 동사가 postponed로 상태나 동작이 지속되고 있음을 의미하므로 정답은 until이 된다. by를 쓸 경우에는 1회성의 동작 동사를 써야 한다.

해설 우리는 회의가 오늘 오후 늦게까지 연기될 것이라는 연락을 금방 받았다.

어휘 postpone 연기하다

03 (B) within

해설 빈칸 뒤의 시간명사 three business days와 어울려 쓰이는 전치사를 선택하는 문제이다. 정답은 '~이내로'의 기간을 나타내는 전치사 within이다. until은 시점을 받는 기준명사로 뒤에 기간을 나타내는 명사를 받을 수 없다.

해설 우리는 모든 물품을 영업일 기준으로 3일 안에 배송할 것임을 보장합니다.

어휘 package 소포 ship 발송하다 business day 영업일, 평일

04 (A) between

해설 빈칸 뒤의 명사가 and로 연결이 되어 있는 것으로 보아, and와 어울려 쓰이는 전치사 between이 정답이다. between A and B는 '~사이에'라는 의미이다. among은 뒤에 복수명사를 받아 셋 이상일 때 쓰이며, '~사이에, ~중에'라는 의미를 갖는다.

해설 그 화물열차는 Jacksonville과 Pepper City사이에서 5정거장을 지나쳐간다.

어휘 cargo 화물 pass 지나가다

05 (B) by

해설 빈칸은 뒤의 시간명사 next Wednesday morning를 받는 전치사 자리이다. 따라서 시간을 나타내는 전치사를 선택해야 한다. 정답은 '~까지'의 시간의 의미를 가진 전치사 by이다. toward는 주로 '~쪽으로'의 의미로 방향을 나타내고 '직전에, ~즈음에'라는 의미로 쓰일 때는 정관사 the와 더불어 toward the end of the afternoon 정도로 사용된다.

해설 Mr. Wallace에게 다음 주 수요일 오전까지 직원 평가서를 제출할 것을 요청했다.

어휘 submit 제출하다 evaluation 평가서

06 (B) except

해설 빈칸 뒤의 전치사 for와 함께 쓰여 의미상 '아이들을 제외한 모든 방문자들은 10달러이다'가 되어야 하므로 '~을 제외하고'라는 의미의 except가 정답이다.

해설 Great National Park의 입장료는 5세 이하의 아이들 이외에는 모두 10달러이다.

어휘 admission fee 입장료 visitor 방문자 except for ~을 제외한

07 (B) ahead of

해설 빈칸 뒤의 시간 관련 명사 schedule과 어울려 쓰이는 전치사를 선택하는 문제로 가장 적절한 정답은 '시간, 공간의 앞에'의 의미인 ahead of이다. ahead of schedule은 '일정보다 빠르게'의 관용어구이다. next to는 '~옆에'의 뜻으로 장소명사와 함께 쓰인다.

해설 경험 있는 감독관 지휘 아래 우리 회사의 새로운 프린터 개발은 스케줄보다 먼저 이뤄졌다.

어휘 experienced 경험 있는 supervisor 감독관

08 (A) within

해설 빈칸 뒤에 ac hour라는 시간명사가 있으므로 시간명사와 적절히 쓰이는 전치사를 선택해야 한다. sometime(언젠가)은 부사이므로 제외된다. 한 시간 '~이내에'의 의미로 쓸 수 있는 within이 정답이다.

해설 (여태까지) 어떤 지연도 없었지만 Norway에서 오는 비행기는 한 시간 이내에 도착하지 못할 것 같다.

어휘 delay 지연, 연기

Step 2 실전 TOEIC Test p.265

01 (B) Unlike

해설 수식어구를 이끄는 전치사를 선택하는 문제로 주절과의 문맥을 고려해야한다. 문맥은 '이전 모델과는 다르게' 아주 새로운 Fire Star는 ~이 함께 나오고 있다는 의미를 가진다. 따라서 가장 적절한 전치사는 '~와 다르게'의 의미인 (B) Unlike이다. (A) Despite은 '~에도 불구하고'의 양보의 의미를 가진 전치사이고, (C) Aside는 '따로 놔두다'의 의미인 부사이므로 문법적으로 옳지 않다. (D) Except는 문맥상 정답이 될 수 없다.

해설 대부분의 이전 모델들과 달리, 신형 Fire Star는 세 가지 다른 엔진으로 출시된다.

어휘 come with ~이 딸려 있다

02 (B) Of

해설 콤마 뒤의 주절에 최상급의 표현인 the most ideal place와 어울리는 수식어 구를 완성하는 전치사를 선택하는 문제이다. 최상급 표현과 어울리는 전치사 구의 문형은 〈of + all + 복수명사〉이므로 정답은 (B) Of(~중에서)이다. (A) In은 '~안에'의 의미로 장소명사와 자주 쓰이고 (C) At은 '~에'의 의미로 장소나 시간명사와 함께 쓰인다. (D) Out은 보통 전치사 of와 함께 쓰여 '안에서부터 밖으로'의 의미로 공간과 장소와 관련된 명사와 쓰이므로 정답이 될 수 없다.

해설 Mr. Moyes가 그의 결혼식에 관해 받은 모든 조언들 중에 포도원이 야외 웨딩을 위해 가장 이상적인 장소라고 믿는다.

어휘 advice 충고, 조언 regarding ~에 관해 vineyard 포도원 ideal 이상적인 outdoor 야외의

03 (A) except

해설 빈칸 뒤의 전치사 for와 어울려 적절한 전치사구를 완성하는 어휘가 위치해야 한다. 따라서 정답은 (A) except로, except for는 '~을 제외하고'의 전치사이다. (B) nevertheless 는 '~에도 불구하고'의 접속부사로, 콤마와 함께 쓰여야 하며 (C) regarding은 '~에 대해서'의 전치사로, 전치사 for와 쓰이지 않는다. (D) since 역시 단독으로 쓰이는 전치사로 '~이래로'의 의미를 가지고 있다.

해설 Mr. Phillips를 제외한 어느 누구도 상사의 허락 없이는 근무시간에 그 빌딩을 떠나는 것이 허용되지 않는다.

어휘 except for ~을 제외하고 allow 허용하다 approval 허락, 허가

04 (D) such as

해설 빈칸 뒤의 동명사 구와 함께 쓰일 수 있는 전치사를 선택하는 문제이다. (A) so as는 〈so as to + 동사원형〉의 형태로 쓰여 '~

해설 하기 위해서'의 의미를 가진 to부정사구이고 (B) so that은 '~하기 위해서'의 접속사이므로 정답이 될 수 없다. (C) some of 는 '~중의 일부'의 의미로 뒤에 복수명사가 와야 한다. 따라서 가장 적절한 답은 (D) such as로, 앞에 나온 명사(tasks)의 예를 들어 설명할 때 사용한다.

해석 Global Cinema의 좌석 안내원으로서 당신의 책임은 바닥 청소와 고객들을 자리로 인도해주는 그러한 업무를 포함한다.

어휘 usher 좌석 안내원 responsibility 책임 clean 청소하다 guide 안내하다

05 (B) like

해설 빈칸은 동사 seemed와 어울리는 전치사를 선택하는 문제이다. 동사 seem은 '~인 것 같다, ~으로 생각된다, ~으로 보인다.'의 뜻으로 〈seem + to부정사〉, 〈seem that + 주어 + 동사〉 또는 〈seem like + 명사〉의 패턴을 갖는다. 따라서 (B) like가 정답이다. (A) about은 '~에 대하여'의 의미이고, (C) near는 '~에서 가까이'의 뜻으로 시간, 공간과 관련된 명사와 함께 쓰인다. (D) similar는 similar to(~와 비슷한)의 문형을 따르므로 정답이 될 수 없다.

해석 혁신적이고 초현대적인 디자인 덕분에 Vulcan Motors사의 모든 새로운 문 4개의 고급 세단은 가족용 세단 보다는 스포츠카와 더 비슷한 것처럼 보였다.

어휘 innovative 혁신적인 futuristic 초현대적인 seem ~처럼 보이다

06 (B) among

해설 '지역 전체에 걸쳐 밤에 특별히 길 조심하는 것이 중요하다고 주장한다'는 의미가 되어야 자연스러우므로 적절한 전치사는 '~사이에, ~의 전체에 걸쳐'의 (B) among이 된다. (A) between은 둘 사이를 의미하는 경우 사용되고, (C) beside는 '~옆에' 의 의미로 장소명사와 함께 사용된다. (D) about은 관계나 관련성을 나타내므로 문맥상 어울리지 않는다.

해석 경찰은 지역 전체에 걸쳐 밤에 특별히 길 조심하는 것이 중요하다고 주장한다.

어휘 claim 주장[요구]하다 crucial 중대한, 결정적인 among ~의 전체에 걸쳐 neighbor 이웃

Lesson 9 전치사를 포함한 관용표현

Step 1 Warm-up Test p.269

01 (A) in charge

해설 '~는 은퇴하기 때문에 ~가 마케팅 부서의 책임을 맡게 될 것이다'의 문맥에서 be동사와 전치사 of사이에 위치할 적절한 어휘를 찾는 문제이다. be in charge of는 '~의 책임을 맡다'의 관용적 표현이므로 정답은 in charge이다. in place of는 '~대신에'라는 의미로 적절하지 않다.

해석 Mr. Hancock은 은퇴하기 때문에 Ms. Wright가 마케팅 부서의 책임을 맡을 것이다.

어휘 now that ~이므로, ~이기 때문에 retire 은퇴[퇴직]하다 be in charge of ~의 책임을 맡다

02 (A) of

해설 빈칸 앞뒤의 명사 a variety(여러 가지)와 useful features(유용한 기능)를 연결하는 적절한 전치사를 선택하는 문제이다. 명사 variety는 전치사 of와 쓰여 '여러 가지의 ~, 다양한 ~'의 의미를 가진다.

해석 이번 년도 스포츠카의 운전대에는 유용한 기능이 다양하게 추가될 것이다.

어휘 a variety of ~ 다양한 ~ useful 유용한 feature 기능 steering wheel 운전대

03 (A) off

해설 타동사 turn(돌리다, 틀다)과 어울려 쓰이는 어휘를 선택하는 문제로, 정답은 '조명·라디오·가스·수도 따위를 잠그다, 끄다'라는 의미를 만드는 전치사 off이다. turn out으로 쓰일 땐 '모습을 드러내다'의 의미가 된다.

해석 부서의 차장은 마지막으로 퇴근하는 직원이 불을 끄고 가라고 말했다.

어휘 deputy manager 차장 turn off (불을) 끄다

04 (A) to

해설 빈칸 앞뒤의 명사를 이어주는 적절한 전치사를 선택하는 문제로, 힌트는 동사 provide에 있다. provide A to B는 'A를 B에게 제공하다'라는 의미로 정답은 to이다.

해석 인사부는 추가적인 사무용품들을 각 부서의 모든 직원들에게 제공할 것이다.

어휘 office supplies 사무용품 department 부서

05 (B) to

해설 빈칸 앞쪽의 동사 ship은 물건을 어디로 보낸다고 할 때는 방향을 나타내는 전치사 to와 함께 쓴다.

해석 Federal Express Cargo사는 아시아로 목재 제품을 운송하는데 최저 가격을 제공한다.

어휘 ship 보내다, 배송하다 best price 최저 가격 wooden 나무로 만든

06 (B) with

해설 동사 comply(따르다, 준수하다)와 어울려 쓰이는 전치사를 선택하는 문제이다. comply는 전치사 with와 쓰여 '법이나 명령 등에 따르다'의 의미를 가진 자동사이므로 (D) with가 답이다.

해석 Buik Motors사에서 개발된 다용도 트럭은 배기 가스 배출 기준을 준수하지 않았으므로 더 많은 변화와 조정을 요구한다.

어휘 multi-task 다용도의, 한꺼번에 여러 일을 처리하는 comply 따르다, 준수하다 emission 배출, 배기 가스 require 요구하다 adjustment 수정, 조정, 적응

Step 2 실전 TOEIC Test p.269

01 (D) from

해설 명사 a third party supplier를 받을 수 있는 전치사는 '~로부터'라는 출처를 나타내는 (D) from이다.

해석 제3의 업자에게서 받은 스페어 부품을 사용하면 이 차량에 대한 보증이 취소됩니다.

어휘 third party 제3자 void 무효가 되게 하다

02 (B) for

해설 빈칸 앞뒤로 동사 prepared와 명사 the elderly patients가 나왔으므로 빈칸에는 전치사가 위치해야 한다. 동사 prepare는 '준비하다'의 의미로 전치사 for와 함께 쓰인다. 따라서 정답은 (B) for이다. (A) into는 '~안으로'의 의미로 방향을 나타내는 전치사이고, (C) from(~로부터)과 (D) to도(~로)도 방향을 의미하는 전치사이다.

해석 Cleveland Medical Center의 노인 환자들을 위해 준비된 서커스 쇼는 오하이오 지역 케이블 채널에서 방영 될 것이다.
어휘 elderly 노인의 patient 환자 be on air 방송(영) 중이다

03 (C) about
해설 빈칸 앞의 동사 was concerned(염려하다)와 쓰이는 적절한 전치사를 선택하는 문제이다. 정답은 '~에 대하여'의 (C) about으로, be concerned about은 '~에 대해 염려하다'의 의미를 가진 동사구이다. (A) of 는 '~의'로 관계나 속함을 의미하는 전치사이고, (B) through는 '~을 통해서'의 의미를, (D) in은 '~에'로 보통 장소명사와 자주 쓰인다.
해설 경영 관리자는 현재의 매출 감소가 염려되어서 금요일에 회의를 열기로 했다.
어휘 current 현재의 decrease 감소

04 (A) on
해설 빈칸 뒤에 명사 arrival이 있으므로 빈칸에는 전치사가 나와야 한다. 따라서 부사인 (B) ever는 제외된다. (B) as는 '~로서'의 의미로 뒤에 자격 따위의 명사가 와야 한다. (D) into는 '~안으로'의 뜻으로, 장소의 뜻을 내포하고 있다. 답은 (A) on인데, <on + 명사>는 '~하자마자'의 뜻을 가지고 있다. 따라서 on arrival의 뜻은 '도착하자마자'이다.
해설 호텔에서는 손님들에게 모두 도착하는 대로 입실수속을 권한다.
어휘 check in 입실수속을 하다

05 (C) to
해설 빈칸 앞뒤로 명사가 위치하므로 빈칸에는 전치사가 들어가야 한다. 빈칸 앞의 명사 proximity는 근접성을 의미하는 단어로, 늘 전치사 to를 동반하여 <proximity to + 장소>로 쓰인다.
해설 주요 관광지와 근접해 있기 때문에 오사카의 Royal Hotel은 자주 예약이 꽉 찬다.
어휘 attraction 관광지, 매력

06 (C) from
해설 빈칸 앞의 형용사 exempt는 전치사 from을 받아 '~이 면제되는'의 의미로 쓰이는 관용표현이므로 꼭 알아두자.
해설 오늘 새롭게 오픈한 저희 식당을 방문하는 고객들은 서비스 비용이 면제될 것입니다.
어휘 newly 새롭게 exempt from ~이 면제되는

Chapter 12 가정법

Lesson 1 가정법 현재와 미래

Step 1 Warm-up Test p.275

01 (A) if
해설 빈칸의 앞뒤 문장을 연결시켜 줄 수 있는 접속사가 들어가야 한다. if, once 모두 접속사이므로 해석을 통해 문맥적으로 적합한 접속사를 골라야 한다. once는 시간의 부사절로 '일단 ~하면 …하다'의 의미이므로 문맥에 어울리지 않는다. 조건의 if를 넣으면 '전원을 차단시켜야 할 경우에는 경비실에 보고를 해야 한다'는 자연스러운 의미를 전달한다.
해설 만약 어떠한 이유에서든 전원을 반드시 차단시켜야 할 때는 경비실에 전화를 하고는 보고서를 작성해야 합니다.
어휘 be sure to + 동사원형 꼭 ~해라 security 보안담당 부서, 경비실 fill out 작성하다 incident 사건 report 보고서, 보고하다 necessary 필수적인 shut off 차단하다 power 힘, 전기 for any reason 어떠한 이유에서든지

02 (B) would be
해설 비인칭주어 there의 be동사를 고르는 문제이다. 앞의 if절의 동사가 과거형이므로 가정법 과거의 주절에는 <would + 동사원형>을 써야 한다. 정답은 would be가 된다.
해설 만약에 고객서비스 프로그램이 잘 기획 되었다면 서비스에 따른 불만이 적을 텐데.
어휘 organize 준비하다, 기획하다 complaint 불평, 불만 regarding ~에 대해 incidental 부수적인, 부차적인

03 (B) had been
해설 주절의 동사가 would have granted 형태를 취하고 있으므로 이것은 과거 사실의 반대를 나타내는 가정법과거완료의 구조인 것을 알 수 있다. 따라서 if절에는 완료 시제인 <had + 과거분사>가 들어가야 하므로 정답은 had been이다.
해설 만약 회계사가 능력이 뛰어났었다면 경영진은 그에게 기밀 파일을 볼 수 있는 권한을 주었을 것이다.
어휘 accountant 회계사 well qualified 자격을 잘 갖춘 management 경영진 grant A B A에게 B를 주다 access to ~에 대한 접근권한

04 (A) experience
해설 빈칸 앞에 if를 통해 조건/가정절이라는 것을 알 수 있다. if절의 동사는 주절의 동사 시제를 확인해본다. 주절의 동사가 consult라는 명령, 제안을 나타낸다. 그러므로 if절에는 현재 시제인 experience가 정답이다. had experienced가 정답이 되려면 주절의 시제는 <would/should/could/might + have + 과거분사>가 되어야 한다.
해설 만약 이 약을 복용한 후에 부작용이 나면, 의사와 상담하시기 바랍니다.
어휘 medicine 약 consult 상담하다.

05 (A) if
해설 빈칸 앞뒤의 두 문장을 연결할 수 있는 접속사가 들어갈 자리로 '만약 주문이 늦어도 오후 1시까지 이루어진다면 특급배달을 해드릴 수 있습니다'의 의미가 적절하므로 정답은 '만약 ~한다면'의 조건의 if가 된다. before는 '~전에'라는 시간의 부사절로 의미가 어색하게 된다.
해설 만약 오후 1시 이전까지 주문이 이루어진다면 우리는 고속 배송을 할 수 있다.
어휘 make a delivery 배송하다 order 주문

06 (A) only if
해설 콤마(,) 이하의 주절에 두 개의 문장을 연결할 수 있는 접속사가 들어갈 자리이다. 보기 중에 접속사로 쓸 수 있는 것은 only if로 '~한 경우에만'이라는 의미이다. so as 는 뒤에 to부정사를 동반하여 목적을 의미한다.

해설 Mr. Brown은 세미나 준비에 바쁘기 때문에 그는 다른 마케팅 매니저들이 참석을 하지 못할 경우에만 오늘 오후 회의에 참석할 것이다.

어휘 be busy -ing ~하는 데 바쁘다   attend 참석하다

Step 2 실전 TOEIC Test   p.275

01   (C)

해설 문장에 동사 두 개(are/can help)가 있으므로 빈칸에는 접속사 if가 와야 한다. (B) so는 등위접속사로 문두에 나올 수 없고 (A) that은 명사절 접속사이므로 that이 문두에 오면 주어 역할을 해야 한다. (D) due to는 전치사이므로 제외한다. 이 문장에서는 절 사이에 쉼표가 있는 것으로 보아 부사절을 이끄는 접속사가 필요하다. 따라서 조건/가정의 부사절 접속사인 (C) if가 답이다.

해설 만약 당신이 자동차 보험을 들 계획이라면 Mr. O'neil씨가 당신에게 맞는 적절한 계약을 할 수 있게 도와줄 수 있다.

어휘 car insurance 자동차 보험   appropriate 알맞은

02   (D) if

해설 문장에 동사가 두 개 (can/buy)인데 이 둘을 잇는 접속사가 없으므로 빈칸에는 접속사가 들어가야한다. (C) on은 전치사이므로 제외하고 나머지는 모두 부사절을 이끄는 접속사이다. '50달러 이상의 물건을 살 경우에만 배달해준다'는 내용이므로 빈칸 뒤에는 조건절을 이끄는 접속사 (D) if가 와야 한다.

해설 Goods International은 50달러 이상의 제품을 구매하는 사람들에 한해 무료로 물품을 배달할 수 있다.

어휘 deliver 배달하다   only if ~해야만

03   (A) approves

해설 빈칸은 if절의 동사가 들어갈 자리이다. 주절의 시제가 미래이므로 동사는 현재 시제가 들어가 가정법 현재 또는 조건절이 되어야 한다. 따라서 approves가 정답이 된다.

해설 Mr. Smith가 저희의 요청을 승인하시면, 저희는 금요일과 토요일의 근무 시간이 줄어들게 될 것입니다.

어휘 approve 승인하다   request 요청   be able to + 동사원형 ~할 수 있다

04   (A) If

해설 빈칸에는 콤마(,)를 중심으로 완전한 두 문장을 연결할 수 있는 부사절의 접속사가 나와야 한다. so는 등위접속사로 문두에 나오지 못하고, whom은 관계대명사의 목적격으로 선행사가 있어야 하므로 답이 될 수 없다. wherever는 복합관계부사로 뒤에 완전한 문장을 받아 '어디든지'라는 의미를 갖고, if는 조건, 가정의 의미를 갖는다. 문맥상 '회사가 시드니로 이전하면 직원들은 이사 비용에 대해 상환을 받을 것'이라는 의미의 가정/조건의 문장이 된다. 정답은 if이다.

해설 만약 회사가 시드니로 이전을 한다면, 이사를 가야하는 직원들은 이사 비용에 대한 배상이 있을 것이다.

어휘 transfer 전근시키다   reimbursement 배상, 상환   moving expense 이사 비용

05   (B) will not be

해설 빈칸에 알맞은 be동사의 형태를 선택하는 문제이다. 문두의 if를 통해 조건/가정법 문장임을 알 수 있다. 주절의 시제는 if절의 시제를 보고 판단해야 한다. if절의 시제가 should arrive로 가정법 미래구문이다. 그러므로 주절의 시제는 단순미래 시제가 되어야 한다. 그런데, (B) will not be와 (C) will be의 차이는 부정어의 유무이다. 문맥상 '기차가 제시간에 온다면, 우리는 늦지 않을 것'이라는 문장으로 (B) will not be가 정답이다.

해설 만약 기차가 제 시간에 온다면, 고객과의 미팅에 늦지 않을 것이다.

어휘 on time 정각에, 제시간에   client 고객

06   (B) if

해설 빈칸의 앞과 뒤에 문장이 위치하고 있으므로 빈칸에는 두 문장을 연결시켜줄 수 있는 접속사가 와야 한다. (A) there(거기에서)는 부사, (B) if(만약 ~라면)는 접속사, (C) then(그때)은 부사, (D) so(그래서)는 접속사이기에 정답이 될 가능성이 있는 것은 (B)와 (D)이다. '최종적인 청사진을 받으면, 다음 주 월요일에 확장계획에 대해 발표를 한다'는 문맥적 의미를 나타내므로 정답은 (B) if가 된다. 또한 주절과 종속절의 문장 형태를 보면 〈주어 + will + 동사원형, if + 주어 + 현재 시제〉이기에 가정법 현재 시제라는 것을 알 수 있다.

해설 건축가로부터 최종적인 청사진을 받으면, 다음 주 월요일에 저희의 확장 계획에 대해서 발표를 할 것입니다.

어휘 unveil 베일을 벗기다, 발표하다   expansion 확장   plan 계획   final 최종적인   blueprint 청사진   architect 건축가

Lesson 2 가정법 과거와 과거완료

Step 1 Warm-up Test   p.277

01   (B) took

해설 if절 동사 자리에 빈칸이 있으므로 주절의 동사를 확인한다. 주절의 동사가 〈조동사 과거형(would) + 동사원형(have)〉 형태이므로 가정법 과거로 판단, if절의 동사는 과거 시제를 써준다. 따라서 took이 답이 된다.

해설 우리가 재활용을 더 많이 하는 수고를 감내한다면, 매립지의 수가 줄어들 텐데

어휘 take the trouble to + 동사원형 ~하는 수고를 감내하다   recycle 재활용하다   landfill 매립지

02   (B) had

해설 주절의 시제가 might have p.p.인 가정법의 if절 안에 적절한 동사 시제를 넣는 문제이다. 가정법 과거완료는 〈주어 + might have p.p. ~, if + 주어 + had p.p. ~〉의 형태가 되어야 하므로 빈칸에 들어갈 적절한 동사 형태는 had이다.

해설 마케팅 테스트 자료가 리포트에 더 일찍 들어갔다면 프로젝트는 더 일찍 마무리 되었을 것이다.

어휘 complete 완성하다   enter 입력하다

03   (B) had like

해설 주절의 시제가 가정법 과거완료 시제인 〈would have + 과거분사〉이므로 if절에는 〈had + 과거분사〉 형태가 와야 한다. 정답은 had liked가 된다.

해설 만약 (노동)조합이 그 제안이 맘에 들었다면, 고용주와 상당히 위험수위가 높은 쟁의 활동을 통해서 얻어내려고 하는 대신에 조합원들에게 그 제안을 수용할 것을 권했을 것이다.

어휘 acceptance 수용, 인수, 수락   play (a game of) chicken (서로 상대를 굴복시키려는) 도전적인 행위를 하다, 담력 시험을 하다

04   (B) would have recovered

해설 if절의 시제가 〈had + 과거분사〉로 가정과거완료 구문이다.

해설 그렇다면 주절은 〈조동사의 과거형 + have + 과거분사〉가 나와야 하므로 정답은 would have recovered가 되어야 한다.

해석 여러 보고서들은 올해 초에 금리가 낮아졌더라면 과학기술 관련 회사들이 더 빠르게 회복됐을 것이라고 말하고 있다.

어휘 several 몇몇의 report 보도, 보고서 interest rate 금리, 이율 lower 낮추다 recover 회복하다

05 (B) could have begun

해설 if절의 시제가 〈had + 과거분사〉로 가정법과거완료 구문이다. 주절의 시제는 could have begun이 되어야 한다.

해석 만약 Mr. Simmons가 그 건물 사업 보고서에 대해서 일찍 알았더라면 그는 7월 말 전에 공사를 시작했을 것이다.

어휘 early 일찍 construction 공사

06 (B) had

해설 I wish 가정법 형태〈I wish + 주어 + 과거동사〉로 동사의 시제는 과거로 had가 되어야 한다.

해석 나는 새로운 집을 사는데 충분한 돈이 있으면 좋겠다.

어휘 enough 충분한

Step 2 실전 TOEIC Test   p.277

01 (C) would like

해설 빈칸 앞에 주어(you)가 위치하고 있고 문장 안에 동사가 없으므로 빈칸은 본동사의 자리이다. 선택지의 보기 모두 본동사의 역할을 할 수 있으니 해석을 통하여 문맥적으로 가장 적합한 것을 정답으로 골라야 한다. '만약 회의실을 예약하고 싶으시다면, 프런트 데스크에 있는 Ms. Lopez에게로 가라'는 의미를 나타내므로 과거의 의미인 (B)와 (D)는 오답이 된다. 문장의 구조를 보면〈If + 주어 + ――――, 명령문〉으로 If가 위치하고 있기에 가정법 문장으로 빈칸에는 (C) would like가 들어가야 한다.

해석 회의실을 예약하고 싶으시다면, 프런트 데스크에 있는 Ms. Lopez에게 가보십시오.

어휘 reserve 예약하다 conference room 회의실 front desk 프런트 데스크

02 (C) would be

해설 빈칸의 구조를 보면〈there + ------ + 주어〉로 빈칸 앞에 there가 있는 형태이기 때문에 빈칸은 동사가 들어갈 자리임을 알 수 있다. 선택지의 보기 모두 본동사로 쓰일 수 있는데 문장 구조에서 종속절의 if와 과거동사인 commuted를 통해 가정법과거 형태임을 파악할 수 있다. 따라서 주절에는 가정법과거 형태〈If + 주어 + 과거 시제, 주어 + would/could/should/might + 동사원형〉에 따라 (C) would be가 들어가야 한다.

해석 만약 사람들이 카풀보다는 철도로 통근을 한다면, 아침시간 고속도로에 차량이 적을 것이다.

어휘 commute 통근하다 rather than ~보다는 car pool 카풀, 승용차 함께 타기 traffic 교통(량) highway 고속도로

03 (D) could have arranged

해설 빈칸 앞에 주어가 나와 있고, 문장 안에 동사가 없으므로 빈칸은 본동사 자리이다. 선택지의 보기 모두 본동사로 쓰일 수 있기에 전체 문장의 구조를 살펴보면〈If + 주어 + had p.p., 주어 + -------〉로 가정법과거완료 형태의 문장임을 예측할 수 있다. 종속절에〈had + p.p.〉가 나와 있으므로 주절에는〈could have + p.p.〉형태인 (D) could have arranged가 들어가야 한다.

해석 신제품 출시기간 동안 고객들의 관심이 그렇게 높다는 것을 알았더라면, 우리는 더 많은 제품정보 책자를 준비할 수 있었을 것이다.

어휘 foresee 예견하다 customer 고객 interest 관심, 흥미 product 제품 release 출시 arrange 조치하다 booklet 소책자

04 (C) would not have received

해설 빈칸 앞에 주어(we)가, 뒤에는 목적어(the necessary support)가 위치하고 있으며 문장 안에 동사가 없으므로 빈칸은 동사 자리이다. 선택지의 보기 모두 본동사로 쓰일 수 있으므로 전체 문장의 구조를 따져보아 정답을 골라내야 하겠다. 문장의 구조를 살펴보면〈If + 주어 + had not p.p. ~, 주어 + ------ 목적어〉로 종속절에(if ~) if와 had been을 보고 가정법의 과거완료 시제임을 예상할 수 있다. 가정법과거완료 시제의 형태가〈If + 주어 + had p.p., 주어 + would/could/should/might + have + p.p.〉이므로 빈칸에는 would have p.p. 형태인 (C) would not have received가 들어가야 한다.

해석 만약 컴퓨터의 오작동이 빠르게 고쳐지지 않았더라면, 우리는 필요한 지원을 못 받았을 것이다.

어휘 malfunctioning 오작동 repair 수리하다 necessary 필요한 support 지원

05 (A) have been organized

해설 빈칸 앞에 could가 위치하고 있는 것으로 보아 빈칸에는 동사(원형)이 들어가야 한다. 선택지의 보기 모두 동사원형으로 시작하기에 정답이 될 가능성이 있으므로 전체 문장의 구조를 따져 적합한 시제의 동사를 정답으로 골라야 하겠다. 문장의 구조를 살펴보면〈주어 + 동사 + that(절) + 주어 + could + -------, if + 주어 + had + p.p.〉로 가정법과거완료 형태임을 알 수 있다. 종속절(if ~)에서 had actively anticipated가 나오고 있으므로, 주절에는 could have p.p.의 형태가 와야 한다. 그러므로 정답은 (A) have been organized가 된다.

해석 위원회는 만약 구성원들이 좀 더 적극적으로 참여했었다면, 작년 회의가 더 효율적으로 조직됐을 것이라는 점을 인정했다.

어휘 committee 위원회 acknowledge 인정하다 organize 정리하다, 조직하다 efficiently 능률적으로

06 (C) had been told

해설 빈칸의 구조가〈If + 주어 + ------- that절, 주어 + could have + p.p. + 목적어〉로 빈칸은 동사 자리이다. 선택지의 보기가 모두 본동사로 쓰일 수 있는데 문장의 구조에서 종속절의 if와 주절의 could have p.p.를 보고 가정법과거완료 형태임을 알 수 있다. 그러므로 종속절에는 had p.p. 형태가 들어가야 하므로 정답은 (C) had been told가 된다.

해석 만약에 사무실 관리자에게 팩스가 고장 났다는 것을 말해주었더라면 그녀는 수리회사에 좀더 일찍 연락했었을 수도 있었을 것이다.

어휘 office manager 사무실 관리자 fax machine 팩시밀리 송수신기 work 작동하다 properly 제대로, 적절히 repair 고치다, 수리하다 earlier 일찍이

Lesson 3 if의 부정적 표현 unless/otherwise

Step 1 Warm-up Test   p.279

01 (B) assuming that

해설 빈칸 앞뒤로 두 개의 완전한 문장을 연결할 수 있는 접속사가 들

어갈 자리이다. up until은 시간을 나타내는 전치사 또는 접속사로 '~까지'의 의미를 가지고, assuming that은 가정의 의미를 가진다. 문맥상 '초청연사가 일정을 바꿀 수 있다면'이라는 내용이 적절하므로 정답은 assuming that이 된다.

해석 초청연사가 세미나 날짜 변경에 따라 일정을 바꿀 수 있다면 세미나는 3월 24일로 옮겨질 것이다.

어휘 move 옮기다 change 변경하다 accordingly 그에 따라서

02 (B) otherwise

해설 문미에 들어갈 부사어를 선택하는 문제이다. besides는 추가의 의미를 갖고 otherwise는 '그렇지 않으면'이라는 의미로, 주로 unless(= if not)와 함께 쓰여 앞서 이야기한 것에 대해 가정을 의미한다.

해석 매년 온라인상의 결제 프로그램에 고객들의 등록을 자동적으로 갱신을 하라는 지시를 받지 않는다면 Norton Bank 직원들은 자동으로 갱신을 할 것이다.

어휘 personnel 직원 automatically 자동적으로 renew 갱신하다 enrollment 등록 instruct 지시하다

03 (B) Otherwise

해설 앞 문장이 마침표로 완전히 끝나고 빈칸 앞에 콤마가 있으므로 빈칸은 부사가 들어갈 자리이다. unless(= if not)는 접속사로 답이 될 수 없으며, 정답은 otherwise(그렇지 않다면)가 된다. otherwise 다음에 '차가 폭발했을 지도 모른다'(my car could have blown up.)라는 예측된 상황이 나왔으므로 otherwise는 If I had not fixed the old engine of my car yesterday.를 대신하고 있는 것이다.

해석 만약 내가 자동차의 낡은 엔진을 어제 고치지 않았다면, 내 차는 폭발했을 지도 모른다.

어휘 fix 고치다. 수리하다 blow up 폭발하다

04 (A) in case

해설 문장에 동사가 hurry up과 shifts 둘이다. 그러므로 두 개의 문장을 연결할 수 있는 접속사가 필요한데, in case(~한 경우를 대비해서)는 얼핏 접속사의 형태가 아닌 걸로 볼 수 있지만 in case that에서 that을 생략한 접속사로 볼 수 있다. as long as는 '~하는 한, ~이기만[하기만] 하면'의 의미를 갖는 접속사로 문맥상 어색하다. 마감일이 당겨진다면 (그것을 대비해서) 서둘러야 한다는 의미로 in case가 정답이다.

해석 마감기일이 빨라질 것에 대비해 일을 서둘러라.

어휘 hurry up 서두르다 shift 변경되다

05 (B) as long as

해설 두 개의 문장을 연결할 수 있는 접속사가 들어갈 자리로 in case (that)는 '~하는 경우를 대비해서'라는 의미로 문맥이 어색하다. 당신이 약속을 한다면 도와줄 것이라는 의미로 as long as ~(~하기만 하면)가 정답이다.

해석 당신이 하나만 약속해준다면 당신을 도와줄게요.

Step 2 실전 TOEIC Test p.279

01 (C) unless

해설 빈칸 앞뒤에 문장이 나오고 있으므로 이 두 개의 문장을 연결시켜주는 접속사가 필요하다. 선택지의 보기 중 (A) whereas(반면에)와 (C) unless(만약 ~하지 않는다면)는 접속사이고, (B) in spite of(~에도 불구하고)와 (D) regarding(~관하여)은 전치사이기에 정답에서 제외된다. 문장의 의미가 'Smith 건설 회사가 시간당 수당을 30달러에서 35달러로 올려주지 않으면 ~'이라는 의미를 나타내므로 '만약 ~하지 않으면'이라는 의미를 나타내는 접속사 unless가 빈칸에 들어가야 한다. 참고로 unless는 if not과 같은 의미임을 알아두자.

해석 Smith 건설 회사가 시간당 수당을 30달러에서 35달러로 올려주지 않으면 공사 현장에서 일하는 노동자들은 일하는 것을 중지할 것이다.

어휘 laborer 노동자 construction site 공사현장 raise 들어 올리다. 올리다 hourly 1시간마다의, 매 시간의

02 (D) provided that

해설 빈칸은 is와 will ship out인 동사 두 개를 연결할 수 있는 접속사가 필요한 자리이다. 앞의 부사절이 '충분한 시간이 주어진다면'이란 의미로 적절한 접속사는 가정의 의미를 갖는 (D) Provided that(~하다면)이다.

해석 충분한 시간이 주어진다면, 우리는 이번 달 10일까지 모든 주문품을 보낼 수 있을 것이다.

어휘 ample 충분한 ship out 발송하다

03 (B) As long as

해설 문장에서 receive와 will be able to ~로 동사가 두 개이므로, 빈칸에는 두 절을 연결하는 접속사가 들어가야 한다. 콤마 앞의 부사절로 '이번 주까지 지불하시면'이란 조건의 의미를 나타내므로, 보기 중 조건의 접속사 (B) as long as(~하는 한, ~하기만 하면)이 정답이 된다. 나머지 보기는 모두 전치사로 (A) despite(~임에도 불구하고), (C) prior to(~에 앞서, 먼저), (D) in order to(~하기 위하여)는 의미상 적절치 않다.

해석 이번 주까지 지불하시면, 우리는 당신의 주문품을 보내드릴 수 있을 것입니다.

어휘 payment 지불 deliver 배달하다

04 (A) Unless

해설 주어와 동사를 갖춘 두 개의 문장을 이어주는 접속사가 없으므로 빈칸에는 접속사가 위치해야 한다. 선택지 모두 절을 이끄는 접속사이므로 문맥의 의미를 따져보아야 한다. '~이 내일까지 계약서에 대한 답변을 하지 않으면 새로운 사람을 고용해야 한다'는 문맥이므로 '만약 ~하지 않는다면'의 뜻을 가진 접속사 (A) Unless가 답으로 적절하다. (B) Because는 '왜냐하면'의 이유를 나타내는 접속사. (C) When은 '~할 때'의 시간을 나타내는 접속사이고, (D) As if도 '마치 ~인 것처럼'의 의미로 문맥상 어색하다.

해석 만약 Mr. Madden이 내일까지 그의 계약서에 대한 이메일에 답을 안 한다면 우리는 세일즈 자리에 새로운 사람을 고용해야만 할 것이다.

어휘 reply 답하다 regarding ~에 대해 hire 고용하다

05 (D) Given that

해설 콤마 앞뒤로 절이 등장했다. 즉, 전체 문장에 동사가 두 개라는 뜻이다. 따라서 빈칸에는 접속사가 들어가야 한다. (A) if so는 접속부사이므로 절과 절을 이을 수 없고, (C) Owing to는 전치사이므로 절을 이끌 수 없다. (B) Rather than은 A rather than B의 병렬구조를 이끄므로 문두에 나올 수 없다. (D) Given that은 절을 이끌어 주절과 연결해주는 부사절 접속사로, '~를 고려해보면'의 뜻을 가지고 있다. 따라서 답은 (D) Given that이다.

해석 새로운 기술이 널리 받아들여졌음을 고려해본다면 우리 또한 이 기술을 우리에게 이익이 되도록 적용해야만 한다.

어휘 given that ~을 고려해보면 widely 널리 accept 수용하다 apply 적용하다 benefit 이득, 혜택

06 (C) Assuming

해설 전체 문장의 동사가 2개(is, must develop)이기 때문에 빈칸은 접속사 자리임을 알 수 있다. 보기 중 접속사의 역할을 할 수 있는 것은 '~라고 가정하면'이란 뜻의 Assuming이다.

해석 새로운 사업이 성공했다고 가정한다면 그 사업가는 후속 계획을 수립해야 할 것이다.

어휘 assuming that ~이라고 가정한다면 entrepreneur 사업가

Lesson 4 if의 생략과 도치

Step 1 Warm-up Test   p.281

01 (B) could have begun

해설 먼저 두 개의 문장을 연결하는 접속사가 없다. 앞 문장을 보면 if가 생략되어 조동사가 도치되어 나온 것을 알 수 있다. if가 생략된 가정법 과거완료 구문에서 주절은 〈조동사의 과거형 + have + 과거분사〉가 되어야 하므로 정답은 could have begun이 된다.

해석 만약 Ms. Lee가 설계도(청사진)을 일찍 보냈더라면 공사 인부들은 이틀 전에 Ford Tower 공사를 시작했을 것이다.

어휘 blueprint 청사진(설계도) build ~을 짓다

02 (B) Were it not for

해설 가정법과거에서 if가 생략된 문장으로 원래는 if it were not for ~이다. if가 생략되면 were가 도치되어 were it not for가 된다.

해석 오존층이 없다면, 태양의 엄청난 자외선 폭풍이 우리의 피부를 태우고 눈을 멀게 할 것이다.

어휘 ozone layer 오존층 blast 폭발, 폭풍 ultraviolet light 자외선

03 (B) Should you

해설 빈칸 앞에 주어가 없고, 두 문장을 연결시켜 주는 접속사 또한 위치하고 있지 않다. should you를 보면 얼핏 오답이라고 생각이 들 수도 있겠지만 이 문제는 If가 생략되면서 should가 주어 앞으로 이동한 가정법 도치 구문이다. 그러므로 should 다음에 주어인 you가 오고 동사원형인 find가 와야 하는 것이다. 그래서 정답은 should you가 된다.

해석 클럽의 다른 회원이 당신을 겨냥한 모욕적인 메시지를 게시판에 올렸다면 저희에게 즉각적으로 연락을 주셔야 합니다.

어휘 offensive 모욕적인, 불쾌한 direct ~로 향하다, 겨냥하다 post 게시하다 board 게시판 report 보고하다 immediately 즉시

04 (B) should

해설 문장에 본동사는 may cost, be required로 두 개다. 그러므로 빈칸에는 두 개의 문장을 연결할 수 있는 접속사가 들어가야 하는데, when은 뒤에 완전한 문장을 받을 수 있지만 뒷 문장의 동사가 be required로 동사원형이 나오고 있기 때문에 어색하다. 빈칸 이하의 문장은 if가 생략되고 조동사인 should가 도치되어 뒤에 동사원형이 남아 있는 것으로 정답은 should가 된다.

해석 새로운 컴퓨터 네트워크를 설치하는 데 추가적인 시간이 필요하다면, 사무실 보수공사는 우리가 예상했던 것 보다 더 많이 비용이 들지도 모른다.

어휘 renovation 보수공사 install 설치하다

05 (B) would have taken

해설 앞의 부사절은 원래 If it had not been for ~의 형태였으나, if가 생략되면서 주어와 동사가 도치된 것으로 가정법과거완료임을 알 수 있다. 가정법과거완료는 〈If + 주어 + had + 과거분사, 주어 + would/should/could/might + have + 과거분사〉의 형태이므로, '~하지 않았다면, (과거에) …이었을 텐데'라는 의미로 would have taken(걸렸을 텐데)이 정답이다.

해석 그녀의 도움이 없었더라면, 이 보고서를 끝내는데 일주일이 더 걸렸을 것이다.

어휘 estimate 예측하다, 추정하다 more than ~보다 더

06 (B) if not for

해설 if not for는 if it had not been for나 if it were not for가 축약된 형태이다. 이 문장의 경우 주절의 시제가 would not have been achieved로 되어 있기 때문에 if it had not been for ~가 줄어든 것이다. 따라서 if not for가 정답이다.

해석 고객들로부터 의견을 받지 않았더라면 성공을 거둘 수 없었을 것이다.

어휘 achieve 성취하다, 달성하다 feedback (개선을 위한) 정보, 의견

Step 2 실전 TOEIC Test   p.281

01 (C) Having

해설 콤마를 중심으로 두 개의 문장이 나란히 나오고 있다. 하지만 접속사가 없기 때문에 접속사가 생략된 형태임을 알 수 있다. 문맥상 '공부를 마치고 난 후에 런던으로 갔다'는 내용이므로 시간부사절의 접속사가 생략된 완료분사 구문이다. 따라서 보기 중에서 (C) Having이 정답이다. 가정법에서 if가 생략되어 should가 도치될 경우 빈칸 뒤에 〈주어 + 동사원형〉으로 이어져야 한다. 또한 주절 역시 가정법의 문장이 되어야 한다.

해석 George는 Aston 대학교에서 공부를 끝내고 London으로 일자리를 구하러 갔다.

어휘 complete 끝나다, 마치다 in search of ~을 찾아서

02 (D) Should

해설 빈칸에는 두 문장을 연결시켜 줄 수 있는 접속사가 들어가야 한다. 보기 중에서 (A) perhaps는 부사, (D) may는 조동사이기에 오답이 된다. (B) whether는 접속사이기에 정답이 될 가능성이 있고, (D) should를 보면 조동사이기에 오답일 것 같지만 이 문제는 가정법에서 If가 생략되면서 동사의 첫 부분이 주어 앞으로 이동하는 가정법 도치구문이다. 정답은 (D)가 된다. 선택지의 보기에 should가 나오면 전체 문장의 구조를 보고 가정법 도치 구문이 아닌지 의심해 보아야 한다. whether는 양보의 부사절로 뒤에 완전한 문장을 받아 '~이든지간에'라는 의미로 문맥이 어울리지 않는다.

해석 만약 어떤 도움이 필요하시면, 언제든지 저희 고객서비스 책임자에게 말씀해 주세요.

어휘 assistance 도움, 원조, 지원 feel free to + 동사원형 주저하지 말고 ~하세요, 언제든지 ~하세요 customer representative 고객서비스 책임자

03 (A) experience

해설 빈칸의 구조가 〈should + 주어 + ─────, 명령문〉으로 if가 생략되면서 should가 주어 앞으로 이동한 가정법 도치 구문이다. 그러므로 빈칸에는 동사원형이 들어가야 한다는 것을 예상

해석 전자레인지에 어떤 문제점이 발생하면, 제조사에 연락하시기 전에 사용설명서를 확인해 주세요.

어휘 microwave oven 전자레인지 operating manual 사용설명서 contact 연락하다 manufacturer 제조자, 제조업체

04 (B) Had

해석 콤마를 중심두 개의 문장이 이어지고 있다. 보기가 모두 접속사의 형태가 아니기 때문에 접속사가 생략된 형태의 문장임을 알 수 있다. 뒤의 문장에 동사가 would have suffered인 것으로 보아 가정법 과거완료 문장임을 알 수 있다. 그러므로 빈칸은 가정법 과거완료 구문에서 if가 생략되어 조동사 had가 도치된 구문임을 알 수 있다. 따라서 정답은 (B) Had가 된다.

해석 우리 회사는 지난 2년에 걸쳐 중대한 개혁을 이행하지 않았다면 심각한 재정상의 압박과 파산 위기를 겪었을 것이다.

어휘 reform 개혁 severe 심각한, 심한 fiscal 재정상의, 회계의 pressure 압력, 압박 bankruptcy 파산

05 (C) No sooner

해석 빈칸 다음에 have 동사와 주어인 we가 도치되었다. 문장 맨 앞에 빈칸이 위치하므로, 강조의 의미로 부정어를 붙여서 도치된 구문임을 알 수 있다. 또한, 주어와 동사가 있는 절 앞에 than도 확인할 수 있다. 따라서 부정어인 No로 시작하며, 절을 이끄는 than과 호응하는 접속사인 '~하자마자'라는 뜻의 (C) No sooner가 정답이다. No sooner ~ than(~하자마자 …하다) 구문은 ⟨No sooner + had + 주어 + 과거분사 + than + 주어 + 과거동사⟩의 형태를 가진다는 것을 알아두자.

해석 우리가 Trytech사에 투자하자마자 주식 시장이 폭락했다.

어휘 no sooner ~ than ~하자마자 …하다 stock market 주식 시장 crash (주가, 물가 등이) 폭락하다

06 (B) But for

해석 먼저 빈칸 뒤의 명사 his advice를 받을 수 있는 전치사 상당 어구가 연결되어야 한다. 주절의 동사가 would have failed이므로 가정법 과거완료임을 알 수 있으며, 가정법 과거완료는 ⟨If + 주어 + had + 과거분사, 주어 + would/should/could/might + have + 과거분사⟩의 형태로 빈칸에는 ⟨If + 주어 + had + 과거분사⟩가 들어가야 한다. 그러나 보기에는 이 형태가 없는 대신 이를 대체하는 전치사가 존재한다. '~가 없었다면 ~했을 것이다'라는 의미인 (B) But for가 정답이 된다.

해석 그의 충고가 없었더라면, 우리는 시설 건축비를 절약할 수 없었을 것이다.

어휘 advice 충고 save money 돈을 절약하다 facility 시설

Lesson 5 혼합가정법 & 직설법과 가정법

Step 1 Warm-up Test   p.283

01 (B) If

해석 빈칸은 두 개의 완전한 문장, 즉 각각 동사를 하나씩 갖춘 절을 연결할 수 있는 종속접속사여야 한다. '다른 경쟁상대보다 계속 우위를 유지하려면 새로운 제품 디자인을 개발해야 한다'라는 가정적 조건이 있으므로 조건접속사인 if가 정답이다. as if는 '~처럼'이라는 의미가 있으니 주의하자.

해석 만약 우리의 목표가 다른 경쟁자들을 넘어서는 영향력을 유지하는 것이라면 우리는 새로운 제품 디자인을 개발해야만 한다.

어휘 maintain 지키다, 유지하다 leverage 영향력, 지렛대

02 (B) had been

해석 주절의 동사는 would be 형태로 가정법과거 시제가 제시되었기에, 문장을 가정법과거로 생각할 수 있다. 그러나 보기의 동사 중에 과거형의 동사가 있어야 하지만 보이지 않는다. 따라서 ⟨If + 주어 + had+ p.p. ~, 주어 + 조동사 과거형 + 동사원형 ~⟩(만약 ~했다면, ~할 텐데)인 과거 사실이 현재까지 영향을 주는 혼합 가정법 구문이다. 혼합가정법에서 if절은 과거 사실의 반대이므로 동사는 had p.p.의 형태로 had been이 정답이다.

해석 그 제안이 더 자세했더라면, GM Mechanic사는 철강 부분에 유일한 공급자가 됐을 것이다.

어휘 proposal 제안(서) detail 상세히 설명하다 supplier 공급자 steel 철강

03 (A) would

해석 빈칸 앞의 부사절에서 가정법을 대신하는 표현인 전치사 without(~이 없다면)이 사용되었으므로 가정법 문장임을 알 수 있다. 주절의 시제는 ⟨would/could/should(조동사) + have + 과거분사⟩형태의 가정법 과거완료형이므로 빈칸에는 조동사의 과거형이 들어가야 한다. 따라서 조동사 will의 과거형 would가 정답이다. must have p.p.는 '~였던 게 틀림없다'라는 확신의 표현이다.

해석 도움이 없었더라면, 저는 제 시간에 이 모든 일을 완성하지 못했을 것입니다.

어휘 without ~이 없다면 assistance 도움, 원조 on time 제때에

04 (A) Only if

해석 콤마를 중심으로 두 개의 문장을 연결할 수 있는 접속사가 들어갈 자리이다. only if(~일 때만, 경우에만)는 특정 경우나 상황에서만 일이 가능하거나 발생할 때 쓰는 표현이며, if only(~이면 좋을 텐데)는 강한 희망을 나타낼 때 쓴다. '상사가 승인을 했을 경우에만 ~을 얻을 수 있다'라는 문맥으로 정답은 (A) Only if가 된다.

해석 당신의 상사가 (그것을) 승인했을 때만 당신은 유급휴가를 갈 수 있다.

어휘 supervisor 직속상사 approve 승인하다 paid holiday 유급휴가

05 (B) without

해석 빈칸 앞의 문장은 그 자체로 완전하므로, 빈칸을 포함한 구문은 부사의 역할을 하게 된다. 또한 빈칸은 명사(an approval) 앞에 있으므로 명사와 함께 쓰여 부사구를 만들어줄 수 있는 전치사 자리이다. 문장에서 본동사가 wouldn't be given으로 가정법과거 형태이므로, 빈칸에는 가정의 의미를 나타낼 전치사인 without(~이 없다면)이 적절하다. 가정의 의미를 나타내는 전치사 without은 but for = if it were not for = were it not for로 바꾸어 쓸 수 있다.

해석 관리자 Mrs. Iverson의 승인 없이는 실험실에 들어갈 수 없을 것이다.

어휘 access 접근 enter 들어가다 laboratory 실험실 approval 승인 supervisor 관리자, 감독자

Step 2 실전 TOEIC Test   p.283

01 (C) would tell

해석 if절의 동사가 knew로 과거이기에, 가정법과거 구문 문제임

을 알 수 있다. 현재 사실과 반대인 가정법과거 구문은 〈If + 주어 + 과거동사 ~, 주어 + 조동사의 과거형(would/could/should/...) + 동사원형 ~〉(만약 ~이라면, ~할 텐데)이므로, 주절의 동사는 〈조동사의 과거형 + 동사원형〉이 되어야 한다. 따라서 정답은 would tell이 된다. (A) tell(말하다)은 동사원형, (B) had told(말했다)는 과거완료, (D) will tell(말을 할 것이다)은 미래 시제의 동사이므로 오답이다.

해석 Mr. Kim이 그 프로젝트를 상세히 안다면, 그가 나에게 말해줄 것이다.

어휘 detail 상세한 사항 project 프로젝트, 계획 it is likely that S + V ~할 것 같다

02 (D) only if

해석 문장에서 동사는 ride, accompanied로 두 개이므로 빈칸은 접속사가 들어가야 한다. 빈칸 앞 절은 6세 미만의 어린이들이 범퍼카를 탈 수 있다는 내용이고, 빈칸 뒤는 보호자에 의해 동반된다라는 내용의 분사구문이다. 의미상 보호자에 의해 동반된다는 조건으로 6세 미만의 어린아이들이 범퍼카를 탈 수 있다는 의미가 자연스러우므로, 빈칸 뒤의 절이 조건을 나타냄을 알 수 있다. 따라서 조건의 부사절인 (D) only if가 정답이다. 나머지 보기를 살펴보면, 시간의 접속사 (A) until(~할 때까지), 상관접속사인 (B) not only(~할 뿐만 아니라), 이유를 나타내는 접속사 (C) since(~ 때문에)는 오답이 된다.

해석 6세 미만 어린이들은 보호자가 동반해야만 범퍼카를 탈 수 있다.

어휘 ride 타다 accompany ~를 동반하다 guardian 보호자

03 (D) would promote

해석 if절은 과거 시제이며 내용상 가정의 의미를 지니고 있다. 가정법 과거 구문이므로 if절의 시제에 맞는 주절의 동사를 찾는다. 정답은 (D) would promote이다. 실전에서 급하게 풀다가 it is possible that ~만 보게 되어 (B)를 정답으로 고르는 함정에 빠질 수 있으므로 주의해야한다. 또한 (B) will promote의 경우 승진시킬 것이라는 긍정적 추측이 되고, (D) would promote의 경우 승진시키지 않는다는 부정적 의미로 해석된다는 것에 주의하자. 이 문제의 경우, 앞의 if절에서 전제된 논리를 주절에서 일관성 있게 지켜야 하기 때문에 정답이 (D)가 되는 것이다.

해석 그가 좀 더 적극적이었다면, 이사회는 그를 총괄 매니저로 승진시킬 가능성이 있었다.

어휘 proactive 적극적인 promote 승진시키다

04 (A) reach

해석 as though(마치 ~인 것처럼)란 가정의 의미를 나타내는 가정법 구문의 빈칸에 적절한 동사를 찾는 문제이다. 빈칸 앞에 조동사 will과 부정의 부사어 not이 있기에 빈칸의 동사는 동사원형이다. 따라서 보기 중 동사원형인 (A) reach(도달하다)가 정답이다.

해석 Regency Hotel은 성수기 동안 수용 능력을 감당하지 못할 것처럼 보인다.

어휘 capacity 수용 능력 peak season 성수기

05 (D) only if

해석 보기로 미뤄보아 접속사가 필요한 자리인데, 본동사가 없으므로 분사구문 상에서 접속사가 남아 있는 형태의 문장이다. 문맥상 '구매 물품을 수령한지 10일 이내에 개봉되지 않은 경우에만 반환될 수 있습니다'의 의미가 되어야 하므로 조건의 의미를 갖는 only if가 정답이 된다. not only는 not only A but also B의 형태로 사용되어야 하고, 접속사 until(~까지)과 since(~ 때문에, ~이래로)는 의미상 부적절하다.

해석 Shavers에서 구입한 제품들은 개봉하지 않고 수령한지 10일 이내에 모든 내용물과 사용설명서 그리고 사용하지 않은 보증서가 있을 경우에만 반품이 가능하다.

어휘 enclosure 동봉 instruction 설명서

06 (B) is

해석 콤마 이하의 주절에서 주어 it 뒤에 나올 be동사의 형태를 고르는 문제이다. 동사원형인 (A) be는 본동사가 될 수 없으며, 주절이 현재의 사실을 말하므로 과거형인 (C) was는 답이 될 수 없다. (D) will be의 경우, 이미 be likely that이 미래의 의미를 가지고 있기 때문에 답이 될 수 없다. 정답은 가정법 과거 주절에 직설법 문장이 삽입된 형태로 is가 정답이다.

해석 더 많은 교외 통근자들이 (기차)역 근처에 살았다면, 그들의 차량 이용은 훨씬 더 적었을 것이다.

어휘 suburban 교외의 commuter 통근자 frequently 자주, 종종

Lesson 6 요구/주장/제안 동사 + that + 주어 + (should) +동사원형

Step 1 Warm-up Test p.285

01 (B) consider

해설 that절 앞의 동사가 명령, 요구, 요청의 동사인 require이므로 that절에는 should가 생략된 동사원형이 나와야 한다. 따라서 정답은 consider가 된다.

해석 Richard K.는 투자 결정을 할 때 잠재적인 위험을 꼼꼼하게 고려해야 한다고 한다.

어휘 potential 잠재적인

02 (A) be postponed

해설 주절의 동사 prefer의 목적어절에 적절한 동사 형태를 골라야 한다. 요구, 주장, 제안의 의미를 갖는 동사 및 agree, prefer 등 강제성을 띠거나 확정된 것을 뜻하는 경우, 뒤에 나오는 목적어인 that절의 동사는 should가 생략된 동사원형이 나온다. 그러므로 수동태인지 능동태인지만 확인하면 된다. 동사 postpone(연기하다, 미루다)은 타동사로 뒤에 목적어가 나와 있지 않기 때문에 수동태인 be postponed가 되어야 한다.

해석 연례회의가 있어서 이사회는 회사 야유회를 다음 주로 미루는 것이 더 낫다고 생각한다.

어휘 board of directors 이사회 picnic 야유회

03 (B) be shipped

해설 주절에 ask(요구하다)가 있고 that절에 should의 의미가 있으므로 동사원형이 와야 맞다. 그리고 products와 ship의 관계는 '제품이 선적되는 것'으로 수동이다.

해석 구매자들은 주문된 제품들은 이번 주말 전에 그들에게 배송해주기를 요청했다.

어휘 ship 배송하다, 발송하다

04 (B) take

해설 주절에 suggest(제안하다)가 있고 that절에 should의 의미가 있으므로 동사원형이 와야 맞다.

해석 배송책임자는 배송물에 대한 보험에 가입하라고 제안했다.
어휘 take out insurance 보험에 들다 shipment 선적

05 (A) require

해설 빈칸은 that 이하를 목적어로 받을 수 있는 동사가 들어갈 자리이다. 하지만 require, order 둘 다 that을 받으며, 의미상 크게 다르지 않다. 하지만 order는 토익에서는 '음식이나 물건등을 주문하다'라는 의미로만 사용된다. '명령하다'는 의미로 쓰이게 되면 require보다 좀 더 강제성이 강하여 일상 업무에서보다는 군대나 법적인 명령을 할 때 더 적합한 표현이다. 이와 유사한 표현으로 command, demand 역시 '명령하다'는 의미로는 아직까지 출제되지 않았다.

해석 이사들은 월별 진행보고서는 제 시간에 제출하라고 요구한다.
어휘 progress 진행, 진전 submit 제출하다 on time 제 시간에

Step 2 실전 TOEIC Test   p.285

01 (C) analyze

해설 명령, 제안, 요구 등의 동사들 뒤에 나오는 that절에서는 주어 뒤에 조동사 should(~해야 한다)와 동사원형이 온다. 일반적으로 should가 생략되기 때문에, 빈칸은 동사원형이 들어갈 자리이다. 따라서 보기 중 analyze가 정답이다. (A) analyzed(분석했다)는 과거형. (B) analysis(분석)는 명사. (D) analyzing(분석하는)은 분사형이므로 오답이다.

해석 Mr. Robin은 회계 감사관이 잘못된 회계 절차의 영향을 분석해야 한다고 요청하였다.
어휘 auditor 회계 감사관 analyze 분석하다 impact 효과, 영향 faulty 잘못된 accounting procedures 회계 절차

02 (A) be

해설 요구, 주장, 제안 등의 동사 뒤에 오는 that 절에서 주어 뒤, 동사 앞에 조동사 should(~해야 한다)가 생략되고 동사원형만 남는다. 또한 that절의 주어가 break system으로 개조되어지는 것이므로 수동의 형태인 동사가 적절하다. 따라서 빈칸은 that 절의 동사가 수동태이면서 원형이 와야 하므로 보기 중 (A) be가 정답이 된다. (B) are(이다)는 be동사의 복수형. (C)는 '가지다'라는 동사 have. (D)의 has는 have의 3인칭 단수형이므로 오답이다.

해석 수석 엔지니어는 고가에 관계없이, 브레이크 시스템을 개조해야 한다고 주장한다.
어휘 chief engineer 수석 엔지니어 remodel 개조하다, 리모델링하다 regardless of ~에 관계없이 involve 포함하다

03 (D) be admitted

해설 판단, 필요, 당위를 나타내는 형용사 다음 that절의 주어 뒤에는 조동사 should(~해야 한다)가 생략되고, 동사원형만 남게 된다. It is ~ that 구문의 that 앞에 '필수적인'이란 의미를 가진 형용사 essential이 보인다. 따라서 that 절 뒤 주어 no one 다음 동사는 원형이 와야 하며, 사람인 주어 one이 승인을 받는 것이므로 수동의 형태가 되어야 한다. 그러므로 정답은 (D) be admitted이다. (A)는 3인칭 단수형. (B)는 과거형. (C)는 진행형으로 오답이 된다.

해석 근무 시간 후에 신분증 없이는 누구도 그 건물에 들어갈 수 없어야 한다.
어휘 essential 근본적인, 필수적인 after hours 근무 시간 후에 proper 적절한 identification 신분증명서

04 (D) be shaken

해설 판단, 필요, 당위를 나타내는 형용사 다음 that 절의 주어 뒤에는 조동사 should(~해야 한다)가 생략되고, 동사원형만 남는다. It is ~ that 구문의 that 앞에 imperative(강제적인, 절대 필수적인)란 형용사가 보인다. 따라서 that절 뒤의 동사는 조동사 should가 생략된 동사원형이 와야 하며, 주어인 they가 상품이므로 동사가 수동형이 되어야 한다. 그래서 정답은 (D) be shaken이다.

해석 배송 중에 깨지기 쉬운 물건을 보호하기 위해, 물건이 흔들리지 않도록 해야 한다.
어휘 in order to + 동사원형 ~하기 위하여 protect 보호하다 fragile 깨지기 쉬운 item 품목 shipment 배송 imperative 피할 수 없는, 필수적인 shake 흔들다

05 (A) be returned

해설 주절의 동사 request가 이끄는 that절은 〈조동사 should + 동사원형〉의 구조가 된다. 이때 should는 생략 가능하므로 be returned 앞에 조동사 should가 생략되었다고 보면 된다. request처럼 that절의 〈should + 동사원형〉을 이끄는 동사로는 request, insist, recommend, ask, demand, decide, suggest, propose 등이 있다.

해석 도서관 사서(司書)는 이달 말까지 어떠한 연체된 책이나 학술지도 반납돼야 한다고 요청했다.
어휘 overdue (날짜, 시간) 지연된, 늦은

06 (A) be returned

해설 빈칸 앞쪽의 명사 a request(요구서)와 동격을 이루는 that절의 동사가 들어갈 자리이다. 의미상으로 '~을 하도록 하는 요구서, 요청서'를 뜻하므로 조동사 should가 생략된 동사원형이 나와야 한다. 따라서 빈칸에는 (A) be returned가 적절하다.

해석 원래의 정책 서류와 함께 되돌려 보내라는 요청사가 편지에 동봉되었습니다.
어휘 enclosed 동봉된 along with ~와 함께 original 원래의

Part 5 Final Test

p.286

101 (D)	102 (B)	103 (D)	104 (A)	105 (C)
106 (A)	107 (A)	108 (A)	109 (B)	110 (D)
111 (B)	112 (B)	113 (A)	114 (C)	115 (A)
116 (B)	117 (B)	118 (C)	119 (A)	120 (C)
121 (D)	122 (C)	123 (A)	124 (D)	125 (B)
126 (B)	127 (C)	128 (A)	129 (C)	130 (C)
131 (D)	132 (C)	133 (B)	134 (C)	135 (C)
136 (B)	137 (B)	138 (D)	139 (B)	140 (B)

101 (D) revised

해설 빈칸은 문장의 본동사가 들어갈 자리로, 부사절(before ~)의 시제가 과거 시제이므로 본동사의 시제 역시 과거인 revised가 정답이다.

해석 수석 회계사는 본사에 재정 보고서가 제출되기 전에 그것을 수정했다.

어휘 head accountant 수석 회계사 financial report 재정 보고서 main headquarters 본사

102 (B) me

해설 빈칸은 동사 let의 목적어가 들어갈 자리로 보기의 인칭대명사 중에 목적격인 me가 정답이다.

해석 인도네시아에서 언제 돌아올지 나에게 알려주면, 제가 바로 Mr. Phillips와 약속 일정을 잡을 수 있다.

어휘 return 돌아오다 arrange the appointment 약속을 잡다

103 (D) ceremony

해설 be invited to 뒤에 '~에 초대를 받았다'는 의미로 행사나 모임을 의미하는 명사가 나와야 한다. 보기 중에 기념식(장)이라는 의미를 가지는 ceremony가 정답이 된다.

해석 Dr. Roman과 Dr. Liu는 다음 주 토요일 Hotel Luisa에서 열리는 Bays 대학의 연례 시상식에 초대된다.

어휘 annual awards 연례 시상식 winner 승리자, 우승자 ceremony 식, 의식

104 (A) in

해설 지난 2년 동안 판매가 두 배가 되었다는 의미로, 빈칸 뒤에 기간명사를 받을 수 있는 전치사로 보기 중에 in이 정답이다. in을 대신해서 for나 over 역시 쓸 수 있다는 것도 알아두자.

해석 ICM T90의 매출이 지난 2년 동안 두 배가 되었다.

어휘 double 두 배가 되다 in ~안에 on ~위에 at ~에 of ~의

105 (C) heavy

해설 빈칸은 명사(luggage)를 수식할 수 있는 형용사로, 보기 중의 heavy가 정답이다.

해석 호텔 보이는 Mrs. Long이 그녀의 트렁크에서 짐을 꺼낸 후에 그녀가 무거운 짐을 옮기는 것을 도왔다.

어휘 hotel porter 호텔 보이 luggage 짐 heaviness 무거움, 무게 heavily 무겁게 heavy 무거운

106 (A) descriptions

해설 빈칸은 앞에 있는 product와 함께 어울러서 전치사 in의 목적어로 쓸 수 있는 복합명사 자리로, product descriptions (제품 설명서)가 되어야 한다.

해석 JK 화장품 회사의 고객들은 회사 웹사이트에 있는 제품 설명이 충분하지 않다고 말했다.

어휘 details 상세한 설명 descriptions 기술, 서술 describe 기술하다 descriptive 기술적인 describable 묘사할 수 있는

107 (A) dramatically

해설 사람의 수(the number of people)가 갑작스럽게 많이 올라갔다는 의미로, 정답은 dramatically가 된다.

해석 정부 연례 보고에 의하면, 건강을 생각하는 사람들의 수는 지난 5년 동안 급격하게 증가했다.

어휘 health-conscious 건강을 의식하는 efficiently 효율적으로 openly 공공연히, 솔직하게 hastily 바삐, 급히

108 (A) repaired

해설 〈be + 과거분사〉 형태의 동사 어휘를 묻는 문제로 수리가 필요한 고장난 장비라는 의미로 repaired가 가장 적절하다.

해석 수리가 필요한 고장난 장비가 있다면, 우리의 정비사에게 연락하실 수 있습니다.

어휘 equipment 장비 malfunction 고장나다 maintenance staff 정비사 concern ~에 관계되다 establish 설립하다 determine 결정하다

109 (B) already

해설 빈칸은 have been implemented의 완전한 수동태 구문으로, 부사가 들어가야 한다. '이미 실시되었다'는 의미인 already가 가장 적절하다.

해석 직원 복지 혜택에 관한 대부분의 정책들이 이미 실행되었다.

어휘 policy 정책, 방침 employee benefits 직원 복지 혜택 implement 시행하다 a great deal 많이 by far 훨씬

110 (D) or

해설 의미상 개인적으로 관람할 수 있거나 전문가와 같이 갈 수 있다는 선택의 의미로, 동사 explore와 take를 연결할 수 있는 등위접속사인 or가 가장 적절하다.

해석 Grand 박물관은 방문객들에게 예술에 관하여 배울 수 있는 다양한 방법을 제공하기에, 그들은 개별적으로 살펴보거나 전문가와 함께 둘러 볼 수 있다.

어휘 a variety of 많은 individually 개별적으로 take a guided tour 가이드와 함께 관광하다

111 (B) because

해설 앞뒤 두 개의 문장을 연결할 수 있는 접속사를 선택하는 문제로, 문맥상 컨퍼런스에 참석해야 했기 때문에 신규 고객과의 회의를 연기했다는 의미이므로 이유나 원인을 의미하는 because가 정답이다.

해석 Jim Halpert는 그의 새로운 고객과의 회의를 연기해야 했다. 왜냐하면 오늘 오후 중요한 회의에 참석해야만 했기 때문이다.

어휘 postpone 연기하다 attend 참석하다 conference 회의 until ~까지 so that ~하기 위하여

130

112 (B) its

해설 빈칸 앞에 as well as로 연결된 대등한 형태의 구조가 나와야 한다. 개발 절차 파일뿐만 아니라 FML 707의 성능기록이라는 의미이기 때문에 FML 707을 받을 수 있는 대명사는 뒤에 있는 명사(development process files)를 수식할 수 있는 소유격 its뿐이다.

해석 FML 707의 개발 과정 파일 뿐만 아니라 성능 기록은 출시될 때까지 기밀로 유지될 것이다.

어휘 performance records 성능 기록 confidential 기밀의 release 출시

113 (A) centrally

해설 be동사와 과거분사 located 사이에 들어갈 수 있는 품사는 부사뿐이다. 정답은 centrally이다.

해석 Blanca 호텔은 현지 고객들과 여행객들이 시내로 갈 수 있는 대중교통을 쉽게 이용할 수 있게 시내 중심부에 위치해 있다.

어휘 public transportations 대중교통 centrally 중심적으로, 중앙에 center 중심, 중앙 central 중심의, 중앙의

114 (C) but

해설 빈칸은 두 개의 문장을 연결할 수 있는 접속사 자리로, 의미상 주가가 올라갈 것이라고 말했지만 상당히 많이 떨어지고 있다는 문맥이기 때문에 역접의 의미를 나타내는 but이 정답이다.

해석 많은 전문가들은 Jimmy Jones IT의 주식이 상승할 것이라고 말했지만, 사실 상당히 주가가 떨어졌다.

어휘 rise (가격 등이) 오르다, 상승하다 drop 하락하다, 떨어지다 significantly 상당히, 크게

115 (A) occasionally

해설 주어(Dr. Sanders)와 본동사(arranges) 사이에 들어갈 품사를 묻는 문제로 보기 중의 occasionally가 정답이다.

해석 Dr. Sanders는 때때로 평일 또는 토요일에 수술을 할 시간이 없는 환자들을 위해 일요일에 수술 약속을 정한다.

어휘 arrange 배열하다, 정하다 treat 치료하다 occasional 이따금, 때때로의 occasion 특정한 경우, 때

116 (B) opposite

해설 문맥상 '쇼핑센터 맞은편(건너편)에 있다는 의미로, opposite이 가장 적절하다. 일반적으로 opposite은 형용사로 많이 알고 있고 전치사로의 쓰임을 잘 몰라서 오답이 많았던 문제이다. 또한 across가 답이 되려면 across from이 되어야 한다. across는 주로 단독으로 쓰여 뒤에 river, street, road 등과 같은 명사를 받는다는 것도 반드시 알아두자.

해석 더 많은 이익을 창출하기 위해, fast-food 상점은 Stravillle 쇼핑센터의 반대편인 Queen's Street로 옮길 것이다.

어휘 generate 낳다, 생기게 하다 across 가로질러서 opposite 반대편

117 (B) will enclose

해설 빈칸은 that절의 본동사가 들어가야 한다. 단수주어를 받는 단수동사와 빈칸 뒤에 목적어인 ~ park을 받을 수 있는 능동태 동사가 되어야 한다. 마지막으로 문맥상 전체 문장의 동사가 will be constructed이므로 미래를 의미하므로 미래 시제인 will enclose가 가장 적절하다.

해석 Noranda Park를 둘러싸는 나무벽은 전통적인 방법을 사용하여 건설 될 것이다.

어휘 enclose 둘러싸다, 에워싸다

118 (C) largely

해설 have been unaffected의 완전한 구문에서 been과 affected 사이에 들어갈 수 있는 것은 부사인 largely가 가장 적절하다.

해석 Billy 온라인 서점의 고객들은 웹사이트의 새로운 주문 추적 시스템의 교체에 대부분 영향을 받지 않았다.

어휘 order-tracking system 주문 추적 시스템 largely 크게, 대부분 largeness 큼, 거대

119 (A) deliberated

해설 '위원회가 많은 시간동안 심사숙고를 했다'는 의미로, 자동사인 deliberated가 가장 적절하다.

해석 Birmingham 교육 위원회는 지역사회의 고령자들을 위한 새로운 프로그램 개발에 관해 시간을 들여 고민했다.

어휘 deliberate 숙고하다 mediate 중재하다, 화해시키다 regard 주시하다, 응시하다 suppose 가정하다

120 (C) restricted

해설 빈칸은 동사 allows의 목적어인 access를 수식할 수 있는 형용사가 들어갈 자리이다. 보기 중에 과거분사의 형태를 가진 형용사인 restricted(제한된)가 가장 적절하다.

해석 경영진은 직원들의 개인 정보에 제한적인 접근만 허용한다.

어휘 restrict 제한하다, 한정하다 restrictedly 제한적으로 restriction 제한

121 (D) evaluation

해설 형용사인 careful의 수식을 받을 수 있는 명사가 들어가야 한다. 보기 중에 명사형은 evaluation뿐이다.

해석 두 지원자에 관한 조심스러운 평가는 그의 놀라운 업무 경력 때문에, Mr. Palmer가 Lance Simpson을 고용하는 것에 관하여 최종 결정을 하도록 도와주었다.

어휘 applicant 지원자 remarkable 주목할 만한, 놀라운 work experience 업무 경력 evaluate 평가하다 evaluation 평가

122 (C) served

해설 빈칸은 문장의 본동사가 들어갈 자리이다. 문맥상 최고 임원이 되기 전에 조정자(coordinator)로 근무를 했다는 의미로, 전치사 as와 함께 어울릴 수 있는 동사 served가 정답이다.

해석 Grey 협회의 최고위 중역이 되기에 앞서, Mr. Howard는 Fisher& McKenzie에서 조정자로 일을 하였다.

어휘 head executive 최고위 중역 coordinator 조정자, 진행자 regard 간주하다 involve 포함하다 serve as ~의 역할을 하다 conduct 실행하다, 수행하다

123 (D) for

해설 조사를 끝낸 사람은 이후의(추가) 지시사항을 받기 위해 어디로 가야 한다는 의미로, 목적을 의미하는 전치사 for가 정답이다.

해석 조사를 끝낸 피실험자들은 추가 지시사항을 받기 위해서 501호실로 돌아가야 한다.

어휘 experimenter 피실험자 survey 조사 further instruction 추가 지시 사항 onto ~로, 에 within ~안에 along ~을 따라

124 (D) lowering

해설 앞에 있는 명사 commitment to 뒤에는 명사 상당어구가 나와야 하기 때문에 빈칸 뒤에 있는 명사를 목적어로 받을 수 있는

동명사인 lowering이 정답이다.

해석 Garms 제약회사가 개발한 정제약에 관한 발표에서, 그것들이 고혈압을 줄이는 역할을 하는 것을 보여주었다.

어휘 tablet 정제(약)   pharmaceuticals 제약회사   commitment to ~에 대한 헌신   high blood pressure 고혈압

125 (B) competitive

해설 명사 salary를 수식할 수 있는 형용사를 찾는 문제이다. 문맥상 대부분의 사람들이 근무를 하고자 하는 이유를 설명하고 있으므로 '경쟁력 있는(높은) 월급'이라는 의미로 만드는 competitive가 정답이다. '만족된'이라는 뜻의 satisfied를 넣지 않도록 조심해야 한다. satisfy는 감정동사로 뒤에 사물명사를 받기 위해서는 현재분사의 형태가 되어야 한다.

해석 Liam & Bure은 힘든 업무 환경과 장시간 업무로 알려져 있지만, 대부분 지원자들은 회사가 직원에게 경쟁적인 급여를 제공하기 때문에 이 회사에서 일하길 원한다.

어휘 be known for ~로 알려지다   satisfy 만족시키다   competitive 경쟁적인   preventable 막을 수 있는

126 (B) forward

해설 동사 move와 함께 어울려 나올 수 있는 부사가 와야 한다. '확장할 계획을 진행할 것이라고 말했다'는 의미가 되도록 forward를 넣자.

해석 연례회의에서, Ms. Sarah는 Koll 회사가 조립라인을 확장하는 계획을 추진할 것이라고 말했다.

어휘 annual conference 연례회   move forward 앞으로 나아가다   around 대략, 약

127 (C) reluctant

해설 be동사와 to부정사가 연결될 수 있는 형용사를 넣어야 한다. '일부 고객들이 작동이 어려워 보여서 제품을 구매하기를 꺼려한다'는 의미가 되는 reluctant가 가장 적절하다.

해석 Jackson Elec의 고객들은 새로운 JE 2011 모델은 다루기 힘들어 보이기 때문에 그것을 구매하는 것을 꺼린다고 말한다.

어휘 suspicious 의심스러운   uncertain 불확실한   reluctant 꺼리는   worrisome 곤란한, 귀찮은

128 (A) proximity

해설 빈칸 뒤의 전치사 to와 어울려 '인근에 있는, 근접해 있는'이라는 숙어표현이 되는 proximity to가 정답이다.

해석 시내와 가깝기 때문에 Carot 호텔은 완전히 예약이 다 되는 경우가 많다.

어휘 proximity 근접, 가까움   exclusion 제외, 배척   efficiency 능률   availability 이용도 유효성

129 (C) negotiating

해설 문맥상 알맞은 복합명사를 완성하는 문제이다. 보기 중 skills와 어울려 '협상기술'이란 의미를 만들어내는 negotiating이 정답이다. 참고로 영어에서는 cooperating/negotiating skills란 말 자체를 쓰지 않는다.

해석 JK 무역 회사의 사장인 Mr. Lee는 협상 기술과 매너가 깨끗하기로 잘 알려져 있다.

어휘 cooperate 협력하다   conduct 수행하다. 실행하다   negotiate 협상하다, 협의하다

130 (C) except

해설 빈칸은 뒤의 대명사인 those를 받을 수 있는 전치사가 들어가야 한다. 또한 언어를 공부하는 책 외에 모든 책들이라는 의미로 except가 가장 적절하다.

해석 Mr. Taniokasms 언어를 공부하는 책과 관련된 것들을 제외한 모든 책들에 대한 출판을 책임지고 있다.

어휘 in charge of ~을 맡고 있는. 담당의   aside ~의 곁에   even if 비록 ~일지라도   additionally 그 위에. 게다가

131 (D) persuasive

해설 전치사 with 뒤에는 명사 상당어구가 나와야 하는데, 명사절을 이끄는 접속사인 how가 나오고 있다. how뒤에 완전한 문장이 나올 경우에는 부사가, 불완전한 문장이 나올 경우에는 형용사가 들어간다. 문제에서는 was 이하에 주격보어가 없는 불완전한 문장이므로 형용사인 persuasive가 정답이다. 물론 명사절로 의문사 뒤에 to부정사가 나오긴 하지만 동사를 포함한 문장이 나왔으므로 to persuade는 정답이 될 수 없다.

해석 마케팅 이사인 James Lehman은 그가 Mr. Johnson의 발표가 얼마나 설득력 있는지 깊은 인상을 받았다고 말했다.

어휘 be impressed with ~에 깊은 인상을 받다   persuade 설득하다   persuasiveness 설득력 있음   persuasive 설득력 있는

132 (D) dramatically

해설 기계를 새 것으로 교체한 후에 생산성이 갑자기 높아졌다는 의미로, dramatically가 정답이 된다. extremely는 정도를 강조하는 부사로 주로 형용사를 수식한다. retroactively '소급해서, 소급적으로', adversely '불리하게, 반대로'란 의미로 모두 문맥에 어울리지 않는다.

해석 모든 기계들이 새로운 것으로 교체 되고 난 후에, Katz Snacks사의 생산성이 급격하게 증가했다.

어휘 productivity 생산성   extremely 극단적으로   retroactively 반동하는, 소급하는   adversely 불리하게, 반대로   dramatically 극적으로

133 (B) immense

해설 collection을 수식하는 형용사로, 세계 각지에서 온 다양하고 많은 종류의 제품(물건)들을 이용할 수 있다는 의미인 immense가 정답이다.

해석 여기 Boxer에서는, 전 세계에서 온 광범위한 향신료들을 즐길 수 있습니다.

어휘 collection 컬렉션, 모음   spice 향신료   enthusiastic 열정적인   calculating 계산적인   impending 임박한, 곧 닥칠

134 (C) Although

해설 빈칸은 두 문장을 연결할 수 있는 접속사가 들어갈 자리이다. 문맥상 CEO가 이번 달에 공장 근로자들에게 보너스를 골고루 나눠주겠다고 했지만 근로자 중에 아무도 받지 못했다는 의미로, 빈칸에는 양보를 나타내는 접속사인 Although가 들어가야 한다. 참고로 (D)의 Whenever는 '~할 때 마다'란 의미이다.

해석 최고 경영자는 이번 달 공장 근로자들에게 보너스를 나눠주겠다고 맹세했지만, 그들 중 아무도 보너스나 다른 형태의 보상을 받을 수 없었다.

어휘 vow 맹세하다   give out 나눠주다   compensation 보상

135 (C) array

해설 of 이하의 명사의 수식을 받을 수 있는 명사가 올 자리이다. '많은 일련의 문제'라는 의미인 a wide array of ~라는 표현을 알고 있으면 쉽게 풀 수 있는 문제이다. 정답은 array가 된다.

해석 고객들 중 한분이 내구성이 낮은 배터리에 관하여 매우 부정적이지만, 설득력 있는 말을 남긴 후에 Sill Batteries사는 일련의 문제들에 직면할 것이다.

어휘 concern 걱정, 문제 convincing 설득력 있는 agreement 동의 acclaim 환호 array 정렬 appeal 호소

136 (B) substantial

해설 동사 has made의 목적어인 donations를 수식할 수 있는 형용사가 와야 한다. '~에 막대한 기부금을 내다'는 의미가 되는 substantial이 가장 적절하다.

해석 지난 3년 동안, Jennifer 재단은 미국에서 자선단체에 상당한 기부를 하였다.

어휘 foundation 재단 donation 기부 charitable organization 자선단체 contented 만족하는 substantial 상당한 generating 만들어내는, 발생시키는 acquired 획득한

137 (B) In spite of

해설 빈칸은 명사 the extra hours를 받는 전치사 자리로, '더 많은 시간을 들였음에도 불구하고 마감일을 맞출 수 없었다는 의미'가 되는 In spite of가 가장 적절하다.

해석 Ms. Kim은 그녀의 프로젝트 업무에 헌신한 초과 업무 시간에 불구하고 그녀는 그 프로젝트의 마감기한을 맞출 수 없었다.

어휘 deadline 마감 시한 during ~동안 in spite of ~임에도 불구하고 even though 비록 ~일지라도 as if 마치 ~인 듯이

138 (D) has withstood

해설 빈칸은 문장의 본동사가 들어갈 자리이다. '~을 견뎌내다, 이겨내다'라는 의미의 동사 withstand는 타동사로, 뒤의 목적어인 the intense competition을 받을 수 있는 능동태 동사인 has withstood가 가장 적절하다.

해석 단골고객 때문에 Sunny Flower Shop은 그 지역의 다른 상점들과 격렬한 경쟁에서 버틸 수 있었다.

어휘 loyal customer 단골고객 intense 격렬한, 심한 competition from ~로부터의 경쟁 withstand 견디다, 버티다

139 (B) integral

해설 be동사 뒤에서 전치사 to를 받을 수 있는 형용사가 올 자리이다. '지역경제를 살리는데 대학들과 지역 업체들이 얼마나 중요한지를 말했다'는 의미가 되도록 be integral to(~에 필수적이다, 중요하다)이 되어야 한다.

해석 Ms. Hans는 이사회에서 대학과 지역 사업체들이 지역 경제의 성공에 얼마나 필수적인지 설명했다.

어휘 diligent 근면한, 부지런한 integral 필수적인

140 (B) prior to

해설 문맥상 세미나 전에 안건을 배포해야 한다는 의미이기 때문에 prior to가 가장 적절하다.

해석 성공적인 세미나가 되도록 준비하기 위하여, 세미나 전에 안건을 참가자 각각에게 나누어주어야 한다.

어휘 prepare for ~을 준비하다 agenda 안건 distribute 분배하다 in favor of ~에 찬성하여 owing to ~ 때문에

Ustar TOEIC Reading

→→→→→→ Part

6

Answers

Chapter 1 비즈니스 문서상에서 동사의 시제 활용

Lesson 1 과거에 발생한 사실을 나타내는 과거동사 표현

Test 1 문제 01–03은 다음 기사를 참조하세요. p.299

> 11월 4일, Washington D.C.
> Metropolitan Hotel은 호텔의 일시적인 컴퓨터 시스템 장애로 인해 고객들의 예약과 체크인 확인에 오류가 발생했다고 발표했다. 기술부서에 따르면, 이번 장애는 전날 호텔 메인 컴퓨터에 침입한 바이러스 때문에 초래됐다고 한다. 그 결과, 직원들은 객실 예약과 투숙객들의 명단을 수동으로 작성해야 했다. 성능이 개선된 시스템을 새로 설치하자, 컴퓨터상의 문제는 모두 해결되었다.

어휘 announce 발표하다 temporary 일시적인 failure (기계 등의 작동) 장애 arrival 도착 complaint 불평, 불만 report 보고 cause 초래하다 error 오류, 장애 confirm 확인하다 reservation 예약 check-in 체크인, 투숙 수속 according to ~에 따르면 technical department 기술부 malfunction (기계) 고장, 작동 장애 due to ~ 때문에 infection 감염 invade 침입하다, 침범하다 a day before 하루 전날 as a result 그 결과 employee 직원 manually 손으로, 수동으로 form 작성하다 list 목록 guest 손님 newly 새로 magnify 확대하다 enhance 향상하다 select 선택하다 admire 찬사를 보내다 implement 이행하다, 실행하다 resolve 해결하다, 풀다

01 (A) failure

해설 [Step 1] 관사와 형용사(temporary) 뒤는 명사 자리이다. (A) failure(고장, 장애), (B) arrival(도착), (C) complaint(불평), (D) report(보고)는 모두 명사이므로 문법적으로는 모두 빈칸에 들어갈 수 있다.

[Step 2] 주어진 문장은 '컴퓨터 시스템의 -------로 인해 예약과 체크인 확인에 오류가 발생했다'는 의미이며, 이어지는 바로 뒤 문장을 보면, 그러한 작동 장애(the malfunction)는 컴퓨터에 침입한 바이러스 때문이었다고 언급하고 있다. 따라서 빈칸에는 컴퓨터 시스템의 '장애', 또는 '고장'이란 의미의 (A) failure가 들어가야 문맥상 적절하다. (B) arrival. (C) complaint. (D) report는 의미상 적절하지 못하다.

02 (D) was caused

해설 [Step 1] 빈칸이 포함된 문장을 살펴보면, 〈주어(the malfunction) + ------- + 부사구(due to virus infections) + 관계대명사절(that ~)로 구성되어 있다. 따라서 빈칸은 본동사 자리임을 알 수 있겠다. 또한 malfunction(고장)은 행동의 주체가 될 수 없으므로, 동사는 단수이면서 수동형태가 와야 한다. 따라서 선택의 폭은 (A) is caused(원인이 된다), (C) will be caused(원인이 될 것이다), (D) was caused(원인이 되었다)로 좁혀진다. 이제 관건은 빈칸에 어떤 시제가 와야 전체 문맥상 적절한가이다.

[Step 2] 관계대명사 that 다음에 시제를 결정하는 힌트 a day before(하루 전날)가 제시되었다. 또한 지문의 마지막 문장에서 성능이 개선된 시스템을 새로 설치하자, 컴퓨터상의 문제가 모두 해결되었다고 언급하고 있으므로 빈칸의 본동사는 과거 시제가 되어야 옳다.

03 (B) enhanced

해설 [Step 1] 관사와 부사 그리고 명사 사이에 있는 빈칸에는 형용사가 와야 한다. 보기는 동사에 -ed가 붙은 과거분사이지만 명사를 수식하는 형용사 역할을 하므로 문법적으로는 모두 빈칸에 들어갈 수 있다.

[Step 2] 앞 문맥은 시스템 장애로 인해 발생한 문제들을 다루고 있고, 빈칸 다음 문장은 컴퓨터 문제가 모두 해결되었다고 말하고 있으므로, 빈칸 부분은 '성능이 개선된 시스템을 새로 설치하자'라는 의미가 되어야 논리적으로 자연스럽다. 따라서 '개선된'이란 의미인 (B) enhanced가 정답이다. (A) magnified(확대된), (C) selected(선택된), (D) admired(찬사를 받은)는 문맥과 어울리지 않는다.

Test 2 문제 04–06은 다음 편지를 참조하세요. p.299

> 10월 3일
> Mr. Lee씨께,
> 지난주 짧게나마 상담을 해주셔서 감사드립니다. 음악계에 대해 해박한 지식을 가진 분과 제 진로에 대해 이야기할 수 있는 기회를 주신 것에 감사했습니다.
> 가능하다면, 가장 적합한 회사를 선택하는 것에 관하여, 선생님에게 도움을 좀 더 받고 싶습니다. 지원하려고 하는 회사들의 목록을 작성해 동봉하였습니다. 전에도 말씀드렸듯이, 좋은 브랜드 이미지를 가진 명망 있는 회사의 일원이 되고 싶습니다.
> 또한, 저는 기술처럼 음악도 진보적이어야 된다고 믿는 사람입니다. 이런 이유로, 저는 혁신을 중요하게 생각해서 평가하는 회사에서 일하고 싶습니다.
> 제 연락처는 011-877-3732이고, 시간이 있으실 때 언제든 제게 연락 부탁드립니다. 선생님의 배려에 정말 감사드립니다.
> 진심으로,
> Yoojin Nam

어휘 brief 짧은, 간결한 consultation 상담 appreciate ~에 대해 감사하다 career path 취업 진로 vast 광대한 further 더, 더욱이 in regards to ~에 관하여 suitable 적절한 enclose 동봉하다 plan on + -ing ~할 예정이다, 계획이다 reputable 명망 있는 progressive 전진하는, 진보적인 rate A as B A를 B라고 평가하다 primary 주요한 consideration 고려

04 (A) appreciated

해설 [Step 1] 주어 I와 목적어 this great opportunity 사이에 들어갈 본동사를 찾는 문제이다. 따라서 보기 중 현재분사인 (B) appreciating은 답이 될 수 없으므로 제외시킨다. 나머지 보기인 (A) appreciated(감사했다)는 과거형 동사, (C) will appreciate(감사할 것이다)는 미래 시제, (D) was appreciated(감사를 받았다)는 과거형 수동태이므로 문법적으로는 모두 본동사 자리에 올 수 있다.

[Step 2] 빈칸 앞의 문장인 Thank you for the brief consultation last week를 통해, 감사를 하는 이유가 지난주 상담에 대한 것임을 알 수 있다. 지난주에 상담을 해준 대상에게 고맙다고 하는 것이므로 빈칸에는 과거 시제가 적절하다. 따라서 보기 중 과거 시제인 (A) appreciated가 정답이다. 문맥상 내가 감사를 하는 것이지, 감사를 받는 것이 아니므로 (D) was appreciated는 적절치 않다.

05 (B) reputable

[Step 1] 관사 a와 명사 industry 사이의 빈칸은 명사 industry를 꾸며주는 형용사 자리이다. 보기에서 (A) repute(명성)는 명사, (B) reputable(평판이 좋은)은 형용사, (C) reputably(평판 좋게)는 부사, (D) reputation(평판)은 명사이다. 따라서 형용사인 (B) reputable이 정답이다.

06 (C) innovation

[Step 1] 동사 rates와 전치사구 as one of its primary considerations 사이에 들어갈 적절한 명사 어휘를 찾는 문제이다. (A) commerce는 '상업', (B) routine은 '일상의 과정, 판에 박힌 일', (C) innovation은 '혁신', (D) association은 '연합'이란 뜻으로, 보기는 모두 명사이므로 문법적으로는 전부 빈칸에 들어갈 수 있다.

[Step 2] 바로 앞의 문장에서 글쓴이는 자신은 '기술처럼 음악도 진보적인 사업이라고 생각하는 사람이다'라고 하며, '이런 이유로 ------을 중요하게 생각해서 평가하는 회사에서 일하고 싶다'고 말을 잇고 있으므로, 빈칸에는 '혁신'을 뜻하는 (C) innovation이 들어가야 문맥상 자연스럽다.

Lesson 2 미래를 나타내는 미래동사 표현

Test 1 문제 01–03은 다음 편지를 참조하세요. p.301

Mr. Anthony씨께,
이전에 논의한 것처럼, 우리는 귀사 컴퓨터의 인터넷 연결 시스템 속도를 검사하기 위해 4월 30일에 만날 것입니다. 그런데 인터넷 연결 시스템이 대체적으로 효율적이었는지 아닌지 과거의 상태를 살펴보는 것이 중요합니다. 현재 인터넷 연결 시스템에 문제가 있다면, 저희가 전체 인터넷 연결 시스템을 바꾸어 드릴 수 있습니다. 예를 들면, 접속 속도가 더 빠르고 인터넷에 연결할 때 번거롭지 않은 무선 인터넷 연결 시스템으로 교체해드릴 수 있습니다.
연결 시스템을 검사하기 전에, 우리는 귀사의 컴퓨터 시스템의 성능에 관해 간단한 회의를 가지게 될 것입니다. 이 회의는 귀사의 건물 2층에서 열리게 될 것입니다. 회의 일정에 관해 마음에 걸리는 점이라도 있으시다면, 사전에 미리 제게 연락주시길 부탁드립니다. 그러면 기꺼이 더 좋은 날로 일정을 다시 조정하도록 하겠습니다.

어휘 inspect 조사하다, 검사하다 connection 연결 keep track of ~의 족적을 살펴보다 whether 주어 + 동사 ~인지 아닌지 in general 대체적으로, 전반적으로 entire 전체의, 전부의 replace A with B A를 B로 교체하다 wireless 무선의 option 옵션, 선택 사항 hassle 귀찮은 문제 concern 우려하는 사항 regarding ~에 관해 in advance 사전에, 미리 be more than happy to + 동사원형 기꺼이 ~하다 reschedule 일정을 다시 잡다

01 (B) effective

[Step 1] has been 다음의 빈칸은 주어(the connection system)의 상태가 어떠한지를 설명하는 형용사가 들어갈 자리이다. 보기 중에서 형용사는 (B) effective(효율적인)이다. (A) effectively(효율적으로)는 부사, (C) effectiveness(효과적임)는 명사, (D) effect(영향, 효과)도 명사이기 때문에 빈칸에 어울리지 않는다.

02 (C) For instance

[Step 1] 빈칸은 앞 문장과 뒤 문장의 의미를 접속사처럼 연결해주며, 콤마 앞에서 단독으로 쓰일 수 있는 접속부사 자리이다. (D) Unless(~하지 않는 한)는 조건의 의미를 나타내는 접속사이므로 정답이 될 수 없다. (A) Rather, (B) Even so, (C) For instance는 접속부사이므로 문법적으로는 모두 빈칸에 올 수 있다.

[Step 2] 앞의 문장에서 전체 인터넷 연결 시스템을 바꾸어 줄 수 있다고 제시하였고, 빈칸 뒤에서 무선 연결 시스템으로 교체할 수 있다는 의미를 전달하고 있다. 즉, 빈칸 뒤의 문장은 앞 문장에 대한 보충 설명을 제시한 것이다. 따라서 앞뒤를 가장 자연스럽게 연결해줄 수 있는 접속부사는 (C) For instance(예를 들면)이다. (A) Rather(다소, 상당히)는 주로 rather ~ than의 형태로 사용되며, (B) Even so(그렇기는 하지만)는 의미상 어색하므로 정답이 될 수 없다.

03 (D) will be held

[Step 1] 빈칸은 주어 meeting에 대한 본동사 자리이므로, 준동사에 속하는 (C) to hold는 답이 될 수 없다. 주어인 meeting(회의)은 개최되어지는 것이므로 본동사는 수동태가 되어야 한다. 과거 수동형인 (A) were held, 현재완료 수동형인 (B) have been held, 미래 수동형인 (D) will be held는 문법적으로는 모두 빈칸에 들어갈 수 있다.

[Step 2] 앞 문장에서 인터넷 연결 시스템을 검사하기 전에, 컴퓨터 성능에 관한 간단한 회의가 있을 것이라고, 미래 시제(will)를 사용하여 언급하고 있다. 따라서 회의는 아직 열리지 않았다는 것을 알 수 있으므로 빈칸에 적절한 본동사는 미래 수동형인 (D) will be held이다.

Test 2 문제 04–06은 다음 편지를 참조하세요. p.301

Ms. Cullen씨께,
New Cure 협회의 위원회를 대신하여, 저희는 6월 25일 Yamada 호텔에서 개최될 기념식에 개회 연설자로 귀하를 초대하고 싶습니다.
6월 25일에 저희는 업적을 자축하고 앞으로의 계획에 관해 발표할 것입니다. 의미 있는 기념식이 될 것입니다. 저희는 300분의 회원들 앞에서 귀하가 연설해주실 것을 기대하고 있습니다.
부서의 책임자인 귀하가 참석해주시면 그 자체가 기념식을 더욱 빛낼 것이라고 생각합니다. 관심이 있으시다면, 귀하에게 연락하기 좋은 시간을 알려주세요. 저희 비서들 중 한 사람이 선호하시는 시간에 연락을 드려서 더 자세한 사항에 관해 의논드릴 것입니다. 귀하로부터 좋은 소식을 듣기를 기대합니다.
진심으로,
Darren Tucker

어휘 on behalf of ~을 대신[대표]하여 committee 위원회, 위원 association 협회 present an opening speech 개회 연설을 하다 celebrate 축하하다 accomplishment 업적 meaningful 의미 있는 be a part of ~의 일원이 되다 give a speech 연설하다 department 부서 presence 출석, 존재 preferred 선호되는 look forward to + -ing ~하기를 고대하다

04 (B) invite

[Step 1] 목적어 you를 가지며, '~하고 싶다'라는 의미를 가진 〈would like + to부정사〉에 알맞은 동사원형을 찾는 어휘 문제이다. 보기는 모두 동사원형이기 때문에 문법적으로는 전부 빈

칸에 들어갈 수 있다.

[Step 2] 빈칸 다음의 내용을 살펴보면, 기념식의 일정과 내용에 대해서 간단하게 설명하고 있고, 지문의 네 번째 줄인 We expect that you will be giving your speech ~에서 편지를 받는 사람인 you(Ms. Cullen)의 연설을 기대하고 있다는 내용이 있으므로, 빈칸은 개회 연설자로 you를 '초대한다'는 내용이 적절하다. 따라서 정답은 (B) invite. (A) assist는 '원조하다, 돕다'라는 뜻이며, (C)의 extend는 '연장하다, 늘이다'란 의미이고, (D) remind는 '~을 상기시키다'라는 뜻이므로, 문맥상 빈칸에 적절하지 못하다.

05 (D) members

[Step 1] 전치사 in front of 다음에 나오는 수량 형용사 300의 꾸밈을 받는 적절한 명사를 찾는 어휘 문제이다. 300 다음에 나오는 명사는 복수 형태가 되어야 하는데, 제시된 보기는 모두 복수 형태의 명사이므로 문법적으로는 전부 빈칸에 들어갈 수 있다.

[Step 2] 지문의 전반적인 내용이 곧 열리게 될 New Cure 협회의 기념식에 대한 것이고, 빈칸이 포함된 문장이 '300명의 ------ 앞에서 귀하가 연설하는 것을 기대하고 있다'이므로, 빈칸에는 '기념식에 참석하는 사람들'에 상당하는 내용이 와야 자연스럽겠다. 따라서 빈칸에 들어갈 적절한 명사는 New Cure 협회의 '회원들'을 의미하는 (D) members이다. (A) venues(스포츠, 경기, 회담 등의 장소), (B) registrations(등록), (C) programs(프로그램)는 빈칸에 들어가기에는 내용상 어색하다.

06 (C) will call

[Step 1] 주격 대명사 One과 목적어 you를 가지는 적절한 본동사를 찾는 문제이다. 보기는 모두 본동사로 사용할 수 있는 형태를 가진 동사들이지만, 주어가 주격 관계대명사 One이기에 보기의 (B) am calling은 적절하지 못하므로 정답에서 제외된다.

[Step 2] 빈칸 앞 문맥을 보면, 기념식은 앞으로 열릴 예정이며, you(Ms. Cullen)의 참석이 큰 기쁨이 될 것이라고 직접적으로 미래 시제를 통해 나타내고 있다. 여기에 이어 빈칸이 포함된 문장은 '상대가 편한 시간에 맞춰 비서 중 한 명이 전화 연락을 해 더 자세한 사항을 의논드릴 것'이라는 내용이므로, 문맥의 흐름상 빈칸에도 역시 미래 시제가 적당하다. 보기 중 미래 시제는 (C) will call. (A) was called는 과거 수동형, (D) would have called는 가정법 과거 시제이므로 오답이다.

Lesson 3 비즈니스 문서상의 현재(진행)형 동사 표현

Test 1 문제 01~03은 다음 광고를 참조하세요. p.303

> 무료로 수영을 배우고 싶으세요?
> 전 금메달 수영 선수인 Michael Whelps와 함께 수영의 세계로 가는 신나는 여행에 참여하세요. Michael은 평영에서 접영까지 다양한 수영 기술을 가르칩니다. 이번에 진행되는 2주 프로그램은 여러분 모두에게 수영을 배우는 동시에 수영을 즐길 수 있는 좋은 기회가 될 것입니다!
> 이 프로그램은 일요일을 포함해 오후 5시부터 6시 30분까지 2주 연속으로 진행될 예정입니다.
> 이 기회에 신청하고 싶으신 분이 있으시면, 저희 홈페이지 www.WhelpsoverPhelps.com을 방문해주세요. 이 프로그램은 아이와 어른 모두에게 열려 있으니 부담 없이 온 가족 모두 함께 오세요!

어휘 for free 무료로 exiting 신나는 journey 여행, 여정 a variety of 다양한 breast stroke 평영 butterfly stroke 접영 ongoing 계속되는 opportunity 기회 at the same time 동시에 run for + 기간 ~동안 운영되다 as well ~도 visit 방문하다 feel free to + 동사원형 거리낌 없이[부담 없이] ~하다

01 (B) teaches

[Step 1] 빈칸은 주어 Michael 다음에 들어갈 본동사 자리로, 알맞은 본동사의 형태는 3인칭 단수 형태가 되어야 한다. 따라서 준동사에 속하는 to부정사 (C) to teach는 빈칸에 들어갈 수 없다. 과거형인 (A) taught. 3인칭 단수 현재형인 (B) teaches. 미래 수동형인 (D) will be taught는 문법적으로는 모두 빈칸에 들어갈 수 있다.

[Step 2] 뒤의 문장에서는 이번 진행되는 2주간 프로그램이 모두에게 좋은 기회가 될 것이라고 미래 시제(will)를 사용해서 말하고 있으므로, 주어인 Michael 다음에 들어갈 본동사는 미래를 나타내는 동사가 적절하다는 것을 알 수 있다. (A) taught는 과거형이기에 정답이 될 수 없다. 그런데 미래 시제를 나타내는 (D) will be taught도 정답이 될 수 없다. Michael Whelps는 가르치는 주체이지 가르침을 받는 대상이 아니기 때문에 수동형은 답이 될 수 없단 말씀. 따라서 현재 시제이지만, 가까운 미래를 나타내는 (B) teaches가 정답이다.

02 (A) consecutive

[Step 1] 수치를 나타내는 형용사 two와 명사 weeks 사이에 들어갈 수 있는 품사는 형용사이다. 보기는 모두 명사를 꾸며주는 형용사 역할을 할 수 있기 때문에 문법적으로는 모두 빈칸에 들어갈 수 있다.

[Step 2] 빈칸이 들어 있는 문장을 보면 '이 프로그램은 일요일도 포함해 ------ 2주간 오후 5시부터 6시 30분까지 진행될 예정'이라고 한다. 문맥상 '일요일도 포함해 연속 2주간'이란 의미가 되어야 논리적으로 자연스럽다. 따라서 정답은 '연속적인'이란 의미를 가진 (A) consecutive이다. (B) following(다음의), (C) repeated(반복된), (D) collective(집합적인)는 모두 의미상 적절하지 못하므로 답이 될 수 없다.

03 (C) alike

[Step 1] 빈칸 앞 〈This program(주어) + is open to(동사) + children and parents(목적어)〉로 문장의 핵심 요소들이 다 들어간 완벽한 문장이다. 따라서 빈칸에는 부사가 들어가야 한다. (A) ahead. (B) around. (C) alike. (D) along은 모두 부사이기 때문에 문법적으로는 전부 빈칸에 들어갈 수 있다.

[Step 2] 빈칸 뒤의 so feel free to bring your whole family(부담 갖지 말고 온 가족 모두 함께 오세요)라는 절을 통해 문맥상 '아이와 어른 둘 다'라는 의미가 되어야 한다는 것을 알 수 있다. 따라서 '둘 다'라는 의미를 가진 (C) alike가 정답이다. 특히 대표적인 상관접속사 both A and B(A와 B 둘 다)와 동일한 표현으로 A and B alike(A와 B 둘 다)가 쓰인다는 것을 기억해두자. (A) ahead(앞에). (B) around(주위에). (D) along(~따라)은 의미상 빈칸에 적절하지 못하다.

Test 2 문제 04~06은 다음 안내문을 참조하세요. p.303

> 주민 여러분께,

최근 재료에 따라 쓰레기를 정확하게 분리수거하는 데에 많은 혼란이 있었습니다. 재활용 기준에 맞추어, 쓰레기는 적절하게 처리되어야만 합니다.

쓰레기통에 쓰레기를 함부로 버리지 말아주세요.

이러한 문제를 해결하려고 우리는 최근 뒷마당에 쓰레기통 두 개를 추가하였습니다. 갈색 쓰레기통은 알루미늄과 유리로 된 쓰레기를 버리는 곳이며, 파란색 쓰레기통은 종이류 쓰레기들을 버리는 곳입니다.

쓰레기를 버리는 데 있어서 궁금하신 사항이 있으시다면, 저희에게 연락하시거나 재활용 프로그램에 참여하고 있는 지역사회에 문의하세요. 여러분의 협조에 감사드립니다.

어휘 resident 거주자 confusion 혼란 sort out ~을 분류하다 trash 쓰레기 according to ~에 따라 recycling 재활용 standard 기준 dispose of ~을 처리하다 throw away (아무데나) 막 버리다 address 대처하다, 처리하다 aluminium 알루미늄 paper-based waste 종이류 쓰레기 discard 버리다, 폐기하다 cooperation 협동, 협조

04 (A) properly

해설 [Step 1] 수동태의 동사형 be disposed of 다음에 들어갈 적절한 부사를 찾는 문제이다. 보기는 모두 부사 형태로 빈칸에 들어갈 수 있는 자격을 갖고 있다.

[Step 2] 부사는 동사를 꾸며주는 역할을 하기에, 빈칸은 동사 must be disposed of와 문맥상 잘 어울리는 부사를 찾아야 한다. 빈칸 앞의 부사절인. To meet the recycling standards(재활용 기준에 맞추어)라는 내용에서 '쓰레기는 적절하게 처리되어야 한다'라는 내용이 자연스럽게 연결되므로 정답은 '적절하게'라는 의미를 가진 (A) properly이다. (B) barely는 부정의 의미를 가진 부사로 '거의 ~하지 않다'라는 뜻이며, (B) positively는 '확실히, 긍정적으로', (D) confidently는 '자신만만하게'라는 의미로 문맥과 어울리지 않는다.

05 (D) issues

해설 [Step 1] such 다음의 적절한 명사를 찾는 어휘 문제이다. 제시된 보기들은 모두 명사로 such 다음에 들어갈 수 있다.

[Step 2] 첫 번째 문장인. Lately, there has been some confusions in how to correctly sort out trash according to their materials에서 쓰레기를 분리수거하는 데에 많은 문제가 있었음을 언급했고, 그 다음 문장에서 재활용 기준에 맞추어 분리할 필요가 있다고 말하고 있다. 이 같은 문맥을 통해, To address such ------는 '이러한 문제를 다루기 위해'라는 내용이 되어야 자연스러우므로, 빈칸에는 '문제'라는 뜻을 가진 (D) issues가 들어가야 적절하다. (A) costs(비용), (B) objectives(목적), (C) conflicts(싸움, 투쟁)는 모두 문맥상 적절치 못한 오답이다.

06 (C) participates

해설 [Step 1] 관계대명사 that 다음에 오며, 전치사 in과 잘 어울리는 동사의 형태를 찾는 문제이다. (A)의 participating은 준동사이므로 답에서 제외된다. '참가'라는 의미의 명사인 (D) participation도 역시 답에서 제외된다.

[Step 2] 빈칸에 들어갈 동사는 that 앞의 선행사인 any community에 의해 결정된다. any community는 3인칭 단수이므로 that 다음에 들어갈 동사도 3인칭 단수 형태가 되어야 한다. 따라서 정답은 3인칭 단수이며 현재 시제인 (C) participates이다.

Lesson 4 의무, 제안, 요구, 요청을 의미하는 동사 표현

Test 1 문제 01~03은 다음 편지를 참조하세요. p.305

미술인 여러분들에게,

Cincinnati시에서 열리는 Cincinnati 미술 전시회에 관한 일로 편지 드립니다. 저는 올해에도 다시 한 번 이 멋진 전시회에 여러분들이 참석할 수 있을 것이라고 희망합니다. 이번 행사는 9월 19일인 월요일에 시작하여, 9월 23일 금요일에 끝납니다. 이번 행사 5일 동안 저는 여러분 모두가 즐거운 시간을 보낼 수 있을 것이라 확신합니다.

저희가 고속버스 서비스를 무료로 제공해 드릴 것이기 때문에, 교통비 부담에 관해서는 걱정하지 않으셔도 됩니다. 티켓을 예약하고, 귀하의 이메일로 출력 가능한 티켓을 보내드릴 것입니다. 따라서 귀하의 성함, 전화번호, 이메일 주소, 그리고 가능한 출발 시간을 저희에게 이메일로 알려줄 것을 부탁드립니다.

이 전시회에 관하여 궁금하신 사항이 있으시다면, 제 전화번호 734-657-8337로 언제든지 편하게 연락 부탁드립니다.

언제나 여러분의 관심에 감사드립니다.

Elizabeth

어휘 in regards to ~에 관련하여 upcoming 다가오는 art exhibition 미술 전시회 committee 위원회 organization 조직, 구성 investigation 조사 express bus 고속버스 worry about ~에 대해 걱정하다 transportation fee 교통비 book 예약하다 printable 출력 가능한 e-mail account 이메일 계정 desired 원하고 바라던 via ~을 경유로, ~을 거쳐 feel free to + 동사원형 부담 없이 마음껏 ~하다

01 (A) upcoming

해설 [Step 1] 정관사 the와 고유명사 Cincinnati Art Exhibition 사이의 빈칸은 고유명사를 꾸며주는 형용사가 들어갈 자리이다. (A) upcoming, (B) first, (C) canceled, (D) recent는 모두 형용사로 문법적으로는 전부 빈칸에 들어갈 수 있다.

[Step 2] 뒤 문장인 I hope you will be able to attend this wonderful exhibition에서 미래 시제를 사용하여 '올해에도 다시 한 번 이 멋진 전시회에 여러분들이 참석할 수 있을 것이라 희망한다'고 말하고 있으므로 전시회가 아직 개최되지 않았다는 것을 알 수 있다. 따라서 '곧 다가올'이라는 의미의 형용사 (A) upcoming이 정답이다. (B) first(첫 번째의), (C) canceled(취소된), (D) recent(근래의, 최근의)는 자연스러운 의미로 연결되기 어려우므로 답이 될 수 없다.

02 (B) event

해설 [Step 1] 지시형용사 This와 본동사 begins 사이의 빈칸은 주어 역할을 하는 적절한 명사가 와야 하는 자리이다. (A) committee, (B) event, (C) organization, (D) investigation은 모두 명사이기에 문법적으로는 전부 빈칸에 들어갈 수 있다.

[Step 2] 편지의 첫 문장에서 글쓴이가 Art Exhibition(미술 전시회)에 관련하여 글을 쓰고 있다고 했으므로 주어는 이번 전시회를 가리키는 단어가 적절하다. 전시회는 뭉뚱그려 행사(event)라고는 말로도 표현할 수 있으므로, 정답은 (B) event이다. (A) committee(위원회), (C) organization(조직, 구성),

(D) investigation(조사)은 전시회를 대체할 수 없는 단어이므로 답이 될 수 없다.

03 (D) ask

[Step 1] 주어 다음의 빈칸은 본동사가 올 자리이다. (B) asking은 준동사이므로 답이 될 수 없다. 빈칸의 동사는 all of you라는 간접목적어와 to provide ~ 이하인 to부정사를 직접 목적어로 취하는 4형식의 능동형 동사이다. 따라서 과거 수동태인 (C) were asked는 답이 될 수 없다.

[Step 2] 바로 앞의 문장에서 글쓴이는 티켓을 예약하고 출력 가능한 티켓을 이메일로 보낼 것이라고 언급하고 있다. 이메일로 보내기 위해서, 글쓴이는 편지를 받는 사람에게 이름, 전화번호, 이메일 주소 등의 정보를 보내줄 것을 요청하고 있다. 따라서 정답은 현재형이며 능동형인 (D) ask이다.

Test 2 문제 04-06은 다음의 편지 참조하세요. p.305

Ms. Sanchez씨께,

White Cross 자원봉사 협회의 자랑스러운 일원이 되신 것에 감사드립니다. 봉투 안에서, 동봉된 카탈로그를 확인해주시고, 자원봉사자로서의 새로운 목표와 책임감들을 읽어주십시오.

자원봉사 협회의 일원으로, 어려움에 처한 사람들을 도와줄 때마다 귀하는 만족을 느끼실 수 있을 것입니다. 그때까지, 저희는 귀하가 자원봉사자로서 임무를 수행하는 데 적응하도록 귀하를 교육시키고 이끌어줄 것입니다.

저희 사무실을 방문하기 전에, 귀하의 건강 상태를 확인하고, 그 기록을 늦어도 다음 주말까지 보내주시길 바랍니다. 질문이 더 있으시면, 212-943-0808로 연락주시기 바랍니다.

친절에 감사드립니다. 곧 귀하를 뵙길 바랍니다.

진심으로,

---

volunteering association 자원봉사 협회 **be satisfied** 만족하다 **aid** 돕다 **in need** 어려움에 처한, 도움이 필요한 **until then** 그때까지, 그때서야 **become accustomed to + -ing** ~하는 데에 익숙해지다 **general health check-up** 종합 검진 **health condition** 건강 상태

04 (B) find

[Step 1] 명령문으로 주어가 생략되고, 목적어 the enclosed catalogue를 가지는 적절한 동사를 찾는 문제이다. 보기 중에서 (A) look은 자동사로 쓰이기 때문에 전치사 없이 목적어 the enclosed catalogue와 함께 쓰일 수 없으므로 제외된다. 나머지는 모두 타동사로 사용되기 때문에 문법적으로는 전부 빈칸에 들어갈 수 있다.

[Step 2] 접속사 and 다음 문장인 read about your new goals and responsibilities as a volunteer에서 자원봉사자로 새로운 목표와 책임감에 대해 읽어보라는 내용과 자연스럽게 연결되기 위해서는 봉투에서, 동봉된 카탈로그를 확인해달라는 내용이 적절하므로 문맥상 알맞은 동사는 (B) find(확인하다, 발견하다)이다. (C) review(검토하다)와 (D) provide(공급하다)는 모두 목적어 the enclosed catalogue와 함께 쓰일 수는 있으나 문맥상 의미가 어색하다.

05 (B) As

[Step 1] 빈칸은 명사 a member 앞에 놓이는 적절한 전치사를 찾는 문제이다. 보기 중에 (C) Still은 '여전히'라는 의미를 가진 부사, (D) But은 '그러나'라는 의미를 가진 접속사이기에 빈칸에 들어갈 수 없으므로 제외된다.

[Step 2] you will be satisfied whenever you are aiding people in need(어려움에 처한 사람들을 도울 때마다 귀하는 만족을 느낄 것입니다)라는 주절이 앞의 부사구와 자연스럽게 연결되려면, 빈칸에는 As가 와서 '자원봉사 협회의 일원으로'라는 의미가 되어야겠다. 따라서 정답은 (B) As(~로서)이다. 전치사인 (A) For는 '~을 위해'라는 뜻이기 때문에 문맥상 어울리지 않는다.

06 (C) should be checked

[Step 1] 주어 Your health condition 다음에 위치한 빈칸에는 동사가 들어가야 하며, 보기에는 모두 타동사 check의 다양한 형태가 제시되어 있다. 그런데 빈칸 다음에 목적어가 없으므로 동사 check의 형태는 수동태가 적절하겠다. 따라서 (A) has checked와 (D) would have checked는 정답선상에서 제외시킨다.

[Step 2] 빈칸 앞의 문장인 Before you visit our office, please make sure to visit a hospital for a general health check-up에서 사무실을 방문하기 전, 병원에서 건강검진을 받아야 된다고 말하고 있으며, and로 연결되는 빈칸 다음의 문장에서는 늦어도 다음 주말까지 그 기록을 보내야 된다고 제시하고 있으므로, 빈칸에는 미래 시제와 의무를 동시에 전달해주는 (C) should be checked(확인해야 한다, 검사받아야 한다)가 적절하다.

Chapter 2 문맥의 상관관계를 완성하는 연결어

Lesson 1 기대치의 반대나 반전, 대조되는 상황을 나타내는 연결어

Test 1 문제 01-03은 다음 이메일을 참조하세요. p.309

담당자분께,

7월 2일에, 저는 Taiwan에서 Lisbon까지 가는 Pacific Airlines의 국제선 비행기를 탔습니다. 저는 비행시간 동안 내내 유쾌한 기분으로 여행을 했습니다만, 제 짐이 분실되었다는 것을 알게 되자 매우 실망했습니다. 귀사의 직원이 제가 탑승한 비행기에 제 짐을 싣는 것을 잊어버렸다는 것을 알게 되었습니다. 그 결과 저는 Lisbon에서 짐을 받지 못했습니다. 그래서 짐 가방 없이 Lisbon에서 한 주를 보냈으며, 지금도 제 개인 소지품을 받지 못하고 있습니다.

언제든지 제게 연락을 부탁드립니다. 제 번호는 201-363-9029이며, giveittome@gotmail.com을 통해서 제게 연락을 하실 수도 있습니다. 며칠 내로 귀사로부터 소식을 듣기를 기대합니다.

신경써주셔서 감사드립니다.

진심으로,

Eduardo Ronaldo

어휘 To whom it may concern (편지에서 담당자가 누구인지 정확하게 모를 때) 관계자분께 take 탑승하다 international flight 국제선 여객기 realize 깨닫다, 알다 crew 직원 board 탑승하다 personal belongings 개인 소지품 reach ~에게 연락이 닿다 through ~을 통하여 consideration 관심, 고려

01 (A) took

해설 [Step 1] 주어(I)와 목적어(an international flight) 사이에는 동사가 들어가야 한다. 주어인 글쓴이가 목적어인 비행기를 타는 주체이므로 빈칸에 들어갈 동사는 능동태가 되어야겠다. 보기 4개는 모두 능동태이기 때문에 빈칸에 들어갈 수 있다.

[Step 2] 뒤에 나오는 문장은 I had a pleasant flight the whole way(비행시간 동안 내내 유쾌한 기분으로 여행을 했다)이므로 글쓴이가 비행기를 탄 것은 과거의 일임을 알 수 있다. 따라서 정답은 과거형인 (A) took이다.

02 (C) However

해설 [Step 1] 빈칸은 콤마 앞에 단독으로 쓰이며, 앞 문장의 내용과 콤마 뒤의 내용이 자연스럽게 연결 되도록 도와주는 접속부사가 들어갈 자리이다. 보기는 (A) In fact(사실상), (B) As a matter of fact(사실상), (C) However(그러나), (D) Instead(대신에)로 모두 접속부사이므로 정답 후보가 될 수 있다.

[Step 2] 빈칸 앞의 문장은 '비행 동안 내내 유쾌한 기분으로 여행을 했다'로 긍정의 의미를 나타내지만, 뒤의 문장에서는 이와 반대로 '짐이 분실되었다는 것을 알게 되었을 때 매우 실망했다'라는 부정의 의미를 나타낸다. 앞뒤 문장이 긍정과 부정으로, 서로 반대의 의미를 갖고 있으므로 빈칸에 들어갈 접속부사는 역접의 의미를 가진 (C) However(그러나)이다. 다른 보기들은 의미상 적절하지 못하므로 빈칸에 들어갈 수 없다.

03 (A) within

해설 [Step 1] 빈칸은 a few days라는 명사 앞에 들어갈 적절한 전치사를 찾는 문제이다. 보기는 (A) within(~안에), (B) near(~근처에), (C) since(~이래), (D) from(~로부터)으로, 모두 전치사이므로 빈칸에 들어갈 수 있다.

[Step 2] 앞 문장에서 글쓴이는 연락을 줄 것을 부탁하였고, 전화번호와 이메일과 같은 연락처를 알려주고 있다. 따라서 의미상 며칠 이내로 연락을 받기를 원한다는 것이 자연스러우므로 '~이내'라는 의미를 지닌 전치사 (A) within이 가장 적절하다. (B) near, (C) since, (D) from은 빈칸에 들어갈 경우, 의미상 연결이 어색하므로 답이 될 수 없다.

Test 2 문제 04–06은 다음 이메일을 참조하세요. p.309

수신: 관심 있는 모든 분들
발신: Manuel Roberto
날짜: 7월 9일
주제: Olio의 오픈 기념 와인 파티

Olio Restaurant & Bar의 오픈을 축하하기 위해, 제한된 인원을 초대해 소규모 와인 파티를 개최할 예정입니다. 관심이 있는 분이면 참석할 자격이 있습니다. 저희는 저녁 7시부터 손님을 받을 것이고, 2층 대연회실로 안내할 것입니다.
입장료는 받지 않지만, 명단에 올리기 위해 사전에 미리 등록을 해야 합니다. 70명으로 인원이 제한되었기 때문에, 서두르셔야 합니다! 기억에 남을 만한 이번 행사를 즐기며, 좋은 사람들과 함께 좋은 와인을 맛보세요.
진심으로,

주인
Manuel Roberto

어휘 celebrate 축하하다 be eligible to + 동사원형 ~할 자격이 있다 grand hall 대연회실 entrance fee 입장료 sign up 등록[신청]하다 in advance 사전에 limited capacity 제한된 수용 능력 remarkable 놀라울 만한

04 (B) attend

해설 [Step 1] is eligible to에서 to부정사에 적합한 동사를 찾는 어휘 문제이다. 보기는 모두 동사원형이므로 문법적으로는 전부 빈칸에 들어갈 수 있다.

[Step 2] 지문의 첫 번째 줄에서 Olio Restaurant & Bar의 오픈을 축하하기 위해, 파티를 열 계획임을 언급하고 있다. 따라서 이어지는 문장은 '관심이 있는 사람이라면 누구나 참석할 자격이 있다'는 의미가 되어야 자연스러우므로, 빈칸에 적절한 동사는 '참석하다'라는 의미를 가진 (B) attend이다. (A) compete(경쟁하다), (C) submit(제출하다), (D) vote(투표하다)가 빈칸에 들어가면 문맥상 어색하다.

05 (D) Although

해설 [Step 1] 빈칸에는 두 문장을 연결하는 접속사가 와야 하는데, 보기는 모두 접속사이므로 문법적으로는 전부 빈칸에 들어갈 수 있다.

[Step 2] 주절은 '명단에 올리기 위해 사전에 미리 등록을 해야 한다'는 의미이고, 앞의 종속절은 '입장료가 없다'이다. 이 두 문장은 서로 반대되는 의미이기 때문에 '입장료가 없을지라도, 명단에 올리기 위해 사전에 미리 등록을 해야 한다'라는 내용이 되는 것이 자연스러우므로 정답은 (D) Although(비록 ~일지라도)이다. (A)는 조건을 나타내는 접속사 If(만약 ~라면), (B)는 시간을 나타내는 접속사 Until(~까지), (C)는 부정 조건 접속사 Unless(만약 ~하지 않으면)이므로 문맥상 적절하지 않다.

06 (A) remarkable

해설 [Step 1] 한정사 this와 명사 event 사이에서 명사를 꾸며주는 형용사를 찾는 문제이다. 보기에서 (B) remark는 '주의하다, 주목하다'란 의미의 동사이며, (C) remarkably(현저히, 매우)는 부사, (D) remarks는 3인칭 단수 형태의 현재형 동사이므로 답이 될 수 없다. 보기 중 형용사는 (A) remarkable(현저한, 주목할 만한)밖에 없다.

Lesson 2 시간의 흐름이나 일의 순서를 설명하는 연결어

Test 1 문제 01–03은 다음 광고를 참조하세요. p.311

새로운 Masuda RX-9 지금 만나보실 수 있습니다!
여러분 모두가 기대하고 있던 새로운 브랜드 Masuda RX-9의 출시를 알리게 되어 기쁩니다. RX-9는 모든 운전자들에게 최상의 승차감을 제공합니다. 새로운 300 마력의 터보 엔진을 장착하여, 진정한 속도의 힘을 느낄 수 있습니다. RX-9의 기본 가격은 3만2천 달러로 시작합니다. 2년 임대 계약에 서명하시면, 월 임대료에서 7% 할인을 적용받으실 수 있습니다. 무얼 더 기다리세요? 관심이 있으시다면, 여러분이 꿈에 그리던 차가 자신의 차가 되기 전에, 제게 연락하셔서 시험운전을 할 수 있는 시간을 잡으세요!

어휘 release 출시, 방출 anticipate 기대하다, 고대하다 provide 제공하다 comfort 안락, 편함 be equipped with ~을 갖추다 horsepower 마력 turbo charged engine 터보 엔진 base price 기본 가격 sign for ~에 서명하다 lease 임대 (계약) budget 예산, 예산안 subscription 구독 license 면허 reality 현실, 현실성

01 (B) provides

해설 [Step 1] 빈칸 뒤에 목적어 the best driving comfort가 있으므로 빈칸의 본동사는 목적어를 가지는 능동태가 되어야 한다. 그런데 빈칸은 모두 능동형이다.

[Step 2] 앞의 문장에서 새로운 브랜드인 Masuda RX-9이 출시되었다는 것을 알리고 있으며, RX-9의 특징인 편안함을 운전자들에게 지금 제공한다는 의미가 자연스러우므로 동사는 현재형인 (B) provides가 적절하다. 새로운 브랜드가 방금 출시된 것이기 때문에 '제공이 되어 왔다'라는 의미의 과거완료형태의 (A) had provided, '제공되었다'라는 의미의 과거형 (D) provided는 문맥상 적절하지 못하다.

02 (A) lease

해설 [Step 1] 관사 a와 수치를 나타내는 형용사인 two-year 다음에 있는 빈칸은 명사가 들어가야 할 자리이다. 보기는 모두 명사이기 때문에 문법적으로는 전부 문제가 되지 않는다.

[Step 2] 콤마 다음의 문장은 월 임대료에서 7% 할인을 적용 받을 수 있을 것이라고 제시하고 있다. 월 임대료를 의미하는 monthly rate와 의미상 호응이 되는 명사는 임대라는 의미를 가진 (A) lease이다. (B) budget(예산), (C) subscription(구독), (D) license(자격, 면허)는 문맥적으로 맞지 않는 단어들이다.

03 (C) before

해설 [Step 1] 빈칸 뒤는 주어, 동사, 목적어가 갖추어진 your dream car becomes your reality라는 문장이며, 빈칸 앞도 문장으로 구성되어 있다. 따라서 빈칸에는 접속사가 들어가야 한다. 보기 (A) prior(이전에)는 명사 또는 형용사, (B) earlier(예상보다 일찍)는 부사, (C) before(~전에)는 접속사, (D) ahead(~앞에)는 부사이므로 (C)가 정답이라는 것을 알 수 있다.

[Step 2] 빈칸 앞 문장을 살펴보면, a test drive(시험운전)에 관한 시간 조정을 위해 연락을 줄 것을 제안하고 있기 때문에 아직 제품을 구매하지 않았다는 것을 추측해 볼 수 있다. 따라서 '꿈의 차가 자신의 것이 되기 전에'라는 의미가 적절하므로 '~전에'라는 의미의 (C) before가 정답이라는 것을 확인할 수 있다.

Test 2 문제 04-06은 다음 기사를 참조하세요. p.311

Armani 자동차 회사는 새로운 스포츠 세단인 EVO를 출시한 후 1/4 분기에 상당한 성장을 보여주었다. 새로 디자인한 EVO는 자동차 판매상에 처음으로 출시된지 한 달 동안에 10000대 이상이 판매되어 우수한 매출 성적을 올리고 있다.
Armani 자동차 회사의 사장인 Giorgio Armani는 "저희의 새로운 엔진의 성능이 EVO가 엄청난 성공을 거둔 중요한 요소가 된 것 같습니다."라고 말했다. Mr. Armani는 또한 EVO 이외에도 Armani 자동차 회사의 제품들의 전체적인 판매도 역시 과거 몇 달 동안 성장했다고 언급하였다.
그들의 판매가 지속적인 증가 상태를 유지한다면, Armani 자동차 회사는 2년 안에 자동차 업계의 주력 회사가 될 것이라고 예상된다.

어휘 sizable 상당한 first quarter 1/4 분기 release 출시 perform 실행하다, 임무를 해내다 implementation 이행, 실행 key factor 중요한 요소 contribute to ~에 기여하다 incredible 믿을 수 없는, 믿기 힘든 mention 언급하다 other than ~ 이외에도 overall 전반적인 lineup 제품군 as long as ~하는 한 steadily 지속적으로

04 (D) rise

해설 [Step 1] 〈a(관사) + sizable(형용사) + ------〉의 구조로 빈칸은 적절한 명사를 찾는 문제이다. 보기를 살펴보면 (A) decline(감소), (B) hold(유지), (C) interest(관심, 이익), (D) rise(증가)로 모두 명사이기에 문법적으로는 전부 빈칸에 들어갈 수 있다.

[Step 2] 빈칸 다음 문장에서 새로 디자인한 EVO는 좋은 매출 성적을 거두고 있다고 했으므로 빈칸에는 이 내용과 부합되는 명사가 와야 한다. 따라서 '상당한 성장을 보여주고 있다'라는 의미가 되는 명사 (D) rise가 적절하다. 나머지 보기는 문맥과 어울리지 않는 단어이므로 오답이 된다.

05 (C) during

해설 [Step 1] 빈칸 다음에 기간을 나타내는 명사가 왔으므로 빈칸은 전치사가 들어갈 자리이다. 보기는 (A) after(~이후에), (B) since(~이래로), (C) during(~동안), (D) before(~전에)로 모두 전치사이기 때문에 문법적으로는 전부 정답 후보가 될 수 있다.

[Step 2] 본문의 첫 단락 첫 줄의 the release of its new sports sedan~이라는 구문을 통해 차가 처음으로 출시 된 것을 확인할 수 있으며, '자동차 판매상에 처음으로 출시된지 한 달 동안에 만 대 이상이 판매되어'라는 의미가 자연스럽게 이어지므로 '~동안'의 의미를 가진 전치사 (C) during이 정답이다.

06 (A) grew

해설 [Step 1] 빈칸은 주어인 the overall sales~에 대한 본동사를 찾는 문제이다. 빈칸 뒤 전치사구인 in the past few months를 통해 본동사는 과거시제가 되어야 함을 알 수 있다. 따라서 보기 중 과거시제인 (A) grew(성장했다)가 정답이다. 나머지 보기를 살펴보면, (B) grow는 현재시제, (C) will grow는 미래시제, (D) would grow는 과거 미래시제로 오답이다.

Lesson 3 원인과 결과를 나타내는 연결어

Test 1 문제 01-03은 다음 편지를 참조하세요. p.313

수신: Pierre Pascal
발신: Abbey Lee
주제: 귀하의 설계에 관하여

저희는 지난주에 귀하와 귀하의 팀원들이 디자인한 설계도와 청사진을 검토했는데, 그 설계가 상당히 인상적이었다는 결론을 내렸습니다. 저희는 귀하가 그렇게 멋지고 실용적인 설계를 한다는 것을 알게 된 것에 기뻤습니다. 그 디자인에 대해서 만족했을 뿐만 아니라, 건설업자들이 건설작업을 하는 동안 보다 효율적으로 일하기 위하여, 당신이 청사진에 포함시킨 정확한 측정과 세부사항들 역시 매우 인상적이었습니다. 귀하의 실용적인 건축 설계로 인해, 4월 4일에 건설할 예정인 Travis Tower Building을 설계하신 대로 작업하는 것에 전폭적인 지지를 하기로 결정하였습니다. 이미 완벽한 설계에 변경사항이 있으시다면, 917-432-

142

9209로 저희 직원 누구에게나 연락을 주시길 부탁드립니다. 저희는 귀하과 함께 일할 기회를 갖게 되어 기쁘게 생각합니다.

진심으로,
Abbey Lee
Hone 건설사 전무이사

어휘 regards to ~에 관하여 examine 검사하다 outline 개요 blueprint 청사진 create 만들다 come to a conclusion 결론에 도달하다 impressive 인상적인 preoccupied 사로잡힌 concerned 걱정하는, 염려하는 pleased 기뻐하는, 마음에 든 considerate 인정 있는, 사려 깊은 come out with ~을 내놓다, 만들어내다, 생각해내다 practical design 실용적인 디자인 be satisfied with ~에 만족하다 accurate 정확한, 정밀한 measurement 측정 detail 세부(항목) construction 건설 confusion 혼동 practical application 실질적인 적용 implementation 이행, 수행 further 그 이상의, 더

01   **(C) pleased**

해설 [Step 1] 빈칸은 be동사의 과거형 were의 보어인 형용사를 찾는 문제이다. 보기 (A) preoccupied(어떤 생각에 사로잡힌), (B) concerned(걱정하는, 염려하는), (C) pleased(기뻐하는), (D) considerate(사려 깊은)는 모두 품사가 형용사로 빈칸에 들어갈 수 있다.

[Step 2] 빈칸이 있는 문장 앞뒤의 의미를 생각해보면, 앞 문장에서는 작업에 대해 매우 인상적이었다(your works are very impressive)는 긍정적인 평가를, 뒤에서도 건축 디자인에 대해 만족을 한다(we were satisfied with the design~)는 의미를 나타내고 있다. 또한 빈칸의 문장에서도 그러한 멋지고 실용적인 건축 디자인(such great and practical design)이란 명사구가 등장한다. 따라서 보기 중에서 긍정적인 뜻을 가진 형용사가 가장 자연스럽게 연결된다는 것을 알 수 있다. '저희는 귀하가 그렇게 멋지고 실용적인 건축 디자인을 설계할 수 있게 됐다는 것을 알게 되어 기쁘게 생각한다'라는 의미가 적절하므로 정답은 (C) pleased(기뻐하는)가 된다.

02   **(B) have included**

해설 [Step 1] 주어 다음에 들어갈 적절한 본동사를 찾는 문제이다. 보기 중에서 준동사에 속하는 to부정사인 (C) to include는 본동사가 될 수 없으므로 답에서 제외된다. 또한 빈칸 뒤에는 목적어가 없지만 선행사인 the accurate measurements and details가 목적어이므로 능동 형태의 동사가 적절하다. 따라서 과거 수동태인 (A) were included와 미래 수동태인 (D) will be included는 빈칸에 들어갈 수 없다. 결국 (B)가 정답이 된다.

03   **(D) Because of**

해설 [Step 1] 빈칸 뒤에는 명사구인 your practical applications가 왔으므로, 전치사가 들어가야 할 자리이다. (A) If only(단지 ~하기만 하면)은 주어와 동사를 필요로 하는 접속사이므로 적합하지 않다.

[Step 2] 빈칸 뒤에 있는 we decided to fully support the implementation는 '우리는 귀하의 건축 디자인대로 건축하는 것을 전폭적으로 지지하기로 결정했다'는 뜻이므로 빈칸은 원인을 나타내는 전치사구가 적절하다. 따라서 (D) Because of(~때문에)가 정답이 된다. 나머지 보기는 (B) In spite of(~임에도 불구하고), (C) According to(~에 따라서)라는 뜻을 나타내므로 문맥상 자연스럽지 못하다.

Test 2 문제 04-06은 다음 이메일을 참조하세요.   p.313

수신: jjordan@viamail.com
발신: jknight@bluepueblo.com
날짜: 1월 12일
제목: 귀하에게만 드리는 특별 혜택!

Mr. Jordan씨께,

올해는 Blue Pueblo 여행사가 여행업을 한지 10주년이 되는 해입니다. 오랫동안 저희 여행사를 이용해주신 것을 감사를 드리며, 그 보답으로 귀하에게 무엇인가를 드리고 싶습니다. 그래서 저희는 특별 혜택을 귀하에게 드리려 합니다.

좀 더 편리하고 경제적으로 귀하께서 폭넓은 여행 경험을 하도록 도와드리기 위해서, 저희는 귀하가 선택한 국제선 다섯 비행편에 대해서 25%의 할인을 드릴 것입니다. 그런데, 잠깐, 드릴 것이 더 있습니다! 올 한해 귀하가 머무시는 어떤 호텔이든 50%의 할인도 제공해드릴 것입니다. 기억해주세요. 이 놀라운 대우는 오직 귀하에게만 제공해드립니다.

궁금하신 점이 있으시다면, 편하실 때 언제든지 저에게 연락해주시기 바랍니다. 저희의 최고 고객이 되어주셔서 매우 감사드립니다.

진심으로,
Jonathan Knight
회원 코디네이터
Blue Pueblo 여행사

어휘 exclusive 독점적인 in return 보답으로 conveniently 편리하게 economically 경제적으로 discount on ~에 대한 할인 international flight 국제선 비행편 incredible 놀랄만한 deal 거래, 대우 exclusively 독점적으로, 오로지 feel free to + 동사원형 ~을 마음대로 하다 convenience 편리, 편의

04   **(A) Therefore**

해설 [Step 1] 빈칸 바로 다음에 콤마(,)가 나온 것으로 보아 단독으로 사용을 할 수 있는 적절한 접속부사를 묻는 문제이다. 보기 중 부사인 (C) Similarly(유사하게)는 정답에서 제외된다. 보기의 (A) Therefore(그러므로), (B) However(그러나), (D) In contrast(대조적으로)는 접속부사이므로 문법적으로는 모두 빈칸에 들어갈 수 있다.

[Step 2] 빈칸 앞의 문장에서, 중요한 고객이 되어 주신 것에 감사하며 보답으로 무엇인가를 드리고 싶다는 원인을, 그래서 그 결과로 빈칸 뒤에는 특별한 혜택을 드린다고 말하고 있으므로 원인과 결과로 두 문장은 연결해주는 접속부사 Therefore가 가장 자연스럽다. 따라서 (A) Therefore가 정답이다.

05   **(B) broaden**

해설 [Step 1] 주어 you와 목적어 your travel experience의 사이에 들어갈 알맞은 동사를 찾는 어휘 문제이다. 보기는 (A) contribute(기여하다), (B) broaden(넓히다, 확장시키다), (C) participate(참가하다), (D) approve(시인하다, 찬성하다)로 모두 동사이기에 문법적으로는 전부 빈칸에 들어갈 수 있다.

[Step 2] 편지가 여행사로부터 온 것이기에, 문맥상 '귀하의 여행 경험을 넓히는데 도움이 되기 위해'라는 의미가 자연스러우므로 정답은 '확대시키다, 넓히다'란 의미를 가진 (B) broaden이다. 보기의 다른 동사들은 문맥에서 어울리지 않는 의미이므로 정답이 될 수 없다.

06
(D) offered

[Step 1] 빈칸은 be동사의 복수형인 are 뒤에 있으므로 형용사나 분사형 등 보어가 들어갈 자리이다. 따라서 동사원형인 (A) offer(제공하다)는 정답에서 제외된다. to부정사 형태인 (B) to offer와 현재분사 형태인 (C) offering, 과거분사 형태인 (D) offered는 모두 보어 역할을 할 수 있다.

[Step 2] 빈칸 뒤에 목적어가 없으며, 주어인 these incredible deals(이 놀라운 대우)는 고객에게 제공되는 객체로 빈칸에는 수동의 의미를 가지는 동사가 와야 한다.

Lesson 4 조건이나 가정, 반대 상황 등을 제시하는 연결어

Test 1 문제 01-03은 다음 정보를 참조하세요. p.315

속도위반 벌금

속도위반 벌금은 운전자가 얼마나 빠르게 운전하고 있었으며, 제한속도를 넘은 킬로미터의 수가 얼마인지에 따라 결정됩니다. 예를 들어 운전자가 제한속도를 20킬로미터 초과하다 적발된 경우에는 약 200달러에 해당되는 벌금을 지불해야 할 것입니다.

벌금 통지서에 제시된 기한 내에 벌금을 지불하지 않는다면, 지불 기한에 근거하여 경찰서에서 연체 비용을 계산할 것입니다.

또한, 6개월 내에 지불하지 않는다면, 운전자의 운전면허증이 일시적으로 정지될 것입니다. 운전면허 정지를 취소하려면 벌금을 내기만 하면 되는데, 다시 운전자의 기록이 깨끗하게 될 것입니다.

어휘 amount payable 지급금 depend on ~에 달려있다 the number of ~의 수 speed limit 제한속도 pay 지불하다 late fee 연체료 charge 청구 금액 calculate 계산하다 police department 경찰서 on the basis of ~에 근거하여 due date 기한, 예정일 driver's license 운전면허증 temporary 임시의, 일시적인 suspension 중지, 정지 suspend 중지시키다, 일시 정지시키다 in order to ~하기 위해서 simply 단순히, 단지 record 기록 once again 다시 한 번

01
(C) If

[Step 1] 빈칸 다음에 주어(a driver)와 동사(gets caught)가 있고, 콤마 다음에 또 주어(that person)와 동사(will have to pay)가 있으므로, 빈칸은 두 문장을 연결해주는 접속사가 들어갈 자리이다. 보기 중의 (A) Yet(아직~않다), (D) Even(~조차, 심지어)은 부사이기에 빈칸에 들어 갈 수 없다.

[Step 2] '운전자가 제한속도를 초과한 경우, 적발이 되면 약 200달러에 해당되는 벌금을 지불해야 할지도 모른다'는 뜻이 자연스럽다. 따라서 앞의 부사절이 조건을 의미하므로, 조건을 나타내는 부사절 접속사인 (C) If(만약~라면)가 정답이 된다. (B) Now that(~이기 때문에)에는 이유를 나타내는 접속사이기 때문에 의미상 빈칸에 맞지 않는다.

02
(D) should be calculated

[Step 1] 주어(a late fee charge)에 대한 본동사를 찾는 문제이다. 빈칸 다음에 전치사 by가 보이므로 본동사는 능동이 아닌 수동형이라는 것을 알 수 있다. 현재진행형 능동형인 (A) are calculating(계산하고 있는)과 현재형으로 3인칭 단수이며, 능동형의 동사인 (C) calculates(계산하다)는 정답에서 제외된다.

[Step 2] 빈칸 앞에는 조건을 나타내는 if의 부사절이 있고, 주절은 '지불 기한에 근거하여, 경찰서에서 연체 비용을 계산할 것이다'라는 의미로 연결되므로, 정답은 (D) should be calculated(계산될 것이다)가 된다. (B) were calculated(계산되었다)는 과거 수동형으로, 이미 계산됐다는 의미이므로 정답이 될 수 없다.

03
(A) suspension

[Step 1] 관사와 형용사 다음 들어갈 적절한 명사를 물어보는 문제이다. 보기를 살펴보면, (A) suspension(중지)가 명사이므로 정답이 된다. (B) suspends는 3인칭 단수형태의 동사이기에 정답이 될 수 없다. 동사원형에 -ed를 붙여 과거를 나타내는 (C) suspended와 동사원형인 (D) suspend도 적절하지 못하다.

Test 2 문제 04-06은 다음 회람을 참조하세요. p.315

날짜: 9월 15일
주목: 전 직원들

자동차를 몰고 출근하는 직원들에게 알립니다. 9월 22일부터, 지하 주차장 전체가 재공사에 들어갈 것이며, 일주일 후에 완성될 것으로 예상됩니다.

주차 위치는 매일 변동이 있을 것입니다. 그래서 저희가 다음날 주차 공간 장소에 대해 게시할 것이기 때문에 사무실을 나서기 전에 매일 게시판을 확인해주시기 바랍니다.

보통 차를 몰고 출근하시더라도, 주차 공간이 매우 제한되어 있기 때문에, 대중교통을 이용하는 것을 추천해드리고 싶습니다. 이러한 불편을 드리게 된 점 사과드립니다. 이해해주셔서 감사합니다.

어휘 reconstruction 재공사 in a week 일주일 후에 availability 유용성, 가능성 advise ~에게 조언하다 inconvenience 불편

04
(C) reminder

[Step 1] ⟨a(관사) + ------ + to employees(전치사구) ~⟩의 구조에서 빈칸은 적절한 명사를 찾는 어휘 문제이다. 보기는 (A) request(요청), (B) possibility(가능성), (C) reminder(상기시키는 것, 주의사항), (D) proposal(제안)으로 모두 명사이므로 문법적으로는 전부 빈칸에 들어갈 수 있다.

[Step 2] 메모 상단의 Attention: All Employees(주의: 전 직원)를 통해 이 메모가 직원들에게 안내되는 사항임을 알 수 있다. 또한 빈칸 다음 문장에서 9월 22일부터 주차장 재공사에 들어갈 것이라는 내용을 통해 빈칸에 적절한 단어는 '상기시키는 것, 주의사항'을 의미하는 명사인 (C) reminder이다.

05
(D) will change

[Step 1] 빈칸은 The locations을 주어로 갖는 본동사를 찾는 문제이다. 지문의 첫줄에서 메모가 게시된 날짜는 9월 15일이고, 지문 세 번째 줄에서 주차장 재공사는 9월 22일에 시작된다는 것을 알 수 있다. 공사는 미래의 일이므로 '주차 장소가 매일 변경될 것이다'라는 의미가 되어야 하기 때문에 빈칸의 시제는 미래가 적당하다. 보기 중 미래시제인 (D) will change(변경될 것이다)가 정답이 된다. (B) was changed(변경되었다)는 과거 시제이므로 정답이 될 수 없다.

06
(A) If

[Step 1] 이 문장의 주어는 you, parking availability, we 등 모두 3개이며, 동사도 drive, will be, advise 등 3개이기 때

문에 접속사는 2개가 있어야 한다. 따라서 빈칸에는 접속사가 들어가야 한다. (B) Even과 (C) In spite of는 절을 이끌 수 없기 때문에 정답에서 제외된다.

[Step 2] 빈칸 뒤 since 다음의 문장은 '주차할 수 있는 공간이 제한되었기 때문에, 대중교통을 이용할 것을 추천한다'라는 의미. 따라서 빈칸이 있는 종속절은 '보통 차를 운전해서 출근하면'이라는 의미가 되어야 문맥이 자연스럽다. 따라서 (A) If가 정답이다. (D)는 비교급의 관용적인 표현으로 rather than은 '~보다 다소'라는 의미를 가진다.

Lesson 5 대안을 제시하거나 선택을 강조하는 내용을 이끄는 연결어

Test 1 문제 01-03은 다음 공지를 참조하세요. p.317

알림: 전 직원들에게
게시: 7월 18일

지난주에 Mr. Gordon이 알려드린 바대로, 이번 주에 로비와 2층 벽에 페인트 작업이 있을 것입니다. 게다가 1층 로비의 일부 구역의 바닥도 수리될 예정입니다. 페인트칠 작업은 내일 아침 7시부터 시작될 예정입니다. 저희는 오후 4시 이후에 두 층에 있는 모든 시설들이 정상적으로 가동될 것이라 예상합니다. 이 작업이 끝날 때까지, 어느 누구도 복도 중앙에 있는 엘리베이터 사용을 할 수 없을 것입니다. 대신에, 후문 근처의 계단을 이용하셔야 합니다.

불편을 끼쳐드려 죄송합니다. 다시 한 번, 협조해 주신 것에 대해 매우 감사드립니다.

진심으로,

Keith Greene
건물 관리자

어휘 employee 직원 announce 알리다 furthermore 게다가 lobby 로비 paint ~에 페인트를 칠하다 be scheduled to + 동사원형 ~할 예정이다 facilities 설비, 시설 eligible 적합한, 자격이 있는 end 끝내다, 마치다 operational 사용상의, 가동될 준비가 된 obtain 얻다, 구하다 hallway 복도, 통로 back entrance 후문 inconvenience 불편 cooperation 협조

01 (D) have to be

해설 [Step 1] some parts of the lobby floor가 주어이며, 빈칸과 뒤에 있는 repaired가 합쳐져 본동사를 이루어야 한다. 그러므로 본동사의 형태가 될 수 없는 (A) having to be는 답에서 제외되며, (B) have had to be는 '~했어야 만 했다'란 뜻이며, (C) have to have been은 완료부정사로 본동사의 시제보다 한 시제 앞설 때 쓴다. (D) have to be는 '~해야만 한다'라는 의미이다.

[Step 2] 앞 문장에서 보면 로비와 2층 벽에 페인트 작업을 할 것이라는 미래의 예정을 담고 있으며, 로비 바닥의 일부도 수리를 해야 한다는 의미가 되어야 하므로 보기 중에서 (D) have to be가 정답이다.

02 (C) operational

해설 [Step 1] 빈칸은 be동사에 필요한 형용사 보어를 찾는 문제이다. 보기의 품사를 살펴보면, (A) eligible(적합한, 자격이 있는), (C) operational(가동될 준비가 된)은 형용사이며, (B) ended (종료된, 마친), (D) obtained(얻어진)은 동사에 -ed가 붙은 과거분사 형태로, 모두 보어 자리에 들어갈 수 있다.

[Step 2] 빈칸 앞 문장은 The painting work is scheduled to begin tomorrow from 7 A.M.(페인트 작업은 내일 아침 7시부터 시작될 예정이다)로 작업의 시작 시간을 알려주고 있다. 빈칸이 있는 부분은 앞 문장의 의미와 연결되어 작업이 종료될 시간을 알려주고 있다는 것을 유추할 수 있다. 두 층의 시설들이 오후 4시 이후에 정상 가동이 될 것을 예상한다는 의미가 자연스러우므로 빈칸에 들어갈 보어는 (C) operational이다.

03 (A) Instead

해설 [Step 1] 마침표로 완전하게 끝이 난 앞 문장과, 그 다음의 완전한 문장 사이에 빈칸과 콤마가 있기 때문에 두 문장의 흐름을 이어주는 접속부사를 찾는 문제이다. 보기는 대조를 나타내는 접속부사인 (A) Instead(대신에), 가정을 나타내는 접속 부사인 (B) Otherwise(그렇지 않으면), 예를 들어 설명을 덧붙이는 접속부사인 (C) For example(예를 들면), 반대되는 상황을 나타내는 역접의 접속부사 (D) However(그러나)이다. 문법적으로는 모두 빈칸에 들어갈 수 있다.

[Step 2] 앞 문장에서는 작업이 완료될 때까지 복도 중앙의 메인 엘리베이터를 사용할 수 없다는 내용이며, 빈칸 뒤의 문장에서는 후문 근처 계단을 이용해야만 한다고 말한다. 따라서 앞 문장의 내용을 대체할 만한 또 다른 방법을 뒤 문장에서 제시하고 있음을 알 수 있기에, 두 문장의 의미를 자연스럽게 연결해줄 수 있는 접속부사는 (A) Instead(대신에)가 된다.

Test 2 문제 04-06은 다음 이메일을 참조하세요. p.317

수신: Adrian Balboa
발신: Antonio Tarver
날짜: 3월 27일
제목: Red Sun 호텔 예약

Ms. Balboa씨께,

Red Sun 호텔을 선택해주셔서 감사합니다. 저희는 최근에 변경된 귀하의 여행 일정을 방금 이메일로 받았습니다. 귀하의 여행 계획에 따라, 저희는 예약 날짜를 수정하였습니다. 호텔로 오시는 교통편에 대해서 말씀드리자면 귀하는 다음 두 가지 중에서 선택하실 수 있습니다. 즉 저희는 무료 셔틀 버스 서비스를 제공합니다. 또한 저희는 택시 서비스도 제공하는데, 25달러를 지불하셔야 합니다.

귀하의 예약 및 교통편과 관련하여 궁금하신 점이 있으시다면, 언제든지 연락을 주시기 바랍니다. 저희와 함께 머무시는 동안 즐거운 시간을 보내시길 바랍니다.

충심으로,

Antonio Tarver
Red Sun 호텔 매니저

어휘 updated 최신의 in accordance with ~에 따라 reservation 예약 as for ~에 관해 말하자면 shuttle bus 셔틀 버스 alternatively 대신으로, 그렇지 않으면 cost 비용이 든다

04 (A) modified

해설 [Step 1] we(주어)와 the dates(목적어) 사이에 들어갈 본동사를 찾는 문제이다. 보기 (A) modified(수정하다), (B) followed(뒤를 잇다), (C) revised(개정하다), (D) asked(요청

하다)는 모두 동사이므로 문법적으로는 전부 빈칸에 들어갈 수 있다.

[Step 2] 빈칸 앞 문장에서 최근에 변경된 여행 일정표를 이메일로 받았다는 내용을 통해서, 문맥상 예약 날짜를 수정했다는 의미가 자연스럽게 연결된다. 따라서 적절한 동사는 (A) modified이다. 다른 보기들은 빈칸 뒤의 목적어 dates of your reservation(예약 날짜)과 함께 사용할 수는 있지만, 고객의 여행 계획이 업데이트 되어 예약에 관해 고객에게 확인과 안내의 의미로 보내는 편지글이기 때문에 문맥상 적절하지 못하다. 따라서 정답은 (A) modified이다.

05 (B) Alternatively

[Step 1] 빈칸 앞에 마침표로 끝난 완전한 문장이 있고, 빈칸 다음에도 완전한 문장이 있으므로, 빈칸은 콤마(,)와 함께 단독으로 사용할 수 있는 접속부사가 들어갈 자리이다. 보기 (A) For example(예를 들면), (B) Alternatively(대안으로, 그렇지 않으면), (C) Since then(그때부터, 그 이후로), (D) Accordingly(따라서, 그러므로)는 모두 문장 앞에서 콤마와 단독으로 사용할 수 있는 접속부사이다.

[Step 2] 빈칸 앞 문장에서 교통편으로 다음의 두 가지를 선택할 수 있다고 제시하였고, 그 첫 번째로 무료 셔틀 버스를 언급하고 있다. 그리고 빈칸 다음으로는 택시 서비스도 있다고 제시하고 있다. 즉, 두 수단 중 하나를 먼저 제시하고 그 다음에 다른 수단을 제시하였으므로 보기 중 '대안으로, 그렇지 않으면'이란 접속부사 (B) Alternatively가 두 문장을 자연스럽게 연결해 줄 수 있다. (A) For example은 예를, (C) Since then은 시점을, (D) Accordingly는 원인과 결과를 이어주는 접속부사이다.

06 (D) enjoy

[Step 1] hope 다음에 접속사 that이 생략된 문장이다. that절에 들어가는 주어 you와 목적어 your stay 사이에 알맞은 동사의 형태를 찾는 문제이다.

[Step 2] 편지의 내용이 여행에 관한 예약을 확인하는 것이며, 앞으로 '즐거운 시간을 보내길 바란다'는 뜻이기 때문에 빈칸에는 (D) enjoy가 오는 것이 적절하다. (A) enjoyed는 과거형이며, (B) have enjoyed는 현재완료형, (C) are enjoying은 현재진행형이므로 빈칸에 적합하지 않다.

Lesson 6 또 다른 사항이나 사물을 추가하는 연결어

Test 1 문제 01–03은 다음 이메일을 참조하세요. p.319

팀원들에게,

다음 주에 제가 출장을 가게 된다는 것을 다시 한 번 여러분들께 알려드리려고 이 편지를 씁니다. 일전에 보냈던 메일에서, 저는 4월 8일부터 15일까지 Sydney에서 열리는 '수익을 내는 출판' 회의에 참가할 것이라 말씀드렸습니다. 그때 보냈던 이메일에 제 출장 일정도 포함되어 있습니다.

제가 자리에 없는 동안, 저는 자주 제 이메일을 확인하지 못할 수도 있습니다. Linda에게 진행되고 있는 프로젝트 서류들을 맡겨 둘 것입니다. 내선 번호 155로 그녀에게 연락하실 수 있습니다. 진행되고 있는 서류들이 필요하시다면, 그녀에게 연락 주시기 바랍니다. 또한, 제가 바로 신경을 써야 하는 일이 있다면, 제 일정표에 표기된 호텔로 제게 연락하실 수 있습니다.

즐거운 주말 되세요!

Tanioka Keiz

어휘 member 일원 require 요구하다, 명하다 interest 관심을 갖게 하다 remind 상기시키다 teach 가르치다 business trip 출장 previous 이전의 attend 참석하다 include 포함하다 itinerary 여정, 여행 일정 ongoing 진행되고 있는 document 문서, 서류 extension 내선 access to ~에 대한 접근 instead 대신에 on account of ~ 때문에 as a result ~의 결과로 also 또한

01 (C) remind

[Step 1] 현재진행형인 동사 writing의 목적을 나타내는 적절한 to부정사를 찾는 문제이다. 보기 (A) require(요구하다), (B) interest(흥미를 갖게 하다), (C) remind(~에게 다시 생각나게 하다), (D) teach(가르치다)는 모두 동사원형으로 빈칸에 들어갈 수 있다.

[Step 2] 뒤의 문장에서, '이전에 보낸 메일에서 시드니에 있는 회의에 참가한다는 것을 알려줬다'라는 말을 통해, 출장을 간다는 사실을 미리 언급했던 것을 알 수 있다. 따라서 글쓴이가 다음 주에 출장을 가게 될 것이라는 점을 팀원들에게 다시 알려준다는 의미가 빈칸에 가장 적절하다. 따라서 정답은 '~에게 다시 알려주다, 상기시키다'라는 뜻을 가진 (C) remind가 된다.

02 (B) included

[Step 1] 빈칸은 주어(I)에 대한 본동사가 들어가야 하는 자리이다. 보기 중 동사에 -ing가 붙은 형태인 (C) including은 현재분사형으로 본동사 될 수 없기에 빈칸에 적절하지 못하다. 현재형인 (A) include(포함하다), 과거형인 (B) included(포함했다), 미래형인 (D) will include(포함할 것이다)는 모두 본동사가 될 수 있다.

[Step 2] 빈칸 뒤의 in that email(그 메일)은, 문맥상 my previous email(일전에 보냈던 메일)임을 알 수 있다. 따라서 빈칸이 있는 문장은 '일전에 보냈던 그 메일에 출장 일정을 포함했다'라는 뜻이 되는 것이 자연스러우므로 과거형인 (B) included가 정답이다.

03 (D) Also

[Step 1] 빈칸과 콤마로 이루어진 부분의 앞뒤에 완전한 형태의 문장이 제시되어 있으므로, 문장을 연결해주는 역할을 하는 접속부사를 찾는 문제이다. 보기 중 전치사인 (B) On account of(~ 때문에)는 빈칸에 들어갈 수 없다.

[Step 2] 앞 문맥에서는 출장으로 자리를 비우는 동안, 프로젝트 서류를 Linda에게 맡길 것이기에, 자료가 필요할 경우, 그녀에게 연락을 부탁한다는 내용이 등장한다. 그리고 빈칸 뒤의 문장에서는 글쓴이의 도움이 필요할 경우에는 호텔로 연락을 할 수 있다고 되어 있기 때문에 부재중에 일이 생길 경우에 업무에 따라 연락 방법을 두 가지로 제시하고 있다는 것을 알 수 있다. 따라서 빈칸에는 '또한'이란 의미인 접속부사 (D) Also가 가장 적합하다. 대조의 의미를 나타내는 (A) Instead(대신에), 원인에 대한 결과를 나타내는 (C) As a result(그 결과)는 앞 문장과 뒤 문장을 자연스럽게 연결해주지 못하기 때문에 오답이 된다.

Test 2 문제 04–06은 다음 이메일을 참조하세요. p.319

Mr. Dawson씨께,

저는 인사부의 Dwight Thompson입니다. 저는 최근 귀하의 이력서를 검토했는데, 솔직히 말씀드리면, 저는 귀하의 경력들에 관하여 매우 깊은 인상을 받았습니다. 이전 직장에서 매니저로 5년간 근무한 경력이면 Keywest 은행의 총지배인의 직책에 적합하다고 생각합니다.

146

다음 주 쯤에 귀하와의 면접 일정을 잡고 싶습니다. 현재로서는, 귀하가 목요일 오전 11시에 방문해주실 수 있다면 좋겠습니다. 이 시간이 귀하에게 좋지 않다면, 좋은 날짜로 면접 일정을 다시 조정하기 위해 저에게 또는 Ms. White에게 연락주시기 바랍니다. 이 면접에서 귀하는 부사장을 비롯하여 임원들을 만나게 될 것이므로, 그에 맞추어 면접을 준비해주시기 바랍니다.

진심으로,

Dwight Thompson
인사부 부장
Keywest 은행

어휘 Human Resources Department 인사부　frankly 솔직히, 숨김없이　experience 경력, 경험　suitable 어울리는　fit 꼭 알맞은 사람　general manager 총지배인　as of now 현재로서는　vice president 부사장　prepare for ~에 대해 준비하다　accordingly 부응하여, 적당하게

04 (A) reviewed

해설 [Step 1] 목적어로 your resume를 취하는 본동사를 찾는 문제이다. 빈칸 앞에 have recently가 있는 것으로 보아 현재완료 시제라는 것을 알 수 있으므로 빈칸은 과거분사 형태(p.p.)의 동사가 와야 한다. 보기 (A) reviewed(검토하다), (B) submitted(제출하다), (C) acknowledged(인정하다), (D) published(발표하다)는 모두 과거분사 형태이므로 문법적으로는 전부 빈칸에 들어갈 수 있다.

[Step 2] 빈칸 앞 문장에서 보내는 사람이 인사부 직원임을 나타내고 있고, 빈칸 다음의 문장에서는 과거의 경력이 매우 인상 깊었다는 내용을 제시하고 있다. 이를 통해 목적어 your resume과 잘 어울리는 동사는 이력서를 '검토했다'라는 의미인 (A) reviewed라는 것을 알 수 있다. 나머지 보기들은 목적어인 your resume와 함께 쓰일 수 있지만, 문맥상 어울리지 않은 내용이므로 오답이 된다.

05 (B) If

해설 [Step 1] 빈칸이 있는 문장은 콤마(,) 앞뒤에 각각 동사가 1개씩 있으므로 접속사가 필요한 문장이다. 따라서 빈칸에는 알맞은 접속사가 들어가야 한다. 보기 중 (D) At은 '~에'라는 전치사이기 때문에 정답에서 제외된다.

[Step 2] 빈칸 앞 문장에서 면접 시간에 대해 제시하고 있다. 따라서 '이 시간이 귀하에게 좋지 않다면, 저에게 또는 Ms. White에게 연락을 주시길 부탁드립니다'라는 의미가 되기 위해서는 가정의 접속사 (B) If가 적절하다. (A) When은 '~일 때'라는 시간의 접속사, (C) Since는 '~때문에'라는 이유의 접속사이므로 오답이 된다.

06 (B) as well as

해설 [Step 1] 빈칸 앞에는 a small group of directors, 빈칸 뒤에는 our company's vice president로 두 명사를 이어주기 위한 접속사를 찾는 문제이다. 보기 (A) but rather(오히려), (B) as well as(~일뿐만 아니라), (C) even though(비록 ~일지라도), (D) if only(오직 ~이기만 하면)는 모두 접속사이므로 문법적으로는 전부 빈칸에 들어갈 수 있다.

[Step 2] '우리 회사의 부사장을 비롯하여, 임원들도 함께 만날 것입니다'라는 의미가 되도록 연결해주는 등위접속사가 필요하다. 따라서 보기 중에서 등위접속사인 (B) as well as가 정답이다. (A) but rather는 대조의 접속사, (C) even though는 양보의 접속사, (D) if only는 가정의 접속사이므로 오답이 된다.

Lesson 7 예시를 들 때 쓰는 연결어

Test 1 문제 01-03은 다음 공지를 참조하세요. p.321

수신: Fairview Plaza Mall 직원들
발신: 관리부서
날짜: 3월 29일
제목: 영업시간 변경

Fairview Plaza Mall의 영업시간이 영구적으로 변경된다는 것을 직원들에게 알려드리겠습니다. 종전의 영업시간은 월요일에서 토요일까지 10시간 영업 시스템에 따라 조정됐습니다. 그러나 최근에 오전 시간에 근무할 수 있는 시간제 직원을 더 많이 채용했습니다. 따라서 이번 주부터, 쇼핑몰은 오전 11시가 아니라 오전 9시부터 문을 열 것입니다. 언제나 그랬듯이, 쇼핑몰 폐점 시간은 오후 9시로 변동이 없을 것입니다.

궁금하신 사항이 있으시다면, 관리부서에 있는 Tammy에게 연락을 주시기 바랍니다. 감사합니다.

Barbara Barca
관리부

어휘 managing department 관리부　notify ~에게 통지하다　permanently 영구적으로　rely on ~에 의지하다　state 주장하다, 말하다　inform 알리다, 통지하다　direct 지시하다　instead of ~대신에　so that ~하기 위해서　even though 비록 ~일지라도　as always 늘 그랬듯이　in that case 그런 경우에는　further 더

01 (A) relied on

해설 [Step 1] 주어 our stores와 목적어 a ten-hour operating system 사이에 들어갈 동사를 찾는 문제이다. 보기 중에 (B) stated that(~을 주장하다, 말하다)는 that 뒤에 주어와 동사가 있는 명사절을 가지므로 빈칸에 적합하지 않다.

[Step 2] 빈칸 앞의 문장에서 직원들에게 쇼핑몰의 운영시간이 변경된다는 것을 알려주고 있다는 내용을 언급하고, 빈칸의 문장은 과거 쇼핑몰 운영 시간에 대한 내용을 다루고 있다. 뒤의 문맥에 의하면, 예전에는 쇼핑몰 문을 여는 시간은 오전 11시이고, 문을 닫는 시간은 오후 9시로 10시간 근무 시스템임을 확인할 수 있다. 따라서 과거에는 10시간 운영 시스템에 의존하였다는 의미가 가장 적절하므로 정답은 (A) relied on (~에 의지하다)이 된다. 다른 보기인 (C) informed of(~을 통지하다), (D) directed by (~에 의해 지시하다)는 문맥과 어울리지 않는다.

02 (A) beginning

해설 [Step 1] 빈칸과 뒤에 나오는 this week와 함께 시간을 나타내는 부사구가 되어야 하므로 관사와 명사로 이루어진 (B) the beginning은 빈칸에 들어갈 수 없다.

[Step 2] 앞에서 쇼핑몰의 운영시간이 변경 될 것이란 내용이 제시되고, 뒤의 문장에서도 쇼핑몰 개점시간이 오전 11시가 아니라 오전 9시가 될 것이라고 말하고 있으므로, 시간을 나타내는 단어와 함께 쓰여 '~부터'라는 미래의 의미를 나타내는 (A) beginning이 정답이 된다. (C) having begun은 과거분사구 형태로 '시작했음'을 의미하고, (D) to begin은 '시작하기 위한'이라는 목적의 의미를 나타내기 때문에 문맥상 부자연스럽다.

03　(C) As always

[Step 1] 빈칸과 콤마의 앞뒤로 완전한 문장이 있기 때문에 문장의 의미를 연결해주는 접속부사가 와야 하는 자리이다. 보기 중에서 목적을 나타내는 (A) So that(~하기 위하여)과 양보의 의미를 나타내는 (B) Even though(비록 ~일지라도)는 접속사이기 때문에 빈칸에 적절하지 못하다.

[Step 2] 빈칸 다음 문장의 remain the same(변동 없이 그대로이다)라는 구를 통해 폐점 시간은 예전과 같다는 것을 알 수 있다. 따라서 '늘 그래왔듯이'라는 뜻을 가진 접속부사 (C) As always가 문맥상 자연스럽게 연결되므로 정답이 된다.

Test 2 문제 04-06은 다음 공지사항을 참조하세요.　p.321

전 신입생들에게,

이 공지사항은 여러분들에게 3일간 신입생 오리엔테이션이 6월 1일 메인 캠퍼스에서 있을 예정임을 알려드리기 위한 것입니다. 오리엔테이션 마지막 날에 여러분은 수강 신청을 해야 하기 때문에, 신입생들은 모두 이 오리엔테이션에 참석해야 합니다. 오리엔테이션은 또한 학교 행사, 본관, 그리고 수강 신청 절차와 같은 주제들을 다룰 것입니다. 이는 모든 학생들이 대략적으로 대학 생활이 어떤 것인지 알 수 있는 좋은 기회가 될 것입니다. 지시사항에 관하여 추가로 궁금한 사항이 있으시다면, 입학처 734-201-7228번으로 연락하시길 바랍니다.

진심으로,

Malcolm Daniels
입학처

어휘 prospective student 신입생, 예비 학생　sign up 신청하다, 등록하다　class 수업　application procedure 신청 절차　opportunity 기회　a general idea 개념　admission's office 입학처

04　(B) will take

[Step 1] 빈칸에는 the three-day student orientation을 주어로 가지며 place와 호응할 수 있는 적절한 본동사가 와야 한다. 보기 중 (C) taking은 준동사로 본동사에 적합하지 않으므로 정답에서 제외시킨다.

[Step 2] 빈칸 다음에는 오리엔테이션에 참석해야 하는 이유와 행사에서 다루어질 내용들을 소개하고 있는데, 모두 미래시제를 들어 그 내용을 나타내고 있다. 따라서 문맥을 통해 오리엔테이션이 미래에 있을 일임을 짐작할 수 있다. 그러므로 빈칸에는 미래 시제가 적당하다. 따라서 과거 시제인 (A) took은 오답이 된다. 보기 중 미래시제인 것은 (B) will take와 (D) will have taken이다. 그러나 (D) will have taken는 미래완료시제이므로 정답이 될 수 없다. 따라서 정답은 (B) will take이다.

05　(A) required

[Step 1] 빈칸은 are과 to 사이에 있으므로, 보어인 형용사나 분사 형태가 올 수 있다. 보기 (A) required(요구하다), (B) favored(선호하다), (C) included(포함하다), (D) reported(보고하다)는 모두 과거분사 형태이므로 문법적으로는 전부 빈칸에 들어갈 수 있다.

[Step 2] 문장에서 because~라는 접속사를 가진 종속절은 '오리엔테이션 마지막 날에 수강 신청을 할 것이기 때문에'라는 이유를 드러내고 있으므로, 주절은 '모든 신입생들은 오리엔테이션에 참석해야 한다'라는 내용이 되는 것이 자연스럽다. 따라서 적절한 보어는 (A) required가 된다. 〈be required to + 동사원형〉은 숙어처럼 기억해두자. 나머지 보기는 문맥상 부자연스러우므로 빈칸에 적합하지 못하다.

06　(D) such as

[Step 1] 빈칸은 명사 topics와 명사들을 나열한 school events, main building, and class application procedures 사이에 위치하므로 적절한 전치사를 찾는 문제이다. 보기 중에서 (A) nevertheless(그럼에도 불구하고)와 (C) likewise(~와 마찬가지로)는 접속부사로 마침표로 끝나는 완전한 문장과 다른 완전한 문장 사이에서 단독으로 쓰이는 것이 특징이다. 따라서 정답에서 제외된다. (B)의 as long as(~하기만 하면)은 접속사로 뒤에 주어와 동사가 있는 절을 수반하는 것이 특징인데, 빈칸 뒤에는 명사만 나열하고 있으므로 오답이 된다. 따라서 명사를 가질 수 있는 전치사로 '~와 같은'이란 의미를 가진 (D) such as가 정답이 된다.

Chapter 3　특정 대상을 지시하는 대명사와 지시형용사

Lesson 1　앞 문맥에서 언급된 명사들을 대신하는 대명사

Test 1 문제 01-03은 다음 회람을 참조하세요.　p.325

수신: 전 직원
발신: Lionel Richardson, Manager
날짜: 6월 25일
제목: 건물 보수 공사

저희 회사 건물의 동쪽 부분이 보수 공사에 들어간다는 것을 전 직원들에게 다시 알려드립니다. 7월 첫째 주부터, 사무실 호수가 1번과 2번으로 끝이 나는 사무실에서 일하는 직원들은 건물의 서쪽에 있는 입구를 이용하셔야 합니다. 이것은 2층에서 5층까지 모두 해당되는 사항입니다.

보수 공사 기간에, Mr. Benny Wallace가 모든 안전 문제를 관리하게 될 것입니다. 그러니, 보수 공사에 관한 질문은 그에게 보내주시기 바랍니다.

어휘 renovation 보수 공사　notice 공지사항　eastern 동부의, 동쪽의　side 쪽, 면　inquiry 문의　payment 지불　appraisal 평가　entrance 입구　western 서부의, 서쪽의　include 포함하다　period 기간　supervise 감독하다, 지휘하다　safety 안전　issue 문제　direct ~에게 보내다

01　(C) renovation

[Step 1] 전치사 under 다음에 오는 적절한 명사를 찾는 문

제이다. (A) inquiry(질문, 문의), (B) payment(지불), (C) renovation(수리, 보수), (D) appraisal(평가)은 모두 명사이기에 빈칸에 들어갈 수 있다.

[Step 2] 지문의 주제로 Subject: Building Renovation(건물 보수 공사)가 제시되었고, 맨 마지막 단락에도 During the renovation period(보수 공사 기간 동안)란 내용이 제시되었으므로 빈칸에는 (C) renovation이 들어가야 한다.

02 (B) includes

[Step 1] 지시대명사 this와 목적어 all floors 사이는 본동사가 들어갈 자리이다. 보기 중 (D) to include는 to부정사이기 때문에 정답에서 제외된다. 또한 this는 단수 주어이므로 복수 동사 형태인 (A) include도 답에서 제외된다.

[Step 2] 첫 번째 문장을 통해서 이 지문이 직원들에게 알리는 공지사항이며, 안내하고 있는 사항들을 지칭하는 대명사 this는 2층에서 5층까지의 모든 층의 직원들에게 해당되는 내용임을 말하려고 하는 의미이므로 현재시제이며 단수 형태인 (B) includes가 정답이다. 과거시제인 (C) was to include는 시제도 맞지 않고, 의미도 '포함하기 위한 것이었다'로 문맥상 어울리지 않기에 정답이 될 수 없다.

03 (B) him

[Step 1] 전치사 to 다음에 들어갈 목적격 대명사를 찾는 문제이다. 보기 중 (A) these(이것들은)는 지시대명사이며, 선행사와 함께 쓰이는 (D) which(어떤 것)는 관계대명사이기에 답에서 제외된다.

[Step 2] 앞 문장에서 보수 공사 기간 동안, 안전 담당자로 Mr. Benny Wallace를 제시하고 있으므로, 빈칸에 들어갈 대명사는 Mr. Benny Wallace를 지칭하는 것임을 알 수 있다. 따라서 Mr. Benny Wallace를 받는 목적격 대명사 (B) him(그에게)이 정답이 된다. (C) them(그들에게)은 they에 대한 목적격 대명사이므로 오답이 된다.

Test 2 문제 04-06은 다음 이메일을 참조하세요. p.325

수신: 엔진 개발팀
날짜: 4월 16일, 토요일
회신: 수정 사항
개발팀에게,

이 개발팀의 수석 엔지니어로, 저는 여러분들이 모두 우리의 새로운 스포츠 세단인 Sieg T1에 장착될 엔진을 개발하느라 매우 열심히 일하고 있다는 것을 잘 알고 있습니다.

다음 월요일 회의의 의제가 업데이트 되었습니다. 저는 이메일에 첨부문서로 그 사안을 포함하였습니다. 최근 CEO와 함께 엔진 개발에 관하여 논의하였습니다. CEO는 특히 우리가 성능보다는 안정성에 더 집중을 해야 된다고 요청하였습니다. 이전 엔진은 그 내구성에 대해서 문제가 좀 있었고, 그 CEO는 이 문제를 개선하기를 원하고 있습니다. 그는 또한 Sieg T1 외에도 다른 모델들과 쉽게 호환되기 위해 단순한 시스템을 개발할 것을 언급하였습니다.

어휘
modification 수정   head engineer 수석 엔지니어   install 설치하다, 장착하다   agenda 안건   stability 안정, 안정성   performance 성능, 성과, 실적   durability 내구성   mention 언급하다   so that ~ ~하기 위해서   be compatible with ~와 호환되다   other than ~이외에

04 (C) has been updated

[Step 1] 빈칸은 주어 the agenda에 대한 본동사가 와야 하는 자리이다. 빈칸 다음에 마침표가 있는 것으로 보아 문장이 끝난다는 것을 알 수 있다. 이를 통해 목적어를 가지지 않는 수동형의 본동사가 본문에 필요함을 알 수 있다. 보기 중 능동 형태인 (D) will update는 정답에서 제외된다.

[Step 2] 빈칸 다음 문장에서 이메일로 의제를 보냈다는 현재완료 시제로 나타내고 있으므로 이미 회의의 안건이 업데이트 되었다는 것을 유추할 수 있다. 따라서 현재완료 시제인 (C) has been updated가 정답이다. (A) will be updated는 미래 수동형이며. (B) be updating은 수동 진행형으로 시제가 맞지 않으므로 오답이 된다.

05 (A) we

[Step 1] 요청, 요구의 의미를 가진 동사 request 다음에 위치한 that절의 주어를 찾는 문제이다. 따라서 빈칸은 주격대명사가 필요한 자리이므로 목적격 대명사인 (B) us와 재귀대명사인 (D) themselves 정답에서 제외된다.

[Step 2] 회사의 CEO가 직원들에게 요청한 사항을 전달하는 내용이므로 글쓴이인 팀의 수석 엔지니어를 포함하여, 편지를 받은 팀원들을 포함한 팀 전체 직원을 의미하는 we가 주어로 적절하다. 따라서 정답은 (A) we가 된다. (D) They는 말하는 사람이 포함되지 않기에 문맥상 적절하지 않으므로 오답이다.

06 (B) simpler

[Step 1] 빈칸 앞에는 한정사인 관사 a. 뒤에는 명사 system이 있으므로 빈칸은 이 명사를 꾸며주는 수식어가 들어갈 자리이다. 보기는 모두 비교급의 형태로 이루어져 있다. 전부 system을 꾸며줄 수 있으므로 문맥의 의미를 고려하여 정답을 찾아내야 한다.

[Step 2] 명사 system 다음에 목적의 의미를 나타내는 접속사 so that이 사용되어 'Sieg T1 외에도 다른 모델들과 쉽게 호환되기 위해'라는 의미가 나타나 있으므로, 쉽게 호환되기 위해 '좀 더 단순한 시스템의 개발에 대해 언급하였다'가 자연스럽게 호응되므로 (B) simpler(더 단순한)가 정답이다. (A) cheaper (더 저렴한), (C) more involved(더 관련된), (D) more recent(비교적 최근)는 문맥상 어울리지 않기에 오답이 된다.

Lesson 2 수량형용사와 지시형용사가 가리키는 것

Test 1: 문제 01-03은 다음 편지를 참조하세요. p.327

Mr. Reagan씨께,

저희 가게에서 32인치 모니터, Kinza 광마우스, 그리고 Bosa 80와트 스피커를 구매해주신 것에 감사를 드립니다. 이전에 언급한 대로, 이 상품들은 내일 오전 9시에 발송할 예정입니다. 주문하신 물건과 함께, 저희는 무료 마우스 패드도 함께 포함할 것입니다. 마우스 패드의 색은 무작위로 선택될 것입니다. 귀하가 받게 될 물품에는 출력된 영수증과 송장도 포함될 것입니다. 귀하의 물품은 5월 27일에서 28일 사이에 도착할 예정입니다. 배달 시간 동안 집에 아무도 없다면, 배달원이 휴대폰으로 귀하에게 연락할 것입니다.

다시 한 번 구매해주신 것에 감사드립니다.

진심으로,

Tony McBride
배송 매니저

어휘 would like to + 동사원형 ~하고 싶다 appreciation 감사 purchase 구매하다 optical mouse 광학마우스 previously 사전에, 미리 mention 언급하다 item 품목 detail 세부 항목 portion 부분 addition 추가, 부가 be expected to + 동사원형 ~할 것으로 예상되다 ship 수송하다, 운송하다 along with ~함께 include 포함하다 mouse pad 마우스 패드 randomly 무작위로 receipt 영수증 invoice 송장 package 포장 shipment 배송 currently 현재, 지금 be schedule to + 동사원형 ~ 될 예정이다 neither 둘 중 어느 것도 ~아니다 delivery man 상품 배달원 contact 연락하다 via ~를 통하여 mobile phone 휴대폰 once again 다시 한 번

01 (A) items

해설 [Step 1] 복수형 지시형용사 these와 be동사 are 사이에 들어갈, 주어인 명사를 찾는 문제이다. (A) items(품목), (B) details(세부사항), (C) portions(부분), (D) additions(추가)는 모두 명사이므로 문법적으로 빈칸에 들어 갈 수 있다.

[Step 2] 빈칸 다음에 내일 배송될 예정이라고 되어 있으므로 빈칸은 앞의 문장에서 나온 32-inch monitor, Kinza Optical Mouse, and Bosa 80-Watts Speaker를 받는 말이라는 것을 알 수 있다. 따라서 '상품, 품목'을 의미하는 복수 명사 (A) items가 정답이 된다. 나머지 보기인 (B) details, (C) portions, (D) additions는 문맥에 적절하지 못하므로 정답이 될 수 없다.

02 (C) will be sent

해설 [Step 1] 주어인 A printed receipt and the invoice와 전치사구 along with ~ 사이에는 본동사가 들어가야 한다. 주어가 복수이므로 동사도 복수형 동사를 취해야 함을 알 수 있다. 따라서 보기 중 단수인 (B) was sent와 (D) is sending은 빈칸에 들어갈 수 없다.

[Step 2] 앞 문맥에서 상품들은 내일 보내질 예정임을 미래시제를 들어 나타내고 있다. 따라서 고객이 받을 예정인 영수증과 송장도 아직 보내지 않은 상태이므로 빈칸에 알맞은 시제는 미래시제가 된다. 따라서 미래시제인 (C) will be sent가 정답이 된다. (A) are being sent는 현재진행 수동형태이므로 시제가 맞지 않아 오답이 된다.

03 (B) no one

해설 [Step 1] 조건의 접속사 If와 be동사 is 사이의 빈칸은 주어가 되는 명사가 들어가야 한다. 보기 중 부사인 (A) not(아니다)은 빈칸에 들어갈 수 없다.

[Step 2] 주절인 the delivery man will contact you via mobile phone은 '상품 배달원이 귀하의 휴대폰으로 연락을 할 것이다'라는 내용이므로, If절은 '배달 시간 동안 집에서 상품을 받아줄 사람이 없으면'이라는 조건의 내용이 되는 것이 자연스럽다. 따라서 빈칸에는 '(사람이) 아무도 없다'라는 뜻을 가진 대명사 (B) no one이 정답이다. (C) nothing과 (D) neither는 의미상 부적절하다. 특히 (D) neither는 '둘 중 어느 것도 아닌'이란 뜻으로 상관 접속사형태로 neither A nor B로 자주 출제된다.

Test 2 문제 04~06은 다음 이메일을 참조하세요.   p.327

Ms. Hatcher씨께,
전근에 관한 귀하의 요청은 승인되었습니다. 다음 달부터 귀하는 Secaucus 지점의 영업부서에서 일하게 될 것입니다. 저는 귀하가 이 결정에 만족해하길 바랍니다.

Secaucus 지점에서 귀하의 주업무는 가능한 많은 고객들을 모으는 일이 될 것입니다. 또한 귀하의 상사인 Ms. Janet Gable에게 보고해야 할 것입니다. 업무에 관하여 구체적인 질문이 있으시다면 업무 시간 중 언제든지 인사부로 와주시길 바랍니다.

또한 귀하의 자리에 신입직원을 고용했기 때문에, Secaucus 지점으로 전근 가기 전에 후임자에게 업무를 알려주실 것을 부탁드립니다.

전 직원들이 귀하를 매우 그리워할 것입니다. 귀하의 행운을 빕니다.

진심으로,
William Anthony

어휘 request for ~에 대해 요청 relocation 전근, 재배치 sales department 영업부서 be satisfied with ~에 만족하다 client 고객 specific question 구체적인 질문 regarding ~에 관하여(= about) task 임무, 업무 come by ~로 오다 non-experienced 경험이 없는 train 훈련하다 replacement 후임자 dearly 끔찍이, 대단히

04 (D) approved

해설 [Step 1] 빈칸에는 have been 다음의 과거분사가 나와야 할 자리이다. 보기는 모두 과거분사이므로 문법적으로는 전부 빈칸에 들어갈 수 있다.

[Step 2] 빈칸 다음 문장에서 '다음 달부터 귀하는 Secaucus 지점의 영업부서에서 일하게 될 것입니다'라고 앞 문장의 relocation(전근)에 대해 보충설명을 해주고 있다. 또한 빈칸 문장의 주어인 Your request(귀하의 요청)와 잘 호응되는 과거분사는 (D) approved로 '귀하의 요청이 승인되었다'라는 의미가 된다. 나머지 보기들은 문맥상 어색한 표현이므로 오답이다.

05 (A) will report

해설 [Step 1] 빈칸은 주어 you에 대한 본동사가 와야 하는 자리이다. 보기 중에서 (B) reporting은 준동사이기 때문에 본동사 자리에 쓰일 수 없으므로 정답에서 제외된다.

[Step 2] 지문 초반부에서 다음 달부터 전근하여 새로 업무가 시작될 것이라는 말했으므로 아직 전근 전임을 알 수 있다. 따라서 빈칸 뒤에서 Ms. Janet Gable이라는 새로운 상사에게 업무에 관해 보고하게 될 것이라고 미래시제로 나타내는 것이 문맥상 자연스럽다. 따라서 미래시제인 (A) will report가 정답이 된다. 과거 수동 형태의 (C) were reported와 과거시제인 (D) reported는 오답이다.

06 (C) replacement

해설 [Step 1] 동사 train의 목적어이면서 지시형용사 this의 꾸밈을 받는 적절한 명사를 찾는 어휘 문제이다. 보기 (A) recipient(수령인), (B) occupant(거주자), (C) replacement(후임자), (D) attendant(참석자)는 모두 명사이므로 문맥의 흐름에 적합한 명사를 찾아야 한다.

[Step 2] 앞 문장에서 전근을 가는 직원을 대신하여 경험이 없는 신입직원을 고용했다는 내용으로 미루어볼 때, '훈련시키다'라는 의미인 동사 train과 잘 어울리는 명사는 (C) replacement이다.

Chapter 4 비즈니스 문서상의 관용표현과 어휘

Lesson 1 도입부에서 목적이나 배경을 나타내는 표현

Test 1 문제 01~03은 다음 편지를 참조하세요. p.331

James Dumar
300 Banes Street
Farmers Town CI, 70423
Mr. Dumar씨께,

4월 10일에서 12일까지 이틀 밤 동안 묵으실 싱글 스위트룸 숙박을 예약하신 것을 확인하기 위해서 이렇게 편지 드립니다. 체크인 시간은 오후 4시이고, 고객님의 체크 아웃시간은 오후 1시입니다. 요청하시면, 체크아웃 시간을 오후 3시로 연장해드릴 수 있습니다. 오전 11시부터 오후 2시까지 로비에서는 무료로 점심을 제공할 것입니다.

문의 사항이 있으시다면, 홈페이지 www.rockieshotel.com에 방문하셔서 자세한 사항을 확인해주시기 바랍니다. 저희 홈페이지에는 Rocky 산맥 근처의 인기 있는 명소들도 안내해드리고 있으니 한 번 둘러보시기 바랍니다.

매우 감사드리며, 곧 고객님을 뵙게 되길 바랍니다.

진심으로,

Johnny Carson
Manager, Rockies Hotel

어휘 confirm 확인하다 cancel 취소하다 reschedule 스케줄을 다시 잡다 recall 생각해내다, 상기하다 reservation 예약 suite room (호텔) 스위트룸 check-in (호텔의) 숙박 수속, 체크인 check-out (호텔에서) 체크아웃, 퇴실 수속 upon someone's request ~의 요청에 따라, ~가 요청하면 extend 연장하다 provide 제공하다 beside ~의 곁에 regarding ~에 관하여 question 질문, 문의 introduce 소개하다 popular 인기 있는 attraction 관광명소 near 근처에 recommend 추천하다 take a look 둘러보다, 구경하다

01 (A) confirm

해설 [Step 1] 〈This e-mail/letter is to + 동사원형 ~〉은 비즈니스 서신의 도입 부분에서 이메일이나 편지를 보내는 목적을 집약해서 언급할 때 흔히 등장하는 관용표현이다. 따라서 이러한 관용표현만 알고 있었다면 문제를 보는 순간, 빈칸에는 동사원형이 들어가야 한다는 사실을 바로 알 수 있다. (A) confirm(확인하다), (B) cancel(취소하다), (C) reschedule(다시 일정을 잡다), (D) recall(상기시키다)은 모두 동사원형이므로 문법적으로는 전부 빈칸에 들어갈 수 있다.

[Step 2] 4월 10일부터 12일까지 이틀 밤 묵을 스위트룸을 예약한 것에 대해서 확인하는 편지라는 의미가 문맥상 자연스러우므로, 빈칸에는 '확인하다'란 뜻의 (A) confirm이 들어가야 한다.

02 (D) between

해설 [Step 1] 11 A.M.과 2 P.M. 앞의 빈칸은 적합한 전치사를 찾는 문제이다. (A) beside(~의 곁에), (B) regarding(~에 관하여), (C) across(~을 건너서), (D) between(~사이에)은 전치사이기 때문에 문법적으로는 모두 빈칸에 들어갈 수 있다.

[Step 2] 11 A.M.과 2 P.M. 사이에 등위접속사 and가 보인다. 이 and와 잘 어울려 다니는 전치사는 between(~사이에)으로, between A and B의 형태로 자주 사용된다. 즉, 빈칸이 포함된 문장은 '오전 11시와 오후 2시 사이에 로비에서 점심을 무료로 제공할 것'이라는 내용이 되겠다.

03 (B) attractions

해설 [Step 1] 관사(the)와 형용사(popular) 다음에 와야 할 명사를 묻는 문제이다. 보기 중에 (A) attract(마음을 끌다)는 동사이며, (D)attractive(매력적인)는 형용사이기에 적합하지 않다. 명사는 (B) attractions(관광명소)와 (C) attractiveness(매력, 유혹)이다.

[Step 2] 앞 문장에서 좀 더 많은 정보를 얻기 위해 홈페이지를 방문해줄 것을 당부하는 동시에, 빈칸 다음의 문장에서 '한 번 둘러보시기 바랍니다'라고 말하고 있으므로 빈칸은 'Rocky Mountains 근처의 관광명소들을 소개한다'는 의미가 되어야 한다는 것을 알 수 있다. 따라서 빈칸에는 '관광명소'를 뜻하는 명사가 와야겠다.

Test 2 문제 04~06은 다음 회람을 참조하세요. p.331

전 직원들에게,

다음 주 월요일에 우리의 새로운 부동산 중개업자로 Jasmine Harper를 맞이하게 될 것이라는 사실을 여러분 모두에게 알리게 되어 매우 기쁩니다. 지난 5년 동안, Ms. Harper는 Florida에서 부동산 중개업자로 일을 해왔습니다. 그녀는 부동산에 관해 매우 박식하며, 여러 번 상도 받았습니다. 부동산을 구매할 계획이 있으신 분들은, 다음 주 월요일부터 Ms. Harper가 기꺼이 여러분들을 도와줄 것입니다.

어휘 realtor 부동산 중개업자 real estate 부동산 plan on + -ing ~할 예정이다, 계획이다 property 부동산 will be more than happy to + 동사원형 기꺼이 ~할 것이다

04 (A) inform

해설 [Step 1] 〈be one's pleasure to + 동사원형(~을 하게 되어 기쁘다)〉의 형태로 to 다음에 오는 적절한 동사의 형태를 묻는 문제이다. 즉, to부정사에서 to 뒤에 빈칸을 비워두고 동사원형을 찾을 줄 아는지를 묻는 문제. 따라서 보기 중 동사원형인 (A) inform(알리다)이 정답이다. 참고로 inform A of B는 'A에게 B를 알리다'라는 뜻이다. (B) informing은 준동사, (C) be informed는 수동형, (D) be informative는 형용사 보어이기 때문에 모두 오답이다.

[Step 2] It is my pleasure to ~는 이메일이나 회람 등을 통해 어떤 사실을 공지하고자 할 때 글의 처음에 자주 등장하는 표현으로 to 뒤에는 동사원형이 온다는 사실을 기억해두도록 한다.

05 (D) knowledgeable

해설 [Step 1] 빈칸은 is에 대한 형용사 보어를 찾는 문제이다. 보기의 (B) probable(있을 법한)과 (D) knowledgeable(박식한)은 형용사, (A) represented(대표되는)와 (C) perceived(인지되는, 감지되는)는 과거분사 형태이므로 모두 be동사의 보어 자리에 올 수 있다. 따라서 문맥을 고려하여 정답을 찾아야 한다.

151

[Step 2] 앞 문장에서 그녀는 지난 5년 동안 부동산 중개업자로 일을 해왔다는 내용과, 빈칸 뒤에서 여러 번 상을 받았다는 의미를 통해 She is very ------ 는 '부동산에 대해 매우 박식하다'라는 의미가 되어야 적절하겠다. 따라서 빈칸에는 '박식한'이란 의미를 가진 형용사를 찾아 넣도록 한다.

06   (C) property

해설 [Step 1] 빈칸은 동명사 purchasing의 목적어로 올 수 있는 적절한 어휘를 찾는 문제이다. (A) material(재료), (B) equipment(장비), (C) property(부동산), (D) replacements(교체품들)는 모두 명사이므로 문맥에 적절한 어휘를 골라야 한다.

[Step 2] 앞의 내용들로 Ms. Harper의 직업이 부동산 중개업자임을 이미 알고 있는데다, 빈칸 뒤에서는 Ms. Harper가 기꺼이 도와줄 것이라는 내용이 이어지고 있으므로, 부동산 구매와 관련해 기꺼이 도와줄 것이라는 의미를 전하고자 하는 문장임을 쉽게 유추할 수 있다. 따라서 If you are planning on purchasing ------이 '부동산을 구매할 계획이 있으신 분들은'이란 의미가 될 수 있도록 빈칸에는 '부동산'을 뜻하는 명사 어휘를 넣어주면 되겠다.

Lesson 2   후반부에서 감사 인사 또는 제안, 요청을 나타내는 표현

Test 1   문제 01-03은 다음 편지를 참조하세요.   p.333

인사 담당자께,
Uneedjob.com을 통해, 현재 귀사에서 비서를 찾는다는 것을 알게 되었습니다. 저는 제지 회사에서 비서로 3년 넘게 일한 경험을 갖고 있으며, 효율적으로 외래 전화를 다루는 방법을 배웠습니다. 게다가, 저는 의사소통에도 능숙합니다.
제 이력서를 동봉하였으니 검토해주시기 바랍니다. 궁금한 점이 있으시면, 기꺼이 답변드리겠습니다. 귀사로부터 소식을 듣기를 기대합니다.
귀사의 관심에 감사드립니다.

어휘 Human Resources 인적자원부, 인사부   currently 현재, 지금   search for ~를 찾다   secretary 비서   more than + 숫자 ~보다 더 많이, ~넘게   experience 경력   deal with ~을 다루다, 처리하다   incoming call 외부에서 온 전화   effect ~의 결과를 가져오다   effectively 효과적으로   effective 효율적인   in addition 게다가   communication skill 의사소통 능력   enclose 동봉하다   look forward to + -ing ~하기를 고대하다   payment 지불, 납부

01   (B) more than

해설 [Step 1] 숫자 명사 three years를 꾸며주는 알맞은 전치사를 찾는 문제이다. (A) across는 '~를 가로질러, ~건너편에', (B) more than은 '~보다 더, ~넘게', (C) onto는 '~쪽으로, ~위로', (D) above는 '~보다 위에'라는 의미이다.

[Step 2] 회사에서 비서를 모집한다는 것을 알게 되었다는 초반부의 내용을 통해 구직자의 편지임을 알 수 있다. 빈칸이 있는 문장은 자신의 경력이 어떠하다는 나타내는 것이므로 '비서로 3년이 넘는 경력을 보유하고 있다'라고 하는 것이 문맥상 자연스럽다. 따라서 '~이 넘는'이란 의미를 가지는 (B) more than이 정답이다.

02   (C) effectively

해설 [Step 1] 빈칸이 있는 문장은 주어(I), 동사(have learned), 목적어(ways to deal with incoming calls)가 모두 있는 완벽한 문장이다. 따라서 빈칸에는 부사가 들어가야 한다. 보기 중 부사는 (C) effectively(효과적인)뿐이다.

03   (B) consideration

해설 [Step 1] 소유격 형용사(your) 다음의 빈칸은 명사가 올 자리이다. (A) payment(지불, 납부), (B) consideration(고려, 사려), (C) inquiry(문의, 질문), (D) schedule(시간표, 예정)은 모두 명사이므로 문법적으로는 전부 빈칸에 들어갈 수 있다.

[Step 2] 편지의 앞부분을 통해 이 편지는 구직자가 인사 담당자에게 보내는 편지이며, 빈칸 부분은 끝인사를 하는 부분임을 알 수 있다. 끝인사로 '관심을 갖고 고려해봐주신 것에 대해 감사한다'는 내용이 들어가야 문맥상 적합하므로 관심을 갖고 '고려'하는 것을 의미하는 (B) consideration이 빈칸에 적절하다.

Test 2   문제 04-06은 다음 이메일을 참조하세요.   p.333

Ms. Waterloo씨께,
최근 구매해주신 것에 대해 감사드립니다. 영수증에는 상품의 번호와 배송품의 번호를 명시했습니다.
2년여 동안 저희는 배송 지연에 관하여 고객님들로부터 어떠한 불평을 받아본 적이 없습니다. 그러나 만약 배송이 지연된다면, 저희는 사전에 고객님께 연락하여 새로운 도착 날짜를 알려드릴 것입니다. 일단 물품을 받으시면 영수증을 보관하여 기록을 남겨주세요.
저희 배송 서비스에 관하여 문의하실 사항이 있으시면, 언제라도 저희 고객 서비스 부서로 전화주시면, 담당자가 기꺼이 고객님을 도와드릴 것입니다.

어휘 purchase 구매   indicate 나타내다   delivery number 배송 번호   in regards to ~에 관하여   inquiry 문의   representative 담당 직원

04   (A) have indicated

해설 [Step 1] 빈칸은 주어인 we와 목적어로 the item number ~를 가지는 본동사가 와야 하는 자리이다. 문장에서 주어 we는 목적어인 제품 번호를 표시하는 동작의 주체이므로 동사는 능동태여야 한다. 따라서 현재 수동형인 (C) are indicated는 정답에서 제외된다.

[Step 2] 앞뒤 문맥을 통해서 적절한 시제를 가려내야 한다. 구매가 최근에 이뤄진(완료된) 것이므로 영수증에 제품 번호를 제시한 것도 역시 현재완료 시제가 적절하다. 따라서 보기 중 현재완료인 (A) have indicated가 정답이다.

05   (D) advance

해설 [Step 1] 전치사 in과 함께 호응되는 적절한 명사를 찾아 빈칸에 넣는 어휘 문제이다. 보기를 살펴보면 (A) approach(접근), (B) progress(과정), (C) reply(응답), (D) advance(사전)는 모두 명사로 문법적으로는 전부 빈칸에 들어갈 수 있다.

[Step 2] 빈칸 앞에서는 '배송이 지연된다면'이란 가정을 제시하고 있으므로, '사전에 귀하에게 연락하여, 새로운 배송 날짜를 알려줄 것입니다'라는 내용이 이어지는 것이 자연스러우므로, '사전, 미리'라는 의미를 가진 명사 (D) advance가 문맥상 적절하다. in advance는 '사전에, 미리'라는 뜻의 관용표현이므로 아예 묶어서 기억해두도록 한다.

152

06
(C) retain

[해설] [Step 1] 빈칸은 주어 you와 목적어 the receipt를 가지는 적절한 본동사가 와야 하는 자리이다. 보기 (A) sustain(유지하다), (B) assign(배당하다), (C) retain(보유하다), (D) apply(적용하다)는 모두 동사이므로, 문법적으로는 전부 빈칸에 들어갈 수 있다. 따라서 문맥을 통해 적절한 동사를 찾아야 한다.

[Step 2] 물품을 받으면 구매의 증거로 영수증을 보관하라는 내용이 문맥상 자연스럽다. 보기 중 이러한 의미를 전달할 수 있는 동사는 '보유하다'라는 의미의 (C) retain이다.

Chapter 5 Part 6 빈출지문 및 어휘

Lesson 1 제품 및 서비스 광고

Test 1 문제 01-03은 다음 광고를 참조하세요.   p.337

> 모든 가입자들에게 알려드립니다!
> 고객님께서는 늦어도 이번 달 말까지 1년 가입을 갱신하시면 15%의 할인을 제공해드립니다. 갱신 시, 무료로 《Winner Sports》호를 한 권 받으실 수 있습니다. 또한, 일시불로 결제를 하실 경우, 25%의 할인을 추가적으로 받으실 수 있습니다.
> 케이블 서비스를 갱신하시고 싶으시다면 동봉된 서류를 작성하여 보내주십시오. 201-567-1234로 전화를 주셔도 서비스를 연장하실 수 있습니다.

[어휘] **offer** 제공하다 **discount** 할인 **renew** 갱신하다, 연장하다 **subscription** 구독, 가입 **no later than** 늦어도 ~까지는 **upon** ~하자마자 **renewal** 갱신, 연장 **issue** (잡지 등의) 호, 발간물 **for free** 무료로 **single payment** 일시불 **enclosed** 동봉된 **form** 서식, 양식 **extend** 연장하다

01
(C) will receive

[해설] [Step 1] 빈칸의 문장 구조를 보면 〈주어(you) + ------ + 목적어(one issue)〉의 구조이다. 그러므로 빈칸에는 본동사가 들어가야 한다. 과거 시제인 (A) received, 현재진행형인 (B) are receiving, 미래 시제인 (C) will receive, 현재완료인 (D) have received는 모두 본동사 자리에 올 수 있으므로 정답이 될 가능성이 있다.

[Step 2] 빈칸 앞의 지문 맨 처음 문장을 보면 '1년 가입 갱신을 하면 15%의 할인을 제공해준다'며 가입 갱신을 유도하는 내용이 나온다. 따라서 서비스 만료일을 앞둔 고객들에게 추후 서비스 갱신을 유도하는 광고임을 알 수 있다. 따라서 빈칸이 들어간 문장은 '갱신을 하면, 무료로 《Winner Sports》호를 받게 될 것이다'라는 미래의 의미가 되어야 자연스러운 맥락으로 내용이 이어진다.

02
(B) additional

[해설] [Step 1] 빈칸을 중심으로 앞뒤의 구조를 살펴보면 〈관사(an) + ------ + 명사(25% discount)〉이다. 관사와 명사 사이에 들어갈 수 있는 것은 형용사이므로 빈칸은 형용사 자리임을 알 수 있다. 보기 중에서 형용사는 (A) adding(추가의)과 (B) additional(추가의)이다. (C) addition(추가)은 명사, (D) adds(추가하다)는 동사이므로 정답선상에서 제외시킨다.

[Step 2] 앞의 내용에서 늦어도 이번 달까지 갱신을 하면 15% 할인을 해준다고 했으므로, 빈칸이 포함된 문장에서는 일시불로 결제할 경우에 25%의 할인을 '추가적으로 또' 해준다는 내용이 되어야 논리적으로 말이 된다. 따라서 빈칸에는 '추가적인, 추가의'를 뜻하는 (B) additional이 적절하다.

03
(A) However

[해설] [Step 1] 빈칸 뒤에 콤마가 나오고 하나의 완벽한 문장이 이어지고 있으므로 빈칸은 접속부사의 자리이다. 앞 문장과 뒤 문장을 의미적으로 자연스럽게 연결해 줄 수 있는 접속부사를 정답으로 찾으면 된다. 보기 (A) However(그러나)는 접속부사이고, (B) Unless(~하지 않는 한), (C) When(~할 때에), (D) After(~한 뒤에는) 접속사 역할을 한다.

[Step 2] 빈칸을 중심으로 앞의 문장에서는 '케이블 서비스를 연장하기 위해서는 동봉된 서류를 작성해서 보내라'는 내용이 나오고, 빈칸 뒤에 이어지는 문장에서는 '전화로도 연장이 가능하다'는 역접의 내용이 나오고 있다. 따라서 이 두 내용을 매끄럽게 연결해줄 수 있는 접속부사는 역접의 의미를 갖는 (A) However이다.

Test 2 문제 04-06은 다음 광고를 참조하세요.   p.337

> Santa Bay 항공사는 저명한 항공사들 중에서도 최상의 서비스를 지난 20년 동안 제공해오고 있습니다. 이러한 서비스의 명성을 유지하고자 저희 항공사는 항상 승객들이 최상의 편안함과 만족감을 느낄 수 있도록 승무원들을 3달간 필수적으로 교육시키고 있습니다.
> Santa Bay 항공사는 또한 여행 중 비행기가 지연되는 일이 없기로도 유명합니다만, 가장 중요한 점은 다른 항공사들에 비해 비행기 티켓이 저렴하다는 것이죠.
> Santa Bay 항공사에 대해서 더 궁금하신 점이 있으시면 이전에 발행된 무료 카탈로그를 읽어보세요.

[어휘] **distinguished** 저명한 **maintain** 유지하다 **outstanding** 뛰어난 **reputation** 명성 **prerequisite** 필수 조건 **flight attendant** 항공기 승무원 **comfort** 편안함 **satisfaction** 만족감 **passenger** 승객 **at all times** 항상 **be renowned for** ~으로 유명하다 **cause** 야기시키다 **delay** 지연 **comparably** 비교할 수 있을 만큼 **previously** 이전에 **publish** 출판하다

04
(D) has been providing

[해설] [Step 1] 주어(Santa Bay Airlines)와 목적어(the best service) 사이에 들어갈 적절한 형태의 본동사를 찾는 문제이다. 그런데 주어가 3인칭 단수이므로 (A) have been provided는 정답선상에서 제외시킨다. '항공사'를 뜻하는 Airlines의 무늬만 보고 복수 명사로 착각해선 안 되겠다. Santa Bay 항공사라는 특정 항공사 한 곳을 지칭하고 있으므로 단수 주어이다.

[Step 2] 빈칸이 들어간 문장은 'Santa Bay Airlines가 20년

153

동안 최상의 서비스를 제공해왔다'는 의미가 되어야 '이러한 서비스의 명성을 유지하고자 어떻게 하고 있다'는 뒤 문장의 내용과 자연스럽게 연결된다. 즉, 20년 전부터 현재까지 최상의 서비스를 제공해 오고 있는 것이기 때문에 빈칸에는 현재완료 시제 또는 현재완료진행 시제가 와야 하며, 항공사측이 제공을 하는 주체이므로 능동의 의미를 나타내야 한다. 따라서 빈칸에는 현재완료진행 시제이자 능동의 의미를 띠는 (D) has been providing을 넣어주자.

05
(B) required

[Step 1] 빈칸의 구조가 〈관사(a) + ------ + 명사(prerequisite)〉이므로, 빈칸은 관사와 명사 사이에 와서 뒤에 있는 명사를 수식해 줄 수 있는 형용사 자리이다. 보기 중 형용사 역할을 할 수 있는 것은 과거분사인 (B) required(요구되는)밖에 없다. (A) requirements와 (D) requirement(필요조건)는 명사이고, (C) require(요구하다)는 동사이므로 오답이다.

[Step 2] 문맥상으로도 ~ is a ------ prerequisite는 '요구되는 필수사항이다'라는 의미가 되어야 자연스러우므로, 빈칸에는 수동의 의미를 나타내는 과거분사인 (B) required가 들어가야 하는 것이다.

06
(C) issues

[Step 1] 빈칸은 the previously published(이전에 발행된)의 수식을 받는 명사 자리이다. (A) tickets(티켓), (B) rights(권리), (C) issues(발행물, 호), (D) entries(가입, 참가)는 모두 명사이므로 정답이 될 가능성이 있다.

[Step 2] 빈칸이 포함된 문장은 'Santa Bay 항공사에 대해 더 궁금한 점이 있으면 이전에 출판된 무료 카탈로그의 ------를 읽어보라'는 것으로, 빈칸에는 잡지 등의 '호, 발행물'을 뜻하는 (C) issues가 적절하다.

Lesson 2 고객의 구매, 주문, 신청 또는 예약에 관한 서신

Test 1 문제 01~03은 다음 편지를 참조하세요. p.339

Mr. Tyler Swain
430 Coldstone Ave.
Riverdale UT, 70003

Mr. Swain씨께

Long Beach 지역 최고의 호텔인 Tristar 호텔 예약 건에 대해 확인 차 이렇게 편지 드립니다. 스카이라운지에 있는 세계에서 제일 큰 수영장과 함께, 고객님께서는 Tristar 호텔에서 잊지 못할 시간을 보내게 될 것입니다. 고객님께서는 저희 호텔에 처음 머무르는 것이기에, 저희는 Long Beach 지역에 있는 다른 호텔과는 비교도 안 될 만큼 최상의 서비스를 받으실 수 있으리라 약속드립니다. 이를 입증하기 위해 아침식사를 객실에서 드실 수 있도록 룸서비스를 무료로 제공할 것이며, 접수원들은 고객님의 문의 사항에 답변하기 위해 언제나 대기하고 있을 것입니다.

고객님을 빨리 뵙게 되길 바랍니다! Tristar 호텔을 선택해주셔서 감사합니다.

진심으로,

Norah Jones
Tristar 호텔 매니저

어휘 confirm 확인하다 swimming pool 수영장 unforgettable 잊을 수 없는 ensure 보장하다 receive 받다 quality 질 incomparable with ~와 비교할 수 없는 prove 입증하다 offer 제공하다 absolutely 전적으로, 틀림없이 fee 수수료, 요금 receptionist 접수원 be on call 대기 중이다 at all times 항상

01
(C) assured

[해설] [Step 1] be동사 다음에 오는 형용사 보어를 찾는 문제이다. (A) assuredly(분명히, 틀림없이)는 부사이고, (B) assure(확인하다, 보장하다)는 동사이므로 답에서 제외시킨다. 과거분사인 (C) assured와 현재분사인 (D) assuring는 형용사 역할을 할 수 있으므로 문법적으로는 둘 다 빈칸에 올 수 있는 가능성이 있다.

[Step 2] 문맥상 '당신은 Tristar 호텔에서 잊지 못할 추억을 갖게 될 것임을 보장받는다'라는 의미이므로 빈칸에는 수동의 의미를 나타내는 과거분사가 들어가야 한다.

02
(C) extra

[해설] [Step 1] 명사(fee)를 수식하는 알맞은 의미의 형용사를 찾는 문제이다. (A) original(원래의), (B) authentic(진짜인), (C) extra(추가의), (D) eligible(자격이 있는)은 모두 형용사이므로 문법적으로는 전부 정답이 될 가능성이 있다.

[Step 2] 앞 문장에서 호텔 측은 해당 고객이 'Long Beach 지역에 있는 다른 호텔과는 비교도 안 될 만큼 최상의 서비스를 받게 될 것을 약속한다'고 언급하고 있다. 이어 '이를 입증하기 위해 아침식사 룸서비스를 with absolutely no ------ fee로 제공한다'고 말하고 있으므로, 호텔 비용 외에 '전적으로 어떠한 추가 요금도 없이'(한 마디로 '무료'란 말)라는 의미가 되어야 문맥상 적절하다. 따라서 빈칸에는 '추가의'를 뜻하는 형용사를 집어넣도록 하자.

03
(A) will be

[해설] [Step 1] 해당 문장은 〈주어(Our receptionists) + ------ + 부사구(on call)〉의 구조로 빈칸은 동사 자리이다. (A) will be, (C) will have been, (D) was는 동사이므로 모두 정답이 될 가능성이 있지만, to부정사인 (B) to be는 준동사이므로 정답에서 제외시킨다.

[Step 2] 앞에서 예약 고객에게 최상의 서비스를 제공할 것이라는 내용을 기술하고 있다. 빈칸이 포함된 문장 역시 그 연장선에서 '고객의 문의 사항에 언제든 답할 수 있도록 접수원들이 대기하고 있을 것'이라는 서비스 내용을 전달하고자 하는 것이므로, 빈칸에는 미래의 일에 대한 의지를 반영하고 있는 미래 시제 (A) will be가 적절하다.

Test 2 문제 04~06은 다음 편지를 참조하세요. p.339

Mr. Farha씨께,

고객님께서 잊어버리신 온라인상의 은행계좌 비밀번호를 되찾았음을 알려드리고자 이 서신을 보냅니다. 저희 White Lion 은행은 Mr. Farha씨처럼 고객님들께서 비밀번호를 잊어버리시면 편지로 연락을 드립니다. 추후 비밀번호를 또 다시 잊어버리지 않기 위해 좀 더 간단한 비밀번호로 바꾸시기를 권해드립니다.

계속해서 안전하게 온라인 뱅킹을 하시려면 어떤 경우에도 아이디와 비밀번호를 다른 사람과 공유하지 마시기 바랍니다. 만일 추후 또 다시 이런 문제가 발생하면 망설이지 말고 즉시 저희에게 연락 주십시오. 저희는 언제나 고객님을 도와드릴 준비가 되어 있습니다.

진심으로,

Justin Garret
고객 서비스 담당자

어휘 retrieve 되찾다   user password 사용자 비밀번호   access 들어가다, 접속하다   bank account 예금계좌   customer 고객   via ~를 통하여, 경유하여   recommend 추천하다   safely 안전하게   whenever ~할 때마다   share 공유하다   at all times 항상   encounter 맞닥뜨리다, 부딪치다   in the future 미래에   do not hesitate on + -ing 주저하지 말고 ~하다   be ready to + 동사원형 ~할 준비가 되어 있다   assist 돕다

04   (B) forgotten

해설 [Step 1] 빈칸을 중심으로 앞뒤의 구조를 살펴보면 〈소유격(your) + ------ + 명사(user password)〉이다. 즉, 빈칸에는 소유격 형용사 your와 함께 뒤의 명사 user password를 수식해줄 수 있는 형용사가 필요하다. (A) forgetting(잊어버리는), (B) forgotten(잊어버린), (C) forgetful(잘 잊어먹는, 건망증이 있는), (D) forgettable(쉽게 잊혀질)은 모두 형용사 역할을 할 수 있으므로 정답 후보가 될 수 있다.

[Step 2] 해당 문장은 '온라인 뱅킹에 접속하는 데 필요한 고객님의 ------ 비밀번호를 되찾았음을 확인해드리고자 이렇게 편지를 보낸다'는 것으로 4개의 보기 중 빈칸에는 '잊어버린'이란 의미를 가진 형용사가 들어가야 논리적으로 자연스러운 문장이 된다.

05   (A) contact

해설 [Step 1] 〈주어(We) + 부사구(at White Lion Bank) + ------ + 목적어(customers) ~〉로 구성된 문장으로, 빈칸은 문장의 본동사 자리이다. (A) contact(연락하다), (B) prevent(예방하다), (C) reward(보상하다), (D) submit(제출하다)는 모두 목적어를 취하는 타동사이므로 정답이 될 가능성이 있다.

[Step 2] 앞에서 '잊어버린 비밀번호를 되찾았다는 확인 편지를 보낸다'고 했으며, 이어 '저희 White Lion 은행은 Mr. Farha 씨처럼 비밀번호를 잊어버리시면 편지로 고객님들께 ------한다'는 문장이 연결되고 있다. 따라서 빈칸에는 '편지로 고객님들께 연락드린다'는 의미가 되어야 논리적으로 말이 되므로, 빈칸에는 '연락하다'는 뜻의 동사를 골라 넣도록 하자.

06   (A) continue

해설 [Step 1] 〈To(부정사) + ------ + enjoying ~〉에서 뒤에 있는 동명사 enjoying을 목적어로 받을 수 있는 적절한 의미의 동사원형을 찾는 문제이다. (A) continue, (B) propose, (C) offer, (D) start는 모두 동사원형이므로 정답이 될 가능성이 있다. 그러나 목적어로 동명사를 받을 수 있는 동사는 (A) continue와 (D) start뿐이므로 (B)와 (C)는 정답선상에서 제외시킨다.

[Step 2] 이미 앞의 내용들을 통해 이 편지의 수신인인 Mr. Farha는 줄곧 온라인 뱅킹을 써온 고객임을 알 수 있으므로, 빈칸에는 '앞으로도 계속 안전하게 온라인 뱅킹 서비스를 이용하기 위해서는'이라는 맥락의 내용이 되도록 (A) continue가 들어가야 한다. 〈To + 동사원형, please do not …〉은 '~하기 위해서는 …하지 마시기 바란다'는 뜻의 요청사항을 전달할 때 서신의 후반부에 종종 등장하는 관용표현이다. 반드시 기억해두자.

Lesson 3   제품에 대한 불만 또는 만족 사항과 이에 대한 회신

Test 1   문제 01-03은 다음 편지를 참조하세요.   p.341

Mr. Bogues씨께,

이 편지는 1년 전에 구입하신 Billson Laser Printer에 관해 보내주신 이메일에 대한 답장입니다. 귀하가 구매하신 제품은 구매 당시 선택하신 3년간 품질 보증에 의해 현재까지 보장됩니다. 그러나 유감스럽게도, Billson Laser Printer의 재고가 더 이상 남아있지 않다는 것을 알려드립니다. 이 모델의 제품은 6개월 전에 이미 단종 되었고, 그 이유로, 저희가 같은 제품을 보내드릴 수 없겠습니다. 그 대신, 우리는 구입하신 프린터와 비슷한 대체 모델을 보내드리려 합니다. 이 제품은 Billson Laser Printer와 동일한 모든 사양을 포함하고 있는 최신 모델입니다. 만약 괜찮으시다면, 동봉된 양식에 있는 빈칸에 귀하의 선택을 기재하신 후, 저희에게 돌려 보내주십시오.

귀하는 우리의 소중한 고객이시며, 저희는 지속적인 만족을 드리겠습니다.

감사합니다.

충심으로,

Sean Cliffs
판매 부장

어휘 response 응답   regarding ~에 관하여   protect 보호하다   warranty 품질 보증   option 선택 사항   purchase 구매   be reluctant to + 동사원형 ~하기 싫은, 마지못해 ~하는   available 유효한, 가능한   in stock 재고가 있는   end 끝나다   alternative 대체의, 대안의   comparable 비슷한, 비교할 수 있는   fairly 상당히   feature 특징, 사양   acceptable 용납할만한   fill in 채우다, 기입하다   appropriate 적절한, 알맞은   enclosed 동봉되어진   valued 소중한, 평가된   sales manager 판매 부장

01   (D) at

해설 [Step 1] 프린터기를 구매한 시간의 부사구를 이끄는 전치사를 묻고 있다. 그런데 보기는 모두 전치사이므로, 뒤에 나오는 the time of purchase와의 의미 관계를 파악해 정답을 찾는다.

[Step 2] (A) in은 time과 함께 쓰일 경우 '시간 안'에 라는 의미를 지닌다. (B) with는 time과 함께 쓰일 경우 '~함에 따라'의 의미를 지닌다. (C) on은 on my birthday처럼 특정한 날짜를 나타낸다. (D) at은 구체적인 사건이 일어난 시점을 말하기 때문에 정답이다. at the time of purchase은 '제품을 구입한 시점에'라는 뜻이다.

02   (B) unable

해설 [Step 1] be동사와 to부정사 사이에는 형용사가 온다. 보기의 단어들은 모두 형용사이므로 to send you the same product와의 문맥을 살펴 답을 찾아야 한다.

[Step 2] (A)의 close는 '근접한'의 뜻을 나타내 same product와 의미가 논리적으로 연결되지 않는다. (B)의 unable은 be unable to의 형태로 '~할 수 없는'의 의미를 지닌다. 이는 찾는 모델의 '재고가 없어 똑같은 물건을 보낼 수 없다'는 내용이 되므로 정답이다. (C)의 willing은 be willing to의 형태로 '~하고자 한다'의 의미를 지닌다. '재고가 없어 같은 물건을 보내려고 한다'는 것은 문맥에 맞지 않으므로 오답이다.

(D)의 happy는 '재고가 없어 같은 물건을 보내 행복하다'의 뜻이 되므로 오답이다.

03 (A) indicating

[Step 1] 명사 the enclosed form 다음에 오는 동사 indicate의 알맞은 형태를 찾는 문제로, 명사를 수식하는 분사 형태의 답이 와야 한다. 먼저 분사가 아닌 미래시제의 (C) will indicate와 현재시제의 (D) indicates는 정답에서 제외된다. 분사 형태인 현재분사 (A) indicating과 과거분사 (B) indicated 중에서, 뒤에 나온 명사 your choice를 목적어로 받을 수 있는 현재분사 형태인 (A) indicating이 정답이다.

Test 2 문제 04-06은 다음 이메일을 참조하세요. p.341

수신: Elizabeth Lohan
발신: Jeremy Cowen
날짜: 7월 7일 목요일, 오전 11시 15분
제목: 주문 상태

Ms. Lohan씨께,
이메일로 문의해 주신 사항에 답변을 드리고자 저는 유통 부서장인 Mr. Kenwood에게 연락을 취해 고객님의 주문 상태를 확인했습니다. Mr. Kenwood씨는 고객님의 주문이 예정대로 7월 5일에 처리되었다고 말해주었습니다.
배송 추적 서비스에 의하면, 고객님은 7월 10일 전에 물품을 받아보실 수 있을 것입니다. 주문 상품이 그때까지 도착하지 않는다면 저희에게 알려주십시오. 즉시 그 문제를 해결하기 위해 더 조사할 것입니다. 저희는 고객님의 구입하신 물건이 마음에 드시길 바라며, 앞으로도 저희를 이용해 주시길 바랍니다.
충심으로,
Jeremy Cowen
고객서비스 부서장

어휘 in response to ~에 응하여, 답하여 inquiry 질문 distribution department 유통 부서 order 주문 status 상태, 상황 as scheduled 예정대로, 계획대로 according to ~에 의하면, 따르면 shipping 선적, 배송 receive 받다 package 소포 arrive 도착하다 by then 그때까지 immediately 즉시 make further inquiries 더 조사하다 rectify (잘못된 것을) 바로잡다 purchase 구입 in the future 미래에

04 (D) have contacted

[Step 1] 빈칸 앞에 주어(I)가 위치하고 그 뒤에는 목적어(the manager of the distribution department)가 있으므로 빈칸은 동사 자리이다. 현재시제인 (A) contact, 미래시제인 (B) will contact, 현재진행시제인 (C) am contacting, 현재완료시제인 (D) have contacted 전부 정답이 될 가능성이 있겠다.

[step 2] '질문에 답변해 드리고자 유통 부서장인 Mr. Kenwood에게 연락을 취해 고객님의 주문 상태를 확인했다'는 문맥적 의미를 나타내므로 현재완료시제인 (D) have contacted가 정답이 된다.

05 (A) processed

[Step 1] 빈칸 앞뒤 구조는 〈be동사(was) + ------ + 전치사〉로 빈칸은 be동사의 보어 자리이다. 보기 (A) processed(처리하다), (B) clarified(명확하게 하다), (C) evaluated(평가하다), (D) qualified(자격을 주다)는 모두 과거분사이기에 빈칸은 〈be 동사 + 과거분사〉 형태임을 알 수 있고, 또한 빈칸 뒤에 목적어가 위치하고 있지 않으므로 수동태가 되어야 하는 것을 알 수 있다.

[Step 2] 문맥적으로 '고객님의 주문이 예정대로 7월 5일에 처리되었다'라는 의미를 나타내므로 정답은 (A) processed가 된다.

06 (B) satisfied

[Step 1] 〈will be + ------ + with〉의 구조로 빈칸은 be동사의 보어 자리이다. 보기 (A) agreed(동의하다), (B) satisfied(만족시키다), (C) acquainted(익히다, 숙지하다), (D) interested(~에 관심을 갖게 하다)는 모두 과거분사이므로 빈칸은 〈be동사 + 과거분사〉 형태임을 알 수 있고, 빈칸 뒤에 목적어가 위치하고 있지 않으므로 수동태가 되어야 하는 것을 알 수 있다.

[Step 2] 문맥상으로 '구입하신 물건이 마음에 드시길 바랍니다'라는 의미를 나타내므로 정답은 (B) satisfied가 된다. 참고로 be satisfied with는 관용적 표현으로 '~에 만족하다'라는 의미를 나타낸다.

Lesson 4 제품이나 서비스, 시설 등의 사용/이용 설명서

Test 1 문제 01-03은 다음 사용 설명서를 참조하세요. p.343

Switch사에서 생산된 새로운 손목시계, Titans G는 전 손목시계들 중 가장 안전한 제품으로 인정받고 있습니다. 본 제품은 방열과 방수의 기능을 지니고 있습니다. 사실, Titans G는 어떤 종류의 액체 속에 잠기더라도 완벽하게 작동합니다. 또한 Titans G는 수심 300미터까지 견딜 수 있습니다. 그러나 기름에는 손상될 수 있습니다. 만약 갑작스럽게 기름이 시계 위로 쏟아지면, 기름을 즉각적으로 닦아내셔야 합니다. 기름을 제거하시면, 물로 한 번 더 씻어 주시기 비랍니다.

어휘 water resistant 방수가 되는 immerse (액체에) 잠기게 하다 liquid 용액, 액체 operational 가동하는 susceptible 민감한, 약한 accidentally 어쩌다, 우연히 spill 쏟다 immediately 즉각적으로

01 (C) and

[Step 1] It is both heat ------ water resistant. 이 문장의 구조는 상관접속사 both가 나오면서, 열과 물이라는 두 대등한 명사 사이에 빈칸이 위치하고 있다. both가 이 두 명사 모두를 지칭하기 때문에, 두 명사를 대등하게 연결하는 and가 와서, both A and B의 문장 구조가 적용될 수 있겠다. (A) with는 '~와 함께', (B) by는 '~를 통해서, ~를 갖고'라는 수단을 나타내고 (D) so는 '그래서'라는 결과를 나타내어, 열과 물이 대등하게 연결되는 관계를 나타내지 못하므로 정답이 될 수 없다.

02 (B) immersed

[Step 1] 빈칸에 동사 immerse의 알맞은 형태를 찾는 유형이다. 문장에 이미 is라는 be동사가 존재하므로, (C) immerse는 정답이 될 수 없다. 그리고 빈칸 앞에 위치한 부사 fully를 받을 수 있는 품사여야 한다. 이 경우 to부정사인 (A) to immerse나 명사 (D) immersion은 올 수 없으며, 동사의 성질을 지닌 분사만이 가능하다. 그러므로 정답은 과거분사 (B) immersed 이다.

156

03   (B) cleaned

[Step 1] 조동사 must와 be동사 다음의 빈칸은 보어 자리이다. (A) stored(저장하다), (B) cleaned(청소하다, 닦아내다), (C) held(잡다), (D) observed(관찰하다)는 모두 형용사처럼 보어 역할을 하는 과거분사 형태이기에 문법적으로는 빈칸에 들어갈 수 있다.

[Step 2] 빈칸의 정답은 제품이 기름에 닿으면 손상된다는 the Titans G is susceptible to oil이란 앞 문장에 힌트가 있다. 제품은 기름에 닿으면 안 되므로, 자연스럽게 연결되는 단어는 '청소하다, 닦아내다'라는 의미의 (B) cleaned이다. (A) stored, (C) held, (D) observed는 기름과 제품의 상관관계와 어울리지 않으므로 오답이다.

Test 2 문제 04-06은 다음 사용 설명서를 참조하세요.   p.343

처음 사용하기 전에

주의사항

Master's Kitchen의 디지털 분쇄기를 구입해 주셔서 감사합니다. 고객님의 안전을 위해서, 분쇄기를 사용하시기 전에 사용 설명서를 읽어주십시오. 또한 15쪽에 있는 다음 주의사항들을 참고해 주세요.

❶ 칼날에 손을 대지 마십시오.
❷ 분쇄기의 뚜껑이 항상 닫혀있는지를 확인해 주세요.
❸ 분쇄기를 절대 물을 비롯한 액체 속에 담그지 마십시오.
❹ 분쇄기가 작동 중일 때는 절대 뚜껑을 열지 마십시오.
❺ 코드가 훼손되어 있으면 분쇄기를 사용하지 마십시오.
❻ 분쇄기를 사용하지 않을 때는 아이들의 손이 닿지 않는 곳에 보관하십시오.

어휘 precaution 예방책 purchase 구입하다 grinder 분쇄기 safety 안전 manual 사용 설명서 operate 작동시키다 blade (칼 등의) 날 lid 뚜껑 be in use 사용되고 있다 reach 손에 닿다

04   (B) In addition

[Step 1] 빈칸의 구조를 보면 〈완전한 절(주어 + 동사), + -------, + 주어 + 동사〉로 빈칸은 앞 문장과 뒤 문장을 의미적으로 연결시켜줄 수 있는 접속부사 자리이다. 보기 (A) On the other hand(반면에), (B) In addition(게다가), (C) As a result(결과적으로), (D) In comparison(비교해 보면) 모두 접속부사이므로 정답이 될 가능성이 있다.

[Step 2] 빈칸 앞뒤의 문맥적 의미를 보면 '분쇄기를 사용하시기 전에 사용 설명서를 읽어주시고 거기에 덧붙여 즉, 추가적으로 15쪽의 다음 주의사항을 읽어주십시오'라는 뜻이므로 빈칸에는 앞 문장에 무언가를 추가적으로 덧붙여 말할 때 사용하는 접속 부사 In addition이 들어가야 한다. 그래서 정답은 (B)가 된다.

05   (D) soak

[Step 1] 빈칸 앞에 부정어인 Never가 위치하고, 뒤에는 목적어가 나오는 것으로 보아 부정명령문이라는 것을 알 수 있다. 따라서 빈칸은 동사원형이 올 자리이다. 보기 (A) dry(말리다), (B) drain(물을 빼내다), (C) spray(뿌리다), (D) soak(담그다) 모두 동사원형이고 뒤에 목적어를 받을 수 있는 타동사로 정답이 될 가능성이 있다.

[Step 2] 빈칸의 문장 의미가 '분쇄기를 절대 물을 비롯한 액체 속에 담그지 마시오'를 나타내므로 정답은 (D) soak(담그다)가 된다.

06   (B) damaged

[Step 1] 빈칸 앞에 seems라는 동사가 위치하고 있는데 seem 뒤에는 형용사, to부정사, 〈that + 주어 + 동사〉가 올 수 있다. 선택지의 보기를 보면 to부정사인 (A) to damage, 과거분사인 (B) damaged, 현재분사인 (C) damaging, 동사나 명사로 쓰인 (D) damages이다. 그런데 seem 다음에 -ing 형태는 올 수 없기에 (C)는 오답이 되며, (D) damages 또한 seem 다음에 동사나 명사는 올 수 없으므로 오답이 된다. 정답이 될 수 있는 가능성이 있는 것은 to부정사인 (A)와 형용사 역할을 하는 과거분사 (B)가 된다.

[Step 2] 빈칸은 문맥상 '전선이 훼손되어 있으면 분쇄기를 사용하지 말라'는 의미를 나타낸다. '전선이 훼손이 되면'이라는 수동의 의미를 나타내므로 정답은 수동의 의미를 나타내는 (B) damaged이다.

Lesson 5 연설 또는 강연 초대 및 행사 참석에 대한 서신

Test 1 문제 01-03은 다음 편지를 참조하세요.   p.345

10월 22일
Samuel Jackson
Jackson Advertising Company
4337 Mason Rd.
San Diego, CA 90019

Mr. Jackson씨에게,

우선 지난주 개최되었던 세미나에서 훌륭한 발표를 해 주신 것에 대해 감사드립니다. 저희는 모두 귀하의 전략에 깊은 인상을 받았고, 몇몇은 벌써 저희 회사의 목표에 적용시키고 있습니다. 저희는 귀하의 세미나에 좀 더 많은 직원들을 참석시키고 싶어, 귀하께서 한 번 더 발표를 해주실 의향이 있는지 알고 싶습니다. 귀하의 발표에 대해 사람들이 전에 보인 반응을 보면, 귀하가 우리 직원들을 더욱 창의적이고 효율적으로 고무시켜 주시리라 확신합니다.

귀하의 응답을 고대하겠습니다. 시간을 내주셔서 감사합니다.

충심으로,

Megan Cox
홍보 이사
Corona 광고회사

어휘 advertising company 광고 회사 presentation 발표, 설명회 seminar 세미나 impress 감동을 주다, 인상을 주다 strategy 전략 goal 목표 staff 직원 attend 참가하다 We were wondering if you would ~ ~해주실 수 있을지 모르겠네요 consider 고려하다 previous 예전의 inspire 고무하다, 고양시키다 efficiently 능률적으로, 효율적으로 director 이사 public relations 홍보

01   (B) apply

[Step 1] 빈칸은 동사원형이 들어갈 자리이다. 그런데 보기의 단어들은 모두 동사원형이므로 뒤에 나온 them to our goals의

전치사 to와 부합하는 동사가 와야 한다.

[Step 2] 다음 문장인 '몇몇은 벌써 우리 회사의 목표에 ~하고 있다'에서 목표를 나타내는 our goals와 논리적으로 의미가 연결되는 동사는 (B) apply(적용하다)이다. (A) deliver(배달하다), (C) select (선택하다), (D) sell(팔다)은 의미가 연결되지 않으므로 오답이다.

02 (D) once again

해설 [Step 1] 〈if + 주어 + 동사 + 목적어〉의 완벽한 문장이다. 이에 추가될 수 있는 것은 부사 또는 부사구이다. (A) such as와 (B) upon은 모두 전치사이므로 뒤에 명사가 와야 하기 때문에 오답이다. (C) instead와 (D) once again은 부사이므로 문법적으로는 빈칸에 들어갈 수 있다.

[Step 2] 바로 앞에서 '더 많은 직원들이 세미나에 참석하게 하고 싶다'는 이유를 밝히며 '발표를 한 번 더 해주실 수 없냐'며 요청하는 상황이므로 (D) once again이 답으로 와야 한다. (C) instead는 누군가를 대신해 발표를 해달라는 의미가 되므로 오답이다.

03 (A) response

해설 [Step 1] the previous ------ to your presentation은 〈정관사 + 형용사 + ------ + 부사구〉의 형태로 빈칸은 뒤에 전치사 to를 취하는 명사 자리이다. '직원들이 발표를 듣고 난 후의 '반응'이 좋았기 때문에 또 한 번 발표를 해주십시오'라는 내용이 되기 위해서는 (A) response가 와야 한다.

Test 2 문제 04–06은 다음 회람을 참조하세요. p.345

전 직원들에게,

7월 10일에 Gilmore사는 교수님들을 초청하여 마케팅에 대한 정보를 나누고, 마케팅 방법에 대한 개선점을 들을 것입니다. 모든 마케팅 직원들은 1시부터 시작하여 3시간 동안 진행되는 세미나에 참가해 주시길 바랍니다. 교수님들은 마케팅에 대한 주제를 제시해 주실 것이고 우리는 그 주제로 토론과 논쟁을 벌일 것입니다. 세 시간 동안 진행되는 세미나가 비록 짧을 수도 있지만 앞으로 마케팅 전략을 짜는데 도움이 되는 소중한 정보들을 얻으실 수 있을 것입니다. 교수진들의 프로필은 게시판에서 보실 수 있습니다.
충심으로,
Dwight Barkley, 마케팅 이사
Gilmore사

어휘 professor 교수 knowledge 지식 advice 충고, 조언 improve 개선하다, 향상시키다 method 방법 staff 직원 be advised to + 동사원형 ~하도록 권고 받다 present 제출하다. 제시하다, 주다 related to ~와 관련된 discussion 토론 debate 논쟁 be sure that + 주어 + 동사 ~을 확신하다 be able to + 동사원형 ~을 할 수 있다 lesson 교훈 create 만들다, 창조하다 strategy 전략 in the future 미래에 post 게시하다, 공고하다 for your information 참고로

04 (A) to share

해설 [Step 1] 빈칸의 문장 구조가 〈will be inviting(미래진행 시제) + professors(목적어) + ------ + their knowledge(목적어)〉로 빈칸은 〈invite + 목적어 + to부정사〉의 형태가 되어야 한다. 그래서 정답은 to부정사인 (A) to share가 된다. 현재완료 시제인 (B) have shared(공유해 왔다), 미래 시제 (C) will share(공유할 것이다), (D) are sharing(공유하고 있다)는 모두 본동사 위치에 올 수 있는데 빈칸의 문장에서는 본동사인 will be inviting이 이미 위치하고 있으며, 또한 빈칸은 본동사의 자리가 아니라 to부정사의 자리이기에 모두 오답이 된다.

[Step 2] 〈invite + 목적어 + to부정사〉는 '~가 …하도록 초대하다'라는 의미를 나타낸다. 빈칸은 문맥상 '교수님들의 마케팅에 대한 지식을 나누고 그들의 조언을 듣기 위해 초대한다'라는 의미를 나타내므로 정답은 (A)가 된다.

05 (D) topics

해설 [Step 1] 빈칸 앞에 타동사인 present가 위치하고 있고 뒤에는 과거분사인 related가 나오고 있으므로 빈칸에는 타동사의 목적어이면서, 과거분사의 후치 수식을 받을 수 있는 명사가 들어가야 한다. 보기 (A) argument(논쟁), (B) questions(질문), (C) materials(재료), (D) topics(주제)는 모두 명사이므로 정답이 될 가능성이 있다.

[Step 2] 빈칸이 들어간 문장의 의미가 '마케팅에 관련된 주제들을 줄 것이다'이므로 정답은 (D) topics가 된다.

06 (B) valuable

해설 [Step 1] 빈칸 뒤에 명사인 information이 위치하고 있으므로 빈칸은 뒤에 있는 명사를 수식하는 형용사 자리이다. 현재분사인 (A) valuing(가치 있는), 형용사인 (B) valuable(귀중한, 소중한), 명사와 동사로 쓰이는 (C) value(가치, 소중하게 생각하다), to부정사인 (D) to value에서 정답이 될 가능성이 있는 것은 (A)와 (B)이다. 그러나 자기 품사 우선 법칙에 의하여 현재분사보다는 형용사인 (B) valuable을 써준다.

Lesson 6 새로운 정책이나 변경된 사항을 알리는 글

Test 1 문제 01–03은 다음 회람을 참조하세요. p.347

수신: Nicholson사 전 직원
발신: Carmen Pennington
날짜: 7월 2일
제목: 휴일에 따른 근무시간 기록표 제출 건

공휴일을 준수하여, Nicholson 사는 7월 4일부터 7월 7일까지 문을 닫습니다. 이로 인하여, 전 직원들은 근무시간 기록표를 평소보다 하루 빠른 7월 3일까지 제출하여야 합니다. 제출일의 갑작스러운 변경은 전국에 걸쳐 모든 지점의 전 부서에 적용됩니다. 이와 같이 예정된 휴일이 여러분들에게 어떤 영향을 미칠지 궁금하시다면, 인사 담당 부서에 문의하시기 바랍니다. 만약, 모종의 이유로 인해 근무시간 기록표를 기입하지 못해서 정해진 날짜까지 제출할 수 없다면, 급여 지급 부서에 알려서 대신할 수 있는 다른 날짜를 받으시기 바랍니다.
여러분의 협조에 감사드립니다.

어휘 submit 제출하다(= give in, turn in) observance 준수 public holiday 공휴일 be obliged to + 동사원형 ~하지 않을 수 없다. 어쩔 수 없이 ~하다(= be compelled to) time sheet 근무시간 기록표 submittance date 제출일 apply to 적용되다 branch 지사, 분점 affect 영향을 끼치다 human resources department 인사 담당 부서 fill out 기재하다 turn in 제출하다 payroll 급여 대상자 명단 alternative 대안적인, 대신하는 arrangement (처리) 방식 cooperation 협조

01 (B) earlier

해설 [Step 1] 빈칸은 전치사 than과 함께 쓰이는 비교급 부사의 자리이다. (C) previous와 (D) advanced는 비교급 부사가 아닌 형용사이므로 답이 될 수 없다. 비교급 부사인 (A) faster와 (B) earlier 중에서 정답을 고를 수 있다.

[Step 2] '보통 때보다 하루 ~한'의 의미로 시간을 나타내므로, 속도 등이 '더 빠르다'는 뜻의 (A) faster는 올 수 없으며, 시기가 '더 이르다'는 (B) earlier가 정답이다.

02 (D) closure

해설 [Step 1] scheduled(예정되어 있던)라는 형용사와 조동사 사이에 빈칸이 있으므로 명사가 오는 자리이다. 그런데 보기의 단어들이 모두 명사이므로 뒤에 나오는 could affect you와의 문맥상 관계를 따져 정답을 찾아야 한다.

[Step 2] '만약 예정된 ------이 여러분들에게 어떤 영향을 미칠지 궁금하시다면'이란 문장은, 앞 문장에 나온 이 갑작스런 제출일의 변경(this sudden change of submittance date)에서 정답의 근거를 찾을 수 있다. 즉 예정된 제출일이 갑자스럽게 변경되었고, 이것이 끼칠 영향을 직원들이 궁금해 할 수 있다는 내용이므로, submittance date와 관련이 있는 (D) closure(마감, 종결)가 정답이다. (A) payment는 월급의 지불을 의미하고, (B) increase는 월급의 인상을 뜻한다. 두 단어 모두 갑작스럽게 변경되었다는 내용과 문맥이 맞지 않는다. (C) training은 직원들의 교육, 연수를 의미하므로 직원들이 제출해야 하는 내용과 무관하기 때문에 오답이다.

03 (A) to fill out

해설 [Step 1] you are unable -------의 빈칸에 알맞은 동사 형태를 찾는 문제이다. unable은 '~을 할 수 없다'는 형용사로 an unable body(약한 몸)처럼 직접 명사를 수식하거나, be동사 뒤에서 to부정사를 취한다. 빈칸에 들어갈 단어는 동사의 부정사 형태가 와야 하므로 (A) to fill out과 (C) to be filled out이 답이 될 수 있다.

[Step 2] 주어 you와 동사 fill out이 능동적인 관계, 즉 주어가 직접 행위를 하는 상황이므로 수동태가 올 수 없다. 그러므로 (A) to fill out이 정답이다.

Test 2 문제 04-06은 다음 기사를 참조하세요. p.347

> Lincoln교 근처의 심각한 교통난을 해소하기 위해 Milan 시장은 Bella강을 가로지르는 페리에 탑승하는 승객들에게 할인된 가격인 5달러만 받기로 승인했다. 할인은 지난 주 일요일부터 시작되었다. 이러한 정책으로 다리를 지나가는 차들이 약 23% 정도 줄 것으로 예상하고 있다. 할인이 시작된 지 일주일밖에 안 되었기 때문에 이 정책은 아직 인기가 없다. 그러나 Milan 시장은 결국 저렴한 비용 때문에 더 많은 사람들이 배를 이용할 것이라고 예상하고 있다.

어휘 decrease 줄이다   severe 심각한   traffic congestion 교통 혼잡   approve 승인하다   charge 청구하다   reduce 줄이다   fee 요금   effective 시행되는   cross 건너다, 가로지르다   approximately 거의   since ~ 때문에   be in use 사용되고 있다   eventually 결국   make use of ~를 이용하다   due to ~때문에

04 (C) has approved

해설 [Step 1] 빈칸 앞에는 주어(Mayor Milan)가 위치하고 있고, 그 뒤에는 목적어(charing)가 나오고 있으므로 빈칸은 뒤에 목적어를 수반하는 타동사인 본동사의 자리이다. 보기를 보면 현재진행시제인 (A) is approving, 미래시제인 (B) will approve, 현재완료시제인 (C) has approved, 가정법시제인 (D) would approve 모두 본동사의 자리에 위치할 수 있으므로 정답이 될 가능성이 있다.

[Step 2] 빈칸의 문장의 의미가 '배에 탑승하는 승객들에게 할인된 가격인 5달러만 받기로 승인해 주었다'라는 문맥적 의미를 나타내므로 빈칸에는 최근에 발생하여 완료된 사실을 나타낼 때 쓰이는 현재완료시제인 (C) has approved(승인했다)가 정답이 된다.

05 (A) Accordingly

해설 [Step 1] 빈칸의 구조가 마침표로 끝나는 하나의 완벽한 문장 뒤에 빈칸이 위치하고 콤마가 찍힌 후 다른 문장이 시작하고 있다(완벽한 하나의 문장 + 마침표 + ------ + 콤마 + 다른 문장 시작). 이런 구조로 보아 빈칸은 앞 문장과 뒤 문장을 의미적으로 연결시켜주는 접속부사의 자리라는 것을 알 수 있다. 보기 (A) Accordingly(그런 이유로, 그래서), (B) Similarly(마찬가지로), (C) Before(~전에), (D) Instead(대신에)에서 접속사인 (B) Before를 제외하고는 모두 접속부사이므로 정답이 될 가능성이 있다.

[Step 2] 빈칸의 앞과 뒤 문장의 의미가 '할인이 지난 주 일요일에 시작되어 이 다리를 지나가는 차들이 약 23% 정도 줄어들 것으로 예상하고 있다'라는 것을 나타내므로 빈칸에는 결과를 나타내는 접속부사인 (A) Accordingly(그런 이유로, 그래서)가 정답이 된다.

06 (D) unpopular

해설 [Step 1] 빈칸의 구조가 〈be동사 + 부사(rather) + ------〉이므로 빈칸은 be동사의 보어이면서 부사의 수식을 받을 수 있는 형용사가 와야 한다. 보기를 보면 (A) unstable(불안정한), (B) inefficient(비효율적인), (C) insufficient(불충분한) (D) unpopular(인기 없는)는 모두 형용사이므로 정답이 될 가능성이 있다.

[Step 2] 빈칸의 문장이 문맥상 '할인이 시작된지 일주일밖에 안 되었기 때문에 사람들에게 인기가 없다'라는 의미를 나타내므로 정답은 (D) unpopular(인기가 없는)가 된다.

Lesson 7   승진, 발령, 구인, 구직 등과 관련된 서신이나 기사

Test 1 문제 01-03은 다음 기사를 참조하세요. p.349

> 화요일에, Torch 산업은 Brunsun사의 부장으로 있던 Mr. Alves를 새로운 전무이사로 채용하겠다고 공고했다. Brunsun 사에서 부장으로 있으면서, Mr. Alves는 영업과 마케팅을 담당했었다. 그가 7월에 새 직위를 담당하기 시작하면, 그는 Massachusetts주에 있는 지점 3곳의 업무를 조정하는 일에 집중할 것이다. "지원자들은 이 직위에 상당한 관심을 갖고 있었는데, Mr. Alves가 이 직위에 가장 열정적인 모습을 보여주었습니다,"라고 CEO인 Mr. Creed가 말했다. "우리는 Brunsun 사에서의 그의 경험이 Torch 산업이 Massachusetts주 이외의 지역으로 활동 무대를 확장함에 있어 더없이 소중한 역할을 할 것으로 믿습니다."

어휘 industry 산업   announce 알리다, 공고하다   hire 고용하

다 general manager 총지배인, 부장 managing director 전무이사 position 직위 branch 지점 applicant 응시자, 지원자 chief executive officer 최고 경영자, 사장 extend 확장하다 presence 존재, 출석 beyond ~을 넘어서는

01 (A) oversaw

해설 [Step 1] 주어(Mr. Alves)와 목적어(sales and marketing) 사이에 빈칸이 있으므로 동사 자리이다. 과거형 동사인 (A) oversaw(감독했다), 미래형 동사인 (B) will oversaw(감독할 것이다), 현재진행형인 (C) is overseeing(감독 중이다), 현재형 동사인 (D) oversees(감독하다)는 모두 본동사 자리에 올 수 있다.
[Step 2] Mr. Alves가 Brunsun사의 부장으로 있으면서 마케팅과 영업을 담당을 했던 과거의 업무를 언급하고 있기 때문에, 정답은 과거형 동사인 (A) oversaw이다.

02 (B) interest

해설 [Step 1] 형용사 high 다음에 빈칸이 있으므로 명사가 들어가야 한다. (A) originality(독창성), (B) interest(흥미, 관심), (C) knowledge(지식), (D) talent(재능)은 모두 명사이므로 정답이 될 가능성이 있다.
[Step 2] 문맥상 '지원자들은 이 직위에 상당한 관심을 갖고 있었다'라는 의미가 되어야 하므로 정답은 (B) interest이다.

03 (B) invaluable

해설 [Step 1] 빈칸은 be동사 다음의 보어로서 형용사 자리이다. (A) unconditional(무조건적인), (B) invaluable(매우 귀중한), (C) negotiable(협상의 여지가 있는), (D) inceptive(시초의, 발단의)는 모두 형용사이기 때문에 정답이 될 가능성이 있다.
[Step 2] 이 문장에서 'Brunsun사에서의 그의 경험이 소중한 역할을 할 것으로 믿는다'라는 의미가 되어야 하므로 정답은 (B) invaluable(매우 귀중한)이다.

Test 2 문제 04-06은 다음 편지를 참조하세요. p.349

7월 2일
Ms. Susan Wang
Lone Star Corporation
650 Bean St.
Dearborn, MI, 47004
Ms. Wang씨께,

우선, Lone Star사에서 제게 영업부장직을 제안해 주신 것에 대하여 감사드립니다. 귀사의 제안에 대한 신중한 생각 끝에 저는 다른 회사에서 일하기로 결정하였습니다. 저에게는 너무 힘든 결정이었습니다. 제가 귀사에 피해를 드리는 것이라면 죄송하게 생각합니다. 저에게 관심을 보여주신 것에 대해서 감사드리며, 같이 이야기할 기회가 있어서 매우 만족스럽습니다. 앞으로 함께 일할 수 있는 기회가 있기를 바랍니다.

충심으로,
Hiroaki Ito

어휘 first of all 우선, 먼저 would like to + 동사원형 ~하고 싶다 position 자리, 위치, 직위 sales manager 영업부장 consideration 고려 proposal 제안 decide to + 동사원형 ~하기로 결정하다 accept 받아들이다 cause 야기시키다 show one's interest 흥미를 표시하다 opportunity 기회

04 (A) offer

해설 [Step 1] 빈칸을 중심으로 한 앞뒤 구조는 <소유격 + ------ + 전치사>이다. 소유격은 항상 명사를 필요로 하는 형용사로 볼 수 있으므로 소유격 다음은 명사 자리이다. 보기 (A) offer(제의, 제안), (B) acceptance(수락), (C) return(반납, 돌아옴), (D) admission(입장, 가입)은 모두 명사이므로 정답이 될 가능성이 있다.
[Step 2] 문맥상 '영업부장직을 제안해 주신 것에 대해 감사를 드린다'라는 의미를 나타내므로 정답은 (A) offer(제안, 제의)이다.

05 (D) careful

해설 [Step 1] 빈칸 뒤에 명사가 위치하고 있으므로 빈칸은 뒤에 있는 명사를 수식해 주는 형용사 자리이다. (A) cared는 과거분사, (B) care(관심을 가지다, 돌봄, 주의)는 동사와 명사, (C) carefully(조심스럽게)는 부사, (D) careful(주의 깊은, 세심한)은 형용사이다. 따라서 정답이 될 가능성이 있는 것은 형용사 역할을 하는 과거분사 (A)와 형용사인 (D)이다.
[Step 2] 빈칸은 '귀사의 제안에 대해 신중히 생각한 끝에'라는 문맥적 의미를 나타내므로 정답은 (D) careful이다.

06 (C) together

해설 [Step 1] 빈칸 앞에 자동사인 work가 나오고 있다. work는 1형식 자동사로 뒤에 올 수 있는 것은 부사이다. 보기 (A) nearly(거의), (B) certainly(확실히), (C) together(함께)는 부사이고, (D) unless(~하지 않는 한)는 접속사이므로 부사인 (A), (B), (C)는 정답이 될 가능성이 있다.
[Step 2] 문맥상 '앞으로 함께 일할 수 있는 기회가 있기를 바란다'는 의미를 나타내므로 정답은 '함께'라는 의미를 지니는 (C) together이다.

Lesson 8 앞으로 있을 행사나 공사 일정 등에 관한 알림

Test 1 문제 01-03은 다음 이메일을 참조하세요. p.351

수신: Williamson 대학의 전교생
발신: Ann Folly
날짜: 2월 16일
회신: Stevenson 교수의 세미나

Stevenson 교수의 세미나가 2월 26일 목요일 오후 1시 30분부터 4시 30분까지 St. Paterson 건물에서 열립니다. 저명한 교수인 Stevenson 박사는 Brooklyn 대학교에서 정치학을 가르쳐왔고, 다양한 세미나를 수년간 열어왔습니다. 시사적인 정치 문제에 대해서 듣고, 토론을 하는 데 관심이 있다면 이 세미나는 아주 좋은 기회가 될 것입니다. 2월 24일 화요일 5시까지 Ms. Cohen에게 참석 여부를 알려주시길 바랍니다.

어휘 lead 이끌다 hold 개최하다 renowned 유명한, 명성 있는 political science 정치학 numerous 많은 discuss 상의하다, 논하다 current 현재의 political issue 정치적 문제 opportunity 기회 attend 참석하다

01 (A) will be held

해설 [Step 1] 주어(A seminar) 다음에 형용사 역할을 하는 과거분사 led by Professor Stevenson가 뒤에서 주어를 수식하

고 있고 그 다음에 빈칸이 위치하고 있다. 빈칸 뒤에는 전치사구 (on Thursday)가 따라 나오고 있으므로 빈칸은 동사의 자리이다. 미래형 수동태인 (A) will be held(개최될 것이다), 현재형 수동태인 (B) is held(개최되다), 과거완료형 수동태인 (C) had been held(개최되었다), 과거 수동태인 (D) was held(개최되었다)는 모두 동사이므로 본동사의 자리에 올 수 있다.

[Step 2] '세미나가 2월 26일 목요일에 열릴 것이다'라는 의미를 나타내므로 동사의 시제는 미래를 나타내야 하며, 세미나가 Stevenson 교수에 의해 열리는 것이므로 수동태 형태가 되어야 한다. 그러므로 미래형 수동태인 (A) will be held(개최될 것이다)가 정답이다.

02 (D) over

해설 [Step 1] 〈주어 + 동사 + 목적어 + ------ + 명사〉의 구조로 빈칸은 전치사가 들어갈 자리이다. (A) since(~부터, 이후), (B) around(주위에), (C) past(지나서), (D) over(~동안에)는 모두 전치사이므로 정답이 될 가능성이 있다.

[Step 2] '수년 동안 다양한 세미나를 열어 오고 있다'라는 의미를 나타내야 하므로 정답은 (D) over이다. 참고로 over the years는 '수년간에 걸쳐서'라는 의미를 나타낸다.

03 (B) whether

해설 [Step 1] 동사 know 다음에 빈칸이 나오고 그 다음에는 하나의 완벽한 절이 위치하고 있기 때문에 빈칸은 접속사 자리이다. 접속사 중에서도 타동사로 쓰인 know의 목적어로 쓰일 수 있는 접속사가 와야 하기에 명사절 접속사가 와야 한다. 명사절 접속사로 쓰일 수 있는 것들은 (A) that, (B) whether 등이며 (C) whose는 대명사나 소유격 관계대명사로 쓰이기에 여기서는 정답에서 제외된다. (D) whenever는 부사나 접속사로 쓰인다.

[Step 2] '참석할지 하지 않을지를 알려주어야 한다'는 내용이므로 '~인지 ~아닌지'의 의미를 나타내는 명사절 접속사인 (B) whether가 정답이다.

Test 2 문제 04-06은 다음 공지사항을 참조하세요. p.351

Cityville 직업 박람회
Cityville 직업 박람회는 6월 11일부터 6월 14일까지 Saxton 대학교 Tillman 강당에서 열립니다. Cityville 주변 지역에 있는 많은 고용주들이 현장에서 인터뷰를 진행할 것입니다. 이 박람회는 참가자와 고용주들 모두에게 모두 무료인 행사입니다.
구직자: 이 박람회는 여러분들께 좋은 기회가 될 것입니다. 정장을 입으셔야 하고, 여러 장의 이력서를 준비해 오셔야 합니다.
고용주: Cityville 직업 박람회는 지역회사와 자질을 갖춘 지원자들을 연결시켜준다는 명성을 쌓았습니다. 이 행사에 참가하는 많은 지원자들은 경험이 풍부하며 열정적이어서 훌륭한 직원이 될 수 있을 것입니다. 모든 지원자들은 그들 자신에게 맞는 직업을 찾는 데 매우 적극적입니다. 저희 도시에서 아주 훌륭한 직원을 뽑을 수 있는 이와 같은 좋은 기회를 놓치지 마십시오.

어휘 hold 개최하다 auditorium 강당 numerous 많은 employer 고용주 on site 현장에서 free 무료의 applicant 지원자 job seeker 구직자 opportunity 기회 Be sure to + 동사원형 꼭 ~해라 dress 옷을 입다, 옷 multiple 많은, 다수의 resume 이력서 copy 복사본 build a reputation 명성을 쌓다 connect 연결하다 local 현지의, 지역의 candidate 지원자, 후보자 experienced 경험이 있는 passionate 열정적인 valued 귀중한, 소중한 enthusiastic 열광적인, 열렬한 miss 놓치다 individual 개인, 개인의

04 (C) around

해설 [Step 1] 빈칸은 앞에 나와 있는 from과 함께 전치사 두 개가 합쳐져 이중 전치사를 이루는 전치사 자리이다. 보기 (A) among(~사이에), (B) between(~사이에), (C) around(~주변에, 근처에), (D) into(~안으로)는 모두 전치사이므로 정답이 될 가능성이 있다.

[Step 2] 문맥상 'Cityville 주변 지역의 고용주들'이라는 의미를 나타내므로 정답은 '~주변에, 근처에'를 의미하는 (C) around이다.

05 (D) professionally

해설 [Step 1] 빈칸 앞에는 자동사로 쓰인 dress가 위치하고 있으므로 빈칸은 이 자동사인 dress를 수식해 주는 부사 자리이다. (A) profession(직업)은 명사, (B) professional(직업의, 전문적인, 전문가)은 형용사와 명사, (C) professionals(전문가들)는 복수명사, (D) professionally(직업적으로, 전문적으로)는 부사로 정답은 부사인 (D) professionally가 된다.

[Step 2] 문맥상 '옷을 프로답게 입어라'라는 의미를 나타내므로 (D) professionally가 들어가는 것이 가장 적합하다.

06 (B) applicants

해설 [Step 1] 빈칸 앞에는 지시형용사인 these가 그리고 그 뒤에는 주격 관계대명사인 who가 위치하고 있으므로 빈칸에는 지시형용사의 수식을 받으면서 주격 관계대명사인 who의 선행사 역할을 하는 명사가 들어가야 한다. (A) students(학생들), (B) applicants(지원자들), (C) consumers(소비자들), (D) clients(고객들)는 모두 명사이므로 정답이 될 가능성이 있다.

[Step 2] 문맥상 '이 행사에 참가하는 지원자들은'이라는 의미를 나타내므로 정답은 (B) applicants(지원자들)가 된다.

Lesson 9 사업의 확장과 성과에 관한 보고 및 기사

Test 1 문제 01-03은 다음 기사를 참조하세요. p.353

4월 1일: 9 Jeans for All Humans사의 청바지와 스커트의 판매가 유럽 지역에서 급증하였다. 이러한 급격한 판매 증가로 인하여, 9 Jeans for All Humans사는 올해 말까지 파리와 런던 그리고 로마에 공장과 독점 상점들을 오픈할 예정이다. 마드리드 지점은 현재 5개의 상점을 운영하고 있고 이달 말까지 바르셀로나에서 2개의 상점을 더 운영할 계획이다.
9 Jeans for All Humans의 창립자이자 수석 디자이너인 Michael Glass는 "경쟁이 치열한 유럽과 같은 패션 시장에서 우리 브랜드가 이 정도로 성공을 거둘 것이라고 전혀 예상하지 못했습니다. 이 모든 것이 여전히 꿈과 같이 느껴집니다."라고 말했다. "상점과 공장의 추가 오픈은 다른 나라에서 주문을 하기 때문에 배송료를 추가로 지불해야 하는 고객들의 번거로움을 없애 줄 것입니다."

어휘 skyrocket 급등하다 in response to ~에 응하여 drastic 급격한 exclusive 독점적인 branch 지사, 분점 currently 현재, 지금 function 기능하다, 작용하다 operate 영업하다, 작동하다 evaluate 평가하다 be expected to ~하기로 예상되다 competitive 경쟁을 하는, 경쟁이 치열한 founder 설립자, 창립자

creation 창조, 창출 hassle 귀찮은 일, 번거로운 일 extra 추가의
shipping fee 운송료 eliminate 없애다, 제거하다

01　(B) increase

[Step 1] 빈칸 앞에 형용사인 drastic(급격한)이 있으므로 빈칸은 명사 자리이다. (A) difficult(어려운)는 형용사이기에 정답이 될 수 없고, (B) increase(증가), (C) contact(연락, 접촉), (D) declaration(선언, 공표)은 명사이기에 정답이 될 가능성이 있다.

[Step 2] '유럽 지역에서 9 Jeans for All Humans사의 청바지와 스커트가 판매가 급증하였다'라는 의미이므로 '급격한 증가'의 의미를 나타낼 수 있는 명사 (B) increase(증가)가 정답이다.

02　(C) operates

[Step 1] 〈주어 + 부사 + ------ + 목적어〉의 구조로 빈칸은 동사 자리이며, 뒤에 목적어인 five shops가 있기 때문에 뒤에서 목적어를 취할 수 있는 타동사가 와야 한다. (A) serves(제공하다), (C) operates(운영하다), (D) evaluates(평가하다)가 타동사이다. (B) functions(기능하다, 작용하다)는 자동사이기에 오답이다.

[Step 2] '마드리드 지점이 현재 5개의 상점을 운영하고 있다'라는 의미를 나타내야 하므로 '운영하다'라는 의미를 나타내는 (C) operates가 정답이다.

03　(A) will eliminate

[Step 1] 주어(The creation of shops and factories)와 목적어(the hassle) 사이에 빈칸이 있으므로 동사 자리이다. (A) will eliminate(제거할 것이다), (B) has eliminated(제거했다), (C) eliminate(제거하다), (D) eliminated(제거했다)는 모두 동사로서 본동사의 자리에 위치 할 수 있다.

[Step 2] '상점과 공장의 추가 오픈이 번거로움을 없애줄 것이다'라는 앞으로 일어날 미래의 일을 나타내므로 정답은 미래 시제인 (A) will eliminate이다.

Test 2 문제 04-06은 다음 기사를 참조하세요.　p.353

일본에서 가장 큰 자동차 회사 중의 하나인 Yamaguchi 자동차 회사는 해외에 첫 공장을 지을 것이라고 발표했다. 새로운 공장이 준공되고 나면 남미에서 가장 큰 자동차 공장이 될 것이다. 이 사업의 공사비는 4백만 달러가 될 것으로 예상된다.
Yamaguchi 자동차 회사의 최고경영자인 Makoto Yamaguchi의 말에 따르면 이 공장이 6개월 후에 가동되기 시작할 것이다. Mr. Yamaguchi는 이렇게 말했다. "지난 2년 동안 남미에 있는 많은 나라들이 Yamaguchi 자동차와 트럭을 많이 수입했습니다. 저희 공장의 준공이 남미 사람들에게 저렴한 비용으로 차를 구입하게 할 수 있는 좋은 기회라고 생각합니다."

어휘 automobile 자동차 announce 알리다, 발표하다 factory 공장 once ~하자마자 construction 건설, 공사 complete 완료하다, 끝마치다 consider 고려하다 be expected to + 동사원형 ~으로 예상된다 cost 값이 들다 estimated 추정된 according to ~에 의하면, 따르면 import 수입하다 believe 믿다 opportunity 기회 produce 생산하다 vehicle 차량 affordable 가격이 알맞은

04　(A) build

[Step 1] 빈칸 앞에 조동사 will이 위치하고 있으므로 빈칸은 조동사 다음 동사원형 자리이다. (A) build(세우다, 짓다), (B) renovate(개조하다), (C) sell(팔다), (D) relocate(이전하다)는 모두 동사원형이므로 정답이 될 가능성이 있다.

[Step 2] 문맥상 '해외에서의 첫 번째 자동차 공장을 짓는다'라는 의미를 나타내므로 정답은 (A) build(세우다, 짓다)가 된다.

05　(D) venture

[Step 1] 빈칸의 구조가 〈정관사(the) + ------ + 본동사(be expected to ~)〉로 빈칸은 주어 자리이므로 명사가 들어가야 한다. (A) precaution(예방책), (B) appeal(매력, 간청, 애원), (D) venture(사업)는 모두 명사이므로 정답이 될 가능성이 있지만, (C) merge(합병하다)는 동사이므로 오답이 된다.

[Step 2] 문맥상 '이러한 사업은 약 4백만 달러의 비용이 들 것이라고 예상된다'는 의미를 나타내므로 정답은 (D) venture가 된다.

06　(C) operational

[Step 1] 빈칸 앞에 2형식 동사인 become이 위치하고 있으므로 빈칸은 become의 보어 자리이다. 보어로는 형용사와 명사가 올 수 있으니 선택지의 보기에서 형용사와 명사를 골라내면 되겠다. (A) operate(작동되다, 가동하다)는 동사이므로 정답에서 제외된다. (B) operating(수술의, 운영상의, 조작상의)은 현재분사, (C) operational(가동의, 운영상의)은 형용사, (D) operation(작동, 사업, 수술)은 명사이다. 보기 중 명사인 (D) operation이 2형식 동사의 보어가 되기 위해서는 주어와 명사 보어가 동격이 되어야 한다. 그러나 '공장(주어) ≠ 사업(보어)'으로 동격이 될 수 없으므로 오답이 된다. (B) operating은 현재분사이지만 형용사의 역할을 하고, (C) operational는 품사가 형용사이다. 둘 다 형용사의 역할을 하지만 자기 품사 원칙에 의하여, 보기에서 형용사인 (C) operational이 정답이 된다.

Lesson 10 기타 업무상의 서신

Test 1 문제 01-03은 다음 이메일을 참조하세요.　p.355

수신: Sue Leonard
발신: Pat Murphy
Ms. Leonard씨께,
저는 방금 당신이 방금 전에 작성한 시장조사 보고서를 읽었는데, 최근 마케팅 트렌드를 이해하는 데 많은 도움이 되었음을 말하고 싶습니다.
당신이 이 보고서를 쓰기 위해 모았던 자료들은, 우리가 곧 출시할 제품들을 마케팅할 수 있는 방법을 찾는 데 도움이 될 것입니다. 하지만 보고서에 관해서 질문들이 아직 몇 개 있습니다. 이번 주에 개인적으로 한 번 뵐 수 있을까요? 바쁘시지 않을 때 연락해 주시기 바랍니다.
Pat Murphy

어휘 survey 시장조사 report 보고서 moments ago 방금 전에 insight 통찰력, 이해 marketing 마케팅 trend 추세 benefit 도움을 주다 explore 탐험하다, 분석하다 upcoming 다가오는, 곧 있을 product 제품 related to ~에 관련된 would you mind ~? ~해 주시겠어요? meet 만나다 free 시간이 있는

162

01
(D) recent

[Step 1] 빈칸은 marketing trends를 꾸며주는 적절한 형용사 자리이다. 보기 중에 (A) lately(요즘, 최근)와 (B) now(지금)는 부사이므로 답에서 제외 된다.

[Step 2] 앞 문장에서 글쓴이가 시장조사 보고서를 읽어 보았다고 했기 때문에, 그 보고서를 통해 글쓴이가 최근 마케팅 추세를 이해하는데 많은 도움을 받았다는 내용이 되는 것이 자연스럽다. 따라서 '최근의'라는 뜻을 가진 형용사 (D) recent가 정답이 된다. '할 수 있는'이란 의미를 가진 (C) able도 형용사이지만, able은 주로 뛰어난 능력을 갖추고 있어서 '~을 할 수 있다'는 의미이기에 문맥상 자연스럽지 못하다. 참고로 able은 be able to(~할 수 있다)라는 형태로 자주 쓰인다.

02
(A) data

[Step 1] 관사와 빈칸을 꾸며주는 절인 you have collected for writing this report(이 보고서를 쓰기 위해 당신이 모았던)과, 동사인 will benefit이 보인다. 따라서 빈칸에는 주어 자리에 들어갈 명사가 와야 한다. (A) data(자료, 데이터), (B) funds(자금), (C) time(시간), (D) offer(제공)가 명사이므로 모두 문법적으로는 빈칸에 들어갈 수 있다.

[Step 2] 앞 문장에서 보고서를 방금 읽어보았고, 그 내용이 글쓴이에게 마케팅 트렌드를 이해하는 데 많은 도움을 주었다는 내용을 제시하였다. 따라서 문맥으로 보았을 때, '이 보고서를 쓰기 위해 당신이 모았던 자료들이 우리에게 도움이 될 것'이란 의미가 되어야 한다. 따라서 '자료'라는 뜻을 가진 명사 (A) data가 정답이다.

03
(C) meeting

[Step 1] 빈칸 앞에 '신경쓰다'라는 의미를 가진 동사 mind가 보인다. mind는 동명사를 목적어 가지는 동사로 빈칸은 동명사 형태의 목적어가 위치해야 한다. 따라서 동사에 -ing를 붙여서 동명사를 만들어 준 (C) meeting이 정답이다. 동사원형인 (A) meet, to부정사의 형태인 (B) to meet, 완료시제로 동명사 형태를 가진 (D) having met는 문법적으로 어울리지 않으므로 오답이 된다. 참고로 Would you mind -ing?는 상대방에게 '~해주시겠습니까?'라고 정중하게 부탁을 할 때 사용하는 공손한 표현이다.

Test 2 문제 04-06은 다음 편지를 참조하세요. p.355

La Vie En Rose 아파트
891 Flencia St., Morristown
Mr. Glenfield씨께,
La Vie En Rose 아파트를 임대하시기로 결정하신 것을 축하드립니다. 고객님의 계약서를 받았으며 서명되었다는 것을 알려드리고자 이 공문을 보냅니다. La Vie En Rose는 번화한 도시인 Morristown에서 조용한 삶을 제공해 드립니다. 걸어갈 수 있는 거리에 많은 상점들이 있기에 저희 아파트에서의 삶은 여러 면에서 편리하실 것입니다.

임대료 이외에도 공과금은 부담해주셔야 합니다. 그러나 인터넷은 무료로 이용하실 수 있습니다. 매달 추가적으로 5달러만 지불하시면 무선 인터넷을 이용하실 수도 있습니다. 차를 소유하고 계시다면 저희에게 이번 주까지 알려주십시오. 그래야 저희가 지정된 주차공간을 확보해 놓을 수 있기 때문입니다.

탁월한 선택을 하신 것입니다. La Vie En Rose 아파트를 임대해주셔서 감사합니다.

충심으로,
James Flurry
건물 관리자

어휘 congratulations 축하합니다 recent 최근의 rent 임대하다 confirmation 확인 prove 증명하다, 입증하다 contract 계약, 계약서 receive 받다 sign 서명하다 guarantee 보장하다 peaceful 평화로운, 조용한 walking distance 도보 거리 convenient 편리한 in many ways 여러모로 aside from rent fees 임대료 이외에도 be responsible for ~에 책임이 있다 utilities 전기, 수도, 가스 등 공과금 provide 제공하다 access 접속, 접근 wireless service 무선 인터넷 서비스 additional 추가의 arrange 마련하다, 처리하다 designated 지정된 spot 장소 definitely 분명히, 확실히 make a choice 선택하다

04
(B) decision

[Step 1] 빈칸 앞에 형용사(recent)가 위치하고 있으므로 빈칸은 형용사의 수식을 받는 명사 자리이다. (A) decide(결심하다)는 동사, (B) decision(결정)은 명사, (C) deciding(결정하는)과 (D) decisive(결정적인)는 형용사로, 정답이 될 수 있는 것은 명사인 (B) decision이다.

05
(B) within

[Step 1] 빈칸은 명사와 명사 사이에 위치하고 있으므로 빈칸에 들어가야 할 품사는 명사와 명사를 연결해 줄 수 있는 전치사이다. (A) among(~중에서), (B) within(~이내에), (C) beside(~옆에), (D) onto(~로)는 모두 전치사이므로 정답이 될 수 있다.

[Step 2] 빈칸이 들어간 문장의 의미를 보면 '걸어갈 수 있는 거리에 상점들이 많이 있다'라는 문맥을 나타내므로 정답은 거리나 범위를 나타내는 전치사인 (B) within이다.

06
(D) renting

[Step 1] 빈칸 앞을 보면 thank you for가 위치하고 있는데 〈thank you for + -ing〉은 '~해주셔서 감사하다'라는 의미의 관용적 표현이다. (A) visiting(방문하다), (B) applying(지원하다), (C) occupying(차지하다) (D) renting(임대하다)은 모두 동명사이므로 정답이 될 가능성이 있다.

[Step 2] 빈칸은 문맥상 'La Vie En Rose 아파트를 임대해 주셔서 감사하다'라는 의미를 나타내므로 정답은 (D) renting이 된다.

Part 6 Final Test

p.356

| 141 (D) | 142 (C) | 143 (A) | 144 (B) | 145 (C) | 146 (D) |
| 147 (D) | 148 (A) | 149 (A) | 150 (B) | 151 (C) | 152 (A) |

문제 141-143은 다음 공지를 참조하세요.

> 고객님도 알고 계시겠지만 멤버쉽이 8월 19일에 만기가 됩니다. 고객님의 몸을 건강하고 아름답게 만들기 위해서 Max Total Fitness가 제공하는 최신의 장비와 기계를 계속적으로 사용하실 수 있도록 멤버쉽을 갱신하시려면 첨부된 양식을 작성해주시길 바랍니다. 서비스가 원활하게 제공되기 위해서 자동 청구 프로그램에 등록하실 것을 추천합니다. 일단 등록이 되시면, 다음에 고객님이 멤버쉽을 다시 갱신해야 하는 불편을 겪으실 필요가 없습니다.
> 또한 "Jenna's Burning Yoga"를 한 달 동안 무료로 제공해 드립니다. 이 프로그램에 등록하시면 요가 매트를 무료로 받으실 수 있습니다. 더 궁금한 점이 있으시면 저희의 웹사이트 www.maxfitness.com을 방문해주십시오.

어휘 realize 실감하다, 이해하다 fill in 채우다, 작성하다 ensure 보장하다 recommend 권하다, 추천하다 register 등록하다 inconvenience 불편 in the future 앞으로, 장차 absolutely 절대적으로, 완전히

141 (D) to renew

해설 문맥에 적합한 동사 형태를 고르는 문제. 문장의 맨 앞에서 동사가(Please use) 제시되어 있으므로 선택지 중 본동사 형태인 (A), (C)는 소거. (B) renewed를 분사 형태로 본다고 하더라도 뒤에 목적어가 나와 있으므로 정답이 될 수 없다. 따라서 빈칸에는 준동사 형태인 to부정사 (D) to renew가 와야 한다.

142 (C) interruption

해설 문맥에 적합한 명사 어휘를 선택하는 문제. 바로 앞 문장에서 장비를 계속 사용하기 위해서는 멤버쉽 갱신을 위한 서류를 작성해 달라고 제시되어 있는 것으로 미루어 보아, 다음 문장에서는 '어떤 중단(interruption) 없이 서비스를 계속 받기 위해서'라고 제시되는 것이 적합하다. 따라서 정답은 (C) interruption이다.

어휘 division 분할, 구분 function 기능 interruption 중단 attraction 매력

143 (A) enroll

해설 빈칸 뒤의 전치사 in과 결합할 수 있는, 문맥에 적합한 자동사를 찾는 문제. 선택지의 동사가 모두 전치사 in을 받을 수 있는 자동사의 형태이므로 해석을 통해 적합한 어휘를 찾아야 한다. 빈칸 앞 문장에서 'Jenna's Burning Yoga'의 무료 체험권을 제공한다고 제시되어 있는 것으로 보아, 여기서는 '이 요가 프로그램에 등록(enroll in)한다면'이라고 제시하는 것이 적합하므로 정답은 (A) enroll이다.

어휘 enroll in ~에 등록하다 succeed in ~에 성공하다, 번창하다 invest vt. 투자하다 vi. (전치사 in과 함께 써서) 출자하다, 돈을 쓰다 train in ~을 훈련시키다

문제 144-146은 다음 편지를 참조하세요.

> Mr. Karlson씨께,
> 저는 Jay Communication에서 근무하는 제 동료 중의 한 명인 Michelle Arnt의 추천으로 이 편지를 씁니다. 이달 말에 저는 Colorado로 이사를 가는데 현재 그곳에서 일자리를 찾고 있습니다.
> 우연의 일치로, Ms. Arnt는 귀사가 경력이 있는 마케팅 기획자를 구하고 있다는 것을 제게 알려주었습니다. Jay Communication사의 홍보실에서 일한 6년간의 경력이 이 직위에 지원을 할 수 있는 자격을 갖게 해주었다고 믿습니다.
> 저에게 지원서를 보내주실 수 있을까요? 그리고 제가 어떤 서류를 보내야 하는지 알려주십시오.
> 시간을 내어주셔서 감사합니다.
> 진심으로,
> Jennifer Cohen

어휘 suggestion 제안, 제의 colleague 동료 relocate 이전하다 look for ~을 찾다 coincidentally 우연의 일치로 inform 알리다 position 직위, 자리 marketing planner 마케팅 기획자 PR department 홍보실 qualify 자격을 얻게 하다 consider 고려하다 opportunity 기회 material 재료, 자료

144 (B) mine

해설 전치사 of 뒤에 나올 대명사를 찾는 문제. 나의 동료들 중의 한 명이라는 의미가 될 수 있도록 소유대명사인 mine이 들어가야 한다.

145 (C) employment

해설 다음 문장에서 '귀사가 경력직을 구하고 있다는 말을 들었다'라는 말이 있다. 따라서 '나는 콜로라도로 이사할 것이고 현재는 그 지역에서 일자리를 구하고 있다'는 의미가 되는 것이 적절하므로 employment가 정답이다.

어휘 assistant 비서, 조수 employment 직장, 고용, 취업 registration 등록

146 (D) submit

해설 조동사 must 뒤에 나올 수 있는 것은 동사원형이므로 보기 중의 submit이 정답이다.

어휘 submit 제출하다

문제 147-149는 다음 이메일을 참조하세요.

> 수신: Swati Kumar 〈swati@columbiauniv.com〉
> 발신: Jasmine Leonard 〈lovealaddin@columbiauniv.com〉
> 제목: 경비 보고서
> 날짜: 7월 24일
>
> Ms. Kumar씨께,
> 지난달의 출장 경비 보고서를 보내주셔서 감사합니다. 그러나 저는 귀하께 경비 보고서를 작성할 때 따라야 하는 몇 가지 규칙들을 알려드리고자 합니다. 먼저, 귀하께서 경비 보고서에 서명을

하시면 법적으로 효력이 없습니다. 대신 상환을 받으시려면 귀하의 관리자가 서명을 해야 합니다. 또한 귀하께서 총금액을 상환 받으시려면 출장 기간 동안 지출하신 실사용 금액의 영수증을 첨부하시길 바랍니다. 필요한 변경 사항들을 수정하신 후에 경비 보고서를 다시 제출해주시길 바랍니다. 감사합니다.

진심으로,

Jasmine Leonard

어휘 expense report 경비 보고서 business trip 출장 be afraid that ~을 유감스럽게 생각하다 inform 알리다 process 처리하다 legally 법률적으로 ineffective 무효의, 효과가 없는 approval 승인, 찬성 reimbursement 상환, 변제 receipt 영수증 resubmit 다시 제출하다

147 (D) policies

해설 문맥에 적합한 명사 어휘를 선택하는 문제. 첫 문장에서 지난달 출장을 다녀온 뒤에 경비 보고서를 제출한 것에 감사하는 뜻을 표한 다음에는 경비 보고서를 작성할 때 지켜야(따라야) 하는 몇 가지 지침이나 정책들(policies)을 알려주겠다고 제시한 것이 적합하다. 따라서 '정책, 방침' 등을 나타내는 (D) policies가 정답이 된다.

어휘 charge 청구 금액, 요금 proposition 제안, 제의 contradiction 부정, 모순

148 (A) Instead

해설 빈칸 뒤에 콤마가 있으므로 빈칸은 부사나 접속부사가 들어갈 자리이다. 접속사인 (C) unless 와 (D) whereas는 소거. 나머지 보기 중에서 의미를 보고 정답을 찾아야 하는데 문장의 논리상 앞에서 본인이 사인을 하는 경우 법적인 효력이 없다는 내용이 나오고 뒤에서는 자신이 사인을 하지 않고 대신 상사가 사인을 해야 한다는 내용이 나오므로 빈칸에는 (접속)부사 instead가 와야 된다.

어휘 likewise 마찬가지로 unless ~하지 않는 한 whereas 반면에

149 (A) full

해설 빈칸 뒤의 수량명사 amount를 수식할 수 있는 적합한 형용사를 찾는 문제. 문장이 비교급의 형태가 아니므로 (B) fuller는 소거. 동사 자리가 아니므로 (C) fills 또한 소거한다. 빈칸은 뒤의 명사를 수식하는 자리이므로 선택지 중 형용사 형태인 (A) full이 정답이 된다.

문제 150-152는 다음 편지를 참조하세요.

Dr. James에게,

James Medical Clinic의 직원에 의해 받은 서비스에 만족하여 이 편지를 씁니다. 저는 지난 3년 동안 귀 병원에 여러 번 방문을 하였는데 그때마다 귀 병원의 직원이 예의바르고 프로다운 모습을 보여주는 것을 직접 보았습니다. 5월 10일에 귀사의 접수원인 Catherine Zeta가 진찰이 막 종료되기 전에 갔음에도 Dr. James와의 진료 약속을 잡아주신 것은 기대 이상이었습니다. Ms. Zeta가 그날 제게 해주었던 서비스는 진심으로 훌륭했습니다.

진심으로,

Adam Smith

어휘 would like to + 동사원형 ~하고 싶다 be pleased with ~에 만족해 하다 firsthand 직접 courtesy 공손함, 정중함 professionalism 전문성 display 전시하다, 보여주다 practice (의사 변호사 등 전문직 종사자의) 사무실, 업무, 영업 receptionist 접수원 exceed someone's expectation 기대치를 능가하다 arrange 처리하다, 정리하다 last minute 최후의 순간 막판 appointment 약속 truly 진심으로

150 (B) treated

해설 빈칸은 be동사 뒤에 나올 분사나 준동사를 고르는 문제이다. 빈칸 뒤에 목적어 없이 by your staff가 나온 것으로 보아 수동태가 되어야 하므로 과거분사인 treated가 정답이다.

151 (C) consistently

해설 문맥상으로 '진찰을 받을 때 얼마나 꾸준히(지속적으로) 친절함과 전문성을 보여주었는지를 직접 봤다'는 의미이므로 지속적이고 꾸준하다는 의미의 부사인 consistently가 가장 적절하다.

어휘 successively 연속적으로 narrowly 간신히 selectively 선별적으로

152 (A) service

해설 The ------ that Ms. Zeta provided that day가 이 문장의 주어이다. 즉, '그날 Ms. Zeta가 제공한 ------가 참으로 훌륭했다'는 내용의 문장이므로 문맥상 빈칸에는 service가 들어가는 것이 가장 적절하다.

어휘 policy 정책 preparation 준비 training 훈련, 교육

Ustar TOEIC Reading

→→→→→→ Part

7

Answers

Chapter 2 이메일 / 편지

Lesson 1 글을 쓴 목적을 묻는 질문

Test 1 문제 01은 다음 편지를 참조하세요. p.377

2002년 6월 22일
Ms. Kris Ward
Waverly가 856번지
프랑스, 리옹시

Ms. Ward께,

(01) 제 사업과 연관된 법률적인 문제에 관해서 도움을 더 요청하기 위해 이 편지를 씁니다. 저희 직원 한 사람을 해고할 수 있는 법적 근거가 있는지의 여부를 알고 싶습니다.

전에 수석 판매자로 임명된 Ms. Georgette Kostanza씨를 고용할 때 귀하에게 의뢰하여 고용 계약서를 작성한 바 있습니다. 제가 면접을 보았던 당시에는 그녀는 자질이 있는 것처럼 보였지만, 최근 그녀의 업무는 질적인 면에서 상당히 떨어졌습니다. 그녀는 지난 다섯 달 동안 판매 할당량을 채우지 못했고, 자주 결근을 하였습니다.

어휘 request 요청하다 further 게다가, 더 assistance 도움 concerning ~에 관하여 legal 법(률)의 matter 문제 related to ~와 관련한 whether or not ~인지 아닌지 legal ground 법적 근거 terminate 끝내다 contract 계약 employee 직원 previously 이전에, 미리 draw up 작성하다 hire 고용하다 appoint 임명하다 head salesperson 수석 판매원 be qualified 자질이 있다 interview 인터뷰하다 lately 최근에 severely 심하게 lack in ~이 부족하다 quality 자질 fail to + 동사원형 ~하는 데 실패하다, ~하지 못하다 meet ~을 충족시키다 sales quota 판매 할당량 absent 결근하는

01 편지를 쓴 이유는 무엇인가?
(A) 인터뷰 날짜에 관하여 Ms. Ward에게 알리기 위해
(B) 채용에 관해 알리기 위해
(C) 법적 조언을 얻기 위해
(D) 이전 직원을 추천하기 위해

해설 편지를 쓴 이유를 묻는 유형으로 질문의 키워드는 why, letter이다. 업무 서신의 목적을 묻는 문제는 지문의 처음 두 줄을 유심히 읽어보아야 한다. 본문에서 I'm writing to ~(~하기 위해서 글을 쓰고 있다)라는 표현은 지문의 주제나 목적을 나타낼 때 주로 사용되는 표현이다. 첫 번째 문장인 I am writing to request further assistance from you concerning a legal matter related to my business(제 사업과 연관된 법률적인 문제에 관해서 도움을 더 요청하기 위해 이 편지를 씁니다)에서 편지를 쓴 목적이 법률적인 문제에 관한 도움을 얻기 위해서라는 것을 확인할 수 있다. 따라서 정답은 (C)이다.

지문에 interview와 관련된 내용은 있지만, Ms. Georgette Kostanza를 면접 봤던 것을 언급하고 있을 뿐 면접일자에 대해 알리고 있는 것은 아니므로 (A)는 오답이 된다. (B)의 job opening(채용)에 관한 내용은 언급되지 않았으므로 정답이 될 수 없다. 본문 두 번째 단락에서 직원에 대한 언급이 있지만, 두 번째 단락 세 번째 줄 but 이하에 그녀의 업무 성과가 질적으로 떨어진다는 내용으로 미루어 봐서 (D)는 답이 될 수 없다.

Test 2 문제 02는 다음 이메일을 참조하세요. p.377

발신: Maria Petrovsky ⟨mariapetro@onlineshop.com⟩
수신: 고객 서비스 직원 ⟨undisclosed recepients⟩
제목: 고객 이메일 처리 방법
날짜: 1월 7일

요즘 많은 고객들이 전화를 하기 보다는 이메일을 보냅니다. (02) 그래서 우리는 고객의 이메일에 대산 답신을 표준화하려고 합니다. 이메일로 고객에게 응답할 때는 다음 사항들을 기억해 주시길 바랍니다.

• 주제를 꼭 쓰십시오. 주제에는 메시지의 내용을 요약해야 합니다. 또한 귀하의 고객 서비스 ID 번호도 써넣으셔야 합니다. 그렇게 하면 우리가 고객을 식별하는데 도움이 될 것입니다.
• 이메일을 보내기 전에 철자에 실수가 없는지 확인하시길 바랍니다.
• 우리 회사의 로고가 이메일의 시작 부분에 있어야 합니다. 로고 삽입 방법을 모르신다면 직속상사에게 물어보십시오.

Maria Petrovsky
고객 서비스 책임자

어휘 standardize 표준화하다 guideline 지침 subject 주제 summarization 요약, 개괄 identify 확인하다 supervisor 직속상사, 책임자 purpose 목적 inquire about ~에 관해 묻다

02 이 이메일의 목적은 무엇인가?
(A) 고객의 주소를 요청하기 위해
(B) 직원 이메일 사용을 묻기 위해
(C) 가장 알맞은 고객 서비스 전화를 설명하기 위해
(D) 답변에 대한 지침들을 알려주기 위해

해설 문제의 키워드가 what, purpose, e-mail로 이메일의 목적을 묻고 있다. 이와 같이 주제나 목적을 묻는 문제는 주로 지문의 상단부에 그 내용이 언급된다. 첫 번째 단락에 있는 So we are going to standardize a format for replying to customer e-mails를 보면 이메일의 목적을 알 수 있다. 즉 이메일에 답변하는 표준 양식을 만들었으니 이 양식을 따라달라는 내용이므로 정답은 (D)가 된다.

Lesson 2 발신/수신인과 관련된 정보를 묻는 질문

Test 1 문제 01은 다음 이메일을 참조하세요. p.379

발신: Mary ⟨marymara@tulanefinance.com⟩
수신: Janice ⟨janicemoon@tulanefinance.com⟩
　　　Derrick ⟨derrick@tulanefinance.com⟩

두 분 모두 토요일의 정보 박람회에 참석하기 때문에 각자의 임무에 대해 다시 한 번 알려드리고자 합니다.

Janice: (01) 공급업자들을 맞이하고 이름표를 달아주세요. 절대 미소를 잊지 마세요.

Derrick: 안내소에서 사람들에게 안내책자를 나누어주는 일을 담당합니다.

우리는 금요일에 마지막으로 세부사항을 검토하기 위해 만날 것입니다. 걱정하지 마세요. 잘 할 수 있을 겁니다.

어휘 participate in ~에 참가하다 fair 박람회 remind A of B A에게 B를 상기하다 respective 각자의, 각각의 duty 임무 be responsible for ~에 대해 책임이 있다 greet 맞이하다, 인사하다 provider 공급자 make sure (that) + 주어 + 동사 반드시 ~을 하도록 하다 name tag 이름표 in charge of ~을 책임지고[맡고] 있는 hand ~을 건네주다 brochure 소책자 information booth 안내소 go over ~을 점검[검토]하다 monitor 감독하다 organize 준비하다

01 Janice의 업무는 무엇인가?
(A) 부스를 설치하는 것
(B) 박람회를 감독하는 것
(C) 안내책자를 준비하는 것
(D) 공급업자들에게 이름표를 주는 것

해설 편지에 등장하는 인물에 관한 정보를 묻는 유형으로 질문의 키워드는 Janice, responsibility이다. 편지를 보낸 사람과 받는 사람에 관련된 사항은 서식이나 제목 글에서 확인할 수 있다. 우선, 본문 상단에서 Janice가 편지를 받는 사람이라는 것을 알 수 있다. 지문에서는 키워드인 Janice라는 이름이 직접 제시되었으므로, 지시사항을 유의해서 살펴야 한다. 질문의 키워드인 responsibility가 are responsible for로 패러프레이징된 본문 세 번째 줄 You are responsible for greeting each provider and making sure they get a name tag(공급업자들을 맞이하고, 이름표를 달아주세요)에서 공급업자들에게 이름표를 달아주는 일을 담당한다고 하였으므로 (D)가 정답이 된다. 본문의 they get a name tag이 (D)에서는 give providers name tags로 패러프레이징되었다.

(A)의 booth가 본문에 제시되긴 했지만, 부스를 설치하는 내용은 언급되지 않았다. (B)의 fair는 본문에서는 fair의 명칭만 등장하였다. (C)의 경우, 본문 다섯 번째 줄에서 brochure라는 단어가 등장하지만, 사람들에게 나누어 줄 안내책자라는 의미이지 안내책자를 준비하는 내용은 아니므로 오답이 된다.

Test 2 문제 02는 다음 공지를 참조하세요. p.379

(02) 인도네시아로 입국하게 되면 성인은 각자 면세인 알코올류 음료 최대 1리터와 200개피 담배, 50대 시가, 또는 100 그램 잎담배 중 한 가지를 가져오는 것이 허용됩니다. 카메라, 비디오 카메라, 휴대용 라디오, 카세트 녹음기, 쌍안경 및 스포츠 장비들은 출국할 때 가지고 나갈 것이라면, 가지고 들어오는 것을 허용합니다. 그것들은 신고 되어야만 합니다. 금지된 품목은 화기, 마약, 외설물, 중국 인쇄물 및 약품, 휴대용 소형 무선 전화기 및 무선 전화기입니다. 필름, 이미 녹화된 비디오테이프, 그리고 레이저 디스크는 검열 위원회에서 조사를 받아야만 합니다. 출입국을 할 때 외화나 여행자 수표 이용에 대한 제한은 없습니다. 그러나 5백만 루피아를 넘은 인도네시아 화폐의 수입과 수출은 금지되어 있습니다.

어휘 tax-free 면세인 a maximum of 최대 ~인 be allowed to ~하는 것을 허락하다 cigarette 담배 cigar 시가 leaf tobacco 잎담배 portable 휴대용의 binoculars 쌍안경 admit 허용하다, 허락하다 provided 만약 ~라면 declare (세관에서) 신고하다 prohibit 금지하다 firearm 화기 narcotic 마약 pornography 외설물 transceiver 휴대용 소형 무선 전화기 cordless telephone 무선 전화기 pre-recorded 이미 녹화된 screen 조사하다, 확인하다 restriction 제한, 한정 foreign currency 외화 traveler's check 여행자 수표 hard currency 현금 exceed 초과하다 Rp. 루피아(인도네시아 화폐 단위)

02 이 공지는 누구를 위한 것인가?
(A) 여행자
(B) 공무원
(C) 보안요원
(D) 공항 검색원

해설 전체 지문을 통해 이 공지가 누구를 위한 글인지를 파악하여야 한다. 문단에서 관련된 어휘들을 통해 이 글의 대상을 파악하는 것이 중요하다. entry, tax-free, upon departure, declared, foreign currency, traveler's checks 등 여행자들의 출입국 주의 사항과 관련된 어휘와 내용들을 통해 이 글이 여행자들을 위한 공지임을 추측할 수 있다. 따라서 정답은 (A) Tourists(여행자)이다.

Lesson 3 구체적인 정보(키워드)를 묻는 질문

Test 1 문제 01은 다음 이메일을 참조하세요. p.381

발신: Elena Ahn ⟨elenaahn@digitalservice.com⟩
수신: Isaac Burke ⟨isaacb@serviceaid.com⟩
주제: 주문 관련 사항
날짜: 1월 17일

(01) 기다리시는 동안 고객님의 계좌로 금액을 환불해드렸습니다. 이것으로 저희 잘못이 시정되고 저희가 끼친 다른 불편사항도 해소되기를 바랄 뿐입니다.

어휘 regarding ~에 관하여 order 주문 in the meantime 그 동안, 그 사이에 credit ~에 입금하다 account 예금 계좌 appropriate 적절한 amount 금액 sufficient 충분한 correct 바로잡다, 정정하다 error 잘못, 실수 address (문제 등을) 다루다 inconvenience 불편 cause 야기하다

01 Ms. Ahn은 이미 어떠한 조치를 취했는가?
(A) 배송 일정 변경
(B) 추가적으로 상품 배송
(C) 금액 환불
(D) 파손 상품을 교체

해설 Ms. Ahn이 이미 조치를 취한 행동이 무엇인지를 묻는 문제로, 질문의 키워드는 Ms. Ahn, arranged이다. 키워드에 관하여 구체적인 사항을 묻는 유형에서는 키워드를 잡고, 키워드와 관련 내용이 어디에서 등장하는지 확인해야 한다.

편지글 상단에서 Ms. Ahn이 편지를 보내는 사람임을 알 수 있다. 첫 번째 문장인 In the meantime, we have credited your account for the appropriate amount(기다리시는 동안 고객님의 계좌로 금액을 환불해드렸습니다)에서 금액을 환불했다는 것을 알 수 있다. 지문의 credit your account ~가 보기 (C)에서는 refund of some money(금액 환불)로 패러프레이징되었다. 따라서 정답은 (C)이다.

본문에서 delivery(배송)에 관하여 언급된 내용은 없으므로 보기 (A)와 (B)는 오답이며, (D)의 replacement(교체)에 관해서도 언급된 바가 없으므로 정답이 될 수 없다.

Test 2 문제 02는 다음 공지를 참조하세요. p.381

Daily Tech
가장 믿을 만한 첨단 기술 소식지

독자 여러분께,

오늘, 기분 좋은 소식을 알려드립니다. 다음 주부터 독자 여러분들은 매주 월요일 저희 신문에서 '유레카'라는 새로운 섹션을 만나게 되실 겁니다. 이 새로운 섹션은 종전에 다른 섹션에서 다뤘던 퍼즐, 첨단 기술 소식, CEO 인터뷰 등 유용한 정보와 함께 신선하고 흥미로운 특집기사로 채워질 것입니다. 또한, Carlos Gutierrez의 인기 테크놀러지 칼럼과 여러분들이 2년 연속 최고의 평론가로 선정한 Frederick Mann의 제품 비평도 볼 수 있을 것입니다. **(02)** 아울러 국내 최고 비즈니스 컨설턴트인 Michael Alushin의 새로운 전문가 진단 칼럼도 읽어보시게 될 것입니다.

'유레카'는 다음주부터 Daily Tech 웹사이트에도 게재됩니다. 유레카온더웹은 여러분의 의견과 지역소식 그리고 사진을 게시할 수 있는 새로운 독자 이용 공간을 운영할 것입니다. 다음 주 월요일인 3월 13일에 http://www.dailytech.com/eureka 로 접속해 보시기 바랍니다.

충심으로,
Paul Borelli
부사장 드림

어휘 subscriber 구독자 insert 삽입물 unique 유일무이한, 독특한 feature 특집 기사 previously 이전에 besides (부사) 게다가, 그 외에 product 제품 in a row 한 줄로, 연속으로 leading 일류의, 이끄는 respectfully (편지 등의 말미에 사용하는 인사말) 충심으로

02 첫 칼럼 연재를 시작한 사람은?
(A) Carlos Gutierrez
(B) Frederick Mann
(C) Michael Alushin
(D) Paul Borelli

해설 첫 칼럼 연재를 시작한 사람이 누구인지, 키워드를 중심으로 구체적인 정보를 찾아내는 유형이다. 이런 문제는 지문의 중간에서 하단부에 걸쳐 문제 해결의 단서가 있는 경우가 많다. 질문의 started writing column을 키워드로 삼아, 관련된 문장 속에서 정답을 찾아야 한다. 지문에서 첫 번째 단락 맨 마지막 줄인 You will also find our new advice column by the state's leading business consultant, Michael Alushin 에서 새로운 전문가의 조언 칼럼을 읽어 보게 될 것이라 언급하고 있다. 이를 통해 새로운 컬럼 연재가 시작됨을 알 수 있으므로, 정답은 (C) Michael Alushin 이다.
지문에서 (A) Carlos Gutierrez는 인기 테크널러지 관련 칼럼을, (B) Frederick Mann은 제품 비평을, (D) Paul Borelli는 부사장이기에 오답이 된다.

Lesson 4 요청, 제안, 수단, 방법을 묻는 질문

Test 1 문제 01은 다음 이메일을 참조하세요. p.383

발신: Nolan Ryan
수신: Lance Armstrong

주제: 주문 관련 사항

저는 목요일 오후 2시에 귀하의 사무실에서 추가 물품을 가져갈 예정입니다. 서류에 서명해주실 분이 필요하므로 **(01)** 누구든 그 곳에 있어 주시길 부탁드립니다.

진심으로,
Nolan Ryan
배송 부서

어휘 order 주문 make an arrangement 조치를 취하다 pick up 가져가다, 집어 들다 extra 추가의 sign 서명하다 form 서류 available 이용 가능한 return 돌려주다

01 Mr. Ryan은 화요일에 Mr. Armstrong에게 무엇을 요청하고 있는가?
(A) 서류에 서명할 사람을 사무실에 대기시켜라
(B) 반송된 이메일을 보내라
(C) 직원이 3시에 서류를 다시 보내라
(D) 추가 물품을 사무실로 보내라

해설 Mr. Ryan(발신인)이 Mr. Armstrong(수신인)에게 요청한 것이 무엇인지를 묻는 유형으로, 질문의 키워드는 Mr. Ryan, Mr. Armstrong, ask to do이다. 요구나 요청을 할 때는 주로 you should, must, have to ~(~하셔야 합니다)라는 구문이 사용된다. 본문의 Someone has to be there to sign a form, so please have someone available(누군가 그곳에서 서류에 서명을 해야 해서, 누구라도 그 곳에 있어 주시길 부탁드립니다)라는 문장을 통해서 sign the form이란 키워드가 있는, '서류에 서명할 수 있는 누군가를 대기시켜라'라는 (A)가 정답이다.
(B)의 e-mail에 관한 내용은 언급된 바가 없으며, 본문에 제시된 시간은 추가 물품을 가져가기로 한 약속 시간이며, 제시된 시간도 다르기에 (C)도 오답. (D)에서 extra item에 관한 사항이 본문에 제시되어 있지만, 보기처럼 사무실로 보내는 것이 아닌, 물건을 가져가는 것이므로 정답이 될 수 없다.

Test 2 문제 02는 다음 이메일을 참조하세요. p.383

수신: 전 직원
(02) 발신: Julian Amador
제목: 송별회
일시: 2007년 8월 2일

직장 동료들께,

모두 알고 계시는 바와 같이, Christopher Booth가 9월 말에 KM & G사를 퇴직하게 되었습니다. Christopher는 KM & G 에 약 40년간 몸담아 왔습니다. 그는 1966년 마케팅부에서 처음으로 회사 일을 시작하였고 15년 후에는 영업부로 옮겨서 20년을 근무했습니다. 마지막 5년은 회사 부사장으로 근무했는데, 그 동안의 일로 우리는 앞으로 Christopher를 상당히 그리워할 것입니다.

우리는 10월 15일 피가로 식당에서 공식적인 송별회를 개최할 예정입니다. **(02)** 참석할 수 있는 분은 저에게 알려주시기 바랍니다. Christopher의 선물을 준비하는데 돈을 기부하고자 하시는 분은 판매부의 Don Johnson 또는 Susan Boyles에게 연락바랍니다.

(02) Julian Amador

어휘 farewell banquet 송별회 colleague 동료 retire 은퇴하다 start out 일에 착수하다 move 부서를 옮기다 be able to do ~할 수 있다 attend 참석하다 would like to do ~하고 싶다 contribute ~을 기부하다

02 참석을 원하는 직원은 누구에게 연락해야 하는가?
(A) Julian Amador
(B) Karen Short
(C) Don Johnson
(D) Susan Boyles

해설 특정 조건에 대한 요청, 수단, 방법 등을 묻는 질문은 주로 글의 후반부에 문제의 해결 단서가 제시된다. 문제에서 contact if they want to attend를 키워드로 삼아, 본문에서 이와 관련된 문장에서 정답을 찾아야 한다. 지문 두 번째 단락 첫 번째 줄에 문제의 키워드인 contact, attend가 포함된 Please contact me if you will be able to attend가 보인다. 참가할 수 있는 사람은 저에게 연락할 것을 부탁한다는 내용이다. 여기서, '저(me)'는 편지를 쓴 발신인(글쓴이)을 의미한다. 편지 글에서 맨 윗줄의 발신인(From)과 글 맨 아래 이름을 통해서 발신인이 Julian Amador임을 알 수 있다. 따라서 정답은 (A) Julian Amador이다.

Lesson 5 미래 상황을 묻는 질문

Test 1 문제 01은 다음 이메일을 참조하세요. p.385

올해부터 새로운 전통을 시작하게 됩니다. 5월 8일 Dynasty Hotel에서 개최되는 본 시상식은 건축 행사에서 중요한 이벤트가 될 것입니다. 행사에는 다섯 단계의 코스요리와 경매, 그리고 시상이 포함됩니다. (01) 경매에서 얻는 수입금은 새로운 건물을 짓고 우리 젊은이들과 지역사회를 후원하는 교육 사업 지원금으로 사용될 것입니다.

어휘 inaugurate (새로운 발전·중요한 변화를) 시작하다 awards ceremony 시상식 gala 경축 행사 include 포함하다 auction 경매 presentation 수여 proceeds (물건 판매·행사 등을 하여 얻는) 수입금 be used to + 동사원형 ~을 하는 데에 사용되다 educational project 교육 사업 youth 젊은이 community 지역사회 enhancement 증진 expense 비용 association 협회 administrative 행정상의 initiative 계획

01 경매로 얻는 수입금은 어떻게 사용될 것인가?
(A) 지역사회 지원 프로그램
(B) 경축 행사의 비용
(C) 협회의 행정 비용
(D) 지역 사업 계획

해설 미래의 일정이나 상황을 묻는 유형으로, 질문의 키워드는 money, auction, be used이다. 미래의 상황을 묻는 질문에 대한 구체적인 정보들은 주로 문서의 후반부에 등장하며, 키워드 중심으로 답을 찾아야 한다. 미래에 일어날 일이나 할 일에는 미래시제인 will이 자주 사용된다. 질문의 키워드인 money raised from the auction은 본문 세 번째 줄에서는 Proceeds from the auction(경매에서 얻는 수입금)으로 패러프레이징되었다. 보기 (A) Community enhancement programs는 본문에서는 support our youth and our community로 바뀌어 표현되었다. 지역사회를 후원하는 교육 사업에 사용될 거라고 했으므로 정답은 (A)이다.

(B)의 gala(경축 행사)도 본문에서 제시되긴 했지만, 본 시상식이 주된 행사라는 점을 설명해주기 위해 나온 것이다. (C)와 (D)의 내용은 본문에 언급되지 않은 사항이므로 오답이다.

Test 2 문제 02는 다음 팩스를 참조하세요. p.385

팩스

수신: Bent Bolstad (040-249-2561)
발신: Fred Campbell (040-584-9578)
제목: 임대 계약
전달사항:
귀하의 요청대로 임대계약서 전문을 보내드립니다.
본 서류는 단지 계약서 사본임을 유념하시기 바랍니다.
원본은 저희 사무실에 보관하고 있으니 영업일 기준 10일 이내에 서명하셔야 합니다.
(02) 기일 내에 서명하지 않을 경우에는 귀하의 요청일인 7월 20일에 콘도를 이용하실 수 없습니다.
감사합니다.
Fred Campbell

어휘 recipient 수신자 sender 발신자 remarks 내용, 제목 agreement 협의서, 계약서 full text 전문(전체 서류) original draft 원본 business day 영업일, 업무를 하는 평일 occupy 이용하다, 거주하다, 점유하다

02 Mr. Bolstad는 7월 20일에 무엇을 할 계획인가?
(A) 계약서 서명
(B) Mr. Campbell의 사무실 위치 확인
(C) 콘도로 입주
(D) 팩스 수신 확인서 전달

해설 아직 일어나지 않은 미래의 특정한 날짜를 키워드로 삼아 어떤 일이 발생할지 구체적인 정보를 물어보는 문제이다. 키워드를 중심으로 본문에서 상세한 내용을 확인하여야 한다. 문제에서 July 20(7월 20일)을 핵심 키워드로 잡아 지문에서 키워드가 들어간 문장을 찾는다. 지문의 맨 마지막 줄인 If it is not signed in that time, the condominium cannot be occupied on July 20, the day you requested에서 기일 내에 서명을 하지 않으면, 당신이 요청한 7월 20일에 콘도를 이용할 수 없다는 내용을 통해서, you을 의미하는 Mr. Bolstad가 콘도에 입주할 계획이었다는 것을 알 수 있다. 따라서 정답은 콘도로 입주한다는 의미인 (C) Move into the condo이다.

Lesson 6 전체 지문의 정보를 묻는 질문

Test 1 문제 01은 다음 이메일을 참조하세요. p.387

8월 12일
친애하는 가족, 친구, 그리고 동료들에게.
가치 있는 일을 도울 수 있는 특별한 기회를 여러분께 알려드리기 위해 이 편지를 씁니다. 저는 (01) National Cross Country 협회의 주최로, 9월 10일 토요일에 열리는 제 15회 연례 자선 달리기 행사에 참가할 예정입니다. 이 행사를 위한 준비로, 저는 일주일에 서너 번씩 17킬로미터 정도를 달리고 있습

171

니다. National Cross Country 협회는 (01) 경주자들의 지구력을 위한 훈련은 물론, 안전하고 건강한 운동과 식습관 개선을 도와주는 비영리 단체입니다. 우리는 금전 및 물품을 기부 받아 전 세계적으로 가치 있는 일에 보내고 있습니다. 저희 지역 지부는 현재 (01) 가난한 지역의 아이들을 위한 백신주사 비용을 지불하기 위한 기금을 모으고 있습니다.

어휘 colleague 동료   inform A of B A에게 B를 알리다   unique 독특한   worthwhile cause 가치 있는 일   participate in ~에 참가하다   charity 자선   run 달리기   sponsor 주최하다, 후원하다   cross country 트랙이 아니라 자연적인 길을 달리는 것   not-for-profit organization 비영리단체   dietary habit 식습관   endurance 지구력, 참을성   monetary 금전적인   donation 기부   direct ~을 보내다   worthy cause 가치 있는 일   chapter 지부   raise 모금하다   impoverished 가난한

01 National Cross Country 협회가 지원하는 활동이 아닌 것은?
 (A) 조깅하는 사람들을 훈련시키는 일
 (B) 건강 비디오를 제작하는 일
 (C) 자선행사를 후원하는 일
 (D) 아이들에게 면역 주사를 맞히는 일

해설 National Cross Country 협회가 지원하는 활동이 아닌 것을 찾는 문제로, NOT Question 유형이다. 이런 유형의 문제는 세부적인 항목들을 꼼꼼히 살펴야 하는데, 키워드를 중심으로 본문과 보기를 비교하여 소거법으로 문제를 풀어야 한다.

우선 질문의 키워드를 activity, National Cross Country Association으로 잡는다. 보기 (A)는 Training joggers가 키워드로, 본문 다섯 번째 줄에서 train for endurance events(지구력을 위한 훈련)를 확인할 수 있다. 보기 (C)의 키워드는 Sponsoring charity events로 본문 두 번째 줄에서 15th Annual Charity Run on Saturday, September 10th sponsored by the National Cross Country Association(National Cross Country 협회 주최로 9월 10일 토요일에 열리는 제 15회 연례 자선 달리기 행사)에서 확인이 가능하다. 보기 (D)는 Immunizing children이 키워드로 본문 마지막 줄의 pay for vaccinations for children(아이들을 위한 백신주사)에서 확인할 수 있다. 그러나 보기 (B) Producing health videos에 관한 사항은 본문에 언급된 내용이 없다. 따라서 정답은 (B)이다.

Test 2 문제 02는 다음 이메일을 참조하세요.   p.387

보내는 사람: Martin Wagner
 〈mwagner@vargaps.com〉
받는 사람: 모든 고객 서비스 담당자
주제: 고객의 이메일에 답변하기
날짜: 8월 12일

여러분 모두가 아시다시피 요즘에는 고객들이 전화보다 이메일로 많은 질문을 합니다. 그러므로 우리는 고객들에게 나가는 모든 이메일에 대하여 표준 양식을 만들기로 결정하였습니다.

여러분들이 고객에게 응답할 때에는, 다음 사항을 기억해주시기 바랍니다.

• (02) 제목을 쓰는 것을 잊지 마십시오. 제목은 메시지의 내용을 요약하셔야 합니다. (02) 귀하의 ID 숫자도 역시 포함해주십시오. 이것은 우리가 귀하의 고객을 식별하는 데 도움을 줍니다.

• 이메일을 보내기 전에는 철자를 실수했는지 점검하시기 바랍니다. 철자 실수는 우리를 비전문적으로 보이게 만듭니다.

• (02) 우리 회사의 로고가 이메일의 시작 부분에 있어야 합니다. 직속상관이 여러분의 이메일에 로고를 삽입하도록 도와줄 것입니다.

회사 양식에 관하여 질문이나 제안이 있으시면, 내선번호 242번으로 연락하시면 됩니다.

Martin Wagner
고객 담당 부서장

어휘 standard format 표준 양식   check for 검사하다, 점검하다   logo 로고(조직, 회사 등을 나타내는 마크)   insert 삽입하다, 끼워넣다   extension 내선, 연장

02 고객들에게 가는 이메일에 포함해야 하는 것으로 언급되지 않은 것은 무엇인가?
 (A) 주제
 (B) 회사로고
 (C) 관리자의 이름
 (D) 고객서비스 ID숫자

해설 (A)는 첫 번째 주의사항을 보면 제목을 포함하라고 나와 있고, (D) 역시 첫 번째 주의사항에서 고객서비스 ID번호를 포함하라고 했으며, 세 번째 주의사항에 회사의 로고를 말하고 있으므로 (B) 역시 고객들의 이메일에 포함되어야 하는 내용이다. 하지만 관리자의 이름에 대한 언급은 없으므로 정답은 (C)가 된다.

Chapter 3 기사

Lesson 1 기사의 주제를 묻는 질문

Test 1 문제 01은 다음 기사를 참조하세요.   p.391

Commonbelt 지역은 양봉에 흠뻑 빠지다
Albert Forbes 기자

Commonbelt, 7월 12일 – 지난 주 토요일 Commonbelt 주민들은 Golden가에 있는 (02) Open Valley Farm에서 열린 일련의 다섯 가지 워크숍 중 첫 번째 워크숍에서 벌을 기르는 것이 어떤 건지 알아볼 기회를 갖게 되었다. 농장에서 참가자들은 벌통 만드는 법을 배웠다.

어휘 be excited in ~에 흥분하다   beekeeping 양봉, 꿀을 얻기 위해 벌을 기르는 것   opportunity 기회   the first of a series of 일련의 ~중 첫 번째   participant 참가자   how to ~하는 방법   analyze 분석하다   harvest 수확   describe 묘사하다, 설명하다   identify 확인하다

172

01 기사의 목적은 무엇인가?
    (A) 이 지역에서 제일 잘 자라는 식물의 유형을 분석하기 위해
    (B) 최근 몇 년 동안 수확량이 좋지 않은 이유를 설명하기 위해
    (C) 지역 회사가 제공한 서비스를 설명하기 위해
    (D) 이 지역에서 꿀을 판매하는 상점을 알아보기 위해

해설 기사의 목적을 묻는 문제 유형으로 질문의 키워드는 purpose, article이다. 기사에서 주제나 목적은 대부분 지문의 초반부에 제시된다.

본문 세 번째 줄 people in Commonbelt had an opportunity to see what beekeeping is like (Commonbelt 주민들은 벌을 기르는 것이 어떤 건지 알아볼 기회를 갖게 되었다)와 participants learned how to build a home for bees(참가자들은 벌통을 만드는 법을 배웠다)라는 구문을 통해, Open Valley Farm에서 지역 주민들을 위해 제공하는 프로그램의 내용을 다루고 있음을 알 수 있다. 따라서 지역 회사가 제공하는 서비스를 설명하기 위한 것이라고 말한 (C)가 정답이다.

나머지 (A), (B), (D)는 지문에서 관련된 내용이 없으므로 오답이 된다.

Test 2 문제 02는 다음 기사를 참조하세요.   p.391

시상수도 급수관 보수 및 유지 기술

(02) Eastern Waterworks사는 상수도의 급수 체계의 문제점들을 확인하기 위해, 가장 최신의 보수 및 유지 기술을 이용하고 있다. 문제가 발생할 수 있는 곳을 사전에 탐지하여 급수관 및 이와 관련된 장비들을 수리하는 데에 소요되는 비용을 절감하기 위해 초음파 비디오 카메라 촬영 기술이 이용되고 있는 것이다.

지난 3년 동안, 회사의 보수 및 유지 부서는 그 지역의 급수관, 지관, 펌프, 밸브 및 관련된 장비들에 대해 모두 초음파 검사를 실시했다. 지역 협력 업체가 담당하고 있는 이 방법은 궁극적으로 누수나 파열될 수 있는 '사고가 발생할 수 있는 지점'을 검사하기 위해 휴대용 초음파 카메라가 사용된다.

어휘 employ 사용하다 up-to-date 최첨단의 maintenance technology 보수 및 유지 기술 identify 확인하다 water distribution system 급수 시설 ultrasound 초음파 videography 비디오 카메라 촬영 utilize 이용하다 unveil 밝히다, 찾아내다 potential defect 잠재적 결함 water mains 급수 본관 interrelated apparatus 관련된 장비 maintenance division 보수 및 유지 관리 부서 ultrasound scanning 초음파 검사 feeder 지관 valve 밸브 carry out ~을 수행하다, 이행하다 local subcontractor 지역 협력 업체 procedure 절차, 방법 hotspot 사고가 발생할 수 있는 중요한 지점 portable 휴대용의 outage 누수 seepage 누출 bursting 파열

02 조사의 목적은 무엇인가?
    (A) 급수 시스템의 결함을 드러내기 위해
    (B) 수리반원들이 신속하게 수리하는지 확인하기 위해
    (C) 최첨단 기술이 실제로 쓸모가 있는지 조사하기 위해
    (D) 수도관을 수리하는데 필요한 새로운 장비를 찾기 위해

해설 조사의 목적에 관한, 기본적인 정보를 찾는 문제이다. 보통 목적을 묻는 문제에 관한 근거는 지문 초반부에 드러난다. 질문에서 purpose와 inspection을 키워드로 잡고 관련 문장을 본문에서 찾아야 한다. 지문 첫 번째 단락 첫 번째 줄인 Eastern Waterworks Company is employing the most up-to-date maintenance technology to identify problems in the water distribution system에서 Eastern Waterworks 사는 급수 시설 시스템의 문제점을 확인하기 위해 최첨단 기술을 사용하고 있다고 말을 하고 있고, 그 다음의 내용에서 최첨단 기술에 대해 보충 설명을 하고 있다. 아래 보충 내용에 의하면, 최첨단 기술은 초음파 비디오 카메라 촬영이며, 이는 잠재된 결함을 드러내는데 이용되고 있다고 한다. 또한 두 번째 단락에서 누수나 파열될 수 있는 '중요한 지점'을 검사하기 위해 휴대용 초음파 카메라가 사용된다고 말하고 있다. 따라서 정답은 (A) To expose defects in the water system이다.

Lesson 2 구체적인 사례나 일과 관련된 사실 여부 확인 질문

Test 1 문제 01은 다음 기사를 참조하세요.   p.393

(CALGARY) – (01) 통신회사인 Reading Enterprises는 어제 국제적인 휴대폰 공급 회사인 North Star를 인수하겠다는 합의서에 서명하였다. Reading사는 North Star사를 매입하기 위해 5,520만 달러를 지불할 예정이다. 그 합병은 음성 서비스 주요 제공 업체인 Reading사의 명성을 높여줄 것으로 예상된다. 현재 North Star사는 캐나다 중부 지역 휴대폰 시장의 85%를 점유하고 있다.

"두 회사의 합병은 업계의 주요 회사가 되는 데 있어 중요한 단계입니다." Reading사의 최고경영자 Cindy Andrews는 이렇게 말했다. "Reading사는 North Star사와 함께 21세기 통신 업계를 이끌 것입니다. 우리는 더 크게 확장할 준비가 되어 있습니다."

어휘 Calgary 캘거리, 캐나다 앨버타주(州) 남부에 있는 도시 communications firm 통신회사 enterprise 기업 sign an agreement 합의서에 서명하다 supplier 공급자 mobile phone 휴대폰 pay 지불하다 million 백만 merger 합병 be expected to ~을 할 것이 예상되다 elevate (들어) 올리다, 높이다 reputation 명성 premiere provider 주요 제공자(제공업체) voice service 음성 서비스 currently 현재의 central Canada 캐나다 중부 지역(캐나다 퀘벡과 온타리오 지역) important step 중요한 단계 real player 주요 회사 player (특정 사업 분야에서 활동하는) 회사 industry 산업 expand 확장하다

01 Reading Enterprises는 어떤 회사와 합병했는가?
    (A) North Star사
    (B) Canada 연합
    (C) Raleigh 기업
    (D) Calgary 금융 그룹

해설 Reading Enterprises가 어떤 회사와 합병했는지, 키워드인 Reading사와 관련된 내용을 묻는 질문이다. 이러한 유형의 문제는 질문의 키워드를 본문에서 확인하는 것이 중요하다. 질문의 Reading Enterprises, merge를 키워드로 잡는다. 본문의 첫째 줄 Reading Enterprises signed an agreement yesterday to purchase North Star Inc.(Reading Enterprises는 어제 North Star를 인수하겠다는 합의서에 서명하였다)라는 내용을 통해 Reading Enterprises가 North Star와 합병하였다는 것을 알 수 있다. 따라서 정답은 (A)이다.

나머지 보기인 (B), (C), (D)는 본문에서 언급되지 않았기에 오답이 된다.

173

Test 2 문제 02는 다음 기사를 참조하세요.   p.393

Geordie Bailey Jr.가 Bailey Homes사의 CEO로 임명되다
Sydney에 본사를 둔 Bailey Homes사는 전 CEO Geordie Bailey의 아들을 CEO로 임명했다고 오늘 오전에 발표했다.

(02) Bailey Homes사의 대변인인 Carol Taylor는 논란의 여지가 있는 이번 인사가 족벌주의 때문이 아니라, Bailey 2세가 직접 세운 Montana Farms사의 엄청난 성공에 있다고 말했다. Ms. Taylor는 이번 임명은 민주적이고도 투명한 절차에 따라 이루어졌으며, 모든 발행 주식의 51퍼센트를 소유한 Bailey 집안과는 관계없이, 이사회가 독자적으로 결정을 내렸다고 말했다.

"Mr. Bailey가 아버지로부터 경영을 배웠다는 것은 틀림없습니다."라고 Ms. Taylor는 이렇게 말했다. "그러나 Montana Farms는 자신의 회사입니다. 그는 그 회사를 밑바닥에서 시작해서 이 나라에서 가장 큰 부동산 회사로 만들었습니다. 그래서 우리가 처해있는 상황을 벗어나게 해달라고 Mr. Bailey에게 부탁하는 결정을 내린 것에 대해서 제가 여기에 서서 변호할 필요는 없다고 생각합니다."

그러나 투자자들은 Ms. Taylor의 낙관론에 동의하지 않았다. Bailey Homes사의 주식의 매도는 기록을 깰 정도로 엄청났던 것이다. 한 중개인은 비꼬듯이 "Carol이 말한 것이 반만 사실이라도, 우리는 가까운 장래에 엄청난 매수 기회를 만들어내고 있는 것입니다."라고 말했다.

어휘 name 임명하다 take over 인계받다, 떠맡다 controversial 논쟁의, 논란의 여지가 있는 due to ~ 때문에 nepotism 족벌주의 incredible 믿을 수 없는, 엄청난 appointment 임명 democratic 민주주의의 transparent 투명한, 공명한 independent of ~와는 관계없이, 별도로 outstanding share 발행 주식 from scratch 아무런 준비 없이, 맨 처음부터 defend 변호하다 be quoted as saying ~라고 말한 것으로 인용되다 decidedly 확실히, 단호히 optimism 낙관론 dump (낮은 가격에) 팔아 치우다 in record numbers 기록적인 숫자로 broker 중개인 tongue firmly in cheek 빈정대며 말하는 glorious 영광스러운, 대단한

02 Ms. Taylor에 의하면, 왜 Geordie Bailey가 CEO로 고용되었는가?
(A) 이 업계에서 그의 광범위한 경험 때문에
(B) 설립자인 CEO의 아들이기 때문에
(C) 그 자신의 회사를 성공적으로 이끌었기 때문에
(D) 그의 가족이 절반이 넘는 주식을 소유하고 있기 때문에

해설 Geordie Bailey가 CEO로 왜 고용되었는지, 구체적인 사항을 묻는 문제이다. 문제의 According to Ms. Taylor는 Ms. Taylor와 관련된 부분에서 정답을 찾아야 한다는 것을 의미하며, 키워드로 Geordie Bailey, CEO를 잡아야 한다. Ms. Taylor가 언급한 말인 두 번째 단락 첫 번째 줄 Bailey Homes Ltd. spokesperson Carol Taylor said that the controversial move was due not to nepotism, but rather the incredible success of the younger Bailey's own company, Montana Farms에서 Geordie Bailey Jr.를 의미하는 younger Bailey가 족벌주의로 임명된 것이 아니라 그가 소유하는 Montana Farms사를 성공적으로 이끌었기 때문에 임명되었음을 말해주고 있다. 따라서 정답은 그가 자신 소유의 회사를 성공적으로 이끌었다는 (C) Because he has led his own company to success이다.

Lesson 3 미래 상황에 대한 전망이나 계획 및 제안에 관한 질문

Test 1 문제 01은 다음 기사를 참조하세요.   p.395

단골 고객인 Paula Dorsey는 Just for Women 매장에서만 쇼핑을 한다. 그녀는 "판매원들이 아는 것이 아주 많아서 내가 찾고자 하는 게 무엇인지를 정확하게 압니다."라고 말한다. Dorsey가 입고 있었던 아름다운 드레스는 San Marcos 패션 학교를 최근에 졸업한 26살 디자이너 Diana Dalton이 디자인한 옷이다.

지난해 New York에서 Just for Women의 1호점을 열었고, 2월에 Boston에서 2호점을 열었다. 이번 주에는 Wheatland점이 문을 열었다. (01) 이달 말에는 Memphis에서 또 다른 매장을 열게 될 것이다.

어휘 regular customer 단골 고객 religiously 어김없이 salespeople 판매원들 knowledgeable 총명한, 식견이 있는 exactly 정확하게 look for ~을 찾다 recently 최근에

01 어느 도시에서 다음 Just for Women의 매장이 열리게 되나?
(A) New York
(B) Boston
(C) Memphis
(D) Wheatland

해설 Just for Women의 다음 매장이 어느 도시에서 열리게 될지, 미래 상황에 대해 묻는 문제이다. 미래의 상황이나 예정, 예측, 전망에 관련된 키워드는 주로 본문의 후반부에서 그 내용을 찾을 수 있다.

키워드로 next, Just for Women, open을 잡는다. 본문의 두 번째 단락 두 번째 줄인 Another store will be opened in Memphis at the end of this month(이달 말에는 멤피스에서 또 다른 매장을 열게 될 것이다)에서 질문의 키워드인 next가 at the end of this month로 패러프레이징되었음을 확인할 수 있다. 시제도 미래시제로 쓰인 것으로 보아 앞으로 새로 열리게 될 매장임을 알 수 있다. 따라서 정답은 (C)이다.

보기에서 (A) New York은 본문 두 번째 단락 첫 번째 줄에서, Just for Women의 1호점이 지난해에 개장됐다는 것을 제시하고 있고, (B) Boston은 2월에 2호점으로 문을 열었고, (D) Wheatland는 이번 주에 개점됐다는 것을 내용에서 확인할 수 있으므로 정답이 될 수 없다.

Test 2 문제 02는 다음 기사를 참조하세요.   p.395

즐거운 여행이 되길!
해외에서 근무해보라는 제안을 받은 적이 있다면, 이것이 몇 가지 필수품들을 여행가방에 넣거나, 신문 구독을 취소해 버리는 단순한 문제가 아님을 알고 있을 것이다. 당신의 근무지에 따라서, 신중히 생각하고 준비할 필요가 있을 것이다. 합리적으로 계획하는 것이 필수적이라는 의미이다.

당신이 특별히 주의를 두어야 할 부분은 건강이다. 해외로 나가기 전에, 당신의 여행자 보험이 머무는 기간 동안 유효한지, 일을

하는 동안에도 적용되는지 확인해야 한다. 당신의 건강에 관한 잠재적인 위험은 당신의 근무지, 해외에 머무는 기간, 기존 건강 상태 그리고 직업에 따라 다양하다. 만약 큰 회사에서 일하고 있다면, 적절한 여행 조언에 관하여 가능한 빨리 직업과 관련된 건강을 담당하는 부서에 연락을 해야 한다. **(02) 회사에 건강 관련 부서가 없다면, 떠나기 전 최소 6주 내지 8주 전에 의사로부터 조언을 구해야 한다.** 당신의 근무지에서는 어떠한 백신을 맞아야 하는지 알아보고, 심각한 질병에 걸리지 않도록 그 백신을 맞아야 한다. 또한 말라리아 예방을 비롯해서 현재 건강 상태에 관하여 취해야할 예방에 관해서도 상의해볼 필요가 있다. 현재의 건강 상태가 해외여행을 통해서 영향을 받을 수도 있기 때문이다.

02 이 기사에 따르면 언제 의사와 언제 상의하는 것이 좋다고 하는가?
(A) 새로운 나라에 도착하자마자
(B) 떠나기 전 최소 6주
(C) 집에 돌아오자마자
(D) 언제이든 상관없다

해설 문제는 앞으로 있을 일에 대해 묻는 질문이다. 이런 문제는 관련 키워드를 중심으로 보통 지문의 후반부에서 정답의 근거를 찾을 수 있다. 문제에서 when, recommend, talking to your doctor가 키워드가 된다. 지문의 후반부인 두 번째 단락 여섯 번째 줄인 If there's no occupational health service, then seek advice from your doctor at least six to eight weeks before you go에서 해외로 떠나기 전에 최소 6주에서 8주 전에 의사와 상의해보아야 한다고 제시되어 있다. 본문의 advice from your doctor가 문제에서 talking to your doctor로, 본문의 before you go가 보기에서 before you leave로 패러프레이징 되었다. 따라서 정답은 '떠나기 전 최소 6주'라는 의미인 (B) At least six weeks before you leave이다.

어휘 abroad 해외로 essential 필수품 suitcase 여행가방 careful 주의 깊은 consideration 사고, 생각 preparation 준비 sensible planning 합리적인 계획 pay attention to ~에 주의하다 travel insurance 여행자 보험 valid for ~에 유효한 potential 잠재적인 pre-existing 현재 존재하는 occupation 직업 occupational 직업과 관련된, 직업의 health department 건강 담당 부서 appropriate 적절한 vaccination 백신 serious illness 심각한 질병 prevention 예방, 예방법 precaution 예방책 be affected by ~에 의해 영향을 받다 overseas travel 해외여행

Chapter 4 광고

Lesson 1 광고의 목적과 대상 또는 회사를 묻는 질문

Test 1 문제 01은 다음 광고를 참조하세요.   p.399

Global Business Era를 구독하시는 분들께 알려드립니다!
(01) 고객님은 지금 비즈니스, 금융, 정치 등 최신 뉴스가 담긴 고객 맞춤형 이메일을 매주 받아보실 수 있도록 등록하실 수 있습니다. 매달 발행되는 Global Business Era 잡지를 통해서 볼 수 있는 똑같은 심층 취재 기사를 이제는 한 달 동안 기다리지 않고도 보실 수 있습니다.

어휘 attention 주의, 주목, 알립니다 subscriber 구독자 register 등록하다 receive 받다 customized 개인의 요구에 맞춘 latest 최근의 finance 재정, 금융 politics 정치 in-depth 철저하고 상세한, 면밀한 coverage 보도, 범위 expect 기대하다 magazine 잡지 promote 촉진하다, 홍보하다 advertisement 광고 consultation 협의, 상담 expert 전문가 bill 청구서 electronic 전자의 newsletter 소식지, 뉴스레터 course 과정, 과목, 방침 corporate finance 회사 재정

01 광고에서 선전하고 있는 것은 무엇인가?
(A) 재정 전문가의 상담
(B) 온라인으로 청구서 대금을 지불하는 방법
(C) 주간 전자 소식지
(D) 기업 재정 강좌

해설 문제의 키워드는 what, promoted로 광고에서 선전하고 있는 것이 무엇인지 묻는 문제이다. 광고의 목적을 묻는 질문은 주로 제목이나 도입부의 처음 1~3줄에서 그 정답을 찾을 수 있다. 지문의 제목인 Attention Global Business Era subscribers!이므로 서비스를 구독하는 사람에게 보내는 광고문임을 알 수 있고, 지문의 첫 번째 문장에서 receive our new customized e-mail every week with the latest news(최신 뉴스가 담긴 고객 맞춤형 이메일을 매주 받아보실 수 있다)라고 했으므로 정답은 (C) A weekly electronic newspaper가 된다.

오답 분석을 해 보면 (A)에 대한 언급은 지문에 나와 있지 않으므로 오답. (B)는 지문의 맨 처음 문장에서 e-mail을 보고 online을 생각할 수 있으나 지불에 관한 광고는 아니므로 오답. (D)는 finance를 보고 혼동이 될 수 있으나 기업 재정 강좌에 관한 광고는 아니므로 오답이 된다.

Test 2 문제 02는 다음 채용 공고문을 참조하세요.   p.399

YMCA
(02) 리더십 기술과 개인의 성장에 대한 교육을 통해 젊은 사람들의 삶의 향상에 기여하는 협회인 YMCA의 Winnipeg 지부는 우리의 팀을 아우르는 사람을 찾고 있습니다.

모금 위원장

합격자는 힘든 마감 기간에도 일을 즐길 수 있으며, 불가피한 우발적인 상황에도 혁신적인 해결 방안을 찾는 능력을 가진 사람입니다. 또한 강한 리더십과 동기를 가질 뿐만 아니라, 기금 모금 분야 혹은 비영리 단체의 다른 분야에서 10년 이상의 관련 경력을 가진 사람입니다.

우리는 당장 이 직책에 맞는 사람을 찾고 있으므로, 지원하기 원하신다면, 가능한 빨리 YMCA의 Winnipeg 지부로 이력서를 보내주시기 바랍니다. YMCA는 지원해주신 분들을 모두 매우 존경합니다. 그러나 시간 형편상 우리는 자격이 있는 지원자들에게만 연락을 할 것입니다. 전화 문의는 받지 않습니다.

어휘 chapter (협회의) 지부, 분회 association 협회 dedicated to ~에 헌신하는 improve 향상시키다 leadership skill 리더십 기술 generous 관대한 round out 원만하게 하다, 마무르다 successful applicant 합격자 innovative 혁신적인 inevitable 불가피한 contingency 우발 사건 fundraising 자금 모금의 facet 양상, 면 not-for-profit sector 비영리 부문 aptitude for ~에 대한 능력, 재능 motivation 동기 in the interest of time 시간 형편상 qualified 자격이 있는 inquire 문의

02 이 단체는 어떤 종류의 서비스를 제공하는가?
(A) 여성을 위한 교육
(B) 외국 학생들을 위한 교육
(C) 노인들을 위한 교육
(D) 젊은 세대들을 위한 교육

해설 이 그룹이 제공하는 서비스가 무엇인지, 공고문을 통해 해당하는 구체적인 사항을 확인하는 문제이다. 질문에서 키워드를 찾아 관련된 내용을 지문에서 찾아야 한다. 문제에서 What kind of service, organization, provide가 정답을 찾는 핵심 키워드가 된다. 지문의 첫 번째 단락 첫 번째 줄인 The Winnipeg chapter of the YMCA, an association dedicated to improving the lives of young people through education in leadership skills, and personal growth~에서 YMCA의 Winnipeg 지부는 리더십 기술과 개인 성장에 관한 교육을 통해 젊은 사람들의 삶을 개선하기 위해 헌신하고 있다고 말하고 있다. 따라서 젊은 세대들을 위해 교육을 제공하고 있으므로 정답은 (D) Education for the younger generation이다. 지문의 young people은 보기에서 younger generation으로 패러프레이징 되었다.

Lesson 2 광고 대상의 특징 또는 조건이나 자격, 혜택과 관련된 질문

Test 1 문제 01은 다음 광고를 참조하세요.   p.401

Zenith H&D사에서 Pocono 공장 관리직에 공석이 있다는 것을 알려드립니다. 오래 기간 일했던 부공장장 Peter Swagger의 은퇴로, 헌신적이고 경험이 많은 부공장장을 찾고 있습니다. 부공장장은 공장의 일상적인 업무를 관리해야 하며 2주에 한 번씩 회의에서 공장장에게 업무 진행을 보고해야 합니다. 지원자들은 학사 학위를 소지하고 있어야 하며, 공공사업 관리와 (01) 최소 2년의 감독 경험 등의 자격요건을 갖춘 지원자들만 면접을 보실 수 있습니다. 이력서 및 연락처를 4월 3일까지 제출해 주십시오. 1차 서류심사에 통과하신 분들은 4월 10일까지 통보를 받으실 겁니다.

어휘 announce 알리다, 공고하다 management 경영, 관리 position 위치, 자리 vacant 비어 있는, 결원의 dedicated 전념하는, 헌신적인 experienced 경험이 있는, 능숙한 following ~에 따라서 retirement 은퇴 long-time 오랜 기간 assistant senior supervisor 부공장장 in charge of ~을 맡아서, 담당해서 day-to-day 매일 행해지는, 그날그날의 report 보고, 보고하다 facility 시설 bi-weekly 격주의 progress 진척, 진전 meeting 회의 candidate 후보자, 지원자 background 배경 utilities 전기, 수도 등 공공사업 at least 적어도 supervise 감독하다 submit 제출하다 resume 이력서 contact information 연락처 short-listed 후보자 명단에 오른 state 말하다, 진술하다

qualification 자격 a successful candidate 자격요건을 갖춘 지원자 graduate degree 석사 학위 reside 살다, 거주하다

01 지원자의 자격요건으로 명시된 것은 무엇인가?
(A) 석사 학위
(B) 2년간의 관리 경험
(C) 대학을 최근에 졸업한 것
(D) Pocono에서 거주

해설 질문의 키워드는 what, qualification, candidate로 지원자의 자격요건이 무엇인지를 묻는 문제이다. 이러한 문제의 유형은 보통 광고의 중반부에서 그 정답을 찾을 수 있다. 지문에서 자격요건들이 나올만한 위치를 찾은 후에 선택지의 보기와 대조하여 오답을 제거해나가야 한다. 이때 문제의 키워드를 중심으로 앞뒤의 문맥을 확인하자.
지문에서 지원자의 자격요건이 언급된 곳은 가운데 줄에 있는 문장 Candidates must hold ~ supervising experience이다. 여기서 at least two years of supervising experience(2년간의 관리 경험)이라고 했으므로 정답은 (B) Two years of supervisory experience가 된다.
나머지 선택지의 보기를 지문과 대조해 보면, 지문에는 (A)의 A graduate degree(석사 학위)가 아니라 Bachelor's degree(학사 학위)라고 했으므로 (A)는 오답. (C)에 대한 언급은 나와 있지 않으므로 역시 오답. (D)는 지문의 두 번째 줄에서 our Pocono plant라고 공장 이름만 언급했을 뿐 Pocono에서 거주해야 한다는 자격요건은 없으므로 오답이 된다.

Test 2 문제 02는 다음 광고를 참조하세요.   p.401

Anderson 자동차 렌트
(02) 주간 자동차 대여 25달러 할인
대여 관련 사항:
사전에 연락해 주셔야 합니다. 이 쿠폰은 특정 금지 기간, 특정 장소, 특히 대여 수요가 가장 많을 때인 휴일에 효력이 없을 수 있습니다. 이번 홍보 행사를 이용하여, 기본적인 소형차를 빌리는 가격으로 추가 비용 없이 중형차 모델을 대여하실 수 있습니다.
차량을 대여하면 주 및 연방 세금을 물게 될 것이며, 연료와 보험도 대여자가 감당해야 합니다. 추가 비용 지불을 피하려면 연료를 가득 채워서 차량을 반납해 주시기 바랍니다. 이 쿠폰은 Anderson 대리점 어느 곳에서도 사용이 가능합니다.
우리의 많은 서비스에 관하여 좀 더 많은 정보를 원하신다면 고객 서비스 직통전화로 연락하시기 바랍니다.

어휘 advance 사전의 void 공허한, 무효의 blackout period 금지 기간 demand 수요 promotion 홍보 compact car 소형차 rate 금액, 비용 extra charge 추가 비용 hotline 직통전화

02 어떤 대여 기간에 쿠폰이 적용되는가?
(A) 시간제
(B) 일일제
(C) 주일제
(D) 월별제

해설 어떤 대여 기간에 쿠폰이 적용되는지, 광고에서 제시된 쿠폰의 조건을 묻는 유형이다. 지문의 내용을 정확하게 확인해야 하는 문제로 키워드를 잡고 관련 내용을 찾아야 한다. 문제의 rental period, the coupon이 키워드가 된다. 따라서 지문에서 쿠폰 기간과 관련된 사항을 찾아야 한다. 제목 아래 소제목에서 $25 off a weekly auto rental이라는 문구를 통해 주간 자동차 대

여에 25달러를 할인해준다는 의미이므로 쿠폰은 주일제로 적용된다는 것을 알 수 있다. 따라서 정답은 (C) Weekly이다.

Lesson 3 구매/지원 방법이나 수단 및 제안과 관련된 질문

Test 1 문제 01은 다음 광고를 참조하세요. p.403

저희의 우수 고객 카드로
더 많이 절약하세요!

저희는 고품질과 저가격을 유지하려고 밤낮을 가리지 않고 노력하고 있습니다. 이제 고객님들이 더 많은 절약을 할 수 있도록 도움을 드리는 우수 고객 카드 프로그램을 알리게 되어 기쁩니다. 회원에게는 150달러 상당의 상품권을 받을 수 있는 자격이 부여됩니다. 그러나 전자기기와 전자기기 액세서리들은 이 프로그램에서 제외되는 상품들이니 주의하세요.

어휘 around the clock 24시간 내내, 밤낮으로 quality 질 price 가격 announce 알리다 be excited to ~에 흥분하다 provide 제공하다 member 회원 be eligible to ~을 할 자격이 있다 gift card 상품권 dedicated 전념하는, 헌신적인 up to ~까지 worth ~가치가 있는 aware 알고 있는 purchase 구입 electronic 전자의 accessory 장신구, 액세서리 count 세다, 포함시키다 furniture 가구

01 이 프로그램의 회원들은 무엇을 받게 될까?
(A) 콘서트 티켓
(B) 가구
(C) 상품권
(D) 신용카드

해설 질문의 키워드는 what, member, receive로 '회원이 되면 무엇을 받는지'에 대해서 묻고 있다. 이와 같이 광고주가 고객들에게 특별하게 무엇을 제안하는지에 관한 내용은 주로 후반부에 나온다. 지문의 세 번째 줄에 있는 문장 Members will be eligible to receive a gift card worth up to $150에서 회원이 되면 상품권을 받을 수 있다고 했으므로 정답은 (C) Gift cards가 된다. (A), (B), (D)는 지문에 언급되어 있지 않으므로 오답이 된다.

Test 2 문제 02는 다음 광고를 참조하세요. p.403

사업 공간 임대
Utah 임대 부동산 회사

우리는 현재 편리한 시내에 위치한, 널찍한 대로변에 면한 가게를 빌릴 기회를 찾고 있는 사업주들을 찾고 있습니다. 우리는 당신의 사업이 우리의 최고의 장소 중 하나에서 고객으로 붐비게 될 것이라고 보장합니다. 우리는 최근 임대 공간을 더 넓히기 위해 그 공간에 많은 돈을 투자하였습니다.

우리 공간에 들어설 수 있는 이상적인 사업 형태는
다음과 같습니다.
*편의점 *패밀리 레스토랑 *자동차 수리점
*소매점 *기타 등등

(02) 관심이 있는 사업주들은 약간의 자본과 가게 임대 보증금이 있어야 합니다. 저희 부동산에 관하여 더 많은 정보를 원하신다면, Karen Black에게 784-0278-9441로 연락주시기 바랍니다.

어휘 business owner 사업주 opportunity 기회 spacious 널찍한 convenient 편리한 downtown 시내 guarantee 보장하다 traffic 통행, 교통량 prime 첫째의, 최고의 invest 투자하다 ideal 이상적인 capital 자본금 deposit 보증금, 예약금 apply for ~에 신청하다, 요청하다

02 관심이 있는 사업주들은 공간을 빌리기 위해 무엇을 해야 하는가?
(A) 허가를 요청해야 한다.
(B) 주(州) 수도로 가야 한다.
(C) 보증금을 내고 어느 정도 자금을 가지고 있어야 한다.
(D) 계좌를 개설하고 돈을 입금해야 한다.

해설 관심이 있는 사업주들이 사업 공간을 빌리기 위해 어떻게 해야 하는지, 임대 방법을 묻는 질문이다. 이러한 유형은 키워드를 통해 구체적인 방법이 지문에서 어떻게 제시되고 있는지 파악해야 한다. 문제에서 interested business owners, rent a space를 키워드로 삼아, 본문에서 이와 관련된 부분을 찾아야 한다. 지문 마지막 단락 첫 번째 줄에서 문제의 키워드인 interested business owners가 제시되었다. Interested business owners must have a small amount of capital and a rental deposit to apply for a space라는 문장을 통해서 관심 있는 사업주들은 어느 정도의 자본과 보증금이 한다는 내용을 통해서 (C) Make a deposit and have some capital이 정답이라는 것을 알 수 있다. 나머지 보기들은 관련이 없으며, 보기 중 (D)는 자금과 계약금에 관련한 내용이지만 요청하는 것은 아니기에 오답이 된다.

Chapter 5 안내 / 공지

Lesson 1 주제/목적 또는 출처, 발신/수신인을 묻는 질문

Test 1 문제 01은 다음 공지를 참조하세요. p.407

최근에 직원들이 중요한 파일을 잃어버리는 사고가 있었고, 파일들 중 일부는 복구할 수 없었습니다. 직원들은 중요한 파일을 메인 서버에 저장하시기 바랍니다. (01) 또한 다음은 시스템 관리자가 알려주는, 컴퓨터 시스템에서 잃어버린 파일을 복구하는 요령입니다.

어휘 lately 최근에 employee 직원 lose 잃어버리다 render ~로 만들다, ~이 되게 하다 unrecoverable 되찾을 수 없는, 회복 불능의 encourage ~하도록 촉구하다 back up (파일, 프로그램 등을) 백

업하다 recommend 추천하다 following 다음의, 다음에 나오는 tip 요령, 정보 recover 회복시키다

01 공지문은 무엇에 관한 것인가?
(A) 잃어버린 컴퓨터 찾기
(B) 컴퓨터 바이러스 복구
(C) 소실된 드라이브 복구
(D) 사라진 데이터 복구

해설 질문의 키워드는 what, notice로 공지문의 목적을 묻는 문제이다. 공지의 목적이나 주제를 묻는 유형의 문제는 주로 지문의 초반부 1~4줄에 정답이 위치한다. 직원들이 파일을 잃어버리는 사고가 있어서 잃어버린 파일을 복구하는 요령을 직원들에게 제시해주고 있으므로 정답은 (D) 사라진 (파일) 데이터 복구가 된다.

오답을 분석해 보면, 잃어버린 것은 컴퓨터나 드라이브가 아니라 '파일'이므로 (A)와 (D)는 오답. (B)는 컴퓨터 바이러스에 대해 언급된 적이 없기에 오답이다.

Test 2 문제 02는 다음 공지사항을 참조하세요.   p.407

직원들은 반드시 손을 씻으십시오.
(02) 음식 준비 전이나 필요할 때마다 손을 씻으시기 바랍니다.
다음과 같은 행동 후에 손을 꼭 씻으십시오.
- 화장실을 사용한 후
- **(02) 조리되지 않은 고기류, 가금류, 생선이나 달걀, 또는 다른 해로울 수 있는 식품에 손을 대고 난 후**
- **(02) 요리를 하다가 다른 일을 해야 할 때(예를 들어 전화를 받거나 문이나 서랍을 열었을 때)**
- 사용한 접시, 주방 기구, 또는 설비 등을 만졌을 때
- 쓰레기를 버리고 난 후
- 코, 입이나 신체 부위 어딘가를 만지고 난 후
- 재채기 또는 기침을 했을 때

(02) 맨손으로 준비된 음식을 만지지 마십시오.
- 장갑이나 집게, 식품용 티슈나 다른 접대용 주방 기구들을 이용하십시오.
- 장갑을 끼지 않을 경우 모든 귀금속류, 매니큐어, 가짜 손톱 등을 제거하십시오.

어휘 poultry 가금류(닭·칠면조 등) potentially 잠재적으로 hazardous 위험한 interrupt 가로막다, 방해하다 soil 더럽히다 utensil 주방 기구 equipment 설비, 장비 take out 내다 버리다 trash 쓰레기 sneeze 재채기하다 cough 기침하다 ready-to-eat 먹을 준비가 된 bare 발가벗은, 맨살의 tong 집게 intend 의도하다 warehouse 창고 day-care 보육의

02 이 공지는 누구를 위한 것인가?
(A) 식당 직원들
(B) 창고 직원들
(C) 의료 전문가들
(D) 탁아소 직원들

해설 문제의 키워드가 For whom, notice, intended로 이 공지의 대상을 묻고 있다. 지문의 첫 번째 줄의 제목이 Employees Must Wash Hands(직원은 반드시 손을 씻어야 합니다)이고, before you prepare food나 두 번째 문단과 세 번째 문단 내용 중에 touch uncooked meat, poultry(조리되지 않은 고기류, 가금류 등을 만졌을 때), touch soiled plates, utensils or equipment(사용한 접시, 주방 기구, 또는 설비 등을 만졌을 때), Do not touch ready-to-eat foods with your bare hands(맨손으로 준비된 음식을 만지지 마십시오) 등의 표현으로 보아 식당 직원들에게 보내는 공지 사항임을 알 수 있다.

Lesson 2 공지 및 전달 사항과 관련한 구체적인 정보를 묻는 질문

Test 1 문제 01은 다음 공지를 참조하세요.   p.409

또한 다음은 시스템 관리자가 알려주는, 컴퓨터 시스템에서 잃어버린 파일을 복구하는 요령들입니다.
- **(01) 휴지통 아이콘을 더블클릭해서 내용물을 보고 파일이 휴지통으로 이동되었는지 다시 확인하십시오.**
- 만약 파일을 찾을 수 없다면, 컴퓨터의 C 드라이브에 임시폴더를 확인하십시오. 만약 임시폴더 안에 파일이 있다면 파일 아이콘을 더블클릭한 다음, 컴퓨터의 다른 드라이브에 파일을 다시 저장하십시오.
- 네트워크에서 파일을 찾을 수 없다면, C 드라이브에 시스템 관리자를 열고, 파일 복구를 클릭하십시오. 이것은 언제든지 자유롭게 이용하실 수 있는 기존 프로그램입니다.

어휘 as well (~뿐만 아니라) ~도 double-check 재확인하다 recycle bin 휴지통 double-click 더블클릭하다 icon 아이콘 appear ~인 것 같다, 나타나다 available 이용할 수 있는 administrator 관리자, 행정인 recovery 회복, 되찾음 preexisting 기존에 있는 at any time 언제라도, 아무 때나

01 직원들은 파일을 잃어버렸다고 생각될 때는 어떻게 해야 하는가?
(A) D 드라이브에서 찾기
(B) 휴지통 확인
(C) 폴더 아이콘 클릭
(D) 시스템 관리자에게 묻기

해설 질문의 키워드가 what, employee, do, when, lost, file로 구체적인 사실을 묻는 유형의 문제이다. 이런 문제 유형은 보기에 있는 키워드의 유사 단어를 지문에서 찾아 하나씩 대조하며 오답을 제거해나가야 한다.

질문 내용은 파일을 잃어버렸을 때 찾는 방법에 대한 것이다. 첫 번째 요령은 First double-check that the file has been moved to the recycle bin(파일이 휴지통으로 이동되어졌는지 다시 확인하라)이므로 정답은 (B)가 된다.

오답을 분석해 보면, (A) Search the D drive는 지문의 두 번째 요령에서 C 드라이브를 확인하라(check the Temp folder on the computer's C drive)고 했으므로 오답. (C)는 폴더 아이콘을 클릭하는 것은 언급되지 않았으므로 오답. (D)는 세 번째 요령의 open System Administration on the C drive and click on File Recovery를 보면 시스템 관리자를 열라는 것이지 물으라는 것이 아니기에 오답이 된다.

Test 2 문제 02는 다음 공지 사항을 참조하세요.   p.409

급여 산정 기간 및 근무 시간 기록표 정책
이번 달 15일에 만료되는 급여 산정 기간에 해당하는 모든 수표는 다음 달 22일까지 우송될 것입니다. 이번 달 23일에 만료되

는 급여 산정 기간에 해당하는 수표는 다음 달 30일에 우송될 것입니다. 휴일 또는 긴 주말 동안에 만료되는 급여 산정 기간에 대해서는 예외가 있습니다. 이런 경우 수표는 전날 발급될 것입니다. **(02) 모든 정규직 직원들은 급여 산정 기간 만료에 앞서 은행 자동 이체 등록을 하시기 바랍니다.**

근무 시간 기록표
모든 근무 시간 기록표에 대해 다음 만기일이 설정되었습니다.
월 단위 급여 지불 – 해당 월의 마지막 근무일
격주 단위 급여 지불 – 13일 및 30일
중요!
마감 시간까지 근무 시간 기록표를 제출하지 않거나 은행 자동 이체를 등록하지 않은 모든 직원에게는 지불이 연기될 것입니다. 이 정책에는 예외가 없을 것입니다.

어휘 post ~을 우송하다 end 끝나다. 끝마다 exception 예외 in this case 이러한 경우에는 issue 발급하다, 발행하다 prior 이전의 register for 등록하다 direct deposit 은행 자동 이체 due date 만기일, 지급 기일 submit 제출하다 deadline 마감 기한 face ~에 직면하다 pay rollover 지불 상환 연장

02 이 글에서 추측할 수 있는 내용은?
(A) 시간제 근로자는 근무 시간 기록표를 제출할 필요가 없다.
(B) 수표는 택배로 전달될 것이다.
(C) 근무 시간 기록표를 빨리 제출하는 것은 금지되어 있다.
(D) 직원들은 은행 자동 이체를 등록해야 한다.

해설 문제의 키워드가 what, assumed, notice이다. 전체 내용에서 세부 내용을 묻는 유형의 문제로 선택지의 보기를 하나하나 대조하며 소거해 나가며 풀어야 한다. 지문에서 (A), (B), (C)는 언급되지 않은 내용이므로 오답이며, 첫 번째 단락 마지막 문장에서 All full-time employees are required to register for direct deposit prior to the end of the pay period(모든 정규직 직원들은 급여 산정 기간 전에 은행 자동 이체 등록을 해야 한다)라고 하였으므로 정답은 (D)가 된다.

Lesson 3 추가적인 요청이나 당부 또는 제안 사항을 묻는 질문

Test 1 문제 01은 다음 공지를 참조하세요.   p.411

12월 12일 자정 전까지 적발된 귀하의 사업장의 미비점을 들을 모두 시정해야 합니다. 리스트에 있는 개선점들이 모두 보완되고 나면, Town of Tulsa에 있는 Marge Steiner에게 연락해서 위생 검사관과의 다음 일정을 잡으세요. 요구된 개선점들이 모두 수정되었다는 증거뿐만 아니라 보고서도 검사관에게 보여줄 수 있도록 준비해놓으셔야 합니다. 검사관은 리스트에 따라서 개선점들이 전부 잘 보완되었는지를 확인할 것입니다. **(01) 만약 귀하가 이런 요구 사항들을 충족시키지 못한다면 귀하의 식당은 외식업 위생 관리부에 의해 영업정지 처분을 받게 될 것입니다.**

어휘 modification 수정 establishment 기관, 영업 장소 midnight 자정 complete 완료하다, 끝마치다 contact 연락하다 appointment 약속 health inspector 위생 조사관 prepare 준비하다 evidence 증거 verify 확인하다, 입증하다 according to ~에 따라 above 위의, 상기한 list 목록, 명단 fail 실패하다 meet a requirement 요구를 충족시키다 shut down 문을 닫다 owner 주인, 소유주 allow 허락하다 repair 수리

01 식당 주인이 적발된 미비점들을 시정하지 않는다면 어떤 일이 발생할 것인가?
(A) 외식업 위생 관리부는 식당 주인에게 영업정지 처분을 내릴 것이다.
(B) 식당 주인은 적발된 미비점들을 시정하는 데 한 달의 시간을 갖게 될 것이다.
(C) 검사관은 일주일 후에 식당을 다시 방문할 것이다.
(D) 식당 주인이 스스로 수리할 수 있도록 허가를 받을 것이다.

해설 질문의 키워드는 what, happens, owner, not, make, modifications로, 식당 주인이 적발된 미비점들을 시정하지 않을 경우에 어떤 일이 발생할 것인지 묻고 있다. 이러한 당부 사항이나 요청 등은 보통 공지문의 마지막에 언급된다. 지문의 마지막 문장인 If you fail to meet these requirements, your restaurant may be shut down by the Restaurant Inspection Division에서 시정되지 않을 경우에는 식당이 영업정지 처분을 받을 것이라고 했으므로 정답은 (A)가 된다.

오답을 분석해 보면, 지문의 첫 문장에서 12월 12일 자정 전까지 시정하라(make all of these modifications to your establishment before midnight December 12th)고 마감기한은 언급했지만 기간을 얼마나 주는지에 대한 내용은 없으므로 (B)는 오답이다. (C)도 일주일 후에 다시 방문할 거라는 언급은 없으므로 오답. (D)는 소유자가 수리를 할 수 있는 것이 아니라 가게 문을 닫아야 하므로 오답이 된다.

Test 2 문제 02는 다음 공지를 참조하세요.   p.411

레크리에이션 관리자들께,

본 공지는 우리 시설 내에서 수영장 안전을 적절하게 유지하는데 필요한 사항을 주지시키기 위한 것입니다. 여러분들은 새로운 직원들뿐만 아니라 기존의 직원들에게 우리 수영장의 안전수칙을 지도할 의무가 있습니다. 모든 수칙은 중요성을 지니고 있으며 예외 없이 항상 따라야 합니다.

(02) (1) 인명구조원 전원은 다른 안전요원들과의 연락을 유지하기 위해 직원용 무전기를 휴대해야 한다.

(2) 인명구조원들은 응급처치 과정을 수료한 자로, 근무 중 언제라도 출동이 가능해야 하며, 사고 발생의 경우 비상연락망과 구급약의 위치를 숙지해야 한다.

(3) 인명구조원들은 비상사태를 제외하고는 담당 구역을 방치해 두어서는 안 되며, CD 플레이어, MP3 플레이어 등의 이어폰 사용을 금지한다.

(4) 직원들은 안전에 대한 모범을 보여야 하므로 흡연과 음주를 금한다.

(5) 청소 담당반은 시설의 청결과 정돈을 유지해야 한다.

대규모 시설을 청결히 유지하는데 무리가 있으므로 다음 달부터는 청소 담당반을 2교대가 아닌 3교대로 운영할 것입니다. 이러한 변동사항을 직원들에게 알려주시기 바랍니다. 이상으로 마칩니다. 본부에서는 여러분들이 상기 수칙들을 준수할 것임을 확신합니다. 감사합니다.

어휘 attention 주의 notice 공지 reminder 상기시키는 것 necessity 필요성 maintain 유지하다 proper 적절한 safety 안전 facility 시설 be responsible for ~에 책임이 있다 conform 확인해 주다 current 현재의 staff 직원 A as well as B B뿐만 아니라 A도 arrival 도착 pool 수영장 safety regulation 안전 규정 at all times 항상 exception 예외 lifeguard 인명구조원 in order to + 동사원형 ~하기 위해서

contact with ~와 연락하다 personnel 직원 be required to + 동사원형 ~할 것이 요구되다 certify 증명하다 first aid 응급 처치 emergency 비상 in case of ~할 경우에 location 장소 available 이용 가능한 accident 사고 unattended 돌보는 사람이 없는, 방치된 in the event of ~할 경우에는 except ~을 제외하고는 prohibit 금지하다 be allowed to + 동사원형 ~을 하는 것을 허락하다 crew 승무원, 팀, 반, 조 instead of ~대신에 confident 자신감 있는 ability 능력 guideline 지침

02 인명구조원이 근무 중 이용해서는 안 되는 것은?
(A) 직원 무전기
(B) 비상연락처
(C) MP3 플레이어
(D) 구급약 위치

해설 문제의 키워드가 what, lifeguard, not, available, on duty로 근무 중에 인명구조원이 이용할 수 없는 것을 묻고 있다. not true 형의 문제로 선택지의 보기를 지문의 내용과 대조하여 소거하면서 풀어야 한다. 키워드인 lifeguard(인명구조원)가 있는 곳을 재빠르게 찾아 근무 중 이용할 수 없는 것을 확인하자. 첫 번째 단락이 끝난 후 각각의 사항에서 lifeguard들이 해야 하는 일들을 나열하고 있으므로 쉽게 하나씩 확인할 수 있다. (1) ~ must keep a staff radio on their person ~에서 무전기(radio)와 (2) Lifeguards are required to ~ know the emergency phone number and the location of the first aid kit~에서 비상연락처와 구급약(상자) 등을 근무 중에 사용함을 알 수 있으며, (3) Lifeguards are not to ~ and the use of earphones (CD players, MP3 players, etc.) is prohibited에서 해서는 안 되는 것을 명시하고 있으므로 보기 중의 (C)가 정답이 된다.

Chapter 6 기타 양식

Lesson 1 목적 또는 수신/발신인, 출처 등을 묻는 질문

Test 1 문제 01은 다음 송장을 참조하세요.   p.415

주문 송장

(01) Brighton
4330 Nordstrom Rd.
Pheonix, NV 89503
미국

전화번호: 417 715 3214
팩스: 417 715 3215
이메일: orders@brightonstationers.com
웹사이트: www.brightonstationers.ie

배송 정보

Keith Michaels
710A Chips Tower
Las Vegas, NV 89110
미국

주문 번호: NV4456B83
주문 날짜: 3월 11일
송장일: 3월 15일
배송일: 3월 15일

배송 제품

제품 번호	제품 명세	수량	가격	배송일
172	(01) 1300 메모카드 - 50갑	2	20달러	3월 15일
179	Golden Fish 인사카드 - 50갑	5	50달러	3월 15일
351	Stars 편지지	3	90달러	3월 15일
772	Zebra 볼펜	3	18달러	3월 15일

어휘 order 주문 invoice 송장 shipping 배송 pack 갑, 묶음 publishing company 출판사 supplier 공급자, 공급회사 jewelry 보석

01 Brighton은 무엇인가?
(A) 컴퓨터 소프트웨어 회사
(B) 출판사
(C) 사무용품 회사
(D) 보석 가게

해설 질문의 키워드가 what, Brighton으로, Brighton이 무엇인지를 묻고 있다. 지문에서 Brighton은 송장의 발신자이기 때문에 발신자의 업종을 묻는 문제이다. 회사의 업종은 지문의 송장에서 주문자가 주문한 내용을 살펴보면 알 수 있다. 표 안의 제품 명세에 메모카드, 인사카드, 편지지, 볼펜이 있는 것으로 미루어 볼 때 Brighton이란 회사가 사무용품 회사임을 확인할 수 있다. 따라서 정답은 (C)이다.

Test 2 문제 02는 다음 설문지를 참조하세요.   p.415

Martin Wagner씨께,

저희 DigiTech 전자는 귀하께서 최근 저희 제품을 구매하신 것을 축하드립니다. 수상 경력을 자랑하는 저희 회사의 모든 제품들이 제공하는 편리한 기능들을 마음껏 즐기시기 바랍니다. **(02) 고객 여러 분께 최상의 전자제품을 제공할 수 있도록 잠시 시간을 내 아래의 설문을 작성해 주셨으면 합니다.** 저희 제품과 서비스의 향상에 도움을 주시는 귀하의 노고에 감사드립니다.

부디 시간을 내 다음 질문에 답해 주시기 바랍니다.

1. 제품에 만족하십니까?
   불만족 □   만족 ■   매우 만족 □

2. 어떻게 저희 매장에 대해 알게 되셨습니까?
   텔레비전 광고 □   지면 광고 □   입소문 ■

3. 어디서 제품을 구입하셨습니까?
   매장 □   온라인 ■   카탈로그 주문 □

감사의 표시로 다음에 저희 디지테크 전자제품 구매 시 10퍼센트 할인을 해 드리고자 합니다! 감사드리며 좋은 하루 되십시오!

어휘 electronics 전자 제품 회사, 전자공학 recent 최근의 convenient 편리한 feature 특색, 기능 awards-winning 수상 경력이 있는 fill out 기입하다 purchase 구매 commercial 상품 광고, 상업적인 printed ad 지면 광고 word of mouth 입소문 token 표시, 징표 appreciation 감사

02 Mr. Wagner는 왜 설문지를 작성했는가?
(A) 회사에 지원하려고
(B) 구매를 마무리 지으려고
(C) 회사에 정보를 제공하려고
(D) 회사에 대한 정보를 얻으려고

해설 문제의 키워드는 Why, Mr. Wagner, complete, form으로, Mr. Wagner가 설문지를 작성한 이유를 묻고 있다. 목적이나 주제를 묻는 유형의 문제는 주로 지문의 상단부에 힌트가 있다. 첫 번째 단락의 두 번째 줄에 To provide all of our ~ fill out the following survey(고객 여러분께 최상의 전자제품을 제공할 수 있도록 잠시 시간을 내 아래의 설문을 작성해 주셨으면 합니다)라는 문장이 있으므로 Mr. Wagner는 회사에게 정보를 제공하고자 설문지를 작성했다는 것을 알 수 있다. 그러므로 정답은 (C)가 된다.

Lesson 2 일정, 날짜, 금액, 수량 등의 구체적인 내용을 묻는 질문

Test 1 문제 01은 다음 설문지를 참조하세요.   p.417

저희가 고객님과의 약속을 잘 지켜나가기 위하여 간단한 설문을 통해 고객님의 의견을 듣고자 합니다. 설문에 대한 답변은 비밀로 할 것이며, 저희는 여기 있는 정보를 향후 고객님에게 더 좋은 제품을 제공하는 데 유용하게 쓸 것입니다.

다음 질문들에 간략하게 대답해주십시오.

1. 어떤 제품을 구입하셨습니까?
   식탁 세트 □   (01) 침대 ■
   소파 또는 의자 □   테이블 또는 책상 □

2. 제품에 대한 고객님의 만족도는 어느 정도입니까?
   (01) 매우 만족한다 ■   만족한다 □
   만족스럽지 못하다 □   매우 불만족스럽다 □

이름: (01) Joy Springs

어휘 ensure 반드시 ~하게 하다, 보장하다 continue 계속하다 live up to one's promise 약속을 지키다 opinion 의견 survey 조사 questionnaire 설문지 remain 남다 confidential 비밀의, 신뢰를 받는 improve 개선하다, 향상시키다 ability 능력 offer 제공하다 deal 대우, 거래 in the future 미래에

01 Joy는 그녀의 새 침대에 대해서 뭐라고 언급하는가?
(A) 매우 불만족스러워 한다.
(B) 웹사이트를 통해서 구입하였다.
(C) 친구와 함께 상점에서 구입하였다.
(D) 만족스러워한다.

해설 질문의 키워드는 what, Joy, indicate, bed로 구체적 사항을 묻는 질문 유형이다. 먼저 Joy가 누구인지를 찾아야 한다. 설문지 하단에 있는 작성자의 이름이 Joy인 것을 알 수 있다. 그러면 설문지의 내용을 통해 Joy가 구입한 침대를 어떻게 생각하는지 알 수 있으리라는 것을 짐작할 수 있다. 설문지 1번을 보면 구입한 물건은 침대이고 2번에서는 매우 만족한다고 대답했으므로, 정답은 만족스러워 한다(happy with)고 한 (D)가 된다. 나머지 보기인 (A), (B), (C) 모두 설문지에서 언급되어 있지 않으므로 오답이다.

Test 2 문제 02는 다음 양식을 참조하세요.   p.417

Office-Depot

매입처: Friendly Stationery
담당자: Samantha Cook
982 Marine Drive, Parksville, U.S.A.

전화: 555-515-3425

주문 내역	주문 수량	배송 수량	박스 당 단가	합계액
데스크탑 스테이플러 2번	15	15	6.00	90.00
중간 크기 볼펜 10번	10	10	2.30	23.00
HB연필 12번	10	10	1.80	18.00
B연필 12번	50	(02) 0	1.80	0.00
Nathan 다이어리 속지	30	30	8.32	249.60
소계				380.60달러
세율				7%
배송료				5.00달러
합계				$412.24

어휘 Attn. 담당자 description 서술, 기술 ship 수송하다, 운송하다 cost 가격 stapler 스테이플러 ball point pen 볼펜 refill 리필 subtotal 소계 tax rate 세율 shipping charge 배송료 total 합계

02 무엇이 배송되지 않았는가?
(A) HB 연필
(B) 데스크탑 스테이플러
(C) Nathan 다이어리 속지
(D) B 연필

해설 문제의 키워드는 What, not, delivered로, 배송이 안 된 것이 무엇인지 구체적인 정보를 묻는 유형의 문제이다. 영수증에서 배송량을 보면 B연필 상자에 수량이 0이므로 배송이 안 된 것이라는 점을 알 수 있으므로 정답은 (D)가 된다.

Lesson 3 예외/부가 사항이나 수단/방법, 제안을 묻는 질문

Test 1 문제 01은 다음 송장을 참조하세요.   p.419

~생략~

이월 주문:

제품 번호	제품 명세	수량	가격	배송일
507	Dalton & Co. 주문 제작 편지지-100장	5	200달러	4월 23일
508	Dalton & Co. 이니셜이 인쇄된 봉투-100장	5	120달러	4월 23일

고객님께서 저희의 모든 제품에 100% 만족하시리라는 것을 보장합니다. 만약 저희 제품에 불만족하실 경우 동봉된 서류와 함께 반송해주십시오. (01) (저희는 주문 제작한 제품은 반품을 받지 않습니다.) 만약 손상된 제품을 받는다면 반송 우편 요금은 변상해 드리겠습니다. 고객님의 다음 주문에 도움을 드리기 위해 신제품 목록을 동봉하였습니다. Stars 편지지(제품 번호 351)는 생산 중단으로 인하여 더 이상 구입할 수 없다는 것을 알려드립니다.

어휘 guarantee 보장하다, 약속하다 satisfaction 만족 product 제품 be pleased with ~로 기뻐하다, 만족하다 return 반납하다, 돌려주다 item 물품, 항목 enclosed 동봉된 personalized item 주문 제작된 제품 receive 받다 damaged 파손된, 하자

가 생긴 reimburse 배상하다 latest 최근의 listing 리스트, 목록 choose 선택하다 order 주문 notice 알아차리다 writing pad 편지지 no longer 더 이상 ~않다 available 이용 가능한 discontinue (생산을) 중단시키다

01 어떤 종류의 제품은 반송할 수 없는가?
(A) 생산 중단된 제품
(B) 주문 제작된 제품
(C) 개봉된 제품
(D) 손상된 제품

해설 질문의 키워드는 what, item, cannot, return으로, 어떤 제품을 반송할 수 없는지 묻고 있다. 이렇게 주의해야 할 사항들에 대한 언급은 주로 지문의 마지막에 나타난다.

표 다음의 두 번째 줄 괄호 안의 문장을 보면 we cannot take back personalized items(저희는 주문 제작된 제품은 반품을 받지 않습니다)라고 하였으므로 정답은 (B)가 된다.

오답을 분석해 보면, (A)의 discontinued item(생산 중단된 제품)은 맨 마지막 문장의 have been discontinued와의 혼동을 주나 생산 중단된 제품을 반품 받지 않는다는 것이 아니라 어떤 제품이 생산 중단되었다는 의미이므로 오답이다. (C)는 언급이 되어 있지 않고, (D)는 표 다음에 세 번째 줄 문장에서 If you receive a damaged item, your return postage will be reimbursed(우송료는 변상하겠습니다)라고 하였으므로 오답이 된다.

Test 2 문제 02는 다음 청구서를 참조하세요. p.419

체납 잔액	고객 번호	서비스 날짜	발행일	지불기한
$ 52.35	JK-20110742	4/1-4/25	4/30	5/15

'체납 잔액'에 명기된 금액은 현재 4주가 연체되었습니다. 서비스를 계속 받기를 원하시면, 지정 날짜에 지정 금액을 송금하시기 바랍니다. 지불이 제대로 이루어지지 않으면, 10% 벌금이 상기 금액에 가산되고 서비스가 중단됩니다.

(02) 이미 지불하셨다면, 본 청구서를 무시하시기 바랍니다. 문의 사항은 고객 서비스 전화번호 398-9021으로, 월요일에서 금요일까지, 오전 9시에서 오후 6시까지 전화주시기 바랍니다.

어휘 past due 기일 경과후의 balance 잔액 issue 발부하다 payment 지불 indicate 나타내다 currently 현재 overdue 기한이 지난 ensure 확실하게 하다 forward 보내다 require 요구하다 receive 받다 penalty 벌금 add 추가하다 disregard 무시하다 reminder 상기시키는 것 inquiry 질문 be directed to ~에게로 보내지다 respond 응답하다 customer service 고객 서비스 return 반납하다, 돌려주다 notice 공지문 refund 환불 ignore 무시하다

02 만약 이미 고객이 지불을 완료하였다면, 어떻게 해야 하나?
(A) 고객 서비스 부서에 지불 완료에 관한 정보를 팩스로 보낸다
(B) 회사로 통지서를 반송한다
(C) 전화로 환불을 요구한다
(D) 독촉장을 무시한다

해설 문제의 키워드는 how, customer, respond, if, paid, bill로, 고객이 이미 지불했을 때 어떻게 해야 하는지를 묻고 있다. 청구서의 마지막 부분에 Please disregard this reminder if full payment has already been made(이미 지불하셨다면, 본 청구서를 무시하시기 바랍니다)라고 했으므로 정답은 (D)이다.

Additional Training 추론 유형 문제

p.422

문제 01은 다음 광고를 참조하세요.

Corporate World 구독자들은 보세요!

이메일을 등록하시면 화요일 아침마다 최신 경제 뉴스를 받아보실 수 있습니다. 매달 Corporate World 잡지로부터 받아 보시던 세계 경제에 관한 고급 정보를 30일을 기다릴 필요 없이 보실 수 있게 될 것입니다. 가장 관심 있는 주제를 다섯 가지 골라주시면 이 주제들과 관련된 최고의 기사들을 매 주 이메일로 받아보실 수 있습니다. (01) 이 서비스는 Corporate World 구독자들에게만 제공됩니다.

등록하시는 절차는 아주 간단합니다. 우선, www.corporateworld.com을 방문하십시오. '이메일 서비스 등록'을 클릭하시고 정보를 기입하신 후 원하시는 주제 다섯 가지를 선택해 주십시오. 주제는 언제든지 바꾸실 수 있습니다. 웹사이트에서 개인정보를 변경하실 수도 있습니다.

Corporate World

어휘 register 등록하다 latest 최신의 financial 금융의, 재정의 magazine 잡지 receive 받다 information 정보 be interested in ~에 관심이 있다 the most 제일 excellent 훌륭한 article 기사 topic 주제 through ~을 통해 available 시간이 있는, 이용할 수 있는 subscriber 구독자 fill out 작성하다 choose 선택하다 at any time 언제라도, 아무 때나 update 갱신하다, 가장 최근의 정보를 알려주다 intend 의도하다 popular 인기 있는 professional 직업의, 전문적인 a series of 일련의 offer 제공하다

01 광고하고 있는 서비스에 대해 언급된 것은 무엇인가?
(A) 잡지 구독자에게만 해당된다.
(B) 30일 후에 서비스가 이용 가능하다.
(C) 비즈니스 전문가들 사이에서는 이미 유명하다.
(D) 새로운 서비스들 중에서 첫 번째로 제공되는 것이다.

해설 문제의 키워드는 what, indicated, service로, 서비스에 대해서 언급된 것이 무엇인지를 묻는 유형의 문제이다. 선택지의 보기와 지문에서 광고되고 있는 서비스를 대조하며 오답을 제거해 나가야 한다. 지문의 첫 번째 단락 마지막에 This service is only available to Corporate World subscribers(이 서비스는 Corporate World 구독자들에게만 제공됩니다)라는 문장이 있으므로 정답은 (A)이다. (B)는 첫 번째 단락 세 번째 줄에 있는 문장인 but you don't have to wait 30 days에서

'30일을 기다릴 필요가 없다'라고 했지 30일 후에 이 서비스를 이용할 수 있다는 것은 아니므로 오답이 되고, (C)와 (D)는 언급된 적이 없기에 오답이 된다.

문제 02–03은 다음 정보를 참조하세요.

Beta II Air 프린터를 구입해 주셔서 감사합니다. **(02) 이 프린터로 고객님은 문서를 프린트하실 수 있으시고, 팩스를 전송하고, 사진을 스캔하실 수 있습니다.** 상자 안에는 사용설명서와, CD, 취급 주의사항, 프린터 케이블 그리고 두 개의 잉크 카트리가 있을 것입니다. **(03) 잉크 카트리지는 온라인으로 주문이 가능합니다.**

(03) www.beta2.com에 제품을 등록하시면 업데이트를 받으실 수 있으시고, 온라인상으로 도움도 받으실 수 있을 뿐만 아니라 잉크 카트리지 할인 쿠폰을 받으실 수도 있습니다.

주의사항: Beta II Air 프린터의 품질보증 기간은 1년입니다. 제품을 사용하시는 동안 어떤 문제점이 발생하거나 궁금한 점이 있으시면 저희 기술 지원팀으로 전화를 주시거나 **(03) 웹사이트를 방문하셔서 저희 기술자가 방문할 일정을 잡으시길 바랍니다.** 저희 숙련된 기술자가 귀하가 계신 곳으로 직접 찾아가서 무료로 제품을 수리해 드릴 것입니다. 제품의 품질보증 기간을 늘리고 싶으시다면 1년 더 연장할 수 있는 보증서를 구입하시면 됩니다. 더 궁금하신 점이 있으시다면 웹사이트를 방문하시거나 800-574-2646으로 전화를 주십시오.

어휘 purchase 구입하다 document 서류, 문서 send 보내다 user's manual 사용설명서 instruction 설명, 지시, 명령 guide 안내(서) order 주문하다 register 등록하다 discount 할인 warranty 품질보증서 technical support team 기술지원팀 make an appointment 만날 약속을 하다 trained 훈련된 technician 기술자 location 장소 at no cost 무료로 would like to ~하고 싶다 extend 연장하다, 확대하다 additional 추가적인 coverage 범위 a variety of 다양한 available 시간이 있는, 이용 가능한 mention 언급하다 reason 이유 request 요청하다, 요구하다 update 갱신하다 recent 최근의

02 Beta II Air 프린터에 대해서 언급된 것은 무엇인가?
(A) 팩스를 보낼 수 있다.
(B) 다양한 색상으로 출시된다.
(C) 다른 Beta II Air 프린터보다 가볍다.
(D) 품질보증 기간이 5년이다.

해설 문제의 키워드는 what, stated, Beta II Air Printer로, Beta II Air 프린터에 대해 언급된 것이 무엇인지를 묻고 있는 유형의 문제이다. 선택지의 보기와 지문의 내용을 하나씩 대조해 나가며 소거법을 이용해 정답을 찾아야 한다. 첫 번째 단락 두 번째 문장에서 With this printer, you can print documents, send faxes, and scan pictures(이 프린터로 고객님은 문서를 프린트하실 수 있으시고, 팩스를 전송하고, 사진을 스캔하실 수 있습니다)라고 하였으므로 정답은 팩스를 보낼 수 있다고 한 (A)가 된다. (B)와 (C)는 언급이 되지 않았기에 오답이고, (D)는 세 번째 문단 첫 번째 문장인 The Beta II Air Printer comes with a one-year warranty에서 품질보증 기간이 1년이라고 했지 5년이 아니기에 오답이 된다.

03 Beta II 웹사이트를 방문해야 하는 이유로 언급된 것이 아닌 것은 무엇인가?
(A) 잉크 카트리지를 주문하기 위해
(B) 약속을 잡기위해
(C) 업데이트 된 사용설명서를 요구하기 위해
(D) 최근 구입한 제품을 등록하기 위해

해설 문제의 키워드는 what, not, mention, reason, visit, Beta II Web site로, 웹사이트를 방문해야 하는 이유로 언급되지 않은 것을 묻고 있다. not true 유형의 문제로 선택지의 보기와 지문의 내용을 하나씩 대조해 나가며 소거법을 이용해 정답을 찾아야 한다. 첫 번째 단락 마지막 문장에서 You may order ink cartridges through our online store(온라인상에서 잉크 카트리지를 주문할 수 있습니다)라고 하였으므로 (A)는 오답이 된다. 두 번째 단락 첫 번째 문장에서When you register your product online at www.beta2.com(구입한 제품을 등록할 수 있습니다)이라고 하였고, 세 번째 단락 두 번째 줄에 있는 문장에서 you can visit our Web site and make an appointment(웹사이트를 방문해 기술자와의 약속 일정을 잡을 수 있습니다)라고 했으므로 각각 (D)와 (B)는 오답이 된다. (C)의 업데이트된 사용자 안내서는 온라인상에서 요구할 수 있다고 언급되지 않았으므로 정답이 된다.

문제 04는 다음 광고를 참조하세요.

뉴저지 주민 여러분, 음악에 흥이 나나요?
여러분의 사랑을 받고 있는 음악 프로그램 Hot Tracks의 새로운 진행자인 DJ Vibe를 11월 3일부터 만나보세요. 오후 7시부터 9시까지 DJ Vibe는 운전을 하면서 음악을 즐기는 New Jersey 지역의 운전자들에게 매일 최신 히트곡을 들려줄 것입니다. DJ Vibe는 팝 이외에도 대부분 사람들이 알고 있지 못하는 다양한 장르까지도 들려줄 것입니다. 그는 여러분들이 이러한 다양한 음악 장르에 익숙해지게끔 할 수 있다고 합니다. **(04) 유명한 음악 작곡가인 Quincy Ingram의 측근으로서** 그는 시간의 진행에 따라서 그들이 작업하고 있는 예전 노래들의 리믹스 버전을 들려줄 것입니다. 또한, MRS-FM의 주파수가 97.1에서 100.3으로 변경되었다는 것을 잊지 마시기 바랍니다. DJ Vibe를 위해 볼륨을 높이시고. 정말 음악이 무엇인지를 경험하시기를 바랍니다.

프로그램에 대해서 궁금한 점이 더 있으시다면 www.chmrs.com/hottracks로 로그인해 주시길 바랍니다.

어휘 tune in 청취하다. 시청하다 host 주인, 진행자 beloved 인기 많은, 사랑을 받는 latest 최신의 hit 인기 작품, 히트, 히트곡 other than ~외에 various 다양한 genre 장르 be familiar with ~에 정통하다 confident 자신감 있는, 확신하는 widen 넓히다. 키우다 range 범위 handle 다루다 composer 작곡가 present 바치다. 제출하다. 제공하다 as time progresses 시간의 진행에 따라서 swtch 바뀌다 crank up 소리를 높이다 songwriter 작사가, 작곡가

04 Quincy Ingram에 대해 언급된 것은 무엇인가?
(A) 그는 뉴저지에 산다.
(B) 그는 이전 프로그램의 진행자였다.
(C) 그는 작곡가이다.
(D) 그는 MRS-FM 채널을 소유하고 있다.

해설 문제의 키워드는 what, indicated, Quincy Ingram으로, Quincy Ingram에 대해 언급된 것을 묻고 있다. 주요 키워드가 Quincy Ingram이므로 지문에서 이 키워드를 빨리 찾아 선택지와 대조하며 정답을 찾아야 한다. Quincy Ingram의 이름이 언급된 곳은 지문의 첫 번째 단락 다섯 번째 줄에 있는 문장인 As a close friend of famous music composer Quincy

Ingram이다. 여기서 Quincy Ingram은 유명한 작곡가라고 언급이 되어 있으므로 정답은 (C)가 된다.

문제 05-07은 다음 이메일을 참조하세요.

발신인: Anna Lim
(05) 수신인: Ben Wallace
제목: Peterstown에 관한 정보
날짜: 6월 16일

Mr. Wallace께

(05) Newman의 태양 에너지 학회에 참석하시는 모든 분들을 위해 저희는 Peterstown에서 방문해 보실만한 곳들의 리스트를 만들었습니다. 아래는 방문해 보실만한 장소들입니다.

- **(07)** Petersburg의 중심부에 있는 동상 옆에 작은 도로가 있는데, 그 거리에는 아직도 역사적인 건물들이 서 있습니다. 이 오래된 건물들 중 Brown Jugs라고 불리우는 오래된 술집이 하나 있습니다. 이 술집은 200년의 전통이 있는 곳이며 이국적인 맛의 맥주를 판매합니다. **(07)** 또한 그곳에서는 이 지역에서 가장 맛있는 핫도그와 햄버거를 판매한다는 것을 잊지 마십시오.

- 날씨가 좋다면, Edwin Greens 공원에 반드시 가보셔야 합니다. **(06)** 호텔에서 잠깐 버스를 타기만 하면 됩니다. 이 큰 공원은 저녁에 축제나 카니발과 같은 신나는 파티들을 열수 있는 공간을 제공해 줍니다. Petersburg에 있는 동안 이 축제들을 놓치지 마십시오.

- Orange 해변에 들러서 산책로를 걸어보십시오. **(07)** 산책로를 따라 독특한 물건들을 판매하는 많은 상점들이 있습니다. 산책 중 피곤하다고 느끼시면 상점에 들러서 구경을 하실 수도 있습니다.

Peterstown에 대해서 더 알기를 원한다면, 저희 여행정보센터가 귀하가 머무르는 Open Valley 호텔에서 아주 가까운 곳에 있다는 것을 알아두십시오. 시간이 나시면 언제든지 들러주십시오. 감사합니다.

Anna Lim
지역 홍보 담당자

어휘 attend 참석하다 solar energy 태양에너지 conference 회의, 학회 list 목록 worthy of ~을 받을 만한, 자격이 있는 recommend 추천하다 pay a visit 방문하다 bronze 청동 statue 조각상 historical 역사적인, 역사상의 pub 술집 tradition 전통 exotic 외국의, 이국적인 beer 맥주 serve 제공하다 keep in mind 마음에 담아 두다, 잊지 않고 있다 as well ~뿐만 아니라 weather 날씨 check out 확인하다 take a ride 탈 것에 타다 accommodate 공간을 제공하다, 수용하다 such as ~와 같은 festival 축제 carnival 카니발, 축제 stop by ~에 잠시 들르다 take a walk 산책하다 boardwalk 산책로 unique 독특한 item 항목, 물품 find out 알아내다 be free 짬이 있다

---

05 Mr. Wallace에 대해 언급된 것은 무엇인가?
(A) 그와 Ms. Lim은 친한 사이이다.
(B) 그는 Peterstown으로 이사를 갈 계획이다.
(C) 그는 여행사에서 일한다.
(D) 그는 회의에 갈 예정이다.

해설 문제의 키워드는 what, indicated, Mr. Wallace로, Mr. Wallace에 대해 언급된 것이 무엇인지를 묻고 있다. 주요 키워드가 Mr. Wallace이므로 지문에서 이것을 찾아 선택지의 보기와 대조하면서 정답을 찾아야 한다. Mr. Wallace가 지문에서 언급된 곳은 수신인 난으로 이것을 통해 즉 편지를 받는 사람이라는 것을 알 수 있다. 이메일의 내용을 보면 첫 번째 단락에서 For everyone who will be attending Newman's Solar Energy Conference(Newman의 태양 에너지 학회에 참석하는 모든 분들에게)라고 되어 있으므로 Wallace씨가 학회에 참석하리라는 것을 예상할 수 있다. 그러므로 정답은 (D)가 된다.

06 Edwin Greens 공원에 대해 무엇이 언급되고 있는가?
(A) 쇼핑센터이다.
(B) 버스 정거장이다.
(C) 비오는 날에는 문을 닫는다.
(D) 호텔에서 가깝다.

해설 문제의 키워드는 what, indicated, Edwin Greens Park로, Edwin Greens 공원에 대해 언급된 것이 무엇인지를 묻고 있다. 주요 키워드가 Edwin Greens Park이므로 지문에서 이것을 찾아 선택지의 보기와 대조하면서 정답을 찾아야 한다. Edwin Greens Park가 언급된 곳은 지문에서 세 번째 단락이다. 세 번째 단락의 두 번째 문장을 보면 All you have to do is take a short bus ride from the hotel(호텔에서 버스를 타고 잠깐만 가면 됩니다)이라고 하였으므로 이 공원이 호텔 근처에 위치해 있다는 것을 알 수 있으므로 정답은 (D)가 된다.

07 이메일에서 언급되지 않은 것은 무엇인가?
(A) 식당 정보
(B) 숙박시설에 대한 조언
(C) 역사적인 건물의 위치
(D) 쇼핑하기에 좋은 장소 제안

해설 문제의 키워드는 what, not, mentioned, email이다. 이 이메일에서 언급되지 않은 것을 묻고 있는 not true 유형의 문제이다. not true 유형의 문제는 지문의 내용과 선택지의 보기들을 하나씩 대조하며 오답을 소거해 나가야 한다. (A)의 음식점의 정보는 두 번째 단락 마지막 문장인 Also, they serve one of the best hot dogs and burgers in town. so keep that in mind as well에서 확인할 수 있다. (C)도 두 번째 단락 첫 문장인 Near the bronze statue in the center of Petersburg, there is small road where the some historical buildings still stand에서 Petersburg의 중심부에 있는 동상 근처에 역사적 건물들이 있다고 언급하고 있으므로 오답이 되며, 또한 네 번째 단락에서 There are many shops that sell unique items along the boardwalk(산책로를 따라 독특한 물건들을 판매하는 많은 상점들이 있습니다)라고 했으므로 (D)도 오답이 된다. 그러나 숙박시설에 대해 언급된 적이 없기에 (B)가 정답이 된다.

Single Passage Practice Test

p.426

153 (B)	154 (A)	155 (A)	156 (D)	157 (B)	158 (D)
159 (B)	160 (B)	161 (C)	162 (C)	163 (B)	164 (A)
165 (D)	166 (A)	167 (C)	168 (B)	169 (C)	170 (D)
171 (A)	172 (B)	173 (B)	174 (B)	175 (C)	176 (C)
177 (B)	178 (A)	179 (C)	180 (D)		

문제 153-154는 다음 이메일을 참조하세요.

발신: Nancy Myers 〈nmyers@acstats.com〉
수신: Gary Elmer 〈gelmer@precision.com〉
제목: 고객 여론 조사
날짜: 2월 9일

Elmer 씨께

(153) 저희 팀은 Precision 시계에 관한 고객 설문조사의 데이터 편집을 막 끝마쳤습니다. 원자료와 저희 분석가들이 데이터를 해석한 것을 메일에 첨부했습니다. (153)/(154) 간략하게 말해서, 이번 조사 결과 귀하의 소중한 고객들은 Presicion사 시계의 정확성과 디자인을 좋아한다는 결론이 나왔습니다. (154) 많은 응답자들이 그들의 시계가 항상 정확하다는 의견을 주었고, 일부는 수년 동안 Presicion사의 시계를 착용하고 있다고 응답하였습니다. 그러나 귀사의 웹사이트가 만족스럽지 않다고 하는 사람들도 있었습니다. 이 사람들은 웹사이트에서 원하는 정보를 찾는 것이 힘들다고 말했습니다. 저희 분석가들의 제안이 상당한 도움이 될 거라고 생각합니다. 귀하의 어떤 질문에도 기꺼이 답변해드리겠습니다. 궁금하신 사항이 있으면 언제든지 연락 주십시오.

충심으로,
사장 Nancy Myers 드림
A. C. 통계

어휘 complete 완료하다, 끝마치다 compile 편집하다 customer survey 고객 여론 조사 attach 붙이다, 첨부하다 raw data 원자료, 미가공 데이터 analyst 분석가 interpretation 해석, 설명, 이해 briefly 간단히 survey 조사 valuable 소중한, 귀중한 accuracy 정확도 respondent 응답자 comment 견해를 밝히다, 논평하다 own 소유하다, 자신의 several 몇몇의 be pleased with ~에 만족하다 have a hard time -ing ~하는 데 어려움을 겪다 information 정보 recommendation 추천, 권고 helpful 도움이 되는 at any time 언제라도, 아무 때나 announce 발표하다, 알리다 discount 할인 summarize 요약하다 promote 홍보하다, 승진시키다, 촉진하다 apologize 사과하다 reliable 믿을 수 있는 waterproof 방수의 expensive 비싼 handmade 손으로 만든

153 이 이메일의 목적은 무엇인가?
(A) 시계 할인 판매를 알리기 위해서
(B) 데이터 결과를 요약하기 위해서
(C) 새롭게 출시되는 시계를 홍보하기 위해서
(D) 잘못된 정보에 대해서 사과하기 위해서

해설 이메일에서 목적을 묻는 문제는 주로 본문의 첫 번째에서 세 번째 줄에 등장하게 된다. 본문 첫 번째 줄 Our team~부터 두 번째 줄 Briefly, the survey shows that your valuable customers like the accuracy and design of your watches란 문장을 보면 이 이메일의 목적이 데이터를 분석한 결과를 요약해 주기 위한 것임을 알 수 있다. 따라서 정답은 (B) 이다.

154 이메일에 따르면, 고객들은 왜 Precision사의 시계를 좋아하는가?
(A) 믿을 수 있어서
(B) 방수기능이 있어서
(C) 가격이 저렴해서
(D) 수제품이어서

해설 본문에서 질문의 키워드인 customers와 like를 찾아야 한다. 본문 두 번째 줄 Briefly, the survey shows that ~에서 고객들이 Precision사 시계의 정확성과 디자인을 좋아한다고 언급하고 있고, 다음 문장 Many respondents ~ several years를 보면 조사에 응한 응답자들이 Precision사의 시계가 항상 시간이 정확하다고 했다는 내용으로 미루어 볼 때 보기 중 (A) They are reliable.(믿을 수 있다.)이 정답이 된다.

문제 155-156은 다음 우편엽서를 참조하세요.

Bright Future Visions

주소: (156) 552 Lawrence Jackson, NM 48384
전화번호: 857-268-9275
876 Markham Rd.
St. Clair, NM 48295
전화번호: 857-268-7264

고객님이 마지막으로 시력검사를 한지 1년이 경과하였음을 알려드리고자 이 우편엽서를 보냅니다.

고객님의 눈 건강을 위하여 적어도 1년에 한 번은 시력검사를 받으시기를 권합니다.

저희 병원에는 고객님의 눈 건강을 책임질 4명의 실력 있는 안과의사들이 있습니다. (155) 다음 검진을 위해 전화주십시오.

고객님을 곧 뵙기를 고대하고 있겠습니다.

Mr. Adam Rogers
54 Turnbull Road
St. Clair, NM 48197

어휘 reminder 상기시키는 것 eye exam 시력검사 recommend 추천하다 at least 적어도 qualified 자격이 있는 take care of ~을 돌보다 set up (약속 등을) 잡다 appointment 약속 look forward to ~을 고대하다

155 Mr. Adam Rogers는 어떤 요청을 받고 있는가?
(A) 약속 잡기
(B) 회사에 방문하기
(C) 신제품 써보기
(D) 시력검사 일정 변경하기

해설 질문의 키워드는 Mr. Adam Rogers와 asked이다. 먼저 Mr.

Adam Rogers가 누구인지를 알아야 하는데, 우편엽서의 오른쪽 하단을 보면 이 엽서를 받은 사람, 즉 고객이라는 것을 알 수 있다. 요청·요구·제안 받은 것에 대한 답변은 주로 끝에 등장한다. 우편엽서의 세 번째 단락 Give us call ~ appointment라는 문장에서 다음 검진 일정을 잡기 위해 전화를 달라고 했으니 Mr. Adam Rogers가 병원 측에서 요청받고 있는 것은 (A) Make an appointment(약속 잡기)이다.

156 Bright Future Visions에 대해 알 수 있는 것은?
(A) 안경을 판매하는 곳이다.
(B) 아침 일찍 진찰을 한다.
(C) 문을 연지 1년밖에 안됐다.
(D) 병원이 한 군데만 있는 것이 아니다.

해설 본문 내용에 관한 추론형의 문제이다. 이러한 문제 유형은 선택지의 보기를 하나씩 체크하며 소거해나가야 한다. 보기 (A), (B), (C)는 모두 본문에서 언급되어 있지 않기에 오답이다. (D)는 우편엽서의 맨 윗부분을 보면 Bright future Visions의 주소지가 2개인 것으로 보아 병원이 두 곳이라는 것을 알 수 있다.

문제 157-158은 다음 이메일을 참조하세요.

이메일 메시지

발신: hr@goldenbooks.com
수신: staff@goldenbooks.com
제목: 연례 만찬회
날짜: 10월 5일
전 직원들에게,

(157) 오늘 오전에 연례 만찬회 초대장을 보냈습니다. 올해의 만찬회는 10월 18일 저녁 7시에 Oakville 커뮤니티 센터에서 열릴 것입니다. 많은 직원들이 이번 행사를 기다리고 있으며, 이미 행사에 관련된 많은 질문들을 하고 계십니다. 제가 행사의 세부사항 몇 가지를 알려드리겠습니다.

– 만찬회에서 올해 최고의 사원들에게 상이 수여될 것입니다.
– (158) 셔틀버스는 회사 건물 주차장에서 커뮤니티 센터까지 운행될 것입니다. 본 버스는 오후 6시 30분에 출발할 예정입니다. (158) 셔틀버스는 저녁 10시에 회사 건물로 되돌아올 것입니다.
– 승용차를 가지고 오시려면, 첨부된 지도를 참고하십시오.
좋은 하루 되세요!

April Conners
인사부

어휘 invitation 초대, 초대장 annual 연례 dinner party 만찬회, 디너파티 community center 지역사회 센터 attend 참석하다 clarify 명확하게 하다, 분명하게 말하다 detail 세부사항 award 시상 employee 직원 transportation 운송, 수송 parking lot 주차장 depart 출발하다 return trip 되돌아 오기 attach 붙이다, 첨부하다 direction 길안내 human resources 인사부 announce 발표하다, 알리다 award winner 수상자 explain 설명하다 define 정의하다 requirement 요건, 필요조건 drop off 내려주다 downtown 시내의

157 이 이메일의 목적은 무엇인가?
(A) 수상자를 알리기 위해서
(B) 행사에 관한 정보를 알려주기 위해서
(C) 직원에게 주는 상의 자격요건을 설명하기 위해

(D) 셔틀버스 운행 시간의 변경을 설명하기 위해서

해설 질문의 키워드는 purpose와 e-mail이다. 목적을 묻는 문제는 주로 상단에서 그 정답을 찾을 수 있다. 이메일의 첫 번째 단락(We've mailed ~ clarify a few details)에서 만찬회의 장소와 일시를 알려주고 있으며, 행사의 세부사항들에 대해 알려주겠다고 하였다. 그러므로 정답은 행사에 관한 정보를 알려주기 위해서라고 한 (B) To explain information about an event가 된다.

158 셔틀버스는 만찬회 후에 직원들을 어디에 내려다 줄 것인가?
(A) 교통관리부에
(B) 커뮤니티 센터에
(C) Oakville 시내에
(D) 주차장에

해설 셔틀버스가 직원들을 어디에 내려줄 것인지, 장소에 관한 세부사항을 묻는 문제이다. 질문의 키워드는 where, shuttle bus, drop off, employee가 되겠다. 세부사항 두 번째 항목을 보면 셔틀버스는 회사건물 주차장에서 커뮤니티 센터까지 운행될 것(Shuttle bus transportation ~ community center)이라고 했고, 그 다음 문장인 The shuttle bus will make a return trip leaving at 10:00 p.m.에서 return trip(왕복)을 언급했다. 회사건물 주차장에서 커뮤니티 센터까지 갔다고 왕복이니까 다시 회사 주차장으로 돌아올 것임을 알 수 있다. 따라서 셔틀버스가 직원들을 내려줄 곳은 (D) In a parking lot이다.

문제 159-161은 다음 안건을 참조하세요.

Ryerson 미술관 중역회의
여름 회의 안건, 8월 11일
장소: Ryerson 호텔, 회의실 A
(159) 점심시간: 오후 12시 – 1시 Ryerson 호텔 Sunset 식당

시간	발표자	주제
오후 1시 – 1시 30분	David London, 최고 재무 책임자	예산 상태
오후 1시 30분 – 2시	(160) Nate Mercado, 마케팅 부장	반년 간 미술관 방문객 수
오후 2시 – 2시 30분	Nora Brown, 전시회 관리자	전시회 일정 소개
오후 2시 30분 – 3시	Lacy Norton, 교육 프로그램 관리자	(161) 학생 교육 프로그램의 확대 제안
오후 3시 – 3시 15분	Ian Paisley, 미술관 관장	내년 이사회 회장 후보자 지명

어휘 art gallery 미술관 executive board 중역회 agenda 의제, 안건 conference room 회의실 dining room 식당 chief financial officer 최고 재무 책임자 budget 예산 status 신분, 지위, 상황 midyear 한 해의 중간쯤의 attendance 참석, 출석, 참석률 figure 수치, 숫자 exhibition 전시회, 전시 introduce 소개하다 upcoming 다가오는, 곧 있을 proposal 제안, 제의 expand 확장하다, 확대하다 nominate 지명하다 candidate 후보자, 지원자 board 이사회 chairperson 회장 oversee 감독하다 meal 식사 available 이용 가능한 report 기록, 보고, 보고서 visitor 방문객, 손님 income 수입, 소득 exceed 넘다

expense 돈, 비용 so far 지금까지 seek 구하다, 찾다 funding 자금 exhibit 전시품, 전시회 provide 제공하다 educational 교육적인 resign 사직하다 in the near future 가까운 장래에

159 회의에 대해서 무엇이 언급되어 있는가?
(A) 새로운 의장이 회의를 주관한다.
(B) 회의 참석자들에게 식사가 제공된다.
(C) 미술관 회의실에서 회의가 열린다.
(D) 미술관 직원들은 모두 회의에 참석할 수 있다.

해설 질문의 키워드는 stated, meeting이다. 회의에 관해서 언급한 것 중 옳은 것과 옳지 않은 것을 선별하는 문제로 전체 내용을 세부적으로 접근해서 풀어야 한다.

선택지의 보기를 본문 내용과 하나씩 대조해가며 풀어보자. 보기 (A)는 본문에 없는 내용이며, chairperson에 대해 언급된 사항은 오후 3시~3시 15분에 진행되는 회의의 주제인 '내년 이사회 회장 후보자를 지명'한다는 내용뿐이다. 표 위에 Lunch의 장소로 언급된 Ryerson's hotel Sunset Dining Room을 통해 회의에 참석하는 사람들에게 식사가 제공될 것임을 유추할 수 있기에 (B)는 정답이다. 또한 회의 장소는 (C) 미술관 회의실이 아니라 Ryerson 호텔 회의실이다. (D)는 본문에 언급되지 않았다. 그러므로 정답은 (B)가 된다.

160 박물관 방문객수에 대한 보고는 누가 할 것인가?
(A) David Londo
(B) Nate Mercado
(C) Nora Brown
(D) Ian Paisley

해설 세부사항을 묻는 문제로, 질문의 키워드는 who, report, number of visitor이다. 먼저 TOPIC(주제) 항목에서 내용을 확인한 후에 옆에 SPEAKER(발표자) 항목에서 정답을 찾아내면 된다. 오후 1시 30분에서 2시 사이에 진행되는 회의의 주제는 Midyear attendance figures(반년 간 미술관 방문객 수)이며, 진행자가 Nate Mercado라고 나와 있으므로 정답은 (B)이다.

161 미술관에 대해서 추측할 수 있는 것은?
(A) 올해 수입이 지금까지의 경비를 넘어섰다.
(B) 새로운 전시회를 위해 자금을 찾고 있다.
(C) 학생들을 위한 교육 프로그램을 제공한다.
(D) 관장이 가까운 시일 내에 사직할 것이다.

해설 질문의 키워드는 implied와 gallery이다. 전체 내용에서 세부 내용을 묻는 문제로 선택지의 보기를 하나씩 대조해서 소거해 가면서 풀어야 한다. 내용을 확인해야 하므로 TOPIC란을 보면 된다. 보기 (A), (B), (D)는 언급되지 않은 내용이므로 오답이다. 오후 2시 30분부터 3시에 진행되는 회의의 네 번째 순서를 보면 Proposals for expanding school outreach programs(학생 교육 프로그램의 확대 제안)에 대한 내용이 나오므로 학생들을 위한 교육적 프로그램을 제공한다고 한 (C) It provides educational programs for students.가 정답이 된다.

문제 162-164는 다음 이메일을 참조하세요.

발신: 〈service@capitalone.com〉
수신: 〈abaker@presario.com〉
제목: Capital One의 신규 계좌 안내
날짜: 6월 21일

Mr. Baker 씨께

(162) 저희는 고객님께 Capital One의 계좌 신청과 6,000달러의 입금이 처리되었다는 것을 알리게 되어 기쁩니다. (163) 고객님은 신규 입금액이 5,000달러가 넘는 고객님들에게 드리는 계좌 개설 보너스 50달러를 받으실 것입니다. 보너스는 이번 달 말일에 고객님의 계좌로 입금될 것입니다.

온라인으로 고객님의 계좌에 접속할 수 있는 임시 비밀번호를 첨부된 파일에서 찾으실 수 있으실 겁니다. 고객님은 온라인으로 저의 웹사이트를 통해, 잔고 확인, 납부 및 자금 이체를 하실 수 있습니다. (164) 저희 웹사이트에 로그인하기 위해서 고객님은 우선 비밀번호를 활성화시켜야 합니다. 집전화로 저희 고객서비스센터인 472-574-5342로 전화하시면 됩니다. 비밀번호는 수령 날짜로부터 10일 안에 활성화시켜야 합니다. 그렇지 않으시면 임시 비밀번호는 효력을 잃게 되기 때문에 저희 사무실에 직접 방문하여 임시 비밀번호를 새로 받으셔야 합니다. 비밀번호를 활성화시키셨다면 저희 웹사이트를 방문해 주십시오. 고객님은 지시하는 대로 3단계의 절차만을 따르시면 쉽게 새로운 비밀번호를 만드실 수 있을 것입니다.

고객님이 계좌를 개설해 주신 것에 대하여 진심으로 감사드립니다. 질문이 있으시다면 주저하지 마시고 고객 서비스 센터로 언제든지 전화해주세요. 저희 고객 센터 담당 직원은 언제나 고객님의 질문에 기쁜 마음으로 답변을 할 것입니다.

Capital One 고객서비스

어휘 inform 알리다 account 계좌 application 신청 process 처리하다 receive 받다 account-opening 계좌 개설 customer 고객 initial 처음의, 초기의 deposit 예금, 예금하다 attach 첨부하다 temporary 일시적인, 임시의 password 비밀번호 access 접속하다 balance 잔고, 잔액, 균형 make a payment 지불하다, 납부하다 transfer 이체하다 fund 기금, 돈 in order to ~하기 위하여 log in 로그인하다 activate 활성화시키다, 작동시키다 residential 주택지의 upon receipt 수령하는 즉시 no longer 더 이상 ~아닌 valid 유효한, 타당한 be required to + 동사원형 ~할 것이 요구되다 sincerely 진심으로 open an account 구좌를 개설하다 hesitate 주저하다 representative 담당 직원 customer service 고객 서비스 센터 error 오류 provide 제공하다 detail 세부사항 credit application 신용 대부 신청 client 고객 status 신분, 지위 announce 알리다 requirement 필요조건 specified 명시된 minimum 최저의, 최소한의 agreed-upon 상호 합의된 length 길이 at the same time 동시에 set up an account 계좌를 만들다 be instructed to ~하도록 지시받다 respond 대답하다

162 이 이메일의 목적은 무엇인가?
(A) 계좌에 발생한 오류를 설명하기 위해
(B) 신용 대부 신청의 세부사항을 제공하기 위해
(C) 계좌의 상태를 고객에게 알리기 위해
(D) 예금 처리 변경을 알리기 위해

해설 질문의 키워드는 purpose와 e-mail이다. 이메일의 목적을 묻는 문제는 주로 본문의 첫 번째에서 세 번째 줄에 등장하게 된다. 본문의 첫 번째 단락을 보면 계좌의 상태에 대해서 알려주고 있다는 것을 알 수 있다. 그러므로 정답은 '계좌의 상태를 고객에게 알리기 위해'라는 (C)가 된다.

163 보너스를 받을 수 있는 자격요건은 무엇인가?
(A) 집 전화로 고객 서비스 센터에 전화하기
(B) 명시된 최소 예금으로 계좌 개설하기
(C) 상호 협의된 시간 동안 계좌를 유지하기

(D) 동시에 두 개 이상의 계좌 개설하기

해설 질문의 키워드는 what, requirement, bonus이다. 세부사항을 묻는 문제로 본문에서 이러한 키워드가 들어있는 곳을 찾아 확인해 보면 되겠다. bonus가 언급된 곳은 첫 번째 단락의 두 번째 문장(You will receive ~ more than $5,000)이다. 계좌를 개설할 때 5,000달러가 넘는 돈을 예금한 고객들에게 계좌 개설 보너스로 50달러를 준다고 했으므로 보너스를 받을 수 있는 자격사항은 명시된 최소한의 금액을 예금하고 계좌를 개설하는 경우이다. 그래서 정답은 (B)이다.

164 Mr. Baker는 무엇을 하라고 지시받는가?
(A) 비밀번호 활성화시키기
(B) 계좌로 자금을 이체시키기
(C) 이메일에 답하기
(D) 온라인으로 지불하기

해설 질문의 키워드가 what, Mr. Baker, instructed로 Mr. Baker에게 무엇을 하라고 하는지 묻고 있다. 두 번째 단락의 전반적인 내용은 임시 비밀번호를 활성화시켜야 한다는 것이다. 그러므로 정답은 (A) '비밀번호 활성화시키기'가 된다.

문제 165-168은 다음 공지문을 참조하세요.

Rexdale 회사

춘계 교육 세미나가 임박했습니다!

(165) 인사부는 매년 우수한 교육 세미나를 기획합니다. 이 세미나의 목적은 직원들이 업무를 잘 처리할 수 있도록 돕기 위한 것입니다. 2월 1일 이후에 근무를 시작한 직원들은 적어도 3가지 세션에 참여해야 합니다. 여기에 해당되지 않는 직원들은 적어도 한 가지 세션에는 참가를 해야 합니다. 그러나 4월 19일 세션에는 전 직원이 반드시 모두 참여해야 합니다. Johnson Hall에서 열릴 예정인 세미나의 일정은 다음과 같습니다.

세미나 1: 새로운 회사 내규
발표자: Lance Davids – 인사부
4월 19일, 월요일 오전 10시부터 12시까지

세미나 2: 고객 여론조사
발표자: Christy Lee – 마케팅
4월 20, 화요일 오전 10시부터 11시 30분까지

세미나 3: 세계적 추세
(167) 발표자: Carrie Windsor – 해외 세일즈
4월 21일, 수요일 오후 1시 30분부터 3시까지

세미나 4: 효율적인 의사소통
발표자: Roy Sandell – 고객 서비스
4월 22일, 목요일 오후 3시부터 4시 30분까지

세미나가 끝난 후에는 간단한 조사에 응해주셔야 합니다. 작성해 주신 피드백은 인사부가 다음 세미나를 준비하는데 많은 도움이 될 것입니다.

주의사항: (166)/(168) 적어도 세미나가 시작하기 7일 전에는 등록해야 합니다. 웹사이트를 방문한 후 행사 일정표를 클릭하여 등록 절차와 하게 교육 세미나에 대해서 읽어 주십시오. 발표자의 이력과 세미나에서 무엇을 얻을 수 있는지도 보실 수 있습니다. 이번 세미나에 대하여 질문이 있으시면 인사부로 연락해 주십시오.

어휘 be just around the corner 코앞에 다가오다 human resources department 인사부 put together 합하다, 기획하다 goal 목표 excel 뛰어나다, 탁월하다 employee 직원 attend 참석하다 at least 적어도 remind 상기시키다 be scheduled 예정되다 take place 개최되다, 일어나다 as follows 다음과 같이 presenter 발표자, 진행자 customer survey 고객 여론조사 global 세계적인, 전반적인 trend 동향, 추세 international 국제적인 sales 판매 effective 효과적인 communication 의사소통 fill out 기입하다 survey 조사 register 등록하다 sign-up 등록 instruction 설명, 지시 click 클릭하다 calendar 일정표 view 보다 relevant 관련 있는 resume 이력서 regarding ~관하여 upcoming 다가오는, 곧 있을 contact 연락하다 introduce 소개하다 division 부서, 분할 director 임원, 책임자 quality 질, 품질, 자질 reserve 예약하다 meeting room 회의실 staff 직원들 registration 등록 submit 제출하다 in advance 미리 complete 완료하다, 끝마치다 hold 열다, 개최하다 approve 승인하다 expert 전문가 foreign 외국의 career 경력 opportunity 기회

165 이 공지문의 목적은 무엇인가?
(A) 부서의 새로운 책임자를 소개하기 위해
(B) 교육의 질을 직원들이 어떻게 생각하는지 조사하기 위해
(C) Johnson Hall의 회의실을 예약하기 위해
(D) 곧 있을 행사에 대해서 직원에게 알리기 위해

해설 질문의 키워드는 purpose와 notice이다. 목적을 묻는 문제의 답변은 주로 본문의 상단에 위치하게 된다. 첫 번째 단락 첫 문장을 보면 Every year our human resources department puts together great training seminars라고 나와 있다. 인사부가 매년 세미나를 개최하면서 상세한 사항을 직원들에게 알리고자 하는 공지문이다. 그러므로 정답은 (D)가 된다.

166 등록에 대해서는 어떻게 언급되어 있는가?
(A) 적어도 일주일 전에 미리 제출해야 한다.
(B) 2월 1일까지 작성해야 한다.
(C) Johnson Hall에서 열릴 것이다.
(D) 발표자가 승인해야 한다.

해설 질문의 키워드는 stated와 registration이다. 등록에 대해서 무엇이 언급되었는지를 묻는 문제로 등록(registration)에 대해서 언급된 부분을 찾아 선택지의 보기를 하나씩 소거해 나가야 한다.
세미나의 등록에 대해서 설명이 되어 있는 부분은 하단의 Note 부분이다. Note의 첫 번째 문장(You must register at least seven days before the seminar date)을 보면 적어도 일주일 전에 등록을 해야 한다고 했으니 정답은 (A)가 된다. 나머지 (B), (C), (D)는 언급되어 있지 않으므로 오답이다.

167 외국 회사와 사업을 하는데 있어 누가 가장 전문가일 것 같은가?
(A) Lance Davids
(B) Christy Lee
(C) Carrie Windsor
(D) Royy Sandell

해설 세부사항을 묻는 문제로, 키워드는 who, expert, foreign companies이다. expert는 발표자의 이름을 의미하므로 지문의 내용 중에서 사람의 이름이 나오는 부분을 재빨리 찾아보면 되겠다.
세미나 1, 2, 3, 4에서 발표자의 이름과 부서의 이름이 나오고 있는데 Seminar 3을 보면 발표자가 Carrie Windsor이고 부

서는 International Sales(해외 세일즈)이다. 그러므로 Carrie Windsor가 국제적으로 물건을 파는 일을 하고 있으므로, 외국계 회사와 사업을 하는데 있어 전문가일 것 같은 사람은 바로 Carrie Windsor이다. 그래서 정답은 (C)이다.

168 웹 사이트에서 찾을 수 없는 정보는?
(A) 세션 등록
(B) 부서의 목표
(C) 경력 프로파일
(D) 앞으로 있을 교육 기회

해설 질문의 키워드가 what, not available, Web site이다. 웹 사이트에서 찾을 수 없는 정보를 묻는 문제로, 키워드인 Web site를 지문에서 찾아 그 부분의 내용과 선택지의 보기와 대조하면서 오답을 제거해 나가야 한다. 지문에서 Web site와 관련된 내용이 나오고 있는 곳은 하단 부분(Note)이다. (A), (C), (D)는 지문의 내용에 언급되어 있으나 (B)의 내용은 찾아볼 수 없으므로 정답이다.

문제 169-172는 다음 편지를 참조하세요.

이번 주엔 무슨 일이?

9월 15일 토요일, 오후 2시부터 4시까지 Wimber시 Tension Road 472번지에 있는 Adler's 서점에서 작가 John Casey를 초대하여 (170) 낭송회와 책 사인회를 주최합니다. (169) Mr. Casey는 그의 신간 소설인 Autumn Leaves를 낭독할 것입니다. (170) 낭송 후에는 독자로부터 질문을 받을 것입니다. (171) 그는 그의 책이 진열된 안내 데스크 옆에 있는 부스에서 사인회를 가질 것입니다. Adler's 서점은 강연회와, 작문 워크숍, 낭송회 그리고 다른 행사들을 위해 Wimber 지역의 작가들을 초대해오고 있습니다. (172) Mr. Casey는 Wimber 대학에서 영문학을 전공한 졸업생입니다. 이번 행사는 Wimber에서 Mr. Casey가 공개석상에 처음으로 모습을 드러내는 것입니다.

어휘 What's happening? 무슨 일입니까? bookstore 서점 invite 초대하다 reading 독서, 읽기, 낭독회 book signing 책 사인회 latest 최근의, 최신의 novel 소설 audience 참석자들 next to ~옆에 information desk 안내 데스크, 안내소 on display 전시된, 진열된 local 지역의, 현지의 author 작가 lecture 강연, 강의 writing 쓰기 event 행사, 사건 graduate 대학 졸업자 major in ~을 전공하다 English Literature 영문학 public appearance 공개석상에 모습을 드러냄 profession 직업 article 기사 be located ~에 위치하다 next to ~의 옆에 newly 최근에, 새로 publish 출판하다 photograph 사진 area 지역 appearance 출연, 출현, 외모 specialize in ~을 전공하다 attend ~에 다니다 acclaim 칭송하다, 환호를 보내다 lead 이끌다

169 Mr. Casey의 직업은 무엇인가?
(A) 기자
(B) 서점 관리자
(C) 소설가
(D) 교수

해설 질문의 키워드가 what, Mr. Casey, profession이다. 세부사항을 묻는 문제로, 지문의 두 번째 줄 끝을 보면 Mr. Casey is going to read from his latest novel Autumn Leaves.라고 나와 있다. 그러므로 Mr. Casey가 소설가임을 알 수 있다. 따라서 정답은 (C) 소설가가 된다.

170 9월 15일의 행사 내용으로 언급되지 않은 것은?
(A) 책 낭독
(B) 질의응답 시간
(C) 책 사인회
(D) 작문 워크숍

해설 질문의 키워드가 What, NOT mentioned, event on September 15이다. 지문에서 September 15에 대해 언급되어 있는 부분을 살펴보자. 지문의 두 번째 줄(will invite writer John Casey for a reading and book signing)과 세 번째 줄(After the reading, he will take questions from the audience)에서 (A), (B), (C)의 내용을 확인할 수 있다. (D)의 내용을 밑에서 3번째 줄에서 확인할 수 있으나 이것은 그동안 개최됐던 행사의 내용이지 9월 15일에 열리는 행사 내용이 아니기에 오답이 된다. 그래서 정답은 (D)가 된다.

171 기사에 의하면 안내 데스크 옆에 무엇이 있는가?
(A) Mr. Casey가 쓴 책들
(B) 신간 소설들의 목록
(C) Greater Wimber 지역의 사진들
(D) 서점의 행사 스케줄

해설 질문의 키워드가 what, located, next, information desk이므로 지문에서 information desk에 대해 언급된 부분을 찾아 확인해보자. 지문 위에서 세 번째 줄을 보면 He will sign copies of his books from the booth next to the information desk where his books are on display라고 했으므로 안내 데스크 옆에 있는 것은 (A) Mr. Casey가 쓴 책들이 된다.

172 Mr. Casey가 서점에 모습을 드러내는 이유는 무엇인가?
(A) 그가 Wimber 지역의 역사에 대해 전문가이기 때문에.
(B) 그가 Wimber에서 대학을 다녔기 때문에.
(C) 그는 칭송받는 연사이기에.
(D) 그는 서점에서 프로그램을 이끌었던 적이 있기에.

해설 질문의 키워드가 What, reason, Mr. Casey, appearance이다. 질문의 키워드인 Mr. Casey's ~ appearance란 말이 들어간 마지막 문장을 보면 This is Mr. Casey's first public appearance in Wimber(이것은 Wimber에서 Mr. Casey 씨가 공개석상에 처음으로 모습을 드러내는 것입니다)란 말이 나오고, 그 바로 앞 문장에서 Mr. Casey가 Wimber 대학의 졸업생(a graduate of the University of Wimber)이란 말이 나온다. 이를 통해 Mr. Casey가 Wimber에서 대학을 다녔기 때문에 Wimber에서 처음으로 공개석상에 모습을 드러내는 것임을 알 수 있다.

문제 173-175는 다음 편지를 참조하세요.

Office Depot

4월 24일

Scott Taylor
구매부
H&K Production사

Mr. Taylor 씨께

(173) 이번 달에 H&K Production사에서 주문하신 사무용품들을 동봉하였습니다.

주문하신 물건은 다음과 같습니다.

- 회사 로고가 새겨진 인쇄 용지 25통
- 회사 로고가 새겨진 5x7 사이즈 봉투 300장
- 회사 로고가 새겨진 3링 바인더 25개

(174) 주문량은 3월에 저희와 체결한 계약서에 근거하였습니다. 고객님께서는 올해 말까지 위에 명시된 것과 같은 주문량을 매달 25일에 받으실 겁니다. 내년에 저희와 재계약 하시길 원하신 다면 12월에 저희에게 알려주십시오.

다음 주문 물품은 5월 25일까지 배달이 될 것입니다. 제품이나 수량을 변경하시길 원하신다면 저희 고객센터 (425) 518-5723로 전화주시길 바랍니다. (175) 고객님께서 주문량을 늘리시면 저희는 특별할인을 제공할 것입니다. 매달 14일에 주문 제품을 인쇄기에 걸고 나면 변경이나 환불은 불가능합니다.

이용해 주셔서 감사합니다.

충심으로,

Matthew A. Weir

어휘 Procurement Department 구매부 enclose 동봉하다 office supplies 사무용품 order 주문 case 용기, 통, 사례, 경우, 사건 printing paper 인쇄 용지 logo 로고, 상징 envelope 봉투 ring binder 링 바인더 quantity 양 be based on ~에 근거를 두다 contract 계약(서) agree with ~에 동의하다 continue 계속하다 receive 받다 item 물품, 항목 calendar 달력 would like to ~하고 싶다 renew 갱신하다 agreement 합의 deliver 배달하다 remind 상기시키다 offer 제공하다 special discount rate 특별 할인가 increase 늘다, 증가하다 quantity 수량 refund 환불 issue 발행하다, 발부하다

173 이 편지의 목적은?
(A) 지불 요청
(B) 배달 물품 확인
(C) 고객과의 계약 조건 변경
(D) 새로운 회사 로고 제안

해설 질문의 키워드는 purpose, letter이다. 목적을 묻는 문제는 주로 지문의 첫 번째에서 세 번째 줄 사이에 나오게 된다. 지문의 첫 번째 문장(We have enclosed~)과 두 번째 문장(The order includes:)을 보면 이 편지의 목적이 배달하게 될 물품의 목록들을 확인시키기 위함이라는 것을 알 수 있다. 그러므로 정답은 (B) 배달 물품 확인이 되겠다.

174 H&K Production사의 4월 주문과 관련하여 언급된 것은?
(A) 인쇄 문제로 인해 배송이 늦어졌다.
(B) Mr. Taylor는 3월에 주문을 하여 할인을 받았다.
(C) Mr. Taylor가 전화상으로 추가 주문한 물품까지도 포함되어 있다.
(D) 주문 물품양이 이전 달과 다르지 않다.

해설 질문의 키워드는 what, indicated, April order이다. 지문에서 4월 주문과 관련된 내용이 언급된 곳으로 재빨리 시선을 옮겨 선택지의 보기와 대조하여 오답을 걸러내야 한다.

지문 상단에 4월 달 주문 내용이 나오고 있고 그 다음 4월의 주문에 관한 설명이 나오고 있다. 이 부분과 선택지를 대조해 보면 (A), (C)는 언급된 적이 없으므로 오답이며, (B)는 맨 아래에서 위로 4번째 문장(Let us remind~)을 보면 3월이 아니라 주문량을 늘릴 경우에 특별할인이 된다고 하였으므로 오답이 된다. 주문 목록 바로 다음 문장(The quantity of the order)에서 이전 달의 주문량에 근거하여 발송한다고 했으므로 정답은 (D)가 된다.

175 편지에 의하면, Office Depot가 제공하는 것은 무엇인가?
(A) 사용하지 않은 물건에 대한 환불
(B) 매달 14일까지 Mr. Taylor 씨의 다음 주문품 배달
(C) 대량 주문에 따른 할인
(D) 연말이 되면 Mr. Taylor와 회사 간의 자동적인 계약 연장

해설 질문의 키워드는 what, offered, Office Depot가 되겠다. 지문의 끝에서 위로 네 번째 문장을 보면(Let us remind you that we offer special discount rates when you increase your order quantity) 주문량을 늘리면 특별 할인이 제공된다는 내용이므로 정답은 (C)가 되겠다.

문제 176-180은 다음 광고를 참조하세요.

(176) 귀하는 이번 주 9월 23일 금요일, 24일 토요일, 25일 일요일에 열리는 Cloverland Apartment 개장식에 초대되어, 도시의 최고 주거 지역 단지들 가운데 한 곳을 투어하게 될 것입니다.

금요일에는 오후 5시부터 7시 30분까지, 그리고 토요일과 일요일에는 오전 9시부터 오후 4시까지 주거 지역 단지 안내원이 함께 하는 투어가 있을 예정입니다. (177) 토요일에는 오전 11시부터 오후 2시까지는 다과와 라이브 밴드와 함께 추점상이 있는 개장식이 있을 것입니다.

방문하셔서 Deep Creek 호수가 보이는 언덕의 정상에 위치한 아름다운 아파트 단지 주변을 둘러보시면서 좋은 시간을 갖으시길 바랍니다. (179) 야외 산책을 즐길 수 있는 호수로 가는 산책로가 몇 개 있습니다. 호수 가장자리에는 바로 골프장 클럽하우스가 있습니다. 단지는 너무 조용해서 마치 시골에 와 있는 것 같은 느낌을 받으실 겁니다. 그러나 기차로 몇 정거장만 가시면 Motgomery의 시내에서 쇼핑을 하거나 박물관을 가는 등 도시적인 삶을 즐기실 수 있습니다.

침실이 2, 3, 4개짜리 중에서 고르실 수 있는 선택권이 있습니다. (179) 모든 아파트에는 최고의 가전제품을 갖춘 널찍한 고급 부엌이 달려 있습니다. 바닥은 모두 단단한 목재로 만들어 졌으며 창고는 옵션입니다. (179) 외식을 하고 싶으시다면 Cloverland 단지 내에 있는 Martin's에서 외식을 하실 수도 있습니다. Martin's는 연중무휴로 24시간 오픈합니다.

귀하는 1년이나 2년 동안 이 아름다운 아파트를 임대하실 수도 있습니다. (180) 9월 30일 전에 임대를 하시면 250달러를 받으실 수 있습니다.

Cloverland에 관심이 있으시고 더 많은 정보를 원하신다면 저희 웹 사이트 www.cloverland.org를 방문해 주십시오.

어휘 invite 초대하다 grand opening 개장, 개점 residential 주택지의 complex 단지, 복합 건물 guided tour 안내원이 딸린 관람 celebration 축하, 기념행사 refreshments 다과, 음료 live band 라이브 밴드 door prize 추점상 located ~위치한 top 꼭대기, 정상 hill 언덕 overlook 내려다보다 lake 호수 several 몇몇의 path 길 have a picnic 야외 산책을 하다 clubhouse 골프장 클럽회관 edge 끝, 가장자리 go shopping 쇼핑가다 downtown 시내에 stop 멈춤, 정류장 choose 선택하다, 고르다 spacious 널찍한 gourmet 미식가 appliance 가전제품 hardwood 견목 storage room 창고 optional 선택의 on-site 현장의, 현지의 option 선택 lease 임대하다 receive 받다 be interested in ~에 관심이 있다 information 정보 city park 도시 공원

176 무엇을 광고하고 있는가?
(A) 도시 공원의 확장
(B) 미술관 투어
(C) 신규 아파트 단지
(D) 부엌용품 가게

해설 키워드가 what, advertised로, 목적을 묻는 문제이다. 목적을 묻는 문제는 주로 앞부분에서 그 정답을 찾을 수 있다. 맨 처음 문장인 You are linvited to ~가 신규 아파트 단지의 개장식에 초대한다는 것이므로 정답은 (C)라는 것을 알 수 있다.

177 파티는 언제 열리는가?
(A) 9월 23일
(B) 9월 24일
(C) 9월 25일
(D) 9월 30일

해설 질문의 키워드가 When, party, held로 세부사항을 묻는 문제이다.
지문의 첫 번째 단락에서 개장식이 23일에서 25일까지 있을 것이라는 것을 알려주었으므로 그 후에 각 날짜별로 어떤 행사가 진행된다는 부가설명이 나올 것을 예상할 수 있다. 두 번째 단락의 마지막 문장을 보면(Plus, there will be a celebration~) 토요일에 축하 파티가 있을 것이라는 내용이 언급되고 있고, 토요일이 어떤 날인지를 알려면 그 위, 첫 번째 단락에서 요일과 날짜를 확인해야 한다. 토요일은 24일이므로 정답은 (B) 9월 24일이 된다.

178 광고에서 세 번째 단락, 세번째 줄에 있는 right과 가장 유사한 단어는?
(A) 바로
(B) 바르게
(C) 한 쪽에
(D) 지체하지 않고

해설 유사한 의미의 단어를 찾는 문제는 해석을 통하여 문맥적으로 비슷한 단어를 선택지에서 찾아야 한다.
right이 들어간 문장을 보면 '호수 가장자리에 바로 골프장 클럽하우스가 있다'는 의미로 여기서 right은 '바로'의 의미를 나타낸다. 선택지의 보기 중 이와 유사한 의미를 나타내는 것은 exactly이다. 그래서 정답은 (A)가 된다.

179 Cloverland의 특징이 아닌 것은?
(A) 산책 장소
(B) 넓은 부엌
(C) 수영장
(D) 식당

해설 질문의 키워드가 not, feature, Cloverland이다. Cloverland의 특징은 세 번째와 네 번째 단락에 걸쳐 나오므로 선택지의 보기와 대조하며 오답을 제거해야 한다. (A)의 내용은 세 번째 단락 두 번째 문장에서(There are several walking paths~), (B)는 세 번째 단락 두 번째 문장에서(All apartment with spacious~), (D)는 세 번째 단락 세 번째 줄에 있는 문장에서 (When you want to eat out~) 그 특징을 확인할 수 있으나 수영장에 관한 언급은 찾아볼 수 없으므로 정답은 (C)가 된다.

180 9월 30일 전에 계약을 하는 사람에게는 무엇이 제공되는가?
(A) Martin's 식당의 할인 식사권
(B) 야유회 초대
(C) 박물관 티켓
(D) 현금 포상

해설 질문의 키워드가 What, offered, sign, before September 30이다. 세부사항을 묻는 문제로 9월 30일이 나온 부분을 지문에서 찾아 확인하여 정답을 찾아내면 된다. 지문에서 네 번째 단락 끝을 보면(When you lease~) September 30의 키워드를 찾을 수 있고, 이 문장에서 9월 30일 전에 계약을 하면 250 달러를 받을 수 있다는 것을 알 수 있으므로 정답은 (D) 현금 포상이 되겠다.

Chapter 7 복수 지문

Lesson 1 단일 지문만으로도 풀 수 있는 유형

Test 문제 01-02는 다음 기사와 이메일을 참조하세요.   p.439

속보
LBST, 새로운 사장 임명

담당자: Freddie Kidd
전화: (02) 4589-0909
이메일: fredkidd@smi.com

Sydney, 7월 15일 – (02) 접착제품 제조의 선두 업자인 Lucas Business Support Team(LBST)은 Celina Knowles를 승진시켜 사장으로 임명했다고 오늘 발표했다. 9월 9일부터, Celina Knowles는 사내의 모든 업무가 예산 안에서 효율적으로 운영이 되고 있는지에 대해 책임을 맡게 될 것이다.

"이 소식은 LBST의 직원인 우리에게는 그리 놀랄만한 것은 아닙니다. Celina가 우리 회사로 입사한 이래 우리는 Celina가 매우 소중한 자산이 될 것이라는 것을 알고 있었습니다." LBST의 CEO인 Ernest Langley가 말했다. 그는 또한 Celina는 회사의 사업이 새로운 영역으로 확장되는데 도움이 되는 핵심 일원 중의 한 사람이었다고 말했다. "Celina는 6년 전에 회사에 합류한 이래 회사로부터 많은 상을 받았습니다. 그 상들은 Celina가 회사를 위해 얼마나 헌신했는지 증명합니다." Mr. Langley는 이렇게 덧붙였다. Celina Knowles는 7월 말에 은퇴하는 Lionel Jackson의 뒤를 잇게 될 것이다.

Ms. Knowles는 27년 전에 Bison Innovative Tech에서 영업 관련 업무를 시작했다. LBST에 합류하기 전에, 그녀는 Sendo 전자회사의 판매 부장이었다. 그녀는 Kellogg School of Business에서 MBA를 받았다. 여가 시간에는 골프를 치고, 콘서트를 가고, 정원을 가꾸는 것을 즐긴다.

발신: Melissa Buckner melissabuckner@sendoelec.com
수신: Celina Knowles celinaknowles@lbst.com
제목: 승진
날짜: 7월 29일

Celina에게,

(01) 가장 최근 당신의 경력에 있어 중요한 시점에 관해 알게 되어서 너무 기뻤습니다. 그 분야에서 당신의 기술과 지식에 대해 알고 있는 사람들 우리에게 있어 그것은 정말로 놀라운 소식은

아니었습니다. 단지 시간문제에 불과했을 뿐, 지금이 바로 적절한 시기입니다.

저는 Wellington에서 일주일 정도 업계 워크숍을 참가하게 될 것이고, 워크숍이 끝나자마자, 딸을 만나러 Perth로 날아가고 있을 것입니다. 제가 Perth에 도착하는 그날이 당신이 새로운 직책에서 일을 시작하는 날입니다. 저는 당신이 새로운 역할에 익숙해지는데 매우 바쁠 것이라 생각합니다. 최소 10일 정도 도시에서 머무르게 될 것이라서, 우리가 점심이나 저녁을 먹기 위한 시간이 생길 거라 확신합니다. 저는 Kenny's Diner에서 점심을 먹으며 회의를 했던 것을 기억합니다. 저는 여전히 가끔 그곳을 갑니다.

(01) Sendo 전자회사 상하이 지점의 모든 직원들을 대표하여, 저희는 당신에게 행운이 깃들어 지속적으로 성공하시기 바랍니다. 특히 Sendo 전자회사에서 우리와 함께 보낸 시간 동안 그러하셨듯이 새로운 직책에서도 훌륭하게 일을 처리할 것이라 생각합니다.

Melissa Buckner
인사 부장
Sendo 전자회사

어휘 immediate 즉시, 즉각적인 release 보도, 발표 name 임명하다 adhesive 접착성의, 끈끈한 promotion 승진 president 사장 effective 시행되는, 효력이 발생하는 assume 떠맡다 responsibility 책임, 책무 ensure 반드시 ~이게 하다, 보장하다 run 운영되다 efficiently 효율적으로 within the budget 예산 안에서 surprise 놀라운 것 ever since ~이래 join 합류하다 be going to ~할 것이다 valuable asset 귀중한 자산 key member 핵심 요원 expand 확장하다 award 상, 수상 dedication 헌신 succeed 승계하다, 이어받다 retire 은퇴하다 at the end of ~의 말에, 끝에 career 경력, 이력 sales manager 판매부장 receive 받다 spare time 여가 시간 golf 골프 concert 콘서트 gardening 정원을 가꾸기 professional 전문직업의, 전문적인 milestone 중요한 단계, 이정표 skill 기술 knowledge 지식 a matter of time 시간문제 attend 참석하다 a week long 일주일간 trade 업계 workshop 워크숍 as soon as ~하자마자 곧 invitation 초대 position 직책 get used to ~에 익숙해지다 role 역할 weekly 매주 once in a while 가끔, 이따금 on behalf of ~을 대표하여 throughout ~을 통하여, 도처에 Human Resources 인사부 congratulate 축하하다 appointment 임명 assistance 도움

01 Ms. Buckner는 왜 Ms. Knowles에게 편지를 썼는가?
(A) Sendo 전자회사의 최근 행사를 그녀에게 알리기 위해
(B) 전문가 모임에 그녀의 참석을 요청하기 위해
(C) 그녀가 새로운 직위에 임명된 것을 축하하기 위해
(D) 문제 해결에 도움을 요청하기 위해

해설 Ms. Buckner는 왜 Ms. Knowles에게 편지를 썼는지 이유를 물어보는 문제이다. 두 개의 지문으로 구성된 복수지문(double passages)이지만, 단일지문(single passage)처럼 하나의 지문만으로도 문제를 풀 수 있는 유형이다.

질문의 키워드는 why, Ms. Buckner, write, Ms. Knowles이다. 이중에서 write란 핵심 키워드를 통해, 두 지문 중 편지글인 이메일에 해당되는 문제임을 알 수 있다. 이유를 묻는 문제이기에 본문 초반의 내용을 우선 확인한다. 첫 번째 단락 첫 번째 줄인, I was so pleased to read of your most recent professional milestone(가장 최근 당신의 경력에 있어 중요한 시점에 관해 알게 되어서 너무 기뻤습니다). It was just a matter of time, and now is the right time(단지 시간문제에 불과했을 뿐, 지금이 바로 적절한 시기입니다)를 통해 그녀의 승진이 당연한 일이고, 그 일에 대해 축하를 하고 있음을 알 수 있다. 또한 본문 세 번째 단락 첫 번째 줄인 On behalf of everyone here at Sendo Electronic's Shanghai office, we wish you luck for your continued success(Sendo 전자회사 상하이 지점의 모든 직원들을 대표하여, 저희는 당신에게 행운이 깃들어 지속적으로 성공하시기 바랍니다)에서 앞으로의 일에 대해서도 행운을 빌어 준다는 내용을 통해 그녀의 새로운 직위에 대해 축하하고 있음을 알 수 있다. 따라서 정답은 (C)이다.

보기 (A)의 Sendo 전자회사는 Ms. Knowles가 예전에 근무하였던 회사이며, 편지를 보낸 사람은 그 회사의 인사부장이다. 전반적으로 Ms. Knowles의 승진에 대해 축하와 안부 내용으로 구성되어 있을 뿐, 행사를 알리기 위해 쓴 글이 아니기에 오답이다. (B)의 professional gathering에 대한 내용은 본문에서 언급되지 않았다. (D)도 관련된 내용이 언급되지 않았기에 답이 될 수 없다.

02 기사에서 Lucas Business Support Team에 대해 언급한 것은 무엇인가?
(A) LBST는 접착제품의 선두 제조사이다.
(B) 그들은 Lionel Jackson을 승진시켜서 회사의 사장으로 발령을 냈다고 발표했다.
(C) 회사는 아시아 시장으로 확장을 한다.
(D) LBST는 6년 전에 설립되었다.

해설 첫 번째 지문인 기사에서 LBST와 관련하여 보기의 내용들을 하나씩 찾아서 소거해야 한다. (A)는 LBST의 업종과 기본적인 정보로, 기사의 첫 번째 줄에서 접착제품의 선두 제조사로 언급되어 있어 바로 정답임을 알 수 있다. (B)는 사장으로 승진 발령을 낸 것은 Lionel Jackson이 아니라 Celina Knowles이므로 답이 될 수 없다. (C)는 지문의 중간에 expand into new area of business로 언급되어 확장한 것은 사실이지만 아시아 시장(Asian Market)은 아니므로 답이 될 수 없다. (D)의 키워드인 6년 전(six years ago) 역시 중간부에서 언급되지만 사장으로 임명된 Celina Knowles가 LBST에 처음 왔을 때를 나타내므로 LBST가 설립된 때(established)가 아님을 알 수 있다.

Lesson 3 두 개의 지문에서 연관 키워드를 검색해야 하는 문제

Test 문제 01-02는 다음 이메일들을 참조하세요.   p.445

발신: Powers, Aaron 〈aronpowers@geico.com〉
수신: Warfield, Jenny 〈jennywf@geico.com〉
제목: 요청
날짜: 1월 12일 수요일

안녕, Jenny.

1월 24일의 경력 개발 세미나에 대해 최근 등록 인원수를 나에게 알려주신다면 감사드리겠습니다. 저는 지난번 세미나의 참가자 수를 토대로 세미나실을 예약했습니다. 지금 세미나실을 변경해야 되는지 알기를 원합니다. 만약 특정 세미나에 사람들이 많다면, 세미나실을 변경해야 할지도 모릅니다. 모든 세미나실들은 Rogan Center에 있습니다.

(01) 201호: 협상을 더 잘하는 방법 (Katrina Riviera)

204호: 혼자서 일하는 것과 팀으로 일하는 것 (Hiroki Daketa)
305호: 구두로 의사전달을 하는 기술 (Marvin Cha)
306호: 비즈니스 작문 (Emilia Finch)
진심으로,

(02) Aaron
기획자

발신: Warfield, Jenny 〈jennywf@geico.com〉
수신: Powers, Aaron 〈aronpowers@geico.com〉
제목: 답신: 요청
날짜: 1월 12일 수요일

안녕하세요, Aaron,

(01, 02) Ms. Riviera의 세미나를 위해 우리는 Rogan Center에서 좀 더 큰 세미나실이 필요할 것 같습니다. 지금까지 42명이 세미나에 등록했는데, 이 인원은 201호가 수용할 수 있는 것 보다 2명이 더 많습니다. 등록 기간이 금요일까지 연기되었기 때문에, 사람들이 계속해서 세미나에 등록하고 있습니다. 그래서 저는 그 세미나에 50명이 넘는 사람들이 올 것이라 확신합니다.

다른 세미나에 대해서, 등록 인원수는 9월에 있었던 지난 세미나의 인원 현황과 매우 유사합니다. 그래서 그 세미나에 관하여 당신이 예약한 세미나실은 괜찮을 것 같습니다. (02) 마감기한 전에 인원수에 큰 변화가 생기면 제가 당신에게 알려드리겠습니다. 등록이 끝나자마자, 저는 인원수를 합산하여, 당신에게 보낼 것입니다.

충심으로,
Jenny
접수 담당자

어휘 appreciate 고맙게 여기다 enrollment figure 등록 인원수 career 경력 development 개발 seminar 세미나 reservation 예약 based on ~를 기초로 the number of ~의 수 participant 참가자 change 변화, 변경 warrant 보증하다, 정당하게 만들다 certain 어떤 negotiate 협상하다 individually 개별적으로, 하나하나 oral 구두의 business writing 비즈니스 작문 register for ~에 등록하다, 신청하다 so far 지금까지 deadline 마감시간 registration 등록 extend 연장하다 significantly 상당히 as soon as ~하자마자 곧 tally up 합산하다

---

01 협상을 더 잘하는 방법에 대한 세미나에 대해 언급하는 것은 무엇인가?
(A) 예상했던 것 보다 더 많은 참가자들이 모이고 있다.
(B) 세미나실을 다른 건물에 있는 방으로 옮겨야 한다.
(C) 9월에 처음으로 세미나가 열렸다.
(D) 뒤로 일정이 재조정 될 것이다.

해설 '협상을 더 잘하는 방법'이란 세미나에 관하여 언급되는 것이 무엇인지 묻는 문제이다. 복수지문에서 구체적인 사항을 묻는 문제는 단일지문만 참고해서 푸는 문제도 있지만, 두 지문을 모두 읽어야 답이 나오는 경우도 있다. 이러한 유형의 문제는 키워드를 찾고, 두 지문 중 어느 지문을 먼저 살펴 볼 것인지 결정해야 한다.

질문에서 suggested about, How to Negotiate Better seminar를 키워드로 잡고 첫 번째 이메일에서 키워드에 해당되는 내용을 찾으면, 첫 번째 이메일 6번째 줄의 Room 201: How to Negotiate Better (Katrina Riviera)(201호: 협상을 더 잘하는 방법 (Katrina Riviera))를 통해, 세미나 강의실과 강연자(Katrina Riviera)를 파악할 수 있다. 문제를 풀기엔 정보가 부족하기 때문에, 두 번째 지문에서 관련 사항을 찾아야 한다. 두 번째 이메일 첫 번째 단락에서, Ms. Riviera's seminar(Ms. Riviera의 세미나)는 위의 How to Negotiate Better(협상을 더 잘하는 방법)의 패러프레이징이며, It looks like we are going to need a larger room in Rogan Center for Ms. Riviera's seminar(Ms. Riviera의 세미나를 위해 우리는 Rogan Center에서 더 큰 세미나실이 필요할 것 같습니다)와 등록 예상 인원수에 관해 언급하는 내용을 통해서, 등록된 인원이 생각했던 것 보다 많음을 알 수 있다. 따라서 정답은 (A)이다.

(B)의 다른 건물로 이동한다는 내용은 아직 언급되지 않았으며, (C)의 세미나를 처음 열었던 시점, (D)의 일정이 재조정 될 것이란 내용은 문맥에서 확인할 수 없기에 정답이 될 수 없다.

02 Jenny는 누구에게 방 예약을 바꾸라고 요청했는가?
(A) 접수담당자
(B) 기획자
(C) 총괄 매니져
(D) 세미나 강사

해설 요청을 한 사람이 Jenny이므로 Jenny가 쓴 두 번째 이메일을 먼저 확인해야 한다. 두 번째 이메일의 후반부에서 등록한 사람의 수가 변경되면 방을 바꿔야 하므로 편지를 받는이(Aaron)에게 알려주겠다고 했으므로 방 예약을 바꾸는 것은 Aaron이다. 하지만 보기에는 사람의 이름이 언급된 것이 아니다. 첫 번째 이메일의 하단부에 Aaron이라고 하고 바로 밑에 Coordinator라고 자신의 직함을 밝히고 있으므로 정답은 Coordinator가 된다.

Double Passage Practice Test

p.456

181 (B)	182 (A)	183 (D)	184 (A)	185 (C)	186 (D)
187 (C)	188 (A)	189 (B)	190 (C)	191 (C)	192 (A)
193 (B)	194 (B)	195 (D)	196 (D)	197 (A)	198 (C)
199 (B)	200 (A)				

문제 181-185는 다음 광고와 이메일을 참조하세요.

Hyderabadi
식당 & 출장연회
Delicious & Authentic Hyderabadi Food
6402 9th Avenue

Woodside, NY 11037
(718) 767-6832

(181) 3월에 Hyderabadi 출장연회를 신청하시면 25% 할인을 해드립니다. 출장연회 서비스는 고객님의 사업체나 집 어디에서든지 가능합니다.

아래 목록은 저희 출장연회 메뉴 중 인기 있는 요리들입니다. (아래 가격은 25%의 할인이 적용된 것입니다.)

- French Fish Appetizer Platter   1인당 2.99달러
- Chicken Pakoda Platter   1인당 2.99달러
- Hyderabadi Mutton Biryani Platter   1인당 4.50달러
- Assorted Cookies and Danishes Platter   1인당 3.50달러

- **(182)** 배송비는 위 가격에 포함되었습니다.
- **(185)** 최소한 8인분을 주문해 주셔야 합니다.
- 결제는 배달 3일전에 해주셔야 합니다.
- 저희 메뉴의 사진은 www.hyderabadi.com에서 보실 수 있습니다.
- 더욱 상세한 사항은 718-767-6832로 전화해서 Jack Finan에게 물어 보시거나 cuisine@hyderabadi.com으로 이메일을 주시길 바랍니다.
- 저희는 또한 150명을 수용할 수 있는 식당시설이 있습니다.

수신: Jack Finan 〈cuisine@hyderabadi.co.〉
발신: Andrew Young 〈ayoung@h-trading.com〉
날짜: 2월 27일, 오후 6시 42분
제목: 출장연회 문의

안녕하세요, Fian씨,

(185) 저희 회사는 3주 후에 직원들을 위한 오찬을 계획하고 있는데 귀하가 출장연회 서비스를 해주셨으면 합니다. 저희가 주문을 하기 전에, 몇 가지 질문사항이 있습니다. 다양한 쿠키 접시에 관한 문의입니다. **(183)** 쿠키들을 모두 과일 맛이 나는 것으로 해주시는 것이 가능할까요? 또한 오찬시간 동안 서빙을 해줄 웨이터를 귀하의 식당에서 일하는 직원으로 고용해도 될지 궁금합니다. 이 행사는 두 시간동안 진행이 될 것입니다. 마지막으로 질문을 하나 더 드리자면 저희가 11시까지 모든 것을 배달받을 수 있는지 궁금합니다. 될 수 있는 대로 빨리 대답해주시기 바랍니다. 그래야 저희가 주문할 수 있습니다.

충심으로,
Andrew Young
Office Supervisor
Hamilton Trading Co.
(458) 472-1002 ext.21

어휘 catering 출장연회 offer 제공하다 discount 할인 order 주문 deliver 배달하다 popular 인기 있는 apply 적용하다, 지원하다 price 가격 fee 수수료, 요금 minimum 최저의, 최소한의 payment 지불 prior to ~ 앞서, 먼저 delivery date 납품일 view 보다 information 정보 ask for ~를 찾다 cuisine 요리 dining 식사 facility 시설 luncheon 오찬 employee 직원 assorted 여러 가지의 platter 접시 request 요청하다 flavored 맛이 나는 hire 고용하다 server 웨이터 last 지속되다 as soon as possible 가능한 빨리 place an order 주문하다 advertise 광고하다 reduced 할인된, 감소한 expanded 확대

된, 확장된 location 장소 additional fee 추가요금 schedule 일정을 잡다, 예정하다 in advance 미리 available 이용 가능한 option 선택 submit 제출하다 set down 적다, (원칙 등)을 정하다, 세우다 locate ~의 정확한 위치를 찾아내다 register for ~에 등록하다 organize 조직하다 attend 참석하다 hold 열다, 개최하다 honor 존경하다, 명예를 주다

181 무엇을 광고하고 있는가?
(A) 식당 메뉴의 새로운 요리
(B) 출장연회 서비스의 가격 인하
(C) 확장된 식당시설
(D) 새로운 장소

해설 질문의 키워드는 what, advertised이다. 광고의 목적을 묻는 질문이므로 주로 문서의 전반부에 그 정답이 제시된다. 첫 번째 단락을 보면, 3월에 Hyderabadi 출장연회를 신청하면 25% 할인을 해준다고 하고 있으므로 이 광고의 목적은 (B) 출장연회 서비스의 가격 인하이다.

182 배달에 관하여 언급된 것은?
(A) 추가 요금을 청구하지 않을 것이다.
(B) 이틀 전에 미리 일정을 잡아야 한다.
(C) 어떤 메뉴는 이용할 수 없다.
(D) 정오 전에만 가능하다

해설 질문의 키워드는 what, indicated, delivery이다. 구체적인 사항을 묻는 추론 문제이다. 핵심어인 delivery에 관한 내용을 지문에서 찾아 선택지의 보기와 대조하여 오답을 소거해 나가야 한다.
지문에서 4번째 단락을 보면 Delivery fee is included in the above prices라고 되어 있다. 이미 배송비가 위에 나온 가격에 포함이 되었기에 추가적으로 요금을 낼 필요가 없으므로 (A)가 정답이 된다.
(B)는 4번째 단락 세 번째 줄을 보면 미리 무언가를 해야 하는 것은 배송이 아니라 payment(지불)이기에 오답이다. (C)는 4번째 단락 네 번째 줄에서 보듯이 menu에 대해서 무엇이 이용 가능하고 가능하지 않은지에 대한 언급이 아니라 온라인에서 메뉴 사진을 볼 수 있다는 것이므로 오답이 된다. 마지막으로 (D)는 언급이 되지 않았으므로 역시 오답이다.

183 Mr. Young이 문의하지 않은 질문은 무엇인가?
(A) 서비스 직원
(B) 물품 특별 요청
(C) 배달 선택사항
(D) 접시의 크기

해설 질문의 키워드는 what, Mr. Young, NOT inquire이다. 이러한 요구 및 요청에 관한 문제는 주로 지문의 후반부에 그 정답이 나온다. 또한 not true형의 문제이기에 지문의 내용과 선택지의 보기를 대조해 나가며 오답을 제거해야 한다.
Mr. Young이 문의를 한 내용이 나오는 곳은 두 번째 이메일 후반부에서이다. 세 번째 줄부터 보면 ~is possible to request ~ by 11 A.M.?에서 물품에 대한 특별 요청과, 서비스 직원에 대한 문의, 그리고 배달에 관해서 문의를 하고 있는 것을 볼 수 있다. 따라서 (A), (B), (C)는 문의를 한 것이나 (D) 접시의 크기에 대해서는 문의를 하지 않기에 정답이 된다.

184 이메일의 첫 번째 단락, 여섯 번째 줄에 있는 place와 유사어휘는 무엇인가?
(A) 제출하다
(B) 정하다

(C) 위치하다
(D) 등록하다

[해설] 지문에서 언급된 특정 어휘와 비슷한 의미를 묻는 문제이다. place는 여기서 '주문하다'라는 의미로 쓰였다. 선택지의 보기 중에서 가장 유사한 의미로 쓰인 어휘는 (A) submit이다.

185 Mr. Young이 계획하고 있는 행사에 대해 무엇을 추론할 수 있는가?
(A) 저녁 늦게까지 끝나지 않을 것이다.
(B) 준비하는데 몇 달이 걸릴 것이다.
(C) 적어도 8명이 참가할 것이다.
(D) 신입 직원들을 위해 열린다.

[해설] 질문의 키워드는 what, implied, event, Mr. Young, organizing이다. 구체적인 사항을 묻는 추론 문제이다. 그리고 두 개의 지문을 모두 확인하면서 풀어야 하는 고난이도형의 문제이다. 지문의 내용과 선택지의 보기를 하나씩 대조하며 오답을 제거해 나가보자.

(A)를 보면 두 번째 이메일의 첫 번째 문장에서 planning a luncheon이라고 언급했고, 네 번째 줄에서는 The event is going to last about two hours라고 했다. 따라서 이 행사는 저녁 늦게까지 끝나지 않는 것이 아니라 두 시간 정도 안에 끝나는 점심식사이다. 그러므로 (A)는 오답이다. (B)와 (D)를 확인하기 위해서는 두 번째 이메일에서 첫 번째 문장을 보자. Our office is planning a luncheon for our employees in three weeks에서 3주 후에 행사를 개최할 예정이니 행사 준비를 하는데 몇 달이 걸리지는 않으며, 신입 직원들이 아니라 직원들을 위해 행사를 개최하므로 (B)와 (D)는 오답이 된다.

마지막으로 (C)는 첫 번째 광고에서 네 번째 단락의 두 번째 줄을 보면 최소한 8인분을 주문해야 한다고 했으므로 적어도 8명이 참가할 것이라는 (C)가 정답이 된다.

문제 186-190은 다음 이메일들을 참조하세요.

발신: David Allen 〈davallen@marketingtoday.com〉
수신: Chen Xiao Hui 〈chenxh@marketingtoday.com〉
날짜: 4월 21일
제목: 마케팅 세미나의 스케줄

안녕하세요, Xiao Hui씨.

(186) 저는 7월에 열리는 마케팅 세미나의 스케줄 초안을 보내 드렸습니다. 귀하를 비롯한 다른 위원들이 그것을 검토해 주신다면 감사할 것입니다. 저는 이 세미나를 위해 준비를 하고 있는 홍콩에 있는 모든 이들에게 감사드립니다. **(188)** Royal Palace 호텔에 예약을 해주신 것에 대해서도 진심으로 감사드립니다.

David

첫째 날	10:30 A.M.	**(187)** 3층에 있는 Diamond Hall에서 기조연설과 소개
	12:00 P.M.	호텔 Skylark Terrace 식당에서 야외 점심식사
	2:00 P.M.	**(187)** 3층에 있는 세미나실 3-9에서 그룹 회의
둘째 날	10:00 A.M.	3층에 있는 세미나실 3-9에서 그룹 회의
	12:15 P.M.	**(187, 189)** 2층에 있는 호텔 Stove 식당에서 점심식사
	2:30 P.M.	3층에 있는 세미나실 3-9에서 그룹 회의
셋째 날	10:30 A.M.	**(187)** 3층에 있는 Kinsey Hall C와 D에서 발표 리허설
	12:00 P.M.	**(189)** 호텔 Secret Garden에서 야외 점심식사
	3:00 P.M.	3층에 있는 Diamond Hall에서 그룹 발표

발신: Chen Xiao Hui 〈chenxh@marketingtoday.com〉
수신: David Allen 〈davallen@marketingtoday.com〉
날짜: 7월 9일
제목: 세미나 기간 동안의 날씨

David에게,

저희에게 약간의 문제가 있습니다. 기상청 웹 사이트에 가서 세미나 기간 동안의 일기예보를 확인해 보았습니다. 아래에 보시는 바와 같이 날씨가 좋지 않을 것 같습니다. **(189)** 마지막 이틀의 점심 장소를 서로 바꾸라고 호텔 측에 말하는 것이 최선의 방법이라고 생각합니다. 7월 13일이 되어야 일정표가 인쇄되니 다행입니다.

그럼 좋은 하루 되세요.

Xiao Hui

홍콩 일기예보		
(190) 7월 15일, 화요일 32℃ 맑음	7월 16일, 수요일 31℃ 맑고, 바람 약간	7월 17일, 목요일 27℃ 흐리고, 소나기 가능성 85%

[어휘] initial 처음의, 초기의   draft 원고 초안   schedule 일정   appreciate 고마워하다   committee 위원회   go over 검토하다   grateful 고마워하는   be involved in ~에 연루되다   thankful 고맙게 생각하는   offer 제공하다   reserve 예약하다   keynote address 기조연설   introduction 소개   presentation 발표   rehearsal 리허설, 예행연습   weather 날씨   forecast 예보   switch 전환하다, 바꾸다   venue 장소   create 창조하다   be similar to ~와 비슷하다   attendee 참석자   develop 개발하다   according to ~의하면, 따르면   serve 제공하다, 봉사하다   conference 회의   begin 시작하다

186 첫 번째 이메일의 세미나 스케줄에 대해서 무엇을 알 수 있는가?
(A) 홍콩에 있는 위원회에 의해 만들어졌다.
(B) 작년의 세미나 스케줄과 비슷하다.
(C) 참석자에게 보내졌다
(D) 여전히 진행 중이다.

[해설] 질문의 키워드가 what, suggested, seminar schedule이다. 첫 번째 이메일의 첫 번째 문장에서 I've sent you an initial draft of the schedule for the marketing seminar in July(저는 7월에 열리는 마케팅 세미나의 스케줄 초안을 보내드렸습니다)라고 했으므로, 이 스케줄은 앞으로 변경 가능성이 있다는 것을 알 수 있다. 따라서 정답은 (D)가 된다.

187 호텔 3층에 어떤 시설이 있지 않은가?
(A) Kinsey 홀
(B) Diamond 홀
(C) Stove 식당
(D) 세미나실 7

[해설] 질문의 키워드는 not, third floor이다. 세부사항을 묻는 문제로 3층에 관련된 내용이 나와 있는 곳을 지문에서 찾아 선택지의 보기와 대조시켜 오답을 제거해야 한다.

195

3층과 관련된 내용이 나와 있는 곳은 첫 번째 이메일의 표 부분이다. 첫째 날에 보면 3층에 Diamond Hall이 있음을 알 수 있고, 둘째 날 스케줄 표를 보면 3층에 세미나실 3-9가, 셋째 날의 스케줄 표에는 Kinsey 홀이 3층에 있음을 알 수 있다. 그러나 (C) Stove 식당은 둘째 날 스케줄 표에서 보듯이 3층이 아니라 2층에 있음을 알 수 있다. 그러므로 정답은 (C) Stove 식당이 된다.

188 Ms. Chen에 대해 언급된 것은?
(A) 세미나를 기획하는 것을 돕고 있다.
(B) 기조연설을 할 것이다.
(C) 홍콩에 있는 일기 예보자와 대화를 나누었다.
(D) Royal Palace 호텔에서 일한다.

해설 질문의 키워드는 what, indicated, Ms. Chen이다. 구체적인 정보를 묻는 문제로 Ms. Chen에 관한 내용이 언급된 곳을 찾아 선택지의 보기와 대조시켜 문제를 풀어야한다.

첫 번째 이메일은 David Allen이 Chen Xiao Hu에게 보낸 것이다. 첫 번째 단락의 맨 마지막 문장에서 David가 I'm so thankful~이라고 했으므로 Chen이 호텔 예약을 도와준 것에 대해 고마워하고 있다는 것을 알 수 있다. 따라서 (A) 세미나를 기획하는 것을 돕고 있다가 정답이 된다. 나머지 (B), (C), (D)는 언급되지 않은 내용이므로 전부 오답이다.

189 두 번째 이메일에 의하면, 수요일 점심은 어디에서 제공될 것인가?
(A) Diamond 홀에서
(B) Secret Garden에서
(C) Stove 식당에서
(D) Skylark Terrace 식당에서

해설 질문의 키워드가 where, lunch, Wednesday이다. 세부사항을 묻는 문제로 이 문제는 두 지문을 연계해서 풀어야 한다.

먼저 두 번째 지문의 네 번째 문장은 It would be best~(마지막 이틀의 두 장소를 서로 바꿔야 한다)라고 언급하고 있다. 이제 이들의 점심식사 장소를 첫 번째 이메일에서 확인해 주어야 한다. 둘째 날의 장소는 호텔의 Stove 식당이고, 셋째 날의 장소는 호텔의 Secret Garden이다. 그럼 이들의 장소를 서로 바꾸면 수요일의 장소는 Secret Garde이 되므로 정답은 (B)가 된다.

190 회의는 언제 시작하기로 되어 있는가?
(A) 7월 9일
(B) 7월 13일
(C) 7월 15일
(D) 7월 16일

해설 질문의 키워드는 when, conference, begin이다. 세부사항을 묻는 문제로 이 문제 또한 두 지문을 연계해서 풀 수도 있고 두 번째 지문만 보고도 추론하여 풀 수도 있는 문제이다. 첫 번째 이메일의 회의 시작일(Day 1)은 두 번째 이메일의 날씨 표를 보면 7월 15일, 화요일이라는 것을 알 수 있다. 그러므로 정답은 (C)가 된다.

문제 191-195는 다음 이메일과 추천서를 참조하세요.

발신: Mary Parker 〈mp80@mrhomeapp.net.ph〉
수신: Neal Smith 〈nsmith@dzn.com.ph〉
제목: 수상을 축하해!
날짜: 2월 7일

첨부: @Standard MSI 추천서
안녕 Neal.
네가 열심히 일한 대가로 상을 받은 것을 축하해. DZN 홈페이지에서 네가 상을 받았다는 기사를 읽고 얼마나 기뻤는지 몰라. 그 상은 네가 얼마나 열심히 일을 했는지를 반영해 주는 일일 거야. 너는 그 어느 누구보다도 그 상을 받을 자격이 있는 사람이야.

내가 DZN을 그만 두고 남편과 함께 Illinois로 이사를 간 후에 우리 둘 다 자기 역할을 잘 해내고 있는 거 같아. 남편은 여기서 새로운 직장에 잘 적응하고 있어. 최근에 이사한 아파트에도 우리는 잘 적응하고 있어. **(193) 나는 현재 Mr. Appliance**에서 일하고 있어. 가전제품 제조회사야. 사무실은 집에서 차로 10분 밖에 걸리지 않는 곳에 있어. 회사가 괜찮은 편이긴 한데 일이 그렇게 재미있지도 않고, 보수가 좋은 편도 아니야.

그래서 다른 일자리를 알아보고 있던 중에 **(194) 제약회사**에 자리를 하나 발견하여서 지난 주에 지원을 했어. **(191) 그래서 말인데 내가 이 이메일에 첨부시킨 양식을 작성해 주면 많은 도움이 될 것 같아.** 네 능력과 직업관, 내 성격 등에 대해서 네가 날 잘 아니까 잘 써줄 거 같아서 그래.

정말 고마워. 그리고 사무실에 있는 모든 직원들에게 안부 전해주고.
Mary

---

(194) Abbott 실험실
120 Abbott Park Road, Abbott Park, Illinois 70034-4700
직업 추천서

지원자 이름: Mary Parker
주소: 1130 S. Michigan Ave, Chicago, Illinois
하단은 추천자가 작성을 해주셔야 합니다.

이름: Neal Smith 고용주: DZN Graphic Design Rockford
근속연수: **(195) 8** 직급: **(195) 재무 담당 최고 책임자**
어떤 분야에서 일하면서 지원자를 알았고, 어떤 관계로 알고 지냈는가?
(195) 저는 DZN에서 4년 동안 Mary의 상관이었고, 그녀와 함께 6년 동안 함께 근무했습니다.
지원자의 업무능력에 대해서 어떻게 평가하는가?
그녀는 뛰어난 경리직원이었습니다. 그녀는 프로다웠고, 열심히 일을 했으며 회사 동료들과도 잘 지냈습니다.
지원자에게 어떠한 문제점이 있는가?
그녀가 DZN에서 근무하는 동안 저희는 그녀에게 어떠한 문제점도 발견하지 못했습니다.
더 많은 정보를 위해 연락을 해도 되겠습니까? **Yes** / No
(연락해도 된다면 전화번호를 알려주시겠습니까?) 96 77 900 123 내선번호 21
인사부 John Adams(팩스번호 217 7891 3696)에게 완성된 추천서를 팩스로 보내주세요.

어휘 congratulate 축하하다 award 상 receive 받다 reflect 반영하다 deserve ~을 받을 만하다 quit 그만두다 get used to ~에 익숙해지다 move in 이사하다 recently 최근에 currently 현재, 지금 home appliance 가전제품 manufacture 제조하다 exciting 신나는, 흥미진진한 financially 재정적으로, 재정상 rewarding 보상하는 look around for ~을 찾으려고 둘러보다 opportunity 기회 position 위치, 자리 pharmaceutical company 제약회사 apply for 지원하다 appreciate 고마워하다 assist 돕다 fill out 작성하다 form 양식, 형태 attach 붙이다, 첨부하다 ability 능력 ethics 윤리 personality 성격, 인격 laboratory 실험실 professional 직업의, 전문적인 reference 참조, 참고, 추천서 applicant 지원자 remainder 나머지 complete 완성하다 respondent 응답자 capacity 능력, 지위 supervisor 상사, 관리자 rate 등급을 매기다 quality 질, 자질 excellent 훌륭한, 뛰어난 bookkeeper 회계 장부 담당자 get along with ~와 잘 지내다 be aware of ~을 알다 potential 잠재적인 contact 연락하다 further 더 information 정보 human resources 인사부

191 이메일의 목적은 무엇인가?
(A) 수상을 알리기 위해
(B) 아파트 임대를 제공하기 위해
(C) 구직을 하는데 있어 도움을 요청하기 위해
(D) 양식을 작성하는 지시사항을 제공하기 위해

해설 질문의 키워드는 purpose, e-mail로, 목적을 묻는 문제이다. 첫 번째 이메일의 세 번째 단락 두 번째 줄 I would appreciate it~(이메일에 첨부시킨 양식을 작성해 주면 좋겠다)라는 내용으로 보아 이 이메일의 목적은 (C) 구직을 하는데 있어 도움을 요청하기 위해가 되겠다.

192 이메일에서, 첫 번째 단락의 두 번째 줄에 있는 reflect와 유사 어휘는 무엇인가?
(A) 보여주다
(B) 고려하다
(C) 초대하다
(D) 빛나다

해설 유사한 의미를 가진 어휘를 찾는 유형의 문제이다. reflect는 '반영하다'의 의미이지만 이 문장에서 reflect는 '그 상이 얼마나 그동안 네가 열심히 일했는가를 보여준다'의 의미이므로 정답은 (A) show(보여주다)가 된다.

193 Ms. Parker는 그녀의 현재 직업에 대해서 무엇이라고 말하는가?
(A) 해외 출장 업무가 있다.
(B) 그녀의 집에서 가깝다.
(C) 보수가 좋다.
(D) 재미있다.

해설 질문의 키워드는 Ms. Parker, say, current job이다. 세부사항을 묻는 질문으로 Ms. Parker가 현재 직업에 대해서 언급한 부분을 지문에서 찾아 선택지와 대조하여 정답을 찾아내야 한다.
첫 번째 이메일의 두 번째 단락 세 번째 문장부터 끝 문장인 I am currently working ~ or financially rewarding을 보면, (A)는 언급되어 있지 않으므로 오답이고, (C)와 (D)는 지문의 내용과 반대이므로 오답이 된다. (B)는 The office is only ten minute away from the apartment by car(집에서 차로 10분밖에 걸리지 않는다)라고 했으므로 정답이 된다.

194 Abbott Laboratories에 관해서 무엇이 제시되어 있는가?
(A) 기계 제조 회사이다.
(B) 제약회사이다.
(C) 그래픽 디자인사이다.
(D) 금융기관이다.

해설 질문의 키워드는 suggested, Abbott Laboratories이다. 이 문제는 두 지문과 선택지의 보기의 내용을 대조해 나가며 풀어야 하는 다소 까다로운 문제이다.
첫 번째 이메일의 세 번째 단락, 첫 번째 문장 So I've been looking around~에서 Mary가 지원하려는 회사는 pharmaceutical company(제약회사)라는 것을 알 수 있다. 그런데 두 번째 지문인 추천서는 Abbott Laboratories사의 양식이기 때문에 이 회사는 제약회사라는 것을 알 수 있다. 따라서 정답은 (B)이다.

195 Mr. Smith에 대해서 언급된 것은 무엇인가?
(A) 그는 John Adams의 지인이다.
(B) 5년 전에 DZN사에 입사했다.
(C) 인사부에서 일한다.
(D) 그는 DZN에서 관리자 위치에 있었다.

해설 질문의 키워드는 what, indicated, Mr. Smith이다. 그 중에서도 가장 핵심어는 Mr. Smith이다. 먼저 이 사람이 누구인지를 재빨리 지문에서 확인해 주어야 한다. Mr. Smith는 추천서를 써 준 사람이므로 두 번째 추천서를 보고 그의 정보와 선택지의 보기와 대조를 해가며 오답을 제거해 나가자.

(A)의 John Adams는 지문의 맨 마지막 문장에서 찾을 수 있는데, Mr. Smith와 John Adams는 서로 아는 사이가 아니기에 오답이며, (B)는 Years with the company를 보면 DZN에서의 근속년수가 8년이기에 5년은 잘못된 정보이므로 오답이 된다. Mr. Smith는 재무 담당 최고 책임자이니까, 인사부에서 일한다는 (C)도 오답이다. 따라서 관리자 위치에 있다는 (D)가 정답이다.

문제 196-200은 다음 이메일들을 참조하세요.

발신: Nancy Wilson ⟨nancywilson@stmod.com⟩
수신: Steve Brown ⟨stbrown@stmod.com⟩
제목: 복사기 문제
날짜: 4월 9일, 화요일, 오전 10시 32분
Steve씨에게,

(196) 306호실 복사기가 제대로 작동하지 않는 문제에 대해 제가 전화를 한 것에 대해 어제 답신 전화를 하셨다는 것을 알고 있습니다. 어제 전화를 받지 못해 죄송합니다. 회의에 참석하느라 사무실에 있지 않았거든요. 그래서 오늘 아침에서야 메시지를 받았습니다.

복사기가 단면으로만 복사가 되는 것이 문제입니다. 어제 직원 교육 지침서를 양면으로 복사해보려고 시도를 했는데 복사를 할 수가 없었습니다. 전에는 양면복사를 했었기 때문에 복사를 하는 방법을 알고 있습니다. 제가 작동을 제대로 했는지 확인하기 위해 설명서까지 확인을 했는데도 단면복사만 될 뿐이었습니다. 그래서 저는 앞면에 홀수 번호 페이지를 복사하고 뒷면에 짝수 번호 페이지를 복사를 해야 했는데 정말 시간이 많이 걸렸습니다.

(197, 200) 4월 17일 다음 주 수요일에 40쪽이 넘는 이달의 보고서를 100부 복사해야 합니다. 언제 복사기가 수리될 수 있을까요? 수요일까지 정상 작동이 될까요? 그렇지 않으면, 저는 양면복사가 되는 다른 복사기를 찾아 봐야합니다. 연락 부탁드리겠습니다.

Nancy Wilson
마케팅부

발신: Steve Brown ⟨stbrown@stmod.com⟩
수신: Nancy Wilson ⟨nancywilson@stmod.com⟩

197

제목: 회신: 복사기 문제
날짜: 4월 9일, 화요일, 오후 12시 07분
Nancy씨에게,
문제점을 알려주어 감사합니다. (198) 귀하가 말씀하신 복사기는 건물에서 같은 문제가 발생하고 있는 세 번째 기계입니다. 제조업체에 전화를 해서 기술자와 문제점에 대해서 이야기를 했는데 (199) 아마도 내부 센서가 문제의 원인일 것이라고 말해주었습니다. 그 부품을 교체해야 될 것 같습니다.
저희는 오늘 주문을 했고 금요일까지 부품이 여기에 도착할 것입니다. (200) 306호에 있는 복사기는 귀하가 리포트를 복사하기 이틀 전에 고쳐져 있을 것입니다. 만약에 센서가 제 시간에 교체되지 않으면 제가 미리 알려드리겠습니다. 지체되더라도 다른 복사기를 사용하실 수 있도록 조치하겠습니다.
충심으로,
Steve Brown
기계 유지보수팀

어휘 return someone's call ~에게 답신 전화를 하다 regarding ~에 관하여 copier 복사기 properly 제대로, 적절히 be able to ~할 수 있다 attend 참석하다 problem 문제 double-sided 양면의 employee 직원 manual 설명서 instruction 설명, 지시 make sure 반드시 ~하다, 확인하다, 확실히 하다 push 누르다 print 인쇄하다, 프린트하다 odd-number 홀수 even-number 짝수 consume 소비하다 mention 말하다, 언급하다 machine 기계 manufacturer 제조자, 생산회사 technician 기술자 internal 내부 sensor 센서, 감지기 cause 야기하다 look like ~할 것 같다, ~처럼 보이다 replace 대체하다 place an order 주문하다 part 부품 repair 고치다 in time 제 시간에 even if 비록 ~일지라도 available 이용 가능한, 사용 가능한 salesperson 판매원 consultant 상담원 colleague 동료 customer 고객 create 만들다 purchase 구입하다 equipment 장비 suggest 제안하다 manufacturing company 제조회사 several 몇몇의 according to ~에 의하면, 따르면 correctly 바르게, 정확하게 recently 최근에 liquid 액체 spill 쏟다

196 Ms. Wilson은 누구에게 이메일을 보냈는가?
(A) 복사기 판매원
(B) 교육 상담원
(C) 그녀의 회사 고객
(D) 직장 동료

해설 질문의 키워드는 to whom, Ms. Wilson, send, e-mail이다. 수신인을 묻는 문제로 수신인과 발신인을 묻는 문제 유형은 주로 문서의 전반부에 그 정답이 제시되어 있다. 지문에서 발신인과 수신인을 확인한 후 지문을 읽고 수신인이 누구인지를 확인하면 되겠다.
Ms. Wilson이 보낸 첫 번째 이메일의 첫 단락에 I know you returned my call~라고 되어 있다. 즉 복사기 문제에 대해서 어제 수신인이 답신 전화를 했는데, 사무실에 없어서 받지 못했다는 것으로 보아 수신인은 (D) 직장 동료임을 추론할 수 있다.

197 Ms. Wilson은 4월 17일에 무엇을 해야 하는가?
(A) 보고서 프린트
(B) 메뉴얼 만들기
(C) 교육 참여
(D) 장비 구입

해설 질문의 키워드는 what, Ms. Wilson, April 17이다. 세부사항을 묻는 문제로 지문에서 4월 17일이 언급된 곳을 찾아 선택지의 보기와 대조해보자. 4월 17일이 언급된 곳은 첫 번째 이메일의 세 번째 단락 첫 번째 문장이다(I have to print one hundred copies of this month's report next Wednesday, April 17). 4월 17일에 이달의 보고서를 복사해야 한다고 했으므로 정답은 (A) 보고서 프린트하기이다.

198 Mr. Brown은 두 번째 이메일에서 무엇을 제시하고 있는가?
(A) 그는 월요일까지 사무실에 있지 않을 것이다.
(B) 제조회사는 그에게 아직 전화를 해주지 않았다.
(C) Ms. Wilson은 문제에 관해 얘기를 한 몇 사람들 가운데 한 명이다.
(D) 그는 몇 개의 복사기를 교체하려고 준비 중이다.

해설 질문의 키워드는 what, Mr. Brown, suggest이다. 선택지의 보기와 두 번째 이메일의 내용을 대조해보면서 그 정답을 찾아야 한다. (A), (B), (D)는 지문에서 언급되지 않았으므로 오답이다. 두 번째 지문의 첫 번째 단락 첫 번째 줄(The copier you mentioned~)에서 그 문제를 일으키고 있는 복사기가 같은 문제를 발생하고 있는 세 번째 기계라고 했으므로, Ms. Wilson은 문제에 관해 얘기를 한 몇 사람들 가운데 한 명이라는 (C)가 정답이 된다.

199 Mr. Brown에 따르면, 복사기의 고장 원인은 무엇인가?
(A) 종이가 바르게 놓이지 않았다.
(B) 부품 하나가 올바르게 작동하지 않았다.
(C) 최근에 복사기를 청소하지 않았다.
(D) 액체를 복사기에 흘렸다.

해설 질문의 키워드는 Mr. Brown, what, caused, problem, photocopier이다. 세부사항을 묻는 질문으로, Mr. Brown이 복사기의 문제 원인을 언급한 곳을 찾아야 한다. 두 번째 이메일의 첫 번째 단락 세 번째 줄(he said an internal sensor~)에서 내부 센서가 문제의 원인인 것 같다고 했으므로 정답은 부품 하나가 올바르게 작동하지 않는다는 (B)가 된다.

200 Mr. Brown은 언제 문제가 해결될 것이라고 생각하는가?
(A) 월요일
(B) 화요일
(C) 수요일
(D) 목요일

해설 질문의 키워드는 On what day, Mr. Brown, problem, fixed이다. 세부사항을 묻는 문제로 Mr. Brown이 쓴 이메일을 확인해 보아야 한다.
두 번째 지문의 두 번째 단락(I think I can repair the copier~)에서 복사기가 리포트를 복사하기 이틀 전에 고쳐져 있을 것이라고 했다. 그럼 그 리포트를 복사해야 하는 요일을 알아야 하는데 요일에 대해서는 두 번째 이메일에서 언급되지 않았으므로 첫 번째 이메일에서 확인을 해봐야 한다. 첫 번째 이메일의 세 번째 단락 첫 문장에서 4월 17일에 다음 달 보고서를 복사해야 한다고 했으므로 문제가 해결되는 시점은 그 이틀 전인 (A) 월요일이 된다.

Part 7 Final Test

p.464

153 (C)	154 (D)	155 (D)	156 (C)	157 (D)	158 (C)
159 (B)	160 (D)	161 (C)	162 (D)	163 (B)	164 (A)
165 (C)	166 (B)	167 (A)	168 (D)	169 (B)	170 (D)
171 (C)	172 (C)	173 (B)	174 (D)	175 (B)	176 (A)
177 (D)	178 (C)	179 (A)	180 (B)	181 (C)	182 (A)
183 (B)	184 (D)	185 (B)	186 (A)	187 (B)	188 (D)
189 (C)	190 (B)	191 (C)	192 (A)	193 (C)	194 (B)
195 (C)	196 (A)	197 (B)	198 (D)	199 (C)	200 (D)

문제 153-154는 다음 기사를 참조하세요.

정시 비행 증가

(154) 6월 17일 – (153) 지난주 항공 교통부에서 발표한 보고서에 따르면, 미국의 항공사들이 모두 5월에 정시 비행 기록 최고치를 기록했다.

(153) 미국의 6개 대형 항공사와 관련된 이 연구에서는, 이 6개 항공사를 통틀어 정시 도착률이 4월 86%에서 증가해 (154) 지난달에는 90%에 달했다는 것을 보여준다. 이 연구는 또한 지난해 정시 도착률 최고치는 10월의 83%였는데, 지난해 정시 도착률 평균은 78%였다.

어휘 rise 증가 on-time 정시의 flight 비행 airline 항공사 achieve 달성하다 record 기록 according to ~에 따르면 report 보고(서) present 발표하다 department 부서 air transportation 항공 교통 study 연구 in relations to ~에 관하여 combine 통합하다, 합동하다 arrival 도착 rate 비율 previous 이전의 average 평균

153 이 기사는 무엇에 관한 것인가?
(A) 정부 정책
(B) 공항 계약서
(C) 항공사 관련 연구
(D) 여행 계획

해설 기사의 주제나 목적을 묻는 문제로, 질문의 키워드는 What(무엇)과 about(~에 대해서)이다. 이러한 유형들은 제목 또는 단락의 앞부분인 첫 줄에서 세 번째 줄까지의 문장들을 주의 깊게 살펴야 한다.

우선, 본 기사의 제목(Rise of On-Time Flights)과 첫 번째 단락의 All airlines라는 표현을 통해서 항공사의 정시 비행 기록에 관한 기사임을 쉽사리 알 수 있다. 하지만, 이 사실만 가지고는 명확하게 답을 정하기가 곤란하게 선택지가 주어져 있으므로, 해답의 단서를 찾기 위해 조금만 더 읽어보면, 두 번째 줄에 according to the report presented last week by the Department of Air Transportation(지난주 항공 교통부에서 발표한 보고서에 따르면)이란 내용이 나오고, 여기의 report(보고서)가 그 다음 문장에서 the study(연구)로 패러프레이징되었음을 알 수 있다. 따라서 정답은 (C) An airline study(항공사 관련 연구)가 되겠다.

154 항공사들의 5월 정시 도착률은?
(A) 83%
(B) 78%
(C) 86%
(D) 90%

해설 구체적인 정보를 묻는 문제로, 질문의 키워드는 on-time arrival rate(정시 도착률)와 May(5월)이다. 따라서 이들 키워드가 들어간 부분을 유심히 살펴봐야겠다.

지문의 맨 처음 June 17을 통해 이 기사는 6월 17일자 기사임을 알 수 있다. 따라서 4번째 줄에 제시된 on-time arrival rate of 90 percent the previous month(전월 정시 도착률은 90%)의 the previous month는 5월임을 유추해낼 수 있다. 그러므로 항공사의 5월 정시 도착률은 (D)의 90%가 되는 것이다.

문제 155-156은 다음 이메일을 참조하세요.

수신: Christina Ito
발신: Manuel Nunez
날짜: 5월 16일
제목: 6월 회의 관련 사항

Ms. Ito씨께,

저희 해외 마케팅 팀은 귀하가 말레이시아에서 저희 전자제품 홍보에 보여준 진전에 관해 기쁘게 생각합니다. (155) 제가 다음 달 귀하와 귀하의 직원들을 뵙기 위해 Kuala Lumpur에 도착하면, 개인적으로 백화점에 저희 제품들이 어떻게 유통되고 있는지 보기를 고대합니다. 비서와 저는 6월 2일 늦게 말레이시아에 도착해 6월 5일에 떠날 계획인 것은 변함없습니다만, (156) 가능하다면, 당초 예정된 미팅을 하루 앞당길 수 있으면 합니다. 6월 4일에는 대신 Mr. James Wright씨를 만나야 할 것 같아서 말이죠. 그 분은 딱 하루만 Kuala Lumpur에 계시다 Lisbon으로 돌아가실 예정이거든요. 이로 인해 귀하께 불편을 끼쳐드리게 되지 않기를 바랍니다. 회의 안건 변경 사항 확인 차 며칠 후에 전화 연락드리겠습니다.

진심으로,

Manuel Nunez
해외 마케팅 부장

어휘 international marketing 해외 마케팅 be pleased with ~에 만족하다, 기뻐하다 progress 진전 promote 촉진하다, 홍보하다 electronics 전자제품 look forward to ~하기를 고대하다, 기대하다 distribute (상품을) 유통시키다, 분배하다 department store 백화점 staff 직원들 assistant 비서 be planning to + 동사원형 ~할 계획이다, 예정이다 depart 떠나다 initial 초기의 scheduled meeting 예정된 회의 instead 그 대신 inconvenient 불편한 confirm 확인하다 change 변화, 변경 agenda 안건, 의제

155 이메일에 따르면, Mr. Nunez가 원하는 것은 무엇인가?
(A) 행사 장소 변경
(B) Mr. Wright씨와 회의 일정 재조정
(C) Lisbon으로 가는 항공기 티켓 구매
(D) Kuala Lumpur에 있는 백화점 방문

해설 발신인의 의도와 세부 내용을 묻는 문제로, 질문의 키워드는 Mr. Nunez와 want to do이다. 그러므로 Mr. Nunez가 발

199

신인(I)이고, 이메일을 보낸 의도는 지문 초반에 등장할 것이라는 점에 유념하자.

지문 두 번째 줄에서 I look forward to personally seeing how they are being distributed in department stores when I arrive at Kuala Lumpur next month to meet you and your staffs.(다음 달 귀하와 귀하의 직원들을 뵙기 위해 Kuala Lumpur에 도착하면, 개인적으로 백화점에 저희 제품들이 어떻게 유통되고 있는지 보기를 고대합니다.)에서 Mr. Nunez가 Kuala Lumpur의 여러 백화점들을 방문해 자사의 제품이 어떻게 유통되고 있는지 직접 보고 싶어 한다는 것을 알 수 있다. 지문의 look forward to ~가 질문에서 want to do로 패러프레이징되었으며, seeing ~ in department stores가 선택지에서는 Visit department stores로 패러프레이징 되어 등장했다.

156 Ms. Ito와 직원들은 원래 Mr. Nunez와 언제 만나기로 약속했었는가?
(A) 6월 2일
(B) 6월 3일
(C) 6월 4일
(D) 6월 5일

해설 구체적인 정보를 찾는 문제이며, 선택지에는 모두 날짜가 제시되어 있다. 이런 경우, 선택지에 제시된 날짜가 지문에 그대로 등장하긴 하지만, 날짜가 포함된 문장만 봐서는 풀 수 없는 문제가 많다. 따라서 해당 날짜가 포함된 문장과 관련된 앞뒤 내용도 잘 살펴야 한다.

질문의 키워드는 Ms. Ito and her staff과 originally scheduled to meet이다. 지문의 다섯 번째 줄 I hope we can move our initial scheduled meeting one day earlier.에서 '당초 예정된 미팅 일정을 하루 앞당겼으면 한다'고 언급하고 있다. 이어 그 다음 문장에서 On June 4, I will have to meet with Mr. James Wright instead, because he will be in Kuala Lumpur for just one day before returning to Lisbon이라며 '회의 대신에 Mr. James Wright를 6월 4일에 만나야 하며, 왜 그래야 하는지 그 이유를 부연 설명하고 있다. 이를 통해 원래 미팅 일정은 6월 4일이었음을 알 수 있다.

문제 157-158은 다음 보증서를 참조하세요.

Thor Tools사
보증서

Thor Tools사는 결함이 있는 Thor의 제품이라면 어떠한 것이든 무료로 수리해드립니다. 저희 보증은 제품 구매자에게 해당되며, 구매한지 2년 동안 유효합니다. 만약, 어떠한 이유로도 귀하의 제품을 수리하지 못할 경우, 새 제품 또는 그에 비교할 만한 제품으로 교체해드릴 것입니다.

사고로 인해 부품이 파손된 것은 보증해드릴 수 없습니다. 또한, Thor 직원 이외에 다른 누군가가 Thor Tool 제품을 고치려다가 손상된 부품도 보증해드릴 수 없습니다.

(158) 상품의 수리나 교체를 요청하실 때는 제품을 발송할 때 도움이 되는 포장지에 귀하의 성함과 주소, 그리고 연락 전화번호를 기재하여 보내주셔야 합니다. 다음은 필수적인 사항은 아니다만, 귀하의 제품의 문제점을 적은 메모를 포함해서 보내주실 것을 권장합니다.

(157) 일반적으로, 귀하가 보내준 제품은 영업일 기준으로 5일에서 7일 안에 수리 되거나 교환될 것이지만, 수리의 정도에 따

라서 기간이 변동될 수도 있습니다.
보증이나 수리 과정에 관하여 더 궁금한 점이 있으시다면, 보증에 관한 안내 사무실인 1-800-577-0199로 전화주시기 바랍니다.
2월 19일 수정됨

어휘 corp.(= corporation) 회사 warranty card 보증서 repair 수리하다 product 제품 defective 결함이 있는 absolutely 절대적으로, 단호히 free of cost 무료로 extend ~에 해당되다 purchaser 구매자 valid 유효한 reason 이유 be capable of ~ 할 수 있다 item 품목 replace 교체하다 comparable 비교되는 cover 포함하다 part 부품 failure 고장, 파손 accidental 우연한, 뜻밖의 occasion 경우, 때 in addition 게다가, 또한 insure 보증하다 damage 손상을 입다 other than 다른, 이외의 employee 직원 attempt to + 동사원형 ~을 하려고 시도하다 in order to ~하기 위하여 request 요청하다 replacement 교체 make sure to + 동사원형 반드시 ~해야 한다 include 포함하다 along with ~와 함께 package 포장 aid 돕다 return shipping 반송 although 비록 ~일지라도 recommend 권고하다, 추천하다 note 메모 describe 묘사하다, 설명하다 in general 일반적으로 within ~이내에 vary 변화하다, 바뀌다 depend on ~에 달려있다 extent 범위, 정도 additional 추가적인 coverage 적용, 범위 revise 개정하다 dealer 판매인 specific 구체적인 estimation 추정 complete 완성하다 copy 복사본 receipt 영수증 explain 설명하다

157 보증서에 포함된 정보는 무엇인가?
(A) 교체 부품을 제공하는 판매인의 이름
(B) 보증되는 도구의 목록
(C) 구체적인 수리 유형에 따른 비용
(D) 수리 완료에 필요한 시간 추정

해설 보증서에 나온 정보가 무엇인지에 관한 세부적인 항목들을 확인해야 하는 문제이다. 이런 유형의 문제는 질문의 키워드인 information, include, warranty card을 이용하여 본문과 보기를 비교하여 하나씩 소거하는 방법을 통해 시간을 단축시킨다. 4번째 단락인 the items you have sent will be repaired or replaced within 5 to 7 business days, but it may vary depending on the extent of the repair에서 보기 (D)의 키워드인 repair(수리)와 estimation of the time(시간의 추정)에 관련된 사항인, within 5 to 7 business days(영업일 기준으로 5일에서 7일 안), vary depending on the extent of the repair(수리의 정도에 따라서 달라질 수 있다)들을 찾아낼 수 있다. 따라서 (D)가 정답이 된다.

158 보증서에 따르면, 수리 서비스 요청에 포함해야 되는 것은?
(A) 보증서 사본
(B) 영수증
(C) 배송 정보
(D) 제품의 문제에 관해 설명한 메모

해설 질문의 키워드는 warranty, included, request for repair service이다. 질문의 키워드를 통해 요청의 구체적인 사항에 대해 묻고 있다는 것을 알 수 있다. 요구나 요청, 제안 관련 질문들은 지문의 중후반에 답이 있다.

본문의 세 번째 단락 첫 번째 줄인 In order to request for product repair or replacement에서 질문의 키워드와 관련된 문장임을 확인할 수 있으며, 그 다음의 make sure to include your name, street address, and a valid telephone number along with the package to aid with return shipping(제품을 발송할 때 도움이 되는 포장지에 귀하의 성함과 주소, 그리고 연락 전화번호를 기재하여 보내 주셔야 합니다)이라는 내용을 통해서, 수리 서비스 요청에 포함되어야 할 것은 (C) shipping information(배송 정보)임을 알 수 있다. 따라서 정답은 (C)이다.

문제 159-161은 다음 광고문을 참조하세요.

개점 축하
Scirocco 아울렛
1503 Grand Sate 복합 건물 (Jenna 보석 및 액세서리 옆)
Tenafly, NJ, 07301
50달러 이상 구매하시면 폴라로이드 카메라가 무료
(160) *(Grand State 복합 건물에서만)*

(159) 특별 할인
속옷과 양말을 20% 할인
신발(스포츠용품만) 25% 할인
패션 액세서리 35% 할인
8월 1일부터 8월 30일까지 제공
영업시간: 오전 9시부터 오후 9시까지

매년 50달러만 내시고 10%의 추가 할인 혜택을 드리는 회원 카드를 신청하세요. **(160)** Grand State Complex 또는 Pine Hill Plaza 둘 중 한 곳에서 카드를 신청하세요. 온라인을 통해서 회원 카드를 받으실 수도 있습니다.

저희 홈페이지를 방문하세요 (www.sciroccooutlets.com)

(161) 이번 주 동안만, 저희 홈페이지에서 목걸이를 구매하시면 50%의 할인 혜택을 받으실 수 있습니다.

어휘 opening celebration 개점 축하 outlet 아울렛 jewelry 보석 accessory 액세서리 polaroid camera 폴라로이드 카메라 purchase 구매 special 특별 할인 underwear 속옷 sock 양말 shoe 신발 fashion accessory 패션 액세서리 offer 제공 valid 유효한 store hours 영업시간 sign up 등록하다 receive 받다 membership card 회원 카드 additional 추가의 discount 할인 apply for ~을 신청하다 either A or B A나 B 둘 중 하나 online 온라인 visit 방문하다 homepage 홈페이지 necklace 목걸이 merchandise 상품 specialize in ~을 전문으로 하다 clothe 옷 furniture 가구

159 Scirocco 아울렛은 어떤 상품을 전문으로 하는가?
  (A) 전자 제품
  (B) 의류
  (C) 책
  (D) 가구

해설 Scirocco 아울렛이 주력으로 하는 상품이 어떤 것인지 그 구체적인 정보를 묻는 질문이다. 우선 질문에서 키워드를 찾아야 한다. 질문의 키워드는 merchandise, Scirocco Outlets, specialize in이다. 지문과 보기에서 상품과 관련된 부분을 찾아 확인해야 한다. 그런데 보기를 보면, 세부적인 상품의 이름이 아닌 전반적인 상품의 종류가 제시되었음을 확인할 수 있다. 따라서 이 유형은 본문에서 찾은 키워드와 유사한 의미의 단어를 보기에서 찾아야함을 알 수 있다.

여섯 번째 줄을 보면, Specials(특별 할인)에 관한 사항에서, underwears and socks(속옷과 양말), shoes(신발), fashion accessories(패션 액세서리)라는 단어들을 찾아 볼 수 있다. 이 키워드를 전반적으로 다루어 줄 수 있는 더 큰 범위의 단어는 의류이다. 따라서 정답은 (B) Clothes(의류) 이다. 나머지 보기인 (A), (C), (D)들은 언급된 바가 없으므로 오답이 된다.

160 Scirocco Outlets에 관해서 언급되는 것은?
  (A) 특별 할인은 1주일 동안 지속될 것이다.
  (B) 8월 1일에는 저녁 10시까지 영업을 할 것이다.
  (C) 판매원들은 고도의 훈련을 받는다.
  (D) 상점이 둘 이상이다.

해설 키워드를 통해 구체적인 정보를 확인해야 하는 문제이다. 질문의 키워드는 Scirocco Outlets이다. 본문 중 다섯 번째 줄 후반부에 Grand State Complex only(Grand State 복합 건물에서만)와 후반부의 Apply for the card either at Grand State Complex or Pine Hill Plaza(Grand State Complex 또는 Pine Hill Plaza 둘 중 한 곳에서 카드를 신청하세요)라는 내용을 통해, Scirocco Outlets은 Grand State Complex와 Pine Hill Plaza 두 곳이 있음을 알 수 있다. 따라서 정답은 (D) It has more than one store location.가 된다.

161 고객들이 온라인으로 구매하면 할인을 받을 수 있는 것은 어떤 상품인가?
  (A) 회원 카드
  (B) 카메라
  (C) 목걸이
  (D) 신발

해설 질문의 키워드는 which item, customers, receive a discount, purchase it online이다. 이 질문의 키워드가 본문에서는 you, will receive 50% off, buy only from our homepage로 패러프레이징되었다. 해당되는 상품이 necklace라고 명시되었으므로 온라인으로 구매하면 할인을 받을 수 있는 상품은 목걸이인 (C) A necklace이다.

문제 162-164는 다음 기사문을 참조하세요.

Miami, Florida (4월 2일) – **(162)** Miami 관광 위원회 이사인 Joe Montana는 가장 빨리 성장하고 있는 영화 제작 회사들 중 하나로 여겨지는 World Studios가 Miami에 새로운 보금자리를 마련하고 있다는 소식을 듣고 기뻐했다.

(162) Mr. Montana는 Las Vegas에서 Miami로 World Studios가 이전되면 Miami 시내에서 영화 제작 활동이 더 활발해질 것이라고 기대한다. 스텝과 유명인사들은 도시와 그 주변의 음식점과 호텔을 자주 방문하게 될 것이기에, 그 도시는 부가적인 수입을 얻을 수 있을 것을 기대하고 있다. **(163)** Mr. Montana는 "우리는 또한 촬영 현장에서 스타를 만나길 원하는 관광객들의 수가 증가하기를 바랍니다. 따라서 이것은 Miami의 지역 업체들의 판매를 증가시킬 수 있는 매우 좋은 기회입니다," 라고 말했다.

(164) 5월 11일 금요일에, 그곳에서 회의가 열릴 것이다. World Studios의 사장인 Gerald Mancuso는 가장 중요한 영화 제작사가 되기 위한 회사의 미래 계획에 대해 발표할 것이다. Mr. Mancuso와 함께, 최근 다큐멘터리 영화의 제작자인 Steven Hamburg와 유명 시나리오 작가인 Joanne Olsen도 회의 동안 연설을 하기로 예정되어 있다.

회의 동안에 어느 시간이든 모든 사람들이 자유롭게 이 행사에 참여할 수 있다. 보다 자세한 사항은 www.miamifilms.com 에서 알아 볼 수 있다.

어휘 director 이사 tour 관광 여행 committee 위원회 be pleased to + 동사원형 ~을 해서 기뻐하다 film-production 영화 제작 relocation 이전 increase 증가시키다 frequency 빈도 film-making 영화 제작 produce 생산하다 revenue 소득, 수입 opportunity 기회 local business 지역 사업체 prominent 중요한, 저명한 film industry 영화 산업 along with ~와 함께 producer 제작자 documentary film 다큐멘터리 영화 scriptwriter 시나리오 작가 give a speech 연설하다 attend 참석하다 further 더, 그 이상의 profile 프로필을 알려주다 budget 예산 promote 장려하다, 촉진하다 belong to ~에 속하다 invitation 초대

162 이 기사의 목적은 무엇인가?
(A) 지역 유명인사의 프로필을 알려주기 위해
(B) 도시의 예산에 관하여 변동사항을 설명해주기 위해
(C) 새로운 레스토랑의 개점을 알리기 위해
(D) 사업체 이전에 관해서 보도하기 위해

해설 질문의 키워드는 What, purpose로, 기본 정보인 기사의 목적을 묻는 질문이다. 목적이나 주제를 묻는 질문은 본문 첫 번째 단락의 전반부에서 답의 근거를 찾아야 한다.

기사의 첫 번째 단락에서 World Studios, often considered as one of the fastest growing film-production company is making its new home in Miami(World Studios가 Miami에 새로운 보금자리를 마련하고 있다)라는 내용을 통해 사업체가 이전을 하고 있음을 알 수 있다. 또한 그 다음 단락에서, the relocation of World Studios from Las Vegas to Miami(Las Vegas에서 Miami로 World Studios의 이전)이란 내용으로 relocation 이란 단어가 한 번 더 언급된 것으로 보아, 정답은 (D) To report the relocation of a business 이다.

나머지 보기인 (A), (B), (C)는 언급된 사항이 아니므로 답에서 제외된다.

163 Mr. Montana에 관해 무엇을 알 수 있는가?
(A) 그는 도시에서 사업체를 소유하고 있다.
(B) 그는 Miami시의 관광을 홍보한다.
(C) 그는 지역 영화 스탭에 속해 있다.
(D) 그는 Miami에서 상영되는 영화를 광고한다.

해설 키워드와 구체적인 내용을 하나씩 확인해야 하는 문제이다. 질문의 키워드는 indicated about, Mr. Montana로, 본문의 두 번째 단락 9번째 줄인, Mr. Montana stated, "We could also hope for an increased number of tourists who want to see movie stars on site"란 문장을 통해 Mr. Montana는 Miami의 관광을 홍보하고 있음을 알 수 있다. 따라서 정답은 (B)이다.

164 5월 11일 행사에 관해 언급되어 있는 것은?
(A) 연사들이 청중에게 연설을 할 예정이다.
(B) 초대를 받은 사람만 참석할 수 있다.
(C) 새로운 영화 스튜디오 사장이 임명될 것이다.
(D) Ottawa 관련 다큐멘터리가 상영될 것이다.

해설 키워드를 중심으로 구체적인 정보를 찾아내어야 하는 문제이다. 질문의 키워드는 May 11, event이다.
본문 세 번째 단락 첫 번째 줄에서 질문의 키워드와 같은 단어인 May 11가 제시되었다. 그 뒤에 바로 영화 산업 관계자 세 명이 연설하기로 예정되어 있다는 내용이 등장한다. 따라서 정답은 (A)이다.

(B)는 본문 맨 마지막 단락에서 회의 동안 모든 사람들이 이 행사에 자유롭게 참석할 수 있다고 제시하고 있고, (C)는 사장이 새로 임명되는 것이 아니라 발표를 한다는 내용이기에 정답이 될 수 없다. (D)는 다큐멘터리를 상영한다는 내용은 본문에서 제시되지 않았으므로 오답이 된다.

문제 165-167은 다음 광고문을 참조하세요.

(165) Ann Arbor의 아시아 비즈니스 그룹이 커뮤니티 이벤트에 귀하를 초대합니다.

성장 전망: Ann Arbor 근교의 아시아계 미국인 사업 활성화

(165) 토론 위원단

Bakhanee Mandalou 박사
미시간주 중부 상업 협회 이사

Ms. Diao Chan
아시아 비즈니스 그룹 회장
Dynasty 주식회사의 소유자

Ann Arbor의 아시아 비즈니스 그룹의 창립 멤버

(167) Makoto Tanaka 박사
Michigan주 Ypsilanti시 소재 미시간 주립대학 경영심리학 교수
「오늘날 미국의 중소기업」의 저자

이 커뮤니티 이벤트는 중서부 지역의 모든 아시아계 사람들에게 비즈니스 전략의 기본 원칙들을 소개합니다. 창업을 준비하는 방법에 관해 배우며, 귀하에게 적합한 유형의 사업을 찾는데 도움을 받을 수 있는 좋은 기회가 될 것입니다. 참석자들은 귀하와 함께 이러한 귀중한 정보들을 기꺼이 공유하고자 할 것입니다.

날짜: 11월 2일 금요일
시간: 오후 5시 30분에서 8시 30분까지
비용: 25달러 (Ann Arbor에서 거주하는 학생은 10달러)

(166) 위치: Mosher Jordan Hall
1316 Geddes Ave.
Ann Arbor MI, 48104

이 이벤트에 참가하시는 모든 사람들에게 저녁이 무료로 제공될 것입니다. 등록은 734-657-8617로 저희에게 전화주시거나, www.abocommunity.com을 방문해주시기 바랍니다.

어휘 organization 조직, 그룹 invite 초대하다 community 지역사회 vision 비전, 전망 growth 성장 improve 개선하다 suburbs 교외 panel 위원단 director 이사 incorporated 주식회사인 Business Psychology 경영심리학 small business 중소기업 midwest 중서부 basic principle 기본원칙 strategy 전략 willingly 기꺼이, 자진해서 valuable 귀중한, 소중한 reside 살다, 거주하다 complimentary 무료인 promote 홍보하다 signing 서명, 계약 demonstration 시연 panel discussion 공개 토론회 academic lecture 학술 강연회 take place 개최되다, 일어나다

165 어떤 행사가 홍보되고 있는가?
(A) 책 사인회
(B) 제품 시연

202

(C) 공개 토론회
(D) 학술 강연회

해설 지문은 행사에 대한 홍보문으로, 질문의 키워드인 event, promoted를 통해, 설명되고 있는 행사가 어떤 행사인지, 목적이나 종류를 묻는 질문이다. 행사의 기본적인 정보에 대해서는 제목이나 전반부의 문장들을 확인해야 한다.

제목으로 The Asian Business Organization of Ann Arbor invites you to a community event(Ann Arbor의 아시아 비즈니스 그룹이 커뮤니티 이벤트에 당신을 초대합니다)가 제시되었고, 그 아래에 행사의 주제가 제시되었다. 또한 본문의 다섯 번째 줄에 참가하는 Panel Members(패널)들을 소개하고 있는 내용을 통해서, 홍보되고 있는 행사가 공개적인 토론회임을 알 수 있다. 따라서 정답은 (C) A panel discussion(공개 토론회)이다. 나머지 보기인 (A), (B), (D)는 본문에 언급된 사항이 아니므로 오답이 된다.

166 행사가 열리는 장소는 어디인가?
(A) 아시아계 비즈니스 그룹에서
(B) Mosher Jordan 홀에서
(C) 미시간 중부 비즈니스 사무실에서
(D) 미시간 주립 대학에서

해설 질문의 키워드는 event와 take place이다. 행사가 열리는 장소가 어디인지, 기본적인 사항을 묻는 문제이다. 장소를 묻는 문제이고, 홍보문이므로, 본문에서 장소와 관련된 키워드를 찾으면 답을 쉽게 찾을 수 있다.

본문 하단부에서 행사에 대한 정보를 제시하고 있고, 그 정보 중에 location이란 단어가 행사의 장소를 알려주므로, 정답은 (B)인 Mosher Jordan Hall이 된다.

167 Tanaka 박사에 대해 언급된 것은 무엇인가?
(A) 그는 미시건주에 있는 대학에서 경영학을 가르친다.
(B) 그는 아시아 역사에 대하여 연설할 계획이다.
(C) 그는 미시건에서 중소업체를 가지고 있다.
(D) 그는 아시아 사업 그룹의 일원이다.

해설 Dr. Tanaka에 대해 구체적인 사항을 묻는 질문으로, stated와 Dr. Tanaka를 키워드로 삼아, 보기를 하나씩 소거해야 한다.

지문에서 3번째 패널로 소개된 Makoto Tanaka박사에 대한 사항에서, (A)는 세 번째 단락 첫 번째 문장인 Professor of Business Psychology at Michigan State University. Ypsilanti, Michigan(Michigan주 Ypsilanti시에 있는 미시간 주립대학 경영심리학 교수)를 통해 그가 Michigan주에 있는 대학에서 강의를 하고 있다는 것을 확인 할 수 있다.

(B)는 아시아의 history가 아닌 business에 관한 토론회이기에 거리가 멀고, (C)의 small business는 그가 쓴 저서 제목의 일부분이지, 소유하고 있는 것은 아니다. (D)의 Asian Business 그룹의 일원은 Ms. Diao Chan이므로 오답이 된다.

문제 168-171은 다음 기사를 참조하세요.

World Business Report
Kaiser 철강회사

(169) Massachusetts주 Boston시에 본사를 두고 있는 (168) Kaiser 철강회사는 전 세계적으로 많은 고객을 가진 국제적으로 잘 알려진 철강 공급업체 중의 하나이다. 주된 공급품은 전 세계 곳곳의 철도 건설에 사용되는 판금이다. Kaiser 철강회사는 철강 제조업체인 Delinger&Brothers의 지분 35%를 소유하고 있다. (170) Brzail의 Sao Paulo에 위치한 Delinger&Brothers는 아시아 시장에 초점을 두고 있다.

내구성이 가장 강한 철강 제품을 개발하기 위한 노력으로, Kaiser 철강회사는 Paris의 Cannes에 있는 Le Blanc 철강회사와 철과 티타늄 재료를 혼합하기 위한 방법을 합동으로 연구 중이다. (171) 두 제조업체의 프로젝트 연구원들은 Cannes에 위치한 새로 지은 연구소에 모여 있다.

Kaiser 철강회사는 직원 5000명으로 구성되어 있으며, 12개 나라에서 약 300개의 공장을 운영하고 있다. 현사장인 Mr. Kevin Spikes는 15년 이상 kaiser 철강회사를 이끌고 있다.

어휘 be based in ~에 본사를 둔 well-known 잘 알려진 steel supplier 철강 공급업체 production 생산 sheet metal 판금, 금속판 railroad 철도 construction 건설 globe 세계 manufacturer 제조업자 be located in ~에 위치하다 focus on ~에 집중하다 market 시장 in an effort to + 동사원형 ~하는 노력으로 durable 오래 견디는 collaboratively 합동으로 combine 결합시키다 titanium 티탄, 티타늄 material 재료 researcher 연구원 newly 최근, 새로이 situate 놓다, ~의 위치를 정하다 employee 직원 operate 운영하다 approximately 대략, 거의 critique 비평하다 summarize 요약하다 quarterly 분기의 earning 수입, 소득 global 지구의, 전 세계의 activity 활동 regional 지방의, 지역적인 supplier 공급업자 partner 동반자, 파트너 merge 합병하다

168 이 기사의 목적은 무엇인가?
(A) 건축 자재에 대해 비평하기 위해
(B) 회사 사장의 임명을 발표하기 위해
(C) 회사의 분기별 소득을 요약하기 위해
(D) 회사의 국제적 활동을 설명하기 위해

해설 기사의 목적을 묻는 질문으로, 기사의 전반부에서 내용을 찾아야 한다. 기사의 첫 문단, 세 번째 줄에서 Kaiser 철강 회사를 internationally well-known steel suppliers where they have numerous clients worldwide(전 세계적으로 많은 고객을 가진 국제적으로 잘 알려진 철강 공급업체)로 소개하고 있으며, 그 다음 문장에서 주된 공급품으로 세계 곳곳의 철도 건설에 사용되는 판금을 생산하고 있다는 내용을 제시하고 있다. 또한 철강 제품을 연구하고 있고, 본문의 후반부에 각기 다른 나라의 여러 공장이 운영되고 있다는 것을 통해서, 전반적으로 회사가 국제적으로 활동하고 있음을 설명하고 있다는 (D)가 정답이 된다.

169 Kaiser 철강회사의 본사는 어디인가?
(A) Cannes
(B) Boston
(C) Sao Paulo
(D) Chicago

해설 철강회사의 본사가 어디에 있는지 물어보는, 구체적인 정보에 관한 문제이다. 질문에서 Kaiser Steel Corporation's main office를 키워드로 잡고, 보기의 내용을 하나씩 소거해가며 문제를 풀어야 한다.

본문 첫 번째 문장에서 Based in the center of Boston, Massachusetts, Kaiser Steel Corporation (Massachusetts주의 Boston시에 본사를 두고 있는, Kaiser 철강회사)가 제시되었으므로 정답은 (B)가 된다.

170 Delinger&Brother 회사에 대해 언급한 무엇인가?
(A) 새로운 회사이다.

203

(B) 직원이 대략 5000명이다.
(C) 연구 센터이다.
(D) 지역 공급업체이다.

해설 질문의 키워드는 suggested about. Delinger&Brother Corp.로, 구체적인 정보에 대해 묻는 질문이다. 키워드 Delinger&Brother Corp.를 중심으로 보기를 하나씩 확인하는 소거법을 적용해야 한다.

첫 번째 단락, 10번째 줄인 Delinger&Brothers focus on Asian markets(Delinger&Brothers사는 아시아 시장에 초점을 두고 있다)라는 내용을 통해, 아시아 시장을 타겟으로 잡아 지역적으로 공급품을 제공한다는 것을 알 수 있다. 따라서 (D)가 정답이 된다.

171 기사에 의하면, Le Blanc과 Kaiser는 어떤 관계인가?
(A) Le Blanc은 Kaiser 철강회사의 판금을 재활용한다.
(B) Kaiser 철강회사가 Le Blanc을 소유하고 있다.
(C) Le Blanc과 Kaiser는 연구 프로젝트 동반자이다.
(D) Le Blanc과 Kaiser는 합병할 계획이다.

해설 키워드를 통해 구체적인 정보 확인하는 문제로, 질문에서 relationship. between Le Blanc and Kaiser를 키워드로 삼아, 본문과 보기의 내용을 하나씩 확인해야 한다.

두 회사의 관계를 설명하는 지문은 본문에서 두 번째 단락인데, Project researchers of both industries are gathered in the newly built laboratories situated in Cannes(두 제조업체의 프로젝트 연구원들은 칸(Cannes)에 위치한 새로 지은 연구소에 모여 있다)라는 내용을 통해 두 회사가 연구 프로젝트의 동반자임을 알 수 있다. 따라서 정답은 (C)이다. 나머지 보기인 (A), (B) ,(D)는 본문에 관련된 내용이 없으므로 오답이 된다.

문제 172-176는 다음 공지사항을 참조하세요.

제7회 연례 독일 건축 협회 회의
7월 2일 금요일 오전 9시부터 오후 6시
7월 3일 토요일 오전 11시부터 오후 5시
Fairview 컨벤션 센터
780 General City St.
Chelsea MA, 02150
제안서 요청

(172) 매년 독일 건축 협회(GAA)는 건축 분야에서 가장 최근의 발전들에 대한 논의를 장려하기 위해 교수, 건축업자, 건축가, 그리고 월간 잡지의 출판업자들을 모아 이틀간 회의를 엽니다. 매일 건축과 관련된 각기 다른 주제에 초점을 둘 것입니다.

금요일 행사의 주제는 지역적인 관점에서 본 건축, 도시화, 재개발 수요에 대해서 다루게 될 것입니다. (173) 토요일 회의에 관해 말씀드리면, 건축 트렌드와 관광업에 관련된 변화들에 대해 논의할 것입니다.

(174) 금요일 회의용으로는 우리는 45분 정도의 발표에 관한 제안서를 받을 것입니다. 토요일 회의에서는, 30분 정도 발표에 대한 제안서를 제출해야 될 것입니다. 5분간의 짧은 질문과 답변 시간이 발표 후에 이어질 것입니다. 모든 제안서들은 당일 주제에 관련된 것이어야 합니다.

(175) 참가자들은 4가지 제안서들을 제출하도록 장려하지만 이는 의무적인 것은 아닙니다. 그러나, 이메일로 성함, 연락처(휴대폰 번호, 이메일 주소), 그리고 GAA 회원번호를 보내주셔야 합니다. 파워포인트로 작성한 10페이지짜리 발표 자료와 (176) 프

로그램 책자에 들어갈 100자 요약본도 보내주셔야 합니다. 만약 슬라이드 프로젝터 같은 장비가 필요하다면, 그 장비들에 대해 명확하게 알려주시길 바랍니다.

모든 제안서 6월 7일 오후 6시까지 제출해주시기 바랍니다. 저희는 6월 17일까지 수락에 대한 통보를 보내드릴 것입니다.

제안서는 컨퍼러스 매니저인 Andy McCain에게 보내주셔야 합니다. (amccain@gaa.com)

제안서를 우편이나 팩스로 보내지 마세요.

보다 상세한 사항에 대한 문의는 301-567-0920으로 전화주세요.

어휘 annual 연례 architectural 건축의 association 협회 convention 대회, 정기 총회 proposal 신청, 제안서 host 주최하다 builder 건축업자 architect 건축가 publisher 출판업자 monthly magazine 월간잡지 update 새롭게 하다, 업데이트하다 development 발달, 발전 architectural field 건축 분야 focus on ~에 초점을 두다 theme 주제, 테마 in relation to ~에 관련하여 architecture 건축 deal with ~을 다루다 regional 지방의, 지역적인 perspective 전망 transformation 변형 demand 수요 rehabilitation 재개발 as for ~에 대해 말하자면 session 회의 be advised to + 동사원형 ~을 하라는 권고를 받다 submit 제출하다 mandatory 의무적인, 강제적인 require 요구하다 via ~을 통해 extra 추가의 specifically 분명히, 구체적으로 notification 통지, 통고 acceptance 수락, 승인 forward 보내다 renovate 수리하다 inclusion 포함, 포괄 submission 제출

172 회의의 목적은 무엇인가?
(A) 건축가가 되길 원하는 참가자들을 격려하기 위해
(B) 건축가와 건설업자 사이의 논쟁을 해결하기 위해
(C) 협회 회원들이 아이디어와 정보를 교환하도록 하기 위해
(D) 연례 회의의 주제를 결정하기 위해

해설 지문은 회의와 관련된 사항을 알려주는 공지 사항이다. 질문의 키워드는 purpose로, 회의의 목적을 묻는 문제는 지문의 전반부에서 근거를 찾을 수 있다.

본문의 첫 문단, 두 번째 줄인 to gather professors, builders, architect, and publishers of monthly magazines to encourage discussions of the most updated developments in architectural fields(건축 분야에서 가장 최근의 발전들에 대한 논의를 장려하기 위해 교수, 건축업자, 건축가, 그리고 월간 잡지의 출판업자들을 모은다)를 통해 아이디어와 정보를 교환하도록 하기 위해 회의를 개최한다는 것을 알 수 있다. 따라서 정답은 (C)이다.

173 토요일의 발표에 관해서 알 수 있는 것은?
(A) 낡은 건물을 수리하는 것에 대한 정보가 포함될 것이다.
(B) 건축과 관광 사이의 관계를 살펴볼 것이다.
(C) 저렴한 입장료로 대중에게 공개될 것이다.
(D) 전문가들이 패널로 참가할 것이다.

해설 토요일 발표에 관한 내용을 묻는 문제로, 질문의 presentation on Saturday를 키워드로 삼아, 구체적인 정보를 찾아내는 문제이다. 두 번째 문단, 두 번째 줄에 As for Saturday(토요일 회의에 관해 말씀드리면)란 키워드가 보이고, 그 다음 문장이 we will be discussing about Changes in Architectural Trends and Tourism(건축 트렌드와 관광업에 관련된 변화들에 대해 논의 할 것입니다)이므로, 건축 트렌드와 관광업을 주제로 다루고 있음을 알 수 있다. 따라서 정답은 (B)가 된다. 나머지

보기인 (A), (C), (D)는 본문에서 언급되지 않은 내용이므로 정답이 될 수 없다.

174 공지사항에 의하면, 도시화에 관한 프레젠테이션은 얼마나 오래 계속되는가?
(A) 5분
(B) 10분
(C) 30분
(D) 45분

해설 Urban Transformation(도시화)에 관한 프레젠테이션에 주어진 시간을 묻는 문제이다. Urban Transformation를 키워드로 삼아, 본문에서 키워드가 들어간 문장을 유심히 살펴야 한다.

본문 두 번째 단락, 첫 번째 문장에서 The themes for the Friday event~(금요일 행사의 주제는~)으로 행사의 주제들에 대해 소개하고 있고, 그중에 Urban Transformation 가 있다. 따라서 Urban Transformation에 관한 프레젠테이션은 금요일에 있음을 알 수 있다. 또한 세 번째 문단 첫 번째 줄, On Friday, we will be receiving proposals for a 45-minute presentation(금요일에, 우리는 45분 정도의 발표에 관한 제안서를 받을 것입니다)에서 발표가 45분간 주어진다는 것을 알 수 있으므로 정답은 (D)이다.

175 제출물에 포함할 것으로 요구받지 않은 것은?
(A) 협회 회원임을 증명
(B) 제안서 4부
(C) 필요한 장비 목록
(D) 주제의 두 가지 설명

해설 제출물에 요구 받지 않는 것이 무엇인지 세부 사항을 묻는 질문이다. 질문의 키워드는 NOT required로, 본문과 보기의 지문을 하나씩 비교하여 정답을 찾아내는 소거법을 이용한다.

제출물과 관련된 사항은 4번째 단락 첫 번째 문장, Participants are advised to submit four proposals, but it is not mandatory(참가자들은 4가지 제안서를 제출할 것을 권고 받지만, 의무는 아니다)라는 내용을 제시하고 있다. 이를 통해 요구받지 않은 것이 4가지 제안서임을 알 수 있으므로 정답은 (B)이다. 그 다음 문장에서 반드시 요구하는 것들을 제시하고 있는데, (A), (C), (D)가 해당된다.

176 100자 요약문은 어디에 사용될 것인가?
(A) 회의 프로그램 책자에 실릴 것이다.
(B) 건축 잡지에 실릴 것이다.
(C) 지역 연합회에 배부 될 것이다.
(D) 슬라이드 발표회에 쓰일 것이다.

해설 100자 요약문의 목적을 묻는 문제로 질문의 키워드를 100-word summaries로 삼아, 그 단어가 들어간 문장을 살핀다. 본문 네 번째 단락, 네 번째 줄의 a short 100-word summary for the program book을 통해서, 프로그램 책자를 발행하기 위해 100자 요약문이 필요하다는 것을 알 수 있으므로 정답은 (A)가 된다. (B), (C), (D)는 본문에 언급된 바 없기에 오답이다.

문제 177-180은 다음 발표문을 참조하세요.

JMF 보조금 대상자 발표

(177) Jose Martinez 재단은 올해의 웰빙 프로그램 수여 대상자들을 발표했다. 7월 2일, 70명 이상이 되는 신청자들로부터 세 그룹들이 선택되었다. 그 세 그룹은 그들의 지역 사회에서 더 건강한 삶을 장려하기 위해 이 돈을 사용하게 될 것이다.

보조금의 상당 부분은 Gainsvill시 지역사회 센터에게 주어졌다. 이 센터는 핫 요가 프로그램을 실행하기 위해 5만 달러의 보조금을 받았다. 이 프로그램은 주민들이 건강을 유지하는 데에 도움을 주는 효과적인 요가 프로그램에 참여하도록 장려할 것이다. (178) 성공적으로 이 프로그램을 시행하기 위해서, 그들은 짐볼이나 요가 매트 같은 새로운 기구들을 장만하여 시설의 질을 향상 시켜야 할 것이다. 숙련된 요가 지도자들이 수업을 이끌 것이다. 주민들은 8월 23일부터 시작되는 이 프로그램을 온라인으로 신청해야 한다.

또 다른 보조금은 거식증 예방 그룹과 Whitewater 영양 클리닉에게 수여되었다. 거식증 예방 그룹은 건강식과 거식증의 악영향에 대한 교육 강연을 개최하는 데에 2만 달러의 보조금을 받았다. (179) 교수들과 지역 요리사들은 음식을 준비하는 데 있어 효과적인 방법들을 설명해줄 것이다. Whitewater 영양 클리닉에 대해서 말하자면, 그들은 재단으로부터 1만5천 달러의 보조금을 받은 후, 교육적인 프로그램을 만들었다. 이 프로그램에서 영양 전문가들이 연령대에 따라 추천하는 음식들에 대한 상세한 정보들을 알려줄 것이다.

(180) 세계적인 야구 스타 선수인 Jose Martinez는 15년 전에 이 재단을 설립하였다. 그는 항상 지역사회의 모든 사람들이 질병에 걸리지 않고 건강하게 삶을 즐기길 바랬다. 매년 수여되는 재단의 보조금은 이미 전국적으로 많은 사람들을 돕고 있다. 내년도 보조금 신청서와 안내 사항은 www.baseballjose.com에서 확인할 수 있다.

어휘 grant 보조금 recipient 수령인 well-bing 웰빙 make use of ~을 이용하다 portion 일부, 부분 amount 액수 launch 시작하다 yoga 요가 program 프로그램 encourage 고무하다, 장려하다 neighbor 이웃 participate in ~에 참여하다 effective 효과적인 fit 건강이 좋은, 튼튼한 equipment 장비, 설비 experienced 숙련된, 노련한 instructor 교사, 지도자 be available to + 동사원형 ~을 할 수 있다, 가능하다 lead 이끌다 resident 거주자, 주민 sign up 등록하다 online 온라인을 통해 award 수여하다, 지급하다 anorexia 거식증 nutritional clinic 영양 클리닉 lecture 강의, 강연 educate 교육시키다 as for ~에 대해서 말하자면 nutrition expert 영양 전문가 negative 부정적인 influence 영향 disease 질병 application form 신청서 direction 안내 imply 시사하다 operate 운영하다 chain 연쇄점 be based in ~에 본사를 두다 hire 고용하다 post 게재하다 discount 할인 unlimited 제한되지 않는, 무제한의 athlete 운동선수 nutritionist 영양사

177 Jose Martinez 재단에 관하여 알 수 있는 사실은 무엇인가?
(A) 피트니스 센터 체인점 하나를 운영한다.
(B) Gainsville시에 본사를 두고 있다.
(C) 한 도시에 있는 단체에게만 보조금을 준다.
(D) 매년 보조금을 수여한다.

해설 Jose Martinez 재단에 대한 기본 정보들을 묻는 문제로, Jose Martinez Foundation를 키워드로 삼아, 키워드가 들어간 지문 속 내용들을 보기와 비교해가며 올바른 정답을 찾아야 한다.

본문의 첫 번째 문단의 첫 문장인 The Jose Martinez Foundation has announced the recipients of this year's Well-being Program grants(Jose Martinez 재단은 올해의 웰빙 프로그램 수여 대상자들을 발표했다.)에서 this year이란 단어와, 본문의 맨 마지막 문장의 next year's grants(내년 보조금 대상자)라는 구문을 통해, 재단에서 매년 보조금을 수여 하고 있음을 알 수 있다. 따라서 정답은 (D)가 된다.

205

178 Gainsvill시 지역사회 센터에 관해 언급된 것은?
(A) 지역사회 센터는 보조금 신청서를 70건 제출했다.
(B) 지역사회 센터는 새로운 요가 지도자들을 채용하고 있다.
(C) 지역사회 센터의 피트니스 시설은 새로운 장비들을 갖추게 될 것이다.
(D) 지역사회 센터는 웹 사이트에 운동 계획들을 게재할 것이다.

해설 문제의 키워드는 the Gainsville City Community Center이다. 지문에서 키워드가 들어간 문장을 중심으로 보기의 내용과 일치하는지 살펴야 한다.
본문의 두 번째 문단, 8번째 줄인 they will have to improve the quality of the facilities by bringing in new equipments such as gym balls and yoga mats(그들은 짐볼이나 요가 매트 같은 새로운 기구들을 설치하여 시설의 질을 향상 시켜야 할 것이다)라고 제시하고 있으므로 정답은 (C)가 된다.

179 보다 적은 보조금을 지원받게 되는 서비스는 무엇인가?
(A) 음식을 준비하는 방법의 시연
(B) 지역 시장에서 식품 구매에 대한 할인
(C) 가족을 위한 매일 열리는 특별 수업
(D) 요가 시설 무제한 사용

해설 질문의 키워드는 a service, the smaller grants로, 본문에서 키워드가 의미하는 것을 찾아 구체적인 내용을 확인하는 문제이다.
우선 the smaller grants를 받은 대상자가 누구인지를 본문에서 찾아야 한다. 세 번째 문단에 등장하는 Say-No-to Anorexia Group과 Whitewater Nutritional Clinic은 둘 다 모두 보다 적은 보조금을 받은 대상자임을 알 수 있다. 두 프로그램 중 Say-No-to Anorexia Group에 관해서는 Professors and local chefs will demonstrate some of the effective ways of food preparation(교수와 지역 요리사들이 음식을 효율적으로 준비하는 방법을 시연할 것이다)라고 제시하고 있으므로, 정답은 (A)가 된다.
나머지 보기인 (B), (C), (D)는 본문에서 언급되지 않은 내용이므로 오답이 된다.

180 Mr. Martinez에 대해 언급하는 것은?
(A) 그는 직접 보조금 수혜자들을 선택했다.
(B) 그는 유명한 운동선수이다.
(C) 그는 15년 동안 야구를 했다.
(D) 그는 자격증이 있는 영양사이다.

해설 Mr. Martinez에 관한 구체적인 정보 확인하는 문제로, 고유 명사인 Mr. Martinez를 키워드로 잡고, 본문과 보기의 내용을 비교해 보아야 한다. 본문의 마지막 문단에서 Mr. Martinez에 관하여 설명을 해주고 있다. 마지막 문단 첫 번째 줄인, World baseball star, Jose Martinez(세계적인 야구 선수, Jose Martinez)를 통해, 바로 (B)가 정답임을 알 수 있다. (A)에서 보조금 수혜 대상자는 그가 선택한 것이 아닌 재단에서 선택한 것이고, (C)에서 15년은 재단의 역사를 의미하는 것이고, (D)의 영양사는 그와 관련된 내용이 없으므로 오답이 된다.

문제 181-185는 다음 일정과 이메일을 참조하세요.

[초안 – 7월 7일]
영업사원 교육 일정
Cromwell Papers Inc.
8월 7일 – 회의실 202호

오전 7:30 – 8:30	아침식사 및 (182) 사장 오프닝 연설
오전 8:30 – 10:30	워크샵 1: 용지에 대한 현 추세 분석
(181) 오전 10:30 – 오후 12:30	워크샵 2: Cromwell 제품의 개발
오후 12:30 – 1:30	점심식사
(184) 오후 1:30 – 3:30	워크샵 3: 제안서 작성 기초 배우기
오후 3:30 – 4:00	휴식 시간
(184) 오후 4:00 – 6:00	워크샵 4: 발표하기

발신: Ryan McCarthy 〈rmaccarthy@cromwellpp.com〉
수신: Buela Cooper 〈buela@cromwellpp.com〉
날짜: 7월 14일
주제: 업데이트

Ms. Cooper씨께,

곧 있을 신입 영업사원 교육 프로그램에 몇 가지 변경 사항이 있음을 알리고자 이렇게 메일을 드립니다. (182) 먼저, Mr. Jameson씨는 오전 8시 30분까지 회의에 참석할 예정이어서 유감스럽게도 아침식사 시간의 오프닝 연설을 하실 수가 없을 듯 합니다. 저희는 Mr. Jameson씨를 대신할 연설자를 찾기보다는 (183) 그 시간을 신입사원들이 서로 자기 소개할 수 있는 오리엔테이션 자리로 변경하기로 결정했습니다.

위에 언급한 변경 사항에 덧붙여, 이번 교육 프로그램의 감독관인 Ms. Ramsey씨의 스케줄이 맞지 않는 관계로, (184) 저희는 마지막 워크샵 두 개의 일정을 서로 바꾸기로 결정했습니다.

애석하게도, 저 또한 이번 교육 프로그램에 참석할 수가 없습니다만, Ms. Cooper씨께서 참석자 모두에게 이 메시지를 명확히 전달할 수 있으리라 확신합니다. (185) 그러므로 이렇게 변경된 일정을 업데이트하여 배포해주시기를 부탁드립니다. 그 후, 제게 확인 연락 주세요.

Ryan McCarthy

어휘 draft 초고, 초안 opening statement 개막 성명, 오프닝 연설 analysis 분석 current 현재의 trend 추세, 트렌드 overview 개관, 개략 basic 기초 proposal 제안서 give a presentation 발표하다 update 업데이트(하다) notify 알리다 change 변경 upcoming 다가오는 firstly 첫 번째로, 맨 먼저 I am afraid (that) 주어 + 동사 유감스럽게도[애석하게도] ~하다 rather than ~보다는 차라리 replacement 교체, 대체 decide to + 동사원형 ~하기로 결정하다 turn A into B A를 B로 바꾸다 switch 맞바꾸다 have some conflicts with one's schedule 스케줄이 안 맞다 clearly 분명히, 확실히 distribute 분배하다, 나누어 주다 confirmation (예약이나 행사 준비 등이 차질 없이 되었는지에 대한) 확인 representative 담당 사원 tour 견학하다, 둘러보다 record 기록하다

181 오전 10시 30분에서 오후 12시 30분까지 영업사원들은 무엇을 할까?
(A) 영업 교육 담당자와 만난다
(B) 서로 자기 소개한다
(C) 회사의 제품에 대해 습득한다
(D) 생산 설비를 돌아본다

해설 첫 번째 지문이 영업사원 교육 일정에 관한 안내문이다. 기본 정보 확인 문제로, 질문에서 sales representatives, 10:30

A.M. to 12:30 P.M.을 키워드로 삼아, 일정표에서 키워드가 나타내는 주변의 내용을 살펴보도록 한다.

첫 번째 지문인 교육 일정표를 보면, 10:30 A.M.에서 12:30 P.M. 사이에는 Overview of Cromwell products(Cromwell 제품의 개괄)로 일정이 잡혀 있다. 즉, 영업사원들에게 자사의 제품에 대해 알려주는 시간인 것. 따라서 정답은 (C)가 된다. 나머지 보기인 (A), (B), (D)는 일정표에 제시된 사항이 아니므로 오답 보기이다.

182 Cromwell Papers사의 사장은 누구인가?
(A) Mr. Jameson
(B) Mr. McCarthy
(C) Ms. Cooper
(D) Ms. Ramsey

해설 Cromwell Papers사의 사장이 누구인지 묻는 기본 정보 확인 문제이다. 질문의 키워드인 president of Cromwell Papers가 본문의 어디에 위치하고 있는지를 찾아야 한다.

첫 번째 지문인 교육 일정표를 보면, 8:30 A.M.에서 9:30 A.M. 사이에 Breakfast and opening statement by company president(아침식사 및 사장의 오프닝 연설)라는 일정이 기재되어 있다. 키워드인 president가 언급된 것이다. 다음, 두 번째 지문인 이메일의 두 번째 줄 I am afraid he won't be able to give the opening statement during breakfast.(유감스럽게도, 아침식사 시간에 그가 오프닝 연설을 할 수 없을 듯합니다.)를 통해, he가 오프닝 연설을 하기로 된 사장임을 유추해낼 수 있다. 그런데 바로 이 문장의 앞부분을 통해 he가 바로 Mr. Jameson임을 알 수 있으므로, 정답은 (A)가 되겠다.

183 이메일에서, 첫 번째 단락, 네 번째 줄의 'turn'에 가장 가까운 의미의 단어는?
(A) 교대하다
(B) 바꾸다
(C) 가져오다
(D) 고려하다

해설 유사 어휘를 찾는 문제. 먼저 해당되는 단어를 본문에서 찾아 그 문장과 주위를 살펴 어떤 의미로 쓰인 것인지 파악해야 한다.

이메일의 첫 번째 단락, 네 번째 줄에 있는 turn이 포함된 문장을 살펴보자. we decided to turn the breakfast into an orientation ~이라며 '아침식사 시간을 오리엔테이션 자리로 바꾸기로 결정했다'고 말하고 있다. 즉, 여기서 turn은 '바꾸다'라는 의미인 것이다. 따라서 이와 유사한 단어로 (B) transform이 가장 적절하다.

184 이메일에 의하면, 참가자들은 언제 제안서 쓰는 법을 배우는가?
(A) 오전 7시 30 – 오전 8시 30분
(B) 오전 8시 30 – 오전 10시 30분
(C) 오후 1시 30 – 오후 3시 30분
(D) 오후 4시 – 오후 6시

해설 키워드를 통해 본문에서 구체적인 정보를 확인하는 문제이다. 질문의 키워드는 e-mail, when, learn about writing proposals로, wring proposals를 배우는 때가 언제인지를 물어보고 있다. 따라서 일정표에서 writing proposals가 들어간 시간을 찾아야 한다.

일정표 5번째 줄에서 learning ~ writing proposals라고 되어 있고, 왼쪽에 제시된 시간은 1:30 P.M. – 3:30 P.M.임을 확인할 수 있다. 그런데 두 번째 지문인 이메일을 보면, 두 번째 단락, 첫 번째 문장에서 we decided to switch the times for the last two workshops라고 언급하고 있으므로, 마지막 두 워크샵 일정은 서로 바뀌게 됨을 알 수 있다. 따라서 제안서를 쓰는 법을 배우는 시간은 1:30 P.M. – 3:30 P.M.이 아닌 4:00 P.M. – 6:00 P.M.이다. 자칫 일정표만 보고 오답인 (C)를 고르는 일이 없도록 하자.

185 이메일에서, Mr. McCarthy은 Ms. Cooper에게 무엇을 요청하는가?
(A) 세미나 참석
(B) 프레젠테이션
(C) 일정 변경을 기록
(D) 신입 영업사원 채용

해설 Mr. McCarthy가 Ms. Cooper에게 요청한 내용이 무엇인지를 물어보는 문제이다. 즉, 질문의 키워드는 Mr. McCarthy, Ms. Cooper, ask이다. 요구나 요청 사항을 묻는 질문은 보통 지문의 후반부에 내용이 제시된다.

이메일의 마지막 단락, 두 번째 줄에서, 요구나 요청을 나타내는 표현인 would like to ask가 들어간 문장이 제시되었다. I would like to ask you to update and distribute the changed schedule이라는 문장을 통해, Mr. McCarthy은 Ms. Cooper에게 '변경된 일정을 업데이트, 즉 다시 기록해서 사람들에게 배포해줄 것'을 요청하고 있음을 알 수 있다. 지문의 update and distribute the changed schedule을 Record changes to a schedule로 패러프레이징하여 보기로 제시했다.

문제 186~190은 다음 이메일을 참조하세요.

발신: Jared Leto 〈jleto@wac.org〉
수신: Jacy Beckinsale 〈jbeckinsale@navi.com〉
주제: Woodchuck 뮤직 페스티벌
날짜: 5월 15일

Ms. Beckinsale씨께,

제 이름은 Jared이며, (187-D) Woodchuck Art Center의 이벤트 기획자입니다. (187-C) 최근 Vigilant Hall에서 밴드와 함께 당신이 연주하는 것을 들을 기회가 있었습니다. (187-A) 재즈 팬의 한 사람으로, 당신의 밴드가 탁월한 라이브 연주를 보여주었다고 생각합니다. 특히, (189) 당신의 남다른 색소폰 솔로 연주는 최고로 인상적이었습니다.

(186) 저희 센터에서 곧 있을 뮤직 페스티벌에 당신을 모실 수 있다면 참으로 영광이리라 생각합니다. 이 뮤직 페스티벌은 7월 18일 금요일에 열릴 예정입니다. 그러하오니, 저녁 6시 30분부터 8시 30분까지 펼쳐질 이 멋진 행사에서 당신이 기꺼이 공연해주실 수 있을지 궁금합니다. 관심이 있으시다면 편안하신 시간에 가능한 빨리 알려주시기 부탁드립니다. 출연료와 다른 세부사항에 대해서는 추후 논의할 수 있습니다. 만에 하나, 이 행사에 참석할 수 없는 이유라도 있으시다면, 달리 추천해주실 만한 재즈 연주자가 있을까요? 미리 감사드립니다.

진심으로,

Jared Leto

발신: Jacy Beckinsale 〈jbeckinsale@navi.com〉
수신: Jared Leto 〈jleto@wac.org〉
주제: 회신: Woodchuck 뮤직 페스티벌
날짜: 5월 18일

Mr. Leto씨께,

Vigilant Hall의 저희 공연에 대한 따뜻한 찬사와 Woodchuck 뮤직 페스티벌에 초대해주신 데 대해 감사드립니다. 하지만, 같은 날 결혼식 공연이 애초에 잡혀 있는 관계로, 안타깝게도 당신의 제안을 거절해야만 하겠네요.

그러나 제 절친한 친구인, Samantha Clay는 참여할 수 있을 거라고 생각합니다. 저희의 음악 스타일이 같지는 않지만, (189) 저희는 같은 악기에 대한 열정을 함께 나누고 있습니다. 사실, 지난 12월에는 Palermo Jazz Night에서 실제로 함께 연주하기도 했답니다.

Samantha는 참으로 남다른 재즈 아티스트입니다. 이 친구의 홈페이지(www.samanthajazz.com)에 가면 이 친구의 음악 샘플들을 들어보실 수 있습니다. 홈페이지에는 연락 정보도 있으니까, 이 친구에게 연락하고 싶으시면 부담 없이 제가 추천해 주었다고 말씀해주세요. 페스티벌을 훌륭히 개최할 수 있기를 바라며, (190) 앞으로 Woodchuck 뮤직 페스티벌과 같은 행사가 있다면 알려주시기 바랍니다. 제가 행사의 일부가 될 수 있다면 참으로 기쁠 것입니다.

Jacy Beckinsale

어휘 event planner 이벤트 기획자, 행사 기획자 have a chance to + 동사원형 ~할 기회가 있다 along with ~와 함께 performance 공연 outstanding 눈에 띄는, 두드러진 exceptional 예외적인, 남다른 honor 명예, 영광 upcoming 다가오는 facility 시설 I was wondering whether ~인지 아닌지 궁금하다 at one's earliest convenience 편한 시간에 되도록 일찍 pay rates 작업비, 여기서는 '공연 출연료'를 의미 in advance 사전에, 미리 compliment 칭찬 regarding ~에 관해 due to ~ 때문에, ~로 인해 wedding ceremony 결혼식 contact information 연락 정보 feel free to + 동사원형 부담 없이 ~하다 host 주최하다, 열다 such as ~와 같은 apply for ~에 지원하다 position 지위, 직책 inquire 문의하다 fee 요금 impression 인상, 감명 ease 쉬움, 안락 capacity 수용량 concern 관계, 관련

186 Mr. Leto는 Ms. Beckinsale에게 왜 연락하는가?
 (A) 다가올 행사에 그녀를 고용하기 위해
 (B) 이벤트 기획자로 지원하기 위해
 (C) 그녀의 밴드가 공연에 대해 청구하는 요금을 문의하기 위해
 (D) Vigilant Hall에 대한 그의 인상을 공유하기 위해

해설 질문의 키워드는 Mr. Leto, contact, Ms. Beckinsale로, Mr. Leto가 Ms. Beckinsale에게 왜 연락하는지, 연락한 이유를 묻는 문제이다. 이메일에서 목적에 관한 사항은 지문의 전반부에서 다루어진다. 첫 번째 이메일 두 번째 단락, 첫 번째 문장에서 It would be a great honor to have you for our upcoming music festival at our facility(곧 다가오는 7월 18일 금요일 음악 축제에 당신을 모실 수 있다면 큰 영광으로 생각합니다)이란 내용을 통해 Mr. Leto가 음악 축제에 그녀를 연주자로 고용하기 위해 이메일을 보내고 있음을 알 수 있다. 따라서 정답은 (A)이다.

187 Mr. Leto에 관하여 언급된 것이 아닌 것은?
 (A) 그는 재즈 감상을 즐긴다.
 (B) 그는 Ms. Beckinsale을 잘 안다.
 (C) 그는 최근에 공연을 관람했다.
 (D) 그는 Woodchuck Art Center에서 일한다.

해설 Mr. Leto에 대해서 언급되지 않은 것을 묻는, Not true 관련 문제로, 본문과 보기의 키워드를 중심으로 세부적인 사항들을 하나씩 소거하는 방법으로 문제를 풀어야 한다. (A)는 첫 번째 이메일의 첫 번째 단락, 두 번째 줄에서, As a fan of jazz.(재즈의 팬으로서) 라는 구문을 통해 그가 재즈 감상을 즐긴다는 것을 알 수 있으므로 그에 대한 설명이라 할 수 있다. (C)는 첫 번째 이메일 첫째 줄의 I recently had a chance to hear you play along with your band's performance at the Vigilant Hall(최근 Vigilant Hall에서 밴드와 함께 당신이 연주하는 것을 들을 기회가 있었습니다)에서 그가 최근에 공연을 관람하였다는 것을 알 수 있고, (D)는 첫 번째 이메일. 첫 번째 줄인 My name is Jared and I am the event planner of Woodchuck Art Center(제 이름은 Jared이며, Woodchuck Art Center의 이벤트 기획자입니다)에서 그가 Woodchuck Art Center에서 일하고 있음을 알 수 있다. 그러나 (B)에 대해서는 언급된 바가 없으므로 정답은 (B)이다.

188 첫 번째 이메일에서, 두 번째 문단, 첫 번째 줄, 단어 "facility"의 미와 가장 가까운 것은?
 (A) 쉬움
 (B) 수용능력
 (C) 관심
 (D) 시설

해설 질문의 키워드인 'facility'의 유사 어휘를 묻는 문제로, 본문에서 facility가 어떻게 사용되었는지를 확인해야 한다. 첫 번째 이메일 두 번째 단락, 첫 번째 줄의 내용이 our upcoming music festival at our facility(저희 콘서트홀에서 다가올 음악 축제)로, 문맥상 facility는 콘서트홀이다. 문맥상 콘서트홀이지만, 이는 시설이란 범주 안에 속해 있으므로, facility와 가장 가까운 의미는 시설인 (D) establishment이다.

189 Ms. Clay에 관해 알 수 있는 사실은 무엇인가?
 (A) 그녀는 Vigilate Hall에서 정기적으로 공연해오고 있다.
 (B) 그녀는 12월에 처음으로 Ms. Beckinsale을 만났다.
 (C) 그녀는 색소폰 연주가이다.
 (D) 그녀는 최근 그녀의 홈페이지를 업데이트 하였다.

해설 Ms. Clay에 대해 알 수 있는, 그녀에 관한 기본 정보를 확인하는 문제이며, 동시에 첫 번째와 두 번째 지문을 모두 확인해야 하는 유형이다. 우선 질문의 키워드인 Ms. Clay 중심으로 본문에서 관련사항을 찾아야 한다. 그녀에 대해 언급된 내용은 두 번째 이메일에서 찾아볼 수 있다. 두 번째 이메일 두 번째 단락, 두 번째 줄에서 그녀가 we share the same passion for the same instrument(동일한 악기로 같은 열정을 공유하고 있습니다.)라는 내용을 통해 Ms. Beckinsale과 Ms. Clay가 같은 악기를 연주하는 것을 알 수 있다. 첫 번째 이메일의 첫 번째 단락, 세 번째 줄에서 your exceptional saxophone solo(당신의 멋진 색소폰 솔로 연주)라는 구문을 통해 Ms. Beckinsale이 색소폰 연주가임을 알 수 있으며, 같은 악기를 다루고 있으므로, Ms. Clay도 색소폰 연주가라는 것을 알 수 있다. 따라서 정답은 (C)이다.

190 Ms. Beckinsale이 Mr. Leto에게 요청하는 것은 무엇인가?
 (A) Palermo Jazz Night Festival의 입장권을 구매하는 것
 (B) 다음 예술 행사에 그녀를 초대하는 것
 (C) 그녀의 결혼식 밴드 공연에 참석하는 것
 (D) 그의 연락정보를 그녀에게 보내는 것

해설 Ms. Beckinsale이 Mr. Leto에게 요청한 것은 무엇인지 묻는 문제이다. 주로 요구나 요청, 제안의 사항은 지문의 후반부에 등장하며, please, would like to, ask to do 등과 같은 구문에서 요청의 내용을 확인할 수 있다. 두 번째 이메일 세 번째 문단, 네 번째 줄인 Please let me know if there is an event such as Woodchuck Music Festival in the future(다음에 Woodchuck 음악 축제와 같은 행사가 있다면 알려주시길 부탁드립니다)라는 내용을 통해, Ms. Beckinsale이 다음 기회에 다시 초대를 부탁한다는 것을 알 수 있다. 따라서 정답은 (B)이다.

문제 191-195는 다음 광고문과 이메일을 참조하세요.

Jade Solomon 부동산에서 알려드리는
Ray City의 임대 주택

99 Carnegie Court 　　　　　　　　　주당 270달러
7층에서 내려다보이는 해안의 아름다운 전망과 도시 중심에 위치한, 중간 크기의 침실 3개, 욕실 1개가 딸린 콘도미니엄. 주차 공간 이용이 용이하고, 도보 거리에 버스 정류소가 있음.

27 Steward Street 　　　　　　　　　주당 340달러
베란다, 침실 3개, 욕실 2개, 차고 1개로 구성된 단층집. 시내까지 차로 약 10분 거리. 최대 1년 임대 가능.

790 Chamberlain Avenue 　　　　　주당 370달러
큰 침실 5개, 욕실 3개. 교외의 조용한 환경으로 둘러싸여 있음. 열차로 25분이면 시내에 갈 수 있음. 넓은 차고 1개.

(194) 33 Sandsville Parkway 　　　주당 370달러
해변 근처 교외에 위치한, 현대식 침실 4개, 욕실 2개. 울타리로 둘러싸인 마당과 자동차 한 대가 들어가는 차고가 있는 집. 자동차로 10분이면 시내에 도착.

(192) SOLOMON & ASSOCIATES
2200 Montclair Driveway, Ray City 59016
567 321 2146
www.solomonestate.com
이상적인 보금자리를 선택하기 위한 최고의 선택!

수신: Jade Solomon ⟨info@solomonestate.com⟩
발신: Lila Lupe ⟨llopez@vivamail.com⟩
날짜: 7월 5일
제목: 주택 임대

Ms. Solomon씨께,

친구 소개로 연락드립니다. 남편과 저는 다음 달부터 임대 주택을 찾을 예정입니다. (193-A) 저희는 최소 2년 동안 살려고 생각합니다. (191) 적어도 침실 3개와 (193-D) 저희의 취미인 정원 가꾸기를 할 수 있는 마당 하나를 원합니다. 저희 둘 다 시내에서 일을 하고 있기 때문에, (193-C) 15분을 넘지 않는 한, 시내까지 운전해서 가는 데는 개의치 않습니다.

다음 주부터 괜찮은 집을 보러 다닐 수 있다면 정말 좋겠네요. (195) 근무 시간 동안 02-542-1213으로 언제든지 전화하시면 저와 연락이 가능합니다만, 제가 집(02-679-1213)에 있는 저녁시간에 전화주시면 확실히 통화할 수 있으리라 생각합니다. 가능한 빨리 이 일에 대해 얘기를 나눌 수 있기를 바랍니다.

진심으로,
Lila Lupe

어휘 rent 임대　property 부동산　access to ~로 접근하다　parking area 주차 공간　walking distance 도보 거리　single-level 단층　veranda 베란다　approximately 대략　peaceful 평화로운　environment 환경　suburb 교외　spacious 넓은　modern 현대의　fence 담장, 울타리　nest 둥지, 집　do not mind 신경 쓰지 않다　exceed 초과하다　rental 임대의 집　regular 규칙적인, 정기의　business hours 근무시간　through ~을 통해서　surely 확실히, 틀림없이　as soon as possible 가능한 빨리　share 공유하다　specialize in ~을 전문으로 하다　length 길이　preferred 선호되는　mode 방법　outdoor activity 야외 활동　requirement 요구　respond to ~에 응답하다　appointment 약속　weekday 주중　forward 전송하다

191 광고되는 임대 주택의 어떤 특징이 Lupes에게 매력적인가?
(A) 차고의 크기
(B) 근처 대중교통 위치
(C) 지역 주변의 경치
(D) 침실의 수

해설 Lupe의 가족들이 매력적으로 느끼는 특징이 무엇인지 묻는, 구체적인 정보를 확인하는 문제이다. 질문의 키워드는 feature, Lupes로, Lupe 가족들이 이상적인 집에 관하여 설명하고 있는 내용은 두 번째 지문인 이메일에서 확인할 수 있다. 두 번째 지문인 이메일, 첫 번째 단락, 네 번째 문장에서 We would like to have at least three bedrooms(우리는 적어도 침실 3개를 원합니다)를 언급하고 있다. 따라서 침실의 수를 가장 중요하게 여기고 있으므로 정답은 (D)가 된다. (A)의 차고나, (B)의 대중교통의 위치, (C)의 주변 경치에 관해서는 제시한 바가 없기에 오답이 된다.

192 Ms. Solomon에 대해 언급하는 것은?
(A) 그녀는 다른 중개업자와 사무실을 같이 사용한다.
(B) 그녀는 도심에 살고 있다.
(C) 그녀는 상업적인 임대를 전문으로 다룬다.
(D) 그녀는 주말에 고객들을 만날 수 없다.

해설 Ms. Solomon에 대해 언급하는 것을 묻는 질문으로, 구체적인 정보를 묻는 유형이다. 키워드 Ms. Solomon을 파악하고, 지문에서 키워드에 관한 내용들을 세부적으로 살펴가며 정답을 찾는다. 첫 번째 지문인 집 임대에 관한 내용을 다루는 광고문에서 부동산 사무실 주소를 언급한 하단부 내용 중 SOLOMON & ASSOCIATES라는 단어가 키워드가 된다. SOLOMON은 Ms. Solomon을 의미하는 것이고, ASSOCIATES는 그녀와 같은 일을 하는 부동산 중개업자들을 의미. 또한 주소가 하나로 동일함으로 그녀는 다른 중개업자들과 함께 사무실을 공유하는 것임을 알 수 있다. 따라서 정답이 (A)임을 알 수 있다.

193 이메일에서 Lupe 가족에 관한 언급이 아닌 것은?
(A) 그들이 임대하길 원하는 기간
(B) 그들이 지불할 수 있는 주당 비용
(C) 그들이 선호하는 출퇴근 방법
(D) 그들이 즐길 수 있는 야외 활동

해설 Lupe 가족에 관한 언급이 아닌 것에 대해 묻는 질문으로, Not true 유형이다. 질문의 키워드인 Lupe 가족에 관한 내용을 지문 속에서 찾고, 보기의 내용을 하나씩 소거해나가면서 문제를 풀어야 한다. 질문에서 이메일에서 내용을 확인할 것을 제시하고 있으므로, 이메일에서 세부 사항을 확인해야 한다. 두 번째 지문인 이메일, 첫 번째 단락, 두 번째 줄인 We plan to live for at least two years(우리는 최소 2년 정도 살 계획을 가지고 있다)라는 문장을 통해 보기 (A)인 그들이 임대하길 원하는 기간을 알 수 있다. (C)인 그들이 선호하는 출퇴근 방법은 이메일 첫 번째 단락, 세 번째 줄인 we don't mind driving up there as long as the time doesn't exceed by fifteen minutes(15분이내로 운전을 하는 것은 상관없습니다)를 통해 알 수 있으며, (D)는 이메일 첫 번째 단

락, 세 번째 줄에서 a yard to enjoy gardening, which is our favorite hobby(우리의 취미인 정원 가꾸기를 할 수 있는 마당 하나)에서 enjoy gardening이 outdoor activity로 paraphrasing(패러프레이징)되었음을 확인할 수 있다. 따라서 보기 중에 언급되지 않은 사항인 (B)가 정답이 된다.

194 광고 안의 어떤 집이 Lupe 가족의 요구조건에 잘 부합되는가?
(A) 99 Carnegie Court
(B) 27 Steward Street
(C) 790 Chamberlain Avenue
(D) 33 Sandsville Parkway

해설 광고 속에 어떠한 집이 Lupe 가족의 요구 조건에 부합되는지, 첫 번째 광고와 두 번째 이메일의 내용을 모두 확인해야 하는 문제이다. 질문의 키워드는 the Lupes' requirements이므로 이메일에서 우선 요구 조건을 확인해야 한다. 두 번째 지문 이메일, 첫 번째 단락에서 Lupes가 요구하는 사항은, 최소 2년 임대, 적어도 침실 3개, 마당 하나, 15분 이내로 운전을 하는 거리 등이 제시되었다. 집들이 가진 특징들이 많으므로, 여러 특징 중에 한 가지 특징을 선택하여 소거해 보면, 시내로 나가는 데 15분 이내로 걸리는 사항을 기본 조건으로 삼으면, 보기 중 (A) 99 Carnegie Court가 제외된다. 그 다음으로 마당을 기준으로 삼으면, 보기 중 (B) 27 Steward Street. (C) 790 Chamberlain Avenue가 제외된다. 따라서 남은 보기인 (D) 33 Sandsville Parkway가 정답이 된다. (D)의 경우, 침실의 수도 4개(4 bedrooms)이며, 마당이 있고(fence-surrounded yard), 시내로 나가는데 차로 10분 정도 걸리므로(Just 10 minutes by car to reach downtown) 가장 요구조건에 부합 된다.

195 Ms. Solomon은 어떻게 Ms. Lupe의 질문에 대답해 줄 것인가?
(A) 도시에 있는 그녀의 사무실을 방문함으로써
(B) Ms. Lupe에게 약속 일정을 메일로 보내줌으로써
(C) 평일 저녁에 Ms. Lupe에게 연락함으로써
(D) 친구를 통해 정보를 전달함으로써

해설 Ms. Solomon은 어떻게 Ms. Lupe의 질문에 대답해 줄 수 있는지 묻는 질문이다. 이메일, 두 번째 단락에서, You may reach me at anytime during regular business hours through 02-542-1213, but I will surely be available if you can call me in the evenings while I am at home (02-679-1213)(근무 시간 동안 02-542-1213으로 언제든지 전화하시면, 저와 연락이 가능합니다만, 제가 집(02-679-1213)에 있는 저녁시간에 당신이 저에게 연락하셔도, 연락이 가능 할 것입니다.)라는 문장을 통해 Ms. Lupe가 근무시간에 연락할 수 있는 전화번호와 집에 있는 저녁시간에 연락할 수 있는 전화번호를 남겨두었음을 알 수 있다. 따라서 정답은 (C)가 된다.
(A)와 (B). (D)는 지문에서 확인할 수 없으므로 오답이 된다.

문제 196-200은 다음 이메일들을 참조하세요.

수신: Susan Tourgeon ⟨stourgeon@globalmail.net⟩
발신: Tyler Black ⟨tblack@blacklandscape.com⟩
날짜: 9월 7일
주제: **(196)** 1316 Wilshire St.의 조경

Ms. Tourgeon에게,
저는 지난 토요일에 귀하와 함께 귀하의 새 집을 위한 조경에 관해 논의하는데 보낸 시간이 즐거웠습니다. **(196)** 이제 대지를 측정했기 때문에 저는 귀하의 댁과 이웃집 마당의 경계가 좀 더 자연스럽게 보이도록 하는 몇 가지 방안을 생각해냈습니다. 아래에 제가 목록에 적어 넣은 관목들은 수형과 수피가 다양하지만, **(197)** 모두 추운 날씨에도 잘 견디며, 1년 내내 최소한 나뭇잎 일부는 달고 있을 것입니다. 아래의 표는 제가 추천 드리는 관목들입니다.

관목 유형	높이	특징
Barberry(매자나무과)	3미터	작은 잎, 봄에 꽃이 만발
Butterfly Bush(부들레아)	2미터	큰 잎, 여름에 꽃이 핌
(199) Holly(호랑가시나무)	**(199)** 6미터	여름에 밝은 초록색 잎, 가을에는 오렌지색 잎, 그러나 꽃이 피지 않음
Smokebush(옻나무과)	4.5 미터	1년 내내 형형색색의 잎, 꽃은 피지 않음

귀하가 식물들에 관해서 잘 모른다고 한 것을 기억하고 있지만, 위의 특징 항목들 중에서 귀하가 선호하는 것들을 설명해주신다면, 즉시 귀하가 선택한 특정한 관목들을 심는 작업을 시작할 것입니다. 그리고 나서, 제가 거기에 머무는 동안, 귀하의 뒷마당을 적절하게 꾸며줄 좋은 계획에 대해 상의해 보도록 하겠습니다. **(198)** 그곳에 있는 많은 나무들이 태양빛을 반사시키고 있기 때문에, 이는 좀 까다로운 작업이 될 것입니다. 그러나 그러한 조건에서도 살아남을 수 있다고 생각되는 관목들을 귀하에게 보여주기 위해 샘플들을 가져갈 것입니다.

진심으로,
Tyler Black
Black 조경

수신: Tyler Black ⟨tblack@blacklandscape.com⟩
발신: Susan Tourgeon ⟨stourgeon@eirrusglobe.net⟩
날짜: 9월 8일
주제: 회신: 1316 Wilshire St.의 조경

Mr. Black에게,
귀하의 빠른 답변에 감사드립니다. 전에도 말씀드렸지만, 귀하는 평판이 매우 좋으므로, 귀하가 적절하다고 생각하는 관목을 고르면 귀하의 전문적인 기술을 믿고 따르겠습니다. 귀하가 편지에 제시하신 것들을 근거로 생각해 볼 때 **(199)** 저는 제 마당과 이웃의 마당 사이를 뚜렷하게 구분할 경계를 만들어 주기 위해, 가장 큰 관목이 좋다고 생각합니다. 또한 이 구역에 꽃이 피는 관목은 원하지 않습니다. 가능하다면, 저는 다음 주 수요일이나 목요일 둘 중에 나무를 심는 작업을 시작하기를 원합니다. 건설 인부들이 이번 주 초반에 집안 차도 작업을 하고 있을 것이어서, **(200)** 마당의 일부 구역은 그들이 작업을 완료하는 화요일까지는 들어갈 수 없을 것입니다.

모든 일에 감사드립니다.
Susan Tourgeon

어휘 landscape 조경 option 옵션, 선택할 수 있는 것 now that ~이므로, ~이기 때문에 measurement 측정, 측량 property 재산, 대지 come up with ~을 제시하다 way 방법, 방안 create 창조하다, 만들다 shrub 관목 list 목록으로 만들다 vary 다양하다 form 수형 texture 수피 durable 오래 견디는, 튼튼한 enough to + 동사원형 ~하기에 충분한 withstand 견디다, 버티다 weather 날씨 retain 유지하다 at least 적어도 immediately

즉시 then 그리고 나서 properly 적절하게 decorate 꾸미다. 장식하다 backyard 뒤뜰 challenging 도전적인 reflect 반사하다 sunlight 햇빛 survive 생존하다 condition 조건 quick 빠른 reply 응답 as I mentioned 전에도 언급하였듯이 highly 매우 recommend 추천하다 trust 믿다 expertise 전문적인 기술 choice 선택한 것 be based on ~에 근거하다 prefer 선호하다 distinct 뚜렷한 border 경계 particular 특정한 construction 건설, 건축 crew 작업자들 driveway 집안 차도 inaccessible 접근하기 어려운 measure 측정하다 survive 생존하다 at least 적어도 enclose 둘러싸다, 에워싸다 make sure 반드시 하다, 확인하다

196 Mr. Black에 관해 언급된 사항은?
(A) 그는 1316 Wilshire St.의 마당을 측정하였다.
(B) 그는 전에 Ms. Tourgeon에게 고용되어 일을 한 적이 있다.
(C) 그는 Ms. Tourgeon의 이웃 중 한 사람이다.
(D) 그는 최근에 새로운 집으로 이사했다.

해설 Mr. Black에 관해 언급된 사항을 묻는 질문으로, 키워드 중심으로 본문의 내용과 보기의 내용을 하나씩 확인해야 한다.

첫 번째 이메일에서 주제인 Landscaping for 1316 Wilshire St.(1316 Wilshire St.의 조경)과, 두 번째 줄에서, Now that I have taken measurements of the property(이제 대지를 측정했기 때문에)라는 구문을 통해, 이 두 가지 사항이 하나의 문장으로 패러프레이징된 (A)가 정답이라는 것을 알 수 있다. (B), (C), (D)에 관한 사항은 지문에서 확인할 수 없으므로 오답이다.

197 이메일에 의하면, Mr. Black이 추천한 관목들은 모두 어떤 특징을 갖고 있나?
(A) 봄에 꽃을 피운다.
(B) 추운 날씨도 이겨낼 수 있다.
(C) 최소한 4미터 높이이다.
(D) 가을에 색이 변한다.

해설 질문의 키워드는 shrubs, recommended by Mr. Black이다. 첫 번째 이메일에서 Mr. Black이 관목들에 관해 추천하는 내용이 제시되고 있다. they are all durable enough to withstand the cold weather(모두 추운 날씨도 충분히 견딜 수 있는 내구성을 가지고 있다)가 보기 (B)에서는 They can survive in cold weather로 패러프레이징되었다. 따라서 정답은 (B)이다.

198 1316 Wilshire St.의 집에 대해 언급된 것은?
(A) 모든 면이 울타리로 에워싸여 있다.
(B) 그곳에 나무들이 없다.
(C) 공원 옆에 있다.
(D) 집의 일부에는 햇빛이 적게 들어온다.

해설 질문의 키워드인 property at 1316 Wilshire St.를 설명하는 내용을 본문에서 찾아, 보기를 하나씩 소거하며 풀어야 한다.

첫 번째 이메일 후반부인 This will be a little more challenging because many trees there reflect much of the sunlight는 나무들이 많아서 햇빛을 반사시키고 있다는 내용이므로 적은 양의 햇빛을 받고 있음을 알 수 있다. 따라서 정답은 (D)가 된다. (A), (B), (C)는 지문에서 언급을 하고 있지 않으므로 오답이 된다.

199 Mr. Black은 Ms. Tourgen의 집 울타리에 어떤 관목을 선택할 것인가?
(A) Barberry
(B) Butterfly Bush
(C) Holly
(D) Smokebush

해설 Mr. Black이 Ms. Tourgen의 집에 어떤 관목을 선택할지 묻는 문제이다. 이런 유형의 질문은 두 지문과의 연계성을 살펴야 한다.

Ms. Tourgen의 집에 심을 관목이므로 질문의 여러 키워드 중 Ms. Tourgen이 원하는 관목을 우선 먼저 살펴야 한다. 그리고 나서 해당되는 관목을 다른 지문에서 찾아야 한다. 두 번째 이메일, 세 번째 줄에서, I would prefer shrubs that are the tallest(가장 큰 관목이 좋다고 생각합니다)라고 언급하며, 그 뒤에서 이웃집의 마당 사이에 뚜렷한 경계를 만들어 주기 위해 큰 관목을 선호한다고 이유를 말해주고 있다. 관목 중에 가장 큰 것은 첫 번째 메일의 표를 통해 알 수 있다. Holly가 6 meter로 가장 크다. 따라서 정답은 (C)가 된다.

200 Ms. Tourgeon이 Mr. Black에게 요청하는 것은?
(A) 다음 주에 관목들을 모두 심을 것
(B) 그녀가 이웃에게 연락할 때까지 관목 심는 것을 피할 것
(C) 봄이 되어야 관목을 심기 시작할 것
(D) 건축 작업이 끝난 후에 관목을 심을 것

해설 질문에 두 명의 인물이 등장하고 ask란 동사를 통해 요청이나, 요구에 대해 묻는 질문임을 파악할 수 있다. 요청이나 요구에 관한 사항은 지문의 후반부에서 찾을 수 있다.

두 번째 이메일 마지막 부분인 some parts of the yard will be inaccessible until they complete construction on Tuesday는 마당의 일부 구역은 화요일 건설이 완료될 때까지 접근할 수 없다는 의미인데, 이 구문이 보기에서는 (D) To plant the shrubs only after some construction work is finished로 패러프레이징되었다는 것을 알 수 있다. 따라서 정답은 (D)이다. (A), (B), (C)에 관한 사항은 지문에 언급되지 않았음으로 오답이 된다.

Ustar TOEIC Reading
→→→→→→ **Part 5, 6, 7**

ACTUAL TEST
Answers

Actual Test 1

101 (C)	102 (A)	103 (B)	104 (D)	105 (B)	106 (A)
107 (A)	108 (C)	109 (C)	110 (D)	111 (B)	112 (A)
113 (D)	114 (B)	115 (A)	116 (B)	117 (B)	118 (C)
119 (D)	120 (B)	121 (A)	122 (C)	123 (C)	124 (A)
125 (C)	126 (B)	127 (D)	128 (C)	129 (A)	130 (D)
131 (B)	132 (C)	133 (D)	134 (A)	135 (D)	136 (D)
137 (C)	138 (C)	139 (B)	140 (A)	141 (C)	142 (D)
143 (D)	144 (A)	145 (C)	146 (D)	147 (C)	148 (B)
149 (B)	150 (D)	151 (B)	152 (A)	153 (C)	154 (C)
155 (D)	156 (C)	157 (A)	158 (B)	159 (A)	160 (B)
161 (C)	162 (C)	163 (D)	164 (B)	165 (D)	166 (C)
167 (A)	168 (B)	169 (C)	170 (D)	171 (A)	172 (D)
173 (B)	174 (A)	175 (C)	176 (C)	177 (D)	178 (C)
179 (B)	180 (C)	181 (C)	182 (D)	183 (D)	184 (B)
185 (C)	186 (B)	187 (C)	188 (A)	189 (D)	190 (A)
191 (D)	192 (D)	193 (A)	194 (C)	195 (B)	196 (C)
197 (D)	198 (A)	199 (A)	200 (B)		

Part 5   p.486

101   (C) store
해설 동사 opened의 목적어를 찾는 문제. 문맥상 '어느 지역에 새로운 ~(가게)를 열었다'는 의미이므로 명사 store가 정답이다. furniture, notice, design은 모두 '~을 열다'라는 의미의 동사 open의 목적어로 적절하지 못하다.
해석 Mier's Market은 지난주 금요일 교외 지역에 새로운 가게를 열었다.
어휘 suburban 교외의 area 지역 notice 공고문 furniture 가구

102   (A) send
해설 조동사 must 뒤에는 동사원형이 나와야 하므로 send가 정답이다.
해석 Mr. Palmer는 상사에게 제품 디자인의 최종 원고를 이번 달 말까지 제출해야 한다.
어휘 final 마지막의, 최종적인 supervisor 직속상사

103   (B) him
해설 전치사 뒤에 목적어로 들어갈 수 있는 인칭대명사는 재귀대명사 himself, 목적격 him, 소유대명사 his이다. 문맥상 만나는 대상이 앞에서 언급한 Mr. Kinsely이므로 대명사 him이 정답이다. 재귀대명사는 주어와 목적어가 동일할 경우 쓰며, 소유대명사는 앞에서 언급된 〈소유격 + 명사〉를 받는 말이다.
해석 Mr. Kinsley는 이틀 후에 출장에서 돌아올 것이지만 이사회는 그를 이번 주말에야 만날 것이다.
어휘 business trip 출장 board of directors 이사회

104   (D) went
해설 all new staff을 주어로 빈칸 뒤의 〈to + 장소/행사〉를 받을 수 있는 동사가 들어갈 자리이다. 오리엔테이션에 갔다는 의미로 쓸 수 있는 went가 정답이다.
해석 회계부서의 신입사원들은 모두 회사 방침을 익히기 위해서 화요일에 오리엔테이션에 갔었다.
어휘 accounting department 회계부 company policy 사규, 회사 방침

105   (B) benefits
해설 동사 includes의 목적어를 찾는 문제. attractive의 수식을 받을 수 있는 명사가 들어가야 한다. benefit은 가산명사와 불가산명사 둘 다 쓰일 수 있는데, 빈칸 뒤에 두 가지 혜택들에 대한 예가 등장하고 있으므로 복수 형태인 benefits가 정답이다. 불가산 명사로 쓰일 경우에는 장점(advantage)의 의미로 쓸 수 있다.
해석 웹사이트에 광고되고 있는 직책은 근무시간의 축소와 휴가의 연장 같은 매력적인 복지혜택들을 포함하고 있다.
어휘 advertise 광고하다 position 위치, 자리 include 포함하다 attractive 매력적인 such as ~와 같은 working hours 근무시간 extra 추가의 vacation 방학, 휴가

106   (A) take
해설 〈ask + 사람 + to부정사〉 구조에서 to부정사에 들어갈 동사를 찾는 문제이다. 문맥상 기술자들을 데리고 실험실 견학을 하게 한다는 의미이기 때문에 take가 정답이다. form은 '~을 형성하다, 구성하다'라는 의미로 주로 사물명사를 목적어로 받으며 tell은 3형식 타동사로 쓰게 되면 사물을 목적어로 받게 되고, 4형식으로도 〈사람목적어 + 사물목적어〉를 취한다. read 역시 '~을 읽다'는 의미로 주로 사물을 목적어로 받게 된다.
해석 Dr. Khan은 그의 두 명의 조수에게 기술자들은 실험실 전체를 견학시키라고 요구하였다.
어휘 assistant 조수 engineer 기술자 entire 전체의 laboratory 실험실, 연구실

107   (A) experienced
해설 engineers를 수식할 수 있는 형용사로, 경험이 있다는 의미인 experienced가 정답이다. 형용사 experienced는 주로 사람을 수식하는 형용사로 쓰인다는 것을 알아두자.
해석 Pikel 자동차 회사의 엔진개발부서에는 많은 숙련된 엔지니어들이 있다.
어휘 experienced 경험이 많은, 능숙한 development 발달, 개발 department 부서 experience 경험, 경험하다

108   (C) with
해설 빈칸 뒤의 사람명사를 받아 부사장과 함께하는 환영회에 초대를 받았다는 의미가 되려면 전치사 with가 와야 한다.
해석 신입사원들은 11월 2일에 부사장과 함께하는 환영회에 초대를 받았다.
어휘 newly 최근에, 새로 hired 고용된 be invited to + 동사원형 ~하라고 초대받다 reception 환영회 vice president 부사장

109   (C) before
해설 빈칸은 앞의 문장과 뒤의 문장을 연결할 수 있는 접속사가 들어갈 자리이다. 보기 중에 접속사로 쓸 수 있는 것은 before뿐이다. 〈시간 + before ~〉 구문은 '~하기 얼마(시간)전에'라는 의미이다.

해설 배송은 개회식이 본사에서 열리기 며칠 전에 이루어 질 것이다.
어휘 shipment 배송 deliver 배달하다 opening ceremony 개회식, 개업식 be scheduled to + 동사원형 ~할 예정이다, ~하기로 일정이 잡혀 있다 be held 열리다 headquarters 본사

110 (D) they

해설 빈칸에 들어갈 적절한 대명사의 형태를 골라야 한다. 빈칸 앞쪽은 명사절을 이끄는 접속사의 역할을 하는 〈의문형용사 + (대)명사〉의 구조로 되어 있다. 빈칸 뒤의 동사 prefer를 받을 수 있는 주격이 와야 되기 때문에 보기 중에서 they가 정답이다. 여기서 one은 color를 받는 부정대명사이다.

해설 아래 나열된 색상들 중에서 고객은 그들이 선호하는 색상을 선택할 수 있다.

어휘 listed 표에 실린 below 아래에 customer 고객 choose 고르다, 선택하다 prefer 선호하다

111 (B) nearly

해설 회의가 3시간 동안 지속되었다는 의미이다. 뒤의 three hours라는 수치를 수식할 수 있는 부사는 nearly(거의)가 적절하다. 이와 유사한 부사인 almost, about, around, approximately 등도 시험에 자주 출제되고 있다.

해설 회의가 거의 3시간 동안 진행되었는데도 그 관리자는 여전히 모든 질문들에 대한 대답을 하지 못했다.

어휘 last 지속되다 variously 여러 가지로, 다양하게 nearly 거의 finely 멋있게, 아름답게 openly 솔직하게

112 (A) creative

해설 빈칸은 뒤의 소유격과 명사 사이에 들어갈 수 있는 형용사 자리이다. 보기 중에서 형용사는 creative뿐이다.

해설 전체 직원들은 Mr. Makoto의 회사의 발전을 위한 창조적인 기여에 존경심을 표했다.

어휘 entire 전체의 staff 직원들 give respect to + 사람 ~에게 존경심을 표하다 contribution to ~에 대한 기여[이바지] improvement 향상, 개선 creative 창의적인, 창조적인 creativeness 창조적임

113 (D) for

해설 빈칸은 명사를 받을 수 있는 전치사가 들어갈 자리이다. '다른 주로 돈을 이체하는 것에 대해서'라는 의미로 대상을 의미할 수 있는 전치사 for가 정답이다.

해설 Far East 은행은 다른 주로 돈을 이체하는데 수수료를 5%만 청구한다.

어휘 charge 청구하다 fee 수수료, 요금 out-of-state 다른 주의 transfer 이체

114 (B) which

해설 콤마 사이의 절은 Ricardo's Auto Tuning Shop을 선행사로 하는 관계대명사절이다. 따라서 빈칸은 주격 관계대명사가 들어가야 하는 자리이다. 보기 중에서 주격 관계대명사로 쓸 수 있는 것은 which뿐이다. whom은 사람을 선행사로 받는 목적격 관계대명사이며, what은 선행사를 동반하지 않고 명사절을 이끈다. where는 관계부사로 뒤에 완전한 문장을 이끈다.

해설 엔진의 성능을 강화시키는 것을 전문으로 하고 있는 Ricardo 자동차 튜닝 샵이 최근에 Los Angeles의 중심부에 두 번째 가게를 오픈하였다.

어휘 specialize in ~을 전문적으로 다루다 enhance 높이다, 향상시키다 engine performance 엔진 성능 recently 최근에 in the center of ~의 중심부에

115 (A) but

해설 두 개의 완전한 문장을 연결할 수 있는 접속사가 들어갈 자리이다. 앞뒤 문맥상 앞에는 Lucas Packer가 선거에서 이길 것이라고 하고 뒤는 전문가들은 다르게 생각한다는 내용으로 역접의 의미로 쓸 수 있는 but이 정답이다. once는 시간의 부사절의 접속사로 문법적으로는 가능하지만 의미가 맞지 않는다.

해설 대부분의 대학생들과 청년들은 Lucas Packer가 대통령 선거에서 이길 것이라고 예상하지만 정치 전문가들은 그와는 반대로 생각한다.

어휘 college 대학 presidential election 대통령 선거 political 정치적인 expert 전문가 otherwise 그렇지 않으면, 그 외에는, ~와는 다르게, 달리

116 (B) clearly

해설 빈칸에는 주어 the result와 동사 indicates사이에 들어갈 수 있는 부사가 와야 한다. clearly가 정답이다.

해설 조사 결과는 고객들의 제품에 대한 수요가 증가하고 있다는 것을 명확하게 보여준다.

어휘 survey 조사 indicate 나타나다 demand 요구, 수요 clarify 명확하게 하다 clearly 분명히 clarity 명료성, 명확성

117 (B) leading

해설 빈칸 뒤의 명사 manufacturers를 수식할 수 있는 형용사가 들어갈 자리이다. 문맥상 '가장 뛰어난, 최고의 가전제품 제조사들 중의 하나이다'라는 의미이기 때문에 leading이 정답이다.

해설 제품의 신뢰도로 유명한 Tunney사는 최고의 가전제품 제조사들 중의 하나이다.

어휘 reliability 신뢰도, 신뢰할 수 있음 deliberate 의도적인, 계획하여 festive 축제의, 기념하여 relieved 걱정이 없는, 안심하는

118 (C) developing

해설 전치사 on 뒤에는 명사상당어구가 나와야 하는데, 이미 빈칸 뒤에 a new management program이라는 명사가 있으므로 이를 수식할 수 있는 것은 developing이다.

해설 직원들의 생산성을 향상시키기 위해서, 인사부는 새로운 관리 프로그램을 개발하려고 노력하고 있다.

어휘 in order to + 동사원형 ~하기 위해서 improve 향상시키다 productivity 생산성 Human Resources department 인사부 management 경영, 관리

119 (D) accounting

해설 빈칸은 전치사 in 뒤에 들어갈 명사 자리이다. accountant는 '회계사'라는 의미로 가산명사이므로 앞에 관사가 붙거나 복수형으로 써야 하므로 보기 중의 또 다른 명사인 accounting(불가산명사: 회계)이 정답이다.

해설 새로운 직원을 고용할 때, Pocono사는 회계학의 석사 이상의 학위를 소지하고 있는 지원자를 선호한다.

어휘 hire 고용하다 candidate 후보자, 지원자 advanced degree 석사 이상의 학위 accounting 회계학 accountable 책임이 있는 accountant 회계사

120 (B) already

해설 완료 시제의 have와 과거분사(been) 사이에는 부사가 와야 한다. 문맥상 3일 후에 물건이 도착하기로 되어 있었지만 오늘 이미 받았다는 내용이 되어야 하므로 예정되었던 것보다 일찍 발

생했다는 의미로 쓸 수 있는 already가 정답이다.
- **해석** 제품은 3일 후에 도착하기로 예정되어 있었음에도 불구하고 이미 오늘 일찍 비서가 받았다.
- **어휘** later 나중에   eventually 결국, 마침내   soon 곧

121 (A) implemented
- **해설** 빈칸 뒤의 명사 a policy(정책)를 목적어로 받을 수 있는 동사가 와야 한다. 최근에 정책을 '실시했다'는 의미이므로 implemented가 정답이다.
- **해석** 사원들 사이의 조화를 위해 Robins Finance는 최근에 직장 내에 인종차별을 근절하는 정책을 시행했다.
- **어휘** racism 인종차별   estimate ~을 평가하다, 추정[추산]하다   collect ~을 모으다   separate ~을 나누다, 분리하다

122 (C) directly
- **해설** 문장은 〈want + 목적어(사물) + 과거분사〉의 구문으로 새로운 매니저는 매일 일일 보고서가 그의 비서에게 '직접(바로)' 보내지기를 원한다는 의미이므로 부사 directly가 정답이다.
- **해석** 새로운 과장은 모든 영업사원의 일일 보고서가 그의 비서에게로 매일 직접 전달되기를 원한다.
- **어휘** daily report 일일 보고서   secretary 비서   directive 지시하는   direction 방향

123 (C) present
- **해설** 빈칸 뒤의 명사 your driver's license를 목적어로 받을 수 있는 동사를 찾는 문제. 문맥상 '국제면허증을 발부 받기 위해서는 귀하의 운전면허증을 제시해야 한다'는 의미이기 때문에 present가 정답이다.
- **해석** 국제면허증을 발부 받기 위해서는 필요한 서식을 작성하시기 전에 귀하의 운전면허증을 담당 공무원에게 제시해야 합니다.
- **어휘** public official 담당 공무원   place 놓다   inspect 조사하다   state 언급하다

124 (A) immediately
- **해설** 빈칸 뒤의 after graduating을 수식할 수 있는 부사를 찾는 문제이다. 졸업 후 '즉시, 바로'라는 의미의 부사인 immediately가 정답이다. immediately 외에도 shortly, soon도 after, before 앞에 자주 쓴다는 것도 알아두자.
- **해석** Deckard 대학교를 막 졸업한 학생들은 유명한 채용 사이트에서 취업정보를 알아본다.
- **어휘** search for ~을 찾다   extremely 매우, 상당히   numerously 수많이   previously 이전에

125 (C) prepared
- **해설** be동사 뒤에 들어갈 동사의 형태를 찾는 문제. 모든 지원자들은 샘플 스피치를 할 준비가 되어 있어야 한다는 의미이기 때문에 수동태의 의미를 나타낼 수 있는 과거분사 형태인 prepared가 정답이다.
- **해석** 모든 지원자들은 두 번째 면접에서 현안에 대해 간단한 프레젠테이션을 해야 한다.
- **어휘** applicant 지원자   give a speech 연설하다   current 현재의   issue 문제

126 (B) ability
- **해설** 제품이 '~을 할 수 있는 능력이나 기능'을 가지고 있다는 의미이기 때문에 보기 중의 ability가 가장 적절하다. faculty는 '교수, 학부'의 의미도 있지만 '능력'이라는 의미로도 쓰인다. 하지만 주로 보거나 듣거나, 생각하는 능력 등 사람의 타고난 능력을 의미할 때 쓰이므로 이 문장에는 적절하지 않다.
- **해석** Neo Work사에 의해 개발된 새로운 커피메이커는 뜨겁거나 차가운 커피를 몇 초 안에 만들 수 있다.
- **어휘** ability 능력   amount 총액   faculty 능력, 학부, 교수단

127 (D) periodically
- **해설** 주어와 동사 test 사이에 들어갈 수 있는 품사는 부사로, 보기 중의 periodically(주기적으로)가 정답이다.
- **해석** 안전 운전을 보장하기 위해서 Top Motor의 기술자들은 정기적으로 자동차의 에어백을 점검한다.
- **어휘** ensure 보장하다, 반드시 ~하게 하다   driving safety 안전 운전   engineer 기술자   period 기간, 시기   periodical 정기간행물   periodically 정기적으로, 주기적으로

128 (C) plus
- **해설** 빈칸 뒤의 명사 a wireless connection을 받을 수 있는 품사는 전치사이다. 보기 중에서 전치사로 쓸 수 있는 것은 추가의 의미를 갖는 plus뿐이다. in addition 역시 추가의 의미로 쓰이지만 부사로 주로 문두에서 자주 쓰인다.
- **해석** 한 달에 5달러라는 적은 비용으로 세상에서 가장 빠른 온라인 접속뿐만 아니라 무선인터넷을 이용하실 수 있는 Blair Wireless에 이번 주 금요일까지 등록하십시오.
- **어휘** sign up for ~에 등록하다   access 접속   wireless 무선의   connection 관련성, 연결, 접속   in addition 게다가   whichever 어느 ~이든   whenever ~할 때는 언제든지

129 (A) preference
- **해설** 동사 indicate 뒤의 목적어를 찾는 문제. meal과 함께 복합명사로 쓰일 수 있는 명사가 와야 한다. 선호하는 음식을 표시하라는 의미이기 때문에 meal preference가 되어야 한다.
- **해석** Mr. Klein의 결혼식에 초대받는 사람들은 첨부된 편지에 선호하시는 식사를 선택하시고, Ms. Summer에게 이메일로 보내주십시오.
- **어휘** be invited to ~에 초대받다   indicate 나타내다   preference 선호   discretion (자유)재량(권), 신중함   advantage 이점   recognition 인식, 인정

130 (D) Due to
- **해설** 빈칸에는 뒤의 명사 상당어구 the sudden rise of ~를 받을 수 있는 전치사가 들어가야 한다. 문맥상 대학생들에게 인기가 갑자기 올라가서 매출이 엄청나게 올랐다는 의미이므로 이유나 원인을 의미할 수 있는 전치사인 due to가 정답이다.
- **해석** 대학생들 사이에서 펜의 인기가 갑자기 올라가서 Scholar Realm의 총 매출이 지난 주에 급격히 올랐다.
- **어휘** sudden 갑작스러운   popularity 인기   go up 올라가다   dramatically 극적으로   according to ~에 따라서   similarly 유사하게   unless ~하지 않으면

131 (B) has researched
- **해설** the staff을 주어로 하는 문장의 본동사가 들어갈 자리이다. to research와 researching은 준동사로 답이 될 수 없으며, will be researched는 수동태로 답이 될 수 없으므로 정답은 has researched가 된다.
- **해석** 토론토에 있는 Jeenaway의 마케팅 부서 직원들은 주요 시간대의 텔레비전 광고의 효과에 대해 조사했다.

어휘 marketing department 마케팅 부서　effect 영향, 효과, 결과　advertisement 광고　prime 주된, 주요한, 최고의　research 조사하다

132 (B) since

해설 두 개의 문장을 연결할 수 있는 접속사가 와야 하는데, 보기 중에서 접속사는 since뿐이다. since는 이유나 원인의 접속사로도 쓰이지만, 이 문장과 같이 시간의 접속사로 쓰게 되면 주로 〈since절의 과거 시제 + 주절의 현재완료 시제〉를 쓴다는 것을 알아두자. despite(~에도 불구하고)는 전치사, even은 부사, besides 역시 전치사나 부사로 쓸 수 있다.

해석 Indiana주 지점의 판매부장인 Mr. Chapman은 모든 컴퓨터에 업그레이드된 컴퓨터 소프트웨어가 설치되자 생산성이 상당히 증가했다는 것을 알게 되었다.

어휘 sales manager 판매부장　branch 지사, 분점　notice 주목하다, 관심을 기울이다, ~을 알다　significant 중요한, 상당한　increase in ~에서의 증가　productivity 생산성　install 설치하다

133 (D) alongside

해설 자동사 work 뒤에서 대명사 one another를 받을 수 있는 품사는 전치사로, '서로 함께 일하는 데 동의했다'는 의미를 완성해주는 alongside가 정답이다. '함께'라는 의미를 가지는 jointly와 together는 부사이며, collaborating은 분사로 쓸 순 있지만, 자동사이기 때문에 '(사람)과 함께 협력하다'는 의미로 쓰려면 뒤에 전치사 with를 붙여야 한다.

해석 Pink Fanatics사와 Panucci Italia사의 디자이너들은 신발을 함께 디자인하기로 합의했다.

어휘 agree 동의하다　one other 서로　jointly 공동으로　collaborate 협력하다　alongside ~옆에, ~와 함께

134 (A) substitute

해설 전기가 다른 연료들을 대신하는 대체품으로서 쓸 수 있다는 의미이기 때문에 substitute가 정답이다. substitute for는 '~을 대신하여 쓰거나 대체할 수 있는 사람, 사물'을 의미하는 표현이다.

해석 HKM 자동차 회사의 대변인은 전기가 다른 형태의 연료를 대체할 수 있다고 언급하였다.

어휘 spokesperson 대변인　state 말하다, 진술하다　electricity 전기　fuel 연료　desirability 바람직함　shortage 부족, 결핍　dedication 헌신, 노력

135 (A) than

해설 빈칸 앞의 more로 보아 비교급의 접속사인 than이 정답이다. 빈칸 뒤의 that은 앞에서 언급한 the emission level을 받는 지시 대명사이다.

해석 새로 지어진 공장의 배출량이 환경기준량의 7%를 넘어섰다.

어휘 emission 배출　newly 최근에, 새로　environmental standard 환경기준

136 (D) picturesque

해설 빈칸 뒤의 명사 mountain region을 수식할 수 있는 형용사가 와야 한다. 장소 등이 경치가 좋다는 의미를 가지는 picturesque가 정답이다.

해석 Cornell 리조트는 훼손되지 않은 자연과 많은 야생동식물이 있는 경치가 좋은 산에 위치하고 있다.

어휘 be located in ~에 위치하고 있다　multiple 다양한, 많은　momentary 순간의, 찰나의　concerned 걱정되는　unspoiled 훼손되지 않은 아름다움을 지닌

137 (C) transaction

해설 매월 11일 이후에 주문을 하면 ~이 다음 달 청구서에 표기될 것이라는 문맥이므로 거래나 처리, 매매 등을 의미하는 transaction이 빈칸에 와야 한다. registration은 등록을 의미하므로 문맥에 적합하지 않다.

해석 매월 11일 이후에 주문을 하면 거래 내역이 다음 달 청구서에 표기될 것이다.

어휘 lateness 늦음　disturbance 방해, 장애　billing statement 대금 청구서　following 다음의

138 (C) to facilitate

해설 동사 intend는 to부정사와 함께 쓰여 '~하고자 의도하다'는 의미가 된다. 수동형인 be intended 역시 to부정사와 함께 쓰여 '~하고자 의도되다'란 의미로 쓰인다(be intended to + 동사원형). 따라서 빈칸에는 to부정사가 들어가야 하는데, (C) to facilitate와 (D) to be facilitated가 여기에 해당된다. 그러나 빈칸 뒤에 타동사 facilitate(촉진하다)의 목적어가 보이므로, 능동형인 (C)가 빈칸에 들어가야 함을 알 수 있다.

해석 시의회에 발표된 새로운 사업 정책은 상업 서비스의 발전을 촉진하고자 하는 것이다.

어휘 policy 정책　city council 시의회　development 발달, 성장, 개발　commercial 상업의

139 (B) strategic

해설 명사 decision을 수식하는 알맞은 의미의 형용사를 찾는 문제. 문맥상 빈칸이 포함된 부사구(Due to ~ by Mr. Wallace)는 'Mr. Wallace에 의해 결정된 몇 가지 전략 때문에'라는 의미가 되어야 자연스러우므로 빈칸에는 strategic이 들어가야 한다.

해석 Wallace에 의해 결정된 몇 가지 전략 때문에 경제가 곧 다시 회복될 것으로 예상된다.

어휘 reflected 반사된, 반영된　unanimous 만장일치의　contented 만족스러운　regain 되찾다, 되돌아오다　stability 안정성　shortly 곧

140 (A) comes as

해설 최고의 가수이기 때문에 그녀의 두 번째 앨범의 성공은 그녀의 팬들을 놀라게 하지 않는다는 의미이므로 comes as가 정답이다. come as surprise/relief는 '사람들을 놀라게 하다/안도하게 하다'라는 의미의 관용표현이다.

해석 Carmen Matthews는 최고의 가수로 여겨진다. 그래서 그녀의 두 번째 앨범의 큰 성공은 팬들에게는 놀랄 일도 아니다.

어휘 incredible 믿을 수 없는, 믿기 힘든　come as no surprise 놀랄 일은 아니다

Part 6 p.492

문제 141-143은 다음 이메일을 참조하세요.

발신: Purdue Trucks & Tranportation사의 총책임자 Jacob Lincoln
수신: 트럭 기사 전원
제목: 무료 경마 티켓
날짜: 9월 19일 화요일

Retro 경마팀의 소유주이자 우리의 가장 중요한 고객에 속하는 Truman Oil사가 Daytona 해변에서 열리는 흥미진진한 Pascar 경마 대회를 관람할 있는 티켓을 무료로 제공해줬습니다.
저희는 그 회사로부터 티켓을 30장 받았습니다. 티켓 한 장의 가격이 100달러가 넘기 때문에, 티켓은 선착순으로 배부됩니다. 티켓을 받으려면, 우선 인사부로 오셔야 합니다. 티켓에 대해서 궁금하신 점이 있으시면 Ms. Cole에게 연락을 하십시오. 다시 한 번 말씀드리지만 티켓은 선착순으로 배부됩니다. 그러므로 서둘러 주십시오. 감사합니다.

어휘 thanks to ~덕분에   own 소유하다   on a first-come, first-served basis 선착순으로, 순번대로   in order to + 동사원형 ~하기 위해서   obtain 얻다   come down 오다   human resources department 인사부   regarding ~에 관해서   contact 연락하다   distribute 배부하다   accordingly 그에 맞춰, 부응해서

141   (C) clients
해설 문맥상 Truman Oil Company사는 Purdue Trucks & Transportation사의 중요 고객이라는 것을 알 수 있으므로 정답은 (C) clients(고객)이다.

어휘 performance 실행, 공연   guest 손님   pattern 모범, 패턴

142   (C) will be distributed
해설 경마 티켓을 앞으로 배부할 것이라는 의미이므로 미래 시제가 적절하다. 따라서 답은 (C) will be distributed이다.

어휘 distribute 배부하다

143   (D) If
해설 문맥상 '티켓에 관해서 질문이 있으시면'이란 뜻이므로, 적절한 접속사는 (D) If이다. (A) Whether는 '~인지 아닌지'라는 의미이며, (B) Although는 '비록 ~일지라도'란 의미의 양보의 접속사이며, (C) Unless는 '~가 없다면'이란 의미의 접속사이기 때문에 적절하지 않으므로 오답이다.

어휘 whether ~인지 아닌지   although 비록 ~이긴 하지만   unless 만약 ~아니라면

문제 144-146은 다음 편지를 참조하세요.

11월 11일
Ms. Clara Redfield
Sunset Valley Restaurant
574 A Conerstone Pkwy.
Hoboken NJ, 07125
Ms. Redfield에게,
최근에 저희 주방용품을 구입해 주셔서 감사드립니다. 이번에 구입하신 냄비, 요리용 레인지, 그릴과 몇 달 전에 주문하신 제품에 만족하셨기를 바랍니다. 지난 5년 동안 고객님은 저희의 우수 고객이셨기 때문에 저희는 고객님을 위해 특별한 제안을 하고 싶습니다. 언제가 되는지 상관없이 다음 구매 때에 저희는 도마와, 스테인리스 나이프, 주걱 그리고 거품기 5세트를 전부 무료로 드립니다.
고객님 같은 고객에게 봉사하는 것은 저희에게는 언제나 즐거운 일입니다. 고객님의 식당 사업이 계속적으로 잘 되시기를 바랍니다.
충심으로,

Jimmy Harts
Harts 주방용품사

어휘 would like to + 동사원형 ~하고 싶다   purchase 구입, 구입하다   kitchen appliance 주방용품   be satisfied with ~에 만족하다   extend 주다, 베풀다   exclusive 독점적인   offer 제공, 제안   cutting board 도마   knife 칼, 나이프   spatula 주걱   whisk 거품기   completely 완전히   free of charge 무료로

144   (A) recent
해설 '귀하의 ~한 구매에 대해 감사하다'라는 의미로, 명사 purchase를 수식할 수 있는 형용사 어휘를 선택하는 문제이다. 보기 중에 recent와 first가 답이 될 수 있지만, 뒤에 지난 5년 동안 거래했다는 내용이 나오므로 정답은 처음(first)이 아닌 최근의 의미를 가질 수 있는 recent가 된다.

어휘 recent 최근의   apparent 명백한

145   (C) extend
해설 빈칸 뒤의 목적어 an exclusive offer를 받을 수 있는 동사는 request(요구하다), accept(받아들이다.), extend(주다), exchange(교환하다) 모두 가능하다. 하지만 문맥상 감사를 표하기 위해 손님에게 특별한 제안을 한다는 문맥이 되어야 하므로 extend가 가장 적절하다. extend는 확장한다는 의미도 있지만 '주다, 베풀다, 제안하다'는 의미로도 쓰일 수 있다는 것을 꼭 알아두자.

어휘 request 요구하다   accept 받아들이다   exchange 교환하다

146   (D) success
해설 전치사 for 뒤에서 형용사 continued의 수식을 받는 명사가 들어갈 자리이다. 보기 중에서 명사는 success뿐이다.

어휘 successfully 성공적으로   successful 성공적인   succeed 성공하다   success 성공

문제 147-149는 다음 기사를 참조하세요.

"J" 출시
Timothy Brides 작성
CBN의 유명한 앵커우먼인 Joo Y. Kim이 J라는 향수를 이번 여름에 출시한다. 향수 팬이라고 주장하는 Ms. Kim은 이 향수의 향은 매력적이고 오래 지속된다고 말한다. 올해에는 J는 Garden State 백화점에서만 구입이 가능하지만, 내년부터는 모든 상점에서 구매할 수 있게 될 것이다. J가 얼마나 빨리 인기를 끄느냐에 따라 Ms. Kim은 가까운 장래에 또 다른 향수를 출시할 것이라고 한다. J의 출시일은 6월 12일이다.

어휘 anchorwoman 앵커우먼   release 출시하다, 공개하다   coming 다가오는   claim 주장하다   describe 말하다, 묘사하다   attractive 매력적인   long-lasting 오래 지속되는   be available at ~에서 구매할 수 있다   depending on ~에 따라   in the near future 가까운 장래에

147   (D) fragrance
해설 동사 describe(~을 설명하다, 기술하다)의 목적어로 autograph(서명), costume(의상), picture(그림, 사진), fragrance(향기) 등이 모두 올 수 있다. 하지만 문맥상 앞 문장에서 향수(perfume)를 출시했다고 했으므로 빈칸에는 향수의

향기를 뜻하는 fragrance가 와야 한다.

어휘 autograph 사인   costume 의상   fragrance 향기

148 (B) only

해설 문맥상 이 향수가 올해는 Garden State 백화점에서만 판매가 되고 내년에는 모든 상점에서 판매가 될 것이라는 의미이므로, 빈칸에는 only가 와야 한다. ever는 경험을 의미하고, since 역시 부사로 쓸 수 있지만 주로 완료 시제에 쓰인다. almost는 동작이나 상태의 완료에 쓰이거나 수치를 수식할 때 쓰이는 부사이다.

어휘 ever 언제나   since ~이래로, ~때문에   almost 거의

149 (B) is expecting

해설 J의 인기 여부에 따라 앞으로 또 다른 향수를 내놓을 것이란 의미이기 때문에 '기대하고 있다'라는 의미인 is expecting이 정답이다.

문제 150-152는 다음 편지를 참조하세요.

7월 27일
Dr. Juan Martinez
79 Saddles Street
York City, NC, 10459
Dr. Martinez에게,
귀하를 National Pharmacy Group에 초대하게 되어 기쁘게 생각합니다. 귀하께서 이미 알고 계신 것처럼 우리는 최근에 동부를 넘어선 곳까지 그 영향력을 확장시켰고 약학 분야에서 국제적으로 알려진 회사가 되려는 목표를 이루고자 노력하고 있습니다. 우리 회사의 사장으로서, 저는 귀하와 같이 많은 역량을 가지신 분이 우리 회사의 일원이 되어주셨으면 합니다. 우리 회사에 들어오시면 약학에 대한 전세계적인 최신 정보를 보실 수 있는 권한을 갖게 됩니다. 곧 귀하의 답변을 듣게 되기를 고대하며, 우리의 관계가 오래 지속되기를 바랍니다.
충심으로,
Dr. Penelope Albano
National Pharmacy Group

어휘 be pleased to + 동사원형 ~하게 되어 기쁘다   recently 최근에   expand 확장시키다, 확대시키다   influence 영향(력)   eastern states 동부의 주들   reach a goal 목표에 도달하다   internationally 국제적으로   recognized 인정된, 알려진   pharmaceutical 약학의, 제약의   field 분야   president 사장   access 접근하다, 접속하다, 이용하다   updated 최신의   look forward to ~을 고대하다

150 (D) beyond

해설 빈칸은 명사 앞의 전치사 자리이다. expand와 어울리는 전치사는 (D) beyond(저편에, 넘어서, 이상)이다. '동부 너머로 영향력을 넓혔다'란 의미이다.

어휘 except ~제외하고   beside ~옆에   among (셋 이상에서) ~사이에

151 (B) will allow

해설 동사의 시제를 찾는 문제이다. '앞으로 우리 회사에 들어오게 되면'이란 의미이므로 미래 시제인 (B) will allow가 정답이다.

152 (A) affiliation

해설 소유격(our) 뒤에 빈칸이 나와 있으므로 명사 자리인데, 선택지 보기가 모두 명사이므로 문맥에 적합한 것을 골라주면 된다. '우리 관계가 오래 지속되기를 바랍니다'라는 의미이므로 정답은 (A) affiliation이다.

어휘 affiliation 제휴, 관계, 협력   competition 경쟁   alteration 변화, 개조   determination 결정

Part 7 p.496

문제 153-154는 다음 메시지를 참조하세요.

외출 중 메모
대상: Kelly Smalls
날짜: 3월 21일 화요일   시간: 오후 2:00
발신: Steven Marcus   주제: 마케팅
X 전화했다   ___ 전화해 달라
___ 사무실로 왔다   ___ 다시 전화 할 것이다
___ 전화 회신이다   ___ 급하다
메시지 :
(153) Mr. Marcus는 내일 오전 10시 미팅을 연기해야만 한다고 합니다. 파리에서 고객과 매우 중요한 회의가 있기 때문이라고 하셨습니다. 오늘 파리로 떠나 금요일 오전에 돌아온다고 하셨습니다. (154) 시간이 괜찮으시다면, 금요일 오후 4시에 회의 일정을 다시 잡고 싶어 하셨습니다. 급한 사안은 아니라고 하셨지만 내년 광고 캠페인 전략을 가능하면 빨리 논의하고 싶어 한다고 하셨습니다.
메모 남긴 이: Sarah

어휘 postpone 연기하다   important 중요한   as long as ~하는 한   reschedule 다시 일정을 정하다   emergency 비상   discuss 논의하다   strategy 전략   as soon as possible 가능한 한 빨리

153 Mr. Marcus의 Ms. Smalls와의 미팅은 원래 몇 시로 예정되어 있었는가?
(A) 10:00
(B) 1:00
(C) 2:00
(D) 4:00

해설 문제의 키워드가 what time, Mr. Marcus's meeting, originally, scheduled이다. 키워드를 통해서 메시지가 미팅 시간의 변경에 관한 내용일 것이라는 점을 유추할 수 있다. 메시지의 내용을 확인해 보면 첫 번째 문장에서 Mr. Marcus will have to postpone tomorrow's meeting at 10:00 A.M.(내일 오전 10시 회의를 연기해야 한다)이라고 했으므로 원래의 미팅 시간은 10시라는 것을 알 수 있다. 따라서 정답은 (A) 10:00이다.

어휘 originally 원래

154 Ms. Smalls는 메시지를 받고 무엇을 할 것 같은가?
(A) 그녀는 비상회의에 참석할 것이다.
(B) 그녀는 광고 캠페인을 준비할 것이다.
(C) 그녀는 금요일 업무 스케줄을 확인할 것이다.
(D) 그녀는 비행기 예약을 할 것이다.

해설 문제의 키워드는 What, Ms. Smalls, do, receive, message이다. 수신자가 메시지를 읽고 앞으로 할 행동을 문제로 묻는 유형으로 이러한 유형은 주로 지문의 후반부에 힌트가 있다. 메시지의 내용을 확인해 보면 밑에서 세 번째 줄에 he would like to reschedule the meeting for Friday at 4:00 P.M.(금요일 오후 4시로 회의 시간을 다시 정하고 싶어 한다)라고 하였으므로 Ms. Smalls는 메시지를 받고 금요일의 업무 스케줄을 확인할 것이라는 (C)가 정답이 되겠다. 오답을 분석해 보면, (A)에서 중요한 회의에 참석하는 것은 Ms. Smell이 아니라 Mr. Marcus이기에 오답. (B)는 Mr. Marcus가 광고 캠페인에 대해 의논하고 싶다고 단순하게 언급한 것으로 Ms. Smalls이 준비까지 할 것은 아니기에 오답, (D)의 비행기 예약은 메시지의 두 번째 줄에서 Mr. Marcus가 오늘 비행기를 탈 것이라고 한 것이지 Ms. Smalls이 비행기를 예약할 것까지는 없기에 오답이 된다.

어휘 attend 참석하다 work schedule 업무 일정

문제 155-157은 다음 서식을 참조하세요.

Fiddler 회사 보안 센터

4월 3일에 새로운 보안문을 주차장 입구에 설치할 것입니다. 주차장에 차를 주차하시려는 분들은 출입 허가증을 받으셔야 하는데 허가증을 받기 위해서는 보안 센터에 연락하셔야 합니다. 출입허가증을 받으시면 한 곳의 주차 구역에 주차하실 수 있습니다. **(157)** 만약 다른 장소에도 주차를 하고 싶으시다면 관리자의 허가를 받으셔야 합니다.

(155) 주차 허가증을 요청하시려면 아래의 양식을 작성하셔서 **(156)** 4월 1일까지 보안 센터로 제출하셔야 합니다. 궁금한 점이 있으시다면 내선 번호 30을 누르세요. Javier Lima가 도와 드릴 것입니다.

여기를 잘라서 아래 부분을 돌려주시오.

직원 정보

이름: Christie Panama	사원 번호: 3462
부서: 기술부	오피스: 207	주차 구역: 2A
추가적인 주차 구역이 필요한가? (Yes) No	주차 구역: 3C

차량 정보

(157) 승인 허가: Louis Costa	날짜: 3월 28일
브랜드: Wolkswagon 모델명: Gulf	색상: 검정색
자동차 번호판: LZC53U	

어휘 corporation 회사, 법인 security gate 보안문 obtain 획득하다 access 접근 permit 허락, 허가 entry 진입 additional 추가적인 approval 허가, 허락 request 요청하다 extension 내선 assistance 도움 return 돌려주다 employee identification number 사원번호 license plate 자동차 번호판

155 Ms. Panama는 왜 이 양식을 제출할 것인가?
(A) 신분확인 명찰을 요청하기 위해
(B) 리서치 세미나에 등록하기 위해
(C) 그녀의 직원 정보를 수정하기 위해
(D) 주차장 허가증을 받기 위해

해설 문제의 키워드는 Why, Ms. Panama, submit, form이다. Ms. Panama가 양식을 작성했으므로 그 작성한 이유를 알려면 보안 센터의 공지문을 확인해 보면 되겠다. 두 번째 단락 첫 번째 문장에서 To request a parking permit, please fill out the information below ~ by April 1(주차 허가증을 받

으려면 아래의 양식을 작성해서 보내 달라)라고 하였으므로 정답은 (D)이다. (A), (B), (C)는 지문의 내용에서 언급되지 않았으므로 오답이다.

어휘 submit 제출하다 request 요청하다 identification badge 신분확인 명찰 sign up 등록하다

156 이 서식을 제출해야 하는 기한은 언제까지인가?
(A) 3월 28일
(B) 3월 30일
(C) 4월 1일
(D) 4월 3일

해설 문제의 키워드는 What, deadline, form으로, 서식을 제출해야 하는 기한이 언제까지인지를 묻고 있다. 이 문제의 내용 또한 공지문에 언급되어 있을 것이라 추론할 수 있겠다. 양식 위의 단락을 보면 첫 번째 문장 끝에 send this form to the security center by April 1(이 양식을 4월 1일까지 보내주시오)가 등장하므로 정답은 (C)이다.

어휘 deadline 마감시한

157 Mr. Costa에 대해 언급된 것은 무엇인가?
(A) 그는 Ms. Panama의 매니저이다.
(B) 그는 가끔 사무실로 운전을 해서 출근한다.
(C) 그는 주차 구역을 하나 더 이용한다.
(D) 그는 보안 센터에서 일한다.

해설 문제의 키워드는 What, indicated, Mr. Costa로, Mr. Costa에 대해서 언급된 내용을 묻고 있다. 구체적인 사항을 묻는 문제로, 핵심어인 Mr. Costa에 대한 내용들을 지문과 선택지의 보기와 대조하여 정답을 찾아야 한다. 우선 Mr. Costa의 이름을 지문에서 재빨리 찾아 누구인지부터 확인을 하자. Mr. Costa의 이름이 언급된 곳은 양식에서 Approval Authorized By 옆에 나오고 있다. 그러나 이 정보만으로는 선택지에서 정답을 찾을 수 없으므로 양식 위의 내용을 확인해서 이 사람이 누구인지를 알아봐야 한다. 첫 번째 단락의 마지막 문장을 보면 If you wish to access additional areas, you need the approval of your manager(추가적으로 주차 구역을 이용하고 싶다면 관리자의 승인을 받아야 한다)라고 하였으므로 Mr. Costa는 Ms. Panama의 관리자인 것을 알 수 있다. 그래서 정답은 (A)이다. Mr. Costa에 대해서 (B), (C), (D)는 언급된 적이 없기에 오답이다.

어휘 occasionally 가끔, 간혹

문제 158-159는 다음 정보를 참조하세요.

사무실 비용을 줄일 수 있는 쉬운 방법

사무실 전기 요금을 감소시킬 수 있는 좋은 방법을 알려드립니다.

(158) 환경: 매일 아침부터 이른 오후까지 블라인드를 열어서 햇빛에 많이 노출되셔야 합니다. 참고로 밝은 색깔의 벽은 사무실에 빛을 더 잘 반사시킵니다.

조명: 형광등은 언제나 전기 비용을 줄이는 최고의 선택입니다. 조명 기구를 바꾸지 않고도, 형광등 전구는 백열등과 비교해서 적은 에너지로도 같은 양의 빛을 줍니다. 만약 사무실에서 백열등을 사용한다면, 반드시 교체하셔야 합니다. 또한 계속적으로 불을 켜놓지 않아도 되는 비작업 지역에는 동작을 감지하는 센서를 설치할 것을 권합니다. (예를 들면, 벽장이나 화장실 등) **(159-D)** 마찬가지로 자동 타이머를 설치하면 사무실에 사람이 없게 되면 바로 불이 꺼지므로 매우 효과적입니다.

사무실 용품: 불편하시더라도 인쇄기와 복사기를 사용하지 않을

220

때는 꺼두는 습관을 가지세요. (159-C) 파워 스트라입을 사용하면 스위치를 한 번만 눌러도 여러 전기 장치를 한 번에 끌 수 있습니다. (159-B) 어떤 사람들은 스크린 세이버가 에너지를 절약할 수 있다고 생각하지만 스크린 세이버에는 그런 기능이 없습니다. 컴퓨터를 사용하지 않을 때는 모니터를 반드시 꺼두어야 합니다.

에너지를 절약하는 방법에 대해서 더 알고 싶으시다면, www.conserveenergy.com에 방문하셔서 더 많은 정보를 얻으시길 바랍니다.

어휘 reduce 감소시키다 expense 비용 come up with ~을 제시(안)하다 brilliant 훌륭한, 멋진, 아주 성공적인 electricity bill 전기 요금 exposure 노출 reflect 반사하다 fluorescent light 형광등 light fixtures 조명 기구 compared to ~와 비교해서 incandescent light 백열등 replace 교체하다 lighting 조명, 전기 사용 recommend 추천하다 equipment 장치 inconvenient 불편한 install 설치하다 constant 지속적인 require 필요로 하다 instantly 즉시, 즉각 effective 효과적인 vacant 비어있는 power stripe (여러 개의 선을 연결 할 수 있는) 동력 선 flip (기계 버튼을) 탁 누르다 apparently 명백히 function 기능

158 정보에 따르면, 어떻게 하면 업무 현장에서 빛을 최대한 이용할 수 있는가?
(A) 조명 기구를 재배치함으로써
(B) 창문으로 일광이 들어오게 함으로써
(C) 더 밝은 전구를 사용함으로써
(D) 작업 지역에서 동작 센서를 사용함으로써

해설 문제의 키워드는 how, light, workplace, maximized로, 업무현장에서 빛을 최대한 이용하는 방법을 묻고 있다. 질문의 내용이 지문에서 어디쯤 등장할지 확인하자. 두 번째 단락의 첫 번째 문장을 보면, Try to get more exposure to sunlight by opening blinds~(블라인드를 열어서 일광을 많이 쬐라)라고 나와 있으므로 정답은 (B)가 된다. 오답을 분석해 보면, (A)와 (C)는 지문에서 언급이 되어 있지 않으므로 오답이고, (D)는 세 번째 단락의 다섯 번째 줄에서 It is also recommended to install motion sensors~required(계속적으로 불을 켜놓을 필요가 없는 비작업 지역에 동작 센서를 설치하라)라는 것이지 작업 지역에 동작 센서를 설치해서 사용하라는 것이 아니므로 오답이다.

어휘 workplace 업무현장, 직장 maximize 극대화하다, 최대한 활용하다 relocate 재배치하다

159 에너지 소비를 줄이기 위한 방법으로 언급된 것이 아닌 것은 무엇인가?
(A) 인쇄기와 복사기를 더 효율적인 것으로 바꾸는 것
(B) 스크린 세이버를 사용하는 대신에 모니터를 끄는 것
(C) 여러 개의 전기 기구를 끄기 위해 파워 스트라입을 사용하는 것
(D) 전등에 자동 타이머 기능을 설치하는 것

해설 문제의 키워드는 What, not, mentioned, way, limit, energy consumption으로, 에너지 소비를 줄이기 위한 방법으로 언급되지 않은 것을 묻고 있다. 이러한 유형의 질문은 구체적인 사항을 묻는 문제로 선택지의 보기와 지문의 내용을 대조하여 오답을 제거해 나가야 한다. (B)는 네 번째 단락의 네 번째 줄에 있는 문장부터 끝까지 보면 Some people assume that screen savers ~ your computer(스크린 세이버를 사용하는 대신에 컴퓨터 모니터를 꺼라)라고 하였으므로 에너지

소비를 줄이기 위한 한 방법이 되고, (C) 역시도 네 번째 단락 두 번째 줄에 있는 문장에서 By using a power stripe~with a simple flip of a switch(파워 스트라입을 사용하라)라고 하였으므로 하나의 방법이 될 수 있으며, (D)도 세 번째 단락의 마지막 문장에서 Similarly, an automatic timer can be very effective~에서 그 내용을 확인할 수 있으므로 또 하나의 방법이 되겠다. 그러나 (A)는 네 번째 단락 첫 번째 문장에서 Though it may be a little inconvenient~ not in use(인쇄기와 복사기를 사용하지 않을 때는 꺼두라)라고 하였지 다른 것으로 대체하라고 하지 않았기에 오답이다.

어휘 consumption 소비 efficient 효율적인

문제 160–161은 다음의 공지를 참조하세요.

(160) 1층에서 커피를 자주 마시는 사람들이 늘어서 직원들이 교대로 커피 당번을 해야 한다고 결정했습니다. 업무는 커피를 끓이고 생크림과 설탕 봉지를 쟁반에 놓아두는 것입니다. 마지막으로 해야 할 일은, 일과가 끝나면 항상 커피포트를 씻어야 하는 것입니다. 그러나 컵을 씻는 것은 각자의 몫이기에 커피 당번이 컵을 씻는 것에 대해서 신경을 쓰지 않아도 됩니다.

(161) 교대 스케줄표가 표시된 달력이 스낵 룸 주변 벽에 게시될 것입니다. 커피를 자주 마시는 모든 직원들은 매니저들에 의해 임의로 선택되어 교대 업무를 하게 될 것입니다. 회사에서는 커피, 우유, 종이컵을 제공할 것이며, 직원들은 크림과 설탕을 사면 됩니다.

어휘 increase 증가 casual 평상시의, 가벼운 task 일 include 포함하다 stock 채우다 whipped cream 생크림 frequently 자주 randomly 임의로, 무작위로 select 선택하다 rotation 순환 provide 제공하다 responsible 책임 있는

160 공지에 의하면 직원들은 무엇을 해야 하는가?
(A) 커피포트를 매일 두 번씩 씻기
(B) 커피를 준비하는 것을 교대로 하기
(C) 빈 쟁반을 부엌으로 돌려주기
(D) 커피를 제공하기 위해 돈을 기부하기

해설 문제의 키워드는 What, notice, ask, employee로, 직원들이 해야 할 일을 묻고 있다. 이 공지의 목적을 묻는 문제로, 목적이나 주제를 묻는 문제는 주로 문서의 전반부에 등장한다. 첫 번째 단락의 첫 번째 문장에서 we decided that all staff should be in charge of coffee duties(직원들이 커피 당번을 해야 한다고 결정했다)라고 하였으므로 정답은 (B)이다. 오답을 분석해 보면 (A)는 첫 번째 단락 세 번째 줄에 있는 문장에서 커피포트는 하루에 두 번이 아니라 하루에 한 번만 씻는 것이므로 오답이며, (C)와 (D)는 지문에서 언급된 적이 없기에 오답이다.

어휘 take turns 교대로[돌아가며] 하다 bring back ~을 돌려주다 contribute 기부(증)하다 provide 제공하다

161 공지에는 어떤 정보가 제시되어 있는가?
(A) 사무실 유지보수 일정일
(B) 최근 설문지의 결과
(C) 교대 스케줄표가 있는 장소
(D) 커피 기계에 대한 교육

해설 문제의 키워드는 What, provided, notice로, 공지에 제시된 정보가 무엇인지를 묻고 있다. 구체적인 정보를 묻는 문제로, 지문의 첫 번째 단락에서는 직원이 교대로 근무하게 될 것을 알리면서 할 일에 대해서 언급하고 있고, 두 번째 단락 첫 번째 문장

에서는 교대 스케줄표가 스낵 룸 주변 벽에 게시된다고 알려주고 있으므로 정답은 (C)이다. (A), (B), (D)는 지문에 있는 정보가 아니기에 오답이다.

어휘 maintenance 유지, 관리 result 결과 questionnaire 설문지 instruction 지시, 설명

문제 162-164는 다음 기사를 참조하세요.

> (162) 12월 17일 일본, 교토– 일본의 가장 인기 있는 백화점인 Miyake Collection Corporation사는 온라인 쇼핑몰 사이트를 새롭게 업그레이드 했다.
>
> 회사의 CEO인 Mr. Goro Yamamoto는 "우리의 개선된 웹 사이트는 온라인 쇼핑객들의 100% 만족을 위해서 매우 간단하고 이용하기에 쉽게 되어 있습니다."라고 말하면서 이렇게 덧붙였다. "새로워진 웹 사이트에서 고객들이 주문 내역을 확인할 수 있고 구입한 물건에 대한 개인적 견해를 적을 수 있습니다. 또한 (163) 온라인상의 사기 사건이 많았기 때문에, 우리 웹 사이트는 고객들의 개인 정보를 보호하기 위해 최신 바이러스 퇴치용 소프트웨어를 사용합니다."
>
> 4백만 명이 넘는 쇼핑객들이 웹 사이트에 가입했고, 평균적으로 10만 건 이상의 주문이 매일 이뤄지고 있다. 웹 사이트에서는 전자제품에서 패션 의류까지 다양한 종류의 제품을 구입할 수 있다. (164) Miyake Collection사는 내년 초에 더 많은 종류의 제품을 판매할 것이다. www.shopmiyake.com를 방문해 보세요.

어휘 popular 인기 있는 department store 백화점 shopper 쇼핑객 satisfaction 만족 layout 레이아웃, 배치 theft 도난, 절도 utilize 활용(이용)하다 advanced 첨단의 million 백만 range from A to B 범위가 A에서 B에 이르다 apparel 의류 various 다양한 category 종류, 범주

162 기사의 목적은 무엇인가?
(A) 기업 CEO의 은퇴를 발표하기 위해
(B) 회사 역사상 가장 큰 판매량을 알리기 위해
(C) 인기 있는 웹 사이트를 통해 팔린 제품의 질을 검토하기 위해
(D) 웹 사이트의 개선점을 홍보하기 위해

해설 문제의 키워드는 What, purpose, article로, 기사의 목적을 묻는 문제이다. 목적을 묻는 유형의 문제는 주로 지문의 전반부에 그 내용이 언급된다. 지문의 첫 번째 단락을 보면 created an updated version of its online shopping site(온라인 쇼핑몰을 업그레이드 했다)라고 하였으므로 '웹 사이트의 개선점을 홍보하기 위해서'라는 (D)가 정답이 된다.

어휘 announce 발표하다 retirement 은퇴 review 검토하다 publicize 홍보하다 improvement 향상

163 Mr. Yamamoto는 Miyake Collection Corporation사에 대해 무엇을 언급했는가?
(A) 웹 사이트상에서 600만 건의 주문을 채웠다.
(B) 온라인으로 주문한 물품은 주문한 날에 배송된다.
(C) 회사의 경영진들은 고객의 개인정보를 중요시한다.
(D) 일본에서 가장 큰 화장품 회사이다.

해설 문제의 키워드는 What, Mr. Yamamoto, imply, Miyake Collection Corporation으로, 사장이 회사에 대해서 무엇을 언급했는지 묻고 있다. 추론을 요하는 문제로 선택지의 보기를 지문과 대조해서 정답을 찾아내야 하는 유형의 문제이다. Mr. Yamamoto가 발언한 내용을 확인해야 하므로 지문에서 키워드인 Mr. Yamamoto를 재빠르게 찾아야 한다. 지문의 두 번째 단락에서 Mr. Yamamoto를 찾을 수 있으므로 이 단락의 내용을 확인해 보자. 맨 마지막 문장에서 utilizes a very advanced anti-virus software to protect your personal information(고객의 개인정보를 보호하기 위해 첨단 바이러스 퇴치용 소프트웨어를 사용한다)이라고 했으므로 정답은 (C)가 된다. 오답을 분석해 보면 (A)와 (B)는 언급된 내용이 아니므로 오답이고, (D)는 첫 번째 단락에서 가장 인기 있는 백화점이라고 했지 가장 큰 화장품 회사라고 언급한 적은 없으므로 오답이다.

어휘 imply 시사(함축)하다, 암시하다 fill 채우다 privacy 사생활

164 기사에 따르면, Miyake Collection Corporation사가 가까운 장래에 계획하고 있는 것은 무엇인가?
(A) 새로운 광고를 낼 것이다
(B) 제품 종류를 확대한다
(C) 온라인 고객을 위해 새로운 지불 옵션을 추가한다
(D) 전자제품과 패션 의류 판매를 중단한다

해설 문제의 키워드는 What, Miyake Collection Corporation, plan으로, 앞으로의 회사의 계획을 묻고 있다. 앞으로 어떻게 하겠다고 하는 내용들은 주로 지문의 후반부에 등장한다. 세 번째 단락 맨 마지막 문장을 보면, Miyake Collection will be adding more categories earlier next year(더 많은 종류의 제품을 판매하겠다)라고 했으므로 정답은 (B)이다. (A), (C), (D)는 회사의 계획으로 언급되지 않았기에 오답이다.

어휘 launch 시작(개시)하다 expand 확장하다 option 선택

문제 165-167은 다음 서신을 참조하세요.

> **Lighthouse Green Ltd.**
> 1649 Bristol Ave.
> Anaheim, CA
>
> 3월 10일
>
> Marek Hamsik
> Van der Sar 스포츠 장비 회사
> Arkelsedijk 43, Postbus 22, 420 B
> (166) Putten, Netherlands
>
> Mr. Hamsik께,
>
> (166) 저는 Van der Sar 스포츠 장비 회사의 급여지급 관리직에 Troy Freeman을 추천하고자 이 글을 씁니다. (165) 저는 California주 Anaheim시에 있는 Lighthouse Green Ltd.사에서 급여지급 관리부의 이사로 3년 동안 Mr. Freeman의 상사로 일했습니다.
>
> Mr. Freeman은 6년 전 Miami 지사에서 급여지급 보조자로 일을 시작했습니다. 우리 회사에서 3년간 일한 후 그는 급여지급 부서의 부매니저가 되었습니다. (167) 그가 이룩한 많은 훌륭한 업적 중에서 급여지급 정보를 추적하는 새로운 시스템을 시행한 것이 가장 기억에 남습니다. 이 시스템은 모든 급여지급 처리 프로그램 중 가장 단순하지만 가장 정확하고 효율적인 시스템입니다. 이러한 새로운 시스템 개발이외에도, 그는 급여지급 절차를 단순화하는 다양한 방법을 제시했습니다. 작년에 그는 우리 Detroit 지사에 있는 급여지급 부서의 인턴을 교육시키기도 했습니다. Mr. Freeman이 보여준 몇 년 동안의 이례적인 업무 수행 능력으로 인하여, 그는 최고의 직원상을 받기도 하였습니다.

아시다시피, Mr. Freeman은 가장 훌륭한 직원들 중의 하나였기에 귀사의 큰 자산이 될 것이라 확신합니다.

충심으로,
Tim Robbins

어휘 recommend 추천하다 payroll 급여지급 director 이사 supervisor 상사 assistant 보조자, 조수 accomplishment 업적 achieve 성취하다 implementation 시행 obtain 획득하다 impressive 인상적인, 인상 깊은 brilliant 훌륭한 track 추적하다 consider 고려하다, 여기다 accurate 정확한 efficient 효율적인 along with ~와 함께 suggest 제시하다 facilitate 용이하게 하다 procedure 절차 exceptional 예외적인, 특별히, 이례적인 be awarded 수상하다 confident 확신하는 asset 자산 as well 또한

165 Mr. Robbins에 대해 사실인 것은?
 (A) 그는 과거에 Van der Sar 스포츠 장비 회사에서 일했다.
 (B) 그는 Lighthouse Green의 Anaheim 지사에서 일한다.
 (C) 그는 뛰어난 업무 수행 능력으로 인하여 상을 받았다.
 (D) 그는 부서에 더 많은 직원을 추가할 계획이다.

해설 문제의 키워드는 What, true, Mr. Robbins으로, Mr. Robbins에 대해 언급된 것 중 사실인 것을 고르는 문제이다. 구체적인 사항을 묻기 때문에 다소 복잡하다. 선택지의 보기와 지문의 내용을 하나씩 대조하며 정답을 찾도록 하자. 우선 Mr. Robbins이 누구인지부터 알아야 하는데 지문의 맨 아래를 보면 그의 이름이(Tim Robbins) 나오고 있는 것으로 보아 이 편지를 쓴 사람이라는 것을 알 수 있다. 편지글에서는 자신이 누구인지, 편지를 보낸 목적이 무엇인지에 관한 내용이 전반부에 나오므로 지문의 첫 번째 단락의 두 번째 문장을 보면, As the director of the payroll department at Lighthouse Green Ltd in Anaheim, California에서 그가 Lighthouse Green의 Anaheim 지사에서 일한다는 것을 알 수 있으므로 정답은 (B)이다. (A)와 (D)는 언급되지 않았으므로 오답이며, (C)는 두 번째 단락 마지막 문장을 보면 상을 받은 것은 Mr. Freeman이기에 오답이다.

어휘 recognize 인정하다

166 Mr. Freeman은 어디에서 일하고 싶어 하는가?
 (A) Miami에서
 (B) Anaheim에서
 (C) Putten에서
 (D) Detroit에서

해설 문제의 키워드는 Where, Mr. Freeman, hope, work로, Mr. Freeman이 어디에서 일하고 싶어 하는지를 묻고 있다. 구체적인 정보를 묻는 문제의 유형으로 지문의 첫 번째 단락의 첫 번째 문장에서 I am writing this letter to recommend Troy Freeman for the payroll management position at Van der Sar Sport Equipment Company(Van der Sar 스포츠 장비 회사에 Mr. Freeman을 추천하기 위해 이 글을 쓴다)라고 밝히고 있으므로 Mr. Freeman이 가고 싶어 하는 곳은 Van der Sar 스포츠 장비 회사이다. 그러나 선택지의 보기에 이 회사의 이름이 아니라 위치가 나오고 있으므로 회사의 위치를 확인할 수 있는 주소를 봐야한다. 지문 상단의 수신인을 보면 회사의 주소지가 Putten이므로 정답은 (C)가 된다.

167 Mr. Robbins는 Lighthouse Green사의 새로운 급여지급 시스템을 왜 언급하는가?
 (A) Mr. Freeman에 의해 진행된 성공적인 프로젝트의 예를 보여주기 위해서
 (B) Mr. Hamsik의 회사가 그 시스템을 사용해야만 한다는 것을 제안하기 위해
 (C) Mr. Freeman이 Lighthouse Green사의 Miami 지사에 있는 문제를 어떻게 해결했는지 알려주기 위해
 (D) Mr. Freeman이 여러 서로 다른 급여지급 시스템에 능숙하다는 것을 보여주기 위해

해설 문제의 키워드는 Why, Mr. Robbins, mention, payroll system으로, Mr. Robbins이 왜 급여지급 시스템을 언급했는지에 대한 구체적인 정보를 묻고 있다. 지문의 두 번째 단락의 세 번째 문장에서 그가 이룩한 훌륭한 업적들 중의 하나를 언급한 것이 새로운 급여지급 시스템이므로 정답은 (A)가 된다. (B), (C), (D)는 지문에서 언급된 내용이 아니기에 오답이 된다.

어휘 mention 언급하다 example 예 successful 성공적인 organize 조직하다 describe 설명하다 solve a problem 문제를 해결하다 be familiar with ~에 익숙하다

문제 168-171은 다음 광고를 참조하세요.

World Job Search

(168) 고용주용

(168, 171) World Job Search(WJS)는 고위 임원직의 충원을 전문으로 하는, 온라인을 기반으로 하는 채용 웹 사이트입니다. 고객 회사인 고용주들은 (169-B) 회사의 산업 분야에 맞게 높은 수준의 교육을 받은 지원자들을 물색하는 데에 특별히 훈련받은 채용 상담원과 연결됩니다. (169-A) 상담원들은 고용주들이 원하는 적합한 인재를 찾기 위해 3만부가 넘는 이력서들을 분석합니다. 지원자들의 이력이 자세하게 기록된 프로필을 만들기 위해서 사전 인터뷰를 진행하기도 합니다. (169-D) 그 후에 고용주들은 지원자들이 왜 그들의 회사에 가장 적합한 사람인지를 부가 설명해 주는 추천서가 첨부된 프로필을 받게 됩니다.

(168) 구직자용

(168) World Job Search(WJS)는 구직자들에게 전도유망한 직업 리스트를 제공하고 이러한 회사에 연결시켜드리는 역할을 합니다. (170) WJS의 유료 회원이 되시면, 35개국 이상의 나라에 있는 검증받은 채용정보를 볼 수 있는 온라인 검색 엔진에 접속할 수 있게 됩니다. 저희는 연봉으로 최소 10만 달러 이상을 제공하는 회사들만의 채용정보를 매일 업데이트하고 있습니다. 또한 회원들에게는 저희만의 독자적인 비즈니스 월간 잡지인, World Business Times지를 매달 보내드립니다. 이 잡지에는 다른 비즈니스 잡지들에서 거의 찾아보기 힘든 희귀한 정보들이 들어 있습니다.

언제든지 www.wjsjobs.com에서 회원이 되실 수 있습니다.

어휘 employer 고용주 exclusively 독점적으로 senior executive 고위 임원 employment 고용 counselor 상담자 specifically 특별히 candidate 후보자 search for 물색하다 particular 특별한, 특정한 industry 산업 analyze 분석하다 distinguish 구별하다 suitable 알맞은 form 형성하다 conduct 수행하다 detailed 자세한, 구체적인 afterwards 그 후에 addition 추가 recommendation 추천서 regard 여기다, 평가하다 prominent 중요한, 유명한, 눈에 잘 띄는 browse 둘러보다, 훑어보다 contain ~이 들어있다, 함유하다

168 WJS의 목표는 무엇인가?
(A) 고위 임원직 구직자들이 그들의 이력서를 개선할 수 있도록 돕는 것
(B) 최고 고용주들과 실력을 갖춘 구직자들을 연결시켜 주는 것
(C) 회사가 임원들을 보유할 수 있도록 돕는 것
(D) 임원급 직원들을 새로운 산업 분야에서 잘 일할 수 있도록 교육시키는 것

해설 문제의 키워드는 What, goal, WJS로, 이 회사의 목적을 묻고 있다. 목적을 묻는 문제는 주로 지문의 상단부에 그 내용이 등장한다. 첫 번째 단락의 첫 번째 문장을 보면 World Job Search (WJS) is ~ focuses on filling senior executive positions(WJS는 고위 임원직을 충원하는 데에 도움을 준다)이라고 말하고 있으며, 두 번째 단락의 첫 번째 문장에서는 World Job Search (WJS) provides employees ~ (구직자들에게 회사 정보를 알려준다)라고 하였으므로 정답은 (B) 최고 고용주들과 실력을 갖춘 구직자들을 연결시켜 주는 것이 되겠다. (A), (C), (D)는 지문에서 언급되지 않았으므로 오답이 된다.

어휘 retain 유지(보유)하다

169 정보에 따르면, 고객 회사에게 제공되는 것이 아닌 것은 무엇인가?
(A) 구직자 리스트
(B) 함께 일할 수 있는 전문가
(C) 3만 건의 이력서를 직접 볼 수 있는 권한
(D) 고용에 관한 제안

해설 문제의 키워드는 what, not, provided, client company로, 고객 회사에게 제공하지 않는 정보를 묻고 있다. 추론형의 문제로 선택지의 보기와 지문의 내용을 대조해서 오답을 제거해야 한다. 우선 고객 회사에게 제공하는 정보이므로 첫 번째 단락의 내용만을 확인해 보면 되겠다. 두 번째 문장에서 employees are matched with an employment counselor specifically trained(특별히 훈련받은 상담원을 연결시켜 준다)라고 하였으므로 (B)는 오답이 되며, 맨 마지막 문장에서 employers receive a list of candidate profiles ~(지원자 리스트와 고용에 관한 추천서를 받아 볼 수 있다)라고 했으므로 (A)와 (D) 또한 오답이 된다. (C)는 위에서 네 번째 줄에 있는 문장에서 These counselors analyze more than 30,000 resumes ~ among the list(3만장이 넘는 이력서를 분석하여 가장 적합한 인재를 찾아준다)라는 것이지 이력서를 볼 수 있는 권한을 준다는 것은 아니기에 정답이 된다.

어휘 specialist 전문가

170 WJS를 이용하는 구직자들에 관해 언급된 것은 무엇인가?
(A) 그들은 여러 개의 언어를 말한다.
(B) 그들은 대학교에서 가르친 적이 있다.
(C) 그들은 연봉 10만 달러까지 벌기를 원한다.
(D) 그들은 멤버십 비용을 지불했다.

해설 문제의 키워드는 What, indicated, job seekers로, 구직자들에 관해서 언급된 사항을 묻고 있다. 구체적인 정보를 묻는 문제로 선택지의 보기와 지문의 해당되는 내용들을 대조하여 오답을 제거해 나가야 한다. 두 번째 단락 두 번째 줄에 있는 문장을 보면, 유료 회원이 되면 어떠한 혜택을 받을 수 있다는 내용이 나오므로 정답은 (D)가 된다. (A), (B), (C)는 언급된 적이 없기에 오답이 된다.

어휘 earn 돈을 벌다 up to ~까지

171 WJS의 고객 회사의 대부분에 관해 언급된 것은 무엇인가?
(A) 그들은 웹 사이트에 고위 임원직 채용 공고를 게시한다.
(B) 그들은 인사 관리를 전문으로 한다.
(C) 그들은 모든 직원을 채용할 때 도움을 받기 위해 WJS를 이용한다.
(D) 그들은 WJS와 오래된 관계를 유지하고 있다.

해설 문제의 키워드는 What, indicated, WJS client companies로, WJS 고객 회사에 대해 언급된 것을 묻고 있다. 하나의 키워드를 놓고 전반적인 내용을 묻는 문제로 선택지의 보기와 지문을 대조해 나가며 오답을 제거해 나가야 한다. 첫 번째 단락의 첫 번째 문장에서 World Job Search (WJS) is an online-based recruitment website~(고위 임원직에 대한 정보를 온라인에서 제공하는 회사이다)라고 말했으므로, 정답은 (A)이다. (B), (C), (D)는 지문에서 언급되지 않았기에 오답이다.

어휘 long-standing 오래된 relationship 관계

문제 172-175는 다음 이메일을 참조하세요.

수신: Janet Weaver 〈jweaver@regicomplex.com〉
발신: Philip Rice 〈phrice@prconstruction.com〉
날짜: 7월 17일 수요일
주제: 페인트칠에 관하여

안녕하세요, Ms. Weaver씨

저는 고객님의 전화 메시지를 받았습니다.

먼저, 다음 주 금요일까지로 페인트칠하는 기한을 연장해주셔서 감사합니다. (172-A) 악천후로 인하여 고객님이 요구하셨던 페인트칠 하는 것을 연기해야만 했습니다. (172-C) 게다가 제 팀이 요즘 유행하는 열병으로 인해 현재 일할 수 있는 인원이 부족합니다. (172-B) 설상가상으로 고객님께서 요청했던 맞춤형 창문에 배달상 문제가 있었습니다. 2주 전에 창문이 도착하기로 되어 있었지만 사실상 어제서야 현장에 도착했습니다.

(173) 그러나 추가비용에 대해서는 걱정할 필요가 없습니다. 일이 일정보다 늦춰졌다고 해서 작업비용이 오르거나 하지는 않습니다. 저희가 처음에 제시했던 비용과 같습니다. 그러한 지연에도 불구하고 저희가 처음에 논의했던 날짜에 공사는 완료될 것입니다.

(174) 전화 메시지에 남기신 질문에 대해서 답변을 해드리자면, 고객님은 공사현장에 언제든지 오실 수 있습니다. 그러나 고객님의 안전을 위해서 저희가 제공하는 보호용 장비를 착용하셔야 합니다. 그러면 (175) 저희 시공 관리자인, Pedro Mourinho가 공사 현장으로 고객님을 모셔다 드릴 겁니다.

궁금한 점이 더 있으시면 언제든지 전화주세요. 오랫동안 기다려주셔서 감사합니다.

충심으로,

Philip Rice

어휘 paint job 페인트칠하는 것 inclement weather 나쁜 날씨 fever 열, 열병 understaffed 인원이 부족한 to make matters worse 설상가상으로 to the site 현장에 come by ~로 오다, 들르다 property 재산, 소유물, 부동산 protective 보호하는, 보호용의 gear 장비, 복장 construction 건설, 공사 escort 데려다주다, 호위하다 site 현장 feel free to + 동사원형 주저 말고 ~하다 convenience 편의, 편리 at any time 언제든

172 지연된 이유로 언급된 것이 아닌 것은?
(A) 악천후
(B) 지연된 배송
(C) 직원의 부재
(D) 장비 문제

해설 문제의 키워드는 what, not, reason, delay로, 공사가 지연이 된 이유를 묻고 있다. 이 글의 목적을 묻는 문제이다. 글의 주제와 목적을 묻는 문제는 지문의 전반부에 등장하므로 첫 번째 단락을 살펴보자. 첫 번째 단락의 첫 번째 줄 두 번째 문장을 보면, 악천후로 인하여 공사가 지연이 되었고, 그 다음 줄에 있는 문장에서 직원들의 병가로 일손이 부족한 상태이며, 그 다음 줄 문장에서는 배달상의 문제가 있었다고 하였으므로 정답은 지문에서 언급되지 않은 (D) 장비상의 문제가 된다.

어휘 **faulty** 흠이 있는, 결함이 있는 **equipment** 장비

173 Mr. Rice가 Ms. Weaver에게 약속한 것은 무엇인가?
(A) 그가 창문 설치를 개인적으로 감독할 것이다.
(B) 공사비용에 어떤 변화도 없을 것이다.
(C) 개점일이 하루만 지연될 것이다.
(D) 불편을 끼쳐드린 것에 대한 보상이 있을 것이다.

해설 문제의 키워드가 what, Mr. Rice, promise, Ms. Weaver로 Mr. Rice가 Ms. Weaver에게 약속한 것이 무엇인지를 묻고 있다. 지문의 두 번째 단락 첫 번째 문장을 보면 추가비용에 관해서는 걱정할 것이 없다고 하였으므로 정답은 (B)가 된다.

어휘 **personally** 개인적으로 **oversee** 감독하다 **installation** 설치 **compensation** 보상 **inconvenience** 불편, 애로

174 Ms. Weaver가 그녀의 전화 메시지에서 물어본 것은 무엇이 었는가?
(A) 그녀가 공사 현장을 방문해도 되는지
(B) 직원들에게 어떤 안전장비가 필요한지
(C) 페인트칠이 얼마나 오래 걸릴 것인지
(D) Mr. Rice는 언제 그녀에게 청구서를 보낼지

해설 문제의 키워드가 what, Ms. Weaver, ask, in her phone message로 Ms. Weaver가 전화 메시지에서 무엇을 물어봤는지를 묻고 있다. 세 번째 단락 첫 번째 문장에서 질문에 대한 답변으로 언제든지 공사현장에 오실 수 있다고 하였으므로 Ms. Weaver는 전화 메시지에서 공사현장에 방문해도 되는지를 궁금해 했다는 것을 알 수 있으므로 정답은 (A)가 된다.

175 Pedro Mourinho는 누구인가?
(A) 가게 매니저
(B) 빌딩 안전 감독관
(C) Mr. Rice의 직원들 중 한 명
(D) Ms. Weaver의 사업 파트너 중 한 명

해설 문제의 키워드는 Who, Pedro Mourinho로, Pedro Mourinho가 누구인지를 묻고 있다. 세 번째 단락의 세 번째 줄의 문장에서(~ then our construction manager, Pedro Mourinho~) Pedro Mourinho씨의 이름이 언급되어 있고 Pedro Mourinho가 우리의 시공 관리자라고 언급하고 있다. 여기에서 '우리의 시공 관리자'라고 하였으므로 이메일을 보낸 사람이 누구인지를 확인해야 한다. 이메일에서 발신인은 지문의 맨 아래 부분에 나오므로 그 이름을 확인해 보면 Philip Rice이므로 Pedro Mourinho가 Mr. Rice의 직원들 중 한 명이라는 것을 알 수 있다.

어휘 **inspector** 조사관

문제 176-180은 다음 기사를 참조하세요.

새로운 AHC의 자격 발표

(176) Sussex, July 22 – The American Hotel Committee (AHC)는 Seymore Hotel이 가장 높은 등급을 받았고, AHC에서 인증서를 받았음을 발표하였다. 미국에서 지금까지 오직 호텔 두 곳만이 이 인증서를 받았다.

"이러한 영광을 받게 되어서 기쁘며, 저희 모든 직원들과 축하하고 싶습니다."라고 Seymore Hotel의 사장인 John Seymore가 말했다. "이 호텔은 4대에 걸쳐 Seymore가의 소유입니다. Chicago에서 가장 최고의 호텔중의 하나인 Seymore Hotel은 전에는 8개 단체 투숙객까지만 수용할 수 있는 가장 작은 모텔이었습니다. (177) 저희 호텔은 Larson Bay를 내려다봅니다. 그 경치는 최상의 식사 서비스를 즐길 수 있는, 저희 호텔의 메인 식당에서 훨씬 더 장관입니다."

그 호텔 매니저인 Peter Thomas은 AHC 인증서에 대한 언론의 관심은 Seymore Hotel뿐만 아니라, 전 지역에서 주목을 끌 것으로 생각합니다. (178) "연례 요트 행사로 인해, 이 지역에서의 호텔과 다른 숙박시설은 여름 기간에는 항상 활발하게 사업을 운영하고 있습니다. AHC 인증서 획득 덕분에, 저희는 다른 계절에도 또한 더 많은 여행객들을 불러 모을 수 있다고 확신합니다."

(180) AHC 인증서를 획득하기 위해서, 호텔들은 다음의 기준에 따라 평가를 받습니다: 서비스 질, 편의시설, 청결도와 고객 만족. (179) AHC의 대표 평가자, James Ingram에 따르면, 그러한 여행 관련 등급 순위는 좀 더 널리 알려질 필요가 있다고 생각한다. "전 세계의 사람들은 개인 성향에 맞는 최상의 호텔을 알 권리가 있습니다. 따라서 해외로 여행할 계획이 있는 사람들은 우리가 하는 일이 매우 유용한 도움이 됩니다."

Julie Pope 작성

어휘 **certification** 증서, 인증서 **so far** 지금까지 **congratulate** 축하하다 **property** 소유, 재산 **generation** 세대 **hold up** 수용하다, 견디다 **overlook** 내려다보다 **spectacular** 장관을 이루는, 극적인, 화려한 **publicity** 매스컴[언론]의 관심[주목] **robust** 원기 왕성한, 팔팔한, 튼튼한 **accommodation** 숙박업체 **acquire** 습득[획득]하다 **evaluate** 평가[감정]하다 **criteria** 기준, 표준 **amenities** 편의시설 **satisfaction** 만족 **evaluator** 평가하는 사람 **widespread** 광범위한, 널리 퍼진 **deserve** 누릴 자격이 있다

176 기사가 쓰인 이유는 무엇인가?
(A) 순위 과정을 설명하기 위해
(B) 새로운 여행 서비스를 평가하기 위해
(C) 특별한 상을 받은 것을 알리기 위해
(D) 연례 행사를 보고하기 위해

해설 기사의 목적을 묻는 문제는 일반적으로 지문의 초반에 힌트가 들어가 있다. 첫번째 단락 첫 번째 줄인, The American Hotel Committee (AHC) announced that the Seymore Hotel received the highest rating and received the AHC certification.(The American Hotel Committee (AHC)는 Seymore Hotel이 가장 높은 등급을 받아서 AHC 인증서를 받았다고 발표했다)라는 내용과 그 아래에 그 인증서를 받은 호텔의 관계자 인터뷰가 인용된 것으로 보아, 수상을 알리기 위한 기사임을 알 수 있다.

어휘 **outline** 윤곽을 잡다 **process** 과정, 처리, 공정 **recognize** 알아보다, 인정하다

177 Seymore Hotel에 관해 언급된 것은 무엇인가?
(A) 최근 개조되었다.
(B) 더 이상 손님들에게 저녁을 제공하지 않는다.
(C) Seymore 가(家)에 의해 지어졌다.
(D) 그 호텔은 Larson Bay를 내려다본다.

해설 질문의 키워드인 Seymore Hotel을 중심으로 보기의 구체적

인 사항이 본문과 일치하는지를 물어보는 유형이다. 지문 두 번째 단락, 여덟 번째 줄인 Our hotel overlooks the Larson Bay(저희 호텔에서는 Larson Bay가 내려다보입니다)라는 문장을 통해서 정답이 (D)라는 것을 알 수 있다.

어휘 renovate 개조[보수]하다 serve 제공하다

178 그 지역은 언제 가장 방문객들이 많은가?
(A) 겨울
(B) 봄
(C) 여름
(D) 가을

해설 질문에서 When, the region, the most visitors를 키워드로 잡고, 본문에서 키워드와 관련된 구체적인 사항을 확인하는 문제 유형이다. 기사 세 번째 단락 네 번째 줄인, Due to the annual Yacht Festival, hotels and other accommodations in this area have always experienced robust business during the summer seasons(연례 요트 행사로 인해, 이 지역에서의 호텔과 다른 숙박시설은 여름 기간에는 항상 활발하게 사업을 운영하고 있습니다)에서 성수기가 여름임을 알 수 있다. 나머지 계절은 기사에서 언급되지 않았으므로 정답은 (C)여름이다.

어휘 region 지역

179 AHC 호텔 평가를 감독하는 관리자는 누구인가?
(A) Julie Pope
(B) James Ingram
(C) Peter Thmas
(D) John Seymore

해설 질문의 키워드로 Who, coordinates, AHC hotel evaluations을 삼아, 본문에서 키워드를 중심으로 어느 위치에서 다루어지고 있는지 찾아야 한다. 구체적인 사항을 확인하는 문제로, 네 번째 단락, 네 번째 줄. According to James Ingram, ACH's main evaluator(AHC의 대표 평가자, James Ingram에 따르면)에서 평가 감독자가 James Ingram임을 알 수 있다.

어휘 coordinate 조직화하다, 편성[조정]하다

180 기사에 따르면 AHC 인증서는 어떻게 특별한가?
(A) 최고급 호텔에만 제한되어 있지 않다.
(B) 지루한 신청 과정이 포함되어 있다.
(C) 방문객들의 증가가 보증된다.
(D) 일 년에 한 번만 상을 준다.

해설 질문의 핵심 키워드인 AHC certifications에 대해 어떤 점이 독특한지 구체적인 사항을 묻는 문제로, 키워드를 먼저 본문에서 찾는다. 네 번째 단락 첫 번째 줄인. In order to acquire AHC certification, hotels are evaluated on the following criteria(AHC 인증서를 획득하기 위해서, 호텔들은 다음의 기준에 따라 평가를 받는다)에서 여러 가지 평가 기준이 있다는 것을 알 수 있으므로 정답은 (A)이다. (B)의 신청 절차에 대해서는 언급된 바가 없기에 오답이다. 지문 세 번째 단락, 아홉 번째 줄은 인증서 획득 덕분에 많은 여행객을 불러 모을 수 있다는 긍정적인 전망을 언급하는 것이지, (C)에서처럼 방문객의 증가가 보증된다고는 할 수 없다. (D)는 언급된 바가 없기에 오답이다.

어휘 unique 독특한, 특별한 involve ~와 관련되어 있다 lengthy 장황한

문제 181-185는 다음 소책자와 이메일을 참조하세요.

---

(181) Peppercity Gardens는 20년 이상 전 세계 방문객들에게 인기 있는 관광명소 중의 하나이며, 올해에는 이곳을 사랑할 수밖에 없는 이유가 더 있습니다! 이번 여름에, Peppercity Gardens은 나무심기 축제, 수목원 견학과 Dawson Woods를 둘러보는 가이드 투어와 같은 새로운 이벤트를 제공합니다. **(185)** 토요일에는, 저녁시간에 콘서트를 개최할 것입니다. 작년과 동일하게, 장미원 관람에서는 가장 이국적인 장미들을 보시게 될 것입니다. 7월부터, 저희는 실내 정원 가꾸기에 관심이 있는 사람들을 위한 수업을 열 것입니다. 저희의 경험이 풍부한 강사들이 꽃과 먹을 수 있는 야채를 어떻게 재배하는지 여러분에게 보여드릴 것입니다.

절기별 개장시간 (6월 21일 – 10월 8일)
월요일 – 화요일 : 오전 8시 – 저녁 7시
수요일 – 금요일 : 오전 8시 – 저녁 10시
(185) 토요일 : 오전 8시 – 저녁 8시
일요일 : 오전 8시 – 저녁 6시

(182) 토요일 콘서트 입장권을 구매를 원하시면, 저희 웹 사이트인 www.peppercitygardens.com으로 방문해주세요.

받는 사람: Isabelle Dakota
보내는 사람: Edwin Wigan
날짜: 7월 22일 저녁 6시.
주제: Peppercity Gardens 여행

지난 토요일 제 가족과 함께 Peppercity Gardens에서 너무나 즐거운 시간을 보냈습니다. 저에게 안내책자를 보여주셔서 너무 감사드립니다.

그날의 날씨는 환상적이었답니다. 제가 장미 투어에 있는 동안, Electra와 아이들은 나무 심기 축제에 참가했습니다. **(183)** 꽃들은 아름다웠으며, 저희의 가이드는 지식이 해박한 사람이었습니다. 의심의 여지없이, 저에게 그날은 최고의 날이었습니다. **(184)** 당신의 추천은 분명히 따를 만한 가치가 있었습니다. 제가 사는 근처에 이렇게 멋진 곳이 있었다는 것을 생각도 못했습니다. **(185)** 저희 가족은 콘서트가 끝날 때까지 머물러 있었습니다. 이번 여행에 당신과 함께 하지 못한 점이 아쉽습니다.

다음에, 우리 꼭 함께 가도록 해요.

(184) Peppercity Gardens를 소개해주셔서 다시 한 번 감사드립니다.

진심으로,
Edwin Wigan

어휘 brochure 책자, 팸플릿 attraction 명소, 명물 arboretum 수목원 field trip 견학 exotic 외국의, 이국적인 home gardening 가정 원예 instructor 강사 eatable 먹을 수 있는, 먹기에 적합한 seasonal 계절에 따라, 계절적인 gorgeous 화려한, 매력적인 knowledgeable 아는 것이 많은, 유식한 without a doubt 두말할 것도 없이, 단연 definitely 분명히, 틀림없이 pity 동정, 연민

181 이 소책자의 목적은 무엇인가?
(A) 최신 회의 일정을 알리기 위해
(B) 자선 단체에 기부를 요청하기 위해
(C) 관광명소에 대한 정보를 알려주기 위해
(D) 꽃집을 홍보하기 위해

해설 소책자의 목적을 묻는 문제로, 질문의 키워드는 purpose, brochure이다. 목적을 묻는 유형들은 지문에서 초반부의 처음 두 줄을 유심히 읽어야 한다. 첫 번째 지문, 첫 번째 문장에서, Peppercity Gardens has been one of the most popular attractions for visitors(Peppercity Gardens는 관광객들에게 매우 인기 있는 명소중 하나이다.)라는 구문과, 두 번째 문장에서 And this year, there are even more reasons to love this amazing place! (올해, 이 곳을 더 사랑할 수밖에 없는 이유가 있어요!)라는 의미의 구문을 통해, 관광명소 Peppercity Gardens을 소개하고 있다. 그 아래 이곳에서 열리는 행사들에 대해 자세히 설명해주고 있기에, 소책자는 관광명소에 대한 정보를 알려주고 있음을 알 수 있습니다. 따라서 정답은 (C)이다.

어휘 donation 기부, 기증 charity 자선(단체)

182 저녁 콘서트에 관하여 언급하는 내용은 무엇인가?
 (A) 티켓이 할인된 가격으로 제공된다.
 (B) 나무 심기 축제가 동시에 시작된다.
 (C) 콘서트는 그 주에 매일 열린다.
 (D) 사전에 티켓을 주문할 수 있다.

해설 저녁 콘서트에 관하여 구체적인 사항을 물어보는 질문으로, indicate about과 evening concert가 질문의 키워드가 된다. 이러한 문제는 키워드 중심으로 보기와 본문의 내용을 비교하며 적절한 답을 찾아야 한다.

첫 번째 지문 다섯 번째 줄인, On Saturday, there will be a concert in the evening(토요일 저녁에 콘서트가 있을 것이다)에서 콘서트는 아직 열리지 않았음을 알 수 있다. 또한 지문 마지막 줄인, To purchase tickets for Saturdays concert, please visit our website at www.peppercitygardens.com.(토요일 콘서트 티켓을 구매하고자 한다면, 저희 웹 사이트 www.peppercitygardens.com을 방문해주시기 바랍니다.)에서 관련 웹 사이트를 통해 콘서트 티켓을 구매할 수 있다는 내용이므로, 콘서트가 열리기 전에 미리 티켓을 구매 할 수 있다는 (D)가 정답이 된다.

183 이메일에 의하면, Mr. Wigan은 Peppercity Gardens에서 무엇을 하였는가?
 (A) 그는 회사 후원의 이벤트에 참여했다.
 (B) 그는 수업에 참석했다.
 (C) 그는 숲 속에서 산책했다.
 (D) 그는 가이드 여행을 했다.

해설 Mr. Wigan이 Peppercity Gardens에서 한 행동이 무엇인지, 키워드에 관하여 구체적인 사항을 묻는 유형이다. 질문에서 e-mail, Mr. Wigan, do at Peppercity Gardens를 키워드로 삼아, 본문에서 키워드 중심으로 내용을 찾아서, 보기와 비교한다. 두 번째 지문에서 보내는 사람인 글쓴이(I)가 Mr. Wigan임을 지문 상단부에서 알 수 있다. 또한 두 번째 단락, 두 번째 문장의 while I went on a rose tour(내가 장미 투어 하고 있는 동안)와 다음 문장에서 our guide(저희 가이드)라는 단어를 통해, 그가 가이드 투어를 하였음을 알 수 있으므로 정답은 (D)이다.

어휘 hike 도보여행을 가다 woods 숲

184 Ms. Dakota에 관하여 언급된 것은 무엇인가?
 (A) 그녀는 Peppercity Gardens에서 연례 회원권을 구매했다.
 (B) 그녀는 과거에 Peppercity Gardens를 방문했다.
 (C) 그녀는 Peppercity Gardens 입장권을 받았다.
 (D) 그녀는 Peppercity Gardens에 관한 기사를 썼다.

해설 Ms. Dakota에 관하여 구체적인 정보를 물어보는 문제이다. 질문에서 Ms. Dakota를 키워드로 삼아, 본문에서 그녀와 관련된 내용이 어디에서 제시되는지 찾아야 한다. 두 번째 지문, 다섯 번째 줄인 Your recommendation was definitely worth following(당신의 추천은 분명히 따를 만한 가치가 있었습니다)와 열 번째 줄인 Thank you again for introducing the garden(Peppercity Gardens를 소개해주셔서 다시 한 번 감사드립니다)라는 내용을 통해서, 그녀가 Peppercity Gardens을 방문했음을 유추할 수 있다. 따라서 정답은 (B)이다.

185 Mr. Wigan은 언제 Peppercity Gardens를 떠났는가?
 (A) 저녁 6시
 (B) 저녁 7시
 (C) 저녁 8시
 (D) 저녁 10시

해설 Mr. Wigan은 언제 Peppercity Gardens를 떠났는지, 인물의 행동을 묻는 문제이며, 이 문제는 두 지문의 내용을 동시에 확인해야 하는 유형이기도 하다. 우선 두 지문 중 한 지문에서 질문의 키워드에 해당되는 내용을 먼저 확인하고, 나머지 지문에서 연관된 내용을 찾아야 한다. 질문에서 When, Mr. Wigan, leave, Peppercity Gardens를 키워드로 삼는다. 두 번째 지문, 세 번째 단락 첫 번째 줄인, We stayed until the end of the concert(우리는 콘서트가 끝날 때 까지 머물렀다)라는 내용을 통해 콘서트 종료시간에 떠났음을 알 수 있다. 콘서트가 있었던 토요일 일정에 관해서는 첫 번째 지문의 시간표에서 Saturday: 8:00 A.M. – 8:00 P.M.을 확인할 수 있다. 따라서 떠난 시간은 (C)인 저녁 8시가 된다.

문제 186–190은 다음 광고문과 이메일을 참조하세요.

(186) Kansas City에 있는 Brownstone Hall은 어떤 행사에도 완벽한 분위기를 제공합니다. 회의, 연회, 또는 야외 파티를 열 수 있는 Brownstone은 대부분의 그룹을 수용할 수 있을 만큼 충분히 큽니다. 그곳에 있는 음식점을 통하여, 저희는 고객들에게 출장 연회 서비스를 제공할 수도 있습니다. 저희는 여러분들의 최상의 만족을 위해 무엇이든지 할 수 있는 잘 훈련된 직원들이 있습니다.

(186) Brownstone의 예약이 매우 빠르게 마감되기 때문에, 중요한 행사를 계획 중이라면, 최소한 3주전에 미리 연락을 부탁드립니다. 예약을 위해 rico@brownstone.com로 이메일을 보내주시고, 아래 정보들도 알려주시기 부탁합니다.

▶ 이름, 조직, (189-C) 연락처
▶ 행사의 유형
▶ (189-A) 행사 날짜와 시간
▶ 초대 손님 인원수
▶ (189-B) 연락 가능한 시간

(187-B) Brownstone Hall의 회원들은 결코 전액을 지불할 필요가 없다는 것을 기억하세요! 저희 회원이 되고 싶으시면, 웹 사이트 www.brownstonehall.net로 방문해주십시오. (187-A, D) 교육기관이나 비영리단체들에게도 할인된 가격이 적용됩니다.

받는 사람: Donald Rico 〈rico@brownstone.com〉
보내는 사람: Michael Hidalgo
 〈MichHidalgo@colemanart.com〉

주제 : 예약
날짜 : 8월 15일
Mr. Rico에게,

안녕하세요, 저는 Michael Hidalgo이며, Coleman Art Center의 이벤트 관리자입니다. (188) 저희는 (189-A) 9월 17일 저녁 7시에 연례 연회를 위해 귀사의 시설 중 하나를 빌리려고 생각중입니다.

예약하기 전, 저는 9월 17일에 이용 가능한 공간들 중 일부를 좀 둘러보고 싶습니다. (190) 또한 연회에서 외부 출장 뷔페 서비스의 이용이 가능한지에 대한 여부도 알고 싶습니다.

(189-B) 연락하기에 편한 시간은 모든 근무일 기준으로 저녁 5시에서 8시 사이입니다. (189-C) 제 전화번호는 417-888-7878입니다.

사전에 감사드립니다.

진심으로,

Michael Hidalgo

어휘 atmosphere 분위기 banquet 연회 accommodate 공간을 제공하다, 수용하다 catering service 출장 연회 서비스 ultimate 궁극[최종]적인, 최후의 fill up 가득 차다, ~을 가득 채우다 in advance 미리 organization 단체, 조직 preferred 선호되는 nonprofit 비영리의 administrator 관리자, 행정인 facility (편의)시설 make a reservation 예약하다 allow 허락[허용]하다

186 광고의 주제는 무엇인가?
(A) 새로 생긴 음식점
(B) 임대 시설
(C) 비즈니스 회의
(D) 미술 전시회

해설 광고의 주제에 대해 묻는 질문으로, 키워드는 subject, advertisement이다. 글의 목적이나 주제는 지문의 전반부 처음 두 줄을 유심히 살펴보아야 한다. 첫 번째 지문, 첫 번째 줄인, The Brownstone Hall in Kansas City offers a perfect atmosphere for any events(Kansas City에 있는 Brownstone Hall은 어떤 행사에도 완벽한 분위기를 제공합니다)와 Whether it is a conference, a banquet, or an outdoor party, Brownstone is large enough to accommodate most groups(회의, 연회, 또는 야외 파티를 열 수 있는 Brownstone은 대부분의 그룹을 수용할 수 있을 만큼 충분히 큽니다)라는 내용을 통해서, 회의나 연회 등 그룹을 수용할 수 있는 임대 시설을 광고하고 있음을 알 수 있다. 따라서 정답은 (B)이다. (A), (C), (D)에 대해서는 지문에서 언급되지 않아 오답이다.

187 어떤 그룹이 할인 적용을 받지 못하는가?
(A) 비영리단체
(B) Brownstone Hall의 회원
(C) Brownstone Hall 직원의 친척
(D) 교육 기관

해설 NOT true 문제로, 이러한 유형의 문제는 해당되는 키워드를 본문에서 찾아, 보기와 비교하면서 하나씩 소거해나간다. 질문의 키워드는 group, NOT, offered a discount이다. 첫 번째 지문, 마지막 단락 첫 번째 줄, members of Brownstone Hall never have to pay the full amount(Brownstone Hall의 회원은 결코 전액을 지불할 필요가 없다)에서 (B)인 Brownstone Hall의 회원은 할인 적용이 됨을 알 수 있다. 마지막 단락 세 번째 줄인 Reduced rates are also available for the educational institutions and nonprofit groups(교육기관이나 비영리단체에게도 할인된 가격이 적용됩니다)에서 (A)와 (D)도 할인을 적용 받을 수 있다. 따라서 할인 적용을 받지 못하는 그룹은 (C)가 된다.

188 어떤 유형의 행사를 Mr. Hidalgo가 계획하고 있는가?
(A) 회사 만찬
(B) 사내 연수
(C) 시상식을 겸한 조찬
(D) 예술품 판매

해설 어떠한 유형의 행사를 Mr. Hidalgo가 계획하고 있는지를 묻는 질문으로, 구체적인 사항을 확인하는 문제이다. 질문의 키워드는 type of event, Mr. Hidalgo, planning이다. 두 번째 지문인 이메일은 Mr. Hidalgo가 쓴 편지로, 첫 번째 단락 두 번째 줄인, planning on renting one of your facilities for our annual banquet(연례 연회를 위해 시설의 하나를 빌릴 계획)에서 연례 연회를 위해서 계획하고 있다고 하였다. 회사의 연회를 재 표현한 것인 (A) A company dinner(회사 만찬)가 정답이 된다. (B). (C). (D)는 지문에 언급되지 않기에 오답이 된다.

어휘 training session 교육 artwork 미술품

189 광고에서 요구한 세부 사항 중에서 Mr. Hidalgo가 이메일에서 포함하지 않은 것은 무엇인가?
(A) 예정된 행사 날짜
(B) 그에게 연락 가능한 시간
(C) 연락처
(D) 예상되는 손님의 인원 수

해설 NOT True 문제로, 이러한 유형의 문제는 해당되는 키워드를 본문에서 찾아, 보기와 비교하면서 하나씩 소거해나간다. 질문의 키워드는 detail requested, advertisement, Mr. Hidalgo, NOT include, e-mail이다. 질문의 키워드인 advertisement와 e-mail을 통해, 두 가지 지문을 모두 파악해서 푸는 연계성 문제라는 것을 알 수 있다. 첫 번째 지문인 advertisement에서 detail requested에 대한 사항을 먼저 파악해야 한다. 두 번째 지문 이메일에서 첫 번째 단락 두 번째 줄에서 on September 17 at 7 PM (9월 17일 저녁 7시)를 통해 첫 번째 지문에서 요청한 date and time of your event(행사의 날짜와 시간)에 관한 사항인 (A) 예정된 행사 날짜를 포함하였고, preferred time to reach you(연락 가능한 시간)에 관한 사항은 두 번째 지문 세 번째 단락 첫 번째 줄, The best time to reach me is between 5 PM to 8 PM(연락하기 편한 시간은 오후 5시에서 저녁 8시 사이)을 통해 (B)의 그에게 연락 가능한 시간이 제시되었음을 알 수 있다. (C)는 첫 번째 지문에서 contact information(연락처)과 두 번째 지문 세 번째 단락, 첫 번째 줄, My number is 417-888-7878에서 확인 가능하다. 따라서 지문에 제시되지 않은, 예상되는 손님의 인원수인 (D)가 정답이다.

어휘 detail 세부 사항 request 요청하다 include 포함하다

190 Mr. Hidalgo는 Mr. Rico에게 무엇을 문의하였는가?
(A) 그가 그 자신이 원하는 음식 서비스 업체를 정할 수 있는지 여부
(B) 방을 여러 개 예약할 수 있는지에 대한 여부
(C) 시청각 장비를 이용할 수 있는지에 대한 여부
(D) 그가 할인을 받을 수 있는지에 대한 여부

해설 Mr. Hidalgo가 목적을 가지고 Mr. Rico에게 문의를 한 내용이므로, Mr. Hidalgo가 편지를 쓴 목적을 묻는 문제로 파악할 수 있다. 질문의 키워드는 Mr. Hidalgo, ask, Mr. Rico

이며, I'm writing to~, I am pleased to let you know, I would like to~ 등으로 시작하는 표현들 다음에 목적이 나타난다. 두 번째 지문의 두 번째 단락에서 편지를 보낸 목적의 표현, I would like to~로 시작하는 문장들이 보임을 확인할 수 있다. 이 단락 두 번째 줄인, Also, I would like to know whether it is allowed to use an outside catering service for the banquet(또한 연회에서 외부 출장 뷔페 서비스를 이용이 가능한지에 대한 여부도 알고 싶습니다)에서 Mr. Hidalgo가 그가 원하는 외부 음식 서비스 업체를 이용할 수 있는지를 문의하고 있다. 따라서 정답은 (A)이다.

어휘 caterer 출장 요리업체 arrange 마련하다 audiovisual 시청각의

문제 191-195는 다음 공고문과 이메일을 참조하세요.

Max Hotel International
사원 모집

(191) Max Hotel International은 최근에 생긴 결원을 채우기 위해서 회원들에게만 알리는 바입니다. 지원에 관하여 좀 더 많은 정보를 원하신다면, briann@maxhotel.com로 Brian Noir에게 연락을 부탁드립니다.

(192-A) 이벤트 관리자: 연례 회의를 총 감독함, 효율적으로 직원들을 이끌어주고, 책정된 예산 범위 내에서 관리할 줄 알아야 함. 경영학 학위와 이벤트 기획자 3년 경력이 요구됨.

(192-B) 수습 회계사: 다양한 회계 관련 파일을 처리하고 정리하며, 수석 회계사의 구체적인 명령을 따름. 이 직책에 지원하기 위해서는 회계학 학위가 요구됨.

(192-C) 홍보 담당 보조원: 언론에 회사의 관심을 홍보하는 것에 중점을 두며, 사보 진행 관련 업무를 관리함. 적절한 작문 실력과 구두로 의사소통을 할 수 있는 능력이 요구됨. 지원자들은 신문방송학이나 마케팅 학사 학위가 요구됨.

(192-D) 웹 디자이너: 전체 웹 사이트를 개발하고 감독함. 창조적이고 긍정적인 자세를 가진 사람들이 선호됨. 이 일과 연관된 과거 경력이 필요함.

날짜: 2월 8일
받는 사람: Noir, Brian〈briann@maxhotel.com〉
보내는 사람: Nadar, Nenad〈nnadar@dakstour.com〉
주제: Max Hotel International 직책
Mr. Noir에게,

(193) 귀사의 직책을 찾기 위해, 매달마다 Max Hotel International 사보를 읽어왔습니다.
제 관심에 딱 맞는 공고를 알게 되어 기뻤습니다. 이벤트 관리자 직 지원에 대한 제 이력서를 동봉하였습니다.
(194-D) 저는 현재 Daks 여행사에서 직원 15명으로 구성된 팀을 관리하고 있습니다.
(194-A) 5년 동안, 저희는 Daks 지역으로 관광객들을 끌어모으기 위해 많은 중요한 회의와 컨퍼런스를 조직하였습니다.
(194-C) 또한, 저는 최근 Daks에 인기 있는 지역에 관심이 있는 여행자들을 위해 사보를 출간하기 시작했습니다. (194-B) 그리고 가장 중요한 것은, 저는 항상 빡빡한 마감기한을 맞추었고, 제한된 예산 하에 프로젝트를 진행했었습니다.
(195) 저는 또한 Nashiville에서 거주하고 있기 때문에, 당신의 사무실을 방문하기에 어렵지 않을 것이며, 직접 뵙길 바랍니다. 저는 조만간 당신을 뵙길 기대하고 있습니다.

Nenad Nadar

어휘 vacated 공석이 된 publicize 공표하다 convention 대회, 협의회 supervise 감독하다 comply 따르다, 준수하다 degree 학위 business administration 경영학 accountant 회계사 reconcile 조화시키다 specific 구체적인, 세부적인 publicist 홍보 담당자 newsletter 회보 publication 발행, 출판 adequate 충분한, 적절한 verbal 구두의 possess 소유하다 relevant 관련한, 적절한 attach 첨부하다 coordinate 조직하다, 조정하다 budget 예산 limit 한도, 한계 in person 직접, 몸소 hopefully 바라건대, 희망을 갖고

191 공고문은 누구를 대상으로 한 것인가?
(A) 이벤트에 참가하는 사람들
(B) 취업 소개소의 취업 담당자
(C) 인턴십을 찾는 학생들
(D) 전문적인 모임의 회원

해설 누구를 대상으로 한 공고문인지, 공고문의 목적을 묻는 질문이다. 질문의 키워드는 whom, announcement, intended이며, 공고문의 목적은 지문의 초반부를 살펴보아야 한다. 공고문의 첫 번째 줄인 Max Hotel International has publicized its recently vacated positions exclusively to our members(Max Hotel International은 최근에 생긴 결원을 채우기 위해서 회원들에게만 알리는 바입니다)에서 결원을 채우기 위해 회원들에게 알리고 있음을 제시하고 있다. 따라서 정답은 (D) Members of a professional group(전문적 모임의 회원)이다. (A), (B), (C)는 본문에서 언급된 바가 없기에 오답이다.

어휘 recruiter (신입사원) 모집자

192 특별한 전문 교육을 받지 못한 사람들에게 개방된 직책은?
(A) 이벤트 감독자
(B) 수습 회계사
(C) 홍보 담당 보조원
(D) 웹 매니저

해설 특별 전문 교육을 받지 못한 사람들에게 개방된 직책을 묻는 문제로 구체적인 사항을 묻는 문제이다. 질문에서 position, open, specialized education을 키워드로 삼고, 키워드와 관련된 문장을 본문에서 찾는다. 공고문 마지막 줄의 Past experience relevant to this job is necessary(이 직업에 관련된 과거 경력이 필요하다)에서 특별한 학위 없이 경력만 있으면 된다고 하였으므로 정답은 (D) Web manager(웹 매니저)이다.

어휘 specialized 전문화된

193 Max Hotel International에 대해 언급된 것은?
(A) 월간 발행물이 배부된다.
(B) Nashville에서 컨퍼런스가 개최된다.
(C) 연간 예산이 수정되고 있다.
(D) 새로운 4가지 직위가 만들어질 것이다.

해설 Max Hotel International에 대해 언급한 내용을 묻는 질문으로 키워드와 관련하여 구체적인 질문을 물어보는 유형이다. 질문에서 indicated, Max Hotel International를 키워드로 잡는다. Max Hotel International이 핵심 키워드로 이 단어와 관련된 문장을 본문에서 찾아, 보기와 비교한다. 두 번째 지문 이메일, 첫 번째 줄인, Every month, I have been reading Max Hotel International Members newsletter(매달마다 Max Hotel International 사보를 읽어왔습니다)에서 Max Hotel International 사보는 월마다 발간됨을 알 수 있으므로 정답은 (A) It distributes a monthly publication(월

간 발행물이 배부된다)이다. (B)의 conference(컨퍼런스)는 Nashville이 아닌 Daks에서, (C)의 내용은 언급 되지 않았고, (D)는 공고문에서 결원을 채우기 위해 모집한다고 제시하였으므로 오답이 된다.

어휘 distribute 배부하다 revise 수정하다. 개정하다

194 Mr. Nadar가 언급한 어떠한 경력이 그가 찾고 있는 직책과 관련이 없는가?
(A) 컨퍼런스 조직
(B) 예산 준수
(C) 사보 출간
(D) 팀 관리

해설 Not ture 문제로 Mr. Nadar가 언급한 경력 중에서 직책과 관련이 없는 것을 묻는 문제이다. 이 문제는 그가 찾고 있는 직책의 사항과 그가 제시한 경력들의 내용을 모두 살펴야 하므로 두 지문을 동시에 보는 연계성 문제이기에 보기의 내용을 본문과 비교하며 소거해서 풀어야 한다. 질문 키워드는 experience, Mr. Nadar, NOT relevant to, position이다. Mr. Nadar에 대해서는 두 번째 이메일에서 자세히 나타난다. 첫 번째 단락 세 번째 줄인, Attached is my resume for the event planning position(이벤트 관리직 지원에 대한 제 이력서를 동봉하였습니다)를 통해 이벤트 관리직에 지원하였음을 알 수 있다. 그 다음으로 두 번째 단락에서 그의 이력을 다루고 있음 확인할 수 있다. (A)의 경우 첫 번째 지문, 네 번째 줄, Supervises annual conventions(연례회의 총감독), 두 번째 지문, 여섯 번째 줄, we have arranged many important meetings and conferences(우리는 많은 중요한 회의와 컨퍼런스를 조직하였다)에서 확인할 수 있고, (B)는 첫 번째 지문, 다섯 번째 줄인, comply to established cost estimates(책정된 예산 범위 내에서 관리한다)와 두 번째 지문, 아홉 번째 줄인, kept my projects under our budget limit(제한된 예산 하에서 프로젝트를 유지했다)에서 확인할 수 있다. (D)는 첫 번째 지문, 네 번째 줄, effectively lead staff(효율적으로 직원들을 이끌다)와 두 번째 지문, 다섯 번째 줄, I am currently coordinating a team of fifteen staff(15명 직원들로 구성된 팀을 현재 관리하고 있다)를 통해 확인할 수 있다. 그러나 (C)의 내용은 두 번째 지문, 일곱 번째 줄인, I have recently started publication of newsletters(저는 최근 사보를 출간하기 시작했다)에서 확인할 수 있지만 첫 번째 지문의 이벤트 감독자에게 요구되는 사항이 아니다. 따라서 정답은 (C)이다.

어휘 observe 준수하다

195 Mr. Nadar에 관해 언급한 것은?
(A) 그는 회원 가입을 신청하고 있다.
(B) 그는 Mr. Noir의 사무실 근처에 산다.
(C) 그는 취업 박람회에 참가하길 기대하고 있다.
(D) 그는 부동산 중개업자이다.

해설 Mr. Nardar에 관해 언급한 것에 대한 내용으로 구체적인 사항을 묻는 문제이다. 두 번째 지문 마지막 단락 첫 번째 문장인 Since I also reside in Nashville, it would be easy for me to visit your office(저는 또한 Nashville에서 거주하고 있기 때문에, 당신의 사무실을 방문하기에 어렵지 않을 것이다)에서 your office는 Mr. Noir의 사무실이므로, Mr. Nadar가 Mr. Noir의 사무실 근처에 살고 있음을 알 수 있다. 따라서 정답은 (B)이다.

어휘 job fair 채용박람회. 취업설명회

문제 196-200은 다음 이메일과 보고서를 참조하세요.

보내는 사람: Sandy Lamberts
⟨sandyl@casamiofurniture.com⟩
받는 사람: Robert Vidic
⟨rovidic@casamiofurniture.com⟩
날짜: 8월 14일
주제: 재고 관리
첨부문서: 8월 보고서

Robert에게,

(196) 당신의 요청에 부응하기 위해, 저는 당신이 검토할 수 있도록 최신 재고 관리 보고서를 한 부 보냈습니다. (199) 공급자 공간에 작성된 "D"를 확인해주시길 부탁드립니다.: 이는 저희가 특정 제품에 대해 할인된 가격으로 공급을 받았고, 앞으로 더 이상 그 제품을 주문하지 않을 것을 의미합니다. (200) 이 제품들은 인기가 없거나 고객들이 잘 알지 못 합니다. 아마도 그러한 제품들의 재고를 빨리 충당하려고 어려움을 겪었던, 3년 전에 일어났던 일을 기억하고 있을 겁니다. 그러고 나서, 판매가 감소되어 왔고, 10월에, 저희는 결국 고객들의 관심을 증가시키기 위해 급격히 그 가격을 감소 시켰습니다.

저는 지난 월요일에 8월 배송을 위한 주문을 하였습니다. 과거 경험을 통해서, 이 주문품은, 특정 제품의 판매를 중단하기 위한 우리의 결정을 반영하였습니다. 8월 21일까지 배송이 계속 될 Rotana를 제외하고, (197) 다른 모든 공급업체들은 8월 18일까지 저희가 그 상품을 받을 수 있을 것이라 확답하였습니다. 창고를 개조하고 가구 전시장을 다시 재배치하는 것은 Casamio Furnitures에 대한 저희 고객들의 만족도를 높이는데 도움이 됩니다.

(198) Della Robbia의 판매원은 전반적으로 생산 비용이 증가했기 때문에, 9월 1일부터 그들로부터 주문한 식탁을 포함하여, 모든 침실 가구의 생산품을 중단할 것이라고 최근에 저에게 알려주었습니다. 이는 저희가 좀 더 재정적으로 안정적인 가구 공급 업체를 속히 찾아야 할 것을 의미합니다.

문의사항이 있으시다면 저에게 알려주시기 바랍니다.

Sandy

Casamio Furnitures
재고 관리 보고서

날짜: 8월 14일
입력자: Lena DiPietro
승인자: Sandy Lamberts

아이템 코드	제품	공급업체	재고
007239	(199) 침대	Berkline (D)	2
111147	책장	Abbyson	9
137289	컴퓨터 책상	Saloom	5
197822	식탁	Della Robbia	11
219294	바(bar) 의자	Mallin	2
252011	(199) 서랍장	Sallom (D)	3
277911	거울	Lorts	5
376229	침실용 탁자	Mallin	6
424410	소파	Rotana	4
500121	(199) 회전 의자	(200) Abbyson (D)	6

어휘 inventory control 재고 관리 meet 부응하다 indicate 나타내다, 보여주다 restocking 재고보충 reduce 감소하다 drastically 급격하게 eventually 결국 discontinue 중단하다 swivel 회전 survey 설문조사 satisfaction 만족 describe 말하다, 서술[묘사]하다 take place 개최되다, 일어나다 production cost 생산비, 제조원가 except for ~을 제외하고 assure 장담하다, 확약하다 redesign 새로 꾸미다, 재설계하다 definitely 분명히, 틀림없이, 절대 reflect 반영하다 inform 알려주다 financially 경제적으로 replacement 교체(품)

196 이메일의 목적은 무엇인가?
(A) 고객 만족 조사에 관한 결과를 논의하기 위해
(B) 새로운 재고 관리 전문가 고용에 관해 계획하기 위해
(C) 제품 주문의 변동 사항을 설명하기 위해
(D) 생산 비용이 증가한 이유에 대해 더 많은 정보를 요청하기 위해

해설 이메일의 목적을 묻는 질문으로, 목적에 관한 사항은 지문의 초반부에 힌트가 있다. 질문의 키워드는 e-mail. purpose이다. 첫 번째 지문인 이메일에서 첫 단락, 두 번째 줄인 it indicates that we have received discounts for ordering a particular product and we will no longer order them in the future(이는 저희가 특정 제품에 대해 할인을 받았고, 앞으로 더 이상 그 제품을 구매하지 않을 것을 의미합니다)에서 이전에는 특정 제품을 주문하였지만 앞으로 그 제품에 대해 주문을 하지 않을 것이란 내용을 통해 주문에 대해 변동 사항을 알리기 위함을 알 수 있다. 따라서 정답은 (C)이다.

197 8월 18일에 어떤 일이 있을 것으로 예정되어 있는가?
(A) 제조업체는 생산라인 중 하나를 중단 할 것이다.
(B) Casamio Furnitures 전시장의 재배치가 시작 될 것이다.
(C) Della Robbia의 판매 담당자가 Casamio Furnitures를 방문할 것이다.
(D) Casamio Furnitures는 몇몇 제조업체들로부터 제품을 받을 것이다.

해설 8월 18일에 어떤 일이 있을 것으로 예정되었는가에 대하여 구체적인 상황을 묻는 유형이다. 질문에서 is scheduled, happen, August 18이 키워드가 된다. 첫 번째 지문인 이메일에서 두 번째 단락 세 번째 줄의 all the other suppliers have assured us that we will be able to receive their products by August 18(다른 모든 공급자들은 8월 18일까지 저희가 그 상품을 받을 수 있을 것이라 확답하였습니다)라는 내용이 (D)의 receive products from several manufacturers로 재표현되었음을 알 수 있다. 따라서 정답은 (D)이다.

198 Casamio Furnitures에 대해 언급한 것은 무엇인가?
(A) Della Robbia를 대체할 새로운 공급자를 찾아야 한다.
(B) 최근에 고객들을 잃기 시작했다.
(C) 3년 전 처음으로 사업을 시작했다.
(D) Saloom에서 현재 침실 가구 전부를 제공받는다.

해설 Casamio Furnitures에 대하여 언급된 사항을 묻는 문제로, 질문의 키워드에 관한 구체적인 사항을 물어보는 유형이다. 이메일의 세 번째 단락, 두 번째 줄에서, they will end their productions of all bedroom furniture, including the dining table we ordered from them(그들로부터 주문한 식탁을 포함하여 모든 침실 가구들의 생산을 중단할 것이다)라고 제시하였고, 식탁과 침실가구를 공급해주던 제조업체인 Della Robbia가 공급을 중단하기에, 다른 대체 공급업체를 찾아야 한다는 내용이 이어진다. 이를 통해 이메일 세 번째 단락 네 번째 줄인 have to soon search for a more financially stable furniture supplier as a replacement가 재표현된 (A) It will need to find a new supplier to replace Della Robbia가 정답이다.

199 10월에 할인된 금액으로 Casamio Furnitures는 어떤 상품을 판매했는가?
(A) 침대
(B) 책장
(C) 식탁
(D) 소파

해설 질문의 키워드는 product, Casamio Furnitures, discounted price, in October으로 키워드에 해당되는 구체적인 사항을 확인하는 문제이며, 동시에 두 지문을 확인하며 풀어야 하는 연계성 문제이다. 우선 10월이란 명확한 키워드를 본문에서 찾으면, 첫 번째 지문 이메일 첫 단락 6번째 줄인, in October, we eventually had to reduce the price drastically(10월에 우리는 급격하게 제품의 가격을 감소시켰다)에서 할인된 가격으로 제품을 판매하였다는 것을 알 수 있다. 그 문단 앞부분인 두 번째 줄인, Please take a look at the item marked "D" listed in the Supplier column; it indicates that we have received discounts for ordering a particular product and we will no longer order them in the future.(공급자 공간에 작성된 "D"를 확인해주시길 부탁드립니다. 이는 저희가 특정 제품에 대해 할인된 가격으로 주문을 받았고, 앞으로 더 이상 그 제품을 판매하지 않을 것을 의미합니다)에서 할인된 가격의 제품이 아래 재고관리 보고서에 (D)로 표시됨을 알 수 있다. 아래 재고관리보고서와 문제의 보기와 비교하였을 때, (D)에 해당되는 제품은 보기의 (A)이다. 따라서 정답은 (A)가 된다.

200 Abbyson이 제조한 의자에 대해 언급하는 것은 무엇인가?
(A) Casamio Furnitures는 8월 14일에 Abbyson이 제조한 의자들 중 6개를 판매했다.
(B) Casamio Furnitures 고객들에게 인기가 없었다.
(C) Casamio Furnitures 9월에 할인을 제공할 계획이다.
(D) Abbyson의 책장과 같은 가격으로 구매할 수 있다.

해설 Abbyson이 제조한 의자에 대해 언급된 내용을 묻는 문제로, 키워드를 중심으로 두 지문에서 내용을 파악해야 하는 연계성 문제이다. 우선 중심 키워드를 chair manufactured by Abbyson으로 잡는다. 두 번째 지문 재고 관리 보고서 맨 아래 줄에 키워드인 Abbyson를 찾을 수 있고, 키워드 옆에 (D)도 확인할 수 있다. (D)에 관한 언급은 다시 첫 번째 지문, 첫 단락 네 번째 줄인 These products are either not popular or never were known to customers(이 제품들은 인기가 없거나 고객들이 잘 알지 못합니다)가 보기 (B) unpopular with Casamio Furnitures customers(Casamio Furnitures 고객들에게 인기가 없었다)로 재표현되었음을 알 수 있다. 따라서 정답은 (B)이다. 나머지 보기는 지문에서 언급된 바가 없기에 정답이 될 수 없다.

Actual Test 2

101 (D)	102 (A)	103 (C)	104 (D)	105 (B)	106 (D)
107 (A)	108 (A)	109 (B)	110 (C)	111 (C)	112 (D)
113 (B)	114 (C)	115 (D)	116 (B)	117 (A)	118 (A)
119 (B)	120 (A)	121 (C)	122 (A)	123 (A)	124 (B)
125 (C)	126 (B)	127 (C)	128 (C)	129 (D)	130 (D)
131 (D)	132 (A)	133 (A)	134 (C)	135 (C)	136 (B)
137 (D)	138 (C)	139 (C)	140 (C)	141 (D)	142 (C)
143 (A)	144 (C)	145 (C)	146 (A)	147 (A)	148 (A)
149 (B)	150 (B)	151 (C)	152 (C)	153 (C)	154 (B)
155 (B)	156 (C)	157 (C)	158 (B)	159 (C)	160 (A)
161 (D)	162 (C)	163 (C)	164 (B)	165 (C)	166 (D)
167 (A)	168 (C)	169 (B)	170 (A)	171 (C)	172 (C)
173 (D)	174 (C)	175 (A)	176 (D)	177 (C)	178 (A)
179 (C)	180 (C)	181 (B)	182 (C)	183 (C)	184 (C)
185 (C)	186 (B)	187 (B)	188 (A)	189 (C)	190 (D)
191 (A)	192 (B)	193 (C)	194 (C)	195 (D)	196 (B)
197 (D)	198 (A)	199 (B)	200 (B)		

Part 5   p.514

101   **(D) reduced**

해설 본동사 자리임을 확인하고 동사의 수를 확인한다. reduce는 본동사로 쓸 수 있지만 복수 형태를 띠고 있으므로 정답이 될 수 없으므로 reduced가 정답이다.

해석 최근에 업데이트된 시스템 덕분에 멀티 작업을 할 때 오류가 상당히 줄었다.

어휘 **significantly** 상당히 **the number of** ~의 수 **error** 실수, 오류 **multiple** 여러 가지의

102   **(A) his**

해설 명사를 수식할 수 있는 소유격인 his가 정답이다.

해석 그의 첫 번째 영화가 예상치 못했던 성공을 거두자 감독은 속편에 대한 계획을 세우고 있다.

어휘 **unexpected** 예기치 않은, 예상 밖의 **make plans for** ~의 계획을 세우다 **sequel** 속편

103   **(C) near**

해설 대학교 근처에 있는 건물(장소)을 받을 수 있는 전치사인 near가 정답이다.

해석 Avion 서점은 Leeds 대학교 근처의 새로운 상용 복합 건물에서 문을 열게 되는 두 번째 사업체가 될 것이다.

어휘 **commercial complex** 상용 복합 건물

104   **(D) shift**

해설 빈칸은 앞에 있는 afternoon의 수식을 받을 수 있는 명사가 와야 한다. 문맥상 밤 늦게까지 근무할 사람을 찾는다는 의미이므로 shift가 정답이다.

해석 우리는 저녁 9시 또는 10시까지 근무할 수 있는 저녁조 인원을 찾고 있다.

어휘 **be willing to + 동사원형** 기꺼이 ~하다 **afternoon shift** 오후 근무조 **entry** 들어감, 입장 **permit** 허가 **shift** 교대

105   **(B) developed**

해설 빈칸 뒤의 목적어인 a good relationship을 받을 수 있는 동사를 찾는 문제. 지역사회와 좋은 관계를 만들었다는 의미인 developed가 가장 적절하다.

해석 Detroit에 본사를 둔 HD Motor사는 지역사회와 좋은 관계를 발전시켰다.

어휘 **have a good relationship** 좋은 관계를 맺다 **local community** 지역사회

106   **(D) renovated**

해설 be동사인 been 뒤에 나올 수 있는 동사에는 현재분사(renovating)와 과거분사(renovated)가 있다. 하지만 타동사인 renovate가 능동태인 현재분사를 띠기 위해서는 뒤에 목적어가 있어야 하는데, 목적어 없이 사물주어인 공장이 고쳐지는 것을 의미하므로 수동태인 과거분사 renovated가 정답이다.

해석 오래된 자동차 공장이 수리되자마자 우리는 생산성의 극적 증대를 기대한다.

어휘 **dramatic** 극적인 **productivity** 생산성 **renovate** 수리하다

107   **(A) already**

해설 문맥상 영업직원으로 최근에 임명이 되었지만(임명된 지 얼마 안 됐지만) 중요한 기여자(공로자)라는 의미로 '기대하는 시간보다 일찍'이라는 의미를 담고 있는 already(벌써, 이미)가 정답이다.

해석 그는 최근 Lili 화장품사의 판매사원으로 임명되었지만, Mr. Tanaka는 이미 그의 부서에 중요한 공헌자이다.

어휘 **appoint** 임명하다 **sales staff** 판매사원 **essential** 필수의, 가장 중요한 **further** 게다가, 더욱이

108   **(A) to attend**

해설 문장에 이미 본동사(received)가 있으므로 빈칸은 준동사 형태가 들어가야 한다. 오프닝 파티에 참석하라는 이메일 초대장을 받았다는 의미이므로 목적어를 받을 수 있는 준동사 형태인 to attend가 정답이다.

해석 Mr. Moya는 Gene's Fashion & Apparels의 개업식에 참석해 달라는 이메일 초청장을 받았다.

어휘 **opening party** 개업식 **apparel** 의복, 의상

109   **(B) either**

해설 보기가 모두 상관접속사와 연관된 단어들로 구성이 되어 있어서 문장에 어울릴 수 있는 것을 찾아야 한다. 빈칸 뒤쪽에 or로 동사를 대등하게 연결하고 있는 것으로 보아 either가 정답이다. neither는 nor와 함께 등장해야 한다.

해석 아직까지 교회 수련회 그룹의 일원이 아니라면, 오늘 등록하거나 이름을 명단에 올려줄 것을 Pastor Dave에게 알려야 한다.

어휘 **church retreats** 교회 수련회 **sign up** 등록하다 **remind** 상기시키다, 다시 한 번 알려주다 **put up on the list** 명단에 올리다

110   **(C) appointment**

해설 빈칸은 동사(schedule)의 목적어로, your next 뒤에 나올 명사를 골라야 한다. 보기 중에서 명사는 appointment뿐이다.

해석 Dr. Morris와 다음 약속을 잡기를 원한다면, Ms. Jasmine

에게 연락하여, 가능한 시간을 확인해주시기 바랍니다.

어휘 appoint 정하다, 약속하다 availability 유효성 appointment 약속

111 (C) manageable

해설 be동사 뒤에 들어 갈 품사는 쉽게 관리하거나 처리할 수 있다는 의미인 형용사 manageable이 가장 적절하다. managing은 타동사의 현재분사로 쓰게 되면 뒤에 목적어가 나와야 한다.

해석 최근 도입된 운송법 덕분에 해외 출장을 쉽게 처리할 수 있게 되었다.

어휘 transportation legislation 운송법 manage 잘 다루다, 관리하다 manageable 다루기 쉬운 manageability 다루기 쉬움

112 (D) them

해설 전치사 with 뒤에 목적어로 나올 수 있는 대명사는 목적격인 them(= contractors)이 되어야 한다. theirs도 문법적으로 가능하지만 '그들의 것'을 받을 수 있는 명사가 없다.

해석 제안서를 제출하러 사무실로 오는 업자들이 너무 많기 때문에 이사가 항상 그들을 직접 만날 수는 없다.

어휘 contractor 업자 proposal 제안서

113 (B) demand

해설 빈칸은 customer와 함께 연결될 수 있는 복합명사 자리이다. '고객 요구(사항)'에 따라 임대와 구매가 가능하다는 의미이므로 customer demand가 되어야 한다.

해석 고객 요구 사항에 부응하기 위해, 새로운 사무 자동화 장비는 임대와 구매 모두 가능하게 될 것이다.

어휘 office automation equipment 사무 자동화 장비 lease 임대

114 (C) will assume

해설 빈칸은 문장의 본동사가 들어갈 자리이며 주어가 사람(Mr. Cohen)이므로 복수동사인 assume은 답이 될 수 없고 복수 단수 상관없이 받을 수 있는 will assume이 정답이 된다.

해석 Hyunsung사의 최고 재정 책임자인 Mr. Cohen은 내년에 예산과 회계에 관한 책임을 맡게 될 것이다.

어휘 chief financial officer 기업의 최고 재정 책임자 responsibility 책임 budgeting and accounting 예산과 회계 assume (권력, 책임을) 맡다

115 (D) steady

해설 뒤에 있는 명사 pace를 수식할 수 있는 형용사를 찾는 문제. 문맥상 '주식가격이 안정된 국면(상황)이 사람들을 놀라게 했다'는 의미이므로 steady가 가장 적절하다.

해석 주가가 안정되자 경기 후퇴를 예상했던 많은 저널리스트들이 놀랐다.

어휘 economic recession 경기 후퇴 short 짧은 virtual 실질적인

116 (B) delivery

해설 현재 인기가 높은 제품의 수요를 맞추기 위해서 부품의 배송을 기다리고 있다는 의미이므로 보기 중 delivery가 정답이다.

해석 공장은 현재 인기 있는 레이저 프린터기인 Cube 05-XYZ에 대한 수요를 만족시키기 위해 Yaan 공급 업체로부터 칩을 비롯한 기타 자재들의 배송을 기다리고 있다.

어휘 await 기다리다 demand 수요 release 출시 delivery 배달 transportation 운송, 수송 resources 자원

117 (A) whether

해설 동사 will decide의 목적어로 to부정사를 받을 수 있는 명사절 접속사를 골라야 한다. Rebecca Valentine을 고용할 것인지를 3일 후에 결정할 것이라는 의미이므로 보기 중의 whether가 정답이다.

해석 인사부는 관리 보조원으로 Rebecca Valentine을 고용해야 할지에 대해 3일 후에 결정할 것이다.

어휘 Human Resources Department 인사부 whether ~인지 아닌지 managing assistant 관리 보조원

118 (A) accepted

해설 뒤에 있는 목적어 the assistance를 받을 수 있는 동사를 찾는 문제. 계약조건을 꼼꼼히 검토한 후에 도움(협조)을 받아들였다는 의미이기 때문에 동사 accepted가 정답이다.

해석 Mr. Bennet은 계약서에 적힌 모든 조건들을 신중하게 검토한 후에 Two Step Designs로부터의 도움을 수락하였다.

어휘 assistance 도움 review 검토하다 condition 조건 accept 수락하다, 받아들이다

119 (B) relatively

해설 비록 소형 자동차 제조 회사지만 비교적 경쟁력이 있는 회사라는 의미이므로 relatively가 정답이다.

해석 비록 Rego Auto 소형 자동차 생산 업체 이지만, 높은 연료 효율성과 안전성을 전문으로 하는 비교적 경쟁력 있는 회사이다.

어휘 manufacturing 제조업의 competitive 경쟁력 있는 closely 가까이, 면밀하게 normally 보통, 정상적으로 jointly 공동으로

120 (A) informative

해설 빈칸 뒤의 명사(conference)를 수식할 수 있는 품사는 형용사로, 보기 중 informative가 정답이다.

해석 Mr. Masters는 판매와 마케팅 수단에 관하여 도움이 되는 회의를 조직하였기에 Zone Media와의 인터뷰에 초대받았다.

어휘 informative 유익한, 정보를 주는 informally 비공식으로

121 (B) producer

해설 빈칸은 the largest 뒤에 나올 수 있는 명사를 찾는 문제이다. 보기 중에서 명사는 producer와 product이다. 빈칸은 문맥상 제조사를 의미할 수 있는 회사(사람)가 나와야 하므로 producer가 가장 적절하다.

해석 두 세계적인 모니터 제조업체가 합병되면 세계에서 가장 큰 디스플레이 패널 제조업체가 탄생될 것이다.

어휘 merger 합병 display panel 디스플레이 패널 produce 생산하다 producer 생산자, 제작자 productive 생산적인 product 생산품

122 (A) formally

해설 '공식적으로 the new ~를 발표하다'는 의미로, 보기 중에 formally가 가장 적절하다.

해석 올해 전국 회의에서, Mr. Kobayashi는 2002 이래로 그가 개발한 새로운 판매 방법을 공식적으로 발표했다.

어휘 national convention 전국 회의 formally 공식적으로 customarily 습관적으로 externally 외부적으로 observantly 주의 깊게

123 (A) Although

해설 빈칸은 두 개의 절을 연결할 수 있는 접속사 자리이다. 문맥상

해설 '5년 동안 기사를 썼지만 기자로 일한 것은 잠깐이다'라는 의미가 되어야 자연스러우므로, 빈칸에는 양보의 의미를 나타내는 접속사 Although가 가장 적합하다. Despite도 '~에도 불구하고'라는 양보의 의미를 나타내지만, 전치사이기에 답이 될 수 없다.

해석 Elizabeth는 5년간 기사를 썼지만, 기자로 일한 것은 잠깐이다.

124 (B) the other

해설 전치사 against 뒤에 나올 대명사를 고르는 문제이다. 각 프로그램을 나머지 다른 하나와 대비해서 고려해야 한다는 의미이기 때문에 둘 중에 나머지 하나를 의미하는 the other가 가장 적절하다.

해석 학술과 비즈니스 프로그램 둘 모두 장점을 갖고 있어서, 신청자들은 두 개를 신중하게 고려해 보아야 한다.

어휘 advantage 장점, 이익   applicant 지원자

125 (C) considerably

해설 동사 find는 5형식동사로, 목적어(the plan)와 목적 보어인 형용사 detailed를 받고 있는 완전한 문장이다. 완전한 문장에 필요한 품사는 보기 중의 부사인 considerably이다.

해석 마케팅 팀 회의가 끝난 후, Mr. Kaz는 수정된 계획이 초안보다 상당히 더 상세하다는 것을 발견하였다.

어휘 revised 수정된, 교정된   detailed 상세한, 정밀한

126 (B) after

해설 구조상 두 개의 문장을 연결할 수 있는 접속사가 들어갈 자리이다. 보기 중에서 접속사로 쓸 수 있는 것은 after뿐이다. 또한 the next time 뒤에는 관계부사 when이 생략된 구문으로 문장구조가 다소 혼란스러울 수 있으므로 조심해야 한다.

해석 우리가 우리 회사의 진정한 가치를 보여주면 다음번 Luna 투자사와 협상할 때 유리해질 것이다.

어휘 have an advantage 유리하다   negotiate 협상하다   value 가치

127 (C) supplier

해설 형용사 alternative의 수식을 받을 수 있는 명사가 들어가야 하는 자리로, 부정관사(an)와 함께 어울릴 수 있는 것은 가산명사의 단수인 supplier뿐이다. supplies도 명사이긴 하지만 앞에 부정관사 an이 나와 있기 때문에 복수형은 정답이 될 수 없다.

해석 Hume Auto사의 공급업체가 문을 닫았기 때문에 철강을 공급할 수 있는 다른 업체가 필요하다.

어휘 alternative 대체되는, 대신의   vendor 판매업체   run out of business 사업이 망하다

128 (C) previous

해설 문맥상 새로운 빌딩 디자인에 오류를 발견해서 이전의(previous) 청사진(blueprint)은 없애야 한다는 의미가 되어야 하므로 보기 중의 previous가 정답이다.

해석 수석 건축가가 새로운 빌딩 디자인에 결함을 발견하였기에, 디자인 팀은 그 건물의 이전 청사진은 모두 없애버려야 한다.

어휘 cautious 조심스러운   supportive 도와주는, 힘이 되는   deliberate 의도적인, 신중한

129 (D) promote

해설 '가장 기대가 되는 제품군을 홍보하기 위해 예산의 70%를 쓸 것이다'라는 의미이므로 promote가 정답이다.

해석 Detroit의 다가오는 자동차 쇼에서, Ruks Wing 자동차 회사는 가장 기대되는 제품군을 홍보하기 위하여 예산의 70%를 사용할 것이다.

어휘 obligate 의무를 지우다, 강요하다   afford (시간, 돈)의 여유가 있다   participate 참여하다, 참석하다

130 (B) continually

해설 빈칸은 주어 Yuri Labs와 동사 develops사이에 들어갈 품사를 묻는 문제로, 보기 중의 부사인 continually가 정답이다.

해석 Yuri 연구소는 시중에 나와 있는 대부분의 제품이 피부에 미치는 부작용의 피해를 최소화하기 위하여 유기화학인 스킨케어 제품을 지속적으로 개발한다.

어휘 continually 지속적으로   continual 지속적인

131 (D) persistence

해설 동사 needs의 목적어를 찾는 문제. '장애요인에 직면하였을 때 인내력이 필요하다'는 의미이므로 persistence가 가장 적절하다.

해석 부서장으로 일하는 것은 장애요인에 직면하였을 때 인내력과 예상하지 못한 책임이나 도전을 받을 수 있는 의지를 요구한다.

어휘 in the face of ~에 직면하여   obstacle 장애요인   willingness 기꺼이 하는 마음   unforeseen 예측하지 못한, 뜻밖의   frequency 빈도   attendance 출석, 참석   abundance 풍부, 부유   persistence 인내력, 내구성

132 (A) secure

해설 빈칸은 be동사 뒤에서 주격 보어로 쓰이는 형용사가 나와야 할 자리로, 보기 중의 형용사는 secure이다.

해석 이익을 극대화하기 위해서, 우리의 자문위원들은 불확실한 경제에 대비하는 안정적인 장기 투자를 제안한다.

어휘 maximize 극대화하다   profit 이익   uncertainty 불확실성

133 (A) adequately

해설 문맥상 '정부가 심각한 교통문제를 적절히 해결하지 못했다'는 의미이므로 adequately가 가장 적절하다.

해석 Nelson Research의 조사에는 정부가 심각한 교통 문제를 적절히 다루지 못했다는 것이 나타났다.

어휘 indicate 나타내다   address (문제 등을) 다루다   severe traffic issue 심각한 교통 문제

134 (D) increase

해설 빈칸은 result in의 목적어인 명사가 나올 자리이다. 보기 중에서 명사로 쓸 수 있는 것은 increase이다.

해석 Jackson 공장을 확장하면 생산성이 30% 증가할 것이다.

어휘 expand 확장하다   result in ~의 결과를 가져오다   productivity 생산성

135 (C) adversely

해설 조동사와 본동사(affect)사이에 쓸 수 있는 것은 부사이다. 보기 중에서 부사는 adversely(불리하게, 역으로)이다.

해석 Carlson 투자 회사의 이사는 최근의 경기 침체 때문에 전반적인 회사 이익이 타격을 받지는 않을 것이라고 확신했다.

어휘 downturn 경기 침체   adversely 불리하게, 반대로

136 (B) whose

해설 앞에 있는 명사(Lehman Computers)를 선행사로 하고 완전

234

한 문장을 이끌 수 있는 접속사인 관계대명사의 소유격 whose 가 들어가야 한다.

해석 Lehman Computers사의 고객들은 현재 회사의 저조한 판매에 불만이기 때문에 회사는 마케팅 계획들을 전부 변경하여 새로 개발하기로 결정하였다.

어휘 poor record 저조한 기록

137 (D) specified

해설 빈칸 뒤의 that 이하를 목적어로 받을 수 있는 동사를 찾는 문제. 문맥상 기술자는 이전의 모델에서 변화되어야 하는 모든 것들이 조심스럽게 실행되어야 한다고 말했다는 의미로, 구체적으로 명시하다는 의미를 가진 동사 specified가 가장 적절하다.

해석 기술자는 이전의 모델에서 변화되어야 하는 모든 변화들을 조심스럽게 실행해야 한다는 것을 명시했다.

어휘 employ (사람, 회사을 고용하다 distinguish 구별하다 connect 연결하다

138 (C) once again

해설 문맥상 지난해에 했던 것과 같이 송년회에 음식을 또 다시 제공할 것이라는 의미로, once again이 정답이다.

해석 파티 위원회장인 James Sire는 3가지 송년회에 지난해 그가 했던 방식대로 다시 한 번 음식을 공급할 것이다.

어휘 committee 위원회, 위원 cater (행사 등에) 음식을 공급하다 end-of-year celebration 송년회 by far 훨씬 (비교급, 최상급 강조) for long 오랫동안

139 (C) even

해설 빈칸 뒤의 최상급을 강조할 수 있는 부사는 보기 중의 even이 가장 적절하다. so much as도 even의 의미를 갖지만 주로 not(never), without과 함께 쓰이거나 조건절에서 쓰인다. now that ~은 이유나 원인을 나타내는 접속사이며, whereas 역시 접속사로 although의 의미를 가진다.

해석 Mr. Braves는 자신의 회사가 신생업체이지만 음악산업계의 제일 잘나가는 회사와도 경쟁할 수 있을 것이라고 확신한다.

어휘 compete with ~와 경쟁하다

140 (A) indicator

해설 고객 평가의 숫자는 제품의 인기도를 알 수 있는 중요한 척도라는 의미로, 무엇을 알 수 있는 지침이나 척도를 뜻하는 indicator가 정답이다.

해석 Vermont Farm 공급업체의 판매원들은 고객 평가의 숫자가 상품의 인기를 나타내는 중요한 지표가 된다고 생각한다.

어휘 salespeople 판매원들 indicator 지시자, 지표 receptor 수용기 operator 장비, 기계를 조작하는 사람 contractor 하청업체

Part 6 p.520

문제 141-143은 다음 공지를 참조하세요.

Brown 대학 수학과 미적분학 세미나
봄 방학 동안 Brown 대학은 여러 고난이도 미적분 문제들을 풀 수 있는 효과적인 방법에 대한 통찰력을 습득할 수 있는 무료 세미나를 제공합니다. 이번 봄 방학 세미나는 지난 추수감사절 세미나 때 논의했던 내용과 비슷한 내용을 다룰 것입니다. 그러나 추수감사절 때 진행을 맡았던 Pierce 교수 대신에 Hoffman 교수에 의해 진행이 될 것입니다. 이 세미나가 개최될 수 있도록 노력해 주신 여러분 모두에게 감사드립니다.
등록을 위해서는 www.browncollege.edu/seminars를 방문해 주세요.

어휘 math department 수학과 calculus 미적분학 spring break 봄 방학 offer 제공하다 gain 얻다 valuable 귀중한, 소중한 insight 통찰력, 이해 Thanksgiving 추수감사절 instead of ~ 대신에 contribute 공헌하다, ~의 원인이 되다

141 (D) into

해설 빈칸 앞에 있는 명사 insights와 뒤에 있는 목적어 역할을 하는 명사 the various methods 사이에 들어갈 수 있는 전치사를 찾는 문제이다. 명사 insight에 into를 함께 써주어 '~에 대한 통찰력'의 의미를 나타내므로 정답은 (D) into가 된다.

142 (C) However

해설 앞문장이 완전하게 끝나고, 그 뒤에 콤마가 있으므로 빈칸은 접속부사 자리이다. '이번 세미나의 내용이 저번 추수감사절 때 다루었던 내용과 같으나 진행자는 다를 것이다'라는 의미를 나타내고 있으므로, 역접의 의미인 However가 정답이다.

어휘 likewise 마찬가지로 as a result 결과적으로 for example 예를 들어

143 (A) contributed

해설 주격 관계대명사 who 다음에는 동사가 와야 한다. 문맥상 '이 세미나가 개최될 수 있도록 노력해주신 모든 분들께 감사드린다'라는 뜻이므로 과거형인 (A) contributed가 정답이다.

어휘 contribute 공헌하다

문제 144-146은 다음 회람을 참조하세요.

보낸 사람: Moses Kruger
제목: 승진
날짜: 3월 2일
Ms. Wilson 씨께
귀하께서 요청하신 승진 건을 인사부가 승인했다는 것을 알려드리기 위해 이 편지를 보냅니다.
내일자로, 귀하는 맨해튼 지점에서 총 판매 부장으로서 일을 하게 될 것입니다. 귀하의 사무실은 3층에 있습니다. 두 번째 페이지에 명시된 조건에 덧붙여서 저는 귀하가 총 판매 부장으로서 가질 새로운 책무들에 관한 공문을 첨부시킵니다.
귀하의 승진에 대하여 궁금한 점이 있으시다면 언제든지 연락 주십시오. 저희는 귀하가 회사의 미래의 발전에 큰 공을 세울 것이라고 확신합니다.
충심으로,
Moses Kruger
인사부 부장

어휘 inform 알리다 promotion 승진 Human Resources Department 인사부 as of ~일부로 branch 지사, 분점 along with ~에 덧붙여 relating to ~에 관하여 confident 자신감 있는, 확신하는 contribution 공헌, 기여

144 (C) approved

해설 been 다음에 오는 적절한 과거분사를 찾는 문제이다. 보기는

모두 과거분사이므로 문맥에 적합한 것을 골라야 한다. '승진 요청이 인사부에 의해 승인이 되었다'라는 내용이므로 정답은 (C) approved이다.

145 (B) responsibilities

해설 빈칸 앞은 정관사(the)와 형용사(new)이기 때문에 빈칸에는 적절한 명사가 들어가야 한다. '새로운 책무들에 대한 공문을 첨부시킨다'는 의미가 자연스러우므로 정답은 '책무'라는 의미를 가진 (B) responsibilities이다.

어휘 example 예 responsibility 책무 foundation 기초, 재단 knowledge 지식

146 (A) contributions

해설 '앞으로 회사에 공을 세울 것이라 확신한다'는 의미가 되어야 하므로 정답은 (A) contributions이다. 참고로 make a contribution은 '공헌하다'라는 의미의 숙어적 표현이다.

어휘 contribution 공헌, 기여 contributor 기부자 contribute 공헌하다

문제 147-149는 다음 이메일을 참조하세요.

받는 사람: Elijah Cane ⟨iamnotfrodo@maillord.com⟩
보내는 사람: Omar Miller ⟨OMiller@plystore.net⟩
제목: 반송 소포
날짜: 9월 14일

Mr. Cane 씨께

Helm 진공청소기 반송 건에 대한 이메일을 받았습니다. 저희의 제품이 고객님을 만족시켜드리지 못해 죄송스럽게 생각합니다. 고객님이 영수증을 소지하고 계셔야 제품을 반품하실 수 있습니다. 진공청소기를 반품하시려면, 원래 포장이 돼 있었던 상자에 다시 넣어 주시고, 송장 또한 같이 보내주셔야 합니다. 저희가 고객님이 보내주신 제품을 받으면, 확인 이메일을 보내드린 후 환불절차가 진행될 것입니다.
고객님께 불편을 끼쳐드려 죄송합니다. 앞으로도 저희 Plymouth에서 즐거운 쇼핑이 되기를 바랍니다.

어휘 in regard to ~에 관련하여, ~에 대하여 return 돌려주다, 반납하다 vacuum cleaner 진공청소기 reliable 믿을 수 있는, 신뢰할 수 있는 receipt 영수증 item 물품 original 원래의 packaging 포장 make sure to + 동사원형 꼭 ~해라 invoice 송장, 청구서 once ~하자마자 confirmation 확인 process 과정, 처리하다 refund 환불, 환불하다 trouble 문제, 곤란 go through ~을 겪다 continue 계속하다

147 (A) product

해설 정관사(the) 다음에 위치한 빈칸은 주어 역할을 하는 명사가 들어가야 한다. 문맥상 '제품이 고객의 기대에 부응하지 못해 죄송하다'라는 의미가 자연스러우므로 정답은 '제품'을 의미하는 명사 (A) product가 된다.

어휘 reply 대답

148 (A) provided

해설 빈칸 앞뒤로 주어와 동사로 이루어진 완전한 절이 있으므로 두 절을 연결시켜주는 접속사가 빈칸에 들어가야 한다. '영수증이 있어야만 반송이 가능하다'라는 의미가 되어야 하므로 정답은 (A) provided 가 된다. 보기 중 (B) but for는 전치사이기에

오답이 된다.

어휘 provided (만약) ~라면 whether ~인지 아닌지 but for ~이 없다면, ~이 아니라면 whereas 반면에

149 (B) to include

해설 make sure와 빈칸 다음에 명사(the invoice)가 위치하고 있으므로 '반드시 ~해야 한다'라는 의미를 가진 ⟨make sure to + 동사원형⟩의 구조를 묻는 문제이다. '반드시 송장을 포함하세요'라는 의미가 되어야 하므로 정답은 (B) to include가 된다.

어휘 include 포함하다

문제 150-152는 다음 이메일을 참조하세요.

받는 사람: Donna Mara
보낸 사람: Scott Miller
날짜: 12월 2일
제목: 온라인 주문 건에 대한 답변

온라인으로 Vintage 1레코드 플레이어를 구매해 주셔서 감사합니다. 고객님이 받으신 제품이 레코드를 제대로 읽지 못한다고 언급하신 이메일을 받았습니다. 저희는 고객님께 불편을 끼쳐드린 점 죄송스럽게 생각하며, 하루 빨리 이 문제를 해결하기를 바랍니다. 레코드 플레이어는 조심스럽게 취급되어야 하기 때문에 저희 직원 한 명이 고객님 댁으로 방문을 하여 결함이 있는 제품을 점검하도록 하겠습니다. 운이 따른다면 수리할 수도 있을 것입니다.
저희가 제안하는 해결책이 마음에 드시기를 바랍니다.
충심으로,
Scott Miller
Vintage Music Products

어휘 mention 말하다, 언급하다 item 물품 order 주문하다 properly 제대로, 적절히 greatly 대단히, 크게 apologize 사과하다 solve 해결하다 handle 다루다 carefully 주의하여, 조심스럽게 fix 고치다 if possible 가능하다면 come up with 제시하다

150 (B) purchase

해설 빈칸 앞의 명사 online과 함께 한 단어로 쓰이는 복합명사를 묻는 문제이다. 문맥상 '고객님의 온라인 구매에 대해 감사드린다'라는 내용이므로 정답은 (B) purchase이다.

어휘 return 반납 purchase 구입, 구매 consideration 숙고, 고려 guarantee 품질 보증서, 보장

151 (A) defective

해설 정관사(the)와 명사(item) 사이에 들어갈 적절한 형용사를 찾는 문제이다. '직원이 직접 집을 방문하여 결함이 있는 제품을 점검할 것이다'라는 문맥적 의미를 나타내므로 정답은 (A) defective 이다.

어휘 defective 결함이 있는 confidential 기밀의 missing 분실한 additional 추가의

152 (C) will be pleased

해설 hope는 that절을 목적어로 가질 수 있는 동사이지만 이 문장에서는 that이 생략되어 있다. 따라서 빈칸에는 주어인 you를 받는 적절한 동사가 들어가야 한다. '고객이 회사 측에서 제안한 해결책에 만족하길 바란다'라는 문맥적 의미를 나타내야 하므로

미래 수동형인 (C) will be pleased가 정답이 된다.

Part 7
p.524

문제 153-154는 다음의 공지를 참조하세요.

5주년
Paramount 도서 축제
Green Square 공원
8월 20-21일 오전 11시 - 오후 6시

Green Square 공원에서 매년 열리는 제5회 Paramount Book Festival에 오셔서 함께 하세요. (153) 이 이벤트는 책 읽기가 취미인 모든 연령의 사람들을 위해 열립니다. 축제는 시 낭독, 워크숍, 그리고 저자 사인회로 구성됩니다. 몇몇 작가들과 이야기꾼들 또한 초대됩니다. 올해의 특별 게스트는 다음과 같습니다.

- 'Mr. Apple's trip to The Banana World'의 저자 Elaine Findlay
- (154) '1700년대 중반 원주민들의 전쟁'의 저자 Pete Columbus
- 라디오 DJ 이면서 'Ways of Enjoying the Media'의 저자인 Miriam Cullen
- 뮤지컬 'Mother Nature to Thee'의 저자 Kevin Wentworth

Paramount 도서 축제는 모든 대중에게 무료로 공개됩니다. www.paramountfestival.com에 들어오셔서 이번 이벤트에 대한 우리의 전체 예정표를 받으세요.

어휘 annual 매년의, 연례의 festival 축제 public 대중의, 공공의 poetry reading 시 낭송회 book signing 저자 사인회 author 작가, 저자 storyteller 작가, 이야기꾼 lineup (방송·행사·활동 등의) 전체 예정표

153 독서 축제에 대해 명시된 것은?
(A) 1년에 3번 제공된다.
(B) Paramount 공공도서관에서 열린다.
(C) 초대를 받은 사람만 참여할 수 있다.
(D) 아이들과 어른들을 위한 행사이다.

해설 문제의 키워드는 도서축제인데 이는 본문 전체의 내용이므로 각 보기의 키워드와 본문을 대조해야 풀 수 있는 문제이다. 본문 첫 번째 단락 두 번째 줄의 This event is for people of all ages who are avid readers에서 모든 연령층을 위한 행사임을 알 수 있으므로 정답은 (D)이다.

154 역사적인 주제에 관해 논할 사람은?
(A) Elaine Findlay
(B) Pete Columbus
(C) Miriam Cullen
(D) Kevin Wentworth

해설 구체적인 내용을 묻는 질문이다. 책의 주제는 두 번째 문단에 나열된 특별 게스트 목록의 책 제목으로 찾을 수 있다. 4명의 저자 중 역사적 주제에 관한 책을 쓴 사람은 '1700년 중반 원주민들의 전쟁'의 저자 Pete Columbus이므로 정답은 (B)이다.

문제 155-156은 다음 이메일을 참조하세요.

수신: Izumi사 직원들
발신: Dorothy Mansen
날짜: 7월 9일
제목: 신입직원 교육

직원들께,

(155) 원래 내일로 정해졌던 신입직원을 위한 교육이 약간의 일정 변동으로 연기 되었습니다. 그래서 다음에 제시하는 이틀 중 하루를 선택하면 됩니다. 8월 1일 수요일 오전 10시와 8월 3일 금요일 오전 11시입니다. 두 날짜 중 가장 편리한 시간을 골라 주십시오. 날짜를 결정한 후에 확인차 내선 021번으로 제게 연락을 주십시오. (156) 교육 장소는 참가자 수에 따라 달라집니다.

이 일로 불편을 끼쳐서 죄송하게 생각하며 이해해주셔서 감사합니다.

Dorothy Mansen
교육 담당자

어휘 notify 알리다, 통보하다 training session 교육(과정) initially 처음에 postpone 연기하다, 미루다 alternate 대체의 convenient 편리한, 간편한 extension 내선, 구내전화 arrangement 준비, 마련 cause 야기하다

155 교육은 원래 며칠로 정해졌었습니까?
(A) 7월 9일
(B) 7월 10일
(C) 8월 1일
(D) 8월 3일

해설 구체적인 사실을 묻는 질문으로, 첫번째 단락 첫 번째 줄의 the training session for new employees initially set for tomorrow에서 최초 날짜는 내일이라는 것을 알 수 있으며 이 메일이 보내진 날짜가 7월 9일이므로 내일은 7월 10일이다. 따라서 정답은 (B)이다. initially set이 originally scheduled로 패러프레이징 되었음에 주의하자.

156 이메일에 따르면 추후에 어느 정보가 제공되나?
(A) 교육 담당자의 이름
(B) 교육 참가 비용
(C) 교육 장소
(D) 교육 종료 시간

해설 구체적인 정보를 묻는 질문이다. 추후 제공되는 것은 첫 번째 단락 마지막 문장의 Room arrangements will depend on the number of attendees에서 직원들이 선택한 날짜를 취합하여 그 참여 인원에 따라 추후 공간 배정을 함을 알 수 있다. 따라서 정답은 (C)이다. 본문에 직접적으로 제시된 것이 아니라, 아직 결정되지 않은 내용을 찾아 추론하는 문제로, 난이도가 있으므로 주의하자.

문제 157-158은 다음 기사를 참조하세요.

BINGHAMTON, 9월 21일 – 다음주부터 Binghamton 시내에 위치한 (158) Zone Echo 박물관은 Binghamton 지역의 몇몇 유능한 음악가들을 소개하는 야간 연주회 시리즈를 열 것이다. Zone Echo Museum의 관장인 Janice Ward는 다음과 같이 전했다. "(157) 이것은 콘서트를 즐기기 위해 사람

들을 모을 뿐만 아니라 박물관 그 자체에도 역시 사람을 끌어 모으게 될 것입니다. 우리는, 그들이 한번 우리 박물관의 예술작품에 감명 받게 되면 그 후에도 박물관을 찾아 올 것이라고 생각합니다." 야간 연주회는 오후 6시 30분에 시작해서 오후 9시에 끝난다. 박물관 입장료는 1인당 10달러이다. 콘서트는 입장료를 지불한 사람 누구에게든 무료이다.

* 박물관 입장 요금은 오후 8시 이후에는 무료이다. 박물관은 오후 11시까지 개장하며 콘서트는 10월 2일부터 12월 3일까지 계속된다. 연주회에 대해 더 많은 정보는 www.binghamtonmuseum.com에서 찾을 수 있다.

어휘 hold 열다[개최하다] talented 재능 있는 director 책임자 state (정식으로) 말하다 opportunity 기회 gather 모으다 artwork 미술작품 entrance fee 입장료 find out 알다, 찾아내다

157 연주회 시리즈가 열리는 이유는?
(A) 박물관의 새로운 장소로의 이전을 축하하기 위해
(B) 박물관에 기부한 사람들에게 감사하기 위해
(C) 더 많은 수의 박물관 방문객을 유치하기 위해
(D) 새로운 미술작품을 구입할 돈을 모으기 위해

해설 연주회 시리즈가 열리는 이유에 대해 묻는 질문이다. 6번째 줄 박물관장 Janice Ward 씨가 언급한 내용 중 great opportunity for our museum to gather more people to enjoy the concert as well as the museum itself에서 박물관 방문자들을 늘리기 위한 것임을 알 수 있다.

158 연주회에 대해 언급된 것은?
(A) 박물관 내부의 강당에서 열릴 것이다.
(B) 지역 음악가들에 의해 연주될 것이다.
(C) 첫 번째 연주회는 12월에 열릴 것이다.
(D) 10달러의 입장료가 있다.

해설 문제의 키워드인 연주회는 기사문의 전반적 내용이므로 각 보기에서 키워드를 잡아 본문과 대조하여 풀 수 있는 문제이다. 4번째 줄 presenting some of Binghamton's most talented music artists에서 Binghamton 지역의 음악가들의 연주로 연주회가 진행됨을 알 수 있다. (D)의 입장료는 박물관의 입장료이고, 연주회는 박물관 입장자에게는 무료로 제공된다.

문제 159-161은 다음 기사를 참조하세요.

상하이, 5월 19일 — (159) 비디오 게임 제작사인 SEKA Games의 레이싱 게임 속편인 Racing Cars가 오늘 오후 일찍 출시되었다. 수천명의 팬들이 제품이 동나기 전에 구입하기 위해 아침 일찍부터 가게에 몰려들었다.
(160) SEKA Games가 스스로 기획한 광고 전략은 성공적인 것으로 밝혀졌다. Racing Cars의 출시를 목빠지게 기다리고 있던 팬들이 인터넷을 통해 열을 올리자 이 게임은 금방 뜨거운 화제가 되었다. Racing Cars의 새 버전은 지난 버전에 비해 크게 다른점은 없으나, (161) 이용자들의 요청에 의해 차량들이 업데이트 되었다. 대부분의 게임사들은 효과적인 비디오 게임 광고에 초점을 맞추는 외부 회사에 의존하기 때문에 많은 사람들이 Racing Cars가 주목받기에는 무리가 있다고 믿었다. 그와 대조적으로 SEKA Games는 자사의 마케팅 팀을 활용하여 전문 레이서들을 TV와 온라인 광고에 사용했다. 또한 이 유명인사들 중 몇몇은 게임 유저들과 레이싱 팬들을 끌어들이기 위해 몇몇 가게에서도 모습을 드러냈습니다.

어휘 sequel 속편 developer 개발자 launch 출시하다 purchase 구입하다 get sold out 매진되다 advertise 광고하다 strategy 전략 spotlight 주목 rely on ~에 의존하다 firm 회사 effective 효과적인 advertisement 광고 in contrast 대조적으로 celebrity 유명인 show up 나오다, 나타나다 appeal 호소하다

159 기사에 따르면, 왜 사람들이 몇 시간동안 기다렸나?
(A) 새로운 컴퓨터 모델을 주문하기 위해
(B) 유명인사들을 만나기 위해
(C) 자동차 경주에 참가하기 위해
(D) 컴퓨터 게임을 구입하기 위해

해설 구체적인 사실에 대해 묻는 질문으로 기사의 초반부에서 새로운 게임의 출시를 알리며 사람들이 오후에 출시되는 게임을 구입하기 위해 아침부터 가게에 몰려들었다고 했으니 컴퓨터 게임 구입을 위해 기다렸다고 한 (D)가 정답이 된다. (B)의 유명인사들은 지문 끝쪽에 마케팅 수단으로서 언급되었고, 나머지 보기는 언급된 바 없다.

160 광고 캠페인에 대해 언급된 것은?
(A) 그것은 SEKA Games에 의해 개발되었다.
(B) 그것은 아이들을 목표로 삼았다.
(C) 그것은 유명 음악가들을 출연시켰다.
(D) 그것은 유명 잡지 광고를 포함하였다.

해설 광고 캠페인이 키워드로, 이는 본문 두 번째 단락 첫 번째 줄에서 언급되었다. The advertising strategy planned by SEKA Games itself에서 SEKA Games에서 직접 광고를 기획했음을 알 수 있다. 따라서 정답은 (A)가 된다.

161 SEKA Games에 대해 언급된 것은?
(A) 그들의 본사는 Shanghai에 위치하고 있다.
(B) 그들은 최근 다른 회사와 합병하였다.
(C) 그들의 제품들은 타 경쟁사들의 제품들보다 더 비싸다.
(D) 그들은 고객들의 견해에 주의를 기울인다.

해설 SEKA Games는 기사문의 주제인 새로운 게임을 제작한 회사로서 보기의 키워드를 본문과 대조하여 풀 수 있는 문제이다. 본문 두 번째 단락 네 번째 줄에서 이전 버전과 크게 다르지는 않으나 고객들이 요청한대로 차량들을 업데이트 시켰다고 했으므로 (D)를 정답으로 고를 수 있다.

문제 162-165는 다음 이메일을 참조하세요.

수신: question@thearchitecttrend.com
발신: rflenderson@wisc.edu
주제: 4월 25일의 포스팅
날짜: 5월 5일

편집자께,

보통 저는 매일 수업이 끝나고 Danny Northman의 컬럼을 읽기 위해 www.thearchitecttrend.com에 접속합니다. (163) 그는 분명히 건축에 관한 많은 지식을 가지고 있는 저널리스트입니다. 건축 디자인을 전공하고 있는 학생으로서 저는 항상 그의 기사를 읽을 가치가 있는 기사라고 여기고 있습니다.

(162) 하지만, "원숭이도 나무에서 떨어질 때가 있다"라는 그의 지난 월요일 포스팅을 보고 실망한 것에 대해 이야기를 좀 해야겠습니다. Northman은 (165-C, D) Alfredo Roman이 Wisconsin에서 지은 3개의 건물 중 Rich Street에 위치한 Tuscan Tower가 가장 매력없으며 Wisconsin 주민들도 그

건물에 매력을 느끼지 못한다고 적었습니다. 하지만, 저는 그의 언급에 반대합니다. Tuscan Tower는 외관상 매우 아름답고, **(164) 저는 그것이 언젠가는 Wisconsin의 자랑스러운 상징이 될 것이라 믿어 의심치 않습니다.**

조금 더 보태자면, 저는 우리 Wisconsin 지역사회는 그 건물을 별것 아닌 것으로 생각한다고 믿지 않습니다. 저는 지역주민들이 이 경이로운 외형의 건축물을 좋아할 것이라고 생각합니다. **(165-B) 상점들과 식당들을 위한 넓은 공간**과 더불어 그것은 Wisconsin의 더 많은 상업적 활동들을 증진시킬 수 있을 것 입니다. Wisconsin 거주민들은 약 7년 전 **(165-D) Rich Street의 오래된 Aerostar Tower**가 철거된 이래로 Tuscan Tower와 같은 건물을 바래왔습니다. 그들은 이곳에 사람들을 끌어 모을 수 있는 건물이 필요했고, 저도 Tuscan Tower가 그들의 기대에 부응할 것이라고 확신합니다.

Regina Flenderson

어휘 editor 편집자 column 정기 기고란(칼럼) clearly 분명히 clever 재주 있는 journalist 저널리스트, (신문·방송·잡지사의) 기자 architecture 건축가, 설계자 worth reading 읽을 가치가 있는 disappoint 실망시키다 state 명시하다 locate 특정 위치에 두다 attractive 매력적인 resident 거주자 impress 깊은 인상을 주다 visually stunning 외관상 매우 아름다운 symbol 상징(물) positive 긍정적인 phenomenal-looking 경이로운 외형의 structure 건축물 commercial 상업의 demolish 철거하다 roughly 대략 expectation 예상, 기대

162 이메일이 쓰여진 이유는?
(A) 뉴스 기사의 오류를 수정하기 위해
(B) 건축가의 업적에 대해 더 많은 정보를 제공하기 위해
(C) 인터넷에 오른 기사에 대해 언급하기 위해
(D) 건물의 철거 계획을 비판하기 위해

해설 이메일이 쓰여진 이유 즉 기본적인 정보에 대해 묻는 질문이다. 목적에 관한 질문은 대개 지문 위쪽에서 찾아볼 수 있다. 하지만 위의 지문에서는 첫 문단에서 본인의 생각에 대해 언급을 한 후, 구체적인 이유는 두 번째 단락의 However 이후에서 언급하고 있음에 주의하자.

163 Regina Flenderson에 대해 옳은 것은?
(A) 그녀는 신문방송학과 학생이다.
(B) 그녀는 4월에 www.thearchitecttrend.com을 처음으로 방문하였다.
(C) 그녀는 최근 Wisconsin으로 이사 했다.
(D) 그녀는 Danny Northman의 저술을 대체적으로 존경한다.

해설 문제의 키워드는 이메일 작성자인 Regina Flenderson이므로 보기의 키워드를 본문과 대조시켜 풀 수 있는 문제이다. 첫 번째 문단에서 He is clearly one of the most clever journalists with a lot of knowledge in architecture라고 Danny Northman 에 대해 언급하였으므로 (D)가 정답이다. 그녀는 건축을 전공하는 학생이므로 (A)는 오답, 나머지는 언급된 바 없다.

164 Regina Flenderson이 예상하고 있는 것은?
(A) Rich Street의 상행위가 감소할 것이다.
(B) Wisconsin 거주자들은 Tuscan Tower를 자랑스러워 할 것이다.
(C) Alfredo Roman은 Rich Street에 새로운 건물의 설계를 요청받을 것이다.
(D) Tuscan Tower는 혁신적인 디자인으로 상을 받을 것이다.

해설 구체적인 내용을 묻는 질문이다. 두 번째 단락 끝의 I strongly believe it could one day be considered as an iconic symbol of Wisconsin에서 글쓴이의 예상을 알 수 있다.

165 Tuscan Tower에 대해 언급되지 않은 것은?
(A) 건설에 7년이 걸렸다.
(B) 쇼핑할 공간과 식사할 공간을 가지고 있다.
(C) Alfredo Roman이 그 지역에 지은 3개의 건물 중 하나이다.
(D) Aerostar Tower가 있던 동일한 거리에 위치한다.

해설 NOT question으로 소거법으로 풀 수 있다. 질문의 키워드는 Tuscan Tower로서 이는 지문 전반적인 내용이므로 각 보기의 키워드와 본문을 대조하여 풀 수 있는 문제이다. (B)는 본문 세번째 단락 2번째 줄의 With its large space for shops and restaurants에서 쇼핑할 공간이 언급되었고, (C)는 두번째 문단 2번째 줄 Of the three buildings Alfredo Roman built in Wisconsin에서 확인할 수 있으며, (D)의 근거는 두번째 문단 3번째 줄 Tuscan Tower located on Rich Street와 세번째 단락 Rich Street's the old Aerostar Tower를 함께 보면 확인이 가능하다. 정답인 (A)의 seven years는 Aerostar Tower가 철거된지 7년이 되었다고 본문에 제시되었으며, Tuscan Tower와의 연관성은 찾아볼 수 없다.

문제 166-168은 다음 기사를 참조하세요.

Quai-Lai

고객들은 Springfield 시내에 새로 개업한 Quai-Lai로 몰려들고 있다. **(167) Quai-Lai는 여태 맛본 적 없는 최고의 General Tso's Chicken과 Shrimp with Lobster Sauce를 제공한다.**

Quai-Lai가 Springfield의 다른 중국 음식점에서도 즐길 수 있는 전형적인 중국 음식 메뉴들을 제공하긴 하지만, **(168) 그들은 또한 특선 요리로서 여러 문화권에서 영감을 받은 퓨전 요리도 제공한다.** 이 모든 특선 요리들 중 Moo Goo Gai Pan은 최고의 메뉴이다. 그것은 볶은 닭과 조리된 야채들의 조합으로 핫 소스가 얹혀 나온다. 이 메뉴와 따로 올리브 소스로 조리된 두부 팬케익이 또한 고객들로부터 매우 인기를 얻고 있다.

만약 디저트를 놓쳤다면, 매우 후회하게 될 것이다. 그들의 가장 인기있는 디저트는 Taang Hoo Rou이다. 그것은 팥이 안에 들어있는 밥을 작게 공처럼 만든 음식이다.

Quai-Lai는 식사를 10분안에 제공한다. 그들의 빠른 조리 방법 때문에 Quai-Lai는 급한 업무 겸 점심식사의 이상적인 공간이 되었다. 그들의 대부분의 요리들은 8.99달러이기 때문에 많은 사람들이 합리적인 가격에 식사를 즐길 수 있다.

어휘 typical 전형적인 available 구할 수 있는, 이용할 수 있는 inspire 영감을 주다 daily special 특선 요리 come with ~가 딸려나오다 regret 후회하다 business lunch 업무를 겸한 점심

166 이 기사가 등장할 출판물은?
(A) 경제 잡지
(B) 요리학원 소식지
(C) 가정 요리 잡지
(D) 신문의 외식란

해설 기사문의 종류를 파악해야 하는 문제이다. 본문에서 중국음식점에 대해 다루고 있으므로, 보기 중 가장 답에 근접한 것은 (D)이다.

Actual Test

239

167 Quai-Lai에 대해 제시된 것은?
(A) General Tso's Chicken을 제공하는 음식점이다.
(B) 디저트에는 General Tso's Chicken이 포함되어 있지 않다.
(C) 채식 전용 식당이다.
(D) Springfield로 옮길 것이다.

해설 기사문이 Quai-Lai 라는 식당에 대한 것이므로, 각 보기의 키워드와 본문을 대조하여 풀 수 있는 문제이다. 첫 번째 문단의 두 번째 줄에 Quai-Lai는 General Tso's Chicken을 제공한다고 제시되었으므로 (A)를 답으로 고를 수 있다.

어휘 **vegetarian** 채식주의의

168 특선 요리에 대해 제시된 것은?
(A) 제철 채소가 들어 있다.
(B) 보통 메뉴보다 값이 더 나간다.
(C) 여러 문화의 음식들을 반영한다.
(D) 랍스타 소스가 올려져 있다.

해설 특선 요리가 키워드로써 두번째 문단 3번째 줄에서 daily special에 대한 정보를 얻을 수 있다. (D)의 lobster sauce가 얹힌 요리는 daily special과는 연관이 없으며, 나머지 보기는 언급된 적이 없다

문제 169–172는 다음 설문조사를 참조하세요.

Tommy's 자동차 대여점

무엇보다 우리 회사에서 차를 렌트하신 데 대해 감사합니다. 아래 정보들을 채워 우리의 고객 만족 설문조사를 완성해 주세요. 당신이 작성하신 설문조사를 우편 요금이 지급된 봉투에 담아 돌려보내 주세요. 우리의 서비스에 관해 더 하실 말씀이 있으시면 1-800-435-2093으로 연락 주세요. 감사합니다.

1. Tommy's Car Rental Agency에 대해 어떻게 아셨습니까?
___ 개인적인 추천   X (169) 신문 광고
___ 인터넷   ___ 자동차 잡지 광고

2. 우리 서비스 등급을 어떻게 생각하십니까?
업무 효율성: (최상)   상   중   하
유효한 자동차: 최상   (상)   중   하

의견:
처음에는, 사업 발표회에 참가하기 위해 저와 두 명의 동료직원을 위한 임대 자동차를 예약했습니다. 하지만 막판에는 우리 사무실의 다른 세 명도 우리 무리에 합류하기를 요청했습니다. 그곳에 있는 자동차들은 6명이 타기에는 적절치 않았습니다. 직원 중 한명이 재빨리 다른 지점에서 더 큰 밴을 준비해줬습니다.

(172-C) 3. 빌렸던 차량의 상태와 성능에 대해서 어떤 점수를 주시겠습니까?
성능: (최상)   상   중   하
상태: 최상   상   (중)   하

의견:
전체적으로 벤은 꽤 믿을 만했습니다. 그것은 심지어 울퉁불퉁한 길을 운전할 때도 편안한 승차감을 보장해 주었습니다. (170) 하지만 실내등은 너무 어두워서 운전 중 지도를 보는데 어려움을 겪었습니다. 또한 좌석 조정이 어려웠습니다.

(172-B) 4. Tommy's Car Rental 어느 지점을 방문하셨나요?
1235 Marlene Ave.   (4795 South River Road)   88 Pine Tree St.

의견:
가게 간판이 눈에 잘 띄어서 찾는데 어려움이 없었습니다.

5. Tommy's Car Rentals을 추후에도 이용 하시겠습니까?
 X 예   ___ 아니요   ___ 잘 모르겠습니다
의견:
(171) 저는 이번에 수준 높은 서비스에 대해 정말 감명 받았습니다. 의심할 여지없이, 저는 다음에 차가 필요할 때 이곳을 다시 찾겠습니다.

(172-A) 연락처 (선택사항)
이름: Pablo Gary Olsen
전화번호: 212-978-4989
이메일 주소: iampablo@goomail.com

어휘 **complete** (서식을 빠짐없이) 기입하다   **customer satisfaction** 고객만족   **survey** 설문조사   **paid-envelope** 우편 요금이 지급된 반송용 봉투   **coworker** 동료직원   **arrange** 마련하다   **condition** 상태   **performance** 성능, 성과   **reliable** 믿을만한, 신뢰할 수 있는   **bumpy** 울퉁불퉁한   **dim** 어둑한, 흐릿한   **adjust** 조정하다   **without a doubt** 의심할 여지없이   **optional** 선택적인

169 Olsen씨에 대해 옳은 것은?
(A) 그는 휴가 기간 동안 사용하기 위해 차를 대여했다.
(B) 그는 Tommy's 광고를 인쇄물에서 봤다.
(C) 그는 처음에는 2인석 차를 요청했다.
(D) 그는 Tommy's 임대 사무실에 택시를 타고 갔다.

해설 Olsen 씨는 설문조사 작성자이므로 보기의 키워드와 본문을 대조하여 정답을 찾는 문제이다. (B)의 근거는 설문조사 1번 항목에서 근거를 얻을 수 있다. 신문광고는 인쇄물이므로 advertised in print라고 패러프레이징되었음을 참고하자.

170 Olsen씨가 임대한 차에 대해 제시한 불만사항은?
(A) 실내등이 어두웠다.
(B) 거친 길을 운행할 때 불편했다.
(C) 내부가 청소되지 않았다.
(D) 직원이 그것을 준비해 주는데 시간이 오래 걸렸다

해설 구체적인 정보를 묻는 질문으로 임대한 차에 대한 의견은 임대한 차량에 대한 평가 항목인 3번 의견에서 찾을 수 있다. 따라서 정답은 (A)가 되며 (B)는 본문과는 반대되는 의견이다. (C) 내부에 관해서는 특별히 언급된 내용이 없으며 (D) 역시 2번 항목 의견 마지막부에 재빨리 더 큰 차를 준비해줬다는 내용과 상반되므로 오답이다.

171 Olsen씨에 따르면 왜 그는 추후에도 Tommy's를 이용하겠는가?
(A) 그는 다음 임대에 할인을 제안 받았다.
(B) 임대 사무실이 다른 대리점보다 직장에서 가깝다.
(C) 그는 그가 받은 고객 서비스에 기분이 좋다.
(D) 다른 자동차 임대 대리점보다 큰 차의 선택폭이 넓다.

해설 구체적인 정보를 묻는 질문이다. 추후에 차를 이용할지에 관한 설문조사 항목은 5번으로 해당 의견에서 정답을 찾을 수 있다. 정답은 (C)로 나머지 보기는 언급된 바 없다.

172 설문조사에서 요청되지 않은 정보는?
(A) 고객에게 연락할 수 있는 방법
(B) 고객이 방문한 대리점이 어디인지
(C) 임대 차량의 성능이 어땠는지
(D) 고객이 며칠 동안 차를 대여했는지

해설 NOT question은 보기 키워드를 확인하여 본문 내용과 일치하는 보기를 하나씩 소거하면 쉽게 풀 수 있다. 설문조사에서 묻지 않은 것에 대한 질문이므로, 본문 설문조사의 질문들을 확인하면 정답을 구할 수 있다. (D)는 질문 내용에 언급된 적이 없으므로 정답으로 고를 수 있다.

문제 173–175는 다음 편지를 참조하세요.

Blue Wave Hotel
317 Clayer Road, Atlanta, Georgia

Ms. Fiona Wilkins
Becks Consulting
254 Bono Road
Barleyfields, CL, 75903

2월 23일

Wilkins 씨께:

예약금 430달러를 수령했으며 이벤트 장소로 Blue Wave Hotel의 중앙 홀을 선택하신 데 대해 감사를 표현하기 위해 편지를 보냅니다. 예약 확인번호는 44607입니다. 예약에 대해 요청사항이 있을 경우 이 번호로 조회해 주세요.

날짜와 시간: 4월 19일 오후 3:00부터 오후 6:30까지

단체: Becks Consulting

음식 서비스: 150명분의 (174-A) 커피, 차, 그리고 간식: 테이블 위에 물병과 잔

펼침막: 미팅 홀 입구 옆에 (173) "Becks Technology 취업 박람회"라고 적힌 홍보용 펼침막

방 준비: 그룹 인터뷰를 위한 의자 4개가 있는 테이블 15개
　　　　 대기석용 추가 의자 30개, (174-B) 화이트보드 3개
(174-D) 시청각 장비: 30인치 이상 스크린

(175) 만약 무슨 일이 생기면, 변경사항에 대해 저희가 음식과 방을 준비하기 위해 3월 31일까지는 전달해 주셔야 합니다. 지불금을 동봉된 송장과 함께 행사 당일 날 가져올 것을 잊지 마세요. 예약금은 예약이 4월 5일 이전에 취소된 경우에만 전액 환불 가능합니다. 예약에 대한 질문사항이 있다면 제게 연락주세요.

충심으로,

Simon Herskey
이벤트 기획자

어휘 recognize 알아보다, 인정하다　receipt 수령　deposit 예약금　confirmation 확인　inquiry 문의, 질문　reservation 예약　promotional banner 홍보용 펼침막　audiovisual equipment 시청각 장비　invoice 송장　refundable 환불 가능한

173 어떤 종류의 행사를 위해 Wilkins씨가 홀을 예약했나?
(A) Becks Consulting 직원들을 위한 축하연
(B) 기술 연구에 관한 세미나
(C) 서비스업 회의
(D) 구직 박람회

해설 위의 지문에서 행사의 종류는 펼침막에 적힌 내용으로 알 수 있다. Becks Technology Career Fair의 Career Fair에서 구직 박람회임을 알 수 있다.

174 이벤트에 제공되지 않는 것은?
(A) 음료들
(B) 화이트보드들
(C) 점심
(D) 시청각 장비

해설 Not question이므로 본문에 등장한 내용들을 소거하면 정답을 쉽게 찾을 수 있다. (A)는 음식 서비스 란에서, (B)는 방 준비사항 란에서, (D)는 시청각 장비 란에서 각각 찾을 수 있다. 정답인 (C)는 본문에서 찾아 볼 수 없다.

175 3월 말까지 Wilkins씨가 하도록 요청받은 것은?
(A) 행사에 필요한 것들에 대한 변경사항의 요구
(B) 홀을 빌리는 데 드는 총 요금에 대한 잔금의 지불
(C) 참석자의 예상 명수에 대한 확인
(D) 얼마나 많은 홍보용 펼침막이 필요한지에 대한 언급

해설 3월 말이라는 키워드를 이용해 구체적인 사실에 대한 질문의 답을 찾을 수 있다. 세 번째 단락 두 번째 줄에서 by the 31st of March를 찾았다면 그 앞쪽에서 언급된 If anything occurs, we must be notified of the changes to the arrangements for catering and room preparations에서 정답이 (A)라는 것을 알 수 있다.

어휘 balance 잔금　estimated 추정되는, 어림잡아 ~인

문제 176–180은 다음 이메일을 참조하세요.

발신	Rachel Carter. Park's Director 〈rcarter@kalamazoo.com〉
수신	Boris Becker 〈bbecker@kalamazoo.com〉 Alex Kim 〈alexkim@kalamazoo.com〉
제목	6월 16일 계획
날짜	6월 7일

다음주에 네 그룹의 도보 여행자들이 Kalamanzoo에서 종일 하이킹 활동에 참여합니다. (177) 여러분은 그들이 일요일 아침에 도착했을 때 이 그룹들과 만날 것이고, 그들에게 산 주위의 시설에 대해 소개해 주어야 합니다. 네 그룹 중 두 그룹은 야영지에서 하룻밤 동안 머무를 것이며, 여러분은 그들에게 산불, 식량저장, 바른 쓰레기 처리와 같은 사안에 대한 정책과 규칙에 대해 빈틈없이 설명해 주어야 합니다. (176, 178) 마지막으로, 모든 그룹이 방문객 안내소에서 코스로 출발하기 전에 그들 모두가 우리 웹사이트의 최신 정보를 확인하도록 확실히 해 주세요.

우리 기술지원팀 덕분에 공원 웹 사이트는 누구든 돌아다니기 쉽습니다. 만약 아직 웹 사이트를 방문하지 않았다면, 방문하여 새로운 배치, 특히 등산객들이 유용하다고 생각할 만한 부분에 대해 익숙해지세요. 이것들 중 몇몇은 지역 일기예보, 우리의 새로운 여행 계획, 그리고 출력 서비스의 링크를 포함합니다. 이 특징들은 등산객들이 그들의 신체 단계와 그들이 등산에 투자하기 원하는 총 시간에 기초한 그들 자신의 등산 계획 지도를 제작할 수 있게 도와줍니다. (180) 그리고, 이 지도들은 출력 가능하고, 등산객들이 코스를 지나는 동안 안내 역할을 할 것입니다. (179) 지도를 출력하는 것은 무료이나, 공원 시설물들을 좋은 상태로 유지하기 위해서 기부는 환영한다고 언급해 주세요.

어휘 hiker 등산객　participate 참가하다　introduce 소개하다　facility 시설　campsite 야영지　explanation 설명　policy 정책, 방침　regulation 규정　issue 주제, 안건　proper 적절한　disposal 처리　garbage 쓰레기　visitor's center 방문객 안내소　trail 등산로　technical-support team 기술지원 팀　navigate (인터넷, 웹사이트를) 돌아다니다　familiarize 익숙하게 하다　layout 배치　weather forecast 일기예보　free of charge 무료로　donation 기부

241

176 이메일의 목적은?
(A) 새로운 등산로를 공지하기 위해
(B) 방문객 안내소로 가는 길을 알려주기 위해
(C) 지역 일기예보를 알려주기 위해
(D) 웹 사이트의 개선사항을 알려주기 위해

해설 대부분 지문의 목적은 문장 첫 1~2줄에 등장하지만, 이메일의 앞쪽에서는 등산객들의 방문에 대해 이야기하고, 준비사항에 대해 말하며 1단락 마지막에 웹사이트에 대해 언급된다. 이후 내용은 웹사이트의 개선사항에 대한 내용으로, 보기 중 가장 포괄적인 (D)를 정답으로 고를 수 있다. 확률적으로 목적을 묻는 문제는 앞쪽에 등장하는 경우가 대부분이나, 앞쪽에 특별한 근거가 없는 경우도 있다는 점에 주의해야 한다.

177 Boris Becker와 Alex Kim이 일요일 아침에 할 것으로 예상되는 일은?
(A) 공원 소장과 만남
(B) 야영지를 예약
(C) 방문객들에게 정책에 관한 정보를 제공
(D) 공원 등산로에서 등산객들을 이끔

해설 세부사항에 관해 묻는 질문으로, 특정 시간인 일요일 아침을 키워드로 근거를 찾으면 쉽게 문제를 풀 수 있는 문제이다. 지문의 1번째 단락 2번째 줄 when they arrive on Sunday morning and introduce them to the facilities near the mountain에서 정답이 (C)라는 것을 알 수 있다.

178 모든 등산객들이 만나기로 예정되어 있는 곳은?
(A) 방문객 안내소
(B) 식품 저장 창고
(C) 기술지원 사무소
(D) 야영지

해설 세부사항에 관해 묻는 문제로, 직접적으로 언급된 바가 없는 난이도 있는 문제이다. 첫 번째 단락 6번째 줄의 before all groups leave from the visitor's center to start on the trail에서 등산객들은 모두 방문객 안내소에서 출발해서 등산을 시작한다는 사실을 추론할 수 있다.

179 2번째 문단 7번째 줄의 charge와 의미상 가장 유사한 것은?
(A) Account
(B) Responsibility
(C) Expense
(D) Amendment

해설 Part 7의 어휘 문제의 보기들에는 유사어휘가 등장하는 경우가 많기 때문에 문맥상 어울리는 의미를 파악해야 풀 수 있다. 실제로 charge는 (B) Responsibility의 의미와 (C) Expense의 의미를 모두 가지고 있으나, 문맥상 올바른 의미는 지도 출력을 무료로 할 수 있다는 의미이므로 (C) Expense 즉 '비용'이라는 의미로 사용되었다.

180 이메일에 따르면 등산객들이 그들 자신이 사용하기 위해 출력할 수 있는 것은?
(A) 모임 일정
(B) 등산로 지도
(C) 공원 규율
(D) 산장 예약권

해설 구체적 사실에 관해 묻는 문제로써 print를 키워드로 찾으면 등산로 지도가 정답이라는 것을 알 수 있다.

문제 181-185는 다음 이메일들을 참조하세요.

발신	Luna Cho 〈lunacho@wda.org〉
수신	Ingrid Taylor 〈igtaylor@dentalser.com〉
날짜	3월 5일
제목	LPD series

Taylor 선생님께

(185) San Diego에서 지난주에 열린 학회에서 당신을 만난 것은 영광이었습니다. 저는 당신의 훌륭한 발표에 매우 감명 받았고, 당신 회사의 치과용 기구 중 새로운 LPD 시리즈에 대해 많은 것을 배웠습니다.

저는 다음 주에는 출장을 떠나지만 늦어도 3월 14일에 돌아올 것입니다. (184) 저는 당신이 (181) 우리의 San Francisco 사무실에 와서 더 자세한 발표를 해줄 수 있는지 알고 싶습니다. 3월 17에 보통 San Marco에서 근무하는 직원들을 포함한 모든 치과 직원들이 월간 직원회의를 하는 이 특정한 날에 San Francisco로 올 것을 요청받기 때문에 (182) 우리에겐 3월 17일이 이상적인 날입니다.

연락받기를 고대합니다.

Luna Cho, SDS
Westcoast Dental Associates

발신	Ingrid Taylor 〈igtaylor@dentalser.com〉
수신	Luna Cho 〈lunacho@wda.org〉
날짜:	3월 6일
제목:	Re: LPD series
첨부	LPD series

Cho 선생님께

이메일 보내주셔서 감사합니다. (182) 안타깝게도 언급하신 특정 날짜와 정확히 동일한 날에 Los Angeles에서 열리는 Dental Design Forum에 참가해야 하기 때문에 불가능할 것 같습니다. 하지만 3월 20일에 당신의 도시와 가까운 Long Beach에서 열리는 학회에 참여하기 때문에 20일 이전이나 이후에는 가능할 겁니다.

(183) 저는 당신이 LPD 시리즈에 대해 관심을 갖는 것에 대해 기쁘게 생각하여 그 기구의 치수를 보여주는 파일을 첨부했습니다. 저는 당신과 당신 동료들에게 이 기구들을 발표하는 것이 고대됩니다. 날짜를 정하기 위해 제게 메일을 보내주세요.

충심으로,

Ingrid Taylor, SDS

어휘 honor 영광 dental instrument 치과 기계 particular 특정한 unfortunately 불행하게도, 유감스럽게도 specific 구체적인, 특정한 very same day 바로 그날 dimension 크기, 치수 attachment 부착물, 첨부 파일 colleague 동료직원

181 Westcoast Surgical Associates에 대해 언급된 것은?
(A) 두 지역 이상에 진료실을 가지고 있다.
(B) 그들 중 한 명의 치과의사는 의료 기기 디자이너이다.
(C) 그곳의 치과의사는 최근에 Orlando에서 학회를 준비했었다.
(D) 그들의 직원 회의는 분기에 한 번 열린다.

해설 Westcoast Surgical Associates는 첫 번째 메일의 글쓴이가 소속된 곳이다. 첫 번째 메일에서 San Francisco office

와 San Mark office 즉 두 곳의 진료실이 등장하였으므로 (A)를 정답으로 고를 수 있다.

182 Taylor 의사가 3월 17일에 있을 것으로 예정된 곳은?
(A) San Francisco
(B) San Marco
(C) Los Angeles
(D) Long Beach

해설 두 지문을 동시에 봐야 알 수 있는 질문이다. 3월 17일이라는 키워드는 첫 번째 질문에서 등장하지만, 그 날은 Luna Cho 씨가 Taylor 씨에게 발표를 요청한 날짜이며 두 번째 지문에서 Los Angeles에서 열리는 Dental Design Forum에 참가해야 하기 때문에 발표 요청을 수락하지 못했으므로 정답은 (C) Los Angeles이다.

183 두 번째 이메일에 포함된 것은?
(A) Taylor 박사의 전문적인 성과의 목록
(B) 치과 기구의 치수를 보여주는 문서
(C) 앞으로 있을 포럼 안건의 초안
(D) Taylor 의사의 발표 녹화본

해설 문제에서 정답을 두 번째 지문에서 찾을 수 있다는 것을 알 수 있다. 두 번째 단락의 첫 번째 줄에서 첨부파일에 대한 설명이 나와 있다. 정답은 (B).

184 첫 번째 이메일이 쓰여진 이유는?
(A) 새로운 기구를 주문하기 위해
(B) 의사 진료를 홍보하기 위해
(C) 전문 학회에 대해 알리기 위해
(D) 정보를 제공하는 발표를 제안하기 위해

해설 첫 번째 이메일의 목적을 묻는 질문으로 대부분의 목적은 첫 1~2줄에 등장하지만 첫 번째 이메일 첫 문단은 인사말이 들어갔고, 두 번째 문단 두 번째 줄에서 발표를 제안하고 있음을 알 수 있다. 따라서 정답은 (D).

185 Cho 의사는 어떻게 해서 처음으로 LPD 시리즈에 대해 알게 되었는가?
(A) 다른 주의 치과 병원을 방문함으로써
(B) 그녀의 치과 병원의 동료에게 들음으로써
(C) Taylor 의사의 발표에 참석함으로써
(D) 치과의를 위한 설문조사에 참여함으로써

해설 구체적인 사항에 대해 묻는 질문이다. 첫 번째 이메일 첫 번째 문단 첫째줄에서 학회에서 새로운 LPD 시리즈에 대해 많은 것을 배웠다고 했으므로 정답은 (C)이다.

문제 186-190은 다음 송장과 이메일을 참조하세요.

Grainger Industrial Supplies
752 Mount. Packers Drive, Pondert, Lousiana
303-143-1561
송장

배송일: (186) 7월 1일   고객번호: 1455951
수신지: Crown Electronics   주문번호: 45931

제품번호	수량	개당가격(달러)	총계(달러)
AMC67	400	6.50	2600.00
(187) AMC48	(187) 1300	4.50	5850.00
AFC30	200	9.50	1900.00
AGC01	350	2.00	700.00

미 지불액: $ 11050.00

(186) 배송일에서 30일 이내가 지불 기한입니다.
거래해 주셔서 감사합니다.

수신 James Panero 〈jpanero@graingersup.com〉
발신 Christine Shumer 〈chshumer@crownelectronics.com〉
날짜 7월 11일
제목 주문번호 45931

오늘 주문번호 45931번의 물품과 송장을 받았습니다. 우리는 항상 Grainger Industrial Supplies에게서 받는 물품들의 품질에 만족해왔습니다. 하지만 최근 받은 주문 물품에 대해 몇 몇 혼란스러운 점이 있습니다.

(187) 송장에는 우리가 1,300 개의 전력 코드를 주문했다고 나와 있습니다. 하지만 우리 기록을 보면 우리는 300개의 전력 코드만을 주문했으며 그것이 우리가 받은 장치의 정확한 수량입니다. 또한, (188) 우리는 400개의 냉각 팬을 주문했었습니다만 (AFK86), 그들 중 하나도 배송되지 않았고, 송장에도 기입되어 있지 않았습니다. 8일전 우리의 대화에 대해 제가 기억하기로, 당신은 제게 냉각 팬의 재고가 있다고 하였으므로 저는 당신이 실수를 한 것이라 여깁니다.

(189) 우리는 9월까지 완료되기로 계획된 우리의 제품 조립을 위해 냉각 팬이 필요합니다. 제가 며칠간 자리를 비우는 관계로 제 조수인 Omar Laden에게 이 문제에 신경을 쓰라고 일러뒀습니다. (190) 이 실수가 Grainger에게 있었던 것으로 보이므로 저는 당신이 빠트린 제품의 배송 요금을 부담해줬으면 합니다. 우리는 일단 남은 물품들과 정확한 송장을 받은 후에 주문건에 대해 완납 하겠습니다.

감사합니다.

Christine Shumer, 구매 담당자
Crown Electronics

어휘 shipment 배송 due (돈을) 지불해야 하는 appreciative 고마워하는 quality 품질 confusion 혼란, 혼동 bill 청구서(계산서)를 보내다 exact 정확한, 정밀한 recall 기억해내다, 상기하다 in stock 재고가 있는 assume 추정하다 mistake 실수, 잘못 assembly 조립 assistant 조수, 보조원 matter 문제, 일, 사안

186 송장에 대해 옳게 말한 것은?
(A) 그것에 언급된 잔액은 7월 말이 만기이다.
(B) 그것은 고객들이 분할 지급하는 방법을 설명해준다.
(C) 고객이 주문한 날이 명시되어 있다.
(D) Crown Electronics는 할인을 받을 자격이 된다.

해설 첫 번째 송장 지문 전체에 관해 묻는 질문이므로 각 보기의 키워드를 파악하여 찾는 방법으로 답을 구할 수 있다. (A)의 지불기한에 대해서는 송장 마지막에 배송 날짜로부터 30일 이내라고 하였고, 첫 째줄 배송 날짜를 보면 7월 1일이라고 되어 있으니 7월 31일까지가 지불 기한이다. (B) 분할 지불에 관해서는 언급된 바 없고 (C) 주문 접수 날짜 또한 언급된 바 없다. (D) 할인에 관해서도 송장에 언급된 바가 없다. 따라서 정답은 (A).

187 Crown Electronics가 청구를 부정확하게 받은 제품은?
(A) AMC67
(B) AMC48
(C) AFC30
(D) AGC01

해설 구체적인 내용에 대해 묻는 질문이다. 주문 내용의 오류에 관해서는 이메일 두 번째 단락에서 제시되고 있다. 전력 코드의 수량이 잘못되었으며, 표시된 수량이 1,300개라고 하였으니 송장에서 1,300개로 표시된 것을 찾아보면 제품번호 AMC48이 이메일에서 말한 전력 코드라는 것을 알 수 있다. 따라서 정답은 (B).

188 Shumer 씨가 주문한 제품에 대해 언급하는 것은?
(A) 그녀는 Panero씨와 지난주 그것들의 재고가 있는지에 대해 이야기했다.
(B) 그녀는 회사가 필요로 하는 물량을 결정하는 데 실수를 했다.
(C) 그녀는 그것들을 배송하는 데 드는 비용을 추가로 지불하는 데 동의했다.
(D) 그녀는 그것들 중 몇몇의 품질에 대해 불만족해 한다.

해설 구체적인 사실에 대한 문제로써 Shumer씨가 언급한 내용에 대한 질문이므로 이메일에 근거가 있을 것으로 예상할 수 있다. 이메일 두 번째 단락 셋째 줄에 냉각 팬을 주문했다는 내용과 지난주 재고가 있는지에 대해 Panero씨와 대화했었다고 나왔으므로 정답은 (A)이다.

189 Laden씨와 Panero씨는 무엇에 대해 이야기하겠는가?
(A) Crown Electronics의 11월 제품 조립 일정
(B) Crown Electronics가 얼마나 많은 전력 코드를 더 주문해야 하는지
(C) 냉각 팬이 배송되도록 하기위한 준비
(D) 제품 AFK86이 Grainger에서 더 이상 주문 불가한 이유

해설 이메일을 쓴 사람도, 받는사람도 아닌 제 3자인 Laden 씨가 키워드인 문제이다. Laden 씨가 등장하는 부분은 이메일의 셋째 단락뿐이며, 조수인 Laden 씨에게 배송되지 않은 냉각 팬에 대해 이야기하도록 일러 놓는다고 하였으니 정답은 (C)이다.

190 이메일 셋째 단락 넷째줄의 cover와 의미상 가장 유사한 것은?
(A) hide
(B) defend
(C) report
(D) pay

해설 cover에는 4가지 보기의 의미가 전부 있기 때문에 문맥상에서의 의미를 파악해야 풀 수 있는 문제이다. 문맥상 실수가 상대방에게 있기 때문에 배송 요금을 부담하라는 의미이므로 (D) pay가 정답이다.

문제 191-195는 다음 광고와 편지를 참조하세요.

사람을 구합니다.

직책: T.G. Stanley 소매점 관리직

가게 위치 (195) (5월 중순 오픈): 2390 Starksville Avenue, Youngstown

업무: 판매직원 관리, (191-B) 모든 고객들이 질높은 서비스 받을 것을 보장하고, (191-C) 가게의 판매 목표를 달성. (191-D) 일주일에 최소 두 번 마감조에서 근무해야 합니다.

자격요건: 소매에 관한 기본 지식과 조직 능력. (194-D) 직원들을 교육하고 동기부여하는 능력을 필수로 합니다. (194-C) 요리기구에 대해 아는 바가 많아야 합니다. 요식업 경력자를 우대합니다. (194-A) 마케팅 학사 학위와 (194-B) 관리자로서 3년 이상의 경력 필요. (192-D) 선정된 후보자들은 5월 7일 이전에 교육을 받아야 합니다.

회사 소개: 여러 유명한 요리기구 제조자들로부터 기구를 공급받는 31개의 가게들로 구성되어 있는 T.G. Stanley는 요리기구에 있어 선도하는 소매상입니다.

(192-B) 지원 방법: 이력서 한 부와 자기소개서 및 지원서를 작성하여 다음의 주소로 보내주시거나

Claire Danish, Director of Personnel Department
T.G. Stanley, 2370 Buckeyes St., College Town,
OH 42865

claired@tg_stanley.com으로 2월 15일까지 보내주세요.
고용 지원서를 우리 회사 웹 사이트 www.tg_stanley.com에서 다운로드 할 수 있습니다.

Ivan Coleman, 41-B Sioux Road, Gordon City, OH 47513

(192-A) 1월 29일

Claire Danish
인사과 이사
T.G. Stanley.
2370 Buckeyes St.
College Town OH, 42865

Danish 씨께

저는 Ohio Daily에 광고된 관리직에 지원하고 싶습니다. 제 이력서에서 보실 수 있듯이, (194-A) 저는 Ohio 주립대에서 마케팅 학위를 땄습니다. (193, 194-B) 저는 Goodprice에서 관리자로 지난 5년간 일해 왔습니다. (194-D) Goodprice에서 일하는 동안 저는 17명의 신규 직원을 교육시켰고 제 판매 직원들이 보여준 모범적인 고객 서비스로 3번 상을 받았습니다.

(194-C) 제가 T.G. Stanley에서 판매하는 제품에 관해서는 경험이 없지만 Gourmet Caterings사에서 1년간 근무했기 때문에 요식업의 기본적인 지식을 갖고 있습니다. 게다가 (195) Goodprice와의 고용이 가게 오픈일에서 대략 한달 전에 끝나기 때문에 광고에 언급된 바와 같이 5월 7일 이전에 교육 훈련을 받을 수 있습니다.

감사합니다.

충심으로,

Ivan Coleman

어휘 task 일, 업무 closing shift 마감조 qualification 자격 retail 소매 motivate 동기를 부여하다 bachelor's degree 학사 학위 compose 구성하다 cover letter 커버레터(자기소개서) application 신청서, 지원서 award 수여하다 exemplary 모범적인 roughly 대략, 거의

191 광고되고 있는 직위에 대해 언급되지 않은 것은?
(A) 판매할 상품들의 새로운 공급업자의 물색
(B) 높은 수준의 고객 서비스의 유지
(C) 반드시 판매 목표 달성
(D) 근무시간 중 일부는 마감조에서 근무할 수 있어야 함

해설 Not question 이므로 언급된 내용을 하나씩 지워서 정답을 찾아내는 소거법을 이용하면 쉽게 정답을 찾아낼 수 있다. (A)를 제외한 내용은 광고문의 업무(Tasks) 란에 제시되어 있다.

192 언제까지 지원서가 보내져야 하는가?
(A) 1월 29일
(B) 2월 15일
(C) 3월 17일

244

(D) 5월 7일

해설 날짜에 대해 물어보는 질문은 날짜가 제시되어 있는 부분을 중점적으로 확인해보자. (A)의 1월 29일은 편지가 쓰여진 날짜, (B)의 2월 15일은 지원서를 보내야 하는 만료일로 정답이다. (C)의 3월 17일은 제시되지 않은 날짜이며 (D)는 5월 7일 이전에 교육훈련을 받아야 한다는 부분에서 등장하였다.

193 Coleman 씨가 현재 일하고 있는 곳은?
(A) T.G. Stanley
(B) Ohio 주립대학
(C) Goodprice
(D) Gourmet Caterings사

해설 문제만으로도 근거가 편지에 있음을 예상 할 수 있다. (A)는 Coleman 씨가 지원하는 회사이고, (B)의 Ohio 주립대학에서 학위를 받았다고 하였고, (C) Goodprice 는 편지 첫 번째 단락 두 번째 줄에서 5년간 일해왔다고 하였으므로 현재까지 일하고 있다는 의미가 된다. (D)는 1년간 근무했던 곳이다. 따라서 정답은 (C).

194 Danish 씨가 Coleman 씨를 이상적인 지원자가 아니라고 생각할 수 있는 이유는?
(A) 그는 아직 필요 학위를 얻지 못했다.
(B) 그는 관리직 경험이 너무 적다.
(C) 그는 요리기구에 대해 잘 알지 못한다.
(D) 그는 직원 교육 업무를 담당해 본 적이 없다.

해설 Danish 씨가 Coleman 씨를 이상적인 지원자가 아니라고 생각 할 수 있는 타당한 이유가 정답이 된다. T.G Stanley에서의 요구조건과 Coleman씨의 경력이 맞지 않는 부분을 찾으면 된다. (A)의 경우 학사학위 취득에 대해 조건에서도 언급되었고 지원자의 경력에서도 언급되었으므로 학위를 아직 취득하지 못했다는 것은 위 지문과 전혀 다른 내용이다. (B) 역시 마찬가지로 3년 이상의 경력을 요구하는데 지원자는 5년의 경력을 가지고 있으니 경험이 적다는 것 또한 말이 되지 않는다. (C) 요구사항에서는 요리기구에 대해 잘 알고 있어야 된다고 했으나 지원자는 잘 모른다고 했으므로 (C)가 정답이 된다. (D) 직원 교육에 관한 것은 요구사항에도 있고 경력에도 명시되어 있다.

195 Coleman 씨가 4월에 일어날 것이라고 예상하는 것은?
(A) 그의 판매 직원이 14명 늘어날 것이다.
(B) 그는 College Town으로 이사 할 것이다.
(C) 그는 고객 서비스 부문에서 상을 탈 것이다.
(D) 그의 현재 직장과의 계약이 만료될 것이다.

해설 4월이 키워드이다. 그런데 두 지문에서 4월이 직접적으로 제시되지 않았으므로 두 지문을 동시에 봐야 풀 수 있다고 추측할 수 있다. 편지의 두 번째 단락 셋째 줄에서 개업일에서 한달 전에 Goodprice와의 계약이 끝날것이라 하였고, 가게 오픈일이 5월 중순이므로 4월에 계약이 끝난다는 의미가 된다. 따라서 정답은 (D).

문제 196-200은 다음 이메일과 일정표를 참조하세요.

발신	Vinny Fermat 〈vfermat@secservice.com〉
수신	Mary Vitter 〈maryvitter@secservice.com〉
제목	Holmes & Jarrett Company
날짜	9월 7일, 화요일 오후 4시 15분

Mary에게

(199) 9월 15일 오후 3시부터 5시까지 있을 Holmes & Jarrett사 담당자들과의 회의 일정을 지금 막 잡았어요. 우리는 국내의 선두적인 건설 회사 중 하나에게 우리 보안 서비스의 장점을 소개할 기회를 진심으로 그리고 제대로 잡을 수 있어야 해요. H&J와의 첫 번째 회의를 준비하는 데 대해 아침에 이야기 합시다.

저는 Antonio에게 Metrocity행 기차 일정을 확인해 달라고 했어요. 그리고 당신의 사무실로 팩스 보낼 것을 당부했어요. (196) 9월 15일에 이곳 Englewood 사무실에 있을 예정인가요? 만약 그렇다면 Antonio에게 Englewood발 Metrocity행 기차표 두 장을 부탁해 놓겠습니다. 만약 아니라면, Antonio에게 연락해서 Bronsun발 표가 있는지 확인해 달라고 연락하세요.

(197) H&J사는 오후 2시 30분에 Metro City 역에서 우리를 태워갈 택시를 준비해 줄 것입니다. 그들은 또한 (198) 오후 6시에서 8시까지 Metro City에 위치한 Havana Delight라는 레스토랑에서 몇몇 H&J 직원들과의 정찬에 우리를 초대했습니다. 식당은 역에서 15분 거리에 있으므로 우리는 오후 8시 15분 즈음 Englewood로 돌아가는 열차를 탈 수 있을 거에요.

Vinny로부터

열차 환승

일정 정보, 9월-10월
Scotchtown-Mayton 선

열차 번호	1922(WD)	1023(WE)	7849(HD)	2007(EX)
Englewood	11:18 A.M.	11:21 A.M.	11:37 A.M.	1:41 P.M.
Bronsun	11:59 A.M.	12:02 P.M.	–	–
Crystal Lake	12:42 P.M.	12:45 P.M.	–	–
Horseville	1:23 P.M.	1:26 P.M.	12:53 P.M.	–
Metro City	2:15 P.M.	2:18 P.M.	–	–
San Marino	2:47 P.M.	2:50 P.M.	1:26 P.M.	3:18 P.M.

EX-급행 서비스는 중간역에 정차하지 않습니다.
WE-주말에만 운행합니다.
WD-주중에만 운행합니다.
HD-휴일 일정; 모든 중간역에서 정차하지는 않습니다. 9월 12일과 10월 3일에 운행됩니다.
열차의 자동응답 전화 서비스는 24시간 정보를 제공합니다. 002-3355 로 전화하세요.
열차 표
신용카드를 이용한 구입

(200-D) www.railconnect.com/tickets를 통해 티켓을 구입하고 출력할 수 있습니다. 혹은 역 입구의 매표소에서 구입 가능합니다.

현금을 이용한 구매

(200-C) Lexington의 대합실 근처 가판대, 매표소, 혹은 (200-A) 탑승하여 구입할 수 있습니다. 탑승 구입에는 5달러의 추가 요금이 붙는다는 것을 유념하세요.

어휘 opportunity 기회 seriously 진지하게 properly 적절히 construction company 건설회사 nation 국가 express 급행의 automated telephone service 자동 응답 서비스 purchase 구입 credit card 신용카드 ticket booth 매표소 newsstand 가판대 on board 탑승한

196 Fermat 씨의 사무실이 위치한 곳은?
(A) Scotchtown
(B) Englewood
(C) Bronsun
(D) Mayton

해설 보기의 지명을 지문에서 확인해 보자. 이메일 두 번째 단락 두 번째 줄에서 here in Englewood office라고 하였으니 정답은 (B)이다.

197 Holmes & Jarrett에 대해 언급된 것은?
(A) 그들의 사무실은 가장 가까운 기차역에서 30분 거리에 위치해 있다.
(B) Security Advisors사와 오랜 기간 협력업체였다.
(C) 그들의 최근 기획은 Havana Delight를 위한 새로운 건물을 짓는 것이다.
(D) 그들은 Fermat씨와 Vitter씨의 이동의 한 부분을 맡고 있다.

해설 보기마다 키워드를 잡아 지문 전체를 확인해야 하는 문제이다. (A) 역에서 15분 거리에 위치한 것은 Havana Delight 레스토랑이다. (B) 관련 사항이 없다. (C) Havana Delight 레스토랑은 저녁식사에 초대받은 장소이며, 새로운 건물을 짓는다는 내용은 제시되지 않았다. 이메일 세 번째 단락 첫 번째 줄에 기차역에서 택시를 준비해 준다고 하였으니 (D)가 정답이 된다.

198 Fermat 씨와 Vitter 씨가 오후 8시 이후에나 돌아와야 하는 이유는?
(A) 그들은 잠재 고객들과의 저녁식사를 할 것이다.
(B) 그들은 급행열차가 올때까지 기다리기를 원한다.
(C) 그들은 회의 이후 Metro City 관광을 준비해놨다.
(D) 그들은 공휴일에 돌아오며 출발 시간의 선택이 제한되어 있다.

해설 이메일 세 번째 단락 첫 번째 줄에 H&J에서 초대한 저녁식사가 오후 6시부터 오후 8시까지 진행된다고 하였다. 따라서 정답은 (A)가 된다.

199 Fermat 씨가 회의에 참석하기 위해 탈 열차는?
(A) 7849
(B) 1922
(C) 1023
(D) 2007

해설 출발지는 Englewood이며 도착지는 Metrocity 이다. 따라서 Metrocity에서 서지 않는 HD와 EX, 즉 (A)와 (D)는 탈락. WD와 WE열차의 차이는 주중운행인지 주말운행인지이므로, 여행일이 무슨 요일인지 찾으면 답을 구할 수 있다. 9월 15일은 수요일이다. 따라서 주중 운행인 WD를 탑승 할 것이므로 (B) 1922가 정답이다.

200 열차 표를 구입할 수 있는 방법으로 언급되지 않은 것은?
(A) 열차에 승차하여 돈을 지불
(B) 철도 자동 전화 시스템을 이용
(C) Lexington의 가판대로 간다
(D) Rail Connect의 홈페이지를 방문

해설 Not Question 유형이다. 열차 일정 가장 아래쪽에 열차표 구매 방법이 나열 되어 있으므로 보기를 대조하여 하나씩 소거하여 남는 것을 답으로 고르면 된다. 등장하는 방법을 하나씩 소거하였을 때 남는 보기는 (B).